Der Magdeburger Dom
im europäischen Kontext

MORE ROMANO
Schriften des
Europäischen
Romanik Zentrums
Band 2

Wolfgang Schenkluhn · Andreas Waschbüsch (Hrsg.)

Der Magdeburger Dom im europäischen Kontext

Beiträge des internationalen wissenschaftlichen Kolloquiums
zum 800-jährigen Domjubiläum in Magdeburg
vom 1. bis 4. Oktober 2009

SCHNELL + STEINER

Die Abbildung der vorderen Umschlagseite zeigt:
Carl Hasenpflug: Der Magdeburger Dom von Nordosten, 1832
Öl auf Leinwand, 96 x 126 cm, Magdeburg, Kulturhistorisches Museum
Aufnahme: Industriefoto Dieck Magdeburg

Bibliografische Information der Deutschen Nationalbibliothek:
Die Deutsche Nationalbibliothek verzeichnet diese Publikation in der
Deutschen Nationalbibliografie; detaillierte bibliografische Daten
sind im Internet über <http://dnb.d-nb.de> abrufbar.

1. Auflage 2012
© 2012 Verlag Schnell & Steiner GmbH, Leibnizstraße 13, 93055 Regensburg
Satz: Vollnhals Fotosatz, Neustadt a. d. Donau
Umschlaggestaltung: Anna Braungart, Tübingen
Druck: Erhardi Druck GmbH, Regensburg

ISBN 978-3-7954-2451-0

Alle Rechte vorbehalten. Ohne ausdrückliche Genehmigung des Verlags
ist es nicht gestattet, dieses Buch oder Teile daraus auf fototechnischem oder
elektronischem Weg zu vervielfältigen.

Weitere Informationen zum Verlagsprogramm erhalten Sie unter:
www.schnell-und-steiner.de

Inhalt

Wolfgang Schenkluhn / Andreas Waschbüsch
Vorwort 9

PROLEGOMENA – DER MAGDEBURGER DOM IN GESCHICHTE UND FORSCHUNG

Gerd Althoff
Die Kathedrale als Begegnungsort von Religion und Politik: Das Beispiel
des Magdeburger Domes 13

Christian Forster
Was „vom Hamann" übrig blieb 25

ARCHÄOLOGIE UND DENKMALPFLEGE

Rainer Kuhn
Die sakrale Bebauung vor 1209 auf dem Magdeburger Domhügel 43

Paolo Piva
Die Entwicklungen der ‚Doppelkathedrale' in karolingischer und
ottonisch-salischer Zeit (einige Beispiele) 59

Bernd Nicolai
Die ersten Kirchen des Magdeburger Domhügels im Lichte des ottonischen Trier 73

Petr Sommer
Die St. Veits-Kirche und das Frauenstift St. Georg auf der Prager Burg zu Beginn
des böhmischen Staates und Christentums 85

Jens Reiche
Die Stellung der Magdeburger Domkrypta in ottonisch-salischer Zeit 95

Rainer Kuhn
Zum Stand der Erforschung der Grablege von Königin Editha 109

INHALT

Rita Mohr de Pérez
Die Anfänge der preußischen Denkmalpflege und der Domreparaturbau
in Magdeburg 1826–1834 119

Thomas Coomans
Denkmalpflegekonzepte in der ersten Hälfte des 19. Jahrhunderts in Frankreich
und die Rolle der gotischen Kathedrale (1789–1848) 131

DER NEUBAU DES MAGDEBURGER DOMS IM 13. JAHRHUNDERT

Heiko Brandl
Zur Baugeschichte des Magdeburger Domes im 13. Jahrhundert 145

Wolfgang Huschner
Zwischen Staufern, Welfen und Päpsten: Erzbischof Albrecht II.
von Magdeburg (1205–1232) 163

Dany Sandron
Der Domchor zu Magdeburg und die französische Architektur der Gotik:
Die Auswirkungen der Bauherrnschaft Erzbischofs Albrecht von Käfernburg 173

Bruno Klein
Komposition, Ensemble oder Konglomerat? – Fragen zur Form
des Magdeburger Domchores 181

Lex Bosman
Bedeutung der Tradition. Über die Spolien im Chorbereich
des Magdeburger Domes 189

Jacqueline E. Jung
Die Klugen und Törichten Jungfrauen am Nordquerhaus des Magdeburger Domes
und ihre Stellung in der Geschichte der europäischen Kunst 199

DER MAGDEBURGER DOM IM 14. JAHRHUNDERT – ARCHITEKTUR UND SKULPTUR

Norbert Nußbaum
Vom Umgang mit Systemen. Skizzen zur Architektur des 14. Jahrhunderts 217

Marc Steinmann
　Der Magdeburger Dom und die Westfassaden der Kathedralen in Straßburg und Köln 229

Jarosław Jarzewicz
　Von Osten gesehen. Der Neubau des Magdeburger Domes als Quelle und Vermittler
　von Formen und Ideen für die gotische Baukunst in Polen 243

Jiří Fajt
　Nürnberg – Magdeburg – Erfurt. Zum Itinerar wandernder Bildhauer
　im mittleren 14. Jahrhundert 253

Katrin Steller
　Der gotische Skulpturenfund vom Gouvernementsberg in Magdeburg.
　Ein Arbeitsbericht 265

RELIQUIEN, LITURGIE & MEMORIA AM MAGDEBURGER DOM

Sible de Blaauw
　Die ottonischen Kaisergräber in Magdeburg und Rom. Visualisierung der
　Herrschermemoria im europäischen Kontext 277

Hans Reinhard Seeliger
　Mauritius am Magdeburger Dom: Reichsheiliger, Rechtswahrer, Eidhelfer 291

Heiner Lück
　Der Magdeburger Dom als Rechtsort. Eine rechtsarchäologische Annäherung 297

Andreas Waschbüsch
　„beatae memoriae praedecessoris" – Amtsgenealogie und Stiftergedenken
　in den Putzritzzeichnungen des Magdeburger Domkreuzgangs 309

Hartmut Kühne
　Votive – Reliquien – Ablässe. Wallfahrten zur Magdeburger Domkirche
　im späten Mittelalter 323

DER MAGDEBURGER DOM IN DER FRÜHEN NEUZEIT

Markus Leo Mock
　Strahlen wie die Sonne, heller als der Mond. Zur politischen Ikonographie
　der Grablege Erzbischofs Ernsts von Magdeburg 339

Markus Hörsch
Spielarten der Rezeption des Riemenschneider-Stils an drei Domen
Mitteldeutschlands 351

Susanne Wegmann
Getragen von Paulus. Das Bildprogramm der Kanzel im Dom zu Magdeburg 375

Literaturverzeichnis 387

Personenregister 425

Ortsregister 429

Farbtafeln 431

WOLFGANG SCHENKLUHN / ANDREAS WASCHBÜSCH

Vorwort

Die Beiträge des vorliegenden Bandes gehen auf eine Internationale Tagung in Magdeburg im Oktober 2009 zurück, dem Jahr des 800-jährigen Jubiläums der Grundsteinlegung des gotischen Doms. Das viertägige Treffen zahlreicher Fachkolleginnen und Fachkollegen aus dem In- und Ausland war einer der Höhepunkte im Festkalender, und die Vorträge, die im Kaiser-Otto-Saal des Kulturhistorischen Museums in Magdeburg gehalten wurden, fanden regen Zuspruch nicht nur durch die Fachöffentlichkeit.

Geboren wurde die Idee zur Tagung jedoch nicht aufgrund des anstehenden Domjubiläums, sondern sie war ein Wunsch der Inventarisierungsgruppe zum Magdeburger Dom nach einer abschließenden Konferenz zum Inventarprojekt, das bis Ende 2009 am Institut für Kunstgeschichte und Archäologien Europas der Martin-Luther-Universität Halle-Wittenberg durchgeführt wurde. Die Veranstaltung sollte offene wie interessante Fragen aus der gesamten Bau- und Ausstattungsgeschichte des Doms aufgreifen und in einem ‚Längsschnitt' die Geschichte des Magdeburger Doms von der vorgotischen Zeit bis in die Frühzeit der Denkmalpflege des 19. Jahrhunderts beleuchten. Damit strebte sie keine Neuauflage der internationalen Tagung von 1986 an, die unter dem Aspekt „ottonische Gründung und staufischer Neubau" stattfand, sondern sollte im Jubiläumsjahr der Kathedrale über die Zeiten hinweg den europäischen Rang des Magdeburger Doms aufzeigen.

Der vorliegende Band spiegelt im Wesentlichen die Struktur der Tagung wider, wenngleich einige wenige Beiträge hier nicht erscheinen konnten. Gleichwohl ist ein Aufsatz zu den frühmittelalterlichen ‚Doppelkirchenanlagen' hinzugekommen (vgl. Beitrag Piva), der eine inhaltliche Lücke des Kolloquiums schließt. Ganz bewusst wurden die Fragen der Archäologie und der Denkmalpflege an den Anfang der Tagung gesetzt und die aktuellsten Ergebnisse der Domgrabung, die zwischen 2006 und 2010 im Dom stattfand, mit denkmalpflegerischen Problemen konfrontiert, wofür der Magdeburger Dom schon im 19. Jahrhundert ein paradigmatisches Beispiel darstellt (vgl. Beitrag Mohr de Perez). Ein Blick auf die denkmalpflegerische Situation in Frankreich ergänzt diese Betrachtung (vgl. Beitrag von Coomans). Einen breiten Raum nahmen auch die Architektur und Skulptur des 14. Jahrhunderts ein, die in Magdeburg bislang selten und kaum im Zusammenhang betrachtet worden ist. Und schließlich sind liturgische und memoriale Aspekte des Magdeburger Doms und seiner geschichtlichen und kunsthistorischen Entwicklung in der Umbruchsituation der Frühen Neuzeit thematisiert. Auch die bekannteren Themen zum Neubau des Domes vor 800 Jahren wurden behandelt, wobei es an dieser Stelle zu einer inhaltlichen Berührung mit der im Kulturhistorischen Museum in Magdeburg stattgefundenen Ausstellung „Aufbruch in die Gotik" kommt. Deshalb sei ergänzend auf einige Beiträge im Ausstellungskatalog verwiesen, die auch von Beteiligten der Tagung stammen.

Im Ergebnis zeigt sich eine große Vielfalt von Ansätzen, Fragestellungen und sich auch zum Teil widersprechender Deutungen. Längst ist nicht alles geklärt und viele Fragen werden kontrovers diskutiert, wie zum Beispiel die Ansprache der beiden ergrabenen frühmittelalterlichen Kirchenbauten auf dem Magdeburger Domhügel (vgl. Beiträge Kuhn und Nicolai) oder die zeitliche Einordnung der 1926 aufgedeckten Krypta (vgl. Beitrag Reiche). Für andere lange diskutierte Probleme, wie beispielsweise die frühe Baugeschichte des Domneubaus im 13. Jahrhundert, konnten dank Inventar und Kolloquium (vgl. Beitrag Brandl) neue, überzeugende Lösungsansätze aufgezeigt werden. Einige Themenkomplexe, allen voran die spektakulären Grabungsergebnisse um die Vorgängerbauten des Doms und die Grablege Königin Edithas (vgl. Beiträge

Kuhn), aber auch der Skulpturenfund vom Gouvernementsberg in Magdeburg, der einen Einblick in die Vielfalt der Skulpturenproduktion des 14. Jahrhunderts in der Elbestadt erlaubt (vgl. Beitrag Steller), werden hier erstmals umfassend vorgestellt.

Die Ausarbeitung der Tagungsidee geht auf Viele zurück. Vor allem zu nennen sind Vorstand und Internationaler Beirat des Europäischen Romanik Zentrums e.V. (ERZ), der die Planungen konkretisierte und dessen Mitglieder selbst einen beachtlichen Teil der Referate beigesteuert haben. Mit der Ausrichtung der Tagung erlebte das ERZ, das im September 2008 seine Arbeit in den neu gestalteten Räumlichkeiten der Merseburger Domklausur aufgenommen hat, zugleich seine ‚Feuertaufe'. Und so möchten die Herausgeber an dieser Stelle noch einmal allen Tagungsmitarbeitern, namentlich Nicole Thies, Anke Neugebauer und Christine Kratzke, herzlichen Dank für das gute Gelingen sagen.

Die Internationale Tagung 2009 und der vorliegende Tagungsband sind der engen und fruchtbaren Zusammenarbeit zwischen dem Europäischen Romanik Zentrum und dem Landesamt für Denkmalpflege und Archäologie Sachsen-Anhalt (LDA), der Stiftung Dome und Schlösser in Sachsen-Anhalt sowie dem Kultusministerium des Landes zu verdanken. Sie zählten auch zu den Kooperationspartnern bei der Ausgestaltung des Domjubiläumsjahres. Vor Ort hat uns dankenswerterweise die Stadt Magdeburg und das Kulturhistorische Museum mit der Zurverfügungstellung der Tagungsräumlichkeiten unterstützt.

Der Verlag Schnell & Steiner war auf Anhieb bereit, den Tagungsband in sein Programm aufzunehmen. Ohne die finanzielle Unterstützung des Landesamtes für Denkmalpflege und Archäologie Sachsen-Anhalt und der Stiftung Dome und Schlösser in Sachsen-Anhalt und den auch persönlichen Einsatz der beiden Direktoren jener Institutionen, Harald Meller und Boje E. Hans Schmuhl, hätte der Tagungsband nicht in der vorliegenden Form publiziert werden können. Für die Redaktion der Beiträge zeichnen neben den Herausgebern Nicole Thies und Judith Schenkluhn verantwortlich. Eine gründliche Betreuung von Seiten des Verlages übernahmen Elisabet Petersen und Carola Eckl. Das Register hat Jan Skrzypkowski erstellt. Sie alle trugen zum Gelingen des Projektes bei, und ihnen sei an dieser Stelle aufs herzlichste gedankt.

Abschließend möchten sich die Herausgeber noch einmal bei allen Autoren bedanken. Wir freuen uns sehr, nach zwei Jahren die Tagungsergebnisse in diesem Band vorlegen zu können.

Halle (Saale), im Oktober 2011

PROLEGOMENA – DER MAGDEBURGER DOM IN GESCHICHTE UND FORSCHUNG

GERD ALTHOFF

Die Kathedrale als Begegnungsort von Religion und Politik: Das Beispiel des Magdeburger Domes

Wir besitzen eine ganze Reihe unterschiedlicher Nachrichten, die zeigen, dass seit der Zeit des ersten sächsischen Kaisers der Magdeburger Dom den kirchlichen Zentralort des östlichen Sachsen bildete. Darüber hinaus war er auch ein Ort, den die Könige gerne nutzten, um ihre Herrschaft einer mittelalterlichen Öffentlichkeit zu präsentieren und damit ‚Politik' zu machen.[1]

Im Dom wurde nämlich nicht nur die christliche Liturgie gefeiert. Häufig sah er zudem in seinem Innern und vor seinen Mauern verschiedenste öffentliche Akte der Repräsentation, der Darstellung und Zurschaustellung von Herrschaft. In dieser Funktion war er nicht selten auch ein Ort, an dem Konflikte beigelegt wurden, manchmal aber auch zum Austrag kamen, kurz: Der Dom war ein Zentralort nicht nur für die Ausübung der christlichen Religion, sondern auch für die Selbstdarstellung der Herrschaftsform, die man heute gern als Sakralkönigtum bezeichnet.[2]

Die Spannung, die aus dieser Doppelfunktion des Domes resultieren konnte, darzustellen und verständlich zu machen, ist das Ziel meines Beitrags. Und ich denke, es ist ein sinnvoller Beitrag zu den Veranstaltungen und Feiern, die an die 800ste Wiederkehr der Grundsteinlegung des Domes erinnern, der den älteren, mehrfach umgebauten ottonischen Dom im Jahre 1209 ablöste, nachdem dieser 1207 abgebrannt war.

Bis dahin aber hatte der Dom bereits eine durchaus bewegte Geschichte gehabt und häufiger im Mittelpunkt durchaus spektakulärer Ereignisse gestanden, die viel über die Eigenart mittelalterlicher Herrschaftsausübung aussagen. Ich hoffe daher, mit meinem Beitrag über die Begegnungen von Religion und Politik im und am Magdeburger Dom auch beizutragen zu einem besseren Verständnis für die von religiösen Einflüssen dominierte Politik des Mittelalters. Zunächst aber seien so knapp wie möglich einige für das Verständnis wichtige Voraussetzungen angesprochen.

Mit Sakralkönigtum meint man ein Königtum, das seine Herrschaft auf die Gnade und auf die Hilfe Gottes gründete. Dieses Königtum benötigte aber auch den Konsens mit seinen wichtigsten geistlichen und weltlichen Partnern. Durch das Gottesgnadentum wie den Konsens der Getreuen verstärkte das Sakralkönigtum seine Legitimation, handelte sich aber auch Verpflichtungen ein. Auf Gottes Gnade konnte man als König nur rechnen, wenn man die göttlichen Gebote einhielt und wichtige Partner an der Herrschaft beteiligte. Das gab den geistlichen Partnern der Könige, den Bischöfen vor allem, ein Mitsprache- und Kontrollrecht bei der Amtsführung der Könige – und dieses Recht nahmen sie auch wahr.[3]

Aber auch die weltliche Partner der Könige, der Adel, setzte ein Recht auf Mitsprache durch, das sich in häufigen Beratungen konkretisierte.[4] Den Rat relevanter Kräfte des Herrschaftsverbandes angemessen zu berücksichtigen, gehörte zu den elementaren Voraussetzungen königlicher Herrschaftsausübung des Mittelalters.

Ein Kräftedreieck von Königtum, Kirche und Adel bestimmte nämlich spätestens seit dem 9. und 10. Jahrhundert die Politik. Die Gewichte in diesem Dreieck waren durchaus umkämpft, wurden aber maßgeblich von der kirchlichen Doktrin bestimmt, wie christliche Herrschaft auszuüben sei. Das hieß aber nicht zuletzt: Sie hatte sich an den göttlichen Geboten auszurichten, was die Priester mahnend, warnend und notfalls auch strafend einforderten.

Diese Verpflichtungen wie die Vorrechte christlicher Königsherrschaft aber fanden ihren Niederschlag nicht zuletzt in einer Fülle demonstrativer Verhaltensweisen, durch die Könige öffentlich die Pflichten akzeptierten, die ihnen auferlegt waren, aber auch ihre Rechte einforderten.

In demonstrativ-rituellen Handlungen erkannten die Könige, aber auch die Adligen, immer wieder an, dass sie der Hilfe Gottes bedürftig seien und diese nur erlangen könnten, indem sie seine Erwartungen hinsichtlich ihrer Amts- und Lebensführung erfüllten. Und sie erkannten hiermit zugleich die Kontrollfunktion der Kirchenleute in diesen Fragen an.

Sie brachten aber genauso demonstrativ zum Ausdruck, was sie als ihre Rechte ansahen. Das geschah häufig in liturgischen oder paraliturgischen Zusammenhängen: in der Messe, in Prozessionen, in Gebeten oder bei Stiftungen. Folgerichtig fanden viele öffentliche Auftritte des Herrschaftsverbandes im Dom oder vor dem Dom statt, da Herrschaft sich die göttliche Legitimation in öffentlichen Aktionen immer wieder verschaffte und verschaffen musste.

Die 800-Jahr-Feier der Magdeburger Grundsteinlegung des neuen Domes gibt daher allen Anlass, sich zu vergegenwärtigen, wie die Magdeburger Dome diese Funktion, Schauplatz ordnungsstiftender und ordnungserhaltender Akte des Herrschaftsverbandes zu sein, im Laufe ihrer langen Geschichte erfüllten. So und nur so gerät auch in den Blick, wie sich der kirchliche Einfluss auf weltliche Herrschaft in konkreten Aktionen niederschlug und welche Wirkung er entfaltete.

Erst aus dieser Perspektive tritt ja ein ganz wichtiges Charakteristikum mittelalterlicher Herrschaft vor Augen: Ordnung wurde im Mittelalter weniger durch schriftlich fixierte Bestimmungen wie Gesetze oder Erlasse begründet und aufrechterhalten als vielmehr durch öffentliche Akte der politisch führenden Personengruppen. In demonstrativen öffentlichen Akten zeigte man, dass die Gebote Gottes die Richtschnur des eigenen Handelns bildeten; dass man als Sünder Gottes Hilfe und Gnade bedürfe; dass man seine Sünden bereue und bereit zur Buße sei; man zeigte aber auch, welchen Rang Personen im Herrschaftsverband einnahmen; welche Rechte und Pflichten sie hatten; dass Frieden und Freundschaft herrschten und weiter herrschen sollten. Für all dies – und einiges andere mehr – gab es festgelegte Verhaltensmuster, Codes und Symbole.[5]

Umgekehrt ließ sich angesichts dieser Art, öffentlich zu kommunizieren, auch kaum verheimlichen, wenn Verhältnisse gestört waren oder wenn jemand mit den herrschenden Verhältnissen unzufrieden war. Dann verweigerte man nämlich die Zeichen und Handlungen, die Bindungen und Verpflichtungen begründeten oder verlängerten. Konflikte kündigten sich daher häufig dadurch an, dass die öffentlichen Auftritte der Führungsschichten misslangen oder erst gar nicht stattfanden. Wir werden an Beispielen sehen, wie das alles im Einzelnen aussah.

Mein Beitrag hat also zwei Hauptziele: an Vorgängen in und um den Magdeburger Dom einmal zu zeigen, wie durchdrungen von christlichem Gedankengut und christlichen Wertvorstellungen Herrschaft im Mittelalter war. Und zweitens einen lebendigen Eindruck zu vermitteln, wie durch öffentliche Handlungen vor und in den Kathedralen die Herrschenden diese Werte und Normen als für ihre Amts- und Lebensführung verpflichtende Vorgaben akzeptierten. Sie versprachen durch Handlungen, in der Zukunft ihr Verhalten an diesen Normen und Werten auszurichten. Wie aber kann man durch Handlungen Versprechungen abgeben?

Aus der Geschichte des Magdeburger Domes ist reiches Material zu diesem Thema überliefert, das ich nur in einigen Fällen durch Beispiele aus benachbarten Kathedralen, vor allem aus Halberstadt und Merseburg, ergänzen werde. Man könnte aber aus ganz Europa vergleichbare Beispiele anführen, wenn auch für eine einzelne Kathedrale kaum in vergleichbarer Dichte, wie sie für Magdeburg vor allem, aber nicht nur aus der Ottonenzeit überliefert sind.

In der folgenden Darstellung konzentriere ich mich auf die hochmittelalterlichen Jahrhunderte, also die Zeit vom 10. bis zum 13. Jahrhundert, in der Religion und Politik – man kann auch sagen Kirche und Staat – besonders eng miteinander verflochten waren. In dieser Zeit zeichnete sich die Magdeburger Kirche teilweise durch große Königsnähe, teilweise aber auch durch Königsferne aus. Folgerichtig ist aus der Zeit der Salier und der frühen Staufer weit weniger Material überliefert als etwa aus der Ottonenzeit. Magdeburg war in diesen Zeiten kein Ort, an dem das Königtum häufiger sich selbst und seine Herrschaft repräsentiert hätte. Dazu waren die Verhältnisse zu zerrüttet!

Auch mit dieser zeitlichen Beschränkung bleibt aber die Aufgabe schwierig, denn das Verhältnis von Religion und Politik, von Kirche und Welt im Mittelalter beruht auf Voraussetzungen, die uns heute fremd geworden sind. Unsere Mentalität ist geprägt von Wertvorstellungen, Normen und Erfahrungen, die die Trennung von Staat und Kirche als Errungenschaft und als Fortschritt begreifen. Sie ist überdies geprägt von Prozessen der Ausdifferenzierung, durch die Religion, Politik und Recht getrennte Bereiche mit definierten Zuständigkeiten und Hierarchien wurden. Die moderne Theorie und Praxis der Gewaltenteilung im Staat unterscheidet ja strikt zwischen Legislative, Exekutive und Judikative. Die Religionen und Kirchen haben in diesem Kräftedreieck der staatlichen Gewalten keinen Platz.

Für das Mittelalter ist es dagegen ebenso unmöglich, den Rechtsbereich sauber von der Politik zu trennen wie beide Bereiche von dem religiösen. Wie alle drei Bereiche vielmehr ineinander verschränkt waren, wird an den Beispielen, die ich gleich diskutieren werde, unschwer erkennbar.

Man wird immer wieder bemerken, wie unbefriedigend und unzureichend eine Zuordnung wäre, die religiöse, politische und rechtliche Aktionen im Mittelalter voneinander zu trennen versuchte. Ich möchte daher bewusst herausarbeiten, dass die öffentlichen Aktionen vor und in dem Dom religiöse, politische sowie rechtliche Dimensionen vermischen und es verfehlt wäre, sie nur einer der genannten Sphären zuordnen zu wollen. Zwar scheint in den folgenden Beispielen auf den ersten Blick häufig die religiöse Dimension zu dominieren, doch bin ich zuversichtlich, dass es gelingen wird, auch die politischen und rechtlichen Dimensionen des Geschehens verständlich zu machen. Dabei ist es keine Willkür, sondern verdankt sich der Überlieferung, dass die meisten der folgenden Beispiele ein prozessionsähnliches Geschehen behandeln. Hinter der formalen Ähnlichkeit verbergen sich jedoch ganz unterschiedliche Inhalte.

Gleich beim ersten Besuch Ottos des Großen in dem neu gegründeten Erzbistum Magdeburg kam es zu öffentlichen Auftritten des Herrschers, die in unserem Zusammenhang von Interesse sind. Der Besuch fand erst im Jahre 973 statt, weil sich der Herrscher zuvor acht Jahre in Italien aufgehalten hatte und die Gründung des Erzbistums ohne seine Anwesenheit vonstattengegangen war.[6] Wir kennen Einzelheiten des ersten Besuchs aus der Chronik des Bischofs Thietmar von Merseburg, die aus verschiedenen Gründen eine Fundgrube für unser Thema abgibt.[7]

Der Bischof erzählt knapp und präzise von folgendem Geschehen am Palmsonntag in Magdeburg, einem Tag, den die ottonischen Könige übrigens häufig in Magdeburg festlich begingen, ehe sie dann das Osterfest in Quedlinburg feierten.

„Nachdem Otto alle feindlichen Truppen niedergeworfen hatte, kehrte er nach beschwerlicher Reise über die Alpen zurück und besuchte Bayern. Dort traf er mit Bedacht seine Anordnungen und zog dann geradewegs nach der Stadt Magdeburg, wo er das Fest der Palmenweihe feierlich beging. Wie gewöhnlich an allen Festtagen ließ er sich in prunkvoller Prozession von Bischöfen und anderen Priestern ihrem Range nach mit Kreuzen, Heiligenreliquien und Rauchfässern zur Vesper, Matutin und Messe in die Kirche geleiten. Hier stand und saß er in großer Gottesfurcht, die ja der Anfang aller Weisheit ist, und sprach bis ans Ende des gesamten Gottesdienstes nur Gebete. Bei der Rückkehr in seine Wohnräume ließ er sich und seinem großen Gefolge von Priestern, Herzögen und Grafen viele Kerzen vorantragen. Am folgenden Tage übergab er zum Heile seiner Seele Gott und dem unbesieglichen Heerführer Mauritius unbeschreiblich reiche Geschenke an Gütern, Büchern und anderem königlichen Gerät. Auch bestätigte er in Anwesenheit und mit Zustimmung der Kaiserin und seines Sohnes sowie mit dem Zeugnis aller anwesenden Christgläubigen alle Rechte der Vögte und überreichte Schenkungsurkunden."[8]

Man hat gewiss gute Gründe, sich verwundert zu fragen, was an den berichteten öffentlichen Auftritten des Herrschers politische Dimensionen haben soll. Im Vordergrund aller Aussagen Thietmars steht doch eindeutig die religiöse Dimension des Geschehens. Der Kaiser kam ja seiner Verpflichtung zum Besuch der liturgischen Feiern und Andachten nicht nur einmal am Tag sondern dreimal nach. In der Kirche beschäftigte er sich ausschließlich mit Andacht und Gebet. Unterstrichen wurde der Stellenwert der religiösen Verpflichtungen sogar noch dadurch, dass ihn im öffentlichen Zug die Spitzen seines Herrschaftsverbandes begleiteten. Auch durch seine Schenkungen und Privilegierungen sorgte er für sein Seelenheil und erfüllte so zugleich seine Pflichten als Förderer der Kirche. Wenn man etwas aus dieser Darstellung folgern darf, so könnte man argumentieren, dass es der demonstrative Vorrang wäre, den Otto an diesem Tag seinen religiösen Verpflichtungen einräumte. Folgerichtig erwähnt Thietmar politische Aktivitäten scheinbar gar nicht. Hier wird, anders ausgedrückt, das Idealbild eines christlichen Herrschers gezeichnet, für den nichts wichtiger war als die Erfüllung seiner Pflichten der Verehrung Gottes und der Förderung der Kirche.

Dass diese Einschätzung zu kurz greift, wird erst dann deutlich, wenn man das, was Thietmar in seiner Chronik eine Seite zuvor erzählt, in die Interpretation einbezieht. Dies habe ich bisher ausgelassen, um einen gewissen Spannungsbogen aufzubauen. Dort berichtet Thietmar nämlich, was kurze Zeit zuvor im Magdeburger Dom und in der Bischofspfalz passiert war:

„Währenddessen [gemeint ist Ottos Aufenthalt in Italien] führte Herzog Hermann die Regentschaft in Sachsen. Anlässlich eines Hoftags in Magdeburg empfing und geleitete ihn der Erzbischof [also Adalbert] an der Hand in die Kirche, während Kerzen angezündet waren und alle Glocken läuteten. Meinen Großvater Heinrich [den Markgrafen von Stade], der sich solcher Anmaßung, solchem Hochmut [superbia] widersetzte, suchte der Herzog vergeblich durch List in seine Gewalt zu bekommen, denn ihn schützte eine große Kriegerschar. Da befahl er ihm, nach Rom zum Kaiser [Otto] zu gehen. Das tat dieser sehr gerne, zog über die Alpen und als er zum Kaiser kam und ihn erblickte, warf er sich zu Boden. Auf die Frage, warum er das tue, entgegnete er unter Tränen: ‚Er sei vor ihm beklagt und fürchte, seine Gnade und gewohnte Huld verloren zu haben'. Sogleich hob ihn der Kaiser auf, küsste ihn und untersuchte mit Bedacht die einzelnen Punkte. So erfuhr er vom Vergehen des Herzogs, wie er inmitten der Bischöfe bei Tisch den Platz des Kaisers eingenommen und in dessen Bett geschlafen habe. Da befahl der erhabene Caesar in mannhafter Empörung Erzbischof Adalbert durch ein Schreiben, ihm so viele Pferde zu senden, wie er dem Herzog habe Glocken läuten und Kronleuchter anzünden lassen."[9]

Was ist nach dieser Erzählung auf einem Hoftag passiert, den man während der Abwesenheit des Kaisers nach Magdeburg einberufen hatte? Erzbischof Adalbert hatte den Stellvertreter Ottos in Sachsen, Herzog Hermann Billung, mit dem königlichen Empfangszeremoniell geehrt, hatte ihn unter dem Geläut aller Glocken an der Hand in die Kirche geleitet, wo die Kerzen auf allen Kronleuchtern angezündet waren; der Herzog hatte danach in der Mitte der Bischöfe auf dem Platz des Kaisers gesessen und sogar in des Kaisers Bett geschlafen.

Die Reaktion Ottos wird als mannhafte Empörung bezeichnet, während sich in Magdeburg außer Markgraf Heinrich niemand über diese Anmaßung aufgeregt zu haben scheint. Aktiv betrieben haben sie aber zumindest Erzbischof Adalbert und Herzog Hermann unter Mitwirkung namentlich nicht bekannter Bischöfe. Großes Unrechtsbewusstsein scheinen sie nicht besessen zu haben, denn Herzog Hermann schickte den Markgrafen ja zum Kaiser, damit dieser erfahren sollte, was in Magdeburg geschehen war.

Man muss berücksichtigen, dass Otto zu diesem Zeitpunkt sein neu gegründetes Erzbistum noch gar nicht besucht hatte, um zu ermessen, welche Dimension dieser königliche Empfang und die königliche Behandlung des Herzogs hatten.

Ottos Reaktion lässt kaum einen Zweifel daran zu, dass dieser Empfang eine Provokation des Herrschers bedeutete und auch so gemeint gewesen sein muss, wenn man nicht dem Erzbischof und dem Herzog Ungeschicklichkeiten unterstellen will, die angesichts ihrer Erfahrung eigentlich undenkbar sind. Welche politische Botschaft aber brachte dieser Empfang im Dom und in der Bischofspfalz zum Ausdruck?

Ich halte es für naheliegend, dass man durch die Usurpation des königlichen Zeremoniells Otto mahnend darauf aufmerksam machen wollte, dass ein so lange abwesender König seine Pflichten verletzte. Otto hatte sich immerhin seit 961 fast ausschließlich in Italien aufgehalten und Sachsen in dieser Zeit nur einmal relativ kurz besucht. In Magdeburg war er wohl seit zwölf Jahren nicht mehr gewesen, obgleich dort seine erste Gemahlin Edgith ruhte.

Wie immer aber die Botschaft dieser Provokation genau lautete, dass sie Ottos Verhalten nachhaltig beeinflusste, zeigt sich nicht nur daran, dass er sofort in den Norden aufbrach und sogar den Plan eines Kriegszugs gegen die Sarazenen an der Côte d'Azur fallen ließ, als er von dem Magdeburger Geschehen Kenntnis erhalten hatte.

Die drei Prozessionen, die er am Palmsonntag veranstalten ließ, zeigen aber auch: Die eingangs geschilderte Feier des Palmsonntags mit ihren mehrfachen Prozessionen in die Kirche bekommt erst durch diese Vorgeschichte eine zusätzliche, und zwar politische Dimension: Mit Otto nutzte nun derjenige das königliche Zeremoniell des Einzugs in die Kathedrale, dem es eigentlich vorbehalten war, und derjenige, der es zuvor usurpiert hatte, war auf seinen angestammten Platz zurückversetzt. Herzog Hermann wird ja mit einiger Sicherheit unter den Herzögen gewesen sein, die den Herrscher dreimal am Tag in die Kirche begleiteten. Jeder, der diese Prozessionen zum

Dom sah, und von dem Empfang Hermanns wusste, der ein oder zwei Jahre zuvor stattgefunden hatte, konnte sich seinen Reim darauf machen, was hier öffentlich zum Ausdruck kam: Herzog Hermann war in die Schranken gewiesen und mit ihm gewiss Erzbischof Adalbert. Übrigens ist dieser Herzog Hermann wenige Tage nach diesem Palmsonntag verstorben, was aber Zufall sein kann oder sein dürfte.[10]

Die geschilderten Prozessionen hatten also eine erhebliche politische Dimension und Brisanz, auf die der Berichterstatter Thietmar zwar nicht ausdrücklich hinweist, die er aber durch seine Anordnung der beiden Episoden direkt hintereinander für diejenigen deutlich markiert, die sich in der Logik symbolischen Handelns auskennen. Und das taten seine Zeitgenossen ganz sicher. Diese Interpretation lässt sich durch weitere Beobachtungen absichern.

Gerade Prozessionen in den Dom dienten zu verschiedenen Zeiten und Gelegenheiten dazu, eminent politische Aussagen zu veröffentlichen. So hören wir etwa nicht selten davon, dass zu kirchlichen Hochfesten bei Prozessionen des Herrschers in den Dom ein hochrangiger Adliger dem König oder Kaiser das Schwert vorantrug, während sich die übrigen Großen in der Prozession hinter dem Herrscher nach ihrem Rang formierten. Es fragt sich daher, was mit diesem demonstrativen Dienst symbolisch zum Ausdruck gebracht werden sollte. Diese Frage sei an einigen konkreten Beispielen behandelt, die begründete Zweifel aufkommen lassen, ob es sich hier wirklich um eine ehrende Auszeichnung derjenigen handelte, die das Schwert des Königs trugen, wie es die moderne Forschung lange Zeit angenommen hat.[11]

Das erste Beispiel ist weithin bekannt: Beim Weihnachtsfest des Jahres 1199, das der Staufer Philipp in Magdeburg feierte, fungierte der sächsische Herzog Bernhard als ein solcher Schwertträger des staufischen Königs.[12] Diese Weihnachtsfeier war wohl bewusst und provokativ in die Nähe der braunschweigischen Stammlande des Welfen, Ottos IV., gelegt worden. Dieser war im Jahre 1198 von seinen Anhängern ja gleichfalls zum König gewählt worden. Beide Herrscher lieferten sich dann eine zehnjährige Auseinandersetzung um die Königsherrschaft – die Weihnachtsfeier Philipps in Magdeburg bedeutet einen ersten Höhepunkt dieses Kampfes um die Krone.

Die Magdeburger Feier hat in mehreren Zeugnissen intensiven Niederschlag gefunden. Nicht zuletzt hat sie sich dadurch bis heute ins kulturelle Gedächtnis eingebrannt, dass sie Walther von der Vogelweide in seinem ersten Philippston besang und neben Philipps königlichem Verhalten vor allem die Schönheit seiner Gemahlin hervorhob, die er als „Rose ohne Dornen und Taube ohne Galle" pries.[13]

Im Zentrum aller Berichte aber steht die Prozession in den Dom, die vom heftigen Applaus der zahlreichen Zuschauer begleitet worden sei. Ansonsten wird die reiche Kleidung, das herrschaftliche Auftreten und die Harmonie der Teilnehmer am Fest gerühmt, was zum Ausdruck bringen soll, wie geeignet Philipp für die Königswürde war. Es wird in diesem Fall übrigens, was ausgesprochen selten ist, konkret gesagt, dass der Kanzler König Philipps für die Inszenierungen verantwortlich war und alle öffentlichen Akte genauestens geplant hatte.[14] Äußerungen zur Bedeutung des Schwertträgerdienstes und der Person, die ihn ausführte, finden sich in den Quellen dagegen nicht. Seine Rolle und ihr Sein erschließt sich erst, wenn man vergleichbare Fälle in die Überlegungen einbezieht.

Bereits zum Jahre 1013 berichtet aber der schon genannte Thietmar von Merseburg von einem Friedensschluss zwischen König Heinrich II. und dem Fürsten der Polen, Boleslaw Chrobry, der erbitterte kriegerische Auseinandersetzungen beenden sollte. Dieser Frieden wurde am Pfingstfest in Merseburg geschlossen. Thietmar hält als Augenzeuge des Geschehens Folgendes für berichtenswert: „Am Vortage des Pfingstfestes erschien, gesichert durch daheim zurückgehaltene Geiseln, auch Boleslaw. Er wurde aufs Beste empfangen. Am hl. Pfingsttag selbst wurde er durch Handgang Vasall [des Königs], und nach der Eidesleistung diente er dem König, während dieser unter der Krone zur Kirche schritt, als Schwertträger. Am Montag versöhnte er den König durch Überreichung großer Geschenke von sich und seiner Gemahlin. Dann erhielt er aus königlicher Freigiebigkeit noch viel bessere und größere Gegengaben sowie das lang ersehnte Lehen."[15]

Hier ist der Schwertträgerdienst neben dem Handgang und dem Vasalleneid eine Leistung, die das Ende eines Konflikts markiert und das neue Verhältnis der Protagonisten begründet: Es ist ein Lehnsverhältnis und damit ein Verhältnis der Über- und Unterordnung. Normalerweise hören wir in vergleichbaren Fällen der Konfliktbeendigung von einem Akt der Unterwerfung vor dem König, der in der Regel in einem Fußfall bestand.[16] Davon ist hier nicht die Rede. Handgang, Lehnseid und Schwertträgerdienst scheinen als symbolischer Ausdruck der Unterordnung ausreichend gewesen zu sein. Man könnte auch sagen: Zu mehr Unterordnung war der im Kampf unbesiegte Pole nicht bereit! Ob aber der Schwertträgerdienst eine Ehrung des Polen beabsichtigte, ist damit keineswegs gesagt.

Etwas ganz Ähnliches wird zum Jahr 1134 berichtet, als Kaiser Lothar das Osterfest in Halberstadt feierte und dort der Dänenkönig Magnus erschien. Auch diese Begegnung beendete einen Konflikt. Magnus leistete zunächst ebenfalls einen Lehnseid, wonach ihn Lothar mit einer Krone und mit königlichen Gewändern auszeichnete. Dann aber schritt der Däne am nächsten Tag, angetan mit diesen königlichen Insignien, der Prozession Lothars und der Großen zur Kirche als Schwertträger voran.[17]

Nicht anders praktizierte man es ein Jahr später, 1135, als Herzog Boleslaw III. von Polen nach Merseburg kam, um sich mit Lothar auszusöhnen. Wieder leistete der Pole zunächst den Handgang und wurde Lehnsmann des Kaisers, dann fungierte er beim Zug des Herrschaftsverbandes in den Dom als Schwertträger.[18]

Wie schwer dem Polen diese Akte der Unterordnung gefallen sein müssen, kann man daran ermessen, dass ihm anschließend auf ausdrücklichen Befehl des Kaisers ein festlicher Empfang in Magdeburg gewährt wurde. Dies empfanden aber die Magdeburger als eine Zumutung und notierten in ihren Annalen, „dass sie seit den Zeiten Hermann Billungs niemanden mehr so empfangen hätten, und Hermann Billung sei doch jemand gewesen, dem viel mehr Ehrerbietung gebührt habe als ‚diesem Slawen und Fremden'".[19] Selbst der Empfang Herzog Hermanns aber habe Otto den Großen empört, fügen die Magdeburger an, eine Äußerung, die wohl das Ungehörige im Verlangen Kaiser Lothars verstärken sollte.

All diese Beispiele, die sich aus anderen Regionen noch leicht vermehren ließen, deuten damit auf die gleichen politischen Absichten, die mit dem Schwertträgerdienst in den Prozessionen der Könige veröffentlicht wurden. Die Könige verpflichteten auf diese Weise Magnaten zu Unterordnung und Dienst. Dies aber taten sie ausschließlich in solchen Fällen, in denen Zweifel herrschten, ob die jeweiligen Schwertträger zu dieser Unterordnung und zum Dienst bereit waren. Durch ihr öffentliches Schwerttragen haben sie aber diesen Zweifel behoben und sich für die Zukunft auf den Dienst verpflichtet. Und das war der politische Sinn dieses Rituals, das die Absicht der Disziplinierung des unbotmäßigen oder unzuverlässigen Lehnsmannes gewissermaßen in der feierlichen Prozession in die Kathedrale versteckte und so für den Betroffenen erträglicher machte. Für die Wissenden dürfte es jedoch bekannt gewesen sein, welche Botschaft hier verkündet wurde. Eine Ehrung war jedenfalls nicht beabsichtigt.

Es ist noch nachzutragen, dass es sich auch bei dem Herzog Bernhard von Sachsen, der 1199 in Magdeburg das Schwert König Philipps trug, um jemanden handelte, dessen Dienstbereitschaft für den Staufer keineswegs über jeden Zweifel erhaben war. Schließlich war er im Jahr zuvor selbst noch ein ernster Kandidat der anti-staufischen Partei für den Königsthron gewesen. Erst vor kurzer Zeit hatte sich Herzog Bernhard dazu entschlossen, auf eine eigene Kandidatur zu verzichten und stattdessen den Staufer zu unterstützen. Es gab in Magdeburg also allen Anlass, seiner Kehrtwendung zu einer loyalen Unterstützung des Staufers demonstrativ Ausdruck zu geben. Dafür bot der Schwertträgerdienst die eingeführte Form. Der politische Inhalt ließ sich in den liturgischen Formen der Prozession problemlos transportieren.

Es gab aber auch Prozessionen ganz anderen Charakters, deren Ziel der Dom war. Großen Eindruck hat gewiss jene gemacht, die im strengen Winter des Jahres 1004 vom Kloster Berge in den Magdeburger Dom führte. Sie diente dem Zwecke, Reliquien des hl. Mauritius in den Dom zu überführen, die König Heinrich II. bisher in der königlichen Kapelle aufbewahrt hatte und nun der Domkirche schenkte. Spektakulärer noch als diese Schenkung aber dürfte die Tatsache gewesen sein, dass Heinrich II. in der Prozession selbst die Reliquien trug und dies trotz des strengen Winters barfuß tat.[20] Man muss ihn sich, wie in anderen Fällen, in der Prozession auch wohl mit einem Büßergewand bekleidet vorstellen, was aber nicht konkret überliefert ist.

Barfuß und im Büßergewand stellten sich Könige im 10. und 11. Jahrhundert nämlich gar nicht so selten dar, doch erregte jeder dieser Auftritte großes Aufsehen.[21] Daher fragt sich, welche Botschaft die Könige mit diesem Aufzug aussenden wollten. Die Antwort ist relativ einfach: Sie verweisen mit diesen Attributen darauf, Sünder zu sein und Buße tun zu wollen, und sie verweisen durch ihre freiwillige Selbsterniedrigung auf ihre Demut, die

Voraussetzung jeder Erhöhung war. Sie baten Gott um Verzeihung für ihre Sünden und verdienten sich durch diese Selbstdemütigung seine Hilfe.

Das konnte aus aktuellem Anlass geschehen, benötigte aber nicht unbedingt eine vorhergehende schwere Sünde, da der König wie der Mensch allgemein ja häufig fehlte. Die Frage, ob Heinrich II. mit dieser Schenkung der Reliquien und seiner demonstrativen Beteiligung an der Überführung des Geschenkes Abbitte für eine konkrete Sünde leisten wollte, ist denn auch bis heute nicht geklärt. Immerhin aber hatte er im Jahr zuvor ein Bündnis mit den heidnischen Liutizen gegen die christlichen Polen geschlossen. Das wurde in Magdeburg, in Sachsen und darüber hinaus durchaus als schwere Sünde aufgefasst. Ob es diese Sünde war, für die der Herrscher Buße tat, ist jedoch nicht zu sichern.[22]

Dagegen liegt die Sünde, für die Otto der Große im Jahre 965 mit einer barfüßigen Prozession zum Bischof von Halberstadt büßen wollte, laut einer in Halberstadt noch im 10. Jahrhundert aufgeschriebenen Erzählung klar auf der Hand. Er wollte für seinen sündhaften Plan büßen, das Bistum Halberstadt zu schädigen.[23] Die Sünde bestand nach dortiger Auffassung darin, dass er Halberstädter Gebiet für die Gründung Magdeburgs entfremden wollte. Die Geschichte ist so ungewöhnlich und unglaublich, dass sie die moderne Forschung lange nicht ernst genommen hat und sie, namentlich in Arbeiten, die sich mit Magdeburg beschäftigen, gar nicht erwähnt wurde.

Sie muss aber hier erzählt werden, auch wenn es alles andere als sicher ist, dass sich die Dinge so ereigneten wie in Halberstadt dargestellt. Die Geschichte zeugt aber in jedem Fall von Halberstädter Vorstellungen bezüglich einer angemessenen Herrscherbuße und ihren demonstrativen Ausdrucksformen. Doch zunächst die Geschichte aus den Gesta, den Taten der Halberstädter Bischöfe:

Otto habe, so wird dort breit ausschmückend erzählt, im Jahre 965 in Quedlinburg bei einem Hoftag sozusagen die Nerven verloren, und den Bischof Bernhard von Halberstadt eingekerkert, der seine unbedingt nötige Zustimmung zu der Gründung des Erzbistums Magdeburg hartnäckig verweigert hatte. Nachdem Bernhard daraufhin aus diesem Gefängnis heraus den Kaiser exkommuniziert hatte, hätten ihn zunächst alle als einen Greis ohne Verstand verlacht, ihn jedoch schließlich aus dem Kerker befreit und nach Halberstadt zurückkehren lassen. Der Kaiser sei ihm mit seinen Großen gefolgt, doch habe ihm Bischof Bernhard in Halberstadt den königlichen Empfang verweigert, da er ja exkommuniziert sei. Da sei Otto durch göttliche Eingebung eines Besseren belehrt worden, habe seinen Einzug in Halberstadt in Art der Büßer und mit bloßen Füßen gehalten und sich dem Bischof zu Füßen geworfen und dann auch dessen Absolution erhalten. Erst danach sei er in Halberstadt wie ein Kaiser eingezogen und habe dort in allen Ehren das Osterfest gefeiert. Hierbei habe er versprochen, zu Bernhards Lebzeiten nie wieder auf den Plan der Gründung Magdeburgs zu sprechen zu kommen.[24] In der Tat wurde Magdeburg ja erst gegründet, als der Bischof 968 verstorben war. Von dieser Logik lebt die Geschichte.

Selbst wenn diese Geschichte aber das tatsächliche Geschehen bis zur Unkenntlichkeit verzerrt, ist sie für uns von Interesse. Sie schildert Verhalten eines Herrschers, das im 10. Jahrhundert zumindest so denkbar gewesen sein muss, wahrscheinlich sogar für angemessen gehalten wurde, wenn es schwere Sünden zu sühnen galt. Die Geschichte lebt aber auch von dem Wissen, dass die Dome als Anlaufstellen für solche Demutsbezeugungen oder Bußübungen fungierten. Ihre Glaubwürdigkeit steht und fällt mit der Tatsache, dass den Zeitgenossen das geschilderte Verhalten des Herrschers plausibel erschien. Sie gibt also unabhängig davon, ob sie wirklich passiert ist, Zeugnis davon, dass man derartig spektakuläre Bußaktionen des Herrschers vor einer großen Öffentlichkeit für möglich hielt und dass der Dom ein geeigneter Ort für diese Aktionen war.

Eine große Öffentlichkeit wird auch zugeschaut haben, als man in Magdeburg einen Skandal bereinigte, der sich wohl im Jahre 997 in Quedlinburg ereignet hatte. Während der Abwesenheit Kaiser Ottos III. in Italien hatte nämlich der sächsische Graf Werner mit adligen Freunden aus Quedlinburg eine Kanonisse entführt, die ihm zuvor zwar anverlobt war, doch hatte ihr Vater, Markgraf Ekkehard von Meißen, dann offensichtlich Besseres mit ihr vor, worauf der enttäuschte Bräutigam seinerseits Fakten schuf. Nach der Entführung fragten Vermittler die Entführte zunächst, ob sie es vorziehe, bei ihrem Entführer zu bleiben. Als sie dies bejahte, verständigte man sich auf folgende Konfliktlösung: Graf Werner sollte sich mit allen seinen Helfern barfüßig in Magdeburg einfinden und so der Äbtissin Mathilde die Braut wieder ausliefern. Dies tat er dann auch vor einer „sehr zahlreich erschienenen Menge."[25]. Es wird von Thietmar zwar nicht gesagt, wo die Übergabe stattfand, alles spricht angesichts sonstiger Gewohnheiten aber dafür, dass sie am oder im Dom übergeben wurde.

Der Merseburger Bischof schließt die Erzählung mit dem Satz: „Die ehrwürdigste Mathilde nahm Liutgard nach Abschluss des Colloquiums mit sich, nicht um sie festzuhalten, sondern um sie in ihrer Gottesfurcht zu stärken."[26] Später erlaubte man den beiden dann doch zu heiraten.

Während die Barfüßigkeit und das Bußgewand bei den zitierten Gelegenheiten Genugtuungsleistungen darstellten, mit denen man Gott zu versöhnen versuchte, verraten andere Genugtuungsleistungen ihre weltliche Herkunft, auch wenn sie in Prozessionen oder Zügen zu beobachten sind, die ihren Höhepunkt und ihr Ziel am Portal des Domes hatten. Damit meine ich die Schmachstrafe des Hundetragens, die unter anderem auch zweimal für Magdeburg bezeugt ist.[27] Und zumindest einmal war das Ziel der Hundeträger der Dom!

Im Jahre 1202 erzählt der Geschichtsschreiber Arnold von Lübeck nämlich von der Sühne einer Blendung, die durch das Tragen von Hunden geleistet wurde. Ein Bruder des Magdeburger Burggrafen hatte den Domdechanten Heinrich, der im Thronstreit nach 1198 auf der anderen Seite stand, mit zahlreichen Helfern überfallen und blenden lassen. „Dieses Verbrechen wurde so gebüßt, dass Gerhard dem Verletzten 1000 Mark Silber zahlte, der Domkirche von seinen Gütern eine Rente von 100 Mark zuschrieb, ihr auch samt vielen Edlen Huldigung leistete, und nebst 500 Rittern eine ritterliche Strafe erduldete, die nämlich darin bestand, dass jeder Ritter von dem Orte, wo die Missetat verübt worden war, bis an die Pforten des Domes einen kleinen Hund tragen musste."[28]

Arnold sagt nicht, ob diese Konfliktbeilegung durch eine gütliche Einigung der betroffenen Parteien oder durch ein Urteil, etwa des Erzbischofs, zustande kam. Es fällt daher schwer zu entscheiden, ob hier eine rechtliche oder eine soziale Gewohnheit zur Anwendung kam. Es handelt sich aber um eine Strafpraxis aus dem weltlichen Bereich, nicht etwa um eine Kirchenbuße.

Was die Übeltäter mit dem Tragen des Hundes genau zum Ausdruck brachten, wird hier wie in anderen Fällen nicht gesagt und ist daher bis heute nicht wirklich entschlüsselt. In anderen Fällen wird betont, dass die Hunde groß und bissig waren und sich zuvor vollgefressen hatten. All dies spricht sehr dafür, dass bei dieser Prozedur eine entehrende Absicht im Vordergrund stand, denn man kann sich vorstellen, was ein bissiger und vollgefressener Hund tut, während er über Meilen von einem ihm fremden Menschen zum Portal des Domes getragen wird. Ich will das nicht im Einzelnen ausmalen, aber die Ehre und Würde der Krieger dürfte auf verschiedenste Art und Weise beschädigt und zum Gespött der Zuschauer geworden sein.

1202 war es aber nicht das erste Mal, dass solch eine Prozedur aus Magdeburg bezeugt ist. Schon 938 verurteilte Otto der Große die Hauptleute seines Gegners, des Herzog Eberhard von Franken, dazu, Hunde nach der königlichen Stadt Magdeburg zu tragen.[29] Man wird sich auch für diesen Zug die Magdeburger Hauptkirche dieser Zeit als Zielpunkt vorstellen dürfen. Dass auch hier eine entehrende Absicht im Vordergrund stand, macht der Zeuge Widukind von Corvey dadurch deutlich, dass er abschließend betont, auch nach dieser Prozedur und trotz der Geschenke des Herrschers nach überstandener Entehrung hätten die Betroffenen ihren Herzog nicht im Stich gelassen, sondern ihn bei all seinen Freveltaten gegen den Herrscher weiter unterstützt.

Um die Gemengelage religiöser, politischer und rechtlicher Demonstrationen und Aktionen in und vor dem Magdeburger und anderen Domen vorzuführen, habe ich bisher Aktivitäten in den Vordergrund gestellt, bei denen die Prozessionsform eine dominante Rolle spielte. In der Tat vermengten sich religiöse und politische Aspekte und Botschaften vor allem dann, wenn sich der Herrschaftsverband oder Teile von ihm aus den unterschiedlichsten Anlässen zu einer Prozession formten, die zum oder in den Dom strebte. Dies tat er des Öfteren, aus den verschiedensten Anlässen – und namentlich an kirchlichen Hochfesten.

Die Organisationsform der Prozession bot reichlich Gelegenheit, unterschiedlichste symbolische Botschaften auszusenden. Diese konnten ebenso an Gott wie an die Welt gerichtet sein, indem man seine Sündhaftigkeit und seine Bereitschaft zur Buße durch Haltung, Kleidung und auch durch entsprechende Emotionen wie Tränen zum Ausdruck brachte. Gerade die Könige bewiesen so ihre Eignung als Herrscher von Gottes Gnaden. Solche Botschaften besaßen eine Doppelnatur: Sie waren religiös wie politisch. Sie richteten sich gewiss zugleich an Gott und an die Welt.

Neben Bußleistungen beobachtet man aber auch Genugtuungsleistungen, die innerweltlicher Herkunft waren wie das Hundetragen. Mit ihnen sühnte man durch temporäre Entehrung vorherige Taten. Zudem aber war man auch in der Lage, in solchen Prozessionen Aussagen zum Rang der beteiligten Personen wie zu Fragen ihrer Über- und Unterordnung zu machen, wie ich es am Beispiel des Schwertträgerdienstes zu zeigen versucht habe. Er markiert eine der vielen symbolischen Handlungen im Zusammenhang der Prozessionen, deren Sinn sich nicht leicht erschließt, weil uns diese Art zu kommunizieren nicht mehr sehr vertraut ist.

Mit meiner Auswahl habe ich die symbolische Form in den Mittelpunkt gerückt, die im Mittelalter vielleicht am häufigsten genutzt wurde, um der Öffentlichkeit Botschaften zukommen zu lassen, die in die Zukunft wirken sollten. Damit wollte ich um Verständnis für die Eigenart mittelalterlicher Kommunikation werben, die ihre Ordnung, wie eingangs angesprochen, ganz wesentlich auf symbolische Handlungen gründete, mit denen Versprechungen für zukünftiges Verhalten gemacht wurden.

Das heißt konkret: Wer das Schwert des Königs bei der Prozession zum Dom getragen hatte, war ebenso zur unterordnenden Loyalität verpflichtet, wie derjenige seinen Platz in der Rangordnung akzeptiert hatte, der sich hinter den König in die Rangfolge der Magnaten einreihte. So waren politische Botschaften in liturgischen Akten ebenso enthalten, wie politische Akte liturgische Ausdrucksformen nutzen, was hier nicht an Beispielen gezeigt werden konnte, um sich nicht zu sehr vom Dom zu entfernen.

Die Konzentration auf einen Hauptaspekt machte es auch notwendig, auf eine Reihe von interessanten Einzelbeispielen zu verzichten, die das Zusammentreffen von Religion und Politik im Magdeburger Dom noch aus anderen Perspektiven hätten beleuchten können.

Einige signifikante und bekannte Beispiele sollen zum Schluss wenigstens andeuten, dass das Thema noch viel mehr Aspekte zu bieten hat:

Da gibt es einmal die Auseinandersetzungen Erzbischof Norberts mit den Magdeburger Bürgern, die im frühen 12. Jahrhundert im Dom stattfanden. Der Erzbischof wurde in der Kathedrale angegriffen, weil er es gewagt hatte, den seiner Ansicht nach durch Unkeuschheit der Bürger entweihten Dom neu zu weihen.[30] Da er Proteste der Bürger voraussah, wollte er mit seinen Klerikern die Neuweihe nachts und bei verschlossenen Türen durchführen. Dies hatte aber die Eskalation des Konfliktes zur Folge, denn der Erzbischof musste sich in der Kirche verschanzen, da die Bürger sie belagerten. Worin die Unkeuschheit der Bürger bestanden hatte, die diese ungewöhnlichen Maßnahmen nötig machte, ist übrigens nicht bekannt. Die Begebenheit gehört aber in den Kontext der unzähligen Auseinandersetzungen der Bürger von Bischofsstädten mit ihren Bischöfen, die nicht selten gewaltsam geführt wurden und dabei auch vor den Kirchentüren nicht unbedingt Halt machten.

Exemplarischen Charakter besitzt aber auch jenes konsequente und kühne Verhalten des Erzbischofs Albrecht von Magdeburg, des Erbauers des heutigen Domes. Es fand zwar nicht im Magdeburger, sondern im Braunschweiger Dom statt, als er anlässlich des Pfingstfestes 1209 und während der Messfeier, an der neben König Otto IV. viele Große teilnahmen, plötzlich den Markgrafen Dietrich von Meißen aufforderte, die Kirche zu verlassen, da er als Gebannter nicht an der Messe teilnehmen dürfe. Dass hier keine Inszenierung vorlag, zeigte sich schnell daran, dass der König sich bemühte, den Erzbischof umzustimmen, was nicht gelang, so dass er schließlich zusammen mit dem Markgrafen die Messe verließ.[31]

Warum der Erzbischof lieber diesen Eklat in Kauf nahm als dem Einspruch König Ottos stattzugeben, ist nicht bekannt. Das Beispiel gibt jedenfalls Zeugnis davon, wie unbeugsam Bischöfe ihre Standpunkte gegenüber dem König vertreten konnten. Es ließe sich leicht in eine Reihe mit vergleichbaren Verhaltensweisen von Bischöfen stellen.

Das Verhalten des Magdeburger Erzbischofs ist umso erstaunlicher, als er erst im Jahr zuvor mit König Otto einen Vertrag geschlossen hatte, der ihn und Magdeburg in herausragender Weise begünstigte. Als neuer engster Ratgeber des Welfen hatte er zudem, wohl weil der Magdeburger Dom nicht zur Verfügung stand, die sächsischen und thüringischen Großen in den Halberstädter Dom eingeladen, wo sie ihre Anerkennung des bisher abgelehnten Königs vornahmen.[32] Auch Ort von Wahlhandlungen konnten Kathedralen also sein, was deshalb Sinn macht, weil es nach den Vorstellungen der Zeit ja der Heilige Geist war, der die Sinne der Wähler auf den Gott genehmen Kandidaten lenkte.

Das waren abschließend nur wenige Hinweise auf weitere Facetten, die das komplexe Verhältnis von Religion und Politik im Mittelalter mit sich brachte, die aber der Konzentration auf einen Hauptaspekt zum Opfer fielen. Ich schließe mit dem Vermerk, dass meine Beispiele nicht zufällig aus der Zeit der Ottonen, aus der Zeit Lothars von Supplingenburg und aus der Zeit Ottos IV. stammten. Diese Zeiten produzierten die dichtesten Belege für die Bedeutung des Magdeburger Domes in der Reichspolitik, weil die Magdeburger Erzbischöfe in diesen Zeiten ihre größte Königsnähe hatten. Königsnähe aber war im Mittelalter Voraussetzung für politische Wirksamkeit, denn nur sie bewirkte die Präsenz der Könige und ihrer Höfe in den Bischofsstädten. Die Belegleere, die für die Salier- und Stauferzeit hinsichtlich der königlichen Präsenz im Magdeburger Dom zu konstatieren ist, ist daher alles andere als überraschend. Für diese Zeiten müsste man nach Speyer oder Mainz schauen, um gleiche Befunde zu erheben.

Anmerkungen

1 Reiches Material hierzu stellt vor allem Claude 1972–1975 I–II zur Verfügung; zu Einzelheiten vgl. immer auch die RegArchMagd 1876–1899 I–III.
2 Vgl. hierzu allg. Erkens 2006.
3 Ihre Ausbildung fand diese Form der Königsherrschaft in der Karolingerzeit; s. dazu jetzt Patzold 2008. Weiter verdichtet wurde sie im sog. ottonisch-salischen Reichskirchensystem; s. dazu zuletzt Keller / Althoff ¹⁰2008, bes. S. 348ff., 364ff.
4 Vgl. Keller / Althoff ¹⁰2008, bes. S. 351ff. mit weiteren Hinweisen.
5 Vgl. hierzu Althoff 2003b, passim, bes. S. 68ff. mit weiteren Hinweisen.
6 Zu den Einzelheiten s. ausführlich Claude 1972 I, S. 125.
7 Zu Thietmar s. Lippelt 1973.
8 Vgl. Th, ed. Holtzmann ²1955, II, 30, S. 76: „Post haec subditis sibi cunctis hostium cuneis, arduam Alpium transcendit viam, Bawariam invisens regionem, ibique cunctis sapienter dispositis, recto itinere ad Magadaburgiensem pergens civitatem palmas ibidem festivo duxit honore. Namque solebat in sollempnitatibus universis ad vesperam et ad matutinam atque ad missam cum processione episcoporum venerabili deindeque caeterorum ordine clericorum cum crucibus sanctorumque reliquiis ac turribulis ad ecclesiam usque deduci. Hicque cum magno Dei timore, qui est principium sapientiae, staret atque sederet, usque dum finita sunt universa, nil loquens nisi divinum, sed ad caminatam suimet cum luminaribus multis comitatuque magno sacerdotum, ducum ac comitum remeabat. Pro remedio autem animae suae tradidit postera luce ineffabilia Deo munera invictissimoque eius duci Mauricio in prediis, in libris caeteroque apparatu regio, confirmans omnia legitima advocatorum tradicioneque scripturarum, presentia et laude inperatricis et filii atque sub omnium testimonio Christo fidelium." (Übersetzung nach Th.).
9 Vgl. ebd., II, 28, S. 74: „Interim Hirimannus dux Saxoniam regebat, positaque ad Magathaburg concione, susceptus est ab archiepiscopo manuque deductus ad aecclesiam, accensis luminaribus cunctisque sonantibus campanis. Ibi avum meimet Heinricum, tantae resistentem superbiae, dolo capere dux nisus non potuit, quia hunc militum magna caterva vallavit. Precepit tamen ei, ut Romam post inperatorem pergeret. Quod libentissime complens, transcensis Alpibus ut primum ad imperatorem venit, videns eum a longe solotenus se prostravit; interrogatusque, quid causae hoc esset, quod accusatus apud eum gratiam suam pictatemque solitam perdidisse timeret, lacrimabiliter respondit. Quem protinus elevatum inperator osculatur singulaque sagaciter perquirens et de susceptione ducis, quomodoque is in medio episcoporum ad mensam loco imperatoris sederet lectoque dormiret, perdidicit. Ob hoc cesar augustus, mascula bile succensus, Aethelberto per epistolam mandavit episcopo, ut tot sibi equos mitteret, quot duci campanas sonare vel quot coronas accendi preciperet." (Übersetzung nach Th); s. dazu bereits ausführlich Althoff 1982, auch in: Ders. 2003a, S. 211–229; anders: Becher 1996, S. 291ff.
10 Nämlich am 27. März 973; vgl. dazu Köpke / Dümmler 1876, S. 506 mit allen Quellenbelegen.
11 Zu einer neuen Interpretation dieser Vorgänge s. jetzt Althoff / Witthöft 2003.
12 Siehe dazu Althoff / Witthöft 2003, S. 1309, Belege schon bei Winkelmann 1873 I, S. 148ff.
13 Walther von der Vogelweide, ed. Lachmann ¹⁴1996, Erster Philippston, II, S. 37: „Ez gienc eines tages, als unser hêrre wart geborn / von einer maget, die er im ze muoter hât erkorn, / ze Megdeburc der künic Philippes schône. / dâ gienc eins keisers bruoder und eins keisers kint / in einer wât, swie doch die namen drîge sint, / er truoc des rîches zepter und die krône. / Er trat vil lîse, im was niht gâch, / im sleich ein hôhgeborne küniginne nâch, / rôse âne dorn, ein tûbe sunder gallen. / diu zuht was niener anderswâ, / die Düringe und die Sahsen dienten alsô dâ, / daz ez den wîsen müeste wol gevallen."
14 Vgl. RegImp V, 1, Nr. 32 a, S. 14; Winkelmann 1873 I, S. 149.
15 Th, ed. Holtzmann ²1955, VI, 91, S. 382: „In cuius vigilia Bolizlavus cum securitate obsidum apud se relictorum venit et optime suscipitur. In die sancto manibus applicatis miles efficitur et post sacramenta regi ad aecclesiam ornato incedenti armiger habetur. In II. feria regem magnis muneribus a se et a contectali sua oblatis placavit deindeque regia largitate his meliora ac multa maiora cum benefitio diu desiderato suscepit." (Übersetzung nach Th).
16 Vgl. dazu allg. Althoff 1997.
17 Vgl. RegImp IV, 1, Nr. 392, S. 247; Die Reichschronik des Ann. Saxo, ed. Nass 2006, a. 1134, S. 597: „Marciam Conradi videlicet septentrionalem pro studioso sibi exhibito obsequi in Romano itinere concessit. Inperator celebravit pascha Halberstad, ubi rex Danorum Magnum se in potestatem eius tradidit, obsides dedit, iuramentum fecit, se successoresque suos nonnisi permissu inperatoris regnum adepturos atque ipso sancto die pasche regio more coronatus coram coronato inperatore gladium eius portavit."; Otto von Freising, ed. Hofmeister 1912, VII, 19, S. 336: „Regem quoque Datiae in signum subiectionis ad decorem imperialis reverentiae gladium sibi sub corona deferre fecit."
18 Vgl. RegImp IV, 1, ed. Böhmer, Nr. 453, S. 287; Canonici Wissegradensis continuatio a. 1126–1142, in: Cosmae chron. Boem., ed. Köpke 1851, a. 1135, S. 132–148, hier S. 141 mit einer Darstellung, die deutlich macht, dass es nicht um eine Ehrung des Polen, sondern darum ging, seine Unterordnung deutlich zu machen; Die Reichschronik des Ann. Saxo, ed. Nass 2006, a. 1135, S. 599: „Dux autem Polonie Bolizlaus in die sancto manibus applicatis miles eius efficitur et ad ecclesiam processuro gladium eius ante ipsum portavit."
19 Vgl. Die Reichschronik des Ann. Saxo, ed. Nass 2006, a. 1135, S. 599: „[...] Magdaburh pro peticione inperatoris festive suscipitur, quod nullus meminit factum nisi tempore Adalberti primi archipresulis, qui Herimannum virum prudentem et defensorem ecclesiarum ibidem simili modo suscepit, in quo Ottonem inperatorem, fundatorem eius

loci, nimis offendit et vix tandem placavit, licet ille maioris reverentie esset quam sic Slauus et alienigena.", vgl. Claude 1975 II, S. 42, Anm. 24.
20 Vgl. Claude 1972 I, S. 232, mit den Einzelheiten, der mit der Möglichkeit rechnet, dass die Barfüßigkeit des Herrschers eine spätere Ausschmückung ist; Ann. Magd., ed. Pertz 1859, a. 1004, S. 163: „Nam ipse in Domino magnae devotionis rex, de capella sua sumens non modicam partem reliquiarum beati Mauricii, hieme tunc forte redivivo frigore seviente terramque glaciali asperitate et nive cooperiente, a monte sancti Iohannis baptistae ubi servabantur, nudis pedibus, ut fertur, calore pietatis illum animante, tricesimo die depositionis Gisilharii archiepiscopi in civitatem detulit, cunctis festivo ritu, ut par erat, eas suscipientibus; quas et sancto altari cum predictis donariis obtulit, ipsumque diem in honore prefati martyris eius aecclesiae celebrare, quemadmodum adhuc habetur, instituit." Text auch in GA cap. 15, ed. Schum 1883, S. 393.
21 Vgl. dazu Althoff 2003b, bes. Kapitel III, 3, S. 104ff.
22 Vgl. dazu allg. Weinfurter 1999, S. 206ff.
23 Vgl. dazu ausführlich Althoff 1998, S. 274ff.
24 Vgl. Gesta ep. Halb., ed. Weiland 1874, a. 965, S. 83f.
25 Vgl. Th, ed. Holtzmann ²1955, IV, 41, 42.
26 Ebd., IV, 42: „Sed venerabilis in omnibus Mahtildis finito colloquio Liudgerdam secum duxit, non pro retentione, sed pro timoris magni confirmatione.", (Übersetzung nach Th).
27 Allg. zu dieser Strafe s. Weinfurter 2005, S. 213–219 sowie ders. 2004 mit weiteren Hinweisen.
28 Vgl. Arnoldi, Chronica Slavorum, ed. Lappenberg 1868, VII, 2, S. 255: „Que presumptio hoc modo multata est, ut mille marcas argenti iniuriato persolveret et de pheodo suo ad centum marcas argenti ecclesie maiori resignaret et cum multis nobilibus hominum ei faceret et cum quingentis militibus militarem penam ei persolveret, id est ut singuli milites de loco perpetrati sceleris usque ad fores maioris ecclesie caniculum deferent." (Übersetzung nach Arnoldi, Chronica Slavorum, übers. Laurent ²1896).
29 Vgl. Widukind ed. Hirsch ⁵1935, II, 6, S. 71: „Cessantibus autem bellis externis civilia oriri coeperunt. Nam Saxones imperio regis facti gloriosi dedignabantur aliis servire nationibus quaesturasque quas habuerunt ullius alii nisi solius regis gratia habere contempserunt. Unde iratus Evurhardus contra Bruningum collecta manu succendio tradidit civitatem illius vocabulo Elmeri, interfectis omnibus eiusdem civitatis habitatoribus. Qua presumptione rex audita condempnavit Evurhardum centum talentis aestimatione equorum, omnesque principes militum, qui eum ad hoc facinus adiuvabant, dedecore canum, quos portabant usque ad urbem regiam quam vocitamus Magathaburg."
30 Vgl. dazu Claude 1975 II, S. 10ff.
31 Vgl. dazu RegImp V, 1, Nr. 277a, S. 87f.; vgl. Winkelmann 1878 II, S. 149.
32 Vgl. RegImp V, 1, Nr. 239, 240c, S. 75ff.; vgl. Winkelmann 1878 II, S. 102ff., S. 111ff.

CHRISTIAN FORSTER

Was „vom Hamann" übrig blieb

Der Titel ist nicht despektierlich zu verstehen, sondern als bibliographische Abkürzung aus dem Arbeitsalltag von Heiko Brandl und mir: „Da werd' ich mal ‚im Hamann' nachschlagen müssen." Mit „dem Hamann" dürfte jeder, der über den Magdeburger Dom forscht, den umfangreichen Aufsatz im Jahrbuch der Preußischen Kunstsammlungen erinnern, der im Jahre 1909 erschienen ist. Nach Abschluss unserer Arbeit am Bau- und Kunstdenkmäler-Band zum Magdeburger Dom soll dieses Werk gewürdigt werden, weil es eine sehr große Materialmenge erschlossen und auch aus diesem Grund lange Zeit nachgewirkt hat.

In den Abrissen von Hamanns Vita und in Würdigungen seiner Forschungsleistung werden seine Aufsätze und Bücher zur romanischen Architektur und Skulptur erwähnt, aber nicht reflektiert. Der folgende Text nimmt erst eine Magdeburger Perspektive ein und versucht sich dann an einer forschungsgeschichtlichen Positionsbestimmung der frühen Arbeiten von Richard Hamann.

Der Magdeburger Dom im Jubeljahr 1909

Wie heute[1] gedachten die Magdeburger auch vor 100 Jahren der Grundsteinlegung ihres Doms. Mehrere Gelehrte nahmen das Jubiläum zum Anlass, den Bau zu beschreiben bzw. Archivmaterial vorzulegen. Die Protagonisten des Jahres 1909 sind im Vergleich mit der Gegenwart von überschaubarer Zahl:

Pastor Johannes Burkhardt stellte einige Inschriftenfunde vor und reflektierte u. a. über die sechzehneckige Kapelle.

Baurat Hermann Harms veröffentlichte zwar damals nichts, seiner Initiative war es aber zu verdanken, dass 1909 ein „Dommuseum" im Remter, dem ehemaligen Kapitelsaal des Domkonvents, eingerichtet wurde. Es enthielt mehrheitlich Architekturfragmente, die ungeordnet umherlagen. Aber anders als heute waren die Stücke damals öffentlich zugänglich.

Archivrat Felix Rosenfeld hatte rechtzeitig, nämlich schon 1907, Argumente vorgetragen, warum seiner Meinung nach eine Grundsteinlegung im April 1209 mehr Wahrscheinlichkeit für sich hat als bald nach dem Brand 1207. Im Jubiläumsjahr präsentierte Rosenfeld weitere Schriftquellen des 13. Jahrhunderts, die über den Fortschritt des Dombaus Auskunft geben. Man darf vermuten, dass Studienrat Hans Silberborth damals angeregt wurde, seine große, ja immer noch maßgebliche Biographie des „Grundsteinlegers" Erzbischof Albrecht von Käfernburg zu schreiben, die im folgenden Jahr veröffentlicht wurde. Silberborth widersprach Rosenfeld in der Frage der Grundsteinlegung und hielt nach Abwägung der politischen Umstände 1207 für plausibler. Bekanntlich ist die Grundsteinlegung nur mit dem Jahr 1208 verbunden, das die Schöppenchronik überliefert. In den anderen Schriftquellen wird kein Jahr genannt, aber der Vorgang mit dem Besuch zweier päpstlicher Legaten verknüpft. Die Legaten halten sich in Deutschland auf, um Frieden zwischen den Gegenkönigen zu vermitteln, zuerst von April 1207 bis Januar 1208 und dann von März bis Juni 1209. Rosenfeld meinte, dass die Zeit zwischen dem Brand im April und Grundsteinlegung im gleichen Jahr zu knapp gewesen wäre.

Ohne vorherige Räumung des Bauplatzes war eine feierliche Grundsteinlegung auch 1207 in jenem Bereich möglich, der durch die Verschwenkung des Neubaus nach Norden unbebaut geblieben war.[2] Gut möglich, dass der Grund für die Achsabweichung darin lag, eine Grundsteinlegung mit den prominenten Gästen zu zelebrieren.

Weiter mit dem Jahr 1909. Damals fasste Oberlehrer Barthel Hanftmann[3] einige Vorträge, die er im Architekten- und Ingenieur-Verein gehalten hatte, in einem „Führer durch den Dom zu Magdeburg" zusammen. Er wurde von Paul Jonas Meier mit einer scharfen Rezension bedacht und mit zahlreichen Irrtümern konfrontiert. Meier leitete das Herzogliche Museum in Braunschweig, lehrte als Professor für Kunstgeschichte und inventarisierte von 1896 an über Jahrzehnte die Kunstdenkmäler des Herzogtums. In seiner Besprechung hob er gegenüber dem Dombuch einen zweiten Text heraus: „Man atmet wirklich auf, wenn man von Hanftmanns ‚Führer' zu Hamanns eindringenden und ergebnisreichen Untersuchungen über die Kapitäle des Magdeburger Doms kommt."[4]

Der 29-jährige Dr. Richard Hamann aus Charlottenburg hatte im März und April 1909 im Dom eine kleine Vortragsreihe gehalten,[5] die im Montagsblatt, der Kulturbeilage der Magdeburgischen Zeitung, veröffentlicht wurde. Er äußerte sich nicht nur zum Bau, sondern zur diskutierten Aufstockung der Osttürme (er warnte davor), zur städtebaulichen Situation am Elbufer (die ihn keineswegs zufriedenstellte) und zu den neuen Beleuchtungskörpern, die gerade in den Langhausarkaden aufgehängt worden waren. Er würdigte die Architektur und die Skulptur, aber mehr als Kritiker denn als Historiker. Und zuletzt wandte er sich – in ätzender Polemik – dem Kunstgewerbe der jüngsten Vergangenheit und der Gegenwart zu (Abb. 1): „Greuliche Windfänge sind an die Eingänge gestellt, grau gestrichen, wahrscheinlich um über den Holzcharakter hinwegzutäuschen und sie der Stein-Architektur anzunähern. Als Buden auf der Messe würden sie nur für bestimmte Zwecke verwendbar sein, hier duldet man sie an feierlichster Stelle. Die im Krieg [von 1866 und von 1870/71] Gefallenen wollte man ehren und brachte nichts weiter zustande als ein paar Holzwände in gotisierendem Rahmen [...]. Die aus der Nazarenerzeit uns überkommenen Fenster brutalisieren uns geradezu mit ihren schmachtenden, kranken Farben von violett und lila usw."[6]. Hamann versteigt sich zu einer Forderung, die den denkmalpflegerischen Grundsätzen Ruskins und Dehios zuwiderlaufen: „Es muß das Recht der Gegenwart gefordert werden, die Hinterlassenschaften früherer Zeiten, wenn sie allgemein dem ästhetischen Empfinden widerstreiten, zu verwerfen und durch Neuschöpfungen sich stärker an dem Dom interessiert zu beweisen als durch übertriebene Pietät des Konservierens."[7] Radikal war seine Forderung nicht zuletzt deshalb, weil die Ausstattung durch Glasmalereien von Prinz Karl von Preußen höchstselbst angeregt worden war. Dieser hatte 1838 König Friedrich Wilhelm III. begleitet, der das Ergebnis der aus seiner Schatulle bezahlten „Domreparatur" 1826–1834 besichtigte. Anwesend waren König Ernst August von Hannover und Zar Nikolaus I. von Russland. Jeder der drei Monarchen hatte noch vor Ort die Stiftung eines Fensters zugesagt. Die preußische Königsfamilie gab 1849 sechs weitere Fenster in Auftrag. Sie alle wurden im Zweiten Weltkrieg zerstört. Die Textauszüge demonstrieren, mit welchem Selbstbewusstsein Hamann seine Meinung vortrug und seine deutlichen Urteile fällte.[8]

Aber es waren nicht die Vorträge, die Paul Jonas Meier besprach, sondern Hamanns Kapitellstudien. Diese waren 1909 in vier Folgen im Jahrbuch der Preußischen Kunstsammlungen erschienen und 1910 als selbständige Schrift, erweitert um ein Vorwort, einige Nachträge, zusätzliche Abbildungen und verknüpft mit Felix Rosenfelds Zusammenstellung der „Quellen für die Geschichte des Dombaues". Rosenfeld[9] war von 1900–1908 am Magdeburger Staatsarchiv tätig, d. h. im Obergeschoss des Remters und der Marienkapelle, wo diese Institution bis November 1908 ihren Sitz hatte. Die Dombau-Quellen vollendete er in Marburg, wohin er auf eigenen Wunsch versetzt wurde.

In Einlösung der Ankündigung im Vortragstitel kann festgehalten werden, dass Hamann methodisch vorbildhaft handelte, als er einen Historiker dazu einlud, ihm zu sekundieren. Die sorgfältige Quellensammlung ist nicht nur bis heute unübertroffen, sie ersetzt in ihren umfangreichen Auszügen aus den Fabrica-Registern das Original, das durch Tintenfraß sehr schadhaft geworden ist. Baurechnungen – eine Quelle, die andernorts üppiger sprudelt – haben sich in Magdeburg nur aus fünf Haushaltsjahren des 15. Jahrhunderts erhalten. Auch die Baumeistereiregister aus nachmittelalterlicher Zeit bis zum Ende des Alten Reichs sind fast alle kassiert worden. „Was vom Rosenfeld übrigblieb", ist die profundeste Sammlung von Quellen zur Baugeschichte des gotischen Domes und auch zum Vorgängerbau.

In biographischen Artikeln und jüngst auch in Jost Hermands Buch werden die Kapitellstudien, die Hamann 1911 bei Heinrich Wölfflin als Habilitationsschrift einreichte, kaum mehr als nur erwähnt. Dabei sind der Vorgang der Habilitation, die Entstehungsgeschichte des Textes und sein methodischer Ansatz für Hamanns weiteres Wirken überaus aufschlussreich. Dank der Freundlichkeit von

Abb. 1: Nordwand des nördlichen Seitenschiffs von Südwesten nach Nordosten, Gefallenendenkmal (Zustand 1905), Magdeburg, Dom, Aufnahme der Preußischen Messbildanstalt. Foto: IKARE, MLU Halle.

Ruth Heftrig, die den Hamann-Nachlass in Marburg inventarisiert hat, kann hier aus dem Gutachten Wölfflins (v. 12.06.1911) zitiert werden:

„Als mir Hamann seine Absicht eröffnete, sich um die Kunstgeschichtsvenia zu bewerben und den Magdeburger Dom als Habilitationsschrift vorzulegen, verlangte ich, daß noch eine andere seriöse Arbeit dazugelegt würde. Er hat sie geliefert in dem MS., das das Verhältnis des märkischen Backsteinbaus zur Hausteinarchitektur behandelt. Es sind die Anfänge eines viel umfassenderen Unternehmens. Die allgemeinen Kapitel sind nur skizziert, den Kern der Arbeit bildet eine Spezialuntersuchung über Lehnin, wo das überraschende Resultat gewonnen wird, daß wir es hier mit dem Werk einer wandernden normannischen Bauhütte zu tun haben und daß der ganz excentrisch dastehende Bau zu Worms und Regensburg in unmittelbare Beziehung kommt."[10] Die genannte Studie wurde 1923 unter dem Titel „Deutsche und französische Kunst im Mittelalter, Bd. II. Die Baugeschichte der Klosterkirche zu Lehnin und die normannische Invasion in der deutschen Achitektur des 13. Jahr[underts]" veröffentlicht. Das Teilmanuskript von 1911 ist im Nachlass erhalten (114 S.) und würde den Vergleich mit der Buchausgabe lohnen.

Kaum hatte sich Hamann habilitiert, reiste er mit finanzieller Unterstützung der Königlich Preußischen Akademie der Wissenschaften zu Berlin im Spätsommer 1911 für drei Monate nach Frankreich, um die Lehnin-Studie auszubauen.[11] Im Wintersemester 1913/14 begann er seine Lehrtätigkeit in Marburg.

Fotografie und Stilanalyse

Eine Arbeit wie diejenige Hamanns ließ sich mit dem Bildmaterial, das zu Beginn des 20. Jahrhunderts auf dem Markt war, nicht hinreichend illustrieren. Es gab seit 1888 immerhin bereits die Messbilder Albrecht Meydenbauers.[12] Es gab die zwei Tafelwerke von Eduard von Flottwell von 1890 und 1891,[13] der dem Dom 37 Tafeln gewidmet hatte (darunter solche mit den vier Chorturmportalen und insgesamt elf Fotos zu den Kapitellfriesen in Chorumgang und Langhaus). Und schließlich bot das „Institut für wissenschaftliche Projektion Dr. Franz Stoedtner" im Katalog von 1908 (Abb. 2, Abb. 3) 52 Glasdias zum Kauf an (darunter sechs zu Kapitellen).

Mit Stoedtner sollte Hamann eine fruchtbare Zusammenarbeit pflegen.[14] Ihn engagierte er für sein Vorhaben. Von den 146 Fotos, die vom Magdeburger Dom im Jahrbuch von 1910 abgedruckt sind, stammen 20 von der Preußischen Messbildanstalt und 123 von Dr. Stoedtner, nämlich alle Kapitelle und Details. „Diese Photographien haben dem Verfasser erst die Augen geöffnet", schreibt Hamann im Vorwort. „Kein deutsches Bauwerk hat bisher eine so umfassende Veröffentlichung erfahren als, Dank der hingebenden Arbeit Stoedtners, der Magdeburger Dom." Ein Album mit über 300 Aufnahmen des Berliner Fotografen wurde zum Preis von 20 Mk. angeboten.[15]

Stoedtner hat die Magdeburg-Aufnahmen auch weiterhin kommerziell vertrieben; so hat auch das Halle'sche Institut einige erworben (Abb. 4, Abb. 5). Anhand der Original-Glasdias ist das Entstehungsjahr 1908 gesichert, allerdings sind die Fotografien für den Hamann-Aufsatz noch nicht im Bestellkatalog „Deutsche Kunst in Lichtbildern" enthalten, sondern nach dessen Redaktionsschluss angefertigt worden. Die Stoedtner'sche Bestell-Nummer ist in die Signatur von Foto Marburg eingegangen, wohin Richard Hamann die Glasdias mitgebracht hat, als er 1913 den Ruf annahm. Schon 1911 hatte Hamann, wie erwähnt, französische Kirchenbauten besucht und ausgiebig fotografiert, „im Frühjahr 1914 war er in den Semesterferien in Frankreich […]. Im Herbst sollten 4000 Aufnahmen französischer Denkmäler des Mittelalters im Verlag von Dr. Stoedtner erscheinen"[16]. Der Krieg hatte (vorerst) weitere Kampagnen unterbunden, weshalb Stoedtner nur 1000 Aufnahmen von Bau- und Bildwerken anbieten konnte. Rudolf Kautzsch urteilt: „Es sind Aufnahmen eines Fachmanns für Fachgenossen"[17]. Alle Fotos, ihre Auswahl und Ordnung im Bestellkatalog und der Katalogtext selbst stammen von Richard Hamann.

Den Grundstock für das Marburger Bildarchiv, sein Lebenswerk, hat Hamann mit seinen eigenen Fotos aus Frankreich und den Aufnahmen Stoedtners vom Magdeburger Dom gelegt.

Ein Skizzenbuch mit zehn Blatt Kapitellzeichnungen zeigt, dass er versucht hatte, sich dem immensen Bestand zuerst mit Hilfe von Zeichnungen zu nähern.[18] Die letzten fünf Blätter enthalten Bleistiftzeichnungen von zwölf Kapitellen im südlichen Kreuzgangflügel und auf der Chorempore des Magdeburger Domes (Abb. 6, Abb. 7). Die übrigen sind nun nicht vor Ort aufgenommen, weil Hamann das Skizzenbuch auf Reisen mit sich geführt hätte. Wahrscheinlich hat er publiziertes Vergleichsmaterial abgezeichnet. Die Reihe beginnt mit Senlis, Paris und Chartres, dann folgen St. Andreas und St. Gereon in Köln, Magdeburg bildet den Schluss. Die Auswahl ist nur im Hinblick auf den Magdeburg-Aufsatz erklärbar, für den Hamann Vergleichsbeispiele sammelte. Die Seiten 15v–50v blieben leer; offenbar war in ihm der Entschluss gereift, dass er der Fülle des Materials nur durch eine umfassende Fotokampagne Herr werden könne.

Deutsche Kunst
in Lichtbildern

Ein Katalog, zugleich ein Kompendium
für den Unterricht in der Kunstgeschichte,
:: bearbeitet von Dr. Franz Stoedtner ::

VERLAG: Dr. F. STOEDTNER
Berlin, Universitätsstrasse 3B.
1908.

Historisches Seminar
der
Universität Halle

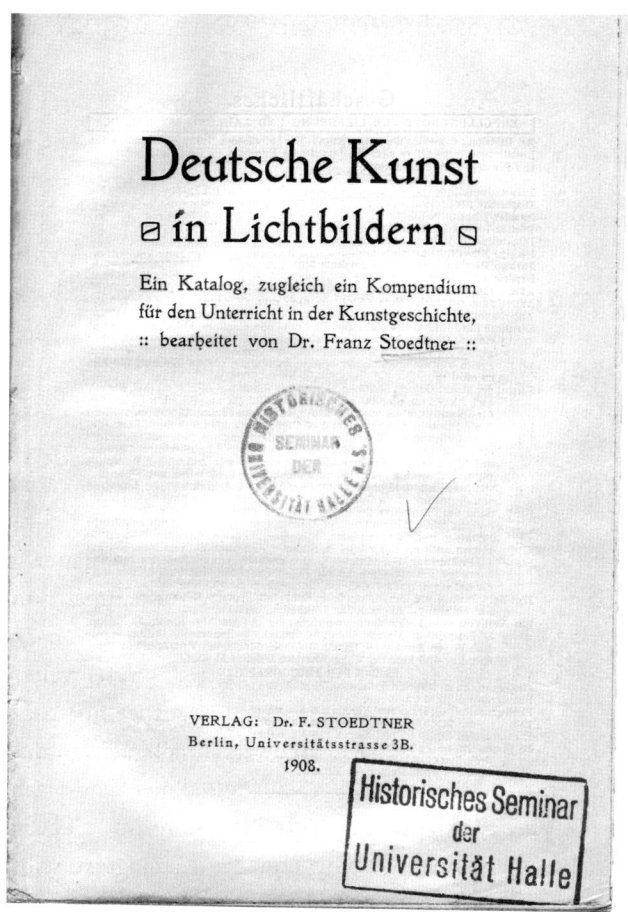

Abb. 2: Frontispiz, Katalog des „Instituts für wissenschaftliche Projektion Dr. Franz Stoedtner“ von 1908. Foto: IKARE, MLU Halle.

23

22649 do., Schnürungsornament (u. a.), n. S.
958 Münzenberg, Burg, Ansicht v. S. Arkaden d. Pallas, Lageplan und Grundriss
37834 — Friese, n. Dehio II, 319
952 Seligenstadt, Kaiserpfalz, Ans. der Baureste der Mainseite, Fenstergruppe u. Portal
22796 Wimpfen a. Berge, Kaiserpfalz, Säule, n. Dohme 93
13089 Braunschweig, Burgplatz m. Teil d. Burg Dankwarderode u. Dom
957 — Burg, Lageplan, Aufriss, Fenstergruppe u. Kapitelle
13129 — Fassade am Burgplatz
13229 — Aussenseite
13299 — Eingangstor m. Treppe
13131 — Gr. Vorbau d. Festsaals
13331 — O.-Seite u. Turm d. ehem. Kap.
17050 — Burgplatz m. d. Löwen
919 Wartburg, Landgrafenhs., Lagepl.
24024 — in der Landschaft, O-Seite, vom Fuss d. Berges
4482 — O.-Seite, grosse u. charakterist. [Ansicht
9049 — S.-Seite
9021 — im Winter
25221 — Ritterhaus, sog. Dirnitz u. Bergfried, v. SW.
25219 — Hof der Vorburg, n. d. Eingang zu
6953 — Lutherstube
24064 — 2. Hof. Pallas
37482 — Rekonstr. d. 2. Hofs m. Pallas n. d. Eingang zu, n. Luckenbach
25220 — Pallas, südl. Stirnseite
921 — do., Grundrisse d. 1. u. 2. Stockes
951 — do., Längsschnitt
916 — Bankettsaal, Teil d. O.-Seite
918 — do., Teil d. Dekoration: Ritter
1532 — Sängerlaube
9702 — Landgrafenzimmer
41378 — Speisesaal
9008 — Kapelle
22817 — Doppelkapitell, n. Dohme. 94
6137 — 5 Kapitelle (u. Kap. a. Oberzell), German. Mus.
25302 Nürnberg, Burg i. d. mutmassl. Gestalt d. 12. Jh., n. Essenwein
25305 — Blick auf d. s. Teil der Burg m. d. Heidenturm
36641 Schönburg (bei Oberwesel), Schlossruine
36647 Koblenz, Kurfürstliche Burg, Aussenseite, vor u. n. d. Rest.
36648 — Stadtseite, restauriert.
38884 Chillon, Schloss m. Umgebung
7139 — Grosse Ansicht d. Aeussern
7191 — Gewölberaum
36659 Remagen, Rathaus u. Marktplatz n. Stich v. Ziegler
36695 Dortmund, Rathaus (u. Stadtwage), Fassade
25052 — Längsschnitt
25166 — Schnitt, Aufriss u. Grundriss d. Fenster, n. E. Otte
25191 — Längs-, Querschnitt, Aufriss d. Fenster, n. E. Otte
16716 Wismar, alte Schule
17790 Lübeck, Löwenapotheke, roman. Giebel
13505 Hildesheim, roman. Wohnhaus a. d. Kreuzkirche
1560 Gelnhausen, Haus am Markt
31767 Würzburg, Graf Eckardturm
871 Köln, Templerhaus
41919 Aachen, Archiv, Fassade
27984 Trier, Haus z. d. 3 Königen (Simeonsstr.)
941 Rom. Wohnraum, n. Lambert u. Stahl
955 Aufrisse verschied. Häuser

41918 Aachen, Marschiertor
37737 Bonn, Uebersichtsplan der mittelalterlichen Befestigungswerke
36658 Andernach, Rheintor, Aussenseite
36663 — n. d. alten Stich v. Ziegler
36657 — Innenseite
36664 — do. n. d. Stich v. Ziegler
36642 Linz, Obertor (vor d. Rest.)
31651 Nürnberg, Henkersteg u. Turm
6330 Basel, Spalentor
37062 — Schnitt

Epoche des Uebergangs
(ca. 1250–1330)

39070 Werden a. Ruhr, Kirche, Ges. [v. NW.
37835 — Inneres n. O.
38860 — Inneres, Chor
10758 Magdeburg, Dom, Grundriss
13403 — N.-Fassade
13432 — W.-Fassade
13287 — do. Mittelteil
27498 — Aufriss d. W.-Fassade (u. Nürnberg, Lorenzkirche u. Marburg, Elisabethk.), n. D.
37498 — Kreuzblume d. Mittelgiebels
37562 — do. n. S
13329 — Fenster d. S.-Fassade
13239 — Giebel u. Turm
13317 — Turmhelm m. Kreuzblume
13253 — W.-Portal
13516 — do. Statue des Baumeisters m. Wasserspeier
16124 do., N.-Portal n. A. Goldschmidt
16125 — do. Gruppen d. Tugenden u. Laster
16126 — do. 1 kluge u. 1 tör. Jungfrau
8404 — Portal i. s. Seitenschiff
13216 — Choransicht
13522 — do. Kapellenkranz
13184 — do. 1 Kapelle
13221 — do. Rundbogen u. Sägefries
13217 — Zinnenbekrönung
13259 — Wasserspeier
13309 — dopp. Rundbogenfries
13450 — Paradies, aussen
13187 — Paradiespforte
13343 — Inneres n. O.
10761 — do. v. unten n. Dohme S. 214/5
13458 — do. n. W.
13488 — do. diagonal
13196 — s. Seitenschiff. Pfeilerkapitelle

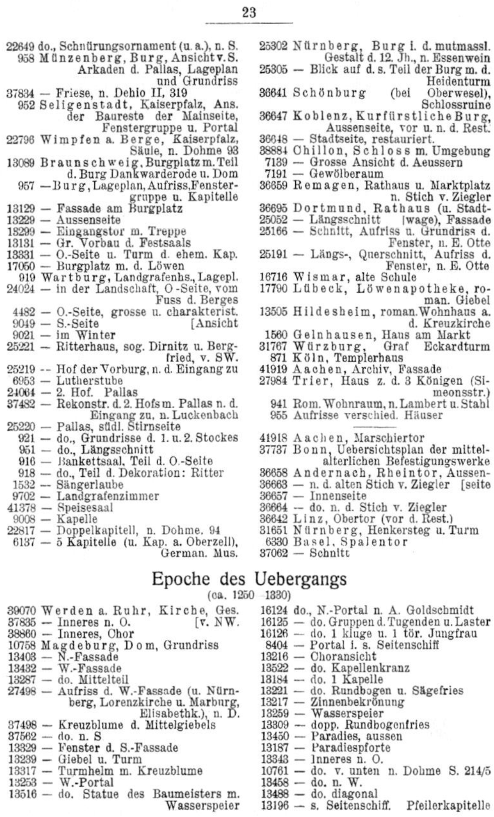

Abb. 3: Auszug aus dem Stoedtner-Katalog, lieferbare Fotografien vom Magdeburger Dom. Foto: IKARE, MLU Halle.

Hamanns Vorhaben 1909 lässt sich wie folgt umreißen: Im Bewusstsein, dass der Magdeburger Dom das Resultat eines komplexen historischen Vorgangs ist, weil die Auftraggeber oder die ausführenden Kräfte einen ursprünglichen Bauplan mehr als einmal änderten, war eine Baugeschichte zu schreiben, die beobachtbare Unregelmäßigkeiten erklärt und stilistische Wechsel einbezieht. Dass im subjektiven Empfinden tatsächliche Zäsuren mit nur vermeintlichen Brüchen zusammenfielen, lag an gewissen apriorischen Vorstellungen, die der Autor von der Architektur um 1200 pflegte und mit denen er nicht allein stand. Denn um einen Bruch innerhalb eines Systems zu konstatieren, muss die Norm definiert sein. Für kanonisch galten: eine Entwicklung von der Romanik zur Gotik bei Durchlaufen eines Übergangsstils, die Ideologie von National- und Regionalcharakteren, der zufolge es ein „sächsisches Gefühl und Wesen“ gibt, französische und deutsche Kunst, eine burgundische und eine mittelrheinische, die dann als ‚Einflüsse‘ auch andernorts wirksam werden, zum Beispiel in Magdeburg.[19] Und schließlich der Geniegedanke, der überall ‚Meister‘ am Werke sieht. Vom heutigen Standpunkt problematisch ist an Hamanns Text das Zementieren solcher Vorstellungen und der Versuch, sie noch auszudifferenzieren. Hamann nennt seine Methode „rein ästhetisch kunstgeschichtlich“ oder „stilkritisch-ästhetisch“ und stützt sich dabei auf Wilhelm Vöge, dem er das fertige Buch widmete. Was Vöge an der figürlichen Skulptur vorführt, wendet Hamann auf den Baudekor an. Der zweite geistige Vater war Adolph Goldschmidt, der von ebenjener Magdeburger Problemlage herkommend 1899 die stilistische Bewertung der Kapitellornamentik als baugeschichtliches Kriterium legitimiert hatte.[20] Hamann schickt voraus, dass sich diese Methode bewähren müsse, insbesondere um

Abb. 4: Glasdiapositiv der Firma Stoedtner, 1908.
Foto: IKARE, MLU Halle.

Abb. 5: Abzug von diesem Dia in den Beständen von Foto Marburg.
Foto: Foto Marburg.

neben die bei Baumonographien bisher stets üblichen technischen Untersuchungen treten zu können. Wohlgemerkt nicht, um die architektonisch und ingenieurstechnisch ausgerichtete Bautenforschung zu ersetzen, im Gegenteil: „Beide [...] müssen sich zu gemeinsamer Arbeit verbinden. Denn sicherlich fördert die Untersuchung des Materials, der Steinbearbeitung, des Quaderverbandes wertvolle Aufschlüsse über Veränderungen an einem Bau [...] zutage. Oft gelingt es, mit ihrer Hilfe die großen Einschnitte in der Baugeschichte bis auf den einzelnen Stein sicher festzulegen. Aber es kann sich auch das Bauprogramm ändern, die Formen können wechseln, ohne daß die technische Bearbeitung einen merkbaren Wandel aufweist. Oder innerhalb eines technisch bestimmten Abschnittes können mannigfaltige Schwankungen in der Bauleitung, in künstlerischen Einflüssen und Ideen sich geltend machen, die [...] ohne eindringende Analyse der Kunstformen unerklärt bleiben würden."[21]

Für das zweite Ziel also, allgemeine „Gesetze des Stils und der Formentwicklung zu finden", stellt der Magdeburger Dom wegen seines außerordentlichen Reichtums an höchst qualitätvollen Kapitellen gleich welchen Typs das denkbar beste Untersuchungsobjekt dar. Solche Stücke müsse man Künstlerpersönlichkeiten zuschreiben. Es zeigt sich jedoch, dass Hamann nichts weiter unternimmt, als diese Künstler nach Dekortypen zu definieren und zwar so streng, dass er angesichts der tatsächlichen Vielfalt eigentlich in Erklärungsnot kommen müsste. Aber Hamann gelingt es, aus der Not eine Tugend zu machen.

Der Kenntnisstand 1909 und Hamanns Position

Die Forschung zum Magdeburger Dom war 1909 noch verknüpft mit dem Namen Max Hasak. Dieser hatte 1896 vorweggenommen, was Hamann und Rosenfeld ausarbeiten sollten, d. h. er hat zusätzlich zu einer Baugeschichte bereits Chroniken und Regesten nach relevanten Daten durchforstet, übrigens auch schon zum Vorgängerbau. Hasak zweifelte an dem Diktum, dass der Magdeburger Chor „einen ausgereiften französischen Kathedralgrundriß mit Umgang und Kapellenkranz" zeige, „wie er in jenen Jahren in Deutschland ohne Analogie dasteht"[22]. Ihm ist der Bau im Erdgeschoss ein „romanischer" Entwurf, nur denkt er, dass die „gothischen

Abb. 6: Richard Hamann, Skizzenbuch, fol. 10v, „Bischofsgang/ vgl. Kapitell am Süd-Portal". Foto: Foto Marburg.

Abb. 7: Kapitellgruppe an Wandvorlage WS 4, Chorempore, Magdeburg, Dom. Foto: Christian Forster.

Außenseiten der Capellen später angesetzt sein müssen" (Abb. 8). Das Urteil über den Baumeister, der die romanischen Kapellen gotisiert hat: „Unangenehme Hilflosigkeit ohne künstlerische Begabung hat die Capellen verballhornt [...]. Sein ganzes Können beschränkt sich [...] darauf, Spitzbogenblenden einzufügen und dem Außensockel eine unverständliche, gesuchte Kröpferei aufzuzwingen."[23] Hasak stört sich insbesondere daran, dass die Fenster weder außen noch innen in der Mittelachse der Wand sitzen, was „mit Leichtigkeit" hätte vermieden werden können.[24] Nichts findet er aber dabei, dass im Innenaufriss eine polygonale Fensterzone auf einen gerundeten Sockel folgt, im Gegenteil beweise das romanische Profil des Gesimses, dass dies – bei andersartiger Wölbung der Kapellen – auch vom romanischen Baumeister so beabsichtigt gewesen wäre.

Während Hasak zwei Baumeister voneinander trennt, die sich in der Frühphase des Dombaus abwechselten, arbeitet Hamann eine höchst differenzierte Händescheidung aus. Die Bauskulptur spielt in seiner Argumentation nicht einfach nur eine größere Rolle, Hamann kommt vom Kleinen zum großen Ganzen, erst nach 74 Seiten bildet er einen Grundriss ab.[25]

Nach Hasak war mit dem Elan des Baubeginns fast das gesamte Erdgeschoss bis in Kapitellhöhe errichtet worden (Abb. 9), als ein gotischer Meister die Baustelle übernahm. Dieser war es, der die Kapellen verunstaltete. Die Kapitellfriese des Chores wurden unter seiner Leitung noch behutsam vollendet, dem Langhaus aber frühgotische Knospenkapitelle ohne Rücksicht auf das Vorhandene aufgezwungen.[26]

Hamann erkennt unter anderen einen „französischen Meister" an dem kleinteiligen gebeulten Blatte, das seine Kapitele (Abb. 10) und das Portal zur Wärmekammer ziert; er hat gesehen, dass sich unter den Dienstkapitellen in den Umgangskapellen gotische Knospenkapitelle befinden.[27] Der französische Meister habe freilich keine planende Rolle bei dem ganzen Unternehmen gespielt, sondern im Auftrag eines rheinischen Architekten gearbeitet. Das passe ins Bild der allgemeinen Entwicklung, denn

Abb. 8: Ostpartie mit Kapellenkranz, von Südosten (Foto Stoedtner), Magdeburg, Dom. Foto: Landesamt für Denkmalpflege und Archäologie Sachsen-Anhalt, Fotoarchiv, Neg.-Nr. 9838:13/18.

„die dekorative Verwendung gotischer Einzelformen in romanischer Anlage [ist] ein Hauptmerkmal des rheinischen Übergangsstils"[28]. Die rheinische Provenienz wird – mit Recht – daraus abgeleitet, dass zahlreiche motivische Parallelen zu St. Andreas in Köln nachweisbar sind: bestimmte Kapitelle, Laufgangbiforium, Chorturmportale, der Einsatz von farblich hervorstechenden Materialien hier Marmor, dort Schiefer und Basalt.

Hamann widerspricht Hasak in Bezug auf den Grundriss, in dem er sehr wohl denjenigen französischer frühgotischer Kathedralen sieht, und in Bezug auf die Umgangskapellen, deren rheinische Herkunft für ihn außer Frage steht.[29] Er sieht die Sache also genau umgekehrt und führt vor, wie ein gotischer Baumeister die nichtachsiale Position der Fenster vermieden hätte (Abb. 11):

Er hätte die Wandstücke mit den einschneidenden Spitzbögen auf dünnen Säulen und das dazugehörige Sockelsystem weggelassen und an den Polygonkanten sowie anstelle der durchscheinenden Außenwand des Umgangs Strebepfeiler gesetzt. Mit Offenbach am Glan nennt er ein Beispiel dafür, wie man den Innenaufriss im französisch-gotischen Sinn hätte ausführen können. Der Kunsthistoriker weiß es besser – diese im Historismus gepflegte Rolle hatte, vor dem gleichen Problem stehend, auch Hasak eingenommen. Hamann hat den Magdeburger Grundriss, den er trotz seines französischen Charakters als unvollkommen empfand, mit der bunt gemischten Truppe der Bauhütte erklärt: „Man konnte nicht einfach eine französische Werkstatt nach Deutschland und so weit in den Osten transportieren, man bekam nur

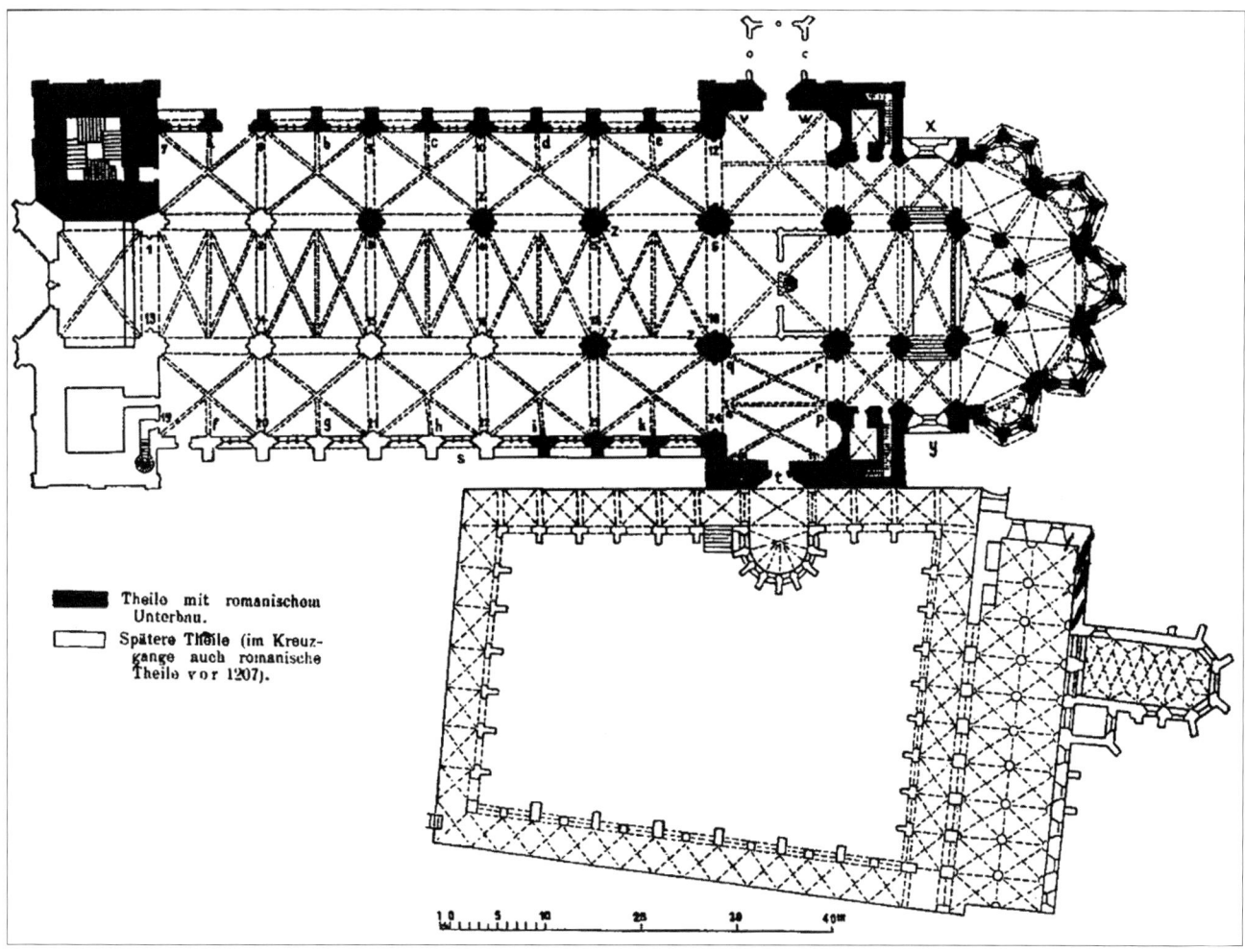

Abb. 9: Grundriss mit Phasentrennung im Erdgeschoss nach Hasak, Magdeburg, Dom. Foto: Hamann / Rosenfeld 1910.

Ableger und mußte Hilfskräften sich verschreiben aus Nord und Süd und West."[30]

Auf stilistischen Gründen basiert seine Aussage, dass die inneren Chorpfeiler die ersten waren, an denen Kapitelle versetzt wurden. Die Notnamen der beiden verantwortlichen Meister sind ausnahmsweise nicht von Landschaften abgeleitet, sondern von ihren Schöpfungen, breitlappigen Kelchblockkapitellen (Abb. 12) einerseits und Rankenkapitellen (Abb. 13) andererseits. Größtenteils sollen die Kapitelle der Chorpfeiler von jenen stammen, aber nicht ausschließlich. Es seien auch solche anderer Meister zu finden, „allerdings in einer Weise, aus der deutlich zu spüren war, wie sie auf vorhandene Formen Rücksicht nehmen mußten, zum Teil wohl gar schon behauene und angefangene Werkstücke in die Hände bekamen. [...] Das alles läßt sich begreifen, wenn wir annehmen, daß die älteren Meister ihre Arbeit vor dem Abschluß verließen, und die jüngeren teils fertige oder fast vollendete, teils rohe Blöcke vorfanden, die [...] sie nun im Geiste der vorgefundenen Ornamentik zu vollenden suchten".[31] Die Begründung illustriert bestens Hamanns Denkweise. Wo der Stil nicht rein ist, haben sich die Werkleute geschmeidig an Vorhandenes, sogar historisierend, angepasst. Dabei widerspräche es jeder Baulogik, wenn die Werksteine der Kapitelle für die Gurtbogen- und Arkadenunterzüge frühzeitig gefertigt, die friesartig verzierten Ecken aber auf eine ungewisse Zukunft verschoben worden wären. Tatsächlich gibt es an den vier inneren Pfeilern nicht zueinander passende Werkstücke und durchschnittene Motive, aber es sind nur sehr wenige (Abb. 14).

Abb. 10: Chorpfeiler S 4, Kapitell Arkadenunterzug zu S 5, Magdeburg, Dom. Foto: Christian Forster.

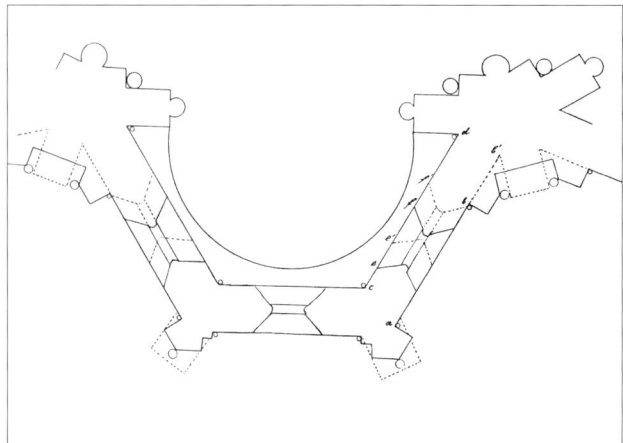

Abb. 11: Grundriss einer Chorkapelle auf Fensterhöhe nach Hamann, Magdeburg, Dom. Foto: Hamann / Rosenfeld 1910.

Hamann hielt alle Blattformen ohne Binnenzeichnung für unvollendet; worin ihm alle bisherigen Bearbeiter folgten.[32] Man kann aber beispielsweise aus den Zungenblättern der unteren beiden Reihen (Abb. 15) nicht die Blattüberfälle und auch nicht die Blattlappen herausarbeiten, welche die durchgezeichneten Blätter der oberen Reihe zeigen, d. h. das Zungenblatt, das seit der Antike zum Kapitellschmuck dient, obwohl es streng genommen eine Bossenform ist, durfte auch in Magdeburg bestehen bleiben, ja, das kontrastierende Nebeneinander mit ausgearbeiteten Blättern ist Programm.

Die motivischen Widersprüche, die Hamann sehen will, lassen sich nicht nachvollziehen. Ich kann nur kurz die eine Behauptung wiedergeben, dass die Ranken an den Eckblöcken von Pfeiler S 1 (Abb. 16) dem „aufsteigenden Prinzip" einer anderen Kategorie (nämlich der Stengelkapitelle) folgen und deshalb nicht vom „Rankenmeister" stammen können.

Die Ansicht, dass „man auf Vorrat arbeitete und dann versetzte", dabei aber nicht langfristig planen konnte, weil „der Pfeiler an der Grenze zwischen Langchor und Chorhaupt erst im Laufe von Planänderungen seine endgültige Gestalt erhielt", dass man mit einer „chaotischen Vorgehensweise" rechnen müsse, ist auch heute noch anzutreffen.[33] Dem ist entgegenzuhalten, dass ungeachtet identischer Pfeilerquerschnitte, z. B. der vier östlichen mit dem geknickten Kern (N 1, N 2, S 1, S 2) und der ihnen an der Außenwand des Umgangs entsprechenden Vorlagen, die dort versetzten Werkblöcke der Kapitellzone mehrheitlich unterschiedliche Zuschnitte und Abmessungen haben. Von Chaos kann keine Rede sein, es ist vielmehr ein Versatzschema für jeden einzelnen Pfeiler vorauszusetzen, denn nur sehr wenige Kapitellblöcke wären untereinander austauschbar.

Die Wahl des Dekortyps hing von der Form des Dekorträgers ab. Das wird an den Konsolen, die als Köpfe, Büsten oder Knollenpflanzen ausgearbeitet sind, und den hochrechteckigen Kapitellfriesen der Binnenchorarkadenbögen mit achsialsymmetrischem Dekor (Abb. 17) oder mehrzoniger Reihung eines Motivs (Abb. 15) sofort deutlich. Achsialsymmetrisch sind auch die einzelnen Friesabschnitte aufgebaut. Zugleich ergänzen sich die rechtwinklig zueinander stehenden Friesabschnitte an der Kante zu einem eckansichtigen Zentralmotiv. Achsialsymmetrisch ist schließlich der Dekor der Kapitelle an allen dreiviertelrunden Vorlagen geordnet.

Wirkung

Auf Hamanns relativer Chronologie baute Hermann Giesau auf, doch sah er zwischen dem Wirken der ältesten beiden Hamann'schen Meister und den nach ihnen tätigen Kräften eine „erhebliche zeitliche Kluft": Er begründete sie mit den schon genannten Beullaub-Kapitellen (Abb. 10) und dem Baubeginn in Reims (1211): Einerseits seien die ältesten Kapitelle „nach 1215 nicht mehr möglich", die „Magdeburg-Reimser Kapitelle" hingegen „nicht

Abb. 12: Breitlappiges Kelchblockkapitell an Chorpfeiler S 2, nordöstliche Pfeilerecke, Magdeburg, Dom. Foto: Christian Forster.

Abb. 13: Rankenkapitell an Pfeilervorlage WN 3 im Umgang, Magdeburg, Dom. Foto: Christian Forster.

Abb. 14: Chorpfeiler N 4: durchschnittenes Drachenrelief, Magdeburg, Dom. Foto: Christian Forster.

Abb. 15: Chorpfeiler N 3, Arkade zu N 4, Kapitell für den Unterzug, Chorseite, Magdeburg, Dom. Foto: Christian Forster.

vor 1225" zu denken.[34] Giesau gab seiner Verwunderung darüber Ausdruck, dass sich Hamann der baugeschichtlichen Konsequenzen nicht bewusst gewesen sei, die sich ergeben, wenn man die fraglichen Kapitelle auf Reims zurückführt. Dies trifft in der Tat zu, doch unterschlug Giesau, dass Hamann auch die Langhauskapitelle von Notre-Dame in Paris als Vorbilder diskutiert hatte (Abb. 18).[35] Hätte Giesau diese von Hamann gelegte Spur verfolgt, hätte er den chronologischen Hiatus in Magdeburg nicht so leicht begründen können.[36] So hat er die Pariser Option vorsichtshalber gar nicht erst erwähnt. Mit Reims hatte Hamann aber ein schlechtes Vergleichsbeispiel gewählt, denn hier entwickelte sich mit naturalistischen botanischen Darstellungen ein ganz neuer Stil gotischen Dekors, der in Magdeburg erst um 1250 im westlichen Langhaus des Domes zum Zuge kommen sollte.

In mancher Hinsicht stellen Giesaus Ergebnisse einen Rückschritt gegenüber Hamann dar. Seit seiner Dissertation von 1912, die der Verbreitung des Bischofsgangstils in Sachsen und Thüringen galt, hatte er sich mit dem Magdeburger Dom beschäftigt. 1928 konnte er einen Befund hinzunehmen, den Hamann noch nicht kannte, weil er erst 1926 ergraben worden war: die halbrund gesetzten Fundamente für die Umgangskapellen. Diese Entdeckung dürfte ihn zu seiner These erst angeregt haben. Wie Hamann maß Giesau den ausgeführten Bau an französischen

Abb. 16: Chorpfeiler S 1, Umgangsseite, Magdeburg, Dom. Foto: Christian Forster.

Abb. 17: Chorpfeiler S 2, Arkade zu S 1, Chorseite, „Glockenblumen", Magdeburg, Dom. Foto: Christian Forster.

Beispielen, empfand ihn als unzulänglich und rekonstruierte daher einen angeblichen Urzustand, indem er all das, was nicht zum mutmaßlichen Vorbild passt, als Resultat eines Planwechsels erklärte. Aus den runden Fundamenten und den runden Sockelwänden der Innenseite folgerte er, dass die Umgangskapellen ursprünglich keine polygonal gebrochenen Mauern hätten haben sollen. Dass die von ihm rekonstruierten Umgangskapellen des ersten Plans eine Wandstärke von vier Metern gehabt hätten, wodurch sie mehr als Nischen erschienen wären, bemerkte er selbst, ließ sich davon aber nicht beirren (Abb. 19). Außerdem seien die Kapellen ursprünglich streng radial auf einen Mittelpunkt ausgerichtet worden. Später habe man die Chorseitenschiffe nach außen verbreitert. Daraus erkläre sich der seltsam abgewinkelte Querschnitt der Pfeiler am Übergang vom Polygon zum Langchor, der größere Abstand zwischen ihnen und den inneren Polygonpfeilern und der stumpfere Winkel, mit dem die westlichen Kapellen an die östlichen anschließen. Spuren einer nachträglichen Abmeißelung am Sockel der Wandpfeiler WN 2 und WS 2, die Giesau als einzigen Beleg ins Feld führt, sind nicht auszumachen.[37]

Hamanns kategorisierender Zugriff ist von den Zeitgenossen als wissenschaftlicher Ansatz begrüßt worden.[38] Bis heute ist seine Terminologie zur Unterscheidung von Varianten der Kapitelltypen gängig. Die Definition dieser Varianten nach der tektonischen Form und dem daran ausgerichteten Ornament ist sinnvoll und ermöglicht die Übersicht über den Bestand. Eine topographische Ordnung, nach der die Kapitelle am Bau schnell aufzufinden sind, wurde bislang nur in einer Diplomarbeit an der Universität Jena aus dem Jahr 1956 vorgenommen.[39]

Hamanns Händescheidung rekonstruierte Meisterpersönlichkeiten mit stark eingeschränktem Formenrepertoire, in welchem sich ihre regionale Herkunft verrate. Nach diesem Denkmodell wäre die Formenvielfalt an allen größeren Bauvorhaben der Zeit mit steinbearbeitenden Werkleuten zu verknüpfen, die einer regionalen Formensprache strikt treu geblieben waren.[40] Folgerichtig wurde eine Ornamentform, die an mehreren Bauten auftritt, mit demselben ausführenden Individuum erklärt.[41] Hamann hat dieses Prinzip in seinem Buch über die „normannische Invasion" noch konsequenter angewandt. Und es lebte in einer kaum abgemilderten Form weiter, insbesondere in der Gosebruch-Schule, die die Diskussion der mittelalterlichen Bauskulptur in Sachsen lange Zeit bestimmt hat. Martin Gosebruch zufolge wurde Formengut durch Bauhütten weitervermittelt, was nur vordergründig vorsichtiger formuliert ist und im Übrigen auch auf Hamann zurückgeht. Bei genauer Prüfung zeigt sich, dass das „Formengut" aus überwiegend nebensächlichen Motiven besteht, die keine „Entwicklungsreihe" begründen können, ganz abgesehen davon, dass eine Weitergabe von

Abb. 18: Kapitell S 7, Mittelschiff, Südseite, Paris, Notre-Dame.
Foto: John James: The creation of Gothic architecture, Bd. 2,
Hartley Vale 2002.

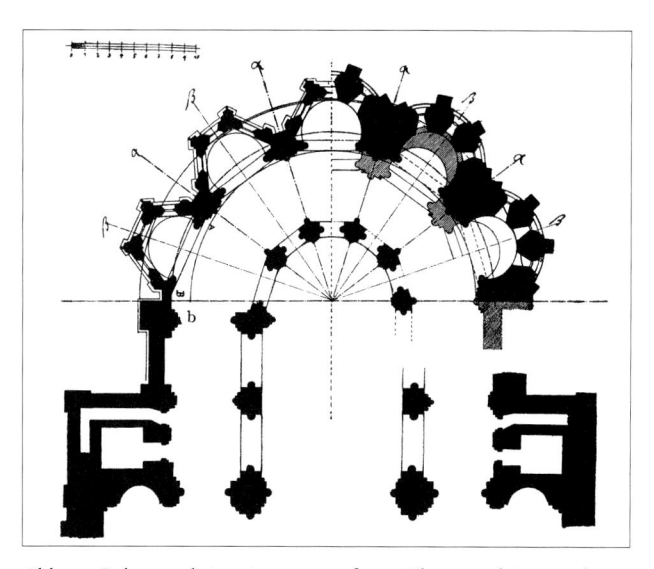

Abb. 19: Rekonstruktion eines verworfenen Chorgrundrisses nach
Giesau, Magdeburg, Dom. Foto: IKARE, MLU Halle.

Erfindungen im Bereich des Architekturdekors von West nach Ost über wenige Zwischenstationen (Straßburg, Bamberg) die historische Realität stark vereinfacht.[42] Thesen und Methoden sind von denen Hamanns nicht zu unterscheiden.[43] Dieser hatte den Weg einer normannischen Bauhütte nachgezeichnet, die gleichsam aus dem Nichts ins märkische Land kam, die Klosterkirche von Lehnin errichtete und nach Worms und zu anderen Baustellen zog, wo sie dann aber nur untergeordnete Teile ausführen durfte: „Jedesmal nach kurzer Gastrolle in Worms, Gelnhausen, Regensburg, Bamberg muß die normannische Werkstatt weiterziehen, von einer frühgotischen Welle nach Osten gedrängt, dorthin wo man mit seinen romanisch derben Formen noch Eindruck zu machen hoffen konnte."[44] Die Beweislast ruht auf Marginalien: „Den Weg nach Bamberg" wies Hamann „ein Kapitell im Kreuzgang von St. Emmeram"[45].

Und heute?

Bis in jüngste Zeit sind Hamanns Kapitellstudien nicht überarbeitet und viele seiner Hinweise auf Naumburg, Münster, Walkenried, Maulbronn, Freyburg aufgegriffen worden, ohne das ihnen zugrunde liegende Denkmodell auf seine Plausibilität zu prüfen oder die Stilvergleiche mit gebührender Gründlichkeit durchzuführen. Hier hat die Spezialforschung zum romanischen und gotischen Baudekor noch zu tun. Unter Architekturhistorikern hat sich hingegen längst eine Betrachtung der Magdeburger Chorpartie durchgesetzt, die sich von Hamanns Geringschätzung distanziert. Dass der Magdeburger Umgang am Außenbau zwischen den Kapellen durchscheint, so dass diese voneinander isoliert stehen, ist auf Intention zurückzuführen.[46] Der Grund, weshalb die Fenster der Umgangskapellen nicht in der Achse ihrer Wand sitzen, wird deutlich, wenn man vor der Kapelle steht und sie als Ganzes wahrnimmt (Abb. 20). Dann ist festzustellen, dass die Fenster nicht überschnitten werden. In Offenbach am Glan, um auf Hamanns Beispiel einzugehen, wurde dieser Effekt dadurch erzielt, dass die Nebenapsiden nicht drei-, sondern fünfseitige Außenwände haben. Der Vergleich mit Offenbach hinkt aber schon deshalb, weil es sich hier nicht um radiale, sondern um parallel zum Chor stehende, vom Querhaus her erschlossene Seitenkapellen handelt (Abb. 21).

Die ästhetischen Eigenschaften des tatsächlich gebauten Zustands als historischen Befund zu akzeptieren und nicht Unvermögen zu unterstellen, sondern Absicht, hat ideengeschichtliche Voraussetzungen, deren Konsequenzen sich die Kunstgeschichte erst nach Hamann bewusst gemacht hat:

In der Architektur werden andere Bauten zitiert und Formen wie Symbole eingesetzt.[47] Die von Giesau nicht

Abb. 20: Mittlere Umgangskapelle, nach Osten, Magdeburg, Dom, Aufnahme der Preußischen Messbildanstalt. Foto: IKARE, MLU Halle.

Abb. 21: Nördliche Seitenkapelle, Offenbach am Glan, Propsteikirche. Foto: Christian Forster.

als solche erkannte eingezogene Apsis, die durch die Binnenchorpfeiler gebildet wird, könnte den Chor des 1207 abgerissenen Vorgängerbaues nachbilden. Im Übrigen ist zu betonen, dass der Grundriss der Magdeburger Ostteile sich nicht an der Île-de-France-Gotik orientiert, sondern in den Kathedralen Reichsburgunds, in Basel und Lausanne, die nächsten Verwandten hat.[48] In der Skulptur spiegelt sich eine andere Rezeptionshaltung wider; hier wurden Pariser und Chartreser Impulse erstaunlich rasch aufgegriffen, man denke nur an die Reliefs und Säulenfiguren des sog. Goldschmidt-Portals. Das gleiche gilt für die Bauskulptur. Die Knospenkapitelle mit vorgeblendeten Beullaub-Bäumchen sind wie selbstverständlich in die Magdeburger Fülle und Vielfalt integriert; unter den Langhauskapitellen von Notre-Dame in Paris finden sich die Vorbilder für das Kapitell am Magdeburger Chorpfeiler S 4 (Abb. 10, Abb. 19) an jenen westlichen Stützen, die nicht schärfer als zwischen 1200 und 1215 datiert werden können, sie dürften gerade versetzt worden sein, als in Magdeburg bereits eine kongeniale Nachahmung entstand.[49]

Stilepochen folgen eben nicht im Gänsemarsch aufeinander, wie Wilhelm Pinder süffisant bemerkt hat,[50] und erst recht nicht einzelne Dekorformen. Architektur ist eine Ausdrucksform, die wie die Rhetorik Stillagen kennt:[51] Beispielsweise sind im Magdeburger Dom die Umgangsjoche, indem sie nicht wie die Chorseitenschiffe rippengewölbt sind, als niederrangiger Bereich vom Sanktuarium abgesetzt. Nur hier waren figürliche und szenische Kapitelle angemessen.[52] Ein Neubau musste auf angrenzende Nebengebäude, rechtliche Grenzen und den Vorgängerbau Rücksicht nehmen, was häufig erst durch archäologische Grabungen ins Bewusstsein gerückt wird.[53]

Die Kunstgeschichte stößt allenthalben auf Erkenntnisschranken, die dadurch verursacht wurden, dass ein im

Mittelalter geplantes und zu verschiedensten Zwecken errichtetes Kirchengebäude heute fast überall auf nicht viel mehr als den Rohbau reduziert ist. Dieser Mangel ist nur durch gattungsübergreifende Studien wettzumachen.

Anmerkungen

1 Der am 01.10.2009 gehaltene Vortrag wird hier in einer überarbeiteten Version abgedruckt.
2 Vgl. den Beitrag von Rainer Kuhn zu den Grabungen in diesem Band.
3 Der gebürtige Mainfranke (1862–1943) hatte die Arbeit Ludwig Bickells an „Hessische Holzbauten" fertig gestellt (erschienen Marburg 1906–1907) und veröffentlichte 1920ff. unter dem Namen Georg Bünau Historienromane und als Kunsthistoriker eine Baugeschichte der Erfurter Severikirche, ferner: Mitteilungen zur Geschichte einiger Einzeldenkmäler des Magdeburger Doms, in: GBllMagdeb 1903, S. 281–320.
4 Meier 1909, S. 311.
5 Nach Eiserhardt 1909.
6 Hamann 1909, S. 106.
7 Hamann 1909, S. 106.
8 Zu Hamanns Kunstkritik im Allgemeinen und seiner Haltung zur wilhelminischen Kunst vgl. Feist 1979, S. 4–6.
9 22.04.1872–05.07.1917, hatte 1895–1898 das Naumburger Domarchiv neugeordnet, eine Tätigkeit, aus der das Urkundenbuch des Hochstifts Naumburg, Teil 1 (967–1207) (Geschichtsquellen der Provinz Sachsen und des Freistaates Anhalt NR 1), Magdeburg 1925 entstehen sollte. Bd. 2 kam erst 2000, in der Bearbeitung von Hans Patze und Josef Dolle, heraus. Zu Leben und Wirken Rosenfelds vgl. die Nachrufe durch Walter Möllenberg, in: Geschichtsblätter für Stadt und Land Magdeburg 51/52, 1916/17, S. 283–286, und F. Küch, in: Zeitschrift des Vereins für hessische Geschichte und Landeskunde NF 41, 1917, S. I–VIII.
10 Gutachten v. 12.06.1911, UB Marburg, NL Richard Hamann, Ms. 1026 L 112.
11 Hermand 2009, S. 48, skizziert die Reiseroute anhand von Postkarten Hamanns an Emily Hamann-Mac Lean, doch weder St-Georges-de-Boscherville noch Caen oder überhaupt die Normandie scheint er damals schon besichtigt zu haben. Vielleicht gab er seiner Untersuchung nach 1914, nachdem er für Stoedtner die 1000 Aufnahmen angefertigt hatte, s. u., eine neue Gewichtung.
12 Mit 1888 gestempelt; nicht: 1891 wie Koppe 1997, S. 51.
13 Zunächst im Auftrag des Architecten-Vereins und des Kunstgewerbe-Vereins. Zehn Tafeln wurden auf die Renaissance-Epitaphien im Dom verwendet. „Da die beiden Vereine sich nach jener Veröffentlichung [1890/91] nicht gewillt zeigten, auf ein weiteres ähnliches Unternehmen bezüglich der mittelalterlichen Kunstdenkmäler der Stadt einzugehen, so nahm der Unterzeichnete mit Hinzuziehung der Regierungs-Baumeister Ochs und Kothe und des Stadtbauinspector a. D. Jaehn die Aufgabe in die eigene Hand", schreibt Flottwell im Vorwort 1891. Flottwell gab 1892 einen Bildband über den Naumburger Lettner und den Westchor heraus, zu dem August Schmarsow den wissenschaftlichen Begleitband schrieb. In dieser Reihe „Meisterwerke deutscher Bildnerei des Mittelalters" sollten Bamberg und Magdeburg folgen; die unklare Beschreibung der Umstände durch Schmarsow 1898, S. 418f., Anm. 1, bezieht sich nicht auf die von Flottwell vorgelegten Bildbände, die bezeichnenderweise den Titel „Bau- und Kunstdenkmäler" tragen.
14 Zu Stoedtner (1870–1944): 45 Jahre deutsche Lichtbildarbeit. Zum 70. Geburtstag Dr. Franz Stoedtners, Berlin 1940; André 1977, S. 133; Matyssek 2009, S. 104–110.
15 Vgl. Meier 1909, S. 312, Anm. 18.
16 André 1977, S. 133.
17 Kautzsch 1917, S. 267.
18 Das Skizzenbuch ist bei Foto Marburg (LA 1475) durchfotografiert worden und befand sich zuletzt in der Sammlung Meyer-Ilschen, Stuttgart, frdl. Hinweis von Judith Tralles, Marburg.
19 Diese Einflüsse scheinen sich ihren Weg recht aggressiv zu bahnen: durch „Eindringen" (Schmarsow 1898, dann Franck-Oberaspach 1899) bzw. durch „Invasion".
20 Goldschmidt 1899, S. 289: „Für den Verlauf des Baues im XIII. Jahrhundert nun bilden den besten Führer die verschiedenen Kapitelle."
21 Hamann/Rosenfeld 1910, S. VI.
22 Dohme 1887, S. 214; vgl. auch Dehio / Bezold 1892 I, S. 494; dagegen Hasak 1896, S. 338. – Nach Schubert 1974, S. 16, gilt Magdeburg als „der erste im Grundriß gotisch konzipierte Dom in Deutschland. Auch im Aufriß ist der französisch-gotische Einfluß unverkennbar, obwohl hier die spätromanische Tradition des sächsischen Raums im Zusammenklang mit rheinisch-westfälischen Einströmungen zunächst noch überwiegt."
23 Hasak 1896, S. 344f. Die absurde Vorstellung nachträglicher Ummantelung aufgegriffen bei Giesau 1928, S. 340, wiederholt von Knauf 1974, S. 350f., Anm. 682, 659.
24 Vgl. Hasak 1896, S. 344, Abb. 2.
25 Im Jahrbuch der Preußischen Kunstsammlungen; in der Einzelschrift von 1910 ist der Grundriss sogar in den Nachtrag verbannt.
26 Hasak 1896, S. 346, bezieht sich auf die Kapitelle S 4 (Unterzug zu S 5), N 7 (Unterzug zu N 6) und N 8 (Scheidbodenunterzug).
27 Vgl. hier und im Folgenden Hamann 1910, S. 46, 49, 53f., 76f.
28 Ebd., S. 78.
29 Vgl. ebd., S. 83: große Wandflächen, zu dünne Säulen, Rundstäbe aus Pflöcken herausgeführt.
30 Hamann 1923, S. 171.
31 Hamann 1910, S. 70.
32 Vgl. Hamann 1910, S. 15, 56, 58f.; Meier 1924, S. 4; Katerla-Cichos 1956, S. 3, 36 mit Abb. 67, S. 5 mit Abb. 2, S. 6f. mit Abb. 6, S. 10 mit Abb. 13, S. 11 mit Abb. 14, S. 11 mit Abb. 15, S. 12 mit Abb. 18, S. 14 mit Abb. 22, S. 15 mit Abb. 25, S. 16f. mit Abb. 24, 26; S. 18 mit Abb. 31, S. 21 mit Abb. 37, S. 22f. mit Abb. 41f., S. 23 mit Abb. 42f., S. 30 mit Abb. 58; Niehr 1992, S. 108; Glaeseker 2001, S. 471, Anm. 1123. Vgl. aber Jahn 1944, S. 126. – Nur bei wenigen Kapitellen kann als sicher gelten, dass sie weiter bearbeitet werden sollten: Die gesichtslosen Ritter an N 1 könnten durch Malerei ergänzt worden sein.
33 Klaus Niehr: Kapitelle im Chor und Chorumgang des Magdeburger Domes, in: Kat. Aufbruch in die Gotik 2009 II, S. 82–86, hier: S. 82.
34 Vgl. Giesau 1928, S. 336f. Ihm folgen Gosebruch 1977, S. 15, und Rogacki-Thiemann 2007, S. 74 mit Anm. 637, die eine Datierung der Chorkapitelle „in die 1220er Jahre" zum kunstgeschichtlichen Forschungskonsens erklärt, aber weder Konsens noch Datierung mit der Angabe „Hamann (1909), S. 132ff, u. a." belegen kann.
35 Vgl. Hamann 1910, 53f.
36 Was Aubert 1920 (Baualtersplan im Anhang) zur Baugeschichte von Notre-Dame schrieb, muss Giesau gekannt haben; es ist von Kimpel / Suckale 1985, S. 151, 527, nur geringfügig korrigiert worden: Langhausbau um 1175 begonnen und 1196 unter Dach; bis um 1215 Schließen der Lücke zum Westbau mit den westlichen Langhausjochen.
37 In ihrer Anm. 551 gibt Rogacki-Thiemann 2007 zu bedenken, dass sich Giesaus Befunde am Mauerwerk nicht nachweisen lassen, in ihrem Befundbuch (C/8 und C/9) wird genau deren Existenz aber behauptet. Dass ihre geometrische Rekonstruktion eines angeblichen ersten Plans weitgehend auf derjenigen Giesaus beruht, wird dem Leser erst dann klar, wenn er dessen Aufsatz zur Hand nimmt; aus Anm. 540 erfährt er

zu diesem Aufsatz nur, dass er sich „ausführlich mit den ersten gotischen Chorfundamenten beschäftigte", Giesau 1928.

38 Vgl. Meier 1909, S. 311–314; Schmidt 1911, S. IIf.
39 Vgl. Katerla-Cichos 1956, und nur für den Chor; die von Katerla-Cichos eingeführte Nomenklatur der Pfeiler bzw. Wand (von Ost nach West, unterteilt in Nord und Süd, also N 1ff., S 1ff., WN 1ff., WS 1ff.) wird hier übernommen.
40 Über die Entstehung dieser Formensprache kann dann nichts mehr gesagt werden, es sei denn, man nimmt Zuflucht zu völkischen Begriffen wie Giesau 1936, S. 22, zum „Wurzelboden" (der Kunst des Naumburger Meisters, der in Obersachsen liege; den Hinweis auf diese Stelle verdanke ich Heiko Brandl) und betrachtet Kunst als „Wesensausdruck" bestimmter Menschen, abermals Giesau 1933/34; ders. schon 1924/25, S. 202f. Adolf Hitler teilte diese Vorstellung und verstand Kunst als „Wesensausdruck" eines Volkes; vgl. Rede zur Eröffnung der „Großen Deutschen Kunstausstellung" 1937, zit. nach Bushart 1990, S. 226, Anm. 7.
41 Vgl. Meier 1909; Greischel ²1939, S. 47, trotz seiner eigenen Kritik an Hamann, ebd., S. 40. Die gleiche Begründung für wandernde „Meister" war in der Gosebruch- und der Binding-Schule gängig, vgl. Schulz-Mons 1979, S. 25, 34; Binding ²1965, S. 151–157; Jost 1995, S. 92–95.
42 Vgl. Gosebruch 1977; Gosebruch 1983; Gosebruch 1989; vgl. auch Steigerwald 1972; Schulz-Mons 1979; Grote 1989.
43 Ausdrücklich als Synthese von Hamann und Gosebruch will Grote 2009, S. 153–155 seine knappe Darstellung zum Magdeburger Dom verstanden wissen. Da er sich auf die Baugeschichte von Rogacki-Thiemann 2007 verlässt, gerät er in Widerspruch zu seiner eigenen Braunschweiger Chronologie mit dem Schlüsseljahr 1215(d) als Jahr der Vollendung der Kapelle in Melverode und in der Konsequenz als Jahr der Vollendung der Ostteile von St. Katharinen und des Westportals von St. Martini. Nach Rogacki-Thiemann 2007, S. 65f., ruhten aber die Arbeiten am Magdeburger Dom 1210–1215, kaum dass sie begonnen hatten; bis 1215 hätte man demnach nicht mehr zustande gebracht als ein paar Fundamente und die vier Binnenchorpfeiler ohne Kapitellfries. Am Stil der Kapitelle macht Grote jedoch den Magdeburger Einfluss auf die genannten Braunschweiger Bauten fest.
44 Hamann 1923, S. 172.
45 Hamann 1923, S. 73.
46 Vorschläge bei Schenkluhn 2008; Schenkluhn 2009a.
47 Vgl. Helten 2009b.
48 Vgl. Nicolai 2007, S. 92; Nicolai 2009, S. 73–75.
49 Siehe Anm. 33; vgl. auch Christian Forster: Verzierter Dienst von einem Nebenportal des Magdeburger Domes, in: Kat. Aufbruch in die Gotik 2009 II, S. 86f.
50 Vgl. Suckale 1986, S. 8.
51 Vgl. Suckale 1980.
52 Vgl. Modena: Klein 1994, S. 656.
53 Hamann zerpflückte die Bauten, als wäre die Gestaltung liturgischer Räume der Willkür des Baumeisters unterworfen gewesen bzw. auf den Einfluss einer Region zurückzuführen, z. B. Hamann 1923, S. 67 (St. Jakob in Regensburg und die Kirche auf dem Harlungerberg in Brandenburg).

ARCHÄOLOGIE
UND DENKMALPFLEGE

RAINER KUHN

Die sakrale Bebauung vor 1209 auf dem Magdeburger Domhügel

Die Archäologie der Kirchen auf dem Magdeburger Domhügel ist seit einigen Jahren eines der am intensivsten diskutierten Themen in der deutschen Mittelalterforschung. Dabei handelt es sich um die ottonisch-romanische Nordkirche unter dem Domplatz und die ottonisch-romanische Südkirche unter dem heutigen, spätromanisch-gotischen Dom (F-Abb. 1). Damit verbunden ist die Frage, welche der Kirchen der Dom von Otto dem Großen (936–973) war.

Die Grabungen in der Nordkirche

Die Situation ist geprägt durch die archäologischen Untersuchungen von Ernst Nickel in den Jahren 1959–1968[1] und von Rainer Kuhn in den Jahren 2001–2003[2].

Das mutmaßlich älteste Gebäude ist der kleine und komplett ausgegrabene Bau der Phase I (F-Abb. 2). Es handelt sich um ein weitgehend erhaltenes Steinfundament von 0,50 m Wandstärke und 4 x 4 m Grundfläche, vermutlich zu einem Holzbau gehörig.

Phase II wird als 1,00–1,10 m breite Trockenmauer errichtet und ist außen ca. 18,40 m breit. Der Bau liegt nahezu mittig zu der späteren, ottonenzeitlichen Phase III und nimmt deren Achslage vorweg. Aufgrund dieser baulichen Tradition ist eine sakrale Funktion des Baues wahrscheinlich.

Phase III ist ein bedeutender ottonischer Kirchenbau. Der Grundriss weist eine markante Gliederung in fünf Abschnitte auf, die von sechs O-W verlaufenden Mauern gebildet wurden. Eine Ansprache als Sakralbau ist seit 2001 zweifelsfrei erwiesen, als erstmals ein Grab in direktem Zusammenhang mit dem Gebäude nachgewiesen werden konnte.[3] Fundstücke aus mediterranem Marmor fanden sich in beachtlicher Anzahl bei den Neugrabungen. Hierin drückt sich ein ganz besonderer baulicher Anspruch an diese Kirche aus, der sich aus Aachen und Rom ableiten lässt.[4] Die Breite der Kirche beträgt den neuen Untersuchungen zufolge 41,00 m,[5] vergleichbar mit den erzbischöflichen Domen von Köln mit 41,20 m und von Trier mit ca. 41 m.[6]

Der romanische Bau der Phase IV wurde ausschließlich bei den Grabungen von Ernst Nickel in den Jahren 1959–1968 angeschnitten. Im östlich davon gelegenen Grabungsfeld 2001–2003 wurde er nie ausgeführt. Ob dieser Bau der Phase IV tatsächlich jemals den Bau der Phase III komplett ersetzen sollte, ist allerdings beim gegenwärtigen Publikationsstand nicht zu entscheiden. Nicht ausgeschlossen werden kann auch ein westlicher Anbau, der auf den bekannten Bereich begrenzt bleiben sollte.[7]

Die „Nikolaikirche" westlich von den gotischen Domtürmen

Die erste Magdeburger Nikolaikirche ist ein Thema, das die Forschung bereits seit mindestens einem Jahrhundert beschäftigt, zu dem jedoch bei Grabungsbeginn im September 2006 nur wenige wissenschaftlich belastbare Fakten vorlagen.[8] Die Kirche wurde aufgrund zweier Urkunden in der Magdeburger Schöppenchronik für den 6. Januar 1306 und den 24. März 1310 vor den Westtürmen der gotischen Kathedrale verortet.[9] In den genannten Urkunden wird im Wesentlichen berichtet, das Nikolaistift habe aufgrund des gotischen Domneubaus weichen müssen. Dabei können aufgrund der Bauabfolge am Dom sicher keine sich überschneidenden Grundrisse gemeint gewesen sein, sondern eher die Frage nach der Ansicht bzw. dem Zugang oder der Baufreiheit. Die Vorstellungen zu Lage und Aussehen dieser Kirche waren jedoch durchweg spekulativ und unterschieden sich erheblich voneinander.[10] Diese Nikolaikirche wurde ihrerseits in der Forschung wiederholt mit einer von Thietmar von Merseburg erwähnten Rundkirche, der ecclesia rotunda, in Verbindung gebracht.[11]

Einer der interessantesten Befunde in diesem Bereich während der Forschungsgrabung 2006/2007 ist das Kopfnischengrab 22.

Solche Kopfnischengräber werden – bei aller Schwierigkeit der Datierung – üblicherweise in das 11./12. Jahrhundert datiert; ein zeitlicher Ansatz, gegen den auch in unserem Fall nichts spricht. Ein erstes, sehr prominentes Vergleichsbeispiel in Magdeburg ist dasjenige des Erzbischofs Norbert von Xanten, der 1134 verstarb und im nördlich vom heutigen Domplatz liegenden Kloster Unser Lieben Frauen in einem Kopfnischengrab bestattet wurde.

Beim Kopfnischengrab 22 handelt es sich um das dritte bekannt gewordene Kopfnischengrab in Magdeburg, welches in Stein ausgeführt ist.[12] Von einem Steinsarg in Form einer Kopfnische berichtet bereits Friedrich Wiggert bei seiner Schilderung der Entdeckungen im südlichen Ostquerhaus des Magdeburger Doms während der Domsanierung in den Jahren 1826–1834.[13]

Die meisten der bisher bekannten Kopfnischengräber sind jedoch aus dem Löss ausgestochen, beispielsweise fast alle 60 Belege in der Johanniskirche.[14] Ein weiterer, vierter Beleg für ein solches Grab fand sich bei den Grabungen im Kreuzganginnenhof.[15]

Bei der weiteren Freilegung des Kopfnischengrabes westlich von den Domtürmen fand sich auf der Innenseite des Grabes sowohl am Kopfende als auch am Fußende jeweils ein reliefierter Stein, offenbar Spolien (Abb. 22, Abb. 23). Beim Stein am Kopfende ist eine plastisch herausgearbeitete, kreisrunde Verzierung von 9–10 cm Durchmesser mit anschließender Wulst nach unten zu erkennen. Sie liegt zentral über dem Schädel. Am Fußende liegt ein Stein mit einem weiteren Stück dieser stabartigen Wulst. Beide Steine zeigen eindeutig mit der Schaufläche ins Innere des Grabes. Es dürfte sich dabei um zwei Bruchstücke von einer wohl nicht sehr viel älteren Grabplatte mit Stabkreuz als plastischer Zier handeln. Dabei ist das Stück am Kopfende verkehrt herum eingebaut, also mit dem Fußende nach oben.

Als dritte Besonderheit fand sich schließlich auch noch eine Bronzescheibe als Grabbeigabe bzw. Trachtzubehör. Das dünne Bronzeblech liegt unter dem rechten Unterschenkel! Dabei dürfte es sich aufgrund der Lage um einen Bestandteil einer an einem langen Band getragenen Tasche gehandelt haben, wobei die Bronzescheibe sowohl als Zier als auch als stabilisierendes Element verstanden werden könnte.

Im Laufe der Restaurierung fand man organische Reste, die auf den Fragmenten klebten, teilweise sogar beidseitig. Es ist davon auszugehen, dass es sich dabei um Leinen- und Lederreste handelt.[16] Bei der Scheibe zeigte sich eine ovalrunde Bronzeplattenform, die stark verbogen ist und keinerlei Verzierungen, dafür aber ein gleichmäßiges Lochmuster an den Rändern aufweist. Die maximale Breite der Bronzeplatte beträgt 9,5 cm, ihre maximale Länge 13,5 cm. Der Lochabstand liegt bei ca. 0,5–0,6 cm, die Stärke der Platte bei etwa 0,1 cm.

Es handelt sich hier um ein Grab von auffällig hoher Qualität und Ausstattung, was auf eine entsprechende Stellung der bestatteten Person schließen lässt. Die anthropologische Bestimmung erbrachte als Ergebnis ein erwachsenes männliches Individuum im Alter zwischen 35–50 Jahren.[17]

Man würde ein solch aufwendiges Grab wohl eher im Osten als im Westen der Kirche erwarten, doch gibt es hierfür prominente Gegenbeispiele – wie in der benachbarten Magdeburger Nordkirche.[18] Insofern sollte man dieses Argument nicht überstrapazieren. Dennoch scheinen wir uns tendenziell im Ostabschnitt der Kirche zu bewegen.

Einen Anhaltspunkt für eine absolutchronologische Einordnung bietet ein einzelnes Radiokarbondatum aus dem linken Femur des Verstorbenen. Dieses weist auf eine Datierung in die Zeit zwischen 969–1030, was im älteren Abschnitt der Erwartungen liegt.[19]

Die Baubefunde im Bereich der Nikolaikirche bestehen überwiegend aus Fundamentausbruchgräben und sind in mehrere Bauphasen zu unterscheiden. Rundelemente, welche für die ecclesia rotunda sprechen könnten, konnten nicht nachgewiesen werden.

Die Grabungen in der Südkirche

Die archäologische Situation am Magdeburger Dom war bis zum Beginn der Grabungen 2006–2010 von der Tatsache gekennzeichnet, dass nur sehr wenige Flächen

Abb. 22: Kopfnischengrab 22 vor der Beräumung, Dom, Magdeburg. Im Osten und Westen sind die beiden Spolien – senkrecht stehend – zu erkennen. Das Grab wird im Südosten von einer neuzeitlichen Abwasserleitung randlich gestört. Blick nach Westen. Foto: Claudia Hartung, Stiftung Dome und Schlösser in Sachsen-Anhalt.

archäologisch untersucht worden waren.[20] Ein Vorgängerbau war nachgewiesen durch die 1926 von Alfred Koch ergrabene Krypta[21] mit ihrem als opus sectile verlegten Fußboden aus antikem Marmor sowie dem um 1170 erbauten Kreuzgangsüdflügel.[22]

Spätestens durch die erste größere Publikation zur Kirche am Domplatz war dieser unbefriedigende Forschungsstand im Bereich der Südkirche deutlich geworden.[23] Auch eine gesicherte Interpretation der am Domplatz ergrabenen mehrphasigen Anlage mit ihrer großen ottonenzeitlichen Kirche wäre ohne einen substanziellen Zugewinn an Erkenntnissen im Bereich der Kirche unter dem heutigen Dom nicht denkbar gewesen.[24]

Wesentliche Informationen sind bis 2006 lediglich durch die Grabungen von Alfred Koch, der 1926 die Krypta entdeckte, sowie von Gerhard Leopold, der 1959–1965 in mehreren kurzen Kampagnen vor allem im Bereich des erwarteten Westabschlusses tätig war, bekannt geworden. Es handelt sich um die Ostkrypta sowie um einen schwierig zu interpretierenden Komplex im Westen. Beide Befunde wurden in der Forschung durchaus kontrovers diskutiert. Hinzu kommt der um 1170[25] errichtete Kreuzgangsüdflügel des heutigen Domes (1209–1520). Dieser ist aufgrund kunstgeschichtlicher Datierung und seiner anderen, stärker SO-NW verlaufenden Ausrichtung eindeutig als zu einem Vorgängerbau gehörig zu erkennen. Diese ältere „ottonische" Achslage ist auch bei der Nordkirche am Domplatz festzustellen, die jüngere „gotische" Achslage dagegen beim Neubau ab 1209.[26] Beide älteren Kirchen, die Nordkirche unter dem Domplatz und die Südkirche unter dem heutigen Dom, liegen also fast parallel zueinander ausgerichtet, der genaue Abstand war zum Grabungsbeginn unbekannt (F-Abb. 1).

Abb. 23: Spolie am Kopfende des Grabes, Blick nach Westen, Dom, Magdeburg. Foto: Claudia Hartung, Stiftung Dome und Schlösser in Sachsen-Anhalt.

In dieser Situation begannen die Grabungen (F-Abb. 3).[27] Trotz der bis zum Jahr 2006 sehr wenigen ergrabenen Befunde hat es in der Vergangenheit nicht an Versuchen einer Grundrissrekonstruktion gefehlt.[28] Die jüngste Version (F-Abb. 4) wurde von Ernst Schubert und Gerhard Leopold vorgestellt.[29] Gemein war diesen Rekonstruktionsversuchen, dass sie in erheblichem Maße von der schriftlichen Überlieferung bzw. den Vergleichen mit anderen Fundorten inspiriert waren. Konkrete Grabungsergebnisse in Magdeburg lagen nur in geringerem Umfang vor.

Im Kreuzgang und Kreuzganginnenhof

Die Arbeiten im Kreuzganginnenhof waren die ersten regulären archäologischen Untersuchungen in größerem Umfang, die hier stattfanden.[30] Im Bereich des Kreuzgangnordflügels hatte bereits Alexander Rudhard 1931 Untersuchungen durchgeführt,[31] ebenso Thomas Weber 1992 im Bereich des Kreuzgangostflügels.[32] Beide Untersuchungen waren allerdings auf eine kleine Fläche begrenzt, so dass hier weitgehend Neuland betreten wurde.

Im Kreuzgangnordflügel, vor allem aber im Kreuzganginnenhof, zeigte sich erwartungsgemäß eine intensive Bestattungstätigkeit seit dem 11. Jahrhundert. Gräber in eindeutig „ottonischer" Achslage werden teilweise vom gotischen Neubau aus dem 13. Jahrhundert geschnitten. Eindeutige Gräber des 10. Jahrhundert fehlen bisher.

Grundlage für die Untersuchungen im Kreuzgang und im Kreuzganginnenhof war die seit 1926 durch Koch gesicherte Erkenntnis, dass der Vorgängerbau unter dem heutigen spätromanisch-gotischen Dom aufgrund der Achsverschiebung teilweise südlich bzw. südöstlich von diesem liegt.[33]

Schnitt G war für das Gesamtkonzept der Forschungsgrabung von entscheidender Bedeutung. In Verbindung mit den Schnitten U – O – P – Q ergibt sich hier ein idealer und unverzichtbarer Querschnitt durch den Vorgängerbau bzw. die Vorgängerbauten des gotischen Doms und den Kreuzgang (F-Abb. 3). In dieser Schnittreihe sollte der vergleichbare Wert zur 2002/03 nachgewiesenen Breite der Nordkirche von 41 m ermittelt werden.

Hier erwarteten das Grabungsteam ausgesprochen interessante Baubefunde.[34] An erster Stelle sind zwei aus Kalksinter errichtete Mauern (Phase A) zu nennen, die noch in ihren untersten Fundamentlagen erhalten waren.[35] Das Baumaterial Kalksinter fand auch am Domplatz in den jüngsten drei Bauphasen Verwendung, u. a. bei der großen ottonenzeitlichen Kirche der Phase III (F-Abb. 2). Beide Mauern waren parallel orientiert und hatten einen Abstand von ca. 2,50 m zueinander. In der Bauweise unterschieden sie sich leicht. Die nördliche war ca. 1 m breit und aus in Löss verlegten Steinen errichtet worden, während die südliche ca. 1,40 m breit war und dort auch in geringen Mengen Mörtel Verwendung fand. Zudem war bei der südlichen Mauer opus spicatum zu beobachten, bei der nördlichen dagegen nicht.

Sehr interessant ist die Ausrichtung der Mauerzüge. Diese unterscheidet sich sowohl von der ‚gotischen' Achslage des Neubaus ab 1209 als auch von der ‚ottonischen' Achslage der Krypta bzw. des Kreuzgangsüdflügels (F-Abb. 5). Es handelt sich um eine dritte, bisher unbekannte Achslage. Es ist plausibel, in dieser Achsausrichtung die älteste der drei zu sehen. Hierfür spricht einerseits die relativ archaische Mauertechnik mit Kalksinter sowie wenig bis gar keinem Mörtel. Andererseits ist diese Achslage an keinem Gebäudeteil des Domkomplexes mehr nachzuweisen. Die Mauern jener Ausrichtung werden folglich als Phase A bezeichnet.

In Schnitt G, Innenhof, fand sich das Bruchstück einer Säule aus Muschelkalk (Abb. 24). Das monolithische

Säulenfragment besitzt eine erhaltene Höhe von 49 cm und eine Grundfläche von 26 x 26 cm.³⁶ Der Schaft der Säule ist in der Aufsicht nicht rund, sondern unregelmäßig vierseitig mit stark abgerundeten Ecken geformt.³⁷ Das Säulenbruchstück besitzt dagegen deutliche Bezüge zu den spätestens 965 verbauten Säulen im Kreuzgang von St. Pantaleon in Köln, der Grabeskirche von Kaiserin Theophanu, der Schwiegertochter von Otto dem Großen.³⁸

Besteht also bei den beiden Kalksintermauern der Phase A noch Unsicherheit, ob sie zeitlich tatsächlich bis in das 10. Jahrhundert zurückreichen, gibt es beim Säulenfragment Belege für eine solche Datierung. Damit gehört das Stück zu den nicht allzu zahlreichen Funden bzw. Befunden, für die eine solche Datierung denkbar ist.

Zur Phase CI, dem großen ottonischen Kirchenbau, gehört ein kurzes Mauerstück, das als Eckverband betrachtet werden kann, allerdings nur auf kleiner Fläche erhalten ist. Es korrespondiert mit der von Rudhard bereits in den 1930ern entdeckten und von uns nochmals ausgegrabenen Mauer in Schnitt K. Beide Stücke könnten zu einem – auffällig tiefen – Ostquerhaus gehören. Die theoretische – da gespiegelte – Breite der Kirche in diesem Areal beträgt im Außenmaß etwa 33,20 m (Schnitt G: 33,12 m; Schnitt K: 33,24 m).

Im Dom

Schnitte U – O – P – Q

In diesen Schnitten war vor allem die Frage nach der Breite des Vorgängerbaus zu beantworten und damit der entsprechende Vergleich zur Nordkirche zu ziehen.

Der stratigrafisch jüngste Baubefund der Vorgängerkirche war in ca. 1 m Tiefe vor dem heutigen Lettner ein Fußboden, der aus mit der Schauseite nach unten zeigenden Dachziegeln verlegt wurde. Dieser könnte dem 12. Jahrhundert zuzuordnen sein und trat offenbar an die Stelle eines älteren Fußbodens in opus sectile Technik. Der Tatsache, dass es zu dieser Erhöhung des Fußbodenniveaus – im Wesentlichen schon im 13. Jahrhundert – kam, ist es auch zu verdanken, dass wir bei den Grabungen teilweise hervorragende Erhaltungsbedingungen des Baubestandes hatten.

Der genannte Dachziegelfußboden ist in mehrerlei Hinsicht bemerkenswert. Zum einen besteht der Fußboden aus umgedreht verlegten Dachziegeln (Abb. 25). Dabei sind

Abb. 24: Muschelkalksäule aus Schnitt G, Dom, Magdeburg. Foto: Claudia Hartung, Stiftung Dome und Schlösser in Sachsen-Anhalt.

zunächst einmal die Ziegel, die in der Mehrzahl mit honigbrauner bis olivgrüner Glasur überzogen sind, als solche sehr bemerkenswert und gehören z. T. zu bisher unbekannten Typen.³⁹ Es handelt sich um die wohl ältesten glasierten Dachziegel nördlich der Alpen seit der Römerzeit.

Darüber hinaus ist die Vorgehensweise, Fußböden aus Dachziegeln herzustellen, in ottonisch-romanischer Zeit recht selten. Bisher sind nach Kenntnisstand des Verfassers lediglich drei Beispiele bekannt geworden: das hier vorzustellende, eines im Magdeburger Dom im Bereich der Sechszehneckigen Kapelle und eines in einem Steingebäude im weiteren Umfeld des Osnabrücker Doms.⁴⁰ Die Osnabrücker Stücke werden in das 11./12. Jahrhundert datiert, die Verwendung als Fußboden in die zweite Hälfte des 13. Jahrhunderts.⁴¹ Zu der ersten Auffindung im

Abb. 25: Ziegelfußboden der Vorgängerkirche, Phase C II, Blick nach Westen, Dom, Magdeburg. Foto: Juraj Lipták, Landesamt für Denkmalpflege und Archäologie Sachsen-Anhalt.

Magdeburger Dom berichtet Leopold: „[...] konnten zwei Restflächen eines Fußbodens aus großen, in Kalkmörtel verlegten Backsteinplatten ergraben werden, deren Fugen der Achsrichtung des ottonischen Doms folgten. Das Fundament der sechzehneckigen Kapelle liegt auf einer Verfüllung über den genannten Bauresten." Liest man sich dann die genaue Beschreibung der Stücke in der Anmerkung durch, wird schnell klar, dass bereits G. Leopold einen Fußboden aus Dachziegeln gefunden und auch als solchen erkannt hat.[42]

Der bei der Forschungsgrabung gemachte Neufund weist ebenfalls die von Leopold beschriebene Ausrichtung in ‚ottonischer' Achslage auf. Damit dürfte sehr wahrscheinlich sein, dass die Verlegung der Dachziegel vor 1209 und damit zeitlich vor der Achsverschiebung erfolgte.

In einigen Bereichen gab es regelrechte Dellen. Eine hatte ihre Ursache in einem großen Mauerwerksstück aus Mörtel und Stein, das offenkundig aus großer Höhe auf den Fußboden gefallen war. In diesem Bereich fanden sich mehrfach Brandspuren auf dem Fußboden, auch unter dem Mauerwerksblock. Es gab hier also ein Brandereignis, in dessen Folge der Mauerwerksblock auf den Fußboden fiel. Ob dies durch die direkte Brandeinwirkung oder durch Abbrucharbeiten nach dem Brand bedingt war, ist nicht mehr zu entscheiden. Wichtig ist in jedem Fall die Tatsache, dass der Mauerwerksbrocken nicht mehr entfernt wurde, sondern bei der archäologischen Forschungsgrabung gefunden werden konnte. Das Brandereignis und die darauf folgenden Geschehnisse bezeichnen also das Ende der Nutzung des Sakralbaues. Hier ist eine Identifikation der Ereignisse mit dem Dombrand von 1207 naheliegend.[43] Vergleichbare Brandspuren fanden sich ebenfalls im Schnitt N, jedoch nicht in der ottonenzeitlichen Nordkirche.[44] Damit ergab sich ein erster wissenschaftlich belastbarer Hinweis darauf, welche Kirche 1207 abgebrannt war – die Südkirche.

Der Fußboden wurde in mehreren großen Segmenten geborgen.[45] Unter dem Fußboden fanden sich neben Keramik des 11./12. Jahrhunderts auch etliche einzelne Steine eines offenbar älteren Fußbodens, der als opus sectile verlegt worden ist (Abb. 26). Auch Formziegel wurden festgestellt, die möglicherweise in diesem älteren Fußboden Verwendung fanden.[46] Dieser war offenbar entfernt worden und einige Bestandteile in die Verfüllung geraten. Es könnte an dieser Stelle folglich einen älteren Fußboden gegeben haben, der – ähnlich wie die von A. Koch gefundene Krypta – direkt oder indirekt vom Antikentransport in den 960er Jahren profitierte.

Alle drei Dachziegeltypen aus der Südkirche, also sowohl die im Fußboden sekundär verwendeten Typen I und II, als auch der Typ III, kommen auch in der Nordkirche vor.[47] Der dortige Bau (Phase III) gehört in die zweite Hälfte des 10. Jahrhunderts, wobei bis zum Zeitpunkt der Dachdeckung Jahre oder Jahrzehnte vergangen sein können.[48] Eine spannende Frage bleibt weiterhin, wer diese Technologie der glasierten Dachziegel nach Magdeburg gebracht bzw. in Magdeburg weiterentwickelt hat. Waren es möglicherweise Handwerker aus mediterranen Regionen? Das ist zumindest für die Bauleute anzunehmen, die in den Magdeburger Kirchen die antiken Marmorsäulen aufstellten bzw. den Fußboden als opus sectile verlegten.[49]

Auf einem Niveau mit dem Ziegelfußboden bzw. dem Estrich fand sich die Steinsetzung 6171 von 2,68 x 1,30 m Ausmaßen nahe der Mittelachse des Vorgängerbaus (F-Abb. 6, blaue Struktur). Beide Befunde dürften im Zusammenhang miteinander oder zumindest zeitnah eingebracht worden sein.

Unterhalb des Ziegelfußbodens zeigten sich für die Geschichte des Vorgängerbaus grundlegende Befunde (Abb. 27, F-Abb. 7). Es handelt sich zunächst um die beiden massiven Mauern 6525 im Norden und 6503 im Süden, die sich nicht nur im Oberflächenniveau, sondern auch im Basisniveau weitestgehend entsprachen.

Abb. 26: Marmordreieck von einem Fußboden, Dom, Magdeburg. Foto: Claudia Hartung, Stiftung Dome und Schlösser in Sachsen-Anhalt.

Beide Mauern liegen in nahezu identischen Abständen von der in Schnitt R ermittelten Mittelachse des Vorgängerbaus. Somit haben wir hier die beiden Mittelschiffsfundamente vor uns. Sie haben einen Abstand von 10,95 m zueinander.[50] Der Bereich dazwischen ist folglich als ein Abschnitt des Hauptschiffes anzusprechen. Die nördlichste Mauer 6712 ist die nördliche Seitenschiffsmauer. Eine korrespondierende Mauer im Süden, also eine südliche Seitenschiffsmauer, konnte nicht gefunden werden, da in dem zu erwartenden Bereich heute die großen Außenfundamente des gotischen Neubaus liegen.

Nimmt man die Grundeinteilung als gegeben an, ergeben sich als Maße für die Vorgängerkirche in diesem Abschnitt:

Abb. 27: Blick nach Südosten auf den Schnitt P-Q vor dem gotischen Lettner, Dom, Magdeburg. Foto: Claudia Hartung, Stiftung Dome und Schlösser in Sachsen-Anhalt.

Mittelschiffsbreite, lichte Weite Fundamentbereich:	10,95 m
Gesamtbreite Langhaus, Außenseite Aufgehendes:	25,32 m
Gesamtbreite Ostquerhaus, Außenseite Fundament:	ca. 33,20 m
Breite südliche Mittelschiffsmauer, Fundamentbereich:	mind. 2,30 m[51]
Breite nördliche Mittelschiffsmauer, Fundamentbereich:	2,10 m
Breite der nördlichen Seitenschiffsmauer, Fundamentbereich/Aufgehendes:	1,70 m

Von entscheidender Bedeutung für die Interpretation und Identifikation des Gesamtbefundes sind mehrere gemauerte Gräber. Es zeigte sich nahezu in der Mittelachse des mutmaßlichen Mittelschiffes bzw. in dessen östlicher Fortsetzung eine Gruppe von insgesamt drei gemauerten Gräbern (F-Abb. 7, Abb. 28). Dabei handelt es sich um die Befunde 6550 im Norden, 6892 in der Mitte und 6579 im Süden. Die drei Gräber stehen räumlich und inhaltlich in einem engen Zusammenhang. Die Lage nahe der Mittelachse und im Osten der Vorgängerkirche lassen ebenso wie der Typus des gemauerten Grabes vermuten, dass es sich um die Grablegen von herausragenden Persönlichkeiten handelt. Alle drei gemauerten Gräber sind aus Bruchsteinen und Mörtel errichtet, sie waren geöffnet und wurden ohne Abdeckung vorgefunden. Dabei ähneln sich das nördliche und das südliche Grab in ihrem Erhaltungszustand, ihrer Bauweise, ihrer Lage und ihrer Größe auffallend. Beide Gräber wurden bereits beräumt vorgefunden. Reste des Holzsarges fanden sich noch in situ, sowohl beim nördlichen als auch beim südlichen Grab. Das Skelett war dagegen in beiden Fällen komplett entnommen. Die Originalskelette hatte man offenbar sorgsam und komplett entfernt. Vom Inventar sind allerdings vereinzelte Objekte erhalten geblieben.

Abb. 28: Die gemauerten Gräber in Schnitt Q, Blick nach Westen, Dom, Magdeburg. Foto: Claudia Hartung, Stiftung Dome und Schlösser in Sachsen-Anhalt.

Im nördlichen gemauerten Grab 6550 handelt es sich dabei um ein goldenes Löwenköpfchen mit leicht geschwungenem Hals, der als Tülle endete (Abb. 29). Die Gesamtlänge des Objektes beträgt 2 cm. Dieser spektakuläre Neufund ist nach Ansicht des Verfassers eindeutig als Spitze einer erzbischöflichen Krümme anzusehen (Abb. 30). Folglich ist Grab 6550 das Grab eines Magdeburger Erzbischofs. Das Objekt fand sich im Inneren des Grabes, dicht an dessen südlicher Seite, in der zu vermutenden Körperlage also auf der rechten Seite.

Im Süden der Gruppe liegt das gemauerte Grab 6579, das dem nördlichen stark ähnelt. In ihm fand sich außer den Resten des Sarges ebenfalls ein Fund aus Gold. Es handelt sich um einen kleinen Ring mit einem jetzigen Außendurchmesser von ca. 1,9 cm (Abb. 31). Da er leicht aufgebogen vorgefunden wurde, ist der ursprüngliche Durchmesser minimal kleiner zu erwarten. Er ist gefertigt aus zwei gleichmäßig umeinander geflochtenen dünnen Golddrähten, die ihrerseits rund sind. An den beiden Enden des zusammengeflochtenen Golddrahtes ist dieser etwas platt gedrückt bzw. geklopft. Es gehört ein zweites Teil zu diesem Fund: ein winziger goldener Keil in Form eines unregelmäßigen Vierkants. Seine Länge beträgt lediglich 4 mm. Das kleine Ensemble fand sich im westlichen Bereich des Grabes, etwas südlich von der Mittelachse. Die Interpretation ist hier ganz ähnlich wie im Nordgrab. Vermutlich war der geflochtene Ring um ein organisches Objekt gelegt, möglicherweise aus Holz. Der winzige Keil diente dazu, diesen Ring zu fixieren. Beide Gräber könnten im 11. Jahrhundert belegt worden sein.

Das mittlere gemauerte Grab 6892 war deutlich schlechter erhalten als die beiden zuletzt besprochenen. Eine obere Abdeckung war auch hier nicht mehr vorhanden. Es war im östlichen Bereich durch ein weiteres, offenbar jüngeres Grab 6844 gestört (F-Abb. 7), so dass sein östliches Ende unbekannt bleibt. Auffällig ist, dass das mittlere Grab das

Abb. 29: Goldenes Löwenköpfchen aus dem nördlichen gemauerten Grab, Dom, Magdeburg. Foto: Claudia Hartung, Stiftung Dome und Schlösser in Sachsen-Anhalt.

jüngste der drei zu sein scheint! Auf dem Mörteluntergrund war als unterster Befund noch der Rest eines O-W orientierten Holzsarges ohne Skelettreste zu erkennen (Abb. 28). Westlich anschließend ist der eindeutig jüngere Fund eines Knochenlagers von besonderer Bedeutung.

Dessen Knochen lagen innerhalb einer Grube in einer rechteckigen Anordnung in N-S-Ausrichtung. Diese Anordnung war offenbar dadurch bedingt, dass hier eine Holzkiste stand, von der sich nur noch letzte Holzreste und einige Beschlagteile aus Metall erhalten hatten (Abb. 28). Der Fundkomplex mit dem Knochenlager erinnert sehr stark an eine Schilderung, die uns die Magdeburger Bischofschronik für die Zeit des Erzbischofs Roger (Rüdiger) überliefert: „Unter ihm wurden auch die Leichname seiner sechs Vorgänger, nämlich der Erzbischöfe Adelbert, Tagino, Walthard, Gero, Engelhard und Hartwig in der Mitte des Münsters erhoben und bei dem neuen Altar des heiligen Kreuzes geziemend beigesetzt."[52]

Da die anthropologische Analyse zu diesem Komplex von zahlreichen Knochen und mehreren Schädeln noch nicht abgeschlossen ist, muss die Frage vorläufig offen bleiben, ob die schriftliche Überlieferung und der archäologische Befund hier tatsächlich identisch sind.

Das mittlere Grab 6892 wird klar von der deutlich tiefer reichenden, mittig in der Kirche liegenden, O-W orientierten Struktur 6844 geschnitten. Diese misst 2,44 x 1 m und liegt unter der o. g. Steinsetzung 6171. Bei dem Befund 6844 handelt es sich um ein weiteres bedeutendes, aus Stein errichtetes Grab. Eine Befahrung mit einer Miniaturkamera deutete auf eine überaus hochrangige erzbischöfliche Bestattung hin,[53] was sich dann auch bei der Öffnung bestätigte. Diese erfolgte erst nach der Magdeburger Tagung. Dennoch soll mit einem ersten Bild ein Eindruck von der völlig ungestörten erzbischöflichen Bestattung vermittelt werden (Abb. 32).[54] Zu erkennen sind ein steingefasstes Kopfnischengrab mit einem Erzbischof und Bischofsstab mit doppelkonischem Knauf, Mitra, Bischofskelch, Handschuhen mit Ring an der rechten Hand, goldbestickten Schuhen, Kasel mit Kaselkreuz sowie Resten von Dalmatik und Pallium.

Was die gemauerten Gräber betrifft, beginnt die Chronologie offenbar mit dem nördlichen gemauerten Grab in den letzten Jahrzehnten des 10. oder in den ersten Jahrzehnten des 11. Jahrhunderts und möglicherweise auch mit dem fast identisch gebauten südlichen gemauerten Grab. In einem zeitlich nicht festzulegenden Abstand wird das mittlere Grab 6892 der Dreiergruppe errichtet und ebenfalls mit einem Sarg belegt. In einem unbekannten zeitlichen Abstand kommt es zur Einbringung der Kiste mit dem Knochenlager. Spätestens zu diesem Zeitpunkt wird das mittlere Grab geöffnet und beräumt. Danach entsteht das Grab 6844, welches stratigrafisch ins 12. Jahrhundert gehört und nach dem Dombrand 1207 nicht beräumt wird – möglicherweise aufgrund einer noch aktiven „memoria".[55] Zu diesem gehört die Steinsetzung 6171, welche wohl die Grabplatte aufnahm.

Schnitte L – N – V

Diese Schnitte galten der Untersuchung des mutmaßlichen Westabschlusses der Vorgängerkirche.[56] In diesem Bereich bzw. westlich anschließend hatte G. Leopold den größeren Teil seiner Untersuchungen in den Jahren 1959–1965 durchgeführt.[57] Ein kleiner Teil der Grabungsfläche von Leopold war ebenfalls Bestandteil der neuen Grabungsfläche.

Die archäologische Befundsituation im Bereich des Westabschlusses ist von sehr guten Erhaltungsbedingungen geprägt. In Kirchen von der Bedeutung des Magdeburger Doms ist dies angesichts der zu erwartenden regen Bau- und Bestattungstätigkeiten nur sehr selten festzustellen. Vorteilhaft wirkte sich hier wiederum die bereits in Schnitt U – O – P – Q festgestellte Erhöhung des Fußbodenniveaus im Zuge des Neubaus um gut 1 m aus.[58] So konnten südöstlich und nordöstlich vom heutigen Stand-

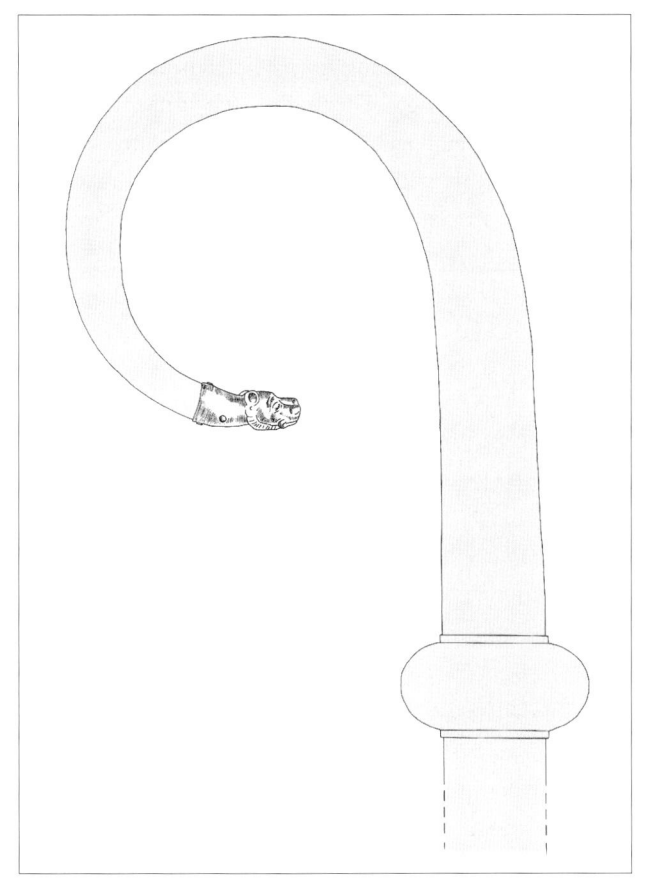

Abb. 30: Rekonstruktion der ehemaligen Verwendung des Löwenköpfchens auf einer erzbischöflichen Krümme. Zeichnung: Claudia Hartung, Stiftung Dome und Schlösser in Sachsen-Anhalt.

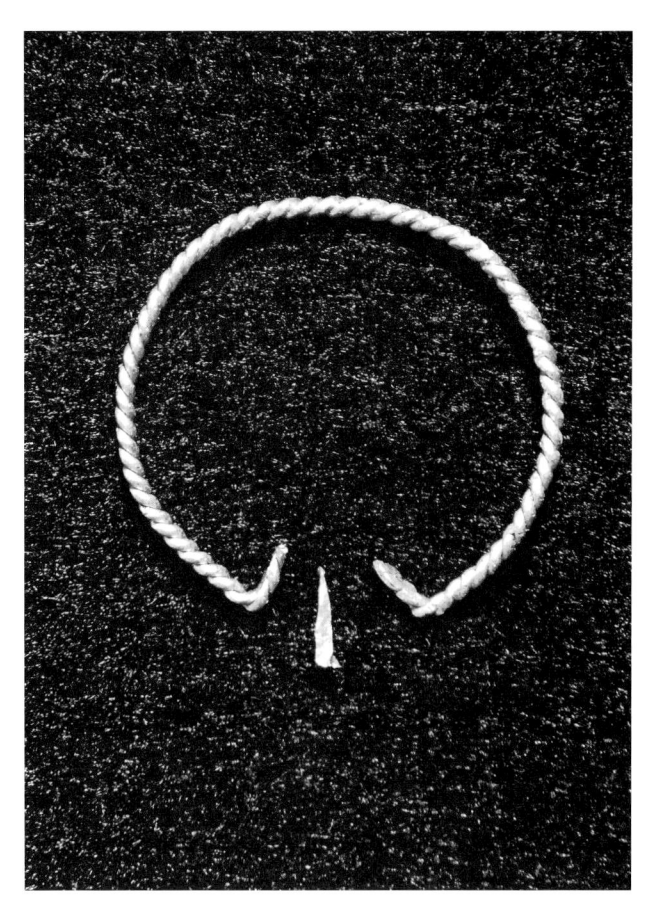

Abb. 31: Goldener Ring mit winzigem Keil aus dem südlichen gemauerten Grab, Dom, Magdeburg. Foto: Claudia Hartung, Stiftung Dome und Schlösser in Sachsen-Anhalt.

ort des antiken Taufbeckens mehrere sehr solide gemörtelte Mauern mit bis zu 1 m aufgehendem Mauerwerk und unbemaltem Wandputz nachgewiesen werden (F-Abb. 8).

Die übrigen Baubefunde waren Fundamentmauern oder Standspuren von Plinthen. Fundamentausbruchgräben konnten in diesem Bereich bei den Neugrabungen nicht festgestellt werden. Im zuerst geöffneten Schnitt V im Süden konnte die Fortsetzung der von Baurat H. Harms bei der Verlegung des Heizkanals im Jahr 1901 entdeckten Mauer,[59] das T-förmige Fundament (Befund 6686), als aufgehendes Mauerwerk gefunden werden. Etwas weiter im Norden fand sich ein weiteres T-förmiges aufgehendes Mauerwerk mit unbemaltem Wandputz (Befund 6516). Beide Mauern entsprechen sich in ihrer Bauweise weitgehend; auch die Maße sind übereinstimmend. So sind die beiden N-S verlaufenden Abschnitte von 6686 und 6516 mit 1,15–1,18 m bzw. 1,16 m praktisch gleich breit.

An einer Zusammengehörigkeit dieser Mauern ist nicht zu zweifeln. Zwischen den Mauern war ein massives Flächenfundament festzustellen. Bei der Einbringung barocker Ziegelsteingrüfte[60] wurden diese Anlagen teilweise einfach auf das Flächenfundament aufgebaut. Teilweise wurde das Flächenfundament dazu abgetragen. Der gesamte Mauerkomplex mit aufgehendem Mauerwerk liegt in ‚ottonischer' Achslage und wird von dem um 1260/1270 errichteten gotischen Pfeilerfundament geschnitten. Es liegt nahe, in diesem massiven Mauerwerk einen südwestlichen Turm der Vorgängerkirche zu identifizieren. Ebenso ist ein südlicher Anbau an einen Zentralturm denkbar.

Das O-W verlaufende Mauerstück von Mauer 6516 – mithin die Nordmauer des SW-Turms bzw. die Südmauer eines Zentralturms – hatte eine Breite von 1,77 m. Genau dieser Befund findet sich auch in korrespondierender Situation im Norden in Schnitt N (Abb. 33). Die dortige

Abb. 32: Steingefasstes Kopfnischengrab 6844 mit der erzbischöflichen Bestattung in Originallage, Blick nach Norden, Dom, Magdeburg.
Foto: Andrea Hörentrup, Landesamt für Denkmalpflege und Archäologie Sachsen-Anhalt.

Mauer 7244 misst 1,76–1,78 m und entspricht damit der 6516. Auch diese Mauer ist T-förmig angelegt, zeigt aber den spiegelbildlichen Befund von 6516 – folglich die Südmauer des Nordturms bzw. die Nordmauer eines Zentralturms. Das N-S verlaufende Mauerstück hat wiederum das bereits bekannte Maß von 1,16 m. Weiter nördlich wurde die O-W verlaufende Mauer 7313 freigelegt. Sie ist 1,13 m breit.[61]

Somit können nach zwei von drei Grabungskampagnen folgende Mindestmaße angegeben werden: Die Gesamtbreite beträgt von Außenkante zu Außenkante mindestens 22,58 m, die beiden korrespondierenden turmartigen Anlagen haben in N-S-Ausrichtung die Mindestmaße von ca. 6,62 m (Südwesten) bzw. gesicherten 6,50 m (Nordwesten).

Die lichte Weite im Zentrum der Anlage, wo die Krypta des Erzbischofs Tagino von G. Leopold lokalisiert wurde, beträgt nach den neuen Resultaten in N-S-Richtung 9,50 m.[62] Nachgewiesen wurden bereits von Leopold – in einer Reihe liegend – zwei Abdrücke von Fußplatten für Stützen, eine sockelartige Erhöhung und eine sogenannte westliche Vorlage.[63] Daraus schloss er zu Recht auf eine Stützenreihe und nahm eine zweite, weiter südlich gelegene Stützenreihe an. Bei den Grabungen ab 2007 fand sich nun durch die partielle Überlappung der Grabungsschnitte die von Westen aus gerechnet dritte und vierte Stütze von Leopold wieder.[64] Zusätzlich konnten im Süden von der zweiten Stützenreihe zwei Abdrücke gefunden werden (Abb. 34). Diese korrespondieren mit der von Westen aus gerechneten dritten und vierten Stütze von Leopold. Der Abstand zwischen den beiden Stützenreihen beträgt im Lichten 2,26 m. Hierbei ist zu bemerken, dass die südliche Stützenreihe nahezu an der erwarteten Stelle gefunden wurde. Der Abstand in O-W-Ausrichtung beträgt bei den beiden neu entdeckten Abdrücken in der südlichen Plinthenreihe ca. 2,50 m.

Von erheblicher Bedeutung für die Interpretation des Befundes sind verschiedene Holzkohlereste und Spuren von Durchglühung, die in diesem Bereich gefunden wurden. So ließen sich sowohl aus dem südlichen als auch aus dem nördlichen Mauerwerk jeweils mehrere Holzkohleproben aus Mörtel gewinnen, von denen jeweils eine über die Radiokarbonmethode analysiert wurde. Interessanterweise zeigen sowohl die Probe aus der nördlichen turm-

Abb. 33: Die Mauer 7244 im Bereich des mutmaßlichen Nordwestturms, am rechten Rand eine gestörte barocke Gruft und ein Teil der Gasbeleuchtung aus dem 19. Jahrhundert, Blick nach Westen, Dom, Magdeburg. Foto: Claudia Hartung, Stiftung Dome und Schlösser in Sachsen-Anhalt.

artigen Anlage als auch diejenige aus der südlichen turmartigen Anlage fast identische Werte. Folgt man diesen Daten, so wurden beide Mauerkomplexe nahezu gleichzeitig errichtet. Das geschah wiederum in den Jahrzehnten vor oder nach der Jahrtausendwende. Natürlich können und sollen die Radiokarbondaten – zumal in ihrer bisher recht geringen Anzahl – nicht überbewertet werden. Dennoch scheint sich abzuzeichnen, dass wir hier etwa zwischen 960/70 und 1020/30 mit beträchtlichen Bauaktivitäten zu rechnen haben.[65]

Die Bauaktivitäten in diesem Bereich enden mit dem oben geschilderten Brandereignis, möglicherweise dem Dombrand von 1207. Die Zungenmauer von 7244 mit den Brandspuren am Wandputz stand eindeutig noch in signifikanter Höhe, als in diesem Bereich zunächst ab 1207/09 der Vorgängerbau abgetragen und anschließend der Neubau begonnen wurde.

Aus den Abbruchhorizonten stammen auch zahlreiche Funde aus der ottonischen Vorgängerkirche, darunter das bisher größte von uns gefundene Stück mediterranen Marmors.[66] Mit hoher Wahrscheinlichkeit stammt auch dieses Stück aus dem Antikentransport unter Otto dem Großen in den 960er Jahren, von dem Thietmar von Merseburg (II/17) berichtet: „Auch kostbaren Marmor, Gold und Edelsteine ließ der Caesar nach Magdeburg schaffen. In alle Säulenkapitelle befahl er sorgsam Heiligenreliquien einzuschließen. Den Leib des bewährten Grafen Christian und anderer Vertrauter ließ er neben der Kirche bestatten, in der er selbst schon zu Lebzeiten die Grabstätte zu bereiten wünschte."[67]

Schlussbetrachtung

Insgesamt sind im Bereich der Südkirche vier Bauphasen (A–D) festzustellen.

Von der Bauphase A sind zwei Fundamentmauern bekannt. Sie verlaufen parallel zueinander im Kreuzganginnenhof. Eine rechtwinklig dazu festgestellte Flucht im Bereich unter dem Otto-Grab (Schnitt M) deutet an, dass sich eine so orientierte Bebauung zumindest etwa bis in die Mitte der heutigen Domkirche erstreckte. Welcher Art diese Bebauung ist, lässt sich nicht entscheiden.

Abb. 34: Plinthenabdruck in Schnitt N, Dom, Magdeburg. Foto: Claudia Hartung, Stiftung Dome und Schlösser in Sachsen-Anhalt.

Offenbar ist das so ausgerichtete Bauwerk aber die älteste Steinarchitektur vor Ort.

In Phase B sind die Erkenntnisse ähnlich schütter. An insgesamt drei Stellen sind bei der Forschungsgrabung Befundreste dieser Art, also Mauern aus in Löss gesetzten Steinen, aufgetaucht. Die beiden in Schnitt Q entdeckten Befundreste liegen interessanterweise an den Stellen, an denen in Phase C I die mutmaßlichen Mittelschiffsfundamente zum Vorschein kamen. Insofern erscheint es denkbar – aber keineswegs gesichert –, dass hier eine eigenständige ältere, einfacher konstruierte Phase B existierte. Vergleichbares Mauerwerk ist am Domplatz mehrfach bei einfachen Bauten belegt.[68]

Mit der Phase C I haben wir eine Kirche vor uns, die in das spätere 10. oder frühe 11. Jahrhundert zu stellen ist. Eine genauere Datierung wird möglicherweise im Rahmen der dritten Grabungskampagne und der anschließenden Aufarbeitung möglich sein. Von dieser Kirche sind mittlerweile drei größere Komplexe bekannt (F-Abb. 9). Im Osten konnte der Nordarm der Krypta teilweise nachgewiesen werden, ebenso die Mittelachse.

Im mittleren Bereich kamen nach jetzigem Kenntnisstand das Mittelschiff und die beiden Seitenschiffe dieser Kirche, östlich anschließend offenbar ein Teil des Ostquerhauses, zum Vorschein. Diese Interpretation als richtig vorausgesetzt, ist das Ostquerhaus unerwartet tief zu rekonstruieren.[69]

Von besonderer Bedeutung sind drei gemauerte Gräber, darunter offenbar mindestens zwei, in denen Magdeburger Erzbischöfe bestattet worden waren. Die zu den Gräbern gehörenden Skelette hat man bereits deutlich vor 1207 gehoben.

Im Westen hat die Forschungsgrabung einen erheblichen Erkenntnisgewinn erbracht. Es zeichnet sich erstmals in groben Zügen der Westabschluss der Kirche in nachvollziehbarer Weise ab. Des Weiteren deutet sich in diesem Bereich eine zeitliche Unterteilung der Phase C I an, die im Rahmen der dritten Kampagne 2010 näher untersucht wird.

In Phase C II erhält die Kirche einen neuen Fußboden, dessen Oberfläche durch umgedreht verlegte, sekundär verwendete Dachziegel gebildet wird. Zudem wird eine Steinsetzung, vermutlich als Unterbau für eine Grabplatte oder als eine Lage dieses Unterbaus, eingebracht. In diesen Zusammenhang gehört auch das darunter liegende Grab 6844.

Mit Phase D haben wir schließlich den gotischen Neubau ab 1209 vor uns.

Zur Ansprache der Kirchen

Eine eindeutige Ansprache der Sakralbauten auf dem Domhügel ist momentan nicht möglich. Gleichwohl konnte die noch vor wenigen Jahren völlig unklare Situation mit archäologischen Mitteln in den letzten Jahren deutlich präzisiert werden. Als aktueller Zwischenstand lässt sich das Folgende formulieren:

Für die Nordkirche (Phase III) scheidet eine Ansprache als profaner Bau eindeutig aus.[70] Dies ist durch den Nachweis von mindestens drei zu Phase III gehörigen Gräbern in der Grabungskampagne 2001–2003 belegt. Ein gemauertes Grab fand sich südlich dicht außerhalb des Kirchenbaues in offenkundigem Bezug zu ihm, ein zweites gemauertes Grab innerhalb der Kirche dicht vor ihrer Nordwand und ein drittes, ein Kindergrab im Holzsarg, auf einem Fundament randlich aufliegend im Inneren der Kirche. Bei allen drei Gräbern ist der Bezug zur Kirche der Phase III eindeutig. Hier befindet sich folglich in jedem Fall eine aufwendig errichtete Kirche des 10. Jahrhunderts.[71] Phase IV nimmt die bauliche Konzeption von Phase III so deutlich auf, dass man auch dort von einer konzeptionell sakralen Bebauung auszugehen hat.

Fassen wir den Stand nach zwei von drei Grabungskampagnen in der Südkirche zusammen, so ergibt sich folgendes Bild: Der 1207 abgebrannte Magdeburger Dom ist die Südkirche der Phase C. In ihm wurden spätestens ab dem frühen 11. Jahrhundert Magdeburger Erzbischöfe in zentraler Lage bestattet. Ob sich der Dom hier bereits ab 955 bzw. den 960ern befand, ist noch nicht zu entscheiden. In jedem Fall gibt es keine Dualität von Dom im Norden und Moritzklosterkirche im Süden bis zum Jahr 1207, wie sie von Matthias Hardt und Babette Ludowici vorgeschlagen wurde.[72] Ebenso existiert eine Moritzklosterkirche im Bereich der Südkirche in der von Schubert und Leopold vorgeschlagenen Lage nicht.[73] Die Ost-West-Ausdehnung der Südkirche Phase C beträgt ca. 90 m. Der Westabschluss wurde zu erheblichen Teilen nachgewiesen. Dabei konnte die von Leopold vorgeschlagene Westkrypta so nicht bestätigt werden.[74] Insgesamt sind die eindeutig ins 10. Jahrhundert zu datierenden Elemente im Bereich der Südkirche sehr selten. Keiner der teilweise ausgegrabenen Grundrisse kann eindeutig als das Moritzkloster von 937 oder der Dom des 10. Jahrhunderts angesprochen werden.

Der Dom Ottos des Großen war entweder die Nordkirche der Phase III oder die Südkirche der Phase C. Somit bleiben drei denkbare Varianten der Interpretation der beiden Kirchen:

Nordkirche Phase III: Dom Ottos des Großen ab 955/968
Südkirche Phase C: Dom ab etwa der Jahrtausendwende (Tagino / Gero)[75]
Nordkirche Phase III: Mauritiuskloster ab 937, in den 960ern baulich aufgewertet
Südkirche Phase C: Dom Ottos des Großen ab 955/968
Nordkirche Phase III: Damenstift St. Laurentius ab 955[76]
Südkirche Phase C: Dom Ottos des Großen ab 955/968

Dabei schließen sich die drei Theorien nicht aus. So erscheint es beispielsweise denkbar, dass ein am Domplatz stehendes Moritzkloster in den 960ern kurzfristig baulich erheblich aufgewertet wurde und vom Antikentransport aus Italien profitierte, um zunächst als Dom zu dienen. Der eigentliche Domneubau wäre dann erst unter Tagino am Standort der Südkirche erfolgt, als die Folgen des Slawenaufstandes von 983 abgemildert waren und unter Kaiser Heinrich II. die Politik Ottos des Großen wieder stärker betont wurde.[77] In den Jahrzehnten nach der Jahrtausendwende entwickelt sich die Sakraltopographie Magdeburgs dynamisch, und es entstehen weitere wichtige Kirchen: St. Nikolai, St. Sebastian, das Kloster unser Lieben Frauen und St. Ulrich.

Anmerkungen

1 Vgl. Nickel 1973; Nickel 1965/66. Vgl. hierzu ebenso: Schlesinger 1968; Lehmann 1983; Meckseper 1986, ders. 2001a; Sistig 1995, S. 102f.; Jäger 1999; Ludowici 2002.
2 Vgl. zur Situation nach den Neugrabungen Kuhn [u. a.] 2005, dort zu den archäologischen Befunden Kuhn 2005a.
3 Dendrodaten 963+-10 n. Chr. oder später. Vgl. hierzu Kuhn 2003b.
4 Auch in der Südkirche von Magdeburg fanden sich mediterrane Marmorspolien in vergleichbarer Zahl.
5 Vgl. Kuhn 2005a, S. 20.
6 Vgl. Helten 2005, S. 63.
7 Vgl. zur Interpretation dieses Anbaus jüngst: Ehlers 2009b.
8 Die folgenden Ausführungen zur Nikolaikirche sind im Wesentlichen Kuhn 2009c entnommen.
9 Vgl. zur schriftlichen Überlieferung: Brandl 2009c. Zu den Baunachrichten: Ehlers 2009a. Grundlegend: Claude 1972 I, S. 374–380; Müller 1878, S. 33–44.
10 Vgl. Rathmann 1803, Plan von Hirschmann 1803 „Genetischer Grundriß der Stadt Magdeburg, erste Tafel, die Altstadt Magdeburg", Nr. 26, ebenfalls darin: „Zur Erklärung der genetischen Grundrisse der Stadt Magdeburg", 3; Schmitt 1908/09, S. 258; Kunze 1923, S. 195; ders. 1926; ders. 1930, S. 2, Abb. 1; Koch 1955; Buchholz 2005, S. 59, Abb. 2.
11 Vgl. Kroos 1989, S. 89.
12 Freundl. Hinweise von Herrn Dr. T. Weber (Landesamt für Denkmalpflege und Archäologie), Frau C. Hartung (Stiftung Dome und Schlösser in Sachsen-Anhalt) sowie eigene Recherche.
13 Vgl. Wiggert 1867, S. 194, 196.
14 Vgl. Krecher 1999, S. 134, sowie freundl. Hinweis von Herrn M. Krecher (Haldensleben); zur Grabung vgl. auch Krecher 2005, S. 189; Schröder 1994.
15 Vgl. Kuhn 2009b, S. 41f., Abb. 17.
16 Restaurierung und freundl. Mitteilung durch Frau F. Hertel (Landesamt für Denkmalpflege und Archäologie).
17 Freundl. Mitteilung von Herrn Prof. K. Alt und Frau P. Held (beide Institut für Anthropologie der Johannes Gutenberg-Universität Mainz).
18 Vgl. Kuhn 2005a, S. 27, Abb. 33.
19 KIA39271, Leibniz Labor, Christian-Albrechts-Universität Kiel.
20 Zu den Ergebnissen der ersten beiden Grabungskampagnen bis Sommer 2009 detaillierter: Kuhn 2009b; Kuhn 2009d. Der vorliegende Beitrag fußt in wesentlichen Teilen auf diesen beiden Artikeln sowie dem Beitrag Kuhn 2009c zur Nikolaikirche. Er folgt konzeptionell dem am 01.10.2009 in Magdeburg gehaltenen Vortrag.
21 Vgl. Koch 1926, Giesau 1926/27.
22 Umso mehr ist der Kooperation zwischen dem Landesamt für Denkmalpflege und Archäologie Sachsen-Anhalt, der Landeshauptstadt Magdeburg, der Martin-Luther-Universität Halle-Wittenberg und der Stiftung Dome und Schlösser in Sachsen-Anhalt, bei der das Projekt auch angesiedelt ist, zu danken, dass die Partner dieses Projekt gemeinsam tragen. Ein besonderer Dank geht an das Kultusministerium von Sachsen-Anhalt und an Lotto Sachsen-Anhalt für die großzügige finanzielle Förderung des Projektes.

23 Vgl. Kuhn 2005a, S. 31–34; Forster 2006.
24 Zum Forschungsstand am Beginn der Grabungen Anfang September 2006 siehe Forster 2009a.
25 Vgl. Schubert 1984, S. 24; Sußmann 2002, S. 84; Forster 2006, S. 106.
26 Zu den Achslagen der Südkirche: Hasak 1912.
27 Unersetzlich für ein solches Projekt sind erfahrene und verlässliche Mitarbeiter. Allen, die sich um dieses Projekt verdient gemacht haben, sei an dieser Stelle herzlich gedankt, ganz besonders meiner Stellvertreterin Claudia Hartung.
28 Vgl. hierzu Kuhn 2009d.
29 Vgl. Leopold 1998, S. 66f., Abb. 28; Schubert / Leopold 2001, S. 354, Abb. 1.
30 Zu den Untersuchungen von J. Matthies, Landesamt für Denkmalpflege und Archäologie, im südwestlichen Bereich des Kreuzganginnenhofes in den 1990er Jahren vgl. Forster 2009a; Kuhn 2009b, S. 33, Anm. 7 sowie S. 34, Anm. 9.
31 Vgl. Leopold 1983, S. 68, Anm. 25; S. 66, Abb. 3; S. 78; Forster 2006, S. 107, Abb. 5.
32 Vgl. Kuhn 2003a, S. 140, Abb. 2a.
33 Vgl. Koch 1926; Giesau 1926/27.
34 Die Anfertigung der Gesamtpläne lag auch diesmal in den bewährten Händen von Frau M. Poppe, Fachdienst Stadtvermessung der Landeshauptstadt Magdeburg.
35 Zur Phaseneinteilung s. u.
36 Vgl. Rainer Kuhn: Kat. Nr. I.9. Muschelkalksäule. In: Aufbruch in die Gotik 2009 II, S. 15f.
37 Die unregelmäßige Form lässt verschiedene Bezeichnungen zu: ‚vierseitig' scheint aber treffender als ‚achtseitig'.
38 Vgl. Kuhn / Ristow 2009 – Für wertvolle Hinweise herzlichen Dank an Chr. Forster und H. Brandl.
39 Vgl. Hartung 2009, Möller 2009; vgl. hierzu jüngst: Hartung / Möller 2010.
40 Vgl. Schlüter 2001; ders. 2002; ders. 2006. Freundl. Hinweise von E. Fischer, Osnabrück sowie C. Hartung, Magdeburg.
41 Vgl. Schlüter 2002.
42 Vgl. Leopold 1983, S. 75, Anm. 60. Der Fußboden unter der Sechzeneckigen Kapelle liegt bei 54,55 m ü. HN (55,71–1,16; G. Leopold verwendete als Höhenmaß den Wert unter dem heutigen Fußboden, hier: 1,16 m. Der Fußboden wurde an dieser Stelle von uns mit 55,71 m ü. HN ermittelt). Damit liegt er 17–27 cm tiefer als der neu entdeckte Ziegelfußboden, der bei 54,72–54,82 m ü. HN angetroffen wurde.
43 Brandereignisse sind den Magdeburger Dom betreffend auch für die Jahre 1077 sowie 1188 überliefert. Vgl. hierzu Ehlers 2009a.
44 Vgl. Kuhn 2005a, S. 27f.
45 Vgl. Hartung 2009; Claudia Hartung: Kat. Nr. I.13, Der Romanische Fußboden unter dem gotischen Dom. In: Aufbruch in die Gotik 2009 II, S. 19–21.
46 Vgl. ebd.
47 Vgl. Kuhn 2005a, S. 30, 32, Abb. 42. Denkbar wäre folglich auch, dass die sekundär als Fußboden verwendeten Ziegel von der Nordkirche am Domplatz stammen.
48 Vgl. Kuhn 2006, S. 88.
49 Vgl. Kuhn / Ristow 2009, S. 11.
50 Im Bereich der Nordkirche beträgt der Wert für den mittleren Abschnitt – ermittelt allerdings weit im Westen der dortigen ottonenzeitlichen Kirche – fast identische 10,98 m, was möglicherweise mehr als nur ein Zufall ist; vgl. Kuhn 2005a, S. 22.
51 Hier setzt der Heizkanal von 1901 im Süden an, so dass nur eine Mindestbreite für die Fundamentmauer angegeben werden kann. Vermutlich wurde der Heizkanal südlich an das Fundament angesetzt.

52 Bischofschronik, übers. Michaelis 2006, XII, S. 25.
53 Die Befahrung wurde durch Herrn U. Kalisch, Institut für Diagnostik und Konservierung an Denkmalen in Sachsen und Sachsen-Anhalt e.V. (IDK) Halle durchgeführt, dem für seine große Umsicht sehr zu danken ist.
54 Ansonsten bleiben die Grabungsergebnisse der dritten Grabungskampagne (19. November 2009 – 23. Dezember 2010) in diesem Beitrag unberücksichtigt.
55 In Frage kommen die drei Nachfolger des heiligen Norbert: Konrad von Querfurt (1134–1142), Friedrich von Wettin (1142–1152) und Wichmann von Seeburg (1152–1192). – Am wahrscheinlichsten ist Wichmann von Seeburg. Zu dessen historischer Bedeutung vgl. Ehlers 1992.
56 Die Schnitte L – N – V wurden im Wesentlichen von der Grabungstechnikerin C. Hartung durchgeführt.
57 Vgl. Leopold 1983.
58 Der durchschnittliche Abstand zwischen der heutigen Oberfläche und den sowohl von Leopold als auch bei unserer Grabung gefundenen Plinthenabdrücken betrug 1,29 m.
59 Vgl. Harms 1903, S. 363f. mit Grundriss.
60 Vgl. Brandl / Hartung 2009.
61 Zum Westabschluss: Kuhn 2009b, S. 62–68; Schenkluhn 2009b.
62 Vgl. Leopold 1983, S. 66, Abb. 3, S. 80f.; Schubert / Leopold 2001, S. 354, Abb. 1.
63 Vgl. Leopold 1983, S. 70–73; 76f.
64 Bei G. Leopold die Befundnummern 18 und 67; vgl. Leopold 1983, S. 69, Abb. 6.
65 Vgl. zu den Bauaktivitäten Ehlers 2009a.
66 Vgl. zu den Magdeburger Antiken zuletzt Bettauer 1995/96; Schubert 1998; Meckseper 2001b; Schubert / Lobbedey 2001; Gerhard Gosch: V. 17, Marmorfragmente; V. 18, Marmorabsplisse; V. 19, Mosaiksteinchen; V. 30 Marmorfragment, in: Otto der Große 2001 II, S. 344f., 356; Kuhn 2005a, S. 30–35; ders. 2005b; ders.: Kat. Nr. I.4, Marmor aus der Nordkirche. In: Kat. Aufbruch in die Gotik 2009 II, S. 11f.; ders.: Kat. Nr. I.7, Bruchstücke von Marmorsäulen. In: Aufbruch in die Gotik 2009 II, S. 13f.; ders.: Kat. Nr. I.12. Fragmente von Marmorfußböden. In: Aufbruch in die Gotik 2009 II, S. 18f.; Brandl 2005; ders.: II, 10, Bruchstück eines antiken Säulenschaftes, in: Kat. Heiliges Römisches Reich 2006 I, S. 56f.; Fittschen 2006; Christian Forster: II, 9, Korinthisches Kapitell. In: Kat. Heiliges Römisches Reich 2006 I, S. 55; sowie den Beitrag von Lex Bosman in diesem Band – Bestimmung des Marmors nach Borghini ³1998. Für zahlreiche Hinweise ist Prof. Lex Bosman, Amsterdam, sehr herzlich zu danken. – Grundlegend zu Schmuckfußböden: Kier 1970.
67 Th, II, 17, S. 53 .
68 Vgl. Kuhn 2005a, S. 28–30; Nickel 1973, S. 135f., Abb. 21.
69 Vgl. zum Grundriss Helten 2009a.
70 Einen Profanbau halten dagegen für möglich: Untermann 2006, S. 186f.; Seifert 2009, S. 364–374 [auf Phase IV (vormals II) bezogen]; Schubert 2009, S. 374 [auf Phase IV (vormals II) bezogen].
71 Zu den überregionalen Bezügen des Grundrisses vergleiche Helten 2005.
72 Vgl. Hardt / Ludowici 2005, S. 185, 189f; Ludowici / Hardt 2004, S. 98f.
73 Vgl. Schubert / Leopold 2001, S. 354, Abb. 1.
74 Vgl. Leopold 1983, S. 79–81.
75 Vgl. hierzu Kuhn 2009d, S. 229–233.
76 Vgl. zu diesem Interpretationsvorschlag für die Nordkirche Brandl / Jäger 2005.
77 Dieser Versuch einer Synthese geht über den 2009 gehaltenen Vortrag hinaus.

PAOLO PIVA

Die Entwicklungen der ‚Doppelkathedrale' in karolingischer und ottonisch-salischer Zeit (einige Beispiele)

In früheren Beiträgen habe ich versucht herauszustellen, wie die sogenannte Doppelkirche einen Bautypus oder vielmehr einen ‚Bauzusammenhang' bildete, welcher seinen Ursprung in konstantinischer Zeit mit der Legalisierung des Christentums hatte und anfänglich wenige große Städte oder Metropolen der römischen Welt (Trier, Aquileia, Jerusalem, Mailand) umfasste.[1]

Der Vergleich zweier schriftlicher Quellen zu Mailand und Jerusalem (Ambrosius und Etheria) erlaubt eine verhältnismäßig genaue Vorstellung von der Funktion zweier Basiliken (in paralleler oder axialer Anordnung) im institutionellen Kontext der Kathedrale des 4. Jahrhunderts (Abb. 35, Abb. 36). In fast denselben Jahren (80er Jahre des 4. Jahrhunderts) ‚bestätigen' Etheria und Ambrosius eine ähnliche Tatsache: Die größere der beiden Kirchen war die ‚Bühne' der Sonn- und Feiertagsmesse und wurde von einer großen Menge von Gläubigen besucht. Die kleinere Kirche war ein ebenso öffentlicher Raum, in dem während der Wochentage der Bischof und der Klerus am Morgen, zur Vesper und zu den sogenannten kleinen Horen Lobgesänge für den Herrn und Fürbitten für die Lebenden und die Toten abhielten und die zwangsläufig von wenigen Gläubigen besucht wurde. Die Äußerungen des Ambrosius, wenn sie auch für unsere Zwecke ‚lakonisch' scheinen, sind trotzdem exemplarisch: „psalmos in ecclesiae basilica minore diximus" (Brief von 386 an seine Schwester Marcella).

Nach dem 4. Jahrhundert und vor allem zwischen dem 5. und 6. Jahrhundert wandelte sich die ‚Doppelkathedrale' zur ‚Doppelbasilika' – in dem Sinn, dass die zwei Kirchen nicht mehr nur im bischöflichen Bezirk auftraten, sondern auch im Bereich anderer Institutionen wie ländlichen Taufkirchen, Friedhofskirchen und Klöstern.[2] Bekannt ist auf jeden Fall, dass das Umfeld der ‚Doppelkathedrale' bis zum 12. Jahrhundert und darüber hinaus weiterhin existierte (Trier, Lyon, Mailand, Brescia, Bergamo), auch wenn es sich um Bischofssitze handelte, welche bereits seit frühchristlicher Zeit eine Doppelkirchenanlage besaßen. Im 11. und 12. Jahrhundert fungierte der kleinere Sakralraum oft als ‚Pfarrkirche des Domes'. Aber über welche Daten verfügt man für die Zeit vom 9. bis zum 11. Jahrhundert? Dieser Beitrag stellt sich diese Frage und betrachtet – jedoch ohne einen Anspruch auf Vollständigkeit – einige Beispiele, um eine Richtung für die weitere Forschung aufzuzeigen.

Die Reform der karolingischen Liturgie und der Regeln der Kanoniker: Die Ablehnung der ‚Doppelkathedrale'?

Es ist unumgänglich, zunächst von der Frage auszugehen: In welchen Fällen und zu welchen Bedingungen kann man annehmen, dass ein Komplex von zwei benachbarten bischöflichen Kirchen zusammen eine ‚Doppelkathedrale' bildete? Auf der Grundlage der zuvor angeführten frühchristlichen Kirchen muss man festhalten, dass nicht nur eine formale (d. h. die offenkundige Beziehung zwischen zwei in Nachbarschaft gelegenen Sakralgebäuden), sondern auch eine funktionale Voraussetzung nötig war: die liturgische Wechselbeziehung zwischen beiden Kirchen. Eine untergeordnete Frage wäre schließlich die folgende: Rechtfertigt jede Art von ‚Wechselbeziehung' die Identifikation mit einer ‚Doppelkathedrale', oder müssen auch kulturelle Voraussetzungen gegeben sein, die die doppelten Bischofskirchen des 4. Jahrhunderts kennzeichneten? Dazu würde auch zählen, dass für alle Mitglieder der örtlichen christlichen Gemeinschaft (Bischof,

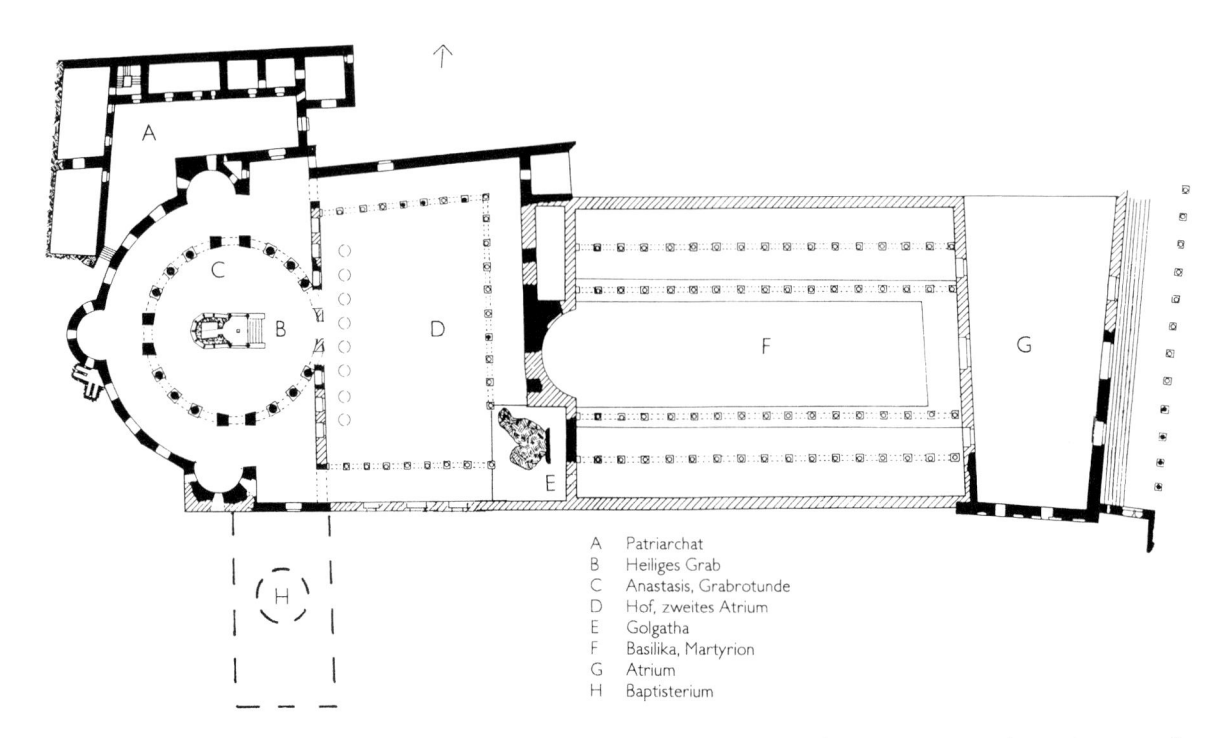

Abb. 35: Bezirk der Jerusalemer Grabeskirche im 4. Jahrhundert. A = Patriarchat, B = Heiliges Grab, C = Anastasis, Grabrotunde, D = Hof, zweites Atrium, E = Golgatha, F = Basilika, Martyrion, G = Atrium, H = Baptisterium. Foto: Corbo 1981 / Krüger 2000

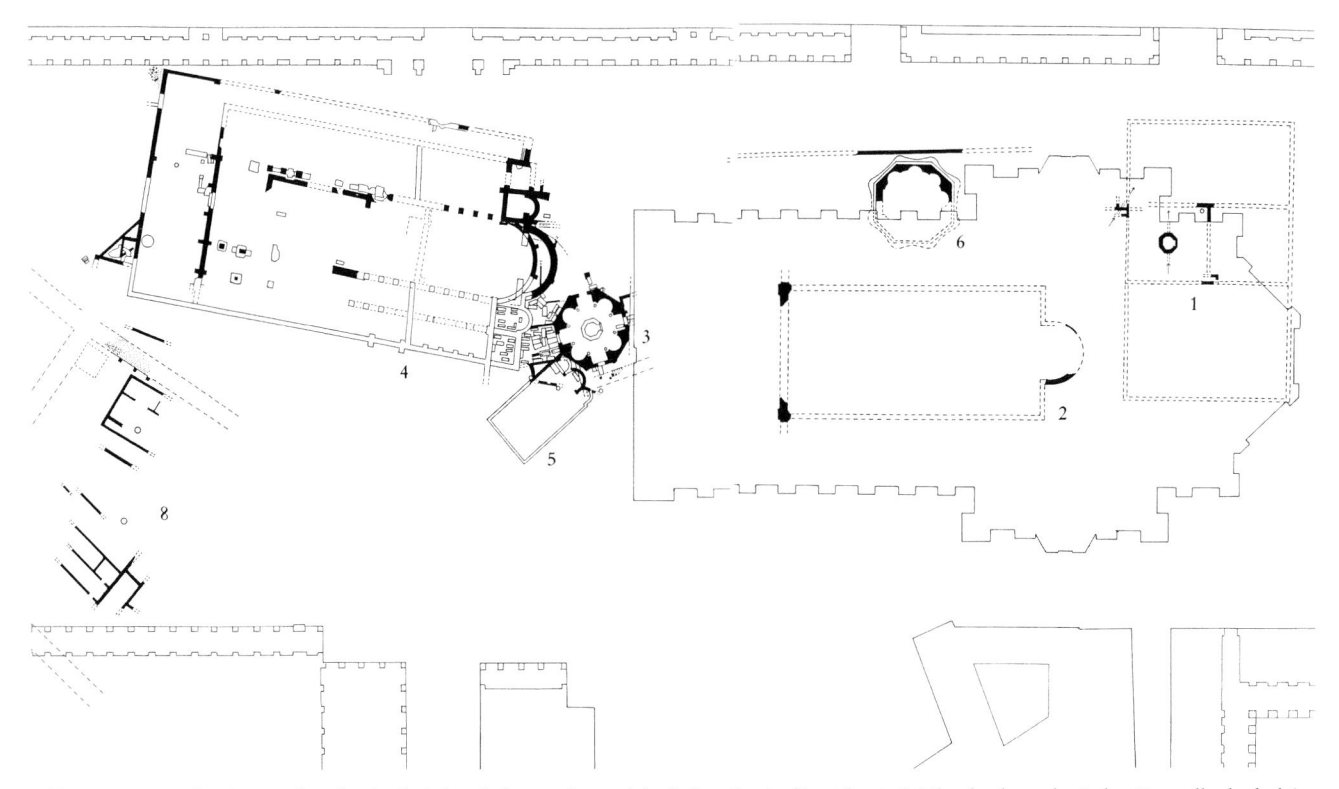

Abb. 36: Topographische Wiedergabe des frühchristlichen und mittelalterlichen Bischofsbezirkes in Mailand. 1-hypothetische ‚Doppelkathedrale' vom Anfang des 4. Jahrhunderts: basilica vetus und basilica minor, mit dazwischenliegendem Baptisterium; 2-Basilika des 4. Jahrhunderts (dann S. Maria: 836 und romanische Restaurierung); 3-Baptisterium (ambrosianisch ?); 4-S. Tecla (4. oder 5. Jahrhundert); 5-hochmittelalterliche Kirche (?) S. Giovanni ad fontes. Foto: Lusuardi Siena 1997.

Klerus, Volk) ein freier Zugang zu beiden Kirchen vorgesehen war. Der öffentliche Charakter der kleineren Kirche verschwand mit der Zeit. Die Kirche des domus episcopalis wurde immer mehr die Kirche des Klerus (Kapelle der Kanoniker oder Bischofskapelle). Gleichzeitig nahmen ihre Bedeutung und ihre Ausmaße ab. Lassen sich darin noch immer ‚Doppelkirchen' erkennen? Meiner Meinung nach bedeutet die fehlende Öffentlichkeit, das heißt die fehlende Zugänglichkeit beider Kirchen für Laien oder das Volk, keine liturgische Wechselbeziehung, sondern im Wesentlichen die Gesamtheit einer Kathedrale und eines privaten Sakralraumes. Es wird hier nicht bezweifelt, dass – wie es Cyrille Vogel geschrieben hat – Pippin dem Jüngeren (761–786) das Verdienst zukommt, die fränkische Liturgiereform gegenüber Anzeichen der ‚Romanisierung' (romano more) verteidigt zu haben und von Karl dem Großen fortgeführt und gefördert worden zu sein.[3] Vogels Ansicht nach war die Einführung der römischen kulturellen Bräuche in Gallien nicht minder bedeutend für die Zusammenarbeit der Franken und des Papsttums an der politischen Zukunft Europas. Hinter dieser ganzen Bewegung stand ein Mann von großem Format, der Metzer Bischof Chrodegang.

Vor zehn Jahren habe ich in einem Beitrag versucht, so viele Erkenntnisse wie möglich aus der Gliederung des Metzer Bischofsbezirks vor und während Chrodegangs Episkopats (762–766) zu entnehmen.[4] Daraus ging – meines Erachtens noch immer haltbar – hervor, dass in der Spätantike in der Stadt an der Mosel eine ‚Doppelkathedrale' aus axial zueinander angeordneten Kirchen stand, wie sie wahrscheinlich die nahe gelegene Stadt Trier in ihrer ersten Phase besaß.[5] Sie bestand aus den Kirchen Saint-Pierre (nachmals: Saint-Pierre-le-Vieux) und Saint-Etienne, welche vielleicht in der Höhe des Querschiffes der nachfolgenden ottonischen Kathedrale und der heutigen gotischen Kathedrale stand (Abb. 37, Abb. 38). Nach den schriftlichen Zeugnissen Gregors von Tour hat nur Saint-Etienne die Zerstörung durch die Hunnen im Jahr 451 überlebt, während Saint-Pierre wenig später wieder aufgebaut worden ist. Eigenartigerweise wurden beide Kirchen zur Zeit König Dagoberts (623–639) Ende des 6. Jahrhunderts oder im 7. Jahrhundert nicht am selben Ort wiederhergestellt, sondern in Richtung des möglichen decumanus maximus ‚versetzt'. Die neuen Kirchen – auch die axial zueinander gesetzten – übernahmen die Bezeichnungen Saint-Pierre maior und Sainte-Marie, wobei die erste als ‚neue größere Kirche' und die zweite als ‚bischöfliche Kirche' charakterisiert wurde. Saint-Pierre-le-Vieux wurde als ein Relikt erhalten, während die alte Kirche Saint-Etienne eine wichtige Rolle als Kirche des Stadtpatrons und Märtyrers spielte, dessen Reliquien sie aufbewahrte.

Auf den Gottesdienstlisten aus der Zeit Chrodegangs oder Angelrams (769–791) erscheinen vor allem Saint-Pierre maior, Sainte-Marie und Saint-Etienne als Orte für die Stationsgottesdienste zwischen dem Beginn der Fastenzeit bis zum Samstag vor dem Weißen Sonntag jeweils neun-, fünf- und viermal in bemerkenswerter Übereinstimmung mit der römischen Stationsliturgie. Durch Schriften des Paulus Diakonus ist bekannt, dass Chrodegang die liturgische Ausstattung beider Kirchen erneuert hat. Saint-Pierre maior war während des liturgischen Jahres der Hauptort der Festtagsmesse, und Saint-Etienne fungierte als Aufbewahrungsort der Reliquien und wahrscheinlicher Hauptort der täglichen Stundengebete der Kanonikergemeinschaft, die Chrodegang selbst an den Gebräuchen eines mönchsartigen und liturgisch ‚römischen' Lebens ausrichtete. In beiden Kirchen (similiter) errichtete er ein Presbyterium, das wahrscheinlich nicht den Altarraum bezeichnete, sondern den entstehenden Raum des mittelalterlichen Chores. In Saint-Pierre war er – flankiert vom Ambo und gegenüber dem Altar – für die schola cantorum bestimmt, welche more romano mit dem begleitenden Gesang der Messe betraut war, wie er in den großen päpstlichen Basiliken gebräuchlich war (Abb. 39).[6] In Saint-Etienne ruft das Presbyterium dagegen noch Fragen auf, aber es ist nicht ausgeschlossen, dass es sich um eine ähnliche Anlage wie in Saint-Pierre gehandelt hat, auch wenn sie hauptsächlich für den Gesang der täglichen Stundengebete bestimmt war.[7] Indem er den römischen chorus (Ort der schola cantorum, der für den Gesang der Stationsgottesdienste und der Stundengebete bestimmt war) nach Gallien übertrug, legte Chrodegang für das ganze europäische Mittelalter die Anordnung des Kanoniker- und des Mönchschores zwischen dem Altar und dem Kirchenschiff fest, gegenüber dem Raum für die Laien. Das, was uns jedoch heute interessiert, ist die Tatsache, dass Chrodegang auch noch die Idee eines Bischofsbezirkes als Gesamtheit funktional verschiedener und liturgisch abgestimmter Kirchen aufnahm, de facto einer

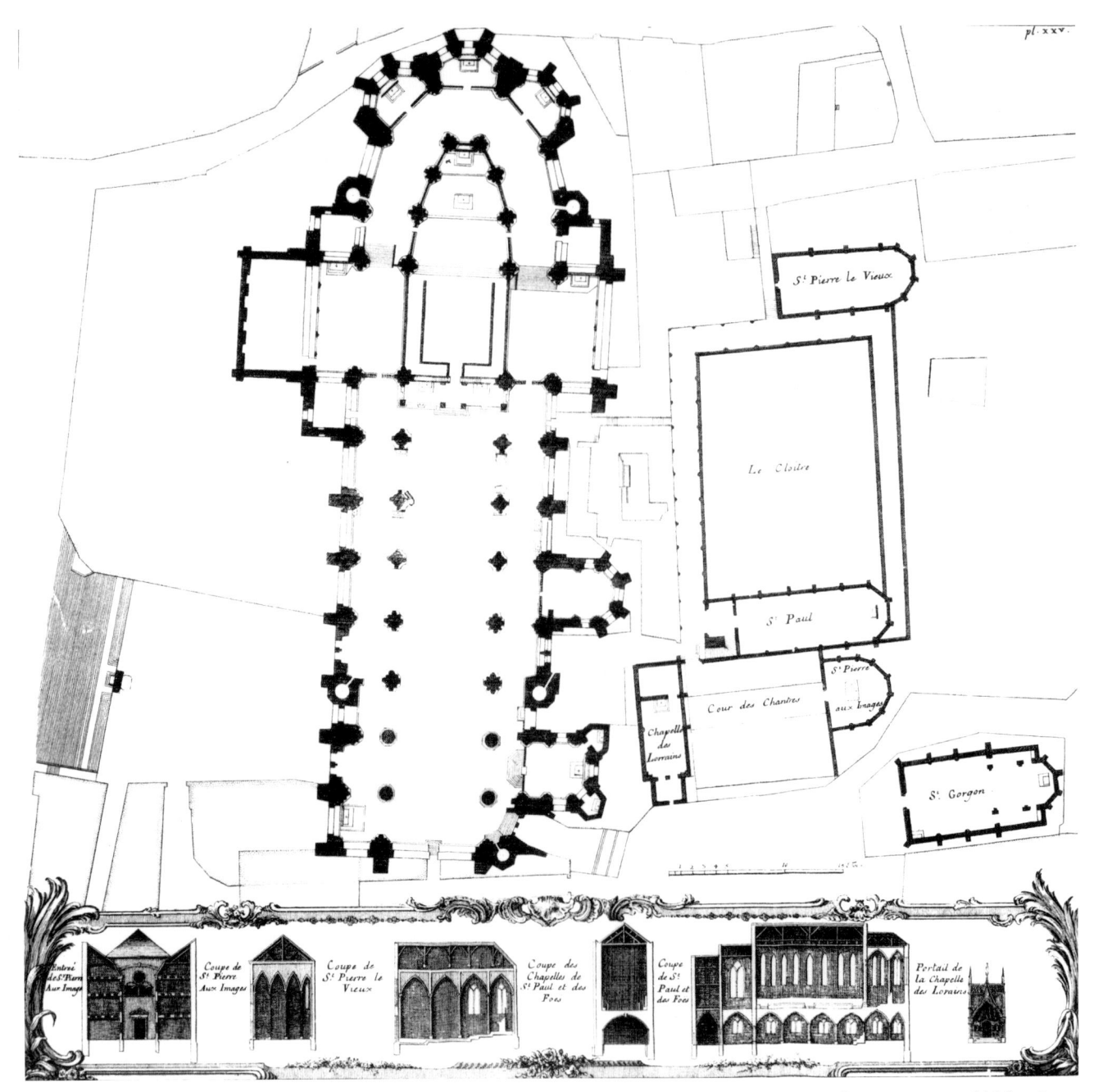

Abb. 37: Topographie des Bischofsbezirkes von Metz im 18. Jahrhundert. An der Nordseite von Saint-Pierre maior (bereits verstümmelt) lehnt die Kirche Saint-Paul an (vielleicht im 8. Jahrhundert von Chrodegang als privater Sakralraum der Kanoniker gegründet). Foto: François-Tabouillot 1769, I, pl. XXV.

‚Doppelkathedrale', wenn nicht sogar einer ‚dreifachen' Kirche. Er führt im 31. Kapitel seiner „Regula canonicorum" zum ersten Mal eine Kirche Saint-Paul als private Kirche der Kanoniker ein. Auf diese Weise bereitete er die folgenden Entwicklungen vor: Auf der einen Seite akzeptierte er die Doppelkirche als angemessene Lösung für einen öffentlichen Bischofsbezirk (Kirche der Sonn- und Feiertagsmesse und Kirche der täglichen Stundengebete), auf der anderen Seite schlug er die Möglichkeit, wenn nicht von privaten Stundengebeten, dann wenigstens einer Kirche vor, die eigens für die Kanoniker bestimmt war. Das Ende der ‚Doppelkathedrale' von Metz wurde in

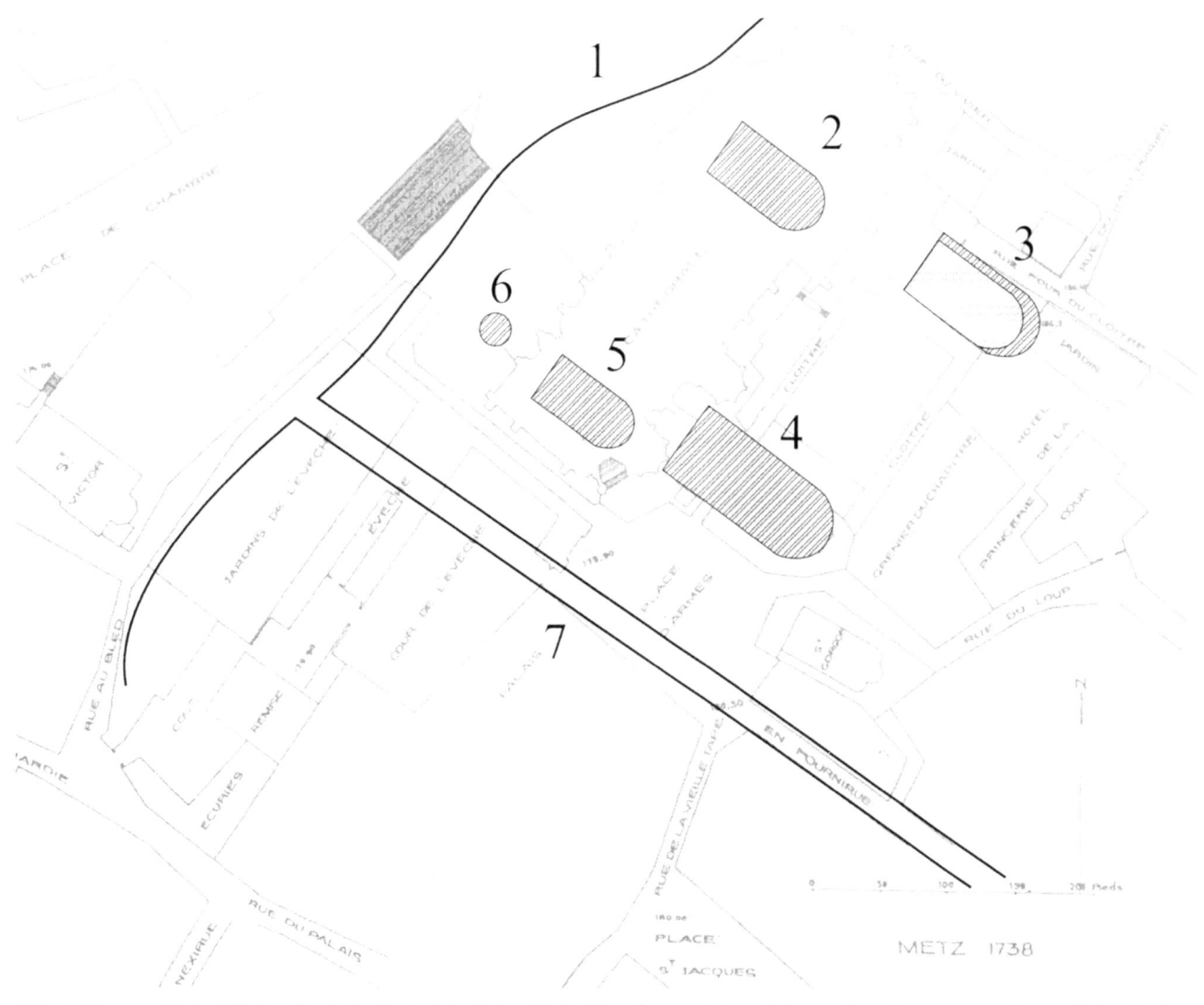

Abb. 38: Topographische Wiedergabe des hochmittelalterlichen Bischofsbezirkes von Metz. 1-Mauer; 2-Saint-Etienne senior (4.–5. Jahrhundert); 3-Saint-Pierre vetus (4.–5. Jahrhundert); 4-Saint-Pierre maior (6.–7. Jahrhundert); 5-Sainte-Marie (6.–7. Jahrhundert); 6-Baptisterium; 7-decumanus maximus (?). Foto: Piva 2000.

ottonischer Zeit durch Bischof Dietrich I. (965–984) besiegelt, welcher den Auftrag für die große, allein stehende Kathedrale Saint-Etienne gab, während er im Osten die alte Kirche Saint-Etienne (spiritueller ‚Nährboden' für die neue Kirche) und im Westen Sainte-Marie abreißen ließ und die verbliebenen hochmittelalterlichen Kirchen (Saint-Pierre vetus, Saint-Pierre maior und Saint-Paul) zu einfachen Kirchen untergeordneter Bedeutung herabsetzte.

Das Beispiel aus Metz könnte für die vorkarolingische und die karolingische Zeit zwei Entwicklungsmöglichkeiten aufzeigen: die Annahme einer ‚Doppelkathedrale' dort, wo diese bereits existierte, oder die Option einer niederen Kirche als Aula für private Stundengebete der Kanoniker. Diese zweite Möglichkeit könnte eine Ablehnung der ‚Doppelkathedrale' darstellen, da man der Kathedrale ein Sakralgebäude hinzufügte, von welchem die Laien ausgeschlossen waren oder in welches sie zumindest nicht eintreten konnten, da für sie de facto nicht die Stundengebete der Wochentage vorgesehen waren. Aus den Quellen scheint hervorzugehen, dass die letztere die bevorzugte Lösung war. Zugegeben gibt es dafür keine ausdrücklichen Beweise, aber da sich in der Nähe der Kathedralen oftmals eine Kirche kleineren Ausmaßes für die Kanoniker befand, scheint eine Schlussfolgerung solcher

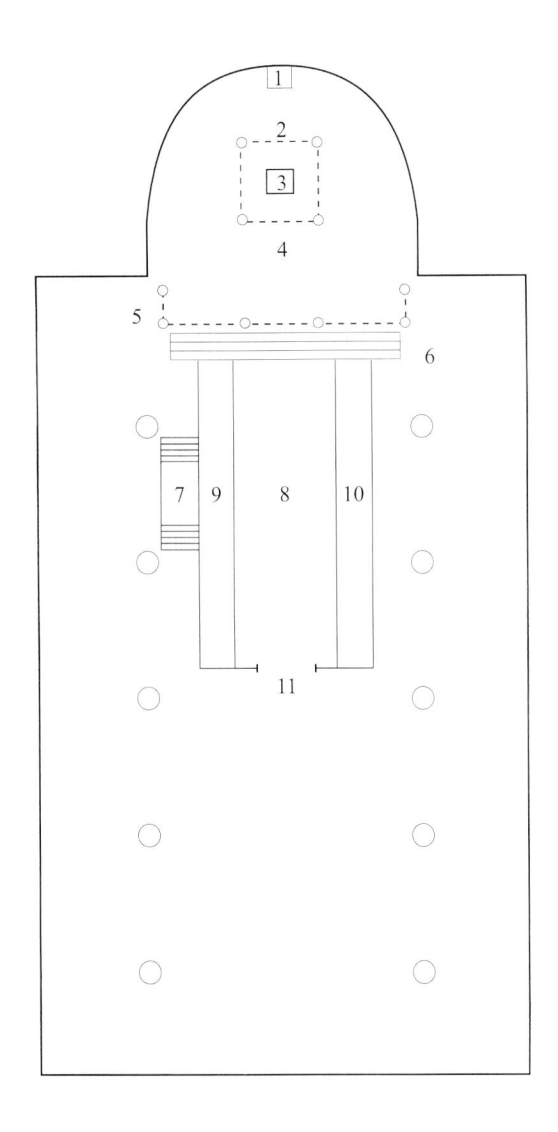

Abb. 39: Wiedergabe der liturgischen Ordnung von Saint-Pierre maior in Metz zur Zeit Chrodegangs. 1-bischöfliche Kathedra; 2-Ziborium; 3-Altar; 4-erhöhtes Sanktuarium (thronus); 7-Ambo; 8-chorus für den Gesang der Messe; 9/10-Gestühl; 11-Eingang des Chores. Foto: Piva 2000.

Art notwendig. So kommt es beispielsweise in den Fällen von Bayeux (Saint-Etienne), Le Mans (Saint-Etienne), Chartres (Saint-Serge-et-Bacchus), Rodez (Saint-Pierre) und Toulouse (Saint-Jacques) vor, wobei eine Datierung der dazugehörigen Kirchen ins 9. Jahrhundert als nicht sicher angesehen werden kann.[8] Manchmal scheint die kleinere Kirche jedoch auch eine bischöfliche Bestimmung zu haben, aber ebenfalls eine ‚private'. Die Aachener Regeln hatten in der Tat die Altäre der Kanoniker und der Bischöfe voneinander geschieden, was eine größere Aus-grenzung der Kanoniker veranlasst haben könnte, welche u. a. die Lebensregeln und die mönchsähnliche Liturgie einhalten mussten. Ein sehr bedeutendes Beispiel der Zerstörung einer antiken ‚Doppelkathedrale' in karolingischer Zeit ist jenes von Verona, wo gegen 800 Bischof Radolt und Erzdiakon Pacificus den Bischofsbezirk umstrukturierten (Abb. 40). An Stelle der kleineren Kirche wurde im Süden die bereits im Jahre 813 existierende Kirche Santa Maria matricolare erbaut. Im Norden wurde hingegen nahe der Unterkünfte der Kanoniker und der schola sacerdotum San Giorgio als kleines Oratorium der Kanoniker errichtet, das sich neben einer großen Kirche des 5. Jahrhunderts befand, die vielleicht durch ein Feuer zerstört wurde.[9] Hier nun wurde die ‚Doppelkathedrale' ganz bewusst eliminiert: Der Bischof beanspruchte eine neue alleinstehende Kirche und bewilligte den Kanonikern einen eigenen Raum für die ihnen vorbehaltene Verehrung, ‚ut sint liberi'.

Die karolingische Neuinterpretation der frühchristlichen ‚Doppelkathedralen'

Wie die obige Analyse der Situation in Metz ergab, konnte eine ‚Doppelkathedrale' spätantiken Ursprungs im 8. Jahrhundert zum Zeichen der Beständigkeit sowohl einen neuen Impuls, als auch eine neue liturgische Bedeutung erhalten haben. Dasselbe lässt sich für den Bischofsbezirk von Lyon im 9. Jahrhundert feststellen (Abb. 41). Dort haben die Ausgrabungen ergeben, dass mit höchster Wahrscheinlichkeit (wenn auch nicht mit absoluter Sicherheit) bis zum 4. Jahrhundert ein doppelter bischöflicher Sakralraum mit einem dazwischenliegenden Baptisterium nach dem Grundriss der theodorischen Aulen von Aquileia existierte. Die nördliche Aula wurde mit einer Hypokaustenheizung erwärmt und wird von Reynaud nach einem Vergleich mit übereinstimmenden Beispielen des Bischofsbezirks in Genf[10] als einfaches bischöfliches ‚salutatorium' oder ‚secretarium' gedeutet. Die mögliche Spur einer anderen Aula südlich des Baptisteriums (der großen Kirche Saint-Jean-Baptiste aus dem 5. Jahrhundert vorausgehend) lässt aber eher auf zwei Sakralorte schließen.[11] Reynaud schrieb jedoch, dass nur in karolingischer Zeit mit Sicherheit eine doppelte Kirche existierte. In der Tat offenbarte die über der antiken nördlichen Aula gelegene romanische Kirche Sainte-Croix mindestens zwei vorangegangene Phasen, von denen die erste nicht zu bestimmen, aber die zweite sicher in karolingische Zeit zu datieren ist. Reynaud macht einen erkennbaren Widerspruch zwischen der archäologisch gut dokumentierten karolingischen Kirche und der nur aus dem 11. Jahrhundert stammenden Benennung mit dem Titel Sainte-Croix geltend (1082).[12] Das frühchristliche Baptisterium wurde ebenso im 11. Jahrhundert unter Hinzufügen einiger Funktionen rekonstruiert, da der Plan ein kurzes Schiff und einen Dreiapsidenabschluss enthielt (im 12. Jahrhundert ist zudem noch ein Langbau angefügt worden).

Diese Elemente müssen nun mit den vorhandenen schriftlichen Quellen in Beziehung gesetzt werden.[13] Der Lyoner Bischof Leidrade (797–816) spricht davon, dass er Teile der Anlage und des Daches der ‚maxima ecclesia', die Johannes dem Täufer geweiht war, restauriert und das Dach von Saint-Etienne (zum ersten Mal erwähnt) repariert sowie ein zweistöckiges ‚domus clericorum' (Haus für die Kleriker) erbaut habe. Reynaud, Duval und Bonnet vermuteten auf der Grundlage zweier unsicherer Mauerinschriften, dass das frühchristliche Baptisterium bereits zwischen dem 7. und 8. Jahrhundert in eine dem heiligen Stephan (Saint-Etienne) gewidmete Kirche umgewandelt worden ist.[14] Ich glaube, dass man eine zweite Alternative vorschlagen kann, wonach die Kirche Saint-Etienne zeitlich mit der karolingischen Phase von Sainte-Croix zusammenfällt. Vom aktuellen Wissenstand ausgehend, ist es das einzige Gebäude, von welchem man eine karolingische Bauphase ermitteln konnte. Außerdem bedeutet die Kontinuität im topographischen Sinn, dass diese Kirche für lange Zeit die zweite Kirche des Kathedralbezirks gewesen ist. Man könnte entgegnen, dass Leidrade erklärt hat, nur das Dach von Saint-Etienne erneuert zu haben, aber es ist auch wahr, dass dieses kurze und bündige Zeugnis die erheblicheren Eingriffe wie die in Saint-Jean verbergen könnte. Andere Übereinstimmungen könnten diese Hypothesen bestätigen. Anfang des 11. Jahrhunderts waren die Schenkungen der Kanoniker größtenteils an Saint-Etienne gerichtet, jedoch zum Ende des 11. Jahrhunderts wurden zahlreiche an die ‚neue' Kirche Sainte-Croix gemacht.[15] Die Annahme erscheint logisch, dass Sainte-Croix einfach eine romanische Nachbildung von Saint-Etienne war. Es ist kein Zufall, dass im Folgenden die Bezeichnung ‚Saint-Etienne' mit dem Baptisterium

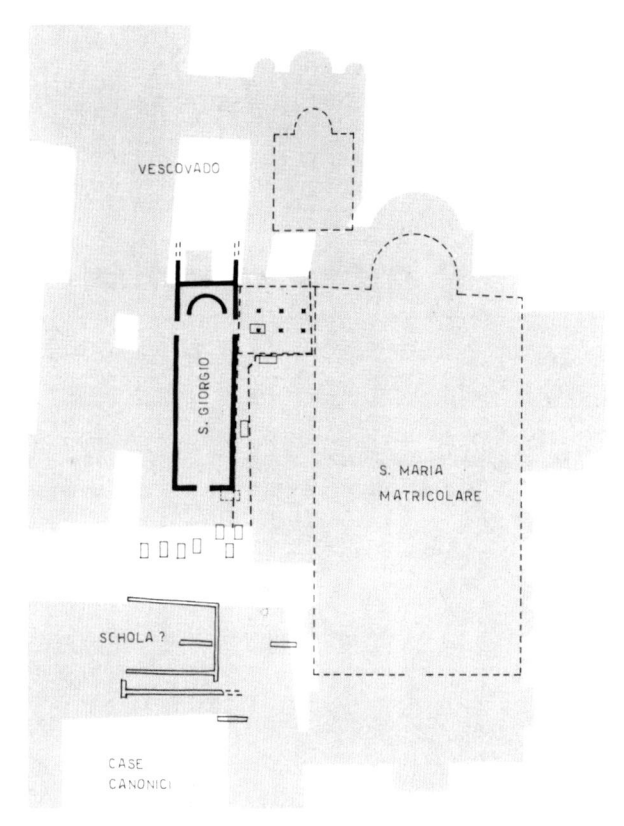

Abb. 40: Hypothetische Gliederung des Bischofsbezirkes von Verona, Ende 8.–9. Jahrhundert. Foto: Tedone / Lusuardi Siena 1987.

verknüpft war, welches gerade im 11. Jahrhundert als Taufkirche wieder aufgebaut wurde. Auch in Mailand ist es mit einiger Wahrscheinlichkeit vorgekommen, dass die Bezeichnung S. Stefano, ursprünglich zu einer Kirche der Kathedralgruppe gehörend, am Ende hin schrittweise das nahe Baptisterium ‚vetus' bezeichnete, was sprachlich gesehen zu belegen ist (‚battistero di Santo Stefano' kann ‚Baptisterium der Kirche S. Stefano', aber auch ‚dem Sankt Stephan gewidmetes Baptisterium' bedeuten).[16]

Bischof Leidrade von Lyon, welcher die beiden Kirchen der vorher bestehenden ‚Doppelkathedrale' für die neuen Kanoniker reformiert hatte, hatte Saint-Etienne den Kanonikern zugeteilt, sie vielleicht aber nicht zur privaten Kirche ‚degradiert'. Sie durfte Teil einer zugänglichen architektonischen und liturgischen Ordnung für die Laien bleiben, was die Bestimmung als erster Ort der täglichen Messen der Kanoniker betraf. In der zweiten Hälfte des 12. Jahrhunderts erneuerte Bischof Guichard von Pontigny (welcher die Johanneskathedrale wiederaufgebaut hatte) die „Antiqua Statuta Ecclesiae Lugdunensis" und bekräftigte, dass es

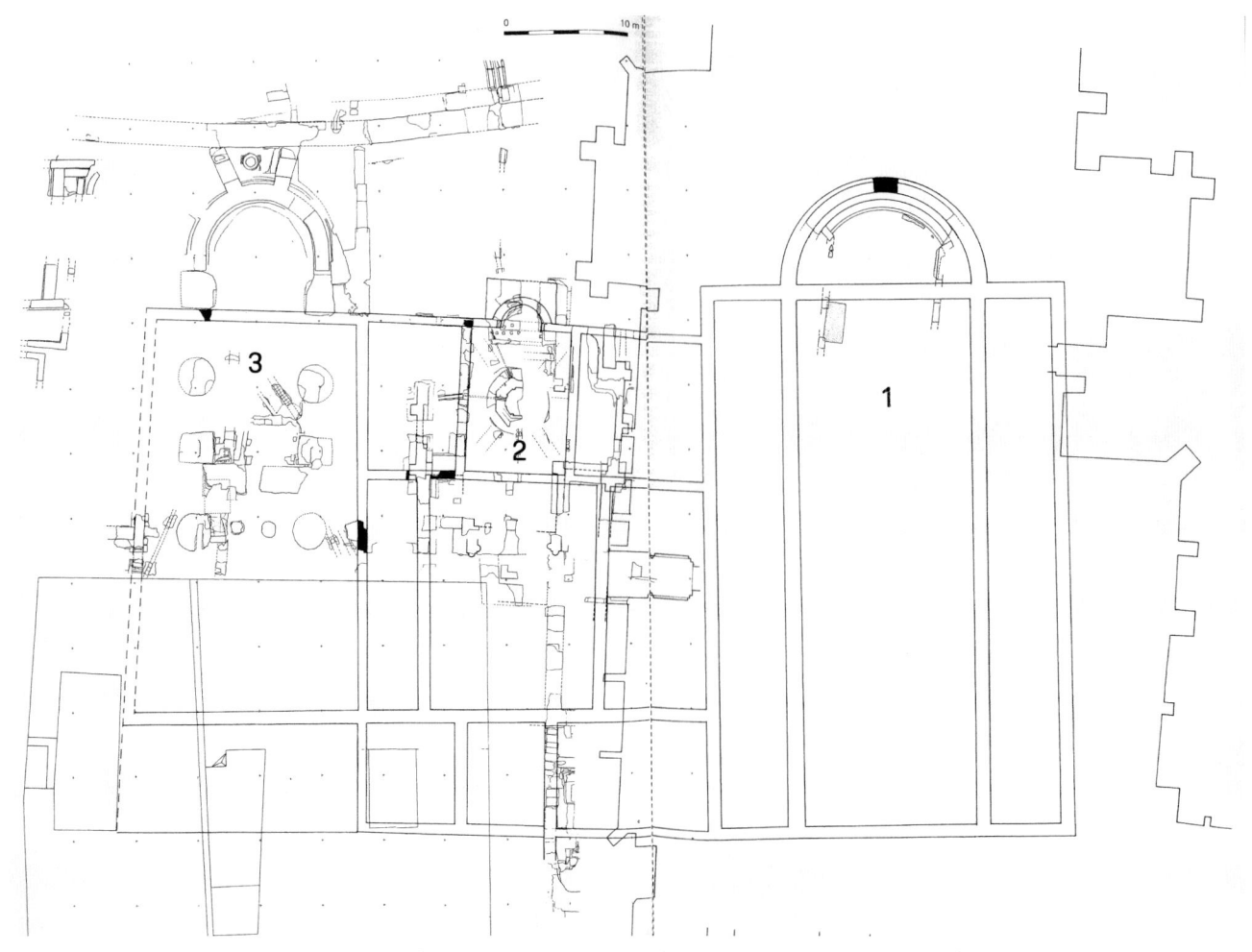

Abb. 41: Topographische Wiedergabe des Bischofsbezirkes von Lyon im Mittelalter. 1-Saint-Jean; 2-Baptisterium (im Folgenden Kirche Saint-Etienne des 11. Jahrhunderts); 3-Pfarrkirche Sainte-Croix (vielleicht Kirche der Kanoniker Saint-Etienne bis zum 9.–10. Jahrhundert). Foto: Reynaud 1998.

die „antiqui patres nostri" waren, welche festsetzten, dass die Kanoniker sowohl Saint-Jean-Baptiste als auch Saint-Etienne nicht nur zur Messe, sondern auch zu den täglichen Stundengebeten versorgten.[17] Saint-Etienne erscheint hier als die kleinere Kirche, ausgestattet mit einem Taufbrunnen. Selten ist sie Ort der Feiertagsmesse (das Vorrecht von Saint-Jean), war aber oft der Ort der Morgenmesse. Die Hüter der Kirche Sainte-Croix erschienen jedoch als „minores terminos et [...] subjectos"[18]. Kaum von Interesse war, dass Saint-Etienne nicht mehr die Kirche von Leidrade war und hingegen mit einer neuen, räumlich dazwischen liegenden Taufkirche übereinstimmte. Die liturgische Ordnung, obwohl erneuert, stützte sich weiterhin auf einen tief verwurzelten Brauch, während Sainte-Croix eine Art neue ‚Pfarrkirche des Domes' darstellte.

Die bekanntesten Beispiele für Erneuerungen der ‚Doppelkathedrale' in karolingischer Zeit sind die lombardischen. Aber leider gibt es nicht genügend Informationen, um in Erfahrung zu bringen, ob sie die wesentliche Funktion und den öffentlichen Charakter beider Kirchen angenommen haben. Es ist nicht anzuzweifeln, dass die frühchristlichen ‚Doppelkathedralen' im 9. Jahrhundert erstmals durch einen Anstoß des Mailänder Erzbischofs Angilbert II. (824–859) eine liturgische Umgestaltung erfuhren. Das zeigen die Begriffe ‚winterlich' und ‚sommerlich', welche die beiden Kirchen kennzeichnen: In Brescia ist der Begriff ‚hiemalis' für S. Maria im Jahre 838, in Mailand erst 915 (S. Maria) nachgewiesen, aber S. Tecla wird 879 als ‚aestiva' bezeichnet (Abb. 42). In Pavia wird S. Stefano vielleicht schon 830 bis 840 („Sermo translationis S. Syri") als ‚som-

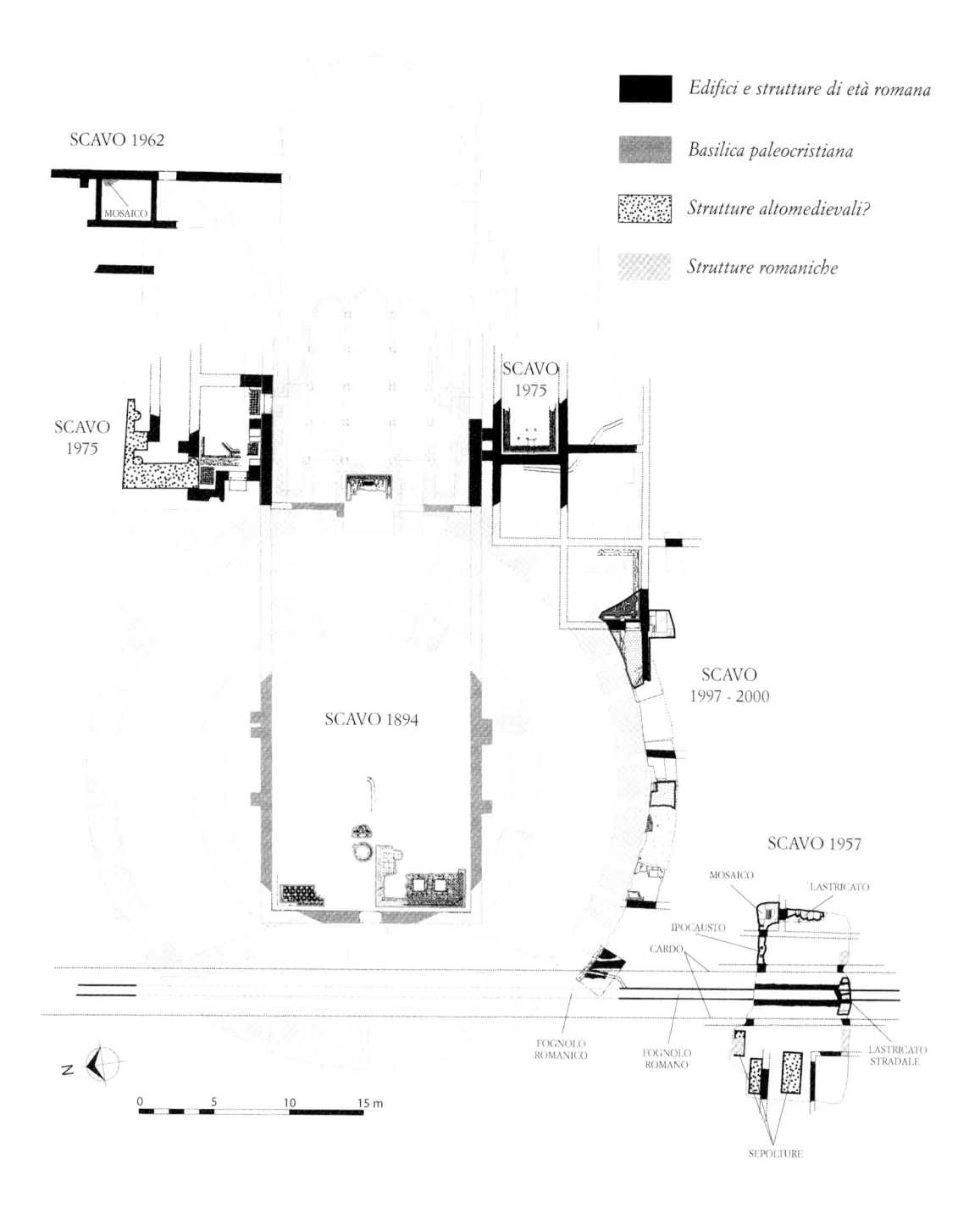

Abb. 42: Archäologische Schichtung des Gebietes der zweiten Kirche des Bischofsbezirkes: S. Maria in Brescia (frühchristliche Phase: 1894 ausgegrabenes rechteckiges Gebäude; romanische Phase: Rotunde). Foto: Breda / Gallina 2004.

merlich' bezeichnet, und für Bergamo findet man Dokumente, wonach die Kanoniker im Jahre 1187 im Winter in S. Maria und im Sommer in S. Vincenzo zelebrierten.[19] In Cremona werden schließlich zwischen 841 und 910 die Bischofskirchen S. Maria und S. Stefano ohne genauere Benennung für jede Kirche überliefert (was nicht ausschließt, dass es auch hier einen winterlich-sommerlichen Gebrauch gegeben hat).[20] Man beachte trotzdem, dass es keine sicheren Anhaltspunkte für eine Rekonstruktion der Bischofskirchen aus dem 9. Jahrhundert gibt. Nur für Mailand erlaubt eine spätere Aufzeichnung den Bau oder die Restaurierung von Santa Maria im Jahr 836, obwohl archäologisch nur ein Teil der romanischen Mauer der Fassade belegt ist. Diese Tatsache macht es wahrscheinlich, dass die frühchristlichen Kirchen nicht gänzlich ihren öffentlichen Charakter verloren hatten. Sicherlich aber scheinen die Adjektive ‚winterlich' und ‚sommerlich' auf einen Wechsel des klimatischen Umfeldes anzuspielen, welcher auf die klösterliche Regelung der täglichen Stundengebete verwies. Bisher gibt es keine triftigen Gründe, die Erklärungen zu beanstanden, die Fedele Savio vor einhundert Jahren vorschlug: Die Stundengebete nach mönchischer Art, welche die karolingische Reform auch für die Kanoniker der Kathedrale einführte, musste die Notwendigkeit einer kleineren und schützenden Kirche für die kalten Monate empfohlen haben.[21] Nur von S. Maria in Brescia (Abb. 42) ist bekannt, dass sie in karolingischer Zeit als frühchristliche Winterkirche genutzt wurde. Auch wenn sie kleiner als S. Pietro gewesen ist, lassen ihre Ausmaße (mindestens 33 x 14 m, aber in der Länge fehlt das Presbyterium)[22] annehmen, dass sie nicht zur Privatkirche der Kanoniker ‚degradiert' wurde. Es existierte zusätzlich auch eine private Kirche (SS. Crisanto und Daria), welche bereits 963 erwähnt wurde und von einem niederen Kleriker mit pfarrkirchlichen Aufgaben und Aufgaben des niederen Klerus versorgt wurde.[23] Auch in Mailand gab es einen oberen und einen niederen Klerus. Im 12. Jahrhundert (Beroldo Ambrosiano) zelebrierte der obere Klerus während des Sommers in S. Tecla und im Winter in S. Maria, der niedere Klerus jedoch in der größeren und kälteren Kirche im Winter und in der kleineren im Sommer. S. Maria war sicher kleiner als S. Tecla, obgleich Erstere Vorrang vor Letzterer hatte, wenngleich S. Tecla als eine Pfarrkirche bezeichnet wurde. Im Übrigen wurden beide Kirchen das ganze Jahr und sicher nicht nur nach klimatischen Kriterien für Messen, Prozessionen und ‚cura animarum' benutzt. Die Verlegungen der oberen Kanoniker von einer zur anderen Kirche (zu Ostern und zum Tag der ‚dedicatio ecclesiae') waren nichts anderes als symbolische Akte.[24]

Ottonische ‚Doppelkathedralen'?

Nachdem ab dem Zeitalter der Ottonen überall große Kathedralen und Klosterkirchen errichtet wurden, kann man – theoretisch gesehen – nicht mehr davon ausgehen, dass die ‚Doppelkathedrale' noch eine Rolle gespielt hat. In der Tat macht das von uns betrachtete Beispiel von Metz deutlich, wie die neue Kirche Saint-Etienne aus dem 10. Jahrhundert einen doppelten Sakralraum regelrecht ablehnte. Auf der anderen Seite könnte die Fortsetzung der doppelten Kathedrale von Trier (Abb. 43) im 10. Jahrhundert gegenüber der Gestaltung von zwei neuen verkleinerten Gebäuden innerhalb der alten Kathedralgruppe aufzeigen,[25] dass die Bedeutung der ‚Doppelkathedrale' noch immer bekannt und eine Liturgie in diesem Sinn möglich war. Auf der anderen Seite bleiben andere Beispiele trotzdem weiterhin bedenklich und höchst problematisch.

Die (sehr partielle) Ausgrabung eines großes Gebäudes, welches fast genau parallel zur ausgegrabenen Kirche unter dem gotischen Dom von Magdeburg und 50 m von dieser entfernt lag, hat völlig zu Recht unter anderen Vermutungen die einer ‚Doppelkathedrale' aufgebracht (F-Abb. 1).[26] Es wurde auch die Überlegung angestellt, ob der eine oder andere Kirchenbau der Klosterkirche von Sankt Mauritius entsprach, welche Otto I. 937 gegründet hatte und welche in der Folgezeit von der neuen Kathedrale flankiert (nicht ersetzt) worden wäre (Magdeburg wurde 968 Sitz eines Erzbistums). Das Problem der Identifizierung des Gebäudes vom Domplatz ist abhängig von der Tatsache, dass die schriftliche Überlieferung beschränkt und nicht zweifelsfrei ist, vor allem weil vom Gebäude aus der ersten Phase nur ein kleiner Teil des Ostabschlusses bekannt ist (drei Apsiden und fünf gegenüberliegende Zellen). Das, was bekannt ist, ist vor allem der anschließende monumentale Westbau, welcher einige Elemente der ersten Phase zu wiederholen scheint: ein Querschiff (mit Wendeltreppen und vielleicht Emporen in den Seitenarmen) und ein rechteckiger Raum, in dem sich eine Apside mit äußerem Gegen-Halbkreis befindet. Diese Lösung besteht auch in der ersten Phase und scheint auf ein Vestibül mit einem erhaltenen Durchgang innerhalb der Apside hinzuweisen. Wenn dies der Fall ist, ist es möglich, dass das ursprüngliche Gebäude formal zwei Abschlüsse besaß, aber mit einer bevorzugten Ausrichtung nach Osten, ähnlich der ausgegrabenen Kirche innerhalb des gotischen Domes.[26a] Es wurde die Vermutung geäußert, dass die Kirche mit der westlichen Erhöhung der Abtei von Otto I. entsprach, die 955 gegründet wurde und vielleicht mit der Kirche des Frauenklosters St. Laurentius übereinstimmte, nachweisbar von 972 bis 978: An diese hätte Erzbischof Norbert (1126–1134), ohne ihn zu Ende zu bringen, einen ‚turris' angefügt.²⁷ Trotzdem sind diese Verbindungen sehr unsicher. Mit Leonhard Helten kann man nicht ausschließen, dass das Gebäude vom Domplatz wenigstens anfänglich für das Domkapitel konzipiert wurde, demnach in der Art einer „Doppelkathedrale",²⁸ jedoch ist diese Frage weiterhin offen.

In Italien könnten die in ottonischer Zeit entstandenen ‚Doppelkathedralen' ausschlaggebend gewesen sein für S. Michele am Dom von Brixen (Südtirol) und S. Fosca an der Kathedrale von Torcello, die erstmals 1011 erwähnt und später mit einem Domkapitel verbunden wurde.²⁹

Wiederaufbau und Wiedergeburt der ‚Doppelkathedralen' in Italien im 11. Jahrhundert

Nicht nur durch den Wiederaufbau einiger Kirchen (das entsprach dem Bekenntnis zur Fortführung oder der fortdauernden Gültigkeit des Doppelkirchenmodells), sondern auch durch die Entstehung neuer ‚Doppelkathedralen' schien die Form der ‚Doppelkathedrale' nach 1000 in Italien ein regelrechtes ‚Revival' erlebt zu haben.

Es sieht so aus, als wollte man diese Wiedergabetreue bei der doppelten Bischofskirche von Brescia bekräftigen, wo die große frühchristliche Kirche S. Pietro fast vollständig intakt geblieben war und die kleinere Kirche S. Maria wieder aufgebaut wurde. Letztere ersetzte die Aula des 5. Jahrhunderts durch eine große Rotunde mit Wandelgang, die nach Meinung des Verfassers von Bischof Adalman von Lüttich (1057–1061) in Auftrag gegeben und später beendet wurde.³⁰ Dass sie auch dem ‚populus' zugänglich war, bestätigt deutlich der zentrale Kern, welcher verglichen mit dem Wandelgang eine niedrigere Fußbodenhöhe hatte und dessen Gewölbe an jene des oberen Wandelgangs von Aachen erinnerten. Die Verbindung einer Basilika mit einem Zentralbau in einem Bischofsbezirk verweist auf die viel ältere Situation der Kathedrale von Zadar und jener gleichzeitigen der Kathedrale von Torcello. Sie nimmt aber die Form vorweg, welche sich in gotischer Zeit in Trier festsetzte.

Angesichts der ‚funktionalen Ursachen' von S. Maria ist es plausibel, dass von frühchristlicher Zeit an jene Kirchen der alltäglichen Liturgie immer vorhanden waren – das

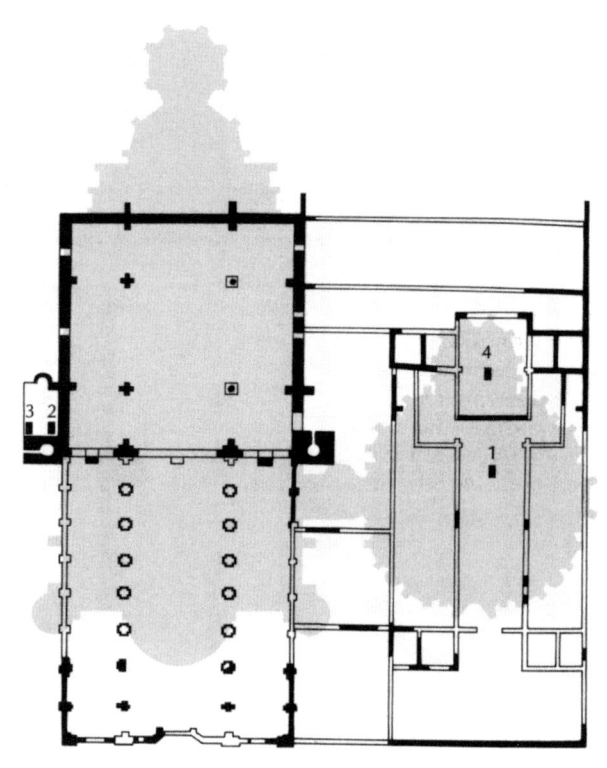

Abb. 43: ‚Doppelkathedrale' aus der Zeit des 10.–11. Jahrhunderts in Trier. Foto: Helten 2005.

heißt vor allem jene der stündlichen Lobgebete und der Fürbitte (wie es für die gesamte christliche Welt gewesen sein muss) und welche im Lauf der Jahrhunderte einfach erneuert wurden. Seit karolingischer Zeit wurde diese Liturgie vor allem von den Kanonikern adaptiert, aber sicher nie von den Laien bestritten, bis mit dem 11. und 12. Jahrhundert wie überall die Aufgaben der ‚Pfarrkirche des Domes' präzisiert wurden, wie sie noch in den Visitationen des Carlo Borromeo von 1580 angegeben waren: „in qua [S. Maria] est praecipua parochia ab aliis parochialibus civitatis distincta."³¹ Gerade diese letzte Visitation ist ein außergewöhnliches Dokument des Andauerns der Aufteilung (nur mit nachfolgenden Bereicherungen) in den Jahrhunderten der vortridentinischen liturgischen Verhältnisse: Die beiden Kirchen S. Pietro und S. Maria bilden noch immer ein zusammenhängendes institutionelles Gebilde, welches aber verschiedene Funktionen besaß. S. Maria wurde mit der Messe der Kanoniker und den Stundengebeten ‚beauftragt' („missa conventualis et divina officia"), während man in S. Pietro die Predigt und die Lesung des Wort Gottes abhielt („concio et sacra lectio").

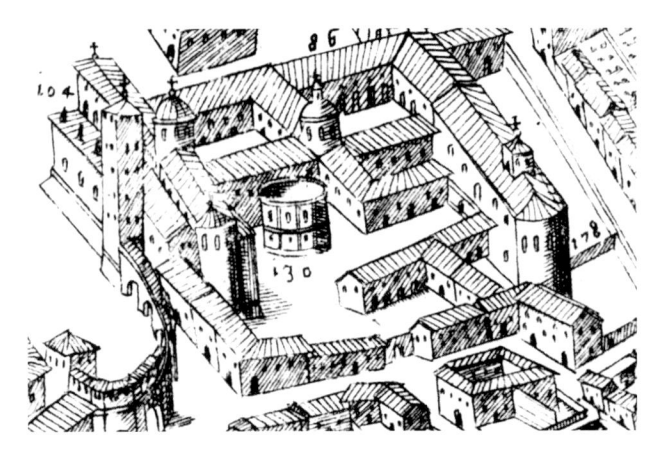

Abb. 44: G. Bertazzolo, topograhische Karte von Mantua (1628), vor allem vom Bischofsbezirk. Es lassen sich die Apsiden von San Pietro und San Paolo identifizieren. Foto: Archiv des Autors.

Man stellte fest, dass die ‚officio' und die Messe des Konvents genau die Stundenliturgie und die tägliche Messe der Kanoniker umfassten, welche wenigstens an sechs von sieben Tagen S. Maria als ‚Schauplatz' hatte. Sie fanden unabhängig von der Teilnahme des ‚populus' statt, was – dieses meint der Text – an den nicht verpflichtenden Wochentagen viel weniger zahlreich gewesen war. Alles folgte einer säkularen Tradition, aber zugleich wird eine Unregelmäßigkeit beschrieben: Die Messe war ‚getrennt' und ‚umgekehrt', weil das, was der erste Teil sein müsste (der Wortgottesdienst) wie ein zweiter Teil in S. Pietro zelebriert wurde. Der Visitator bemerkte, dass es an der Zeit war, den Ritus der Messe wieder zu vereinen und dem Bischof vorzuschlagen, dass die Messe und die abendlichen Stundengebete wenigstens an Festtagen in jedem Fall („utcumque") in San Pietro gefeiert werden sollten. Er ließ nicht zu, dass sich jenes nicht festgeschriebene Gesetz wiederhole, welches von Anfang an durch die Aufteilung der Zuständigkeiten die Regeln der Doppelkirche bestimmt und gelenkt hatte.

Auch in Bergamo wurde ungefähr in der Zeit des 11. Jahrhunderts eine der beiden Bischofskirchen wiederaufgebaut: Die San Vincenzo gewidmete Kirche war kürzlich Ort von Ausgrabungen, die drei Schiffe mit zwei Stützreihen freigelegt haben, in denen sich ein Pfeiler und zwei Säulen jeweils abwechseln (ein sächsischer Stützenwechsel, der auch im Dom von Padua existiert).[32] Die zweite Kirche S. Maria wurde dagegen im 12. Jahrhundert nur wiederhergestellt.[33]

In Mailand könnten beide bischöflichen Kirchen (oder wenigstens eine davon) im 11. Jahrhundert wiederhergestellt worden sein, was Ausgrabungen der größeren Kirche S. Tecla (frühchristliche Zeit und romanische Zeit nach 1075) und des Mauerfundamentes der Fassade von S. Maria (in romanische Zeit datiert) unterstreichen könnten.[34] In Mantua lassen sich die verbliebenen Reste von S. Pietro und jene der parallelen Kirche S. Paolo (Kirche der Kanoniker, aber dem Volk zugänglich) dem 11. Jahrhundert zuweisen (Abb. 44).[35] Die Rekonstruktion der zwei Kirchen des Dombezirkes von Pavia erfolgte jedoch kaum vor dem 12. Jahrhundert.[36]

Noch erstaunlicher sind die italienischen Fälle, in denen die ‚Doppelkathedrale' ihre ersten Ursprünge schon im 11. Jahrhundert zu haben scheint: Como und Triest. In Como wurde die ursprüngliche Kirche in den ersten Jahren des 11. Jahrhunderts an die Stelle des heutigen Domes des 15. Jahrhunderts verlegt. Eine zweite Kirche (S. Giacomo) wurde in der zweiten Hälfte desselben Jahrhunderts zwischen S. Maria und dem Bischofspalast hinzugefügt. Obwohl sich nur der östliche Teil erhalten hat, lassen die beachtlichen originalen Dimensionen erahnen, dass die neue Kirche als eine große (maior) Kirche konzipiert wurde oder in jedem Fall als eine ‚Pfarrkirche des Domes'. Tatsächlich war sie als Taufkirche (sie enthielt das Taufbecken), bischöfliche Kirche oder auch als Chor der Kanoniker bezeichnet worden.[37] Es muss ergänzt werden, dass die ‚Doppelkathedrale' in Como wahrscheinlich schon in frühchristlicher Zeit an einem anderen Ort existierte und somit eine Art ‚kulturellen Hintergrund' hatte. Im Fall des Domes von Triest (Abb. 45) lässt es sich vielleicht besser verdeutlichen.[38] Die frühchristliche Kirche stand wahrscheinlich allein. Erst im 11. Jahrhundert wurde die der Maria geweihte Kirche wiederhergestellt und von der parallel stehenden Gedächtniskapelle des San Giusto flankiert, welche vor 1115 nach Westen verlängert wurde, um eine zweite, eigene Kirche zu errichten. Die Urkunden scheinen dieser letzten Kirche die Bezeichnung ‚bischöflich' und S. Maria den Charakter ‚kanonisch' zuerkannt zu haben. Das charakterisierte aber nur die wirtschaftlichen Zuständigkeiten, während dagegen beide Kirchen öffentlich waren und von demselben Klerus versorgt wurden. Erst im 14. Jahrhundert wurden schließlich beide Gebäude in einer einzigen Konstruktion mit fünf Schiffen zusammengefügt.

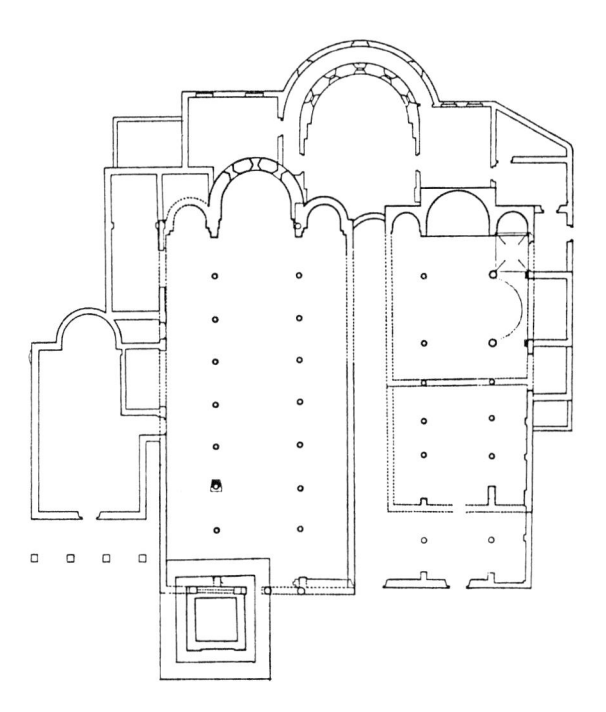

Abb. 45: ‚Doppelkathedrale' vom Ende des 11. oder Anfang des 12. Jahrhundert in Triest, links S. Maria, rechts S. Giusto (längliche Kapelle). Die große Apside stammt aus dem 14. Jahrhundert.
Foto: Mirabella Roberti 1957.

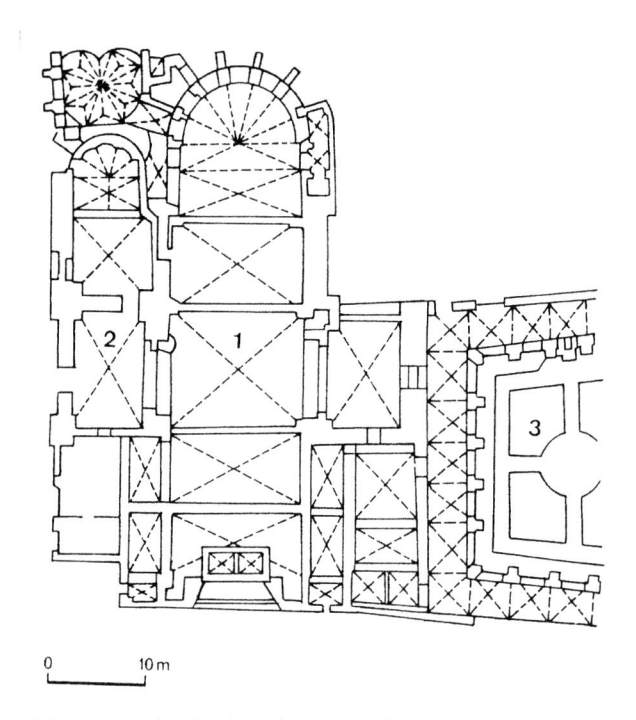

Abb. 46: Lageplan des ‚doppelten' Bischofsbezirkes von Béziers im Mittelalter, die kleinere Kirche (2) war ‚Pfarrkirche des Domes'.
Foto: Erlande-Brandenburg 1989.

Die ‚kleinere' Kirche als ‚Pfarrkirche des Domes' (11.–12. Jahrhundert)

Wie schon an den Beispielen von Trier und Brescia zu sehen war, ist die zweite Kirche S. Maria auch als eine ‚Pfarrkirche des Domes' konzipiert worden. Diese Bezeichnung betrifft viele bischöfliche Bezirke aus romanischer Zeit, während die Widmung als ‚Pfarrkirche' variiert (in Brixen zum Beispiel ist es S. Michele). Das bedeutet nicht, dass die größere Kirche keine pfarrkirchlichen Aufgaben besessen hätte, welche die kleinere Kirche hingegen während der Wochentage innehatte: Auf diese Weise war auch eine Kontinuität mit den alten funktionalen Verhältnissen der ‚Doppelkathedralen' hergestellt. Es konnte zudem auch vorkommen, dass sich die Zuschreibung ‚Pfarrkirche' auf eine dritte bischöfliche Kirche bezog, wie in den Beispielen von Sainte-Croix in Lyon.

Urban II. hatte 1046 autorisiert, dass die Kanoniker auch Sakramente spenden konnten (pfarrkirchliche Dienste),[39] was sie in Wahrheit schon früher mittels des niederen Klerus getan hatten und was im Übrigen als Vorteil einer separaten ‚Kirche der Wochentage' bewertet wurde.[40] In karolingischer Zeit war es noch die große Kirche, die als öffentliche und Feiertagskirche für die Seelsorge bestimmt war. Im 11. und 12. Jahrhundert bildete hingegen oftmals ein kleiner Sakralraum eine Art ‚wochentägliche' Pfarrkirche, welche den Bezirk nahe des Domes versorgte.[41] Ernsthaft erforscht wurde dieser Aspekt bisher nur im Raum Südfrankreich. Manchmal handelte es sich um kleine Gebäude, die nur dafür bestimmt waren, die Kanoniker und die Beamten des Kapitels sowie ihre Angestellten und Familienangehörigen zu versorgen (aber nun geht man in Wirklichkeit von einem zweiten Privatchor aus). Manchmal handelte es sich um Kirchen, welche die Bevölkerung versorgten. In beiden Fällen wurden sie von den Kanonikern kontrolliert, welche den Kaplan aus dem niederen Klerus erwählten.[42] In Limoges, Alet, Béziers (Abb. 46), Fréjus, Aix-en-Provence, Apt, Nimes, Avignon, Nizza, Saint-Jean-de-Maurienne und anderen Städten befanden sich die Pfarrkirchen nahe beim Dom (bisweilen angrenzend und so verbunden mit diesem, dass sie als zweites Schiff erschienen).[43] In Aix-en-Provence und in Besançon korrespondierten beide Kirchen mit zwei verschiedenen Kanonikerkapiteln, was nicht ausschloss, dass eine als Pfarrkirche des Domes fungieren konnte.⁴⁴ In Angers war die Pfarrkirche einschiffig und lehnte im Süden an die Kathedrale an. Unbestreitbar ist, dass, auch wenn die ‚Pfarrkirche des Domes' eine enge Verbindung mit der Struktur der ‚Doppelkathedrale' einging, sie in derselben Zeit zugleich die Vorstufe ihres definitiven Untergangs darstellte.

Aus dem Italienischen übersetzt von Dorothea Schumann

Anmerkungen

1. Man beachte: Piva 1990a und die veröffentlichten Studien Piva 1996a; ders. 1996b.
2. Ich werde mich mit diesem Problem im Tagungsband zu „Itinerari mediterranei fra IV e IX secolo: città e deserti" beschäftigen, welcher demnächst erscheinen wird.
3. Vgl. hier und im Folgenden Vogel 1965.
4. Vgl. Piva 2000.
5. Vgl. Piva 1996a.
6. Hauptsächlicher Verweis zum Thema: de Blaauw 1994.
7. Die Lage vor dem Altar (ante altare) ist für Saint-Pierre, aber nicht für Saint-Etienne gesichert. In Piva 2000 habe ich versucht, die Bezeichnung des Presbyteriums für beide Kirchen zu differenzieren, aber das Adverb ‚ähnlich' (similiter) lässt die Möglichkeit einer analogen Anlage offen.
8. Vgl. Piva 1990a, S. 104.
9. Zur Dokumentation vgl. Fiorio Tedone / Lusuardi Siena 1987.
10. Vgl. Reynaud 1998, S. 63.
11. Vgl. Reynaud / Duval / Bonnet, 1995, S. 287.
12. Vgl. Reynaud 1994; ders. 1998, S. 83.
13. Vgl. Piva 1998.
14. Vgl. Reynaud / Duval / Bonnet 1995, S. 289f.
15. Vgl. Reynaud 1998, S. 46.
16. Vgl. Piva 2004b, S. 72f.
17. Vgl. Godefrid. Homliae, ed. Migne 1854, Sp. 1093; Piva 1998, S. 163–165.
18. Godefrid. Homliae, ed. Migne 1854, Sp. 1098.
19. Für diese Kirchen siehe Piva 1990b.
20. Vgl. Piva 2004a, S. 364–371.
21. Vgl. Savio 1913, S. 866f.; auch De Capitani D'Arzago 1952, S. 45–76.
22. Vgl. Panazza 1990, S. 18, 29.
23. Vgl. Parnazza 1963, S. 375.
24. Beroldus sive Ecclesiae ambrosianae Mediolanensis Kalendarium et Ordines saec. XII, hrsg. v. Marco Magistretti, Milano 1894; Piva 1990b, S. 17–34; Pracchi 1996; Carmassi 2000.
25. Vgl. Ronig 1980; ders. 1982.
26. Für die Darstellung der Ausgrabung und Auflistung der Interpretationen vgl. Kuhn [u. a.] 2005.
26a. Jedoch sind es wenige Befunde, die tatsächlich gesichert sind, vgl. Jacobsen 2004.
27. Vgl. Brandl / Jäger 2005.
28. Helten 2005, S. 87.
29. Vgl. Piva 1996b.
30. Vgl. Piva 2007.
31. Visita apostolica e decreti Carlo Borromeo alla diocesi die Brescia. I. La città, ed. Giovanni Donni Turchini / Angelo Gabriele Archetti, Brescia 2003, S. 43. Mit den pfarrkirchlichen Aufgaben ist S. Pietro beauftragt worden, in welcher vielmehr „munera parochialia praecipue exercentur" (ebd., S. 85), aber während der Feiertage.
32. Vgl. Fortunati / Ghiroldi 2007.
33. Vgl. Buonincontri 2005.
34. Vgl. Monneret de Villard 1917; Jacobsen 1986, S. 433f. Für beide Kirchen ist jedoch das 12. Jahrhundert nicht ausgeschlossen.
35. Piva 1990b, S. 123–136; ders. 1992.
36. Für diese Gebäude siehe Piva 1990b. Für Pavia vgl. Segagni Malacart 1996, S. 144–150.
37. Vgl. Piva 1990b, S. 59–83; Beretta 2006.
38. Vgl. Piva 1990a, S. 88–89.
39. Vgl. Esquieu 1992, S. 33
40. Zu dieser Problematik vgl. Schäfer 1903, S. 172–174.
41. Vgl. Esquieu 1994, S. 35.
42. Vgl. Ryckebusch 1995.
43. Vgl. Erlande-Brandenburg 1989, S. 122; Ryckebusch 1995.
44. Vgl. Picard 1994, S. 24.

BERND NICOLAI

Die ersten Kirchen des Magdeburger Domhügels im Lichte des ottonischen Trier

Unsere Kenntnis von der frühromanischen Architektur hat sich in den letzten Jahrzehnten grundlegend verändert. Neben vielen Einzelfunden und neuen Fragestellungen für das 8. bis 11. Jahrhundert hat die nochmalige Untersuchung und neuerliche Ausgrabung auf dem Magdeburger Domplatz größte Aufmerksamkeit ausgelöst.[1] Nebenbei ist ein mit großer Akribie rekonstruierter und für seine Erbauungszeit ohne Vergleich bleibender profaner Großbau, das Palatium, in sich zusammengefallen[2] und ein strahlender Kirchenbau des 10. Jahrhunderts aus den Fundamenten zumindest teilweise wieder auferstanden. Dessen Rekonstruktion, Datierung und Bedeutung werden allerdings, trotz zahlreicher Publikationen zum Thema, weiterhin kontrovers bzw. ergebnisoffen mit einer (zu) großen Bandbreite diskutiert.[3]

Daneben hat der Neufund und die damit einhergehende Wiedergewinnung der Baugestalt von St. Maximin in Trier durch Adolf Neyses, der die Anlage seit 1978 ausgegraben hat und 2001 eine erste Darstellung der Funde vorlegen konnte, die Öffentlichkeit, auch die Fachöffentlichkeit, wenig in Aufregung versetzt, und das, obwohl St. Maximin die Diskussion um die Entstehung einer ottonischen Architektur bzw. die Transformation aus der karolingischen Architektur in verändertem Licht erscheinen lässt.[4]

Diese Diskussion kann auch grundsätzlicher geführt werden, angesichts vorgeblich „fest gefügter" Forschungslandschaften für das Früh- und Hochmittelalter. Es ist festzuhalten, dass die bedeutenden linksrheinischen Zentren mit Ausnahme von Köln, das in den letzten Jahrzehnten umfassend erforscht und publiziert wurde, namentlich Mainz und Trier, weitgehend marginalisiert sind. Das hat nicht nur mit den aktuellen Leitlinien von Bau- und Kunstgeschichte zu tun, sondern auch mit proaktivem Marketing, für das auch Magdeburg mit nachhaltigem Erfolg steht.[5]

Für einen Magdeburger Großbau nördlich des heutigen Doms konnte Babette Ludowici anhand der umfangreichen Grabungsdokumentation von Ernst Nickel nachweisen, dass die Ausbruchshorizonte der Fundamente zwei verschiedenen Bauten zuzuweisen sind, die beide eine markante Doppelkonchenlösung im Westen zeigten.[6] Die Grabungen von Rainer Kuhn haben die Fortsetzung des Baus nach Osten definitiv belegt (F-Abb. 2).[7] Die Annahme eines längsrechteckigen, typologisch eine Sonderstellung einnehmenden Pfalzbaus war unter diesen Voraussetzungen passé.[8] Aber die Frage, um welchen Kirchenbau es sich bei der neu identifizierten Nordkirche handelt, bleibt umstritten. Ludowici sieht im Bau I einen Neubau, der wohl nach 955 begonnen und 968 definitiv zur Kathedrale umgewandelt wurde. Unter dem heutigen Dom vermutete sie die 937 eingerichtete Mauritiuskirche, die bis 968 existierte und dann als Südkirche im Kathedralbezirk aufging.[9] Diese bestand, so Ludowici, bis zum Brand 1207, mehrfach vor allem im 11. Jahrhundert umgebaut. Es gibt aber auch die gegenteilige Meinung, die Nordkirche als Mauritiuskirche und in der Südkirche den Vorgängerbau des Doms zu sehen.[10] Eine dritte Meinung neigt zur Ansicht, im Nordbau die in den Quellen nachzuweisende Laurentiuskirche vor sich zu haben.[11]

Kuhn konnte für die Nordkirche 2003/04 weitere Einzelheiten zu einem ersten Puzzle zusammensetzen, bestehend aus der Außengrabanlage für eine adlige Bestattung, die dendrochronologisch 963 +–10 Jahre anzusetzen ist, ergänzt durch Marmorspolien und Reste eines Opus-sectile-Fußbodens.[12] Damit ist ein wichtiger zeitlicher Fixpunkt gegeben. Gleichzeitig konkretisierte sich durch weitere Funde und Suchschnitte innerhalb des go-

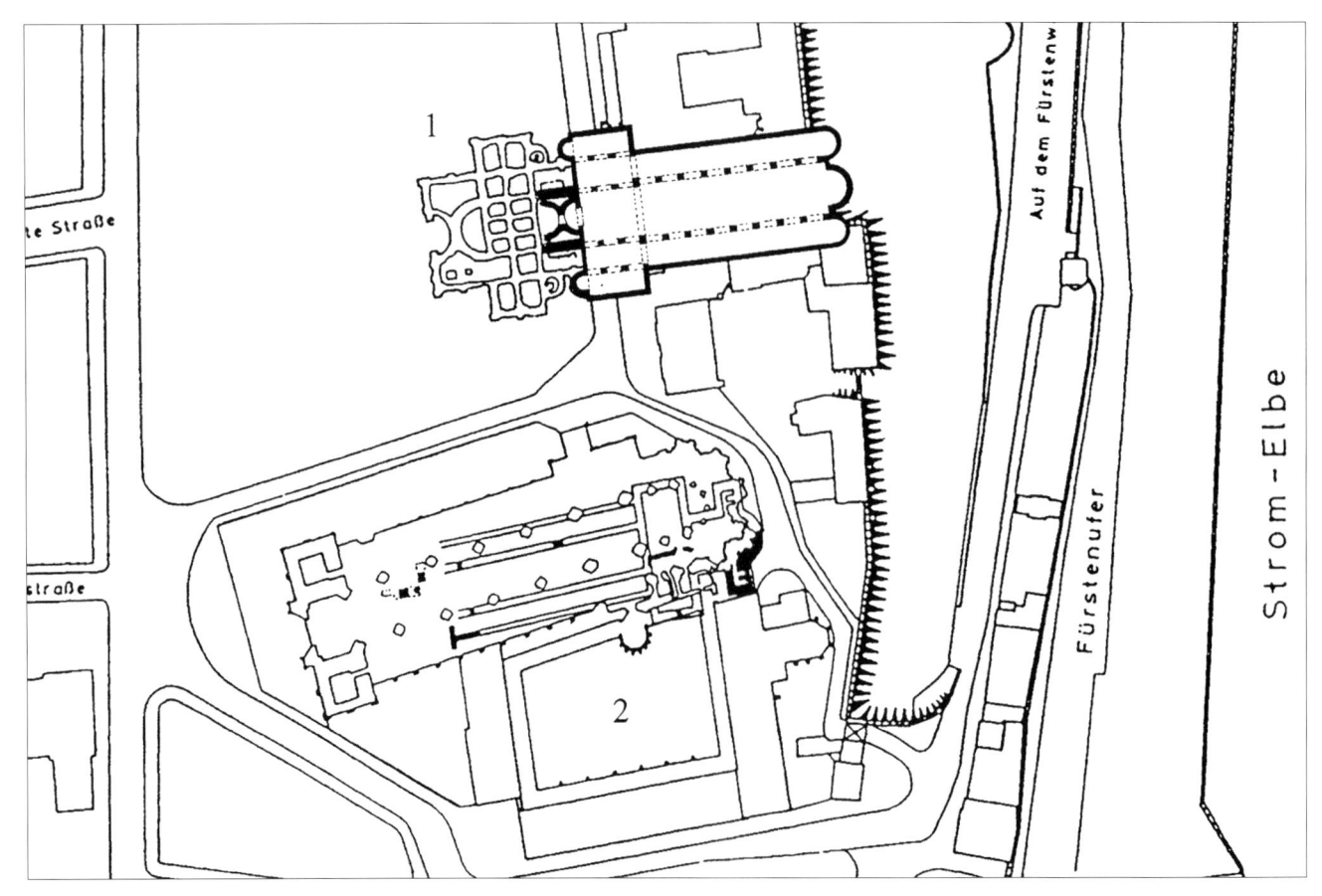

Abb. 47: Der Magdeburger Domhügel, oben ottonenzeitlicher Kirchenbau, unten Umrisse des gotischen Domes mit Grabungsbefunden des romanischen Baus, nach Ludowici und Hardt. Foto: Hardt / Ludowici 2005.

tischen Doms eine Südkirche aus dem 10./11. Jahrhundert, deren Rekonstruktion und Zuordnung im jüngsten Band „Aufgedeckt II" durch Kuhn und Helten versucht wurde.[13] Die Lage stellt sich entgegen der fiktionalen Rekonstruktion von Schubert und Leopold aus dem Jahre 2001[14] heute nicht einfacher dar, aber am Vorhandensein von zwei Kirchenbauten seit dem ausgehenden 10. Jahrhundert auf dem Domhügel kann kein Zweifel bestehen, wenn auch die Frage der Funktionen, der zeitlichen Abfolge, oder ob es sich gar um eine ‚Doppelkirchenanlage' gehandelt hat, hier erneut diskutiert werden muss (Abb. 47).

Da das Magdeburger Moritzkloster 937 direkt von St. Maximin in Trier besetzt wurde und Parallelen in der besonderen Form des Westbaus vorliegen, soll im Folgenden der Blick auf Maximin und das ottonische Trier geworfen werden, um daraus einige Aspekte zur Deutung des Magdeburger Dompuzzles zu gewinnen. Die 1978–1997 von Adolf Neyses durchgeführten Grabungen in St. Maximin haben zur Aufdeckung einer großräumigen, spätantiken Coemeterialbasilika geführt, die nicht nur den Übergang zwischen paganer und christlicher Gesellschaft im frühen 4. Jahrhundert eindrucksvoll verdeutlicht, sondern auch einen zweiten, zeitlich nachfolgenden Kirchenbau von 75 Metern Länge und 23 Metern Breite zu Tage gebracht hat, der als frühester ottonischer Großbau bezeichnet werden muss mit einer mit Magdeburg vergleichbaren Doppelkonchenanlage im Westen (Abb. 48). Erbaut unter dem ersten benediktinischen Regularabt Ogo, im Wesentlichen in den Jahren 934–945, sind aus dem 12. Jahrhundert verlässliche Weihedaten für die Jahre 942 (Ostteile), 949 (Westen) und 952 überliefert.[15]

Der Bau wurde wohl bereits nach einem Einsturz 933, der als Spätfolge der normannischen Plünderungen in Trier 882 gesehen werden muss, unter dem Laienabt Herzog Giesebert von Niederlothringen konzipiert, möglicherweise mit

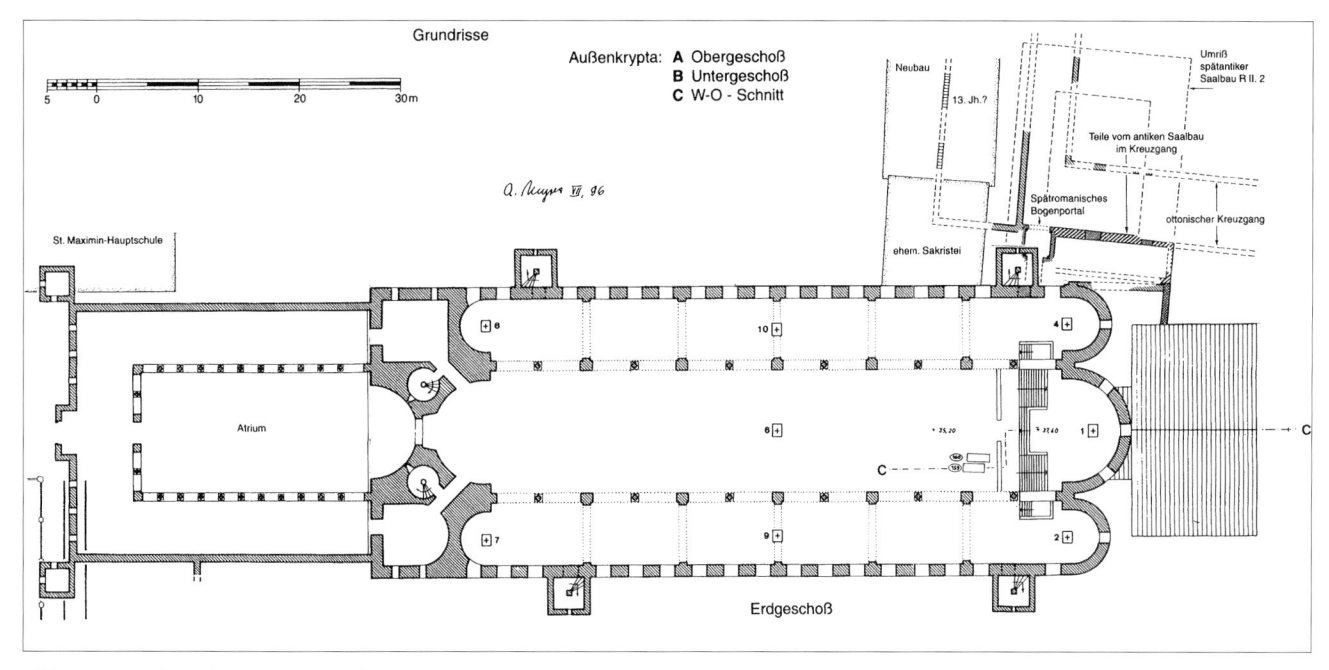

Abb. 48: Grundrissrekonstruktion nach Neyses, St. Maximin, Trier. Foto: Neyses 2001.

Abb. 49: Rekonstruktion von St. Maxim in Trier (mit Außenkrypta). Foto: Neyses 2001.

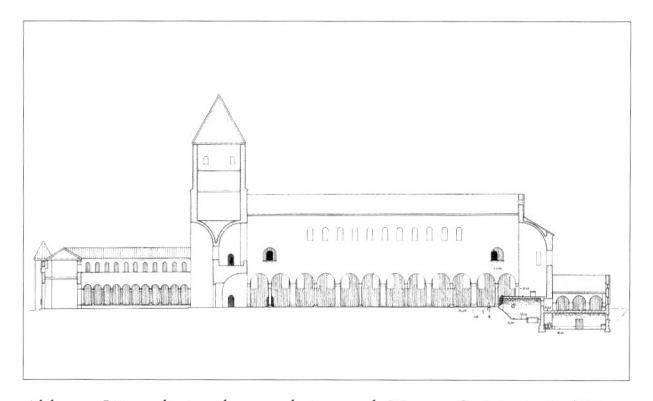

Abb. 50: Längschnittrekonstruktion nach Neyses, St. Maximin, Trier. Foto: Neyses 2001.

Unterstützung König Heinrichs I.[16] Als 952 die ehrwürdige Kultstätte mit den heiligen Trierer Bischöfen Maximin, Agritius und Nicetius aufwendig durch eine doppelgeschossige Außenkrypta als Ende der Baumaßnahmen erweitert wurde, war, wie Werner Jacobsen feststellte, „eines der kompliziertesten architektonischen Gebilde, das wir aus dem 10. Jahrhundert kennen,"[17] entstanden (Abb. 49).

Die Bedeutung dieses Großbaus hatte freilich schon Edgar Lehmann 1938 erkannt, ohne von seiner genauen Gestalt Kenntnis haben zu können. „Daß ein wirklich großzügiger Bau jedoch nicht außerhalb der Möglichkeiten dieser Zeit lag, beweist der Neubau von St. Maximin, dessen Beginn Heinrich I. noch fördern konnte." Und er fügte hinzu: „Nur der alte Kulturboden Triers [...] konnte damals solche Leistung hervorbringen."[18]

Der Trierer Westbau, eine Dreiturmanlage, die sich aus spätmittelalterlichen Bildquellen sicher rekonstruieren lässt, zeigt als beherrschendes Motiv eine große exedrenartige Mittelkonche, die als Doppelkonche sich innen gleichsam spiegelt. Während sie außen in Gänze in Erscheinung trat, ist im Inneren eine Westempore zu rekonstruieren, die mit einem Michaelsaltar „in turri" ausgestattet war. Dieser Altar wurde mit sieben weiteren 949 als Abschluss der Arbeiten am Westbau geweiht.[19]

Abb. 51: Kubaturrekonstruktion des Westwerks von Bau VI, St. Pantaleon, Köln. Foto: Schütte 2006.

Abb. 52: Westansicht von St. Maximin, Trier, Holzschnitt von 1512, Ausschnitt. Foto: Neyses 2001.

Über die genaue Binnendisposition des Westbaus in den Obergeschossen lässt sich nichts Definitives sagen; nach allen Indizien ist eine u-förmige Erschließung ähnlich wie im zweiten Westbau von St. Pantaleon in Köln anzunehmen, der unter Kaiserin Theophanu (983–991) errichtet wurde. Die Rekonstruktion von streng geschiedenen Emporen über den Seitenkapellen und im Westbau sowie eine durchgängige Innenraumgliederung in der Rekonstruktion von Neyses ist aufgrund der Erschließungsproblematik und im Hinblick auf Vergleiche wie St. Pantaleon nicht plausibel (Abb. 50, Abb. 51).[20] Auch die Außenerscheinung als Exedra muss zumindest diskutiert werden. Ein Holzschnitt von 1512 zeigt einen mit drei Fenstern im oberen Teil zugesetzten Westbau (Abb. 52), wie ihn auch St. Pantaleon nach dem Umbau um 980 aufwies und der auch einen Bezug zum Turmbau bzw. der Loggia des Lateranspalastes erkennen lässt.[21]

Dem Westbau vorgelagert war ein dreiseitiges, doppelgeschossiges Atrium. Die Disposition von zentraler Westkonche und vorgelagertem Atrium (Abb. 53) verweist zuerst auf den bedeutendsten karolingischen Referenzbau, die Aachener Pfalzkapelle (Abb. 54).[22] Deren Bau war von Karl nach 790 als Manifestation seiner imperialen Absichten mit Hochdruck betrieben worden und zwar mit weitgehender Ausstattung durch Spolien: „Da er die Säulen und den Marmor für die Kirche anderswo nicht herbekommen konnte, ließ er sie aus Rom und Ravenna herbeischaffen",[23] so berichtet Einhard.

Die Erlaubnis dazu hatte Papst Hadrian 791 erteilt, und einige wertvolle antike Stücke wie das bronzene sog. Reiterstandbild Theoderichs bzw. die Statue der Bärin wurden – vielleicht zusammen mit besonders wertvollen Porphyrsäulen – nach Aachen geschafft. Andere Bauglieder wie Säulen und Kapitelle, aber auch die Mosaiken, wurden jedoch in antikisierender Weise neu gefertigt, um den Gesamteindruck zu komplettieren. Die Aussage Einhards, der König habe antike Stücke woanders nicht finden können, wird durch eine andere Überlieferung aus den um 1100 verfassten Gesta Treverorum konterkariert. Dort heißt es: „Dieser Karl hat auch viel Marmor und sehr viel Mosaikarbeit von Trier nach Aachen bringen lassen und dem hl. Petrus Geschenke als Gegenleistung gegeben."[24]

In Trier standen zu jenem Zeitpunkt monumentale spätantike Bauten als Ruinen aufrecht; sie ließen sich auch bestens als Stein- und Spolienbrüche nutzen: nicht nur die beiden Thermenanlagen (Barbara- und Viehmarkttherme) und der valentinianische Umbau der Kaiserther-

Abb. 53: Westbau und Atrium, St. Maximin, Trier. Rekonstruktionszeichnung von Lambert Dahm. Foto: Neyses 2001.

Abb. 54: Westbau mit Atrium, Pfalzkapelle, Aachen, Rekonstruktionszeichnung von Hugot. Foto: Kreusch 1965.

men, der als Prätorium oder aber überzeugender als neue Forumsbasilika gedient hatte, sondern auch Teile des alten Forums und weitere Tempelanlagen. Auch säulengesäumte antike Straßenzüge waren bis ins 11. Jahrhundert sichtbar und teilweise in Gebrauch.[25]

Im Vergleich zu Köln als Grenzstadt des römischen Herrschaftsbereichs konnte Trier auf die Tradition einer Metropole des Imperiums besonders im 3. und 4. Jahrhundert zurückblicken, wo sie zur Kaiserresidenz aufstieg und dementsprechend ausgestattet wurde. Was lag näher, sich dieser Überreste zu bemächtigen, die zudem im Kernland der Karolinger lagen. In diesem Zusammenhang sei auch am Rande erwähnt, dass das Architekturmotiv der Aachener Westkonche zwar ideologisch wirksam auf den römischen Lateranspalast bezogen worden war, realiter aber auch aus der imperialen Architektur Triers ableitbar sein kann. Es ist damit auch im Hinblick auf Magdeburg zu betonen, dass „Antikenrezeption" nicht im neuzeitlichen Sinne ausschließlich nur auf Italien bezogen werden sollte, sondern dass gerade im Frühmittelalter eine Reihe ehemals römischer Städte mit eindrucksvollen baulichen Überresten (Arles, Nîmes, Lyon, Reims, und eben auch Trier) als Spolienreservoir aufwarten konnten.[26]

Wie stark hier das Interesse an den antiken Hinterlassenschaften, wobei die Herrscher die Verfügungsgewalt besaßen, auch noch Ende des 9. Jahrhunderts war, zeigt eine Urkunde Karls des Dicken aus dem Jahre 884, in der er, zwei Jahre nach dem Normannensturm, dem Kloster St. Maximin eine Piscina am Moselufer überlässt. Piscina meint in diesem Zusammenhang keineswegs, wie Clemens überzeugend herausgearbeitet hat, einen Fischteich, den es dort auch gar nicht gegeben hat, sondern die Ruinen der Barbarathermen, mit ihren Badebecken, die dem Kloster zur Ausbeutung überlassen wurden.[27]

Neben Aachen lässt sich ein konstitutives Element der Westfassade von Maximin auch aus Trier selbst ableiten: die Doppelkonche. Sie gehört in den großen Rahmen des antiken Trierer Genius Loci mit seinen imperialen Gebäuden. Diese Monumente standen im frühen Mittelalter für eine Materialisierung einer lang zurückreichenden Tradition, die Antike und Anciennität mit der Identitätsbildung der Stadt im Mittelalter verband. Im speziellen Fall der Doppelkonche ist auf die ehemaligen Kaiserthermen zu verweisen, die im 4. Jahrhundert umgebaut wurden, wobei das einstige Tepidarium in einen repräsentativen Eingangsbau umgewandelt worden war, der eine Doppelkonche mit konkaver Eingangsnische aufwies (Abb. 55).[28] Unabhängig von den Details der neuesten virtuellen Rekonstruktion muss festgehalten werden, dass in ottonischer Zeit noch ein Großteil der Mauern mehrere Meter hoch aufrecht stand. Im Umkehrschluss wäre auch im

Abb. 55: Westliche Eingangskonche der Trierer Kaiserthermen nach Umbau, Rekonstruktion. Foto: Goethert 2005.

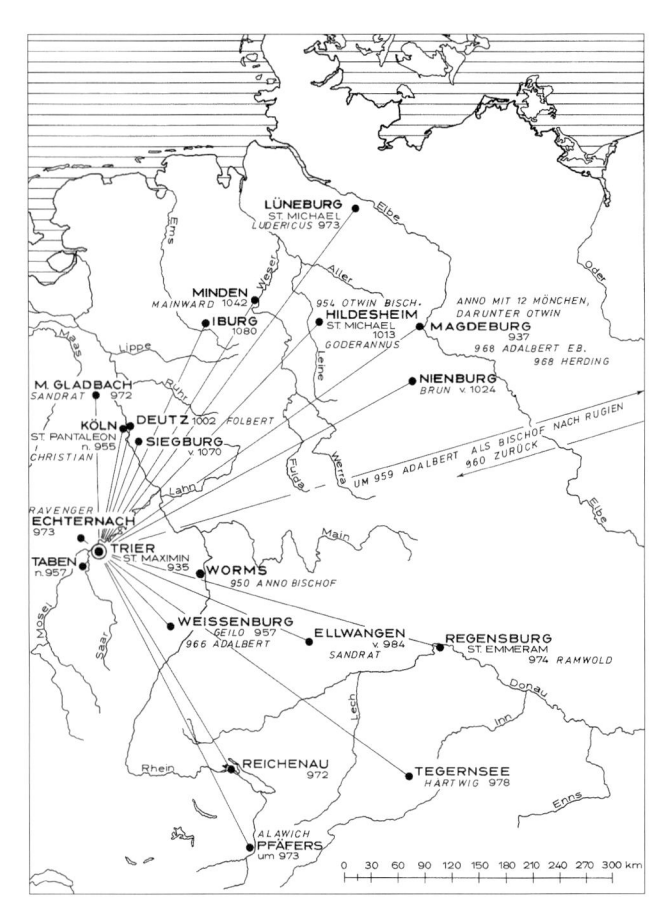

Abb. 56: Ausstrahlung von St. Maximin auf andere Abteien der Gorzer Reform. Foto: Neyses 2001.

Hinblick auf die Nachricht in den Gesta Treverorum zu fragen, ob nicht auch Aachen seine markante Disposition der Westteile aus der Eingangssituation der umgebauten Trierer Kaisertherme gewonnen hat.

Wenn im Westbau von St. Maximin die Aachener Doppelkonchendisposition bewusst als Hoheitsformel kopiert wurde, geschah das im Sinne einer ikonologischen „Pathosformel"[29] entsprechend dem Anspruch, eines der bedeutendsten Klöster mit Pfalzfunktion[30] im ottonischen Reich zu sein, aber auch zur Identitätsvergewisserung mit karolingisch-antiken Repräsentationsmustern nach der Katastrophe des Normannensturms. St. Maximin verteidigte in der Folge erfolgreich seine Reichsunmittelbarkeit mit Unterstützung König Heinrichs I. gegen den Trierer Erzbischof Ruodbert (932–956).[31] Mehr noch, Maximin nahm im Rahmen der Kirchenpolitik der frühen Ottonenherrscher eine Schlüsselstellung ein. Wichtige Abteien, wie St. Pantaleon in Köln, St. Mauritius in Magdeburg, Echternach, Weißenburg im Elsass, St. Emmeram in Regensburg, St. Michael in Hildesheim u. a., wurden durch Trierer Reformmönche besetzt (Abb. 56), die sich einer Erneuerung des benediktinischen Mönchsideals und im Rahmen der Gorzer Reform, die eigentlich auch Maximiner Reform heißen könnte, verschrieben hatten.[32] Man kann diese Klostergründungen auch unter dem Aspekt der architektonischen Filiation betrachten, wobei die Westbauten von Pantaleon in Köln, Deutz, aber auch die Dome von Minden und Hildesheim mit einzubeziehen sind.[33]

Was bedeutet dies nun für die Lieblingsgründung Ottos I., St. Mauritius in Magdeburg, die 937 von St. Maximin aus besetzt wurde[34] und deren erster Erzbischof Adalbert 968 als Abt des Maximiner Tochterklosters Weißenburg durch den Kaiser auf den Metropolitansitz berufen wurde?[35] Mit St. Maximin hatte ein bedeutendes Reichskloster (und keine Kathedrale) vor 950 eine höchst repräsentative Form des Westbaus, in Bezug auf spätkarolingische Westwerke, entwickelt.[36] Es gibt aus diesem Blickwinkel keine Indizien, die es nicht wahrscheinlich machen, dass es das neu gegründete Reichskloster St. Mauritius in Magdeburg war, in dem ein erster Westbau nach dem Vorbild von St. Maximin realisiert wurde. Unabhängig von der Frage, ob die Stifter Otto I. und Editha schon bei Gründung 937 die Absicht verfolgten, in Magdeburg ein Bistum einzurichten, reicht zunächst das Vorhaben als königliche Grablege[37] vollkommen aus, um den Anspruch der Neugründung in der neuen ‚Caput Germaniae' zu verdeutlichen. In diesem Sinne ist die Rezeption zuallererst auf das Mauritiuskloster zu beziehen und weniger auf eine erst spät fassbare Laurentiuskirche.[38] Wann genau die

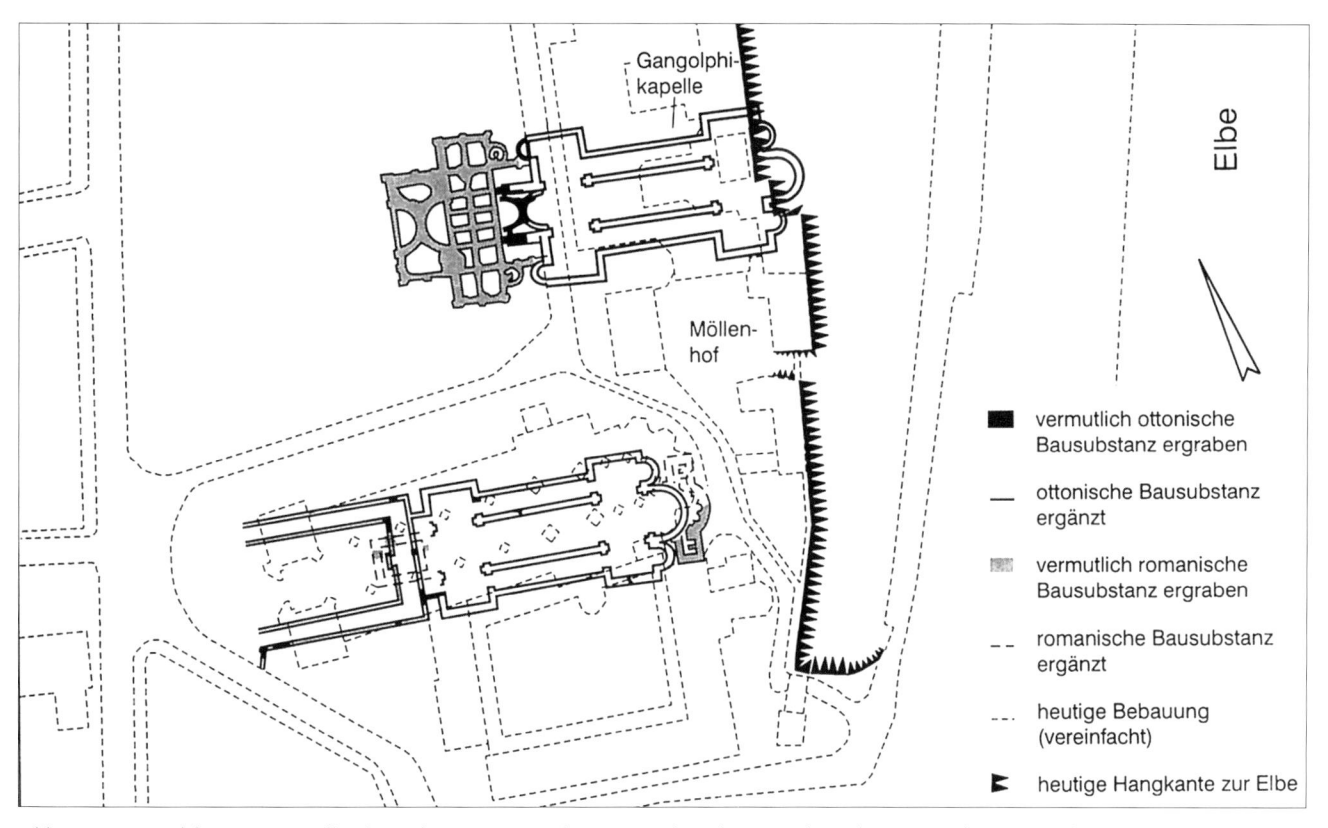

Abb. 57: Die Magdeburger „Doppelkirchenanlage" in ottonischer Zeit, nach Ludowici und Hardt. Foto: Ludowici / Hardt 2004.

Übernahme der Trierer Konzeption von St. Maximin in den Westteilen des Mauritiusklosters geschah, ist nicht mehr zu entscheiden, auch die Frage nicht, ob diese Konzeption erst verwirklicht wurde, als Otto I. nach der Schlacht auf dem Lechfeld 955 den Entschluss fasste, das Magdeburger Bistum zu errichten und einen neuen Kathedralbau oder den Umbau von St. Mauritius voranzutreiben, der Anlage, die seit 946 die Grablege Edithas beherbergte.[39] Damit kommen wir in eine Zeitspanne zwischen 946/949 post quem und der Weihe der ersten Kathedrale 968 als terminus ante quem, in der ein Kirchenbau „mirum in modum"[40] errichtet und zudem mit Spolien und wertvollen Reliquien ausgestattet wurde.[41] Die Gestalt des Baus bleibt Mutmaßung. Für die Westteile ist eine Doppelkonchenanlage mit Querbau als sicher anzunehmen mit einer monumentalen Ausdehnung von über 41 Metern gegenüber 28 Metern der Trierer Anlage, wo allerdings auch kein ‚Westquerhaus' ausgebildet ist.[42] Für die Ostteile sind wir bis zu weiteren Grabungen unter der Staatskanzlei im Unklaren. Leonhard Helten schlug aufgrund der Topographie und dem vermeintlichen Vorbild des Trierer Doms rein hypothetisch eine zentralbauartige Anlage vor,[43] unter Kritik der Vorschläge Ludowicis. Diese sah den ebenfalls hypothetischen Grundriss von Memleben und das Langhaus von St. Maximin als Vorbilder für eine ca. 60–80 Meter lange Kirche, die allerdings um einiges über die heutige Hochuferkante der Elbe hinausgereicht hätte (Abb. 57).[44]

Wohl das Langhaus und die Ostteile dieses Baus waren es, die nach den Annalen Lamperts von Hersfeld im Jahre 982 einstürzten. Dort heißt es: „Destructa est episcopatus in Mersiburg, miraeque magnitudinis edificium cecidit in Magadaburg",[45] das sich möglicherweise schemenhaft im Rekognitionszeichen einer 959 ausgestellten Urkunde erhalten hat (Abb. 58). Der Einsturz – wenn es sich um dieses Gebäude handelt, aber um welches großartige Gebäude sollte es sich sonst im holzerbauten Magdeburg gehandelt haben – betraf damals m. E. bereits die Kathedralkirche, hervorgerufen möglicherweise durch einen Uferabbruch bei Elbhochwasser, die Teile des Ostbaus mit wegrissen.[46] Ludowici benennt zwar diese Quelle, geht aber in ihrer weiteren Argumentation nicht mehr

Abb. 58: Palast Ottos des Großen?, Rekognitionszeichen auf einer 956 in Magdeburg ausgestellten Urkunde Ottos I. Foto: Ludowici 2001.

„seiner" Südkirche bestattet wurde.[48] Mit dem beginnenden 11. Jahrhundert muss von einer raschen Marginalisierung und schließlich einem Nutzungsabbruch der Nordkirche ausgegangen werden.

Wie aber ist in diesem Kontext der Teilzerstörung der Nordkirche und ihrer mutmaßlichen auslaufenden Nutzung im 11. Jahrhundert der zweite Westbau zu deuten, der als Phase IV (F-Abb. 2), unter Ausräumung des ersten Westbaus von Phase III entstand? Ludowici schließt aufgrund der Befunde in Form von Fundamentausbruchgräben auf eine Erweiterung des Westbaus von Phase III als Neubau unter Erzbischof Norbert von Xanten um 1130.[49] Kuhn konnte nachweisen, dass der Westbau (Phase IV) niemals mit den Fundamenten des Baus (Phase III) verbunden gewesen ist, und interpretiert ihn deshalb als Solitär, der vor seinem Abbruch, wahrscheinlich im Zuge des Domneubaus nach 1207, als Gießhütte benutzt wurde.[50] Von Norbert von Xanten berichten die Gesta Archiepiscoporum Magdeburgensium und die Annales Magdeburgenses, dass er sich während eines Aufstandes der Magdeburger Bürger in eine ruinöse oder baufällige „vetus structura" bzw. genauer in ein „superiora antiquoris monsaterii" zurückgezogen habe, also in das Obergeschoss des „antiquius loco turris cuisdam ecclesiae".[51] Diesen Bau habe Norbert als Kirchenbau erneuern wollen, sei aber durch seinen Tod 1134 daran gehindert worden. Ein komplett neues Gebäude würde sehr gut zur Fundlage des Westbaus (Phase IV) passen, setzt aber voraus, dass der alte Westbau noch in seiner Struktur der gegenläufigen Doppelkonche erkennbar war: Nur so wäre der Bezug als vergrößerte Kopie des ersten Westbaus plausibel, ein für die Zeit des 12. Jahrhunderts bemerkenswertes Vorgehen, das sich aber auch an einigen Kathedralneubauten wie Bamberg oder Naumburg im ausgehenden 12. und frühen 13. Jahrhundert feststellen lässt.[52]

Allerdings bleiben viele Fragen offen, und ein wesentliches Argument ist die Verfüllung der Fundamentgräben mit Material, in dem vereinzelt Scherben von Irdenware des 12. Jahrhunderts gefunden wurde. Da aber diese „vetus structura" im Laufe des gotischen Dombaus fast vollständig bis auf die Fundamente abgebaut und als Baumaterial für den neuen Dom benutzt wurde, kann eine komplette Fundamentverfüllung auch insgesamt erst im 13. Jahrhundert unter Einschluss von Scherben des 12. und 13. Jahrhunderts stattgefunden haben. Archäologisch gibt es bislang kein Indiz, dass der zweite Westbau im Kern eindeutig

darauf ein, wobei ein solcher Einsturz Folgen für das gesamte Gefüge auf dem Domhügel gehabt haben dürfte. So bleibt die Frage, ob die Kirche zumindest noch eine Zeit weitergenutzt wurde und der Westbau sowie Teile des Langhauses als immer noch sehr repräsentative ‚Rumpfkirche' dienten, in der wahrscheinlich auch die Grablegen von Editha und Ottos unbeschädigt lagen. Nach 982/83 bis gegen 1012 entstand dann eine neue, südlich gelegene Kathedralkirche, die seit 2008 in Teilen ergraben wird. 1004 ist eine große Mauritius-Reliquienübertragung in einer feierlichen Prozession von Kaiser Heinrich II., barfuß durch den Schnee, vom südlich gelegenen Kloster Berge überliefert, ebenso wie Altarweihen durch die Erzbischöfe Giselher (1004), Tagino (1008) und Walthard bzw. Gero (1012).[47] Für kurze Zeit hat es möglicherweise zwei parallel existierende Kirchen gegeben. Aus diesem Umstand könnte auch die von Ehlers so hervorgehobene Umbettung der Gräber der ersten Erzbischöfe zu erklären sein, die sich zum Teil (Giselher, Walthard?) in den Westquerarmen der Nordkirche befunden haben könnten, wohingegen Tagino von vornherein in dem 12. Jahrhundert zuzuordnen ist, obwohl die Schichthöhe um ca. 1,30 Meter differiert.⁵³

Vor allem bieten die Bezeichnungen von „basilica nova" und „ecclesia maiori", wie sie schon Widukind und Thietmar nennen, sowie die Begriffe „vetus structura" und „antiqior monasterium" in den Gesta und Annales zunächst einmal keine Handhabe, vergleichend auf zwei im 10. Jahrhundert errichtete Gebäude zu schließen. Entgegen der geäußerten Meinungen von Ludowici und Rogacki-Thiemann sowie Hardt möchte ich zur Vorsicht bei der frühneuzeitlichen Überlieferung raten, die doch mehr als ein halbes Jahrtausend von den Ereignissen entfernt lag.⁵⁴

Man kann die Funde und Quellen auch anders lesen. Auch mit dem Blick auf Bauten wie St. Pantaleon scheint es plausibel, dass in den 960er Jahren für die neue Bestimmung als Kathedrale der Westbau der Nordkirche erheblich vergrößert neu erbaut wurde, aber weiterhin in der Disposition dem Vorgängerbau sowie dem Trierer Vorbild verpflichtet blieb. Dieses Verfahren entspricht der Entwicklung bei St. Pantaleon, wo Bau I nach 955 in den 980er Jahren durch einen großzügigen Neubau im Auftrage der Kaiserin Theophanu ersetzt wurde (Abb. 59).⁵⁵

Für das Puzzle um die Funktionen von Nord- und Südkirche bedeutete das Folgendes: Der Magdeburger Bau II (Westbau Phase IV) mit dem noch vorhandenen Langhaus und Ostteilen von Bau I (Phase III) wäre vom bei Lampert genannten Einsturz 982 betroffen gewesen. Daraufhin wäre die Kathedrale nach Süden verlagert worden und als Südkirche spätestens zur Weihe 1008/1012 in Funktion gegangen. Norbert hätte nach 1130–1134 genau diesen zweiten Westbau (Phase IV) für welche Funktion auch immer renoviert, nachdem ein neuer Dom in sicherer Lage weiter westlich der Elbe bereits um 1000 unter Tagino teilweise fertig gestellt war. Das würde den südlichen romanischen Kirchenbau unter dem heutigen Dom erklären, der dann weiter im 11. Jahrhundert als neue Kathedrale ausgebaut worden wäre, mit all den Unsicherheiten, die sich für seine Rekonstruktion ergeben.

Die von Ludowici und Helten favorisierte Magdeburger Doppelkirchenanlage ausgerechnet nach Vorbild des Trierer Doms muss daher Fiktion bleiben. Stärkstes Gegenargument ist ein historisches. Warum sollte das Mauritiuskloster 968 nach Berge verlegt worden sein, wenn es schon 968 eine neue Domkirche südlich des alten Klosters unter dem heutigen Dom gegeben haben sollte.⁵⁶ Der

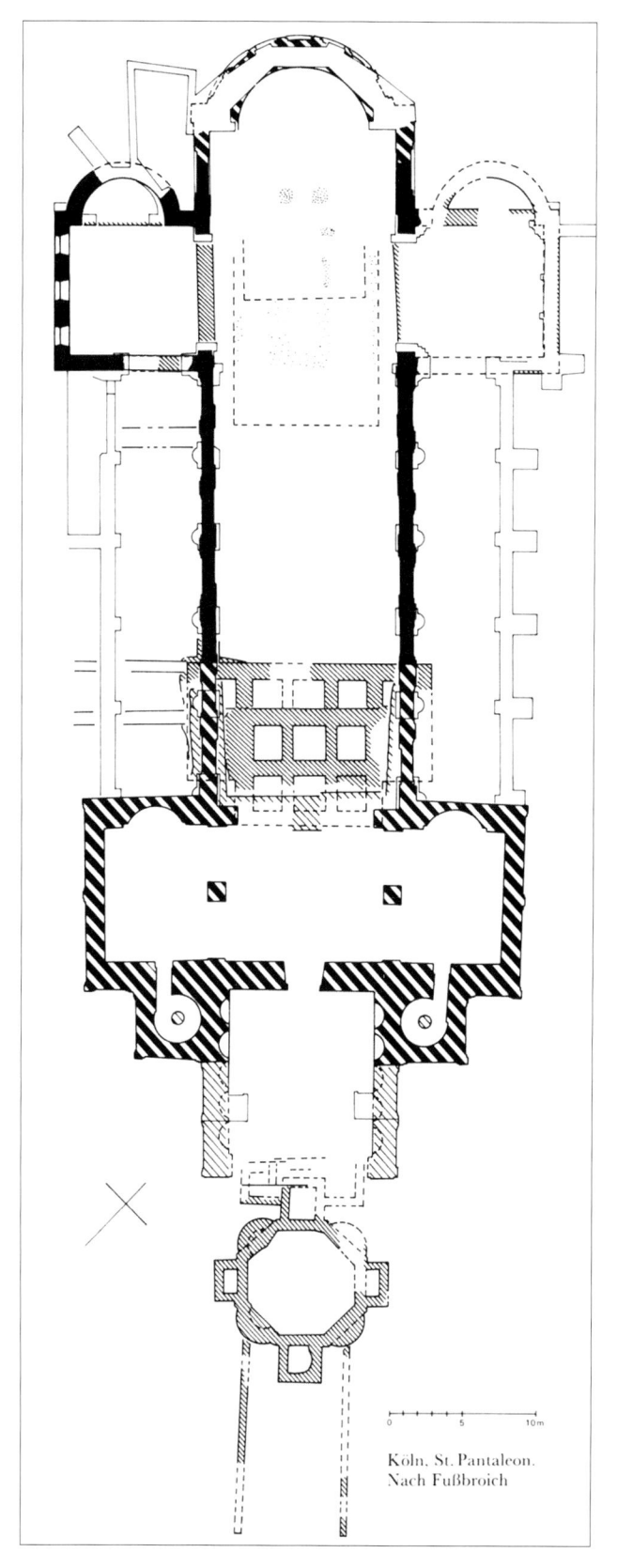

Abb. 59: Bau I und II, St. Pantaleon, Köln, Rekonstruktion nach Fußbroich. Foto: Vorromanische Kirchenbauten 1991.

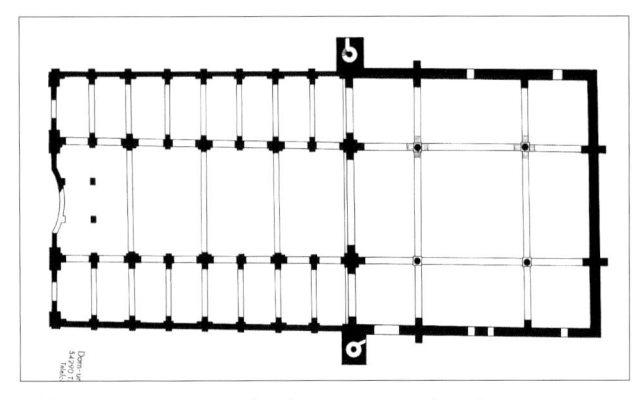

Abb. 60: Grundriss des Egbertbaus um 980 nach Weber, Dom, Trier. Foto: Bischöfliches Dom- und Diözesanmuseum Trier.

Verlauf ist vielmehr sukzessiv zu denken: Nach dem Einsturz 982 musste eine neue Kathedrale in sicherer Lage erbaut werden, wobei eine ‚amputierte' Nordkirche nach und nach ihre Funktionen verlor.

Kunstgeschichtlich aber ist eine andere Linie zu betonen: St. Maximin in Trier setzte noch vor Mitte des 10. Jahrhunderts entscheidende Maßstäbe für eine sich neu formierende ottonische Großarchitektur. Hier wurde der Typus karolingischer Westbauten kreativ umgeformt und mit neuen Pathosformeln, wie der Konche des Aachener Westbaus, bereichert. Damit war ein architektonischer Anspruch formuliert, der direkt auf den Bau der kaiserlichen Gründung in Magdeburg und seinen Umbau zur Kathedrale (Bau I und II) wirkte. Auch in Trier selbst kann man die Wirkung dieser Neuformulierung im Dom selbst beobachten. Bislang weitgehend unbekannt rezipierte die Westlösung des sogenannten Egbert-Projekts St. Maximin, deren Westkonche beim Tode Egbert 993 allerdings nur einen Meter über den Fundamenten im aufgehenden Mauerwerk stand (Abb. 60).

Die Trierer Anlage generierte somit nicht nur im eigenen Neubau einen hohen repräsentativen Bedeutungsgehalt, sondern wurde im Rahmen der Reformklöster und teilweise auch der Bischofssitze zu einem frühen Leitbild ottonischer Architektur. Inwieweit Maximin ferner ein Bindeglied zur Ausformulierung der Fassade als autonomem Zeichensystem gewesen ist, wie sie sich Mitte des 11. Jahrhundert am Poppobau des Trierer Doms artikulierte, quasi ex negativo mit umgekehrter Abfolge konvexer und konkaver Elemente, wäre ein anderes Thema mittelalterlicher Architektur.[57]

Anmerkungen

1 Erste Neuinterpretation bei Ludowici 2002, S. 281–203. Zum Forschungsstand zusammenfassend Kuhn [u. a.] 2005 und Kuhn [u. a.] 2009; ich bin dem Ausgräber Rainer Kuhn, Magdeburg, für die offenen Gespräche sehr zu Dank verpflichtet.
2 Interessanterweise durch den Rekonstrukteur des Pfalzbaus selber, vgl. Meckseper 2001a.
3 Vgl. Kuhn 2009d, S. 232f.
4 Vgl. in diesem Sinne die Dissertation von Sistig 1995, die wertvolle Hinweise zur baugeschichtlichen Interpretation enthält, dort auch schon Zweifel an der Interpretation des Magdeburger Nordbaus als Palatium; die Kritik von Neyses und Lobbedey bezog sich vor allem auf die angeblich unzureichende Einbeziehung der Erkenntnisse des Ausgräbers Adolf Neyses, vgl. Uwe Lobbedeys „Rezension" mit z. T. unsachlichen Argumenten, vgl. Lobbedey 1996, S. 315f.
5 Zu Köln die Reihe „Stadtspuren" und die Jahrbücher „Colonia Romanica", zu Magdeburg http://www.domgrabungen-md.de/seite1.html (Zugriff: 20.03.2011).
6 Vgl. Ludowici 2002, S. 283–288.
7 Vgl. Kuhn 2005a.
8 Vgl. Meckseper 2001a; Lehmann 1983; Meckseper 1986.
9 Vgl. Ludowici / Rogacki-Thiemann 2003; Ludowici / Hardt 2004, bes. S. 90, 98f.
10 Vgl. Kuhn 2005a, S. 40.
11 Für eine Laurentiuskirche als Nordkirche ab 955 nachdrücklich Brandl / Jäger 2005, S. 57f. Die Laurentiuskirche ist erstmals 972 und dann 978 nachweisbar, vgl. Helten 2005, S. 83–85, 87.
12 Vgl. Kuhn 2005a, S. 16, Anm. 18 (Proben um 959, und 963 +–10 Jahre nachgewiesen. Auf die Koinzidenz mit der Nachricht bei Thietmar, dass Graf Christian und andere Vertraute neben der Kirche bestattet wurden, vgl. Kuhn 2006, S.78f.
13 Vgl. Kuhn 2009b; Helten 2009a; auch Kuhn 2009d.
14 Vgl. Schubert / Leopold 2001, vor allem auch die irreführende Rekonstruktion der Grundrisse, S. 354.
15 Vgl. Bienert 1996, S. 133; Neyses 2001 I, S. 100–103, Weihedaten S. 103; Sistig 1995, S. 22.
16 Vgl. Neyses 2001 I, S. 101; Bönnen 1996, S. 212f.
17 Jacobsen / Lobbedey / von Winterfeld 2001, S. 261
18 Lehmann 1938, S. 30.
19 Vgl. Neyses 2001 I, S. 103, 124, 129–133, 178–180.
20 Vgl. ebd. S. 178–180, „Einen Zugang [zur Westempore] aus den möglichen Seitenschiff-Obergeschosskapellen am Westende des Langhauses wird man wohl kaum in Erwägung ziehen wollen", ebd., S. 179, – warum eigentlich nicht? Neyses verweist mehrfach auf die Westanlage des Hildesheimer Doms, zu St. Pantaleon, dessen Westbau nach 966 zuerst mit dreigeschossigen Seitenschächten in antikischen Arkadenstellungen, die entfernt an die Westarme von St. Michael in Hildesheim erinnern, errichtet wurde und um 980/90 zum bestehenden heutigen zweigeschossigen System umgebaut wurde, vgl. Schütte 2006, S. 109–116.
21 Vgl. Schütte 2006, S. 113–116; zu Rom Luchterhandt 1999, S. 110, 113.
22 Vgl. Hugot 1962/63; Kreusch 1965.
23 Einhard, übers. Scherabon Firchow 1986, Kap. 26: „Ad cuius structuram cum columnas et marmora aliunde habere non posset. Roma atque Ravenna devehenda curavit."
24 Zit. nach Gest. Trev., übers. Zenz 1955 I, Kap. 25, S. 51; Gest. Trev., ed. Wyttenbach / Müller 1836, Kap.XL: „Qui etiam Karolus multum marmor et museum plurium de Treberi ad Aquis palatium vexit et beato Petro ad vicissitudinem munera dedit."
25 Vgl. Clemens 1996.
26 Vgl. Clemens 2003, S. 127.
27 Vgl. ebd.

28 Vgl. Goethert 2005, S. 128–131, 141.
29 Zum Begriff bei Warburg Böhme 1997, S. 140, 143, 150. Zur Transformation in die Architektur Günter Bandmann 1951.
30 Vgl. Streich 1984, S. 64f., 67; Bienert 1996, S. 133.
31 Vgl. Wisplinghoff 1970, bes. S. 34f.
32 Vgl. Sistig 1995, S. 22; vgl. Nightingale 2001.
33 Vgl. Einträge in: Vorromanische Kirchenbauten 1991, passim.
34 Vgl. GA, ed. Schum 1883, Kap. 4, S. 377, Teile des Körpers von St. Mauritius übertragen (941) nach Th II, 17, 960 aus Regensburg.
35 Vgl. GA, ed. Schum 1883, Kap. 10, S. 382.
36 Vgl. Corvey und Pantaleon I, zu Corvey Lobbedey 2002 und zu Pantaleon I vgl. Schütte 2006, S. 109–111, zum Westwerkbegriff Dagmar von Schönfeld de Reyes 1999.
37 Th II, 3 mit den Reliquien Innozenz; II, 11 „statuit rex abbaciam in Magadaburgiensi civitate, incipiens aecclesiam mirum in modum in loco, ubi sancta requiescit Aedith, et iuxta quam post obitum suimet pausare desideraverat ipse".
38 Berechtigte Zweifel von historischer Seite gegen Brandl / Jäger 2005, S. 56f. auch bei Ehlers 2006, S. 26.
39 Zusammenfassend Ludowici / Hardt 2004, S. 93–95, vgl. Brandl / Jäger 2005, S. 56.
40 Th II, 11; 946 das Todesjahr Edithas könnte bedeutet haben, den Bau der Moritzkirche rasch fertig zu stellen, 949 werden die Altäre im Westen des Referenzbaus von St. Maximin konsekriert; vgl. Neyses 2003, S. 103.
41 Vgl. Th, ed. Holtzmann 1955, II, 17, S. 748: „Preciosum quoque marmor cum auro gemmisque cesar precepit ad Magadaburc adduci" ohne Ortsangabe, vielmehr werden die Körper der Heiligen und Märtyrer als aus Italien stammend genannt: ebd., II, 16 „Multa sanctorum corpora imperator ab Italia ad Magadaburg per Dodonem capellanam [Kaplan Dodo, Bs. v. Osnabrück] suimet transmissit."; 961 Teile des Corpus des Mauritius aus Regensburg, vgl. ebd., II, 17, S. 749.
42 Vgl. Ludowici 2002, S. 286f.
43 Vgl. Helten 2005, S. 77–79; zur komplizierten, wenig erforschten Baugeschichte des Trierer Quadratbaus und eines geplanten Westbaus, vgl. Zink 1980, bes. S. 32–34.

44 Vgl. Ludowici 2002, S. 286f.; Ludowici / Hardt 2004, S. 92.
45 Lamp., Holder-Egger, 1894, S. 44; ähnlich Ann. Weiss., ed. Holder-Egger 1894, Kap. 21–22, S. 45 „Et mire magnitudinis edificium cecidit in Magadeburg"; s. a S. 44., vgl. Ludowici / Hardt 2004, S. 95, kritische Diskussion bei Helten 2005, S. 77f. Die Brauchbarkeit der Annalen im Gegensatz zu Holder-Egger herausstellend und mehr abwägend von Wolfgang Dietrich Fritz: Lampert von Hersfeld, Annalen, Berlin 1960 [Freiherr vom Stein Gedächtnisausgabe, Bd. 13], S. XIV, gesprächsweise bekräftigt von Gerd Althoff, Mai 2011. Das Rekognitionszeichen für die Urkunde für St. Michael in Lüneburg durch Otto I. 959 in Ludowici 2001, Abb. 7.
46 Vgl. Ludowici 2001.
47 Vgl. GA, ed. Schum 1883, Kap. 15, S. 393, im selben Jahr durch Erzbischof Gieselher die neue Domkirche geweiht, vgl. auch die konzise Übersicht bei Ehlers 2009a, S. 132–134, 139.
48 Vgl. ebd., S. 132, 139; Th VI, S. 63.
49 Vgl. Ludowici / Hardt 2004, S. 95f., Ludowici 2002, S. 288–290 mit Datierung des zweiten Westbaus in die Zeit Norbert von Xantens.
50 Vgl. Kuhn 2009d, S. 225; Kuhn 2009e, S. 44.
51 GA, ed. Schum 1883, Kap. 16, S. 431; Ann. Magd. 1129, ed. Pertz 1859, S. 183; vgl. Ludowici / Hardt 2004, S. 96; Ehlers 2009b, S. 236; vgl. auch Ehlers 2009a, S. 137, bes. Anm. 30.
52 Vgl. Nicolai 2011, S. 712.
53 Ich danke Babette Ludowici sehr für die Übermittlung des Längsprofils der Westteile.
54 Vgl. Ludowici / Rogacki-Thiemann 2003; Ludowici / Hardt 2004.
55 Vgl. Schütte 2006.
56 Vgl. GA, ed. Schum 1883, S. 380f., das neue Kloster war Johannis Baptista geweiht, oder umgekehrt, wenn man wie Kuhn 2009d, S. 233, auch die Version einer Kathedrale ohne Vorgängerbau im Norden (ab 955/68) und der Mauritiuskirche im Süden postuliert, was ich aber aus den genannten Gründen und wegen der Beziehungen zu St. Maximin für ausgeschlossen halte.
57 Vgl. Kemp 2001.

PETR SOMMER

Die St. Veits-Kirche und das Frauenstift St. Georg auf der Prager Burg zu Beginn des böhmischen Staates und Christentums

In der Zeit der Anfänge des böhmischen Staates verbreitete sich das Christentum in der Gesellschaft nur langsam, vor allem von den Zentralburgen aus, den Stützen der Herrschergewalt. Die böhmische Landeskirche entstand in voller Abhängigkeit vom Fürsten, da das Christentum von oben in die Gesellschaft eingeführt wurde. Das in Regionalfürstentümer aufgeteilte Land erlebte diesen Prozess allerdings sehr ungleichmäßig. Seine Anfänge erfassen wir in Mittelböhmen, in dem přemyslidischen Stammesgebiet, wo die ersten Schritte zur Bildung der staatlichen Organisation erkennbar sind. Zu ihrem Rückgrat wurden die schon erwähnten Burgen, für die man Verwalter (castellani) einsetzte, die mit der Ausübung der teilweise delegierten fürstlichen Gewalt beauftragt wurden. Es entstanden hier auch die ersten Kirchen, an denen die mit der Pastoration der Burgbewohner, der Christianisierung der Burgumgebung und Aufgaben in der Staatsverwaltung beauftragten Priester angesiedelt wurden. Es ist logisch, dass man den ersten Kirchen und Klöstern gerade in dem mittelböhmischen přemyslidischen Gebiet begegnet.[1] Die Idee des christlichen přemyslidischen Staates wurde nämlich seit der Zeit des ersten historischen Fürsten Bořiwoj bis zur Zeit von Fürst Wenzel (gest. 935) eben hier verwirklicht. Erst mit der Thronbesteigung Boleslaws I. (935–972) kam der Prozess der Staatsbildung auch auf dem Gebiet der weiteren böhmischen, nach und nach an das přemyslidische Mittelböhmen angeschlossenen Regionalfürstentümer in Gang. Die Burgen der přemyslidischen Verwaltung entstanden auch hier und auch auf ihnen entstanden die ersten Kirchen mit Priesterkollegien. Das ganze Böhmen wurde somit zur Zeit Boleslaws I. zu einem Staat, der von Beamten im Rahmen des sogenannten Burgverfassungssystems verwaltet wurde, das gleichzeitig zur Grundlage der ersten kirchlichen Organisation wurde. Ihre Bausteine waren Großpfarreien, die sich mit dem von der zuständigen Verwaltungsburg verwalteten Gebiet deckten. All das geschah im Rahmen der Regensburger Diözese, die Böhmen als ihren Bestandteil betrachtete.[2] Erst in den 70er Jahren des 10. Jahrhunderts verselbständigte sich Böhmen kirchlich durch die Gründung des Prager Bistums.[3]

Die ersten Sakralbauten, die in dieser Umgebung entstanden, waren vor allem mit den vier bedeutendsten mittelböhmischen přemyslidischen Burgen Levý Hradec, Budeč, Stará Boleslav (Altbunzlau) und Prag verknüpft. Auf Levý Hradec entstand aller Wahrscheinlichkeit nach eine Holzkirche, die älteste im Lande, vor der Mitte der 80er Jahre des 9. Jahrhunderts.[4] Auf Budeč baute man an der Wende vom 9. zum 10. Jahrhundert die steinerne, bis heute erhaltene Rotunde,[5] in Altbunzlau entstand sehr wahrscheinlich eine weitere hölzerne Burgkirche.[6] In Prag, das bald nach seiner Gründung in der 2. Hälfte des 9. Jahrhunderts zur přemyslidischen Hauptburg wurde, entstanden mehrere Kirchen. Auf der späteren westlichen Vorburg baute Fürst Bořiwoj die zweite böhmische Kirche als Dank für seinen Sieg im antichristlichen Aufstand.[7] Während alle diese Kirchen relativ einfache hölzerne und steinerne Bauten waren, erbaute Bořwojs Sohn Wratislaw I. (905/915–921) auf der Prager Burg die erste monumentale, dem hl. Georg geweihte Kirche. Bereits im ersten Entwurf Wratislaws handelte es sich um eine dreischiffige Basilika, deren Gestalt seit Jahren Gegenstand der Diskussion ist (Abb. 61, Abb. 62). Die archäologische Interpretation des Baus geht von der Voraussetzung aus, dass der

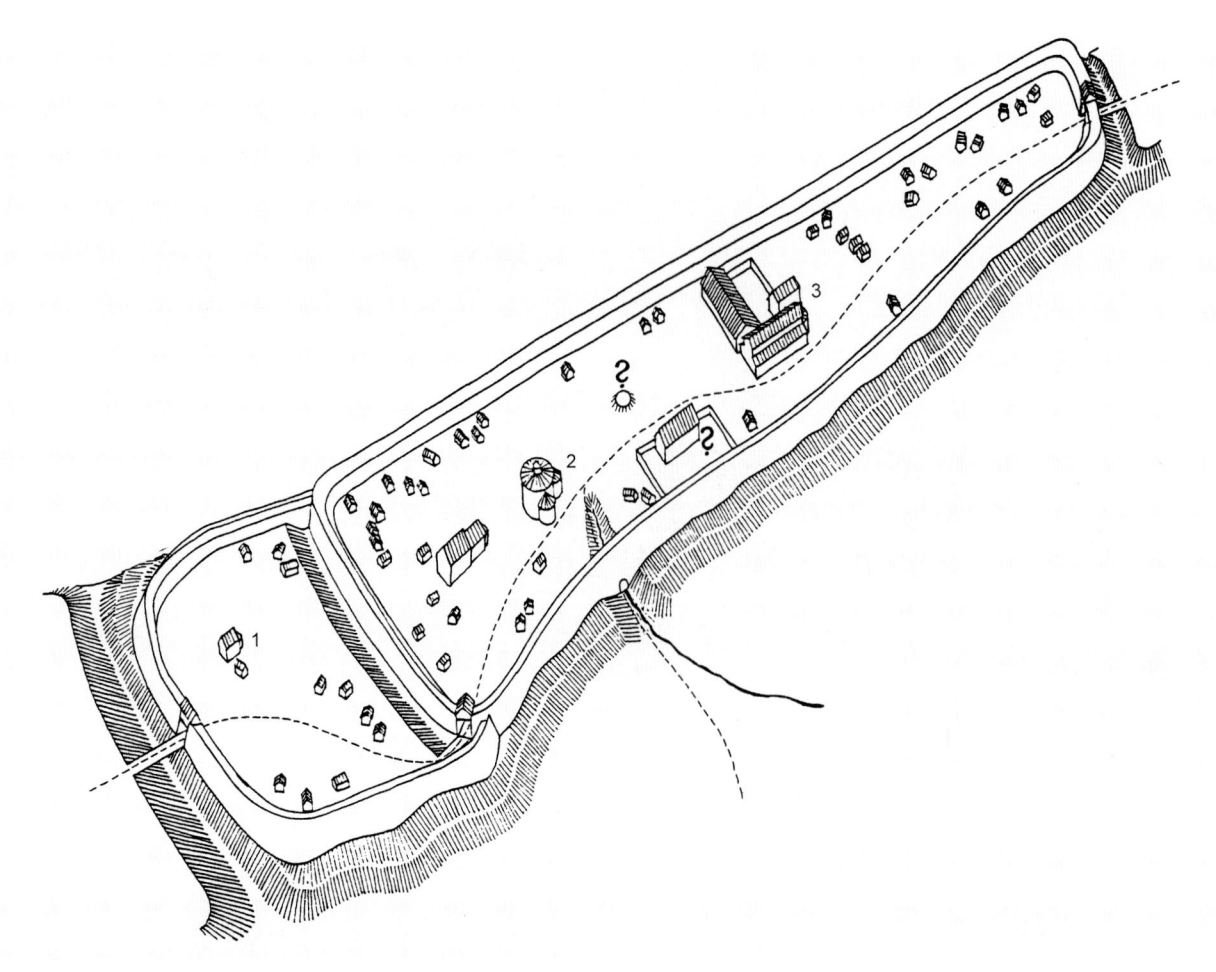

Abb. 61: Die Prager Burg am Ende des 10. Jahrhunderts (nach Petr Chotěbor): 1. Marienkirche, 2. St. Veitsrotunde, 3. St. Georgskloster. Foto: Archiv des Autors.

Grundriss der dreischiffigen Kirche Wratislaws sich in seinem westlichen Teil einschließlich des jüngeren Anbaus erhalten hat, der ältliche Teil des Baus sollte beim Umbau durch Boleslaw II. im 10. Jahrhundert sowie beim Wiederaufbau der Kirche nach dem Brand im Jahre 1142 verschwinden.[8] Die kunsthistorische Interpretation geht hingegen von der Basilika als einer vom Osten her gebauten Kirche in der heutigen Disposition des dreiapsidialen Abschlusses aus, an den im Jahre 925 die Begräbniskapelle der Großmutter von Fürst Wenzel, Ludmila, angeschlossen werden sollte.[9] Diese Absicht wird durch die Tatsache gestützt, dass die St. Georgskirche zur Grablege der ersten historischen Přemyslidengenerationen wurde, was sich erst nach dem Bau der romanischen St. Veitsbasilika geändert hat. Dies stimmt auch damit überein, dass nach der Gründung des Prager Bistums in den 70er Jahren des 10. Jahrhunderts die Tradition der St. Georgskirche als einer der wichtigsten Kirchen des Landes fortgesetzt wurde. Dies wird von der Tatsache erhärtet, dass die St. Veitsrotunde als Bischofskirche auftrat, dass jedoch in St. Georg nicht nur alle deklarativen, seine Bedeutung unterstreichenden Aktivitäten fortgesetzt werden, sondern dass hier ein Benediktinerinnenstift entsteht, das zu einer von den Přemysliden als ihre Geschlechtsfundation geförderten Institution wird, die auf ihre Weise die Dignität der Bischofskirche aufwiegt. Die außerordentlichen archäologischen Funde im Areal der Basilika und des Klosters bekräftigen noch diese Interpretation. Jedenfalls ist klar, dass es nicht um ein gewöhnliches Kirchenprojekt gehen sollte. Durch einen späteren mittelalterlichen Bericht ist ein Priesterkollegium mit einem Erzpriester an der Spitze an ihr belegt, dessen Existenz die Historiker mit Wratislaws Absicht ver-

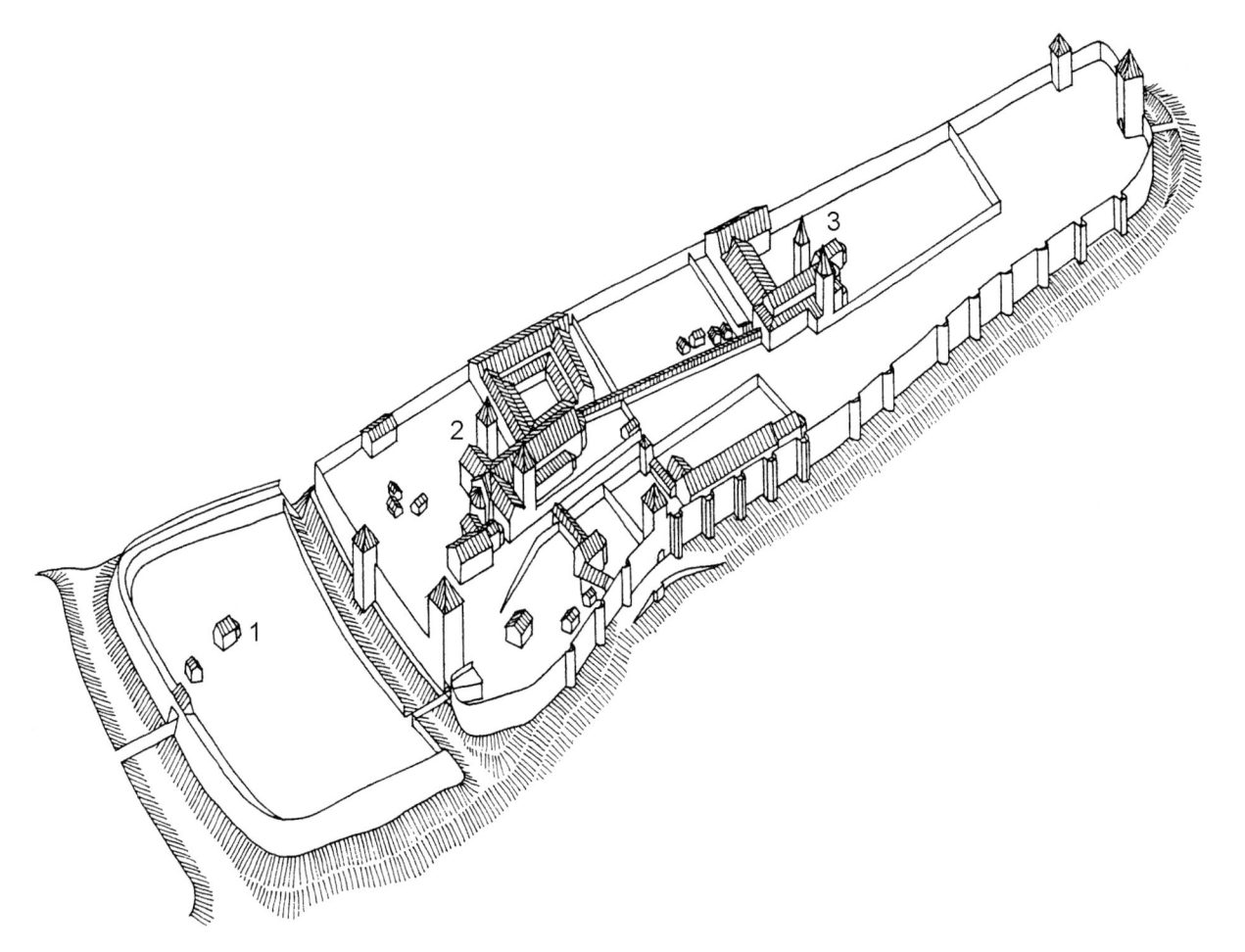

Abb. 62: Die Prager Burg am Anfang des 13. Jahrhunderts (nach Petr Chotěbor): 1. Marienkirche, 2. St. Veitsbasilika mit dem „Kloster der Pragerkirche" (Kapitelhaus), 3. St. Georgskloster. Foto: Archiv des Autors.

binden, die Gründung des Prager Bistums vorzubereiten, dessen Sitz eben an der St. Georgskirche sein sollte.[10] Die Bedeutung dieser Kirche wurde noch durch die Tatsache erhärtet, dass man dorthin im Jahre 925 die Reliquien von Wratislaws Mutter Ludmila überführte, die zur ersten böhmischen Heiligen (im Zusammenhang mit der Gründung des Prager Bistums) werden sollte.[11] Ihre Reliquien wurden nach und nach an mehreren Stellen im Kircheninneren hinterlegt. In der 2. Hälfte des 10. Jahrhunderts handelte es sich um eine besondere Form des Heiligengrabes (vor dem Heiligkreuzaltar gelegen). Bei der Grabung am gegenwärtigen Grab der Heiligen fand man Gewebe, die bezeugen, dass sich die Verehrung von Ludmilas Reliquien vor allem darin äußerte, dass sie von Stoffen umwickelt rituell hinterlegt wurden. Unter den gefundenen Textilien ist ein Stück einer Dalmatika aus der Zeit um das Jahr 1000

besonders bemerkenswert.[12] Beachtenswert sind in diesem Bericht ferner die Gräber der ältesten Přemysliden, von denen in der Lage vor dem Siegesbogen sowohl der Kirchenstifter Wratislaw als auch der Kirchenerneuerer und Klosterstifter Boleslaw II. bestattet wurden. Boleslaws Grab vom Ende des 10. Jahrhunderts beschädigte das Reliquiengrab mit den Reliquien von Fürstin Ludmila, was die funktionelle Entwicklung des Interieurs belegt. Die Grabstelle der Heiligen wurde geändert und vom Grab des zweiten Stifters eingenommen.[13]

Die Zeit der Anfänge des böhmischen Staates und des böhmischen Christentums wird außerordentlich überzeugend von der Tatsache dokumentiert, dass die přemyslidischen Gräber Merkmale der Übergangszeit vom Heidentum zum Christentum tragen. Die Fürsten wurden in Särgen aus Baumstämmen bestattet und mit

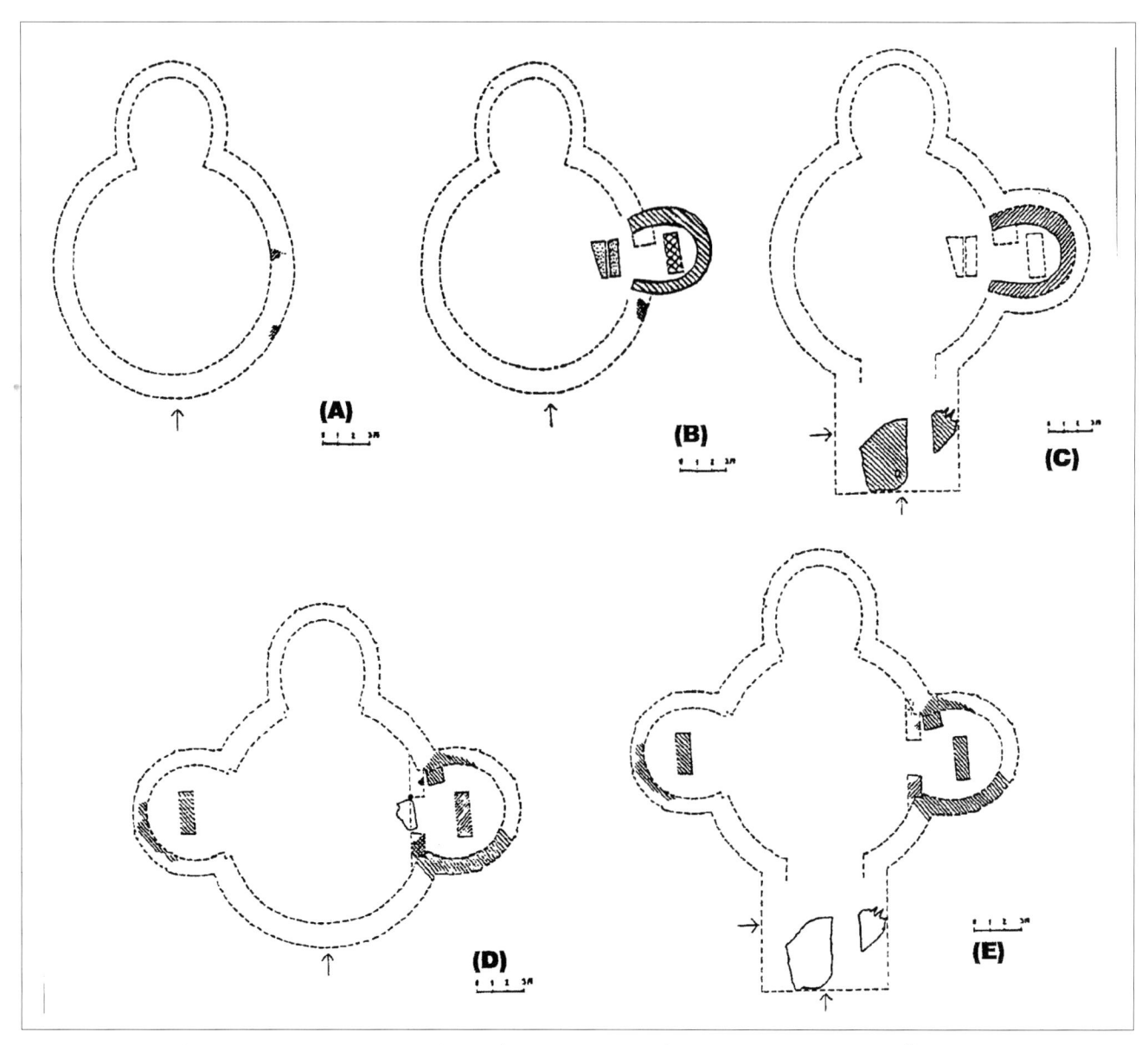

Abb. 63: St. Veitsrundkirche, Rekonstruktion der Grundetappe (nach Jan Frolík et alii): A. vor 930, B. 938 – nach der Übertragung der Reliquien des Fürsten Wenzels, C. Rekonstruktionsvariante mit dem westlichen Anbau und mit dem Außenring der Südapsis, D. Nach dem Umbau unter Bischof Severus um 1039 (neue südliche Apsis und ihre Schließung durch eine Wand, neue Apsis an der Nordseite mit dem Adalbertsgrab (?), E. Variante mit dem westlichen Anbau. Foto: Archiv des Autors.

vorchristlichen Grabbeigaben in Form von Speisen ausgestattet, unter denen Hühnereier vorkamen.[14] Diese Feststellung war in der Zeit der Grabung Ende der 50er Jahre des 20. Jahrhunderts überraschend, aber in den 70er Jahren des Jahrhunderts hat man sie mit den Erkenntnissen über die Begräbniskultur der fürstlichen Gefolgsleute konfrontiert, die auf dem nördlichen Vorfeld der Prager Burg bestattet worden waren.[15] Es hat sich gezeigt, dass Rudimente der vorchristlichen Kultur auch diese Toten begleiteten und dass die Přemysliden des 10. und 11. Jahrhunderts nur die allgemeinen Prinzipien der heidnisch-christlichen Übergangsperiode akzeptierten.[16] Die erwähnten Feststellungen korrespondieren z. B. gut mit der Erkenntnis über die Begräbnisse der Herrscher in Stargard in Pommern.[17]

Nicht minder beachtenswert sind Feststellungen über die Gestalt der frühchristlichen Kultur, die das Umfeld von St. Georg prägte. Durch die Gewebefunde (beson-

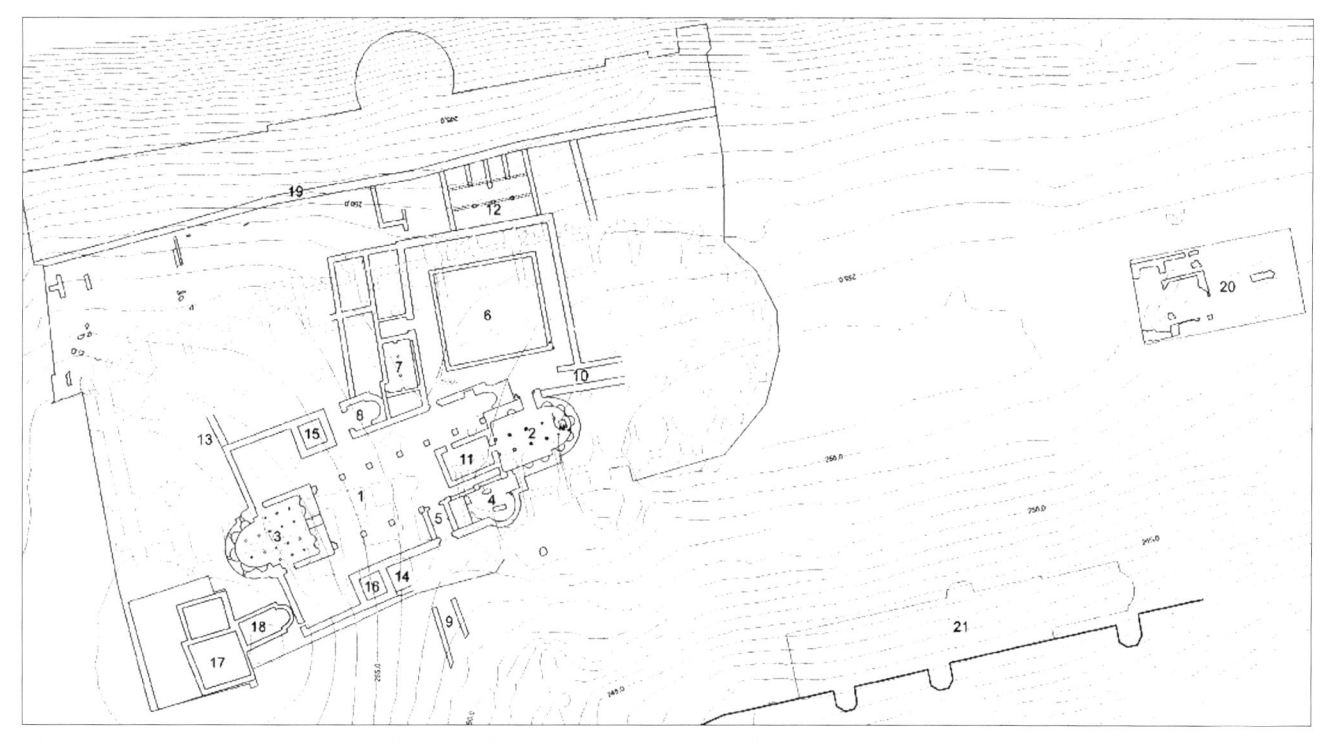

Abb. 64: Die Prager Burg, St. Veit-, Wenzel- und Adalbertsbasilika mit dem Kapitelhaus im 13. Jahrhundert (nach Jana Maříková und Iva Herychová): 1. Basilika, 2. St. Veitschor mit der Kosmas und Damiankrypta, 3. Marienchor mit der Martinskrypta, 4. St. Wenzelskapelle, 5. Haupteingang, 6. Kapitelhaus, 7. St. Michaelskapelle (alte Sakristei), 8. Thomaskapelle mit dem Grab Břetislav II., 9. Südlicher Gang, 10. „Langer Gang", 11. Gaudentiuskrypta, 12. Kapitelsaal und Refektorium, 13. Haus des Dechants, 14. Unbekannte Kapelle, 15. Nördlicher Turm, 16. Südlicher Turm, 17. Bischofsresidenz, 18. Mauritiuskapelle (bischöfliches Oratorium), 19. Romanische Mauer, 20. St. Georgsbasilika, 21. Alter königlicher Palast. Foto: Archiv des Autors.

ders das Dalmatikafragment) im Grab von Fürstin Ludmila können Aussagen getroffen werden über die Anfänge der einheimischen Verehrung von Reliquien, und zwar auch von Sekundärreliquien, die durch Berührung mit den sterblichen Überresten des Heiligen entstanden.[18] Genauso außerordentlich ist die Entdeckung des Grabes eines Mädchens, das ohne Zweifel mit der herrschenden Dynastie verbunden war und das im Areal des noch nicht erbauten Benediktinerinnenklosters in einer Holzkapelle bestattet wurde, die im 12. Jahrhundert durch einen steinernen Sakralbau ersetzt wurde. Sowohl die hölzerne als auch die steinerne Kapelle (die im 13. Jahrhundert zum Kapitelsaal des Stiftes wurde) zeugen davon, dass das Grab des Mädchens Gegenstand eines sehr intensiven Kultes war, der zweifellos zur Kanonisation führen sollte. Die Steinkapelle respektiert das 200 Jahre alte Grab so, dass die Apsis mit Rücksicht auf die Grabstelle ausgemauert und über dem Grab des Mädchens ein Altar errichtet wurde.[19] Die Benediktinerinnenklausur entstand trotz der Unterstützung durch die Herrscher nur langsam. Erst im 13. Jahrhundert kann man mit der Entstehung der klassischen benediktinischen Klausur mit einem Kreuzgang, Klosterhof und weiteren Räumen rechnen. Auch in diesem Schema findet man jedoch (wie die Analyse des Manuskriptes Ordo servicii Dei aus dem 14. Jahrhundert belegt) eine Unregelmäßigkeit darin, dass der Kapitelsaal im westlichen Klausurflügel errichtet wurde.[20] Ludmilas Grab und ihre Reliquien wurden zum Bestandteil des einheimischen Kultes, insbesondere seit den 70er Jahren des 10. Jahrhunderts, als da sein Benediktinerinnenstift in der Nachbarschaft der Basilika entstand. Es handelte sich um die erste benediktinische Institution in Böhmen, deren Zweck man mit den Absichten Boleslaws I. und seines Sohnes Boleslaws II. verbinden kann, auf der Prager Burg das neue Kirchenzentrum zu schaffen. Diesem Vorhaben entsprach der Umbau von Wratislaws Kirche, die westwärts verlängert und mit Emporen für Ordensfrauen versehen wurde. Dieses Stift war eine Art přemyslidische

Abb. 65: St. Veitsbasilika, östliche Krypta, freigelegt in 20er Jahren des 20. Jahrhunderts, Blick von W. Foto: Archiv der Prager Burg, Nr. 25194.

Geschlechtsstiftung, die sicher damit zusammenhing, dass die Basilika zur dynastischen přemyslidischen Grablege wurde. Neben dem Stifter wurden hier die meisten der přemyslidischen Fürsten des Frühmittelalters bestattet[21] (Abb. 67).

Wie schon geschrieben, gewann jedoch die Rolle der Landeshauptkirche die vom älteren Sohn Wratislaws Wenzel gegründete Rotunde (Abb. 63). Die Geschichte ihrer Entstehung dokumentiert die Verhältnisse in der frühen böhmischen Kirche der Zeit von Fürst Wenzel. Dieser bat den Regensburger Bischof Tuto um die Erlaubnis, diese Kirche zu stiften und zu bauen und schließlich bekam er sie. Die Wenzelslegenden bezeugen eindeutig, dass dieser Fürst die Kirche ohne weitere Absichten stiften wollte. Die Nähe der Kirche zum Standort des angenommenen fürstlichen Palastes zeugt davon, dass der Fürst eigentlich eine Art eigene private Herrscherkirche baute.[22] Aus einigen Quellen geht hervor, dass ihr Patrozinium wahrscheinlich durch die Schenkung der Reliquie des hl. Veit beeinflusst wurde, die Heinrich I. Wenzel machte.[23]

Der Kirchentyp – eine große Rotunde – wird in der kunstgeschichtlichen Literatur gewöhnlich mit der großmährischen Tradition verbunden, die zur Beliebtheit solcher Bauten bei den Přemysliden geführt hatte. Cosmas äußert sich in dem Sinne, dass der Kirchengrundriss mit der Symbolik der Kirche zusammenhängt, die von der Kreisform ausgeht.[24] Es ist allerdings recht wahrscheinlich, dass der am Anfang des 12. Jahrhunderts schreibende Autor eine ‚vaticinatio ex eventu' benutzte. In letzter Zeit gewinnt wieder deutlich die Meinung an Boden, dass der Typ der St. Veitsrotunde durch das Vorbild der Aachener Kapelle beeinflusst wurde. Die grundlegende und traditionelle Rekonstruktion der Rotunde wurde vor bereits 80 Jahren vom damals führenden tschechischen Kunsthistoriker Josef Cibulka formuliert.[25] Er vermutete, dass die St. Veitsrotunde durch das Vorbild der Kirche des hl. Donatus in Zadar beeinflusst wurde. Es handelt sich eigentlich um einen anderen Weg zur Formulierung des Zusammenhangs der St. Wenzelsrotunde mit den karolingischen Vorbildern. Cibulkas Vorstellung knüpfte an das Bild einer monumentalen vierapsidialen Rotunde mit einem Schiffsdurchmesser von 13 Metern, in dem ein die Emporen im Stockwerk tragender Arkadenumgang entstehen sollte. Die Rotunde sollte von Anfang an über vier Apsiden verfügen, von denen die nördliche leicht von der nordsüdlichen Achse des Baus abwich. Nach den Berichten des Cosmas sollte an der Rotunde eine weitere Kapelle entstanden sein, in der die Reliquien des zweiten bedeutenden Heiligen, des Bischofs Adalbert, hinterlegt werden sollten, die im Jahre 1039 Fürst Břetislaw von seinem Feldzug nach Gnesen (Gniezno) mitgebracht hatte. Man erwog im Zusammenhang hiermit den Ersatz der westlichen Apsis durch einen Turm, in dessen Stockwerk sich die Herrscherempore befinden sollte.[26] In der südlichen Apsis mit dem Grab des heiligen Wenzel fand man einen Mauerring, der die innere Frontseite des Apsismauerwerks umlief und als ein Überrest irgendeiner eingebauten Kapelle bezeichnet wurde, die Wenzels Grab in der Zeit des Abrisses der Rotunde und des Baus der nachfolgenden Basilika schützen sollte. Im südlichen Teil des kreisförmigen Schiffes entdeckte man zwei Gräber bedeutender Persönlichkeiten – wahrscheinlich Angehörige des Přemyslidengeschlechtes, die bewusst in ihr Interieur eingefügt werden sollten.

Eine neuerliche Revision dieser Schlüsse hat deutliche Verschiebungen in diesen Schlussfolgerungen gebracht. Den Rotundenbau rekonstruiert man heute als ein zu Wenzels Lebzeiten entstandenes Gebäude mit einer Ostapsis. Nach der Translation von Wenzels Reliquien aus Altbunzlau (Stará Boleslav) auf die Prager Burg baute man an die Südseite der Rotunde eine kleine Apsis an und bestattete den Körper des Fürsten darin. Vor ihrem Eingang entstanden die beiden erwähnten Gräber, die der Zeit ihrer Entstehung nach der Person von Wenzels Bruder und seiner Ehefrau entsprechen – jedenfalls geht es nicht um Gräber, die älter als die Rotunde wären. Die Toten wurden hier ähnlich wie in St. Georg in Särge aus Baumstämmen gelegt. Nach der Translation der Reliquien von Bischof Adalbert wurde vielleicht die Nordapsis errichtet (daher die Abweichung von der Nord-Süd-Achse), in die man die Reliquien einbrachte, und die Rotunde wurde auch dadurch angepasst, dass am Umfang der kleineren Südapsis eine neue Apsis entstand – mit den gleichen Abmessungen wie die der Nordapsis. Eine Westapsis wird nicht angenommen, man rechnet mit einem Westturm.

Abb. 66: St. Veitsbasilika, westliche Krypta, freigelegt in 20er Jahren des 20. Jahrhunderts, Blick von O. Foto: Archiv der Prager Burg.

Beim Umbau im 11. Jahrhundert wurde die Südapsis mit Wenzels Grab durch eine Mauer abgeschlossen, so dass eine selbständige Kapelle entstand.[27]

Wenzels Kult war von Anfang an ein natürlicher Bestandteil der Gottesdienste in der St. Wenzelskirche. Er wird in den ältesten St. Wenzelslegenden benannt, die auch die Priesterschaft erwähnen, die mit der Rotunde verknüpft war. Die Legende des sogenannten Christian berichtet sogar darüber, dass es (wahrscheinlich) an der Rotunde den Aufenthaltsort eines Inclusus gab, was die Breite der kirchlichen Tätigkeiten im Bau und in seiner Umgebung zeigt. Um die Rotunde herum entstand bereits im Frühmittelalter ein bedeutender Friedhof, auf dem – in einer Kapelle – Fürst Břetislaw II. bestattet wurde;[28] beigesetzt wurden hier auch Geistliche[29] (dies belegen Funde von Begräbniskelchen und Patenen) sowie eine Reihe von mit der Burg verbundenen Laien.

Die St. Veitsrotunde wurde noch zu Wenzels Lebzeiten vollendet, und obwohl es nicht die Absicht des

91

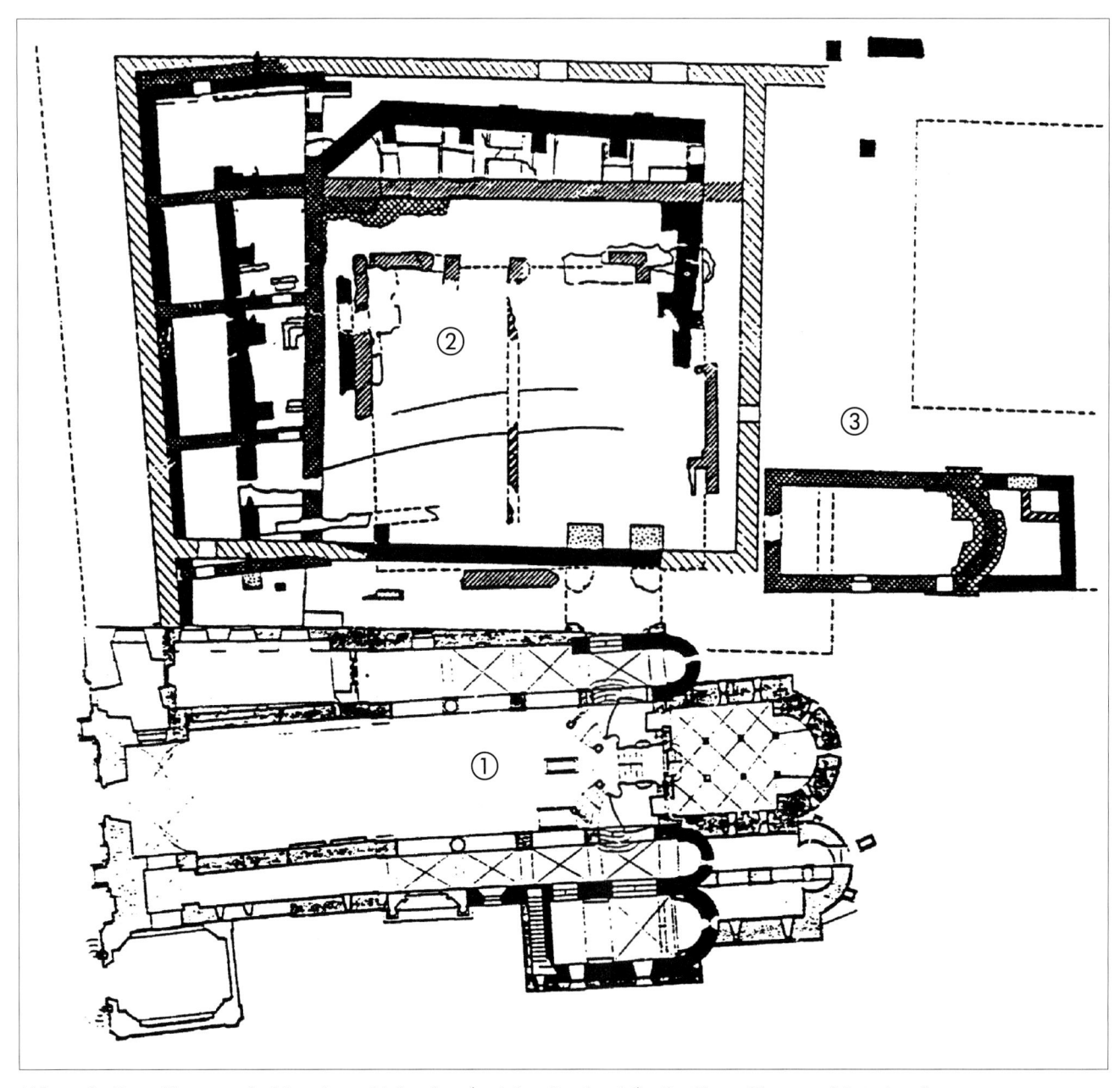

Abb. 67: St. Georgskloster um die Mitte des 12. Jahrhunderts (nach Ivan Borokovský): 1 Basilika, 2. Klausur, 3., Marienkapelle. Foto: Archiv des Autors.

Fürsten war, wurde er hier drei Jahre nach seiner Ermordung (also im Jahre 938) bestattet.[30] In der Zeit der Vorbereitungen des Prager Bistums wurde Wenzel heiliggesprochen, so dass die Rotunde zur Grabstätte des bedeutendsten böhmischen Heiligen wurde. Es ist möglich, dass dies entscheidend war zum Zeitpunkt, als es darum ging, an welcher der Burgkirchen das Bistum errichtet wird.[31] Die Bedeutung dieses Baus als zentrale böhmische Kirche stieg noch, nachdem man in ihn aus Gnesen (Gniezno) im Jahre 1039 die Reliquien des hl. Adalbert überführt hatte. In Zusammenhang damit hat man an die Rotunde eine Art Ecclesiola (vielleicht die erwähnte Nordapsis) angebaut, in die man die Reliquien des Bischofs einbrachte. Kurz danach, zur Regierungszeit Spytihniews II. (1055–1061), fiel die Entscheidung, dass die Rotunde für den Zweck, mit dem sie verbunden war, nicht ausreicht, und deshalb begann man den Bau einer neuen Bischofskirche in Form einer dreischiffigen Doppelchorbasilika, mit einem Transept auf der Westseite (den wahrscheinlich zwei Türme flankierten) und zwei Krypten (Abb. 65, Abb. 66).[32] Diesem Bau war die vorausgegangene Rotunde fast restlos gewichen. Erhalten blieb lediglich ihre Südapsis mit dem Grab von Fürst Wenzel, die in den Ostabschluss des Südschiffes der Basilika eingegliedert wurde. Im Prinzip verbindet man die Basilika mit Beispielen der ottonischen Baukunst. Im Rahmen der einzelnen ottonischen Kirchen finden die Kunsthistoriker Analogien einer Reihe von Elementen, die es an der St. Veitsbasilika gelungen ist zu identifizieren. Es handelt sich um einen selbständigen Typus des Doppelchorbaus, dessen Verwandtschaft man z. B. im Bau des Augsburger Doms findet. Einzelne Elemente, wie die Konstruktion und die Ausstattung der Krypten, findet man wiederum im Umkreis des Hildesheimer Doms wieder.[33]

Es ist offensichtlich, dass seit der Zeit der Bistumsgründung notwendigerweise Häuser der Kapitelmitglieder sowie der Bischofssitz in der Umgebung der Rotunde entstanden. Das bischöfliche Palais mit der St. Mauritiuskapelle steht teilweise bis heute, und seine Anfänge reichen in das 11. Jahrhundert zurück.[34] Die Häuser der Kapitulare kann man nur mit den hölzernen Einraumbauten identifizieren, die sich in keiner Weise von den durch die Laienbewohner der Burg bewohnten Häusern unterscheiden. Für diese Schlussfolgerung spricht einerseits die einfache Tatsache, dass die Kapitulare in der Umgebung der St. Veitsrotunde und der Basilika wohnten (auch wenn sich die Hauptsitze ihrer Familien offenbar im Suburbium befanden), und andererseits der außergewöhnliche archäologische Fund einer bronzenen vergoldeten romanischen Buchfibel, der in einem der erwähnten Holzhäuser südlich der St. Veitskirche gemacht wurde. Im 12. und 13. Jahrhundert wurde diese Lösung langsam durch den Bau des nördlich der Basilika gelegenen Kapitelgebäudes verdrängt. Dieses wurde jedoch auch nie zu einem Ort der ‚vitae communis' des Kapitelkollegiums (Abb. 64).[35]

Das dauerhafte Bewusstsein des Zusammenhanges der beiden sakralen Bauten wird durch neue archäologische Funde unterstützt. Man entdeckte die Fundamente der Verbindungsgänge, die im 13. Jahrhundert die St. Veitsbasilika, die St. Georgskirche und eine weitere romanische, dem hl. Bartholomäus geweihte Kirche verbanden, die im 12. Jahrhundert südlich von St. Veit entstanden war. Eine ähnliche Lösung, bekannt z. B. aus Mainz – dem Sitz des für das Prager Bistum und die böhmische Kirche zuständigen Erzbistums –, erinnert wiederum daran, dass beide Kirchenbauten während des ganzen Mittelalters als Bestandteile einer komplementär-funktionellen Kirchenfamilie wahrgenommen wurden.[36]

Beachtenswert und außerordentlich ist die Tatsache, dass die Prager Burg während des 1000-jährigen Bestehens des böhmischen Staates immer sein Zentrum blieb. Dies hinterließ verständlicherweise Spuren auch in der Geschichte ihrer Sakralbauten, die zu den Sitzen der ersten Institutionen der böhmischen Kirche wurden und deren Rolle im Laufe der Anfänge dieses Staates und dieser Kirche erst allmählich geklärt wurde. Das Vorbild für die Architektur und die Funktion dieser Bauten waren selbstverständlich die zeitgenössischen bedeutenden Sakralbauten im Nachbarreich. Die Eingliederung dieser Bauten in das Burgareal, in den Kontext der přemyslidischen und staatlichen Symbolik und selbstverständlich in die langsam wachsende Struktur der böhmischen Kirche war eine Frage der einheimischen Entwicklung, in der die Kirche auf den Weg zur eigenen Emanzipation erst aufgebrochen war. Die Ambivalenz der kirchlichen Funktion und ihrer Kultur, worin die weltliche Macht für die Kirche die wesentliche Richtschnur bildet, bewirkte, dass auch die beiden bedeutendsten Kirchenbauten der Prager Burg und eigentlich des böhmischen Staates sowohl einen Pol der sakralen als auch einen Pol der Herrscher- sowie Laienrepräsentation und Symbolik verkörpern.

Anmerkungen

1 Zur Problematik der Anfänge des böhmischen Staates, vgl. Sommer [u. a.] 2009. Voraussichtlich im Jahre 2011 wird das Buch auf Englisch herausgegeben werden. Zum Thema der Christianisierung der böhmischen Gesellschaft im Kontext der europäischen Entwicklung, vgl. Sommer / Třeštík / Žemlička 2007.
2 Vgl. Sommer 2010a; ders.: Die kirchlichen Verbindungen Bayerns und Böhmens bis ins 13. Jahrhundert, im Druck.
3 Vgl. Třeštík 2000.
4 Zur Lokalität zusammenfassend, vgl. Tomková [u. a.] 2001. Zur Kirche des hl. Klemens, vgl. Sommer 1997.
5 Vgl. Andrea Bartošková: Budeč – ein bedeutendes Machtzentrum des frühen böhmischen Staates, in: Zeitschrift für Archäologie des Mittelalters, im Druck.
6 Die Literatur hält die Existenz sowohl einer Holzkirche, als auch einer Steinkirche für möglich, vgl. Sommer / Velímský 2007, S. 43. Es scheint, dass für die Holzkirche die Legende des Gumpold von Man-

tua spricht, welche die „tabulae aecclesiae" dieser Kirche erwähnt (Fontes rerum Bohemicarum I, ed. Josef Emler, Pragae 1873, S. 161).
7   Vgl. Jan Frolík [u. a.] 2000, S. 17–96.
8   Vgl. ebd., S. 97–144. Es geht um die Beschlüsse, die zum ersten Mal Borkovský 1975, formulierte.
9   Vgl. Merhautová 1966, bes. S. 22–36.
10 Vgl. Frind 1864, S. 14–15, 103–104; Merhautová 1966, S. 26, 80–81, Anm. 38–40, auf Grund der Tradition bei J. F. Hammerschmidt, der sich auf Liber monasterii S. Georgii beruft, P. Raymund und J. Krbec und der Handschrift der Nationalen Bibliothek ČR, Sign. XIII E 14d: Ordo servicii Dei.
11 Vgl. Sommer 2009, S. 43–45.
12 Vgl. Bravermanová 2000, S. 254; dies. 2001, bes. S. 459–469; dies. 2005.
13 Vgl. Tomková 2005, passim.
14 Vgl. Borkovský 1975, S. 22–42.
15 Vgl. Frolík / Smetánka 1997, S. 121–126.
16 Vgl. Sommer 2000.
17 Vgl. Gabriel 2000.
18 Vgl. Anm. 12.
19 Vgl. Sommer 2001.
20 Vgl. Frolík [u. a.] 2000, S. 97–144, 219–258.
21 Vgl. Borkovský 1975.
22 Vgl. Sommer 2010b.
23 Vgl. Třeštík 1997, S. 406–414.
24 Vgl. Chron. Boem. ed Bretholz 1923, S. 108: „videns ecclesiam sancti Viti [...] quam videlicet ipse sanctus Wenczlaus construxerat ad similitudinem Romane ecclesie rotundam".
25 Vgl. Cibulka 1934, S. 230–685.
26 Vgl. Chron. Boem. ed Bretholz 1923, S. 108: „imiliter et aliam ecclesiolam, que fuit contigua et quasi in porticu sita eiusdem ecclesie, cuius in medio nimis in arto loco erat mausoleum sancti Adalberti".
27 Vgl. Frolík [u. a.] 2000, S. 145–208.
28 Vgl. Foltýn / Maříková-Kubková 2005.
29 Vgl. Tomková / Maříková-Kubková / Frolík 2004.
30 Die Bayerische Redaktion der Legende Crescente fide (974–983) sagt: „requievitque corpus eius in eodem loco [in Altbunzlau, Anm. P.S.] tres annos, et visum est in somnis nonnullis, ut transferrent illud ad ecclesiam, quam ipse construxit. [...] Et translatio eius celebratur IIII. Nonas Martii.", Fontes rerum Bohemicarum I, hg. v. Joscf Emler, Pragae 1873, S. 188. Dazu vgl. Staber 1970.
31 Vgl. Třeštík 2000.
32 Vgl. Frolík [u. a.] 2000, S. 209–218.
33 Vgl. Merhautová 1994.
34 Vgl. Frolík / Smetánka 1997, S. 92–97; Frolík 1999.
35 Sommer. Vgl. 2008.
36 Vgl. Boháčová 1998.

JENS REICHE

Die Stellung der Magdeburger Domkrypta in ottonisch-salischer Zeit

Schon im Jahre 1896 hatte Baurat Angelroth im Inneren des Magdeburger Domchors nach der in Schriftquellen bezeugten Krypta des ottonischen Doms gesucht, jedoch vergeblich.[1] Die Aufdeckung einer Krypta gelang erst Alfred Koch im Frühjahr 1926.[2] Zur Überraschung der damaligen Ausgräber liegt sie aber nicht direkt unter dem heutigen Chor, sondern etwas nach Südosten verschoben (F-Abb. 10, Abb. 68). Ihre südliche Hälfte befindet sich damit außerhalb des gotischen Doms und ist erhalten geblieben, während der nördliche Teil schon bei der Fundamentierung der Chorkapellen fast vollständig zerstört worden ist.

Die bis zu etwa eineinhalb Meter hoch aufgehenden Mauern sind bis heute unter dem Straßenniveau zugänglich geblieben und wurden auch oberirdisch im Pflaster markiert. Von der Apsis der Krypta ist etwas mehr als die Hälfte mit zweieinhalb von ehemals fünf halbrunden Wandnischen erhalten. Von dem breiteren Bereich unter dem Langchor sind die südöstliche Ecke und ein kleiner Teil von der Außenschale der Südwand verblieben. Über die Innenstruktur der Krypta ist nichts bekannt. An diesen Teil schließt nach Süden ein etwa quadratischer, sehr massiver Bauteil an, in dem ein in Nord-Süd-Richtung verlaufender Stollen und zwei von diesem nach Osten abzweigende Kammern angelegt sind.

Ferner konnten in den Jahren 2007–2008 in der Scheitelkapelle des Doms bei der Grabung um die Editha-Tumba durch Rainer Kuhn zwei kleinere Fundamentabschnitte vom Nordarm der Krypta gefunden werden.[3] Im Vorfeld dieser Grabungskampagne war bereits die Kochsche Krypta neu eingemessen worden, so dass inzwischen recht genaue Angaben zur Lage und Axialität der Gesamtanlage gemacht werden können (F-Abb. 10). Ihre Mittelachse ist gegenüber der des gotischen Doms um 7,58 Grad nach Südosten gedreht.

Quellenlage

Erstmals im Jahre 961 findet eine den Märtyrern Mauritius, Valentinus, Agapitus und Abundius geweihte Krypta des Magdeburger Doms Erwähnung.[4] Entsprechend hielt man die von Koch ergrabene Krypta anfangs einhellig für die des 10. Jahrhunderts. Typisch ottonisch seien, so Hans Kunze, die Hufeisenform der Apsis und ihre Wandnischen. Außerdem sei die spätgotische Tumba der 946 gestorbenen Edgith in der heutigen Scheitelkapelle des Doms genau über ihrer ursprünglichen Grablege errichtet worden, die sich damit im nördlichen Seitenarm der ottonischen Krypta befunden haben müsse.[5]

Die vor 961 entstandene Krypta hat jedoch nicht unverändert bis 1209 Bestand gehabt. Schon im ersten Jahr seines Episkopats ließ Erzbischof Tagino (1004–1012) einen Kirchenneu- oder -umbau beginnen.[6] In einem noch dem 11. Jahrhundert entstammenden Nekrologium wird als Weihedatum der 22. Februar 1008 bezeugt, ohne dass angegeben wird, welcher Bauteil betroffen war.[7] Erst eine Aussage Thietmars von Merseburg erlaubt eine nähere Eingrenzung, denn nach seinem Zeugnis wurde Tagino später im Chor an einer noch nicht geweihten Stelle vor einer von ihm erbauten und geweihten Krypta beigesetzt, vor deren Altar er eigentlich sein Grab hatte finden wollen. Ob es sich beim Begräbnisort um den Westteil des Chores oder aber einen Westchor gehandelt hat, ist semantisch nicht ganz eindeutig („occidentali parte in choro ante criptam"[8]) – entsprechend liegen für Tagino sowohl der Bau einer neuen Ost- als auch einer Westkrypta im Bereich der Möglichkeiten. Taginos Nachfolger Walthard, der nur wenige Wochen regierte, fand seine Grablege dann zur Rechten Taginos außerhalb des Chores im Südarm (des Querhauses?).[9] Von diesen Nachrichten ausge-

95

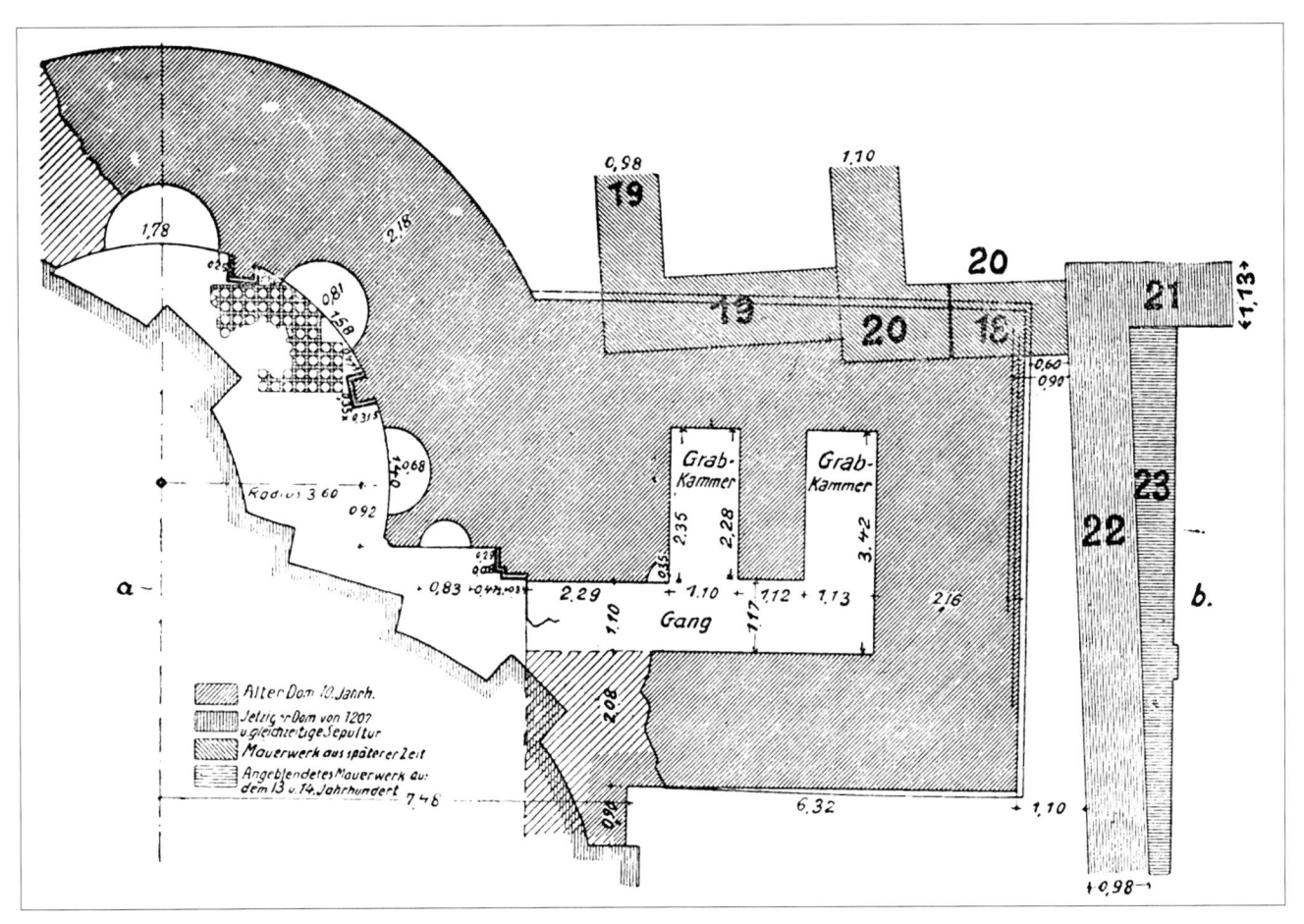

Abb. 68: Grundriss der Krypta nach Alfred Koch 1926, Dom, Magdeburg. Foto: Koch 1926.

hend hat Ernst Schubert zunächst dafür plädiert, die ergrabene Ostkrypta als den Bau Taginos anzusehen,[10] während Gerhard Leopold Tagino als Bauherrn eines Westchores betrachtet.[11] In jüngerer Zeit haben sich dagegen beide Autoren gemeinsam wesentlich vorsichtiger geäußert mit der Ansicht, der Bau Taginos sei vermutlich ein Vorgänger der heutigen Ostkrypta gewesen, möglicherweise aber auch eine Westkrypta.[12]

In diesem Zusammenhang kommt der ganz im Westen des Alten Doms ergrabene, längsrechteckige Bauteil ins Spiel, von dessen Binnenstruktur drei der sechs Fundamentstützen aufgefunden werden konnten. Der Raum kann entweder als Erdgeschosshalle eines Turmwestbaus oder aber als dreischiffige Krypta angesprochen werden, so dass der Dom möglicherweise sogar eine Ost- und eine Westkrypta hatte.

Schließlich ist aber auch noch eine dritte Baukampagne in die Erwägungen einzubeziehen, denn Erzbischof Hunfried (1023–1051) ließ den Domchor („sanctuarium") größer und schöner („maius et competentius") neu errichten und unter ihm eine Krypta anlegen, die Maria, Johannes dem Täufer und dem hl. Kilian an dessen Namenstag (8. Juli) im Beisein der Bischöfe von Merseburg, Halberstadt und Verden geweiht wurde.[13] Der Annalista Saxo überliefert hierfür die Jahreszahl 1049.[14] Das Kilianspatrozinium erklärt sich dadurch, dass Hunfried aus dem Würzburger Klerus stammte. Eine ergänzende Nachricht der Magdeburger Bischofschronik lässt die Angelegenheit noch komplizierter erscheinen, denn sie berichtet, dass Hunfried die Gräber Taginos und Walthards aus dem Westchor („de occidentali choro") in die Mitte der Kirche übertragen ließ.[15] Waren für diese Umbettung vielleicht zusätzliche Baumaßnahmen im Westen ausschlaggebend gewesen, oder nur der Wunsch, die Grablegen der Vorgänger an einem Ort zusammenzuführen? Und bestätigt die Nachricht dann womöglich die Vermutung, dass Tagino sein Grab vor einer von ihm erbauten Westkrypta gefunden hatte? Die Bischofschronik berichtet ferner, dass Hunfried im Ostchor vor den Stufen zu dem von ihm selbst errichteten Sanktuarium bestattet wurde.[16] Für die Konfusion ist bezeichnend, dass Hans Kunze die Ortsangabe „in orientali choro" sogar für einen Schreibfehler hält und sie zu „in occidentali choro" korrigiert.[17]

Während Schubert sich dahingehend geäußert hat, der Anteil Hunfrieds sei in den Quellen „übertrieben" worden und beschränke sich „wahrscheinlich" auf eine Westerweiterung der Ostkrypta Taginos,[18] widerspricht ihm Leopold erneut. Er verweist dabei auf ein Fundamentstück eines kleinen Rundbaus im Chorbereich (auf dem Übersichtsplan mit ‚E' bezeichnet), das eine größere Westerweiterung einer Ostkrypta ausschließt, denn dabei wäre es zerstört worden.[19] Inzwischen hat auch Schubert seine Meinung geändert und weist in einem jüngeren, mit Leopold zusammen publizierten Aufsatz (F-Abb. 4) die von Koch ergrabene Krypta Hunfried zu,[20] so wie dies schon Friedrich Oswald in den „Vorromanischen Kirchenbauten" vertreten hat.[21] Jedoch sollte man sich mit dem mittlerweile erzielten Konsens nicht zufriedengeben, denn korrekterweise wird man angesichts der widersprüchlichen Quellenlage auch eine Entstehung bereits unter Tagino weiterhin in Erwägung ziehen müssen. Eine klare Entscheidung in die eine oder andere Richtung wird erst eine architekturhistorische Einordnung ermöglichen. Festzuhalten bleibt, dass beide Erzbischöfe eine Krypta erbauen ließen, von denen die Taginos eine Ost- oder Westkrypta gewesen sein kann, die Hunfrieds aber sicher eine Ostkrypta gewesen ist.

Baugestalt

Die Krypta ist aus recht großformatigen Bruchsteinen mit reichlich Mörtel gemauert (Abb. 69). Nur an betonten Stellen – Kanten und Wandvorlagen – finden vereinzelt noch größere Quader Verwendung.

In die Außenmauer der leicht hufeisenförmigen Apsis, deren innerer Durchmesser etwa 7,20 m misst,[22] sind halbrunde Muldennischen eingetieft. Im erhaltenen südlichen Teil der Apsis sind zweieinhalb der ehemals fünf Nischen erhalten, und im breiteren Westteil der Krypta ist eine weitere in dessen östliche Abschlusswand eingetieft. Der Boden der Nischen ist gegenüber dem Laufniveau der Krypta um ca. 13–22 cm erhöht. Sie sind nicht etwa alle gleich breit, vielmehr sind die drei zentralen am breitesten gewesen (die erste nach Süden kann mit 1,51 m noch eingemessen werden), während die am Apsiseingang etwas schmaler sind (im Süden 1,32 m breit) und die im Westteil sogar wesentlich kleiner (78 cm breit).

Auf die Innenstruktur der Krypta lassen heute nur noch Vorlagen an ihren Außenwänden schließen, da von den tiefen gotischen Chorfundamenten die Positionen aller anzunehmenden Stützen überbaut worden sind. An der Apsiswand war innen zwischen den Nischen jeweils eine Wandvorlage appliziert (Abb. 70). Erhalten sind zwei rechteckige, 33 cm breite Wandvorlagen auf profilierten Sockeln, von denen diejenige neben der Scheitelnische mit der Frontseite genau quer zur Längsachse der Krypta ausgerichtet ist, während die südlich folgende etwas nach Nordnordwesten gedreht ist. Leider ist die etwas spitz zulaufende Kante zwischen der Apsis und dem nach Westen anschließenden, breiteren Kryptenteil ausgebrochen, so dass nicht entschieden werden kann, ob hier eine weitere Wandvorlage ausgebildet war. Im breiteren Westteil der Krypta wird die südöstliche Ecke von einer winkelförmigen Vorlage verstärkt, die zwei Stirnseiten nach Norden und Westen hat.

Koch nimmt als Wölbung der Apsis eine von vier Pfeilern umstellte Kuppel mit Umgang an,[23] möglicherweise in Anlehnung an St. Michael in Fulda, doch gibt es im gesamten Hochmittelalter keine auf diese Weise überdeckte Apsis. Anzunehmen ist viel eher eine dreischiffige Kreuzgratwölbung von zwei Jochen Tiefe.[24] Ob die Übergänge zwischen den Gewölbejochen durch Gurt- und Scheidbögen artikuliert waren oder nicht, kann dabei zunächst nicht entschieden werden. Alternativ sind statt der Kreuzgrate – so ein Vorschlag von Giesau – auch Tonnengewölbe mit Stichkappen denkbar.[25] Die Form der Stützen – Säulen oder Pfeiler? – muss vorerst mangels Befund ebenfalls offen bleiben.

Die mit etwa elf Metern im Lichten wesentlich breitere westliche Fortsetzung der Krypta wird von Friedrich Bellmann und von Leopold als fünfschiffige Hallenkrypta angesprochen.[26] Wenn man das Gewölbesystem des Apsisteils nach Westen fortschreitet, scheint diese Lösung plausibel. Wie bereits erwähnt, wird die maximale Ausdehnung der Krypta nach Westen durch das Ende der

Abb. 69: Ansicht der Krypta nach Nordosten, Dom, Magdeburg. Foto: Kat. Otto der Große 2001.

Mauer ‚E' festgelegt; der Langchorteil der Krypta wäre damit maximal etwa zehn Meter tief gewesen und hätte vier oder fünf Joche haben können. Im Allgemeinen wird auf dieser Höhe die östliche Abschlusswand des ottonischen Querhauses vermutet,[27] dessen Existenz archäologisch jedoch lediglich durch ein winziges Mauerstück ‚C' belegt wird, das von der Stirnwand seines südlichen Arms stammen soll. Sofern die heutige Krypta zu einer Chorvergrößerung gehört, wofür die Baunachricht zu Hunfried ein gewisses Indiz liefert, darf für den Ursprungsbau eine weiter westlich liegende Hauptapsis vermutet werden, die dann vielleicht unmittelbar an das Querhaus angeschlossen hat[28] – damit begibt man sich jedoch schon sehr weit ins Reich der Hypothesen.

Es ist alternativ jedoch auch denkbar, dass unter dem Langchor überhaupt keine Hallenkrypta existierte, sondern – in der Art einer Winkelgangkrypta – lediglich Zugangsstollen entlang der Außenwände geführt haben, um dann vor der Stirnwand umzuknicken und mit einem Querstollen in eine vierstützige Apsiskrypta überzuleiten.

Der den Langchor im Süden flankierende, quadratische Bauteil hat eine Kantenlänge von fast siebeneinhalb Metern. Bedenkt man, dass der in ihm liegende Stollen und die zwei Kammern (Abb. 71) jeweils nur zwischen 1,11 m und 1,16 m breit sind, wird die enorme Massivität dieses Gebildes deutlich, dessen Außenmauern alle über zwei Meter dick sind.[29] Von Anfang an und sicher zu Recht hat man diesen Teil der Krypta als Substruktion eines Chorflankenturms gedeutet und zu ihm ein Pendant im Norden rekonstruiert.[30] Für den in Nord-Süd-Richtung verlaufenden, gut 6,70 m langen Stollen und die 2,26 bis 2,35 m tiefen Kammern sind Tonnengewölbe anzunehmen. Von Leopold stammt der Hinweis, dass die Turmräume nur einen Fugenstrich im Mörtel erhalten haben, während die Wände des Hauptraums der Krypta selbst durchgängig mit einem Kalkverputz bedeckt sind, von dem sich große Partien erhalten haben, und der auch die Muldennischen und ihre Böden überzieht.[31] An einer baulichen Einheitlichkeit des gesamten Mauerwerks besteht dennoch kein Zweifel. Die räumliche Abtrennung der Turmkammern wird auch durch eine jetzt noch 19 cm

Abb. 70: Apsisteil der Krypta nach Süden, Dom, Magdeburg. Foto: Jens Reiche.

hohe Stufe an ihrem Eingang hervorgehoben. Außerdem haben die Turmräume auch keinen Fußboden erhalten, und einige am Fuß des Mauerwerks vorstehende Fundamentblöcke machen ihren Boden sehr unregelmäßig.

In der Apsis der Krypta sind Teile eines in Opus-sectile-Technik ausgeführten, geometrischen Fußbodens in schwarzem und weißem Marmor verblieben (Abb. 72).[32] In jedem Rapport des Fußbodens sind um eine achteckige schwarze Platte von 14–14,5 cm Kantenlänge zunächst in den verbleibenden Zwickeln kleine weiße Dreiecke angeordnet, während der 5,5–5,8 cm breite Streifen zum nächsten Achteck mit abwechselnd weißen und schwarzen, rechteckigen und quadratischen Plättchen gefüllt wird. Leopold hat beobachtet, dass sich der Fußboden an der Außenkante unter dem Wandmörtel fortsetzt und will daraus ableiten, hier sei ein älterer Fußboden aus der Zeit Taginos später überbaut worden[33] – aus dem Befund kann aber lediglich geschlossen werden, dass der Fußboden ungewöhnlicherweise vor dem Verputz der Wände verlegt wurde. Bisher galt das erhaltene Fragment als Rest eines größeren, die ganze Apsis ausfüllenden Bodens, doch lässt sich auf Höhe der Wandvorlage zwischen südlicher und südöstlicher Nische ein echter Abschluss erkennen: Hier ist ein gut 12 cm breiter Streifen zu sehen, der sich quer durch die Apsis zieht und mit querrechteckigen schwarzen Platten markiert war, von denen noch eine in situ verblieben ist. Weiter nach Westen schließt sich noch heute auf gleichem Laufniveau ein Kalkestrich an, der bisher völlig unbeachtet geblieben ist, aber ebenfalls noch aus der Bauzeit der Krypta stammen dürfte. Dieser Estrich endet am Fuße der Stufe zu den Turmkammern. Mit Opus sectile war also nicht der Boden der gesamten Apsis bedeckt, sondern anscheinend nur ein kleiner Teil im Scheitel um den Altar.

Nutzung

Die Krypta des Doms ist durch Erzbischof Hunfried dem hl. Kilian geweiht worden. Das Patrozinium wurde im gotischen Dom von der Scheitelkapelle übernommen.[34] Es ist daher verlockend anzunehmen, dass die heutigen

Abb. 71: Turmkammern der Krypta nach Südosten, Dom, Magdeburg. Foto: Jens Reiche.

fünf Kranzkapellen in der Nachfolge der fünf Nischen der Kryptenapsis stehen, zumal man von anderen Fällen weiß, dass man bei einem Neubau in der Regel bestrebt war, die Sakraltopographie des Vorgängers so genau wie möglich widerzuspiegeln.[35] Die Nischen sind jedoch als Altarstellen zu klein, und eher wird man annehmen dürfen, in ihnen seien Reliquiare aufgestellt gewesen,[36] denn für Wandnischen in verschiedenen anderen Krypten ist eine entsprechende Nutzung bezeugt.[37] Zu erinnern ist dabei an die Quellennachricht von 961, durch die Reliquien von vier Märtyrern bezeugt sind: Mauritius, Valentinus, Agapitus und Abundius.

Ferner haben Koch und Giesau an die Tatsache, dass im heutigen Dom die Edgitha-Tumba vor dem Kiliansaltar im Chorumgang steht,[38] die Überlegung geknüpft, dass ihr ursprünglicher Standort genau darunter in der nördlichen Turmkammer der Krypta lokalisiert werden könne.[39] Schubert nimmt an, Edgitha sei später in die erweiterte Krypta umgebettet worden,[40] und diese Position habe eine Verknüpfung ihrer Grablege mit dem Kiliansaltar begründet. An dieser Stelle sollte kurz vermerkt werden, was man über die Erstbestattung Edgithas im Jahre 946 weiß: Nach Widukind wurde sie in der neuen Kirche auf der Nordseite nach Osten hin beigesetzt[41] und nach Thietmar in einer Kapelle auf der Nordseite.[42] Da die hier behandelte Krypta – dies als gewisser Vorgriff – nicht aus dem 10. Jahrhundert stammen kann, kommen die Räumlichkeiten der Krypta unter dem Nordturm für die erste Grablege der Königin von vornherein nicht in Frage,

allenfalls kann sie im Vorgänger der Krypta beigesetzt worden sein. Außerdem sind die Turmkammern für eine Einbringung von Sarkophagen zu klein, worauf schon Leopold hingewiesen hat;[43] zwar reicht ihre Breite für die Aufstellung eines Sarkophags knapp aus, doch wäre es unmöglich gewesen, ihn vom Querstollen um die Ecke zu transportieren. Wenn in den Kammern der aus dem 10. Jahrhundert stammenden Krypta von S. Felice in Pavia in scheinbar vergleichbarer Position bis heute drei wohl bauzeitliche Sarkophage des 10. Jahrhunderts stehen, sind diese Räume mit je rund zwei Metern doch wesentlich breiter als in Magdeburg.[44] Wegen der geringen Dimensionen scheidet für Magdeburg auch die Aufstellung von Altären aus, wie man sie z. B. in den Kryptennebenräumen von Vreden[45] oder in Italien in Spigno Monferrato[46] findet.

Angesichts der rohbauartigen Gestaltung der Turmkammern von Magdeburg, die weder einen Wandverputz noch einen Fußboden haben, wird man am ehesten annehmen müssen, dass auf eine Nutzung ganz verzichtet wurde. Die Stollen wurden entweder eingebracht, um die Mauerstärke etwas zu reduzieren, oder aber in dem Glauben, durch sie eine Stabilisierung der Substruktionen des Turms erreichen zu können.

Architekturgeschichtliche Stellung

Mächtige Chorflankentürme auf quadratischem Grundriss galten früher als eine der großen Errungenschaften der nordalpinen ottonischen Architektur.[47] Doch ist hier mittlerweile größte Vorsicht angebracht, da die genannten Vertreter einer kritischen Überprüfung im Einzelfall durchweg nicht standgehalten haben: Dies gilt für die an der Fuldaer Abteikirche für einen Umbau vor 943 in Anspruch genommenen Chorflankentürme[48] ebenso wie für die von St. Lucius in Werden,[49] während diejenigen von St. Maximin in Trier sogar widerlegt werden konnten; hier gab es nur kleine Treppentürme.[50] Die großen runden Flankentürme am Chor des 1015 begonnenen Merseburger Doms sind jünger als der Kernbau.[51] Letztlich verbleiben nur zwei Paare von runden Winkeltürmen, nämlich die am Westchor oder der Westapsis von Gernrode[52] und diejenigen an der Westapsis des 1018 geweihten Wormser Doms.[53] Die Funktion von Westchören ist jedoch auch schon einigen Dreiturmwestbauten der karolingischen

Abb. 72: Fußboden im Apsisteil der Krypta, Dom, Magdeburg. Foto: Jens Reiche.

und ottonischen Zeit zugekommen – insbesondere Corvey –, so dass diese Tradition auch in Gernrode und Worms wirksam geworden sein könnte; zu Flankentürmen an Ostchören führt von hier keine direkte Linie.

Es stellt sich stattdessen heraus, dass vielmehr Oberitalien bei der Entstehung der Chorflankentürme führend gewesen ist: Die Chorflanken- oder Chorwinkeltürme des nach oder kurz vor 969 begonnenen Doms von Ivrea[54] gehören zu den ältesten Vertretern ihrer Art (Abb. 73), ja sie sind sogar die ältesten nachweisbaren von rechteckiger Form. Als Zweites ist der eine erhaltene Chorflankenturm der Abteikirche von Bobbio vom Ende des 10. oder Anfang des 11. Jahrhunderts hinzuzufügen,[55] während die für die 991 geweihte Abteikirche von Spigno Monferrato denkbaren Chorwinkeltürme in den Freigeschossen bisher nicht nachgewiesen sind.[56] Auch die beiden mächtigen Türme des vor 1026 begonnenen Doms von Aosta[57] dürfen trotz ihrer weit nach außen gerückten Position als Chorflankentürme gelten. Aus den erhaltenen Türmen kann auf eine zumindest im westlichen Oberitalien verbreitete Erscheinung geschlossen werden, die einen eigenständigen, wenn nicht sogar für den Norden vorbildlichen Gang genommen hat.

Erst der zwischen 1025 und 1030 begonnene Speyerer Dom[58] hat rechteckige Chorwinkeltürme (Abb. 74), die mit rund neun Metern Kantenlänge sogar deutlich größer als die des Magdeburger Doms sind, während die italienischen Türme alle weniger als sechs Meter im Quadrat messen. In Speyer sind die Türme auf Kryptenniveau massiv und nehmen vom Erdgeschoss an Wendeltreppen auf.[59] Gleich ob man für die Magdeburger Chorflankentürme eine Entstehung unter Tagino oder erst Hunfried annehmen möchte, gehören sie im Umfeld – oder gar als Vorläufer? – der Speyerer zu den ältesten nördlich der Alpen sicher nachweisbaren. Nur bedingt sind die Türme vergleichbar, welche die Seitenschiffe des nach neuesten Er-

Abb. 73: Choransicht, Dom, Ivrea. Foto: Jens Reiche.

Abb. 74: Ansicht von Osten, Dom, Speyer. Foto: Jens Reiche.

kenntnissen zwischen 994 und nach 1006 errichteten Augsburger Doms im Osten flankieren, da diese Kirche ihren Hauptchor im Westen hatte.[60]

Ohne hier der Entstehung der Muldennische im Einzelnen nachgehen zu wollen, sei doch vermerkt, dass sie für die frühromanische Architektur insbesondere des Rhein-Maas-Gebietes eine Leitform darstellt. Hans Erich Kubach und Albert Verbeek haben etwa 200 Vorkommen in mehr als zwanzig Kirchen zusammengetragen.[61] Das erste Auftreten der Muldennischen lässt sich in der Vorhalle und an den Giebeln des Westbaus von St. Pantaleon in Köln nachweisen. Die Entstehung dieses Bauteils wird traditionell in den 980er oder 990er Jahren angenommen,[62] doch sind hier sowohl aus historischen wie auch formgeschichtlichen Gründen erhebliche Zweifel angebracht;[63] jüngst sind auch Datierungen ins zweite Viertel des 11.

Jahrhunderts vorgetragen worden.[64] Als Hauptvertreter der Muldennische kann das von Äbtissin Theophanu (1039–1058) erbaute Essener Münster[65] gelten, wo sogar die Wände der Seitenschiffe innen mit einer dichten Reihe von Nischen überzogen sind. Außerhalb des Rheinlandes ist zunächst auf die Westkrypta von St. Michael in Hildesheim zu verweisen, die 1015 geweiht wurde[66] und damit älter ist als alle rheinischen Vertreter der Muldennische. An der äußeren Umfassungsmauer dieser Hallenkrypta mit Umgang wechseln sich in rhythmischer Folge in der Regel zwei Muldennischen mit einem Fenster ab. Auch die Felicitas-Krypta (Abb. 75) der Abteikirche St. Ludgeri in Helmstedt[67] hat – in geographischer Nähe zu Magdeburg und auch in einem vergleichbaren Bauteil – Muldennischen erhalten. An den Längswänden der Helmstedter Hallenkrypta sind zwischen den Rechteckvorlagen in

Abb. 75: Felicitas-Krypta, St. Ludgeri, Helmstedt. Foto: Jens Reiche.

jedes Wandfeld gedrückt halbrunde Nischen mit über dem Fußboden deutlich erhöhtem Bodenniveau eingetieft, während der östliche Abschluss von drei Apsiden in der Wandstärke gebildet wird. Die Krypta wird allgemein im Anschluss an die 1059 geweihte Außenkrypta der Abteikirche von Werden angesetzt,[68] mit der Helmstedt in Personalunion verbunden war; es soll sich also um einen unmittelbaren Einfluss aus dem Rheinland handeln. Als zweiter Bau in Helmstedt ist die Doppelkapelle St. Peter und St. Johannes Baptist im Klausurbereich der Abtei zu nennen, die leider ebenfalls nicht sicher datiert ist.[69] In der Außenkrypta von St. Liudger in Werden selbst (Abb. 76) wurde von Abt Gero (1050–1063) eine zu Helmstedt ganz analoge Lösung verwirklicht, nur sind die Muldennischen hier etwas stärker hochrechteckig. Ganz ähnlich ist auch die Wandartikulation der geringfügig älteren, 1051 geweihten Außenkrypta des nahegelegenen Essener Münsters. Als etwas älterer Vertreter ist ferner die Krypta des Speyerer Doms zu nennen, wo hinter jedem der sieben Altäre eine Muldennische in die Wand eingetieft ist; man sieht, dass der Übergang von einer Muldennische zu einer kleinen Apsis fließend sein kann, auch wenn in Speyer der Boden der Nischen ebenfalls höher als der Fußboden der Krypta liegt. Die Nischen entlang der Längswände der Speyerer Domkrypta haben dagegen gerade Rückwände und sind wesentlich flacher; sie nehmen damit die ältere Form der Blendarkade auf. Auch ansonsten sind Rundbogennischen in Krypten in aller Regel von rechteckigem Grundriss, so z. B. in der vor 968 entstandenen Confessio der Quedlinburger Stiftskirche[70] oder bei St. Wiperti in Quedlinburg.[71]

Eine Hilfe für die zeitliche Einordnung der Magdeburger Domkrypta könnte man sich auch von den Sockelpro-

Abb. 76: Außenkrypta, St. Liudger, Werden. Foto: Jens Reiche.

filen der Wandvorlagen (Abb. 77) erhoffen. Die zwischen 16 und 18 cm hohen Sockel sind über einer Platte mit einer Abfolge von Plättchen, Wulst und Plättchen profiliert. Die Gesamthöhe der Letzteren entspricht mit ca. 8 cm ziemlich genau ihrer Tiefe, so dass sie im 45°-Winkel schräg nach hinten verlaufen. Schon von Schubert sind für die Magdeburger Profile eine Reihe von Vergleichsbeispielen des fortgeschrittenen 11. und sogar noch des frühen 12. Jahrhunderts aus dem sächsischen Raum benannt worden,[72] bei denen es sich jedoch durchgängig um Kämpferprofile handelt, so dass eine Vergleichbarkeit nur bedingt gegeben ist. So sind die Kämpfer der Merseburger Domkrypta mit zwei Plättchen, Wulst und erneut zwei Plättchen profiliert. Auch die Kämpfer der Halberstädter Liebfrauenkirche[73] und die der Huysburger Klosterkirche[74] weisen die gleichen Grundelemente in einer anderen Reihenfolge auf, die aber wie schon in Merseburg reicher als in der Magdeburger Krypta ist. Die Reihe ließe sich erweitern. Noch näher kommen dem Magdeburger Profil sogar die Kämpfer in der Außenkrypta von Werden (Abb. 76), wogegen Helmstedt (Abb. 75) wiederum eine zusätzliche Kehle aufweist.

Bei Sockeln von Pfeilern herrscht jedoch im 10. und 11. Jahrhundert ganz deutlich der Schmiegensockel vor, der nur aus einer Platte und einer Schräge besteht. Bereits wesentlich seltener sind von den Säulenbasen übernommene attische Profile, und es fällt schwer, ein nur aus Plättchen und Wulst aufgebautes Sockelprofil zu finden. Genannt werden können hier die Sockel in der vermutlich aus dem 10. Jahrhundert stammenden Krypta von Rohr in Thüringen[75] oder wiederum die Essener Außenkrypta, beide aber mit wesentlich kleinteiligerem Aufbau als in der Magdeburger Krypta. Auch ein noch vor 926 entstandenes Profilfragment aus dem Herforder Damenstift gilt als Sockel, kann jedoch genauso gut ein Kämpfer gewesen sein; dort ist das Magdeburger Profil zweimal übereinander angeordnet.⁷⁶ Letztlich wird man die Entstehungszeit unseres Profils anhand seiner Form nicht genauer als auf das 10. oder 11. Jahrhundert eingrenzen können.

Wenige Anhaltspunkte bietet auch der Opus-sectile-Fußboden der Krypta. Die nächsten Vergleichsbeispiele konnten im Wormser Dom (um 1022)⁷⁷ und im Paderborner Dom (zwischen 1009 und 1015)⁷⁸ ergraben werden, doch geht das Verlegemuster vermutlich bereits auf spätantike Vorbilder zurück. Es kann gut sein, dass in der Apsis der Magdeburger Krypta die verbliebenen Plättchen eines älteren Fußbodens neu verlegt worden sind. Das beschränkt zur Verfügung stehende Material würde auch die begrenzte Grundfläche erklären.

Abschließend sei noch einmal auf den Grundtyp der Magdeburger Krypta eingegangen. Die Magdeburger Turmkammern sind formal eine Reminiszenz an Mehrkammerkrypten in der Art von Petersberg, Echternach, St. Maximin in Trier und St-Médard in Soissons, deren Datierung umstritten ist,⁷⁹ jedoch auf keinen Fall nach der Mitte des 10. Jahrhunderts liegt. Aufgrund der geringen Dimensionen und der Ausgestaltung fehlt jedoch den Magdeburger Turmkammern eine entsprechende Nutzung.

Da eine reine Winkelgangkrypta schon im 10. Jahrhundert veraltet gewesen wäre, kommt für Magdeburg nur eine Hallenkrypta in Frage. Denkbar ist unter Umständen, dass nur der Apsisteil als kleine Halle ausgebildet war, wie es vereinzelt in der ersten Hälfte des 11. Jahrhunderts zu beobachten ist,⁸⁰ und der breitere Westteil die Zugangsstollen beherbergte. Wahrscheinlicher ist wegen des Anspruchs einer Domkirche aber eine Hallenkrypta auch unter dem Langchor, wie es sie in noch wesentlich größerer Form im Speyerer Dom gibt. Die anspruchsvolleren Hallenkrypten aus dem zweiten Viertel des 11. Jahrhunderts haben auch bereits Gewölbesysteme mit Gurt- und Scheidbögen, entweder mit sichelförmigem Querschnitt wie in Speyer oder flach unter dem Gewölbe verlaufend wie in Essen und Werden. In Helmstedt hat man dagegen auf Gurtbögen verzichtet, so dass dieses ältere Gewölbesystem auch für Magdeburg nicht ganz ausgeschlossen werden kann. Als Stützen dienen in Werden und Helmstedt Säulen, in Essen dagegen Pfeiler mit Kantenstäben; auch hier sind beide Lösungen für Magdeburg denkbar.

Ungewöhnlich ist in Magdeburg auf jeden Fall die kranzförmige Anordnung der Muldennischen in der Apsis, auch wenn in beiden Quedlinburger Krypten

Abb. 77: Sockelprofil der südlichen Wandvorlage der Krypta, Dom, Magdeburg. Foto: Jens Reiche.

Rechtecknischen in ähnlicher Weise angeordnet sind. Zusammen mit der Hufeisenform⁸¹ verleiht sie der Apsis fast einen zentralbauartigen Charakter, der entfernt an Chorscheitelrotunden denken lässt.

Wenn man nicht annehmen will, die Magdeburger Muldennischen seien für diejenigen von St. Michael in Hildesheim vorbildlich gewesen, kommt als Entstehungszeit für die Magdeburger Domkrypta erst die Zeit nach 1015 in Betracht. Die Chorflankentürme lassen sogar das zweite Drittel des 11. Jahrhunderts als wahrscheinlich erscheinen. Damit handelt es sich bei der 1926 ergrabenen Anlage offenbar um die Krypta Erzbischof Hunfrieds. Die ältere Tagino-Krypta kann entweder mit dem Bauteil im Westen identifiziert werden, oder aber sie muss ein Vorgänger der Ostkrypta gewesen sein. Das Verhältnis Magdeburgs zu Werden und Essen muss jedoch noch einmal überdacht werden, genauso wie das Verhältnis von Helmstedt zu diesen, da die 1049 geweihte Magdeburger Domkrypta etwas älter ist als die beiden rheinischen Krypten und sich möglicherweise direkt auf Hildesheim bezieht. Als weitere wichtige Referenz für die Magdeburger Ostanlage hat sich der Speyerer Dom herausgestellt, insbesondere hinsichtlich der flankierenden Türme. Mit der neuen Choranlage stellte Hunfried dem Magdeburger Klerus nicht nur mehr Platz zur Verfügung, sondern erreichte auch eine ganz neue Monumentalität der östlichen Ansichtsseite der Domkirche, die mit ihrer großen, von zwei mächtigen Türmen flankierten Apsis nun das Elbufer dominiert haben muss.

Anmerkungen

1 Vgl. Vorromanische Kirchenbauten 1966–1971, S. 190.
2 Vgl. Koch 1926; Kunze 1930, S. 19–21; Vorromanische Kirchenbauten 1966–1971, S. 190; Leopold 1983, S. 68.
3 Vgl. Kuhn 2009e, S. 49.
4 Urkunde Ottos I. vom 23. April 961, D O I., Nr. 222b, S. 304–307, hier S. 306. Vgl. Vorromanische Kirchenbauten 1966–1971, S. 190; Schubert / Leopold 2001, S. 359.
5 Vgl. Koch 1926, S. 3; Kunze 1930, S. 57. Übernommen von Giesau 1926/27, S. 107. – Der Frühdatierung widersprechen erstmals Bellmann / Leopold 1960, S. 20f., allerdings ohne dies zu begründen.
6 „In primo ordinationis suae anno templum Domino edificare cepit.": Th., ed. Holtzmann 1935, VI, 64 S. 354. Vgl. Schubert 1982, S. 211.
7 Vgl. Vorromanische Kirchenbauten 1966–1971, S. 190; Schubert 1982, S. 212; Leopold 1983, S. 65.
8 „[...] corpus benedictum usque ad locum sepulchri carmine et planctu defertur ac positum est occidentali parte in choro ante criptam, quam ipse fecit et consecravit et in qua se, quamdiu vixit, coram altarai rogavit sepeliri; ubi idem lacrimabiles sepe effudit orationes. Sed Waltherdus locum hunc, in quo nunc pausat, quia non erat dedicatus, animae salubrem et introeuntibus cunctis conspicabilem dilecto suimet seniori providit.": Th., ed. Holtzmann 1935, VI, 63 S. 352–354. Vgl. Vorromanische Kirchenbauten 1966–1971, S. 190; Schubert 1982, S. 212; Leopold 1983, S. 65.
9 „tumulatur ad dexteram antecessoris sui extra chorum in australi manica": Th., ed. Holtzmann 1935, VI, 74 S. 362; GA, ed. Schum 1883, S. 396; vgl. Leopold 1989, S. 66.
10 Vgl. Schubert 1974, S. 15.
11 Vgl. Leopold 1983, S. 79–82.
12 Vgl. Schubert / Leopold 2001, S. 358.
13 „Sanctuarium maioris ecclesie maius et competentius adiciens erexit, sub quo et criptam construens fundavit, quam in honore ac festivitate beati Kiliani, prioris sui patroni, cum Hunoldo Merseburgensi et Godescalco Havelbergensi episcopis dedicavit.", GA, ed. Schum 1883, S. 398. Vgl. Kunze 1930, S. 56; Schubert 1982, S. 215; Leopold 1983, S. 65; Schubert / Leopold 2001, S. 360.
14 „Hunfridus Magadaburgensis archiepiscopus criptam maioris ecclesie idus Iulii dedicavit, in honore sancte Marie, sancti Iohannis euangeliste, sancti Kiliani et sociorum eius, adiuvantibus confratribus Godescalco episcop o Bruno Fardensis episcopus [...] (Havelbergensis), Hunoldo Mersburgensis episcopo.": Ann. Saxo, ed. Nass 2006, S. 390. Vgl. Schubert 1982, S. 215.
15 „Corpora quoque antecessorum suorum, id est Taginonis et Walthardi, de occidentali choro translata circa Adalbertum et Geronem in medio monasteri tumulavit.", GA, ed. Schum 1883, S. 398f.. Vgl. Schubert 1982, S. 216.
16 „sepultus est in orientali choro ante gradus sanctuarii, quod ipse edificavit", GA, ed. Schum 1883, S. 399. Vgl. Vorromanische Kirchenbauten 1966–1971, S. 190; Schubert 1982, S. 215; Leopold 1983, S. 65.
17 Vgl. Kunze 1930, S. 57; nach Schubert 1982, Anm. 32, S. 216, von Kunze von „occidentali" zu „orientali" korrigiert. Abgelehnt von Leopold 1983, S. 79.
18 Schubert 1974, S. 12; Schubert 1982.
19 Vgl. Leopold 1983, S. 80.
20 Vgl. Schubert / Leopold 2001, S. 359.
21 Vgl. Vorromanische Kirchenbauten 1966–1971, S. 191.
22 Vgl. Koch 1926, S. 7, 10.
23 Vgl. Koch 1926, S. 22f., Tafel XII.
24 Vgl. Leopold 1983, S. 78; Leopold 1989, S. 66.
25 Vgl. Giesau 1926/27, S. 108.
26 Vgl. Bellmann 1958, S. 325; Leopold 1983, S. 78; Leopold 1989, S. 66.
27 Vgl. Schubert / Leopold 2001, S. 359.
28 Vgl. Schubert / Leopold 2001, S. 360.
29 Nach Koch 2,08–2,30 m. Die Mauerstärke der Apsis ist mit 2,99 m zwar größer, doch steht ihr ein wesentlich größerer Innenraum gegenüber, vgl. Koch 1926, S. 7, 10. Für die auch auf den jüngsten Plänen verzeichnete Außenkante der Apsismauer und die Ostkante des Turms konnte ich jedoch keinen Befund feststellen.
30 Vgl. Koch 1926; Schubert / Leopold 2001, S. 358.
31 Vgl. Leopold 1983, S. 77.
32 Vgl. Kunze 1930, S. 28f., und Kier 1970, S. 124, halten die schwarzen Plättchen für Schiefer.
33 Vgl. Leopold 1983, S. 78; Schubert / Leopold 2001, S. 363.
34 Vgl. Schubert / Leopold 2001, S. 364.
35 Vgl. Beuckers 2004, S. 67–69.
36 Vgl. Schubert / Leopold 2001, S. 363f.
37 Insbesondere im Dom von Ravenna vgl. Mazzotti 1951; Mazzotti 1957, S. 41–45; Novara 1997, S. 82–88; Reiche 2009, S. 63f.
38 Vgl. Schubert / Leopold 2001, S. 364f.
39 Vgl. Koch 1926, bes. S. 13; Giesau 1926/27, S. 108.
40 Vgl. Schubert 1982, S. 216. Zu diesem Zeitpunkt schrieb Schubert die Ostkrypta und damit auch die Translation noch Tagino zu.
41 „in basilica nova, latere aquilonali ad orientem", Widukind ed. Hirsch 1935, II, 41 S. 100; vgl. Schubert 1982, S. 215.
42 „in oratorio aquilonari", Th., ed. Holtzmann 1935, II, 3 S. 42. Vgl. Schubert 1982, S. 215. Von einer Kapelle im Norden, die nicht dieselbe sein muss, weiß man ferner durch Thietmar, dass sie Erzbischof Gero am 18. Februar 1017 weihte: „capellam septentrionalem benedicit presente imperatore": Th., ed. Holtzmann 1935, VII, 52, S. 462.
43 Vgl. Leopold 1983, S. 77.
44 Vgl. Verzone 1942, S. 155f.; Vicini 1987, S. 337–339; Archeologia Medievale 25, 1998, S. 144f.; Segagni Malacart 2004, S. 88.
45 Vgl. Vorromanische Kirchenbauten 1966–1971, S. 364.
46 Vgl. Porter 1917 III, S. 431–433; Verzone 1942, S. 153f.; Magni, 1979; Tosco 1997, S. 90.
47 Vgl. z. B. Jantzen 1947, S. 17.
48 Angenommen z. B. von Jantzen 1947, S. 17. Vgl. Vorromanische Kirchenbauten 1966–1971, S. 86.
49 Angenommen z. B. von Jantzen 1947, S. 39–41. Vgl. Vorromanische Kirchenbauten 1966–1971, S. 371f.
50 Angenommen noch ebd., S. 349. Siehe dagegen Vorromanische Kirchenbauten 1991, S. 425; Neyses 2001; vgl. den Beitrag von Bernd Nicolai in diesem Band.
51 Nicht erkannt z. B. von Jantzen 1947, S. 332. Dagegen Vorromanische Kirchenbauten 1966–1971, S. 205, mit einem Zeitansatz unter Bischof Hunold (1036 – um 1050).
52 Vgl. Vorromanische Kirchenbauten 1966–1971, S. 99; Knapp 2002, S. 236f.
53 Vgl. Vorromanische Kirchenbauten 1966–1971, S. 379.
54 Vgl. Porter 1916 II, S. 472–475; Verzone 1942, S. 147–150; De Bernardi Ferrero 1971b; Peroni 1992, Bd. 1, S. 265–271; Hohmann 1999, S. 118–120; Pejrani Baricco 2002; Segagni Malacart 2004, S. 90f.; Reiche 2009, S. 75.
55 Vgl. Berzolla / Siboni 1966, S. 86–89; Segagni Malacart 2001.
56 Vgl. Anm. 46.
57 Vgl. Porter 1916 II, S. 48–54; Magni 1975; De Bernardi Ferrero 1971a, S. 157–172; Perinetti 2000; Orcel / Orcel / Tercier; zur Datierung Reiche 2009, S. 57f.
58 Vgl. Kubach / Verbeek 1976 I, bes. S. 19, 663–665.
59 Vgl. Kubach / Verbeek 1976 I, S. 428f.

60 Vgl. Sahler 2011. Nach älterer Ansicht zwischen 1047 und 1065: Vorromanische Kirchenbauten 1966–1971, S. 28f.; Vorromanische Kirchenbauten 1991, S. 33–35.
61 Vgl. Kubach / Verbeek 1989 IV, S. 190f.
62 Vgl. Vorromanische Kirchenbauten 1966–1971, S. 151–153 (kritisch); Kubach / Verbeek 1976 I, S. 585; Kubach / Verbeek 1989 IV, S. 134 (vor 990); Vorromanische Kirchenbauten 1991, S. 227. Laut Hohmann 1999, S. 220, ist der Westbau „mit Sicherheit im letzten Jahrzehnt des 10. Jahrhunderts" entstanden.
63 Schon Friedrich Oswald (Vorromanische Kirchenbauten 1966–1971, S. 151) hat festgestellt, dass die 991 gestorbene Kaiserin Theophanu nicht im Westwerk von St. Pantaleon, sondern im südlichen Querarm der Kirche vor dem Paulusaltar beigesetzt wurde, und damit zeigen können, dass die Quellengrundlage für die Annahme entfällt, der Westbau habe 991 fertig sein müssen, vgl. Fußbroich 1983, S. 238–241, 254f. Erhebliche Zweifel sind ferner an einem so frühen Vorkommen von Bogenfriesen nördlich der Alpen angebracht.
64 Vgl. Jacobsen / Lobbedey / von Winterfeld 2001, S. 274. Untermann 2001, S. 50.
65 Vgl. Kubach / Verbeek 1976 I, S. 268–278.
66 Vgl. Cramer / Jacobsen / von Winterfeld 1993, S. 369.
67 Vgl. Kruse 1999, S. 286f. mit einem Zeitansatz Mitte 11. Jh. wegen einer ungestörten Bestattung in der Krypta, deren Alter mit der C 14-Methode auf 820 ±50 Jahre bestimmt werden konnte; dies lässt jedoch m. E. nur auf eine Bauzeit vor der Mitte des 12. Jh. schließen.
68 Vgl. Kubach / Verbeek 1976 II, S. 1219–1231; Dohmen 1999, S. 264–272.
69 Vgl. Kruse 1999, S. 281–286, setzt die Kapelle wegen der Kapitellskulptur „spätestens um die Mitte des 11. Jahrhunderts" an (ebd., S. 284), was mir nicht zwingend erscheint. Vgl. Matthias Untermann: Helmstedt, Benediktinerabtei, Doppelkapelle St. Peter und Johannes Baptist, in Wittekind 2009, S. 435f.
70 Vgl. Vorromanische Kirchenbauten 1966–1971, S. 265; Vorromanische Kirchenbauten 1991, S. 332; Jacobsen 1995.
71 Vgl. Vorromanische Kirchenbauten 1966–1971, S. 266; Vorromanische Kirchenbauten 1991, S. 333.
72 Vgl. Schubert 1974, S. 13.
73 Möglicherweise schon 1089 begonnen, 1146 geweiht, vgl. Findeisen 1995, S. 14f.
74 Die Bestätigungsurkunde der Gründung stammt von 1084, und die Kirche wurde 1123 geweiht, vgl. Wulf 1996, S. 399f.
75 Vgl. Vorromanische Kirchenbauten 1966–1971, S. 285f.; Vorromanische Kirchenbauten 1991, S. 349; Leopold 1995.
76 Das Fragment wurde in den nach dem Brand 926 entstandenen Kellerfundament 365 wiederverwendet, vgl. Wemhoff 1993 II, S. 30, Tafel 154, Abb. 162.
77 Vgl. Kier 1970, S. 123f., 139f., 175; Leopold 1983, S. 78.
78 Vgl. Lobbedey, 1986 I, S. 180–182, Bd. 3, Abb. 440; Gai 2009.
79 Petersberg: Claussen 1987; Vorromanische Kirchenbauten 1991, S. 329; Lobbedey 1998, S. 86. Echternach: Vorromanische Kirchenbauten 1966–1971, S. 66; Kubach / Verbeek 1989 IV, S. 20; Vorromanische Kirchenbauten 1991, S. 105. Trier: Vgl. Kubach / Verbeek 1976 II, S. 1128–1131; Vorromanische Kirchenbauten 1991, S. 425; vgl. auch den Beitrag von Bernd Nicolai in diesem Band. Soissons: Jacobsen 1983; Crook 2000, S. 109–116.
80 In Deutschland unter dem Westchor des Trierer Doms (unter Erzbischof Poppo 1016–1047). In St. Andreas in Neuenberg bei Fulda (1020 gegründet, 1023 geweiht) ragt die Krypta nur wenig über der Apsis ins Querhaus hinein. In Italien sind die Apsiskrypten von Galliano (1007 geweiht) und wahrscheinlich S. Pietro in Acqui (möglicherweise noch vor 1018 begonnen) zu nennen.
81 Hufeisenapsiden treten zu den unterschiedlichsten Zeiten und an verschiedenen Orten immer wieder vereinzelt auf: Karolingisch sind Reichenau-Mittelzell, S. Luzi in Chur, Disentis und Müstair sowie verschiedene andere Kirchen im Alpenraum und in Hispanien. Die Kirche von Goslar-Bergdorf dürfte noch aus dem 10. Jahrhundert stammen (vgl. Vorromanische Kirchenbauten 1966–1971, S. 102), und die Kathedrale von Aquileia wurde 1031 geweiht.

RAINER KUHN

Zum Stand der Erforschung der Grablege von Königin Editha

Bei den von 2006 bis 2010 andauernden archäologischen Forschungsgrabungen im Magdeburger Dom konnten in den Jahren 2008/2009 spektakuläre neue Erkenntnisse zur angelsächsischen Prinzessin und ostfränkisch-deutschen Königin Editha gewonnen werden.[1]

Im Chorumgang des Magdeburger Domes galten die archäologischen Untersuchungen ursprünglich dem dort erwarteten Nordabschnitt der ottonisch-romanischen Krypta eines Vorgängerbaues. Aufgrund der räumlichen Enge zwischen den gotischen Fundamenten im Südosten und Süden, dem Kiliansaltar und einem Lüftungsschacht von 1901 im Osten, dem Grabmal der Editha aus dem frühen 16. Jahrhundert im Norden und dem Heizkanal von 1901 im Westen war die Grabungsfläche (Schnitt R) zunächst eng begrenzt. Der südliche Teil der Krypta war durch Alfred Koch im Jahr 1926 ergraben und anschließend zugänglich gemacht worden. Anfang der 1990er Jahre erfolgte eine Sanierung. Der Südabschnitt ist vom heutigen Kreuzgangostflügel aus über eine Treppe erreichbar und von außen zu besichtigen. Die Rekonstruktion der symmetrisch erwarteten Krypta basierte bis in das Jahr 2008 auf einer schmalen statistischen Basis, da die mutmaßliche Mittelachse nur knapp erreicht worden war. Umso wichtiger war der Nachweis von korrespondierten Abschnitten im Kryptennordarm.[2]

Es wurden bei den neuen Ausgrabungen insgesamt zwei Mauern vom Nordarm der Krypta gefunden. Dabei handelt es sich um das Westende der Ost-West verlaufenden Zungenmauer, die ein Pendant zu der von Koch festgestellten Zungenmauer darstellt, sowie um einen Abschnitt einer weiter westlich gelegenen, Nord-Süd verlaufenden Mauer, zu der Koch ebenfalls das Gegenstück nachgewiesen hatte. In beiden Fällen handelt es sich um Fundamentmauern.

Alle höher liegenden Teile der Krypta wurden in diesem Bereich abgetragen – interessanterweise ziemlich genau bis auf das Niveau des 1926 im Zentralbereich der Krypta nachgewiesenen Fußbodens in opus-sectile-Technik.

Man kann sich folglich den Bauvorgang 1207/1209 so vorstellen, dass im Bereich des geplanten Neubaus – nicht aber südlich davon – zunächst alle Teile des ottonischen Ostabschlusses, die über dem Fußbodenniveau der Krypta lagen, abgebaut wurden. Die noch ca. 1,30 m tiefer reichenden Fundamente wurden im Boden belassen und später nur an einigen Stellen entfernt, wo sie mit dem gotischen Neubau nicht in Einklang zu bringen waren.

Diese beiden neu entdeckten Fundamentmauern passen vorzüglich in das erwartete Grundriss-Schema (F-Abb. 10).[3] Die scheinbar größere Breite der Zungenmauer im Kryptennordarm im Vergleich zu derjenigen im Kryptensüdarm ist lediglich durch den Unterschied zwischen Fundamentmauerwerk im Norden und aufgehendem Kryptenmauerwerk im Süden begründet.

Anhand der neu entdeckten Mauern konnte vom Fachdienst Stadtvermessung der Landeshauptstadt Magdeburg die Mittelachse des Vorgängerbaues exakt festgelegt werden.[4] Die Abweichung gegenüber der Achslage von 1209 beträgt rechnerisch 7,58°. Eine Symmetrie des Vorgängerbaus vorausgesetzt sind jetzt gesicherte Spiegelungen von Grabungsergebnissen an der Mittelachse möglich.

Die Datierung der Krypta ist noch nicht abschließend geklärt. Sie gehört zum ottonischen Vorgängerbau des heutigen Domes und datiert vermutlich an den Beginn des 11. Jahrhunderts in die Zeit des Erzbischofs Tagino.[5] Eine ältere Datierung noch in das 10. Jahrhundert ist nicht auszuschließen. Eine jüngere Datierung in die Mitte des 11. Jahrhunderts in die Zeit des Erzbischofs Hunfried wurde ebenfalls diskutiert, erscheint aus heutiger Sicht aber

Abb. 78: Das Nordprofil mit dem Fundament unter dem Sandsteinsarkophag von 1510, der zu Zeiten des Erzbischofs Ernst von Sachsen errichtet wurde, Dom, Magdeburg. Foto: Claudia Hartung.

Abb. 79: Die Hebung des Deckels am Hochgrab der Editha von 1510, Dom, Magdeburg. Foto: Claudia Hartung.

weniger wahrscheinlich. Die Zugehörigkeit zur älteren Kirche wird auch durch die andere, die ‚ottonische' Achslage belegt. Die Krypta war in ca. vier Meter Tiefe zu erwarten. Aus diesem Grund wurde 2007/2008 südlich des bekannten spätgotischen Editha-Grabmals gegraben. Im Jahr 2008 wurden die zur Krypta gehörigen Fundamente erreicht.[6]

Königin Editha, die erste Gemahlin Kaiser Ottos I., eine Tochter des Königs Eduard von England, verstarb am 26. Januar 946.[7] Die Heirat mit Editha im Jahr 929 war für die Familie der Ottonen von erheblicher politischer Bedeutung, stammte Editha (Edgith) doch aus der englischen Königsfamilie, die wiederum den heiligen Oswald in ihrem Stammbaum hatte.[8] Editha erhielt Magdeburg 929 nach ihrer Hochzeit als Morgengabe.[9] Die früh verstorbene Königin war 946 zuerst in der 937 gegründeten Klosterkirche des heiligen Mauritius in Magdeburg bestattet worden.[10]

Die Bleikiste im Hochgrab

Dicht nördlich dieser Grabungsfläche im Magdeburger Chorumgang bzw. in der Chorscheitelkapelle steht das in der jüngeren Domliteratur als Tumba oder Kenotaph bezeichnete Hochgrab der Königin Edgith, das von der Kunstgeschichte auf 1500–1510 datiert wurde. Erzbischof Ernst von Sachsen und der hohe Magdeburger Klerus ließen das Grabmal aus gelblichem Sandstein errichten.[11]

Abb. 80: Der Bleisarg der Editha im Hochgrab, Dom, Magdeburg. Foto: Juraj Lipták.

Nach Abschluss der eigentlichen, dem ottonisch-romanischen Kryptennordarm geltenden Grabungen 2008 sollten aus dem Nordprofil des kleinen Grabungsschnittes die Funde geborgen und die Bodenproben etc. genommen werden. Dabei zeigte sich, dass zunächst ein, später zwei kleine Eisenobjekte nicht zu bergen waren, sondern als Zapfen in einem offenbar sekundär vermörtelten Bauteil steckten. Dieses war Teil der Substruktion unter dem bekannten Grabmal der Editha (Abb. 78). Eine partielle Freilegung der Substruktion erbrachte den Hinweis, dass diese bereits zum heutigen Dom gehört. Sie muss 1207/09 oder danach entstanden sein.

Nur durch die Untersuchung dieser älteren Fundamentstrukturen schien Gewissheit in der Frage erreichbar, ob eine Ortskontinuität des Editha-Grabes zumindest ab dem frühen 13. Jahrhundert – also der Zeit des Dom-

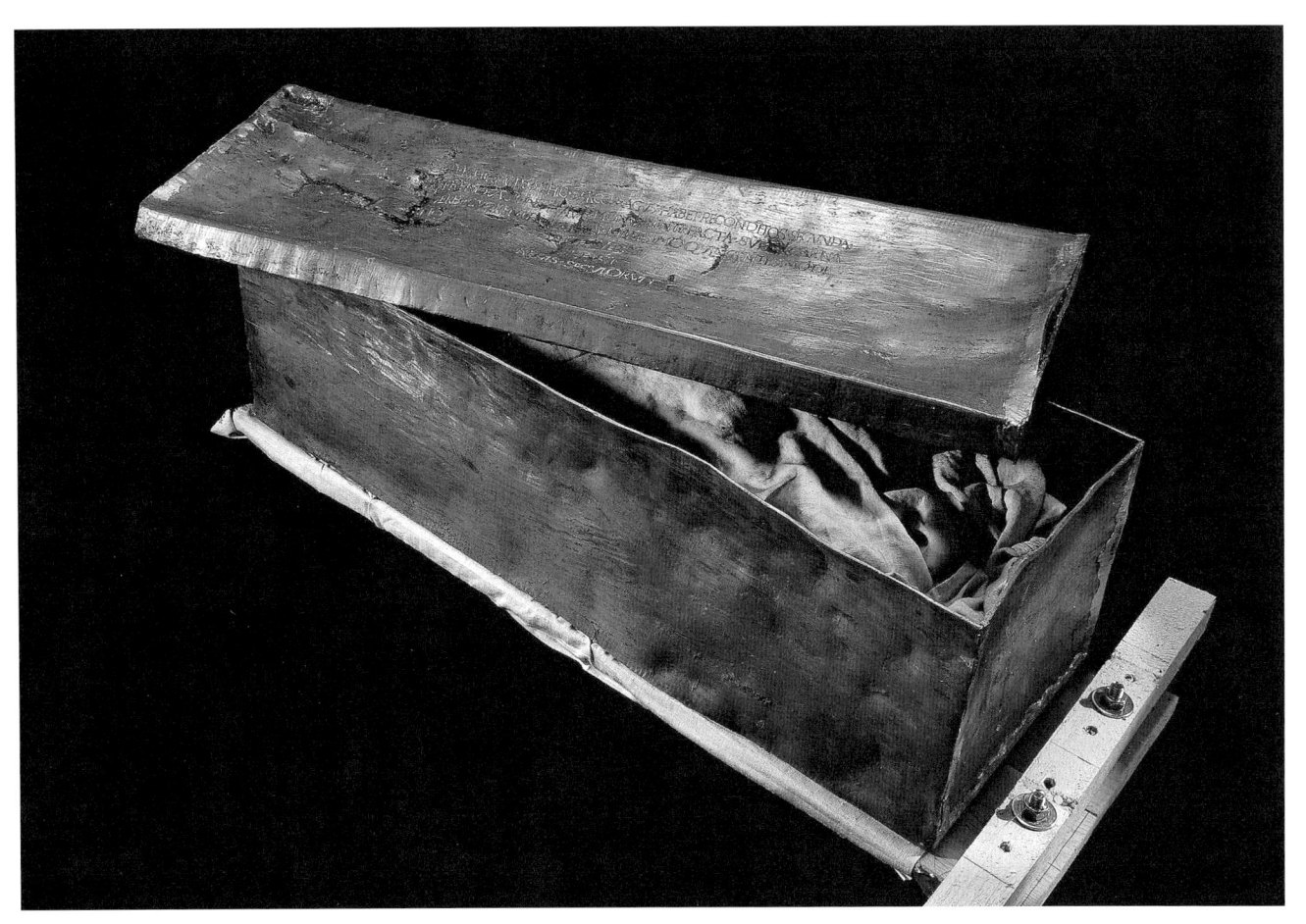

Abb. 81: Der Bleisarg der Editha nach der Bergung und einer ersten Restaurierung, Dom, Magdeburg. Foto: Juraj Lipták.

neubaus – bis zum Grabmal von 1500/1510 besteht und ob sich hier eventuell etwas über das Zustandekommen der veränderten Achslage beim Neubau ermitteln ließ. Die Frage der Kontinuität oder Diskontinuität der Gräber von Kaiser Otto dem Großen und Königin Editha wird seit Jahrzehnten intensiv diskutiert.

Weiterhin könnten sich an dieser Stelle Hinweise darauf ergeben, warum es denn im frühen 13. Jahrhundert zu einer Umorientierung des staufischen Domneubaues kam. Genau in dessen Mittelachse liegen das Grabmal von 1510 sowie das Fundament.

Der „liber ordinarius" des Magdeburger Domes jedenfalls legt ein älteres Grabmal von Königin Editha im 1207/1209 begonnenen gotischen Dom nahe. Hierzu berichtet Friedrich Wiggert: „Ein solcher Kasten, ganz schmucklos, wurde wahrscheinlich vor dem Altar in der erwähnten Capelle, frei über der Erde, aufgestellt. Dass er dort stand, geht klar aus dem Ritualbuche hervor. Denn bei der Beschreibung der kirchlichen Feier des Weihnachtsfestes wird erwähnt, daß dabei zwei Domherren, die Priester sind, mit Weihrauchfässern im Chor zuerst den Hochaltar, dann den Erzbischof, das Grab des Kaisers (Otto) umräuchern, darauf aber jeder zu einer Seite des Chors hinausgehen und hinter dem Chor wieder zusammenkommen sollen, um dort das Grab der Königin (Edith) zu umräuchern."[12]

Zur Untersuchung dieser Fundamente sollte also das spätgotische Grabmal vorübergehend entfernt bzw. verschoben werden.[13] Um diese zwei Varianten vorab abzuklären, wurde ein lockerer Stein im Grabmal der Editha, kunstgeschichtlich bis dato auf 1500–1510 datiert, entfernt und eine Befahrung mit einer Miniaturkamera durchgeführt. Diese erbrachte die spektakuläre Erkenntnis, dass sich im Grabmal ein rechteckiger Kasten aus Blei befand. Das Kenotaph bzw. die Tumba ist also in Wirklichkeit ein Hochgrab.

Abb. 82: Die sechszeilige Inschrift aus dem Jahr 1510 auf dem Bleisargdeckel, Dom, Magdeburg. Foto: Friederike Hertel.

Eine Verschiebung des steinernen Grabmals war somit ausgeschlossen.

Das Bauwerk von 1500–1510 musste abgebaut werden, um die Fundamente zu untersuchen (Abb. 79). Es zeigte sich nach Abnahme des Deckels ein kleiner, 77 cm langer, 24 cm breiter und 22 cm hoher Bleisarg, offenbar von einer mindestens sekundären Bestattung stammend (Abb. 80, Abb. 81).[14] Besonders spannend ist nun die Tatsache, dass sich auf der Oberseite des Bleisarges eine sechszeilige Inschrift befindet (Abb. 82), nach welcher er die umgebetteten, sterblichen Überreste der Königin Editha enthält. Sie stammt aus dem Jahr 1510:

EDIT.REGINE.CINERES.HIC.SARCOPHAGVS.
HABET.RECONDITOS.SECVNDA.
[IA]M.RENOVACIONE.HVIVS.MONVMENTI.
FACTA.SVB.INCARNA
TI VERBI./CVRRENTIBVS.ANNIS.MILLESIMO
QVINGENTESIMO.DE
CIMO./AD.LAVDEM /
CHRISTI./
REGIS SECVLORVM

Die sterblichen Überreste der Königin Edith sind in diesem Sarkophag geborgen, nachdem im Laufe der Jahre seit der Fleischwerdung des Wortes 1510 schon die zweite Erneuerung dieses Monuments (dieses Grabmals) gemacht worden ist zum Ruhme Christi, des Königs aller Zeiten.[15]

Entscheidend sind die Erwähnung der Königen Editha („edit regine"), des Jahres 1510 („millesimo quingentesimo decimo"), die mit der kunstgeschichtlichen Datierung des Sarkophages übereinstimmt, und der zweiten Erneuerung der Grabes („secunda iam renovacione"), also der dritten Bestattung der Königin. Damit sind die drei wichtigsten Fakten zur Inschrift genannt.

Bei genauerer Betrachtung fällt bei der Inschrift eine Besonderheit auf. Im Wort „millesimo" kam es offenbar zu einem Verschreiber. Versehentlich wurde das Wort ursprünglich mit nur einem ‚l' geschrieben und auch das darauf folgende ‚e' bereits angelegt. Dann wurde der Fehler bemerkt, das ‚e' teilweise verstrichen und durch das notwendige zweite ‚l' ersetzt (Abb. 83).[16] Die weiteren Buchstaben wurden dann in der korrekten Schreibweise angebracht.

Der Auftraggeber des Steinsarkophages von 1510 war folglich der Meinung, man würde hier im Bleisarg die Gebeine der Königin Editha bestatten. Die bisherigen anthropologischen Untersuchungen scheinen dies zu bestätigen.[17] Es ist von den Knochen eines einzelnen weiblichen, grazilen Individuums auszugehen, das zwischen 30 und 40 Jahren alt wurde. Die Person nahm hochwertige Nahrung zu sich und ist nicht im Raum Magdeburg aufgewachsen. Sie könnte sehr wohl in Südengland aufgewachsen sein, von wo Editha stammte.[18]

Ebenso verspricht der weitere Inhalt des Bleisarges (u. a. verschiedene Textilien, humoses Material, Mörtel, Käferreste) zusätzliche Erkenntnisse. Dabei zeigen die Textilreste zum Teil eine hohe Qualität (Abb. 84). Erste Radiokarbondaten deuten darauf hin, dass die Textilreste zwischen dem 10. und der 2. Hälfte des 15. Jahrhunderts anzusiedeln sind, was den historischen Daten zu Editha und dem archäologischen Befund vor Ort in bemerkenswerter Weise entsprechen würde.

Abb. 83: Retuschierter Verschreiber in der Inschrift, Dom, Magdeburg. Foto: Claudia Hartung.

Der neu entdeckte Bleisarg kann natürlich aufgrund seiner Größe nicht von der originalen Bestattung stammen. Die Inschrift datiert in das Jahr 1510. Ob der Bleisarg auch von 1510 ist oder 1510 nur die Beschriftung erhielt, ist letztlich nicht zu entscheiden. Allerdings spricht bisher nichts für einen nennenswerten zeitlichen Unterschied zwischen Fertigung des Bleikastens und Schaffung der Inschrift. Auch sind solche Bleikästen in der Zeit um 1500 durchaus bekannt.

Unabhängig vom Inhalt und dessen Identifikation ist der Sarg mit seiner Inschrift zweifelsfrei hinsichtlich seiner Bedeutung und seiner Aussagemöglichkeiten als erstrangig einzustufen.

Ein älterer Sarkophag unter dem Edithagrab

Bei den Untersuchungen unter dem Hochgrab von 1510 fand sich nach Abnahme mehrerer Lagen dieses Fundamentes, in dieses verbaut, ein offenbar älterer Sarkophag in leichter Trapezform (Abb. 85). Dieser ältere Sarkophag ist in ein breites Fundament eingearbeitet und ‚korrekt' orientiert, also von Westen nach Osten mit der breitesten Stelle im Westen. Darüber hinaus sind weitere Bauteile in sekundärer Verwendung in diesem Fundament verbaut.

Über das Alter des Fundamentes lässt sich gesichert sagen, dass es in dieser Form nicht vor dem 2. Viertel des 13. Jahrhunderts und nicht nach 1510 entstanden sein kann. Auf Ersteres weisen zwei Bauteile hin, je eines mit Maßwerk sowie mit Dreipass und seitlichem Perlstab (Abb. 86,

Abb. 87).[19] Das Erstgenannte ist das Stück mit den zwei Eisenzapfen und der Dreipasszier, welches den Abbau des Editha-Hochgrabes von 1510 im Jahre 2008 erst bedingte.

Das Fundament gehört in jedem Fall zum heutigen spätromanisch-gotischen Dom. Das geht auch aus der Lage und aus der Ausrichtung hervor. Plausibel und aus Sicht des Verfassers sehr wahrscheinlich ist, dass es 1510 zusammen mit dem Bleisarg und dem neuen Grabmal entstand. Bei dieser Baumaßnahme waren Reste eines älteren Grabmals, offenbar der Editha, an dieser Stelle verbaut worden.

Das Alter dieses ebenfalls neu entdeckten, älteren Sandsteinsarkophages könnte durchaus höher sein als das des Maßwerks aus dem 13. Jahrhundert und ist derzeit nur mit 10. Jahrhundert bis 2. Viertel des 13. Jahrhunderts anzugeben. Der Sarkophag ist aus Bernburger Sandstein gefertigt, 210 cm lang und 51–62 cm breit – er verjüngt sich also nach Osten ein wenig. Ob es sich bei dem Sarkophag um den ursprünglichen Editha-Sarkophag von 946, einen jüngeren Editha-Sarkophag oder um einen Sarkophag von einem anderen Grab handelt, ist noch nicht endgültig zu entscheiden.

Es darf als wahrscheinlich gelten, dass es sich um einen früheren Sarkophag der Editha handelt. Ob es der ursprüngliche Sarkophag der Editha von 946 ist, muss eine künftige, detaillierte Analyse zu klären versuchen. Der nur sehr flache und recht enge Innenraum spricht für eine sehr grazile Person, was dem anthropologischen Befund des Individuums aus dem Bleikasten nach einer ersten und noch vorläufigen anthropologischen Analyse gut entsprechen würde.

Für ein hohes Alter könnte die völlige Verzierungslosigkeit im Äußeren und Inneren des Sarkophages sprechen. Auch die trapezförmige Außenform ließe sich ohne Weiteres damit in Einklang bringen. Gleichwohl soll nicht unerwähnt bleiben, dass der Bernburger Sandstein, aus dem der Sarkophag besteht, dasselbe Material ist, das auch beim Maßwerk aus dem 13. Jahrhundert verwendet wurde. Allerdings ist auch eine Verwendung vor dem 13. Jahrhundert für diesen Sandstein im Bereich der Vorgängerkirche durch die aktuelle Forschungsgrabung spätestens für das 12. Jahrhundert belegt. Der Sarkophag verfügt über einen Deckel aus dem gleichen Bernburger Sandstein.[20] Ursprünglich war dieser mit vier metallenen Klammern auf dem eigentlichen Sarkophag befestigt. Das zeigen die vier

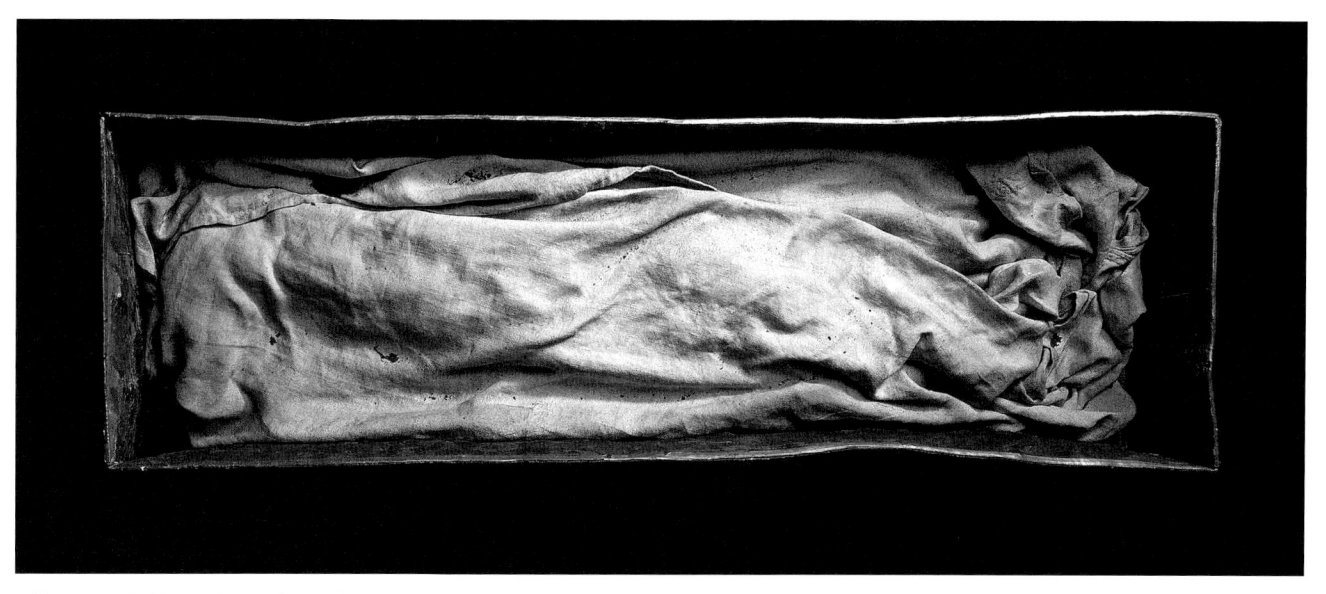

Abb. 84: Ein helles Tuch im Bleisarg der Editha, Leinen, unter dem später menschliche Knochen zum Vorschein kamen, Dom, Magdeburg. Foto: Juraj Lipták.

Paare korrespondierender Löcher an den Langseiten des Sarkophages bzw. auf der Deckeloberseite nahe den vier Ecken. Die Klammern haben sich nicht erhalten und sind spätestens bei der Verbauung des Sarkophages im Fundament von 1510 entfernt worden.

Zusammenfassung

Es könnte sich – unter allen Vorbehalten, die in einem so frühen Stadium der Analyse angebracht sind – folgendes Szenario abzeichnen, das plausibel, aber ausdrücklich nicht in allen Einzelheiten gesichert ist.

Möglicherweise bereits im 10. Jahrhundert entstand ein Sarkophag aus Bernburger Sandstein mit ebensolchem Deckel für eine auffallend grazile, weibliche Person von hohem sozialen Stand und nicht lokaler Herkunft. Wo diese erste Bestattung lag, ist unbekannt. Sollte es sich um den ersten Editha-Sarkophag von 946 handeln, muss er sich zu diesem Zeitpunkt in der einzig in Frage kommenden Kirche, dem Moritzkloster, befunden haben, das wir aber bisher in keinem der gefundenen Grundrisse sicher identifizieren können. Hinweise auf eine Bestattung am jetzigen Ort vor dem 13. Jahrhundert gibt es nicht.

Dieser ältere Sarkophag wurde im 2. Viertel des 13. Jahrhunderts im Zusammenhang mit neu geschaffenen Maßwerkteilen weiterverwendet. Es liegt nahe, dies bereits im Chorumgang des staufischen Neubaus zu lokalisieren, an oder nahe der Stelle des späteren Hochgrabes, worauf auch der „liber ordinarius" hinweist.

Diese Anlage wurde offenbar im Jahre 1510 oder kurz zuvor abgebaut und durch das bekannte Grabmal von 1510 ersetzt. Die bis dahin noch im älteren Sarkophag befindlichen Skelettteile sowie dessen sonstiger Inhalt wurden 1510 in ein Tuch jener Zeit geschlagen und in einen wohl ebenfalls neu geschaffenen, in jedem Fall 1510 beschrifteten Bleikasten gelegt. Somit trat der 2008 wiederentdeckte Bleisarg an die Stelle des alten Sandsteinsarkophages, und das ältere Grabmal mit Maßwerkzier und Dreipass wurde durch das bekannte Hochgrab aus der Zeit des Erzbischofs Ernst von Sachsen ersetzt.

Etliche Teile des älteren Grabmals sowie den älteren Sandsteinsarkophag hat man in dem 1510 neu entstandenen Fundament mitverbaut, der Sarkophag wurde sogar weitgehend korrekt orientiert und – sicher aus statischen Gründen – komplett mit Mörtel, Steinen und Bauteilen gefüllt. Hierbei ist jedoch nicht nur an die Wiederverwendung von überschüssigem und greifbarem Steinmaterial zu denken, sondern weit eher zeigt sich hier eine Intention, die man vielleicht mit dem Begriff der Sekundärreliquie umschreiben darf.

Abb. 85: Älterer Steinsarkophag, verbaut in einem tiefer liegenden Fundament des Editha-Hochgrabs. In dieses Fundament eingebaut sind im SW und SE die beiden Bauteile, Dom, Magdeburg. Foto: Claudia Hartung.

Abb. 86: Bauteil mit Maßwerk, Dom, Magdeburg.
Foto: Claudia Hartung.

Abb. 87: Bauteil mit Perlstab, Dom, Magdeburg.
Foto: Claudia Hartung.

Anmerkungen

1 Die Forschungsgrabung im Magdeburger Dom ist eine Kooperation der Stiftung Dome und Schlösser in Sachsen-Anhalt, der Martin-Luther-Universität Halle-Wittenberg, des Landesamtes für Denkmalpflege und Archäologie Sachsen-Anhalt sowie der Landeshauptstadt Magdeburg. Das Projekt wird unterstützt und überwiegend gefördert vom Kultusministerium des Landes Sachsen-Anhalt. Maßgebliche Unterstützung erfolgt durch Lotto Sachsen-Anhalt. Das Projekt wird vom Landesverwaltungsamt Sachsen-Anhalt begleitet. Vgl. hierzu: www.domgrabungen-md.de. – Projektleiter vor Ort ist Rainer Kuhn M.A.; er leitet die Ausgrabungen und koordiniert 17 Mitarbeiter. Mit der Auswertung ist zudem eine Gruppe von Forschern befasst, der neben Archäologen auch Anthropologen, Mediziner, Historiker, Kunsthistoriker, Restauratoren und Vertreter weiterer Disziplinen angehören.
2 Vgl. hierzu: Koch 1926, S. 5–23; Schubert / Leopold 2001, S. 360–364; Kuhn 2005a, S. 30–35.
3 Die scheinbar in gotischer Achslage verlaufende Westkante der Nord-Süd-Mauer ist ausschließlich grabungstechnisch bedingt. Hier wird die Grabungsgrenze vom Heizkanal aus dem Jahr 1901 vorgegeben.
4 Herzlicher Dank an Mandy Poppe und Matthias Brennecke.
5 Vgl. Forster 2006, S. 101–126, bes. S. 106–107, 111–119.
6 Zur Vorgängerkirche: Kuhn [u. a.] 2009; dort im Besonderen Forster 2009a, S. 9–30; Kuhn 2009b, S. 31–86; Helten 2009a, S. 155–160; Beitrag Kuhn zur Südkirche in diesem Band.
7 Vgl. Körntgen 2001, S. 120.
8 Vgl. Ehlers 1999/2000.
9 Für den vorliegenden Beitrag soll die Schreibweise Editha verwendet werden. Die Schreibweisen Edith oder Edgith etc. sind gleichfalls korrekt.
10 Hierzu vgl. Schubert 1981/82; Schubert 1982.
11 Vgl. Schubert 1974, S. 214.
12 Wiggert 1869a, S. 67.
13 Es sei an dieser Stelle ausdrücklich darauf hingewiesen, dass zum Zeitpunkt der Manuskriptabgabe die restauratorischen Arbeiten an den Funden noch andauern und die wissenschaftliche Auswertung des Gesamtkomplexes erst in den kommenden Jahren möglich sein wird.
14 Vgl. hierzu: Rainer Kuhn: Bleisarg der Königin Edgith. In: Kat. Aufbruch in die Gotik 2009 II, S. 25f.; Kuhn 2009a; Kuhn 2007; Schubert 2009.
15 Lesung und Übersetzung verdanken wir Ernst Schubert, Halle,.
16 Diese Beobachtung wird – wie zahlreiche andere im Rahmen der Forschungsgrabungen – der besonderen Aufmerksamkeit der Grabungstechnikerin Claudia Hartung verdankt.
17 Die anthropologische Untersuchung erfolgt durch Prof. Kurt W. Alt von der Johannes-Gutenberg-Universität Mainz. Ein Bericht zur Anthropologie befindet sich in Vorbereitung.
18 Freundlicher Hinweis Kurt W. Alt.
19 Die Datierung beider Teile verdanken wir Leonhard Helten, Halle, ebenso wie zahlreiche weitere Anregungen während der Domgrabungen.
20 Freundliche Bestimmung Jörg Bowitz, Berlin.

RITA MOHR DE PÉREZ

Die Anfänge der preußischen Denkmalpflege und der Domreparaturbau in Magdeburg 1826–1834

Nicht nur der Magdeburger Dom feierte 2009 ein rundes Jubiläum. Auch die staatliche Denkmalpflege Preußens kann auf volle 200 Jahre ihres Bestehens zurückblicken. Denn am 26. September 1809 erhielt die Königliche Oberbaudeputation als erste preußische Behörde die Aufgabe, Gutachten zur Erhaltung von Denkmalen zu erstellen.

Nach einer kurzen Einführung über die Hintergründe und Entwicklung der Denkmalpflege im preußischen Staat begegnen sich im zweiten Teil meines Beitrags beide Jubilare. Der Reparaturbau des Magdeburger Doms ist ein sehr anschauliches Beispiel dafür, wie die seinerzeit noch junge Aufgabe von den beteiligten Behörden und Personen bewältigt wurde.

Denkmalpflege als öffentliche Aufgabe in Preußen

Traditionell wird die Entdeckung altertümlicher Hinterlassenschaften als schützenswertes Gut und somit die Entwicklung der staatlichen Denkmalpflege vor dem Hintergrund der Romantik gesehen.[1] Dies ist auch naheliegend, zeigen doch die Gemälde großer Meister dieser Epoche historische Bauten in einem neuen inhaltlichen Kontext. Ihre Überhöhung zeigt eine neue künstlerische Wertekennung insbesondere der mittelalterlichen Baukunst. Das Verschmelzen von Kunst und Natur in der „malerischen" Ruine ist neuer und zentraler Gegenstand romantischer Malerei, die zugleich mit diesem Motiv auch die vierte Dimension, die Vergänglichkeit, das Historische thematisiert. Auch die Dombilder Karl Friedrich Schinkels aus der Zeit der Befreiungskriege lassen seine Wertschätzung mittelalterlicher Architektur erkennen. Er gilt als der Urvater der preußischen Denkmalpflege und wäre damit ein Kronzeuge für die Entstehung der Denkmalpflege im Zuge der romantischen Kulturströmung. Genau hier liegt aber die Ursache einer Denkweise, die bis heute die Denkmalpflege als staatliche Institution in die Nähe romantischer Liebhaberei rückt, so dass sie als öffentlicher Belang bei Weitem nicht so ernst genommen wird wie beispielsweise die Bauaufsicht oder die Umweltbehörden. Auch sind Schinkels Entscheidungen zum Umgang mit historischer Substanz nicht selten von seinem persönlichen Geschmack geprägt. Seine Vorschläge zum Umgang mit Denkmalen waren daher aus heutiger Sicht nicht selten höchst fragwürdig. Hier liegt ein Problem der Aufarbeitung der Geschichte der Denkmalpflege: Die Idealisierung Schinkels als alleiniger Begründer der Denkmalpflege trug wesentlich dazu bei, die Erhaltung des historischen Erbes im Bewusstsein der Öffentlichkeit zur rein gestalterischen Frage zu degradieren. Die Aufnahme der Denkmalpflege in die preußische Verwaltung muss unter einem weiteren, wichtigeren Blickwinkel gesehen werden. Andere, gesellschaftliche und politische Bestrebungen waren die wesentlich treibenden Kräfte.

Mit Romantik allein kann außerdem wohl kaum die Aufnahme einer neuen Aufgabe in den preußischen Verwaltungsapparat erklärt werden, schon gar nicht in einer Zeit, in der der Staat unmittelbar vor seinem wirtschaftlichen Ruin und seiner politischen Auflösung stand. Nach der verlorenen Doppelschlacht bei Jena und Auerstedt 1806 hielten Napoleons Truppen das Land besetzt. Der König begab sich mit seinen Ministern ins Exil. Der Tilsiter Frieden 1807 verpflichtete Preußen zu hohen Reparationszahlungen, denen der desolate Staat kaum nachkommen konnte. In dieser Krisenzeit wäre man wohl kaum auf den Gedanken gekommen, Behörden zu installieren, deren Aufgabenbereich bis heute eher als entbehrlicher Luxus betrachtet wird. Es muss folglich mehr dahinter gesteckt haben als romantische und ästhetische Schwärmerei.

Am 26. September 1809 erhielt die Königliche Oberbaudeputation ihre Instruktion, in der die Aufgaben und die Arbeitsweise der Behörde festgeschrieben waren.² Das Gremium aus fünf Oberbauräten war die oberste Baubehörde des preußischen Staates und die erste, in deren Aufgabenbereich nun auch die Erstellung von Gutachten „über die Erhaltung der öffentlichen Denkmäler und Überreste alter Kunst" fiel. Ihre Instruktion ist das Ergebnis fachlicher und verwaltungsrechtlicher Auseinandersetzungen derselben Staatsbeamten, die die umfassenden Reformen entwarfen, die als Stein-Hardenbergsche Reformen in die Geschichte eingingen. Somit ist auch die staatliche Denkmalpflege nicht das Kind romantischer Gefühlswallungen, sondern des politischen Kalküls, das auf die Stärkung des Identitätsbewusstseins preußischer Staatsbürger zielte. Gemeinsam mit den gesellschaftlichen Umwälzungen, so der Abschaffung der Erbuntertänigkeit und des Zunftwesens oder der Emanzipation der Juden, sollte auch das gesamte Verwaltungssystem das Verantwortungsbewusstsein des Einzelnen für das Gemeinwesen befördern. Denkmalen als Zeugnisse der eigenen Geschichte kam somit die Rolle zu, Nationalbewusstsein wachzurütteln, Heimatbindung zu befördern und „die große Disharmonie zu lösen, die im Volke stattfindet [...]".³ Tatsächlich ging die Rechnung der Reformer auf: In den Befreiungskriegen 1813 konnten Napoleons Truppen besiegt werden, auf dem Wiener Kongress zwei Jahre später wurden die Grenzen Preußens vom Baltikum im Osten bis nach Aachen und Trier im äußersten Westen ausgedehnt. Es folgten drei Jahrzehnte Frieden.

Die in der Instruktion formulierte Aufgabe fiel in das Ressort desjenigen Mitglieds des fünfköpfigen Kollegiums der Behörde, das auch für Prachtbauten und die Ästhetik in der Baukunst zuständig war. Diese Stelle wurde 1810 als letzte der fünf mit Karl Friedrich Schinkel besetzt, der somit zwar der erste mit Fragen der Denkmalpflege betraute preußische Beamte, nicht aber deren Schöpfer war. Seine Stelle war übrigens am niedrigsten besoldet und zunächst nur mit dem Rang eines Assessors versehen, da man davon ausging, Schinkel könne auch noch in der Bauakademie unterrichten. Schinkel machte jedoch zügig Karriere: Fünf Jahre nach seinem Eintritt in die Behörde trug auch er den Titel eines Geheimen Oberbaurats, weitere fünf Jahre später war er der Chef der Behörde. Nach seinem Entwurf entstand 1832–1836 das neue Gebäude der Bauakademie, über der sich im Obergeschoss die Oberbaudeputation die Etage mit Schinkels Privatwohnung teilte. Er war ohne Frage die dominante Figur des preußischen Bauwesens in der ersten Hälfte des 19. Jahrhunderts.

Unter den höheren Staatsbeamten fällt insbesondere Staatskanzler Karl August Freiherr von Hardenberg eine wichtige Rolle in der Entwicklung der staatlichen Denkmalpflege zu. Er war zuvor in Ansbach-Bayreuth als administrierender Minister tätig, nachdem der dortige Markgraf Alexander seine Regierungsgeschäfte niedergelegt und seine Grafschaft der preußischen Verwaltung unterstellt hatte. Sicher kannte Hardenberg aus dieser Zeit eine Verordnung des Markgrafen zum Schutz von historischen Zeugnissen aus dem Jahr 1780.⁴ Noch kurz vor seinem Tod strebte er per Erlass an die preußischen Regierungspräsidenten eine Inventarisierung der Denkmale an, die sich inhaltlich an der Verordnung des Markgrafen orientiert.⁵ Allerdings wirkten die Provinzialbeamten nur schleppend mit, und nach Hardenbergs Tod kam die Inventarisierung schließlich ganz zum Erliegen. Fälschlicherweise wurde das Engagement für eine Bestandsaufnahme der preußischen Denkmale Schinkel zugeschrieben,⁶ der zwar in seinem berühmten Memorandum vom August 1815 eine Inventarisierung als wesentliche Arbeitsgrundlage in der Denkmalpflege forderte. Doch kann kein unmittelbarer Zusammenhang zwischen Schinkels Memorandum und Hardenbergs Erlass nachgewiesen werden, und Schinkel verfolgte die Inventarisierung nach dem Tod des Staatskanzlers schließlich auch nicht weiter.

Karl Freiherr vom Stein zum Altenstein, der als Finanzminister an den Stein-Hardenbergschen Reformen mitgewirkt hatte, ergriff 1827 noch einmal die Initiative für eine Inventarisierung der Denkmale. Er war seinerzeit als Minister der Geistlichen, Medicinal- und Unterrichtsangelegenheiten für den Kultus zuständig. Dieses Ministerium wurde erst 1817 begründet und erhielt 1835 per Kabinettsordre auch die Verantwortlichkeit für die Denkmalpflege.⁷ Übrigens war Altenstein gebürtiger Ansbacher; Hardenberg kannte ihn aus seiner Zeit in Franken. Interessanterweise trug Altenstein als Legationsrat dafür Sorge, dass die von Napoleon aus dem Aachener Münster in den Pariser Louvre verbrachten Säulen nach den Befreiungskriegen wieder nach Aachen zurückgelangten. Das erstarkte Preußen wusste seinerzeit wohl, was es seinen neuen Provinzen schuldig war, und der politischen Symbolkraft des geraubten Kunstgutes war man sich durchaus bewusst.

Als dritte Persönlichkeit des hohen Staatswesens soll schließlich Theodor von Schön genannt werden. Als Sektionschef für Handel und Gewerbe im Innenministerium unterstand ihm das preußische Bauwesen. Er wirkte daher entscheidend an der Instruktion für die Oberbaudeputation mit. Sein Bewusstsein für die Bedeutung historischer Zeugnisse stellte er mit seinem enormen Engagement für die Restaurierung der Marienburg in Westpreußen eindrucksvoll unter Beweis. Er erkannte in dem mittelalterlichen Sitz des deutschen Ritterordens ein historisches Bauwerk von großer nationaler Symbolkraft. Wahrscheinlich war er es, der den entscheidenden Passus in die Instruktion der Oberbaudeputation eingebracht hatte.

Auffallend und verwunderlich zugleich ist die Tatsache, dass alle drei hier vorgestellten Initiatoren der Denkmalpflege von ihrer Ausbildung her Juristen waren. Wo waren die Kunsthistoriker oder Historiker oder die Architekten, die Vertreter der im heutigen Sinne klassischen Berufsgruppen in der Denkmalpflege?

Auch sie kamen in der Entwicklung der Denkmalpflege durchaus zu Wort. Man bediente sich ihrer fachlichen Kenntnisse in den Ministerien und ließ ihre Anregungen in Runderlasse an die Provinzialregierungen einfließen. Neben dem Architekten Karl Friedrich Schinkel sind hier beispielsweise die beiden Kunsthistoriker Gustav Waagen und Franz Kugler zu nennen. Eine große allgemeine Aufgeschlossenheit für das historische Erbe auf breiter gesellschaftlicher Basis muss grundsätzlich dieser Epoche attestiert werden. Politiker und Staatsbeamte wie beispielsweise Wilhelm von Humboldt beschäftigten sich mit Forschungen zur Geschichte und verfassten historische Abhandlungen. Neben Waagen, Schinkel und Kugler befasste sich vor allem der Architekt Ferdinand von Quast in seiner großen Denkschrift von 1837 mit Fragen der angemessenen Herangehensweise an ein Denkmal.[8] Damit qualifizierte er sich für das Amt des ersten hauptamtlichen Konservators, in das er von Friedrich Wilhelm IV. 1843 berufen wurde. Aber es war dessen Vater Friedrich Wilhelm III., der als wenig kunstsinnig und eher auf Sparsamkeit bedacht galt, in dessen Regentschaft die Institutionalisierung der Denkmalpflege fiel.

Die fachlichen Einflüsse fanden in Runderlassen der Minister ihren Niederschlag, die sich unter anderem auch mit der Frage beschäftigten, welche Zeitschichten bei der Restaurierung eines Bauwerks erhalten bleiben sollten, also wie dessen historische Aussagekraft und Authentizität am ehesten gewahrt bleibt. Denkmalpflege war in der Frühzeit ihrer Institutionalisierung ein durchaus ernst genommener öffentlicher Belang, der sich nicht nur auf Kirchen und repräsentative Bauwerke beschränkte, sondern auch Gegenstände der Volkskunst und des Volksglaubens mit einschloss. Allgemein wurde auch das Kernproblem der Denkmalpflege, ihre Finanzierung, erkannt. Trotz der gesetzlich verankerten Verantwortung der öffentlichen Hand für das historische Erbe gab es damals – wie heute – keinen zuverlässigen Denkmalfonds.

Der Aufgabe, historische Zeugnisse zu erhalten und an die nachfolgenden Generationen weiterzugeben, näherten sich die preußischen Beamten in der Frühzeit der staatlichen Denkmalpflege nüchtern, sachlich und realitätsbewusst. Zeichen der romantischen Verklärung, der Idealisierung der Vergangenheit sind nicht festzustellen. Die einseitige Fokussierung der späteren Forschung auf die Person Karl Friedrich Schinkels und seine Überbewertung als Begründer der Denkmalpflege mag im Laufe der Jahrzehnte auch den öffentlichen Blick auf die Denkmalpflege verstellt haben. Ein sprechendes Beispiel für die Überfrachtung der Person Schinkels als Denkmalpfleger ist auch die Restaurierungsgeschichte des Magdeburger Doms.

Der Domreparaturbau in Magdeburg 1826–1834

Höchst Widersprüchliches findet sich in der Literatur über die Geschichte des Magdeburger Doms zur Rolle Schinkels: Ernst Schubert beschreibt ihn als Initiator für die umfangreichen Restaurierungsmaßnahmen am Dom, die in die Frühzeit der staatlichen Denkmalpflege fielen: „Eine von Karl Friedrich Schinkel angeregte und beratene umfassende Wiederherstellung und Restaurierung wurde ins Werk gesetzt."[9] Im Gegensatz hierzu empfahl angeblich Schinkel, wenn man Reinhard Winkler glauben darf,[10] den gesamten Dom abzureißen und durch einen modernen, klassizistischen Neubau zu ersetzen.

Welche Rolle spielte Schinkel denn nun – Bewahrer oder Zerstörer? Meine Quellenrecherchen verliefen auf

Abb. 88: Gedenktafel im Magdeburger Dom. Foto: Heiko Brandl.

der Suche nach Abrissempfehlungen ergebnislos. Aber den Anstoß zur Domrestaurierung gab Schinkel auch nicht. Er war, schlicht gesagt, einfach nur als Baubeamter zuständig. Er erledigte seine Arbeit, und die bestand eben darin, Gutachten zu erstellen sowie Pläne, Konzepte und Kostenanschläge zu prüfen und hierzu Stellungnahmen zu verfassen. Der wesentliche Impuls ging vom Monarchen aus, der Magdeburg 1825 besuchte und bei der Gelegenheit auch einem Gottesdienst im Dom beiwohnte. Der beklagenswerte Zustand wurde ihm dabei deutlich ins Bewusstsein gerückt, so dass er recht spontan aus seiner privaten Schatulle 60.000 Reichstaler für Instandsetzungsarbeiten in Aussicht stellte. Eine Tafel (Abb. 88) im Innern des Magdeburger Doms erinnert an die Unterstützung der Arbeiten durch den König und drückt die Dankbarkeit der Magdeburger aus.

Dringender Handlungsbedarf ist auch schon zuvor aktenkundig geworden. Dem großen Domreparaturbau in der Zeit von 1828–1834 gingen Bemühungen voraus, in kleineren Maßnahmen Teilbereiche des Kirchenbaus zu sichern. So sollte 1819 der Dachreiter über der Vierung (F-Abb. 11), Bleiturm genannt, abgebrochen werden. Dies sollte eine Sicherungsmaßnahme sein, um durch sein drohendes Herabstürzen schwerere Schäden zu verhindern. Wie üblich wurde die von der Magdeburger Regierung vorgetragene Absicht an Schinkel zuständigkeitshalber weitergereicht. Vehement lehnt er diese Maßnahme mit deutlichen Worten ab. Man dürfe sich

„durchaus kein Recht anmaßen, an einem der ersten und schönsten Monumente altdeutscher Baukunst im preußischen Staate eine Veränderung der Form vorzunehmen".[11] Und – gewissermaßen kopfschüttelnd – heißt es weiter, jeder müsse doch auf den ersten Blick sehen, „dass den Architekten bei der Anordnung des Bleiturms das sehr richtige Gefühl geleitet hat, dadurch der langen Linie des Kirchendaches eine Unterbrechung zu geben, die zugleich den Mittelpunkt über dem Chor oder Kreuz bezeichnen soll".[12] Allerdings stellte er auch fest, dass „die ganze Architektur dieses ehrwürdigen Gebäudes [...] in einem sehr zerrütteten Zustande" sei.[13] Seine Wertschätzung des Doms und seine Anerkennung als bedeutendes Denkmal wird in seiner Stellungnahme doch allzu deutlich – wie sollte er wohl zu einer Abrissempfehlung gekommen sein? Andererseits war er als preußischer Beamter auch dem Prinzip der Sparsamkeit verpflichtet. Dass er auch diese Aufgabe sehr ernst nahm, bewies Schinkel in zahlreichen Fällen, so auch hier. In der Befürchtung, seine fachlichen, architektonischen Argumente könnten nicht genug überzeugen, liefert er auch noch wirtschaftliche Gründe nach: Es sei ja wohl aus dem Verkauf der durch den Abbruch errungenen Materialien nicht viel Gewinn zu erzielen und man brauche ja außerdem noch ein „kostbares Gerüst" dazu.

In den zwanziger Jahren des 19. Jahrhunderts wurden mehrere Kostenschätzungen für eine Domreparatur in einzelnen Bauabschnitten erstellt. Die Magdeburger Regierung leitete diese an das zuständige Ministerium der Geistlichen, Unterrichts- und Medicinalangelegenheiten, das wiederum die Unterlagen zur Revision an die Oberbaudeputation, zu Schinkel, sandte. Ziel der Revision war immer auch, Einsparpotenzial auszuloten. Ausdrücklich formulierte der Minister dieses Ziel. So wurden mehrere Varianten eingereicht, aber zur Ersparnis durch Abtragung des Bleiturms ist es nicht gekommen. Auch die Magdeburger Regierung rückte von diesem Vorhaben ab.

Das umfangreiche Sanierungsvorhaben der folgenden Jahre ist von Peter Findeisen gründlich aufgearbeitet und dargestellt worden.[14] Beteiligt war die komplette preußische Hierarchie, die Wiederherstellung des Doms war in jeder Hinsicht Chefsache: angefangen von Friedrich Wilhelm III., der in regelmäßigen Jahresberichten über den Baufortschritt informiert werden wollte, über das Kultusministerium bis zur Oberbaudeputation; Oberpräsident von Klewitz vertrat die Provinz und ließ sich aus Magdeburg in Quartalsberichten über den Baufortschritt von Regierungs- und Baurat Clemens informieren; vor Ort arbeiteten Bauinspektor Mellin und Baukondukteur Rosenthal. Eine Baukommission wurde gebildet, der der Geheime Regierungsrat Seydenitz, der Regierungsrat Kurella, der Regierungsbaurat Clemens und als ausführende Baubedienstete Mellin und Rosenthal angehörten.

Das Vorhaben umfasste das gesamte Bauwerk, seine äußere Hülle, den Innenraum, seinen skulpturalen Schmuck und seine unmittelbare Umgebung. Ich möchte daher hier die Arbeiten nicht in allen Einzelheiten, sondern anhand der charakteristischen denkmalpflegerischen Fragestellungen aufzeigen. Die Aufgaben schlossen gerade im Falle des Magdeburger Doms alle wichtigen denkmalpflegerischen Fragen ein: Das Bauwerk vollenden oder nicht? Alle Zeitschichten erhalten? Korrekturen durchführen oder den überlieferten Zustand bewahren? Erforschen und dokumentieren? Das Bauwerk freistellen oder seinen städtebaulichen Kontext erhalten?

Durch das Interesse des Monarchen, der sich von Oberpräsident von Klewitz auf dem Laufenden hielt, der sich wiederum quartalsweise von Mellin berichten ließ, sind auch wir heute sehr gut über die einzelnen Maßnahmen und ihren chronologischen Verlauf informiert. Von einer ‚Dokumentation' im heutigen Sinne kann allerdings nicht gesprochen werden, da alle Maßnahmen im Wesentlichen nur schriftlich festgehalten wurden, abgesehen von einigen informativen Ansichten des Architekturmalers Carl Hasenpflug. In den Berichten Mellins wird ausführlich über alle Maßnahmen informiert, und im Bedarfsfall werden auch Entscheidungen in strittigen Fragen an den König herangetragen, die interessante Einblicke in die fachlichen Kontroversen bieten.

Eine dieser wichtigen Entscheidungen bezog sich auf die ‚Vollendung' der Osttürme (Abb. 89). Vorüberlegungen schlossen tatsächlich auch eine Fertigstellung der neben dem Paradies gelegenen Türme ein. Man entschloss sich aber, sie unvollendet zu belassen, hauptsächlich aus Gründen der Kostenersparnis. Da der flache, unvermittelte Abschluss aber als ästhetisch unbefriedigend empfunden wurde, holte man das Votum des Königs ein, ob ein um das gesamte Bauwerk herumführender ‚Galleriegang', der durch die flache Abdeckung der Türme unterbrochen war, über diese fortgesetzt werden solle. So „dürfte die

Abb. 89: Entwurfszeichnung mit vollendeten Osttürmen nach Clemens, Mellin und Rosenthal, Der Dom zu Magdeburg. Foto: Findeisen 1990.

Ansicht gewinnen und die Nichtvollendung der Türme sich reiner und edler ansprechen".[15]

An dieser Stelle erlaubte man sich folglich eine ‚Korrektur', wenn auch nur in geringfügigem Maße. Anders dagegen äußert Schinkel Vorschläge zum grundsätzlichen Umgang mit dem Bauwerk und seinem Schmuck, die heute recht fragwürdig anmuten und aus der Sicht heutiger Praxis Schinkel als Denkmalpfleger ins Zwielicht rücken. Am Rand seiner Beurteilung der Kostenschätzung notiert er am 30. Mai 1825: „[...] wenn man nicht überhaupt bei Herstellung von dergleichen Bauwerken des 12. bis 15. Jahrhunderts ein ganz anderes Prinzip walten lassen will. Es ist nicht zu leugnen, dass wenn sämtliche Bauwerke dieser

Zeit, deren Baufälligkeit in unseren Tagen zuerst recht sichtbar wird oder künftig hin in Progressionen wächst, mit seiner so vollkommenen Sorgfalt für jedes einzelne Detail, wie in den vorliegenden Anschlägen erhalten werden sollen, dem Staate eine fast unerschwingliche Last aufgebürdet wird. Die übermäßige Anzahl kleiner, sich mehr oder weniger immer wiederholenden Ornamente und Gliederungen, womit diese Gebäude überdeckt sind, in denen nur ein mechanischer Schematismus sein erkünsteltes Spiel treibt, aber die eigentlichen Aufgaben der schönen Kunst: ‚ideale Auffassung menschlicher und Natur-Zustände' hingegeben und aufgelöst sind, diese Ornamente sämtlich mit pedantischer Sorgfalt auf die Nachwelt zu bringen, hieße, mit enormen Mitteln […] doch nur das eigentümliche einer Kunstbehandlung erhalten, welches allein dazu da wäre zu zeigen, wie man es nicht machen solle".[16]

Er schlägt also vor, Bauglieder, die nicht statisch wirksam waren, „ihrem Schicksal zu überlassen". Man solle also nur das berücksichtigen, „was zur Erhaltung der Masse in statisch-konstruktiver Hinsicht nötig ist, so würden außerordentliche Summen erspart und für die ersten der folgenden Jahrhunderte wird die bunte Wirkung solcher Gebäude immer noch mit der Hälfte der Ornamente erreicht, wenn auch die andere Hälfte teils ganz fehlen, teils in unvollkommenem Zustande gesehen werden sollte, vielleicht dürfte gerade das fehlende die Phantasie solcher Romantiker, die daran auch künftig noch Geschmack finden sollten, noch mehr übersteigen und den Gegenstand interessanter machen. Dass aber in noch späterer Zeit, wenn diese Gebäude alle unwesentlichen Teile verloren haben werden, ihr Äußeres eher gewinnen als verlieren dürfte, ist wenigstens bei sehr vielen derselben wahrscheinlich".[17]

Sowohl Innenminister Schuckmann also auch Kultusminister Altenstein waren allerdings mit dieser Idee „keineswegs einverstanden". Sie erkannten „in diesen Teilen ein[en] unendlicher Fleiß und Reichtum künstlerischer Ideen". Sie „erhöhten durch ihren Gegensatz zu der imponierenden Größe und Masse des ganzen Bauwerks den Eindruck sehr".[18]

Verkehrte Welt: Der Denkmalpfleger will aus Kosten- und Geschmacksgründen den Bauschmuck opfern, die Minister scheuen die Kosten nicht? An dieser Stelle wird deutlich, dass sich Schinkel nicht unbedingt in der Rolle des Denkmalpflegers sah, dem die Erhaltung des Bauwerks als historisches Zeugnis höchste Priorität hatte. Seine Aufgabe sah er vielmehr darin, Kostenschätzungen zu prüfen, Erhaltungsmaßnahmen zu kontrollieren und fachlich zu begleiten. Die Freiheit, das Historische nach seiner gestalterischen Qualität zu beurteilen, nahm er sich dabei selbstverständlich auch. Hier offenbart er eine gewandelte, sehr distanzierte Wahrnehmung der gotischen Architektur.

Das Beispiel des Bischofsgangs, dessen Überdachung mit hohen Walmdächern zur Disposition stand, zeigt, dass Korrekturen auch im Sinne des ursprünglichen Baus unternommen wurden (Abb. 90, Abb. 91). Unter den Zeltdächern fand man ein flaches, mit Sandsteinplatten gedecktes Dach und entschied sich für den Rückbau der vorhandenen Dachform zugunsten dieser als ursprünglich erkannten Deckung. Von Vorteil empfand man, dass nun die Fenster des hohen Chors von außen „vollständiger und reiner hervortrete[n]" und auch das Innere an „Licht und Ansehen gewänne".[19] Der König stimmte, wie übrigens fast immer, auch diesem Vorschlag zu.

Die Frage der Korrektur des Vorgefundenen im Sinne der Beseitigung eines Missstands schloss die Auseinandersetzung mit den ‚Zeitspuren', die das Bauwerk in seiner mehrhundertjährigen Existenz erfahren hat, ein. So wies nur noch der Westturm der Nordseite eine abschließende Kreuzblume auf dem Turmhelm auf (Abb. 92). Die Bruchstücke der Kreuzblume des südlichen Turms waren angeblich 1806 noch in der Kirche aufbewahrt. Nun traf man Überlegungen, ob man es bei diesem Zustand belassen oder den südlichen Turm um eine restaurierte Kreuzblume ergänzen solle, um das Bild zu vereinheitlichen und Symmetrie herzustellen. Klewitz berichtet dem König im März 1829 von der Beschäftigung der Baukommission mit diesem Thema:[20] Laut „Volkssage" soll die Kreuzblume bei der Belagerung durch Tilly 1631 herabgeschossen worden sein. Dieser Mangel werde „von der Stadt und der Umgegend als eine geschichtliche Denkwürdigkeit werthgehalten". Man hatte hierzu umfänglich recherchiert, auch Geschützspuren entdeckt und zeichnerisch aufgenommen. Klewitz schlägt also vor, „der beschädigte Schaft mögte als historisches Denkmal ganz so wie er ist, so belassen und nicht mit einer Krone zu versehen sein". Dieser Meinung schloss sich der König an, und so entschied man sich gegen eine ‚Verbesserung' des vorgefundenen zugunsten der historischen

Abb. 90: Carl Hasenpflug, Magdeburger Domchor mit Bischofsgang vor der Restaurierung, 1827/28, Öl über Bleistift, Papier auf Eichenholz, 96 x 126 cm. Foto: Landeshauptarchiv Sachsen-Anhalt, Staatsarchiv Magdeburg.

Abb. 91: Carl Hasenpflug, Magdeburger Domchor mit Bischofsgang nach der Restaurierung, 1827/28, Öl über Bleistift, Papier auf Eichenholz, 96 x 126 cm. Foto: Landeshauptarchiv Sachsen-Anhalt, Staatsarchiv Magdeburg.

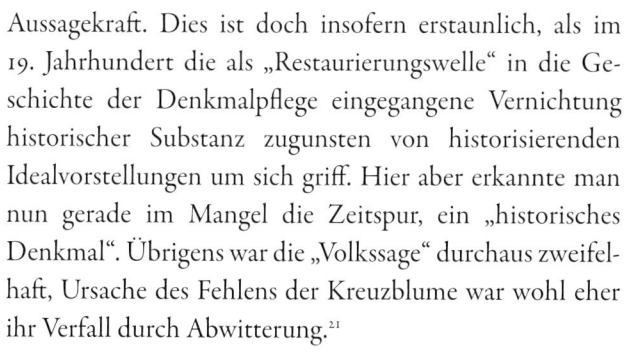

Aussagekraft. Dies ist doch insofern erstaunlich, als im 19. Jahrhundert die als „Restaurierungswelle" in die Geschichte der Denkmalpflege eingegangene Vernichtung historischer Substanz zugunsten von historisierenden Idealvorstellungen um sich griff. Hier aber erkannte man nun gerade im Mangel die Zeitspur, ein „historisches Denkmal". Übrigens war die „Volkssage" durchaus zweifelhaft, Ursache des Fehlens der Kreuzblume war wohl eher ihr Verfall durch Abwitterung.[21]

Im Innenraum der Kirche ging man allerdings nicht so sorgfältig mit der historischen Substanz und ihren Zeitschichten um. Der Putz wurde komplett erneuert, nur wenig wird von überlieferten Befunden berichtet. Historische Putze und Malereien scheinen von keinem großen Interesse gewesen zu sein. Nachmittelalterliche Einbauten wurden entfernt, und auch der Lettner sollte nicht verschont bleiben, damit „das von allen fremdartigen und später eingebrachten Gegenständen geräumte Schiff der Kirche [...] einen großartigen Eindruck auf das Gemüth"[22] machen könne. Das Vorhaben, den Lettner zu einem Windfang umzubauen, wurde allerdings vom Kultusministerium unterbunden. Ein Jahrzehnt später, 1844, verfügte das Ministerium in einem allgemeinen Runderlass an die preußischen Provinzen „Schonung alter Denkmäler bei der Erneuerung des inneren Zustandes von Kirchen".[23] Bei Modernisierung seien die Denkmäler der vorangegangenen Generationen, womit die Einbauten, Skulpturen oder Altäre usw. gemeint sind, zu erhalten und mit Schonung vorzugehen, „weil dabei jedesmal die Geschmacksrichtung des Augenblicks zu entscheiden pflegt, deren Billigung seitens künftiger Generationen nicht immer vorauszusetzen ist".

Auch die Erneuerung des Fußbodens stellte die Baukommission vor die Aufgabe, das Bauwerk zu ‚erforschen'. Es handelte sich dabei offensichtlich eher um zufällige Funde als planmäßig und gezielt durchgeführte archäolo-

Abb. 92: Turmspitzen, Südturm ohne Kreuzblume, Dom, Magdeburg. Foto: Rita Mohr de Pérez.

gische Untersuchungen. Man stieß nämlich auf drei Bischofsgräber aus dem 15. Jahrhundert, als der Fußboden aufgenommen wurde. Die Gräber enthielten als Beigaben jeweils Kelch, Ring und Patene. Klewitz fügte seinem Bericht vom Oktober 1839 sorgfältige Zeichnungen der Grabbeigaben (Abb. 93, Abb. 94) sowie ein Protokoll über die Aufnahme des Fußbodens und eine Chronik bei,[24] die über die bestatteten Bischöfe Auskunft gab. Zugleich erbat er vom König die Entscheidung, wie mit den Grabbeigaben zu verfahren sei: ob sie in situ belassen oder geborgen und in der Kirche als „Gegenstände des Alterthums und der damaligen Kunst" aufbewahrt werden sollten. Der König entschied, dass sie wieder in die Gräber „eingesenkt" werden sollten.

Chroniken und Recherchen bezog man baubegleitend in die Planungen ein. Auch wurden durchaus Untersuchungen durchgeführt und dokumentiert. Ersichtlich ist folglich ein ernsthaftes Bemühen, dem Bauwerk in seiner historischen Integrität gerecht zu werden und seine Authentizität weitgehend zu wahren. Im Dezember 1831 berichtet Klewitz dem König von einer besonderen Entdeckung: der Auffindung des Grabs Kaiser Ottos.[25] Unter seinem Denkmal in der Mitte des hohen Chors wurden ein Gang und eine Marmorplatte aufgespürt. Als man

Abb. 93: Zeichnung der Beigaben eines aufgefundenen Bischofsgrabs. Foto: Geheimes Staatsarchiv Preußischer Kulturbesitz Berlin-Dahlem.

Abb. 94: Zeichnung der Beigaben eines aufgefundenen Bischofsgrabs. Foto: Geheimes Staatsarchiv Preußischer Kulturbesitz Berlin-Dahlem.

diese anhob, fand sich ein „Steinkasten", darin ein „zerfallener Holzsarg", in dem „Gebeine unregelmäßig durcheinander gelegen" waren. Hierauf wurde die Marmorplatte sofort wieder darüber befestigt.

In den beiden letzten Jahren 1833 und 1834 widmete man sich der ‚Umgebung' des Domes, nachdem das Bauwerk selbst so gut wie fertig restauriert war (Abb. 95). Die Neigung, große mittelalterliche Domkirchen freizustellen, das heißt, Anbauten und umstellende Gebäuden abzureißen, um freie Sicht auf den Kirchenbau zu ermöglichen, fand im 19. Jahrhundert vielerorts Befürworter und wurde auch häufig in die Tat umgesetzt. Es liegt ja auch der Gedanke nahe, das Vollbrachte, also die vollständige Wiederherstellung des historischen Bauwerks, voller Stolz herzeigen zu wollen. Diesem Präsentationsbedürfnis fielen im 19. Jahrhundert zahlreiche historische Bauwerke zum Opfer, wodurch das stolz Präsentierte seinen städtebaulichen Kontext verlor. Auch in Magdeburg wurde eine Freistellung in Erwägung gezogen und auch zum Teil ins Werk gesetzt. Der Zither hingegen wurde durch Klewitz' Einspruch gegen seinen Abriss in die Instandsetzungsmaßnahmen mit einbezogen und zur Sakristei umgenutzt. Er erhielt allerdings ein flaches Dach, „um der Kirche mehr Luft zu verschaffen".[26] Mit demselben Argu-

Abb. 95: Carl Hasenpflug, Gesamtansicht des Doms von Nordosten nach der Restaurierung mit idealisierter Freistellung, 1828, Öl auf Leinwand, 95,5 x 114,5 cm, Kulturhistorisches Museum Magdeburg. Foto: IKARE, MLU Halle.

ment wird der Abbruch der Domschulbibliothek vorangetrieben. Über dieses Gebäude werden erstaunlicherweise keine weiteren Angaben gemacht. Dies verwundert umso mehr, als schon im Jahr 1828 Anstrengungen, den Dom freizustellen, vom König durchaus kritisch hinterfragt wurden, wenn auch nicht unbedingt aus Gründen der städtebaulichen Authentizität. Seinerzeit fragten die Minister Motz (Finanzen) und Altenstein (Kultus) beim König an, ob der Dom „von Gegenständen zu befreien" sei, um darauf „diesem ausgezeichneten Werke der älteren Baukunst eine möglich freie Ansicht zu gewähren".[27] Die Abbruchbestrebungen richteten sich auf die Dienstwohnung des Bauverwalters des ehemaligen Domkapitels an der Südseite des Kreuzgangs, die sich seit Neuem im öffentlichen Eigentum befand. Friedrich Wilhelm befürwortete den Abbruch jedoch nur für den Fall, dass der Bauteil baufällig und reparaturbedürftig sei, „ist dies nicht der Fall, so soll es stehen bleiben".[28] Nähere Gründe für seine Entscheidung ist der König uns leider schuldig geblieben.

Findeisen berichtet auch von der Absicht einige Jahre später, den Kreuzgang abzutragen, ein Plan, der von dem ersten hauptamtlichen Konservator Preußens Ferdinand von Quast vereitelt wurde.[29]

Den letzten Schliff gab man der Umgebung, die planiert wurde,[30] mit der Anpflanzung von niedrigem Gesträuch und Rasenbelag und einem eisernen Gitter, das den gesamten Dombau umgab und ihn „gegen Verunreinigung und Beschädigung"[31] sichern sollte.

Am 27. Dezember 1834 zeigte Klewitz dem preußischen König den Abschluss aller Arbeiten an. Insgesamt hat der Domreparaturbau 221.012 Reichstaler, 12 Silbergroschen und 7 Pfennig gekostet und damit die veranschlagten Kosten aus dem Jahr 1825 um über ca. 5000 Reichstaler unterschritten. Nach Abschluss der Arbeiten brachte man dem König zu Ehren die schon erwähnte Gedenktafel (Abb. 88) im Innern der Kirche an.

Schlussbemerkung

Wie lässt sich aus heutiger Sicht die Instandsetzung des Magdeburger Doms beurteilen? Es war ein großes, ein bedeutendes Unterfangen und eine für die staatlichen Behörden noch recht neue Aufgabe obendrein. Schließlich war es ein Projekt, das vom König finanziert und daher von ihm mit wachsamem Blick und lebhaftem Interesse verfolgt wurde. Gerade unter diesen Bedingungen kann es nicht verwundern, dass der schnelle, sichtbare Erfolg oberste Priorität hatte. Ebenso wichtig war, den Kostenrahmen einzuhalten. Rascher Baufortschritt bei möglichst niedrigen Kosten: Das war der Druck, unter dem die Baukommission stand. Unter diesen Bedingungen ist es doch erstaunlich, wie sehr sich die Beteiligten darum bemühten, dem Denkmal in seiner historischen Aussagekraft gerecht zu werden, wie selbst unbedeutend anmutende Detailfragen (mit erneuerter Kreuzblume oder nicht?) breiten Raum fanden und „mit Ausdauer" diskutiert wurden.[32] Archivrecherchen, das Hinzuziehen von Chroniken, Auseinandersetzungen mit dem Vorgefundenen gehörten baubegleitend dazu, und gewonnene Erkenntnisse wurden zur Grundlage von Entscheidungen. Die Korrekturen am Außenbau waren zurückhaltend und bedeuteten keinen auffallend gestalterischen Eingriff in das Erscheinungsbild. Anders dagegen wurde im Innenraum eher dem Prinzip der Stilreinheit gefolgt. In den späteren Einbauten erkannte man keine bewahrenswerten Merkzeichen verschiedener Zeitschichten, sondern sah in ihnen eher spätere Zutaten von geringerer künstlerischer Qualität.

Aus meiner praktischen Tätigkeit heraus erstaunt mich, wie über den Zeitraum von fast 200 Jahren hinweg die Fragen, die Konflikte, die Lösungswege die gleichen geblieben sind. Kosten, Baufortschritt und sichtbarer Erfolg spielen die Hauptrolle, während sanierungsvorbereitende Bauforschung, Archäologie und Dokumentation gerne nachrangig gesehen werden – nicht von der Denkmalpflege, sondern von den Bauherren, der Öffentlichkeit und vor allem den Geldgebern.

Anmerkungen

1 Vgl. Findeisen 1990, S. 11: „Die Denkmalpflege geriet unter dem Einfluss romantischer Stimmungen und nationalen Empfindens geradezu zu einer ethischen und patriotischen Forderung."
2 Geheimes Staatsarchiv Preußischer Kulturbesitz (im Folgenden: GStA PK) Berlin I HA Rep. 93 B Nr. 12, Blatt 3–6; vgl. auch zusammenfassend Mohr de Pérez 2001b.
3 Theodor von Schön, zit. nach Mohr de Pérez 2001a, S. 40.
4 Abgedruckt bei Huse 1984, S. 27.
5 Abgedruckt bei Mohr de Pérez 2001a, S. 260f.
6 Hierzu vgl. Strecke 1994, S. 487–492.
7 Vgl. Mohr de Pérez 2001a, S. 100.
8 Veröffentlicht von Kohte 1977.
9 Schubert 1984, S. 45.
10 Vgl. Winkler 2008, S. 24.
11 GStA PK Berlin I HA Rep. 93 D Nr. 381 Acta wegen der Baue und Reparaturen in und bei der Stadt Magdeburg Blatt 30.
12 Ebd.
13 Ebd.
14 Vgl. Findeisen 1990, S. 55–61, 214–222.
15 GStA PK Berlin I HA Rep. 89 Nr. 22113, Blatt 15r.
16 GStA PK Berlin I HA Rep. 93 D Nr. 381 Acta wegen der Baue und Reparaturen in und bei der Stadt Magdeburg Blatt 78f; die Randnotiz zeigt eindeutig die Handschrift Schinkels.
17 Ebd.
18 GStA PK Berlin I HA Rep. 89 Nr. 22113, Blatt 6r.
19 Ebd., Blatt 14r.
20 Vgl. ebd., Blatt 36.
21 Vgl. Findeisen 1990, S. 59, 220.
22 Zit. nach Findeisen 1990, S. 60.
23 Abgedruckt bei Mohr de Pérez 2001a, S. 266.
24 Vgl. GStA PK Berlin I HA Rep. 89 Nr. 22113, Blatt 47–52.
25 Vgl. im Folgenden GStA PK Berlin I HA Rep. 89 Nr. 22113, Blatt 58–60.
26 So schreibt Klewitz an den König am 07.09.1833, ebd., Blatt 68.
27 Schreiben vom 06.12.1828, ebd., Blatt 34.
28 Ebd., Blatt 35.
29 Vgl. Findeisen 1990, S. 220.
30 Von archäologischen Untersuchungen wird in diesem Zusammenhang nicht berichtet.
31 GStA PK Berlin I HA Rep. 89 Nr. 22113, Blatt 70.
32 Vgl. Findeisen 1991, S. 59.

THOMAS COOMANS

Denkmalpflegekonzepte in der ersten Hälfte des 19. Jahrhunderts in Frankreich und die Rolle der gotischen Kathedrale (1789–1848)

Einleitung

In der ersten Hälfte des 19. Jahrhunderts, unter dem Einfluss der Romantik und mit der Aussicht auf die Herausbildung nationaler Identitäten, entstand die patrimoniale Debatte und verbreitete sich über alle Länder Europas. Frankreich spielte dabei eine besondere Rolle und beeinflusste andere Nationen. Denn in Frankreich lässt sich ein großes Paradoxon beobachten, das dem modernen Denkmalgedanken zugrunde liegt. Es benötigte den revolutionären Vandalismus, der sich daran machte, Denkmäler und Objekte der Vergangenheit in großem Umfang zu zerstören, damit diese sich ihres Wertes bewusst wurden (Abb. 96). Im Augenblick des Todes beginnt die Arbeit der Erinnerung, im vorliegenden Falle die patrimoniale Erinnerung und eine sie begleitende neue Sakralität. Seit ungefähr 15 Jahren erscheinen in Frankreich zahlreiche Veröffentlichungen und werden regelmäßig dem nationalen Kulturerbe, der französischen Identität oder aber der Rolle des historischen Denkmals gewidmete Kolloquien abgehalten.[1] Mehr noch als ein angesagtes Thema sind Kulturerbgüter Träger einer grundlegenden Identität in unserer postmodernen, globalisierten, von einer tiefen Identitätskrise geprägten Gesellschaft. Bei diesen patrimonialen Überlegungen spielt Frankreich eine herausragende Rolle, insbesondere, da die Ursprünge vieler Gründungskonzepte in der Revolution von 1789 liegen, und den theoretischen Überlegungen eines Alois Riegl ein Jahrhundert voraus waren.[2]

Wir werden die Etappen dieser patrimonialen Bewusstwerdung in Frankreich darstellen – beginnend mit der französischen Revolution bis zur Mitte des 19. Jahrhunderts, von Abbé Grégoire bis Viollet-le-Duc, en passant Alexandre Lenoir, Victor Hugo, Arcisse de Caumont, Prosper Mérimée und andere Pioniere. Jeder von ihnen, mit seiner aus einer komplexen Mischung von klassizistischen, romantischen oder nationalistischen Gefühlen geprägten Empfindsamkeit, trug dazu bei, die Konzepte, deren heutige Erben wir hier sind, zu definieren.

Abb. 96: Pierre-Joseph La Fontaine: Alexandre Lenoir hindert die „sans-culottes" das Grab König Ludwigs XII. in Saint-Denis abzureißen, Zeichnung, 1790, Paris, Musée du Louvre, Département des Arts Graphiques. Foto: Musée du Louvre, Paris.

Dieser Beitrag gliedert sich in drei Abschnitte, welche der Chronologie der in Frankreich vorherrschenden politischen Regime in dem betreffenden halben Jahrhundert entsprechen. Nach einer kurzen Besinnung auf das Ende des Ancien Régime, umfasst die erste Etappe die Periode von der französischen Revolution bis zum Fall des Kaiserreiches 1814/1815; das zweite Kapitel entspricht der Restauration – die Rückkehr der Bourbonenkönige Ludwig XVIII. und Karl X. – von 1814/1815 bis zur Revolution 1830; die dritte Etappe fällt zusammen mit der Regierung Louis-Philippes, auch Julimonarchie genannt, welche mit der Revolution 1830 beginnt und mit der Revolution 1848 endet.

Die Verbindung zwischen den politischen Ideologien einerseits und den patrimonialen Diskussionen, der historischen Reflexion und ästhetischen Strömungen andererseits sind faszinierend. Diese Periode ist deshalb entscheidend, da die grundlegende Herausforderung in der Herausbildung einer mit neuen Werten belegten nationalen Idee lag; man zögerte dabei keinesfalls, die Perzeption der Vergangenheit zu manipulieren und ein selektives Gedächtnis zu entwickeln.

Präambel: Monarchie des Ancien Régime (vor 1798)

Vor den großen Umwälzungen am Ende des 18. Jahrhunderts war kaum die Rede von einem Kulturerbgut. Denkmäler konnten einfach zerstört und ganz nach dem Willen des jeweiligen Herrschers oder Eigentümers ersetzt werden. So wurden im Laufe der Jahrhunderte, beeinflusst durch Stil und Geschmack der jeweiligen Zeit, die Mehrheit der Schlösser, Kirchen sowie großen öffentlichen Gebäude umgestaltet oder erneuert. Das Prinzip der sogenannten ‚utilité immédiate', der unmittelbaren Nützlichkeit, war vorherrschend.

Wie Jean-Pierre Babelon und André Chastel zeigten, war die erste Form des Erbguts, ganz am Anfang der christlichen Ära, das Relikt. Der Status der Heiligenreliktete definierte sich bereits in den Termen des Besitztums. Ihre Verehrung hat sozusagen die Notion des Kulturerbes begründet.[3] Aber auch die Monarchie hatte ihre heiligen Objekte, die regalia, und gebrauchte Kunst und Architektur als Mittel der politischen Propaganda.

Im Verlauf des 18. Jahrhunderts – dem Zeitalter der Aufklärung, in der die Grundzüge der wissenschaftlichen Methode, der rationellen Annäherung an die Welt und die historische Kritik geboren wurden – erhoben aufgeklärte Individuen ihre Stimme gegen die Vernachlässigung von Relikten aus der Vergangenheit.[4] Das Studium und das Bewahren von Dingen aus der Vergangenheit bildete sich in aufgeklärten, intellektuellen Kreisen heraus – aber aus ganz unterschiedlichen Motivationen, welche von der Sammlung von Antiquitäten bis zum öffentlichen Interesse reichten.

Erste Etappe: Von der Revolution zum Kaiserreich (1789–1814/1815), Vandalismus und Patrimonialisation

Die ersten Jahre der Revolution waren äußerst unklar – eine Folge der Konfiszierung der Güter zunächst 1789 der Kirchen, dann, 1792, der Adligen und der Krone: Gebäude wurden systematisch geplündert und zerstört, das Volk rächte sich an den Symbolen des Ancien Régime, man schändete Gräber, man zerschlug Statuen. Paradoxerweise entstand in diesem ikonoklastischen Kontext der Begriff des Kulturerbes: „Der Begriff wurde durch die französische Revolution, bis hin zu seiner utopischen patriotischen Dimension, erschaffen. Das Wort an sich, verbunden mit dem des Vandalismus hat kraftvoll dazu beigetragen, eine Gegenströmung zu schaffen, die der Wut des ‚Reinen-Tisch-Machens' das einige von ihnen beseelte, widerstand. So erwachte der erste Keim des historischen Gefühls einer nationalen Vergangenheit, zunächst in abstrakten Begriffen formuliert, der so charakteristisch für die Romantik war".[5]

Seit 1794 prangerte der Priester Henri Grégoire (1750–1831) in drei Berichten die durch den Vandalismus herbeigeführten Zerstörungen an und schlug Mittel vor, diese zu ahnden.[6] Der Abbé Grégoire erfand die Neuschöpfung des Wortes ‚Vandalismus' und bezog sich dabei auf die Barbarei der blinden Zerstörung und das Fehlen einer Kultur bei den Vandalen, die 455 Rom verwüsteten.[7] Er unterstreicht hierbei die Existenz eines kollektiven Erbguts, dessen Erhaltung von einer allgemeinen Nützlichkeit ist. Im Namen der republikanischen Tugend und der Künste, betonte Henri Grégoire die Notwendigkeit, Erbgut für die Unterweisung des Volkes und für die öffentliche Moral zu erhalten. Diese beiden

Abb. 97: Der Saal des 14. Jahrhunderts in dem Musée des Monuments français, ca. 1800. Foto: Musée Carnavalet, Paris. Roger-Viollet 23784-3.

Konzepte eines kollektiven Erbguts und einer allgemeinen Nützlichkeit waren neu und fielen insbesondere zusammen mit den Fragen des Eigentums, der Erinnerung, der Erziehung und der nationalen Identität.[8] Nur mit Bezug auf die Revolution, im Gefolge der Allgemeinen Erklärung der Menschenrechte (Déclaration des droits de l'homme et du citoyen, 26 August 1798), konnten sie entstehen. Mehr als nur ein bloßer Eigentumswechsel, hatte diese kollektive Aneignung der nationalen Güter an der Ideologie der Regeneration, dem moralischen Grundstein der Revolution, teil.[9] Es war dann auch der Staat, der von nun an die Erinnerung an die nationale Einheit erzeugen sollte und im Namen des Erziehungswesens ihr Konservator wurde.

Die Nation traf auf eine ihr neue Verantwortung: Sie musste nun unter den Denkmälern und den konfiszierten Werken (den nationalen Gütern) diejenigen auswählen, die es verdienten, bewahrt und den folgenden Generationen übergeben zu werden. Man musste daher auch beschließen, was verkauft, was zerstört und was vergessen werden sollte. Der Begriff Denkmal umfasst zugleich Immobiliengüter (Gebäude) und Möbelstücke (Objekte). Das kollektive Gedächtnis basierte auf einer Auslese, deren Kriterien und Methode es zu bestimmen galt. Ausgehend von den Berichten des Abbé Grégoire begann die Republik, Gesetze zu erlassen. Das Dekret vom 3. Brumaire II verbot es, Denkmäler zu verändern, und autorisierte den Transport von Kunstwerken in Museen. Anweisungen wurden bereits ab 1790/91 verabschiedet, und zwar dahingehend, dass man Inventare von Objekten aufstellte, die „der Kunst, den Wissenschaften und der Bildung" dienen könnten.[10]

In diesem konfliktgeladenen Kontext zwischen Vandalismus und Patrimonialisierung lässt sich der berühmte Zwischenfall des Museums der französischen Denkmäler („Musée des Monuments français") situieren.[11] Um die öffentliche Bildung zu fördern und sich dabei nicht nur auf das Gemäldemuseum des Louvre zu beschränken, gründete der Nationalkonvent 1793 das naturhistorische Museum und 1794 das Conservatoire des Arts et métiers – zwei wissenschaftliche Institutionen, die sich auch heute noch im Jardin de Plantes beziehungsweise in der vormaligen Abtei Notre-Dame des Champs befinden. 1795 wurde noch ein drittes Museum von Alexandre Lenoir (1761–1839) gegründet, welches ein Depot voller konfiszierter Kunstwerke, gelegen im abgeschafften Kloster der Petits-Augustins, in ein Denkmalmuseum umwandelte.[12] Hierbei handelte es sich vor allem um Grab- und Monumentalskulpturen. Das Museumskonzept basierte nicht ausschließlich auf künstlerischen und ästhetischen Beweggründen, sondern auch auf der Ideologie der Dekontextualisierung. Durch das Umziehen der Objekte, das heißt, sie ihrem historischen, politischen und religiösen Kontext zu entziehen, wurden diese desakralisiert und ideologisch neutralisiert. Lenoir stellte die Sammlung seines Museums gemäß den enzyklopädischen Ideen seiner Zeit aus (Abb. 97): in chronologischer Abfolge, nach Stil und Jahrhunderten sortiert – entsprechend einer Kunstgeschichte, die sich an der Idee des Fortschritts orientiert.[13]

Nach dem Nationalkonvent plünderten das Direktorium und das französische Konsulat systematisch Meisterwerke bei ihren Eroberungen in den Niederlanden, Italien und Ägypten und überführten sie in die Pariser Museen. Hierbei handelte es sich nicht um militärisches Beutegut im früheren Sinne, sondern um eine ‚Beschlagnahmung von Kunstwerken', motiviert von einer übergeordneten Idee: „Die Früchte des Geistes sind das Kulturerbe der Freiheit."[14] Ab 1802 wurden Museen in allen großen französischen Städten gegründet, um auch in der Provinz die nationale Identität zu verbreiten.[15] Dieser Exzess rief eine neue Reaktion hervor, deren Wortführer der Royalist Antoine Chrisostome Quatremère de Quincy (1755–1849) wurde. Schon ab 1796 widersetzte er sich der Plünderung Italiens, und 1815 veröffentlichte er seine „Considérations morales sur la destination des ouvrages de l'art".[16] Hierin verteidigt er die Idee, dass ein Kunstwerk der Architektur, die es beherbergt, nahe steht, und dass jedes Gebäude mit seinem ihm umgebenen Standort verbunden ist. Daher widersetzte er sich dem Umsetzen von Denkmälern – gemäß dem Prinzip, das 1964 in Artikel 7 und 8 der Charta von Venedig verankert wurde. Als Konsequenz des Standpunkts von Quatremère de Quincy wurde das Museum der französischen Denkmäler 1816 geschlossen, die Kunstwerke wurden zurückgegeben und die (leeren!) Gräber wieder hergestellt.[17]

Zum Abschluss dieses der Periode der Revolution und dem Kaiserreich gewidmeten Kapitels soll auf das Schicksal der Kathedralen eingegangen werden. Als Denkmäler der Kunst sowie des französischen Geistes par excellence wurden alle Kathedralen zum nationalen Eigentum erklärt und in sogenannte ‚Temples de la Raison' für die neue Religion des Staates umgewandelt. Im Gegensatz zu den Abteien und Klöstern, welche in großem Umfang zerstört (wie die Abtei von Cluny, um nur ein Beispiel zu nennen) oder als Kasernen oder Gefängnisse gebraucht wurden (wie die Abteien von Mont-Saint-Michel oder Fontevrault), wurde die Mehrheit der Kathedralen respektiert, da sie als nationale Denkmäler betrachtet wurden. Nur wenige Kathedralen wurden zerstört: fünf in Frankreich (Arras, Avranches, Boulogne, Cambrai und Mâcon) und zwei in Belgien (Brügge und Lüttich) (Abb. 98). Hingegen schändete die ikonoklastische Raserei Grabstätten, zerstörte Kunstwerke, versprengte Schätze etc. Die Enthauptung der Fassadenstatuen von Notre-Dame in Paris und die Schändung der königlichen Gräber von Saint-Denis sind extremer Ausdruck dieser damnatio memoriae.[18]

Mit dem Konkordat von 1801, das die Beziehungen zwischen Kirche und Staat neu regelte, wurden die Kathedralen dem Kultus zurückgegeben, blieben aber Staatseigentum. Sie wechselten also den Eigentümer und wurden zu nationalen Denkmälern – sie hatten dennoch ihre ursprüngliche Nutzung und ihren episkopalen Rang zurückgefunden. Dieser Punkt wird sich als sehr wichtig erweisen, da dem Eigentümer, nunmehr dem Staat, der Unterhalt der Gotteshäuser obliegt.[19]

Abb. 98: Die Kathedrale von Lüttich, Gemälde von J. G. Tahan, 1802. Foto: Collections artistiques, Université de Liège.

Zweite Etappe: Die Restauration (1814/15–1830), romantische Plädoyers und die ‚Sociétés des Antiquaires'

Mit dem Fall des Kaiserreiches 1815 und der Rückkehr der Monarchie begann in Frankreich die Zeit der Restauration: Die Bourbonenkönige Ludwig XVIII. und Karl X. folgten einander. Sie führten eine konservative Politik, ohne dabei zu einem Konsens mit den ‚Erben' der Revolution zu kommen. Auf dem Gebiet des Kulturerbes stand außer Frage, zu einem vorrevolutionären Zustand zurückzukehren. Viele Gebäude, vor allem religiöse, waren zerstört, beschädigt oder hatten neue Eigentümer, die diese legal erworben hatten.

Als ein Resultat des zwischen Napoleon und der Kirche abgeschlossenen Konkordats von 1801 wurde der Zerstörung der Kirchen Einhalt geboten, dennoch bemängelte Chateaubriand 1802 die kritische Situation in seinem „Le Génie du Christianisme".[20] Bezüglich der Ruinen von Bauwerken unterschied er zwischen schönen Ruinen – entstanden durch Erosion oder Alter – und durch menschliche Zerstörung entstandene Ruinen. Nunmehr waren Ruinen nicht nur den antiken Zivilisationen eigen, nein, ganz Frankreich war mit Ruinen der christlichen Zivilisation bedeckt. Die Fatalität der Ruinen inspirierte den romantischen Geist, der sich in philosophischen, ästhetischen sowie historischen Betrachtungen, in Reflektionen über die Endlichkeit menschlichen Bauens, über ihre visuelle Harmonie mit der Natur und natürlich über die geschichtliche Erinnerung und die nationale Identität äußerte. Erst ab der Mitte des 19. Jahrhunderts wurden Ruinen als Defekt wahrgenommen,

Abb. 99: „Ruines de l'église Saint-Pierre", in: Charles Nodier / Justin Taylor, Voyages pittoresques et romantiques dans l'ancienne France, Bd. 1, 1820. Foto: Bibliothèque nationale de France, Paris, Estampes, Ub 17.

und man begann mit systematischen und ambitionierten Rekonstruktionen.²¹

Die beginnende industrielle Revolution brachte frisches Kapital hervor, welches zum Teil in Immobilieninvestitionen gesteckt wurde. Spekulantenvereinigungen kauften Eigentum auf, zerstörten die Gebäude, verkauften die Materialien und parzellierten die Grundstücke. Die Öffentlichkeit sprach von „schwarzen Banden" und von den „schwarzen Gütern der Kirche"; Pamphlete griffen diesen lukrativen Vandalismus an. Das berühmteste ist das von Victor Hugo (1802–1885) 1825 verfasste „Guerre aux démolisseurs".²² Victor Hugo konzeptualisiert später auch andere hier intuitiv bereits erfasste Kenntnisse. So legte er 1832 klar und deutlich den Unterschied zwischen Privateigentum und Gemeinnutz dar: „Ein Gebäude hat zwei Aspekte: seinen Gebrauch und seine Schönheit. Der Gebrauch gehört dem Besitzer, die Schönheit aber gehört allen; deshalb überschreitet man sein Recht, wenn man es zerstört."²³ In dem Bewusstsein, dass nur Gesetze es schaffen würden, dem Vandalismus Einhalt zu gebieten, flehte er den Staat an, diese zu erlassen, um Denkmäler zu schützen.

Angesichts der staatlichen Nachlässigkeit, Gesetze zu verabschieden, führten die Romantiker, die ihre Passion für mittelalterliche Kunst entdeckten, ihren berühmten Kampf gegen die Klassiker. Eine bedeutende Initiative war dabei ab 1820 die Veröffentlichung der „Voyages pittoresques et romantiques dans l'ancienne France" von Charles Nodier (1780–1844), Baron Taylor (1789–1879) und Alphonse de Cailleux (1788–1876), die als „letzte Reisende in den Ruinen des alten Frankreichs, das es bald nicht mehr geben würde" Texte und Zeichnungen über vom Verfall bedrohte Denkmäler publizierten (Abb. 99). Diese Serie von 23 Bänden wurde bis 1878 weiter verfolgt und übte beträchtlichen Einfluss aus.²⁴

Parallel dazu, von 1820 bis 1825, entstand nach englischem Vorbild eine ‚nationale Archäologie'. 1820 prangerte Charles de Gerville (1769–1853) das Fehlen jeglichen Interesses an gotischen Denkmälern in der Normandie an, wohingegen in England gotische Denkmäler studiert und restauriert würden. Prägte Gerville 1818 den Begriff ‚roman' – ‚romanisch', den er den Begriffen ‚norman' – ‚normannisch' oder ‚saxon' – ‚angelsächsisch' vorzog,²⁵ so erfand Arcisse de Caumont (1801–1873) 1825 den Begriff der ‚regionalen Architekturschulen'; auch er ging hierbei von der Normandie aus. Caumont gründete 1824 die sogenannte ‚Société des Antiquaires de Normandie' und zehn Jahre später die ‚Société française d'Archéologie'.²⁶ So entstand die Bewegung der ‚sociétés d'antiquaires' oder der ‚sociétés savantes', welche im 19. Jahrhundert einen außerordentlichen Erfolg verzeichneten und eine beeindruckende Anzahl von Publikationen – zunächst noch romantischer, aber zunehmend auch wissenschaftlicher Art – hervorbrachten.²⁷ Einer der Gründe für den Erfolg dieser regionalen Gesellschaften war die Gegenüberstellung des „tiefen Frankreichs" und der Pariser Zentralisierung, sowie die Demonstration einer provinzialen Dynamik und die Erschließung verankerter lokaler Identitäten in der vorrevolutionären Vergangenheit. In den Jahren 1820/30 erschienen auch die ersten Werke großer französischer Historiker – François Guizot (1787–1874), Jules Michelet (1798–1874), Adolphe Thiers (1797–1877), und Augustin Thierry (1795–1856) –, welche das gotische Mittelalter in die Mitte der politischen Debatte rückten, indem sie dieses gleichzeitig als Ideal der christlichen Monarchie oder aber der weltlichen Bourgeoisie interpretierten.

Aber unwidersprochen war es der Erfolg des 1831 erschienenen Hugo'schen Romans „Notre-Dame de Paris"²⁸, der letztendlich das Mittelalter popularisierte und das Ende der Dominanz der klassischen Kunst markierte. So entdeckte Frankreich nach England und Deutschland nicht allein die gotische Architektur und seine Kathedralen wieder, sondern vor allem die Bedeutung der Erschließung seiner eigenen Vergangenheit.

Dritte Etappe: Die Julimonarchie (1830–1848), die Übernahme des Erbes durch den Staat

Die neue, aus der Revolution 1830 unter dem Namen Julimonarchie hervorgegangene politische Macht sollte die Identitätsherausforderung des mittelalterlichen Erbes annehmen und verschiedene administrative Zentren errichten, welche mit seiner Bewahrung betraut wurden. Das Kräfteverhältnis zwischen diesen Administrationen hing von vier verschiedenen Ministerien ab (Inneres, Erziehungswesen, Öffentliche Bauvorhaben, Kultus) und variierte, aber es war letztendlich die ‚Inspection des monuments historiques', die sich behauptete. Die Aufstellung

Abb. 100: Die Akteure des Denkmalschutzes in Frankreich um 1840, Quelle: www.merimee.culture.fr.

dieser Behörde benötigte zehn Jahre. Es folgen hier ihre wichtigsten Schritte und Akteure.

Kurz nach der Revolution wurde der Historiker François Guizot zum Innenminister ernannt.[29] Im Bewusstsein des Geschichtsbedürfnisses der französischen Nation und der Notwendigkeit, das neue Regime in einer Versöhnung der Nation mit seiner Vergangenheit anzusiedeln, schlug er dem König die Schaffung eines neuen Posten vor: den eines Generalinspektors der historischen Denkmäler, beauftragt, deren Schutz zu überwachen und die ‚nationalen Antiquitäten' bekannt zu machen. Die Aufgabe des Generalinspektors wurde wie folgt beschrieben: „[...] nacheinander die französischen Departements zu bereisen, sich vor Ort der historischen Bedeutsamkeit oder des Kunstwertes der Denkmäler zu vergewissern, alle Informationen bezüglich der Dispersion der Beweisstücke oder zugehöriger Objekte zusammenzutragen, die die Herkunft, den Fortgang der Zerstörung eines jeden Gebäudes erhellen könnten [...], die Eigentümer und die Besitzer über die Belange ihrer Wartung aufzuklären und schließlich die Rolle aller departementalen und städtischen Räte dahingehend zu stimulieren, dass zu keinem Zeitpunkt unstrittige Werte aus Ignoranz oder Voreiligkeit verschwinden, [...] dass der gute Wille der Behörden oder Privatpersonen sich nicht in der Sorge um unwürdige Objekte erschöpft."[30]

Der erste Generalinspektor der historischen Denkmäler war Ludovic Vitet (1802–1873), ein junger Historiker und Kunstkritiker. Seine Mission war bemerkenswert, war er doch verantwortlich für das gesamte französische Territorium; er sollte ein Inventar des nationalen Gedächtnisses aufstellen und seinen Fortbestand sichern. Er war allein auf sich gestellt und hatte keinerlei juristische Mittel, kein Budget und keine administrative Struktur, innerhalb der er agieren konnte. Die Pionieraktion Vitets dauerte vier Jahre (1830–1834) und war sehr wichtig für die patrimoniale Bewusstseinserweckung: Er forderte ein Gesetz und bereiste das ganze Land, um die Behörden zu sensibilisieren; es gelang ihm, einige bedrohte Denkmäler zu retten und er brachte den Staat dazu, eines zu kaufen.

1834 wurde Prosper Mérimée (1803–1870) Generalinspektor der historischen Denkmäler.[31] In seiner 20-jährigen Amtszeit gründete er den Dienst für Denkmalschutz, welcher damit beauftragt war, das Kulturgut zu wahren, das heißt Denkmäler zu inspizieren, Arbeiten zu überwachen und Kredite zu erhalten (Abb. 100).

1835 schuf das Ministerium für Erziehungswesen ein ‚Comité historique des arts et des monuments', das damit beauftragt wurde, alle Dokumente mit einem Bezug zur moralischen und intellektuellen Geschichte Frankreichs zusammenzutragen, das heißt das Studium und Inventar der Denkmäler zu befördern.[32] Der Sekretär dieses Komitees, Adolphe-Napoléon Didron (1806–1868), wurde zum wahrhaften Erfinder der Mediatisierung des Kulturgutes: Er war Initiator und Redakteur der ‚Annales archéologiques' (1844–1868) und Herausgeber zahlreicher Monographien über Kunst und Architektur des französischen Mittelalters.[33] Zudem musste man von nun an auch mit der öffentlichen archäologischen Meinung rechnen, die durch die ‚sociétés d'antiquaires' in den Provinzen vertreten war.

1837 schuf Minister Guizot die Kommission für historische Denkmäler, dem Innenministerium anhängig und mit Experten besetzt, die die Behörde dabei beraten sollten, das vom Staat bereitgestellte Budget auf als interessant eingestufte Denkmäler zu verteilen.[34] Zu diesem Zwecke wurde der Begriff der Klassifizierung eingeführt, unter welchem Gebäude gemäß dem Interesse an ihrer Erhaltung hierarchisiert wurden, um budgetäre Prioritäten zu definieren.[35] Die erste Liste datiert 1840 und enthält nicht weniger als 1034 Denkmäler.

Die Hauptpersönlichkeit der historischen Denkmalkommission war Prosper Mérimée, der auch ihr Sekretär war. Durch seine zahlreichen Berichte an die Kommission

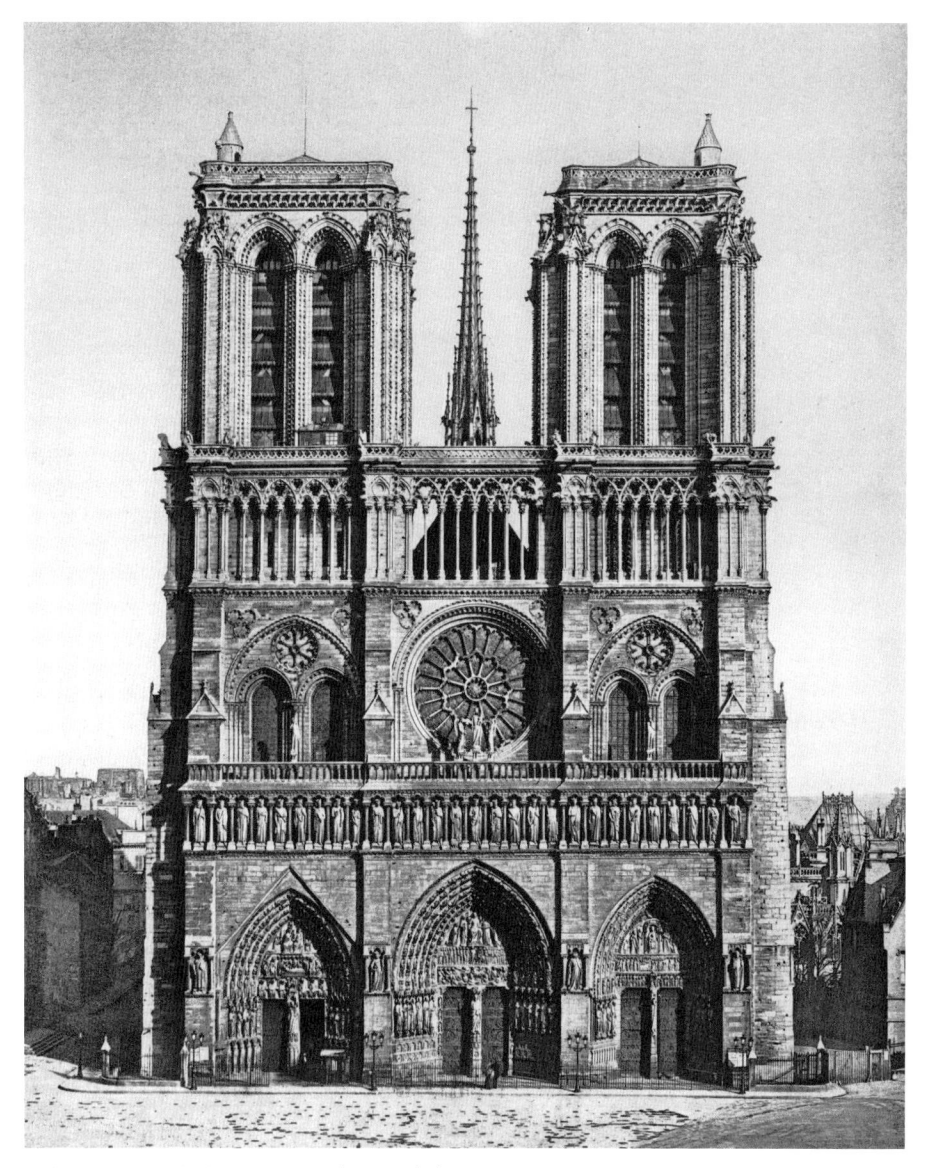

Abb. 101: Die Kathedrale von Paris, kurz nach der Restaurierung, Héliogravure Dujardin, 1864.
Foto: Archiv des Autors.

entwickelte er eine Politik, die vier Hauptachsen folgte, die auch heute noch die Grundlage aller patrimonialen Politik sind:
– Gesetzgebung: unentbehrliches Instrument in der Staatspolitik;
– Sicherung: Auswahl der Denkmäler, Klassifizierung, Kriterien;
– Restaurierung: Methode, Deontologie, Professionalisierung;
– Sensibilisierung: Förderung des öffentlichen Interesses, Anprangerung des Vandalismus.

Merimée gelang es, zwei weitere, bereits seit langer Zeit bestehende Behörden dem Einfluss der Denkmalinspektion unterzuordnen: zum einen den ‚Conseil des bâtiments civils' des Ministeriums der Öffentlichen Bauvorhaben (Travaux publics), das sich um den Unterhalt der dem Staat gehörenden und der öffentlichen Nutzung dienender Gebäude kümmerte; zum anderen den Dienst der kirchlichen Gebäude des für Kultur verantwortlichen Ministeriums, das sich seit dem Konkordat 1801 um die Erhaltung der dem Staat gehörenden Kirchen, insbesondere der Kathedralen, bemühte. Ohne diese Organe in

Abb. 102: Die ideale gotische Kathedrale von Viollet-le-Duc, 1854.
Foto: Viollet-le-Duc 1854 II, Artikel „Cathédrale".

Frage zu stellen, gelang es Mérimée, den Teil ihres Budgets, der die historischen Denkmäler betraf, zu koordinieren und die Benennung der Architekten zu kontrollieren. Die Reform des Dienstes der kirchlichen Gebäude 1848 markierte das Ende des Aufbaus eines Systems, das auch noch im Zweiten Kaiserreich und in der Dritten Republik fortbestehen sollte.[36] Mérimée geriet zudem mit dem Justiz- sowie dem Kriegsministerium in Zwist bezüglich der zahlreichen als Gefängnis, Kaserne oder Arsenal gebrauchten Abteien, die er als historische Baudenkmäler betrachtete.[37]

Schon bald trat ein Kompetenzproblem der Architekten, die mit den Restaurierungsarbeiten beauftragt waren, hervor. 1833 widmete sich der Graf Charles de Montalembert (1810–1870) einer neuen Form des Vandalismus in Frankreich, die er „vandalisme restaurateur" nannte.[38] Die Inkompetenz der für die Diözesen arbeitenden Architekten und deren Unkenntnis hinsichtlich mittelalterlicher Architektur brachten neue irreparable Schäden hervor. Die Wissenschaft der Restaurierung nahm 1820 in Frankreich ihren Ursprung in der Debatte um die Gewölbestabilität der Abteikirchen von Saint-Denis und Saint-Germain-des-Prés in Paris.[39] Aber erst 1840 nahm die Denkmalkommission den Dienst einer Generation spezialisierter Architekten an, deren glanzvollster Viollet-le-Duc war.[40]

Der Umbruch kam mit der Restaurierung der Sainte-Chapelle in Paris, die 1841 den Architekten Félix Duban (1798–1870) und Jean-Baptiste Lassus (1807–1857) angetragen wurde.[41] Die Neuheit bestand in der Methode, die sich zum ersten Mal auf eine minutiöse archäologische Dokumentation des Gebäudes und seiner Dekoration berief. Diese Aufmessungen sollten grundsätzlichen und bisher ungestellten Fragen dienen: Sollte das Gebäude in seinem Orginalzustand, d. h. im Geiste des 13. Jahrhunderts restauriert werden, oder aber sollte man die verschiedenen Schichten, die sich im Laufe der Jahrhunderte angesammelt hatten, akzeptieren?[42] Diese Frage wurde durch die Debatte über die Natur der Architektur selbst verstärkt. Auf der einen Seite stellte die romantische Theorie, insbesondere durch Victor Hugo und Didrons vertreten, fest, dass das Altern, d. h. die zeitliche Abnutzung (die Patina) und die Transformationen durch aufeinanderfolgende Generationen, Teil des Denkmals und somit zu respektieren sei. Dieser Punkt wurde in den darauf folgenden zehn Jahren durch John Ruskin (1819–1900) weiterentwickelt.[43] Demgegenüber stand die Theorie der Rationalisten, zu deren Sprachrohr Viollet-le-Duc wurde. Für sie stellte jeder Umbau einen Verrat an der Orginalkonzeption dar, daher war es eine Pflicht, diese zu restaurieren. Wies die Orginalkonzeption Fehler in der Gebäudestruktur auf, so sollten der Architekt und Restaurator diese korrigieren.

Gerade 26 Jahre alt, wurde Eugène Emmanuel Viollet-le-Duc (1814–1879), ein Kindheitsfreund Prosper Mérimées, 1840 mit der Restaurierung der Abteikirche von Vézelay beauftragt und gewann gemeinsam mit Lassus 1844 den Wettbewerb zur Restaurierung von Notre-Dame de Paris (Abb. 101). Diese beiden Baustellen, von denen die zweite besonders prestigeträchtig war, wurden der Auftakt zu einer außergewöhnlichen Karriere als Architekt und Restaurator, Theoretiker, Schriftsteller etc., die ihren Höhepunkt im Zweiten Kaiserreich erreichen sollte.[44] Viollet-le-Duc definierte schon vor 1850 einige seiner großen Thesen auf dem Gebiet der Restauration, insbesondere die Ablehnung der Nutzung neuerer Materialien (Gusseisen, Kitt, Mörtel, eiserne Dachstühle, etc.) und den Vorrang der architektonischen Logik der Struktur über die Dekoration. Dies führte dann zur Theorie der Stileinheitlichkeit und seiner berühmten Definition der Denkmalrestaurierung: „Ein Gebäude zu restaurieren, bedeutet nicht, es in Stand zu halten, zu reparieren oder neu zu erstellen, das bedeutet, es in seinem kompletten Zustand wiederherzustellen, den es eventuell niemals gab."[45]

Der Architekt benötigte demnach archäologische und wissenschaftliche Kenntnis, sowohl der mittelalterlichen architektonischen Strukturen, als auch der Formen und Stile. Diese Kenntnis ermöglicht es ihm, die zu restaurierenden Denkmäler zu analysieren, und versetzte ihn in die Lage, verschwundene oder beschädigte Teile wiederherzustellen.

Kommen wir vor der Zusammenfassung noch einmal auf die französischen Kathedralen zurück oder, genauer gesagt, auf den Mythos der gotischen Kathedrale. Für eine Nation, die ihre glorreiche mittelalterliche Vergangenheit wiederentdeckte, sollten die Kathedralen zum perfekten Symbol der Aussöhnung werden. Die Fertigstellung der Chöre in den Kathedralen von Nantes (ab 1830) und Besançon (ab 1844), die Restaurierung von Notre-Dame de Paris (ab 1844), die Vollendung der Fassade von Saint-Ouen in Rouen (1846–1851) bildeten das französische Gegenstück zur öffentlichen Meinung zugunsten der Dome in Mailand (ab 1805) und in Köln (ab 1842).[46] Im Gegensatz zu anderen Ländern waren es in Frankreich der Staat und seine zentrale, in der ‚Commission des monuments historiques' hervorragend organisierten Administration, die sich ausschließlich um die historischen Denkmäler kümmerte.

Fazit

Die hier betrachteten 60 Jahre, von 1789 bis 1848, waren für die Denkmalpflege, die Definition ihrer Konzepte, die Errichtung einer zentralisierten Behörde für historische Denkmäler und die Entwicklung von Denkweisen und von Grundlagen einer Praxis der Restaurierung entscheidend. Die patrimonialen Überlegungen der ersten Hälfte des 19. Jahrhunderts entstanden als Ergebnis dreier aufeinanderfolgende Generationen – die der Klassiker, der Romantiker und der Rationalisten – und waren mit der Mehrheit der auch heute noch existierenden theoretischen und praktischen Probleme konfrontiert, auch wenn diese gegenwärtig sicherlich komplexer in unserem ökonomischen und globalen Kontext des beginnenden 21. Jahrhunderts erscheinen.

Frankreich übernahm auf patrimonialem Gebiet unzweifelhaft eine Pionierrolle, insbesondere aufgrund des einzigartigen historischen Kontextes, seines starken Zentralstaates, eines angeborenen Sinns für Polemik, und seiner nationalen Identität – dennoch wäre es sicherlich verkehrt, Frankreich von seinen Nachbarstaaten zu isolieren, vor allem von England und den deutschen Fürstentümern, aber auch von Belgien,[47] die ganz andere patrimoniale Konzepte entwickelten.

In Frankreich hatten dann auch die gotischen Kathedralen als Staatseigentum, als nationales Kulturerbe und als einen die Einheit des Volkes beeinflussenden Faktor eine ganz spezifische Rolle (Abb. 102), die Jean-Michel Leniaud perfekt zusammenfasst: „Das 19. Jahrhundert hat weitgehend dazu beigetragen, die Kathedrale zu erfinden, das gilt sowohl für den Gebrauch als auch die Vertiefung ihres symbolischen, religiösen, nationalen und architektonischen Wertes, und sie in ein Denkmalobjekt umzuwandeln, bestehend aus dem Respekt der Vergangenheit, der wissenschaftlichen Kenntnis und den Modalitäten der Konservierung. Während die Gesellschaft sich säkularisierte und politisch verteilte, errichtete das Kulturerbe die Kathedralen als unangefochtene Stätte der Einheit"[48].

Aus dem Französischen übersetzt von Cornelia Tietz.

Anmerkungen

1 Die wichtigsten Publikation in chronologischer Reihenfolge: Patrimoine français 1980; Nora ²1997, S. 1433–1614; Leniaud 1992; Choay 1992; Babelon / Chastel 1994; Sire 1996; Nora 1997; Andrieu 1997; Le Goff 1998; Recht 1998; Bercé 2000; Leniaud 2001; Leniaud 2002; Poulot 2006.
2 Vgl. Riegl 1903.
3 Vgl. Babelon / Chastel 1994, S. 14–19.
4 Ein Beispiel: François Roger de Gaignières (1642–1715) adressierte 1703 eine Nota an Ludwig XIV., damit dieser ein Gesetz erlasse,

welches es „verbietet, Denkmäler ohne ausdrückliche Genehmigung durch diejenigen, welche an ihnen interessiert sind, zu zerstören, und dass er eine Person ernenne, die in die Provinz zieht, um sie zu zeichnen" („défendra de démolir les monuments sans une permission expresse de ceux qui peuvent y être intéressés, et qui committra une personne pour aller dans les provinces les faire dessiner"). Er selbst besaß eine Kollektion von ungefähr 25.000 Denkmal- und Grabzeichnungen – ein wahres Inventar avant la lettre.
5 Fumaroli 1992, S. I: „la notion a été inventée, jusque dans sa dimension d'utopie patriotique, par la révolution française. Le mot à lui seul, associé à celui de ‚vandalisme' a puissamment contribué alors à créer un contre-courant qui résista à la fureur de la ‚table rase' animant certains d'entre eux. C'est ainsi qu'est apparu le premier germe, d'abord formulé en termes abstraits, de ce sentiment historique du passé national, si caractéristique du Romantisme". Zu den dieses Thema betreffenden Publikationen gehört auch: Deloche / Leniaud 1989; Choay 1992, S. 76–95; Poulot 1996; Poulot 1997a.
6 Herausgegeben in: Deloche / Leniaud 1989, S. 278–294, 330–351.
7 Vgl. Leniaud 2002, S. 94–95.
8 Vgl. Chastel ²1997, S. 1439–1441.
9 Vgl. Leniaud 1992, S. 13–14.
10 Vgl. Leniaud 2002, S. 99–106; herausgegeben in: Deloche / Leniaud 1989, S. 50–73.
11 Vgl. Poulot 1997a.
12 Vgl. Poulot ²1997, S. 47–48.
13 Einleitung des Museumskataloges durch Alexandre Lenoir veröffentlicht in: Deloche / Leniaud 1989, S. 397–404.
14 Vgl. Schaer 1993, S. 51–73 (zit. S. 67: „les fruits du génie sont le patrimoine de la liberté").
15 Vgl. Pommier ²1997.
16 Herausgegeben in: Sire 1996, S. 124–125.
17 Vgl. Bresc-Bautier 1997.
18 Vgl. Kimpel 1969; Leniaud 2000.
19 Vgl. Leniaud 1993.
20 de Chateaubriand 1802. Ausgewählter Auszug aus: Sire 1996, S. 114–115 („Les destructions des hommes sont d'ailleurs plus violentes et plus complètes que celles des âges: les seconds minent, les premiers renversent.").
21 Vgl. Foucart 1991.
22 Hugo 2006.
23 Sire 1996, S. 25f. („Il y a deux choses dans un édifice: son usage et sa beauté. Son usage appartient au propriétaire, sa beauté à tout le monde; c'est donc dépasser son droit que le détruire.").
24 Vgl. Taylor / Nodier / de Cailleux 1820–1878 („derniers voyageurs dans les ruines de l'ancienne France qui auront bientôt cessé d'exister").
25 Vgl. Recht ²2008, S. 135–170.
26 Caumont war Autor zahlreicher archäologischer Publikationen, darunter: de Caumont 1825; de Caumont 1841.
27 Vgl. Bercé ²1997.
28 Hugo 1831.
29 Vgl. Theis ²1997.
30 Herausgegeben in: Sire 1996, S. 27, 30 („parcourir successivement les départements de France, s'assurer sur les lieux de l'importance historique ou du mérite d'art des monuments, recueillir tous les renseignements qui se rapportent à la dispersion des titres ou des objets-accessoires qui peuvent éclairer sur l'origine, les progrès de la destruction de chaque édifice [...], éclairer les propriétaires et les détenteurs sur l'intérêt de leurs soins et stimuler enfin en les dirigeant le rôle de tous les conseils de département et de municipalité, de manière à ce qu'aucun monument d'un mérite incontestable ne périsse par cause d'ignorance et de précipitation, [...] de manière aussi à ce que la bonne volonté des autorités ou des particuliers ne s'épuise pas sur des objets indignes de leurs soins.").
31 Vgl. Fermigier ²1997; Paturier 1998; Recht 2003; Mérimée 2003.
32 In diesem Gremium saßen auch Victor Hugo, Ludovic Vitet, Auguste Lenoir, und Prosper Mérimée.
33 Vgl. Brisac / Leniaud 1989.
34 Vgl. Bercé 1979.
35 Vgl. Leniaud 1992, S. 64–65; Leniaud 2002, S. 143f.
36 Vgl. Leniaud 1993.
37 Unter anderem die Gefängnisse von Mont-Saint-Michel, Clairvaux und Fontevrault.
38 Vgl. de Montalembert 1833.
39 Vgl. Leniaud 1992, S. 164–165; Leniaud 1996.
40 Unter anderem: Émile Boeswillwald (1815–1896), Nachfolger Mérimées als Inspektor der historischen Denkmäler 1860, Charles Questel (1807–1888), Henry Revoil (1822–1900), Victor Ruprich-Robert (1820–1887).
41 Vgl. Bellanger / Hamon 1996; Leniaud 1980.
42 Vgl. Leniaud 1992, S. 92–93.
43 Vgl. Ruskin 1849; Ruskin 1851–1853.
44 Über Viollet-le-Duc siehe im Besonderen: Auzas 1979; Foucart ²1997; Leniaud 1994.
45 Viollet-le-Duc, Art. Restauration, in: ders. 1866 VIII, S. 14 („restaurer un édifice, ce n'est pas l'entretenir, le réparer ou le refaire, c'est le rétablir dans un état complet qui peut n'avoir jamais existé à un moment donné").
46 Vgl. Leniaud 1992, S. 17f.
47 In Belgien, dem kleinen durch eine Revolution 1830 entstandenen Land, sollten die historischen Denkmäler, hauptsächlich die des gotischen Mittelalters, als Instrumente zur Prägung einer nationalen Identität benutzt werden, vgl. Stynen 1998; De Maeyer [u. a.] 1999.
48 Leniaud 1993, S. 23 („il l'érige en lieu incontesté d'unité"); („Le 19ᵉ siècle a très largement contribué à inventer la cathédrale tant pour ce qui concerne son usage que l'approfondissement de sa valeur symbolique, religieuse, nationale et architecturale, et à la transformer en objet patrimonial, fait de respect du passé, de connaissance scientifique et de modalités de conservation. Alors que la société se sécularise et se divise politiquement, le patrimoine érige la cathédrale en lieu incontesté d'unité").

DER NEUBAU
DES MAGDEBURGER DOMS
IM 13. JAHRHUNDERT

HEIKO BRANDL

Zur Baugeschichte des Magdeburger Domes im 13. Jahrhundert[1]

Karfreitag, den 20. April 1207, vernichtete ein vom Breiten Weg ausgehendes Feuer die Magdeburger Domkirche.[2] Zwei Tage später, nach der Messe am Ostersonntag, stiftete Domdekan Albrecht von Besenrode einhundert Mark für deren Wiederaufbau.[3] Doch es kam anders. Noch im Sommer 1207 ließ Domkustos Konrad von Oppin die alten Mauern niederreißen; ein kompletter Neubau war beschlossen.

Den Grundstein zum Domneubau legte Erzbischof Albrecht II. von Käfernburg nach dem Zeugnis der Schöppenchronik im Jahr 1208. Anwesend waren die päpstlichen Legaten Kardinalbischof Hugo von Ostia, der spätere Papst Gregor IX., und Kardinalpresbyter Leo von Santa Croce.[4] Die Legaten hielten sich in Sachsen auf, um zwischen den Gegenkönigen Philipp von Schwaben und Otto von Braunschweig einen Waffenstillstand auszuhandeln. Im Anschluss an die Grundsteinlegung berichten die Chroniken von der Ermordung König Philipps am 21.06.1208 in Bamberg.[5] Die veränderte politische Lage zwang Erzbischof Albrecht II., sich König Otto IV. zuzuwenden. Im Vertrag zu Sommerschenburg,[6] geschlossen vor September 1208, kam es zur Einigung. Neben anderem sagte Otto zu, den Domneubau gemäß dem Rat des Erzbischofs zu unterstützen. Der Abbruch des Vorgängerbaus, die Mission der Legaten, Philipps Ermordung und der Vertrag mit Otto sind Indizien, die auf eine Grundsteinlegung noch 1207 oder im Frühjahr 1208 hinweisen. Bislang galt das Jahr 1209 als gegeben.[7]

Im ersten Bauabschnitt von 1207/08 bis gegen 1220 begannen die Arbeiten am Chor, dem Nordquerhaus mit Ostturm, den östlichen Langhausjochen und an einem ersten Westbau (Abb. 103, Abb. 104). Man nahm das Projekt in seiner Gesamtausdehnung in Angriff, legte die Planung fest und schloss damit spätere Reduzierungen aus. Die Mittelachse des Neubaus schwenkt gegenüber dem Vorgängerbau um 7,58 Grad nach Norden ab, was am Südflügel der Klausur (um 1160/70) und der 1926 freigelegten Krypta des Vorgängerbaus ablesbar ist. Durch die neue Ausrichtung bestand auf der Nordseite Baufreiheit. Ungeachtet eventuell noch anstehender Abbrucharbeiten konnte hier die feierliche Grundsteinlegung vollzogen werden. Im Klausurbereich auf der Südseite, wo die Interimskapelle St. Mauritius zu lokalisieren ist, vermochte man zudem bestehende Bauten temporär weiterzunutzen. Mit dieser Bauabfolge begründet sich, weshalb im Norden bauliche Veränderungen sichtbar sind, von denen im Süden jede Spur fehlt.

Hermann Giesau scheiterte bei dem Versuch, die nordfranzösischen Vorbilder des Chorgrundrisses aufzudecken.[8] Er schlussfolgerte deshalb auf einen frühen Planwechsel: Nach Errichtung der Polygonpfeiler habe man mit den Übergangspfeilern (N 3 und S 3)[9] eine Chorvergrößerung eingeleitet. Fehlende Baubefunde begründete er mit einer nachträglichen Ummantelung dieser Pfeiler oder einem Wechsel noch im Stadium der Fundamentierung. Als Gewährsmann diente ihm Richard Hamann, der die östlichen Polygonpfeiler zu den ältesten Bauteilen erklärt hatte.[10] Obwohl Bernd Nicolai Giesaus Planwechsel als unbegründet zurückgewiesen hatte,[11] fand die These durch Ernst Schubert Eingang in die Neubearbeitung des Dehio-Handbuchs[12] und wurde gar als neue Erkenntnis der Bauforschung von Birte Rogacki-Thiemann vorgestellt.[13]

Die nur scheinbaren Diskrepanzen sind keinem Planwechsel geschuldet, sondern eine Folge des unregelmäßig angelegten Chorgrundrisses. Bereits mit den vier östlichen Polygonpfeilern, die eine eingezogene Apsis vorgeben, beginnt die Systematik. Sollte sich der Chorumgang

Abb. 103: Ostansicht, Dom, Magdeburg. Foto: Hans-Uwe Salge, Brandenburg.

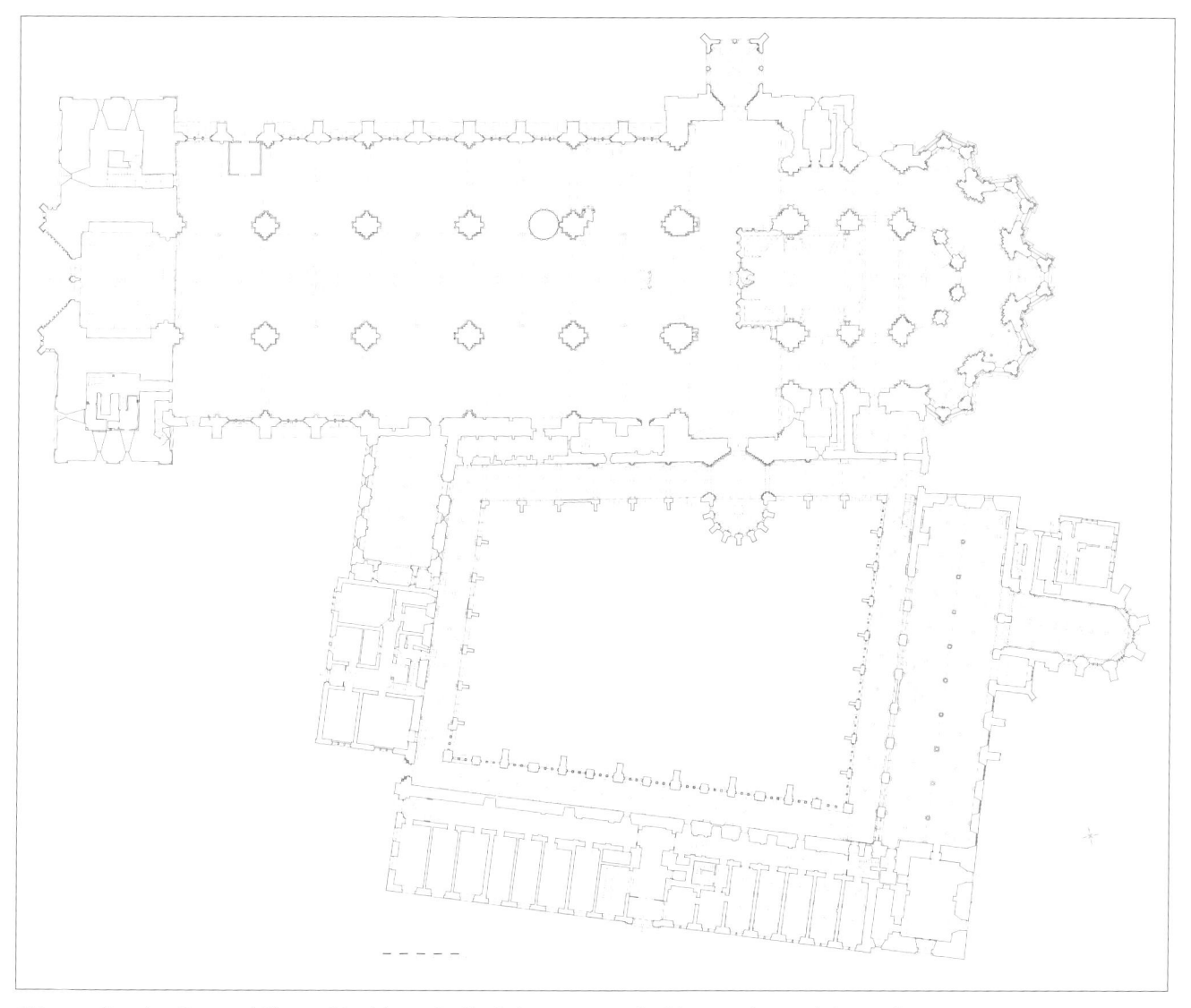

Abb. 104: Grundriss Dom und Klausur, Magdeburg. Grafik: Stiftung Dome und Schlösser Sachsen-Anhalt, Leitzkau, Vermessung: Steffen Marold / Jeannine Eggert.

in gleicher Breite fortsetzen, bedurfte es der verlängerten Eingangsseiten. Die gewinkelten Übergangspfeiler zum Chorquadrat vollziehen den notwendigen Ausgleich. Eingezogene Apsis, verlängerte Eingangsseiten und die gewinkelten Querschnitte der Übergangspfeiler zum Chorquadrat erweisen sich als bewusste Abweichung vom geometrischen Gleichmaß.[14] Keine bestimmte nordfranzösische Kathedrale lieferte das Muster für den Magdeburger Dom, sondern unter Anknüpfung an Tradition und Altehrwürdigkeit der Institution galt es spezifische Kriterien – räumlich, rechtlich und liturgisch – mit einer innovativen Architektur verschmelzen zu lassen.[15]

Im ersten Bauabschnitt wurden die nördlichen Chorarkaden vollendet und jene im Polygon bis über die Scheitelhöhe aufgemauert. Auf der Südseite war die westliche Arkade noch nicht geschlossen und der südöstliche Vierungspfeiler allenfalls begonnen. Mit Ausnahme des Südwestjoches wurden Chorumgang und Kranzkapellen eingewölbt (Abb. 105). Das Nordquerhaus mit fluchtendem Ostturm war über das erste Geschossgesims hinaus errichtet. Noch etwas höher standen der Nordostturm und die zugehörige Ostwand des Querhauses (Abb. 106). Denn im Laufgang zur Chorempore hatte man das Biforium ausgeführt und im Nordwestjoch bereits den Sockel für

Abb. 105: Chorumgang nach Nordwesten, Dom, Magdeburg. Foto: Heiko Brandl.

die Arkaden der Empore gelegt. Von einer ersten Emporenplanung zeugen die ungenutzten Basen am nordöstlichen Vierungspfeiler und am Nordpfeiler (abgemeißelt) (Abb. 107). Das Konzept sah offenbar vor, die Gestaltung des unteren Umgangs mit jochbreiten Arkadenstellungen auf der Empore zu wiederholen.[16]

Das Langhaus war im gebundenen System in den Dimensionen des Chores begonnen worden. Vier Arkadenpfeiler der Nordseite und zwei auf der Südseite standen bereits. Unbekannt ist der Zustand der Seitenschiffswände. Doch sind die Fundamente für das östliche Doppeljoch auf der Nord- und Südseite archäologisch nachgewiesen (Abb. 138). Die nördliche Seitenschiffswand besaß wahrscheinlich einen Anschluss zur Querhauswestwand.

Der erste Westbau, konzipiert noch für ein schmaleres und kürzeres Langhaus, sollte als Westportal das sogenannte Goldschmidtportal[17] aufnehmen. Zumindest die Reliefs der Tugenden und Laster vom Portalsockel waren schon einmal versetzt, bevor sie im zweiten Bauabschnitt

Abb. 106: Nordquerhaus, Ostwand, Erdgeschoss und Empore, Dom, Magdeburg.
Foto: Heiko Brandl.

im Chor eingebaut wurden. Der archäologische Nachweis des ersten Westbaus steht noch aus.

Der im ersten Bauabschnitt bis etwa 1220 erreichte Bauzustand ist vor allem aus jenen Veränderungen zu erschließen, die im zweiten Bauabschnitt von 1220 bis 1240 Umsetzung fanden. Das neue Konzept lässt sich mit historischen Ereignissen verknüpfen. Auf dem Reichstag zu Frankfurt 1220 erwarb Erzbischof Albrecht durch Fürsprache Kaiser Friedrichs II. eine Kopfreliquie des heiligen Mauritius.[18] Sodann übertrug der Kaiser dem Magdeburger Kirchenfürsten die Vormundschaft über die Markgrafen von Brandenburg, die Albrecht im Jahr darauf an Markgräfin Mechthild gegen Zahlung von 1900 Mark abtrat.[19] In feierlicher Prozession zog der Erzbischof am Mauritiustag 1220 mit dem Heiltum in Magdeburg ein und veranstaltete ein dreitägiges Fest, aus dem die Mauritiusmesse hervorging.[20] Die Ankunft der Mauritiusreliquien liefert einen konkreten Anlass zur repräsentativen architektonischen Aufwertung der Domkirche im zweiten Bauabschnitt.[21]

Abb. 107: Chorempore, Nordwestjoch, Arkaden mit ungenutzten Basen der ersten Emporenplanung, Dom, Magdeburg.
Foto: Heiko Brandl.

Abb. 108: Magdeburger Domchor nach Osten, Lithographie nach Giacomo Pozzi 1844. Foto: Ernst Förster: Denkmale deutscher Baukunst von der Einführung des Christentums bis auf die neuste Zeit, Leipzig 1861, Bd. 3, Taf. 23.

Das Neukonzept betraf Grundriss und Aufriss gleichermaßen. Nachträglich erhielt der Binnenchor eine monumentale Ausstattung: ein Ensemble aus Reliquien, Spolien und Bildwerken (Abb. 108). Auf der Chorempore[22] wurden jetzt Zwischenpfeiler eingebaut (Abb. 109), im Langhaus die bereits errichteten Zwischenpfeiler hingegen abgebrochen und neue Seitenschiffe von nahezu doppelter Höhe und Breite begonnen (Abb. 104). Im Anschluss an die Chorempore errichtete man den Chorobergaden und wölbte den Chor gegen Ende des zweiten Bauabschnittes unter einem Vorgängerdach ein, dessen Traufe seinerzeit noch um einige Meter tiefer lag.

An den vier östlichen Polygonpfeilern wurden die chorseitigen Dreierdienstbündel[23] bis in Kämpferhöhe der Arkaden zurückgearbeitet. Den verbliebenen niedrigen Dienstbündeln blendete man eine Verkröpfung und darüber Rundsockel vor, die als Basen der antiken Säulenschäfte dienen (Abb. 110). Hinter den Spolien sind die Abarbeitungsspuren der rechteckigen Rücklagen sichtbar. Die Spuren enden einheitlich horizontal in jener Höhe, wo die neu aufgemauerten Arkadenwände beginnen. Deren Neuaufmauerung begründet sich mit dem Einbau der Reliquiennischen[24], der Relieffiguren der klugen und törichten Jungfrauen sowie den Kapitellen der Spolienschäfte.

Zum Neukonzept gehören die vier antiken Säulenschäfte an den östlichen Vierungspfeilern. Da der Nordpfeiler im ersten Bauabschnitt bereits bis Emporenniveau errichtet war, mussten seine Vorlagen (chor- und querhausseitig) zurückgearbeitet werden. Beim Anmontieren des chorseitigen Spolienschaftes erwies sich dessen Durchmesser als zu klein für die vorhandene Basis. Beim gerade entstehenden Südpfeiler konnten hingegen die Pfeilerbasen den Querschnitten der antiken Schäfte angepasst werden. Die Werksteine der Gurtbogendienste über den

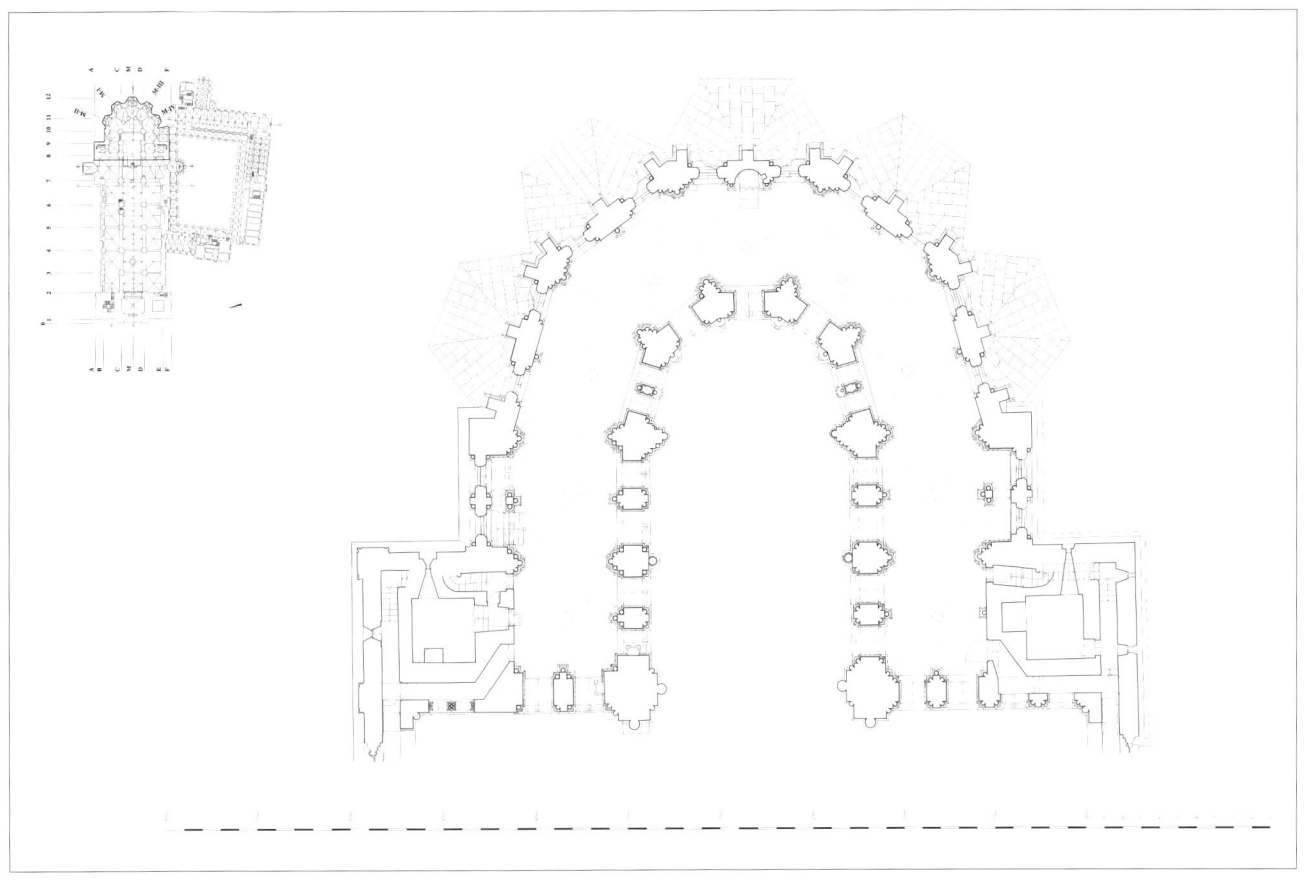

Abb. 109: Grundriss Chorempore, Dom, Magdeburg. Grafik: Stiftung Dome und Schlösser Sachsen-Anhalt, Leitzkau,
Vermessung: Steffen Marold / Jeannine Eggert.

Kapitellen dieser Vorlagen bestätigen diese Bauabfolge. Auf der Nordseite sind die Trommeln dem Pfeiler bis in Höhe der Empore vorgeblendet, jene am Südpfeiler klinken im Wechsel in das Pfeilermauerwerk ein.

Parallel zu den Umbauten im Binnenchor wurde der südöstliche Vierungspfeiler errichtet und die noch fehlende südwestliche Chorarkade eingezogen. Am Pfeiler S 4 markieren beim westlich ansetzenden Bogen größere Bogensteine ab der fünften Lage über dem Kämpfer den Übergang (Abb. 111). Nachdem man den Südostturm und die zugehörige Querhauswand bis auf Emporenniveau errichtet hatte, konnte der Chorumgang mit der Einwölbung des Südwestjoches vollendet werden. Darauf verweisen stilistische Parallelen mit der Emporenarchitektur, wie die Rippenprofile und der Rosettenschlussstein im Südwestjoch, denen bei den Rippengewölben im Chorumgang Hängeschlusssteine, Rippenschuhe und andere Profile gegenüberstehen. Im Südostturm wird das Südfenster im zweiten Turmraum von einem Blendbogen in Gestalt eines syrischen Architravs überspannt, dessen Profil als Leitform auf der Chorempore wiederkehrt. In der Konche im Südquerhaus öffnet sich eine Fenestella (Abb. 112), deren Bogen mit Medaillons dekoriert ist, die Wirbelrosetten und menschliche Köpfchen enthalten, die an die Rosettenschlusssteine und den Matthäusengelschlussstein auf der Chorempore stilistisch anschließen.[25] Weitere Rückschlüsse ergeben sich aus dem Versatz der ehemaligen Portalfiguren.[26] Im Chorquadrat sind unter dem Emporengesims Engelfiguren und ein Zyklus der Tugenden und Laster eingebaut. Auf der Nordseite hat man die Bildwerke in die bestehende Wand eingesetzt, schmale Werksteine über den Figuren vermitteln hier zum Emporengesims. Auf der Südseite wurden die Figuren im Zuge der Aufmauerung bündig unter das Gesims versetzt, daher

Abb. 110: Pfeiler S 2, Dom, Magdeburg.
Foto: Heiko Brandl.

Abb. 111: Südwestliche Chorarkade, Dom, Magdeburg.
Foto: Heiko Brandl.

war es möglich, die Tafeln zu Friesen aneinanderzureihen. Beim Aufsetzen der Gesimsplatten erwiesen sich die überstehenden Köpfe der Engel als Hindernis, weshalb partiell Bereiche des unteren Gesimswulstes abgemeißelt werden mussten (Abb. 113).

Im Langhaus gab man das gebundene System auf, brach bereits errichtete Zwischenpfeiler und Wände wieder ab und begann neue Seitenschiffe von nahezu doppelter Breite. An der Westwand des Nordquerhauses hinterließ der Anschluss der neuen Seitenschiffswand eine vertikale Baunaht (Abb. 114). Bis zur Fenstersohlbank haben die Seitenschiffe eine enorme Mauerstärke von 200–230 cm, was auf einen geplanten Laufgang hindeutet. Ob diese Galerie innen angelegt werden sollte, wie in der Reimser Kathedrale, oder außen wie an der Marburger Elisabethkirche und dem Meißner Domchor, bleibt ungewiss. Die fehlenden Zwischenstützen bedeuteten für die Arkaden größere Spannweiten, auf die mit einer Höhensteigerung reagiert wurde. Nachträglich erhöhte man die Pfeiler um 160 cm (N 6–7; S 6–7).[27] Dazu und zur Aufmauerung der beiden folgenden Nordpfeiler (N 8–9) diente auch das Material der abgebrochenen Zwischenpfeiler (Abb. 115). Mit den veränderten Proportionen des Langhauses begründet sich dessen Erweiterung nach Westen. Der erste Westbau musste weichen, die Bildwerke vom Westportal zog man für den Chorfigurenzyklus heran. Im Bauverlauf schritt die Nordseite voran, Pfeiler und Wände wurden errichtet und die Fundamente der unteren Steinlagen mit Basen sogar bis zum neu konzipierten Westbau gelegt. Die Ausdehnung des Schiffes und die künftige Lage des Westbaus standen damit fest. Im zweiten Bauabschnitt besaßen die Seitenschiffswände weder Strebepfeiler noch Wandkonsolen für die fünfte Gewölberippe.

Abb. 112: Südquerhaus, Ostwand, Erdgeschoss und Empore, Dom, Magdeburg. Foto: Heiko Brandl.

Die Erstplanung der Chorempore wurde mit dem Einbau von Zwischenpfeilern verworfen, dadurch veränderten sich Aufriss und Gewölbedisposition. Der neue Aufriss beinhaltete zwei Fenster pro Joch, die am Außenbau von kleinen Strebepfeilern flankiert werden (Abb. 103). Zu deren Abstützung erhielten die Sargmauern der Chorkapellen ein neues, weit auskragendes Kranzgesims.[28] Mit den Fensterachsen korrespondieren Doppelarkaden zum Binnenchor. Da die Polygonarkaden keinen Raum für Zwischenpfeiler boten, wurden die Pfeilerquerschnitte verstärkt, was erst ersichtlich wird, wenn man genau eingemessene Grundrisse übereinander schiebt (Abb. 104, Abb. 109). Die Veränderungen begannen im Nordwestjoch der Empore, dessen Erschließung über den Nordostturm gewährleistet war. Nur in diesem Joch stehen sich an den Pfeilerbasen zwei verschiedene Profile gegenüber, jenes vom ersten Bauabschnitt und das für den zweiten Bauabschnitt verbindliche Profil.

Abb. 113: Südwestliche Chorarkade, Engelfigur, Abarbeitung am Gurtgesims, Dom, Magdeburg. Foto: Heiko Brandl.

Abb. 114: Nordquerhaus, Westwand, Anschluss der neuen Seitenschiffswand, Dom, Magdeburg. Foto: Heiko Brandl.

Einen entsprechenden Befund bietet das Geschossgesims. Das ältere Gurtgesims endet – von den Vorlagen unterbrochen – am nördlichen Vierungspfeiler (Abb. 106). An seiner Ostseite beginnt ein neu profiliertes Gesims, das sich nunmehr verkröpfend über die Pfeilervorlagen hinweg bis ins Südquerhaus fortsetzt (Abb. 112). Improvisiert wurde beim Anschluss der chorseitigen nordwestlichen Arkade, die als einzige Emporenarkade einmal ohne Kantensäule auskommen muss (Abb. 116). Im Nordwestjoch der Empore war die Erschließung des Ostturms über zwei Portale analog zur Situation im Chorumgang bereits vorgegeben. Die neue Gewölbedisposition bedeutete, dass der Sturz des westlichen Portals eine Rippenkonsole aufnahm. Diese statisch ungünstige Lösung vermied man gegenüber im Südwestjoch; der Turmraum wird über eine Mauertreppe von Süden aus erschlossen. Die Chorempore wurde baueinheitlich in einem Zug von Nord nach Süd bis etwa 1225 von einem spezialisierten Bautrupp ausgeführt, der vermutlich vom Neubau der Klosterkirche zu Walkenried an den Magdeburger Dom verpflichtet worden war.[29]

Das Hinzufügen von Zwischenpfeilern auf der Chorempore und deren Wegnahme im Langhaus sind zwei Seiten eines Gesamtkonzeptes.[30] Ein Langhausgeschoss umfasst zwei Chorgeschosse, daher konnte man das Gurtgesims über der Chorempore in gleicher Höhenlage über den Langhausarkaden fortsetzen. Auf die neuen Langhausdimensionen wurde beim Bau der Chorempore reagiert, deren Geschosshöhe reduziert und so eine Kongruenz zum Langhauserdgeschoss geschaffen. Zugleich traf man mit den Zwischenpfeilern und der Verstärkung der Polygonpfeiler Vorbereitungen für einen nunmehr deut-

Abb. 115: Pfeiler N 8, gestückelte Kapitellzone, Dom, Magdeburg.
Foto: Heiko Brandl.

Abb. 116: Chorempore, nordwestliche Arkade, Dom, Magdeburg.
Foto: Heiko Brandl.

lich höheren Chorobergaden. Denn dieser überhöhte Chorobergaden hatte künftig den Ausgleich zum bereits jetzt absehbar höheren Langhaus herzustellen.

Im Anschluss an die Empore wurden Chorobergaden,[31] Querhausostwände und die Osttürme errichtet. Damit konnte der Chor um 1240 unter einem Vorgängerdach eingewölbt werden.[32] Neben dem einheitlichen Konzept verweisen darauf die Stilformen der Basen, Kapitelle und Konsolen, die stilistisch an die vorherigen Abschnitte anschließen. Die relative Chronologie um 1240 beruht auf Rückrechnung anhand der im vierten Bauabschnitt durchgeführten Veränderungen. Die ursprüngliche Gewölbedisposition hatte man mit dem Anbringen der Spolienschäfte bereits im Erdgeschoss modifiziert. Im Chorquadrat an den Mittelpfeilern[33] kamen mit dem Arkadengesims ein Dienst und sodann mit dem Emporengesims zwei weitere Dienste über Konsolen hinzu. Anstelle des wohl ursprünglich geplanten sechsteiligen Gewölbes mit 5/10-Schluss wurden zwei Kreuzrippengewölbe und ein unregelmäßiger 5/8-Schluss mit nach Osten verlagertem Schlussstein ausgeführt. Das steinerne Chorgewölbe besitzt die Form einer Tonne und liegt ca. 2,50 m tiefer als die Ziegelgewölbe im Querhaus. Die Höhendifferenz gegenüber dem Vierungsgewölbe ist am Wandabschnitt über dem Triumphbogen ablesbar.[34]

Im dritten Bauabschnitt von 1240–1250 wurden Querhaus und Nordostturm auf die damals noch verbindliche Chorhöhe gebracht, der Langhausbau wurde weiter vorangetrieben und mit dem Nordwestturm der Westbau begonnen.

Im Bauverlauf schritt die Nordseite wieder voran. Am vierten Ostturmgeschoss ändert sich die Gestalt der Lise-

Abb. 117: Nordquerhaus, Westwand, Mauerabsatz, Dom, Magdeburg. Foto: Heiko Brandl.

Abb. 118: Pfeiler S 8, Dom, Magdeburg. Foto: Heiko Brandl.

nen. Eine Mittellisene kommt hinzu, weshalb die Ecklisenen schmaler ausfallen. Das Kantenprofil dieser Lisenen mit abgesetztem Rundstab kehrt am Nordquerhaus und am Nordwestturm wieder. Am Nordquerhaus an der Westwand markiert dankenswerterweise ein Mauerabsatz den Beginn des dritten Bauabschnitts. Über dem Absatz ist die Wandstärke um 0,43 m reduziert (Abb. 117). Die massige Ecklisene schließt mit einer Giebelbedachung und über dem Wandrücksprung beginnt eine neue flache Lisene. In dieser Höhenlage besitzen beide Osttürme nach Westen führende Mauergänge, die zur Erschließung von Laufgängen an den Stirnseiten der Querhäuser angelegt worden waren. Am Außenbau sind die Mauergänge anhand kleiner Lanzettfenster in der jeweils westlichen Lisene der dritten Turmgeschosse lokalisierbar.

Das Nordquerhaus besaß ein Säulenportal aus dem zweiten Bauabschnitt, das um 1240/50 durch die jüngere Bildhauerwerkstatt zu einem Figurenportal umgestaltet wurde.[35] Die berühmten klugen und törichten Jungfrauen besitzen an den Rückseiten senkrechte Kehlen, die zur bestehenden Aufstellung in der Paradiesvorhalle keine Beziehung aufweisen. Da unmittelbar vor diesen Kehlen die senkrechten Pinselstriche der ersten Farbfassung enden und auch die in senkrechten Reihen angelegten Gewandmuster diese Begrenzung berücksichtigen, ist der Befund für die Erstaufstellung der Figuren heranzuziehen. Die Montagevorrichtungen dienten dazu, die Figuren an Säulenschäften anzubringen.[36] Daher ist ein älteres Säulenportal zu rekonstruieren, das nachträglich mit Figuren ausgestattet wurde. Dieses erste Jungfrauenportal musste um 1310/20 dem Anbau der Paradiesvorhalle weichen. Das Gewölbe der Vorhalle machte ein neues Portal erforderlich. Zur Ausstattung von Vorhalle und Portal zog man die Figuren der Jungfrauen sowie Ecclesia und Synagoge heran. Vom Vorgängerportal blieb der innere Laibungsbogen erhalten, so dass ungeachtet zahlreicher Steinauswechslungen eine dem Südquerhausportal ähnliche, aber größere Anlage rekonstruiert werden kann.

Abb. 119: Fotogrammetrie, Querhaus Westwand, Dom, Magdeburg. Grafik: Stiftung Dome und Schlösser Sachsen-Anhalt, Leitzkau, Vermessung: Steffen Marold / Jeannine Eggert.

Im Langhaus errichtete man die Pfeiler für das dritte Joch der Südseite in neuen Stilformen: polygonale Sockel, gedrückte Basen und naturalistische Blattkapitelle unter polygonalen Deckplatten (Abb. 118). Nur in diesem Joch wird das sonst durchlaufende Kapitellband der Wandpfeiler von den Unterzügen der Gurtdienste unterbrochen. Vergleichbare naturalistische Blattkapitelle mit polygonalen Deckplatten bieten die Kapitellkonsolen von Ecclesia und Synagoge und die Blattkonsolen zweier Jungfrauen.[37] Auch wenn die Pfeilerkapitelle im Langhaus keine Werke der jüngeren Bildhauerwerkstatt darstellen, fand doch zumindest das mit dem Figurenportal eingeführte Formengut hier seinen Niederschlag. Bei den später im vierten Bauabschnitt errichteten Langhauspfeilern gehören die polygonalen Formen bereits zum Allgemeingut, das Laubwerk hingegen verliert zunehmend seine naturalistische Gestaltung. Die Blätter wirken erstarrt, teilweise wie aus Blech gestanzt, und bei den westlichen Pfeilern dominieren gebeulte Blattformen. Bei der Errichtung von Chor und Querhaus im zweiten Bauabschnitt waren naturalistische Blattkapitelle noch unbekannt, auch damit begründet sich der Ansatz des Chorgewölbes um 1240.

Abb. 120: Nordquerhaus, Westwand, Hakensteinschicht 5. und 6. Lage über den Fensterbogen, Dom, Magdeburg. Foto: Heiko Brandl.

Abb. 121: Blick auf die einheitliche Dachlandschaft von Langhaus, Querhaus und Chor, Dom, Magdeburg. Foto: Heiko Brandl.

Mit der Aufmauerung des Nordwestturms begannen im dritten Bauabschnitt um 1240/50 die Arbeiten am Westbau. Die Gliederung mit Eck- und Mittellisenen entspricht den oberen Bereichen von Nordquerhaus und Nordostturm.

Im vierten Bauabschnitt von 1250 bis gegen 1300 wurde das Querhaus vollendet, ein neues Langhauskonzept entwickelt und der Südwestturm begonnen. Der Übergang vom dritten Bauabschnitt erfolgte fließend. Die Unterteilung begründet sich mit dem jetzt umgesetzten neuen Langhauskonzept, an dem ungeachtet stilistischer Brüche keine Änderungen mehr stattfanden.

Im Südquerhaus an der Westwand fiel die folgenreiche Entscheidung zu einer nochmaligen Höhensteigerung (Abb. 119). Die Scheitelhöhe der Fensterbögen liegt ca. 2 m über den Gegenstücken im Nordquerhaus. Aus der damit neu definierten Gebäudehöhe ergaben sich weitreichende Umbauten. Nachträglich wurden die bereits vollendeten Abschnitte von Chor, Osttürmen und Querhaus erhöht.

Den Bauzustand am Nordquerhaus markieren an Nord- und Westwand zwei Lagen verzahnter Werksteine (Abb. 120). Die Steinverzahnung erfüllt die Funktion eines Ringankers, mit ihr beginnt die nachträgliche Aufstockung der Wand. Am Südquerhaus verläuft die Hakensteinschicht aufgrund der Westfenster ca. 3 m höher. Die Südfassade sichert ein bauzeitlicher eiserner Zuganker.[38]

Im Nordostturm ist die nachträgliche Erhöhung offensichtlich. Die Mauertreppe in der Ostwand, welche das avisierte fünfte Geschoss oder den Turmhelm erschließen sollte, wurde durch eine Wendeltreppe aufgestockt. Diese Wendeltreppe endet nach knapp zwei Drehungen am Dachausstieg. Am Außenbau markieren zwei kleine Lanzettfenster in der Ostwand deren Lage. Im Südostturm, der erst jetzt sein viertes Geschoss erhielt, führte man die bestehende Wendeltreppe weiter. Den Wechsel zeigt ein Wirtel am Spindelkern an, darüber ist dessen Durchmesser reduziert, und die Unterseiten der Stufen besitzen nunmehr abgefaste Kanten. Am Chorhaupt wurde die Sargmauerkrone zurückgebaut und über einem neuen, weit auskragenden Kranzgesims eine zweigeschossige Zwerggalerie als äußere Verblendung der Chorerhöhung errichtet.

Als Chor und Querhaus nach 1255(d)[39] baueinheitlich unter Dach kamen, stand die neue Langhaushöhe fest und die Umsetzung einer einheitlichen Dachlandschaft über der gesamten Kirche war abgesichert (Abb. 121). Unter Dach wurde das Querhaus von Nord nach Süd eingewölbt: der Nordarm mit einem sechsteiligen Gewölbe, die Vierung mit einem Kreuzgewölbe und der Südarm mit zwei queroblongen Jochen. Letzteres Wölbschema sollte im Mittelschiff die Regel werden, es beruht auf dem Rhythmus des Chorquadrates. Als Erzbischof Ruprecht 1266 im Südquerarm beigesetzt wurde, dürfte die Einwölbung abgeschlossen gewesen sein. Zu diesem Zeitpunkt besaßen die Querhausfassaden noch keine Vorhallen, ebenso fehlten noch die riesigen Fassadenfenster.

Mit den Änderungen im Südquerhaus war ein neues Langhauskonzept verbunden. Für die Seitenschiffe hatte man Pultdächer geplant und dafür an der Westwand des Nordquerhauses eine Nut als Dachanschlag eingehauen. Vor den Hochschiffsfenstern sollte ein Laufgang entlangführen, den die steil ansteigenden Mauertreppen an den Westwänden des Querhauses und durch die Vierungspfeiler führende Mauergänge erschlossen hätten.

Die Seitenschiffswände standen in weiten Bereichen mindestens bis zur Fenstersohlbank, als die Entscheidung zugunsten zweier großer Maßwerkfenster in jedem Joch und der fünfteiligen Einwölbung fiel. Die Anregung dazu könnte durchaus von der Chorempore ausgegangen sein. Ab der Fenstersohlbank wurde die Wandstärke der Seitenschiffsmauer reduziert und damit der vormals avisierte Galeriegang verworfen. Erst jetzt erhielten die Seitenschiffswände Strebepfeiler.[40] Bei der Domrestaurierung 1826–34 wurde festgestellt, dass die Nordseite des Langhauses und die östliche Hälfte der Südseite bis zu den Seitenschiffsfenstern ohne Strebepfeiler errichtet worden waren. Auf der Nordseite arbeitete man damals das verwitterte Mauerwerk zurück und brachte eine Verkleidung mit großen Sandsteinplatten an. Der bestehende Mauer-

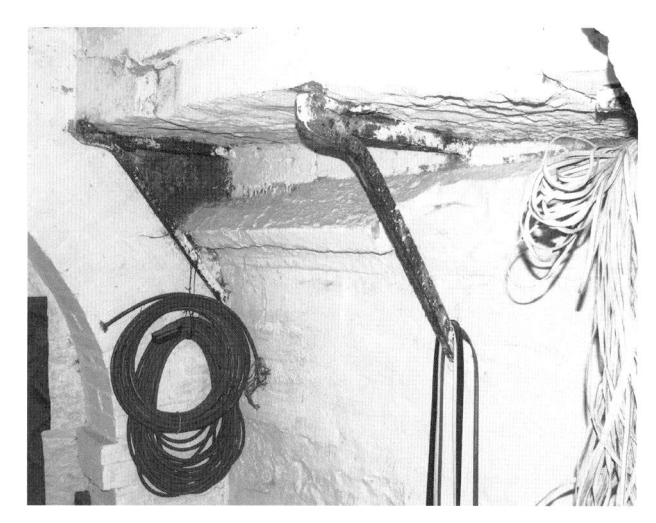

Abb. 122: Werkstatt, ehemalige Außenwand des Südseitenschiffs mit Fragment vom Wasserschlaggesims, Dom, Magdeburg. Foto: Heiko Brandl.

verband ist das Ergebnis der Restaurierung.[41] Die breiten Strebepfeiler markieren die Jochgrenzen, die schmalen die Lage der inneren Vorlagen für die fünfte Rippe. Im Nordseitenschiff, wo das Sohlbankgesims abgesehen vom westlichen Joch bereits versetzt war, durchstoßen die Wandkonsolen für die Hilfsrippe das Fenstergesims. Konsole und Sohlbank bestehen aus zwei separaten Werksteinen. Im Südseitenschiff sind die Konsolen hingegen an die Werksteine des Gesimses angearbeitet. Folglich ist im östlichen Abschnitt der Südseite, der bereits ausgeführt war, mit einem teilweisen Rückbau des Gesimses zu rechnen.

Auf der freistehenden Nordseite verlief der Anbau der Strebepfeiler problemlos, die Südseite hingegen war im östlichen Abschnitt durch bestehende Nebenräume (Wärmekammer und Werkstatt) verbaut. Um ebenfalls Strebepfeiler errichten zu können, wurde die Mauerkrone der Seitenschiffswand in diesen Nebenräumen durch eine auskragende Schicht großformatiger Steinquader verstärkt. Von dem vormals durchlaufenden Wasserschlaggesims blieb in der Nordwestecke der Werkstatt der Rest eines profilierten Werksteins (L: 116 cm) erhalten (Abb. 122). Im Dachboden der Großen Sakristei sind hinter dem Strebepfeiler die durchlaufenden Quaderschichten der Schiffswand sichtbar, auch hier kam der Strebepfeiler nachträglich hinzu.

Auf den geplanten Laufgang im Langhausobergaden, den die Mauergänge durch die Vierungspfeiler erschlie-

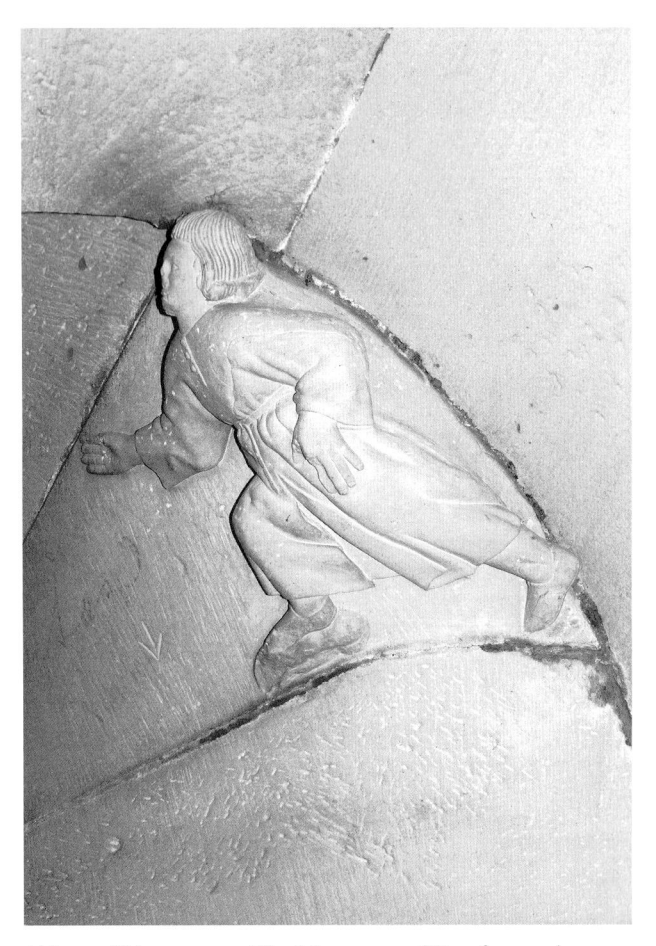

Abb. 123: Südwestturm, 1. Wendeltreppe, sog. Küsterfigur an der Unterseite der 12. Treppenstufe, Dom, Magdeburg.
Foto: Heiko Brandl.

Abb. 124: Südseitenschiff, südwestliche Joche mit reduzierter Mauerstärke und Strebepfeilern in Verband, Dom, Magdeburg.
Foto: Heiko Brandl.

ßen sollten, wurde zugunsten tiefer herabgezogener Fenster verzichtet. Damit verbunden entfiel das Pultdach. Jedes Seitenschiffsjoch erhielt zwei rückseitig abgeschleppte Zwerchhäuser. Ein Laufgang über der Seitenschiffstraufe stellt nunmehr die Verbindung zwischen Querhaus und Westbau her.[42] Beim Einbau einer Warmluftheizung 1901 wurde das Dach angehoben; seither münden die mit Blechgittern verkleideten unteren Windeisenfelder der Obergadenfenster in den Dachboden.[43]

Um 1250 begannen die Arbeiten am Südwestturm, den eine Wendeltreppe erschließt, so dass nutzbare Turmräume entstanden. Allerdings sahen die Fundamente ebenso wie im Nordturm eine das Innere ausfüllende vierläufige Turmtreppe vor. Die Datierung des Südwestturms begründet sich mit den veränderten Lisenenprofilen, die im Unterschied zu den Lisenen am Nordturm an den abgesetzten Rundstäben einen Mittelgrat aufweisen. Anzuführen ist auch die sogenannte Küsterfigur (Abb. 123), eine kleine ausschreitende Relieffigur an der Unterseite der 12. Stufe der ersten Wendeltreppe, die stilistisch mit dem Adam-Eva-Kapitell am gegen 1250 errichteten Langhauspfeiler S 8 zusammengehört.

Das neue Langhauskonzept fand rasche Umsetzung. Die Nordseite wurde vollendet bis auf das westliche Joch. Auf der Südseite fehlten nur noch die beiden westlichen Joche. Im Obergaden markiert eine Baunaht unmittelbar westlich des dritten Jochs den gegen 1270 erreichten Bauzustand.

Eine Urkunde Erzbischof Konrads II. beklagt 1274 den unfertigen Zustand der Domkirche.[44] Wohl in Reaktion darauf kam nach 1278(d) das östliche Joch des Mittelschiffes unter Dach.[45]

Mit Errichtung des Nordwestjoch und der beiden südwestlichen Joche bis gegen 1300 stand die Verbindung zum Westbau. Die Wandstärke der Südwestjoche ist ungeachtet der gelegten breiten Fundamente vom Boden an reduziert, und die Strebepfeiler stehen nunmehr mit der Seitenschiffswand im Verband (Abb. 124). Die Kapitellornamentik der westlichen Pfeiler N 11 und S 11 zeigt stilisiertes, gebeultes Laubwerk mit Blättern, die wie aus Blech gestanzt wirken. Gegen 1300 erhielt der Westbau sein Geschossgesims mit untergelegtem Blattfries aus gebeultem Blattwerk. Mit dem Gesims wurden bereits die großen Blendmaßwerke der zweiten Turmgeschosse angelegt. Die Horizontalgliederung, vormals an den Westtürmen eigenständig geplant, orientiert sich nun am Aufriss des Langhauses. Daher durchstößt ein bereits ausgeführtes Westfenster am Nordturm das Geschossgesims. Am Südturm verhinderte die neu definierte Geschossgrenze die Ausführung begonnener Fenster. In der Wendeltreppe zeugt davon eine Fenstersohlbank und im Turmraum dieser Ebene sind nach Süden und Westen ungenutzte Fenstergewände sichtbar (Abb. 125). Ein Südfenster öffnet sich dank steil ansteigender Sohlbank im nächsten Geschoss.

Nachdem das Domkapitel 1306 und 1310 mit den Kanonikern von St. Nikolai den Abbruch und die Verlegung ihrer Stiftskirche ausgehandelt hatte, kam das Westportal mit den flankierenden Strebepfeilern zur Ausführung.[46] Die westlichen Langhausjoche brachte man nach 1318(d) unter Dach. Wohl im Anschluss an das Westportal fanden um 1310/20 die Umbauten der Querhausfassaden statt. Nachträglich wurden die Vorhallen angefügt und die Fassadenfenster eingebrochen. Während die Paradiesvorhalle im Norden direkt an die Fassade anschließt, was eine Neugestaltung des Portals bedingte, verläuft im Süden zwischen Portal und Tonsur der Kreuzgang; Veränderungen am Portal blieben daher aus. Die Erzbischof Otto von Hessen (1327–1361) nicht vergönnte Schlussweihe[47] feierte Erzbischof Dietrich (1361–1367) in seinem zweiten Amtsjahr 1363. Im ausgehenden 14. Jahrhundert wurden die Bauarbeiten am Westbau eingestellt und erst unter Erzbischof Ernst von Sachsen, dem Stifter der Marienkapelle, 1477 wieder aufgenommen.[48] Während der Regentschaft Kardinal Albrechts von Brandenburg fand der Westbau um 1520 – diese Jahreszahl ist am Helm des Nordwestturms eingehauen – seine Vollendung.

Abb. 125: Südwestturm, 1. Geschoss, 2. Ebene, geplantes Südfenster, Dom, Magdeburg. Foto: Heiko Brandl.

Anmerkungen

1 Die Überlegungen zur Baugeschichte sind Ergebnis der gemeinsamen Arbeit am Großinventar 2005 bis 2009. Dafür danke ich meinem Kollegen Christian Forster. – Die Monographie zur Baugeschichte des Magdeburger Domes von Birte Rogacki-Thiemann 2007 steht in wesentlichen Punkten der hier gebotenen Darstellung konträr entgegen. Nach Rogacki-Thiemann war ursprünglich keine Chorempore geplant (S. 70–73), ebenso kein Portal im Nordquerhaus (S. 68), der Planwechsel im Langhaus sei zweiphasig, zunächst habe man die Seitenschiffe nur erhöht (S. 71–77), deren Verbreiterung aber später ausgeführt (S. 79f.), mit dem Westbau habe man erst nach 1274/76 (S. 105) begonnen, dabei aber von Beginn an die vortretenden Strebepfeiler mit ausgeführt (S. 102). Den Neubau beherrsche das Phänomen spontaner Planung und kurzfristiger Entschlüsse, häufig bestünde Unsicherheit beim Umsetzen neuer Bauformen und Ideen. Eine kritische Auseinandersetzung mit dieser nach eigener Darstellung der Methode der Bauforschung (S. 9) verpflichteten Arbeit muss an anderer Stelle erfolgen.
2 Vgl. GA c. 13, ed. Schum 1883, S. 418; SC, S. 131.
3 Vgl. GA c. 31, ed. Schum 1883, S. 419: „ad reedificacionem ecclesie"; SC, S. 132: „Wedderbuwe".
4 Die Anwesenheit der Legaten bestätigt ein Ablass Honorius' III., in: MGH Ep. Pont., ed. Rodenberg 1883 I, S. 139, Nr. 197.
5 Vgl. GA c. 31, ed. Schum 1883, S. 419; SC, S. 132f.
6 Vgl. LHASA, Rep. U I XII Nr. 2; CodDiplBrandenb, ed. Riedel 1859 I, 17, S. 436–438; zuletzt: Bernd Ulrich Hucker: Kat.-Nr. II.1. Kaiser Otto IV. fördert den Neubau des Magdeburger Domes im Vertrag von Sommerschenburg, in: Kat. Aufbruch in die Gotik 2009 II, S. 32f.
7 Vgl. Felix Rosenfeld 1907 und 1909, favorisierte eine Grundsteinlegung 1209 und nahm dafür die zweite Reise der Legaten nach Deutschland zwischen März und Juni 1209 in Anspruch, dem entgegen traten Hans Silberborth 1910, S. 123, Anm. 44 und Exkurs S. 230–232, und Rainer Haussherr 1989, S. 180f., für das Jahr 1207 ein.
8 Vgl. Giesau 1928, S. 304f.
9 Zählung der Pfeiler von Ost nach West bei Trennung in Nord und Süd: Pfeiler N 1, S 1 usw.; Wandpfeiler WN 1, WS 1 usw.
10 Vgl. Hamann 1910, S. 77.

11 Vgl. Nicolai 1990, S. 218.
12 Vgl. Dehio SaAn 2002 I, S. 539f.
13 Vgl. Birte Rogacki-Thiemann 2007, S. 63–67. Ebenso wie Giesau modifiziert Rogacki-Thiemann den Chorgrundriss auf dem Papier, bis die nunmehr aus einem Halbkreis entwickelte Apsis geometrisch eine optimale radiale Erweiterung durch Umgang und Kapellen zulässt. Nebeneffekt dieser bereinigenden Korrektur sind halbrunde Chorkapellen mit einer erstaunlichen Wandstärke von über vier Metern. Dafür hatte schon Giesau 1928, S. 298, keine Erklärung, vgl. dazu Beitrag Forster im vorliegenden Band.
14 Grundlegend zur Problematik: Frings / Helten 2005, S. 142.
15 Vgl. Schenkluhn 2009a, S. 58; Nicolai 2009, S. 71.
16 Auf die geplante Wiederholung des asymmetrischen Aufrisses mit einer Differenzierung zwischen Chorwand und Querhauswand wies schon Giesau 1912, S. 44, hin.
17 Vgl. Goldschmidt 1899, S. 285–300; Brandl 2004, S. 21–40.
18 Vgl. SC, S. 143f.
19 Vgl. Silberborth 1910, S. 184, 212. – Ob diese Summe dem Domneubau zufloss, bleibt offen.
20 Vgl. GA c. 31, ed. Schum 1883, S. 421; SC, S. 143f. – Ein ähnlicher Vorgang fand 1205 in Halberstadt statt, als Bischof Konrad von Krosigk mit einem Reliquienschatz, Beute der Eroberung Konstantinopels, einzog, vgl. Janke 2006, S. 67f.
21 So schon Nicolai 1989, S. 154, der außerdem auf Albrechts Ernennung zum Reichsgrafen der Romagna 1222 und die Kreuzzugspläne Kaiser Friedrich II. 1225 aufmerksam machte.
22 Häufig wird die Chorempore auch als Bischofsgang bezeichnet, abgeleitet von einem gedeckten hölzernen Gang, der zum Bischofspalast nördlich des Domes führte, den Erzbischof Burchard III. von Schraplau (1307–1325) errichten ließ (GA c. 41, ed. Schum 1883, S. 428).
23 Die mutmaßlich erste Gewölbedisposition umfasste ein dreiteiliges Dienstsystem an den Polygonpfeilern (Rippe und Schildbögen und zugehörig ein fünfteiliges an den Übergangspfeilern Gurt, Rippen und Schildbögen). An den Übergangspfeilern führte nach dem Konzeptwechsel die nicht mehr benötigten westlichen Schildbogendienste bis ins Gewölbe weiter, wo sie einen Gurtunterzug aufnehmen, während man die östlichen Schildbogendienste im Obergaden kappte, denn diese Vorlagen sind im Unterschied zu den westlichen von unten kaum einsehbar.
24 Bis zum Dreißigjährigen Krieg standen in den Wandnischen eiserne Kästen mit Reliquien. Die steinernen Verschlussplatten sind eine Ergänzung von 1851, vgl. Brandt 1863, S. 64.
25 Vgl. Brandl 2009a, S. 80–83.
26 Vgl. Brandl 2009a, S. 64–70.
27 Erstmals bemerkt von Hasak 1896, S. 347.
28 Vgl. Nicolai 1990, S. 219, wies den Rundbogenfries unter dem Kranzgesims der Chorkapellen dem Bauabschnitt der Chorempore zu und trat mit diesem Argument für eine Einwölbung der Chorkapellen erst im zweiten Bauabschnitt ein. – Die stilistisch einheitlichen Rippengewölbe der Chorkapellen und der Chorseitenschiffsjoche sind dem ersten Bauabschnitt zuzuweisen, wie eine Gegenüberstellung mit dem zuletzt eingewölbten Südwestjoch aufzeigt.
29 Vgl. Forster 2009c.
30 Bislang galten die Vorgänge als zwei unabhängige Konzepte, die Errichtung der Chorempore wurde meist vor dem Planwechsel im Langhaus angesetzt, so Schubert 1974, S. 29; eine umgekehrte Abfolge hatten nur Hamann / Rosenfeld 1910, S. 141, angenommen.
31 Die Maßwerke der Obergadenfenster sind eine spätere, vermutlich nachreformatorische Zutat, und die beiden Eckpfeiler am Chorhaupt dienen nicht als Strebepfeiler, sondern sie verkleiden Fallrohre zur Dachentwässerung, vgl. Brandt 1863, S. 56; Clemens / Mellin / Rosenthal 1831 I, Tf. V, Fig. 9.
32 Von einem Vorgängerdach stammen sekundär verbaute Balken über dem Südquerhaus, aus denen Eißing / Högg 2000, S. 128f., ein Kreuzstrebendach rekonstruieren.
33 Die den Pfeiler im Erdgeschoss chorseitig anmontierten Dienste sind eine Zutat von 1851.
34 Vgl. Rogacki-Thiemann 2010, S. 170–174, zufolge war das Chorgewölbe ein Provisorium, ursprünglich sei eine höhere Einwölbung geplant gewesen. Ihr Argument bildet die Tonnenform, die dem Dienstapparat entgegenstünde und Gewölberippen überflüssig mache. – Wie begründet sich aber der aufgemauerte Wandabschnitt über dem Triumphbogen, und weshalb sollte das Vorgängerdach nicht als provisorischer Abschluss genügt haben? Der mit Dachwerk und Einwölbung betriebene Aufwand widerspricht der These von Rogacki-Thiemann.
35 Vgl. Brandl 2009a, S. 109–112, 137f.
36 Eine technische Parallele bietet der Apostelzyklus der Pariser Sainte-Chapelle, die Figuren sind ebenfalls mit rückseitigen Kehlen ausgestattet und daher abnehmbar; sichtbar an den Originalstatuen im Musée de Cluny.
37 Vgl. Brandl 2009a, S. 119–124.
38 Zum Ringanker Sußmann 2003.
39 Vgl. Eißing / Högg 2000, S. 126f., Eichenholz, Abbundzeitraum bis in die 1260er Jahre in Betracht zu ziehen.
40 Vgl. Dome Münster und Meißen.
41 Vgl. Clemens / Mellin / Rosenthal 1852 V, Tf. 3 (Text).
42 Zutreffend erkannten ebd., Lief. I, Tf. 2 (Text) den nachträglichen Einbau dieser Portale. Rogacki-Thiemann 2007, S. 86f., interpretiert die Portale hingegen als Zwischenplanung, so habe man die Seitenschiffe zunächst nur erhöht, nicht verbreitert. Entgegen ihrer Angabe liegen die Portale aber nicht „exakt über der Außenkante der 1901 gefundenen Fundamentreste der ersten Langhausplanung" (ebd., S. 86). Auch stehen Querhauswand und nordöstlicher Langhausstrebepfeiler in den unteren drei Lagen nicht im Mauerverband.
43 Vgl. Harms 1903b.
44 Vgl. CodDiplAnhalt, ed. Heinemann 1875 II, 312f., Nr. 433; vgl. zuletzt: Christian Forster: Kat.-Nr. II.14. Urkunde Erzbischof Konrads II. zur Förderung des Magdeburger Domneubaues, in: Kat. Aufbruch in die Gotik 2009 II, S. 57–59.
45 Vgl. Eißing / Högg 2000, S. 126f., Eichenholz, frühestens im Sommer 1279 abgebunden.
46 Die Strebepfeiler sind den Türmen im ersten Geschoss ohne Verband angefügt, eine Beobachtung, die ungeachtet der eingreifenden Restaurierungen der 1830er, 1920er Jahre und der Wiederherstellung nach dem Zweiten Weltkrieg vom Gerüst eindeutig auszumachen ist.
47 Ursache könnte ein Rechtsstreit gewesen sein, den Domdekan Arnold von Karsum (1338–1361) gegen Kapitel und Erzbischof führte. Arnold erwirkte in Avignon die Exkommunikation von Erzbischof und Kapitel sowie die Verhängung des Interdikts über die Domkirche, vgl. Wentz / Schwineköper 1972, S. 350f.
48 Nach heute verlorenen Baurechnungen, die Anton Ulrich Stockhausen (ad a. 1477) noch vorlagen, wurde der Dombau 1477 neu aufgenommen und bis 1522 vollendet.

WOLFGANG HUSCHNER

Zwischen Staufern, Welfen und Päpsten: Erzbischof Albrecht II. von Magdeburg (1205–1232)

Am Palmsonntag des Jahres 1207, d. h. zu Beginn der Osterfeierlichkeiten, hielt der neue Erzbischof Albrecht II. offiziell Einzug in Magdeburg. Nur fünf Tage später ereignete sich ein verheerender Brand, dem Teile der Stadt und der ottonische Dom zum Opfer fielen.[1] Viele Zeitgenossen deuteten die Katastrophe am Karfreitag sicher als schlechtes Omen für den Amtsantritt Albrechts II., dessen Karriere bis dahin reibungslos verlaufen war. Der um 1170 geborene Thüringer Albrecht von Schwarzburg-Käfernburg hatte die Hildesheimer Domschule besucht, in Paris und später in Bologna studiert. Adlige Herkunft und akademische Bildung allein reichten für den Aufstieg zum Kirchenfürsten allerdings nicht aus. Man musste in entsprechende personelle Netzwerke eingebunden sein und benötigte Förderer mit weitreichenden Verbindungen. Ein solcher war zunächst Konrad von Querfurt (gest. 1202), ein Bruder von Albrechts Schwager. Konrad lernte ebenfalls zuerst in Hildesheim und studierte danach wohl in Paris. Er war Kanzler Kaiser Heinrichs VI. und wurde 1194 Bischof von Hildesheim. 1198/1201 verließ er Hildesheim und übernahm die bischöfliche Würde von Würzburg. Mit Lothar von Segni, dem späteren Papst Innozenz III. (1198–1261), war Konrad schon vor dessen Pontifikat bekannt. Diese personelle Verbindung dürfte 1200 in Rom bei der päpstlichen Berufung von Albrecht zum Magdeburger Dompropst eine Rolle gespielt haben. Sie erfolgte genau zu jener Zeit, als Konrad von Querfurt in eigener Sache an der römischen Kurie verhandelte.[2] Der 1200 hergestellte direkte persönliche Kontakt zwischen Papst Innozenz III. und Albrecht war dessen weiterer Laufbahn sehr förderlich. Nach dem Tode Erzbischof Ludolfs von Magdeburg (1192–1205) wählte man ihn zu dessen Nachfolger. Dies geschah mit Unterstützung Bischof Konrads von Halberstadt (1201–1209), der den Wahlausschuss in Magdeburg geleitet und – wohl in Abstimmung mit dem Papst – die Kur Albrechts betrieben hatte. 1207 verstärkte Innozenz III. die Verbindung nach Magdeburg, indem er den päpstlichen Subdiakon Otto, einen Verwandten des Herzogs von Polen, zum Dompropst in der Elbmetropole bestimmte.[3]

Vor die Wahl gestellt zwischen dem staufischen König Philipp von Schwaben (1198–1208) und dem welfischen König Otto IV. von Braunschweig (1198–1216),[4] bevorzugte Albrecht II. in der Tradition seiner beiden erzbischöflichen Vorgänger Wichmann (1152/54–1192)[5] und Ludolf den Staufer. Er ließ sich von König Philipp mit den Regalien belehnen. Dies führte vorübergehend zu einer Distanzierung des Papstes vom erwählten Magdeburger Erzbischof. Im Dezember 1206 wurde Albrecht II. aber von Innozenz III. zum Bischof geweiht und erhielt das Pallium. Zu jener Zeit lockerte der Papst seine Beziehungen zu Otto IV. und begann sich Philipp von Schwaben anzunähern.[6] An der Intensivierung der Beziehungen zwischen Innozenz III. und dem staufischen König wirkte Albrecht II. aktiv mit.[7]

In Magdeburg entschied sich Albrecht II. gegen den Wiederaufbau des ottonischen Doms. Ambitioniert plante er eine neue erzbischöfliche Kirche nach Vorbildern moderner Kathedralen, aber mit Rückbezug auf eine imperiale Tradition.[8] Er besaß sicher das Bildungsniveau und die wichtigsten Fähigkeiten, um ein solches Großprojekt in Angriff zu nehmen. Ob der Erzbischof allerdings über die erforderliche Beharrlichkeit verfügte, um einem Jahrzehnte währenden Dombau stets die erforderliche Priorität einzuräumen, musste sich erst erweisen. Außerdem waren für den Erfolg eines so langfristigen Vorhabens günstige politische Rahmenbedingungen sowie ausreichende wirtschaftliche Ressourcen nötig. Im Folgenden soll es vor allem um die Frage gehen, ob bzw. wie es Albrecht II. gelang, unter den häufig wechselnden politischen Konstellationen zwischen Staufern, Welfen und Päpsten im ersten Drittel des 13. Jahrhunderts die Magdeburger Interessen möglichst erfolgreich zu vertreten.

Philipp von Schwaben erlangte im Thronstreit mit Otto IV. spätestens 1207 das eindeutige Übergewicht. Albrecht II. von Magdeburg hatte daran mitgewirkt, dass der Staufer diese Position einnahm.[9] Philipp wurde jedoch am 21. Juni 1208 durch den Pfalzgrafen Otto von Wittelsbach in Bamberg ermordet. Die staufische Fraktion brach daraufhin auseinander.[10] König Otto IV. von Braunschweig nutzte die neue Konstellation und bedrohte seine Widersacher in Sachsen sogleich militärisch. Als er sich anschickte, das Erzstift Magdeburg anzugreifen, entschloss sich Albrecht II., in Verhandlungen einzutreten. In deren Ergebnis erkannte der Magdeburger Erzbischof den welfischen König an und vollzog damit einen Seitenwechsel.[11] Nach geheimen Verhandlungen zwischen den bisherigen Gegnern schloss man im Juli 1208 in Sommerschenburg einen Vertrag.

Welch enormes politisches Gewicht Otto IV. dem Magdeburger Metropoliten beimaß, lässt sich an den umfangreichen Besitzungen und Rechten ablesen, die er Albrecht II. im Ergebnis der Verhandlungen übertrug. Dazu gehörten Haldensleben, Sommerschenburg und Lauenburg (bei Quedlinburg) sowie welfische Besitzungen in der Mark Brandenburg. Außerdem verzichtete Otto IV. nicht nur auf das Regalienrecht – wie König Philipp von Schwaben –, sondern auch auf das Spolienrecht, den Nachlass verstorbener Bischöfe in der Kirchenprovinz Magdeburg. Außerdem sollte der König fortan weder das Münz- noch das Zollrecht in den Städten des Magdeburger Gebietes in Anspruch nehmen. Abgaben von den Kirchengütern für die wirtschaftliche Absicherung von Königsaufenthalten durften nicht mehr erhoben werden. Im Falle ihrer Realisierung konnten diese Privilegien der Territorialisierung des Erzstifts bzw. dem Ausbau der kirchenfürstlichen Herrschaft einen enormen Schub verleihen.[12] Überdies sagte der König zu, den Magdeburger Dombau nach Kräften zu unterstützen.[13] Die Urkunde Ottos IV. enthält aber noch einen auffälligen Passus, der die politischen Ambitionen Albrechts II. auf Reichsebene erkennen lässt: Der König versprach darin, den Erzbischof künftig vor allen anderen Fürsten als seinen wichtigsten Berater zu betrachten.[14] Albrecht II. initiierte die Nachwahl Ottos IV. durch bisherige staufische Anhänger und legte einen symbolträchtigen Termin dafür fest. Am 22. September 1208, dem Tag des heiligen Mauritius, der als Hauptpatron der erzbischöflichen Kirche von Magdeburg fungierte, wählten die Fürsten Sachsens und Thüringens den Welfen in Halberstadt zum König.[15] Nach Darstellung des Chronisten Arnold von Lübeck soll Albrecht II. bei dieser Wahl die erste Stimme abgegeben haben.[16]

Die umfangreichen Gunsterweise Ottos IV. an den militärisch klar unterlegenen Albrecht II. sind wohl in erster Linie damit zu erklären, dass die welfische Seite den Magdeburger Metropoliten in zweifacher Hinsicht als eine politische Schlüsselfigur betrachtete. Einerseits versprach man sich durch dessen Seitenwechsel den Übertritt von weiteren bedeutenden Anhängern der staufischen Partei und andererseits über seine Person engere Beziehungen zu Papst Innozenz III. Dieser stellte sich tatsächlich alsbald auf die Seite des welfischen Königs und forderte die Fürsten brieflich auf, es ihm gleichzutun.[17] Albrecht II. warb fortan unter den geistlichen und weltlichen Großen nachdrücklich und erfolgreich für die Anerkennung Ottos IV. Er trug damit maßgeblich dazu bei, dass Otto IV. die politische Isolierung überwinden konnte, in die er bei den Auseinandersetzungen mit Philipp von Schwaben geraten war. Im Gegenzug steigerte sich die Position des Magdeburger Erzbischofs auf der Ebene des Reiches. Außerdem verfolgte er aufgrund verwandtschaftlicher Verbindungen auch Interessen im westlichen Ostseeraum und erhielt dafür königliche Unterstützung.[18]

Zu Pfingsten 1209 (17. Mai) fand sich der Magdeburger Erzbischof am königlichen Hof in Braunschweig ein. Hier erhielt er zwei Urkunden Ottos IV. In der ersten bestätigte man feierlich die im Vertrag von Sommerschenburg 1208 zugesagten Privilegien und fügte sogar noch weitere hinzu. So sollte der König künftig keine neuen Münzen und Zölle im Umlaufbereich der Magdeburger Münze mehr errichten.[19] In der zweiten versprach der König, sechs Wochen nach der Rückkehr vom Italienaufenthalt Güter in Haldensleben an die erzbischöfliche Kirche von Magdeburg zu übertragen.[20]

Albrecht II. begleitete den Königshof im Sommer 2009 auf dem Zug nach Italien und Rom. Auf Druck vieler Fürsten zog Otto IV. jedoch die vor dem Aufbruch gemachten Zusagen an den Papst zurück. Daraus erwuchsen Spannungen zwischen Papst und künftigem Imperator. Nach der Kaiserkrönung am 4. Oktober 1209 wurde bald offenbar, dass sich Otto IV. nicht an die Vereinbarungen mit dem Papst halten würde.[21] Die Albrecht II. versprochenen Zuwendungen unterblieben ebenfalls. Der Erzbischof zog die Konsequenzen und verließ den Kaiserhof. Auf der Rückfahrt reiste er über Burgund, wo er in Saint-Maurice kostbare Reliquien des heiligen Mauritius (Teile des Hauptes) erwarb. Außerdem brachte er Reliquien des heiligen Vitalis und der heiligen Katharina mit nach Magdeburg. Der Kult des Magdeburger Hauptpatrons Mauritius hatte 1209 eine neue Dimension im Sacrum Romanum Imperium erreicht. Der Papst hatte Otto IV. am Mauritius-Altar der römischen Peterskirche zum Kaiser gesalbt. Diese spektakuläre Veränderung beim Krönungszeremoniell dürfte mit auf Albrecht II. zurückzuführen sein.[22]

In Italien spitzten sich die Beziehungen zwischen Kaiser und Papst derweil immer mehr zu. Nachdem Otto IV. das Königreich Sizilien angegriffen hatte, wurde er von Innozenz III. am 18. November 1210 exkommuniziert. Der Papst informierte die deutschen Fürsten brieflich darüber und forderte König Philipp II. August von Frankreich (1180–1223) auf, sich gegen den Kaiser zu stellen. In Deutschland fielen zuerst der Erzbischof von Mainz, der die Exkommunikation Ottos IV. verkündete, und der Landgraf von Thüringen vom Kaiser ab. Der König von Böhmen und die Herzöge von Bayern und Österreich schlossen sich bald an.[23] Albrecht II. sympathisierte zwar mit dieser Fürstenfraktion, hielt sich offiziell aber bedeckt, weil sein Erzstift von welfischen Anhängern umgeben war. Erst nachdem ihm der Papst mit Amtsenthebung gedroht hatte, fand sich Albrecht II. am 02. Februar 1212 dazu bereit, den Kirchenbann über Otto IV. zu verhängen. Innozenz III. belohnte diesen Schritt des Erzbischofs und ernannte ihn zusammen mit dem Mainzer Metropoliten zum päpstlichen Legaten für das deutsche Königreich. Schon im April 1212 wurden die Erzbischöfe von Magdeburg und Mainz durch päpstliches Schreiben aufgefordert, sich demonstrativ gegen die Herrschaft Ottos IV. zu stellen und mit kirchlichen Strafen gegen jene vorzugehen, die auch nach dessen Exkommunikation weiter zum Kaiser hielten. Zudem warben die beiden Erzbischöfe um Unterstützung für den Staufer Friedrich II., den König von Sizilien, als Gegenkandidaten zu Otto IV. Die welfische Reaktion ließ nicht lange auf sich warten. Kaiser Otto IV. brach die italienischen Unternehmungen ab und kehrte in das deutsche Königreich zurück. Dort verschaffte er sich schnell wieder Anerkennung unter den Großen, so dass die beiden päpstlichen Legaten aus Mainz und Magdeburg offiziell bald isoliert dastanden. Die Situation entspannte sich erst, als der Staufer Friedrich II. in Deutschland eingetroffen war, dem sich Otto IV. sogleich entgegenstellen musste. Für militärische Interventionen in Magdeburg und Thüringen blieb ihm vorerst keine Zeit mehr.[24]

Friedrich II. wurde am 05. Dezember 1212 in Frankfurt von den dort versammelten Fürsten nicht nur zum König, sondern gleich zum Kaiser gewählt. Die Königskrönung fand am 09. Dezember in Mainz statt. Danach zog der Staufer durch das deutsche Reich und gewann immer mehr Anhänger.[25] Von Eger aus rief er zum Heereszug gegen den Welfen und zur Unterstützung von Erzbischof Albrecht auf. Dieser hatte an der Königswahl in Frankfurt nicht teilnehmen können, weil sein Erzstift nach wie vor von Feinden umringt war. Der Staufer schaffte es jedoch nicht, ihn rechtzeitig militärisch zu schützen. Der welfische Kaiser griff das Erzstift im Juni 1213 an und besiegte das Magdeburger Heer. Seine Truppen konnten die befestigten Städte Magdeburg und Halle trotz längerer Belagerung zwar nicht einnehmen, verheerten die umliegenden Gebiete aber umso mehr. Ende September 1213 rückten dann staufische Truppen in das Magdeburger Stiftsgebiet ein, um die Anhänger und Soldaten Ottos IV. zu vertreiben. Strategisch wichtige Plätze – wie das zur Festung umfunktionierte Kanonissenstift Quedlinburg – konnten jedoch nicht erobert werden. Der längere Aufenthalt von staufischen Truppen dürfte dem Erzstift und seinen Bewohnern ähnlich geschadet haben wie zuvor der Kriegszug der welfischen.[26]

Für Entspannung sorgte schließlich der französische König. Im Jahre 1214 verlor Kaiser Otto IV. die Schlacht bei Bouvines gegen Philipp II. August von Frankreich, wodurch der Staufer endgültig die Oberhand im deutschen Königreich gewann.[27] Auf einem Hoftag zu Andernach 1215 wurde Albrecht II. für seine Unterstützung Friedrichs II. erstmals offiziell belohnt. Der Staufer übertrug dem Erzbischof in Anbetracht der Verdienste um seine Thronerhebung und wegen der angerichteten Schäden im Erzstift die Burg Schkopau mit den dazugehörigen Besitzungen.[28] Diese repräsentative Königsurkunde wurde von einem unbekannten Magdeburger Geistlichen aus der

Umgebung Albrechts II. geschrieben, den die Editoren der Diplome Friedrichs II. mit der Sigle ‚Anonymus R' versahen.[29]

An der Krönung Friedrichs II. in Aachen am 25. Juli 1215[30] nahm Albrecht II. von Magdeburg nicht teil. Er weilte aber Anfang Mai 1216 in Würzburg wieder am Herrscherhof und scheint dort sein Eintreten für die staufische Seite nochmals besonders herausgestrichen zu haben. Albrecht II. war kurzzeitig (Anfang 1216) in die Gefangenschaft eines welfischen Parteigängers geraten,[31] was er wohl nicht unerwähnt gelassen haben dürfte. Der Staufer zeigte sich gegenüber dem Magdeburger denn auch ungemein großzügig. In der Urkunde vom 11. Mai 1216 wurden alle Vergünstigungen aufgeführt, die zuvor Otto IV. der Magdeburger Kirche gewährt hatte. Zudem verzichtete Friedrich II. ebenfalls auf das Spolien- und das Regalienrecht. Verfasst wurde dieses abschriftlich überlieferte Privileg wiederum von dem Magdeburger Notar (‚Anonymus R').[32] Die königliche Bestätigung dieser wichtigen Rechte erfolgte also mindestens nach einem Entwurf, der von der Empfängerseite vorbereitet worden war. Möglicherweise hat der Magdeburger Schreiber das Diplom Friedrichs II. nach Vorgaben Albrechts II. auch vollständig verfasst und geschrieben; am staufischen Hof fügte man dann nur das königliche Siegel zur Beglaubigung hinzu.

Auf der Grundlage des Textes für Magdeburg wurde auch anderen erzbischöflichen und bischöflichen Kirchen des Reiches die Wahrnehmung des bisher königlichen Regalien- und Spolienrechts durch Friedrich II. konzediert.[33] Am 14. Mai 1216 erhielt Albrecht II. in Würzburg ein weiteres Diplom, in dem man der Magdeburger Kirche wegen seiner Verdienste um die Thronerhebung des Staufers und wegen der deshalb erlittenen Schäden die Burg Schönburg (bei Naumburg) sowie die Stadt Oberwesel mit Ministerialen, Hörigen und allem Zubehör, vorbehaltlich der Einlösung für 2000 Mark Silber, überließ.[34] In dem Diplom würdigte man wiederum das Engagement Albrechts II. für den Staufer und wählte eine ehrenvolle Anrede („dilectus princeps noster") für ihn, die seine Königsnähe betonte.[35]

Die genannten Urkunden Friedrichs II. für Albrecht II. von Magdeburg sind in mehrfacher Hinsicht interessant. Äußerlich wurden sie sehr aufwendig gestaltet. Man schrieb sie im traditionellen Stil eines feierlichen Privilegs. Der Notar, der sie aufsetzte, gehörte jedoch nicht zum staufischen Hof, sondern zur Magdeburger Empfängerseite. Früh- und hochmittelalterliche Herrscherurkunden besaßen den Charakter von zwei- oder auch mehrseitigen Verträgen, die das Ergebnis von mündlichen Verhandlungen dokumentierten. Diplome waren sowohl äußerlich als auch inhaltlich außergewöhnliche Schriftstücke, für die man in der Regel viel größere Pergamente als für andere Dokumente sowie spezielle Schriftarten und graphische Zeichen benutzte. Sie sollten neben der Rechtssicherung u. a. auch zur symbolischen Kommunikation und Repräsentation der Vertragspartner dienen. Inhaltlich spiegelten sie die Beziehungen zwischen den Herrschern einerseits sowie den geistlichen und weltlichen Großen andererseits wider. Als die sozialen Spitzen der Gesellschaft waren sie gemeinsam für das Reich verantwortlich.

Die Diplomnotare, die zur Aussteller-, Empfänger- oder Vermittlerseite gehören konnten, waren in der Regel gebildete und ranghohe Geistliche. An der inhaltlichen und äußeren Ausführung von Herrscherurkunden konnte die Empfängerseite in unterschiedlichem Maße mitwirken.[36] Im Hinblick auf die Diplome Friedrichs II. für Albrecht II. bzw. für seine Magdeburger Kirche übernahm die Empfängerseite mehrfach deren vollständige inhaltliche und graphische Gestaltung. In der Forschung hält man den Magdeburger Notar für einen sehr gebildeten und kalligraphisch befähigten Schreiber Albrechts II. (‚Anonymus R'). Dieser bislang noch nicht bzw. nicht hinreichend identifizierte Magdeburger Geistliche[37] wirkte an der Herstellung von mindestens acht Diplomen Friedrichs II. mit.[38] Die außergewöhnlich sorgfältige und feierliche graphische Ausführung dieser Dokumente ist demnach auf die Intention der Empfängerseite zurückzuführen. Außerdem fällt bei der inhaltlichen Interpretation nicht unerheblich ins Gewicht, dass deren Schreiber aus dem engeren Umkreis Albrechts II. kam. Man muss deshalb in Erwägung ziehen, dass die häufige verbale Würdigung des Magdeburger Metropoliten und die wiederholte Hervorhebung seiner Verdienste in den staufischen Diplomen ursprünglich nicht aus dem Munde des Königs, sondern aus jenem Albrechts II. oder aus der Feder des Magdeburger Notars stammten. Jedenfalls sorgte Albrecht II. mit einer Person seines Vertrauens dafür, dass alle Privilegien, die ihm der Herrscher in mündlichen Verhandlungen gewährte, ausnahmslos in die für ihn bestimmten Königsurkunden aufgenommen wurden und man seine Person dabei gebührend in den Vordergrund rückte. Dieser Magdeburger Geistliche schrieb auch noch eine Kaiserurkunde Friedrichs II., die 1224 in Catania auf der Insel Sizilien ausgestellt wurde. Darin bestätigte man der erzbischöflichen Kirche von Magdeburg auf der Grundlage einer Vorurkunde König Konrads II. von 1025 ihre Privilegien.[39]

Albrecht II. konnte sich 1216 über die staufischen Gunsterweise und Zuwendungen für die Magdeburger Kirche jedoch nicht unbeschwert freuen. In seinem Erzstift gab es immer noch keinen dauerhaften Frieden, denn welfische Truppen fielen von Braunschweig aus stets aufs Neue plündernd in das Land ein. Die schier endlosen Auseinandersetzungen hörten erst nach dem Tode des welfischen Kaisers 1218 auf.[40]

Nach dem Ableben Ottos IV. forderte der neue Papst Honorius III. (1216–1227) den Staufer nachdrücklich auf, sein Kreuzzugsgelübde zu erfüllen, das er bei seiner Aachener Krönung 1215 geleistet hatte. Der Abzug aus Deutschland war für Juni 1220 vorgesehen. Bis dahin wollte Friedrich II. für die Dauer seiner Abwesenheit die erforderlichen Regelungen treffen. Dazu gehörte vor allem die Wahl seines Sohnes Heinrich zum König. Albrecht II. gehörte in dieser Zeit offenbar zum engeren Beraterkreis Friedrichs II., denn ein Hoftag, auf dem über wichtige Fragen entschieden werden sollte, war für Anfang 1219 in Magdeburg geplant, kam aber nicht zustande. Auf einer Reichsversammlung in Frankfurt erfolgte unter maßgeblicher Beteiligung Albrechts II. die Wahl Heinrichs (VII.) zum deutschen König. Anschließend traf man Vorbereitungen für die Abreise Friedrichs II. nach Rom.[41] Obwohl Albrecht II. nicht mit nach Süden ziehen wollte, kam er zum Sammelplatz des Heeres in Augsburg. Dort erwarb er mit königlicher Unterstützung vom Herzog von Andechs-Meran die Schädeldecke des heiligen Mauritius. Eine große Versammlung von geistlichen und weltlichen Großen erwartete Albrecht II. am 28. September 1220 bei seiner Rückkehr in Magdeburg, um die spektakuläre Reliquienübertragung feierlich zu umrahmen.[42]

Die Übertragung hoch angesehener Reliquien hing vielleicht mit den Plänen Albrechts II. zusammen, die Heidenmission in Osteuropa von Magdeburg aus wieder stärker zu fördern und den Einflussbereich seiner erzbischöflichen Kirche in dieser Richtung auszudehnen. Diese Aufgabe war bei mehreren seiner Vorgänger im 12. Jahrhundert in den Hintergrund getreten. Zuletzt hatte Erzbischof Norbert (1126–1134) in dieser Hinsicht weiträumige Intentionen bekundet. Aufgrund seiner engen Beziehungen zu Innozenz II. (1130–1143) hatte er sich 1133 ein päpstliches Privileg ausstellen lassen, in dem man Magdeburg die Metropolitangewalt über alle Bistümer der polnischen Kirche zuerkannte. Diese Ansprüche wurden jedoch in keiner Weise realisiert. Parallel zu Norbert hatte der Erzbischof von Bremen versucht, die frühere Oberhoheit über Skandinavien zurückzuerlangen. Dies scheiterte aber am erfolgreichen Widerstand des Erzbischofs von Lund.[43] Rund ein Jahrhundert später verfolgte Albrecht II. von Magdeburg in östlicher Richtung ebenfalls ernsthafte Absichten. Er hatte sogar persönlich ein Kreuzzugsgelübde abgelegt. In einem Schreiben von 1221 erlaubte der Papst dem Magdeburger Metropoliten, sein Gelübde entweder im Heiligen Land oder in Livland und zu einem ihm geeignet erscheinenden Zeitpunkt zu erfüllen.[44] Albrecht II. hatte sich aber schon früher für Osteuropa entschieden.[45]

Bereits 1217 hatte Papst Honorius III. alle Gebiete jenseits Livlands, in denen der Erzbischof und seine Geistlichen die Bewohner zum Christentum bekehren würden, potentiell unter die kirchliche Oberhoheit Magdeburgs gestellt.[46] 1219 ließ sich Albrecht II. von Friedrich II. mit allen Gebieten jenseits der Grenzen Livlands und in den dortigen Marken belehnen, in denen durch ihn oder durch seine Unterstützung die Bekehrung der Menschen erfolgen würde. Erzbischöfe und Bischöfe, die künftig dort amtieren würden, sollten die Regalien vom Magdeburger Erzbischof erhalten.[47]

Die päpstliche und die königliche Urkunde zeugen von Albrechts II. Plänen Richtung Osteuropa.[48] Außerdem hatte er erreicht, dass Magdeburg das exemte Bistum Kammin in Pommern vom Papst als Suffragan unterstellt wurde. Dies führte sofort zu heftiger Gegenwehr von Kamminer Seite und danach zu langwierigen Streitigkeiten und Untersuchungen.[49] Ganz wirkungslos blieben diese Aktivitäten Albrechts nicht. 1220 ließ sich ein erwählter Bischof von Estland in Magdeburg weihen. 1225 kamen die Bischöfe von Estland und Kammin zu einer Kirchenversammlung nach Magdeburg, an der auch ein päpstlicher Legat teilnahm. Die großen Vorhaben in Osteuropa gelangten jedoch nicht zur Ausführung. Hans Silberborth, der sich vor hundert Jahren ausführlicher mit der Amtszeit Albrechts II. beschäftigt hat, sah dies vor allem in der Persönlichkeit des Erzbischofs begründet:

„Erzbischof Albrecht selbst lässt es bei aller Klugheit und Arbeitskraft doch an Ausdauer fehlen. Die Pläne überhäufen sich bei ihm. Bevor der eine auch nur einigermaßen gereift ist, wird der andere schon in Angriff genommen. Neben dem Wunsche, im Osten an der Peripherie des Reiches seinem Erzstifte zu einer großen Stellung zu verhelfen, zieht ein mächtiges Sehnen Albrecht doch auch an den Hof des Kaisers, wo schneller Ehre und Ruhm zu ernten war als in den Sümpfen und Wäldern Littauens."[50]

Im Unterschied zu Silberborth ist eher davon auszugehen, dass Albrecht II. zunächst von dänischer Seite daran gehindert wurde, seine Pläne in die Tat umzusetzen. König Waldemar II. von Dänemark (1202–1241), der Schleswig und Holstein seinem Reich einverleibt hatte, war 1210 gegen Preußen und 1219 gegen Estland militärisch aktiv geworden. Im Norden Estlands etablierte sich seither die dänische Herrschaft.[51] Als Konkurrenten der Dänen traten in diesem Raum außerdem der Schwertbrüderorden[52] sowie der Deutsche Orden auf.[53] Für Ambitionen des Erzbischofs von Magdeburg blieb da kein Platz.

Statt nach Osteuropa zog Albrecht II. Anfang 1222 nach Italien. Dafür benötigte er ein repräsentatives Gefolge und somit zusätzliche finanzielle Mittel. Offenbar war der Erzbischof aber meist knapp bei Kasse, denn er machte häufig Schulden. Er verkaufte daher die Vormundschaft über die beiden noch minderjährigen Markgrafen Johann und Otto von Brandenburg, die ihm Friedrich II. 1220 übertragen hatte. Die Aufgabe dieser Regentschaft für beide minderjährigen Markgrafen dürfte dem Metropoliten nicht leicht gefallen sein, denn die Askanier standen ebenso wie die Welfen und Wettiner beim Aufbau von fürstlichen bzw. landesherrlichen Herrschaftsbereichen im Wettbewerb mit den Repräsentanten des Erzstifts. Albrecht II. versprach den Magdeburger Domherren zwar, das Geld für die Tilgung eines Teils der angehäuften Schulden zu verwenden; aber eine gewisse Summe dürfte er auch für die Italienreise abgezweigt haben. Albrecht II. strebte dort die Lösung von Problemen seiner Kirchenprovinz durch Verhandlungen an der römischen Kurie und am Kaiserhof an. Dazu gehörten der Widerstand Kammins gegen die Eingliederung in die Magdeburger Kirchenprovinz, eine 1220 erfolgte zwiespältige Bischofswahl in Brandenburg und die bedrängte Lage des Bischofs von Meißen. Außerdem musste Albrecht II. versuchen, den Widerstand des dänischen Königs, des Schwertbrüderordens und des Deutschen Ordens gegen seine Osteuropa-Pläne zu reduzieren. Dies ging nur mit Hilfe von Kaiser und Papst.[54]

Friedrich II. kam der Magdeburger Erzbischof offenbar gerade recht. Er übertrug ihm das vakante Amt des Reichslegaten für die Lombardei, die Romagna und die Mark Treviso. In dieser Phase, zwischen 1221 und 1239, berief man nicht mehr Legaten für ganz Italien, sondern teilte diese Funktion in mehrere Sprengel auf. Schon mehrere Große nordalpiner Provenienz hatten dieses Amt relativ erfolglos und daher nur kurzzeitig verwaltet. Albrecht II. erging es nicht anders. Zu den Aufgaben der Reichslegaten, die den Kaiser repräsentierten und vertraten, gehörten u. a. die Beilegung von Konflikten, die Herstellung des Friedens, die Entgegennahme von Treueeiden, die Ausübung von Gerichtsbarkeit und die Einforderung von entfremdeten Besitzungen und Rechten des Reiches. Entscheidungen und Verfügungen seiner Legaten erkannte der Kaiser bis 1239/40 in der Regel vorbehaltlos an.

Aufgrund der komplizierten politischen, sozialen und konfliktreichen Verhältnisse Oberitaliens erzielte Albrecht II. während seiner dreijährigen Amtszeit als Reichslegat kaum Wirkung.[55] Erschwerend wirkte sich die zwiespältige Position eines Kirchenfürsten auf seine Tätigkeit aus, der sich sowohl gegenüber dem Kaiser als auch gegenüber dem Papst loyal verhalten musste. Da kaiserliche und päpstliche Interessen in Oberitalien häufig divergierten oder sich kreuzten, saß ein Bischof oder Metropolit bei der Ausübung des Legatenamtes gewissermaßen zwischen den Stühlen. Albrecht II. war deshalb einer der letzten geistlichen Fürsten, dem man die Legatenwürde in Italien übertrug.[56] Der Kaiser honorierte aber die Bemühungen Albrechts II. und verlieh ihm die Grafschaft Romagna mit allen Einkünften und der gesamten Gerichtsbarkeit auf Lebenszeit (März 1223).[57] Bei seinem Abschiedsbesuch als Reichslegat im September 1224 ließ sich Albrecht II. vom Kaiser nochmals alle Besitzungen und die Immunität der Magdeburger Kirche bestätigen.[58]

Kaiser Friedrich II. wollte das Jahr vor seinem für 1227 geplanten Aufbruch zum Kreuzzug nutzen, um die kaiserliche Herrschaft in Oberitalien wieder stärker zur Geltung zu bringen. Er hatte deshalb für Ostern 1226 einen Reichstag nach Cremona einberufen, zu dem viele Fürsten aus dem nordalpinen Reich geladen waren, unter ihnen auch der Magdeburger Erzbischof.[59] Schon im März traf Albrecht II. am kaiserlichen Hof in Rimini ein. Die lombardischen Städte verbündeten sich jedoch gegen den Kaiser und sperrten die Alpenpässe, so dass die nordalpinen Fürsten nicht nach Italien gelangen konnten. Friedrich II. war schließlich zu Verhandlungen mit dem Lombardischen Bund gezwungen, bei denen Albrecht II. von Magdeburg allerdings keine Rolle spielte. Er zog sich vom Kaiserhof zurück und reiste nach Magdeburg.[60] Im Gepäck hatte er eine Urkunde Friedrichs II., in der die Übertragung von Lebus an die Magdeburger Kirche dokumentiert worden war. Darin würdigte man wiederum das Engagement Albrechts II. für die Ehre des Herrschers und des Reiches.[61]

Nachdem der Kaiser 1227 wegen einer Seuche, die im Heer ausgebrochen war, den Kreuzzug wieder nicht angetreten hatte, wurde er durch den neuen Papst Gregor IX. (1227–1241) an Michaelis 1227 und nochmals am Gründonnerstag 1228 gebannt.[62] Albrecht II. von Magdeburg begab sich schon zu Beginn des Jahres 1228 abermals nach Italien, wohl auch um im Streit zwischen Kaiser und Papst zu vermitteln. Am Kaiserhof wurde er von Friedrich II. mit der Leitung einer Gesandtschaft an die päpstliche Kurie betraut. Albrecht II. richtete beim neuen Papst im Hinblick auf den Kaiser offenbar nichts aus. Bezüglich der Kirchenprovinz Magdeburg wurden aber verschiedene Regelungen getroffen. Im Juli 1228 reiste Albrecht II. wieder nach Norden zurück, jedoch nicht nach Magdeburg, sondern an den Königshof Heinrichs (VII.). Dort wirkte er mehrere Monate als Ratgeber des heranwachsenden Monarchen, der bisher durch Ludwig von Bayern bei der Regierung vertreten wurde. In dieser Zeit wurde erneut versucht, Braunschweig endlich unter staufische Herrschaft zu stellen. Albrecht II. mischte sich tatsächlich ein und bestärkte die Braunschweiger Ministerialen in ihrem Vorhaben, von ihren Herren abzufallen. Dies führte naturgemäß zu Gegenangriffen der Braunschweiger auf das Erzstift. Hinzu kam, dass zwischen dem Bischof und den Markgrafen von Brandenburg ein Zehntstreit ausgebrochen war. 1229 konnte aber ein neuer Friedensschluss zwischen Braunschweig und Magdeburg erzielt werden, der einige Jahre hielt.[63]

Dafür wirkte sich der Dauerkonflikt zwischen Kaiser Friedrich II. und Papst Gregor IX. (1227–1241) jetzt auch auf Sachsen aus. Ein päpstlicher Legat sollte in Deutschland für den Abfall von den Staufern werben und den welfischen Herzog Otto von Braunschweig (das Kind) als neuen Herrscher ins Spiel bringen, der sich aber nicht als Gegenkönig zur Verfügung stellte.[64] An der Entscheidung hatte auch der Magdeburger Erzbischof seinen Anteil. Albrecht II. stellte sich dieses Mal ebenso gegen den päpstlichen Legaten, der über seinen Kopf hinweg in die kirchlichen Belange seiner Kirchenprovinz eingegriffen hatte.[65] Er hintertrieb dessen Vorhaben, ein Konzil in Würzburg abzuhalten. Albrecht II. agierte im Frühjahr 1231 auf einem großen Hoftag König Heinrichs (VII.) in Worms. Hier wurde das berühmte Privileg zugunsten der Fürsten verabschiedet, durch das sie zu weitgehend autonomen Landesherren wurden. Wahrscheinlich hatte Albrecht II. hierbei erneut seine Hand im Spiel.[66]

Anfang September 1231 reiste Albrecht II. zum vierten und letzten Mal nach Italien. Ende August 1230 war der Kaiser vom päpstlichen Bann gelöst worden. Für Anfang November 1231 hatte er einen Reichstag nach Ravenna einberufen. Albrecht II. fand sich dort ein, aber die meisten nordalpinen Fürsten wurden durch die Lombarden wiederum am Zuzug gehindert.[67] Albrecht II. weilte danach zwar wiederholt am Kaiserhof, scheint sich aber überwiegend um die Belange seiner italienischen Grafschaft gekümmert zu haben. Am 15. Oktober 1232 starb er wohl in Italien. Am 28. Februar 1233 setzte man ihn in Magdeburg bei.[68]

Die Amtszeit Albrechts II. ist nicht leicht zu beurteilen. Das Fazit fällt in der Forschung meist widersprüchlich aus.[69] Seine Handlungsspielräume wurden vom jeweiligen Stand der Beziehungen zwischen den Herrschern des Heiligen Römischen Reiches und den Päpsten maßgeblich mitbestimmt. Eine relative Konstante in seinem politischen Handeln war sicher die Unterstützung der staufischen Könige bzw. Kaiser. Diese ist wohl besonders damit zu erklären, dass die Welfen – ebenso wie die Askanier und Wettiner – gefährliche Konkurrenten beim Aufbau und bei der Erweiterung von Landesherrschaften im Nordosten des Reiches waren. Durch die enge Anbindung an die Staufer versuchte Albrecht II., die weltlichen Fürsten auf Distanz zu halten und zugleich seine fürstliche Herrschaft auszubauen. Wenn es aus Magdeburger Perspektive erforderlich oder vorteilhaft schien, wechselte er eben auch die Seiten. Trotz dieser Anpassungsfähigkeit an veränderte politische Konstellationen wurde das Erzstift mehrfach in militärische Auseinandersetzungen verwickelt. Albrecht selbst bevorzugte bei Konflikten diplomatische und politische Lösungen. Insgesamt hat er die Positionen Magdeburgs gegenüber den umliegenden fürstlichen Gewalten erfolgreich behauptet. Die innere Konsolidierung und Verstärkung seiner Herrschaft gelang ihm vor allem mit Hilfe von königlichen und kaiserlichen Privilegien. Der erhöhte Aufwand für fürstliche Repräsentationsformen, den man Albrecht in der älteren Forschung zum Vorwurf machte,[70] gehörte zu den üblichen Merkmalen fürstlicher Herrschaft. Da noch keine zentrale Einnahmeverwaltung und keine jährlichen Budgetkalkulationen existierten, waren Fürsten – strukturell bedingt – häufig in Geldnöten.[71] In der Hofhaltung führte Albrecht II. die Tradition Erzbischof Wichmanns von Magdeburg fort. Im Hinblick auf die eigene Repräsentation brach er in bestimmter Hinsicht aber mit der Tradition seiner Vorgänger. Er ließ für sich ein neues Siegelbild anfertigen, das den Erzbischof auf einem Thron sitzend mit Mitra und Pallium zeigt. Den Bischofsstab hält er in der linken, ein offenes Buch in der rechten Hand. In der Umschrift präsentierte man Albrecht II. als ALBERTUS DEI GRATIA SANCTE MAGDEBURGENSIS ECCLESIAE ARCHIEPISCOPUS.[72]

Das Verhältnis Albrechts zu den Päpsten war offenbar nur in der Amtszeit von Innozenz III. besonders eng, der seinen Aufstieg zum Propst und wohl auch zum Erzbischof von Magdeburg unterstützt hatte. Die Beziehungen zu Honorius III. und Gregor IX. bewegten sich eher im üblichen Rahmen. Eigenständigen Eingriffen päpstlicher Legaten in seine Kirchenprovinz widersetzte er sich. Im deutschen Königreich kooperierte er unter den Amtskollegen besonders mit dem Erzbischof von Mainz, während er zu jenem von Bremen häufig in einem Konkurrenzverhältnis stand.

Die Relevanz der Kultes von Mauritius, dem Magdeburger Hauptpatron, ist durch Albrecht II. mit Hilfe neuer Reliquien[73] sowie die Vornahme von herausragenden politischen und repräsentativen Akten an dessen Festtag (22. September) oder in Verbindung mit Mauritius geweihten Altären – wie in der römischen Peterskirche – deutlich gesteigert worden. In Anknüpfung an jene Aufgaben, die Magdeburg einst im 10./11. Jahrhundert zugedacht waren, versuchte Albrecht II. auf der Grundlage von königlichen bzw. kaiserlichen und päpstlichen Privilegien, eine übergeordnete Position Magdeburgs im livländischen Raum bzw. in Osteuropa zu beanspruchen. Gegen den König von Dänemark, den Schwertbrüderorden sowie den Deutschen Orden, die in diesem Raum führend agierten, konnte der Magdeburger Metropolit seine Ansprüche aber nicht zur Geltung bringen. Die von ihm ebenfalls angestrebte Unterstellung des pommerschen Bistums Kammin unter die Magdeburger Metropolitangewalt gelang nur zeitweilig.

Erzbischof Albrecht II. gründete und förderte in Magdeburg und im Erzstift mehrere Klöster. Am Ende seiner Amtszeit war im Norden Magdeburgs sogar eine Art Klosterviertel entstanden.[74] Dies sollte gewiss auch der Sicherung des Seelenheils Albrechts dienen. Dass seine Memoria einst im neuen Magdeburger Dom gepflegt werden würde, war anzunehmen, noch weitgehend offen war aber der Zeitpunkt hierfür. Durch die oft wechselnden politischen Konstellationen, militärische Bedrohungen und Interventionen, durch Finanzierungsprobleme sowie die häufigen mittel- und längerfristigen Aktionen Albrechts außerhalb seines Erzstifts konnte der Dombau nicht effektiv und kontinuierlich vorangetrieben werden. Mehrfach wurden die Arbeiten unterbrochen. 1215 rief sogar der Papst zur Unterstützung für den Dombau auf. Während der häufigen Abwesenheit Albrechts II. dürfte sein Halbbruder Wilbrand als Domherr und später als Dompropst dessen Interessen mit vertreten haben. Wilbrand wurde der übernächste Nachfolger Albrechts II. als Erzbischof von Magdeburg (1235–1253). Der Fortgang des Dombaus dürfte überdies auch mit in der Verantwortung des Domkapitels gelegen haben. Unter den gegebenen Umständen hat sich Albrecht II. nicht nur erfolgreich für die erhöhte Ausstrahlung des Mauritiuskultes eingesetzt, sondern sich auch in konzeptioneller und materieller Hinsicht für den Aufbau der neuen erzbischöflichen Kathedrale engagiert. Deshalb blieb sein Name über die Jahrhunderte hinweg wohl zu Recht mit dem Neubau des Magdeburger Doms im 13. Jahrhundert verbunden.

Albrecht II. weilte mehrfach für kürzere oder längere Zeit in Ober- und Mittelitalien. Er agierte in Oberitalien als Reichslegat und als Graf in der Romagna. Als Reichsfürst begleitete ihn stets ein ansehnliches Gefolge von mindestens fünfzig Personen. Darunter befanden sich sicher auch Magdeburger Geistliche sowie weltliche Herren aus dem Magdeburger Raum. Das italienische Itinerar Albrechts II. beweist, dass der Erzbischof und seine aus dem Erzstift kommenden Begleiter viele bedeutende politische und kulturelle Zentren in Ober- und Mittelitalien zu sehen bekamen. Im östlichen Oberitalien gehörten dazu Aquileja, Cividale und Venedig, in der Lombardei waren es vor allem Cremona und Mailand. In der heutigen Emilia besuchte Albrecht II. Borgo San Donnino (Fidenza), Parma, Modena und wohl auch Piacenza. In der Romagna hielt er sich u. a. in Bologna, Faenza, Ferrara, Imola, Rimini sowie in Ravenna, dem ‚Geburtsort' des Erzbistums Magdeburg,[75] auf. Mindestens einmal dürfte Albrecht II. auf der berühmten Via Francigena[76] durch die Toskana bzw. Tuszien nach oder von Rom gereist sein. Dann passierte er solche kulturellen Zentren wie Lucca, Pisa und Siena. Außer in der Ewigen Stadt hielt sich der Magdeburger Metropolit an verschiedenen Orten Latiums auf.[77]

In der architektur- und kunsthistorischen Forschung werden die Bildungsstätten und der geographische Horizont Albrechts II. als Auftraggeber nach wie vor als wichtige Komponente zur Erklärung der Baugestalt des neuen Magdeburger Doms herangezogen. Darüber hinaus müsse aber auch jene der Baumeister/Handwerker bei der Frage nach Konzeption und Ausführung des Bauvorhabens berücksichtigt werden. Im Hinblick auf die Gestaltung des Ostchores hat man unlängst die bischöflichen Kirchen von Basel und Lausanne, die Albrecht II. 1209 auf seiner Reise von Rom nach Saint-Maurice d'Agaune im burgundischen Königreich und von dort zurück nach Magdeburg gesehen habe, als architektonische Vorbilder angesprochen. Sie hätten zu jener Zeit moderne imperiale Kathedralen repräsentiert. Typologisch sei die erste Bauphase des Magdeburger Domchores (bis ca. 1220) dem Vorbild dieser beiden Kirchen verpflichtet gewesen, stilistisch aber von lothringischen und niederrheinischen Bauleuten geprägt worden. In der zweiten Bauphase habe man sich dann an ‚zisterziensisch-burgundischen' Formen orientiert.[78]

Wenn der persönliche und geographische Erfahrungshorizont Albrechts II. für die Konzeption und Ausführung des Bauvorhabens sowie für deren Änderungen relevant war, stellt sich durchaus die Frage, welche Rückwirkungen seine häufigen bzw. wiederholten Aufenthalte in Rom sowie in Ober- und Mittelitalien auf den Dombau besaßen. Hinzu kommt, dass der in der früheren Forschung betonte hochgotische Einfluss aus Frankreich in der modernen Forschung deutlich relativiert wird. Vielmehr müsse man den Beginn der Übergangszeit von der Romanik zur Gotik (um 1130/40) bzw. die Frühgotik dort stärker in Betracht ziehen. Im Hinblick auf Magdeburg sei überdies mit einer eigenständigen Synthese für eine erzbischöfliche Kathedrale kaiserlichen Ursprungs zu rechnen, die Erinnerungsfunktionen in Form von Rückbindungen an wichtige Bauten des Reiches integrieren sollte.[79] Außerdem muss man davon ausgehen, dass im repräsentativen Gefolge des Erzbischofs auch Magdeburger Domgeistliche mit nach Italien reisten, die ebenfalls am Neubau des Doms interessiert gewesen sein dürften. Darunter befand sich nachweislich der ehemalige Magdeburger Domherr Gernand, der von 1222 bis 1224 als Bischof von Brandenburg amtierte.[80] Der italienische Erfahrungshorizont Albrechts II. war deutlich größer als der burgundische oder französische. Deshalb dürfte es sich lohnen, auch auf der Apenninenhalbinsel weiter nach Anregungen oder Vorbildern für den Neubau des Magdeburger Doms zu suchen.[81] Kirchen mit imperialen Komponenten oder Traditionen existierten dort viele.

Anmerkungen

1 Vgl. Silberborth 1910, S. 120.
2 Vgl. Bünz 2004, bes. S. 295–299, 300, 306.
3 Vgl. Gramsch 2009.
4 Vgl. Stürner [10]2007.
5 Über ihn vgl. Claude 1975, S. 71–175; Kat. Erzbischof Wichmann 1992; Brunner 1994; Springer 1995; Joachim Ehlers: Art. Wichmann, Erzbischof von Magdeburg 1152/54–1192, in: LMA 1998 IX, Sp. 60–62.
6 Vgl. Stürner [10]2007, S. 170–174.
7 Vgl. Silberborth 1910, S. 113–119; Gramsch 2009, S. 390.
8 Vgl. Schenkluhn 2009a, S. 57–69, bes. S. 64–68.
9 Vgl. Silberborth 1910, S. 117–124; Schütte 2002, S. 425f.
10 Vgl. Stürner [10]2007, S. 174–176.
11 Vgl. Puhle 2009, S. 77.
12 Vgl. Hartung 1886, S. 217–253.
13 Vgl. Conventio cum archiepiscopo Magdeburgensi, in: MGH Const. 2, hrsg. v. Ludwig Weiland, Hannover 1896, Nr. 26, S. 30–32; Bernd Ulrich Hucker: Kaiser Otto IV. fördert den Neubau des Magdeburger Domes im Vertrag von Sommerschenburg, in: Kat. Aufbruch in die Gotik 2009 II, S. 32f. mit einer Abbildung des Dokuments.
14 Vgl. Conventio cum archiepiscopo Magdeburgensi, in: MGH Const. 2, hrsg. v. Ludwig Weiland, Hannover 1896, Nr. 26, S. S. 31: „Item promitemus, quod archiepiscopum semper pre aliis principibus in nostris consiliis familiarem habebimus […]".
15 Vgl. Stürner [10]2007, S. 177.
16 Vgl. ChronSlav, ed. Lappenberg 1868, S. 285.
17 Vgl. Stürner [10]2007, S. 176.
18 Vgl. Bernd Ulrich Hucker: Kaiser Otto IV. fördert den Neubau des Magdeburger Domes im Vertrag von Sommerschenburg, in: Kat. Aufbruch in die Gotik 2009 II, S. 32f.
19 Vgl. Bernd Ulrich Hucker: Otto IV. privilegiert Erzbischof und Erzstift Magdeburg auf dem Braunschweiger Hoftag, in: Kat. Aufbruch in die Gotik 2009 II, S. 35f. mit Abbildung des Originaldiploms Ottos IV. für Magdeburg vom 19. Mai 1209.
20 Vgl. RegImp V, 1, Nr. 279.
21 Vgl. Stürner [10]2007, S. 179.

22 Vgl. Silberborth 1910, S. 141; Puhle 2009, S. 79.
23 Vgl. Stürner ¹⁰2007, S. 180–183.
24 Vgl. Stürner ¹⁰2007, S. 183–187.
25 Vgl. RegImp V, 1, Nr. 680a–710.
26 Vgl. Silberborth 1910, S. 149–155.
27 Vgl. Stürner ¹⁰2007, S. 187f.
28 Vgl. D F II, Nr. 299: Andernach, 1215 Mai 3, S. 258–261; Markus Schütz: Friedrich II. überträgt Erzbischof Albrecht II. Besitz im Mansfelder Land, in: Kat. Aufbruch in die Gotik 2009 II, S. 354f. mit Abbildung der originalen Königsurkunde.
29 Vgl. D F II, Nr. 298, Vorbemerkung, S. 257.
30 Vgl. Stürner ¹⁰2007, S. 193.
31 Vgl. Silberborth 1910, S. 151f.
32 Vgl. D F II, Nr. 358: Würzburg, 1216 Mai 11, S. 370–373.
33 Vgl. D F II, Nr. 358, Vorbemerkung, S. 370.
34 Vgl. D F II, Nr. 364: Würzburg, 1216 Mai 14, S. 383–385.
35 Vgl. Markus Schütz: Friedrich II. bestätigt die Privilegien der Magdeburger Kirche, in: Kat. Aufbruch in die Gotik 2009 II, S. 357f.
36 Vgl. Huschner 2006.
37 Olaf B. Rader 1995, S. 113f., schlug vor, diesen Diplomschreiber mit dem erzbischöflichen Notar namens Heidenreich zu identifizieren.
38 Vgl. Markus Schütz: Friedrich II. übergibt Erzbischof Albrecht II. Burg Schönburg und Wesel, in: Kat. Aufbruch in die Gotik 2009 II, S. 356f.
39 Vgl. Markus Schütz: Friedrich II. bestätigt die Privilegien der Magdeburger Kirche, in: Kat. Aufbruch in die Gotik 2009 II, S. 357f. mit Abbildung des Diploms Friedrichs II. vom 01. September 1224.
40 Vgl. Puhle 2009, S. 79f.
41 Vgl. Stürner ¹⁰2007, S. 194–213.
42 Vgl. Silberborth 1910, S. 175.
43 Vgl. Claude 1975, S. 22–25.
44 Vgl. RegImp V, 1, Nr. 6452.
45 Vgl. Silberborth 1910, S. 177.
46 Vgl. MGH Ep. Pont., ed. Rodenberg, 1883 I, Nr. 30, S. 24.
47 Vgl. Huillard-Bréholles 1852, I/2, S. 617–619; RegImp V, 1, Nr. 1001.
48 Vgl. Silberborth 1910, S. 178.
49 Vgl. RegImp V, 2, Nr. 6180, 6219; Silberborth 1910, S. 178f., 201f.
50 Silberborth 1910, S. 179.
51 Vgl. Thomas Riis: Art. Waldemar II. Sejr, König von Dänemark, in: LMA VIII 1997, Sp. 1948f.
52 Vgl. Friedrich Benninghoven: Art. Schwertbrüderorden, in: LMA VII 1995 Sp. 1645f.
53 Vgl. Hartmut Boockmann: Art. Deutscher Orden, in: LMA III 1986, Sp. 771–774.
54 Vgl. Silberborth 1910, S. 184f.
55 Vgl. Ruppel 1910, S. 116.
56 Vgl. Görich 2008, S. 120–128, 130f., 142f.
57 Vgl. Constitutio comitis Romaniolae (1223, April 20–29), in: MGH Const. 2, hrsg. v. Ludwig Weiland, Hannover 1896, Nr. 97, S. 119–121.
58 Vgl. Huillard-Bréholles 1852, II/1, S. 458–461.
59 Vgl. Stürner ¹⁰2007, S. 222f.
60 Vgl. Silberborth 1910, S. 207.
61 Vgl. Huillard-Bréholles 1852, II/2, S. 601–604.
62 Vgl. Stürner ¹⁰2007, S. 226.
63 Vgl. Silberborth 1910, S. 210–215.
64 Vgl. Stürner ¹⁰2007, S. 227–231.
65 Vgl. Handle 2009, S. 398.
66 Vgl. Silberborth 1910, S. 216–218.
67 Vgl. Stürner ¹⁰2007, S. 231, 233–237.
68 Vgl. Silberborth 1910, S. 222–225.
69 Vgl. Pätzold 2000, S. 260f.
70 Vgl. Silberborth 1910, S. 183: „Albrecht war ein schlechter Haushalter. Wenn auch die Kriege und die Bestrebungen nach Erwerbungen im Osten seine Kassen sehr in Anspruch nahmen, so war es doch auch Albrechts nie kargende Hand, seine glänzende Hofhaltung, seine Vorliebe für glänzende Feste und der kostspielige, allmählich fortschreitende Dombau, die ihn oft in Geldverlegenheiten brachten."
71 Vgl. Schubert, 1996, S. 35.
72 Handle 2009, S. 399 mit Abbildung des Siegels.
73 Vgl. Kühne 2009, S. 182–184.
74 Vgl. Silberborth 1910, S. 157f.
75 Vgl. Huschner 2003 II, S. 624–658.
76 Vgl. Stopani 1988.
77 Vgl. Köster 2009, S. 337.
78 Vgl. Nicolai 2009, S. 72–78.
79 Vgl. Schenkluhn 2009a, S. 57–69, bes. S. 57–60, 65–68.
80 Vgl. Köster 2009, S. 339.
81 So hat Gabriele Köster 2009, S. 347f., vorgeschlagen, die Wiederverwendung der Spolien im Magdeburger Domchor mit den Besuchen Albrechts II. 1222 und 1228 in Venedig zu erklären. Dort verwendete man die 1204 in Konstantinopel erbeuteten Spolien, um sie – ohne statische Funktionen – in die Markuskirche zu integrieren bzw. sie damit zu verkleiden.

DANY SANDRON

Der Domchor zu Magdeburg und die französische Architektur der Gotik: Die Auswirkung der Bauherrnschaft des Erzbischofs Albrecht von Käfernburg

Die 1198 vollendete Bischofskapelle von Tournai (Abb. 126) wird für gewöhnlich als das erste Monument gotischer Baukunst im Escaut-Tal angesehen.[1] Aufgrund der Leichtigkeit ihrer – im Osten und Westen jeweils von einer Dreifenstergruppe großzügig durchbrochenen – Struktur sowie der Regelmäßigkeit ihres Kreuzrippengewölbes wurde sie häufig in einen unmittelbaren Zusammenhang mit der innovativen Architektur gebracht, die sich seit annähernd 50 Jahren im Norden Frankreichs entwickelt hatte – genauer mit der Architektur in der Gegend von Laon, die weitere Parallelen zu dem Kathedralbau von Tournai aufweist.[2] Doch wird man für Tournai auch ein Pariser Vorbild heranziehen dürfen, denn ein Bauwerk der damals zur unumstrittenen Metropole des französischen Königtums avancierenden Stadt zeigte sehr verwandte Charakteristika: Gemeint ist die Chorscheitelkapelle der Abteikirche Sainte-Geneviève (Abb. 127), die während des Konsulats bzw. des Ersten Kaiserreichs zerstört wurde, uns aber dank zeitgenössischer Zeichnungen überliefert ist, die in einige Publikationen des 19. Jahrhundert Eingang gefunden haben.[3]

Die Kapelle besaß einen rechteckigen Grundriss. Vier Strebepfeiler stützten einen flach geschlossenen Chor und gestatten es, auf das Vorhandensein einer Dreifenstergruppe an dieser Stelle zu schließen. Darüber hinaus dürfte die seitliche Wiederholung dieser Stützelemente dem statischen Erfordernis Entsprechung geleistet haben, das aufgehende Mauerwerk gegen die Auflast des Rippengewölbes zu sichern. Als oberer Abschluss des Ostteils der Kapelle lässt sich demnach ein sechsstrahliges Gewölbe und somit ein der Bischofskapelle Saint-Vincent zu Tournai vergleichbares System rekonstruieren. Diese Analogie ist kein Zufall, da Etienne – der Weihbischof von Tournai – zuvor Abt von Sainte-Geneviève in Paris gewesen ist. Etienne hatte übrigens eigens dafür Sorge getragen, seinen Nachfolger an der Spitze des Pariser Konvents – Abbé Jean – zur Weihzeremonie seiner Kapelle nach Tournai einzuladen und ihn im gleichen Zuge wissen lassen, dass er sie mit Glasmalereien hatte ausschmücken lassen, die einige seiner Lieblingsheiligen zeigten – darunter Sainte-Geneviève, die Schutzpatronin von Paris.[4] Sofern man den ersten Chronisten der Pariser Kapelle Glauben schenken darf, hat Etienne selbst die Scheitelkapelle der Abteikirche vergrößern lassen.[5] Somit verwundern Ähnlichkeiten zwischen beiden Kapellen nicht, ist doch ein und dieselbe Person Auftraggeber gewesen.

Die Bischofskapelle von Tournai erweist sich in der Wahl der architektonischen Stilmittel als ein mustergültiges

Abb. 126: Bischofskapelle Saint-Vincent, Tournai.
Foto: Centre Chastel, fonds Georges Gaillard.

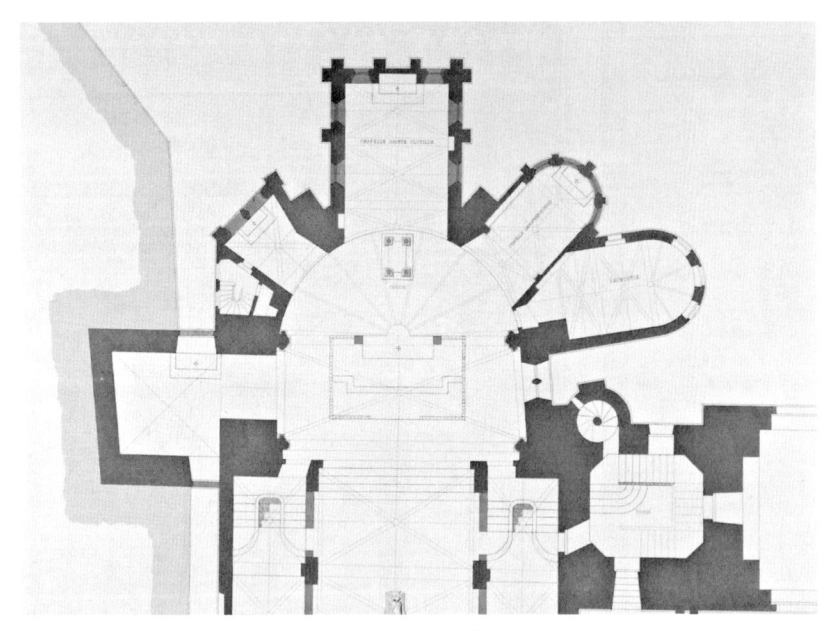

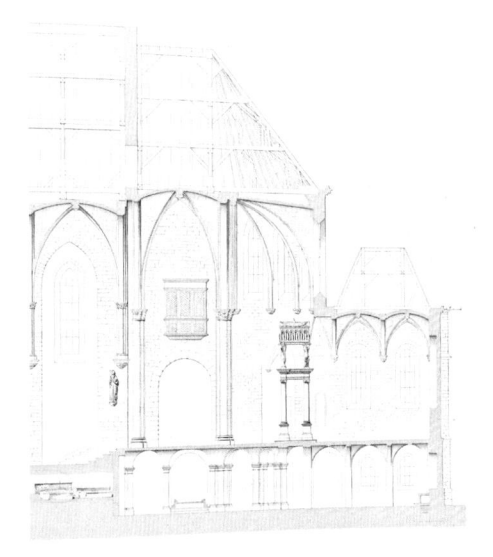

Abb. 127 a und b: Grundriss (a) und Längsschnitt (b) des Chores, Abteikirche Sainte-Geneviève, Paris. Foto: Albert Lenoir: Statistique monumentale de Paris, Atlas, Bd. 1, Paris 1867.

Beispiel für die Bauherrentätigkeit Etiennes, der die typischen Eigenschaften eines kirchlichen Amtsträgers in sich vereinte: Er verfügte über eine solide Ausbildung, die ihm eine glänzende Karriere ermöglichte, und stand im Zentrum eines komplexen Beziehungsgefüges, über das seine umfangreiche Korrespondenz Zeugnis ablegt.[6] Andere vor ihm hatten ein ganz ähnliches Profil – man denke z. B. an Abt Suger von Saint-Denis (1122–1153);[7] an Gauthier de Mortagne, Bischof von Laon (1155–1174), der den Neubau seiner Kathedrale veranlasste;[8] oder aber an Pierre de Celles, der Abt von Saint-Remi in Reims (1162–1181) gewesen ist und ebenfalls den Neubau seiner Abteikirche veranlasst hatte, bevor er als Bischof von Chartres (1181–1183) seine Laufbahn beendete.[9] Würde man die Gesamtheit des christlichen Europas jener Zeit in den Blick nehmen, ließe sich die Zahl dieser Beispiele selbstverständlich um ein Vielfaches erweitern.[10]

All diese Persönlichkeiten hatten sich dank ihrer Ausbildung und dank zahlreicher, sich aufgrund ihrer eigenen Reisetätigkeit sowie durch die Aufnahme von Reisenden beständig vermehrender Kontakte eine gewisse Art künstlerischer Bildung angeeignet. Ohne dass sie über die konzeptuellen und technischen Fähigkeiten eines Architekten verfügt hätten, eröffnete ihnen diese Bildung die Möglichkeit, bei der Planung eines Bauvorhabens für die ihrer Verantwortung unterstehende Kirche bzw. bei den in diesem Rahmen anstehenden Entscheidungen bestimmte Positionen zu vertreten. Unter diesem Gesichtspunkt soll hier der Magdeburger Dom einer Betrachtung unterzogen werden – genauer in seinen gewiss nicht ausschließlichen, aber doch unübersehbaren Beziehungen zu Nordfrankreich – wobei noch einmal auf den Pariser Studienaufenthalt des Erzbischofs Albrecht von Käfernburg (1205–1232), Initiator des 1209 begonnenen Baus, eingegangen werden soll.

Zu diesem Zeitpunkt sind mit den ‚modernsten' Bauvorhaben die um 1195 begonnenen Kathedralen im Norden Frankreichs gemeint: so der 1212 vollendete Chor von Soissons,[11] das Schiff von Chartres[12] und der Chor von Bourges[13] oder vielleicht sogar die Kathedrale von Reims, für die Anne Prache inzwischen den Nachweis erbracht hat, dass die den Vorgängerbau zerstörende und damit für die Wiedererrichtung ausschlaggebende Brandkatastrophe statt auf 1210 mit einiger Gewissheit auf 1207 zu datieren ist.[14] Aber keines dieser Bauwerke scheint Einfluss auf Magdeburg ausgeübt zu haben.[15] In dieser Hinsicht ist insbesondere das Vorhandensein einer echten Empore im Magdeburger Domchor, genannt der ‚Bischofsgang', irritierend

– zumal dessen Errichtung in eine dritte Bauphase zwischen 1230 und 1240[16] und damit in einen Zeitraum fällt, da ein solches Konstruktionselement in Nordfrankreich nicht mehr anzutreffen ist, weil es hier bereits in den letzten Jahren des 12. Jahrhunderts aufgegeben worden war.

Legt man als Maßstab für die in Frage kommenden französischen ‚Quellen' hingegen die Verweildauer Albrechts von Käfernburg in diesem Land zugrunde, besteht für die in Magdeburg getroffene Wahl kein Anlass zur Verwunderung. Denn wenn der Erzbischof gegen 1170 geboren wurde, ist davon auszugehen, dass er sich um 1190[17] und somit vor dem Baubeginn der oben genannten Kathedralen in Paris aufgehalten hat, welche eine neue – von der französischen Kunstgeschichtsschreibung einfachheitshalber als ‚klassisch' charakterisierte und zudem auf die Großbauten von Chartres, Beauvais oder Reims und Amiens reduzierte – Phase der gotischen Architektur einleiteten.

Obwohl uns die konkrete Reiseroute unbekannt ist, der Albrecht auf seinem Weg von Sachsen nach Paris folgte, hat er die um das Jahr 1190 in Bau befindlichen oder gerade abgeschlossenen Bauten wie z. B. das Querschiff des Doms von Cambrai oder aber die Fassade von Saint-Remi zu Reims – zwei Anlagen, die wiederholt im Zusammenhang mit dem Chor von Magdeburg angesprochen worden sind – selbst in Augenschein nehmen können. Das im letzten Viertel des 12. Jahrhunderts errichtete Querschiff von Cambrai[18] verfügte wie der Bischofsgang von Magdeburg mit seinen beiden Fenstern pro Joch über lichtdurchflutete Emporen, wie eine durch Van der Meulen angefertigte Zeichnung aus dem Jahr 1677 belegt (Abb. 128). Robert Branner räumte ein, dass es unmöglich sei, dem ‚Meister des Bischofgangs' eine Kenntnis von Cambrai nachzuweisen, fügte dem aber ergänzend hinzu, „his culture was broad, even broader than has sometimes been assumed".[19] Indem er versuchte, die Bildung des Architekten zu erfassen, positionierte er sich im Kontext der Frage nach der Bauherrenschaft. Wir sind hingegen der Auffassung, dass die Möglichkeit einer Verbindung zu Cambrai vor allem auf die Werkkenntnis des künftigen Auftraggebers und Bauherrn des Magdeburger Doms zurückzuführen ist, was auch die größeren strukturellen Unterschiede zwischen den beiden Bauwerken erklären würde: eine von Strebepfeilern gestützte zweischalige Mauer in Cambrai gegenüber einer starken Mauer (mur épais) ohne äußeres Stütz-

Abb. 128: Van der Meulen: Die Kathedrale von Cambrai, Blick von Südosten, Zeichnung, um 1677. Foto: Musée des Gobelins, Paris.

werk in Magdeburg. Ähnliche Beobachtungen lassen sich auch in Bezug auf Saint-Remi in Reims anstellen (Abb. 129), deren zu Ende des dritten Viertels des 12. Jahrhunderts fertiggestellte Fassade[20] an beiden Seiten des Hauptportals antike und mit Skulpturen der Heiligen Petrus und Remigius bekrönte Säulenschäfte aufweist, die in ihrer Anordnung an die Apsis von Magdeburg erinnern.[21] Offensichtlich ist es die bloße Erinnerung Albrechts gewesen, die den Baumeister des Chors der sächsischen Kathedrale zu dieser Art der Komposition angeregt hat.

Damit ist möglicherweise auch die Art und Weise aufgezeigt, nach der das „consilium" des Erzbischofs in der folgenden Passage aus den Regesten des Erzbistums Magdeburg zu interpretieren ist, die auf die Unterstützung des Wiederaufbaus der Kathedrale durch Otto von Braunschweig hinweist:[22] „Ceterum nos juvabimus ecclesiam Magdeburgensem ad edificationem suam secundum consilium archiepiscopi."[23] Es ist gewiss, dass der Magdeburger Klerus ein lebhaftes Interesse an einem Kathedralneubau hatte, der sich indessen nicht mit unabdingbarer Notwendigkeit gestellt haben mag, zumal ein Teil der Bevölkerung der Meinung war, dass man die Mauern des 1207 abgebrannten Gebäudes hätte bewahren können, als man im Sommer 1208 an deren Abriss ging.[24]

Abb. 129: Fassade, Abteikirche Saint-Remi, Reims.
Foto: Centre Chastel, fonds Anne Prache.

Als ranghöchster Kleriker seiner Diözese könnte dem Erzbischof Albrecht von Käfernburg also daran gelegen gewesen sein, dem Baumeister bestimmte Vorgaben zu machen. So ließe sich erklären, weshalb die Architektur des Magdeburger Domchors in ihren Grundlinien ein gotisches Gepräge nach nordfranzösischem Vorbild aufweist, während im Hinblick auf die Umsetzung sowie die gestalterischen Details andere Traditionslinien zum Tragen gekommen sind, die insbesondere auf den Einfluss des ausführenden Baumeisters zurückzuführend sind.[25]

Während Albrechts Aufenthalt in Frankreich war ein Chorschema mit fünfseitiger Apsis, umgeben von einem Chorumgang und fünf Kapellen, bei den ambitioniertesten Bauten wie der Kathedrale von Noyon[26] (Abb. 130), den Abteikirchen Saint-Remi zu Reims[27] (Abb. 131) und Saint-Germain des Prés[28] (Abb. 132) die am häufigsten umgesetzte Lösung, und Letztere dürfte der Prälat während seines Pariser Aufenthaltes mit einiger Wahrscheinlichkeit selbst gesehen haben.[29]

Der Chor von Magdeburg (F-Abb. 12, Abb. 139) kann mit seinen Emporen, aber auch mit den sie bekrönenden kleinen Oculi als vierzonige Anlage und damit einmal mehr als Adaption eines Konstruktionsprinzips der ambitioniertesten Bauwerke der Phase von 1160 bis 1180 angesehen werden, das während der 1190er Jahre in Nordfrankreich jedoch beinahe gänzlich aufgegeben worden war. Albrecht von Käfernburg dürften im Verlauf seiner Reise nach Paris mit den bereits erwähnten Bauten von Tournai, Cambrai, Laon, Reims, Noyon und Soissons, denen sich der ursprüngliche Chor der Kathedrale von Meaux hinzufügen ließe, zahlreiche Beispiele dieses Konstruktionsprinzips begegnet sein.[30]

Die überaus charakteristische Kreisform der Öffnungen in der dritten Zone lässt auch den Schluss auf eine unmittelbare Abhängigkeit von Notre-Dame de Paris zu, deren Chor zwischen 1180 und 1220 einen Aufriss dieses Typs mit großen Arkaden, Emporen und Oculi über den Emporenbögen sowie Obergaden aufwies (Abb. 133).[31] Dieser Aufriss wurde ab ca. 1220 mit der Vergrößerung des Obergaden modifiziert, wobei durch die Absenkung seiner Brüstungen um einige Meter die Oculi beseitigt wurden. Viollet-le-Duc hat versucht, den ursprünglichen Aufriss des 12. Jahrhunderts für das Querschiff und das an die Vierung angrenzende Chor- und Langhausjoch zu rekonstruieren. Chantal Hardys Studie zu den Oculi[32] verdanken wir präzisierende Angaben zu deren Aussehen und dem Ort ihrer Anbringung im Chor (Abb. 134), denen zufolge sie sich weiter unten befanden, als die Rekonstruktion von Viollet-le-Duc es vorgab, und über ein einfacheres Maßwerk verfügten, das große Kreuze von etwa 3 m Durchmesser beschrieb (Abb. 135), was meines Erachtens eine direkte Anspielung auf die bedeutende Kreuzesreliquie zu sein scheint, die sich seit Beginn des 12. Jahrhunderts im Besitz der Kathedrale befand.[33]

Es besteht wohl kaum Anlass zur Verwunderung über den Einfluss, den Notre-Dame auf die architektonische Bildung des Erzbischofs ausgeübt hat, der mit dem Bau bestens vertraut gewesen sein muss, weil er täglich an ihm

Abb. 130: Chor, Kathedrale, Noyon. Foto: Centre Chastel, fonds Georges Gaillard.

Abb. 131: Chor, Abteikirche Saint-Remi, Reims. Foto: Centre Chastel, fonds Anne Prache.

Abb. 132: Chor, Saint-Germain-des-Prés, Paris. Foto: Centre Chastel, fonds Georges Gaillard.

Abb. 133: Notre-Dame, Paris. Foto: Centre Chastel, fonds Georges Gaillard.

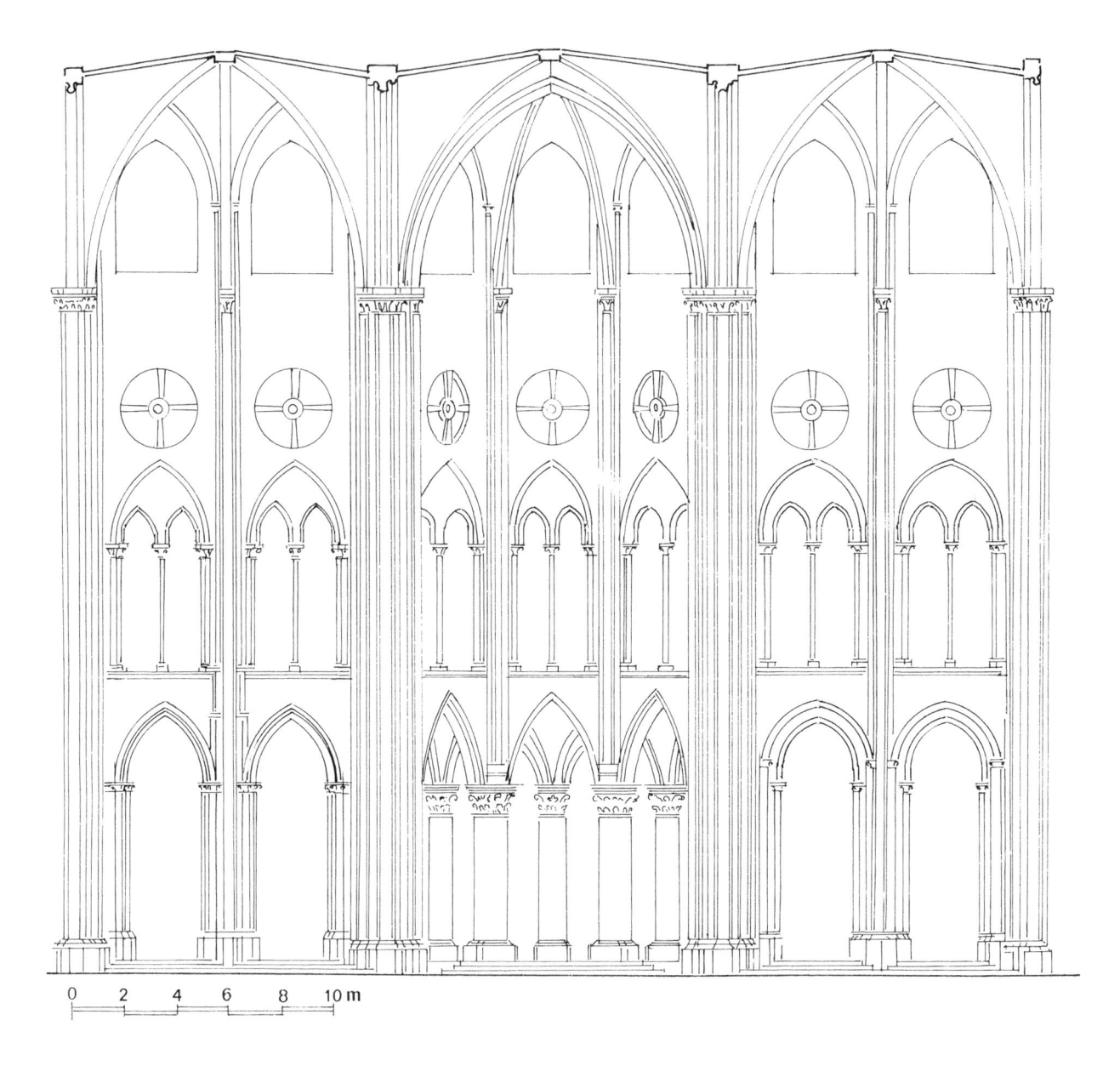

Abb. 134: Rekonstruktion des ursprünglichen Choraufrisses, Notre-Dame, Paris, Zeichnung Jean Blécon, 1991. Foto: Centre Chastel.

vorbeigekommen sein dürfte, wenn er – was sehr wahrscheinlich ist – die im Süden der Kathedrale gelegene Domschule aufgesucht hat. Andere Prälaten haben dem nachhaltigen Eindruck, den dieses Bauwerk bei ihnen hinterließ, emphatisch Ausdruck verliehen – so z. B. Robert de Thorigny, Abt des Klosters Mont-Saint-Michel, der um 1177 im Hinblick auf den kurz vor seiner Fertigstellung stehenden Chor von Notre-Dame schrieb, dass dieser – so er denn erst vollendet wäre – in seiner Perfektion mit keinem anderen Bauwerk nördlich der Alpen vergleichbar sei: „quod opus si perfectum fuerit, non erit opus citra montes, cui apte debeat comparari."[34]

Albrechts Aufenthalt in Frankreich um 1190 und die chronologische Grenze, die dadurch seinem unmittelbaren Wissen um die sich hier entwickelnde Architektur gesetzt wird, vermag meines Erachtens gewisse Eigenheiten des Chors von Magdeburg zu erklären, der mit der nordfran-

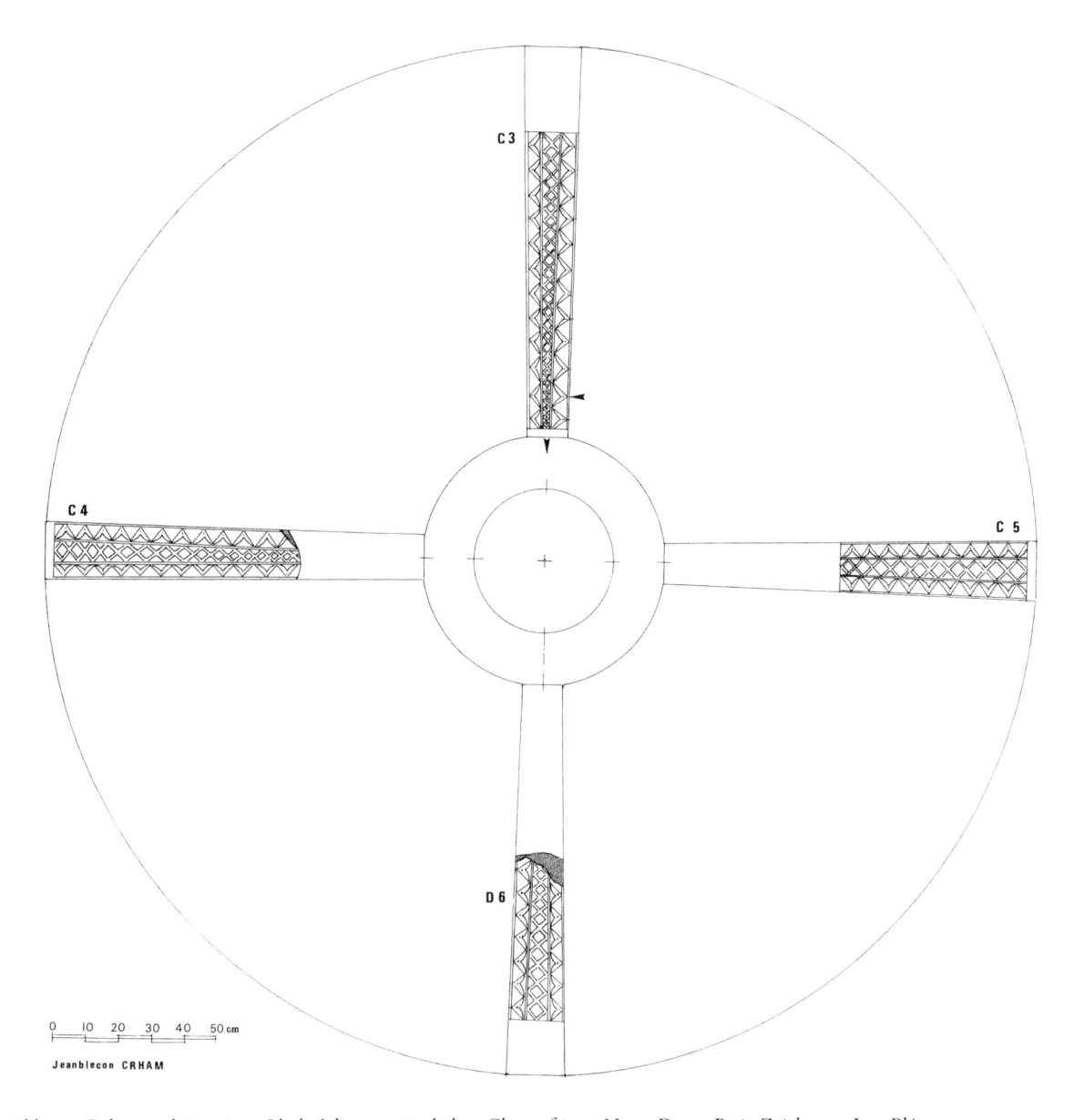

Abb. 135: Rekonstruktion eines Okulus' des ursprünglichen Choraufrisses, Notre-Dame, Paris, Zeichnung Jean Blécon, 1991. Foto: Centre Chastel.

zösischen Baukunst lediglich die Hauptlinien in Grundriss und Aufmaß teilt, ansonsten den dort vorherrschenden architektonischen Prinzipien aber sehr fern zu stehen scheint. Eine Ausnahme hiervon bilden die Passagen im Bischofsgang, die Wilhelm Schlink zu Recht mit dem Bau der Kathedrale von Auxerre in Verbindung gebracht hat.[35] Natürlich ist auch die Frage nach der Ausführung bzw. der Kompetenz und dem Bildungsstand der nacheinander am Bau des Magdeburger Doms mitwirkenden Architekten von zentraler Relevanz,[36] doch erschien es an dieser Stelle sinnvoll, die Aufmerksamkeit vor allem auf die Bedeutung der Bauherrenschaft Albrechts zu lenken, der als Initiator des Neubaus zu Magdeburg sowohl auf die Grundzüge des ursprünglichen Projektes als auch auf das endgültige Erscheinungsbild des Chors in der Folge zahlreicher Modifikationen entscheidend Einfluss genommen hat. Denn wie ließe sich der Bau einer vierzonigen Anlage inmitten des 13. Jahrhunderts anders erklären, als unter Verweis auf den ursprünglichen Aufriss von Notre-Dame de Paris, der indessen bereits ab den 1220er Jahren und somit noch vor Baubeginn der dritten Chorzone in Magdeburg überformt worden ist?

Die Frage nach dem Anteil der Auftraggeber an den baulichen Entscheidungen ist im Unterschied zu den Architekten schwieriger zu beantworten, denn sie erstreckt sich kaum auf strukturelle oder technische Aspekte, die in den angestammten Zuständigkeitsbereich der Baumeister gehören. Dennoch sollte man sich hüten, diese Frage zu vernachlässigen, denn sie hat im Prozess der Ideen- und Formenvermittlung gewiss eine Rolle gespielt, wie hier am Beispiel des Chors von Magdeburg und seiner Bezugsquellen in Notre-Dame de Paris gezeigt werden sollte.

Aus dem Französischen übersetzt von Grit Neugebauer

Anmerkungen

1 Zur Kathedrale von Tournai siehe Héliot 1969; Westerman 2005. Zur Bischofskapelle Saint-Vincent siehe Buyle [u. a.] 1997, S. 35, 49.
2 Vgl. Kimpel / Suckale 1990, S. 233; Sandron 2004.
3 Zur Abteikirche Sainte-Geneviève: Giard 1903, S. 81; Giteau 1961; Vieillard-Troïekouroff 1961; Vieillard-Troïekouroff 1981; Sandron 1999.
4 Gallia Christiana 1744 VII, Sp. 724; Desilve 1893, Nr. CCLXII, S. 326–327. So heißt es in einem durch Etienne von Tournai vor dem 16. März 1198 an den Abt von Sainte-Geneviève aufgesetzten Brief: „proposuimus, inquit, dedicare capellam nostram novam, non minus gloriosam materia, quam gratiosam forma. Delectabiliter occurrent tibi et aliis tecum intuentibus pari decore et aemulatione sancta contendentes in singulis fenestris vitreis Evurtius et Genovefa." Die hier angesprochene Darstellung des heiligen Evortius in der Fensterverglasung ist auf den engen Kontakt zurückzuführen, den Etienne zu einer Abtei gleichen Namens in Orléans unterhielt, der er von 1168 bis 1176 vorgestanden hatte, bevor er an die Spitze von Sainte-Geneviève in Paris gelangte. Ihm wird ein Großteil der Errichtung der Abteikirche von Orléans zugeschrieben, doch leider sind von ihr nur sehr wenige Überreste aus dieser Zeit erhalten, vgl. Chénesseau 1931, S. 79, 96–102.
5 Molinet 1687, fol. 134r: „Er ließ zudem die Chorkapelle bauen und erweitern, in der die Reliquienschreine aufbewahrt sind." Diese Aussage stützt sich auf die Stiftung einer Totenmesse durch einen gewissen Raoul, der während der Amtszeit Abbé Jeans eine Leuchte gestiftet hatte, die „in novo oratorio reliquiarum" brennen sollte, vgl. Molinier 1902, S. 500. Diese Kapelle ist von Lebeuf 1883, S. 237, ohne Anführung von Belegen auf 1170 datiert und diese Angabe wohl von Millin 1790 I, S. 70, übernommen worden.
6 Zu Etienne von Tournai siehe auch Molinet 1655; Warichez 1937.
7 Vgl. Crosby 1987; Rudolph 1990; Suger, ed. Gasparri 1996.
8 Vgl. Kasarska 2008.
9 Vgl. Prache 1978.
10 Siehe z. B. die Arbeiten von Binding 1996 bzw. von Binding / Linscheid-Burdich 2002.
11 Vgl. Sandron 1998.
12 Vgl. Kurmann-Schwarz / Kurmann 2001; Prache 1990. S. 327–334.
13 Vgl. Branner 1962; Michler 1979; Ribault 1995.
14 Vgl. Prache 2008.
15 Vgl. Schenkluhn 2009a, S. 60, ist jüngst zu der gleichen Feststellung gelangt.
16 Vgl. Sußmann 2009, S. 130f.
17 Eine Erwähnung eines Aufenthalts in Paris ohne präzisierende Datumsangabe findet sich in der Magdeburger Schöppenkronik, vgl. SC, S. 129f. Zum Bildungsweg Albrechts von Käfernburg siehe Gramsch 2009.
18 Vgl. Branner 1965; Jacques Thiébaut: La cathédrale de Cambrai, Thèse de doctorat de IIIème cycle, 1975; Thiébaut 1976.
19 Branner 1965, S. 77. Branner hat, wie er selbst einräumt, vgl. ebd., S. 84, Anm. 40, keine Gelegenheit gehabt, diese Behauptungen in Magdeburg vor Ort zu verifizieren.
20 Vgl. Prache 1978.
21 Vgl. Sauerländer 1981.
22 Zur königlichen Unterstützung für das Bauvorhaben siehe: Hucker 1990, S. 97.
23 RegArchMagd 1881 II, Nr. 329; von Schubert 1989, S. 31, folgendermaßen übersetzt: „Im übrigen werden wir die Errichtung der Magdeburger Kirche dem Plane des Erzbischofs gemäß fördern"; Rosenfeld 1910, S. 155, Anm. 39.
24 „[…] liess der Kustos von Oppin die Mauern niedernehmen, obwohl viele Leute dagegen waren, da sie noch gut hätten stehen können", SC, S. 132.
25 Vgl. Nicolai 2009, S. 77, bringt eine erste, aus der niederrheinischen Gegend oder der Kirchenprovinz Trier stammende Werkstatt zur Sprache.
26 Vgl. Seymour 1975; Prache 1987.
27 Vgl. Prache 1978.
28 Vgl. Clark 1979; Plagnieux 2000.
29 Jenseits der all diesen Bauten gemeinsamen Radial-Disposition scheinen mir die grundlegenden und von Schenkluhn 2009a, S. 57, zu Recht hervorgehobenen Unterschiede zwischen dem Grundriss von Magdeburg und den Chorhäuptern der Kathedralbauten in Nordfrankreich für eine Formenvermittlung über den Bauherrn statt über den Baumeister zu sprechen, zumal Letzterer den strukturellen und technischen Aspekten größere Aufmerksamkeit beigemessen hätte.
30 Vgl. Kurmann 1971.
31 Vgl. Salet 1982; Aubert 1920; Bruzelius 1987; Erlande-Brandenburg 1991.
32 Vgl. Hardy 1991.
33 Zur Ankunft der Kreuzesreliquie in Paris im Jahre 1120 vgl. Bresc-Bautier 1971.
34 Mortet / Deschamps 1929, S. 111; Chronique de Robert de Torigny, hrsg. v. L. Delisle, Bd. 2, Paris 1872, S. 68.
35 Vgl. Schlink 1989.
36 Für diesen Kontext ist auf die ertragreichen Ausführungen von Schlink 1989 sowie der jüngeren Studie von Nicolai 2009 hinzuweisen.

BRUNO KLEIN

Komposition, Ensemble oder Konglomerat? – Fragen zur Form des Magdeburger Domchores

Kunstgeschichte ist eine ambivalente Wissenschaft, weil deren beide Ausgangspunkte sowohl die normative Ästhetik der Frühen Neuzeit wie zugleich deren Relativierung durch den Historismus waren. Die fundamentale Erkenntnis des ausgehenden 18. und des 19. Jahrhunderts, dass Kunst eine Geschichte hat, war aber lange Zeit nicht mit der Einsicht in die Kontingenz dieser Geschichte verbunden, sondern wurde in erheblichem Maße von der im 18. Jahrhundert dominanten Vorstellung einer eigengesetzlichen Geschichte der Natur beherrscht. Für die Architekturgeschichte des Mittelalters galt dies in besonderem Maße, da sie nicht durch individuelle Persönlichkeiten, sondern durch allgemeine, anonyme Strömungen bestimmt zu sein schien.

Die ältere kunsthistorische Erforschung des Magdeburger Doms ist hiervon dominiert: Das Bauwerk wurde als ein Monument interpretiert, das sich aus typologischen und stilistischen Gründen auf der Schwelle zwischen Romanik und Gotik befand, und das damit für eine bestimmte Etappe in der nahezu evolutionär-notwendigen Entwicklung von der Romanik zur Gotik stand.[1] Solche Gedankengänge waren zudem mit diffusen Konstruktionen von vermeintlich spezifisch französischem und deutschem „Kunstwollen" unlösbar verquickt.[2] Diese alte Debatte war konstruiert und weitgehend ahistorisch, entfaltet aber subkutan noch immer ihre Wirkung, was beispielsweise in einem Ausstellungstitel wie „Aufbruch in die Gotik" zum Ausdruck kommt. Dabei ist es für die Geschichte des 13. Jahrhunderts, in dem der Magdeburger Dom begonnen wurde, völlig uninteressant, ob er nun romanisch oder gotisch ist, ob er vielleicht den Übergang von der Romanik zur Gotik markiert oder sogar den Aufbruch dorthin. Gleichwohl lässt sich die Frage stellen, wie sich der 1209 oder bereits 1207 begonnene Neubau des Magdeburger Doms zu den verschiedenen typologischen und stilistischen Idiomen verhielt, die in seiner Zeit möglich waren.

Hierfür ist es sinnvoll, den Blick auch auf andere Bauprojekte der Zeit um 1200 zu richten.[3] Kathedralen wie in Magdeburg waren um 1200 beispielsweise zwischen Oberrhein und Genfer See in Bau, so in Mainz[4], Worms[5], Straßburg[6], Basel[7] und Lausanne[8]. Näher an Magdeburg gelegen waren die Neubauten von Bamberg[9], Naumburg[10], und Brandenburg[11], weiter im Norden diejenigen von Lübeck[12], Schwerin[13] und Ratzeburg[14]. In Bremen und Halberstadt wurde wohl erst nach der Magdeburger Grundsteinlegung mit Modifikationen der älteren Dome begonnen. Diese nicht einmal vollständige Aufzählung vermag anzuzeigen, dass die Rekonstruktion des Magdeburger Doms, obwohl konkret durch den Stadtbrand von 1207 veranlasst, perfekt in den großen Bauboom der Zeit passte.[15] Dieses Phänomen war nicht auf das Reich beschränkt, sondern ist in Frankreich zur gleichen Zeit ebenfalls zu beobachten. Dort hat man in manchen Fällen Brände oder andere Unglücke sogar als geradezu willkommene Anlässe für Neubauten genommen, die viel repräsentativer als ihre Vorgänger waren. In Magdeburg könnte dies ähnlich gewesen sein: Denn dort blieben nach der Brandkatastrophe Teile der Klausurgebäude erhalten, obwohl sie angeblich besonders stark beschädigt waren,[16] nicht aber der Dom. Über Reparatur, Abriss oder Neubau ist also keineswegs bloß nach der Maßgabe pragmatischer Gründe entschieden worden.

Hinsichtlich des möglichen Bautyps stand für den neuen Dom zu jener Zeit eine ganze Palette von Optionen bereit. Bei einer Reihe der genannten Dome waren – soweit dies heute noch bekannt ist – oft konventionelle Langchöre mit Apsiden errichtet worden, aber es gab auch modernere Lösungen.¹⁷ In Lausanne (Abb. 136) hatte man beispielsweise erstmalig einen Umgangschor nach französischem Vorbild errichtet. An diesem Modell orientierte sich wohl auch Basel, wo der Umgang sowohl zum Binnenchor als auch zur Krypta geöffnet war.¹⁸ Der dortige Binnenchor, halbhoch über dem Umgang gelegen, erinnerte an den ottonischen Westbau von St. Michael in Hildesheim – eine Kirche, deren Choranlage wie die in Magdeburg um das Grab eines heiligen Stifters herum gebaut worden war. Gerade in den Jahren um 1200 erfuhr dieser Bau, der im unmittelbaren regionalen Bezugsfeld von Magdeburg lag, eine durchgreifende Erneuerung.¹⁹ Auch sollte beim Blick auf Hildesheim nicht ganz außer Acht gelassen werden, dass die dortige Godehard-Kirche²⁰ bis zum Baubeginn des Magdeburger Doms den einzigen echten Chorumgang mit Kapellenkranz in Deutschland aus der Zeit der Romanik besaß.

In Worms war unter dem 1171 bis 1192 amtierenden Bischof Konrad II. ein äußerst prachtvoller Westchor begonnen worden, dessen Weihe 1181 in Anwesenheit von Kaiser Friedrich I. erfolgte. Hier finden sich zahlreiche Elemente, die Jahrzehnte später auch bei den Untergeschossen des Magdeburger Doms noch erscheinen, wie der mehrfach getreppte Sockel oder das vielschichtige Wandrelief, bei dem Stufen und Wulstgliederung variantenreich abwechseln.

Noch weiter geht dann der Westchor des Mainzer Doms (Abb. 137), von dem zwar nur das Weihedatum 1239 urkundlich belegt ist, der aber mit Sicherheit schon vor 1200 in Bau war. Er ist damit ungefähr gleichzeitig mit Magdeburg errichtet worden, doch ging der rheinische Dom dem sächsischen zeitlich stets einen Schritt voran. Auch hier findet sich der äußerste Reichtum in der architektonischen Dekoration – in Hinblick auf die Bauplastik ist Mainz allerdings deutlich schlichter als Magdeburg – vor allem aber der Versuch, durch den extravaganten Bautypus des an die niederrheinischen Dreikonchenanlagen angelehnten Chorbaus räumlich und zeichenhaft markant und originell zu sein. Selbstverständlich blieb im Erzbistum Magdeburg nicht unbekannt, was an der Metropolitankirche des unmittelbar benachbarten, viel größeren Erzbistums geschah.

Zweifellos waren Bauten in Basel, Hildesheim, Worms oder Mainz – aber unter den damals aktuellen wären auch noch die Dome von Trier²¹ oder Lüttich²² zu nennen – keine direkten typologischen oder stilistischen Vorbilder für Magdeburg. Aber sie sind Indikatoren dafür, dass um 1200 im römischen Reich allerorten nach neuen und originellen Formen gesucht wurde, welche es den Bischöfen wie Domkapiteln erlaubten, ihre heilsgeschichtliche Funktion samt ihrer daraus abgeleiteten machtpolitischen Position architektonisch angemessen zu inszenieren. Dabei gab es neben singulären Lösungen wie derjenigen von Mainz im Wesentlichen folgende Varianten: traditioneller Rechteckchor mit Apsis, entweder mit Krypta wie in Braunschweig oder ohne Krypta wie in Ratzeburg; Chorumgangslösungen mit Krypta wie in Basel und Hildesheim; Umgangschor ohne Krypta, z. B. in Lausanne und Magdeburg. Wenn man sich von der Vorstellung einer aufs ‚Gotische' abzielenden Stilentelechie verabschiedet, dann passt die Magdeburger Lösung eigentlich perfekt in die Reihe der variantenreichen Versuche zur architektonischen Inszenierung anspruchsvoller Gebäudehüllen um Hochaltäre, Gräber und den sie umgebenden Sakralraum der Domkapitel.²³

Vergleichbare Anstrengungen unternahmen damals auch die französischen Bischöfe und Domkapitel, jedoch mit dem Unterschied, dass sich die Suche zumindest in der nördlichen Hälfte Frankreichs während der letzten beiden Drittel des 12. Jahrhunderts zunehmend auf einen bestimmten Bautyp fokussierte, der außerdem noch mit einem charakteristischen Stilidiom verbunden war. Die Verbindung von beidem ist unter dem Begriff ‚gotische Kathedrale' bekannt. Deren, wie im Vergleich zu den eben aufgezählten Variationsmöglichkeiten festgestellt werden kann, auf Reduktion beruhender Typus hat im Laufe des 13. Jahrhunderts international modellhaft an Bedeutung gewonnen, so schließlich später auch für die Magdeburger Baustelle. Aber zum Datum des Baubeginns konnte davon noch nicht die Rede sein.

Was in Magdeburg zunächst stattgefunden hat, war zu seiner Zeit ganz typisch für die Architektur im Reich: Es gab, negativ ausgedrückt, eine gewisse Orientierungslosigkeit, oder, positiv gesagt, eine große Offenheit. Denn ob Basel, Straßburg oder Bamberg als Beispiele: Stets kam es innerhalb des Bauverlaufs zu mehr oder weniger dramatischen Typus- und Formwechseln. Man hat dies früher als Folge des übermächtigen Einflusses der Gotik interpretiert, der dazu führte, dass die traditionellen Bauformen sukzessive aufgegeben wurden. Realistischer ist es jedoch,

Abb. 136: Chor, Kathedrale, Lausanne. Foto: Archiv des Autors.

hierin ein Phänomen einer neuartigen Wandlungsfähigkeit ästhetischer Normierung zu sehen, die einerseits auf Geschmacksveränderungen beruhte und anderseits auf produktive Art Mittel bereitstellen musste, den Prozess des Geschmackswandels am Bau realisierbar und nicht zum architektonischen Problem, geschweige denn zur Katastrophe eines verpfuschten Bauprojekts werden zu lassen.[24]

Dies wurde auf der Magdeburger Baustelle höchst erfolgreich geleistet. Am Anfang war der Bau innovativ, weil versucht wurde, ihn im Konzert der originellen Chorbauten der damaligen Zeit eine eigene Note zukommen zu lassen, die nicht unbedingt diejenige des großen Reichtums war wie in Mainz, sondern die eher auf Einzigartigkeit durch zur Schau gestellten liturgischen Aufwand setzte. Denn mit einer Dreikonchenanlage à la Mainz konnte man ja eigentlich während des Gottesdienstes nicht viel anfangen. Ein Umgangschor mit Kapellen verhieß hingegen eine viel größere liturgische Funktionalität. Die architektonische Hülle stellte diese inszenatorisch auf Dauer – was ja überhaupt eine Funktion sämtlicher Chorbauten war.

Nachdem die liturgischen Bedürfnisse mit Baubeginn geklärt zu sein schienen, dürfte es wenig später aber Verschiebungen gegeben haben in Hinblick auf das, was durch dieses Werk vorrangig zum Ausdruck gebracht werden sollte: Hatte man anfangs hauptsächlich auf die Inszenierung des liturgischen Aufwandes rund um Altar und zentrale Gräber abgezielt, so ist es in der zweiten Phase, welche vor allem die Wiederverwendung der antik-ottonischen Spoliensäulen wie auch die Integration der stilistisch älteren Fragmente des sogenannten Goldschmidtportals mit sich brachte, zu einer Gewichtsverlagerung in Richtung auf eine Stärkung der Semantik der Einzelglieder gekommen (F-Abb. 12). Es sind unterschiedliche Vorschläge gemacht worden, wann genau dies geschah und welche externen Gründe es hierfür möglicherweise gab.[25] Sie alle sind plausibel, und keiner von ihnen ist völlig auszuschließen. Dennoch muss nicht jede Modifikation des Baukonzeptes auch einen Wandel in der Baustruktur nach sich ziehen, und nicht jeder Planwechsel geht auf äußere Ereignisse zurück. Die Marburger Elisabethkirche, die ja chronologisch eine nahe Verwandte des Magdeburger Doms ist, ist ein Beleg dafür, dass sich auf Funktionswandel beruhende konzeptuelle Modifikationen auch ohne größere Änderung der Bauformen bewerkstelligen ließen.[26]

Umgekehrt dürfte es beispielsweise bei den zahlreichen Planwechseln am Regensburger Dom schwerfallen, hierfür jeweils einen politischen Grund zu finden.

Auch wenn jeder allzu enge Erklärungsversuch von Typus-, Form- und Stilwandel methodisch bedenklich ist – was für das Mittelalter in besonders hohem Maße gilt, da die Diskurse aufgrund der vergleichsweise schmalen Quellenbasis kaum rekonstruiert werden können –, so ist doch neben dem Wandel des Geschmacks und der äußeren Bedingungen auch ein dritter möglicher Grund für so zahlreiche Planwechsel wie am Magdeburger Dom plausibel:

Es könnte von vornherein die Bereitschaft bestanden haben, Planwechsel zuzulassen, weil das Bauprojekt nicht bis in alle Details festgelegt wurde. Gerade dies war in Magdeburg höchstwahrscheinlich der Fall, denn um solch schwerwiegende architektonische Veränderungen – wie dort geschehen – herbeiführen zu können, mussten die technischen Bedingungen wie die ästhetische Bereitschaft hierzu gleichermaßen vorhanden gewesen sein. Und weil man sich schon gleich nach dem Brand des alten Doms darüber stritt, ob es besser sei, möglichst viel zu erhalten oder völlig neu zu bauen,[27] gibt es keinen Grund zur Annahme, diese Auseinandersetzung sei nach der Grundsteinlegung zum Erliegen gekommen.

Es wäre daher gut vorstellbar, dass in dieser Frage bei Beginn des Neubaus vom Domkapitel der Kompromiss gefunden wurde, Teile des Altbaus in den Neubau zu integrieren. Spätestens zu dem Zeitpunkt, zu dem es nach einigen Bauunterbrechungen zur Errichtung des Bischofsgangs kam, könnte die Einlösung eines solchen Vertrages eingefordert worden sein – wobei dann, angesichts des bis dahin sehr langsamen Baufortschritts zusätzlich festgelegt wurde, neben den alten Säulen gleich auch noch die bereits für den Neubau produzierten Skulpturen mit zu verbauen.

Die Realitätsnähe dieses Szenarios ist mittels Quellen nicht überprüfbar. Aber eine grundsätzlich vorhandene Disposition zum Planwechsel beim Magdeburger Dombau ist ebenso anzunehmen wie es realistisch scheint, dass der zwar langsam, aber doch stetig voranschreitende Neubau einigen Domkanonikern es als zunehmend dringlicher erscheinen ließ, endlich an den Altbau zu erinnern. Noch wichtiger ist aber, dass der Wunsch nach Veränderung des Bauprojektes keineswegs bloß ein Resultat der international orientierten, politischen Inten-

KOMPOSITION, ENSEMBLE ODER KONGLOMERAT? – FRAGEN ZUR FORM DES MAGDEBURGER DOMCHORES

Abb. 137: Westchor, Dom, Mainz. Foto: IKARE, MLU Halle.

tionen der Magdeburger Erzbischöfe gewesen sein muss, die dann vom Domkapitel bei der architektonischen Gestaltung des neuen Domes prompt stilistisch exekutiert wurden, sondern er könnte auch schlicht ein Frustrationsprodukt im Angesicht des immer weiter emporwachsenden, in seiner neuartigen Gestalt ungewohnten Neubaus gewesen sein.

Wie schwierig und vielschichtig die Modifikationen des Magdeburger Bauprojektes waren, zeigt sich in der Phase des großen Planwechsels zu Beginn der Errichtung des Bischofsgangs, dessen Ähnlichkeiten mit den Zisterzienserkirchen von Walkenried und Maulbronn bereits hinreichend beschrieben wurde.[28] Zudem kamen hier tatsächlich zahlreiche Formen und Stilelemente zur Anwendung, die der neuen, sogenannten gotischen Baukunst aus Frankreich entlehnt waren. Dabei war die zugleich erfolgte Integration von Spolien damals in Frankreich längst nicht mehr üblich. Sie war dort eher in der Frühgotik, also um die Mitte des 12. Jahrhundert gelegentlich praktiziert worden, später jedoch ganz außer Gebrauch gekommen; im 13. Jahrhundert setzte man längst auf möglichst homogene Neubauten großer Kirchen.

Hingegen war Spoliengebrauch im Reich eine seit der karolingischen Zeit ungebrochene Tradition, die eben auch im 13. Jahrhundert noch als älteres Residuum in die Hochgotik übernommen werden konnte.[29] Somit waren nicht nur die Spolien selbst historisch, sondern sogar die Praxis des Spolieneinsatzes verknüpft Magdeburg noch mit der älteren Architektur, und zwar genau zu dem Zeitpunkt, zu dem es einen Formenwechsel hin zu einem modernen Stilidiom gab. Und da bewusst inszenierter Spoliengebrauch zudem nur sinnvoll ist, wenn die Spolien auf irgendeine Weise klar markiert sind, in der Regel also im Kontrast zu ihrer Umgebung stehen, setzt Spoliengebrauch auch immer die Bereitschaft zur inszenierten Uneinheitlichkeit voraus.

Lässt sich aus diesen unterschiedlichen und teilweise widersprüchlich scheinenden Beobachtungen eine Linie herauslesen, deren Erkennung zur Beantwortung der Frage „Komposition, Ensemble oder Konglomerat" beiträgt? Vielleicht ja: Möglicherweise entschlossen sich Erzbischof und Kapitel nach dem Dombrand von 1207 notgedrungen zwar rasch, aber ohne alle Meinungsverschiedenheiten wirklich aufzulösen, zu einem vollständigen Neubau, der den damals im Reich aktuellsten Formen der architektonischen Inszenierung von Liturgie entsprechen sollte. Das große, gleichfalls erzbischöfliche Projekt des Mainzer Westchores mag den Maßstab gesetzt haben.[30] Im Detail jedoch kamen andere Gestaltungsgrundsätze zum Zuge, zu denen auch der Bautypus des Umgangschores mit Kapellenkranz gehörte.

Aufgrund dieser problematischen Ausgangslage war aber im Augenblick der Grundsteinlegung des Magdeburger Domchores etwas Besonderes, für die Architektur im Reich um 1200 aber wahrscheinlich sehr Charakteristisches geleistet: nämlich die Einrichtung einer Kirchenbaustelle, die sich planungstechnisch als ‚offene Struktur' bezeichnen ließe, weil sie permanente Modifikationen des Bauprojektes ermöglichte. Schon die Anlage der breiten Fundamente der Chorumfassungsmauern und der Bau sehr kräftiger Pfeiler und dicker Wände darüber ermöglichte es, Gebäudepartien weiter oberhalb immer wieder anders zu gestalten; selbst die Mauern des Bischofsgangs sind breiter als die darunterliegenden Pfeilerquerschnitte.[31] Solche Wandlungsfähigkeit war kein Charakteristikum der aktuellen französischen Gotik, die in jenen Jahren vielmehr dank neuer Techniken und Medien – genannt seien nur Architekturzeichnung und wahrscheinlich sogar Fugenpläne – immer größere Planungssicherheit erreichte. Außerdem ließen die komplizierten gotischen Gliederbauten schon von sich aus fast keinen Planwechsel mehr zu, da ihre im Querschnitt stark reduzierten tragenden Partien vom Fundament bis zur Traufe von Anfang an durchdacht sein mussten. Unberührt von solchen technologischen Neuerungen folgte der Magdeburger Bau lange Zeit seiner nach 1207 in den Grundzügen festgelegten Eigengesetzlichkeit.[32] Die permanente Wandlungsfähigkeit des Projektes blieb stilgeschichtlich betrachtet über die ganze Bauzeit hinweg ein Erbe seiner ‚spätromanischen' Wurzeln und ausgesprochen ‚ungotisch'.

Die Optionen für rigide Planungskontinuität oder Planwechsel waren nicht zufällig, sondern standen in historisch-kulturellen sowie mentalen Kontexten. Der Magdeburger Domchor ist strukturell, typologisch und stilistisch eine Komposition, die ihre Wurzeln in der spätromanischen Planungs- und Baupraxis hatte. Je mehr moderne, also gotische Formen integriert wurden, desto stärker hatte unter den speziellen lokalen Bedingungen der Rückgriff auf die Tradition zu sein. Die Formenkonstellation des Magdeburger Domchores ließe sich deshalb vielleicht am besten als ‚dialektisches' Resultat eines kontinuierlichen und für den Bau charakteristischen Prozesses von Assimilierung und Dissimilierung sowie eines Ringens um Identität bezeichnen.

Dieser Prozess dauerte letzten Endes bis ins 16. Jahrhundert, wie das damals entstandene Grabdenkmal der Königin Edith zeigt – ‚schon zweimal erneuert', vermeldet die Inschrift (Abb. 83) auf ihrem Bleisarg![33] Magdeburg stand damit nicht alleine, wie das fast gleichzeitige Bamberger Heinrichs-und-Kunigunden-Grabmal zeigt. Und schon im 14. und 13. Jahrhundert waren in den erzbischöflichen Städten Prag und Köln moderne Bauten mit historisierenden Grablegen errichtet worden. Es bliebe systematisch zu untersuchen, inwiefern gerade prominente Sepulkralbauten – z. B. Saint-Denis, Aachen oder Westminster – für typologische und stilistische Assimilierungs- und Dissimilierungsleistungen in Bezug auf die eigene historische Identität prädestiniert waren. Der Magdeburger Dom dürfte in dieser Kunstgeschichte einen herausragenden Platz beanspruchen.

Anmerkungen

1 Zusammenfassend zur Forschungsgeschichte vgl. Schenkluhn 2009a.
2 Vgl. hierzu allgemein: Klein / Boerner 2006; darin besonders: Niehr 2006; Karge 2006; Boerner 2006.
3 Vgl. Haussherr 1991.
4 Vgl. Winterfeld 2007, S. 14–32; Winterfeld / Janson / Wilhelmy 2002; Arens ²1998; Kautzsch / Neeb 1919.
5 Vgl. Matthias Untermann: Worms, Dom. St. Peter. In: Wittekind 2009, S. 448f.; Winterfeld 2007; Hotz ²1998.
6 Vgl. Bruno Klein: Straßburg, Kathedrale Notre-Dame, in: ders. 2007, S. 263f.; verschiedene Autoren, in: Strasbourg et Basse-Alsace (Congrès archéologique de France 162, 2004), Paris 2006; van den Bossche 1997.
7 Vgl. Schwinn Schürmann / Meier / Schmidt 2006; Schwinn Schürmann 2000.
8 Vgl. Gasser 2004; Henriet 2005.
9 Vgl. zuletzt Lagemann 2009; verschiedene Autoren, in: Bamberger Dom. Architektur, Skulptur, neue Glasfenster (Das Münster 56, 2003, Sonderheft), Regensburg 2003.
10 Vgl. Schubert 1997.
11 Vgl. zuletzt Gertler 2009.
12 Vgl. Grusnick / Zimmermann 1996; Baltzer / Bruns 1919.
13 Vgl. Baier 1994; Ende 2005.
14 Vgl. Müller 2002.
15 Hier ist ausdrücklich nur von Kathedralen die Rede. Die noch viel zahlreicheren Stifts- und Klosterkirchen mussten ausgeklammert bleiben, um das ohnehin differenzierte Ergebnis nicht vollkommen unübersichtlich werden zu lassen.
16 Vgl. Schubert 1994, S. 30.
17 Vgl. hierzu und zum Folgenden Untermann 2009, bes. S. 423–427; Nicolai 2009.
18 Gerade Lausanne und Basel könnten für den Magdeburger von spezieller Bedeutung gewesen sein, da Erzbischof Albrecht beide Bauten wahrscheinlich 1209 auf der Rückreise von Rom gesehen hatte, vgl. Nicolai 2009, S. 73–75.
19 Vgl. Cramer / Winterfeld 1995.
20 Vgl. Elbern / Reuther 1969.
21 Vgl. Ronig 1996; Irsch 1931.
22 Vgl. Verschiedene Autoren, in: Van den Bossche 2005.
23 Vgl. Päffgen 2009. Willibald Sauerländer hat darauf aufmerksam gemacht, dass diese Architektur den aus der Literatur bekannten Kriterien wie „sumptuosus – pulcre ornatus – mirabilis – nitens – splendens – artificiose constructum – varius" in besonders hohem Maße entsprechen könnte, vgl. Sauerländer 2004.
24 Geschmackswandel als kulturhistorisches Phänomen ist bisher weder generell noch speziell für das Mittelalter hinreichend untersucht. So sind allenfalls Mutmaßungen möglich, wann und unter welchen historischen wie sozialen Konstellationen Geschmackswandel eher beschleunigt stattfand oder eher verzögert wurde. Die Phänomene legen es jedenfalls nahe, dass die erste Hälfte des 13. Jahrhunderts eine Zeit war, in sich innerhalb des Reiches auf vielen Ebenen ein besonders dynamischer Geschmackswandel vollzog.
25 Zuletzt Nicolai 2009 und Hucker 2009.
26 Vgl. Köstler 1995.
27 Vgl. SC, S. 132.
28 Zuletzt Hucker 2009.
29 Interessanterweise sind gleichzeitig am gegenüberliegenden Ende der gotischen Peripherie ähnliche Phänomene zu beobachten, so in der Kathedrale von Toledo, vgl. Karge 2009.
30 Auch beim Mainzer Westchor kam es offenbar zu einer ganz offensichtlichen Verbindung traditioneller wie moderner Elemente, vgl. Wolter-von dem Knesebeck 2007, bes. das Kapitel „Das Mainzer Evangeliar im Mainzer Dom", S. 33–49.
31 Die entsprechenden Ergebnisse waren zum Zeitpunkt der Redaktion dieses Beitrags noch nicht publiziert. Vgl. jetzt Brandl / Forster 2011.
32 In diesem Zusammenhang ist es bedauerlich, dass sich bis heute kein Bild von den mittelalterlichen Farbfassungen des Doms gewinnen ließ. Waren die Spoliensäulen beispielsweise in eine bunte Fassung integriert, oder hoben sie sich als stark kolorierte Elemente vor einem einfarbigen Hintergrund ab, wie z. B. die farbig gefassten Apostel des Kölner Doms, die sich selbst im Kolorit an der Sainte-Chapelle in Paris orientierten, damit aber zugleich mit einer zum Monochromen tendierenden Architekturfassung kontrastierten, die wiederum eher auf das in der Buntheit stark reduzierte Konzept der Kathedrale von Amiens zurückging? Vgl. zu den letzten Problemen zusammenfassend Michler 1999.
33 Vgl. Rainer Kuhn: Bleisarg der Königin Edgith. In: Kat. Aufbruch in die Gotik 2009 II, S. 25f.

LEX BOSMAN

Bedeutung der Tradition.
Über die Spolien im Chorbereich des Magdeburger Domes

In der mittelalterlichen Architektur waren die Geschichte und die damit verbundene Tradition immer wichtige Elemente, denn viele Kirchenbauten galten nicht nur als Ausdruck bestimmter Positionen – gefestigter oder angestrebter –, sondern auch als Monumente der Vergangenheit. Es handelt sich dabei nicht um eine allgemeine Vergangenheitsidee, sondern um spezifische Momente der Vergangenheit mit großer Bedeutung für bestimmte Orte, Regionen und für Personen und Institutionen. In Magdeburg waren es seit dem 10. Jahrhundert vor allem König (später Kaiser) Otto I. und seine Familie, die die bedeutende Stadtgeschichte der Vergangenheit Jahrhunderte später vergegenwärtigen konnten. Ohne Bezug auf die Geschichte wäre der Magdeburger Dom, wie er ab 1209 neu gebaut wurde, eigentlich gar nicht vorstellbar.[1] Tradition als Konzeption wird im Magdeburger Domchor mit der Aufnahme der Spoliensäulen im gegliederten System der Dienste sehr deutlich zur Schau gestellt, wobei das System von ihnen zugleich auch durchbrochen wird (F-Abb. 12). Die Säulen tragen die sechs Statuen auf dem Niveau des Bischofsgangs, wo diese Heiligen als Wächter das Ottograb im Chorraum umgeben. Zusammen wirken Säulen und Statuen etwas eigenartig, wenngleich ohne Frage eindrucksvoll.[2] Zu dieser Anordnung gehören auch die kleinen Nischen zwischen den Säulen und Statuen, in denen Reliquien eingeschlossen waren. Um eine solche Inszenierung zu erreichen, wurde schon im ersten Viertel des 13. Jahrhunderts eine Planänderung vorgenommen, die es nicht nur ermöglichte, die neue Architektur zu bauen, sondern Wesentliches aus dem Vorgängerbau beizubehalten. Das gesamte Ensemble konnte somit auch im Neubau sichergestellt und anschaulich gemacht werden. Das Grab Ottos I., das Grabmal seiner ersten Ehefrau Editha, die von Otto geschenkten Heiligenreliquien, die offenbar als bedeutungsvoll angesehenen baulichen Reste der zerstörten erzbischöflichen Kathedrale und die Heiligenstatuen bildeten offensichtlich eine Einheit, die für die Neuplanung des Baus als untrennbar und unverzichtbar galt. Anfänglich war beim Neubau des Magdeburger Domchors die Verwendung von Spoliensäulen noch nicht vorgesehen. Die nicht benutzten Säulenbasen auf der Nordempore zeigen dann aber eine erste Planänderung, die wohl für die Ausstellung der farbigen Spoliensäulen unternommen wurde. In der zweiten Phase des Neubauprogramms der Bischofskirche wurden dann die Grabmäler, die Heiligenreliquien, die Heiligenstatuen und die Spolien zu einem Ensemble vereint (F-Abb. 13).[3]

Man hatte also nach dem Brand vom 20. April 1207 und dem darauf folgenden Abbruch offenbar nicht alle übrig gebliebenen Baureste vernichtet. In der Magdeburger Schöppenchronik liest man im Bericht über diesen Brand, dass im Sommer des Jahres 1207 „de custer von Opin de wände neder nehmen leit, wo wol dat et velen lüden wedder was, mente se noch wol stan hedden" („Aber noch in demselben Sommer ließ der Kustos von Oppin die Mauern niedernehmen, obwohl viele Leute dagegen waren, da sie noch gut hätten stehen können").[4] Diese oft zitierte Stelle aus der Magdeburger Schöppenchronik, worin der Autor bemerkt, dass der Abbruch der Mauern des alten Domes nach dem Brand Kritik von Gegnern ausgelöst hatte, deutet an, dass nicht das ganze Gebäude völlig und irreparabel zerstört wurde. Das bedeutet aber auch, dass wohl noch brauchbare Baumaterialien vorhanden waren, die offenbar sorgfältig aus der Ruine herausgenommen werden konnten. Und das heißt natürlich auch, dass der Grundriss des alten Domes – den wir heute so gerne kennen würden – noch intakt war und zur Wiederverwendung zur Verfügung stand.

Seit April 1207 muss an Lösungen für den beschädigten Dom gearbeitet worden sein. Vor allem hatten Erzbischof Albrecht II. und seine Berater die Frage zu entscheiden, ob es einen Wiederaufbau oder einen völligen Neubau der Kirche geben sollte. Die Baugeschichte des neuen Domes zeigt uns, dass es dem Erzbischof nicht leicht fiel, hierfür eindeutige Antworten zu finden, wie die Planänderungen am heutigen Dom zeigen. Auch andernorts fand man in ähnlichen Situationen erst nach entsprechenden Planänderungen eine Lösung.

Für Magdeburg kann zu dieser Situation Folgendes festgestellt werden: Nach dem Feuer vom 20. April 1207 war die alte Bischofskirche zum größten Teil zerstört, aber die Möglichkeit, sie wieder auf dem alten Grundriss aufzubauen, stand noch offen. Inwiefern auch die anfangs stehengebliebenen Wände des alten Domes noch wirklich verwendbar waren, lässt sich aus der zitierten Stelle in der Magdeburger Schöppenchronik nicht ableiten. Nach dem Sommer von 1207 waren wenigstens die römischen Spolien sorgfältig geborgen worden, und es wurden Pläne gemacht und diskutiert, wie man weiter verfahren sollte. Dabei wird unterstellt, dass die Spoliensäulen tatsächlich aus dem Vorgängerbau stammen. Man darf annehmen, dass nach dem Abbruch der Mauern im Sommer 1207 nur noch die Möglichkeit bestand, eine neue Kirche auf dem alten Fundament zu bauen, was man etwa zwanzig Jahre zuvor in Lüttich gemacht hat, um die dortige, ebenfalls vom Feuer zerstörte alte Bischofskirche wieder neu aufzubauen.[5] Dass man sich in Magdeburg nach einiger Zeit entschloss, ein neues Fundament mit verschobener Mittelachse zu konstruieren, dürfte ein Hinweis dafür sein, dass die alte Kirche als zu klein und unangemessen beurteilt wurde. Damit war aber jegliche erfahrbare Erinnerung an die alte Kathedrale infrage gestellt und die Gefahr eines Kontinuitätsbruchs heraufbeschworen. Die Tradition der erzbischöflichen Kathedrale verlangte jedoch sichtbare Hinweise. Nach dem Brand hatte man in kurzer Zeit die Möglichkeiten dazu verloren. Der Wiederaufbau des alten Domes nach dem Abbruch der alten Mauern war unmöglich geworden, und ein Neubau auf dem alten Fundament wurde als Alternative offenbar verworfen. So blieb nach der Vernichtung der Struktur der alten Kathedrale als Anknüpfungspunkt an die Vergangenheit, im Sinne einer Bewahrung der Tradition,[6] lediglich die Wiederverwendung bedeutender Spolien aus dem Altbau als Möglichkeit offen. Wie auch in anderen Fällen wurde in Magdeburg die neue Kirche nicht ohne Weiteres nach einem festen Entwurf gebaut, der alle Forderungen, Wünsche und Vorstellungen von Anfang an erfüllen konnte.

Der neue und viel größere Grundriss der neuen Kathedrale war für andere architektonische Systeme und Formen gedacht, die man während des Bauens umsetzen wollte. Doch man hatte wertvolles Material aus der abgerissenen Kirche zur Verfügung, das man im richtigen Augenblick in den Neubau einbringen konnte. Die Planänderung im Chorbereich, auf den die Befunde im Bischofsgang hinweisen, wurde durchgeführt, um die römischen Spolien aufzunehmen. Die Spoliensäulen hatten also im ersten Viertel des 13. Jahrhunderts für den Erzbischof von Magdeburg, für seine Position sowie auch für das Erzbistum Aussagekraft. Die Säulen besaßen auch im neuen Zusammenhang Sinn und repräsentierten Bedeutungen und Traditionen, die offenbar in der damaligen Erfahrung nicht besser oder vielleicht nicht auf eine andere Weise als mit den Spolien zur Schau gestellt werden konnten. Dies festzustellen ist wichtig. Der erste Plan wurde nicht mit den Spolien im Chor versehen, aber es ist durchaus denkbar, dass man zu Anfang damit gerechnet hatte, die Säulen und Säulenfragmente im Mittelschiff des Neubaus einbauen zu können. Die schon 1901 aufgedeckten Reste im ersten Langhausjoch weisen auf eine wesentlich schmalere Anlage von Mittelschiff und Seitenschiffen im gebundenen System (Abb. 138). Zwei Joche entsprachen den Ausmaßen des ersten Jochs im heutigen Dom. Schon die Tatsache, dass dieser erste Plan nicht weitergeführt, sondern verworfen wurde, deutet auf ein Suchen nach Möglichkeiten, um den Neubau auf neuen Fundamenten zu gestalten.[7] Etwa neunzig Jahre später kam eine derartige Lösung bei S. Lorenzo in Neapel zur Anwendung. Im Gegensatz zu Magdeburg wurde dort ein Chor mit Umgang gebaut, der als Altarraum wesentlich schmaler ist als das Mittelschiff, das mit Spoliensäulen versehen wurde.[8] In einer Situation wie der in Magdeburg, wo man zum Baubeginn nicht unbedingt den kompletten Plan für die ganze Kirche vorliegen hatte, scheint es mir durchaus denkbar, dass das neue Architekturkonzept noch weiter ausgearbeitet werden musste, ohne dass alle Konsequenzen dieser Architektur jedem Beteiligten von Anfang an in vollem Umfang klar waren.

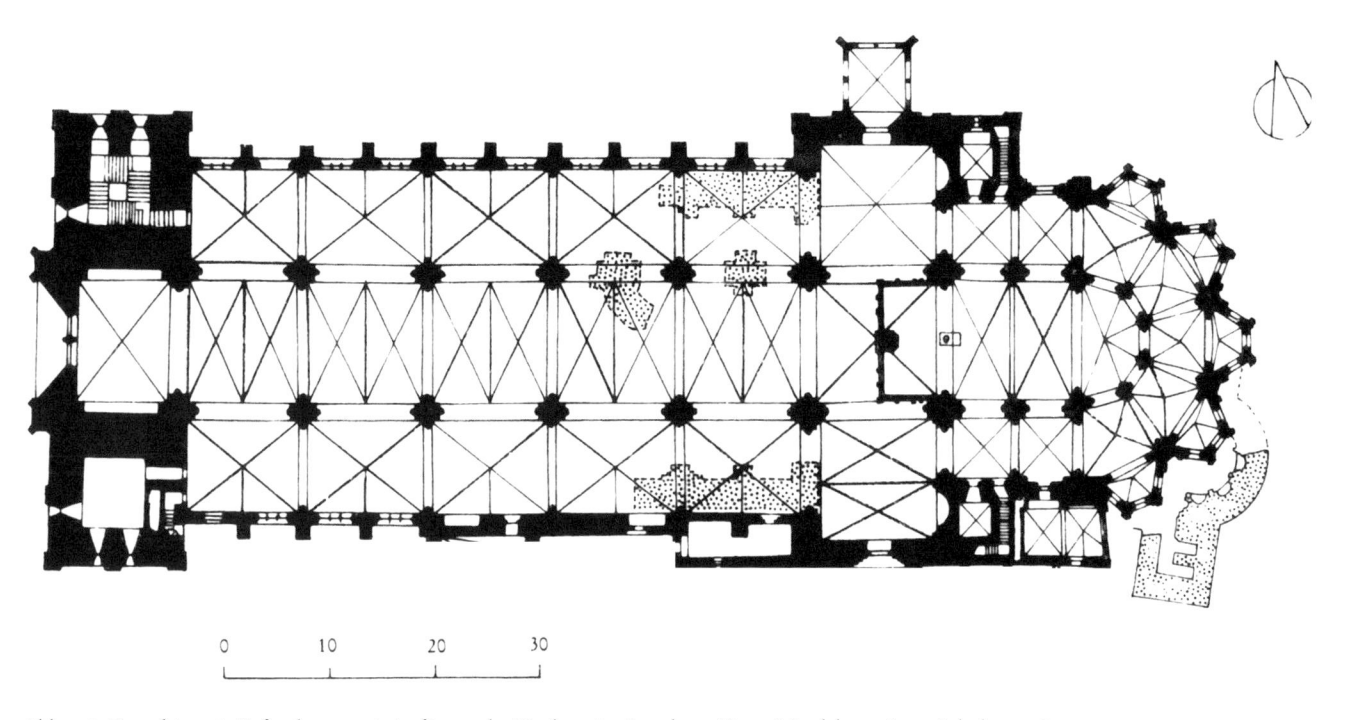

Abb. 138: Grundriss mit Befund 1901, mit Anfängen des Neubaus im Langhaus, Dom, Magdeburg. Foto: Schubert 1989.

In der kunsthistorischen Literatur hat schon vor über vierzig Jahren Wolfgang Götz die Bedeutung der Spolien im Magdeburger Dom analysiert. Seiner Formulierung kann man auch heute noch zustimmen: „Die Versetzung der Säulen in dieser Weise geschieht absichtsvoll (und nicht aus purer Verlegenheit) noch zu Zeiten Albrechts II.; mit ihrer Versetzung wird ein historisches Kontinuum gewahrt; die Säulen haben Wahrzeichencharakter, stehen – um es vorerst neutral zu formulieren – im Dienste der Repräsentation."[9] Seitdem haben viele Kunsthistoriker die Gedanken und Interpretationen weitergeführt, mit manchmal leicht unterschiedlicher Akzentuierung. Helga Sciurie wies 1986 zum Beispiel darauf hin, dass die antiken Säulen nicht den Chorus des Domes, sondern das Sanktuarium mit dem Hochaltar nobilitieren (Abb. 139). Die römischen Spoliensäulen zeichnen im Grunde das Grab Ottos des Großen aus.[10] Und neuerdings meint Wolfgang Schenkluhn, dass man nicht davon ausgehen darf, dass die Säulen „im Kontext des Chorneubaus die Funktion der Vergegenwärtigung des Vorgängerbaus haben. Vielmehr sind sie in Bezug auf die Grabanlage Otto I. im Chorraum, die sie erhöht hinterfangen, der anschauliche und zugleich symbolische Ausdruck für die kaiserliche Gründung Magdeburgs und seines Erzbistums".[11] Er verwies dabei auf den ottonischen Großbau, der im letzten Jahrzehnt nördlich vom heutigen Dom archäologisch nachgewiesen wurde. Ob diese beiden Interpretationen von Sciurie und Schenkluhn in Gegensatz zueinander stehen, bezweifle ich. Deswegen wenden wir uns nun den Spoliensäulen genauer zu.

Mit der beiläufigen Erwähnung des neu aufgedeckten Großbaus auf dem Domplatz in Magdeburg hat Schenkluhn nun aber auch einen weiteren Kontext angedeutet, der für das Thema der Spolienverwendung im Magdeburger Domchor sehr wichtig ist. Seitdem Heiko Brandl und Franz Jäger diesen Großbau als die von Otto I. gestiftete Abtei gedeutet haben, deren Kirche sie wohl zurecht als Laurentiuskirche sehen, und mit den wichtigen Funden bei den Ausgrabungen von Rainer Kuhn, haben wir jetzt eine weitaus größere und wichtigere Gruppe von Spolien als vor einigen Jahren vermutet werden konnte.[12] Die Funde betonen den Wert der berühmten Passage bei Thietmar von Merseburg: „Auch kostbaren Marmor nebst Gold und Edelsteinen ließ der Kaiser nach Magdeburg kommen, und in alle Säulenknäufe befahl er Reliquien der Heiligen einzuschließen."[13] Und kostbar ist es bestimmt gewesen, nicht nur wegen des Materials, sondern natürlich auch wegen des Transports von Italien nach Magdeburg. Die Gruppe von Architekturteilen, die man als Spolien bezeichnen darf, besteht also aus folgenden Teilen: Im Chorhaupt stehen vier Säulen, zwei weitere Säulenschäfte flankieren das Grab Otto I. im Chor. Weitere Säulen und Säulenfragmente sind im Bischofsgang, im Chorumgang und in einer Chorumgangskapelle verarbeitet bzw. aufgestellt worden. Weiterhin befinden sich neun Teile von Säulen im Remter am Kreuzgang und ein vergleichbares Fragment im Kreuzgangsinnenhof. Sehr schlanke Säulchen sind in der Marienkapelle am Remter eingefügt worden (siehe Anhang).

Zu dieser Spoliengruppe gehören auch noch andere Dinge, wie das Taufbecken aus Porphyr im Dom[14] und der Osterleuchter, der auch im Chorbereich steht. Der Fußboden in der südöstlichen Krypta und viele kleinere Fragmente von verschiedenen Marmor- und Granitsorten, die bei den Grabungen am Domplatz und im Dom gefunden wurden, zählen ebenfalls zur Gruppe der römischen Spolien. Weitaus die Mehrzahl der Säulen und Säulenteile sind sehr gut aus der antiken römischen Architektur zu erklären. Von den vier prominent im Chorpolygon aufgestellten Säulen sind zwei aus rotem Porphyr, eine aus sehr dunkelgrünem Porphyr, und die Säule auf der linken Seite ist aus einer Art ‚granito bigio'. Diese Säulen ähneln in ihren Maßen einem Durchmesser von 1,5 römischen Fuß, d. h. 44 cm, und einer Schaftlänge von 12 römischen Fuß, das sind 3,57 m – eine ganz normale Proportion von 1:8 also.[15] Es handelt sich um die größten römischen Säulen, die in Magdeburg vorhanden sind, die nicht ganz unbeschädigt aus den Trümmern von 1207 geborgen werden konnten. Die Maße und Proportionen der anderen Fragmente können zum größten Teil rekonstruiert werden, was gleichfalls durchaus annehmbare Resultate aufweist. Anhand der Durchmesser der Säulen und Säulenfragmente auf beiden Seiten des Grabes von Otto und auf dem Niveau des Bischofsgangs ist es sehr wahrscheinlich, dass diese Fragmente von Säulenschäften mit einem Durchmesser von 1,25 römischen Fuß und einer Länge von 10 Fuß, also 0,37 m und 2,98 m, stammen, wiederum mit Proportionsverhältnissen von 1:8. Auf dem Niveau des Bischofsgangs sind Fragmente von Porphyrsäulen versetzt worden sowie zwei Säulen aus ‚bigio antico'-Marmor mit demselben Durchmesser (F-Abb. 14). Auf ähnliche Proportionen weisen auch die abgesägten Säulenschäfte im Remter hin. Diese Fragmente stammen wahrscheinlich ebenfalls von Säulen mit denselben Proportionen und Maßen, also 1:8 mit etwa 0,37 m Durchmesser, d. h. 1,25 römischen Fuß, und mit einer ursprünglichen Schaftlänge von 2,87 m, oder 10 römischen Fuß. Das Fragment einer Säule aus ‚verde antico'-Marmor aus Schloss Harbke, das sich heute im Börde-Museum befindet, hat genau denselben Durchmesser, und mit einer Länge von 1,39 m ist das Bruchstück den Säulen im Magdeburger Remter wohl nicht zufällig sehr ähnlich.[16] Von einer vergleichbaren Säule könnte das Fragment stammen, das nördlich vom heutigen Dom in Magdeburg in einer Schuttschicht gefunden wurde und das heute im Kulturhistorischen Museum aufbewahrt wird.[17]

Im römischen Reich war es üblich, dass Säulen vom Steinbruch vornehmlich in Standardgrößen geliefert wurden mit Schaftlängen von meist 10, 12 oder 14 römischen Fuß, aber es gab auch zahlreiche von 20 oder 30 Fuß Länge. Die Magdeburger Säulen zählen ihrer Schaftlänge nach also zu den üblichen Säulen, die vor allem im römischen Mittelmeerraum Anwendung fanden. Im Bereich des Magdeburger Domes kann man jetzt noch vier Säulen von 12 Fuß, d. h. 3,57 m Länge, finden und ein Fragment einer weiteren Säule von derselben Länge, nämlich die vier Säulen im Chorhaupt des Magdeburger Domes und das Fragment einer Granitsäule im Kreuzgangsinnenhof. Eine vorsichtige Einschätzung der übrigen Säulen und Bruchstücke ergibt in etwa zwölf Säulen von 10 Fuß Länge, oder 2,98 m. Zu dieser Gruppe gehören die beiden Säulen links und rechts vom Grabe Ottos (F-Abb. 15, F-Abb. 16, F-Abb. 17), die Porphyrfragmente beim Bischofsgang sowie zwei weitere Säulen dort aus ‚bigio antico' und ferner auch noch die beiden abgesägten Säulen aus ‚Marmo dell'Imetto' im Remter, die von ein und derselben Säule stammen dürften, drei geteilte Granitsäulen, zwei ‚verde antico'-Säulen (F-Abb. 18) und noch eine Säule aus ‚breccia corallina', alle ebenfalls im Remter. Zum Vergleich sei hier noch auf zwei Beispiele verwiesen: In den ottonischen Dom in Halberstadt wurden acht Säulen und sechs Pfeiler aufgenommen, wobei die Säulen etwas kürzer waren als die Spoliensäulen von 10 Fuß in Magdeburg. Die Säulen in der Hildesheimer Michaeliskirche haben eine Schaftlänge von 2,91 m. Damit kann man sich eine ungefähre Vorstellung vom Umfang der Verwendung der Magdeburger Spoliensäulen machen.[18] Es ist durchaus wichtig, sich bewusst zu machen, dass die Gruppe von etwa zwölf römischen Säulen auch

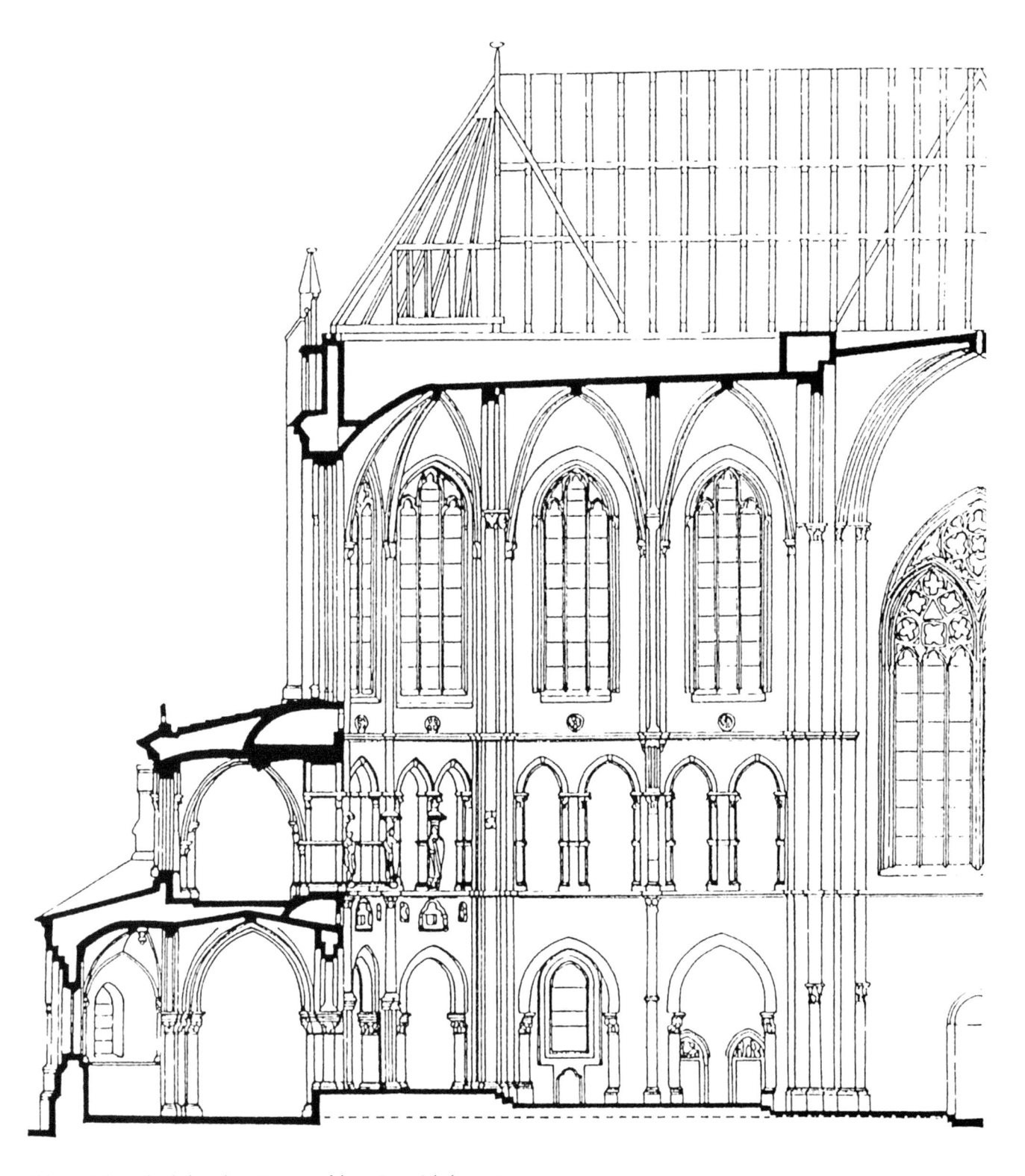

Abb. 139: Schnitt durch den Chor, Dom, Magdeburg. Foto: Schubert 1989.

schon im 10. Jahrhundert als Architekturglieder in einem Kirchenbau funktioniert haben können.

Ausgezeichnet sind die Säulen aber vor allem durch ihr Material. Das Material in Magdeburg, sowohl die im Dom befindlichen Spolien als auch die bei den Grabungen gefundenen Fragmente, zeugen von großem Reichtum, der nicht zufällig entstanden ist, sondern mit Sorgfalt gewählt und zusammengestellt wurde. Die verschiedenen Marmor- und Granitsorten dürfen in Rom und Ravenna, aber vielleicht auch noch in Mailand vorhanden gewesen sein. Außerdem kann nicht ausgeschlossen werden, dass nicht alle Spolien von demselben Ort aus nach Sachsen transportiert wurden. In Rom und in anderen römischen Städten findet man noch immer zahlreiche Granitsäulen in Standarddimensionen, aber als Material gibt es in Magdeburg außerdem den viel seltener verwendeten und ursprünglich nur kaiserlichen Bauten vorbehaltenen Porphyr, und zwar gleich in zwei Varianten (F-Abb. 19). Außerdem finden sich ein Marmor, der als ‚verde antico' bekannt ist und zu den selteneren Sorten gehört, der leicht gefärbte ‚Marmo dell'Imetto' sowie verschiedene Granitsorten, die teilweise zu den weniger häufig benutzten im römischen Kaiserreich gehörten, wie ‚granito del foro', der rot und weiß farbige ‚breccia corallina', ‚cipollino' und auch der leicht graublaue ‚bigio antico' mit weißen Kringeln. Von den Säulenfragmenten aus dem Remter des Klosters Unser Lieben Frauen in Magdeburg gibt es weiterhin noch ein Fragment aus ‚pavonazetto'; dass dieses Fragment aus den ottonischen Stiftungen in Magdeburg herrührt, kann nicht bezweifelt werden.[19] In und um den Magdeburger Dom gab es also eine buntfarbige Gruppe, wie Otto I. sie in Rom, Ravenna und in anderen italienischen Orten gesehen haben könnte.

Hiermit sind schon jene Sachverhalte angedeutet, die im Kontext der Spolienlieferung nach Magdeburg wichtig sind. Denn es gibt keinen Grund anzuzweifeln, dass die architektonischen Spolien unter Otto I. von Italien nach Magdeburg gelangt sind, aber ebenso gut drängen sich auch mit dieser Annahme noch viele Fragen auf. Man darf nicht völlig ausschließen, dass die Spolien nicht alle aus demselben Ort oder aus derselben Region herrühren, und es kann auch nicht komplett ausgeschlossen werden, dass Material aus römischen Orten in Deutschland stammt. Wahrscheinlich ist das aber keineswegs, denn die Qualität wie auch die Menge des Materials schließt eine nicht-italienische Herkunft praktisch aus. Es wäre interessant, die genaue Provenienz des Materials in Magdeburg zu bestimmen. Jedoch lässt es sich nicht beweisen, ob Ravenna oder Rom die Orte gewesen sind, von wo Otto das reiche Spolienmaterial nach Magdeburg transportieren ließ. Neben Rom hat wahrscheinlich auch Ravenna über ausreichende Materialien verfügt, um in Magdeburg wiederverwendet zu werden, aber entscheiden kann man das leider nicht. Trotz wiederholter Vermutungen zu Ravenna, gibt es keinen Grund, Rom als Herkunftsort auszuschließen.[20]

Eine andere wichtige Frage befasst sich mit dem Problem, wann die Spolien eigentlich aus Italien nach Magdeburg abtransportiert worden sind und für welche Kirche oder welche Gebäude in Magdeburg sie in erster Linie bestimmt waren. Bekanntlich wurde die Moritzkirche schon 937 in Magdeburg gestiftet, dem Ort, der als Morgengabe an Ottos erste Ehefrau Editha ging.[21] Schon mit der Beisetzung der Editha in dieser Kirche im Jahr 946 wurde eine neue Richtung eingeschlagen. Die älteren liudolfingisch-ottonischen Stiftungen und Orte wurden zwar in Ehre gehalten und blieben als Repräsentationsstätten wichtig, doch Magdeburg kam aber als neuer Ort hinzu, wo König Otto auf weltlich-politischer sowie auf kirchlicher Ebene seine Position und seine Autorität darstellte.[22] Die wichtigsten Daten für diesen Zusammenhang sollen hier kurz zusammengefasst werden: Im Jahr 955 gab es schon Pläne zur Errichtung eines Erzbistums Magdeburg, die aber heftigen Widerstand auslösten, nicht nur bei dem Halberstädter Bischof Bernhard, sondern auch im Kreis der Familie. Die alte Königin und Mutter Ottos I., Mathilde, sowie sein ältester Sohn Wilhelm, Erzbischof von Mainz, haben sich diesen Plänen widersetzt. Um 962 ist es Otto dann gelungen, den Mainzer Erzbischof zu entschädigen und dessen Widerstand zu brechen. Trotzdem gelang es erst im Jahr 968, das Erzbistum endlich zu errichten, nachdem Bischof Bernhard von Halberstadt und der Mainzer Erzbischof Wilhelm verstorben waren.[23] Nach 955 wurde dann die Laurentiuskirche gebaut; vieles spricht dafür, die nördlich vom Dom entdeckte Kirche als die Laurentiuskirche zu deuten.

Die erste Italienreise unternahm König Otto 951 bis 952. Erst im August 961 bis Januar 965 kehrte er dorthin zurück und dann wieder von August 966 bis August 972. Die Konsequenzen dieser Aufenthalte für die Frage des Spolientransports sind schwer zu überschauen, da wir für diesen keine fundierten Daten zur Verfügung haben. Die Kaiserkrönung Otto I. in Rom am 2. Februar 962 liefert ein Datum; danach ist der Transport von Spolien nach Magdeburg viel wahrscheinlicher als in den Jahren zuvor. Wenn andererseits Spolien schon in der 937 gestifteten Moritzkirche anwesend gewesen sein sollten, die dann nach einiger Zeit als Domkirche umgewandelt wurde, und auch in der nördlich davon gebauten Laurentiuskirche, so macht es Sinn, über die Konsequenzen der Baudaten dieser beiden Kirchen nachzudenken. Es ist kaum zu entscheiden, ob diese Kirchen umgebaut wurden, weil die Architekturspolien sowie die Spolien für Bodenbeläge in Magdeburg vorhanden waren, oder ob ihre Errichtung nur so langsam vorankam, dass es kein Problem darstellte, die Spolien noch einzubauen.

Es scheint nicht ein bestimmtes Ereignis gegeben zu haben, sondern verschiedene einzelne Sachverhalte, die alle die Anwendung der Spolien gefördert haben können und die alle zusammen wichtig sind. Auch wenn Papst Johannes XIII. im Jahr 967 in der Stiftungsurkunde für das Erzbistum Magdeburg Otto mit Konstantin verglichen hat, so war die Position von Otto eigentlich nie unumstritten. Sein Rang als Kaiser wurde von seinem byzantinischen Kollegen infrage gestellt.[24] Und es gelang Otto I. nur nach vielen Jahren und vielen Streitigkeiten, auch innerhalb seiner Familie, die Absicht zu verwirklichen, Magdeburg als wichtigen Ort auszubauen und zum Erzbistum zu erhöhen. Sein Sohn Wilhelm, Erzbischof von Mainz, seine Mutter Mathilde sowie der Halberstädter Bischof Bernhard zählten zu den erklärten Gegnern von Ottos Magdeburgplänen. Die Italienpolitik brachte Otto dem Grossen zwar den Rang eines Kaisers und ein großes Reich ein, hat aber auch dazu geführt, dass er lange Zeit in Italien bleiben musste, um das Gebiet zu regieren. Während seiner Abwesenheit wurde diese Politik in Sachsen nicht ohne Weiteres akzeptiert. Noch 972 übernahm übrigens Hermann Billung die Position Ottos I. in dessen Pfalz, indem er sich demonstrativ und symbolträchtig in das Bett des Kaisers legte.[25] Als eine Folge seiner Politik, Magdeburg als wichtigen Ort seiner Repräsentation und in der kirchlichen Organisation auszubauen, hatte Otto mit einem Mangel an historisch und politisch bedeutsamen Traditionen und sichtbarer Symbolik in Magdeburg zu tun. Deshalb musste die Tradition neu ‚herbeigeschafft' und Wege und Lösungen für

eine neue Situation gefunden werden, die in sich noch gar nicht klar festgelegt war. Ein eindeutiges Muster, wie Otto sich als Kaiser in Sachsen und im Reich präsentieren sollte, fehlte noch. Widerstand zu brechen, Gegner zu lenken und zu überzeugen, seine Familie nicht zu spalten, sondern auf seine Seite zu ziehen, die kirchliche und päpstliche Organisation in Italien und vor allem in Rom in Einklang mit den eigenen politischen und religiösen Ambitionen zu bringen und gegenüber dem Norden sowie in Italien die kaiserliche Macht und Präsenz unwiderlegbar zu definieren und zu präsentieren, das alles zusammen hat ein Programm umfasst, das manchmal nur mühsam realisiert werden konnte. Dabei spielte bestimmt auch der Unterschied zwischen der Repräsentation bei Anwesenheit und in Abwesenheit des Herrschers eine wichtige Rolle.[26]

Und dann boten sich in Italien die Spolien zur bedeutungsvollen Repräsentation auf verschiedenen Ebenen an. Der Vergleich mit Konstantin hat sicher unterstrichen, wie Otto nun über das Material im historisch bedeutsamen Kaiserreich verfügen konnte. Damit wurde auch der Vergleich mit Karl dem Großen aufgebaut, in dessen mit römischen Spolien ausgestatteter Aachener Pfalzkapelle Otto damals als König gekrönt wurde. Nach Byzanz schauend, wollte Otto sicher seine Position als Herrscher deutlich mit dem Ausbau und der Umwandlung des unbedeutenden Ortes Magdeburg in einen eindrucksvollen Ort von herrschaftlicher und kirchlicher Bedeutung zeigen.[27] Gerade weil Kaiser Otto so lange in Italien weilte, fungierten die römischen Spolien darüber hinaus in Sachsen als wichtiges Mittel, um jedem die Präsenz seiner Macht vor Augen zu führen.

Signifikant war bestimmt auch die mehrfache Bedeutung der Anwendung verschiedener Spolien. Einerseits gab es keinen Zweifel darüber, dass dieses Material nicht aus Sachsen oder aus einer anderen nordeuropäischen Region stammte, sondern aus Italien. Als Kennzeichen der imperialen ‚auctoritas' bildete das Spolienmaterial andererseits ein traditionsreiches Wahrzeichen. Die Qualität des Materials und darüber hinaus auch die Quantität sollten deutlich unterstreichen, dass nur Otto als König und Kaiser über eine derartige Menge von bedeutsamen Granit- und Marmorteilen verfügen konnte. Dies war sicher auch der Versuch, seine immer wieder umstrittene Position und die daraus abzuleitende Macht in Sachsen sichtbar

195

zu machen. Der Erzbischof Adalbert von Magdeburg, der seine Position Kaiser Otto verdankte, half übrigens Hermann Billung, in der kaiserlichen Pfalz zu residieren, was zeigt, dass Ottos Position bis zum Ende seines Lebens immer wieder angefochten wurde. Deshalb sollten die Spolien auch während seiner zum Teil langjährigen Abwesenheit die kaiserliche Autorität vergegenwärtigen, zumindest in symbolischer Form. Hier wäre ein Vergleich mit den Siegeln Ottos I. anzustellen, die seit seiner Kaiserkrönung die frontale Position zeigen. Die Herrschaftspräsentation wurde in der Zeit der Vorbereitung der Kaiserkrönung sehr wichtig, und seit der Krönung im Jahr 962 ist das so geblieben. Durchaus wichtig ist außerdem, dass die Herrschaftsrepräsentation sich auf verschiedene Gattungen erweiterte, wozu sicher die berühmte Elfenbeintafel wie auch die Reichskrone zählen.[28] Im Licht des anfangs skizzierten Vorgangs beim Neubau der Kathedrale in Magdeburg ab 1209 ist es sehr wahrscheinlich, dass die in der heutigen Kirche wiederverwendeten Spoliensäulen im Vorgängerbau Anwendung gefunden hatten und nicht aus einem anderen Bau stammten.

Die anfänglich fehlende historische Tradition, die Otto I. in Magdeburg aufbauen musste und wozu die Spolien der römischen Kaiserzeit sehr angemessen waren, hat sich seitdem Jahrhunderte lang in sich immer verändernden Situationen entwickelt. Daraus erwächst die Bedeutung der Tradition, aber auch neue Bedeutungen und andere Traditionen. Die Spoliensäulen im Magdeburger Domchor sollten im 13. Jahrhundert den Stifter des Erzbistums ehren und in Erinnerung bringen, um Reichsgeschichte in sächsischer Landesgeschichte ankommen zu lassen.

Anhang: Spolien im Magdeburger Dombereich

Zwischen [ ] werden die Idealmaße angedeutet.
D = Durchmesser
L = Schaftlänge
rF = römischer Fuß (= 0,297587 m)

Chorbereich:
– 4 Säulen im Chorpolygon:
  - granito bigio; roter Porphyr; grüner Porphyr; roter Porphyr
  - D 0,38 – 0,50 m [= 1,5 oder 1,75 rF]
  - L 3,51 – 3,52 m [= 12 rF]
    - [D 1,5 rF (0,44 m), L 12 rF (3,57 m), Verhältnis 1:8]
– Säule links vom Ottograb:
  - granito del foro
  - D 0,38 m (inkl. Profil)
  - D 0,35 m (ohne Profil)
    - [D 1,25 rF (0,37 m), L 10 rF (2,98 m), Verhältnis 1:8]
– Säule rechts vom Ottograb:
  - breccia corallina
  - D 0,38 m
    - [D 1,25 rF (0,37 m), L 10 rF (2,98 m), Verhältnis 1:8]
– 2 Säulen in Höhe des Bischofsgangs:
  - bigio antico
  - D 0,38 m (Annahme)
– Säulenfragmente in Höhe des Bischofsgangs:
  - Porphyr
  - D ca. 0,36 m
    - [D 1,25 rF (0,37 m), L 10 rF (2,98 m), Verhältnis 1:8]
– Bischofsgang, Nordtransept, zwei Säulchen, D 0,12 oder 0,125 m

Kreuzgangsinnenhof:
– Säulenfragment
  - grauer Granit
  - D 0,44 m [= 1,5 rF]
  - L 1,77 m
    - [D 1,5 rF (0,44 m), L 12 rF (3,57 m); Verhältnis 1:8]

Chorumgangskapelle:
– Säule:
  - granito del foro:
  - D (unten) 0,23 m = 0,77 rF
  - L 1,77 m = 5,94 rF
    - [D 0,75 rF (0,223 m), L 6 rF (1,78 m); Verhältnis 1:8]
– Säule, aus zwei Teilen:
  - D (unten) 0,21 m
  - L 1,35 m

Remter (von Süd nach Nord):

1 breccia corallina
- D (unten) 0,34 m
- D (oben) 0,315 m
- L 1,24 m

2 marmo dell'Imetto (wahrscheinlich eine Säule mit Nr. 4)
- D (unten) 0,41 m
- D (oben) 0,35 m
- L 1,22 m (inkl. Profil)

3 verde antico
- D (unten) 0,44 m
- D (oben) 0,38 m
- L 1,37 (inkl. Profil)

4 marmo dell' imetto (wahrscheinlich eine Säule mit Nr. 2)
- D (unten) 0,33 m
- D (oben) 0,31 m
- L 1,22 m (inkl. Profil)

5 verde antico
- D 0,39 m (unten)
- D 0,36 m (oben)
- L 1,22 m (inkl. Profil)

6 oberer Teil verde antico, unterer Teil leichter Marmor
- D 0,35 m (unten)
- D 0,35 m (oben)
- L 0,36 m resp. 0,85 m

7 granito bigio
- D 0,35 m (unten)
- D 0,35 m (oben)
- L 1,23 m (inkl. Profil)

8 granito bigio
- D 0,35 m (unten)
- D 0,335 m (oben)
- L 1,22 m (inkl. Profil)

9 dunkler Granit
- D 0,33 m (unten)
- D 0,31 m (oben)
- L 1,25 m (inkl. Profil)
    - [D 1,25 rF (= 0,37 m); L 10 rF (= 2,87 m); Verhältnis 1:8]

Remter, Marienkapelle:

Schlanke Säulchen, u. a. cipollino und nero antico
- D 0,115 m
- L 1,35
    - [D 0,5 rF (0,14 m), L 4,5 rF (1,34 m), Verhältnis 1:9]

Anmerkungen

1 Vgl. Schenkluhn 2009a.
2 Vgl. Sciurie 1989; Brandl 2009a, S. 29–74.
3 Vgl. Sußmann 2009, S. 127–130; Schubert 1998, S. 9–32.
4 Zitiert nach: Sußmann 2009, S. 127; Schubert 1989, S. 30f.
5 Vgl. Haussherr 1989, S. 182.
6 Vgl. Nicolai 1989, S. 149.
7 Vgl. Schubert 1989, S. 33; Rogacki-Thiemann 2007, S. 70f.; Brandl 2009a, S. 22f.
8 Vgl. Schenkluhn 2000, S. 76–78.
9 Götz 1966, S. 106.
10 Vgl. Sciurie 1989, S. 165f.; auch Schubert 1998, S. 22.
11 Vgl. Schenkluhn 2008, S. 5.
12 Vgl. Brandl / Jäger 2005; Kuhn 2005a, S. 30–35; Kuhn 2006, S. 88–91.
13 Th II,12, ed. Holtzmann 1955.
14 Vgl. Fittschen 2006.
15 Vgl. Meckseper 2001b. Zu römischen Standardmaßen siehe Wilson Jones 2000, S. 147–149, 153.
16 Vgl. Brandl 2005, S. 91–102; ders.: Bruchstück eines antiken Säulenschaftes, in: Kat. Heiliges Römisches Reich 2006 I, S. 56f.
17 Vgl. Christian Forster: Bruchstück eines Säulenschafts, in: Kat. Aufbruch in die Gotik 2009 II, S. 23f.
18 Vgl. Leopold / Schubert 1984, S. 59f.; Beseler / Roggenkamp 1954, S. 150. Vgl. auch Meckseper 1996, S. 189–191.
19 Vgl. Borghini ³1998, S. 158f., 166–168, 218–219, 222, 249, 292–293. Für ‚bigio antico' vgl. auch Corsi 2001, S. 50; Gnoli 1988, S. 179f.; Price 2007, S. 75; Kuhn 2005a, S. 30–35; Kuhn 2006, S. 88–91; Christian Forster: Fragmente zweier Säulen aus dem Sommerrempter des Klosters Unser Lieben Frauen Magdeburg, in: Kat. Aufbruch in die Gotik 2009 II, S. 54–56, wo der Marmor nicht weiter spezifiziert wurde.
20 Vgl. Forster 2009b; Schubert 1998, S. 22, 28, 30, begründet seine Behauptung, dass die Spolien aus Ravenna oder Oberitalien stammen, nicht.
21 Vgl. Althoff 2001, S. 344.
22 Vgl. Schulze 2001, S. 32–43.
23 Vgl. Althoff 2001; Hehl 2001, S. 225f., 234.
24 Vgl. Springer 2006, S. 132; Salewsky 2001, S. 53–63; Chrysos 2001; Laudage 2006, S. 189; Keller 2007, S. 57; Althoff 2006, S. 80.
25 Vgl. Althoff 1982; auch: Althoff 1998, S. 267–271; Keller 2007, S. 74; Laudage 2006, S. 183, 208–224.
26 Vgl. Reuter 1998, S. 374–378.
27 Vgl. Schieffer 2001, S. 452–459.
28 Vgl. Keller 2002, S. 132–141, 162–166; Mayr-Harting 2001, S. 133–144.

JACQUELINE E. JUNG

Die Klugen und Törichten Jungfrauen am Nordquerhaus des Magdeburger Domes und ihre Stellung in der Geschichte der europäischen Kunst

„Groteske Übertreibungen des Leidens",[1] „eine homiletische Gegenüberstellung von moralischen Extremen",[2] „ein kurzer Schritt von der Lebensnähe bis zum Grotesken",[3] „unverkennbar deutsch"[4] – das sind die Stichwörter, die für englischsprachige Mediävisten und Kunsthistoriker die Klugen und Törichten Jungfrauen am Nordquerhausportal des Magdeburger Domes ausmachen (Abb. 140, Abb. 141). Das gilt zumindest für diejenigen, die abseits der am meisten gelesenen Textbücher zur mittelalterlichen bzw. gotischen Kunst von Marilyn Stokstad, Michael Camille und James Snyder suchen; darin finden die Magdeburger Bildwerke nämlich überhaupt keine Erwähnung.[5] Dieses Übergehen, wenn nicht gar Missachten des Jungfrauen-Programms – bekanntlich das erste großformatige Skulpturenprogramm im mittelalterlichen Europa, das ausschließlich Frauen als Hauptfiguren hat, und zugleich das erste, das eine biblische Parabel ins Zentrum stellt – ist umso erstaunlicher, als die Figuren in besonderem Maße mit den Schwerpunkten in der jüngeren amerikanischen kulturhistorischen Forschung in Einklang stehen – zum Beispiel mit dem Interesse an der Geschichte des Körpers und dessen expressivem Vermögen; mit der zunehmenden Sichtbarkeit und Vitalität der religiösen und semireligiösen Frauen, vor allem in großen Städten wie Magdeburg, wo um die Mitte des 13. Jahrhunderts eine wichtige Beginengemeinde beheimatet war; und auch mit der interaktiven oder theatralischen (‚performativen') Rolle des Körpers bzw. der Bildkünste im öffentlichen Raum.[6] In Nordamerika wie in Deutschland besitzen nach wie vor die Figuren der Ecclesia und Synagoge in Bamberg und Straßburg sowie auch der Bamberger Reiter und die Naumburger Stifterfiguren große Anziehungskraft für diejenigen KunsthistorikerInnen, die solche Aspekte der Bildkultur des Mittelalters erforschen möchten.[7] Aber sogar in dem Kreis der meistens deutschsprachigen ForscherInnen, der sich mit dem Spannungsfeld ‚Bild-Körper-Medium' beschäftigt und so viel neues Licht auf die Bedeutungen mittelalterlicher Skulpturen geworfen hat,[8] findet man kaum eine Erwähnung des Magdeburger Programms.[9]

Diese Stille überrascht, da sich das Programm wie kein anderes seiner Zeit gerade mit den komplexen Beziehungen zwischen fiktiven und realen Körpern und zwischen innerlichen Gefühlen und deren äußerlichen Manifestationen beschäftigt sowie selbstbewusst und in ganz neuartiger Weise mit den technischen und affektiven Möglichkeiten des Mediums Plastik spielt. Die komplexe Körperrhetorik in dieser Skulpturengruppe sowie die damit verbundene „Einbeziehung des Betrachters" habe ich an anderer Stelle behandelt.[10] In diesem Beitrag sollen die formalen und technischen Innovationen der Bildwerke, die von großer Tragweite für die Ikonographie des Programms sind, im Vordergrund stehen.

Die hohe Qualität der Figuren ist in der Kunstgeschichte seit Langem bekannt. Schon 1925 hat Walter Paatz die Genialität der Gestaltung und Ausführung vor Augen geführt, indem er zeigte, wie der Bildhauer sich von bestimmten französisch geprägten Vorbildern in Straßburg und Bamberg nicht nur beeinflussen ließ, sondern auf diesen Vorbildern aufgebaut und sie in neue Richtungen weiterentwickelt hat.[11] Die ausdrucksvollen Mienen, die die von Reimser Bildwerken geprägte jüngere Bamberger Werkstatt ins Jüngste Gericht am Fürstenportal eingeführt hatte, wurden in Magdeburg weiter diffe-

Abb. 140: Kluge Jungfrauen (links nach rechts, K1–K5), 1240/50, östliches Gewände, Nordquerhausportal, Dom, Magdeburg. Foto: Jacqueline E. Jung.

renziert: So scheinen jetzt die traurigen Gesichter nicht mehr übertrieben zu lachen, wie unter den Verdammten in Bamberg, sondern richtig zu weinen, mit heruntergezogenen Mundwinkeln und geschwollenen Augenlidern (dies ist im Übrigen eine Umkehrung des fröhlichen Ausdrucks der Klugen, die ja sonst die gleichen Physiognomien haben, s. u.). Für Paul Williamson ist dieser Gesichtstypus das wichtigste Merkmal der Jungfrauen, da es für ihn am deutlichsten eine Verbindung mit Bamberg, und daher mit Frankreich, manifestiert.[12] Im Unterschied dazu waren für frühere Betrachter wie Paatz eher die Vorliebe für das reiche Linienspiel der Gewänder und die offenen Konturen der Körper besonders bemerkenswert, welche die Jungfrauen mit der Synagoge am Südquerhausportal und den Evangelisten am Engelspfeiler in Straßburg gemeinsam haben, aber zugleich auch überbieten sollen.[13]

Solche oft wiederholten stilistischen Vergleiche mögen überzeugen oder nicht.[14] Es steht aber außer Frage, dass dieser rein formale Aspekt bzw. die gesamte formale Komplexität der Figuren schwer oder gar unmöglich zu erkennen ist, wenn man die Figuren nur – oder hauptsächlich – auf Grundlage statischer Fotografien studiert.[15] Auch die Umgestaltung der Gruppe im frühen 14. Jahrhundert, als sie in der neugebauten Paradiesvorhalle ihr Zuhause fand, hat dazu beigetragen, die radikale Offenheit und Mehransichtigkeit mindestens einiger der Figuren zu verbergen. Die älteren Forschungen unterscheiden sich in ihren (meist spekulativen) Ergebnissen hinsichtlich der ursprünglichen

Abb. 141: Törichte Jungfrauen, (links nach rechts, T5–T1), 1240/50, westliches Gewände, Nordquerhausportal, Dom, Magdeburg. Foto: Jacqueline E. Jung.

Aufstellung der Jungfrauen – aber aus technischen sowie ästhetischen Gründen waren sie sich darüber einig, dass die beiden Jungfrauen, die jetzt jeweils an zweiter Stelle im Gewände vor ihren ursprünglichen Säulen stehen (K2 und T2) einst die äußersten Positionen der Reihen eingenommen haben.[16] Nur an diesem Ort hatte man klar erkennen können, was die Bildhauer den Betrachtern offenbar zeigen wollten: nämlich ihre einzigartige technische Virtuosität bei der Hinterschneidung der Blöcke, wodurch der wunderbar überzeugende Effekt von Räumlichkeit und Bewegung in und um den Körper entsteht.[17]

Wenn man sich zum Beispiel der einst ersten Klugen Jungfrau (in der Literatur als K2 bezeichnet) von der nördlichen Seite annähert (F-Abb. 20a), bemerkt man die hohe Plastizität des Mantels, wie er in einer einzigen, kräftigen Kurve dicht über den Ellbogen fällt und dann schnell wieder herüberschwingt, um schließlich von der rechten Hand hochgerafft zu werden. In dieser Schrägansicht kann man schon eine dünne Spalte zwischen den Mantelfalten erkennen, die sich beim Herumschreiten zu einem großen ovalen Rahmen für die schlanken Hüften und Brüste der Figur weiter öffnet (F-Abb. 20b). Im Gegensatz zu anderen Magdeburger Bildhauerarbeiten aus der Mitte des 13. Jahrhunderts – etwa dem Reiter vom Marktplatz und dem hl. Mauritius – sowie vergleichbar innovativen Werken wie der Kunigunde von der Bamberger Adamspforte gibt es hier überhaupt keine Anstückungen.[18] Mantel, Taille, Arm und Lampe sind aus einem Block gemeißelt – eine wahrlich virtuose Leistung –, und sie bilden eine formale Einheit, die der Bildhauer unterstrichen hat, indem er den langen Mantelsaum über das Handgelenk und die Finger glatt herumfließen ließ (F-Abb. 20c). Die linke Hand der Figur sowie der Mantelriemen brachen offenbar später ab und wurden ersetzt. Die extreme Feinheit des dargestellten Stoffes, die durch die sehr präzise Durchmeißelung des Steinblocks entsteht, ist von einem frontalen Standpunkt aus kaum erkennbar, da die rechte Hand der Figur in annähernd waagerechter Haltung in den Raum ausgreift. Man merkt es aber sehr wohl aus beiden Schrägansichten, besonders der linken, wo zwischen dem glatten Oberschenkel und dem Mantel der Jungfrau eine lange Kluft entsteht (F-Abb. 20e). Im Vergleich zum reich artikulierten rechten Profil der Figur (F-Abb. 20a–b) ist das linke Profil eher schlicht gestaltet; hier verdichten sich die bewegten Kurven des körperumspannenden Mantels in eine dünne, kompakte Masse (F-Abb. 20f).

An der raffinierten figürlichen Komposition dieser Figur (wie auch der ihrer Schwestern) spürt man zugleich das enorme Interesse an materiellen Einzelheiten, wie zum Beispiel an der Adlerbrosche oberhalb der Tasselschnur oder dem grazilen Löwen an den Enden der Mantelriemen (F-Abb. 20d). Die Polychromie des Kostüms mit ihrem Muster aus Blau und Gold hat zur feierlichen Erscheinung der Jungfrau wesentlich beigetragen. Dass diese Figur, trotz ihres etwas kleineren Maßstabs, in ihrer Haltung, ihrem schlanken Körpertypus und ihrer Kleidung bestimmte Anstöße aus Straßburg und Bamberg bekommen hat – besonders von den entsprechenden Figuren der Ecclesia – ist seit Langem bekannt.[19] Aber in diesem kühnen Spiel mit Linien und Räumen, Flächen und Tiefen, des sich Öffnens und Verschließens, das sich erst aus einer seitlichen Betrachterperspektive zeigt, scheint der Magdeburger Meister eher in einem selbstbewussten Konkurrenzverhältnis zu den etwas älteren Kollegen an den fränkischen und elsässischen Kathedralen als in einer Beziehung des passiven Einflusses gestanden zu haben. Obwohl sie alle mit hohem technischen Können gearbeitet sind, manifestiert keine der anderen Klugen Jungfrauen diese Art gestalterischer Differenzierung oder legt ein derartiges Gewicht auf die beiden Schrägansichten (F-Abb. 20c, F-Abb. 20e) – Ansichten, die in der jetzigen, sehr engen Positionierung der Figur am Übergang vom Gewände zur Seitenwand überhaupt nicht zur Geltung

kommen. Es ist deshalb für mich unvorstellbar, dass dieses Bravourstück nicht von vornherein für die äußerste Position der Reihe geplant und geschaffen worden ist.

Nicht weniger reich gestaltet ist die ursprünglich äußerste Törichte Jungfrau (jetzt T2; F-Abb. 21). Wie bei ihrem Pendant zeigt die seitliche Schauseite eine fließende, dicht geschlossene Kontur, innerhalb der eine Folge von tiefen, schweren Schüsselfalten nach unten fallen, um dann wieder hochgerafft zu werden (F-Abb. 21a) – obwohl man schon in den scharfkantigen Mantelfalten der Törichten Jungfrau etwas von der emotionalen Bedrängtheit spürt, die auch ihr Gesicht charakterisiert. Wiederum stellt der Bildhauer sein erstaunliches technisches Können zur Schau, indem er den einheitlichen Block seitlich durchbricht und einen gerahmten Blick auf das stark hinterarbeitete Gewand eröffnet, das dem Körper anliegt – ein Blick, der umso reizvoller ist, als der Rest des Körpers von dem voluminösen Mantel fast vollkommen verdeckt bleibt (F-Abb. 21b–c).[20] Von vorne zieht sich der Mantelsaum noch schräg über den Körper und wird von der linken Hand bis in das Gesicht gezogen (F-Abb. 21d); Oberkörper und Gesichtszüge sind in der Frontalansicht aber nur zur Hälfte einsehbar. Erst wenn man sich weiter nach links bewegt – das heißt in Richtung der Tür – kommt der tragische Gesichtsausdruck zur Geltung. Zugleich öffnet sich der schlanke Körper (F-Abb. 21e), um von dem großen Oval der beiden Mantelränder klammerartig umfangen zu werden (F-Abb. 21f), bevor er schließlich hinter den beiden flügelähnlichen Formen zu verschwinden scheint (F-Abb. 21g). Bei einem aktiven, beweglichen Schauen findet man also die formale Verwandlung der Figur aus einem glatten, ruhigen, linearen Modus, der an die Bamberger Synagoge erinnert (F-Abb. 21e–g), zu einem dynamischen, robusten, höchst plastischen, der an Pariser Werke aus den 1240er Jahren (etwa die Apostel in der Sainte-Chapelle) erinnert (F-Abb. 21a–c). In der nahtlosen Mischung von scharfen, geschlossenen Konturen und weichen, komplex geschichteten Volumina und vor allem in der ausgeprägten Mehransichtigkeit dieser Figur (wie der ihrer Schwester gegenüber, K2) – wobei sie je nach dem Standpunkt des Betrachters drei vollkommen verschiedene Erscheinungen gewinnt (F-Abb. 21c–e) – haben diese Figuren mehr mit den etwa anderthalb Jahrhunderte späteren Werken von Claus Sluter gemeinsam, als etwa mit dem in der Magdeburger Ausstellung gezeigten, sehr blockhaft konzipierten Figürchen, das nach bisheriger Forschungsmeinung als Modell für eine der Jungfrauen am Nordquerhaus gedient haben soll.[21]

Auch wenn die technische Raffinesse der körperlichen Gestaltung der Figuren allzu leicht zu übersehen ist, fiel doch die Emotionalität der Gesten und vor allem der scheinbar natürlich bewegten Gesichter schon immer auf – wie dies bereits an den einleitenden Zitaten deutlich wurde. Und auch wenn die außerordentlich hohe Qualität der Bildhauerarbeit von anderen Jungfrauenprogrammen nicht wieder erreicht wurde, wurde der emotionale Aspekt andernorts doch rasch aufgegriffen. Man findet diesen Einfluss der Magdeburger Skulpturen etwa an den Resten der Gruppe vom ehemaligen Hallenlettner im Hamburger Dom aus dem späten 13. Jahrhundert, die jetzt im Museum für Hamburgische Geschichte ausgestellt sind.[22] Nur die vollständige Figur einer Törichten Jungfrau (Abb. 142) und der Kopf einer zweiten haben, mit einigen anderen schwer beschädigten figürlichen Fragmenten, die Zerstörung des Lettners im 19. Jahrhundert überlebt. Ihre Mienen mit den schräg nach oben gezogenen Augenbrauen, den tiefen Mulden an beiden Seiten des Mundes, dem scharfen Kinn und der breiten Stirn, zeigen Ähnlichkeit mit den Magdeburger Exemplaren (Abb. 143a–b). Körperhaltungen und Gesten aber, die bei der erhaltenen Figur sowie bei ihren in einer Aquarellzeichnung von 1805 wiedergegebenen Schwestern wahrnehmbar sind,[23] erscheinen viel gedrungener als in Magdeburg. Obwohl einige Motive vergleichbar sind – unter anderem das Hochziehen des Mantelsaums, um wie bei der erhaltenen Figur die Augen zu trocknen, scheinen die Arme hier immer fest gegen den Oberkörper gedrückt geblieben zu sein. Diese flächige, beinahe reliefartige Darstellungsweise passt zu der Stellung der Gruppe auf der Ebene der Lettnerempore, wo sie der Betrachter in einer linearen Weise ‚lesen' konnte bzw. musste.[24] Die betonte Mehransichtigkeit mindestens einiger der Magdeburger Jungfrauen spricht also gegen die These von Fritz Bellmann, derzufolge auch sie ursprünglich für einen Lettner bestimmt waren, und für eine ursprüngliche Aufstellung an schrägen Gewänden (wie heute).[25]

Die Reliefskulpturen der Jungfrauen am Paderborner Dom, die vermutlich im frühen 14. Jahrhundert von einem einstigen Lettner an die Außenmauer des Südquerhauses versetzt wurden, zeigen gewisse Ähnlichkeiten in

Abb. 142: Törichte Jungfrau vom ehemaligen Lettner im Hamburger Dom, um 1300, Museum für Hamburgische Geschichte, Hamburg, Inv. AB 551. Foto: Jacqueline E. Jung.

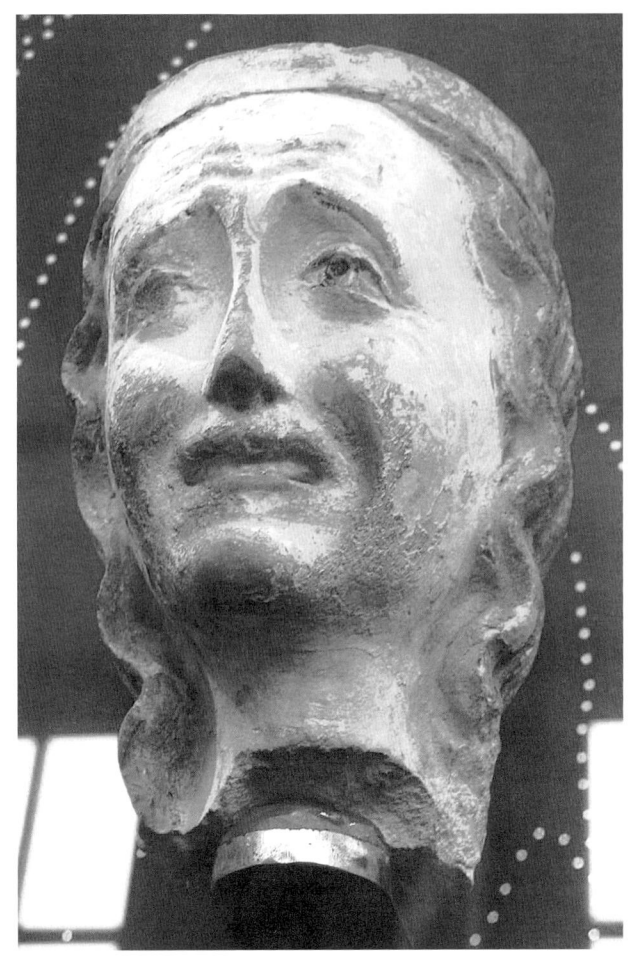

Abb. 143a: Kopf einer Törichten Jungfrau vom ehemaligen Lettner im Hamburger Dom, um 1300, Museum für Hamburgische Geschichte, Hamburg, Inv. AB 551. Foto: Jacqueline E. Jung.

Abb. 143b: Kopf einer Törichten Jungfrau (T1), Dom, Magdeburg. Foto: Jacqueline E. Jung.

der Gestik (eine Törichte Jungfrau schlägt sich zum Beispiel an die Stirn, und eine Kluge zieht ihren Mantelriemen) und den Mienen, unterscheiden sich aber stilistisch und in ihrer Lesbarkeit auffallend von den Magdeburgern (Abb. 144a–b).[26] Hier folgen die Klugen Jungfrauen einem priesterlichen Greis in Richtung Osten, während die Törichten auf der anderen Seite ahnungslos herumzustolpern scheinen.

Die in dieser Aufstellung verwirklichte Verbindung zwischen positivem oder negativem moralischen Status und körperlicher Bewegung in einer bestimmten Richtung bei den Magdeburger Skulpturen prägt auch andere Jungfrauenprogramme des späteren 13. und des frühen 14. Jahrhunderts. Am Giebel der Martinikirche in Braunschweig zum Beispiel (Abb. 145),[27] wo die Jungfrauen

sowohl bestimmte Verhaltensweisen und Kleidungsmotive als auch einen relativ hohen Grad an Plastizität und Mehransichtigkeit von ihren Cousinen in Magdeburg übernommen haben, ist der üblichen waagerechten bzw. Links-Rechts-Orientierung eine senkrechte Bewegungslinie hinzugefügt. Als Gruppe scheinen die Klugen Jungfrauen emporzuschreiten, einer segnenden Christusfigur entgegen; die Törichten wenden und drehen sich dagegen in ihren Nischen, während die Gruppe nach unten sinkt.

Obwohl diese ‚comparanda' etwa zwanzig bis vierzig Jahre nach den Magdeburger Figuren geschaffen wurden, entstanden sie doch einige Zeit vor der Errichtung der Paradiesvorhalle am Nordquerhaus des Domes und damit vor der neuen Aufstellung der Jungfrauen in den Gewän-

Abb. 144a: Kluge Jungfrauen, Ende des 13. Jahrhunderts, Außenwand des Südquerhauses, Dom, Paderborn.
Foto: Jacqueline E. Jung.

Abb. 144b: Törichte Jungfrauen, Ende des 13. Jahrhunderts, Außenwand des Südquerhauses, Dom, Paderborn.
Foto: Jacqueline E. Jung.

Abb. 145: Kluge und Törichte Jungfrauen, Ecclesia und Synagoga sowie Christus, um 1320, Giebel an der nördlichen Außenwand, Martinikirche, Braunschweig. Foto: IKARE, MLU Halle.

den um 1320.[28] Es ist also wichtig zu bedenken, dass die klar zielgerichteten und implizit moralisierenden Bewegungen, die wir andernorts finden, in Magdeburg nicht zu beobachten sind. Obwohl man von der biblischen Parabel her weiß, dass die Tür – und daher das Kircheninnere – das gemeinsame Ziel der dargestellten Figuren bildet,[29] geben die Körperorientierungen selbst keinen Hinweis darauf, wer dieses Ziel erreichen wird und wer nicht. Nicht nur, dass die Figuren nicht so tun, als bereiteten sie sich auf das Durchschreiten der Tür vor; vielmehr drehen sich einige der Frauen zu beiden Seiten des Portals (z. B. K4, Abb. 140; T5, Abb. 141) vom Zentrum weg und damit hin zu den ihnen entgegenkommenden Betrachtern. Die Gruppe am Triangelportal des Erfurter Domes, um 1330 geschaffen (also kurz nach der Errichtung des Paradiesportals am Magdeburger Dom), wurde auch in dieser Weise konzipiert (Abb. 146).[30] Hier sind die Klugen Jungfrauen noch kecker, mehr unverhohlen fröhlich dargestellt, während die Törichten ihren verzweiflungsvollen Kummer noch hemmungsloser zeigen. Zwei von ihnen scheinen fast die Krone zu verlieren; eine lässt ihre Lampe zu Boden fallen, während sie die Hände hoch über ihrem Kopf verschränkt. Durch diese Einbeziehung des ikonographischen Attributs in den emotionalen Gehalt des Programms hat die Erfurter Jungfrau aber weniger mit ihren Magdeburger Cousinen gemeinsam als mit der recht albernen Jungfrau am südlichen Westportal des Straßburger Münsters, die, vom schönen lächelnden Mann daneben vollkommen verzaubert, sich vorbereitet, die ganze Hochzeitsfeier hinter sich zu lassen (Abb. 147).[31]

Mit der Einführung des sogenannten *Fürsten der Welt* an der äußersten Position des linken Gewändes[32] sowie der Christusfigur an der innersten Position des rechten Gewändes führten die Straßburger Bildhauer bzw. Auftraggeber ein stark moralisierendes Element ein. Die Darstellung der Verbindung zwischen Christus und Kirchentür einerseits und zwischen weltlichem Fürsten und Außenwelt andererseits war ihnen offenbar so wichtig, dass sie die üblichen Positionen der Figuren zu beiden Seiten der Tür umgedreht haben: Nur hier stehen die Klugen Jungfrauen auf der heraldisch linken Seite des Gewändes (der rechten Seite, vom Betrachter aus gesehen) und die Törichten gegenüber. Der didaktische Anspruch des Straßburger Programms wird von den Körperhaltungen der Figuren zusätzlich unterstrichen: Während sich die Törichten Jungfrauen mit entweder unpassenden oder bloß ungraziösen Gesten bewegen, stehen die Klugen in stiller Zurückhaltung da. Diese kontrastierenden Verhaltensweisen haben den amerikanischen Mediävisten C. Stephen Jaeger zu der Schlussfolgerung geführt, diese Figuren „carry their emblems [of moral character] in the contours of their bodies".[33] Sie seien also als verkörperte Vorbilder der nachzuahmenden bzw. zu vermeidenden Verhaltensweisen zu interpretieren – d. h. Personifikationen der „moral discipline",[34] wie sie seit dem 10. Jahrhundert in den Kathedralenschulen Nordeuropas durch das Vorbild charismatischer Lehrmeister unterrichtet worden war.

Von einem kunsthistorischen Standpunkt ist diese Schlussfolgerung zwar reizvoll, aber kaum überzeugend – zumindest nicht im Fall der Straßburger Jungfrauen. Die weiblichen Tugendgestalten am linken Portal, welche die kleineren Lasterfiguren leidenschaftlich überwinden, zeigen ähnliche, wenn nicht noch stürmischer bewegte Mienen und Körperhaltungen, als die Törichten Jungfrauen es

Abb. 146: Triangelportal mit Klugen und Törichten Jungfrauen, um 1330, Dom, Erfurt. Foto: Jacqueline E. Jung.

Abb. 147: Portal mit den Klugen und Törichten Jungfrauen, Christus und dem Fürsten der Welt, um 1280, südliches Westportal, Münster, Straßburg. Foto: Jacqueline E. Jung.

tun. Vielmehr sind ihre „emblems of moral character"[35] ja sehr klar zu finden in den beiden männlichen Eindringlingen, in den angedeuteten Bewegungen der Damen zur Kirche hin oder davon weg sowie auch in ihrer Tracht: modische, wenn auch schlichte Kleider und offenes Haar für die Törichten Jungfrauen, bescheidene Gewänder samt Kopfbedeckungen für die Klugen. Die Autoren dieses Programms wollten unzweideutig nicht nur feststellen, wer unter den Frauen selig und wer verdammt ist, sondern auch, warum die jeweiligen Gruppen so aufgeteilt sind. Die Funktion der Figuren ist also rein didaktisch. Sie zeigen mit klaren, eindeutig bestimmten Begriffen, dass die Kirche sicher und die Welt gefährlich ist, wobei der Prozess des körperlichen Mitfühlens eine nur nebensächliche Rolle spielt. Und trotz der Modernität des Figurenstils ist dieses didaktische Element ein höchst konservatives. Man beobachtet eine ähnliche Aussage schon an der hundert Jahre älteren Galluspforte am Baseler Münster – dessen Türsturz übrigens die erste Darstellung des Themas in der monumentalen Kunst im deutschsprachigen Raum aufweist – wo eine junge Dame, die wie ihre Freundinnen ein dünnes, die Körperform betonendes Kleid trägt, vergeblich an einer Tür rüttelt, hinter der der Bräutigam Christus schon eine Reihe von plumpen Matronen in schweren, sackähnlichen Gewändern begrüßt (Abb. 148).[36]

Derartige Kleidungsunterschiede kennzeichneten Jungfrauendarstellungen auch in den Fällen, wo die Damen nicht als Hauptdarstellerinnen der biblischen Erzählung erschienen, sondern eine eher emblematische Rolle in einem umfangreichen Themenkomplex spielten. Im Einklang mit ihrem Status in der Bibel als fiktive Figuren in einer von Christus eingeführten Parabel (Mt 25,1–13), d. h. nicht als selbständige Personen, erscheinen die Jungfrauen in den Portalprogrammen der französischen Kathedralen entweder als kleine, relativ flache, senkrecht angeordnete Reliefs an den Türpfosten (zum Beispiel an der Abteikirche von Saint-Denis und den Kathedralen von Sens, Paris und Amiens, wo sie im jeweiligen Mittelportal der Westfassade zu finden sind)[37], oder als plastischer gestaltete Figuren in den Archivolten, wo sie unter den Dutzenden von anderen Figuren, die dort beheimatet sind, fast verlorengehen (zum Beispiel am linken Portal des Nordquerhauses zu Chartres, am rechten Portal der Westfassade zu Poitiers und am ehemaligen Westportal der jetzt zerstörten Abteikirche Saint-Sauveur zu Charroux)[38] – also als bildliche Fußnoten zum Hauptthema im Tympanon, normalerweise dem Jüngsten Gericht. Obwohl beide Gruppen gleichermaßen auf die Tür bezogen sind, machen die Attribute der Lampen, wie auch Kleidung und Haltungen, den Kontrast unverkennbar (Abb. 149).

Diese Art der Darstellung war der älteren Bildhauergruppe am Magdeburger Dom nicht fremd. Für das wohl geplante, aber nie ausgeführte Portal (das sogenannte

Abb. 148: Tympanon mit Christus, Heiligen und Stiftern (oben) und Klugen und Törichten Jungfrauen (unten), Ende des 12. Jahrhunderts, Südquerhausportal (sog. Galluspforte), Münster, Basel.
Foto: Jacqueline E. Jung.

Goldschmidt-Portal), dessen figürliche Komponenten jetzt vor dem Bischofsgang der Apsis zu sehen sind, war auch eine Reihe von Jungfrauen vorgesehen.[39] Wie deren französische Cousinen stehen sie relativ still in Nischen da und tragen entweder hochmodische, jugendliche, adelige oder aber fast nonnenhaft nüchterne Kostüme. Diese Reliefs standen sicher den Bildhauern vor Augen, die – von den modernen Werken in Bamberg, Straßburg und schließlich (vielleicht indirekt) Reims beeindruckt – in der Mitte des 13. Jahrhunderts nach Magdeburg gekommen sind, um das Jungfrauenprogramm am nördlichen Querhausportal zu schaffen. Es kann daher kein Zufall sein, wenn in den vollplastischen, hochgotischen Figuren ältere Motive der Gesten wieder auftauchen. Besonders eklatant ist die Ähnlichkeit zwischen einer Figur am Nordquerhausportal (K3) und einer der früheren Jungfrauen, die, in einem modischen, eng anliegenden Kleid, einem den Körper enthüllenden Mantel und einer reich geschmückten Krone bekleidet, elegant den Mantelriemen zieht und den Betrachter leicht anlächelt (Abb. 150a–b).[40] Erstaunlich ist hier die Tatsache, dass der jüngere Bildhauer die Bedeutung der Figuren vollkommen und offenbar mit Absicht umgekehrt hat: Die schicke Kleidung und Gesten der adeligen Raffinesse, die in den Reliefs (hier und anderswo) als verdammungswürdig erschienen, werden jetzt von den ‚klugen' Damen übernommen. Die Umkehrung der Identitäten bei einer vergleichbaren Behand-

lung der Körper ist nicht nur an diesem Paar zu erkennen. Gesten wie die fromm auf die Brust gelegte Hand sowie das ehrfurchtsvolle Hochheben des bauschigen Mantelstoffes, die unter den Klugen Jungfrauen der älteren Gruppe zu finden sind, erscheinen am Nordquerhausportal in Bewegungen der Trauer und der Reue verwandelt (Abb. 151a–b).

Dieser Bruch mit lang vertrauten Darstellungskonventionen kündigt eine radikale Veränderung in der Konzeption der plastischen Figur an: Hier am Nordportal, nicht etwa in Straßburg, ist der Körper – nicht in seinen äußerlichen Attributen, sondern in einer sich heraus entwickelten Bewegung erfasst – also wahrlich der einzige Träger seelischer Merkmale.[41] Die fast genaue physiognomische und körperliche Gleichheit der Figuren zu beiden Seiten der Tür (siehe besonders K3 und T3, Abb. 152), ungeachtet der sehr unterschiedlichen Bewegungen der Gesichtsmuskeln, unterstreicht die grundlegende, essentielle Gleichheit der Charaktere – eine Gleichheit, die auch in exegetischen Texten hervorgehoben wurde.[42] Die Törichten haben nichts ‚Sichtbares' getan (z. B. die falschen Kleider getragen oder dem falschen Mann gefolgt), womit sie ihre Pein und Isolierung verdient hätten. Was man zu beiden Seiten der Tür vor sich sieht sind vielmehr tiefliegende, subjektive Reaktionen auf eine glückliche oder tragische Situation, die sich gerade jetzt in den Formen und Bewegungen der menschlichen Körper manifestieren.[43]

Zu diesem Aspekt der Figuren hat sich Ernst Schubert etwas negativ geäußert, indem er die Jungfrauen den Naumburger Stifterfiguren gegenüberstellte: Während Letztere als „lebendige Individuen, in jedem Einzelfall den ganzen Kosmos eines Menschen [darstellen], [sind] die Magdeburger Jungfrauen […] jeweils nur auf *ein* Erlebnis, auf *ein* Gefühl festgelegt. Sie führen nicht Menschen in der unendlichen Vielfalt ihres Handelns, Denkens und Empfindens vor Augen, sondern sind Sinnbilder einer Idee".[44] Auch wenn man zustimmen mag, dass die einzelnen Figuren keine große psychologische Komplexität beinhalten, muss man sich doch daran erinnern, dass sie keineswegs als Individuen funktionieren mussten oder sollten. Und wenn wir Schuberts Aussage, die Jungfrauen sehen so aus, als ob „es […] nur eine einzige Jungfrau gegeben [habe], und sie verzehnfacht worden [sei]", ernst nehmen,[45] dann wird klar, dass das, was man vor sich an den Gewändern sieht, eine frappierende Offenlegung menschlicher Emotionsmöglichkeiten ist, von nachdenklichster Zurückhaltung (K3, T3) bis zur üppigsten Freude und zum schrillstem Leiden.[46] Die Vorstellung, dass diejenigen Törichten Jungfrauen, die den letzteren Aspekt am auffallendsten zeigen (übrigens nicht die ganze Reihe), ihre Emotionen in einer übertriebenen, unangemessenen oder vorsätzlich grotesken Weise zur Schau bringen, die auf irgendwelche moralischen Defizite des jeweiligen Mädchens verweist, basiert auf einem modernen, nicht aber mittelalterlichen Verständnis von Ästhetik und Verhaltensnormen.[47] Die reiche Literatur zur Geschichte der Emotionen bzw. ihrer kulturell bedingten Ausdrucksformen im Mittelalter macht klar, dass unter besonders schwierigen oder anstrengenden Umständen die öffentliche, manchmal höchst demonstrative Zurschaustellung von Zorn oder Trauer seitens der sozialen Eliten nicht nur geduldet, sondern sogar erwartet wurde.[48] Mit ihren konventionellen Gesten wie dem Sich-auf-die-Brust- oder auf-den-Kopf-Schlagen, dem Abwischen von Tränen und dem melancholischen Anlehnen der Wange an die Hand stehen die Törichten Jungfrauen in einer langen Tradition solcher kommunikativer Gefühlsäußerungen, die in der zeitgenössischen Darstellungswelt nicht nur unter negativen Figuren (wie den Verdammten beim Jüngsten Gericht), sondern auch unter positiven Figuren, mit denen man sich identifizieren sollte (wie den Müttern beim Bethlehemitischen Kindermord oder sogar Maria, Johannes und den anderen Trauernden bei der Kreuzigung und Grablegung Christi), zur Darstellung kommen.[49] Im *Thüringischen Zehnjungfrauenspiel*, welches bekanntlich seit den frühen 1320er Jahren in Mitteldeutschland aufgeführt worden ist (aber wesentlich früher entstanden sein muss),[50] stellen sich die Törichten Jungfrauen ihren Zuschauern explizit als Identifizierungsmodelle vor; mit Tränen und Schreien luden sie das Publikum ein, gemeinsam mit ihnen die Hände zu ringen „vnd got [zu bitten], daz her vch eyn güt eynde geben", damit diese Leute nicht, wie sie selber, von Dämonen in die Hölle weggeschleppt werden müssen.[51] Wie sollte man sich verhalten, wenn man aus eigener Schuld von der himmlischen Hochzeit ausgeschlossen ist, wenn nicht mit bitteren Tränen und körperlichen Selbsterniedrigungen?

Wie wir bei den französischen und auch den früheren Magdeburger Beispielen der Jungfrauen im Medium Plastik beobachtet haben, gab es natürlich verschiedene Möglichkeiten, den ausgeschlossenen Status der Törichten Jungfrauen darzustellen. In jenen Fällen genügte es, dass man durch die einfache Orientierung der Lampen erkennen könnte, welche Damen in den Himmel gelangen würden und welche nicht. Anderswo, zum Beispiel in Basel und Straßburg, wurde durch Kleidungs- und Verhaltensunterschiede auf moralische Leistungen und Mängel hingewiesen, die auch intellektuell, d. h. durch äußerliche, konventionelle Zeichen, verstanden werden mussten. Erst am Magdeburger Nordquerhaus zielte man darauf, dass der Betrachter vor den Figuren innehalten würde, nicht um ein Urteil über ihr jeweiliges Verhalten zu fällen, sondern um durch ihre eloquente Körperrhetorik und Miene das Wonnegefühl der Aufnahme und die Qual der Ausgeschlossenheit mitzuerleben, bevor man selber durch die

Abb. 149: Mittelportal mit dem Beau-Dieu (Trumeau) und Klugen und Törichten Jungfrauen (Türpfosten), 1230–1235, Westfassade, Kathedrale Notre-Dame, Amiens. Foto: Jacqueline E. Jung.

Abb. 150a: Relief mit einer Törichten Jungfrau (JT 2, Abkürzung nach Brandl 2009), um 1220, Chor, Dom, Magdeburg. Foto: Jacqueline E. Jung.

Abb. 150b: Kluge Jungfrau (T3), Nordquerhausportal, Dom, Magdeburg. Foto: Jacqueline E. Jung.

Tür in die Kirche – d.h. den Raum des himmlischen Hochzeitsfestes – schritt.[52] Indem das Programm keine festen narrativen oder typologischen Anhaltspunkte, wie das Jüngste Gericht oder den Fürsten der Welt, einschließt,[53] und sich stattdessen auf den durch den Körper vermittelten „state of mind" der Figuren konzentriert,

greifen sie Darstellungsexperimenten wie den „soul portraits" Berninis vor – die plastischen Brustbilder der ‚Anima beata' und ‚Anima dannata', deren Gesichtszüge die Freuden des Himmels oder die Qualen der Hölle widerspiegeln und die vom Kunsthistoriker Irving Lavin als „the first independent images of the soul, and [...] the first

Abb. 151a: Relief mit einer Klugen Jungfrau (JK 1), Chor, Magdeburg, Dom. Foto: Jacqueline E. Jung.

Abb. 151b: Törichte Jungfrau (T5), Nordquerhausportal, Dom, Magdeburg. Foto: Jacqueline E. Jung.

independent portayals of pure psychological states"[54] bezeichnet worden sind.

Wie die Beiträge von Jaeger und Lavin zeigen, sind die Instrumentalisierung der großformatigen plastischen Körper als Mittel zur Einfühlung und zur empathischen Belehrung bzw. das künstlerische Experimentieren mit der kommunikativen Macht der beweglichen und bewegten Gesichter und den damit verbundenen neuen Forderungen an den Betrachter wichtige Meilensteine nicht nur in der Geschichte der Kunst, sondern auch in der Geschichte der Ideen und Mentalitäten. Aber schon Jahrzehnte vor Straßburg und Jahrhunderte vor Bernini hat eine Bild-

Abb. 152a: Kluge Jungfrau (K3), Nordquerhausportal, Dom, Magdeburg. Foto: Jacqueline E. Jung.

Abb. 152b: Törichte Jungfrau (T3), Nordquerhausportal, Dom, Magdeburg. Foto: Jacqueline E. Jung.

hauerwerkstatt in Mitteldeutschland gerade diese Schritte gemacht – und zwar mit einer einmaligen technischen Finesse, die sogar in den gotischen Kathedralen Frankreichs nur wenige Parallelen findet.[55]

Die Figurengruppe der Klugen und Törichten Jungfrauen am Nordquerhausportal des Magdeburger Domes verdient also weit größere Beachtung in der europäischen Kunstgeschichte – sowie in der breiteren Mittelalterforschung – als sie es bis jetzt gefunden hat. Sie verweist auf neue Fragestellungen zum Verhältnis zwischen innerem und äußerem Mensch (d. h. wie der Körper durch seine transitorischen, nach außen gerichteten Bewegungen, nicht durch seine angeborene Physiognomie, etwas vom inneren Leben auszudrücken vermag).[56] Durch ihre gezielte empathische Wirkung auf den Betrachter spielen sie eine Rolle in der gleichzeitigen Verfeinerung und Beschränkung der europäischen Verhaltens- und Empfindungsformen, die manchmal mit dem Stichwort „Zivilisationsprozess" verbunden werden.[57]

Die große Bedeutung der Magdeburger Jungfrauen im europäischen Kontext heißt aber nicht, dass lokale Bedingungen außer Betracht gelassen werden sollten – ganz im Gegenteil. Die intellektuellen, gesellschaftlichen, politischen, geistigen und liturgischen Tendenzen in der Stadt ‚Parthenopolis' im mittleren 13. Jahrhundert,[58] die zu dieser Gruppe geführt und ihr Bedeutung gegeben haben, verdienen gleichermaßen erhöhte Aufmerksamkeit von Seiten der Kunsthistoriker. Die Frage, warum gerade Magdeburg, wo heftige Konflikte zwischen Domklerus und Stadtbürgern diese Jahre geprägt haben,[59] zugleich der Ort raffinierter Kunstexperimente mit dermaßen hoher Resonanz war, bleibt noch offen. Die jüngst erfolgte Reinigung und Wiederaufstellung der Figuren sowie das erneute Interesse am hochgotischen Magdeburg, welches durch die Ausstellung und das Kolloquium im Jahr 2009 geweckt wurde, werden sicherlich dazu beitragen, die internationale Stellung dieses Skulpturenprogramms endlich fest zu verankern, damit es nicht mehr als kurioses Beispiel einer ‚typisch deutschen' Emotionsübertriebenheit an die Ränder der Kunstgeschichte verbannt werden kann.[60]

Anmerkungen

1 Jaeger 1994, S. 343: „The faces [der Törichten Jungfrauen] are twisted in grotesque exaggerations of suffering."
2 Binski 1997, S. 355: Die Jungfrauen „register facially a homiletic contrast of moral absolutes".
3 Martindale 1967, S. 61: „The sculptor made a bold attempt to register suitable facial expressions of joy and despair; yet the desire to impress the spectator has outrun his sensitivity and it is clear that the step from life-like to grotesque is a short one."
4 Ebd.: „The style of these figures is unmistakably German."
5 Vgl. Stokstad ²2004; Camille 1996. Snyder 1989, S. 416, erwähnt zwar die Törichten Jungfrauen „on the façade [sic] of Magdeburg Cathedral", aber nur in ihrem Bezug auf die spätere Gruppe an der Westfassade des Straßburger Münsters. Die Magdeburger Figuren, sowie die anderen „greatest hits" der mittelalterlichen deutschen Plastik, wurden mir erst 1991 in einer Vorlesung von Professor Bernhard Schütz an der Ludwig-Maximilians-Universität München zum Thema „Deutsche Skulptur der Gotik" bekannt gemacht.
6 Siehe u. a. Bynum 1992; Hamburger 1997a; Suydam / Ziegler 1999; Gertsman 2008; Gelfand / Blick 2010. Zu den Beginengemeinden in Magdeburg und anderen mitteldeutschen Städten, vgl. Schlesinger 1962 II, S. 334f.
7 Siehe Rowe 2006; Rowe 2008.
8 Siehe Marek [u. a.] 2006; Marek 2009.
9 Überraschenderweise fehlen die Jungfrauen sogar in der wesentlich traditionelleren Einführung in die kanonischen deutschen Skulpturenprogramme, vgl. Krohm 1996.
10 Vgl. Jung 2006. Suckale 1987 bildet nach wie vor eine wichtige Grundlage für meine Auseinandersetzungen mit den Magdeburger Bildwerken, sowie auch Suckale 2008.
11 Vgl. Paatz 1925. Zu diesen Verbindungen siehe auch Gosebruch 1989, S. 133; Schubert 1974, S. 303f.
12 Williamson 1995 ist der einzige englischsprachige Überblick der hochgotischen Skulptur verschiedener Länder.
13 Paatz (1925).
14 Vgl. Klaus Niehr: Kluge und Törichte Jungfrauen am Nordportal des Magdeburger Domes, in: Kat. Aufbruch in die Gotik 2009 II, S. 114–116., hier: 116, der meint, dass die immer wieder vorgeschlagenen „Zusammenhänge mit der Skulptur an anderen Orten [auch Bamberg] […] eher schwach ausgeprägt" seien. Vgl. zuletzt Brandl 2009a.
15 Williamson 1995, S. 175, reproduziert zwei willkürlich fragmentarische Aufnahmen der Figuren: Abb. 260 zeigt die drei äußeren Klugen Jungfrauen (von einem erhöhten Standpunkt); Abb. 261 ist ein stark abgeschnittenes Bild von nur einer der Törichten Jungrauen. Für eine weitgehende Kritik an kunsthistorischen Analysen, die primär auf (meist veralteten) Fotografien basieren, siehe Grandmontagne 2005.
16 Siehe vor allem Burger 1930; Fliedner 1941–1943; Behling 1954. Eine auffallende Ausnahme ist der neueste Beitrag zu den Figuren, Brandl 2009a, S. 112–115, der glaubt, die jetzige Anordnung der Figuren sei auch die ursprüngliche. Brandls scharfsinnige Beobachtung eines „von innen nach außen verlaufende[n] Bewegungsfluss[es], […] ausgedrückt mittels Mimik, Gestik, Gewanddrapierung und auch Schmuckgestaltung", S. 113, ist als Beleg für die ursprünglich geplante Disposition leider nicht überzeugend.
17 Dank der freundlichen Einladung von Andreas Waschbüsch im April 2009 durfte ich die Figuren in der Restaurierungswerkstatt gemeinsam mit ihm und mit Dr. Heiko Brandl selbst anschauen. Die folgende Beobachtungen – sowie die hier veröffentlichten Fotografien – stammen von den buchstäblich neuen Perspektiven, die ich bei diesem Besuch gewonnen habe.
18 Zu der neuen Vorliebe für Anstückungstechniken in der Skulptur des frühen 13. Jahrhunderts, vgl. Suckale 1987, S. 32–36.
19 Vgl. Paatz 1925.
20 Vgl. die berühmte Beschreibung der weiblichen Verhaltensweisen in: Wolfram von Eschenbach: Willehalm, hrsg. v. Karl Lachmann, übersetzt von Dieter Kartschoke, Berlin ⁶1968, S. 249, Z. 12–15: „ze etlîchen

ziten des mantels si ein teil ûf swanc: swes ouge drunder dranc, der sah den blic von pardis."
21 Vgl. Klaus Niehr: Modellfigürchen für eine Törichte Jungfrau aus dem Magdeburger Dom, in: Kat. Aufbruch in die Gotik 2009 II, S. 112–113. Meiner Ansicht nach erscheint das Modellfigürchen eher wie eine Nachahmung der Gewändefiguren als eine Vorbereitung dafür.
22 Kat. Goldgrund und Himmelslicht 1999, S. 136f.
23 Jetzt im Hamburger Staatsarchiv; siehe ebd., S. 136, Abb. 1.
24 Zur ‚Lesbarkeit‘ der mittelalterlichen Portalfiguren, siehe Grandmontagne 2005; speziell zu Lettnerskulpturen, siehe Jung 2000, S. 645–650.
25 Vgl. Bellmann 1963; dazu auch Schubert 1974, S. 302f.; Niehr 1994, S. 66. Dass die Figuren doch von vornherein für ein Portal geplant waren, meint auch Brandl 2009a, S. 109–112.
26 Vgl. Lehmann 1916, S. 47; Panofsky 1924 I, S. 161.
27 Vgl. Lehmann 1916, S. 50.
28 Zur Entstehung der Paradiesvorhalle siehe Brandl 2009a, S. 137f.
29 Mt 25, 1–13. Die Geschichte endet mit dem folgenden Bild: „Da sie [die Törichten Jungfrauen] aber hingingen zu kaufen, kam der Bräutigam, und die bereit waren, zogen mit ihm ein zur Hochzeit, und die Tür ward geschlossen. Nachher kommen auch die übrigen Jungfrauen und sagen: Herr, Herr, öffne uns. Er aber antwortete und sprach: Wahrlich, ich kenne euch nicht" (Übersetzung von Lehmann 1916, S. 6). Frühe bildliche Darstellungen in verschiedenen Medien unterstreichen die Rolle der Tür als Trennwand – so zum Beispiel im Codex Rossanensis (aus dem späten 6. Jahrhundert) oder an der Baseler Galluspforte (ca. 1200).
30 Vgl. Lehmann / Schubert 1988, S. 149f.; Sciurie 1989.
31 Vgl. Schmitt 1924 I, S. 22f.
32 Zu den literarischen Vorlagen dieser Ikonographie, vgl. Asmus 1912.
33 Jaeger 1994, S. 339.
34 Ebd.
35 Ebd.
36 Vgl. Näf 2002, S. 157.
37 Vgl. Sauerländer 1970, Tf. 59–60, S. 416–418 (Sens); Tf. 145, S. 450–457 (Paris); Tf. 161, S. 460–466 (Amiens).
38 Vgl. ebd., Tf. 94, S. 430–431 (Chartres-Nord); Tf. 296, 298–299, S. 506–508 (Poitiers); Tf. 300–301, S. 508 (Charroux). Die zwei von Sauerländer abgebildeten Törichten Jungfrauen von Charroux teilen mit der einen Figur von Straßburg eine unangemessene Verhaltensweise: Sie lächeln und posieren in einer frechen, hoffärtigen Weise. Diese und andere Reste des Portals stehen jetzt im Kapitelhaus.
39 Zu diesem Portal, vgl. Klaus Niehr: Figuren und Reliefs des sogenannten „Goldschmidtportals" des Magdeburger Domes, in: Kat. Aufbruch in die Gotik 2009 II, S. 47–50; Brandl 2009b; Niehr 1992, S. 296–301; Brandl 2009a, S. 29–58; speziell zu den Jungfrauenreliefs Brandl 2009a, S. 373–379. Vgl. auch die analytischen Beobachtungen von Claussen 1994.
40 Diesen Vergleich verdanke ich Andreas Waschbüsch anlässlich des gemeinsamen Besuchs der Magdeburger Restaurierungswerkstatt im April 2009.
41 Vgl. Jaeger 1994. Ein ikonographischer Überblick der erhaltenen Jungfrauendarstellungen in verschiedenen Medien wird auch von Körkel-Hinkfoth 1994, S. 39ff. geboten, ohne aber die wahrnehmungspsychologischen Effekte zu berücksichtigen.
42 Dass alle zehn Jungfrauen die „Seelen der Christen" bezeichnen sollten („Istae quinque et quinque virgines, omnes omnino sunt animae Christianorum"), wurde schon von Augustinus festgelegt; siehe seinen „Sermo XCIII ad populum: De verbis Evangelii Matthaei, cap. XXV, 1–13", cap. 2, hrsg. v. Jacques-Paul Migne, in: Patrologiae cursus completus seu bibliotheca universalis. Series latina 38, col. 574. Für weitere Beispiele siehe Jung 2006, S. 145f.
43 Zu diesem Punkt siehe auch Niehr 1994, S. 66f.
44 Schubert 1994, S. 112. Höchst fragwürdig scheint es mir, dass die Naumburger Figuren solche geistig komplexen Individuen darstellen, als die Schubert sie sich vorstellen mag. Als Vertreter des adeligen Standes und Verkörperungen der Verhaltensnormen der höfisch-ritterlichen Kultur des 13. Jahrhunderts sind sie ja auch „Sinnbilder einer Idee", wie Sauerländer 1979 längst festgestellt hat.
45 Vgl. Schubert 1974, S. 202.
46 Zur absichtlichen Auslöschung physiognomischer Differenzierung, um die Christusähnlichkeit männlicher Figuren zu unterstreichen, vgl. Schlink 1997. Für diesen Hinweis bin ich Ernst Schubert dankbar.
47 Vgl. Jaeger 1994; Binski 1997. Für eine wesentlich differenziertere Besprechung der Einführung des ‚Unschönen' bei den Törichten Jungfrauen, vgl. Niehr 1994, S. 66f. Für eine andere Perspektive zum Thema Hässlichkeit in der mittelalterlichen Kunst, vgl. Hamburger 1997b.
48 Für verschiedene Perspektiven zu diesem Phänomen, vgl. Althoff 1996b; Rosenwein 1998; Weinand 1958.
49 Vgl. Raff 2002; Barasch 1976; Bischoff 1993; Falkenburg 1995.
50 Dazu jetzt Amstutz 2002, S. 1–6. Für eine Ausgabe des Textes selbst, vgl. Schneider 1964.
51 Schneider 1964, S. 470–484. Die im Kontext des Jungfrauenportals immer wieder zitierte Anekdote über Landgraf Friedrich den Freidigen von Meißen (gest. 1323), der angeblich nach einer Aufführung dieses Spiels einen tödlichen Schlaganfall erlitten hat, ist wenig glaubwürdig und wurde ausführlich dekonstruiert, vgl. Chinca 2004. Sie ist aber insofern wichtig, als sie beweist, dass zeitgenössische Betrachter eine derartig starke Identifizierung mit dem Leiden der dargestellten Personen erwarteten und überzeugend fanden.
52 Siehe Jung 2006, S. 158.
53 Die von Niehr 1994, S. 66, vorgeschlagene Idee, dass die Jungfrauen eine Gerichtsdarstellung begleitet haben mussten, und zwar „vielleicht am Lettner", ist rein hypothetisch. Wie Fliedner 1941–1943 und zuletzt Brandl 2009a attestierten, ist es wahrscheinlicher, dass das jetzt in der Heilig-Grab-Kapelle befindliche thronende Herrscherpaar das Zentrum des Programms bildete. Für Gedanken zur Beziehung des jüngeren Tympanons mit der Darstellung des Marientods und der Himmelfahrt Mariens zur Figurengruppe der Jungfrauen, vgl. Jung 2006, S. 156f.
54 Lavin 1993, S. 103, 109. Die zwei genannten Büsten stehen jetzt im Palazzo di Spagna, Rom.
55 Mit den offenen, vielschichtigen Kompositionen der oben besprochenen Figuren K2 und T2 (Abb. 3–4) ist eine Apostelfigur vom ehemaligen Lettner in Straßburg vergleichbar (ca. 1252), der wiederum von den Aposteln in der Sainte-Chapelle und von bestimmten Figuren in Reims beeinflusst war; vgl. dazu Knauth 1903/4, S. 36, Abb. 4; Reinhardt 1951.
56 Zu dieser Problematik vgl. Haas 1997.
57 Vgl. Elias ²⁰1997; dazu auch Jaeger 1994; Dinzelbacher 1986.
58 Zum Namen der Stadt, vgl. Gringmuth-Dallmer 1989, S. 52.
59 In ihrer Schilderung des 13. Jahrhunderts gibt die Gesta archiepiscoporum Magdeburgensium, GA, ed. Schum 1883, S. 418–426, keinen Hinweis auf solche künstlerischen Tätigkeiten; vgl. auch die Zusammenfassung dieser und anderer mittelalterlicher Textquellen in Wentz / Schwineköper 1972 I–II; Schlesinger 1962 I–II; Puhle 2005.
60 Für ihre freundliche Hilfe beim Korrigieren des deutschen Textes bin ich Gerhard Lutz und Henrike Christiane Lange herzlichst dankbar. Für verbliebene Fehler ist die Autorin natürlich selbst verantwortlich.

DER MAGDEBURGER DOM
IM 14. JAHRHUNDERT –
ARCHITEKTUR UND SKULPTUR

NORBERT NUSSBAUM

Vom Umgang mit Systemen.
Skizzen zur Architektur des 14. Jahrhunderts

Architektur bildet Systeme – etwa solche funktionaler, proportionaler oder formaler Art, und sie bildet diese Systeme ab. Sie ist gerade insofern eine ‚bildende' Kunst. Die Kunstgeschichte bildet ihrerseits Metasysteme, die Architektur erfassen und erklären. Ein Fall für die Systemtheorie, ohne Zweifel. Aber einen solch anspruchsvollen Rahmen will ich nicht setzen. Es genügt für die hier versuchten Skizzen, dass Systematisieren so viel bedeutet wie das sinnvolle, zweck- und zielgerichtete Ausrichten von zusammenwirkenden Einzelelementen auf ein kohärentes Ganzes.

Unser Problem mit der Architektur des 14. Jahrhunderts ist nun, dass sie als unsystematisch gilt. Das hat schon Georg Dehio so gesehen, der zwar ihre Anfänge noch als doktrinärgotisch bezeichnet, so als habe sich ein hochgotisches System im Repetitiven totgelaufen, der aber über die Spätgotik, die in seinem Verständnis etwa um die Jahrhundertmitte einsetzt, das Verdikt der Systemlosigkeit verhängt.[1] Dies klingt deshalb doppelt ratlos, weil es von einer Disziplin der Architekturanalyse spricht, der – im Sinne des oben Bedachten – Gegenstand und Methode

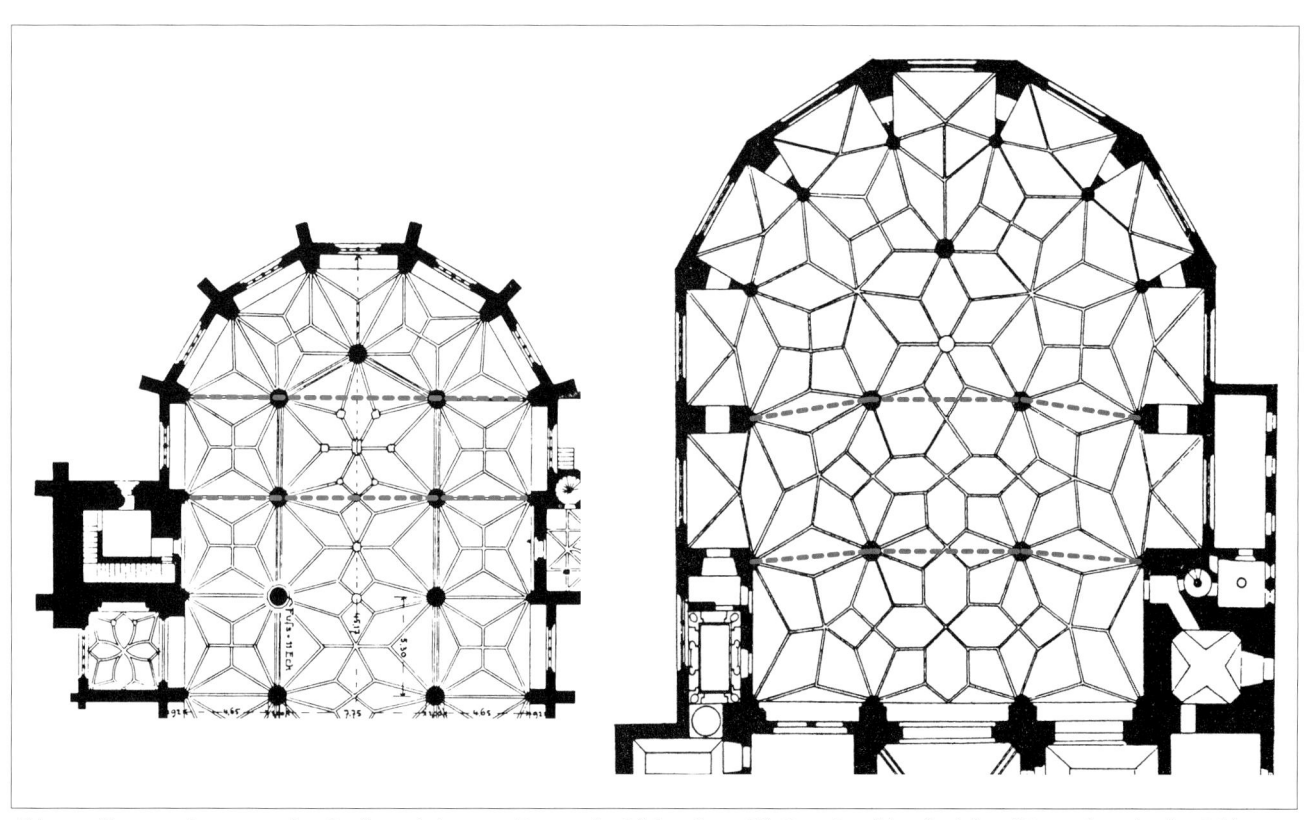

Abb. 153: Chorgrundrisse im realen Größenverhältnis mit Eintrag der Pfeilerachsen, Hl. Geist, Landshut (links) und Franziskanerkirche, Salzburg (rechts). Grafiken: Norbert Nußbaum: Deutsche Kirchenbaukunst der Gotik, Köln 1985.

Abb. 154: Blick in das Chorgewölbe, Franziskanerkirche, Salzburg. Foto: Norbert Nußbaum: Deutsche Kirchenbaukunst der Gotik, Köln 1985.

gleichermaßen abhanden scheinen. Dieser Versuch erkundet Möglichkeiten, Dehios Aussage zu entkräften. Er fragt nach Systematiken in der Architekturproduktion des 14. Jahrhunderts und nach systematischen Paradigmen ihrer Beschreibung.

Die Ursachen für Dehios Mühen mit einer Spätgotik, die er spätgotisch nennt, sind klar. Die wichtigste ist, dass ihre Erzeugnisse an zwei architektonischen Systemen gemessen werden, die außerhalb ihrer selbst stehen, und deren Kriterien sie weder erfüllen kann noch jemals sollte. Diese Systeme sind zum einen die französische Gotik des 13. Jahrhunderts, als deren Niedergang sie ihm erscheint, und zum anderen die ihr selbst zeitgenössische Architektur der Frührenaissance in Italien, deren Rekurs auf die Antike sie nicht mit vollzieht. Es mangelt ihr also vermeintlich sowohl an der konstruktiven und stilistischen Plausibilität der klassischen gotischen Modelle als auch an der Modernität der Renaissance – eine Architektur des Defizits.

Die vielen widerstreitenden Versuche, dieser Mängelanalyse normative und universal handhabbare Beschreibun-

Abb. 155a: Langhausarkade, St. Florentius, Niederhaslach. Foto: Alexander Kobe.

gen entgegenzusetzen, sind von Białostocki bereits vor 40 Jahren beschrieben worden.[2] Sie handeln ganz überwiegend von ‚Stil', einem allgemeinen Hang gerade der deutschen Kunstgeschichte folgend, Formen und deren Verbindungen zu stimmigen Formsystemen gleichsam als historische Subjekte zu beschreiben, die in der Geschichte agieren und als autonome Phänomene kulturkonstituierend wirken. Diese Konzepte führen alle in posthegelianischer Weise gänzlich Verschiedenes auf ein angeblich universales generatives Stilprinzip zurück – bei Werner Gross etwa „Formengeist" genannt.[3] Sie sind an diesem Anspruch gescheitert, doch sie wirken in unguter Weise nach. Wer immer sich mit dem 14. Jahrhundert zuletzt im Ganzen befasste, zollte Dehios „Reduktionsgotik"[4], Gerstenbergs „Sondergotik"[5] und Gross' „gereinigter Gotik"[6] zwar gebührenden Respekt, verwendete sie jedoch angesichts der unübersehbaren Disparität der Objekte eher formelhaft denn als stilanalytische Arbeitsmodelle. Diese Art der Verschlagwortung war die denkbar schlechteste Form der Referenz, denn sie transportierte Begriffe statt Beobachtungen. Inzwischen ist so viel an genauer Beobachtung geleistet, dass die Begriffe hohl klingen. Wir

Abb. 155b: Querschnitt eines Langhauspfeilers, Niederhaslach, St. Florentius. Grafik: Schurr 2007.

wissen um die Komplexität der typologischen, modalen, formalen, funktionalen und konstruktiven Differenzierung und Diversifizierung der Gotik im 14. Jahrhundert – einer Epoche der Versteinerung der Architektur, die nun erst Modelle des Massivbaus vorhält für die Baukultur im Ganzen – selbst für die bescheidenste Aufgabe. Wir rechnen sowohl damit, dass sich Architekten und Bauherren dieser neuen Potentiale absichtsvoll bedienten, als auch damit, dass ihre Wirkungsabsichten im Gebrauch von Architektur tatsächlich verfingen. Auftraggeber wurden von bloßen Finanziers zu handelnden Personen bei der Wahl der Mittel, Fassaden zu ‚display areas' von Rang und Anspruch, Räume zu Kontinuen, die nicht ausschließlich baulich ‚bestehen', sondern durch die in ihnen vollzogenen Wahrnehmungen, Handlungen und Bewegungen jeweils erst ‚entstehen'. Es ging mehr und mehr um die Enträtselung von Kunst durch Verständnis ihres Zwecks und durch Präzisierung ihrer Aufgaben im Vollzug von Repräsentation, Zeremonie, Liturgie, sakramentaler Handlung und Andacht.

Die komparatistische Formanalyse – einstige Königsdisziplin der Stilgeschichte und Antrieb großer Forschungsleistungen – ist angesichts solcher funktions- und bedeutungsgeschichtlicher Konkurrenz flügellahm geworden. Sie hat das Verdikt der Versachlichung ereilt, das eine dem alleinigen Nachweis des Faktischen verpflichtete Historiographie über alle nur mutmaßenden Vorstellungen des Kulturtransfers verhängt hat. Doch wenn ihre Argumente belastbar sind, hat Typen- und Formenlehre als der eigentlich systematische, weil sammelnde, klassifizierende Zweig der Architekturgeschichte unverändert gerade dort ihren Wert, wo die harten Daten für rekonstruierte ‚Lebenswirklichkeit' fehlen. Es bedarf dafür aber – und dies will ich im Folgenden zur Diskussion stellen – einer substanziellen Erweiterung des objektkundlichen Zugriffs auf die Form. Zu erkunden sind Wege aus der stilhistorischen Statusbeschreibung hin zu einem Nachvollzug des Planens und Bauens und der hierbei eingesetzten Medien. Ich stelle je eine typen- und eine formgeschichtliche Beobachtung voran.

Die kritischen Redaktionen hochgotischer Systeme sind in der Mehrzahl Produkte einer Ökonomisierung des Bauens. Dabei geht es vordergründig um Kostenreduktion, hintergründig um das Optimieren von Konzepten. Zielmarken sind die Standardisierung von Prozessen und das Überspannen möglichst großer Raumvolumina mit möglichst geringem materiellem und konstruktivem Aufwand. Am Ende des 14. Jahrhundert entwickelt dafür Hans von Burghausen überzeugende Varianten.[7]

Der polygonale Chor mit Umgang und Kapellenkranz ist die anspruchsvollste Form des Sanktuariums. Die Herstellung eines solchen komplexen Raumkonglomerates ist deshalb so mühsam, weil es im Unterschied zum Langhaus mit seinen einheitlichen Jochfolgen nur wenige Bauteile gibt, die sich standardisieren lassen. So müssen die Pfeiler im Chorhaupt eine schlankere Form erhalten als die anderen Arkadenpfeiler, weil sie dichter nebeneinander stehen, die zwischen die Pfeiler gespannten Bögen kommen auf ganz unterschiedliche Spannweiten und Krümmungen, die Fenstermaßwerke müssen wegen der Verengung der Wandabschnitte separat entworfen werden, und es entstehen eine Menge unterschiedlich zugeschnittener Joche und Kapellenräume, die alle individuell überwölbt werden müssen.

Hans von Burghausen baute diesen Typ für den Chor der Landshuter Spitalkirche Hl. Geist um – einen der ersten geräumigen Backsteinbauten in Altbayern (Abb. 153). Auf den teuren Kapellenkranz allerdings verzichtete er

Abb. 156: Ansicht von Nordosten, ehem. Zisterzienser-Abteikirche, Altenberg. Foto: Norbert Nußbaum.

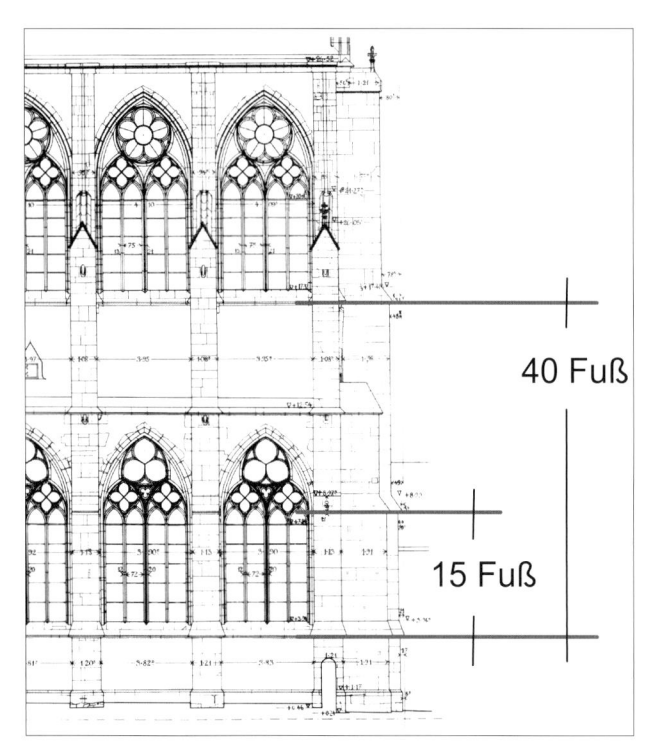

Abb. 157: Modulare Definition von Gesims-, Bank- und Kämpferniveaus durch Vielfaches eines Werkmaßes von 33,5 cm, nördliche Langhausseite, ehem. Zisterzienser-Abteikirche, Altenberg. Grafik: Norbert Nußbaum.

ganz. Was bleibt, ist ein Umgang, der um nur einen in die Mitte des Chores gestellten Pfeiler zirkuliert. Dieser Pfeiler hat den gleichen Abstand zu seinen Nachbarpfeilern wie alle anderen Arkadenpfeiler zueinander, und auch die Intervalle der Umfassungswände sind an Langhaus und Chorumgang gleich. Deshalb erscheinen im Chorumgang die gleichen quadratischen Raumzellen wie in den Seitenschiffen, ergänzt durch dreieckige Kompartimente. Das Problem des Übergangs zwischen Chorhals und Polygon ist nicht mehr existent und damit nicht mehr Anlass für Sonderlösungen. Der Maß- und Formkatalog der den Bau konstituierenden Elemente ist reduziert auf das Allernötigste – LESS IS MORE.

Gleichzeitig baute Hans von Burghausen den Chor der Salzburger Stadtkirche. Auf den ersten Blick ähnelt der Grundriss dem Landshuter, denn wieder steht ein einzelner Pfeiler im Scheitel des Chores. Doch dann erscheinen die Bezüge zwischen den Wandstützen am Mauermantel und den freistehenden Pfeilern im Innern merkwürdig unbestimmt, und dieser Eindruck ist richtig. Wie kommt dies zustande, und was waren die entwurfsleitenden Ziele?

Zunächst ist gegenüber Landshut auf zwei Pfeiler verzichtet, so dass der Mittelpfeiler es jetzt nicht mit zwei, sondern mit gleich vier Wandpfeilern aufnehmen muss. Die Verlagerung der anderen Freipfeiler aus den Achsen der Wandpfeiler dient nun der Kompensation dieses Verlustes. Die fünfteilige Stützenfigur als Ganze ist so postiert, dass die Pfeiler den Raum, den es zu überwölben gilt, gleichmäßig unter sich aufteilen. Der Architekt definierte also in diesem Fall zunächst den Baukörper durch die ihn umfassende Außenmauer. Anschließend erst plante er das innere Tragwerk für die gewölbte Decke mit einem nur losen Bezug zu den äußeren Gliederungen. Deshalb sind die Muster der spät eingezogenen Gewölbe, die diesen Bezug nachzeichnen, verzogen. Wir sehen einen polygonalen Container, der nur so viele Stützen aufweist wie unbedingt nötig – eine Halle, deren Pfeiler nurmehr Tragwerk sein sollen – am liebsten hätte man sicher ganz auf sie verzichtet (Abb. 154).

Es ist bezeichnend, dass diese minimalistischen Konzepte mit einem ebenso knappen Formrepertoire arbeiten. Auf einer gedachten Skala zwischen den formal anspruchsvollsten und den sparsamsten Projekten sind sie an deren unteren Ende orientiert, und lediglich für die Gewölbebildung halten sie ein nicht unerhebliches Potential der Formentfaltung vor. Diese Haltung mit einem Reduktions- und Rückbildungsprozess der elaborierten Hausteingotik zu begründen, ist problematisch, denn das Ergebnis ist nicht eine Dekonstruktion des Komplexen, sondern eine kreative Ökonomie der gestaltgebenden Mittel. Hierzu unser zweites Beispiel:

Die Langhauspfeiler von St. Florentius in Niederhaslach aus dem frühen 14. Jahrhundert sind quadratisch, doch in die Diagonale gedreht, so dass eine ihrer Kanten zum Mittelschiff weist. Die Arkadenarchivolten und Obergadendienste wachsen ansatzlos aus diesem hochgestellten Rhombus heraus (Abb. 155). Die Stilgeschichte hat diese Lösung gern als „Abstraktion eines klassischen Bündelpfeilers" beschrieben, der anstelle der vorgelegten Dienste prismatische Flächen präsentiere.[8] Diese Beschreibung sagt mehr über unsere Erfahrungen mit den Prozessen der Formfindung in der Moderne aus als über jene des 14. Jahrhunderts. Befragte man einen Steinmetzen dieser Zeit zu den Prozeduren, die zu einem solchen Pfeilerentwurf führen, dann würde er auf das schrittweise Herausstemmen der kurvierten Formen aus dem Rohblock zu

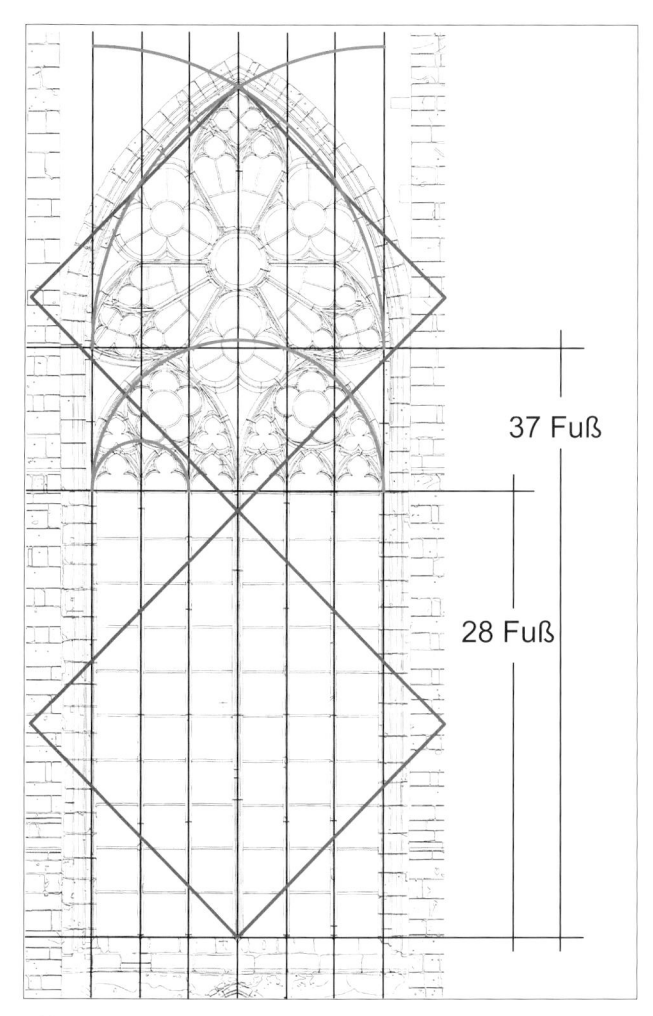

Abb. 158a: Geometrische und modulare Proportionierung des Fensters in der Nordfassade, ehem. Zisterzienser-Abteikirche, Altenberg. Grafik: Norbert Nußbaum.

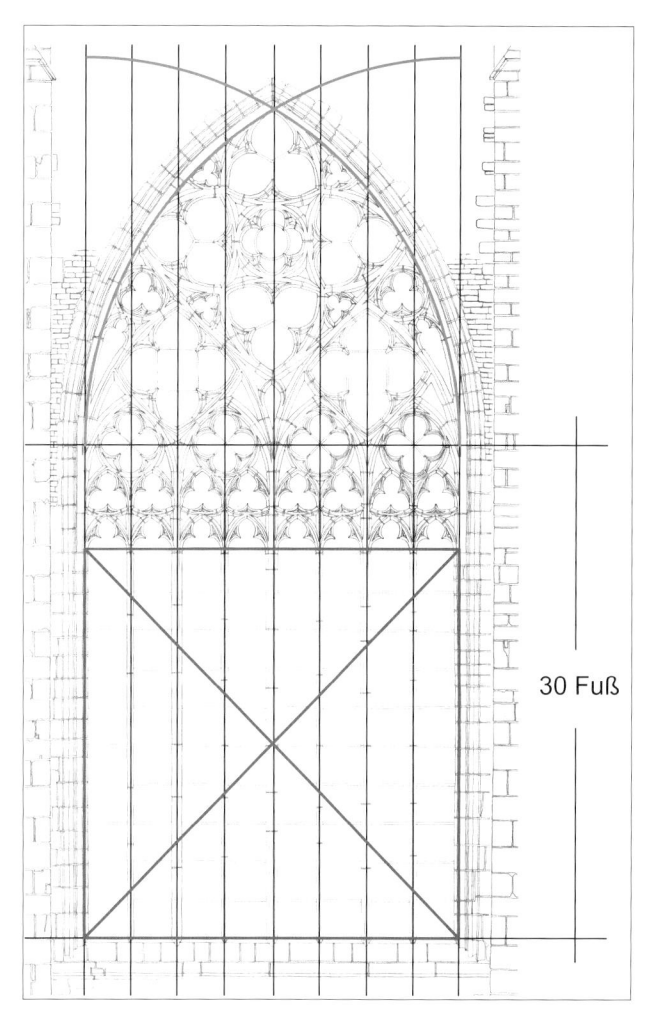

Abb. 158b: Geometrische und modulare Proportionierung des Fensters in der Westfassade, ehem. Zisterzienser-Abteikirche, Altenberg. Grafik: Norbert Nußbaum.

sprechen kommen – so jedenfalls das Verfahren nach der damals häufigen Abkehr von en-délit-Techniken, welche die Dienste dem Kern noch als selbständige Werkstücke vorsetzten. Was wir demnach sehen, ist nicht die Abstraktion eines kompositen Pfeilers, sondern gewissermaßen sein ‚non finito', dessen formales Potential allein durch die seiner Krone entspringenden Profile deutlich wird. Gezeigt wird ein transitorischer Zustand, ein ‚work in progress' – ein Hinweis auf die Art und Weise, wie ein gotischer Pfeiler hergestellt wird, und nicht eine durch regressive Verfahren hergestellte Formreduktion. Unser System der Analyse steht somit als Produkt einer uns spezifischen Sehkultur dem eigentlich relevanten, generativen System des Pfeilerentwurfes diametral gegenüber. Stilanalyse erweist sich hier als hermeneutische Falle.

Diese Falle bleibt scharf gestellt, wenn wir nicht akzeptieren, dass Planen und Bauen im 14. Jahrhundert durch ein ganzes Bündel operativer Verfahren systemisch definiert werden, die zugleich formgebend sind. Die Form und der technisch-konstruktive Weg zu ihr können Äquivalenzen werden – so eine ältere Praxis des 12. und 13. Jahrhunderts – oder aber in ein Spannungsverhältnis treten, in dem sich beide Elemente gegenseitig erhellen – so bisweilen die Praxis jener jüngeren Zeit, in der eine umfassende, reflektierende Kenntnis des Repertoires es nahelegte, die Prinzipien und Strategien gotischen Bauens architektursprachlich zu kommentieren, wie wir es in Niederhaslach sehen.[9]

Solche Kreationen sind also Reflektionen über die involvierten Prozeduren, über die Architektur als ‚ars' im Sinne der mittelalterlichen Epistemik. Die Architektur

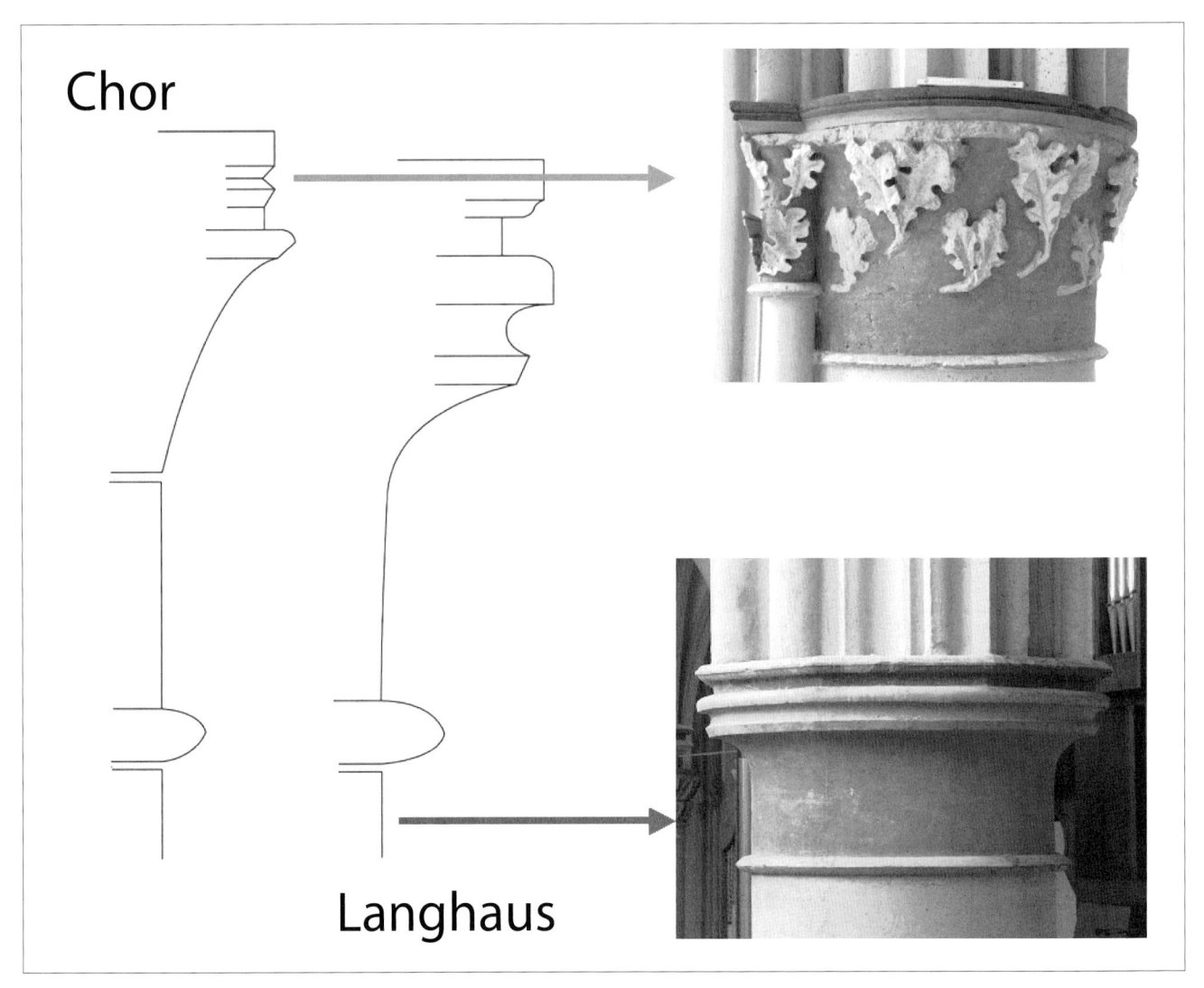

Abb. 159: Proportionierung und Steinschnitt der Arkadenpfeiler in Chor und Langhaus, ehem. Zisterzienser-Abteikirche, Altenberg. Foto und Grafik: Norbert Nußbaum.

selbst ist hier das Diskursmedium, und nicht etwa eine erst später entwickelte Traktatkultur. Schon jetzt tritt die Kunst der Konstruktion als eine der neuen messenden und zählenden Disziplinen neben das Wissenssystem der Scholastik, und sie erfindet ihre eigenen Themen. Sie macht Ernst mit der von Boethius bis Nicolaus Cusanus vertretenen Auffassung, dass, wenn denn Gott die Welt nach Maß und Zahl erschaffen habe, das Erkennen der Welt und ihres Schöpfers vor allem eine „messende" Verstandesleistung voraussetze.[10]

Erfinden und Erproben neuer Formen bedeutet also vor allem Systematisieren und Normieren der die Form herstellenden Verfahren, und hierüber wissen wir erschre-ckend wenig. Zwar hat Bruno Klein recht, wenn er annimmt, dass die seit dem späten 13. Jahrhundert erst in größerer Zahl überlieferten Werkrisse das Leitmedium seien, das als entscheidender Multiplikator architektonischer Ideen den Transfer von Ideen revolutionierte,[11] doch erzeugte dieser Transfer komplexe kommunikative Milieus, die wir noch nicht verstehen.

Warum etwa stammen die erhaltenen Risse ganz überwiegend aus dem Kulturraum des damaligen Reiches, und kaum jemals aus anderen Gebieten der internationalisierten Hausteingotik? Waren sie zur Realisierung komplexer Gliederbauten zwingend nötig, und wenn ja, lagen den Entwürfen konventionalisierte Entwurfsverfahren zugrunde? Welche Rolle spielten die Risse im Bauprozess? Dienten sie als Präsentations- und Visualisierungsmedien oder als Ausführungszeichnungen oder beidem zugleich? Konstituiert der Charakter der Medien den Stil des Gebauten?

Weil die allermeisten Risse Kopien der eigentlichen Entwurfszeichnungen zu sein scheinen, weisen sie fast keine Blindrillen auf, die für eine Rekapitulation von Entwurfsfiguren wirklich hilfreich wären. Seit Jahrzehnten schwelt deshalb der Streit zwischen den Geometrikern, die dennoch davon überzeugt sind, die Grundrisse und Fassaden seien durch geometrische Operationen proportioniert, und den Arithmetikern, die im Gegenteil glauben, einzig Streckenmaße, die aus der Multiplikation eines Moduls generiert sind, bestimmten die Maßverhältnisse. Es gibt deutliche Anzeichen dafür, dass die Wahrheit in der Mitte liegt. Schon der Hinweis Sugers von Saint-Denis, sein neuer Chor sei mit geometrischen und arithmetischen Mitteln dem Altbau angefügt worden,[12] spricht eine klare Sprache.

Robert Borks Versuche, die Proportionsfiguren der Werkrisse zu entschlüsseln, sind die derzeit überzeugendsten, denn die von ihm wahrscheinlich gemachten Verfahren scheinen für die Straßburger und Kölner Fassade ebenso anwendbar wie für Clermont-Ferrand und Prag.[13] Vielleicht ist Bork tatsächlich einer Art ‚lingua franca' der Entwurfskultur im 13. und 14. Jahrhundert auf der Spur, und zur Vorstellung, wie sie von Entwerfer zu Entwerfer weitergegeben wurde, bedarf es keiner großen Phantasie. Allerdings ist die Vorstellung, die riesenhaften Quadrate und Oktogone seien auch bei der Umsetzung der Pläne auf der Baustelle maßgebend gewesen, völlig impraktikabel.

Es muss also konventionalisierte transformatorische Verfahren gegeben haben, die Geometrien in modulare Systeme übersetzten oder kohärente Systeme aus beiden Komponenten bildeten. An der Baukampagne des 14. Jahrhunderts für die Zisterzienserkirche Altenberg (Abb. 156) kommt man ihnen auf die Spur. Die Kirche ist in Grund- und Aufriss vollständig durch modulare Streckendefinitionen entworfen, die dem Vielfachen eines Fußes von 33,2 cm entsprechen (Abb. 157). An den Maßwerkfenstern indessen herrscht die Geometrie nicht allein in den Couronnementfiguren, wo sie alternativlos ist, sondern auch für die Bestimmung der Lanzett- und Scheitelhöhen der Fenster. Jedoch sind die Proportionsfiguren als ein Subsystem in die modulare Proportionierung des

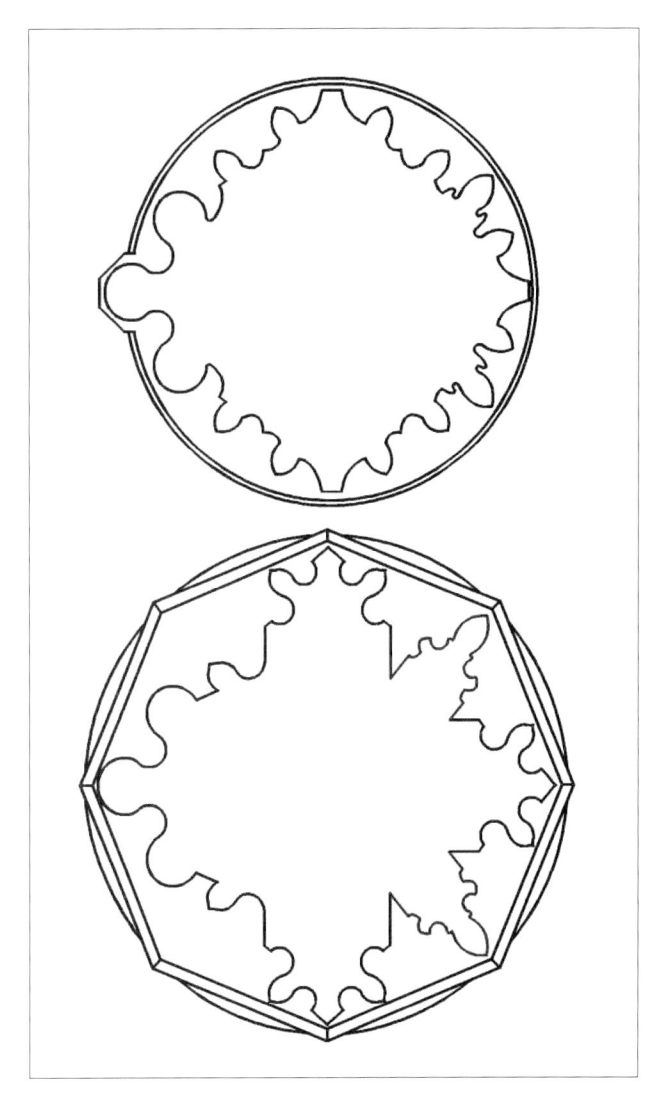

Abb. 160: Pfeilerkronen in Chor (oben) und Langhaus (unten), ehem. Zisterzienser-Abteikirche, Altenberg. Grafik: Norbert Nußbaum.

Gesamtaufrisses eingehangen. Dieser Bezug wird als solcher zwingend gesucht, doch die Art und Weise des Ankoppelns richtet sich nach den Möglichkeiten, welche die spezifische Fenstergeometrie einräumt.

Am großen Fenster der nördlichen Querhausfront definieren auf die Spitze gedrehte Quadrate, deren Seitenlänge der Fensterbreite entspricht, die Gesamthöhe (Abb. 158a). Hingegen sind die Kämpferniveaus des Fensters selbst sowie seiner Einzellanzetten durch vielfache Werte des als Modul fungierenden Fußmaßes festgelegt (37 bzw. 28 Moduln). Am Prachtfenster der Westfassade dagegen ist lediglich die Höhe der Lanzetten durch ein aus der Fensterbreite gewonnenes Quadrat bestimmt

Abb. 161: Sockelversprung zwischen Spornpfeiler und Portalgewände an der Südvorhalle, Veitsdom, Prag. Foto: Norbert Nußbaum.

(Abb. 158b). Die Kämpferhöhe des Gesamtfensters ist mit 30 Modulen über der Sohlbank bemessen.

Die Interaktion von geometrischer Figur und modular teilbarem Streckenmaß fungiert in diesem Fall nicht als idealer, die Gesamtkonstruktion gleichsam verschlüsselnder „Maßgrund", wie die ältere Forschung zu den Grundlagen gotischer Baugeometrie glauben machte,[14] sondern als Hilfe zum Platzieren und Proportionieren divergierender Formsysteme an einem modular entwickelten Baukörper. Dessen Module bilden gleichsam objektivierende Sollwerte für die Referenzniveaus der Fenstergeometrien und Markierungen für das Einbinden der Fenster in den Außriss. Im schriftlosen Informationstransfer machen diese Markierungen den Prozess vom Entwurf zur Bauausführung normativ nachprüfbar. Sie sind Spuren einer qualitätssichernden Rückbindung von Ausführungsplanung und handwerklichem Bauen an den Primat des formgebenden Entwurfs.

Man lernt an diesem Beispiel, dass Formsysteme – als solche lassen sich die Maßwerkfenster bezeichnen – keineswegs autonome Bildungen sind. In unserem Fall ist es die Proportion, die sich an Systematiken des Planens und Bauens orientiert. Ästhetische und prozessuale Systematisierungsabsicht überlagern sich. Und eine weitere Konditionierung kommt hinzu:

Die großen Bauhütten des 14. Jahrhunderts waren weitaus häufiger mit dem Weiterbauen an unvollendeten Beständen befasst als mit der Konzeption neu kommissionierter Bauwerke, denn von den Großprojekten der Hochgotik war kaum eines zu Ende gebracht. Wenn wir uns die chronische Inkohärenz gotischer Bauprozesse vor Augen halten, dann waren Evaluationen von Form und Konstruktion sicher an der Tagesordnung. Planungs- und Baupraxis war nämlich kein ausschließlich formgenerierender Akt. Sie bestand vielmehr darin, integrale Problemlösungen in der Weise gebauter Versuchsreihen auszudifferenzieren.

Ein typischer, weil ganz unspektakulärer Fall wäre wiederum die Abteikirche Altenberg, deren Fortbau von Quer- und Langhaus im 14. Jahrhundert sich auf den ersten Blick nicht von der Ostanlage des 13. Jahrhunderts unterscheidet. Doch während der Chor noch in Formen der Kölner Dombauhütte schwelgt, die einen äußerst dünnhäutigen Baukörper bekleiden, verstärkte die Langhauskampagne massiv den am Chor bedenklich schwachen, wohl schon damals brüchigen Mauermantel und stattete ihn mit kantigen Maßwerken aus, kräftigte die Pfeiler und entzog deren Kapitellen das Laubwerk (Abb. 159), weitete die Pfeilerkronen und ordnete die Bogenanfänger über ihnen zu einem systematischen Bündel (Abb. 160). Auf diese Weise unterzog man alle Glieder einer auf den ersten Blick nicht wahrnehmbaren, aber dennoch entschiedenen Revision, deren Detaillierungen einen bausichernden konstruktiven Umbau formal kommentieren. Sie stellen – aufs Bauganze gesehen – Kontinuität durch systemoptimierende Modifikationen her.[15]

Konformität oder Sprengung des Systems wurde zu einer Kernfrage. Beide Verhaltensweisen setzen die reflektierte Unterscheidung von Alt und Neu voraus – beide sind bis in unsere Tage kontrovers diskutierte Prinzipien „der Denkmalvollendung und der Denkmalpflege".[16] Eine Vorstellung von den widerstreitenden Auffassungen, die diese Frage provozierte, geben übrigens die beiden Expertisen zum Kathedralbau in Girona aus den Jahren 1386 und 1416/17, auf die Christian Freigang in einer für diese Thematik grundlegenden Studie aufmerksam machte.[17]

Als der noch sehr junge Peter Parler 1356 das Werk des Prager Dombaus vom verstorbenen Mathieu d'Arras übernahm, hatte er mit Konformität nichts im Sinn. Er gehört – was seine Tätigkeit an St. Veit angeht – zu den großen Sprengmeistern der konventionalisierten Systeme. Weder an den Nahtstellen zum südfranzösischen Rayonnant seines Vorgängers finden die Formen zueinander – unfertige Pfeilersockel ergänzt er einfach mit den neuen Profilen zu hybriden Clustern – noch an den neuen Bauteilen – an der Südvorhalle laufen die Sockel der frontbildenden Spornpfeiler und jene der Portalgewände gegen- und ineinander, so als verweigerten auch sie eine systemische Verbindung (Abb. 161). Die skelettierten Kleingewölbe der Vorhalle und der beiden Sakristeijoche – eines davon vielleicht noch von Mathieu d'Arras angelegt – zeigen gemauerte Kappen und bloße Gestänge übereinander, so als seien den geschlossenen und gerippten Decken unfertige Schirmgewölbe unterständert oder als abgehangene Alternativmodelle beigegeben. Auch dies wie der Niederhaslacher Pfeiler ein Kommentar zum Bauen als diskursiver Prozess?

Phänomenal ist die Anlage der Wenzelskapelle (Abb. 162) über den Gebeinen des böhmischen Landesheiligen als ein ‚Haus im Haus' – der Kathedrale ganz desintegriert, deren innerem Querschiff eine gequaderte Außenfront mit Strebepfeilern, kleinen Fenstern und Portalen zuwendend – die Umdeutung der filigran-offenen gotischen Reliquienbaldachine zu einem hermetischen Kubus.

Die Arkadenreihe Mathieus – ein veritables südfranzösisches „Wandrahmensystem" feinster „nervures" im Verständnis Freigangs[18] – wird fortgeführt mit massiven, rundplastischen Bündelpfeilern, die aus einer Zeitreise ins mittlere 13. Jahrhundert stammen und den Kölner Domchor als Modell für die Kirche des neuen Metropolitansitzes Prag nehmen (Abb. 163). Irritierend und bedenkenswert zugleich ist die Genauigkeit dieses Zitates, denn es schließt anscheinend neben der Form Technologisches mit ein: Während Matthieus Pfeiler regelhaft mit durchbindenden Lagerfugen geschichtet ist, erscheint Parlers Exemplar als Mixtum Compositum aus Kern und vorgelegten Diensten mit springenden Fugen, ganz so wie das 100 Jahre ältere Kölner Vorbild. Man mag einwenden, dass fast alle parlerischen Bauteile in Prag so versetzt sind, aber warum ist das so? Ist dies neben der genauen Kenntnis der Kölner Formen und neben der bezeugten Herkunft seines Vaters Heinrich ein Hinweis auf Peters professionelle Sozialisation im Umfeld der Kölner Domhütte? Ist hier vielleicht sogar Altertümlichkeit nicht nur der Form, sondern auch der Technik Teil eines Legitimations-

Abb. 162: Blick aus der Vierung auf die Wenzelskapelle, Veitsdom, Prag. Foto: Norbert Nußbaum.

konzeptes? Das wäre kaum zu glauben, doch es ist immerhin der Nachfrage wert.

Sollten wir zu einem differenzierteren Verständnis der Produktion von Form kommen, ließen wir uns darauf ein, systemische Formentscheidungen weder dem Gross'schen „Formengeist" noch dem Willen der Bauherren in jeweils ausschließlicher Weise anzulasten, sondern eher den multiplen Prozessen von Planen und Bauen, dann wäre das Diskurspotential der mediävistischen Stilgeschichte als eine der kritischen Systemanalyse zugewendeten Disziplin um ein Argument reicher. Die Architektur des 14. Jahrhunderts zeigte sich nach wie vor als ein Gemenge konkurrierender Konzepte, doch wir kämen dem Nachvollzug jener Formentscheidungen – dem eigentlich historiographischen Impetus von Stilgeschichte – einen Schritt näher.

Abb. 163: Pfeiler des Mathieu d'Arras (rechts) und Peter Parlers (links), nördliche Chorarkade, Veitsdom, Prag. Foto: Norbert Nußbaum.

Anmerkungen

1. Dehio spricht von einem „Sinken des Sinnes für organische Schönheit". Dies gepaart mit einer „malerischen" Auffassung von Architektur und Ausstattungskunst erzeuge einen „im Grunde stillosen Stil". Dehio 1900, Sp. 306–309.
2. Vgl. Białostocki 1966.
3. Vgl. Gross 1948 , S. 50 et passim.
4. Dehio ²1926, S. 19, 91.
5. Gerstenberg 1913.
6. Gross 1948, S. 13 et passim.
7. Zum Folgenden vgl. Nußbaum 2009.
8. So zuletzt Schurr 2007, S. 234.
9. Vgl. hierzu Nußbaum 2007.
10. Einschlägig ist in dieser Hinsicht das 1440 von Nikolaus Cusanus abgeschlossene Werk „De docta ignorantia". Zum Rekurs auf Boethius s. dort Buch 1, Kap. 11, 26, zur Bedeutung von Mathematik und Geometrie für die Erkenntnis des ‚maximum absolutum' s. auch Buch 2, Kap. 13, 118–119.
11. Vgl. Klein 2007a.
12. Suger von Saint-Denis, „Libellus alter de consecratione ecclesiae Sancti Dionysii", 49: „[...] geometricis et arimeticis instrumentis medium antique testudinis eccliesie augmentinoui medio equaretur [...]", in: Abt Suger von Saint-Denis. Ausgewählte Schriften: Ordinatio, De consecratione, De administratione, hrsg. v. Andreas Speer / Günther Binding, Darmstadt 2000, S. 224, Zeile 297–299.
13. Vgl. Bork 2005 und 2007.
14. Symptomatisch für diese spekulative Haltung vgl. Wedepohl 1967.
15. Im Einzelnen dargelegt bei Nußbaum 2008.
16. Vgl. Germann 1996, S. 119.
17. Vgl. Freigang 1999.
18. Freigang verwendet diesen Ausdruck in Anlehnung an eine Begriffsprägung Nikolaus Zaskes, vgl. Freigang 2007, S. 67.

MARC STEINMANN

Der Magdeburger Dom und die Westfassaden der Kathedralen in Straßburg und Köln

Einleitung

Um 1520 konnte in Magdeburg der Dom samt seiner Doppelturmfassade vollendet werden (Abb. 164). Etwa zur gleichen Zeit stellte man in Köln die Arbeiten an der dortigen Kathedrale ein. Von einer Vollendung des ambitionierten Projektes für den rheinischen Dom war man weit entfernt (Abb. 165). Lediglich für den Chor konnten Dach, Einwölbung und Strebesystem errichtet werden. Das Erdgeschoss des Langhauses war Dank provisorischer Dächer nutzbar. Statt der gewaltigen viergeschossigen und von durchbrochenen Turmhelmen bekrönten Doppelturmfassade standen nur Teile des nördlichen Erdgeschosses und die ersten beiden Geschosse des Südturmes. In Straßburg erhielt der Nordturm 1439 seinen Helm (Abb. 166). Die Freigeschosse des Südturmes gelangten dagegen nicht mehr zur Ausführung. Die Fassaden der beiden rheinischen Bischofskirchen beeinflussten, obwohl sie nicht vollendet wurden, das Erscheinungsbild des Magdeburger Domes. Die Impulse lieferten vor allem die in Teilen noch heute erhaltenen Kölner und Straßburger Planzeichnungen. Neben den Gemeinsamkeiten sind die Unterschiede ebenfalls aufschlussreich. Auf diese Weise werden die Besonderheiten der Magdeburger Architektur deutlich.

Der Magdeburger Dom schließt im Westen mit einer Doppelturmfassade ab. Sie besteht aus fünf Geschossen, die mit achteckigen Turmhelmen abgeschlossen werden. Zwischen den Türmen erhebt sich ein nur viergeschossiger, in den ersten beiden Geschossen von Strebepfeilern flankierter Mittelbau, der durch ein Portal mit bekrönendem Wimperg, ein Westfenster mit flankierendem Blendmaßwerk, ein Geschoss mit zwei Maßwerkfenstern und Baldachinfiguren sowie einen abschließenden Giebel betont wird. Die Portalzone setzt sich zusammen aus einem figurlosen Gewändeportal, einem durchlichteten Maßwerktympanon und einem mit Blendmaßwerk verzierten Wimperg, der von einem Maßwerkgitter flankiert wird.

Die Wandgliederung der Türme variiert in den verschieden Geschossen. In Details unterscheiden sich auch Nord- und Südturm voneinander. Im Erdgeschoss wird jeder der Türme durch Lisenen in zwei Abschnitte geteilt. Die gleiche Funktion übernimmt im ersten Obergeschoss Blendmaßwerk. Lediglich sehr kleine Treppenfenster und profilierte Turmkanten finden sich an den ansonsten glatten Mauerflächen der Westfassade im dritten Obergeschoss. Das Glockengeschoss darüber zeigt zentral angebrachte große Fenster mit einem reduzierten Maßwerk. Die achteckigen, auffallend niedrigen Turmgeschosse sind durch acht schmale Maßwerkfenster geöffnet. Durchlaufende Gesimse heben die Geschossgrenzen hervor. Über dem zweiten und vierten Geschoss haben sie drüber hinaus noch eine Maßwerkbrüstung.

Bisher herrschte in der Forschung weitestgehend Einigkeit über die Eckdaten zur Entstehung der westlichen Bauteile des Magdeburger Domes, deren Baubeginn um 1240 angenommen wurde. Dagegen vermutet Birte Rogacki-Thiemann in ihrer als Baumonographie angelegten Untersuchung eine einheitliche Bauphase zwischen 1280 und 1300 für die drei unteren Geschosse des Nordturmes und des Südturm-Erdgeschosses samt den beiden Strebepfeilern der mittleren Fassadenzonen. Ihre dem stilistischen Befund widersprechende Annahme begründet sie mit der Verwendung von einheitlichem Baumaterial sowie identischen Steinmetzzeichen. Der Kölner Dom belegt nun sehr eindrücklich die Kontinuität des Baumaterials über eine extrem lange Bauzeit hinweg. Auch das

Abb. 164: Carl Hasenpflug, die Westfassade des Magdeburger Domes, 1837, Öl auf Leinwand, Kulturhistorisches Museum Magdeburg. Foto: Großbildarchiv IKARE, MLU Halle.

Abb. 165: Wilhelm von Abbema, Ansicht des Kölner Domes von Süd-Westen, 1846/1866. Foto: Dombauarchiv Köln.

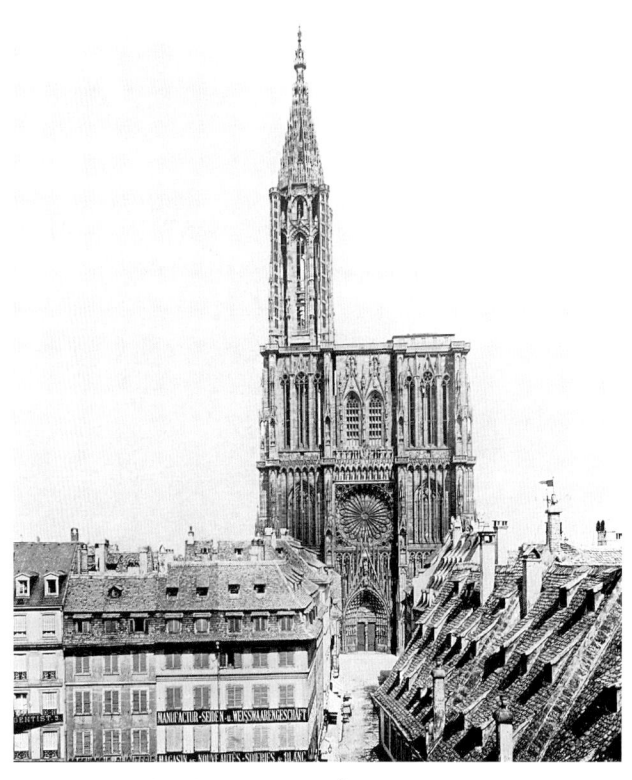

Abb. 166: Westfassade, Münster, Straßburg. Foto: IKARE, MLU Halle.

Argument der Steinmetzzeichen hält einer näheren Überprüfung nicht stand, da diese nicht vollständig erfasst sind.[1] Der publizierte Katalog ermöglicht mit dem beigefügten Planmaterial leider keine Überprüfung von deren Lage und Verteilung.[2] Folgt man dennoch der These von Rogacki-Thiemann, wird man erklären müssen, warum in einer relativ kurzen Bauzeit so häufig die Formen gewechselt wurden und zudem die Turmerdgeschosse ein so auffällig historisierendes Erscheinungsbild bieten. Die Baufugen zwischen den Strebepfeilern und den Türmen sprechen ebenfalls gegen die vorgeschlagene neue Chronologie.[3] Auch wenn das heutige Baumaterial des nördlichen Strebepfeilers vermuten lässt, dass er in jüngerer Zeit erneuert wurde, und die Baumonographie in diesem Punkt keine ausreichende Befundanalyse erlaubt, so ist die entsprechende Baufuge auf der Südseite keiner Reparatur verdächtig.

Nach Abwägung aller gegenwärtig vorliegenden Befunde ergibt sich für den westlichen Abschluss des Magdeburger Domes folgende Entstehungsgeschichte:

Nach dem um 1240 errichteten Erdgeschoss des Südturmes entstand zwischen 1250 und 1300 das Gegenstück auf der Nordseite. 1300–1318 wurde die Portalzone samt flankierender Strebepfeiler im Mittelbau[4] sowie das erste Obergeschoss des Nordturmes geschaffen. Zwischen 1318 und 1363 folgten das erste Obergeschoss des Südturmes, das große Fenster mit dem rahmenden Blendmaßwerk über dem Portal und das zweite Obergeschoss des Nordturmes. Noch im ausgehenden 14. Jahrhundert erhielt der Portalwimperg sein flankierendes Maßwerkgitter. Nach 1477 wurden beide Türme und der Mittelteil bis in das vierte Geschoss weitergeführt. Um 1520 konnte die Doppelturmfassade mit den beiden achteckigen Türmen des fünften Geschosses vollendet werden.

Rheinische Fassaden als Vorbild

Für einen Vergleich mit den rheinischen Fassaden ist insbesondere die zwischen 1300 und 1318 errichtete Portalzo-

Abb. 167: Portalzone, Westfassade, Dom, Magdeburg. Foto: Landesamt für Denkmalpflege und Archäologie Sachsen-Anhalt.

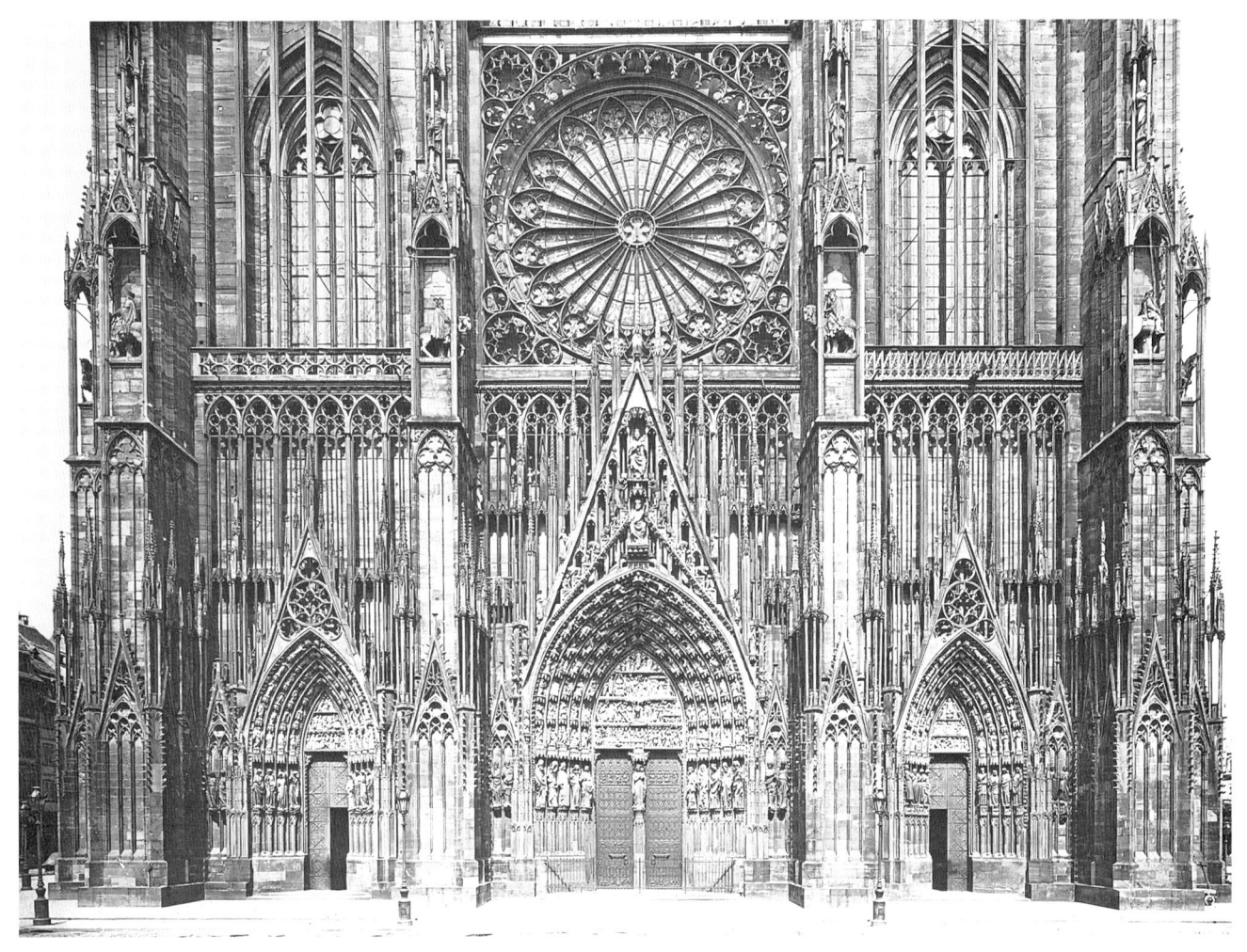

Abb. 168: Erdgeschoss und erstes Obergeschoss, Westfassade, Münster, Straßburg. Foto: IKARE, MLU Halle.

ne von Bedeutung (Abb. 167).⁵ Bezüge zur Straßburger Westfassade ergeben sich vor allem durch das Portalgewände, den steilen, mit einem Dreistrahl gefüllten Wimperg, die verwendeten Maßwerke und vor allem die übereck gestellten Kanten der Strebepfeiler, welche die Form von Spornpfeilern annehmen. Sie erinnern an das Straßburger Münster, ohne dass es sich – wie Richard Hamann vorgeschlagen hatte⁶ – um eine direkte Kopie handelte (Abb. 168), denn in Magdeburg beginnen die höher gelegenen Blendmaßwerke oberhalb der Wimperge.⁷ Gerade das Überschneiden solcher Gliederungs- und sogar Geschossgrenzen zeichnet aber die Verwendung von Wimpergen in Straßburg aus. Das Motiv des Dreistrahls schließlich findet sich noch dominanter als in Straßburg als Füllung der Kölner Chorwimperge. Die rheinischen Wimperge sind in der Regel als durchbrochene Arbeiten gestaltet, während das Maßwerk in Magdeburg immer auf einer Mauerfläche angebracht ist.

Ebenfalls nicht als Zitat, aber als motivische Anregung könnte das Magdeburger Streben zur Bildung rechteckiger Felder aus Straßburg übernommen worden sein. Die Spitze des großen Fensters über dem Portal wird mit Hilfe von Zwickelstrahlen und in Kreisen einbeschriebenen Dreiergruppen von genasten sphärischen Dreiecken in eine rechteckige Rahmenform gebracht. Auf dem heute in Wien aufbewahrten Straßburger Riss B1 kann man Ähnliches für das Fenster im zweiten Obergeschoss finden.

Auch das dritte Obergeschoss der Magdeburger Westfassade (Abb. 169) führt zu einem Vergleich mit Straßburg. Dem dortigen Glockengeschoss (Abb. 170) entsprechen die Zweifensterkombination und das Übereinanderordnen von flankierenden Skulpturen mit ihren Sockeln und

MARC STEINMANN

Abb. 169: Drittes Obergeschoss Mittelbau, Dom, Magdeburg.
Foto: Heiko Brandl.

Baldachinen.⁸ Der jüngeren Entstehungszeit des Geschosses in Magdeburg sind die entsprechenden Maßwerkformen und die Gestalt der Riesen an den Figurenbaldachinen geschuldet. Im Gesamten ergibt sich durch dieses Geschoss bei beiden Westfassaden ein hochrechteckiger Block aus neun Feldern. In Köln dagegen liegt unter dem Turmfreigeschoss ein querrechteckiger Block aus nur sechs Feldern. Hermann Giesau stellte 1936 noch engere Bezüge zwischen Straßburg und Magdeburg her, indem er über dem Portalwimperg an Stelle des heute vorhandenen sechsbahnigen Maßwerkfensters ein ursprünglich geplantes Rosenfenster rekonstruierte: „Die zarten Spitzenschleier der Straßburger Fassade, dem maßiven Kern vorgehängt, hatten die Geister in Deutschland in Bewegung gebracht. Auch in Magdeburg, in dem nüchternen Raum des Ostsiedellandes, hing man solchen Träumen nach und suchte zu verwirklichen, was an diesen starren Mauerflächen möglich war. Eine Teillösung gab es zum mindesten. Der Gedanke eines repräsentativen, nach Straßburger Art gestalteten, in eine zweite Raumzone vorgezogenen Mittelportals stieg auf. Ein tiefes Gewände von steilem Wimperg überragt, begleitet von fialenbesetzten Streben, die mit dem Wimperg bis zu halber Höhe durch einen lichten Maßwerkschleier verbunden wurden, sollten den Grundklang bilden. Kein Zweifel, daß darüber [über dem von einem Maßwerkschleier flankierten Wimperg] auch ein Rosenfenster geplant war. Nicht unmöglich, daß es sogar bereits angefangen war. Viele Anzeichen, wie vor allem die freie Fläche zwischen den Fensterblenden des zweiten Turmgeschosses und der abschließenden Brüstung, sprechen für den Plan."⁹ Die von Giesau angeführte Freifläche reicht jedoch als Beleg für eine Rose nicht aus. Von den vielen anderen Anzeichen nennt er leider kein weiteres. Spuren der eventuell schon begonnenen Rose konnten auch bei den jüngeren Bauuntersuchungen nicht gefunden werden. Eine Straßburger Rose hätte theoretisch ausreichend Platz zwischen den Strebepfeilern, bleibt aber eine reine Spekulation. Umso erstaunlicher ist die kommentarlose Publikation der Giesau'schen Rekonstruktion in der jüngst erschienen Baumonographie.¹⁰

Ebenso kritiklos wurde in der Literatur ein Hinweis von Hans Kunze aus dem Jahre 1921 übernommen. Kunze berichtet von seiner Suche nach der im Westen des heutigen Domes gelegen Nikolaikirche. Die Ausgrabungen brachten keine Spuren der Kirche zu Tage, aber Hinweise auf die mögliche Beseitigung von der Grundmauer eines größeren Gebäudes. Kunze führt aus: „Die Bloßlegung des Sockels der Portalstrebepfeiler ergab, daß dieser, wie es von dem Maßwerk der Wimperge längst bekannt war, aufs genaueste mit dem Sockel der Straßburger Fassadenstrebepfeiler übereinstimmt."¹¹ Kunze hat keinen Grabungsbericht im wissenschaftlichen Sinne vorgelegt. Offen bleibt, ob er sich auf die Form oder auch vergleichbare Proportionen bezieht. Die zum aufgehenden Mauerwerk

Abb. 170: Zweites und drittes Obergeschoss, Westfassade, Münster, Straßburg. Foto: Hans Weigert: Das Straßburger Münster und seine Bildwerke, hrsg. v. Richard Hamann, Berlin ²1935, Abb. 10.

passenden Fundamente sind wenig überraschend. Von größerem Interesse wäre, ob zwischen den Fundamenten des Nordturmes und des Strebepfeilers eine Baufuge zu beobachten war. Wie für Kunze im Jahre 1921 reichte diese Angabe 2007 erneut als Beleg für die These, „dass der erste Entwurf für die Westfassade des Magdeburger Domes sich eng an der des Straßburger Münsters orientierte".[12]

Schon 1987 machte Jaroslav Bureš weniger Straßburger als vielmehr Kölner Einfluss an der Magdeburger Fassade aus.[13] Die Übereinstimmungen waren für ihn so eng, dass er mit Hilfe der Magdeburger Fassade versuchte, die aufgehende Architektur der Kölner Westfassade in die 30er Jahre des 14. Jahrhunderts zu datieren. Eher allgemein ist sein Hinweis auf die Fünfteiligkeit der Magdeburger Fassade.[14] Neben einem nicht weiter benannten verwandten Formengut entdeckte er Übereinstimmungen in den Proportionen der Magdeburger Portalzonen und dem mittleren Portaljoch auf dem Kölner Riss F (Abb. 171). Die für

Abb. 171: Fassadenriss F des Kölner Domes. Foto: Dombauarchiv Köln, Reinhard Matz / Axel Schenk.

die Magdeburger Portalzone relevanten Determinanten standen aber mit Errichtung der dortigen Turmerdgeschosse in der Mitte des 13. Jahrhunderts fest. Da der Kölner Riss F erst um 1280 entstanden ist, hätte man in Magdeburg schon auf erste Überlegungen zu Planungsbeginn der Kölner Kathedrale (Grundsteinlegung 1248) reagiert. Dann ist allerdings fraglich, weshalb Kölner Einfluss nicht schon bei der Wandgliederung der Turmerdgeschosse sichtbar wird. Darüber hinaus befindet sich in Magdeburg „das Sohlbankgesims des inneren Blendfensters am Nordturm und die Mitte des Portalwimperges auf gleicher Höhe".[15] Vergleichbar wäre dies nach Bureš mit dem Wimperg des großen Westfensters und dem Gesims zwischen erstem und zweitem Obergeschoss auf Riss F.

Überzeugender wird die Beweisführung zur Abhängigkeit Magdeburgs von Köln durch eine Analyse des Maßwerkes. Die Zwickelstrahlen des Magdeburger Portalwimpergs haben nach Bureš ihre Vorbilder in den Fensterwimpergen des dritten Turmobergeschosses. Noch besser vergleichbar sind die Füllungen des nach 1360 ausgeführten Kölner Portalwimperges, da hier wie in Magdeburg die Zwickelstrahlen weiter differenziert sind. Allerdings wäre der Magdeburger Wimperg schon 1318 vollendet.[16]

Als Vorstufe für die Rose im Magdeburger Wimperg könnte die Füllung des zweiten Turmhelmfeldes in Köln herangezogen werden. Im Wimperg wechseln Dreipässe und sphärisch gerahmte Vierblätter. Der Turmhelm zeigt alternierend Vierpässe und sphärisch gerahmte Dreiblätter.[17] Zieht man bei der Betrachtung noch die Supraporte über der Innenseite des Kölner Petersportals (Abb. 172) hinzu, so wird erkennbar, dass zwar mit einer in Köln üblichen Kombination von Formen gearbeitet wurde, aber das Ergebnis in Magdeburg ein anderes ist. Im Zentrum der Kölner Figur steht ein Fünfpass, in Magdeburg entsteht eine Form, die an die ‚stacheligen Rosen' der Straßburger Fassade erinnert. Der Architekt des Magdeburger Domes entwickelte offensichtlich seine Maßwerke durch die Kombination von Straßburger und Kölner Formen.

Hinter dem Magdeburger Portalwimper erhebt sich eine gestaffelte Baldachingruppe. Ihr Vorbild ist in der Füllung des Kölner Portalwimperges zu suchen.[18] Dominiert wird dieser Fassadenabschnitt durch ein großes Maßwerkfenster. Die Entscheidung für eine Rose oder für ein Fenster ist ein Hinweis auf Straßburg bzw. Köln. Das entsprechende Fenster in Köln ist ebenfalls sechsbahnig.

Dieser Umstand ist beachtenswert, da die benachbarten Blendmaßwerke der Magdeburger Türme alle nur vierbahnig sind.[19] Das Couronnement des Fensters wird von einer Rose ausgefüllt. Ihre Form ergibt sich aus der Kölner Supraporten-Rose – ohne deren zentrale Passform –, durch eine Reduzierung der sich wiederholenden Elemente von fünf auf vier und unter Verzicht auf die Rahmung der vom Kreisrand einstrahlenden Elemente.

Das Maßwerk des Magdeburger Westfensters hat Matthias Donath 2000 veranlasst, an einer Datierung um 1340 zu zweifeln. Die antithetisch angeordneten Fischblasen sind nach Donath im Umkreis der Parler erstmals mit dem Prager Sakristeiportal (vor 1362) nachweisbar und eine eigenständige Entwicklung einer solchen Form in Magdeburg sei auszuschließen.[20] Erheblich früher – vor 1317 – wurden Fischblasen jedoch im Ostflügel des Konstanzer Kreuzgangs verwendet.[21] Neben dem Magdeburger Fenster fallen in den oberen Rechtecken dreibahnige Maßwerke mit einer Folge sich überschneidender Bögen auf. Diese an das in England verbreitete ‚intersecting tracery' erinnernde Form findet sich in Köln zwar nicht an der Fassade, sondern an einer der gut datierten Wangen des Chorgestühls (1308–1311).[22] Eine zeitliche Einordnung des ersten Obergeschosses der Fassadenmitte in die Zeit von 1318–1362 ist daher möglich.

Einen besonders engen Bezug zu Köln zeigt das Maßwerk im Tympanon des Magdeburger Portals. Hierbei wird allerdings stillschweigend vorausgesetzt, dass es in der Instandsetzungsphase 1826–1834 unter der Leitung von Carl Friedrich Schinkel zu keiner Veränderung der ursprünglichen Form gekommen ist. Alexander Rudhard verwies 1930 auf Reparaturstellen des 19. Jahrhunderts im Gewände des Portals, erwähnt aber keine grundsätzlichen Veränderungen.[23] Auch auf der Westansicht des Magdeburger Domes von Carl Hasenpflug aus dem Jahre 1837 hat das Tympanon schon seine heutige Gestalt. Es zeigt das Couronnement eines vierbahnigen Maßwerkfensters. Verstärkt wird dieser Eindruck durch den Verzicht auf Skulpturen in den Archivolten des Portals. Das Maßwerk besteht aus zwei Spitzbogen, die einen ungerahmten stehenden Vierpass tragen, der mit Nasen und Lilienenden versehen ist. Die beiden Spitzbogen sind jeweils gefüllt mit einem umkreisten stehenden Vierpass ohne Nasen und Lilienenden. Dieses Maßwerk ist eine Zwischenstufe zwischen dem Kölner Chorobergadenfenster (Abb. 173) und dem Domstandard-

Abb. 172: Supraporte, Petersportal, Köln, Dom.
Foto: Dombauarchiv Köln.

fenster auf Riss F (Abb. 174). Bei Ersterem findet sich in der Fensterspitze die gleiche ungerahmte Passform samt ihren Details. In der zweiten Ordnung dient eine fünfteilige Radfigur als Füllung eines Kreises. Die Dopplung des stehenden Vierpasses in erster und zweiter Ordnung bringt erst das Standardfenster auf Riss F. Dort ist er allerdings immer in einen Kreis einbeschrieben. Vergegenwärtigt man sich die besondere Bedeutung der beiden Maßwerkfenster für den Kölner Dom, wie sie zuletzt Leonhard Helten ausführlich gewürdigt hat,[24] und die im Vergleich zu den verglasten Tympana der Kathedrale in Reims und der dortigen Abteikirche Saint-Nicaise erheblich komplexere Zusammensetzung des Magdeburger Portaltympanons, werden die engen Bezüge zu Köln klar.

Die bisher aufgeführten Beispiele belegen, dass dem oder den in Magdeburg planenden Architekten die beiden rheinischen Fassaden bekannt gewesen sein müssen. Man setzt sich vor allem mit dem Kölner Dom auseinander. Die Vorbilder werden nicht als exakte Zitate übernommen, sondern an die Magdeburger Situation angepasst, abgeändert und miteinander kombiniert.

Nach 1363 vervollständigt man in Magdeburg die Portalzonen mit einem Maßwerkgitter zwischen den Strebepfeilern und dem Wimperg, wobei die Formen der Dach-

237

Abb. 173: Chorobergaden, Dom, Köln. Foto: Dombauarchiv Köln.

galerie am Chor des Prager Veitsdomes entsprechen. Offensichtlich bleibt man in Magdeburg auch an weiteren aktuellen architektonischen Entwicklungen interessiert. Diese können darüber hinaus durch politische Überlegungen, wie eine engere Bindung an Karl IV., motiviert sein.[25] Mit dem Maßwerkgitter könnten auch die Krabben auf dem Wimperg erneuert worden sein. So ließe sich ihre gebuckelte Gestalt erklären, die nicht recht zum Blendmaßwerk des Wimpergs passt.

Unterschiede zwischen Magdeburg und dem Rheinland

Nach der Betrachtung der Gemeinsamkeiten zwischen Magdeburg und den beiden rheinischen Fassaden ist es sinnvoll, sich auch der Unterschiede bewusst zu werden. Zunächst einmal gibt es grundsätzliche stilistische Differenzen. Bureš hat in diesem Zusammenhang von einer „Verfestigung der Oberfläche"[26] gesprochen.

In Straßburg und Köln hat der Mittelteil der Fassade die gleichen Geschosshöhen wie die Türme. Sämtliche Geschossgrenzen bleiben erkennbar. Mit der Ergänzung des Magdeburger Portalwimpergs durch die flankierenden Maßwerkgitter nach 1362 ist dies trotz des vorhandenen Gesimses kaum noch möglich. Die Wirkung wird noch verstärkt durch die ungegliederte Mauerfläche unter den Blendmaßwerken neben dem Hauptfenster. Die nackte Wand steht im Kontrast zu den gegliederten Mauern der Türme.

Auffällig ist der weitgehende Verzicht auf Skulpturen im Magdeburger Portalbereich.[27] In Köln waren auf dem Riss F im Erdgeschoss schon 32 Standfiguren vorgesehen. Die gesamte ausgeführte Magdeburger Westfassade hat dagegen nur 22 Figuren. Die Skulpturen bilden im Rheinland ein die Portale verbindendes Band, ohne dass die Strebepfeiler ihre architektonische Präsenz verlieren. Der Entwerfer der Magdeburger Portalzone war in seinen Möglichkeiten durch die schon vorhandenen Turmgeschosse beschränkt. Eine Dreiportalanlage kam beispielsweise nicht mehr in Betracht. Über die Trumeaufigur hinaus hätte er dennoch Gewändefiguren oder nach Kölner Vorbild sogar Figuren an den Strebepfeilerfronten anbringen können. Beides unterblieb.

Eine besondere Herausforderung für die Architekten der Gotik war die Anbindung des Langhauses an den Westbau. Sie erfolgte in Magdeburg mit Hilfe einer Westempore. Hier spiegelt sich eine von den rheinischen und den meisten westlichen Kathedralen abweichende architektonische Auffassung wider. Statt eines eigenen Raumsegmentes wurde im Westen versucht, die Raumhöhe des Langhausmittelschiffs möglichst bis zur Rückwand der Fassade zu führen. Eine repräsentative Reverswand fehlt – aus rheinischer Sicht – in Magdeburg ebenfalls.

Ein Vergleich der Grundrisse von Magdeburg und Köln macht die unterschiedliche Umsetzung des Bautypus der Doppelturmfassade deutlich. In Köln ruht der gesamte Turm auf kräftigen, stark profilierten Pfeilern, die durch Arkaden oder Fenster miteinander verbunden sind. Mit einigem Aufwand musste man dann versuchen, die Treppen in den Pfeilern unterzubringen. Der Magdeburger Nordturm erscheint dagegen als gigantisches Treppenhaus. Berücksichtigt man auch die frühe Entstehung des Nordturmes in den 40er Jahren des 13. Jahrhunderts, so ergeben sich dennoch – etwa bei der Lage der Treppen –

deutliche Unterschiede zu zeitlich vergleichbaren westlichen Fassaden.²⁸

Ein stilbildendes Element für Straßburg und Köln ist das Bestreben, möglichst die gesamte Fassade mit Maßwerk zu überziehen. In Köln kommt Blendmaßwerk zur Verwendung, in Straßburg setzt man darüber hinaus auch auf Vorhangmaßwerk. Die Magdeburger Blendmaßwerke des ersten Obergeschosses sind weder von Wimpergen abgeschlossen, noch reichen sie bis zur Geschossgrenze. Besonders reduziert erscheinen aus rheinischer Sicht die dritten Turmgeschosse. Deren glatte Mauerfläche wird nur an den Kanten der Türme durch ein altertümliches Profil gefasst. Wie eine Provokation wirken an der Westfassade die winzigen Lichtdurchlässe, die auf der gewaltigen Mauerfläche den Eindruck von Schießscharten erwecken. Nord- und Südseite der Türme haben dagegen dreibahnige Maßwerkfenster. Das gesamte dritte Geschoss ist gegenüber dem zweiten um ein deutlich sichtbares Stück zurückgesetzt. Glatte Mauerfläche und Rücksprung könnten auf ein ursprünglich geplantes Vorhangmaßwerk²⁹ hinweisen, wie es die Straßburger Westfassade auszeichnet. Es fehlen jedoch jegliche Spuren von Anschlüssen einer solchen vorgesetzten Mauerscheibe an die Türme. Am vorhandenen Bestand lässt sich eine solche nicht anbringen. Auch die profilierten Turmkanten sprechen gegen eine solche Straßburger Lösung. Wäre eine schlichte Gestaltung von Erdgeschoss und zweitem Geschoss noch mit der ungünstigen Lage der Westfassade zur Magdeburger Stadtmauer hin erklärbar, trifft dies für das über die umgebenden Bauten herausragende dritte Geschoss, das weithin sichtbar ist, nicht zu. Sollte ein besonders starker Kontrast zu dem reicher gegliederten Mittelteil der Fassade erzielt werden? Wollte man der Fassade des Magdeburger Domes ein altertümliches oder lokales Gepräge geben?

Ein weiteres gestalterisches Problem für Planer von Turmfassaden ist der Übergang des quadratischen oder rechteckigen Turmgrundrisses in einen meist achteckigen Turmhelm. Der Architekt von Riss F in Köln hat ein raffiniert angelegtes Übergangsgeschoss in den dritten Obergeschossen der Türme geschaffen. Mit Hilfe von geschickt platzierten Strebepfeilern und Fialen wächst der achteckige Turm aus dem Übergangsgeschoss heraus. Weniger fließend als in Köln ist die jüngere Lösung in Straßburg. Dort sind atemberaubende Treppentürme vor die vier Diagonalseiten des Oktogons gestellt. An deren Stelle treten in

Abb. 174: Standardfenster auf Riss F. Foto: Dombauarchiv Köln.

Magdeburg beängstigend dünne Fialen. Von einer überzeugenden architektonischen Gestaltung des Übergangs kann man an dieser Stelle nicht sprechen.

Das symmetrische Erscheinungsbild der Fassade, das sich in Straßburg und Köln bis auf die kleinsten Details auswirkte, spielt für Magdeburg nur im Großen eine Rolle. Schon die Lisenen im Erdgeschoss des Nord- und des Südturmes unterscheiden sich mit ihren Kanten. Die Blendmaßwerke im ersten Obergeschoss sind im Detail nicht identisch. Ein Fenster zur Belichtung der Treppen im Inneren des Nordturmes durchbricht sogar das Gesims, das die Geschosse trennt.

Querhaus

Hinsichtlich der rheinischen Fassaden ist auch das Querhaus des Magdeburger Domes von Interesse. Dessen Fassaden zeichnen sich durch ein großes zentrales Fenster und einen abschließenden Giebel aus (Abb. 175). Der Mit-

Abb. 175: Chorbrüstung und Giebel, Südquerhaus, Dom, Magdeburg, Dom. Foto: Heiko Brandl.

telteil der Kölner Fassade wird gleichfalls durch einen Giebel bekrönt. Wohl in der Nachfolge des Kölner Risses F entstanden vor allem in Süddeutschland und im Elsass Fassaden mit einem Giebelabschluss. Direkt beeinflusst sind die mit Blendmaßwerk gefüllten Giebel in Marburg, Schwäbisch Gmünd, Colmar und Schlettstadt. Sicherlich durch Straßburger Formgut erweitert, wurde der ‚Kölner Giebel'[30] in Salem, Reutlingen (Marienkirche), Konstanz (Kathedrale), Oppenheim und Rufach mit einem lichten Maßwerkvorhang weiterentwickelt.

Die Magdeburger Giebel müssen zusammen mit dem Dach des Querhauses errichtet worden sein. Die dendrochronologischen Untersuchungen des Daches über Chor und Querhaus lassen eine zeitliche Einordnung um 1255 zu.[31] Spätestens mit der Bestattung von Erzbischof Rupert im Jahre 1266 war die Einwölbung des Querhauses abgeschlossen. Eine solche Einwölbung setzte die Existenz von Giebel und Dach voraus. Die Magdeburger Querhausgiebel gehen damit dem um 1280 zu datierenden Kölner Riss F voraus. Auch der Straßburger Maßwerkvorhang existiert in Magdeburg ‚avant la lettre'. Einer Anregung von außen bedurfte es an der Elbe auch nicht. Der Magdeburger Architekt hat es auf raffinierte Weise geschafft, das Gliederungssystem, das den Abschluss des Chores bildet, auf die Giebel des Querhauses zu übertragen. Der Chor wurde über dem ihn ursprünglich abschließenden Kranzgesims mit Hilfe einer Zwerg- und Dachgalerie um ein gutes Stück erhöht. Die beiden Galerien bestehen aus in Dreipässen endenden Arkadenreihen. Die niedrigere Dachgalerie hat mehr Bögen als die Zwerggalerie. Daher haben beide keine übereinstimmenden Achsen. Als gliederndes Element für beide Geschosse dienen quadratische Fialentürmchen mit einem bekrönenden großen Helm, der von vier kleinen Eckhelmen eingefasst ist. In der Dachgalerie wurden neben den Dreipassbögen stehende Dreipässe in die Mauerzwickel geschnitten. Auch dieses Detail übernimmt die Maßwerkgliederung der Giebel. Zwerg- und Dachgalerie sind in umgekehrten Proportionen als Giebelfüllung übernommen worden. Neben dem die beiden Zonen trennenden Gesims und den behelmten Fialentürmchen ist noch ein weiteres Detail aufgegriffen worden: In der Dachgalerie bildet die Spitze des Bogens keine Pass-, sondern eine Blattform.

Die Fassaden des Süd- und Nordquerhauses sind heute durch riesige sechsbahnige Maßwerkfenster geprägt. Sie sind wahrscheinlich später, eventuell im 14. Jahrhundert, eingesetzt worden. Der Befund am Bauwerk gibt keinerlei Hinweis auf ein ursprünglich anders geplantes Fenster, wie z. B. eine Rose. Eine solche durch einen quadratischen Rahmen eingefasste gewaltige Maßwerkrose entstand ab 1245 für die Fassade des Nordquerhauses von Notre-Dame in Paris.

Zusammenfassung

Westliche Fassadenlösungen, wie die von Köln und Straßburg, sind in Magdeburg bekannt, führen aber nie zu einer engen Rezeption wie beispielsweise bei der Liebfrauenkirche in Rufach. Maßwerkformen und Architekturelemente werden in Magdeburg zu eigenen Lösungen umgeformt und angepasst, so dass auch kein ‚Super-Köln' oder ‚Super-Straßburg' entstand. Im Gegensatz hierzu erscheint die Wirkung von und die Reaktion auf westliche Skulptur wesentlich intensiver gewesen zu sein. Dies mag verschiedene Gründe gehabt haben. Denkbar ist insbesondere eine starke lokale Bautradition, von der sich Magdeburg als Hauptkirche des Erzbistums nicht abheben sollte. Wesentliche Entscheidungen für die Gestalt der Architektur sind vor 1270 getroffen worden. Dies betrifft den gesamten Chor, das Querhaus, Teile des Langhauses und auch schon das Erdgeschoss der beiden Fassadentürme. Magdeburg ist damit geprägt von einer architektonischen Haltung vor Straßburg und Köln. Erst um 1280 entstand mit den beiden rheinischen Fassaden ein regelrechter Katalysator für die letztlich aus Frankreich stammenden Formen des ‚style rayonnant' im deutschen Sprachraum. In Magdeburg bleiben die eigenen Wurzeln auch bis 1520 verbindlich. Es gelang hier, im Gegensatz zu den aus ökonomischen Gründen utopischen Projekten am Rhein, eine Doppelturmfassade zu vollenden. Aus rheinischer Sicht erscheint der Westbau des Magdeburger Domes als ‚Kunst des Machbaren'.

Anmerkungen

1 „Wenn auch die im Rahmen dieser Arbeit erstellte Steinmetzzeichenaufnahme ebenfalls keinen Anspruch auf Vollständigkeit erheben kann, da sie nur in einzelnen Bereichen von einem Gerüst aus erfolgen konnte, ansonsten mit Hilfe von Leitern, mit Fernglas und Theodolit angefertigt wurde, so wurden doch deutlich mehr Steinmetzzeichen kartiert als in den bisherigen Versuchen.", Rogacki-Thiemann 2007, S. 48.

2 Einen klassischen Zirkelschluss beschreibt die Autorin in Anm. 386: „Da die Steinmetzzeichensammlung und die Bauforschung am Objekt

gleichzeitig vorgenommen wurden, setzen einzelne Rückschlüsse auf Steinmetzzeichengruppen bereits Ergebnisse der Bauforschung voraus.", Rogacki-Thiemann 2007, S. 137.
3 „Außen ist neben dem Nordstrebepfeiler eine bis zur Höhe von ca. 3,5 m führende Baunaht zu erkennen. Diese dicht an der Pfeilervorlage senkrecht verlaufende Naht läßt darauf schließen, dass zunächst der Nordturm und erst dann der Strebepfeiler ausgeführt wurde.", Bureš 1987, S. 80.
4 Rogacki-Thiemann dagegen belegt ihre These von einer getrennten Entstehung der Portalzone und der beiden Strebepfeiler mit einer Baufuge an der Südseite des nördlichen Strebepfeilers. Die Baufuge dürfte allerdings einer jüngeren Erneuerung des nördlichen Strebepfeilers geschuldet sein. Vgl. Rogacki-Thiemann 2007, S. 102.
5 Vgl. Hamann 1910, S. 114, 118; Kunze 1921, S. 156f.; Giesau ²1936, S. 36; Greischel ²1939, S. LVf.; Schubert ²1984, S. 39; Bork 2003, S. 299; Rogacki-Thiemann 2007, S. 103.
6 Vgl. Hamann 1910, S. 114.
7 Vgl. Bureš 1987, S. 94.
8 Vgl. Bureš 1990, S. 8.
9 Giesau ²1936, S. 36.
10 Vgl. Rogacki-Thiemann 2007, S. 103, Abb. 69 „Rekonstruktion der ursprünglich geplanten Westfassade nach Giesau".
11 Kunze 1921, S. 156.
12 Rogacki-Thiemann 2007, S. 103.
13 Vgl. Bureš 1987.
14 Vgl. Bureš 1987, S. 83.
15 Bureš 1987, S. 84.
16 Die absolute Chronologie für die Magdeburger Westfassade weist sicherlich noch einen gewissen Spielraum auf, da sich das Datum 1318 durch eine frühestmögliche dendrochronologische Datierung (Eißing / Högg 2000, S. 128) ergibt. Für Köln steht nur die Errichtung des betreffenden Wimpergs nach 1360 fest. Wann die gegenüber Riss F vorliegende Planänderung vorgenommen wurde, ist offen.
17 Bureš 1987, S. 86.
18 Vgl. Bureš 1987, 91f.
19 Vgl. Bureš 1987, 94.
20 Vgl. Donath 2000, S. 254.
21 Vgl. Schurr 2007, S. 264.
22 Vgl. Wange Süd I, außen.
23 Vgl. Rudhard 1930, S. 156.
24 Vgl. Helten 2006, S.161–211.
25 Vgl. Schubert 1994, S. 104.
26 Bureš 1987, S.94.
27 Vgl. Schubert ²1984, S. 39.
28 Saint-Étienne und La Trinité in Caen, Saint Denis, die Kathedrale in Laon oder die Kathedrale in Sens haben schon eine andere Lage der Treppen.
29 In der Literatur zum Straßburger Münster wird dieses auch als Harfenmaßwerk bezeichnet.
30 Ein für die Westfassade des Straßburger Münsters geplanter Giebel ist bisher ein reines Spekulationsobjekt der Forschung geblieben.
31 Vgl. Rogacki-Thiemann, S. 89.

JAROSŁAW JARZEWICZ

Von Osten gesehen. Der Neubau des Magdeburger Domes als Quelle und Vermittler von Formen und Ideen für die gotische Baukunst in Polen

Von Osten gesehen wirkt der Magdeburger Dom großartig. Seine hochragenden, reich gegliederten Baumassen bilden heute noch den Hauptakzent des Stadtbildes. Diese Wirkung muss man sich im Mittelalter viel stärker vorstellen: Eine gewisse Ahnung davon vermitteln alte Stadtansichten wie z. B. ein Holzschnitt bei Hartmann Schedel.

Und diese Ostwirkung wurde von Anfang an geplant. Die architektonisch-städtebauliche Gestalt kann als Resultat, Abbild und Metapher der historischen Prozesse betrachtet werden. Das Magdeburger Erzbistum wurde als Ausgangspunkt der Christianisierung und der Ostexpansion des Imperiums gegründet.[1] Diese Ostausrichtung der Magdeburger Kirche, trotz der ‚Komplikation', die die Gründung des Gnesener Erzbistums im Jahre 1000 verursacht hat, blieb eine kirchenpolitische Konstante.[2]

Obwohl der Versuch Erzbischofs Norbert von Xanten, alle polnische Bistümer in die Magdeburger Kirchen-

Abb. 176: Relief mit der Szene des Martyriums in der Klosterkirche in Trzebnica/Trebnitz (links) und Fragment eines Kapitells im Umgang des Magdeburger Doms (rechts). Foto: Jarosław Jarzewicz.

Abb. 177: Kopf eines Propheten (?) in der Klosterkirche in Trzebnica/Trebnitz (links) und Fragment eines Kapitells im Umgang des Magdeburger Doms (rechts). Foto: Jarosław Jarzewicz.

provinz einzugliedern, 1136 letztendlich gescheitert ist, versuchten seine Nachfolger – unter anderen auch Albrecht von Käfernburg – ihre Territorialherrschaft und Jurisdiktion auf die slawischen Gebiete auszudehnen. In Magdeburg also interessierte man sich für östliche Angelegenheiten und in Polen musste man sich für das interessieren, was in Magdeburg geschieht. Auch für die künstlerischen Relationen war Magdeburg ein wichtiger Bezugspunkt. Ein Zeugnis ersten Ranges stellen die sogenannten Nowgoroder Bronzetüren aus der Mitte des 12. Jahrhunderts dar, die eigentlich in Magdeburg für die Kathedrale in Płock geschaffen worden sind.

Deshalb ist es durchaus berechtigt, nach der Resonanz des Magdeburger Domneubaus in Polen zu fragen. Umso mehr als gerade in der Elbemetropole im 13. Jahrhundert die nächstgelegene, die östlichste, französisch geprägte moderne Kathedrale mit Umgang und Kapellenkranz entstand.

Von Hermann Giesau ist der Magdeburger Chor als „ein Sammelbecken von Anregungen und Einflüssen verschiedenster Herkunft"[3] beschrieben worden. Man kann dazu bemerken, dass das Sammelbecken auch nicht schlecht als Inspirationsquelle dienen kann.

Komplexität und zahlreiche Planänderungen während des Bauablaufes machten eigentlich eine integrale Rezeption des Magdeburger Vorbildes unmöglich. Vergeblich würden wir in der Architektur des 13. Jahrhunderts in Polen eine Basilika mit einem Umgang, Kapellenkranz und einer Chorempore suchen. Aber es gibt eine ganze Reihe von Indizien, die von Magdeburger Einflüssen zeugen.

Abb. 178: Relief mit Darstellung des Apostels Phillip in der Klosterkirche in Trzebnica/Trebnitz (links) und ein Kapitell im Umgang des Magdeburger Doms (rechts). Foto: Jarosław Jarzewicz.

‚Der Einfluss' ist ein bequemer, aber zu allgemeiner Begriff. Ich würde das konkreter formulieren: Aus der Analyse der erhaltenen Denkmäler geht hervor, dass im 13. Jahrhundert in Polen Bauleute aus Magdeburg gearbeitet haben. Das ist die Hauptthese meines Beitrages.

Wir müssen uns den Details zuwenden, weil – wie die Deutschen sagen – „der liebe Gott im Detail steckt" und die Polen zu sagen pflegen, dass „in den Details der Teufel steckt". Jedenfalls befindet sich dort Wichtiges. Im Lapidarium der Krypta der Zisterzienserinnenkirche in Trzebnica (Trebnitz) sind zahlreiche Skulpturenfragmente aufbewahrt. Viele davon kamen während Bauuntersuchungen und Restaurierungen in den 30er und 80er Jahren (des vorigen Jahrhunderts) in verschiedenen Teilen des Bauwerkes zum Vorschein, wohin sie als in der Barockzeit wiederverwendete Bruchstücke gelangten.[4] Das erschwert erheblich sowohl ihre Funktionsbestimmung als auch die Datierung von diesen ‚membra disiecta'. Dort befindet sich unter anderem ein Relief mit der Darstellung eines Martyriums: Ein Schächer greift mit beiden Händen die Haare des knienden Märtyrers. Von hinten assistiert der Szene ein grinsender Teufel. Eine nahe Analogie dafür finden wir im sogenannten Belsazar-Kapitell im Magdeburger Umgang (Abb. 176). Es geht dabei nicht nur um motivische Parallelen, sondern auch um die Einzelheiten der Formen – wie die vergleichbare Faltenbildung aus seichten, reihenweise zusammengestellten, tropfenartigen Mulden. Die Gesichtstypen der Trebnitzer und Magdeburger Protagonisten sind auch ähnlich – beide haben breite Münder mit herabgezogenen Winkeln und tiefen Runzeln.

Ein weiteres Beispiel ist der Kopf eines Propheten(?) mit langem, welligem Bart und mit turbanartigem Hut. Ein Gegenstück findet man wieder an einem Magdeburger Kapitell (Abb. 177). Zu beachten sind bei den beiden Köpfen die sehr schlanken Proportionen. Verwandt ist auch die Art der Ausbildung des Bartes: Die Haare sind eine Sequenz von Rillen auf der Oberfläche der nach unten plastisch werdenden, welligen Strähnen.

In Trzebnica (Trebnitz) sind auch zwei große Reliefs mit den Apostelndarstellungen erhalten geblieben. Die beiden frontal stehenden Figuren, in überreich gefalteten Trachten, halten Banderolen mit Inschriften, die sie als Thomas und Philipp identifizieren. Ein Vergleichsbeispiel finden wir in einem Magdeburger Jüngling mit der Banderole (Abb. 178). Seine tief geschnittenen, dynamisch verknote-

Abb. 179: Fragment eines Schlusssteins in der Klosterkirche in Trzebnica/Trebnitz (links) und ein Kapitell im Umgang des Magdeburger Doms (rechts). Foto: Jarosław Jarzewicz.

Abb. 180: Fragment eines Doppelkapitells in der Klosterkirche in Trzebnica/Trebnitz mit einem doppelleibigen Drachen (links) und ein Kapitell im Umgang des Magdeburger Doms (rechts). Foto: Jarosław Jarzewicz.

ten Gewandfalten entsprechen ziemlich genau den Trebnitzern und sein charakteristisches, breites Gesicht und sein Haar mit dem halbkreisförmigen Stirnlöckchen finden wir wieder auf einem Trebnitzer Schlussstein (Abb. 179).

Zu den beliebtesten Motiven im Magdeburger Umgang gehören verschiedene drachenartige Mischwesen. In Trebnitz finden wir sie auch. Auf einem Doppelkapitell sehen wir die doppelleibigen Drachen, die mit den kleinen Menschenfiguren derart verflochten sind, dass die Menschen, von den Ungeheuern bedrängt, ihre Hälse gleichsam umarmen. Fast derselben Komposition begegnen wir auch auf einem Kapitell in Magdeburg (Abb. 180).

Die Liste der Details, für die man in Magdeburg eine Analogie findet, kann erweitert werden. Zum Beispiel das

Abb. 181: Fragment eines Doppelkapitells in der Klosterkirche in Trzebnica/Trebnitz mit einem Vogel (links) und ein Kapitell im Umgang des Magdeburger Doms (rechts). Foto: Jarosław Jarzewicz.

Abb. 182: Schlussstein aus der Burgkapelle in Legnica/Liegnitz (links) und Fragment eines Kapitells im Umgang des Magdeburger Doms (rechts). Foto: Muzeum Architektury we Wrocławiu (M. Łanowiecki – links) / Jarosław Jarzewicz (rechts).

Abb. 183: Dreieckiges Architekturfragment in der Klosterkirche in Trzebnica/Trebnitz (links) und Fragment des Zentralbaus im Magdeburger Dom (rechts). Foto: Jarosław Jarzewicz.

Motiv der herabfliegenden Vögel gibt es auf den Kapitellen sowohl in Magdeburg als auch in Trzebnica (Trebnitz) (Abb. 181). Die Vögel sind bis auf die Einzelheiten der Federn sehr nah verwandt. Die Bauskulptur in Trzebnica weist also Analogien zur Magdeburger sowohl auf der ikonographischen, motivischen Ebene, als auch in der Kompositionsstruktur und in den Einzelheiten der handwerklichen Ausführung auf.

Schon vor vierzig Jahren erkannte Michał Walicki in dem virtuos bearbeiteten Drachenschlussstein, der während der Ausgrabung der Liegnitzer Burgkapelle Heinrichs des Bärtigen zum Vorschein kam, ein Werk von in Magdeburg geschulten Bildhauern (Abb. 182). Fügen wir hinzu, dass viele Details eindeutig von der engen Verwandtschaft der Trebnitzer und Liegnitzer Bauformen zeugen. Völlig berechtigt spricht man also von einer gemeinsamen Trebnitz-Liegnitzer Werkstatt.[5]

Ähnlichkeiten mit dem Magdeburger Formenschatz in Trzebnica wurden schon seit Langem bemerkt,[6] aber eigentlich noch nicht ausführlich interpretiert. Dabei sollte man betonen, dass nicht alle in Trzebnica erhaltenen Skulpturen Magdeburger Parallelen haben. Also die in Magdeburg geschulten Bildhauer bildeten nur einen Teil der dort arbeitenden Werkstatt. ‚Ex diversis climatibus' zogen Siedler in die von Heinrich dem Bärtigen gegründeten Städte, darunter wohl auch Bauleute. Die Formenvielfalt des Trebnitzer Bauskulptur wurde auf die genetische Komplexität der Bauhütte zurückgeführt. Zygmunt Świechowski erkannte dort auch Bamberger Einflüsse.[7] Zu beachten ist, dass auch in den ältesten Partien des Magdeburger Chores – nach der Meinung Martin Gosebruchs – Bamberger Motive präsent sind.[8] Die frühesten Teile der Trebnitzer Klosterkirche (die Krypta, nordöstliche Kapelle) weisen dagegen weder Bamberger noch Magdeburger Formen auf.

Wann kamen sie also nach Trzebnica? Der Bau der Klosterkirche begann 1202/1203 (also beträchtlich früher als in Magdeburg). 1214 waren schon die Krypta und wahrscheinlich die ganze Ostpartie nutzbar. 1219 fand die feierliche Konsekration (‚dedicatio ecclesie') unter Anwesenheit von sechs Bischöfen statt. In der früheren Forschung überwog die Meinung, dass die Bauarbeiten noch bis in die dreißiger Jahre des 13. Jahrhunderts dauerten. In den letzten Jahren tendiert man (z. B. Rozpędowski, Dębicki, Gleich)[9] zu einer Frühdatierung: Es wird angenommen, dass der ganze Bauvorgang einschließlich Skulptur schon bis 1219 abgeschlossen worden war. Wenn wir beachten, dass es bei dieser Klosterkirche um die wichtigste Stiftung des mächtigsten und des reichsten Herzogs unter den Piasten ging (von ihm auch im Ganzen finanziert), können wir diese These für plausibel halten. Daraus ergibt sich der Schluss, dass die in Magdeburg geschulten Handwerker in Trebnitz in der zweiten Phase der Bauausführung gearbeitet haben, also etwa von 1214 (vielleicht etwas früher) bis 1219. Das könnte auch von Belang sein für die immer noch umstrittene Chronologie des Magdeburger

Abb. 184: Schlussstein aus der Dominikanerkirche in Poznań (links). Heiliger Mauritius im Magdeburger Dom (Mitte) und der Magdeburger Reiter (rechts). Foto: R. Rau (links) / Jarosław Jarzewicz (Mitte und rechts).

Domes. Allgemein wird in der Forschung zum Magdeburger Neubau angenommen, dass infolge des Krieges zwischen dem Erzbischof und Kaiser Otto IV. seit 1212 die Bauarbeiten nur schleppend weitergeführt oder ganz ins Stocken geraten sind.[10] Ein Teil der damit arbeitslos gewordenen Werkstatt konnte ihr Brot beim schlesischen Herzog verdienen. Wenn wir die Einflüsse der ältesten Partien des Domes (genauer: des Umgangs) zu den entsprechenden Teilen der Trebnitzer Klosterkirche, die bis 1219 fertig waren, feststellen, sollten wir auch diese Partien des Magdeburger Chores als damals schon existierend annehmen. Manche Forscher datieren den Baubeginn in Magdeburg schon auf die Zeit unmittelbar nach der Brandkatastrophe von 1207.[11] Eine Bauzeit von fünf Jahren für den Umgang lag durchaus im Bereich des Möglichen der mittelalterlichen Bauhütten (für den Chor von Saint-Denis hat man nicht ganz vier Jahre gebraucht). Später, in den 20er Jahren, wäre der Einzug der Bauleute aus Magdeburg nach Schlesien eher unwahrscheinlich wegen des Krieges zwischen Herzog Heinrich dem Bärtigen und dem kriegslustigen Erzbischof Albrecht um die Burg und das Land Lebus, der von 1225 bis 1229/30 dauerte[12] – ‚inter arma silent musae'.

Früher, vor diesem Kriege, mussten die Verhältnisse zwischen dem schlesischen Hof und der Magdeburger Metropole vielfältig und eng gewesen sein. Otto, der Neffe des polnischen Herzogs („nepos ducis Poloniae") – eben jenes Heinrichs des Bärtigen –, wurde vom Papst Innozenz III. am 8. Januar 1207 zum Dompropst in Magdeburg ernannt.[13] Dieser Otto, Sohn der Piastin Adelajda-Zbysława (Schwester Heinrichs des Bärtigen) und des böhmischen Herzogs Diepold (Dypold aus der Nebenlinie der Přemysliden), war Dompropst in Magdeburg bis zu seinem Tode im Jahre 1225. Er blieb immer in engen Beziehungen zu seiner schlesischen Familie: Er unternahm diplomatische Missionen im Auftrag seines Onkels und Protektors[14] und trat in seinen Urkunden als Zeuge auf.[15] „Das Pikante an diesem Vorgang ist, dass mit Otto ein Verwandter jener Piastenfürsten in Magdeburg installiert wurde, mit denen Albrecht bald darauf wegen Lebus in Streit geriet. Und so müssen entsprechende politische Erwägungen, [...] schon bei der Ernennung Ottos eine Rolle gespielt haben, was sich zumal daraus ergibt, dass die diesbezüglichen Mandate im päpstlichen Briefregister direkt neben solchen stehen, die sich auf Vorgänge im polnischen Erzbistum Gnesen beziehen."[16]

Es ist also gut denkbar, ja wahrscheinlich, dass dieser Halbböhme / Halbpole, als wichtiger Amtsträger innerhalb des Domkapitels (und dieses Gremium war eigentlich Verwalter des Neubaus des Domes) nicht nur als ein Vermittler von Kontakten zu seinem schlesischen Onkel, sondern auch in den baulichen Angelegenheiten in Magdeburg maßgeblich gewirkt haben könnte.

Die im zweiten Jahrzehnt des 13. Jahrhunderts geknüpften künstlerischen Beziehungen waren auch später wirksam und fruchtbar. In Trzebnica unter den Bruchstücken

Abb. 185: Chorarkaden im Dom in Wrocław/Breslau (links) und in Magdeburg (rechts).
Foto: Jurkowlanie 2004 (links) / Jarosław Jarzewicz (rechts).

befindet sich auch eine dreieckige Steinplatte mit einem vierpassförmigen Loch (Abb. 183). Von dem Entdecker – Jerzy Rozpędowki – wurde dieses Baudetail (und auch einige andere Bruchstücke) als Teil der wimpergartigen Bekrönung eines kleinen Zentralbaues nicht unähnlich der Magdeburger sechzehneckigen Marienkapelle gedeutet.[17] Es ist wirklich schwer, eine andere Funktion für dieses Bauteil zu finden. In diesem Fall hätten wir es schon mit der zweiten Welle und diesmal mit eindeutig gotischen Einflüssen aus der Elbemetropole zu tun.

Als man in den vierziger Jahren die Chöre der Kathedralen in Poznań/Posen (seit 1243) und Wrocław/Breslau (seit 1244) gotisch umzubauen begann, richtete man wieder einen Blick nach Magdeburg. Von dieser Bauphase, nach späterem Um- und Wiederaufbau ist im heutigen Dom in Poznań fast nichts erhalten, aber doch genug, um zu erkennen, dass dieselbe Werkstatt auch bei den dortigen Dominikanern, deren Klosterkirche seit 1244 im Bau war, arbeitete. Von dieser sind besonders interessante Schlusssteine erhalten geblieben (auch während der Ausgrabung entdeckt). Der Typus ist französisch und hochmodern: Auf der Oberfläche der kreisförmigen Platte zwischen den Rippenansätzen befindet sich der Kopf eines Jünglings. In seinen charakteristischen Gesichtszügen (breite Nase, voller, wulstiger Mund) ist diese Skulptur dem Magdeburger Mauritius verwandt und seine Frisur (obwohl der Zeitmode entsprechend) ist sehr ähnlich dem Haar des königlichen Magdeburger Reiters (Abb. 184. Ich bin der Meinung, dass ohne Kenntnis dieser Vorbilder die Posener Skulptur so nicht geschaffen werden können.[18]

Es ist sehr wahrscheinlich, zumindest wurde in der Forschung von der These ausgegangen, dass am Breslauer Dom (zum Teil) dieselbe Werkstatt wie in Poznań arbeitete.[19]

Der Chor der schlesischen Domkirche hat auf den ersten Blick mit dem Magdeburger nichts zu tun. Aber auf den zweiten schon. Das seltene Motiv der Türme im

Abb. 186: Dienstkapitelle im nördlichen Umgang im Dom in Wrocław/Breslau (links) und ein Kapitell im Bischofsgang des Magdeburger Doms (rechts). Foto: Jurkowlanie 2004, (links) / Jarosław Jarzewicz (rechts).

Chorbereich könnte von Magdeburg inspiriert worden sein – betrachten wir die mächtigen, wie aus der dicken Mauermasse ausgeschnittenen stämmigen Pfeilerarkaden, in die die Säulenarkaden gleichsam eingestellt wurden. Auf demselben Prinzip sind die Magdeburger Chorarkaden entwickelt (Abb. 185). Die Analogie geht noch weiter, wenn wir auch die Dienstbündel berücksichtigen. In beiden Fällen sind die Bündel von feinen Kolonetten den mächtigen Pfeilern gleichsam aufgelegt, was eine Kontrastwirkung hervorgerufen hat. Aber es gibt eine wichtige Modifikation: In Wrocław/Breslau sind sie gegenüberliegend – auf der Umgangsseite der Pfeiler.

Seit Langem ist Heterogenität der Bauformen ein Thema der Forschung zum Breslauer Dom. Auf den Kapitellen findet man dort ein ganzes Repertoire der Ornamente – von den ganz veralteten (,romanischen') zu den hochmodernen Pariser Prägung. Vielleicht liegt wieder die Antwort in Magdeburg als „einem Sammelbecken"[20], wo sich Altes mit Neuem gemischt hat. Für eine Reihe Breslauer Kapitelle kann man nahe Verwandte in Magdeburg zeigen.[21] Einige davon sehen wie Derivate oder Zitate der Magdeburger aus. Als Beispiel nehmen wir die Dienstkapitelle im nördlichen Arm des Umgangs im Breslauer Dom. Ihr Dekor besteht aus Halbpalmetten, die sich unter den Ecken der Deckplatte derart berühren, dass sie die senkrecht stehenden fünfpassförmigen Blätter umfassen (Abb. 186). Im Bischofsgang in Magdeburg finden wir eine Reihe von Kapitellen mit reichen Varianten dieser Dekoration: Die ,Breslauer Motive' sind hier auf den unteren Teil des Kapitells beschränkt und um 45 Grad gedreht – der Berührungspunkt der Halbpalmetten fällt auf die Achse statt auf die Ecke der Deckplatte. Wieder ist die einfachste und wahrscheinlichste Erklärung, dass wenigstens ein Teil der Breslauer Dombauhütte die Handwerker bildeten, die früher in Magdeburg tätig waren.

Die Bauherren in Poznań und Wrocław, die um die Mitte des 13. Jahrhunderts neue Kathedralen errichteten, waren wahrscheinlich nicht auf die Imitation dieses oder jenes Merkmals des Magdeburger Domes fokussiert. Er war für sie eher ein Beispiel für die Lösung einer ähnlichen Bauaufgabe mit den Mitteln der neuen Architektur, die wir jetzt gotisch nennen. Aber vor allem war für sie wichtig, dass es dort Leute gab, die über die Kompetenz verfügten, diese Architektur zu verwirklichen. Die in den Zentren gotischer Architektur ausgebildeten Arbeitskräfte, die die neue gotische Bauskulptur und Baustruktur zu realisieren imstande waren, bezog man eben via Magdeburg. Von Osten gesehen war diese Bauhütte eine Zwischenstation und ein Sammelpunkt (oder „ein Sammelbecken") der aus Frankreich ausgewanderten Handwerker, manche von ihnen sind noch weiter nach Osten gelangt.

Anmerkungen

1. Zu den künstlerischen Auswirkungen der Ostexpansion des Magdeburger Erzbistums hat unlängst Ernst Badstübner 2005 Stellung genommen. Er hat jedoch seine Analyse eigentlich auf die Beispiele aus der Mark Brandenburg beschränkt. Nur am Rande hat er eine Frage nach der möglichen Rezeption Magdeburger Einflüsse auch in den weiter östlich gelegenen Gebiete wie Schlesien und Ungarn gestellt. Meine Ausführungen sind also als Fortsetzung in der von ihm gezeigten Richtung zu verstehen. Es ist offenkundig, dass im Rahmen des Konferenzbeitrages das Problem Rezeption der Magdeburger Formen in Polen nur angetastet werden konnte.
2. Zur Gründung der Magdeburger und Gnesner Erzbistümer in der breiten historischen Perspektive: Michałowski/Gnieźnieński 2005.
3. Giesau 1928, S. 295: „So scheint sich der Magdeburger Chor als ein Sammelbecken von Anregungen und Einflüssen verschiedenster Herkunft darzustellen, die es fürs erste aussichtslos erscheinen lassen, die Art und Reihenfolge dieser Einflüsse so zu bestimmen, dass sich ein klares Bild ihres kausalen Zusammenhanges ergibt."
4. Bibliografie der Klosterkirche bis 1970 ist von Maria Pietrusińska zusammengestellt in: Walicki 1971 II, S. 767–769, 828; neueres Schrifttum ist verzeichnet in: Świechowska/Mischke 2001. Von zahlreichen Beiträgen sind folgende in unserem Zusammenhang besonders wichtig: Buchwald 1904; Frey 1937; ders. 1940; Kębłowski 1981; Rozpędowski 1987a; ders. 1987b; Świechowski 1990; ders. 1995; Gleich 1997; Rozpędowski 2004.
5. Vgl. Michał Walicki, Dekoracja architektury i jej wystrój artystyczny, in: Walicki 1971 II, S. 195–245, besonders S. 219; Kębłowski 1981 passim.
6. Vgl. Kutzner 1969, S. 25. Auch die in Anm. 4 zitierten Aufsätze von Jerzy Rozpędowski und Franziska Gleich.
7. Vgl. Świechowski 1990; ders. 1995.
8. Vgl. Gosebruch 1989.
9. Vgl. die in Anm. 4 zitierten Beiträge.
10. Zu den historischen Umständen des Magdeburger Neubaus zuletzt: Hucker 2009. Der erste Bauabschnitt in Magdeburg wurde neuerdings auf die Zeitspanne 1207–1215 datiert, vgl. Sußmann 2009, S. 127–141, besonders S. 129.
11. Vgl. Hausherr 1989, S. 179–186, besonders S. 181; Sußmann 2009.
12. Vgl. Zientara ²1997, S. 258–262.
13. Vgl. Kod. Dypl. 1877 I, Nr. 53, 54; Jasiński ²2007, S. 94f.; Gramsch 2009 I, S. 385–391, besonders S. 390.
14. Vgl. Zientara ²1997, S. 176, 253.
15. Vgl. Jasiński ²2007, S. 97; Kod. dypl. Śląs, ed. Maleczyński 1964 III, Nr. 266: „Otto prepositus, frater eius Theobaldus [...]" im Jahre 1222.
16. Gramsch 2009 I, S. 390.
17. Vgl. Rozpędowski 1987a, S. 278.
18. Diese Verwandtschaft wurde schon beobachtet: Jurkowlaniec 2004, S. 60.
19. Vgl. Skibiński 2004, S. 85–94; ders. 1996, S. 49–51.
20. Giesau 1928, S. 295, Zitat vgl. Anm. 3.
21. Zur Breslauer Bauskulptur ausführlich neuerdings: Jurkowlaniec 2004, besonders S. 52–54, 60–64.

JIŘÍ FAJT

Nürnberg – Magdeburg – Erfurt.
Zum Itinerar wandernder Bildhauer im mittleren 14. Jahrhundert

Zu Beginn des 20. Jahrhunderts veröffentlichten Alfred Wolters (1911)¹ und Herbert Kunze (1925)² die Ergebnisse ihrer Forschungen zur Bildhauerkunst des Hochmittelalters in Mitteldeutschland. Seit dieser Zeit hat in die kunsthistorischen Überblickswerke unter der Bezeichnung „magdeburgisch-halberstädtisch" eine Gruppe von überwiegend steinernen Skulpturen Eingang gefunden,³ wobei allerdings zahlreiche Fragen offen oder sogar unausgesprochen blieben – und zwar sowohl hinsichtlich der Definition ihres Umfangs, der Künstler- und Werkstattbeziehungen und, vor allem, ihrer künstlerischen Herkunft. Im Grunde sind wir bis heute nicht sehr viel weiter gekommen, obwohl einige Teilstudien existieren, die belegen, dass auch in den letzten zwanzig Jahren das Interesse der Forschung an dieser bemerkenswert qualitätvollen Bildhauerproduktion nicht völlig abgeebbt ist.⁴

Zu den bedeutendsten Werken der ganzen Gruppe wird traditionell das Grabmal des Magdeburger Erzbischofs Otto von Hessen (F-Abb. 22) gezählt, der sein Amt in Magdeburg 1327 unter wenig beneidenswerten Bedingungen antrat.⁵ Es musste nämlich die Kommunikation zwischen Erzbistum und Stadtrat erneuert werden, dessen Mitglieder 1325 die Ermordung von Ottos Vorgänger Burchard III. angezettelt hatten, wofür die Stadt vom Papst mit dem Bann belegt worden war. Otto hatte zudem die Besitzverhältnisse des verschuldeten Domkapitels zu konsolidieren. Als Angehöriger eines der mächtigsten Reichsfürstengeschlechter konnte er diese Probleme allerdings schnell lösen. Er festigte auch die ‚außenpolitische' Position des Magdeburger Metropoliten in Mitteldeutschland, was bei der expansiven Territorialpolitik der unmittelbaren Nachbarn nur durch eine Allianz mit einer dritten Partei möglich war. Deshalb stellte sich Otto nach der Wahl Karls IV. zum römischen Gegenkönig im Jahr 1346 begeistert auf die Seite des Luxemburgers und wurde zu einem seiner treuesten Anhänger. Für die Interessen Karls setzte er sich auch bei dem bekannten Streit um den sogenannten falschen Waldemar ein, der sich 1348 als der für tot gehaltene Markgraf von Brandenburg aus dem Geschlecht der Askanier ausgab und zu Lasten der nunmehr herrschenden Wittelsbacher die entsprechenden landesherrlichen Rechte zurückforderte. Erst die endgültige Versöhnung Karls IV. mit den Erben des überraschend verstorbenen Kaisers Ludwig IV. im Jahr 1350 brachte eine gewisse Ruhe in die angespannten Beziehungen zwischen Magdeburg und München.⁶ Otto von Hessen starb am 30. April 1361 und wurde „in der Domkirche mit der gewohnten Feier begraben, wie es Sitte ist".⁷ Fast idyllisch klingt die Schilderung des bischöflichen Chronisten, während sein städtischer Gegenspieler, der Autor der Magdeburger Schöppenchronik, die Umstände von Ottos Bestattung anders beschrieb: „Doch hatte er nicht so viel [Geld], dass man ihn damit begraben konnte. Deshalb wollte man ihn heimlich begraben und auch, weil die Domherren Angst hatten, dass der Dekan Arnd ihnen das Begräbnis verbieten könnte. Denn der war in großem Streit mit ihnen [den Domherren] und mit dem Bischof [...]. Doch wurden zuletzt Wege gesucht, dass man ihn auf ehrbare Weise nach Gewohnheit des Gotteshauses drei Nächte lang beging [d. h. die Leichenzeremonie], die erste zu St. Sebastian, die zweite zu Unserer Lieben Frauen und die dritte in dem Dom. Danach wurde er begraben. Sein Bild steht an dem Pfeiler bei dem Chor aus Stein gehauen."⁸

Abb. 187: Grabmal des Erzbischofs Otto von Hessen († 1361), Seitenansicht des Sockels mit unsauber aneinander anschließenden Elementen der unterschiedlichen Profile, Magdeburg, vor 1361, Dom, Magdeburg, hinter dem Lettner am Südwestpfeiler des Hochchors. Foto: Radovan Boček.

Auf den ersten Blick verwundert, dass der Erzbischof kein Geld für ein ordnungsgemäßes Begräbnis gehabt haben sollte – vor allem deshalb, weil die Kosten gewöhnlich vom Domkapitel getragen wurden. Wie wir aber erfahren, führte Otto – offensichtlich unterstützt von der Mehrheit der Kanoniker – eine scharfe persönliche Auseinandersetzung mit dem Kapiteldekan Arnold, die ihren Höhepunkt in Obstruktionen rund um die Bestattung des Erzbischofs fand. Das Ergebnis war eine Ottos Bedeutung nicht entsprechende Form und Platzierung des erzbischöflichen Grabmals, das gleichsam ‚auf die Schnelle' angepasst wurde (Abb. 187). Das noch zu Ottos Lebzeiten geplante und wohl auch vollendete, für einen würdigen Platz im Dom bestimmte Grabmal wurde auf die bloße Grabplatte mit der gemeißelten Figur des Verstorbenen reduziert, die man gleichsam hinter dem Lettner an den Südwestpfeiler des Hochchors zwängte.[9] Hier wurde sie von dem städtischen Chronisten vermerkt, der wohl auch ein Augenzeuge von Ottos Bestattung war. Für eine Notlösung spricht zunächst die Verringerung der Breite der Platte: Nur eine, nämlich die in Richtung Vierung weisende Seite besitzt eine Abfasung mit Haltevorrichtungen für eine Inschriftenleiste aus Metall, die in der ursprünglichen Ausführung sicherlich alle vier Seiten umlaufen sollte (ein Teil der Leiste hat sich bis heute erhalten). Auch der, was das Material betrifft, abweichende Sockel wurde aus verschiedenen, nicht miteinander harmonierenden Teilen zusammengesetzt, wie die unsauber aneinander anschließenden Elemente der unterschiedlichen Profile belegen.

In derselben Bildhauerwerkstatt in Magdeburg entstand auch das figürlich geschmückte Steinretabel (F-Abb. 23),[10] das sich heute wieder an der Stelle befindet, für die es ursprünglich bestimmt war: auf dem Elisabethaltar des Domes. Er gehört zu jenen fünf Altären,[11] die samt einer Matthäus-Kapelle beim Johannis-Kirchhof Anfang der 1330er Jahre vom Magdeburger Rat als Ausdruck der Buße für die begangenen Sünden gestiftet wurden.[12] 1349 übergaben die Ratsmänner die jährlichen Dotierungen in Höhe von insgesamt 43¼ Silbermark zu einer ewigen Bewidmung der Kapelle und der fünf Altäre im Dom aus ihrem Besitz der Dompropstei.[13] Der Elisabethaltar selbst steht bis heute im nördlichen Seitenschiff. Am 19. November 1367, „in beate Elisabeth vidue", also sechs Jahre nach Ottos Tod, stiftete dessen Nachfolger Dietrich von Portitz an diesem Altar eine Jahresmesse zu Ehren des Andenkens seines verstorbenen Vorgängers – und zwar mit der Begründung, dass Otto von Hessen eben diesen Altar habe „erbauen" lassen (construit).[14] Dies widerspricht den älteren Quellen zur Altargründung – allerdings könnte sich jenes „construit" auf die Beschaffung des Steinretabels beziehen, das Otto in derselben Magdeburger Bildhauerwerkstatt bestellt haben könnte, in der auch sein Grabmal entstand. Es ist naheliegend, dass Erzbischof Otto ursprünglich sein eigenes Tischgrab in der Nähe, bzw. am Elisabethaltar, zu errichten plante. Auch die Anniversarie wurde am 30. April, seinem Todestag, eben am Elisabethaltar gefeiert.[15] Diese Überlegung ist umso wahrscheinlicher, wenn wir berücksichtigen, dass Otto ein Nach-

Abb. 188: Grabmal der Sophia von Warberg, geb. Gräfin von Homburg († 1358), Magdeburg, vor Februar 1358, ehem. Augustinerinnenkloster Marienberg, Helmstedt. Foto: Radovan Boček.

Abb. 189: Tischtumba des Reichsschultheißen Konrad Groß († 1356), Detail einer trauernden Figur, Nürnberg, 1343–1353, ursprünglich vor dem Hochaltar der Spitalkirche Heilig-Geist, heute in deren ehemaliger Vorhalle, Nürnberg. Foto: Radovan Boček.

komme der auf dem Retabel selbstverständlich auch dargestellten Titelheiligen, der hl. Elisabeth von Thüringen, war, deren Kult er außerordentlich förderte.[16]

Am Retabel steht Elisabeth zur Linken des als Schmerzensmann dargestellten Christus, also auf der heraldisch weniger bedeutenden Seite, was den gängigen Gewohnheiten mittelalterlicher Hierarchisierung widerspricht. In diesem Fall wendet sich Elisabeth sogar von Christus ab, in Richtung des rechten Randes des Retabels, wo sie gemeinsam mit einem Bettler und einem Mönch, wohl dem hl. Antonius, der als Beschützer der Armen und Kranken verehrt wurde, eine geschlossene Komposition bildet. Bei genauer Analyse bemerken wir, dass auch die anderen Figuren des Retabels asymmetrisch zur rechten Seite orientiert sind, also in Richtung auf die Gläubigen, die südlich um den an die nördliche Außenwand des Doms gerückten Altar herum gingen. Die Situierung der zentralen Heiligen zur Linken Christi nimmt in diesem Fall also auf die Betrachterperspektive Rücksicht.

Auf der anderen Seite des Heilands steht eine Heilige mit einem Kirchenmodell – die hl. Hedwig von Schlesien. Beide Patroninnen waren Mitglieder des Hauses Andechs-Meranien, mit dem auch den Besteller des Retabels verwandtschaftliche Beziehungen verbanden.[17] Der heilige Bischof, der die barmherzigen Taten der hl. Elisabeth segnet, ist vermutlich der hl. Otto von Bamberg, ein Namensvetter und Patron des erzbischöflichen Stifters.

Diese Indizien sind so dicht, dass an der Bestellung des

Abb. 190: Detail der Apostelfiguren in den Archivolten des Westportals, Nürnberg, 1340er Jahre, Westfassade, Lorenzkirche, Nürnberg. Foto: Radovan Boček.

Retabels durch Erzbischof Otto von Hessen kaum zu zweifeln ist; das Grabmal gehörte ursprünglich höchstwahrscheinlich in denselben Komplex. Für beide beauftragte er eine Bildhauerwerkstatt, die in unmittelbarer Nähe der Metropolitankirche oder sogar in der dortigen Bauhütte tätig war. Woher kamen diese Bildhauer, deren unverwechselbarer Stil die natürliche Tektonik und Plastizität der Körperformen betont, die durch die anschmiegsamen, mittels dicht drapierter, kalligrafisch wirkender Falten rhythmisierten Gewänder hindurchscheinen? In Magdeburg – und wohl in ganz Mitteldeutschland – existieren dafür weder Vorstufen noch vergleichbare Parallelen, immer abgesehen natürlich von jener relativ umfangreichen Werkgruppe, die wir mit dieser Magdeburger Werkstatt in Verbindung bringen müssen.

Ein genau datierbares und wohl zugleich das älteste Beispiel in Mitteldeutschland ist das Grabmal der Sophie von Warberg, geborene Gräfin von Homburg, im ehemaligen Augustinerinnenkloster Marienberg in Helmstedt (Abb. 188).[18] Der unterschiedliche Schrifttyp über der knienden Verstorbenen und entlang des Grabmalrandes zeigt, dass die Grabplatte anscheinend noch zu Sophies Lebzeiten geschaffen wurde, während man die Umrahmung erst nach ihrem Tod am 24. Februar 1358 ergänzte. Das Grabmal entstand in Magdeburg, wie die dem Retabel der hl. Elisabeth nahe stehende bildnerische Auffassung und auch das Material, Bernburger Buntsandstein, eindeutig zeigen.[19] Das Helmstedter Kloster gehörte damals zur Magdeburger Erzdiözese, in deren kirchlicher Hierarchie Sophies Sohn Hermann II. von Werberg/Warberg († 1385) Karriere machte. Seit 1325 war er Kanoniker des Domkapitels, unmittelbar nach dem Tod seiner Mutter ab Mai 1358 ‚collector apostolicus‘, ein Jahr später wurde er Propst des Magdeburger Domkapitels und schließlich 1366 päpstlicher Kaplan.[20] Es liegt auf der Hand, dass gerade er Kontakte zu den am Magdeburger Dom tätigen Kunsthandwerkern vermitteln konnte.

Eine mit dieser Magdeburger Gruppe vergleichbare Formauffassung finden wir weder in den Hansestädten Nord- oder Westdeutschlands, noch im luxemburgischen Böhmen, sondern in Süddeutschland, genauer gesagt in Franken. Am besten zeigt dies ein detaillierter Vergleich der knienden Sophie des Helmstedter Grabmals aus der Zeit um 1358 mit dem Grabmal des Reichsschultheißen Konrad Groß aus der Spitalkirche Heilig-Geist in Nürnberg (Abb. 189), heute in der Vorhalle des zerstörten Baudenkmals aufgestellt.[21] In Konrads Testament vom Juli 1353 wird bereits von einem fertiggestellten Grabmal gesprochen, das als Zentrum der jährlichen Zeremonien zu seinem Gedenken dienen sollte.[22] Die zweigeschossige Tischtumba folgt einem letztlich wohl westeuropäischen Typ – hier mit einer oberen Marmorplatte und trauernden Figuren, welche die liegende Figur darunter umringen. Das Werk gehört in Mitteleuropa zu den ältesten erhaltenen Objekten dieser Art überhaupt, neben den älteren Grabmälern der Landgrafen von Hessen in der Elisabethkirche zu Marburg, somit der Vorfahren des Magdeburger Erzbischofs Otto. Die Groß-Tumba entstand in einer Nürnberger Bildhauerwerkstatt, die seit den 1340er Jahren mit dem damals bedeutendsten städtischen Auftrag befasst war – der Westfassade der Pfarrkirche St. Lorenz (Abb. 190).[23] Ihr plastischer Stil, der sich wiederum ins Land am Oberrhein, genauer gesagt: nach Straßburg zurückverfolgen lässt, unterschied sich grundlegend von der Hofkunst des damals noch herrschenden Kaisers Ludwig IV. des Bayern († 1347). Die Monumentalität und das lebhafte Ausdruckspotential des Schaffens der Nürnberger Bildhauer, deren robuste, vollplastisch empfundene Gestalten mit breiten, beseelten Gesichtern, die rhythmisch gefalteten, weichen Draperien usf. – sie müssen den spezifischen ästhetischen

256

Abb. 191: Frauenkonsole des Nordportals, Nürnberg, 1355–1358, Frauenkirche, Nürnberg. Foto: Radovan Boček.

Abb. 192: Sitzender Prophet auf einer Konsole, Nürnberg, 1355–1358, Westvorhalle (innen), Frauenkirche, Nürnberg. Foto: Radovan Boček.

Ansprüchen Karls IV. entsprochen haben, was vor allem die Tatsache bezeugt, dass einige Bildhauer dieser Werkstatt an der Ausschmückung seines repräsentativsten Auftrags in Nürnberg beteiligt wurden, der neu gegründeten kaiserlichen Marienkirche.[24] Jener Kapelle also, die Karl im Zentrum des städtebaulich neu geordneten Bereichs um die beiden Marktplätze anlegen ließ, die sich nun anstelle des brutal zerstörten Judenviertels erstreckten. Wir begegnen ihnen vor allem im Ostchor der Frauenkirche, wo sie an der figürlichen Ausschmückung der mit der Architektur verbundenen Teile, wie der Schlusssteine und konsolartigen Wandvorlagen, teilweise aber auch an den frei stehenden Skulpturen der dortigen Fensterpfeiler, beteiligt waren, wie die Madonnenstatue und zwei stehende Könige bezeugen. Weiterhin finden wir Spuren der Steinmetze der Lorenzer Bildhauerwerkstatt an der Westempore im Langhaus, an den Außenkonsolen des Nordportals mit einem Mönch und einer sitzenden, höfisch gekleideten Dame (Abb. 191) und nicht zuletzt wieder an figürlichen Konsolen zu Seiten des Westportals im Inneren der westlichen Vorhalle (Abb. 192). Diese stark westlich gefärbte Stilschicht unterscheidet sich deutlich von der an der Frauenkirche noch wichtigeren künstlerischen Strömung, deren Herkunft in Süddeutschland anzusiedeln ist. Mit ihren wulstigen, plastisch wenig differenzierten Gestalten von monumentaler Wirkung prägte sie entscheidend nicht nur die Westfassade der kaiserlichen Kapelle, sondern das ganze bildhauerische Milieu Nürnbergs während der nächsten drei Jahrzehnte. Das Schaffen der hier angestellten Bildhauer wirkte sich natürlich auf die Kunstaufträge der Höflinge Kaiser Karls IV. aus, wie zum Beispiel denjenigen des Konrad Groß, machte aber auch Eindruck auf seine Gegner, insbesondere die Habsburger.

Abb. 193: Blanche von Valois, Wien, 1360–1365, Wien, ursprünglich Hoher Turm, St. Stephan, heute Wien Museum, Inv.-Nr. 579. Foto: Wien Museum.

Abb. 194: Hl. Blasius, Braunschweig, 1360–65, Stiftskirche St. Blasius, Braunschweig. Foto: Radovan Boček.

Abb. 195: Relief der Tumba des hl. Severus, Erfurt, um 1363, ehem. Stiftskirche St. Severus, Erfurt. Foto: Radovan Boček.

Mit Fertigstellung der Frauenkirche, die vermutlich mit der Weihe zweier Seitenaltäre im Langhaus im Sommer 1358 einherging,[25] verschwand die oberrheinisch geprägte Stilrichtung für immer aus Nürnberg. Wohin gingen die Bildhauer? Ihre Wege enthüllt der Vergleich der oben erwähnten Anteile an der skulpturalen Ausstattung der Frauenkirche mit dem Schaffen der Wiener Werkstätten Herzog Rudolfs IV.,[26] der 1358 die Regierung antrat und mit der Verwirklichung ehrgeiziger, auch künstlerischer Pläne begann, die seine nicht gerade bescheidenen machtpolitischen Ambitionen spiegelten. Deshalb lud er auch Handwerker aus ganz Europa nach Wien ein, wie die Chronisten, obwohl zweifellos mit panegyrischer Tendenz, berichten.[27] Die auch formal exaltierten Stifterbildnisse (Abb. 193) am Stephansdom[28] wie das Grabmal des Herzogspaars finden in Nürnberg so enge künstlerische Vorstufen, wie der Vergleich mit der fein ausgearbeiteten eleganten Hofdame vom Nordportal bzw. dem stehenden König der Nürnberger Anbetung belegt, dass ihre Existenz wohl nur mit dem Wirken von Nürnberger Steinmetzen in der Habsburger-Residenz erklärt werden kann. Dies wird umso wahrscheinlicher, als wir feststellen, dass Rudolf IV. sich eben zur Zeit der Vollendung der kaiserlichen Marienkapelle in Nürnberg aufhielt. Hier tritt er zwischen 30. Juni und 3. Juli als Zeuge kaiserlicher Urkunden auf[29] und stellte selbst auch eigene aus, und zwar, wie es heißt, „unserm Wirt zu Nurenberg und sin Frunde, die mit im Gesellschaft habent"[30], denen er das Recht freien Handels in Österreich, Steiermark und Kärnten erteilte. Dieses Handelsprivileg galt seinem Nürnberger Gastgeber Ulrich Stromer, genannt nach seinem Haus „am Zotenberg" oder „bei unserer Frauen Capelle"[31], einem der einflussreichsten Anhänger Karls IV., der sich in dem Stromerschen Familienfenster im Ostchor der kaiserlichen Kapelle vor dem Kaiser kniend darstellen ließ.[32] Sein neu errichteter großzügiger Stadtpalast befand sich auf den Grundstücken zweier ehemaliger Judenhäuser in unmittelbarer Nähe östlich der Frauenkirche,[33] so dass Herzog Rudolf IV. am Nordportal der Kirche gleichsam täglich vorbei kam. Es ist sicher nicht zu hoch gegriffen, sich vorzustellen, dass der stolze Patrizier, der sich als Mitstifter der Kapelle sah,[34] sich kaum die Möglichkeit entgehen ließ, sie seinem Gast angemessen zu präsentieren. Bei der Gelegenheit war es Rudolf IV. ein Leichtes, manche der Steinmetze, die für seinen kaiserlichen Schwiegervater in Nürnberg tätig gewesen waren, nach Wien abzuwerben.

Es wäre im Übrigen nicht das einzige Mal, dass Rudolf IV., der Karl IV. nicht nur den Kaiserthron neidete, sich von dessen Kunstunternehmungen inspirieren ließ:[35] So wiederholt die überreich mit Skulpturen geschmückte Fassade der Wallfahrts- und Stadtkirche St. Theobald in Thann im Oberelsass, der Basis habsburgischer Hausmacht am Oberrhein,[36] ausgerechnet das Zwei-Portal-Schema der Westfassade der Nürnberger Lorenzkirche, die nach 1353 durch die Anbringung einer heraldischen Galerie mit den Wappen des Reichsadlers, des böhmischen Löwen und des schlesischen Adlers zu einem Mo-

Abb. 196: Grabmal des Erzbischofs von Mainz, Gerlach von Nassau († 1371), 1365–1370, umgestaltet 1707, ehem. Zisterzienserabteikirche, Eberbach. Foto: Radovan Boček.

Abb. 197: Grabmal des Bischofs von Brandenburg, Dietrich von der Schulenburg (reg. 1365–1393), Magdeburg, um 1373–1393, Dom, Brandenburg, ursprünglich im Chorhaupt, heute südliche Kapelle im Querhaus. Foto: Radovan Boček.

nument landesherrlicher Repräsentation erhöht worden war. Die Nürnberger Vorlage wurde allerdings in Thann durch das üppige Dekor noch weit übertroffen, ähnlich wie in Wien die Stilisierung der plastischen Form gegenüber dem Nürnberger Vorbild erheblich gesteigert wurde. Das enge Verhältnis zwischen Nürnberg und Thann erschöpft sich jedoch nicht nur im architektonischen Schema der beiden Fassaden, sondern setzt sich in der Ikonographie bzw. im Aufbau einzelner Szenen fort, wie es die umfangreiche bildhauerische Ausgestaltung der Anbetung der Hl. Drei Könige in einem der Thanner Tympana bezeugt. Deren Komposition greift das vermutlich durch Sebald Weinschröter, den Hofkünstler Karls IV., gemalte Vorbild auf der Alltagsseite des Hochaltarretabels der Nürnberger Jakobskirche auf, das bekanntlich vom kaisernahen Deutschen Orden in Auftrag gegeben wurde.[37]

Sollten also nicht auch Bildhauer aus dem kaiserlichen Nürnberg nach Norden gezogen sein, in die erzbischöfliche Metropole an der Elbe, und zwar auf Einladung Ottos von Hessen? Die künstlerische Auffassung dieser Nürnberger Bildhauerwerkstatt, ihren Stil, hatte Karl IV. gleichsam adoptiert, indem er ihn als wieder erkennbares Merkmal seiner kaiserlichen Repräsentation verwendete. In den Augen seiner Anhänger konnte er so zur Norm mit klaren politischen Konnotationen werden, die es möglich machte, mit künstlerischen Mitteln die Zugehörigkeit zum luxemburgischen Lager auszudrücken. In jedem Fall wird die Existenz bemerkenswert enger künstlerischer Kontakte zwischen Nürnberg und Magdeburg durch das dichte Netz stilistischer und motivischer Verbindungen belegt.

Ob eine solche, auch künstlerische Nähe zum Kaiser aber von allen wahrgenommen werden konnte und vor allem, wie lange ein solches Verständnis anhielt, bleibt unklar. Magdeburg war im dritten Viertel des 14. Jahrhunderts ein bedeutendes Kunstzentrum, die örtlichen Steinbildhauer besaßen einen guten Ruf, nutzte ihre Dienste doch der Erzbischof, so dass ihr bemerkenswert qualitätvolles Schaffen auch in weiteren Kirchenkreisen bald sehr gesucht war. Es überrascht kaum, dass wir diese Bildhauer spätestens um 1362 auch im Dom zu Halberstadt bei der Ausstattung der Marienkapelle[38] oder in der Stiftskirche St. Blasius im welfischen Braunschweig antreffen. Trotz deutlicher Werkstattzusammenhänge müssen wir von einer Entstehung dieser Werke jeweils am Ort ausgehen, wie die Verwendung lokalen Materials beweist. Während in Magdeburg der feinkörnige hellgrau-beige Bernburger Buntsandstein zu dieser Zeit fast ausschließlich verwendet wurde, so an den Skulpturen in der Marienkapelle des Halberstadter Domes subherzyner Kreidesandstein,[39] in Braunschweig für den bischöflichen Patron der Stiftskirche (Abb. 194) wiederum der für die skulpturale Bearbeitung schlechter geeignete Muschelkalk.[40] Ähnlich wie die bekannten ‚tombiers' in Frankreich wirkten also im dritten Viertel des 14. Jahrhunderts in Mitteldeutschland wandernde Steinbildhauer, die die gemeinsame Herkunft aus der Bauhütte des Magdeburger Doms miteinander verband. Doch auch in Magdeburg entstanden weiterhin zahlreiche Skulpturen und Reliefs, die an ihre Bestimmungsorte exportiert wurden, wie Materialanalysen der über die heutigen Bundesländer Sachsen-Anhalt, Brandenburg und Niedersachsen verstreuten Werke belegen.

Zu Beginn der 1360er Jahre treten die stilistischen und kompositorischen Kennzeichen der Nürnberg-Magdeburger Gruppe zudem in Erfurt in der Werkstatt eines Bildhauers bzw. besser gesagt: mehrerer Bildhauer auf, die 1363 die Tumba des hl. Severus (Abb. 195) in dessen Stiftskirche auf dem Domberg aus Seeberger Sandstein vollendeten.[41] Im Hinblick auf die große Zahl künstlerisch verwandter, wohl mit dieser Werkstatt in Verbindung zu bringender Arbeiten nicht nur in Erfurt und seiner weiteren Umgebung (Mühlhausen, Heiligenstadt oder Arnstadt), müssen wir von einem, wenngleich nicht allzu lange andauernden Aufenthalt dieser Bildhauer in der thüringischen Metropole ausgehen. Sie war als Residenz eines Weihbischofs der Mainzer Erzdiözese zugleich deren östlichste Expositur. Über die Verbindungen der kirchlichen Würdenträger wurden nämlich bereits Mitte der 60er Jahre einige Steinbildhauer aus Erfurt (oder die ganze Werkstatt?) in die Zisterzienserabtei Eberbach im Rheingau vermittelt, um dort das aufwendige, leider fragmentiert erhaltene Grabmal des Mainzer Erzbischofs und Kurfürsten Gerlach von Nassau († 1371) zu fertigen (Abb. 196). Für den Eberbacher Konvent statteten sie zudem den Neubau des Kreuzgangs aus, und für die mächtigen Reichsgrafen von Katzenelnbogen bereicherten sie die dortige Familiengrablege mit Grabmälern. Ihr Wirken lässt sich danach, basierend auf Stilvergleichen, untermauert durch die Erforschung persönlicher Verbindungen zwischen den Auftraggebern, überzeugend vom Rheingau in die Wetterau verfolgen.

Auch die Tätigkeit der gegen Ende der 1350er Jahre in der Tradition der kaiserlichen Kunst Nürnberger Provenienz in Magdeburg gegründeten Bildhauerwerkstatt kann man für die folgenden Jahrzehnte ununterbrochen belegen. Trotz einiger neuer Stilimpulse, die in den 70er Jahren zum Beispiel aus dem Kreis der Parler-Hütte am Veitsdom im luxemburgischen Prag kamen, können wir in Magdeburg bis um 1380 sehr gut die Verwendung ständig gleicher Ausdrucksformeln und Motivregister verfolgen. Als pars pro toto mögen die Skulpturen aus Groß Ammensleben und das Grabmal des Brandenburger Bischofs Dietrich von der Schulenburg († 1393) dienen, die bereits von der Hand eines Magdeburger Bildhauers der jüngeren Generation stammen (Abb. 197).[42] Dieses ausgesprochen umfangreiche und spannende Kapitel der Magdeburger Bildhauerkunst kann hier jedoch aus Platzgründen nicht einmal angeschnitten werden.

Anmerkungen

1. Wolters 1911.
2. Kunze 1925.
3. Zuletzt dazu Dettmers 1994; ders. 1998.
4. Vgl. Kirsten 1992; ders. 1999; Lutz 2007, insbes. S. 341, Abb. 25; Kunz 2008; Päffgen 2009, insbes. S. 214f., Abb. 9; Fajt 2009; ders.: Nürnberg zur Zeit Kaiser Karls IV. (1346–1378). Kunstmetropole – Ort des Austausches – Inspirationsquelle, 2 Bde., Berlin/München (im Druck).

5   Vgl. Scholz 2001 (mit weiterer Literatur).
6   Zu kultur- und kunsthistorischen Folgen dieser politischen Situation für die Mark Brandenburg, siehe zuletzt Fajt 2008.
7   Bischofschronik, übers. Michaelis 2006, S. 198.
8   „[...] doch hadde he nicht so vele dat men on mede mochte to grave bringen. dar umme wolde me om hebben heimliken begraven und ok umme der sake willen, de domheren hadden vare dat deken Arnd om de bigraft vorbode: wente he lach in grotem krige mit on und mit dem bischope, als hir na schreven is in dem negesten jare. doch worden to lesten wege socht, dat men on erliken na des godeshufes wonheit beging dre nacht, de ersten to sunte Sebastian, de anderen to unser vruwen, de dridden in dem dome. dar wart he begraven, dar noch sin belde steit an den pilre bi dem kore van steinen gehauwen." SC, S. 1–421, insbes. 233.
9   Grabplatte Ottos von Hessen: H. 221 cm, B. 63 cm, T. ca. 25 cm, Bernburger Buntsandstein.
10 Elisabethretabel: H. 169 cm, B. 164 cm, T. ca. 16 cm, Bernburger Buntsandstein.
11 Es handelte sich um die Altäre St. Barbara, St. Elisabeth, St. Christophorus, St. Stefan und St. Johannes der Täufer, vgl. Hertel 1902, insbes. S. 168.
12 „[...] triginta floreni auri prefato clerico seu sacerdoti et duodecim eius ministro et tres pro luminari et alii tres residui dabantur pro candelis cereis pro usibus dicte capelle oportunis et quod in maiori ecclesia Magdeburgensi perdictos communitatem et consules quinque altaria debeant fieri seu construi, in quibus per quinque sacerdotes in divisis officiis perpetuis futuris temporibus ad laudem dei et pro anima dicti Borchardi archiepiscopi serviatur, ad illa per archiepiscopum Magdeburgensem, qui erit pro tempore, libere instituendos in eos, quibus etiam debeant per eosdem communitatem et consules sufficientes dotes seu annui et perpetui redditus assignari per infrascriptum modum inter eos similiter dividendi." UBStadtMagd 1892 I, Nr. 339, S. 205–209 (Avignon, 1331, 30. Juni: Papst Johann XXII. absolviert den Rat und die Stadt Magdeburg wegen der Ermordung des Erzbischofs Burchard). – Am 1. Mai 1333 empfiehlt Erzbischof Otto Rat und Bürgerschaft von Magdeburg dem Papst, nachdem sie die von diesem auferlegten Bedingungen erfüllt hatten: „[...] consules, cives et communitas Magdeburgenses [...] omnia et singula illa [...] pro emenda et satisfactione excessuum predictorum iniunxit eisdem cum devotione debita compleverint [...]", ebd. Nr. 351, S. 216f.
13 „[...] Desse drieundeviertich inghēldes unde eynen vierding inghēldes hebben sie gheleget mit heite unde willen unde mit rade ŏrer commissarien unde richtere, dere ersamen herren ŏ des provestes des goddeshues tŭ sente Marien tŭ Magdeburch des ordinis Premonstratensis unde ŏ des provincialis von deme ordine sente Augustini in der provintien tŭ Sassen, die ŏn tŭ richteren heft ghegheven unse heylighe vader ettes-wenne paves Johannes die tweiundetwintigheste in sinen brieven, unde ok mit unser vulbort unde willen an eyne ewighe bewedemunghe tŭ der capellen sente Matthei, die sie hebben ghebuwet laten by sente Johannis kerchove Ewangelisten tŭ Magdeburch, unde tŭ den vif eltern, die sie ok hebben laten ghebuwet in unseme dōme tŭ Magdeburch nach des selven paveses Johannis ghebode, unde disse drieundevertich mark inghēldes unde eynen vierding inghēldes Brandeburgheschen silvers scal unse dŏmprovest to Magdeburch, swe die is oder swe die dōmprovestie vorsteit, des jares gheven unde bereden allejārlikes half tŭ sente Walburghe daghne unde half tŭ sente Martini daghne ane allerleye vortoch unde ane hindernisse unde ane weddersprake in diser wise, dat hie scral gheven deme preistere, die tu der capellen belenet is, allejārlikes achtehalve mark Brandenburgheschen silveres vor drittich guldene florenen; [...]" UBStadtMagd 1892 I, Nr. 402, S. 247–250 (Magdeburg, 1349, 30. Januar: Erzbischof Otto verkauft 43 Mark und einen Vierding Ingeldes für 692 Mark Silbers an die Stadt Magdeburg, welche dieselben zur Bewidmung der Matthäus-Kapelle und der 5 Altäre im Dome, die sie für die Ermordung des Erzbischofs Burchard gebaut hat, bestimmt); weiterhin dazu ebd. Nr. 433, S. 271–273 (Magdeburg, 1355, 13. Juli: Erzbischof Otto verkauft für 692 Mark den Bürgern von Magdeburg 43 Mark und eine Vierdung jährlichen Zins, welcher den Vikarien der von der Stadt im Dom gestifteten 5 Altäre und dem Priester an der Matthäuskapelle gegeben werden sollen, und ersetzt die aus der Dompropstei genommene Summe durch Verschreibung seiner Einkünfte aus Calbe (25 Mark), welche zugleich für die Überweisung eines jährlichen Zinses aus Sulze das Domkapitel entschädigen sollen).
14 „[...] Quia unum altare in dicta nostra ecclesia construi fecerat quodque morte preventus remansit indotatum." Original: Magdeburg, Landeshauptarchiv Sachsen-Anhalt, Rep. U1, Erzstift XVIII, Nr. 17 (0); in Exzerpten publiziert: UBStadtHalle III, 1, Nr. 886, S. 217 (Magdeburg, 1367, 19. November: Erzbischof Dietrich von Magdeburg verordnet mit Zustimmung des Dompropstes, des Domdekans und des gesamten Domkapitels eine jährlich zu begehende Erinnerungsfeier für seinen unmittelbaren Vorgänger, den Erzbischof Otto, der einer solchen Anniversarie noch entbehre; die jeweils entstehenden Kosten sollen außer durch andere Stiftungen auch durch die zwanzig Mark gedeckt werden, die Probst und Konvent des Klosters Neuwerk bei Halle dem Erzstift [jährlich] zu zahlen haben, die bisher zu Erinnerungsfeiern für den ermordeten früheren Erzbischof Burkhard III. bestimmt waren).
15 Vgl. Sello 1891, insbes. S. 163; Wentz/Schwineköper 1972 I, S. 33; vgl. auch Dettmers 1994, S. 37–40.
16 Über der Grabplatte ist ein metallener Inschriftenstreifen erhalten, worauf in punzierten gotischen Minuskeln zu lesen ist: „[...] pos sce elisabet cui aia r i pa". Aufgelöst heißt es „[...] nepos sancte elisabet cuius anima requiescat in pace", was als ein Hinweis auf die Abstammung Ottos von Hessen zu deuten ist, der ein Urenkel der Heiligen war, vgl. Koch 1815, S. 44; Wiggert 1867, S. 201; Hanftmann 1909, S. 63; Kluge 1911, S. 66. – Otto von Hessen berief sich auch in der Umschrift auf einem seiner zwei kleinen Siegel mit der Figur des hl. Moritz auf seine Verwandtschaft mit Elisabeth von Thüringen: S. OTTO'S. AREXI. ABNEPOT'S. BEATE. ELIZABET, siehe Lepsius 1842, S. 84–115, insbes. 93–95, Taf. 1 auf S. 163, Siegel Nr. 2.
17 Zum Stammbaum des Magdeburger Erzbischofs Otto von Hessen siehe z. B. Schwennicke 1980.
18 Grabmal der Sophie von Warberg: H. 150 cm, B. 93 cm, Bernburger Buntsandstein.
19 Im Rahmen dieser Forschung wurde eine umfassende Sandsteinanalyse durchgeführt, zu deren Ergebnissen siehe: Jörg Bowitz/Angela Ehling: Sandsteinanalyse mittelalterlicher Kunstwerke, Protokoll vom 01. September 2010.
20 Zu Hermann II. von Werberg/Warberg, siehe: Willich 2005, S. 67, 84, 135, 142, 223, 244, 246, 249, 277–281, 278f., 281, 285, 298–300, 306, 314–316, 319, 322f., 330, 333, 339, 359, 371, 379, 385, 390f., 402–404, 450, 535f., 543 (Bibliothek des Deutschen Historischen Instituts in Rom, Bd. 102).
21 Grabmal des Konrad Groß: obere Marmorplatte 210 x 87 cm, untere Sandsteinplatte mit der Gisant-Figur 216 x 94,5 cm, H. des Tischgrabes 99 cm, H. der trauernden Figuren 72–75 cm, feinkörniger gelblicher Sandstein.
22 „[...] Ich schaff auch vn(d) wil daz vesticleich(e)n daz man den fuederleichen geholfen sei . den ich mein begrebnusse . vnd selgeret enpholhen han . daz daz vnuerzogenleich volendet w(er)de . als man an meine(m) v(er)sigeltem puchlein geschriben vindet." Original: Nürnberg, Stadtarchiv, A1, 24/1 (Urkunden) 1353-07-24/I.
23 Die bisherige Datierung der Lorenzer Westfassade nach 1353, die auf Wappen mit dem böhmischen Löwen und dem schlesischen Adler als

Hinweis auf die Heirat Karls IV. mit Anna von Schweidnitz beruht, erwies sich als falsch, denn zum einen wurden die Wappenschilder offensichtlich erst später in das Mauerwerk eingebaut (dies stellte als erster Suckale 1993, S. 157 in Frage), und zum anderen sammelte man einem Ablassbrief von Februar 1341 zufolge bereits damals Geld für den Wiederaufbau der Westfassade der Lorenzkirche in Nürnberg: „Cum igitur ecclesia parrochialis sancti Laurencii in Nurenberg in turribus et in aliis edificiis post suae vetustatis lapsum reparatione nova denuo restauretur. [...]" Original: Nürnberg, Staatsarchiv, Rep. 0 (Urkunden bis 1400, Münchner Abgabe), Nr. 612.

24 Dazu vgl. immer noch Martin 1927, insbes. S. 65–82; Bräutigam 1961; Roller 2004.

25 Erster Altar der hl. Apostel an der Nordseite des Langhauses, 1358, Juli 25: „In nomine Domini amen. Anno Domini M·CCC·LVIII·in die s. Jacobi maioris mensis Julii, octava Kalendas, venerabilis et reverendus pater frater Johannes ordinis minorum professor Dei gratia Bysimanensis ecclesie exempte immediate sub papa episcopus olim apostolice sedis nuntius, legatus ad imperatores omnium Tartarorum et terras eorum et omnes alias orientales compositas legiones per omnes Indias s. Thomam apostolum et usque prope paradisum auctoritate diocesani, serenesimi Karoli quarti imperatoris Romanorum et Bohemie regis precepto, hoc altare solempniter consecravit, in quo inclusit reliquias s. Johannis Evangeliste necnon Johannis Baptiste, Petri et Pauli atque Jacobi maioris, Nicolai episcopi, in quorum honore consecratum est necnon omnium apostolorum et in honore s. Michaelis archangeli et omnium angelorum et dedit indulgentias sicut debuit et potuit auctoritate apostolica et sibi commissa omnibus vere penitentibus et contritis quandocumque et quotienscumque predictum altare visitaverint causa audiendi missam vel orationis vel devotionis et pro bono statu universalis ecclesie, sacri imperii, conversationis infidelium, destructionis Sarracenorum et infidelium, ac etiam pro se ipso consecratore et animabus omnium fidelium defunctorum unum annum et XL dies de iniungendis penitenciis misericorditer relaxari. Dies autem anniversarius consecrationis agitur semper die dominica post festum beati Jacobi apostoli maioris." Dedicationes Bamb, ed. Deinhardt 1936, S. 41, Nr. 63.
Zweiter Altar der hll. Wenzel und Barbara an der Südseite des Langhauses: 1358, Juli 25. „In nomine Domini amen. Anno Domini M·CCC·LVIII·in die s. Jacobi maioris [...] fr. Johannes [...] auctoritate dyocesani, serenissimi Karoli quarti [...] precepto hoc altare solempniter consecravit, in quo inclusit reliquie s. Wentzeslai, Geori, Viti et Vincencii martirum et decem Milium martirum, in quorum honore consecratum est et in honore omnium sanctorum, item inclusit reliquias scilicet Marie Magdalene, Barbare virginis, Margarethe virginis, Katherine virginis, Helene regine, undecim Milium virginum, in quarum etiam honore consecratum est et in honore omnium ss. Virginum et viduarum et dedit indulgentias [...]". Dedicationes Bambergenses, ed. Deinhardt 1936, S. 41f., Nr. 64.

26 Zu den Wiener herzoglichen Werkstätten vgl. Kosegarten 1960; dies. 1965 und 1966; Schmidt 1977/78 (1992), S. 179–206, Abb. 82–126 (S. 142–174, Abb. 143–187).

27 „[...] ex omnibus provinciis famosos operarios accersivit [...]", Chron-Aust, ed. Ebendorfer 1967, S. 283. – Zum Kommentar des Zitats siehe Schmidt 1977/78 (1992), S. 179–206, Abb. 82–126 (S. 142–174, Abb. 143–187, insbes. 143).

28 Es handelt sich vor allen um die Stifterfiguren Herzog Rudolfs IV. und seiner Gemahlin Katharina von Böhmen an der Westfassade des Stephansdoms, um 1359–1363, H. 220 cm, Sandstein, Wien, Wien Museum, Inv.-Nr. 594, 600; des Weiteren um die Fürstenfiguren Kaiser Karls IV. und seiner ersten Gemahlin und Katharinas Mutter Blanche von Valois, um 1359–1365, H. 210 cm, Sandstein, Wien, Wien Museum, Inv.-Nr. 567, 579; und um das Grabmal des Stifterpaares, um 1359–1363, 292 x 147,5 cm (Deckplatte mit den Figuren), Sandstein marmoriert (Deckplatte mit den Figuren), roter Marmor (Tumba), Wien, Stephansdom, Frauenchor. Zuletzt mit weiterer Literatur siehe Lothar Schultes, in: Brucher 2000, Kat.-Nr. 100, 98, 101 auf S. 355–358.

29 RI 8, Nr. 2804 (1358, Juni 30). – Die Angelegenheiten Rudolfs IV. regelte der Kaiser in Nürnberg auch noch am 29. Juni 1358 in weiteren Urkunden, vgl. RI 8, Nr. 2800 und 2801, wahrscheinlich auf persönlichen Wunsch des Habsburgers.

30 Original: Grünberg, Stromersches Archiv, Urk. 6. Vgl. Archiv der Freiherren Stromer von Reichenbach auf Burg Grünberg, hrsg. v. Mathias Thiel, Neustadt 1972, S. 17f., Nr. 39; Hirschmann 1967, S. 26, Nr. 81. Vgl. Baum 1996, insbes. S. 263, Anm. 303.

31 Vgl. Stromer 1963/64, S. 54–64, insbes. 58.

32 Vgl. Frenzel 1962, S. 2, Abb. 2.

33 Es handelte sich um die Häuser des Isaak von Schlehsitz und des Gottschalk von Stein, die Ulrich Stromer als Geschenk von Karl IV. 1349, bzw. 1350 bekam (RI 8, Nr. 1193, 1194, bzw. Nr. 1303), vgl. Stromer 1963/64, insbes. S. 60; Kohn 1978, S. 55–90, insbes. 89f., Abb. 1–3.

34 Ulrich Stromer am Zotenberg erlangte für Nürnberg von Karl IV. das berühmte Marktprivileg, das es ermöglichte, den neuen Doppel-Marktplatz mit einer Marienkirche an Stelle des vernichteten Judenviertels zu errichten. Für seine Ausstellung am 16. November 1349 war Friedrich Stromer zuständig, sein Vetter in der Prager Kanzlei Karls IV., vgl. RI 8, Nr. 1192 (1349, November 16).

35 Zur Imitatio Kaiser Karls IV. durch Rudolf IV. den Stifter, siehe: Feuchtmüller 1978; zuletzt siehe Sauter 2003, insbes. S. 232–237.

36 Thann, strategisch günstig gelegen in einem Vogesental nahe der Burgundischen Pforte, gehörte zu den wichtigsten Bastionen des Grafengeschlechts von Pfirt, dessen letztes Mitglied Ulrich III. in Basel 1324 starb. Als Erbinnen traten seine beide Töchter, Johanna und Ursula, auf. Die Nachricht von Ulrichs Tod brachte Leopold I. von Habsburg dazu, seinen jüngeren Bruder Albrecht zu Ulrichs Witwe zu schicken, damit er um die Hand der ältesten Tochter Johanna anhalte: Am 17. März 1324 besiegelten sie in Thann den Heiratsvertrag. So verschaffte Leopold I. den Habsburgern die einzige kompakte politische Einheit im Elsass. Aus der Ehe Johannas von Pfirt († 1351) und Albrechts von Habsburg († 1358) entstammte Rudolf IV. der Stifter. Zum Symbol der neuen Machtsituation, für welche der territoriale Aufstieg der Habsburger im südlichen Elsass kennzeichnend war, wurde die Stadt Thann mit ihrer Pfarrkirche St. Theobald. – Die Kirche und ihren gesellschaftlichen Kontext stellte in nicht immer nachvollziehbarer und plausibler Art und Weise in seiner Dissertation Assaf Pinkus vor, vgl. Pinkus 2006; Teilaspekte aus der Dissertation veröffentlichte er auch in: ders. 2007.

37 Dazu demnächst ausführlich Fajt, Jiří: Nürnberg zur Zeit Kaiser Karls IV. (1346–1378). Kunstmetropole – Ort des Austausches – Inspirationsquelle. 2 Bde., Berlin/München (im Druck).

38 Domkellner Ludwig von Hohenstein stiftet am 21. Juli 1362 eine Votivmesse in der Marienkapelle des Domes in Halberstadt, zu dieser Zeit muss also die Kapelle bereits vollendet und auch ausgeschmückt worden sein (Glasbilder in den Fenstern, skulpturale Anbetung der Hl. Drei Könige auf Konsolen zwischen den Fenstern). Original: Frankfurt am Main, Stadtarchiv, Sign. Reichssachen Nachträge 306; Druck: UB Hochstift Halberstadt IV, S. 15–17, Nr. 2628. – Zur Marienkapelle in Halberstadt zuletzt Fitz 2002.

39 Dies gilt in Halberstadt allerdings nicht für die Skulpturen des ehemaligen Heiligen Grabes oder der ursprünglich auf den Konsolen zu Seiten des Triumphbogens der dortigen Marienkapelle platzierten Verkündigungsgruppe, die aus Bernburger Buntsandstein gemeißelt wurden und daher Importstücke Magdeburger Herkunft sind. Wahrscheinlich bereiteten eben diese importierten Stücke in Halberstadt

40 den Weg für die Magdeburger Bildhauer, die im Rahmen der Vollendung der Marienkapelle am Dom wahrscheinlich direkt aus Magdeburg in die dortige Bauhütte gezogen sind. Sie arbeiteten vor Ort mit dem subherzynen Kreidesandstein, der in der Nähe von Halberstadt abgebaut und auch als Baumaterial genutzt wird, vgl. Jörg Bowitz/Angela Ehling: Sandsteinanalyse mittelalterlicher Kunstwerke, Protokoll vom 01. September 2010.
40 Hl. Blasius, bisher fälschlich als Bischof von Hildesheim, Heinrich von Braunschweig († 1361) gedeutet; Muschelkalk, Reste ursprünglicher Fassung, H. 202 cm, B. 44 cm, T. 39,5 cm; Braunschweig, Stiftskirche St. Blasius. Der ursprüngliche Bestimmungsort ist unbekannt, heute an der Nordseite des Triumphbogens platziert. Die Figur lässt sich demselben Bildhauer zuschreiben wie die Grabplatte des Magdeburger Erzbischofs Otto von Hessen.
41 Der Dekan des Stiftes St. Severi in Erfurt, Albert, stiftet am 25. Mai 1363 den Altar zu Ehren der hll. Johannes d. T., Severus und Hieronymus sowie der Heiligen Drei Könige. Um diese Zeit wurde wahrscheinlich auch die Tumba des Heiligen vollendet. – Original der Stiftungsurkunde: Erfurt, St. Marien, Stift, Urk. I/637; Regest: UBErfurtStift II, 284f., Nr. 572.
42 Hll. Katharina und Barbara(?), Ende der 1370er Jahre, H. 114 cm, Bernburger Buntsandstein, Groß Ammensleben, ehemalige Benediktinerabteikirche, Marienkapelle. – Grabmal des Bischofs von Brandenburg, Dietrich von der Schulenburg (reg. 1365–1393), 1373–1393 (um 1380?), Bernburger Buntsandstein, Brandenburg, Dom St. Peter und Paul, ursprünglich im Chorhaupt, im 18. Jahrhundert in den Südquerhausarm versetzt. Vgl. Fajt 2008, insbes. S. 215–220.

KATRIN STELLER

Der gotische Skulpturenfund vom Gouvernementsberg in Magdeburg. Ein Arbeitsbericht[1]

Auf Grund der Neugestaltung des Gouvernementsberges in Magdeburg, der Straße zwischen dem Domplatz und dem Schleinufer, sollten im September 2003 mehrere im Jahre 1945 zerstörte Keller ausgeschachtet und die angrenzenden Grundstücksmauern abgetragen werden. Durch waagerechte Bohrungen in diese Mauer und dem Planum der Klosterhochfläche wurde jedoch deutlich, dass sich hinter der Ziegelmauer noch eine „Futtermauer" befand, die zum größten Teil aus Natursteinen bestand.[2] In dieser Natursteinmauer fand man die frontal eingemauerte Skulptur einer weiblichen Figur, auf die anatomisch richtig der bekrönte Kopf einer anderen Skulptur gesetzt worden war (Abb. 198). Die Bruchsteinmauer in diesem Bereich war sauber verputzt, was auffällig erschien, da in keinem anderen Abschnitt der 20 m langen Mauer ein vergleichbar ordentlicher Mauerverputz angelegt war. Möglicherweise geschah dies, um auf den Standort der Skulptur in der Mauer aufmerksam zu machen.[3]

Neben dieser Skulptur entdeckte man den oktogonalen Sockel einer weiteren Statue, die mit der Außenseite der Natursteinmauer bündig abschloss. Nachdem diese beiden Plastiken aus der Mauer entfernt waren, fand man weitere Skulpturenfragmente. Nach und nach wurden die Gesteinslagen abgetragen und die restlichen Fragmente geborgen. Insgesamt wurden 34 Fragmente von weiteren Figuren und steinernen Platten sowie drei Architekturteile gefunden. Hinzu kamen circa 180 kleinere Bruchstücke sowie Teile eines Reliefs. Die Sandsteinfragmente waren praktisch in die Mauer eingefügt, was ihre Nutzung als Baumaterial sehr wahrscheinlich macht.[4] Die Verbauung der Skulpturen besaß, bis auf die senkrecht in die Mauer gesetzte Skulptur, weder eine Ordnung noch eine erkennbare Logik oder Reihenfolge.

Zur Datierung der Natursteinmauer können Scherben und andere Funde aus der Baugrube und dem Mörtel herangezogen werden. Neben den ältesten blaugrauen Scherben aus dem 14. und 15. Jahrhundert gibt es auch jüngere, innen gelblich glasierte Keramik aus dem 15. und 16. Jahrhundert sowie „Bauernkeramik" und weiße Tonpfeifen aus dem 17. und 18. Jahrhundert. Porzellanreste, die ab dem 19. Jahrhundert im ‚Siedlungsschutt' auftreten, fehlen.[5]

Es konnte noch nicht sicher bestimmt werden, auf welchem ehemaligen Grundstück die Skulpturen eingemauert waren. In Frage kommen Gouvernementsberg 3 oder 4. Nachweislich wurden im 18. Jahrhundert auf beiden Grundstücken komplette Neubauten errichtet, im Zuge dessen die Figuren als Baumaterial in die Mauer gelangten.

Die Plastiken sind bei ihrer Auffindung in einem relativ schlechten Erhaltungszustand gewesen (Abb. 199, 200). Die Objekte waren durch Bestoßungen bzw. Abschlagungen stark beschädigt und ein Großteil der Fassung war bereits vollständig verloren. Erd- bzw. Pflanzenanhaftungen befanden sich auf der Gesteinsoberfläche. Daraus kann geschlossen werden, dass die Plastiken vor ihrer Einmauerung auf einem tonhaltig versetzten Mutterboden feucht gelagert wurden.[6]

Eine außergewöhnliche Besonderheit ist der unveränderte Originalzustand der Figuren. So finden sich weder plastische Umarbeitungen noch eine Überarbeitung der Polychromie in Form von Übermalungen oder Abwaschungen. Durch den Mörtel vor der Witterung geschützt, konnten Reste der ursprünglichen Farbfassung bis heute erhalten bleiben.

Während der ab 2005 erfolgten Restaurierung wurden die Fragmente nach und nach von den großflächig anhaftenden Mörtel- und Krustenauflagerungen befreit und mehrere zerbrochene Fragmente wieder zusammengefügt.

Abb. 198: Skulptur vom Gouvernementsberg in Magdeburg, Freilegung der ersten Plastik am 15. September 2003. Foto: Landesamt für Denkmalpflege und Archäologie Sachsen-Anhalt.

Abb. 199: Skulptur vom Gouvernementsberg in Magdeburg, Zustand von Fund 37 nach der Bergung (September 2003), Landesamt für Denkmalpflege und Archäologie Sachsen-Anhalt, Halle (Saale). Foto: Katrin Steller.

Etwa 30 Prozent der kleineren Bruchstücke konnten bereits wieder einigen Figuren zugeordnet werden. Die noch erhaltenen Farbreste, wie Zinnober, Azurit, Malachit, Ocker und Vergoldungen, wurden gesichert.

Abb. 200: Skulptur vom Gouvernementsberg in Magdeburg, Zustand von Fund 37 nach der Freilegung von Mörtel- und Ziegelanhaftungen (Juni 2008), Landesamt für Denkmalpflege und Archäologie Sachsen-Anhalt, Halle (Saale). Foto: Katrin Steller.

Datierung und Deutung der Figuren

Die verschiedenen Skulpturenfragmente können bisher in 13 Figuren unterschieden werden. Nicht alle Stücke wurden zur gleichen Zeit bzw. von einer Werkstatt angefertigt. Der Fund kann daher in mindestens sechs Gruppen eingeteilt werden:

Die wohl größte und gleichzeitig älteste Figur des Fundes (Gruppe I, Fund 28) war ursprünglich circa 1,40 m groß und stammt aus dem Anfang des 14. Jahrhunderts (Abb. 201).

Die meisten Skulpturen, wozu auch der Kopf mit der Krone gehört, entstanden im 3. Viertel des 14. Jahrhunderts (Gruppe II, Funde 26a, 26b, 29, 32, 35, 39, 40, 43; F-Abb. 24, Abb. 202–208) und hätten im vollständigen Zustand eine Größe von circa 1,25 m.

Fund 30 (Gruppe III; F-Abb. 25, Abb. 209), dessen Rückseite für die Anbringung an einem Pfeiler ausgearbeitet wurde, wird aus der gleichen Zeit sein, gehört aber stilistisch nicht zur Gruppe II. Die Skulptur besaß ursprünglich eine Höhe von ca. 1,20 m.

Der weibliche Frauenkopf mit Schleier (Gruppe IV, Fund 27; Abb. 210) muss etwas später, gegen Ende des 14. Jahrhunderts, angesetzt werden.

Die Gruppe V, eine weibliche Figur mit langen Haarsträhnen (Fund 31; Abb. 211), wurde ebenso wie Fund 38 (Gruppe VI; Abb. 212) in der ersten Hälfte des 15. Jahrhundert gefertigt.

An einigen Figuren sind die Attribute entweder nicht mehr vorhanden oder stark beschädigt. Daher können die ikonographischen Deutungen nur anhand der noch vorhandenen Fragmente erfolgen. Dagegen steht mit Sicherheit fest, dass es sich bei den Skulpturen überwiegend um weibliche Figuren handelte.

Die größte Figur (Fund 28; Abb. 201) hielt auf ihrem linken Arm ehemals das Christuskind. Der Unterkörper des kleinen Jesuskindes ist an der Marienfigur noch vorhanden. Kleine Vogelfüße sind auf den Knien des Knaben erhalten.

Abb. 201: Skulptur vom Gouvernementsberg in Magdeburg, Fund 28, Landesamt für Denkmalpflege und Archäologie Sachsen-Anhalt, Halle (Saale). Foto: Katrin Steller.

Abb. 202: Skulptur vom Gouvernementsberg in Magdeburg, Fund 26 a, Landesamt für Denkmalpflege und Archäologie Sachsen-Anhalt, Halle (Saale). Foto: Katrin Steller.

Abb. 203: Skulptur vom Gouvernementsberg in Magdeburg, Fund 29, Landesamt für Denkmalpflege und Archäologie Sachsen-Anhalt, Halle (Saale). Foto: Katrin Steller.

Fund 43 (Abb. 208) kann dank des noch vorhandenen Pfeils, der an der rechten Seite des Oberkörpers einer weiblichen Figur anliegt, als hl. Ursula identifiziert werden.

Auf dem rechten Armstück des Fundes 39 (Abb. 206) sind noch stilisierte Fell- bzw. Schwanzreste eines kleinen Tieres erkennbar, so dass es sich hierbei möglicherweise um die Darstellung der heiligen Margaretha handeln könnte, auf deren rechtem Arm sich ein kleiner Drache befand.

Eine weitere weibliche Figur (Fund 29; Abb. 203) hält in ihrer rechten Hand den scheibenförmigen Rundknauf eines Schwertes. Bei dieser Skulptur wird es sich höchstwahrscheinlich um die im Mittelalter populärste Heilige mit Schwert gehandelt haben: die heilige Katharina von Alexandrien.

An einem anderen Skulpturenfragment (Fund 35; Abb. 205) befindet sich am Oberkörper der Rest eines einem Hammer sehr ähnlichen Attributs. Die Darstellung der Musik als eine der Septem Artes Liberales wurde meist als weibliche Figur dargestellt, in der einen Hand ein Glöckchen, in der anderen einen Hammer.

Der Frauenkopf mit Krone (Fund 26b; Abb. F-Abb. 24) sowie drei weitere Fragmente der Gruppe II (Funde 26a, 32, 40; Abb. 202, Abb. 204, Abb. 207) können ikonographisch nicht eingegrenzt werden, da es auf Grund fehlender Attribute keine Hinweise gibt. Sicher ist nur, dass es sich um die Darstellung weiblicher Figuren handelt.

Fund 30 (F-Abb. 25, Abb. 209) besteht aus zwei Figuren: Eine kleine, rötliche, nackte Figur strebt von unten einer größeren Figur zu, die ihre rechte Hand an den Kopf der kleineren hält.

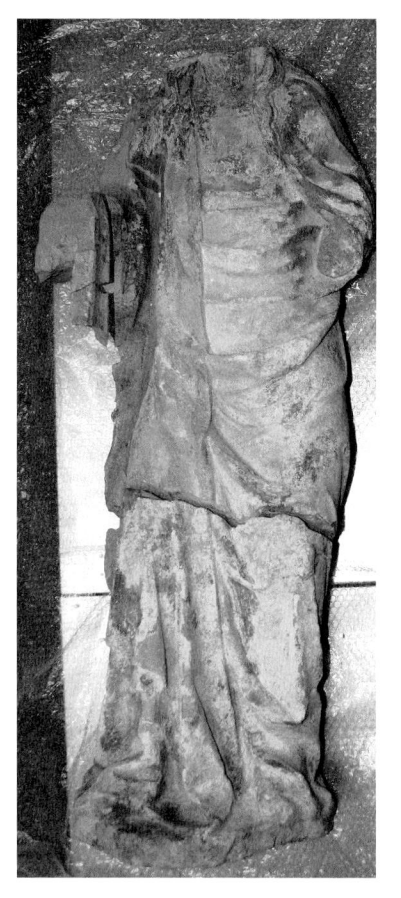

Abb. 204: Skulptur vom Gouvernementsberg in Magdeburg, Fund 32 mit 33, Landesamt für Denkmalpflege und Archäologie Sachsen-Anhalt, Halle (Saale). Foto: Katrin Steller.

Abb. 205: Skulptur vom Gouvernementsberg in Magdeburg, Fund 35, Landesamt für Denkmalpflege und Archäologie Sachsen-Anhalt, Halle (Saale). Foto: Katrin Steller.

Abb. 206: Skulptur vom Gouvernementsberg in Magdeburg, Fund 39, Landesamt für Denkmalpflege und Archäologie Sachsen-Anhalt, Halle (Saale). Foto: Katrin Steller.

Viele schmale Einkerbungen auf der Körperoberfläche der kleinen Figur erwecken den Anschein von stark stilisiertem Fell. Es wird sich daher bei dieser Gestalt um ein Tier handeln. Zwei Heilige kommen als Deutung für diese Figurengruppe in Frage, da sie fast immer mit einem Tier in dieser Position dargestellt sind: der hl. Hieronymus mit dem Löwen und der hl. Ägidius mit der Hirschkuh.

Zu Füßen des Fundes 38 (Abb. 212) ist ein sich windender Schwanz eines Tieres, höchstwahrscheinlich eines Drachens, erkennbar. Es lässt sich daraus auf die Darstellung der hl. Margaretha oder des hl. Michael schließen.

Zur ehemaligen Bedeutung des Frauenkopfes mit Schleier (Fund 27; Abb. 210) und der weiblichen Skulptur mit langen Haarsträhnen (Fund 31; Abb. 211) können keine Deutungen erfolgen, da auch hier Attribute fehlen.

Zum Aufstellungsort der Figuren

Neben der ikonographischen Entschlüsselung der Skulpturen ist die Frage nach dem ursprünglichen Aufstellungsort von großem Interesse.

Fund 28 und Fund 30 weisen noch gut erhaltene Farbreste von Zinnober auf. Wären diese beiden Skulpturen im Außenbereich längere Zeit direkter Lichteinstrahlung ausgesetzt gewesen, hätte sich das Quecksilbersulfit, das sich in der Farbe befindet, im Laufe der Zeit geschwärzt und wäre an den beiden Stücken nicht mehr in dieser Intensität nachweisbar. Es kann also davon ausgegangen werden, dass der Standort dieser Plastiken im Inneren oder an einem vor Licht, vielleicht durch eine Vorhalle, geschützten Aufstellungsort außerhalb eines Sakralbaus zu suchen ist.

Abb. 207: Skulptur vom Gouvernementsberg in Magdeburg, Fund 40, Landesamt für Denkmalpflege und Archäologie Sachsen-Anhalt, Halle (Saale). Foto: Katrin Steller.

Alle größeren Fragmente der Gruppe II (Funde 26a, 29, 32, 35, 39, 43) weisen auf der Rückseite Dübellöcher auf. Die Skulpturen sind somit an ihrem ursprünglichen Aufstellungsort befestigt gewesen. Als mögliche Aufstellungsorte der Figuren kommen demzufolge ein Portal oder eine Anbringung innerhalb eines Sakralbaus an einem Lettner in Frage. Die restlichen Figuren des Fundes könnten sich sowohl im Außen- als auch im Innenbereich befunden haben.

Zu bedenken ist, dass die Skulpturen der verschiedenen Gruppen nicht unbedingt aus einer, sondern mehreren Kirchen Magdeburgs stammen könnten. So ist es möglich, dass sie nach der Entfernung aus verschiedenen Gotteshäusern an einem zentralen Platz gelagert wurden, bis sie als Baumaterial Verwendung fanden. Als ehemalige Standorte, im Speziellen für die Figuren der Gruppe II, wären besonders solche Sakralbauten der Magdeburger Altstadt einzugrenzen, die sich durch eine unmittelbare Nähe zum Fundort auszeichnen und einen Neubau oder Umbauten in der 2. Hälfte des 14. Jahrhunderts aufweisen.

Dem Fundort am nächsten liegt als großer Sakralbau das Kloster Unser Lieben Frauen.

Abb. 208: Skulptur vom Gouvernementsberg in Magdeburg, Fund 43, Landesamt für Denkmalpflege und Archäologie Sachsen-Anhalt, Halle (Saale). Foto: Katrin Steller.

Abb. 209: Skulptur vom Gouvernementsberg in Magdeburg, Fund 30, Landesamt für Denkmalpflege und Archäologie Sachsen-Anhalt, Halle (Saale). Foto: Katrin Steller.

Abb. 210: Skulptur vom Gouvernementsberg in Magdeburg, Fund 27, Landesamt für Denkmalpflege und Archäologie Sachsen-Anhalt, Halle (Saale). Foto: Katrin Steller.

Doch das romanische Südportal kommt für die Anbringung von gotischen Portalfiguren ebenso wenig in Frage wie das Westportal. Dieses wurde vermutlich bereits Ende des 12. Jahrhunderts zugemauert und erst 1731 vom damaligen Probst Opfergelt wieder geöffnet.[7]

Eine Anbringung der Figuren an einem der Portale des Klosters scheint demnach ausgeschlossen. Probst Opfergelt mag jedoch mit einer Bemerkung zur alten Sakristei einen Anhaltspunkt zu den gefundenen Plastiken geben. Denn er beschrieb 1732 in „Die kurtze Nachricht, von der Lieben Frauen-Kirche" dass „darinnen allerhand Hauß-Rath / unter einer Menge verdorbener Statuen, die vermuthlich, gewisse Heilige repraesentiren, verwahret wird."[8] Ob es sich bei den „verdorbenen" Statuen um die Magdeburger Figuren handelt, die vielleicht vor ihrer Einmauerung in der alten Sakristei gelagert wurden, ist ungewiss.

Ebenfalls in unmittelbarer Nachbarschaft zum Fundort befanden sich die Alexius- und die Ölbergkapelle. Über die Ausstattung der im 12. Jahrhundert gegründeten Alexiuskapelle ist nichts bekannt. Dagegen ist durch Quellen überliefert, dass sich in der Ölbergkapelle früher Skulpturen befanden,[9] die jedoch „Christus auf dem Ölberg" zum Thema hatten.

Auf der anderen Seite, keine 200 m vom Gouvernementsberg entfernt, befindet sich der Magdeburger Dom. 1363 wurde der Bau geweiht, dessen Westseite zwischen 1306/10 und 1363 gebaut wurde. Das leicht vorgezogene vielstufige Westportal besitzt einen steilen, reich verzierten Wimperg. Figuren an den Archivolten oder Pfosten fehlen. Die heute vorhandenen Archivolten sind sehr schlank ausgebildet und waren wahrscheinlich nie für Figuren vorgesehen.[10] Hinter dem Wimperg liegt das zweite Geschoss des Zwischenbaus aus der Zeit von 1350 bis 1363. In der Mitte befindet sich ein zweiteiliges Fenster mit Fischblasenmaßwerk, welches von jeweils sechs Konsolen und Baldachinen nach unten treppenförmig begrenzt wird. Dies weist auf eine geplante Anbringung von Standbildern hin.[11]

An weiteren Sakralbauten der Altstadt fanden ebenfalls Um- bzw. Neubauten im 14. Jahrhundert statt: Sankt Nikolai musste Anfang des 14. Jahrhunderts dem Dombau weichen und wurde an der nordwestlich gelegenen Ecke des heutigen Domplatzes bis ca. 1360 neu errichtet. Die Kapelle Sankt Gangolfi, die auch der heiligen Jungfrau geweiht war, wurde etwas später, um 1372, neu oder umgebaut. Eine eindeutige Zuordnung der Funde zu einem oder mehreren Sakralbauten kann bisher nicht erfolgen.

Abb. 211: Skulptur vom Gouvernementsberg in Magdeburg, Fund 31, Landesamt für Denkmalpflege und Archäologie Sachsen-Anhalt, Halle (Saale). Foto: Katrin Steller.

Mögliche Zerstörungsursachen der Skulpturen

Genauso unklar wie der ursprüngliche Aufstellungsort der Figuren ist der Grund, warum die Skulpturen damals beschädigt wurden. Es gibt zwei bedeutende Ereignisse in Magdeburg, denen zahlreiche Kunstwerke zum Opfer fielen. Auch die Skulpturen des Fundes könnten dabei beschädigt oder gar im Zuge dessen von ihren Standorten entfernt worden sein.

Das erste Ereignis ist der Bildersturm, der 1524 über Magdeburg hereinbrach und sich gegen die Abbildung Gottes und der Heiligen richtete.

Der damalige Möllenvogt Sebastian Langhans schildert in seiner „Historia" von 1524 ausführlich die Auseinandersetzungen zwischen der protestantischen Gemeinde und dem katholischen Klerus in Magdeburg: Der große Aufruhr begann während der Predigt eines Franziskaners, woraufhin eine Gruppe von ungefähr fünfhundert Handwerkergesellen zum Dom geeilt sind, die Mitglieder des Kapitels tätlich angriffen und Teile der liturgischen Gerätschaften zerschlugen. Insbesondere zahlreiche Bilder „steinern und hultzern"[12], wie Langhans schreibt, wurden abgeworfen und zerstört.

Auch in den Kirchen des Agneten- und Lorenzklosters und der Paulinerkirche wurden Bücher, Ampeln und Stühle unbrauchbar gemacht, Altäre zerschlagen und

Abb. 212: Skulptur vom Gouvernementsberg in Magdeburg, Fund 38, Landesamt für Denkmalpflege und Archäologie Sachsen-Anhalt, Halle (Saale). Foto: Katrin Steller.

„wachslichter und kertzen, groß und klein, so viel sie der alda gefunden vor allen bildern, uff den kronen und Altaren abgeschlagen, geworffen, die auch zubrochen uff stucken, in die Ermel gestackt und gantz und gar mit wegnohmen, keinß da gelassen."[13]

In den folgenden Tagen nach dem Bildersturm wurden von den Kirchenvorständen, falls das nicht schon früher geschehen war, die restlichen Heiligenbildnisse und Altäre aus den Pfarrkirchen entfernt.[14] Mehrfache Klagen des Domkapitels und der Hofräte noch viele Jahre nach dem Bildersturm in Magdeburg geben einen Hinweis darauf, was mit einigen im August 1524 zerstörten Steinwerken passiert ist. Die Klagen richteten sich gegen den Rat der Stadt, der beim Bau von städtischen Gebäuden und Befestigungen Steine vermauern ließ, die von abgebrochenen Altären oder Stiftermonumenten stammten.[15]

Das zweite Ereignis, bei dem zahlreiche Kunstwerke in Magdeburg zerstört wurden, fand etwas mehr als 100 Jahre später, am 10. Mai 1631 statt. Magdeburg wurde im Dreißigjährigen Krieg durch das kaiserliche Heer unter Tilly erstürmt und dem Erdboden gleich gemacht.

Plündernd und mordend zogen die Soldaten über Magdeburg her und einzelne Brände entwickelten sich zu einem Feuersturm, der unter den Sakralgebäuden lediglich den Dom, das Kloster Unser Lieben Frauen und das Augustinerkloster verschonte. Die übrigen Kirchen Magdeburgs stürzten wegen des Feuers bzw. der Kriegsschäden teilweise oder ganz ein.

Für den Wiederaufbau der Stadt in den ersten Monaten nach der Zerstörung erwies sich die Beschaffung von Arbeits- und Baumaterialien als besonders schwierig. Und erneut wurden Steine und andere Materialien aus fremden Ruinen für Neubauten entnommen, so dass dagegen ein Verbot erlassen werden musste.[16]

Zusammenfassend ist zu sagen, dass es sich bei den 13 Sandsteinskulpturen größtenteils um weibliche Figuren handelt. Eine Maria mit Kind und eine hl. Ursula können ikonographisch mit Sicherheit bestimmt werden. Im 18. Jahrhundert gelangten die Fragmente als Baumaterial in die Mauer am Gouvernementsberg. Aus stilistischen Gründen können sie in mindestens sechs Gruppen eingeteilt werden. Die Entstehungszeit der verschiedenen Figuren reicht vermutlich vom 14. bis ins 15. Jahrhundert. Die ursprünglichen Aufstellungsorte der Statuen bleiben bisher genauso unklar wie der Grund ihrer Beschädigungen sowie ihrer endgültigen Entfernung aus dem Blickfeld der Öffentlichkeit.

Anmerkungen

1 Die hier vorgestellten Überlegungen stellen einen ersten Vorbericht meiner in Arbeit befindlichen Dissertation „Der gotische Skulpturenfund vom Gouvernementsberg in Magdeburg" dar, die ich am Institut für Kunstgeschichte und Archäologien Europas der Martin-Luther-Universität Halle-Wittenberg schreibe.
2 Vgl. Frank Besener: Vorwort, in: Grimm / Wieckowski 2004, S. 6.
3 Vgl. Besener 2005, S. 140.
4 Vgl. ebd., S. 141.
5 Vgl. Frank Besener: Vorwort, in: Grimm/Wieckowski 2004, S. 6.
6 Vgl. Grimm/Wieckowski 2004, S. 32–34.
7 Vgl. Opfergelt 1732, S. 2f.
8 Ebd., S. 9.
9 Ernst Neubauer bezeichnet das Werk als Steinrelief. Vgl. Neubauer 1931, S. 234.
10 Vgl. Sußmann ²2002, S. 43.
11 Vgl. Dehio SaAn 2002 I, S. 545.
12 Langhans, ed. Hertel 1893, S. 319.
13 Ebd., S. 320.
14 Reliquien und andere Kostbarkeiten hatten die Domherren schon eher in Sicherheit gebracht.
15 Vgl. Asmus 1999, S. 451.
16 Vgl. Asmus 2002, S. 21.

RELIQUIEN, LITURGIE & MEMORIA
AM MAGDEBURGER DOM

SIBLE DE BLAAUW

Die ottonischen Kaisergräber in Magdeburg und Rom. Visualisierung der Herrschermemoria im europäischen Kontext

Die Umwelt des sächsischen Königs- und Kaiserhauses war von einer Obsession für das Seelenheil geprägt. Der aussagekräftigste Zeuge ist Thietmar von Merseburg, dessen Schriften von einer Angst um das Schicksal der Seele zeugen.¹ Die Gebetshilfe für das ewige Heil anderer Menschen war gewiss vom Bedürfnis bestimmt, durch fromme Werke die eigenen Sünden auszugleichen. Unzählbare Diplomata mit Bestimmungen ‚ob memoriam et remedium animae' aus dem Ottonenkreis bestätigen, dass Thietmars Gesinnung repräsentativ für seine geistige Umgebung war.

Hier lag im christlichen Sinne auch die Bedeutung des sichtbaren Grabes. Augustinus' Auseinandersetzung mit dieser Frage blieb hierfür jahrhundertelang ideell maßgebend. Grabdenkmäler sind nützlich, weil sie „diejenigen, die den Augen der Lebenden entzogen worden sind, in Erinnerung rufen und durch die Erinnerung das Gedenken bewirken, damit sie nicht durch das Vergessen aus dem Herzen getilgt werden".² Und gerade weil die Lebenden den Seelen der Verstorbenen mit ihrem Gebet zur Hilfe kommen sollten, war die Sichtbarkeit des Grabes für die Kirchenbesucher notwendig. Der Vollzug des liturgischen Totengedächtnisses in Totenmessen am Jahrestag wurde im Mittelalter zum Kernpunkt der Seelenheilfürsorge, aber auch die Fürbitten der Gottesdienstteilnehmer sowie außerliturgische Gedenken forderten die ungebrochene Aufmerksamkeit der Lebenden.³

Von den tatsächlichen Verhältnissen, in denen das Magdeburger Kaisergrab in seinem ursprünglichen Zustand gesehen und begangen wurde, und von der Art und Weise, wie es in die Liturgie des Magdeburger Domes einbezogen war, ist nahezu nichts bekannt. Auch zum räumlichen und liturgischen Vergleich mit anderen Herrschergräbern der ottonischen und frühsalischen Zeit fehlen wichtige Indizien. Nicht auszuschließen ist aber, dass die Ansprüche der Grablege Ottos I., wie sein Herrschaftsverständnis, neu durchdacht waren. Als wichtiges Gegenstück des Magdeburger Ottograbes hat das Grabmal Ottos II. in St. Peter in Rom zu gelten. Zwei ottonische Kaisergrabmäler als visuelle Medien der Memoria des erneuerten Kaisertums sind das Thema dieses Beitrags. Die Monumente bilden die Nord-Südachse in einem europäischen Umfeld von Herrschergrabtraditionen, mit denen sie zweifelsohne in einem dynamischen Verhältnis standen. Bei allen Lücken der schriftlichen und archäologischen Überlieferung ergeben sich drei Aspekte, die in Besonderem nachgeprüft werden können. Diese sind die Sichtbarkeit bzw. Gestaltung des Grabes, die Lage des Grabes im Bau bzw. sein räumliches Verhältnis zur liturgischen Disposition und zum Schluss die Überlieferung bzw. Erhaltungsweise des Grabes während der nächsten Generationen.⁴

Grabstandorte und Grabkirchen

Nicht so sehr die äußerlich sichtbare Gestalt, sondern der Standort machte die Bedeutung und den Rang eines Grabmals aus.⁵ Bei den hohen geistlichen Würdenträgern findet man häufig eine Bestattung ‚in medio chori', die wohl als das Höchste des Erreichbaren gelten konnte – so ließ sich z. B. Bischof Bernhard von Halberstadt 968 beisetzen.⁶ Der Chor hatte in den meisten Kathedral-, Stifts-, und Klosterkirchen inzwischen die Form eines vor dem

Hauptaltar liegenden, abgeschränkten Rechtecks angenommen, mit zwei parallelen, aufeinander bezogenen Sitzreihen in Längsrichtung.[7] Hier war also sowohl die tägliche Fürbitte der Kanoniker oder der monastischen Gemeinschaft als auch die Präsenz des Toten in der Eucharistie am Hauptaltar optimal garantiert.

Doch gab es auch andere liturgische oder devotionale Brennpunkte in einer Kirche, die als Grabstätte attraktiv sein konnten. Erzbischof Gero von Köln (gest. 976) ließ sich beispielsweise am von ihm gestifteten Monumentalkreuz beerdigen.[8] Hier war sowohl eine prominente, axiale Lage vorhanden, als auch ein Punkt, der gleichermaßen von den Geistlichen wie von den Laien frequentiert wurde. Für geistliche Stifter wurde die Bestattung ‚in medio ecclesiae' im 10. Jahrhundert offensichtlich eine gesuchte Variante.[9] Um ein Stiftergrab ging es auch im Falle Bischof Bernwards in Hildesheim (gest. 1022), der mit einer Grabstelle in der Westkrypta sowohl eine liturgische Verbindung mit dem Altar der Gottesmutter in der Krypta und dem oberhalb liegenden Konventschor realisierte, als auch die Aufmerksamkeit der Gläubigen auf sich lenkte, für welche die Westkrypta wohl zugänglich war.[10] Dabei war die Krypta als Ort der Bestattung von Stiftern oder Privatpersonen in jener Zeit nicht üblich, und es sieht so aus, als ob Bernward eine Sonderlösung gesucht habe in einer zur Zeit seines Todes noch unvollendeten Kirche.[11]

Bewusst alternative Grabstätten am Rande oder außerhalb des Kirchenraumes können manchmal in der alten Tradition des Demutsgestus interpretiert werden. So ließ sich Bischof Hildeward von Halberstadt 996 in demonstrativer Abweichung von seinen Vorgängern im Kreuzgang des Domes beisetzen, wobei die Selbstverleugnung hier wie häufig etwas abgeschwächt wurde durch die Ausdrücklichkeit, mit der die Grabinschrift die Demutstugend kundgab.[12] Jedenfalls konnte Hildeward sich im Kreuzgang des häufigen Vorbeigehens der Domherren sicher sein.

Die Gepflogenheiten der kirchlichen Elite lassen sich mit den Grablegen fürstlicher Persönlichkeiten aus dem weiteren Umkreis des sächsischen Hauses vergleichen. Das Stiftergrab in der kleinen Stiftskirche zu Walbeck wurde 986 in der Mittelachse des Querschiffs hinter der Chorschranke angelegt.[13] Dort konnte es von Laien außerhalb des Chores wohl wahrgenommen werden, aber es bildete gleichsam das räumliche Zentrum des Chorgebetes der Stiftsherren. Der König von Italien, Lothar II., erster Gemahl der späteren Kaiserin Adelheid, fand 950 in S. Ambrogio in Mailand sein Grab, im Einklang mit einer lange vorher getroffenen Entscheidung.[14] Die frühchristliche Basilika mit dem berühmten Heiligengrab im Hochaltar hatte bereits eine Tradition als königliche Grablege der Langobarden und Karolinger, in derselben Zeit als sie auch als Grablege der Mailänder Bischöfe bevorzugt wurde.[15] Das Grab wurde in einer Kapelle, Maria, Jakobus und Georg gewidmet, angelegt.[16] Offensichtlich war hier eine direkte Verknüpfung des Grabmals mit einem Altar vorausgesetzt. Diese begegnet uns auch in der kaiserlichen Familie selber: Theophanu wurde, nachdem sie 991 in Nimwegen gestorben war, auf der Mittelachse des Westwerks von St. Pantaleon in Köln vor einem Altar mit von ihr selbst geschenkten Reliquien bestattet.[17] Am Reliquienaltar war höchstwahrscheinlich – wie beim Kölner Gero-Grab – ein liturgisches Programm und ein Totengedächtnis für die zu ihren Füßen ruhenden fürstlichen Persönlichkeiten impliziert. Für die Kapelle in Mailand ist dies belegt, und zwar in einer Urkunde Ottos des Großen aus dem Jahr, in dem er Adelheid als seine neue Gattin wählte. Otto bestimmte die Mittel, damit die Mönche von S. Ambrogio in der Kapelle, in der Lothar II. ruhte, täglich die Lichter betreuen und das Offizium ausführen konnten – „pro remedio anime" des Verstorbenen.[18]

Den Hintergrund dieser Varianten bilden die großen Herrschergrabtraditionen Europas. Im Ostfrankenreich war seit Karl dem Großen immer die persönliche Entscheidung des verstorbenen Herrschers oder seiner Nachfahren für die Wahl eines Grabortes ausschlaggebend gewesen. Dass sich keine exklusiven Grablegen entwickelten, hat zweifellos mit dem kompositen Charakter des östlichen Reichsgebietes zu tun.[19] Im Westfrankenreich setzte sich dagegen Saint-Denis, zeitlich abgelöst von Saint-Remi in Reims, als dynastische Grablege durch.[20] Pippin, der Vater Karls des Großen, hatte sich in Saint-Denis noch aus Demut vor der Türschwelle der Kirche bestatten lassen, während Karl der Kahle und seine Dynastie das Kircheninnere, und zwar an privilegierten Stellen (Karl zwischen zwei Altären), bevorzugten.[21] Typisch für die karolingische Tradition ist die Bestattung innerhalb des Hauptraumes einer Kirche, während im Langobardenreich und in England Nebenräume, entweder spezifische Mausoleen oder nicht, bevorzugt wurden.[22] Nur Pippin und Ludwig der Fromme

Abb. 213: Ottonische Grablege (sogenannte Confessio, Nordwestecke), Stiftskirche St. Servatius, Quedlinburg. Foto: Lehmann 1987.

entschieden sich bewusst für einen bescheideneren Ort außerhalb der Kirche.[23] In Byzanz gab es indessen eine seit Konstantin kaum unterbrochene Tradition der kaiserlichen Grablege an der Apostelkirche in Konstantinopel: hier nicht dynastischer, sondern staatlicher Natur. Zwei große spätantike Mausoleen nahmen alle Kaisergräber auf, bis sie kurz nach dem Jahre 1000 brechend voll waren.[24]

Als die Liudolfinger sich als königliche Dynastie herausbildeten, kam die neue Stiftskirche in Quedlinburg als Grablege ins Spiel. Ein gemeinsames Grab war hier von langer Hand vorbereitet worden (Abb. 213). Heinrich I. (gest. 936) und Mathilde (gest. 968) wurden als Stifter an der privilegiertesten Stelle beigesetzt, und zwar direkt vor dem Hauptaltar der Urkirche, deren Fußbodenniveau in der späteren Krypta erhalten blieb.[25] Damit war jedoch kein dynastisches Mausoleum konzipiert, denn Otto I. wählte bekanntlich nicht eine Grablege bei seinen Eltern, sondern in der von ihm gegründeten Abtei, dann bald erzbischöflichen Kathedrale in Magdeburg. Ohne über die Platzierung und den baulichen Kontext der ursprünglichen Gräber von Editha und Otto entscheiden zu können,[26] ist die Arbeitshypothese angebracht, dass die Gräber des Herrscherpaares in der neuen Basilika als Stiftergräber erkennbar waren und begangen werden konnten.[27] Dabei spielt jedoch die Frage der Gestalt der Gräber eine ebenso wichtige Rolle. Auch wenn die Lage für die Wirkung der Gräber als Erinnerungsinstrument primär war, kann die formale Typologie und die davon abhängige Repräsentationskraft nicht außer Acht bleiben.

Grabmaltypen

Für die Mehrheit der im vorgehenden Abschnitt genannten Gräber gilt wohl, dass sie niveaugleich mit dem Fußboden gewesen sind, mit einem gänzlich in den Erdboden versenkten Sarg. Bei Gero in Köln war die Grabstätte im Paviment mit farbigen Marmorsteinen markiert.[28] Bei Bischof Bernhard von Halberstadt handelte es sich um einen im Erdboden liegenden Kalksteinsarkophag, dessen unsichtbarer walzenförmiger Deckel mit einem Kreuz und einer kurzen Inschrift gekennzeichnet war.[29] Der Sarkophag für Bernward von Hildesheim besteht aus einer groben Sandsteinkiste mit einem hervorragend dekorierten Deckel. Der Sarg war offensichtlich in den Boden versenkt, aber so, dass der satteldachförmige Deckel darüber hervortrat.[30] Die figürlichen Flachreliefs und Schriftbänder der Deckel werden allgemein als ‚bernwardinisch' angesehen und können somit in die Zeit um 1020 datiert werden. Als neu hergestellter skulpturengeschmückter Sarkophag stellt dieses Werk in spätottonischer Zeit ein Unikat dar.[31] Die frühsalischen Kaisergräber im Speyerer Dom waren auch im Boden eingelassene Steinsärge, die teilweise mit ihrem Deckel über das Bodenniveau herausragten, allerdings ohne Schmuck.[32]

Die Frage ist, inwieweit Tendenzen zu Hochgräbern im sächsischen Gebiet bereits angelegt waren. Der Holzsarg des Grafen Lothar II. von Walbeck wurde 986 wahrscheinlich in einer unterirdischen Grabkammer in der Vierung aufgestellt, aber darüber erhob sich – jedenfalls im 11. Jahrhundert – eine aus Gipsstuck gegossene massive Tumba von 44 cm Höhe.[33] Sie war recht aufwendig dekoriert mit in die Oberfläche eingelassenen Marmorplatten und mit Zierbändern, die mit Farbpasta gefüllt waren. Unsicher ist, ob die Tumba zum ursprünglichen Stiftergrab gehört oder erst in der ersten Hälfte des 11. Jahrhunderts realisiert wurde.[34] Nur schriftlich überliefert ist die Grabanlage Bischof Gebhards II. von Konstanz (gest. 995) im von ihm gegründeten Kloster Petershausen. Das Grab des eng mit der Ottonendynastie verbundenen Reichsbischofs war laut der späteren Klosterchronik Teil einer Grabkapelle in der Südapsis der Abteikirche und bestand „aus viereckigen Steinplatten", die „über der Erde erhoben" waren.[35] Die Beschreibung weist auf eine Tumba oberhalb des in der Erde verborgenen Sarkophags hin, die vielleicht ebenso exzeptionell war wie die reiche Ausstattung der Grabkapelle.[36] Das Mailänder Grab Lothars II. dürfte auch einen Aufbau über dem Boden gehabt haben. In der Georgskapelle an S. Ambrogio wird mehrmals eine ‚arca' aus Marmor erwähnt, die nur mit dem Königsgrab sinnvoll in Verbindung gebracht werden kann.[37]

Oberirdische Grabmäler in Kirchen waren im Westen noch sehr unüblich. Auch kostbare, figürlich geschmückte Sarkophage, wie der antike Proserpina-Kasten Karls des Großen, wurden unter dem Fußboden eingesenkt und blieben somit unsichtbar.[38] In dieser Vorgehensweise scheint sich die christliche Tradition der Spätantike nahtlos fortzusetzen.[39] Das nordfranzösische Doppelkloster Jouarre stellt in dieser Hinsicht eine Besonderheit dar. Allerdings standen die in einer Reihe auf Sockeln aufgestellten und teilweise aufwendig geschmückten Sarkophage nicht in einem Kircheninterieur, sondern in einer Gruft, die primär für Beisetzungen vorgesehen war.[40] Entscheidend ist, dass es hier wahrscheinlich um Zweitbeisetzungen von Äbtissinnen ging, die inzwischen als Heilige verehrt wurden. Die diesbezügliche Neuordnung der Krypta fand wohl im Laufe des 9. Jahrhunderts statt. Die Körper ruhten in eingemauerten Särgen im Sockel der Grabmäler, während die sichtbaren ‚Sarkophage' darüber leer sind. Damit schließen sie sich an kontemporäre Monumentalisierungstendenzen im Bereich der Heiligengräber an. In dieser Gattung dürften in karolingischer Zeit schon mehrere überirdische (‚arca' oder ‚mausoleum' genannte) Monumente zustande gebracht worden sein. Manchmal nahm man Umbettungen in neue ‚erhobene' Grabmäler vor, manchmal stellte man leere Prunksarkophage über Bodengräber.[41] Gerade in diesem Bereich scheint die funeräre Steinreliefkunst nie untergegangen zu sein.[42] Übrigens stand in der dem Herrscherpaar Otto I. und Adelheid sehr vertrauten Basilika von S. Ambrogio in Mailand ein monumentaler frühchristlicher Sarkophag überirdisch zur Schau, der offensichtlich nie als Heiligengrab gedient hatte.[43]

Gänzlich oberirdisch aufgestellte Sarkophage wie in der Antike gab es nach wie vor in Byzanz. Die Kaisergräber in den Mausoleen bei der Apostelkirche waren oberirdisch aufgestellte Sarkophage, die also mit ihren Stein- oder Marmorsorten kenntlich und mittels Nameninschriften identifizierbar waren. Die meisten standen dicht aufeinandergepackt in den beiden Mausoleen.[44] Viel bekannter dürften im Westen jedoch die beiden gut erhaltenen christlichen Mausoleen des konstantinischen Kaiserhauses in Rom gewesen sein. Die Grabmäler standen sowohl in Gestalt als in Material am Anfang der in Byzanz weiterlebenden Tradition.[45] In den inzwischen als Kirchen St. Helena bzw. St. Constantina bekannten spätantiken Grabbauten in Rom standen im 10. Jahrhundert die

Abb. 214: Grabmal Ottos des Großen (von Südosten), Dom, Magdeburg. Foto: Heiko Brandl.

massigen Porphyrsarkophage noch in der ursprünglichen Aufstellung: freistehend zu ebener Erde und mit ihren reichen Skulpturen für jeden Besucher gut sichtbar. Das schon in der Spätantike singuläre Mausoleum Theoderichs in Ravenna, mit einer als Freigrab aufgestellten Porphyrwanne, war der letzte Nachklang dieser Tradition im Westen. Anders als in Byzanz hatten diese Denkmäler jedoch keine ins Mittelalter reichende Nachfolge gefunden. Schon die kaiserlichen Bestattungen in den beiden Mausoleen der theodosianischen Dynastie an Alt-St.-Peter scheinen reine Bodengräber gewesen zu sein.[46] Ebenerdige Aufstellungen sind auch im Karolingerreich bei aller ‚imitatio imperii' nicht plausibel.

Wenn man sich vor diesem Hintergrund die königliche Grablege in Quedlinburg (Abb. 213) vorstellt, dann folgen die eigentlichen Gräber der wohl vorherrschenden Form für privilegierte Bestattungen: ein Erdgrab mit Bodenplatte. Das recht gut erhaltene Grab der Mathilde, der 968 verstorbenen Witwe Heinrichs I. zeigt den Sarkophagtypus von Bernhard in Halberstadt. Die Innovation dieser Grablege war indessen der an sie anschließende vertiefte Raum. Die Fußenden der Steinsärge waren von einer unterhalb des Altarraumes in den Fels eingetieften hufeisenförmigen, mit zarten Stuckgliederungen dekorierten Kammer sichtbar.[47] Edgar Lehmann hat mit Recht die verwirrende spätere Bezeichnung ‚confessio' abgelehnt und betont, dass das vertiefte Halbrund nur als Oratorium für Memorialzwecke erklärbar ist.[48] Die kurze Lebensdauer der Anlage bestätigt den Eindruck, dass es um ein Experiment ging.

Das ursprüngliche Ottograb in der Magdeburger Kathedrale bleibt noch immer rätselhaft, auch im Sinne der Formtypologie. Thietmar hebt jedoch die Benutzung eines Marmorsarkophags klar hervor.[49] Dieser wird üblicherweise mit dem bis heute erhaltenen Sarkophag im gotischen Domchor identifiziert (Abb. 214). Der Kasten besteht aus einem monolithen Stück Kalkstein, das nur mit leicht eingetieften Rechteckfeldern dekoriert ist.[50] Die heutige Situation mit der zu großen Marmordeckplatte kann kaum die ursprüngliche sein. Leider ist es unmöglich, die Archäologie des Ottograbes bis zur Wiederaufstellung im gotischen Domchor sinnvoll zu rekonstruieren, denn zwischen 973 und 1207 sind mehrere Anlässe denkbar, die zu zwischenzeitlichen Verlegungen und Umgestaltungen geführt haben können.[51] Schubert und Lobbedey vermuten, dass der Steinsarg in der ersten Grabanlage im alten Dom in der Erde versenkt, und mit der Marmorplatte im Fußboden gekennzeichnet war.[52]

Doch sind die Grablegen in Quedlinburg, Petershausen und Walbeck Indizien für eine Entwicklung, womit das Reich sich als fortschrittlich, zum Beispiel Frankreich gegenüber, profilierte.[53] In diesem Rahmen ist durchaus eine alternative Rekonstruktion des Ottograbes denkbar. Dementsprechend wäre der heutige Sarkophag mit den 1844 entdeckten Gebeinen des Kaisers ursprünglich eine leere Tumba über einem Bodengrab. Dabei können die Kassetten als Schmuckfelder für Stuck oder Metall bestimmt gewesen sein. Ein schlichter[54] Steinsarg im Boden, dem vor kurzem wiederentdeckten Sarkophag unter der spätmittelalterlichen Tumba der Editha nicht unähnlich,[55] hätte die sterbliche Hülle des Kaisers aufnehmen können. Die überirdische Tumba wäre für Fürstengräber eine Innovation, obwohl die ‚arca‘ von Adelheids erstem Mann Lothar in Mailand ein Präzedenzfall gewesen sein dürfte. Dennoch war sie als Gestaltung von Heiligengräbern inzwischen keine unbekannte Erscheinung mehr.

Unter den vielen Zeugnissen des Totengedächtnisses für Otto den Großen seitens seines Nachfolgers gibt es einen Text aus dem Jahr 979, der das Grabmal explizit nennt: „für unseren Vater, der in der Kirche des Mauritius seinen ‚tumulus sepulturae' hat".[56] Memorialstiftungen waren auch für das Kloster Memleben bestimmt, wo Otto gestorben war und seine Eingeweide bestattet worden waren.[57]

Die Papstgrabmäler in Rom

Als Otto der Große am 2. Februar 962 in St. Peter zusammen mit Adelheid die Kaiserkrone empfing, war er sich bestimmt der Erinnerungslandschaft der Papstgeschichte bewusst, welche die vatikanische Basilika ihm vor Augen stellte. Aus fünf Jahrhunderten waren dort Papstgräber vorhanden, darunter mehrere von hoch verehrten Persönlichkeiten.

Die Grablegen waren über ein großes Areal verstreut. Die ältesten hatten sich im Narthex und in der anliegenden ehemaligen Sakristei befunden, aber inwieweit sie in ottonischer Zeit erhalten waren, ist unsicher.[58] Jedenfalls waren die großen Heiligen unter den frühen Päpsten, Leo I. und Gregor I., in der Zwischenzeit in Kapellen im Kircheninnern transloziert worden. Am meisten sichtbar waren sicherlich die acht Grabkapellen, die Päpste zwischen 700 und 850 gestiftet hatten, in die auch die Neubestattungen von Leo und Gregor dem Großen integriert worden waren.[59] Es ging um im Kircheninnern eingebaute Oratorien mit einem Altar, Heiligenreliquien und einer Stiftergrablege. Ab der zweiten Hälfte des 9. Jahrhunderts war es wieder zu einem Bruch mit dieser Gepflogenheit gekommen. Nun wurden die Päpste vorzugsweise wieder vor den Toren der Basilika bestattet (Abb. 215). Die meisten Gräber dieser Zeit befanden sich zwischen den Eingangstüren, das heißt an der Fassadenwand, unter dem Dach des Narthex. Mutmaßlich waren darüber hinaus während aller drei chronologischen Hauptabschnitte der päpstlichen Grabgeschichte immer wieder im südlichen Außenseitenschiff Päpste bestattet worden. Im 12. Jahrhundert wurde diese Zone deshalb ‚porticus pontificum' genannt.[60]

Anknüpfend an die Studien von Picard und Borgolte, lassen sich einige Kennzeichen der päpstlichen Grabtradition kurz darstellen.[61] Fast alle Päpste vom 6. bis ins 10. Jahrhundert, deren Grablege bekannt ist, sind in St. Peter bestattet worden. Viele dieser Gräber waren noch durch Inschriften dokumentiert. Sonst ist über das Aussehen der Grabmäler kaum etwas bekannt: Es dürften hauptsächlich Bodengräber gewesen sein, die mit einer Marmorplatte im Paviment und mit einer Inschrifttafel an der Wand erkennbar waren.[62] Vermutlich wirkte hier die frühchristliche Praxis in den Friedhofsbasiliken noch lange nach. Die meisten Gräber waren Teil einer Art kollektiven Grablege im südlichen Seitenschiff, an der Innenfassade und im Narthex. Vielleicht waren sie zu Lebzeiten des betreffenden Papstes noch nicht eigens geplant, was wohl auch nicht notwendig war, weil die Kosten beschränkt blieben. Sie waren auch nicht an einen Altar gebunden. Anders war es mit den Grabstätten in vorsätzlich gestifte-

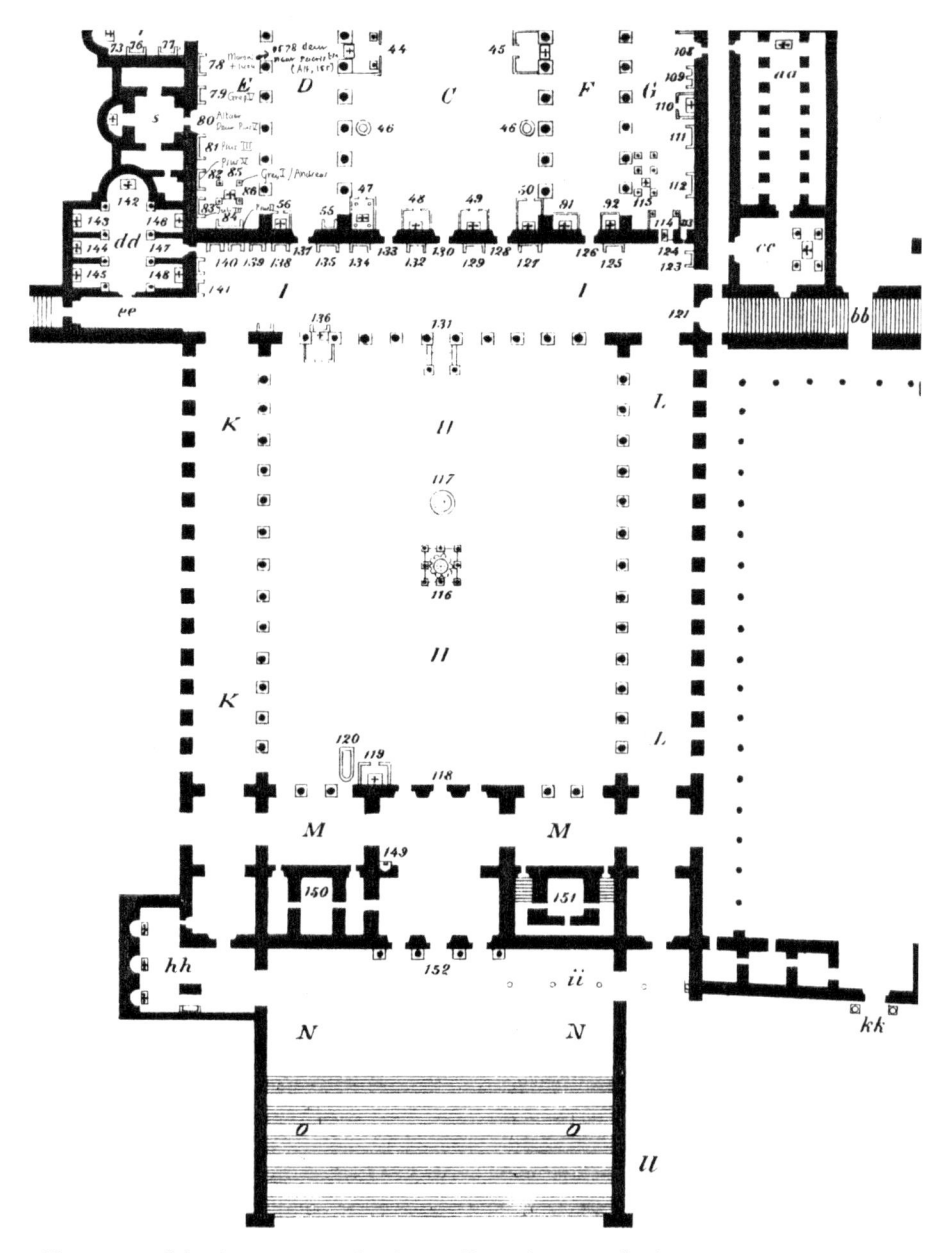

Abb. 215: Grundplan des Atriums nach Tiberio Alfarano (1582–1590), Alt-St. Peter, Rom.
Foto: Archiv des Autors.

ten Kapellen: Sie dürften als Grab genauso einfach gewesen sein wie die anderen, aber sie waren Teil einer aufwendigen Kapelle mit Altar, die sowohl für die Ausstattung als für den Gottesdienst eine beachtliche Investition des Initiators erforderten. Die Stiftungsberichte heben die Einordnung von Reliquien oder Ikonen in die liturgische Ausstattung hervor. Hier konnte die Liturgie zu Ehren der Heiligen mit der Memoria des Stifters verbunden werden. Nur in zwei Fällen waren diese Heilige auch Päpste; die meisten Oratorien waren Maria und frühchristlichen Märtyrern gewidmet. Ein persönliches Element des Stifters spielte hier zweifelsohne mit.[63] Nach 850 gehörten diese Kapellengrabstiftungen schon wieder der Vergangenheit an, um erst im 13. Jahrhundert wiederzukehren. Zwischenzeitlich scheint die Grabkapelle Gebhards von Konstanz gerade von dieser Tradition inspiriert gewesen zu sein, wie überhaupt sein ganzes Programm für die Klosterkirche Petershausen von Rom als Modell geprägt war.

Die übergroße Mehrheit der Papstgräber war also weder mit einem Altar noch mit einem spezifischen Heiligenkult verbunden. Die historisch verifizierbaren Grabstellen lagen auch alle weit vom Petrusgrab und vom liturgischen Zentrum der Basilika entfernt. In dieser Hinsicht stimmten sie mehr mit den fürstlichen Grablegetraditionen der angelsächsischen Könige als mit denen der Karolinger und Ottonen überein.[64] Anderseits waren etliche Papstgräber so nahe an den Haupttüren platziert (Abb. 215), dass viele Besucher ihnen unvermeidbar auf ihrem Weg begegneten und gleichzeitig die gestorbenen Pontifices als Türhüter der Apostelkirche gelten konnten.[65]

Gerade in der Ottonenzeit war St. Peter jedoch nicht mehr die selbstverständliche Grabkirche der Päpste. Mehrere Grablegen des 10. und der ersten Jahrzehnte des 11. Jahrhunderts sind in der Lateransbasilika verzeichnet, und zwar mit einer Konsistenz, die auf eine neue, alternative Tradition hinweist.[66] Die Neuorientierung scheint das Gewicht, das der Lateransbasilika in der Reformzeit beigemessen wurde, vorzugreifen. Die wenigen dokumentierten Gräber von Päpsten der Ottonenzeit befanden sich direkt südlich vom Hauptaltarbereich, im Durchgang vom Seitenschiff zum Chorumgang.[67] Sie suchten also offensichtlich die Nähe des Presbyteriums und nicht eines eigenen Altares. Etwas später wurde Silvester II., der Ottonenfreund Gerbert von Aurillac (gest. 1003), im südlichen Seitenschiff der Lateransbasilika beigesetzt, vielleicht in Anlehnung an die ‚Porticus pontificum' in St. Peter.

Inzwischen blieben in St. Peter die Gewohnheiten der althergebrachten kollektiven Grabstätte maßgebend. Die einzigen örtlich identifizierbaren Gräber der zweiten Hälfte des 10. Jahrhunderts befanden sich im Narthex (Johannes XIV.) und in der ‚Porticus pontificum'. Gregor V., der ehemalige ottonische Hofkaplan Brun von Kärnten, fand im südlichen Seitenschiff seinen letzten Ruheplatz.[68] Die Grabinschrift erwähnt, dass Kaiser Otto III. ihn 999 „zur Rechten eines Gleichnamigen"[69] beisetzen ließ. Das Grabmal befand sich tatsächlich innerhalb der Kapelle Gregors des Großen.[70] Diese Ecke der Basilika war auch im Vorbereitungsritual der Pontifikalliturgie wichtig. Bruno erhielt somit eine relativ ehrenvolle Grabstelle. Allerdings bestand auch in diesem Fall das sichtbare Grabmal hauptsächlich aus einem Epitaph an der Wand.

Das neue Kaisergrab in St. Peter

In dieser Konstellation kam 983 ein Kaisergrab zustande, das erste und einzige in Rom seit dem weströmischen Kaiser Honorius, der 423 im Rundbaumausoleum auf der Südseite des Querhauses bestattet worden war. Der einzige Präzedenzfall eines Fürstengrabes in St. Peter war wahrscheinlich derjenige des abdizierten angelsächsischen Königs Cadwalla von Essex gewesen. Er hatte sich 689 vom Papst taufen lassen, nahm den Taufnamen Peter an und wollte in St. Peter beerdigt werden.[71] Sein Grab („monumentum") war mit einem Epitaph ausgestattet und lag möglicherweise im Atrium oder im Narthex der Basilika. Es gibt aber keine Quellen mehr nach den Syllogen der Karolingerzeit; darum ist es zweifelhaft, ob die Grabstätte im 10. Jahrhundert noch sichtbar war. Aus der ausführlichen Inschrift und aus der Kirchengeschichte Bedas geht eindeutig hervor, dass der König sich bewusst unter den Schutz des Apostelfürsten stellen wollte. Die ausführliche Inschrift, so Beda, sollte diejenigen, die die Jahrhunderte hindurch diese Worte lesen oder hören würden, das Vorbild im Glauben des Königs in Erinnerung rufen.[72]

Die Memorialüberlegungen Ottos II. waren vermutlich weniger langfristig ausgereift, als er im Dezember 983 achtundzwanzigjährig einer Malariaerkrankung in Rom erlag. Doch fanden wichtige Stationen seines Lebens in Rom statt. Seine Eltern Otto und Adelheid hatten 962 in St. Peter die kaiserliche Würde erhalten. Als Jugendlicher war er Weihnachten 967 von Papst Johannes XIII. in Anwesenheit seines Vaters in St. Peter zum Mitkaiser gekrönt worden. Fünf Jahre später, kurz nach Ostern, heiratete der Thronerbe in St. Peter die byzantinische Prinzessin Theophanu, die bei dieser Gelegenheit von demselben Papst Johannes zur Kaiserin erhoben wurde.[73] Auch dies geschah im Beisein Ottos des Großen, der dann, ein Jahr vor seinem Tod, nach der Meinung vieler Historiker den Höhepunkt seiner Macht erlangt hatte. Bekanntlich verbrachte Otto II. die letzten drei Jahre seines kurzen Lebens in Italien, war dann auch mehrmals in Rom, wo er 981 die Osterwochen mit den liturgischen Feiern des Papstes miterlebte.[74]

Da der Kaiser unerwartet starb, kann seine Grablege in St. Peter kaum antizipiert gewesen sein.[75] Anderseits geschah sie auch nicht nur aus praktischer Notwendigkeit, wie der Fall des Thronfolgers Otto III., der 1002 ebenso plötzlich in der nächsten Umgebung von Rom starb, lehrt.

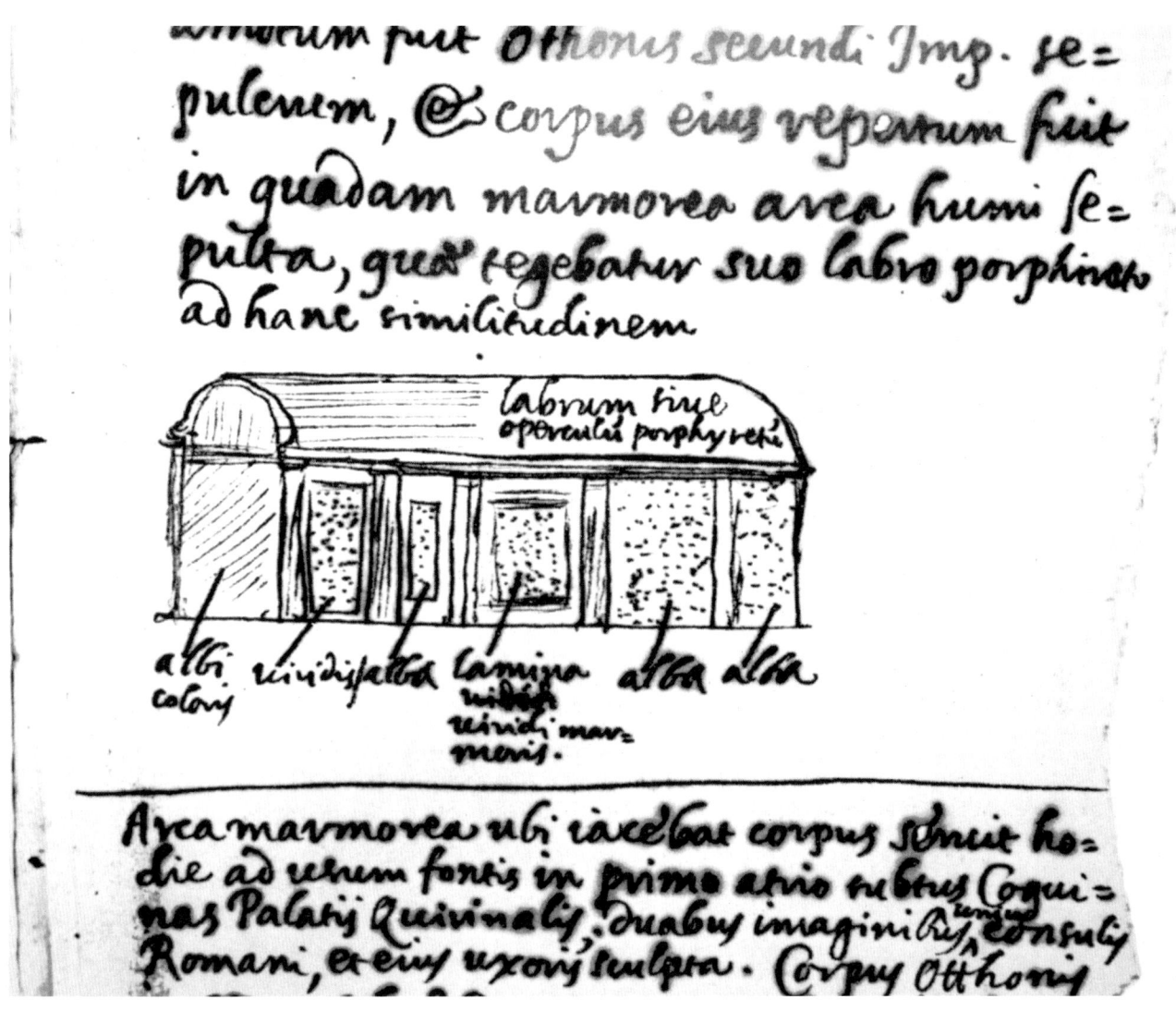

Abb. 216: Giacomo Grimaldi, Notizen über das Grabmal Ottos II. im Atrium von Alt-St. Peter in Rom, BAV Vat. Lat. 2961, f. 21,. Foto: Archiv des Autors.

Dann wurde mit großer Anstrengung der Leichnam mit dem Heer über die Alpen geführt, um Ottos ausdrücklichen Willen zu erfüllen, ihn an der Seite Karls des Großen in Aachen beizusetzen. Otto III. hätte noch mehr ideologische Gründe als sein Vater gehabt, sich eine Grablege in Rom zu wünschen, aber er entschied sich wohlüberlegt für eine andere Ideologie, die der Karlsnähe.[76] Er hatte sie mit der Öffnung des Karlgrabes im Jahre 1000 selber entwickelt und schätzte diese Idee für seine eigene Grablege offensichtlich höher als den Romgedanken oder die dynastische Tradition in Sachsen.[77]

Als Otto II. in Rom dahinschied, waren die Ehegemahlin Theophanu, die Mutter Adelheid und die Schwester Mathilde, Äbtissin von Quedlinburg, in Italien. Diese ‚dominae imperiales' sind wohl für die Vorbereitung und Ausführung der kaiserlichen Grablege in St. Peter verantwortlich gewesen. Tatsächlich reisen sie erst ein halbes Jahr später nach Norden zurück.[78] Offensichtlich war die Möglichkeit einer Grablege in der Krönungskirche des ‚Romanorum imperator augustus' (wie Otto sich in seinem letzten Lebensjahr nannte) nun doch eine höchst interessante Option, die sich ergab und dann auch wahrgenommen wurde. Papst Johannes XIV. wird wohlwollend einverstanden gewesen sein.[79]

Das Kaisergrab wurde nicht in der Basilika, sondern vor ihren Türen angelegt (Abb. 216, Abb. 217). Die Grabstätte befand sich jedoch nicht bei den Papstgräbern im Narthexbereich, sondern jenseits des Atriums, auf der Ostseite des im Mittelalter ‚Paradysum' genannten Vorhofes. Die Quellen über die genaue Lage und das Aussehen des Grabmals sind alle jünger, aber es gibt keinen Grund, eine durchgreifende Änderung in der Zwischenzeit zu vermuten. Die knappen zeitgenössischen Aussagen sprechen über den Osteingang des Paradieses.[80] Die ‚Annales Magdeburgenses' erwähnen ausdrücklich die kostbaren Marmorsorten des Grabmals, allerdings mit Fehlern, also wohl andere Informationsquellen paraphrasierend.[81] Die detailreichsten Angaben stammen von den Autoren der Abbruchphase Alt-St. Peters, Alfarano und Grimaldi (Abb. 215, Abb. 216, Abb. 217, Abb. 218).[82] Ihre Informationen lassen sich folgendermaßen zusammenfassen:

Das Grabmal lag im späten 16. Jahrhundert noch auf der Rückseite des Eingangsflügels des Atriums, also für die durch das Torgebäude ins Atrium eintretenden Besucher direkt auf der linken Seite, unter freiem Himmel (Abb. 215, Nr. 120). Das sichtbare Element war eine auf dem Boden des Atriums stehende Tumba. Diese Struktur war primär ein Denkmal, denn das eigentliche Grab befand sich darunter in der Erde. Unter dem Boden war ein Sarkophag eingebettet, welcher die sterbliche Hülle des Kaisers enthielt. Es handelte sich um einen antiken Marmorsarkophag mit den Reliefbildnissen eines römischen Beamten und einer Frau.[83] Die oberirdische Tumba bestand aus einer gemeißelten und stuckierten Struktur, deren Rechteckfelder mit weißen und grünen Marmortafeln gefüllt waren. Obwohl die überlieferten Skizzen sie unbeholfen als langgestreckter rechteckiger Kasten darstellen, ist aus der Beschreibung als ‚arca arcuata' und aus dem Grundplan Alpharanos klar, dass die kurze Seite gegen Osten halbkreisförmig abgerundet war. Ein flachgewölbter Deckel aus Porphyr schloss den Kasten nach oben ab. Eine Inschrift wird nicht erwähnt. Die in den poetischen Werken Gerberts von Aurillac überlieferte Grabschrift Ottos II. hat das Grabmal jedenfalls nie geziert, wie auch das Grab seines Vaters und Sohnes ursprünglich ein „epitaphium" entbehrten.[84] Die Abmessungen des Kastens sind nur indirekt eruierbar, müssen aber um 3,60 m Länge und 1,85 m Breite bei vielleicht etwa 1,40 m Höhe betragen haben.[85]

Es geht zweifellos um ein ganz ungewöhnliches Gebilde, das in seiner visuellen Wirkung stark vom Porphyrdeckel (Abb. 218) bestimmt wurde. Der Eindruck des Porphyrs war so stark, dass ein Besucher im 11. Jahrhundert das Grabmal als einen kompletten Porphyrsarkophag wahrnahm.[86] Es gibt keinen Grund, die ursprüngliche Zugehörigkeit eines riesigen Monolithen zum Ottograbmal zu bezweifeln, der 1694 vom Architekten Carlo Fontana als Taufbecken der vatikanischen Basilika umgearbeitet wurde.[87] Die Gestalt des von Fontana barockisierten – und ohnehin stark zerbrochenen – Werkstückes ist mit der singulären Form des Kastens identisch.[88] Von der Größe her ging es sowieso um eine Arbeit, die nicht leicht verwechselbar gewesen sein dürfte. Offensichtlich hat die Entscheidung, dieses kolossale Stück nach 983 als Deckel zu verwenden, sowohl die außerordentliche Gestalt als auch das ungewöhnliche Ausmaß der Tumba bestimmt.[89] In keiner der ältesten Quellen zum Grabmal wird die Herkunft des Porphyrdeckels ausdrücklich thematisiert, aber es war für jeden Betrachter klar, dass sie in den höchsten Ebenen der kaiserlichen Vergangenheit ihren Ursprung hatte.[90] Damit rekurierte die ganze Tumba auf die noch bekannten kaiserlichen Grablegen des Altertums, auch wenn die Helena- und Constantina-Sarkophage erheblich kürzer waren.

Der Hintergrund des Grabmals war die mit figürlichen Darstellungen ausgestattete Innenwand des Torflügels. Vorherrschend war wohl die Vorgängerin von Giottos Navicellamosaik (Seewandel Petri).[91] Gegen den Wandpfeiler zwischen dem Hauptdurchgang des Torgebäudes und dem Grabmal stand ein kleiner Altar mit Reliquien in einer mit „sehr alten" Malereien (darunter eine Verkündigung) geschmückten Aedicula.[92] Ein Mosaik des Erlösers wird schon von Thietmar mit der Grablege Ottos verbunden.[93] Ein Mosaikfeld mit Christus zwischen Peter und Paul befand sich offensichtlich auf der Wandfläche über der Aedicula. Thietmar spricht dem Salvatormosaik eine segnende Wirkung zu. Deswegen muss es gut sichtbar, wahrscheinlich auf Augenhöhe gewesen sein.[94] Da Thietmar das Mosaik 983 als schon vorhanden unterstellt, kann bei der Aufstellung des Sarkophags also höchstens von einer mehr oder weniger gewollten Inszenierung des Zusammenhanges zweier autonomer Elemente gesprochen werden.[95] Gerade in dieser Zeit können wieder einige Versuche registriert werden, ein Grab in frühchristlicher Art mit einem figürlichen Programm auszustatten.[96]

Der Standort des Grabmals lag zwar weit vom liturgischen Zentrum der Basilika entfernt, ist aber als promi-

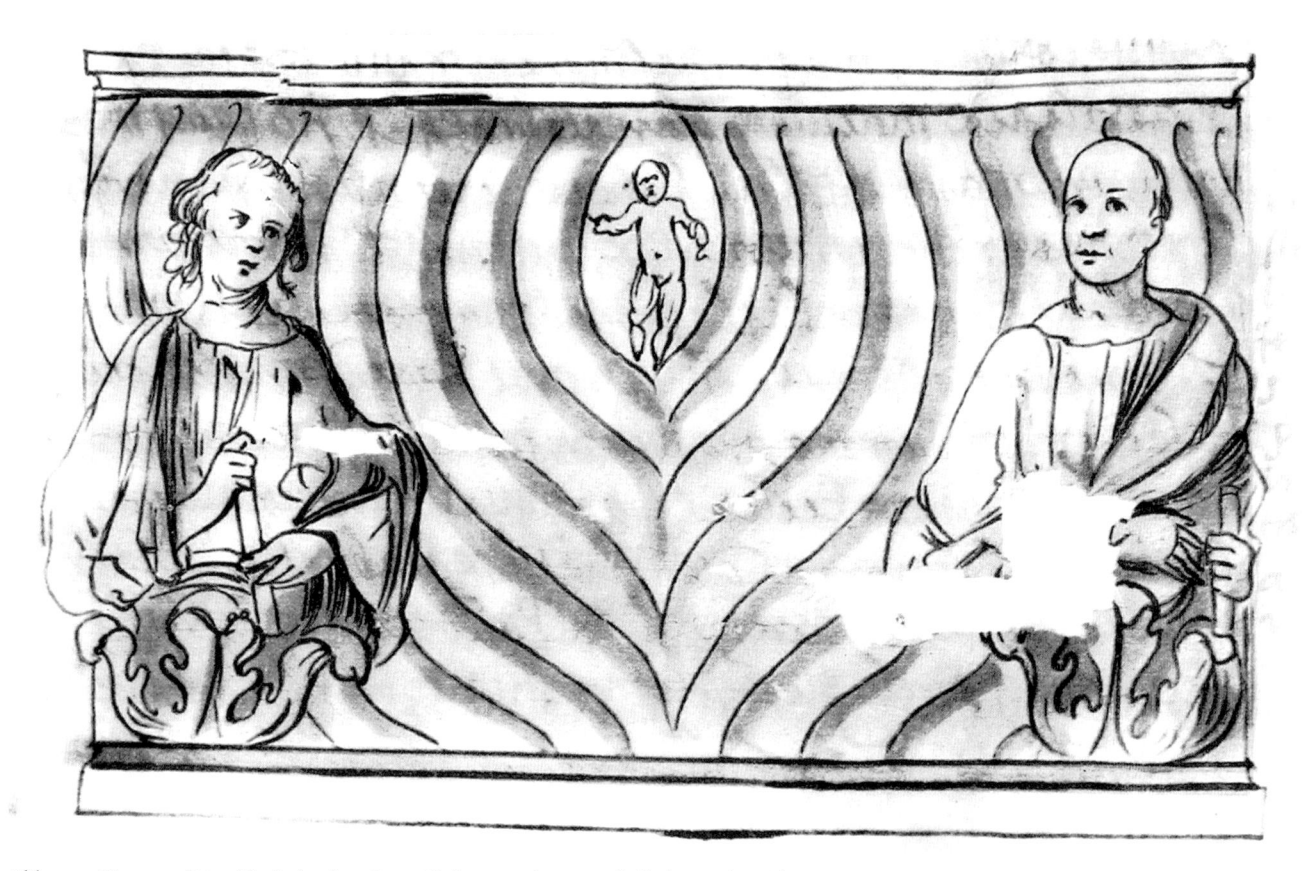

Abb. 217: Giacomo Grimaldi, Sarkophag Ottos II. (ausgegraben unterhalb des Grabmals), BAV Barb. Lat. 2733, f. 241. Foto: Archiv des Autors.

nent zu bezeichnen, wenn man die Sichtbarkeit für die Besucher St. Peters berücksichtigt. Mit dem Brunnen im Zentrum des Vorhofes war das Ottograb das größte Objekt im ganzen Atrium. Alfarano zeichnet die Tumba freistehend, links von den Tordurchgängen, die jeder Besucher durchgehen musste, um von der Stadt aus dem Vorhof die Kirche zu betreten. Das bedeutet, dass jeder Kirchgänger, jedenfalls beim Hinausgehen, das Denkmal und das Mosaik ins direkte Blickfeld bekam. So beschreibt auch Thietmar die Anordnung des Grabes, dort „wo sich der östliche Eingang zum Paradies des Hauses von St. Peter allen Gläubigen öffnet und ein ehrwürdiges Bild des Herrn jeden eintretenden segnet"[97]. In dem Sinne ist auch in dieser Lage eine bestimmte Gebetsfürsorge gesichert.

Borgolte meint, Theophanu habe diese Grabstätte gewählt, da sie mit der kaiserlichen Grablege in der Apostelkirche ihrer Heimatstadt Konstantinopel übereinstimme.[98] Er sieht darin eine Bestätigung der Präsenz des erneuerten Kaisertums in Rom. Die Behauptung kann buchstäblich nicht stimmen, da die Kaisergräber der Apostelkirche sich nicht unter freiem Himmel befanden. Nur wenige Sarkophage standen nicht in den beiden großen Mausoleen, sondern in den Säulengängen oder in kleineren Grabbauten südlich und nördlich der Apostelkirche.[99] In allen Fällen ging es jedoch um Bestattungen außerhalb des eigentlichen Kirchenraumes, in Annexbauten, die direkt oder indirekt von der Kirche aus zugänglich waren. Die grundsätzliche Übereinstimmung zwischen Rom und Konstantinopel war also, dass die Herrschergräber sich nicht im Hauptraum der Kirche befanden. Insofern brauchten die Ideengeber des Ottograbmals Konstantinopel nicht als Modell und konnten sich genauso an den spätantiken Vorbildern der Mausoleen an St. Peter und S. Agnese in Rom orientieren.

Theophanu selber ist sechs Jahre nach dem Tod Ottos II. noch nach Rom zurückgekehrt, um das Anniversargedächtnis ihres Gatten zu begehen. Brun von Querfurt bezeugt, dass sie dies am Grabe tat, unter Tränen und mit Gebeten und Almosen.[100] Die Existenz eines programmierten liturgischen Totengedächtnisses für Otto II. in

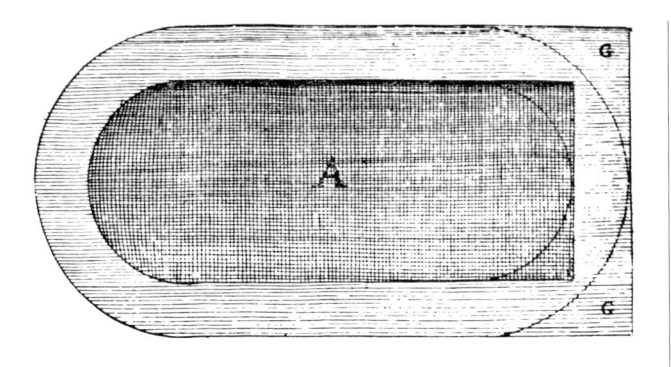

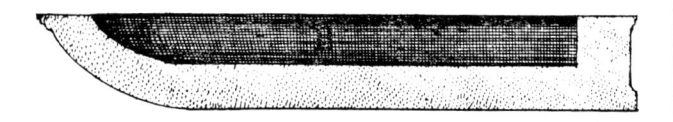

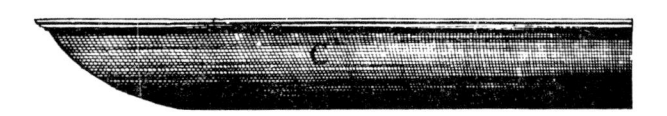

Abb. 218: Carlo Fontana, Porphyrdeckel des Grabmals Ottos II. vor der Umarbeitung zum Taufbecken, Archivio Fabbrica di S. Pietro (nach d'Onofrio 1971). Foto: Archiv des Autors.

St. Peter ist jedoch höchst unsicher, da sie keine Spuren in den Quellen hinterlassen hat.[101] Andererseits ist zu vermerken, dass das Grabmal im Parcours der Kaiserkrönung höchst augenfällig platziert war.[102] Es lag strategisch zwischen den zwei ersten Stationen des Rituals, wie Otto II. und Theophanu es selber empfunden hatten. Nach der Begrüßung des Kaisers am Torgebäude erfolgte der Einzug in das Gotteshaus, quer durch das Atrium, direkt am Grabmal vorbei, bis zur Silberpforte, der großen Mitteltür der Basilika.[103] Dort, im Narthex, sprach ein Kardinalbischof das erste Weihegebet aus. So hat Otto III. es 996 erlebt, als er am Tage Christi Himmelfahrt – seit alters Stationstag in St. Peter – von Papst Gregor V. gekrönt wurde, wohl nicht ohne seines Vaters zu gedenken.[104]

Die Rezeption des ungewöhnlichen Grabmals ist praktisch auf das 11. Jahrhundert beschränkt geblieben. Offensichtlich hat es in späteren Jahrhunderten trotz seiner Größe nicht den Eindruck eines attraktiven Denkmals gemacht, bis es im 16. Jahrhundert als eine klägliche Ruine dastand. Der Salierkaiser Konrad II. nahm noch einmal explizit auf das Grabmal Bezug, als er 1027 einen von ihm favorisierten jungen Ritter, der in Kämpfen mit den Römern umgekommen war, „neben dem Grabmal des ‚caesar' Otto" beisetzen ließ.[105] Der Kaiser konnte also Einfluss auf die Bestattungen im Atrium von St. Peter ausüben. Fünfzig Jahre später entschieden sich konkurrierende Mächte ebenso demonstrativ für die Bestattung des papstfreundlichen Stadtpräfekten Cencio di Giovanni, der 1077 ermordet wurde. Während Kopf und Hand des Täters außerhalb des Atriums, auf dem (ungeweihten) Vorplatz, zur Schau gestellt wurden, entschied sich die Partei Papst Gregors VII. für ein aufwendiges Grab des Ermordeten, der schon Wunder bewirkte, im Vorhof.[106] Man könnte an ein bewusstes Pendant für das Ottograbmal denken. Weil die Mirabilien des 12. Jahrhunderts und einige davon abhängige Quellen das ‚sepulchrum prefecti' im Paradies von St. Peter mit einem großen Porphyrdeckel auszeichnen, der vom Grabmal Kaiser Hadrians in der Engelsburg stammen sollte, ist einige Verwirrung mit dem auffälligen Porphyrdeckel des Ottograbmals entstanden.[107] Die Überlieferung des Ottograbmals ist jedoch sowohl konsistenter als auch vielseitiger, so dass es für unsere Argumentation genügt, die Aktualität eines politischen Responses auf das Kaisergrab im Rom des Reformpapsttums für möglich zu halten.[108] Vom Präfektengrab hören wir nachher nichts mehr, vom Kaisergrab ebenfalls erstaunlich wenig, bis sich im 16. Jahrhundert herausstellt, dass die Erinnerungen an Otto II. noch immer durch die dauerhafte materielle Präsenz eines verblüffenden Denkmals unterstützt werden können.

Zum Schluss

Zwischen Magdeburg und Rom hat sich in der Geschichte der kaiserlichen Grablege vielleicht ein intensiveres und dynamischeres Verhältnis entwickelt, als anfangs denkbar erschien. Einige rein formale Übereinstimmungen zwischen den Grabmalen Ottos I. und Ottos II. kann man jedenfalls nicht übersehen. In beiden Fällen geht es um schlichte Kästen mit rechteckigen Kassetten. Bei aller Unsicherheit über die Uranlage in Magdeburg bleibt dort eine überirdische Tumbaform und eventuell auch ein wiederbenutztes antikes Stück als Deckel zumindest als Möglichkeit. Einen bestimmten Antikenbezug in Form und Konzept wird man vor dem Hintergrund der aus Italien kommenden Spolientransporte Ottos für seine Magdeburger Kathedrale bei dem einfachen, quadratisch gefelderten Steinsarkophag gerne annehmen. Wie dem auch sei, das Grabmal Ottos II. in Rom profiliert sich schlichtweg als revolutionär. Aber wenn des Vaters Grab in Magdeburg schon zur zeitgenössischen Experimentierwelle mit prominenten Grablegen im Ottonenreich gehörte, dann braucht man das römische Grabmal nicht mehr einfach als byzantinische Kaprize oder als Aussage einer überstrapazierten römischen Kaisernostalgie abtun. Es nimmt dann auch einen Ansatz aus dem Norden in sich auf, was angesichts der anzunehmenden ottonischen Rolle im Auftragsverfahren nicht verwundern dürfte. Die außerordentliche Wirkung des Deckels und die kolossalen Abmessungen des ganzen Gefüges sind dennoch nur auf dem Nährboden der stadtrömischen kaiserlichen Vergangenheit zu verstehen.

Wie ungewöhnlich es war, zeigte sich sowohl in Rom als auch im deutschen Reichsgebiet. In Rom dauerte es noch fast anderthalb Jahrhunderte, bevor bei päpstlichen Bestattungen überirdische Monumente zustande kamen, die in Typus und Größe einige Ähnlichkeit mit dem Ottograbmal aufwiesen.[109] Im Norden ließ Otto III. sich in der Aachener Pfalzkapelle begraben, auf seinen ausdrücklichen Willen neben Karl den Großen.[110] Alles weist auf eine Rückkehr zum altertümlichen Bodengrab mitten im Chor hin. Theophanu war inzwischen gemäß ihrer Entscheidung wohl ebenso konventionell beigesetzt worden, und zwar nicht an der Seite ihres Mannes in Rom, sondern in der von ihr geförderten monastischen Stiftung in Köln. Kurzum: Eine eventuelle ideologische Aussage des römischen Kaisergrabes hat es nicht geschafft, in einem herrschaftstheoretisch fruchtbaren Untergrund Wurzeln zu schlagen.[111] Das ebenso einzigartige wie vereinzelte Kaisergrabmal Ottos II. in St. Peter dürfte als viel stärkeres Statement der ‚Renovatio Imperii Romanorum' erscheinen als die Rom-Schwärmerei Ottos III. Das ‚Renovatio'-Konzept ist jedoch von den Historikern ohnehin schon weitgehend dekonstruiert worden. Was bleibt, ist ein bezeichnendes Zeugnis der dynamischen ottonischen Grab- und Memoriakultur.

Anmerkungen

1 Vgl. Gerd Althoff: Art. Thietmar, in: LMA VIII, Sp. 695.
2 Augustinus, De cura pro mortuis gerenda 4. 6. (ed. J. Zycha, CSEL 41 1900, 628); Scholz 1999, S. 37.
3 Vgl. Scholz 1999, S. 37–40. Zur Memoria-Forschung: Borgolte 2005.
4 Vgl. zu den ottonischen Grablegen und ihre Aussagen über das Herrschaftsverständnis, vgl. Ehlers 1997.
5 Vgl. Schubert / Lobbedey 2001, S. 381–382.
6 Vgl. Kosch 2001, S. 295.
7 Vgl. ebd., S. 288.
8 Th III,2; Kosch 2001, S. 295, 297.
9 Vgl. Luchterhandt 2007, S. 23. Vgl. die Argumente Bischof Annos: Vita Annonis 3.4, in: MGH SS 11, S. 499.
10 Vgl. Kosch 2001, S. 296.
11 Vgl. Kahsnitz 1993, S. 386f.
12 Vgl. Kosch 2001, S. 295.
13 Vgl. Rüber-Schütte 2007, S. 85–90.
14 Die Quellen zitiert bei Puricelli 1645, S. 289–291.
15 Vgl. Picard 1988, S. 92–98; Nelson 2000, S. 160f.
16 Wahrscheinlich auf der Südseite der Kirche vgl. Reggiori 1941, S. 352; Lusuardi Siena 2009, S. 147–149.
17 Vgl. Fussbroich 1991.
18 D O I 145, 15.02.952, pp. 225f.
19 Vgl. Nelson 2000, S. 166–169.
20 Vgl. Erlande-Brandenburg 1975, S. 61–63, 68–79.
21 Vgl. ebd. 1975, S. 70–73; Nelson 2000, S. 161–166.
22 Vgl. Erlande-Brandenburg 1975, S. 67; Krüger 1971, S. 426f., 430f.
23 Ludwig der Fromme im Kapitelsaal von St. Arnulf, Metz: Erlande-Brandenburg 1975, S. 60f., 71f.
24 Vgl. Downey 1959, S. 27f.; Asutay-Effenberger / Effenberger 2006, S. 121–128.
25 Vgl. Lehmann 1987, S. 10–13.
26 Die Hauptquelle für Editha ist Widukind 2. 41: „in basilica nova, latere aquilonali ad orientem". Bei Thietmar 2. 3.: „in oratorio aquilonari". Die Angaben schließen eine Bestattung auf der Hauptachse aus, wobei zu bedenken ist, dass die neue Basilika sich 946 gerade im Bau befand, oder eben geplant wurde. Für Otto I. fehlt jegliche Platzangabe.
27 Vgl. Ehlers 1997, S. 49–55.
28 Vgl. Kosch 2001, S. 297.
29 Vgl. Kosch 2001, S. 297.
30 Vgl. Kashnitz 1993, S. 384–387.
31 Vgl. Kashnitz 1993, S. 386; Kosch 2001, S. 296.
32 Vgl. Kubach / Haas 1972 I, S. 861–863, 929ff.
33 Vgl. Rüber-Schütte 2007, S. 93f.; Lenz u. a. 2007, S. 127–138. Definition *tumba*: Körner 1997, S. 24.
34 Vgl. Rüber-Schütte 2007, S. 103–105.
35 CasMonPetri, ed. Abel / Weiland 1868, I.55, S. 639: „Ipsum autem sepulchrum erat iuxta criptae introitum, ex tabulis quadrinis a terra sublevatum atque tapeti iugiter coopertum"; vgl. die Erhebung im Jahr 1134: ebd. 5.3, S. 669f.
36 Vgl. Fuchß 1993, S. 277–279 (die Rekonstruktion einer wenig erhobenen Bodenplatte scheint mir im Widerspruch zum Text zu stehen).
37 Vgl. Puricelli 1645, S. 289–291, z. B. „cappella s. Georgii in eadem ecclesia, ubi est arca marmorea".
38 Vgl. Kat. 799: Kunst und Kultur der Karolingerzeit 1999 II, S. 758–763.
39 Vgl. Dresken-Weiland 2003, S. 185–189.
40 Vgl. De Maillé 1971, S. 268–275; Körner 1997, S. 20–24.
41 Vgl. De Maillé 1971, S. 221–231; Komm 1990.
42 Die bemerkenswerte Ausnahme in Jouarre ist der Reliefsarkophag des Stifterbischofs Agilbert (gest. um 690), dem keine Heiligenverehrung zukam: de Maillé 1971, S. 269, 272; Körner 1997, S. 20–22.

43 Vgl. Tcherikover 1999, S. 48f.: heutige Aufstellung des Stadttorsarkophags (um 400) unter der Kanzel datiert vor dem romanischen Neubau der Kirche.
44 Siehe die Auflistung im Zeremonienbuch Konstantins Porphyrogenetos im 10. Jahrhundert bei Downey 1959, S. 30–34.
45 Vgl. Johnson 2009.
46 Das am besten dokumentierte Grab, jenes der Kaiserin Maria, war ein Sarkophag aus rotem Granit im Erdboden: Alfarano, ed. Cerrati 1914, S. 136f. und Cerrati, ebd., S. 133, Anm. 1.
47 Vgl. Drechsler 2000; Kosch 2001, S. 297.
48 Vgl. Lehmann 1987.
49 Th 2.43: „[...] honorabiliter atque lacrimabiliter succeptum marmoreoque inpositum sarcophago, sepultum est [...]".
50 Vgl. Schubert / Lobbedey 2001, S. 383–387: L. 2,11 m, B. 0,615 / 0,622 m, H. 0,55 m.
51 Vgl. die Umbettung Heinrichs I. in Quedlinburg wohl bald nach 999: Lehmann 1987, S. 26. Im 12. Jahrhundert sind mehrere Verlegungen von Bischofsgräbern im Magdeburger Dom belegt.
52 Vgl. Schubert / Lobbedey 2001, S. 389.
53 Vgl. Erlande-Brandenburg 1975, S. 110.
54 Vgl. Schubert / Lobbedey 2001, S. 389.
55 Vgl. den Beitrag von Kuhn zum Grabmal der Editha in diesem Band.
56 D O II., Nr. 198 (979), S. 225: „pro aeterni premii remuneratione animaque kari nostri genitoris cuius corpus in suprascripti martiris dei eclesia sepulture tumulum sortitur".
57 Vgl. D O II., Nr. 228 (22.09.980), S. 256f.
58 Vgl. Picard 1969, S. 757–761.
59 Vgl. Borgolte ²1995, S. 94–119.
60 Vgl. Mallius, S. 396ff.
61 Vgl. Picard 1969; Borgolte ²1995, S. 49–137.
62 Vgl. Herklotz ²1990, S. 85–91; de Blaauw 1994 II, S. 580.
63 Vgl. de Blaauw 1994 II, S. 576; Borgolte ²1995, S. 335.
64 Vgl. Angenendt 1994, S. 71–74.
65 Vgl. Borgolte ²1995, S. 75–93.
66 Vgl. Borgolte ²1995, S. 127–137.
67 Vgl. de Blaauw 1994 I, S. 260.
68 Vgl. Mallius, S. 419: „ante secretarium, iuxta Pelagium papam".
69 „Tertius Otto sibi Petri commisit ovile / [...] Aequivoci dextro substituit lateri" in: Grabschriften, ed. Strecker 1937, S. 337f.; Fidel Rädle: Grabinschrift Papst Gregors V., in: Kat. Bernward 1993 II, S. 112f.
70 Vgl. de Blaauw 1994 II, S. 528–529.
71 Vgl. Beda Venerabilis: Historia ecclesiastica gentis anglorum 5,7. 1–2.
72 Ebd. 5,7. 2: „[...] iubente pontifice epitaphium in eius monumentum scriptum, in quo et memoria devotionis ipsius fixa per saecula maneret, et legentes quoque vel audientes exemplum facti ad studium religionis accenderet".
73 Vgl. Uhlirz 1902, S. 25.
74 Vgl. Uhlirz 1902, S. 152–153.
75 Für die Hypothese, die Klosterkirche Memleben sei seit 979 als Grablege für Otto II. und Theophanu geplant gewesen, vgl. Untermann 2000; Ehlers 1997, S. 55–57.
76 Vgl. Ehlers 1997, S. 58–64.
77 Vgl. Görich 2000.
78 Vgl. Althoff 1996a, S. 48–56.
79 Vgl. Borgolte 2000, S. 756.
80 Th 3,25: „[...] terreque commendatur, ubi introitus orientalis paradisi domus sancti Petri cunctis patet fidelibus et imago dominica honorabiliter formata venientes quosque stans benedicit".
81 Ann. Magd., ed. Pertz 1859, a. 983, S.. 157 „Publico deinde elatus funere, in paradyso iuxta basilicam Dei Genitricis Mariae ad pedes domini Salvatoris [...] non sine lugubri suorum conclamatione honorifice tumulatur, anno regni sui 23, imperii autem 17, cuius postea sepulchrum fidelium suorum veneratione insignibus marmoreae structurae columnis studiosissime adornatur." Die Säulen sind im direkten Verband des Grabmals unwahrscheinlich (anders: Ehlers 1997, S. 56), aber in der Architektur des Atriums und des Brunnens durchaus prominent. Die weiteren Quellen kurz zitiert bei Uhlirz 1902, S. 207f.
82 Vgl. Grimaldi, ed. Niggl 1972, S. 274–276; Alfarano, ed. Cerrati 1914, S. 111–113, 194; die Literatur: Kaufmann 1902 und Grisar 1904.
83 Zeichnung bei Grimaldi, ed. Niggl 1972, S. 276.
84 Grabschriften, ed. Strecker 1937, S. 283–284.
85 Vgl. Kaufmann 1902, S. 46–48, gibt die Abmessungen des neuen Denkmals in den Grotten, das offensichtlich die Hauptform des alten wiederholte.
86 Chronica Casin., ed. Hoffmann 1980, 2. 9: „[Otho II] eodem tempore defunctus est, atque in atrio ecclesiae beati Petri apostoli in labro porphiretico sepultus, introeuntibus in paradyso eiusdem ecclesiae ad levam".
87 Zweifel u. a. bei Herklotz ²1990, S. 136f., Anm. 141.
88 Fontana (Zeichnung des Porhyrdeckels und Erwähnung der Herkunft von dem rekonstruierten Ottograbmal in den vatikanischen Grotten) bei d'Onofrio 1971, S. 172, Abmessungen nach C. Fontana 1704 bei d'Onofrio 1971, S. 263 (16,5 x 8,5 x 2 palmi = 3,68 m x 1,90 m), vgl. Abb. 218.
89 Vgl. d'Onofrio 1971, S. 145–173.
90 Römisches Erzeugnis aus Ägypten: d'Onofrio 1971, S. 165–169; ptolemäisch: Delbrueck 1932, S. 214.
91 Vgl. Ann. Magd., ed. Pertz 1859, a. 983, S. 157.
92 Vgl. Alfarano, , ed. Cerrati 1914, S. 111.
93 Vgl. Th III,25; Ann. Magd., ed. Pertz 1859, a. 983.
94 Vgl. Paeseler 1941, S. 68f., 161. Zweifelhafte Argumente bei Kaufmann 1902, S. 32–40. Die Datierung der Aedicula unter Paul I. (LP 95 c. 6 bei Paeseler 1941, S. 76f.) überzeugt.
95 Die Neuaufstellung von Grabmal und Mosaik in den vatikanischen Grotten als Ensemble nach 1900 ist also historisch falsch.
96 Z. B. das Arkosolgrab von Ottos Bündnispartner Papst Johannes' XIII in S. Paolo, vgl. Herklotz ²1990, S. 150f.
97 Th, Übersetzung nach Ehlers 1997, S. 55f.
98 Vgl. Borgolte 2000, S. 256f.
99 Vgl. Downey 1959, S. 45–48; Asutay-Effenberger / Effenberger 2006, S. 139–145.
100 Vgl. Vita Adalberti, ed. Pertz 1841, S. 600; vgl. Uhlirz 1954, S. 118f.
101 Vgl. Borgolte 2000, S. 756.
102 Dieses Aspekt schon bei Kaufmann 1902, S. 30f.
103 Ordines 1960, x–xii; erste Angaben in Ordo IX 1 (ebd., S. 21) und später ausführlicher in Ordo XIV 1–10 (ebd. S. 36f.).
104 Vgl. Uhlirz 1954, S. 204.
105 Wipo Gesta 16, ed. Bresslau 1915, S. 36: „iuxta tumulum caesaris Ottonis sepeliri praecepit".
106 Berth. Ann., ed. Pertz 1844, 305: „[...] post magnificas exequiales agendas officiose satis et honeste iuxta ritum Romanum apud santum Petrum celebratas, in medio ipsius paradysi debita laudum et ymnorum inpensione gratiosa, devotissime est tumbae marmoreae inpositus, et ita decentissima sibi tumulatione Deo et sancto Petro est ab omnibus intentissime commendatus".
107 Mirabilia, 46–47: „sepulchrum Adriani porfireticum, quod nunc est Lateranis ante folloniam; coopertorium est in paradiso sancti Petri super sepulchrum Praefecti".
108 Vgl. Herklotz ²1990, S. 113, 127.
109 Vgl. Herklotz ²1990, S. 96–104.
110 Th IV,53: „in medio sepelitur choro".
111 Vgl. Ehlers 1997, S. 57.

HANS REINHARD SEELIGER

Mauritius am Magdeburger Dom: Reichsheiliger, Rechtswahrer, Eidhelfer

Als es im 5. Jahrhundert schon geraume Zeit Wallfahrten zu dem im schweizerischen Wallis gelegenen Ort Acaunum-Saint-Maurice gab, existierten offensichtlich unterschiedliche Versionen der Erinnerungen an die Männer, deren Reliquien dort verehrt wurden.[1] Es handelt sich zum einen um die zwischen 434 und 450 geschriebene Passio der Acaunensischen Märtyrer des Bischofs Eucherius von Lyon (380–um 450)[2] und die spätestens im 6. Jahrhundert redigierte „Passio anonyma".[3]

In historischer Hinsicht bieten beide Texte zahlreiche Schwierigkeiten, welche die Beurteilung der Frage nach der Persönlichkeit der in Saint-Maurice verehrten Heiligen und den Umständen ihres Martyriums sehr erschweren. Die seit dem Ende des 17. Jahrhunderts andauernde Diskussion[4] hat jedoch in letzter Zeit gezeigt, dass den historischen Nachrichten der jüngeren Passio anonyma in verschiedener Richtung der Vorzug zu geben ist.[5] Demnach handelte es sich bei den in Saint-Maurice verehrten Märtyrern um Soldaten aus der Frühzeit des Kaisers Diokletian und des mit ihm zusammen regierenden Caesars Maximian. Dieser operierte 285/86 in Gallien gegen die aufständischen Bagauden. Die in Saint-Maurice verehrten Märtyrer waren aller Wahrscheinlichkeit nach Soldaten jener Truppen, die Maximian über die Alpen geführt hatte. Von ihnen verweigerten einige wegen ihres christlichen Glaubens das von Maximian angeordnete Dankopfer für die glückliche Überschreitung des Summus Poeninus, des Großen St.-Bernhard-Passes. Die Verweigerung dieses Opfers war besonders delikat, weil der am Mons Poeninus verehrte Berggott Jupiter selbst war,[6] also die höchste Staatsgottheit und Schutzgottheit des Augustus Diokletian.[7] Eucherius hingegen verlegt das Geschehen in die Zeit der letzten großen Christenverfolgung im Römischen Reich, also die Jahre 303 bis 305, und gibt als Grund des Martyriums die Weigerung der ganz aus christlichen Soldaten bestehenden Legion an, die Christen im Wallis aufzuspüren. Das Mittelalter hat, wie einerseits die handschriftliche Überlieferung beider Versionen und andererseits die Wiedergabe des Stoffes in der Legenda aurea des Jacobus a Voragine (etwa 1230–1298) zeigt, ganz offensichtlich beide Textvarianten gekannt.[8]

Obwohl der Gebrauch des Begriffs der Legion insbesondere in der Passio anonyma nicht völlig eindeutig ist und nach dieser auch nicht die ganze Legion aus Christen besteht, war für die Verehrungsgeschichte jedoch der Umstand sehr bedeutend, dass die Zahl der Soldaten der Legion bei Eucherius mit 6600, in der Passio anonyma mit 6660 und bei Jacobus a Voragine mit 6666 angegeben wurde.[9] Das ließ insbesondere auf der Grundlage des Eucheriustextes die Imagination von einer ungeheuer großen Zahl von Märtyrern entstehen. Neben den Namen ihres Anführers, Mauritius, waren aus den Texten eine Reihe anderer bekannt: Exuperius und Candidus, sowie der ins Geschehen mit einbezogene Veteran Victor.[10] Schon früh wurden jedoch weitere zur Legion der Acaunensischen Märtyrer hinzugezählt:[11] Der erste war ein Imnocentius genannter Toter, dessen Leichnam 451 von der Rhône bei Acaunum angespült wurde und den man für einen Soldaten hielt, wie man sie längst dort verehrte. Diesen vier folgten als Nächste Ursus und Victor von Solothurn und viele andere. Zu reizvoll war es offensichtlich, die Legion der Märtyrer mit immer weiteren Namen aufzufüllen und zu komplettieren.

Dabei lassen sich zwei Muster erstellen: Im gallisch-fränkischen Raum dominierte durchwegs die Verehrung des Mauritius, im rheinischen Raum sowie in Oberitalien, wohin sich die Verehrung wegen ihrer zentralen Kultstätte an einem der wichtigsten Alpenpässe ebenfalls schnell

Abb. 219: Enthauptung Johannes des Täufers, um 1240/60, Nordseite des Westportals, Kathedrale, Rouen. Foto: Devisse 1979.

ausbreitete, überwogen die Zuschreibungen von Namen, sozusagen die nachträglichen Rekrutierungen zu dieser Legion, die gemäß den frühen Texten stets die „Thebäische" genannt wurde. Im 18. Jahrhundert zählte schließlich ein Verzeichnis 41 namentlich bekannte Mitglieder in Norditalien auf.

Für die mittelalterliche Kultentwicklung ist es freilich von überragender Bedeutung, dass der an der so wichtigen Passstraße gelegene Ausgangsort der Kultgeschichte ab der zweiten Hälfte des 5. Jahrhunderts zum Königreich Burgund gehörte. Die Römer hatten die Burgunder 443 zur Sicherung der Alpenpässe als Foederaten in der Sapaudia (Savoyen) angesiedelt, nachdem die Hunnen sie am Mittelrhein vertrieben hatten.[12]

Schnell und wohl nicht zuletzt durch die schriftstellerische Tätigkeit des Eucherius von Lyon angeregt übernahmen die Burgunder die Verehrung des Mauritius und seiner Gefährten. 515 wurde in Acaunum im Beisein des Burgunderkönigs Sigismund das bis heute bestehende Kloster von Saint-Maurice als Königsabtei gegründet. Höhepunkt der Zuwendung der Burgunder zu Mauritius war ein Devotionsakt Bosos von Vienne, der seit 869 Laienabt von Saint-Maurice und 879 König der Provence (Niederburgunds) war.[13] Er stattete das Kopfreliquiar des Mauritius in der Kathedrale von Vienne, dem kirchlichen Mittelpunkt seines Reiches, mit einer Bügelkrone aus, vermutlich seiner eigenen Königskrone.[14]

Das späte 9. Jahrhundert ist allerdings bereits jene Zeit, in der sich das erwachende Interesse der aufsteigenden Ottonen an Burgund abzeichnet. Unter ihnen vollzieht sich im 10. Jahrhundert die Eingliederung Burgunds in das Reich. Seit 1033 war der deutsche König auch König von Burgund.[15] In diesem Zusammenhang ist die Übernahme der Verehrung des burgundischen Reichspatrons durch Otto den Großen zu sehen.[16] Otto übte von 937 bis 942 das Protektorat über den minderjährigen burgundischen König Konrad I. aus, der an seinem Hofe lebte.[17] Gleich 937 hat nun Otto bei der Pfalz seines Vaters in Magdeburg ein Mauritius geweihtes Kloster gegründet. Es ist allerdings verwunderlich, dass er dafür zunächst keine Mauritiusreliquien zur Verfügung hatte, sondern nur die Gebeine des erwähnten ‚sekundären' Innocentius. Mauritiusreliquien bekam Otto erst Weihnachten 960 bei einem Reichstag in Regensburg. Es ist bis heute freilich unklar, ob er sie von Bischof Ulrich von Augsburg erhielt, der um 940 Saint-Maurice aufgesucht und von dort mit Erlaubnis des burgundischen Königs Reliquien überführt hatte; dies war jener König, der um diese Zeit an Ottos Hof lebte. Bekam er sie nicht über Ulrich, so stammten sie möglicherweise aus der Regensburg nahe gelegenen Benediktinerabtei Niederaltaich, die seit ihrer Gründung im Jahre 731 oder 741 unter dem Patronat des Mauritius stand.[18] In den Urkunden des Klosters Niederaltaich jedenfalls taucht später die Bezeichnung „sanctus Mauritius regni patronus"[19] zum ersten Mal auf. Bereits 962 aber hatte Otto den Festtag des heiligen Mauritius, den 22. September, als Hochfest im Reich eingeführt; er erwirkte für die Erzbischöfe beim Papst das Privileg, an diesem Tag das Pallium tragen zu dürfen.[20] Otto betrachtete den Soldatenheiligen als mächtigen Schlachtenhelfer, dem er – zusammen mit Laurentius, dem Tagesheiligen der Schlacht – den Sieg auf dem Lechfeld (955) zu verdanken meinte.[21] Zentrales Heiligtum zu dessen Verehrung wurde das Magdeburger Moritzkloster bzw. Domstift (ab 968) Ottos.

Obwohl Kaiser Heinrichs II. bevorzugtes Bistum Bamberg gewesen ist, war auch Magdeburg für ihn wichtig. Er pflegte eine besondere Beziehung zum heiligen Mauritius, vermittelte 1004 dem Domstift weitere Reliquien und verstand sich als „stipendarius" dieses Heiligen.[22]

Durch weiteren Reliquienerwerb kamen schließlich im Mittelalter auch noch Überreste anderer Mitglieder der Legion des Mauritius nach Magdeburg. Durch Weiterschenkungen lässt sich ermitteln, dass die Domkirche neben den von Anfang an vorhandenen des Innocentius solche des Candidus, des Exuperius, aber auch solche der sogenannten Rheinischen Thebäer, des Gereon von Köln und des Victor von Xanten, besaß,[23] die man ab dem 9. Jahrhundert der heiligen Legion zugehörig betrachtete.[24] So stand schließlich, versammelt in ihren namentlich bekannten Vertretern, quasi die ganze Legion am Ufer der Elbe. All diese Reliquien – dazu auch noch andere – versammelte man am Mauritiusfest am Grabe Ottos, wobei man nach den Angaben im Magdeburger Liber Ordinarius[25] das seit dem frühen 13. Jahrhundert im Dom vorhandene Reliquiar[26] mit der Schädeldecke des Mauritius über dem Kopf Ottos postierte und mit einer Krone (des Kaisers?) bekrönte.[27]

Die Zeit des staufischen Neubaus ist es freilich, in der Mauritius in Magdeburg schließlich einen Wandel durchmacht und eine neue Funktion hinzugewinnt. Es ist dies zum einen die von der im 13. Jahrhundert zunächst singulär bleibenden Magdeburger Figur des schwarzen Mauritius ausgehende Tendenz, ihn ab dem 14. Jahrhundert vermehrt als negroiden Krieger darzustellen. Dies bleibt freilich geographisch auf den Osten beschränkt.[28]

Bis heute beeindruckt die als freistehende Skulptur konzipierte des schwarzes Kriegers im Chor des Magdeburger Domes (F-Abb. 26), deren künstlerische Qualität im 13. Jahrhundert nur mit der Uta von Naumburg oder dem Bamberger Reiter zu vergleichen ist.[29] Jemand, der über die Ableitung des Namens Mauritius von ‚maurus' nachgedacht hat und dieses mit „afrikanisch" (statt mauretanisch, marokkanisch) übersetzte und mit Sicherheit schon einen Schwarzafrikaner gesehen hatte, muss die Anregung zu dieser Plastik gegeben haben.[30]

Diese Figur bildet nun zum anderen den Hintergrund für einen hagiologischen Bedeutungszuwachs des Mauritius in Magdeburg, welche die ins 13. oder frühe 14. Jahrhundert zu setzende „Legende vom Erzbischof Udo von

Abb. 220: Sogenannter Udostein im ehemaligen Bodenbelag des Magdeburger Domchors. Stich von 1689, Foto: Eigendliche Beschreibung 1689.

Magdeburg"[31] belegt. Sie verarbeitet ältere Motive;[32] ihr Editor verortet sie in „Kreisen der Magdeburger Prämonstratenser"[33]. Sie erzählt von dem einfältigen Studenten Udo, der die Gottesmutter um mehr Verstand anfleht. Den erhält er auch reichlich und wird so später Erzbischof von Magdeburg. Freilich hat er Laster. Immer wieder bricht er den Zölibat im Bett einer Zisterzienseräbtissin. Und dafür wird er bestraft. Gemäß der Vision eines Domklerikers findet eines Nachts vor dem Hauptaltar des Domes, also im Chor, ein Prozess gegen Udo statt.[34] Zwei goldene „cathedrae" werden aufgestellt. Auf der einen nimmt Jesus Christus Platz, „glänzender als die Sonne, mit der Königskrone und dem Szepter geschmückt", auf der anderen Maria, „die Himmelskönigin, leuchtender als Mond und Sterne".[35]

Als Ankläger und somit als Wahrer des Rechts tritt der heilige Mauritius auf. Grundgelegt ist sein dementsprechendes Eingreifen bereits in einem nach der Passio des Eucherius von ihm postmortal gewirkten Strafwunder an einem Zimmermann, der beim Gottesdienst fehlte.[36] In der Udolegende tritt Mauritius freilich nicht als „miles" oder seinem Dienstgrad entsprechend als „primicerius" auf, wie er in den frühen Texten vorgestellt wird,[37] sondern als „pugil", Faustkämpfer.[38] Er ruft seine ganze Legion als

293

Abb. 221: Pfeilerfigur des Heiligen Mauritius, um 1225/30, Domchor, Magdeburg. Foto: IKARE, MLU Halle.

Zeugen zusammen: sämtliche 6666 Mann.[39] Und Mauritius ist es auch, der, nachdem das Urteil über Udo gesprochen ist, als dessen Henker fungiert.

Schwarze Henker waren in der mittelalterlichen Ikonographie bekannt.[40] Das prägnanteste Beispiel dafür befindet sich am Westportal der Kathedrale von Rouen aus der Mitte des 13. Jahrhunderts und zeigt die Enthauptung Johannes des Täufers durch einen deutlich negroid gekennzeichneten Henker (Abb. 219).[41] Das Motiv des Schwarzen, der für das Unheilvolle und das Schreckliche steht, ist alt und bereits in der Antike bezeugt. Es wurde in die christliche Hagiographie durch die Passio der heiligen Perpetua aus dem frühen 3. Jahrhundert vermittelt. In ihr taucht ein ‚Ägypter' auf, gegen den die Märtyrerin im Amphitheater auf Leben oder Tod kämpfen muss; wundersamerweise kann sie aber den dunkelhäutige Widersacher niederkämpfen, obwohl sie eine ‚schwache Frau' ist.[42]

Mauritius enthauptet den Erzbischof im Chor des Domes, wo dessen Blut einen Stein rot färbt. Auf diesem Stein mussten hinfort die Magdeburger Erzbischöfe bei ihrer Weihe knien. Sonst war er von einem Teppich verdeckt.[43] Den „runden weissen Marmelstein, so an einem Orte etwas rothfarbig"[44] konnte man bis ins frühe 19. Jahrhundert sehen. Der Domführer von 1689 bildet ihn ab (Abb. 220)[45], der von 1815 erwähnt ihn noch.[46] Dann ist er offenbar bei der großen Domreparatur der Jahre 1826 bis 1834 verschwunden.

Mauritius ist in der Udolegende nicht der Sieghelfer der früheren Zeit, sondern der furchtbare Rächer einer undankbaren Inanspruchnahme der Fürbitte der Heiligen,[47] insbesondere Marias, und fungiert hinfort für die Erzbischöfe von Magdeburg wie ein Eidhelfer. Das mahnende Gedenken an ihn bei ihrer Wahl bzw. Weihe soll ihnen helfen, treue Oberhirten zu sein.

Den Vorgang lässt die Legende im 10. Jahrhundert spielen, in der Zeit Ottos III.[48] Vielleicht ist dies ein Hinweis darauf, dass der markante Stein im Bodenbelag des Chors aus dem Vorgängerbau stammte – auch wenn man im 10. Jahrhundert keinen Magdeburger Erzbischof namens Udo kennt.

Was aber hat der Kleriker jener Legende nächtens gesehen? Nach meiner Überzeugung hatte er die Skulptur des schwarzen Mauritius vor Augen, der ganz in sein Ringpanzerhemd gehüllt ist, vom Kopf bis zu den Fäustlingen aus Ketten, und mit diesen wie ein „Faustkämpfer" wirkt.

M. E. setzt der Text wegen dieser Bezeichnung den heutigen Torso des schwarzen Mauritius im Kettenhemd voraus, welchen man sich, ergänzt um den verlorenen Schild in der Linken und eine Lanze in der Rechten vorstellen muss, nicht aber die Mauritiusfigur im Hochchor (Abb. 221), von der Suckale-Redlefsen treffend feststellt, es entstünde bei dieser, obwohl sie voll gerüstet ist, „nicht der Eindruck von Kampfbereitschaft oder menschlicher Gegenwärtigkeit".[49]

Die beiden Richter aber auf ihren Kathedren sind indes jenes Paar, das immer wieder auch als Otto der Große und seine Gemahlin Edgith angesehen wurde (F-Abb. 27).[50] Zumindest der Visionär jener schrecklichen Nacht hat in den beiden Thronenden Maria und Christus erblickt, glänzender als die Sonne, leuchtender als Mond und Sterne, die in der Sphaira,[51] welche der Himmelskönig in der Rechten hält, erstrahlen. Die ursprünglich „nahezu vollständige Vergoldung" der Doppelfigur rückte das Paar für jeden Betrachter augenfällig „in eine göttliche Sphäre".[52] Damit ist nichts über die ursprüngliche Bedeutung jener Doppelskulptur gesagt. Vielleicht aber ist die Frage ihrer Position im Zusammenhang der Udo-Legende noch einmal zu überdenken. Sie macht m. E. die Aufstellung im Zusammenhang eines Lettners sehr wahrscheinlich.[53]

Anmerkungen

1. Die frühe Verehrungsgeschichte ist archäologisch fassbar: Blondel 1957; zu den von 2001 bis 2005 durchgeführten Nachgrabungen vgl. die Vorberichte von A. Antonini in: Vallesia 57, 2001, S. 312–314; 498–502; 59, 2004, S. 396f.; 60, 2005, S. 481f.; 61, 2006, S. 424–427; für die früher als Grundmauern eines Hospizes des späten 5. Jh. angesprochenen Mauerzüge wird inzwischen auch die Interpretation als umfriedeter Grabbezirk für Bestattungen ‚ad sanctos' in Erwägung gezogen: vgl. ebd. 58, 2003, S. 500; kurze Zusammenfassung der Ergebnisse bei Roduit 2006.
2. Vgl. Eucher. pass. Acaun., ed. Krusch 1896; Übersetzung: Gegenschatz 1989, S. 109–115.
3. Vgl. Pass. <anon.>, ed. Chevalley 1990; Übersetzung der für diese Edition wichtigen, mit ihrem Text aber nicht völlig identischen Handschrift 256 (Krusch X 2a) der Abtei Einsiedeln: Müller 1968, erneut in: Köhler 1986, S. 7–13. Zur Datierung: Chevalley / Favrod / Ripart 2005, S. 424; unlängst hat Urban 2009, eine Datierung „um 475" vorgeschlagen. In jedem Fall setzt der Text eine klösterliche Siedlung in Acaunum voraus.
4. Frühester Kritiker war der reformierte Pastor J. Dubourdieu (1640–1720); vgl. dazu Schlumpf 2009.
5. Ich folge hier den von Chevalley / Favrod / Ripart 2005 vorgetragenen Thesen. Ähnlich Urban 2009, S. 27–30.
6. Vgl. Art. Mons Poeninus, in: DNP, Bd. 8, 2000, S. 384.
7. Vgl. Kolb 2001, S. 25f.
8. Vgl. Leg. aur. 136, ed. Graesse ³1890, S. 628–632; übers. Benz ¹⁰1984, S. 727–732; Jacobus bietet einerseits die Frühdatierung, zu der entsprechend er auch die Reden des Mauritius und Exuperius gestaltet, und erwähnt die Verweigerung des Opfers nach dem Alpenübertritt, stellt aber auch einen Zusammenhang mit der großen Christenverfolgung Diokletians her.
9. Vgl. Eucher. pass. Acaun. 3, ed. Krusch 1896, S. 33; Pass. <anon.>, ed. Chevalley 1990, 96,6; Jac. Vorag. leg. aur. 136, ed. Graesse ³1890, S. 629.
10. Vgl. Eucher. pass. Acaun. 13, ed. Krusch 1896, S. 38; Pass. <anon.>, ed. Chevalley 1990, 98,17, S. 106ff.
11. Die Entwicklung findet sich insgesamt dargestellt bei Seeliger 2005, S. 211–225 sowie Näf 2011.
12. Vgl. Boehm ²1977, S. 55–67; Reinhold Kaiser: Art. Burgunder, in: HLS, Bd. 3, 2003, S. 110–114.
13. Zu Boso vgl. Rainhold Kaiser, Art. Boso von Vienne, in: LMA, Bd. 2, 1983, Sp. 477f.
14. Belegt durch das Epitaph Bosos, vgl. MGH Poetae 4,2.3, ed. Strecker 1923, S. 1054; zum Ganzen Seeliger 2005, S. 215f.
15. Zum Ganzen Boehm ²1977, S. 114–120.
16. Ausführlich dargestellt in Claude 1972, S. 27–40; Seeliger 2006, S. 108–110, sowie Pessel 2007.
17. Vgl. Herbert Zielinski, Art. Konrad I., in: LMA, Bd. 5, 1991, Sp. 1341f.
18. Vgl. Stadtmüller / Pfister 1986, S. 518f.
19. Diplom Heinrichs IV. von 1079 für die Abtei Niederaltaich: D H IV, S. 417 (Nr. 316); vgl. dazu Seeliger 2005, S. 223. Niederaltaich stand später mit Magdeburg in Gebetsverbrüderung und erhielt Mitte des 13. Jahrhunderts Mauritiusreliquien aus Magdeburg (zurück?): vgl. Wentz / Schwineköper 1972, S. 217, 241.
20. Vgl. Beumann 1962, S. 553–557, 31–35.
21. Zu den Einzelheiten vgl. Seeliger 2006, S. 109.
22. Vgl. Claude 1977, S. 232–234 mit ausführlicher Zitation der Quellen; vgl. auch ebd., S. 289.
23. Vgl. Wentz / Schwineköper 1972, S. 222–236.
24. Vgl. Seeliger 2005, S. 221.
25. Staatsbibliothek Berlin, cod. theol. lat. qu. 113, bislang leider noch unediert. Knappe Beschreibung in: Rose 1903, S. 758f. (Nr. 749) und durch Hartmut Kühne: Liber ordinarius ecclesiae Magdeburgensis, in: Kat. Aufbruch in die Gotik 2009 II, S. 151, 154.
26. Vgl. Wentz / Schwineköper 1972, S. 218.
27. Ebd., S. 220; Kroos 1989, S. 91.
28. Vgl. Devisse 1979, S. 149–203, 241–254 und Suckale-Redlefsen 1987.
29. So mit Recht ebd., S. 44–46; vgl. zur Forschungslage Suckale-Redlefsen 2009 und dies.: Heiliger Mauritius im Chor des Magdeburger Domes, in. Kat. Aufbruch in die Gotik 2009 II, S. 106–108; auch Brandl 2009a, S. 151–155, 226f.
30. Unklar bleibt, ob nicht eventuell der Mauritius im Hochchor des Magdeburger Doms (Abb. 221), der um 1225/30 zu datieren ist, die ältere Figur eines schwarzen Mauritius darstellt. Suckale-Redlefsen 1987, S. 44 spricht ihr allerdings – und dies m. E. zu recht – negroide Züge ab; es ist indes ein dunkles, bläuliches Inkarnat vorhanden, welches jedoch bislang nicht genauer untersucht worden ist und deshalb auch zu einer späteren Fassung gehören kann. Zu dieser Figur vgl. Brandl 2009a, S. 59–68, 210f.
31. Mirac. Udon., ed. Schönbach 1901, S. 2–9 mit textkritischen Nachträgen in Schönbach 1907, S. 71f; Übersetzung bei Öhgren 1954, S. 44–51; ebd., S. 145–150 auch eine Liste der Handschriften; diesen ist hinzuzufügen: Universitäts- und Landesbibliothek Jena Ms. El. phil. q. 1, 128ᵛ–134ʳ (vgl. Tönnies 2002, S. 291f.); zur Datierung, vgl. Schönbach 1901, S. 67 und ders. 1907, S. 70 sowie Öhgren 1954, S. 145f. und Palmer ²1995, S. 1217. Zu beachten ist, dass die Textredaktion früher als die ältesten Handschriften anzusetzen ist!

32 Vgl. Günter 1906, S. 153–155.
33 Schönbach 1901, S. 67.
34 Zum Domchor als der Gerichtsstätte für Kleriker s. den Beitrag von Lück in diesem Band.
35 Mirac. Udon., ed. Schönbach 1901, S. 5, 87–92.
36 Vgl. Eucher. Pass. Acaun. 17, ed. Krusch 1896, S. 39.
37 miles: Eucher. Pass. Acaun. 2, ed. Krusch 1896, S. 33,14; Pass. <anon.>, ed. Chevalley 1990, S. 96,7. – primicerius: Eucher. Pass. Acaun. 8, ed. Krusch 1896, S. 35,16; Pass. <anon.>, ed. Chevalley 1990, S. 98,17.
38 Mirac. Udon., ed. Schönbach 1901, S. 4,80; 6,123; 131.
39 Vgl. Ebd., S. 5,96f.
40 Vgl. Devisse 1979, S. 69–79, 226 und Suckale-Redlefsen 1987, S. 20, der ich für diesen Hinweis danke.
41 Vgl. Sauerländer 1970, S. 151, Abb. 182.
42 Vgl. Pass. Perp. 10, ed. Amat 1996, S. 134–142; zum Ganzen Habermehl ²2004, S. 161–177.
43 Vgl. Mirac. Udon., ed. Schönbach 1901, S. 9,227–237; Weiteres zum Udo-Stein bei Öhgren 1954, S. 143f.
44 Eigentliche Beschreibung 1689, caput II. Im Chor Nr. V.
45 Vgl. Ebd.
46 Vgl. Koch 1815, S. 97f. (freundlicher Hinweis von Domküster H.-J. Jerratsch, Magdeburg).
47 Die Strafgewalt des Heiligen und seine Funktion als Hüter des Rechts ist ein bislang unzureichend untersuchtes hagiographisches Motiv, vgl. dazu Angenendt ²1997, S. 198–203.
48 Vgl. Mirac. Udon., ed. Schönbach 1901, S. 2,1f.; Schönbach 1907, S. 71.
49 Suckale-Redlefsen 1987, S. 44.
50 Diskussion: Willibald Sauerländer: Thronendes gekröntes Paar (Kaiser Otto I und Königin Edith?), in: Kat. Die Zeit der Staufer 1977 I, S. 340–342; Brandl 2009a, S. 124–132; 223f. und Klaus Niehr: Thronendes Paar im Magdeburger Dom, in Kat.: Aufbruch in die Gotik 2009 II, S. 108–110.
51 Die Sphaira wurde im Anschluss an Burger 1937, S. 22, immer wieder auch als „gefüllte Fruchtschale" mit den „Früchten des Weinbergs" interpretiert, die der himmlische König ernte. Für Schramm 1958, S. 75, 195 ist Christus mit einem Fass voll Trauben dargestellt. Die weibliche Figur wurde im Anschluss daran immer wieder auch als Braut Christi und „Ecclesia" erklärt, vgl. Sachs ²1977, S. 61f; diese Deutung hält Sauerländer 1977, S. 341, für „so gut wie ausgeschlossen". Für Brandl 2009a, S. 224, ist die Sphaira „ein Abbild des Kosmos".
52 Brandl 2009a, S. 224.
53 Vgl. die Rekonstruktionen ebd., S. 105.

HEINER LÜCK

Der Magdeburger Dom als Rechtsort.
Eine rechtsarchäologische Annäherung

Wolfhard Kohte zum 65. Geburtstag am 30. August 2011

Vorbemerkung

Von den deutschen Kathedralen waren bislang nur das Münster zu Freiburg im Breisgau,[1] zu Straßburg[2] und der Dom zu Würzburg[3] Gegenstand spezieller rechtshistorischer Betrachtungen. Auch für den Wiener Stephansdom liegt eine rechtshistorische Studie vor.[4] In gewisser Weise kann auch eine Untersuchung zur Domfreiheit von Paderborn hinzugerechnet werden.[5] Für den Magdeburger Dom fehlt eine solche vergleichbare Arbeit – wie auch für die meisten anderen deutschen Dome. Gleichwohl wird er in mehreren Aufsätzen und Monographien, auch solcher rechtsgeschichtlicher Provenienz und Prägung, als Beispiel für rechtliche Aspekte mehrfach aufgeführt. Dieser Befund sollte in Zukunft verbessert werden, bietet doch gerade die Kathedrale von Magdeburg neben ihren kunstgeschichtlichen Qualitäten eine Fülle von rechtsgeschichtlichen Aspekten, die sich zudem gut mit dem im frühen 13. Jahrhundert im Gebiet der Erzdiözese geltenden Recht in Verbindung bringen lassen.[6] Die folgenden Betrachtungen verstehen sich als eine erste Übersicht über die rechtlich relevanten Aspekte des Magdeburger Domes. Da die auf den Dom bezogenen Rechts- und Gerichtsverhältnisse stark mit der komplizierten Gerichtsverfassung[7] in Bezug auf Magdeburg[8] korrespondieren, können hier nur einige Beobachtungen und Überlegungen vorgestellt werden. Das soll in drei Schritten geschehen. Zunächst sind Charakter und Vielfalt der Rechtsorte als Gegenstand der Rechtsarchäologie vorzustellen. In einem zweiten Schritt wird ein knapper Überblick über Kirchen als Rechtsorte geboten. Schließlich sind in einem dritten Schritt verschiedene Aspekte des Magdeburger Domes als Rechtsort zu betrachten und unter Rückgriff auf die in den ersten beiden Abschnitten gelegten Grundlagen einzuordnen.

I. Rechtsorte als Gegenstand der Rechtsarchäologie

Die Teildisziplin der Rechtsgeschichte, die sich mit den gegenständlichen Quellen des Rechts befasst, wird seit Karl von Amira (1848–1930) ‚Rechtsarchäologie' genannt.[9] Diese hat die Erforschung, Auswertung, Systematisierung und Inventarisierung von Sachzeugen des (in der Regel älteren) Rechtslebens einschließlich der damit verbundenen Örtlichkeiten, Symbolik und Handlungen (rechtsrituelles Handeln, Rechtsbräuche und rechtlich geformte Volksbräuche) zum Gegenstand.[10] Als Teildisziplin der Rechtsgeschichte bleibt sie jedoch stets der gesamten Breite der rechtsgeschichtlichen Forschung verpflichtet.

Mit den gewonnenen Erkenntnissen hilft die Rechtsarchäologie, die Rechtswirklichkeit und die Rechtsnormen in einzelnen Orten, Regionen, Landschaften und Ländern, letztlich auch übergreifend in den jeweiligen historischen Epochen, zu rekonstruieren. Insofern ergänzt sie das rechtsgeschichtliche Wissen, das vorwiegend auf der Auswertung schriftlicher, sprachlicher und bildlicher Quellen beruht. Hieraus ergeben sich Abgrenzungsfragen, aber auch befruchtende Berührungspunkte, etwa im Verhältnis zur Sprachgeschichte und Rechtssprachgeographie (z. B. in Bezug auf Flurnamen), zur Literaturgeschichte (z. B. im Hinblick auf die literarische Überlieferung der Rolandsage zur Beurteilung der Rolandstandbilder oder die im Nibelungenlied tradierten Rechtsszenen zu Eheschließung, Fehde, Gottesurteil usw.), zu den historischen Hilfswissenschaften (zur Bestimmung von Wappen, Siegeln und Münzen), zur Kunstgeschichte (z. B. bei der Einordnung von Stilelementen an Amtsgebäuden), zur Kirchengeschichte (z. B. in Bezug auf kirchliche Symbole), zur Archäologie (etwa für die Bewertung vorzeitlicher Grabstätten im Zusammenhang mit mittelalterlichen Gerichts- und Richtplätzen), zur Musikwissenschaft (z. B. bezüglich der Erschließung von Werken der Musik)[11]. Eng verwandt ist die Rechtsarchäologie mit der ‚Rechtsikonographie', der ‚Rechtlichen Volkskunde' und der ‚Rechtsethnologie', auf deren Verhältnisse zueinander hier aber nicht näher einzugehen ist. Mit der Archäologie hat die Rechtsarchäologie die vorwiegend materiellen, nicht schriftlichen Hinterlassenschaften unserer Vorfahren als Quellen gemeinsam. Freilich treten gegenständliche Sachzeugen auch kombiniert mit Inschriften[12] und Zeichen auf (Inschriften an Gebäuden; Gravuren auf Richtschwertern u. ä.).

Rechtsarchäologie und Archäologie gehen ineinander über, wobei sich die Letztere der Ausgrabung und/oder Auswertung auch rechtlich relevanter Gegenstände zuwendet (etwa Galgenstätten, Moorleichen, Pfalzen, Handelsplätzen, Kirchen, Gräbern mit standesspezifischen Beigaben usw.).

Im Blickpunkt rechtsarchäologischer Betrachtung stehen Gegenstände sehr unterschiedlicher Beschaffenheit und stofflicher Zusammensetzung, wie sie auch in der Archäologie begegnen: Stein (z. B. Schandstein), Metall (z. B. Ring), Holz (z. B. Gerichtstisch), Wachs (z. B. Kerze), Wasser (z. B. Hinrichtung durch Ertränken), Feuer (z. B. Strafe des Verbrennens), Erde (z. B. Gerichtshügel), Ähren oder Gras (als zu übergebende Teile bei der Grundstücksveräußerung), Knochen (z. B. Reliquie), Textilien (z. B. der Sack als Strafwerkzeug), Pflanzen (z. B. Bäume als Zeichen der Gerichtsstätte), Früchte (z. B. Apfel), Perlen (z. B. Diadem), Tiere (z. B. hingerichtete Tiere), Teile des menschlichen Körpers (z. B. abgetrennter Daumen als ‚Leibzeichen'), Leder (z. B. Handschuh) u. a.

Zur Beschaffenheit gehört bei manchen rechtsarchäologischen Denkmälern auch die Farbe. Sie steht oft für eine eigenständige Bedeutung und macht die betreffende Sache erst zur Quelle der Rechtsarchäologie (z. B. Rote Türen, Rote Steine, Blaue Steine).[13] An Stelle der Farbe, die nicht real vorhanden sein muss (z. B. Rote Türme), können andere Eigenschaften stehen (z. B. Heiße Steine).

Die Lage von Gerichts- und Versammlungsplätzen (an und in Kirchen, auf Kirchhöfen, vor Wirtshäusern, auf Dorfplätzen, auf Angern, auf Wüstungen, auf Anhöhen, in mit Dielungen versehenen Baumkronen ‚geleiteter Linden', an oder auf einem vorzeitlichen Grab), ihre Attribute (Stein, Steinkreis, Steintisch, Baum, Baumkreis) und ihre räumliche Beziehung zu anderen Einrichtungen bzw. Örtlichkeiten des gemeinschaftlichen Zusammenlebens (z. B. Brunnen, Brücken, Kirchen, Schänken, Anger, Richter-/Schulzengut, Orts- und Gemarkungsgrenzen) sind oft die einzigen Anhaltspunkte, um den Rechtsalltag unserer Vorfahren zu rekonstruieren. Überhaupt kommt dem engeren räumlichen Kontext eine Schlüsselfunktion bei der Einordnung und Bewertung von Objekten, insbesondere solcher unter freiem Himmel, zu. Darauf aufbauend lassen sich typische topographische Situationen ausmachen. So ist ein Pranger in der Regel an einem öffentlichen Ort (Rathaus, Kirche, Friedhofsmauer) zu finden, während ein Galgen wegen der Ehrlosigkeit des Erhängens grundsätzlich weit außerhalb der Ortschaft oder auf deren Grenze errichtet wurde. Des Öfteren kann Blickkontakt zwischen der Gerichts- und der Richtstätte konstatiert werden. Galgenberg und Flur-/Gemarkungsgrenze fallen bis heute häufig zusammen. Demgegenüber finden sich Richtplätze, auf denen die (ehrenhafte) Todesstrafe mit dem Schwert vollzogen wurde, regelmäßig an belebten öffentlichen Orten (z. B. auf Marktplätzen).

Gelegentlich sind Sachzeugen des älteren Rechtslebens und archäologische Denkmäler identisch oder stehen in einem engen räumlichen Zusammenhang. Dazu gehören vorzeitliche Kultsteine und Grabanlagen, an denen auch im Mittelalter rechtserhebliche Handlungen vorgenommen wurden (Gerichtsversammlungen an bzw. auf Grabhügeln oder Großsteingräbern; Durchführung von Eheschließungsriten an ‚Brautsteinen'[14]). In nicht wenigen Fällen war der vorzeitliche Begräbnisplatz auch mittelalterlicher Gerichtsplatz. Eine Kontinuität der bewussten Anknüpfung an die Vorfahren, wie ihn John Meier (1864–1953) annimmt, muss jedoch bezweifelt werden. Vielmehr wird die exponierte Lage eines markanten Punktes in der Landschaft (z. B. Hügel) für die Menschen der Vorzeit als Begräbnisort ganz ähnlich anziehend gewirkt haben wie für die Gerichtsherren[15] und Gerichtspflichtigen des Mittelalters.

Unter den ‚Rechtsorten'[16] gibt es eine Fülle von Örtlichkeiten, die sich dadurch auszeichnen, dass an ihnen Gerichtsitzungen bzw. -versammlungen stattgefunden haben. Diese sind wiederum zu unterscheiden von Örtlichkeiten des Strafvollzuges (Galgenberge, andere Hinrichtungsstätten, Pranger, Gefängnisse u. a.).

Jedes Gericht war und ist bis heute auf einen Platz angewiesen, der ihm physisch die Möglichkeit gewährt, Versammlungen bzw. Sitzungen mit allen damit verbundenen gerichtlich relevanten Handlungen durchzuführen. Dieser Platz heißt ‚Gerichtsstätte', ‚Dingstätte', ‚Gerichtsplatz', ‚Gerichtsort' oder einfach ‚Gericht'.[17] Während seit dem 19. Jahrhundert in der Regel ein Gerichtsgebäude[18] mit seinen Sitzungssälen die Gerichtsstätte darstellt bzw. beherbergt, wurden vom frühen Mittelalter bis in die späte Frühe Neuzeit Orte unter freiem Himmel[19] für Gerichtssitzungen (weltlicher Gerichte) benutzt. Die kirchlichen Gerichte (Sendgerichte)[20] traten demgegenüber von vornherein in oder bei der jeweiligen Kirche zusammen.[21]

Die Funktion solcher Örtlichkeiten ging über die Vollziehung gerichtlich relevanter Handlungen weit hinaus. So dienten die Gerichtsstätten häufig als allgemeine Treffpunkte und Orte der Kommunikation sowie der Bekanntmachung (Verlesung) amtlicher Nachrichten.[22] Noch heute ist manche ehemalige Gerichtsstätte Spiel- und Tummelplatz für die Jungen, Schwatzplatz für die Alten sowie Schauplatz örtlicher Brauchtumspflege.

Die Durchführung des Gerichts unter freiem Himmel war ursprünglich zwingend. Doch gestattete Karl der Große (768–814) im Jahre 809, ein Gericht bei schlechtem Wetter unter einem Dach zu halten. Vor diesem Hintergrund entstanden die ersten überdachten Gerichtsstätten in Form einfacher, nach mindestens drei Seiten hin offener Pfahl-/Säulenkonstruktionen (die Gerichtslauben[23]), so dass das Prinzip des freien Himmels immer noch gewahrt blieb.

Neben Anhöhen in der Landschaft gehörten Wegekreuzungen, Brücken, Burg- und Stadttore, Brunnen, Türme (insbes. Rote Türme), Kirchenportale, Vorhallen von Kirchen, Kreuzgänge, Märkte, Rathäuser, Rolande und Friedhöfe sowie Dorfplätze (Anger, Tie[24]), Höfe und Wirtshäuser (in manchen Gegenden, etwa in Sachsen, aus Richtergütern hervorgegangen), die oberrheinischen ‚Stuben'[25] zu den bevorzugten Gerichtsstätten. Die Gerichtsstätten standen in einem bestimmten topographischen und funktionalen Verhältnis zu den Richtstätten (Galgen u. a.) und Amtssitzen der Gerichtsherren bzw. ihrer Beauftragten (Burg, Rathaus, Kloster, Kirche, Vogt, Amt, Hof).[26] In manchen Orten, vor allem in den Städten, gab es ‚Gerichts-', ‚Richt-' oder ‚Dinghäuser', die neben den Gerichtslauben als Vorläufer der Gerichtsgebäude angesehen werden können.

Die Lage der jeweiligen Gerichtsstätte hatte sich in der Regel durch lange geübte Gewohnheit herausgebildet und verfestigt. Das Agieren des Gerichts an der richtigen, d. h. traditionell überlieferten und ständig gebrauchten Gerichtsstätte (Sachsenspiegel Landrecht I 67, 1: „to echter dingstat")[27] war Voraussetzung für die Rechtsgültigkeit der gerichtlichen Handlungen. Davon bestanden Ausnahmen. So durfte nach Sachsenspiegel Lehnrecht[28] 72, 1 der König sein Lehngericht an allen Orten halten (ausgenommen Kirchen und Kirchhöfe).

Die konkrete topographische Lage der Gerichtsstätten konnte nicht ohne Weiteres verändert werden. So durfte niemand die Gerichtsstätte eines Zentgerichts ohne Zustimmung des Landesherrn verlegen. Für die Gerichtsstätte des Amtes Leipzig vor dem Petertor der Stadt Leipzig bestand ein Überbauungsverbot. Offenbar unabhängig von den tradierten Gerichtsstätten konnten Gerichtssitzungen (‚Nothalsgericht') am Ort einer geschehenen Straftat stattfinden (so jedenfalls im sächsischen Rechtsbereich während des 16. Jahrhunderts).

Nicht wenige der heute noch erhaltenen Gerichtsstätten weisen als typische Attribute Bäume oder/und Steine auf.

Zur notwendigen Ausstattung der Gerichtsstätten gehörten ein Richterstuhl, Schöffenbänke oder -stühle und ein Tisch aus Stein oder Holz sowie eine Begrenzung (Steine, Stöcke, Pfähle, Latten) dieses, unter einem besonderen Frieden stehenden Handlungsraumes. Die heute noch vorhandenen steinernen Bänke und Tische gehören mehrheitlich zu dörflichen Gerichtsstätten. Besonders eindrucksvolle Beispiele stellen die sogenannten Angertische auf dem Eichsfeld (Thüringen) sowie die Steinsetzungen auf den ‚Ties' Niedersachsens dar.

Auf den Stein- bzw. Holztischen befanden sich bei Gerichtssitzungen oft das Schwert als Symbol weltlicher Gerichtsherrschaft und Reliquienbehältnisse, auf die der Eid abgelegt wurde („auf Stein und Bein schwören").

II. Kirchen als Rechtsorte[29]

Schon in den obigen Ausführungen sind Kirchen als Orte rechtlich relevanten Handelns[30] mehrfach genannt worden. Die Wahl und Krönung von Königen und Kaisern,[31] die Wahl und Investitur geistlicher Amtsträger sowie die Amtseinsetzung weltlicher Personen[32] unterschiedlichster Art haben sich in Kirchen vollzogen. Diese sind nicht Gegenstand der folgenden Betrachtungen. Vielmehr soll auf die Kirchen als Örtlichkeiten des alltäglichen Rechtslebens etwas näher eingegangen werden, um danach den Magdeburger Dom als Rechtsort zu betrachten und einzuordnen.

Gericht, Gerichtsorte und Orte des Strafvollzuges werden vom Inhaber der Gerichtsbarkeit (Gerichtsherr) bedient. So sind die Örtlichkeiten des Gerichts (Königspfalzen, Burgen, Rathäuser, Zunfthäuser, Dorfplätze usw.) immer einem oder mehreren Gerichtsherren ziemlich eindeutig zugeordnet. Im weltlichen Bereich können das unterschiedliche Inhaber von Gerichtsbarkeit sein: der König, der Adel, die Städte, die dörflichen Gemeinden, die Zünfte usw. Rechtsorte in dem oben beschriebenen weiteren Sinn suchten davon unabhängig weitere Personen, eben auch Privatpersonen, auf, um Verträge zu schließen, rechtliche Ge- und Verbote zur Kenntnis zu nehmen, die Ehe einzugehen etc.

Ähnliches gilt für die Kirchengebäude, die sowohl Gerichtsstätten als auch allgemeine und öffentliche Orte rechtlich relevanten Handelns waren. An ihnen lassen sich wie bei den weltlichen Rechtsorten (vor allem an Rathäusern)[33] bestimmte architektonische Elemente bzw. Attribute beobachten, die mit Rechtshandlungen und Gerichtsversammlungen in Verbindung stehen.[34] So gehören kirchliche Ausstattungselemente wie Taufe/Taufbecken/Taufstein,[35] Kanzel,[36] Altar,[37] Glocken,[38] Lettner u. ä. regelmäßig zum Rechtsalltag. An, auf oder mit ihnen wurden und werden wichtige Rechtshandlungen vollzogen.

Häufig korrespondierten weltliche Rechtshandlungen mit kirchlichen Rechtsorten und umgekehrt. Das gilt insbesondere für Handlungen in und bei der Kirche in Verbindung mit städtischen Ratswahlen.[39]

In der Vorhalle (Paradies) von Kirchen fanden auch weltliche Gerichte statt, so etwa in Goslar[40] und Freiburg i. Br.[41] Auch im Innern der Kirchen wurde weltliches Gericht gehalten, z. B. im Chor des Freiburger Münsters.[42]

An bestimmten Portalen (Brautportalen, Brautpforten) wurden Ehen geschlossen.[43] Häufig handelt es sich dabei um das jeweilige Nordportal.[44] Diese Funktion konnten auch Anbauten übernehmen.[45]

Ein schönes Beispiel für weltliche Gerichtssitzungen an der Kirche bietet die Heidelberger Bilderhandschrift, welche das Gericht des Bauermeisters wiedergibt (fol. 26v). Deutlich ist der Bauermeister an seinem Strohhut als Oberhaupt des dörflichen Gerichts erkennbar. Er sitzt dicht vor einer Kirche, möglicherweise auf einem Stein, und verweist auf das in einer Urkunde verbriefte Dorfrecht. Auch in der Realität befanden sich nicht wenige weltliche Gerichtsplätze in unmittelbarer Nähe der Kirche. Auch Gerichtssteine, die solche Plätze markierten, fehlten nicht. Besonderes Interesse weckt daher der Teufels- oder ‚Leggenstein' vor dem Dom zu Halberstadt. Er wird einer Überlieferung nach als Stein angesprochen, der etwas mit dem Recht zu tun hat. Darauf deutet vor allem die Bezeichnung hin, die vielleicht auf (mundartlich) ‚leuen', ‚läggen'; (mittelniederdeutsch) ‚lögene' für ‚lügen' zurückgehen mag. Dazu finden sich mehrere Parallelen, etwa die Lügenbank in Wurzen (Ldkr. Leipzig) oder der in die Kirche von Neinstedt (Ldkr. Harz) eingemauerte ‚Leuenstein'. Auch unweit des Nordportals des Domes zu Verden lag ein Gerichtsstein, der ebenfalls als ‚Lügenstein' aufgefasst wurde.[46]

Eine besondere Bewandtnis hat es mit den sogenannten Wüstungskirchen auf sich.[47] An ihnen wurden noch Rechtshandlungen vollzogen, obwohl das entsprechende Dorf schon lange untergegangen war. Dennoch blieb eine Wüstungsgemeinde als Rechts- und Gerichtsgemeinschaft bestehen. Als Beispiele sind die wüste Kirche von Lorenzrieth,[48] einer Flamensiedlung in der Goldenen Aue (Ldkr. Mansfeld-Südharz), und die Rügegerichtshütte von Volkmannrode[49] bei Stangerode im Unterharz (Ldkr. Mansfeld-Südharz) zu nennen.

In Universitätsstädten dienten die Kirchen als Orte von Rechtshandlungen, welche die Universität betrafen. So fungierte etwa die Schlosskirche zu Wittenberg auch als herausgehobener Versammlungsort der Universität. Die Universität zu Basel ist im dortigen Münster 1460 gegründet worden. Zu den Gründungshandlungen gehörte die feierliche Verlesung der päpstlichen Gründungsbulle und dreier weiterer päpstlicher Bullen im Münster. Kopien davon wurden an die Kirchentüren angeschlagen, damit sich jedermann informieren konnte.⁵⁰ Zwei Jahre vorher hatte sich ganz Ähnliches aus Anlass der Gründung der Freiburger Universität im Freiburger Münster vollzogen.⁵¹ An anderen Kirchen wurden die Texte von Privilegien in Form von Inschriften verewigt. So weist die sogenannte Markttür am Dom zu Mainz eine Inschrift auf, deren Text auf ein Privileg des Erzbischofs Adalgot von Mainz aus dem Jahr 1135 zurückgeht.⁵² Dieser Text befand sich jedoch ursprünglich an der nicht mehr vorhandenen Liebfrauenkirche, der eigentlichen städtischen Pfarrkirche.

Ein Gunstbrief Kaiser Heinrichs V. (1106–1125) von 1111 für die Bürger von Speyer wurde als Inschrift in das Mauerwerk des Domes zu Speyer eingelassen (1689 vernichtet).⁵³ Auch am Dom zu Worms war lange Zeit über dem Nordportal der Text eines Privilegs von Kaiser Friedrich I. Barbarossa aus dem Jahr 1184 zu lesen.⁵⁴

Einen ähnlichen Memorial- und Verstetigungseffekt wollte man wohl erzielen, indem man 1858 Martin Luthers 95 Thesen gegen den Ablass, die er am 31.10.1517 an die Tür der Wittenberger Schlosskirche angeschlagen haben soll, in eine gusseiserne Tür goss und diese in das Schiff der Schlosskirche einsetzte („Thesentür").

Als Orte für Gerichtssitzungen dienten auch Vorhallen der Kirchen. Die rechtliche Relevanz der Vorhallen ging über Gerichtssitzungen hinaus. So weisen die Wände der Vorhalle des Freiburger Münsters Ritzzeichnungen verschiedener Maße auf,⁵⁵ die während des Markttreibens vor dem Münster bei Bedarf der Überprüfung von Warengrößen dienten.

Für Gerichtssitzungen im Innern der Kirchen kommt vor allem der Chor in Betracht. In jüngster Zeit ist auch der Zyklus der berühmten Stifterfiguren im Westchor des Naumburger Domes als Gerichtsversammlung interpretiert worden.⁵⁶ Im Dom zu Würzburg war der Saal bei der ‚Roten Türe', die an der nördlichen Seite des Domes vermutet wird, Ort des geistlichen Gerichts.⁵⁷

Kirchen waren auch Orte des Strafvollzuges. Hierher gehören das „Hundetragen" und das „Steinetragen", welche auf einem bestimmten Weg bis zur Kirche, dem herausragenden öffentlichen Platz einer christlichen Gemeinschaft, zu erfolgen hatten.⁵⁸

Ferner finden sich gelegentlich Kirchenpranger,⁵⁹ die vornehmlich im Eingangsbereich von Kirchen angebracht sind. Sie bestehen aus im Mauerwerk verankerten Ketten oder/und Halseisen sowie aus einem steinernen Podest.⁶⁰

Reste eines Kirchenprangers sind noch an der Dorfkirche zu Weßmar (Saalekreis) unmittelbar am Portal erkennbar.⁶¹ Auch kirchliche Gefängnisse soll es gegeben haben.⁶²

Ein großes Rätsel der Forschung stellen bis heute die sogenannten Wetzrillen⁶³ und Näpfchen an Kirchenbauten dar. Dabei handelt es sich um in der Regel senkrecht vorgenommene Einschürfungen unterschiedlicher Größe und Tiefe in das Mauerwerk. Auffällig ist die Nähe zu den Portalen (so typisch etwa an der Ulrichskirche in Halle). Diese Ausschabungen treten so massenhaft auf, dass sie kaum zufällige Spuren menschlichen Verhaltens darstellen. Möglicherweise handelt es sich um Erinnerungszeichen für gegenseitige Versprechen (Verträge, Treuegelöbnisse⁶⁴ u. ä.).⁶⁵ Die jedenfalls äußere Verwandtschaft mit den Kerbhölzern⁶⁶ ist unübersehbar. Von dieser Massenerscheinung sind wohl extrem große und tiefe Wetzrillen, wie sie etwa an Pfeilern des Kreuzgangs am Merseburger Dom auffallen, zu unterscheiden.

Rechtlich relevant ist die Kirche – in gewisser Weise bis heute – auch als Asyl.⁶⁷

Ähnliches gilt für den Friedhof bei der Kirche bzw. für den Immunitätsbezirk als Sonderfriedensbereich um die Kirche.⁶⁸ Die Landfrieden, deren Regelungen in den Sachsenspiegel eingegangen sind, privilegieren diese Orte. Sie sind daher auch bildlich in den Bilderhandschriften des Sachsenspiegels dargestellt (etwa in der Dresdner fol. 25r).

Von vielen Kathedralen ist bekannt, dass gerichtliche Handlungen vor bestimmten Gebäudeteilen, in der Regel vor einem Portal mit einem adäquaten ikonographischen Programm,⁶⁹ vollzogen wurden. Als relativ gesicherte Beispiele werden in der Literatur genannt: Dom zu Bamberg (Gnaden-, Adamspforte, Fürstenportal), Straßburger Münster (Platz vor den südlichen Querhausportalen); Goldene Pforte des Freiberger Domes, Freiburger Münster.

Neben geistlichen und auch weltlichen Gerichtssitzungen wurde eine Vielzahl von rechtlich erheblichen Handlungen in oder an Kirchen, und damit auch in oder am Magdeburger Dom, vollzogen: Taufe, Eheschließung, Wahl, Proklamation des Gewählten, Investitur, Beichte, Vollzug von Bußen und Strafen, Sühne,⁷⁰ Vertragsabschlüsse, Verkündung und urkundliche Festschreibung rechtlicher Vorgänge unterschiedlicher Art, Eidesleistung auf Altar und Reliquie⁷¹ u. v. a.

In Nürnberg sind sogenannten Brautpforten für St. Sebald und St. Lorenz belegt.⁷² Seit dem frühen Mittelalter hatte die Kirche Mitspracherechte im Eherecht allgemein und bei der Eheschließung im Besonderen durchgesetzt. Wenn es auch noch dauern sollte, bis die Ehe durch den Geistlichen geschlossen wurde, so war doch bald nach 1100 klar, dass die Ehe, die seit 1215 als Sakrament galt, ‚in facie ecclesiae' – im Angesicht der Kirche – begründet werden sollte. Hierfür schien die Nähe zu einem bestimmten Portal am besten geeignet.[73] Es war nicht nur der Figurenschmuck, der den Rechtsakt begleitete, sondern auch das Architekturelement Tor oder Tür schlechthin.[74] Tore waren seit dem Alten Testament bevorzugte Gerichtsorte. Von Christus selbst stammt der Satz: „Ich bin die Tür" (Joh 10,9) – gemeint ist die Tür zum Paradies, was auch die tradierten Bezeichnungen von mehreren Kirchenportalen nahe legen.[75] Die Funktion des Petrus als Schlüsselgewaltiger über die Pforten des Himmels gehört ebenfalls hierher. Selbst das Märchen „Frau Holle" präsentiert das Tor als Ort der Wahrheit, aus dem Gold für das Gute und Gerechte, Pech jedoch für das Schlechte und Ungerechte regnen. Die Funktion des Portals war so eine doppelte: Zum einen diente es als Vorrichtung, die durchschritten werden konnte – in Form eines Übergangsrituals ganz im Sinne Arnold van Genneps.[76] Zum anderen sprach der Figurenschmuck die Menschen an: die Darstellung der Seligen (Paradies) und der Verdammten (Hölle) – Jüngstes Gericht;[77] Christus als Weltenrichter.[78]

Von mehreren Kirchenbauten ist bekannt, dass die rechtlich relevanten Türen etwas mit der Farbe Rot zu tun haben, zumindest aber ‚Rote Tür' genannt werden. Die Parallele zu den Roten Türmen ist hier offensichtlich. Belegt sind: 1120 St. Viktor in Xanten (Rote Tür an Vorhalle der Südseite – diese Vorhalle heißt in den Quellen ‚paradisus' oder ‚porticus')[79]; 1165 Würzburger Dom, ebenfalls in Verbindung mit einer Vorhalle; 1452 Paderborner Dom;[80] 1495 Erfurter Dom; 15. Jahrhundert Trierer Dom; ca. 1500 Bamberger Dom u. a. Die Farbe Rot steht bis heute für das Recht; das Urteilsformular heißt in der juristischen Fachsprache heute noch ‚Rubrum'.[81] Von der Bezeichnung ‚Rote Tür' kann ziemlich sicher auf eine rechtlich relevante Funktion der Tür oder des Portals geschlossen werden.

Neben den Portalen und den Plätzen vor den Portalen waren der Chor, der Lettner, die Vorhallen vor den Westbauten und der Kreuzgang[82] Örtlichkeiten, die für den Vollzug rechtlich relevanter Handlungen genutzt wurden.[83] Ein wichtiges Gericht in Mitteldeutschland, welches über Jahrhunderte im Kreuzgang tagte, war das sogenannte Rote-Graben-Gericht in Zeitz (so noch im 16. Jahrhundert).[84] Von den vorherrschenden Architekturelementen wurden an gerichts- und rechtsrelevanten Örtlichkeiten vor allem beobachtet: Säulen, Löwen, Christus als Weltenrichter mit dem Apostelkollegium, Säulen-Stufen-Portal. Eine besondere Säule, der sogenannte Engelspfeiler, markiert den Gerichtsplatz im südlichen Seitenschiff des Straßburger Münsters.[85]

Gelegentlich spielen auch Stufen bzw. Treppen eine Rolle als Gerichtsplatz[86] – wohl als symbolische Nachbildung der sechs Stufen zu Salomons Richterthron.[87] Es sei hier auch an den Streit der Königinnen vor dem Eintritt in das Münster im Nibelungenlied und an das Königsgericht, das nach fränkischen Quellen auf der Freitreppe der Pfalz zusammentreten sollte, erinnert. In Schwäbisch-Hall hat man heute noch einen Eindruck einer repräsentativen, groß dimensionierten Treppe, die in die Kirchenvorhalle der Stadtkirche führt. Ein ähnliches Bild bietet sich, jedenfalls was die Treppe betrifft, in Erfurt (‚Domstufen').

Die Funktion der Vorhalle unter dem Westbau ist auch für den Stephansdom in Wien belegt.[88] In Freiburg i. Br. war neben der Vorhalle auch der Chor Gerichtsort.[89] Das sogenannte Fürstenportal an der Nordseite des Bamberger Domes stellt ein Säulen-Stufen-Portal dar.[90]

Auch der Lettner[91] wird in der Literatur als Gerichtsort diskutiert. In der älteren Literatur scheint kein Zweifel daran zu bestehen, dass der Lettner dieser Funktion – sogar für geistliche und weltliche Gerichte – gerecht wurde.[92] Doch ist das m. E. zu weit gegriffen. Der Lettner eignet sich gewiss bestens zur Verkündung[93] von Entscheidungen, zur Proklamation von Wahlergebnissen oder zum Verlesen von Urkunden.[94] Für eine Gerichtsversammlung/ Gerichtssitzung, die aus mehreren stehenden und sitzenden Personen besteht, dürfte das Bauelement Lettner keinen Platz geboten haben. Noch einmal soll eine Stelle aus dem Sachsenspiegel (Ssp. Ldr. II, 12 § 13) bemüht werden. Dort heißt es: „Stehend soll man das Urteil schelten, sitzend soll man […] Urteil finden." Das ist zwar ein Satz aus dem weltlichen Recht, doch dürfte er weitgehend auch für die geistlichen Gerichte gegolten haben. Das heißt, dass nach der hier wiedergegebenen Auffassung der Lettner sehr wohl als Rechtsort in Frage kommt, als Gerichtsort aber eher weniger. ‚Gericht' wird immer ‚rund', jedenfalls in einer Fläche, gedacht. Darauf deuten u. a. solche

Begriffe wie ‚Umstand‘[95] und ‚Rota (Romana)‘[96] hin. Aber auch überlieferte Abbildungen aus dem Spätmittelalter legen mit den deutlich erkennbaren ‚Schranken‘ oder/und Bänken einen kreis- oder ovalförmigen, manchmal auch unregelmäßig viereckigen Gerichtsplatz nahe.[97] Selbst bei der Freitreppe der Königspfalz muss man sich wohl den König oder seinen Richter auf der Treppe und die Urteilsfinder um die Treppe herum gruppiert vorstellen. Das mag gegen den Lettner als Gerichtsort sprechen. Jedenfalls ist die in der Literatur tradierte Selbstverständlichkeit zu hinterfragen.[98]

III. Gericht und Rechtshandlungen im und am Magdeburger Dom

Schon die Bauzeit des Magdeburger Domes lässt auch aus rechtsgeschichtlicher Sicht, und zwar im europäischen Kontext,[99] aufhorchen. In die Amtszeit des Bauherrn, Erzbischof Albrecht II. (1205–1232), fällt das IV. Laterankonzil (1215). Dieses traf überaus wichtige Festlegungen zum Recht und zu seiner Anwendung. Dazu gehörte auch die Bestimmung, dass jeder Christ mindestens dreimal im Jahr zu seinem zuständigen Sendgericht gehen müsse. Auf diesen Sendgerichten wurden nicht nur Vergehen gegen die kirchliche Ordnung ermittelt, verhandelt und geahndet, sondern auch die kirchlichen Rechtsnormen (wenigstens in ihrem Kernbestand) bekannt gemacht. Somit könnte auch der Satz des Bologneser Kirchenrechtslehrers Gratian (um 1140) über die gesetzesgleiche Geltung der Gewohnheiten verbreitet worden sein,[100] zumal das kanonische Recht eine Geltungskraft der Gewohnheit nach einer ziemlich detaillierten Lehre kannte.[101]

Es ist gewiss kein Zufall, dass das Gewohnheitsrecht des elbostfälischen Sachsen zwischen 1220 und 1235, also wenige Jahre nach dem IV. Laterankonzil, in Gestalt des Sachsenspiegels aufgezeichnet wurde.[102] Ferner ist auffällig, dass das Landrecht des Sachsenspiegels mit der Regelung beginnt, dass alle Christen, sobald sie volljährig geworden sind, dreimal im Jahr – gestaffelt nach ihrer sozialen und rechtlichen Stellung im Geltungsbereich des Sachsenspiegels – zu ihrem zuständigen Sendgericht gehen müssen: „Iewelk kersten man is sent plichtich to sukene dries in'me jare, sint he to sinen jaren komen is, binnen deme biscopdume dar he inne geseten is. Vriheit diu is aver drier hande: scepenbare, de der biscope sent suken scolen, plechhaften der dumproveste, lantseten der ercepreftere."[103]

[Übersetzung: „Jeder Christ ist verpflichtet, sobald er zu seinen Jahren gekommen ist, in dem Bistum, in dem er ansässig, das Sendgericht dreimal im Jahr aufzusuchen. Dabei ist dreierlei Freiheit zu unterscheiden: Schöffenbare, die der Bischöfe Sendgericht, Zinspflichtige, die der Dompröpste Sendgericht, und Landsassen, die der Erzpriester Sendgericht aufsuchen sollen."[104]]

Fragt man nun danach, an welchen Ort die Sendgerichtspflichtigen konkret zu gehen hatten, kommt man auf den Amtssitz der Sendgerichtsherren. Das waren die Bischöfe, Dompröpste, Erzpriester und Ortsgeistlichen. Sendgerichtsorte waren in der Regel die Pfarrkirchen.[105]

In den Bilderhandschriften des Sachsenspiegels ist die Zuordnung der einzelnen Stände zu den jeweiligen Sendgerichten dargestellt (Dresdner Bilderhandschrift fol. 4r).

Diese Sendgerichte fanden in bzw. bei den Kirchen statt. Das Sendgericht des Bischofs, auch das des Magdeburger Erzbischofs, trat in oder an seiner Kathedralkirche zusammen. Seit spätestens 1296 verfügte der Magdeburger Erzbischof in Gestalt eines Offizials über einen ausgebildeten Richter für seine Diözese.[106]

In Magdeburg war die wichtigste Sendgerichtsstätte zweifelsohne der Dom. Die von ihm umschlossene ‚cathedra‘ berechtigte deren Inhaber zur Ausübung der geistlichen Gerichtsbarkeit.[107] Für die Rechtsentwicklung des Mittelalters sollte gerade der Magdeburger Erzstuhl in Kontakt mit der sich in Domnähe entwickelnden Handelsmetropole Magdeburg von immenser Bedeutung werden. Schon 1188 hatte Erzbischof Wichmann (1152–1192) von hier aus eine zukunftsträchtige Verbesserung des Gerichtsverfahrens in der Stadt Magdeburg verfügt. Räumlich gesehen ist so vom Magdeburger Dom aus ein wesentlicher Impuls für die Profilierung des Magdeburger Stadtrechts gegeben worden, welches in Verbindung mit dem Sachsenspiegel Hunderte von Städten in Ostmitteleuropa beeinflussen sollte.[108]

Für die Einschlägigkeit der im Sachsenspiegel zusammengefassten Rechtsregeln in Bezug auf Magdeburg sei angeführt, dass das Erzbistum Magdeburg darin unter den Bistümern des ‚Landes Sachsen‘ in diesem Rechtsbuch genannt wird. Auch Erzbischof Wichmann wird namentlich erwähnt.[109] Der Umstand, dass der Verfasser des Sachsenspiegels, Eike von Repgow, die Magdeburger Verhältnisse halbwegs kannte, darf vorausgesetzt werden. Immerhin wird Eike in einer Urkunde von 1233 in Salbke, also ganz in der Nähe Magdeburgs, u. a. gemeinsam mit dem Magdeburger Dompropst Wilbrand von Käfernburg († 1253), Halbbruder des Erzbischofs Albrecht II., erwähnt.[110]

Der Bischofssitz war Zentrum des weltlichen Hochstifts und des geistlichen Jurisdiktionsbezirks.[111] Diese fundamentalen Zusammenhänge mittelalterlicher Rechtskultur macht auch die erste Seite zum Landrecht in den Bilderhandschriften des Sachsenspiegels sehr schön deutlich: Gott reicht zwei Schwerter aus, je eines an den Kaiser und an den Papst. Damit ist die weltliche und geistliche Gewalt symbolisiert. Auch die Folge der Missachtung des Rechts ist angedeutet: Christus als Weltenrichter und der Höllenrachen als Adresse für die Rechtsbrecher.

Für Magdeburg hat man seitens der Kunstgeschichte mit guten Argumenten versucht, anhand der noch vorhandenen Elemente eines für Gerichtsportale typischen ikonographischen Programms einen solchen Gerichtsplatz im Dom zu rekonstruieren (‚Goldschmidt-Portal').[112] Die Klugen und Törichten Jungfrauen (Abb. 140, Abb. 141),[113] Ecclesia und Synagoge sowie das Thronende Paar (F-Abb. 27) u. a. hätten zweifelsohne eine eindrucksvolle gerichtsbezogene Kulisse abgegeben. Gerade Ecclesia und Synagoge gelten allgemein als typische Zutaten für kirchliche Gerichtsplätze.[114] Trotz der vielen Schwierigkeiten einer baugeschichtlichen Einordnung wird man vermuten dürfen, dass auch die Magdeburger Kathedrale einen ikonographisch geschmückten und in der Formensprache eindeutigen Gerichtsplatz gehabt haben wird, gehören doch auch „Darstellungen der zehn klugen und törichten Jungfrauen [...] seit dem 12. Jahrhundert zum Programm des Gerichtsportals der Kathedrale."[115] Einfache Vergleiche und Analogien mit anderen Bischofskirchen geben zwar gewisse Anhaltspunkte, doch sind das freilich keine stichhaltigen Beweise.

Am ehesten lassen sich die Eheschließungen einer bestimmten Örtlichkeit zuordnen. Ohne die genaue Lage im 13. Jahrhundert zu kennen, darf man gewiss davon ausgehen, dass es im Magdeburger Dom ein herausgehobenes Portal gegeben hat, an dem Ehen im Sinne der Abgabe des Eheversprechens (consensus facit nuptias) geschlossen worden sind (Paradiespforten, Gnadenpforten[116], Brautportale, Brautpforten). In Magdeburg liefern die klugen und törichten Jungfrauen einen sicheren Hinweis darauf,[117] so dass auch die jüngsten Forschungen die ‚neue Paradiespforte' am Nordquerhaus bestätigen konnten.[118]

Auch am Magdeburger Dom soll es mindestens eine Rote Tür, wahrscheinlicher aber zwei Rote Türen, gegeben haben.[119] Dazu hat sich eine schriftliche Quelle erhalten, die zum Jahr 1463 eine solche Rote Tür als Rechtsort unzweifelhaft belegt:

„und weret, dat de vorbreker tho dem dridden male uthe bliven und ungehorsam worde, so mogen wy de rad der aldenstad den sulven in unser aldenstad myd rechte vorfesten laten; und weret, dat de in der vestinge[120] eyn jar over freveliken liggen worde, so mach der vestinge vor des obgnanten unses gnedigen herren gerichte vor der roden dor uppe deme nien marckede myd rechte geffolgeth [...] werden."[121] Das Zitat stammt aus einer Übereinkunft des Erzbischofs mit dem Rat von Magdeburg. Eine weitere Rote Tür soll sich (nachweislich 1489) am sogenannten Diebshorn („in loco qui pridem apud Rubeam Portam appellari consuevit et nunc vulgariter Deueshorn nuncupatur"), in der heutigen Fürstenwallstraße, befunden haben.[122] Beide ‚Rote Türen' werden der Gerichtsbarkeit über die „Stiftsfreiheit"[123] zugeordnet,[124] für welche der Möllenvogt zuständig war. Dieser war der erzbischöfliche Richter für die Domimmunität, die Magdeburger Neustadt und Sudenburg.[125] Eine genaue Abgrenzung seiner Zuständigkeit im Verhältnis zur städtischen Gerichtsbarkeit findet sich im Vertrag zwischen dem Erzstift und der Alten Stadt Magdeburg vom 21. Januar 1497,[126] in welchem wiederum das „Diebshorn" und die „Rote Tür" am Neumarkt erwähnt werden.

Die Rolle mindestens eines Portals als gerichtlich relevante Örtlichkeit scheinen auch zwei Urkunden von 1221 zu belegen. Sie dokumentieren ein Versprechen des Erzbischofs Albrecht II. gegenüber Dompropst, Domdechant und Domkapitel zur bestimmten Verwendung einer Geldsumme. Darin erscheint als Ortsangabe „Acta sunt hec in Porticu superiori maioris ecclesie"[127]. Auch eine Verkaufsurkunde über die Vogtei des Klosters Berge, ebenfalls aus dem Jahre 1221, weist als Ort aus: „Acta sunt hec in porticu superiori claustri maioris ecclesie"[128]. Als Orte von Rechtsakten, die in der Amtszeit Erzbischof Albrechts II. beurkundet worden sind, werden u. a. ferner genannt: „in capella S. Mauricii";[129] „in capella maioris ecclesie"[130]; „Apud ecclesiam maiorem in loco Capituli"[131], „in Capitulo nostro"[132], „in palatio nostro"[133], „in ecclesia maiori"[134],

„In Capitulo nostro generali"¹³⁵, „In Capitulo fratrum ordinis sepefati"¹³⁶. In Magdeburg diente offenbar die Paradiespforte als Gerichtsplatz.¹³⁷

Darüber hinaus kommt der Chor als ein zweiter Gerichtsort im Dom in Betracht (F-Abb. 12). Manches deutet auf eine auch judizielle Funktionalität des Chor-Raumes hin.¹³⁸ Nimmt man das Reservoir von noch vorhandenen Skulpturen im Dom zusammen und kombiniert sie unterschiedlich, lässt sich anscheinend ein für ein Gerichts- oder Gerechtigkeitsbild typisches figürliches Programm erreichen: Andreas, Paulus, Petrus, Johannes der Täufer, hl. Mauritius, hl. Innocentius, Kluge und Törichte Jungfrauen, Ecclesia und Synagoge; Christus als Weltenrichter im Schlussstein des Chores.¹³⁹ Argumente für die Funktion des Chores als Gerichtsort sind auch die Säulen,¹⁴⁰ vor allem die Spolien. Die symbolhafte Nähe zum römischen Kaisertum der Spätantike als Quelle allen Rechts ist unübersehbar. Auf das Verständnis von dem römischen Kaiser Konstantin dem Großen (306–337) als Rechtsgeber für die Sachsen neben Karl dem Großen sei verwiesen: „[…] wie auch die christlichen Könige gesetzt haben: Konstantin und Karl, von denen das Land Sachsen noch immer sein Recht herleitet." ¹⁴¹ (Text des Prologs zum Sachsenspiegels).

Für eine Interpretation des Chores mit dem heterogenen Skulpturenschmuck¹⁴² als Gerichtsort hat sich vor allem Wolfgang Götz 1966 eingesetzt („Auch für Magdeburg müssen wir mit dieser Funktion des Chores rechnen."¹⁴³). Und in der Tat hat Götz mit seinen Betrachtungen gute Argumente, die für die Nutzung des Chores als Gerichtsort sprechen, zusammengetragen.¹⁴⁴ Aus rechtsgeschichtlicher/rechtsarchäologischer Sicht sind zwei Fragen auseinanderzuhalten. Die eine betrifft die tatsächliche oder wenigstens mutmaßliche Nutzung des Chores als Gerichtsplatz. Die andere zielt auf die Funktion des Gerichtsplatzes als Motiv des Auftraggebers für die ikonographische Ausstattung, also auf einen Kausalzusammenhang von Funktion und Gestaltung.¹⁴⁵ Die letztere Frage, ob bei der Gestaltung des Chores auch seine Funktion als Gerichtsort eine Rolle gespielt hat, kann hier dahingestellt bleiben.¹⁴⁶ Ihre stichhaltige Beantwortung dürfte sich auch in der Zukunft als sehr schwierig erweisen.

Es ist zu beachten, dass der Chor einer Kirche wie auch ganz allgemein andere Räume und Plätze im Mittelalter zumeist mehreren Zwecken dienten, darunter eben auch Gerichtsversammlungen. Die Inanspruchnahme des Chores für hochrangige liturgische Handlungen liegt auf der Hand.

Dessen ungeachtet vermengt Götz Argumentation m. E. zu stark geistliche und weltliche Gerichtsbarkeit. Zwar haben auch weltliche Gerichte an Kirchen und gewiss auch am Magdeburger Dom getagt,¹⁴⁷ doch ist die architektonische und ikonographische Ausgestaltung des Gerichtsortes Kirche bzw. der Gerichtsorte in oder bei der Kirche eine rein geistliche, d. h. gewissermaßen eine ‚innerkirchliche' Angelegenheit. Die Schwierigkeiten in Götz' Beweisführung offenbaren sich in der Einordnung des Heiligen Mauritius als Roland. Dessen Aufstellung, so Götz, zeige nämlich, wie sich die Bürger der Stadt allmählich der Macht des Erzbischofs als oberstem Gerichtsherrn entziehen würden.¹⁴⁸ Das ist höchst spekulativ. In Mauritius sieht die moderne Rolandforschung zwar auch eine Art Roland,¹⁴⁹ doch muss gerade in Magdeburg unbedingt das Verhältnis zu dem auf dem Markt stehenden (1631 untergegangenen) Roland, in dem von der älteren Forschung Mauritius gesehen wurde,¹⁵⁰ sowie zu dem verloren gegangen Hirschstandbild und dem Magdeburger Reiter geklärt werden. Der Kaiser war als Reiterstandbild jedenfalls präsent.¹⁵¹ Der Berufung auf Roland als – heute in der Rolandforschung¹⁵² weitgehend anerkanntes – Sinnbild für das Kaiserrecht bedurfte es nicht.¹⁵³ Unabhängig von den Roland-Überlegungen, die dem heutigen Stand der Forschung kaum standhalten können, spräche auch die Aufstellung von Reliquien, „die in Dreipassnischen zwischen den Säulen untergebracht waren" und an Feiertagen gezeigt wurden,¹⁵⁴ für die Gerichtsplatzfunktion des Chores. Allerdings fehlen sichere Belege für eine solche Präsentation. Die körperliche Anwesenheit der Heiligen im Gericht, in dem in göttlichem Auftrag Recht gefunden und Eide geleistet wurden, ist auch mannigfach in den Bilderhandschriften des Sachsenspiegels präsent – dort jedoch in transportablen Reliquiaren, die zum Gerichtsplatz unter freiem Himmel getragen wurden.¹⁵⁵

Jedenfalls vermochte Götz mit seiner Interpretation, die wohl zu vordergründig auf die, auch ikonographische, Gestaltung des Chores als Gerichtsplatz abzielt, nicht zu überzeugen.¹⁵⁶

Die hier angeregte genauere Differenzierung zwischen weltlichen und geistlichen Gerichten betrifft auch den Send. Denn aus sicheren Quellen ist bekannt, dass es einen Kleriker- und einen Laiensend gab.¹⁵⁷ Wenn also der Magdeburger Chor als Sendgerichtsplatz fungiert haben sollte (was sehr wahrscheinlich ist), dann m. E. nur für den Send der Kleriker. Der Chor war der Ort der Klerikergemeinschaft; erkennbar am Chorgestühl, an den Chorschranken und am Lettner. Die im Sachsenspiegel beschriebene Sendgerichtspflicht zielt ganz offensichtlich auf den Laiensend. Dieser wird in einem Teil der Kirche stattgefunden haben, der auch für Laien zugänglich war. Das betrifft regelmäßig vor allem den Westteil einer Kirche.[158] Dort befinden sich die meisten besonderen Portalgestaltungen,[159] was wiederum funktional mit den mehrfach bezeugten Braut-, Paradies- oder Gerichtsportalen an den Westfassaden/ am Westbau korrespondiert. Gerichtsordnungen der Sendgerichte, welche Näheres über Örtlichkeiten und Ablauf erkennen lassen, fehlen für Mitteldeutschland weitgehend.[160] Aus dem 15. Jahrhundert ist immerhin für den Send in der Marktkirche zu Halle belegt, dass zuerst der Klerikersend in der Kirche bei geschlossenen Türen stattfand. Danach wurden die Türen geöffnet, um den Laiensend abzuhalten.[161] Die Anzahl der Menschen, die sich dort einzufinden hatten, ist schwer einzuschätzen.

Der Magdeburger Dom war – ganz einer allgemeinen Verbreitung entsprechend (siehe oben unter II.) auch Ort der Totschlagsühne. Als Zeugnis dafür wird der Johannesaltar angeführt, welcher anlässlich der Bestattung des 1325[162] ermordeten Erzbischofs Burchard III. (1307–1325) als Sühnemaßnahme errichtet wurde.[163]

IV. Zusammenfassung und Ausblick

Der Magdeburger Dom war Rechtsort wie jede andere Kathedrale auch. In und bei ihm wurden Recht gesprochen, Eheschließungen vorgenommen, Eide geschworen, Vereinbarungen geschlossen, Wahlhandlungen absolviert, öffentliche Bekanntmachungen und Strafen vollzogen usw. Als konkrete Orte für bestimmte Rechtshandlungen kommen vor allem die Paradiespforte und der Chor in Frage. Mindestens zwei, bislang in diesem Zusammenhang kaum beachtete Urkunden belegen für 1221 rechtlich relevante Versammlungen an einem Portal (‚porticus'). Während Paradiespforte und Chor gewiss auch als Orte der Rechtsprechung (Gerichtsstätten) angesehen werden können, ist das für den Lettner (und eben nicht nur für jenen im Magdeburger Dom) überaus zweifelhaft.

Zu den Örtlichkeiten mit Rechtsprechungs- bzw. Rechtshandlungsbezug gehören auch die ‚Roten Türen'. Urkundlich ist für das späte Mittelalter (15. Jahrhundert) mindestens eine ‚Rote Tür' als Ort eines Gerichts gesichert, die sich in eine ganze Gattung von Roten Türen als Element der Kirchen als Gerichtsorte einreiht.

Es scheint sich zu lohnen, diesen hier noch sehr allgemeinen und auch noch lückenhaften Befund durch zielgerichtete Untersuchungen zur rechtlich relevanten Topographie und Ikonographie des Magdeburger Domes zu vervollkommnen, zumal von der Kunstgeschichte und Archäologie in jüngster Zeit hervorragende Bestandsaufnahmen und viele neue wie spannende Interpretationsansätze vorgelegt wurden.[164]

Anmerkungen

1 Vgl. Stutz 1901.
2 Vgl. Erler 1954.
3 Vgl. Merzbacher 1967.
4 Vgl. Grass 1980.
5 Vgl. Hoppe 1975.
6 Hierauf hat schon Wolfgang Götz 1966 hingewiesen und schöne Beispiele für den Zusammenhang von Kunstgeschichte und Rechtsgeschichte in Bezug auf den Magdeburger Domchor geliefert.
7 Vgl. Heiner Lück: Art. Gerichtsverfassung, in: ²HRG, Bd. 2, Lfg. 9, Sp. 192–219.
8 Vgl. dazu nur Schranil 1915; Lück 1997b; ders. 1996a; ders. 2009a.
9 Vgl. dazu Heiner Lück: Art. Rechtsarchäologie, in: ²RGA, Bd. 24, 2003, S. 240–246.
10 Grundlegend wurde das Werk von Amira / von Schwerin 1943. Eine moderne ‚Rechtsarchäologie' mit Blick auf Europa legte der polnische Rechtshistoriker Witold Maisel 1992 vor.
11 Dazu gehört vor allem die Oper; aber auch an Krönungsmessen und Nationalhymnen ist zu denken. Vgl. etwa Lück 2005a.
12 Zur rechtsgeschichtlichen Relevanz von Inschriften vgl. Heiner Lück: Inschriften, in: ²HRG, Lfg. 14 (im Druck).
13 Vgl. dazu ders.: Art. Farbensymbolik, in: ²HRG, Bd. 1, Sp. 1507–1513.
14 Vgl. ders. 2005b.
15 Vgl. ders.: Art. Gerichtsherr, in: ²HRG, Bd. 2, Lfg. 9, Sp. 159–162.
16 Dieser Begriff ist spätestens seit von Amira/von Schwerin 1943 üblich, vgl. dort S. 13. Er wird auch in den neueren Arbeiten zur Rechtsarchäologie und Kunstgeschichte / Geschichte benutzt; vgl. Carlen 1999, S. 9ff., 95ff.; Albrecht 2010b, S. 112, 181f. u. ö.
17 Vgl. dazu Heiner Lück: Art. Gerichtsstätte, in: ²HRG, Bd. 2, Lfg. 9, Sp. 171–178.
18 Vgl. ders.: Art. Gerichtsgebäude, in: ²HRG, Bd. 2, Lfg. 9, Sp. 150–155.
19 Vgl. auch ders.: Art. Freier Himmel, in: ²HRG, Bd. 1, Sp. 1734–1736.
20 Vgl. dazu Hans-Jürgen Becker: Art. Send, Sendgericht, in: HRG, Bd. 4, Sp. 1630–1631.
21 Vgl. Carlen 1999, S. 14.
22 Vgl. Heiner Lück: Art. Verlesen von Rechtssatzungen, in: HRG, Bd. 5, Sp. 760–761; ders.: Art. Verkündplätze, ebd., Sp. 748–749.
23 Vgl. ders.: Art. Gerichtslaube, in: ²HRG, Bd. 2, Lfg. 9, Sp. 162–165.
24 Vgl. Ruth Schmidt-Wiegand: Art. Tie, in: HRG, Bd. 5, Sp. 228–229.
25 Vgl. Cordes 1993.

26 Vgl. Lück 2000.
27 Ssp. Ldr., S. 128.
28 Vgl. Ssp. Lnr., S. 109f.
29 So auch der Titel eines Aufsatzes von Louis Carlen 1994a. Für zahlreiche wertvolle Anregungen und Hilfestellungen danke ich sehr Herrn Dr. Heiko Brandl (Halle/Saale).
30 Vgl. auch von Amira/von Schwerin 1943, S. 22, 146, 153; Maisel 1992, S. 18–27, 59–73; Wanke 2010.
31 Vgl. Eichmann 1942; Kat. Krönungen 2000; Kat. Kaisermacher 2006.
32 Vgl. Steinicke/Weinfurter 2005.
33 Vgl. Albrecht 2004; ders. 2010b.
34 Von daher scheint es gerechtfertigt, auch von einer speziellen „kirchlichen Rechtsarchäologie" zu sprechen; vgl. den Untertitel des Buches von Carlen 1999.
35 Vgl. Hans-Jürgen Becker: Art. Taufe, in: HRG, Bd. 5, 1998, Sp. 128–130.
36 Vgl. Carlen 1999, S. 14, 128f.; Heiner Lück: Art. Verlesen von Rechtssatzungen, in: HRG, Bd. 5, Sp. 761; ders.: Art. Verkündplätze, ebd., Sp. 748; Mersiowsky 2010, S. 21f.
37 Vgl. Gernot Kocher: Art. Altar, in: ²HRG, Bd. 1, Sp. 187f.
38 Vgl. Heiner Lück: Art. Glocke, in: ²HRG, Lfg. 10, Sp. 403–408; Mersiowsky 2010, S. 17–20.
39 Vgl. dazu Poeck 2003, S. 6–66 passim; Frölich 1939, S. 23.
40 Vgl. Frölich 1939, S. 24.
41 Vgl. ebd.
42 Vgl. ebd.
43 Vgl. dazu auch Ruth Schmidt-Wiegand: Art. Hochzeitsbräuche, in: ²HRG, Lfg. 13, 1068–1074; Grass 1983.
44 Vgl. Frölich 1939, S. 42. Zur rechtsgeschichtlichen Relevanz der Himmelsrichtungen vgl. auch Heiner Lück: Art. Himmelsrichtungen, in: ²HRG, Lfg. 13, 1030–1033.
45 Vgl. Frölich 1939, S. 42, Abb. 53.
46 Vgl. Meyer 1950, S. 69f.
47 Vgl. Frölich 1939, S. 25.
48 Vgl. Lück 2010a, S. 58.
49 Vgl. ders. 2010b, S. 80–83.
50 Vgl. dazu Martin Wallraff/Sara Stöcklin-Kaldewey (Hrsg.): Schatzkammer der Universität Basel. Die Anfänge einer 550-jährigen Geschichte. Katalog zur Ausstellung, Basel 2010, S. 16.
51 Vgl. ebd., S. 13.
52 Vgl. Frölich 1939, S. 30, Abb. 34, 35.
53 Vgl. ebd., S. 29f.; vgl. auch Albrecht 2010a, S. 251.
54 Vgl. Frölich 1939, S. 30. Vgl. dazu auch die Vorbemerkung „Eine Erztafel über dem Nordportal des Wormser Domes, die den Text der Urkunde enthielt, ist nicht erhalten geblieben;" vor der Edition in D F I, Nr. 853, S. 82–84, hier S. 82. Zum Wormser Dom als Rechtsort vgl. auch Bönnen 2010, S. 178–180.
55 Vgl. Frölich 1939, Abb. 45.
56 Vgl. Gerhard Straehle: Der Naumburger Meister in der deutschen Kunstgeschichte. Einhundert Jahre deutsche Kunstgeschichtsschreibung 1886–1989, phil. Diss. München 2008 [http://archiv.ub.uni-heidelberg.de/artdok/volltexte/2009/747/].
57 Vgl. Soder von Güldenstubbe 1989, S. 51.
58 Vgl. das berühmte Magdeburger Beispiel im Beitrag von Gerd Althoff in diesem Band.
59 Vgl. Wolfgang Brückner: Art. Schandstrafen, in: HRG, Bd. 4, Sp. 1353–1355, hier Sp. 1355; Friedrich Merzbacher: Art. Kirchenbuße, in: HRG, Bd. 2, Sp. 750–752; Carlen 1999, S. 127–129.
60 Vgl. Frölich 1939, S. 41, Abb. 51.
61 Freundliche Auskunft von Dr. Wernfried Fieber (Halle/Saale), dem ich dafür ganz herzlich danke.

62 Mit wenig überzeugenden Nachweisen Carlen 1999, S. 29f.
63 Vgl. Frölich 1939, S. 43.
64 In der Mitteldeutschen Zeitung vom 28.12.2010, S. 3, wird berichtet, dass die Stadt Magdeburg gegen das massenhafte Anbringen von Vorhängeschlössern mit Liebesbeteuerungen an Brücken vorgehen will. Vielleicht ist das eine Entsprechung der Moderne zu den Wetzrillen des Spätmittelalters?
65 Vgl. Heiner Lück: Art. Wetzen, Wetzrillen, in: HRG, Bd. 5, Sp. 1337–1340; Schels 2010; Erler 1954, S. 44.
66 Vgl. Ruth Schmidt-Wiegand: Art. Kerbholz, in: HRG, Bd. 2, Sp. 701–703; Garovi 1999, S. 69–84.
67 Vgl. Beyer 2008, S. 72; Carlen 1999, S. 20.
68 Vgl. Beyer 2008, S. 72.
69 Vgl. nur Walzer 1938.
70 Ein heute noch sichtbares Beispiel findet sich in Gestalt eines Sühnekreuzes an der Marienkirche zu Berlin. Es wurde als Sühnemaßnahme 1335 für den 1324 erschlagenen Probst von Bernau errichtet. Vgl. Lück 2007, S. 136f.
71 Vgl. Beyer 2008, S. 60; Carlen 1999, S. 30.
72 Vgl. Ackermann 1993, S. 537.
73 Vgl. Carlen 1999, S. 106f.
74 Vgl. dazu auch Carlen 1994b, S. 115–127.
75 Vgl. Beyer 2008, S. 58.
76 Vgl. van Gennep 1999.
77 Vgl. Beyer 2008, S. 56f.
78 Vgl. dazu auch Gernot Kocher: Art. Gerechtigkeits- und Gerichtsbilder, in: ²HRG, Bd. 2, Lfg. 9, Sp. 127–131.
79 Vgl. Deimling 1998, S. 500f.
80 Ebd., S. 501f.
81 Vgl. Lieberwirth ⁵2007, S. 265.
82 Im 15. Jahrhundert wurde das geistliche Gericht (Konsistorium), das in einem Saal des Würzburger Domes tagte, in den Kreuzgang verlegt; vgl. Soder von Güldenstubbe 1989, S. 51.
83 Vgl. Ackermann 1993, S. 531, 540.
84 So ist ein Urteilskonzept der Wittenberger Juristenfakultät von 1575 adressiert an: „Richter und Scheppen des Landtgerichts uffm Rotten graben unnd Creutzgange zu Zeitz" (Universitätsarchiv Halle, Rep. 1, XXXXIII, fol. 6r; ähnlich ebd., Nr. 31, fol. 10r).
85 Vgl. Erler 1954, S. 43; Ackermann 1993, S. 536, 539.
86 Vgl. Ackermann 1993, S. 537.
87 Vgl. ebd., S. 538.
88 Vgl. ebd., S. 539; Grass 1980, S. 117.
89 Vgl. Ackermann 1993, S. 539.
90 Vgl. ebd., S. 542.
91 Vgl. Kirchner-Doberer 1956, S. 118f.
92 Vgl. nur ebd., S. 118f.; Götz 1966, S. 109; Bellmann 1963, S. 94.
93 Vgl. Heiner Lück: Art. Verkündplätze, in: HRG, Bd. 5, Sp. 748–749.
94 Vgl. dazu auch den Beitrag von Wolfgang Huschner in diesem Band.
95 Vgl. Jürgen Weitzel: Art. Umstand, in: HRG, Bd. 5, Sp. 437–442.
96 Vgl. Gero Dolezalek: Art. Rota, in: HRG, Bd. 4, Sp. 1148–1152; Adalbert Erler: Rota, figürlich, ebd., Sp. 1152–1154.
97 Vgl. die Auswahl der Abbildungen bei Wolfgang Schild 1989, S. 118–128, 162–166.
98 Vgl. Götz 1966, S. 109, Anm. 52, verweist auf Erler 1954, S. 34. Dort ist aber nur zu lesen, dass vom Lettner aus Verkündungen/Verlesungen erfolgten. Das ist noch nicht ‚Gericht'.
99 Vgl. dazu Grossi 2010, S. 60–62.
100 Vgl. Lück 2006b.
101 Vgl. Wolter 1992.
102 Vgl. dazu Lück 2009b, S. 301–311.
103 Ssp. Ldr., S. 70.

104 Schott ³1996, S. 35f.
105 Vgl. Kéry 2006, S. 66; Lück 1997a, S. 60.
106 Vgl. ders. 1997a, S. 64.
107 Vgl. Lotte Kéry: Art. Geistliche Gerichtsbarkeit, in: ²HRG, Bd. 2, Lfg. 9, Sp. 1–8.
108 Vgl. dazu Lück 2008; Muzeum Historyczne Miasta Krakowa (Hrsg.): Europejskie Miasta Prawa Magdeburskiego. Tradycja, Dziedzictwo, Identyfikacja... European Cities of Magdeburg Law. Tradition, Heritage, Identity... , Kraków 2007.
109 Vgl. Lück 2005c, S. 157.
110 Vgl. ebd. m. w. N.
111 Vgl. Beyer 2008, S. 37.
112 Vgl. dazu Brandl 2009a, S. 29–58. Zum ursprünglich vorgesehenen Ort am Querhaus vgl. auch Niehr 2009, S. 99; ders. 2009d, S. 117. Brandl 2009a, S. 57f. favorisiert einen ersten Westbau, der wieder abgebrochen wurde, als ursprünglichen Standort.
113 Zum Jungfrauenportal der sogenannten jüngeren Werkstatt (um 1240/50), vgl. Brandl 2009a, S. 109–138, sowie den Beitrag von Jung in diesem Band. Zur Legende von den klugen und törichten Jungfrauen vgl. auch Zuffi 2004, S. 232 [Von den klugen und törichten Jungfrauen].
114 Vgl. Ackermann 1993, S. 541; Klaus Niehr: Ecclesia und Synagoge im Magdeburger Dom, in: Kat. Aufbruch in die Gotik 2009 II, S. 117f.; Erler 1954, S. 4ff.
115 Bellmann 1963, S. 87; vgl. auch Fliedner 1941/43.
116 Vgl. Ackermann 1993, S. 537.
117 Vgl. Fliedner 1941/43; Bellmann 1963.
118 Vgl. Klaus Niehr: Kluge und törichte Jungfrauen am Nordportal des Magdeburger Domes, in: Kat. Aufbruch in die Gotik 2009 II, S. 114–116, hier S. 114; vgl. auch Ackermann 1993, S. 543.
119 Vgl. Meyer 1931, S. 25f., insbes. Anm. 78, 80. Meyer hält fest: „Die rote Tür am Dom ist die Paradiespforte, nicht das Hauptportal [...]" (S. 26, Anm. 80); ders. 1930, S. 516, Anm. 5.
120 Zur Verfestung vgl. Wolfgang Sellert/Andreas Bauer: Art. Verfestung, in: HRG, Bd. 5, Sp. 718–719.
121 UBStadtMagd 1894 II, Nr. 851, S. 776–780, hier S. 778f.
122 Vgl. Meyer 1931, S. 26, Anm. 80; ders. 1930, S. 517, Anm. 5.
123 Richtiger ist wohl: Domimmunität oder Domfreiheit.
124 Vgl. Meyer 1931, S. 25f., Anm. 80. Zur zweiten Roten Tür vgl. auch die Ausführungen von Meyer 1930, S. 517, Anm. 5: „Das Gericht der Neustadt, das alte Burggrafengericht, befindet sich [...] vor dem Hauptportal des Domes, das der Altstadt ‚[...] apud Rubeam Portam [...] vulgariter Deueshorn nuncupatur'". Das Zitat aus dem Jahr 1489 stützt er auf Böhmer 1844, S. 114ff., hier S. 121. UBStadtMagd III 1896, Nr. 704, S. 408, lautet die Stelle: „[...] in loco, qui pridem apud rubeam portam appellari consuevit et nunc vulgariter deveshorn nuncupatur [...]".
125 Vgl. Hasse 2009, hier S. 114; Wittek 2006, hier S. 36–38.
126 Vgl. UBStadtMagd III 1896, Nr. 1028, S. 602–615; Neudruck der Urkunde: Gustav Hertel: Die transkribierte Urkunde, in: Wittek 2006, S. 157–170, neuhochdeutsche Übersetzung von Albrecht Hagenlocher, ebd., S. 143–155. Weitere urkundliche Belege einer Roten Tür finden sich zu 1469 (UBStadtMagd III 1896, Nr. 108, S. 50–54, hier S. 53), zu 1492 (UBStadtMagd III 1896, Nr. 800, S. 451–454, hier S. 452), zu 1503 (UBStadtMagd III 1896, Nr. 1221, S. 701–706, hier S. 705).
127 RegArchMagd 1881 II, Nr. 639, S. 291–292, hier S. 292. Gemeint ist wohl der Chorumgang.
128 Ebd., Nr. 643, S. 296–297, hier S. 297. Gemeint ist wohl der Chorumgang.
129 Ebd., Nr. 417, S. 187–188, hier S. 188.
130 Ebd., Nr. 644, S. 297–298, hier S. 298.
131 Ebd., Nr. 698, S. 321.
132 Ebd., Nr. 740, S. 344–345, hier S. 345.
133 Ebd., Nr. 1013, S. 470–471, hier S. 471.
134 Ebd., Nr. 1315, S. 584.
135 Ebd., Nr. 1565, S. 684–S. 685, hier S. 685.
136 Ebd., Nr. 1566, S. 685. Zu den Ortsangaben der Urkunden vgl. auch Götz 1966, S. 114.
137 Vgl. Ackermann 1993, S. 543.
138 Erler warnt: „Und doch befindet sich die Gerichtsstätte keineswegs immer im Chor; der Brauch schwankt so sehr, daß jeder Einzelfall aus sich selbst heraus untersucht werden muß." (ders. 1954, S. 40).
139 Vgl. Brandl 2009a, S. 70, relativiert mit Blick auf die typenbildenden ikonographischen Programme französischer Kathedralen: „Genau genommen trifft dies aber nicht zu. Die drei südlichen Chorfiguren stammen nicht vom Portal, sie gehören auch nicht zum traditionellen Ensemble eines Gerichtsportals."
140 Zur Funktion der Säulen allgemein vgl. Binding 2003.
141 Nach der Übersetzung von Ruth Schmidt Wiegand, in: Schott ³1996, S. 30.
142 Zum Forschungsstand vgl. Schenkluhn 2009a.
143 Götz 1966, S. 114. Kritik mit Vorwurf der Einseitigkeit von Helga Sciurie 1989.
144 Bestätigend Ackermann 1993, S. 543–545.
145 Schenkluhn akzeptiert immerhin, dass es sich bei der Gestaltung „nicht um ästhetisch motivierte Vorgänge gehandelt hat [...]" Schenkluhn 2009a, S. 66.
146 Frhr. von Schwerin will „rechtsgeschichtliche" und „rechtsarchäologische" Relevanz eines Ortes auseinander halten. Sein Beispiel betrifft den Gerichtsort Kirche und passt daher gut in unseren Zusammenhang: „Daher hat wohl die rechtsgeschichtliche Forschung festzustellen, daß und in welchen Gegenden an Kirchen (Eingangshallen) oder auf Kirchhöfen Gericht gehalten wurde, aber für die Rechtsarchäologie wird dies in der Regel erst dann von Bedeutung, wenn die Gestaltung dadurch beeinflußt wird." (von Amira/von Schwerin 1943, S. 22). Diese Sichtweise ist zu eng, da sie eine Fülle von Orten, die für das Rechtsleben von Bedeutung waren, vom Gegenstand der Rechtsarchäologie ausklammern würde. Die Rechtsarchäologie steht auch nicht neben der Rechtsgeschichte, sondern ist eine Teildisziplin derselben. Auch insofern ist die hier zitierte Auffassung von Schwerins nicht aufrecht zu erhalten.
147 Vgl. die unter II. genannten Beispiele.
148 Vgl. Götz 1966, S. 115f.
149 Vgl. Lück 1997b, S. 80f. m. w. N.
150 Vgl. Meyer 1931, S. 71ff.
151 Vgl. auch Brandl 2009a, S. 163f.
152 Vgl. Munzel-Everling 1999; Dorothea Klein/Susanne Kramarz-Bein/Heiner Lück: Art. Roland, in: ²RGA, Bd. 25, 2003, S. 184–197.
153 Ähnlich Klaus Niehr: Der Magdeburger Reiter mit Begleitfiguren, in: Kat. Aufbruch in die Gotik 2009 II, S. 110–112, hier S. 112: 1241 Anerkennung der Rechte der „universitas burgensium".
154 Vgl. Nicolai 2009, S. 76.
155 Vgl. nur Lück 2002, fol. 4r, 6r, 6v, 8r u. ö.; Lück 2006a, S. 47, 55, 57, 63 u. ö.
156 So auch Brandl 2009a, S. 70.
157 Vgl. Kéry 2006, S. 81f.; Lück 1997a, S. 58–60.
158 Vgl. Beyer 2008, S. 51.
159 Vgl. ebd., S. 58.
160 Vgl. dazu und zu den Ausnahmen (Halberstadt) Lück 1997a, S. 50–78.
161 Vgl. ebd., S. 58f. m. w. N.
162 Vgl. dazu Wittek 1997.
163 Vgl. Bellmann 1963, S. 94.
164 Vgl. Brandl 2009a; Kat. Aufbruch in die Gotik 2009 I–II; Rainer Kuhn u. a. 2005; Rogacki-Thiemann 2007.

ANDREAS WASCHBÜSCH

„*beatae memoriae praedecessoris*" – *Amtsgenealogie und Stiftergedenken in den Putzritzzeichnungen des Magdeburger Domkreuzgangs*

An der Westwand des Kreuzgangostflügels befinden sich über den Arkaden, zwischen den Obergeschossfenstern, acht Bildfelder mit in den Putz eingeritzten Zeichnungen (Abb. 222).[1] Das vierte Feld von Norden zeigt den thronenden Kaiser Otto I., umgeben von seinen beiden Frauen Editha und Adelheid. Sie sind wie alle dargestellten Personen durch Inschriften bezeichnet. Davon ausgehend sind nach Norden die ersten neun Magdeburger Erzbischöfe in den Putz geritzt, wobei je drei Bischöfe in einem Bildfeld unter einer Trillingsarkatur stehend dargestellt werden.

Aufgrund von Beschreibungen aus dem frühen 19. Jahrhundert[2] ist bekannt, dass sich südlich an das Feld mit Otto dem Großen eine weitere Reihe von Erzbischöfen bis zu Burchard I. (1232–1235) anschloss, so dass eine lückenlose Reihe der ersten 19 Magdeburger Erzbischöfe gebildet wurde.[3] Im südlichsten Feld blieben dabei wohl zwei Arkaden unbesetzt, die für spätere Ergänzungen der Bischofsreihe vorgesehen gewesen sein könnten (Abb. 223).[4] Wegen der Annahme, der noch lebende, amtierende Bischof sei auf den Zeichnungen nicht dargestellt, werden die Putzritzungen meist in die Regierungszeit des zwanzigsten Magde-

Abb. 222: Kreuzgangostflügel, Dom, Magdeburg. Foto: Andreas Waschbüsch.

Magdeburger Erzbischöfe 968 – 1266

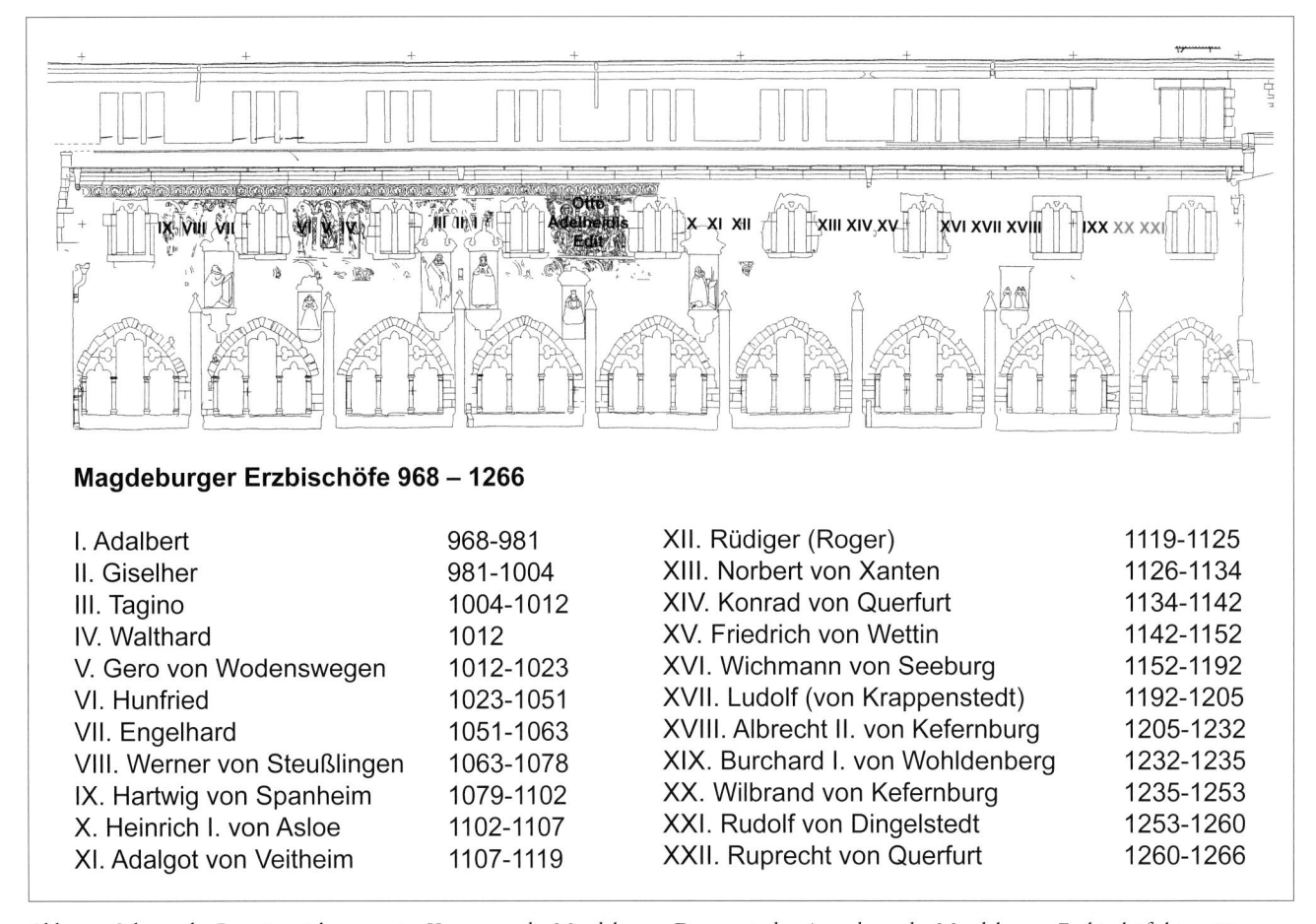

I. Adalbert	968-981	XII. Rüdiger (Roger)	1119-1125
II. Giselher	981-1004	XIII. Norbert von Xanten	1126-1134
III. Tagino	1004-1012	XIV. Konrad von Querfurt	1134-1142
IV. Walthard	1012	XV. Friedrich von Wettin	1142-1152
V. Gero von Wodenswegen	1012-1023	XVI. Wichmann von Seeburg	1152-1192
VI. Hunfried	1023-1051	XVII. Ludolf (von Krappenstedt)	1192-1205
VII. Engelhard	1051-1063	XVIII. Albrecht II. von Kefernburg	1205-1232
VIII. Werner von Steußlingen	1063-1078	XIX. Burchard I. von Wohldenberg	1232-1235
IX. Hartwig von Spanheim	1079-1102	XX. Wilbrand von Kefernburg	1235-1253
X. Heinrich I. von Asloe	1102-1107	XXI. Rudolf von Dingelstedt	1253-1260
XI. Adalgot von Veitheim	1107-1119	XXII. Ruprecht von Querfurt	1260-1266

Abb. 223: Schema der Putzritzzeichnungen im Kreuzgang des Magdeburger Doms mit den Amtsdaten der Magdeburger Erzbischöfe bis 1266. Grafik: Plangrundlage: Brandl / Forster 2011, Veränderungen: Andreas Waschbüsch.

burger Erzbischofs, Wilbrand von Kefernburg (1235–1253), datiert.[5] Die Frage, ob Wilbrand oder ein anderer Erzbischof die Ritzzeichnungen in Auftrag gab, muss offen bleiben. Ebenso gut könnten die Kaiser- und Bischofsbilder, wie andernorts,[6] auf eine Initiative des Domkapitels zurückgehen und nicht die Person des Bischofs, sondern seine Rolle als Repräsentant des Erzbistums, und damit auch des Domkapitels, im Vordergrund stehen. Aufgrund der Nutzung des Kreuzganghofes (s. u.) ist aber wahrscheinlich, dass die Putzritzungen wenn nicht auf Veranlassung von, so doch im Einvernehmen und in Absprache mit dem amtierenden Metropoliten angebracht wurden.

Aufgrund der Verwitterung und nachträglichen Umbauten sind nur noch die vier nördlichen der ursprünglich acht Bildfelder schwach erkennbar. Inzwischen sind die fotografischen Aufnahmen Eduard von Flottwells aus dem Ende des 19. Jahrhunderts die wichtigste Grundlage zum Studium der Putzritzungen. Bei eingehender Betrachtung der Flottwell'schen Aufnahmen kommen jedoch erhebliche Zweifel am dokumentarischen Anspruch der alten Fotos auf. Es scheint, an den Abzügen seien nicht geringe Retuschierungen vorgenommen worden.[7]

Die querrechteckigen Bildfelder werden oben und unten durch einen schmalen Bildstreifen begrenzt. Der obere zeigt eine friesartige Aneinanderreihung von fünfblättrigen Laubblattornamenten, die von einer leicht ovalen Rahmung umfangen werden. Im unteren, fast doppelt so breiten Streifen sind mit Fabeltieren und Monstern gefüllte Medaillons zwischen stets unterschiedlich geschlungenem Rankenwerk angebracht.[8]

Kaiser Otto sitzt mit seinen beiden Frauen im zentralen Bildfeld auf einer durchgehenden Thronbank, die durch reich verzierte Holme in drei Teile gegliedert ist (Abb. 224). Das mittlere Kompartiment ist breiter und

AMTSGENEALOGIE UND STIFTERGEDENKEN

Abb. 224: Kaiser Otto I. mit seinen beiden Frauen Editha und Adelheid (mit z. T. starken Retuschierungen durch Flottwell), Putzritzzeichnungen, Kreuzgangostflügel, Dom, Magdeburg. Foto: Flottwell 1891.

wird durch eine höhere und ausgestaltetere Bogenlehne hervorgehoben. Dort thront „OTTO MAGNUS" frontal mit Krone und sehr großem Zepter, das er zwischen zwei Fingern seiner linken Hand hält. Die Geste der Rechten ist eventuell als Verweis auf das Zepter, als Zeichen seiner kaiserlichen Würde, vielleicht aber auch auf seine erste Frau Editha zu verstehen. Damit wäre die für Magdeburg so wichtige Editha dennoch hervorgehoben, obwohl sie nie wie Adelheid heiliggesprochen wurde und auch keine Kaiserin, sondern ‚nur' Königin war, und ihr deshalb die Ehrenposition zur Rechten des Kaisers nicht zustand. Beide Frauen sind ihrem Gatten leicht zugewandt und im Dreiviertelprofil gegeben. Mit einer Hand weisen sie auf den Kaiser in der Mitte. Ihre Füße stehen auf einer durchgängigen Fußbank, über ihnen ist ein Vorhang aufgespannt, welcher der Szene einen feierlichen, fast sakralen Rahmen gibt.[9]

Der Bildtypus eines thronenden Herrschers mit seiner Frau war zur Entstehungszeit der Zeichnungen sehr ungewöhnlich. Vergleichbar erscheinen lediglich die typologisch verwandten Marienkrönungsdarstellungen, wie das verschollene Altargemälde aus der Ägidienkirche in Quedlinburg, das gelegentlich auch als Vergleichsbeispiel auf stilistischer Ebene herangezogen wird.[10] Das Gelnhausener Stadtsiegel von 1248 (Abb. 225) memoriert ebenfalls ein Gründerehepaar. Dort sind Kaiser Friedrich I. Barbarossa und seine Frau Beatrix einander zugewandt in zeitgenössischer Kleidung mit den Insignien der römisch-kaiserlichen Macht (Bügelkrone, Zepter und Sphaira) gezeigt. In Gelnhausen gelingt die Gründerpaarmemoria durch einen Rückgriff auf Münzdarstellungen aus der Zeit Friedrichs I., die jenen mit seiner Gemahlin gemeinsam zeigen (Abb. 226).[11] Die Tradition des königlichen Ehegattenbildnisses auf Münzen findet nach 1200 jedoch

Abb. 225: Kaiser Friedrich I. mit seiner Frau Beatrix von Burgund, Siegel der Stadt Gelnhausen, Typar (hier seitenverkehrt wiedergegeben), vor 1248, Gelnhausen, Stadtverwaltung. Foto: Kat. Die Zeit der Staufer 1977.

Abb. 226: Kaiser Friedrich I. mit seiner Frau Beatrix von Burgund, Brakteat aus der Wetterau, um 1160, Staatliche Museen zu Berlin, Münzkabinett (Inv.-Nr. 18201203). Foto: Sciurie 1993.

keine Fortsetzung,[12] so dass wohl auch bei den Magdeburger Putzritzungen an ältere Traditionen angeknüpft wurde. Helga Sciurie hat in diesem Zusammenhang auf die besondere Stellung der Frau im ottonischen Herrschaftsgefüge hingewiesen, wo jene als „consors regni" (Teilhaberin an der Herrschaft) bezeichnet wurde. Sie nimmt an, man habe in Kenntnis dieses Sachverhalts und aufgrund der besonderen Verehrung, die Editha in Magdeburg zuteil wurde, und der Heiligkeit Adelheids dieses ungewöhnliche Dreierbildnis ausgeführt.[13]

Lassen sich also für das Ehepaarbildnis im 13. Jahrhundert noch einige Vergleiche finden, so ist die Darstellung dreier gemeinsam thronender Herrscher völlig singulär in dieser Zeit.[14] Dieser Kompositionstyp hat seine Anfänge in frühbyzantinischer Zeit. Er geht letztlich zurück auf Darstellungen Kaiser Konstantins mit seinen zu Mitregenten erhobenen Söhnen, wie beispielhaft eine Münzprägung aus den späten 30er Jahren des 4. Jahrhunderts illustrieren kann, die Konstantins Söhne und Nachfolger, Konstantin II., Konstans und Konstantius II., unter der Überschrift FELICITAS PERPETVA auf einer Thronbank sitzend zeigt (Abb. 227).[15] Dieses Kompositionsschema wurde den römischen und byzantinischen Kaisern verbindlich für die Darstellung eines Herrschergremiums.[16] Das „Changieren zwischen imperial-weltlicher und christlicher Bildsphäre"[17]

in diesen spätantiken Herrscherdarstellungen ist mit der Magdeburger Bildfindung vergleichbar.

Die Motivationen für die Übernahme dieses konstantinischen / byzantinischen Darstellungstyps in Magdeburg sind nicht leicht zu bestimmen. Wahrscheinlich boten die besondere macht- und religionspolitische Stellung des byzantinischen Kaisers und dessen universaler Herrschaftsanspruch den Anlass, Otto in dieser Form darzustellen.[18] Besonders das byzantinische Hofzeremoniell, die streng hierarchische Ausrichtung auf den gottgleichen Kaiser, war ein Element, das nicht erst nach dem 4. Kreuzzug 1204 die westlichen Kaiser beeindruckte. Schon Friedrich I. Barbarossa orientierte sich stark am byzantinischen Hofformular. Bei der Titulatur in Schreiben an Byzanz ahmte er die byzantinische Kaisertitulatur nach; 1189 ließ er seinen Sohn Heinrich VI. vom Papst nach byzantinischem Vorbild zum Mitkaiser krönen.[19] In diesem Zusammenhang ist auch die Miniatur aus der Weingartener Welfenchronik zu betrachten, in der das byzantinische Schema zur Darstellung des Kaisers und seiner Mitregenten aufgegriffen wird, um Friedrich I. mit seinen beiden Söhnen – den als „REX" bezeichneten Heinrich zur Rechten und Friedrich, den Herzog von Schwaben, zur Linken – darzustellen (Abb. 228). Die Stelle der Mitregenten nehmen in Magdeburg die beiden Frauen Ottos ein, ein einmaliger

Abb. 227: Konstantin II., Konstans und Konstantius II., Goldmedaillon des Konstans aus der Prägestätte Thessaloniki, zwischen 337–340, Paris, Cabinet de France, no. 37. Foto: Georges Depeycot: Le Bas-Empire Romain. Économie et numismatique, Paris 1987, S. 77.

Vorgang, der aus der hohen Wertschätzung, die vor allem die im benachbarten Dom begrabene Editha, aber auch die hl. Adelheid in Magdeburg genossen, motiviert erscheint.[20]

Von den ursprünglich 19 Bischöfen haben sich nur neun erhalten. Bei diesen Figuren ist die strenge Symmetrie, die das Kaiserbild auszeichnet, aufgegeben zugunsten einer bewegteren Komposition (Abb. 229). Die in bischöflichem Ornat mit Mitra, Pallium und Bischofsstab wiedergegebenen Figuren sind einander teilweise dialogisch zugewandt, teilweise zur Mitte hin orientiert. Gerade die jeweils chronologisch ersten Bischöfe in einem Bildfeld wenden sich dem Kaiserbild in der Mitte zu, so dass eine alle Bildfelder einschließende kompositorische Klammer entsteht. Ihre Gesten und Gesichtszüge sind keineswegs schematisiert, wie man es von einer solch langen Reihe geistlicher Würdenträger vielleicht erwarten könnte.

Auch hier stellt sich die Frage nach den künstlerischen Voraussetzungen für die Anbringung einer solchen amtsgenealogischen Reihe. In diesem Zusammenhang ist vorauszuschicken, dass sich für das Früh- und Hochmittelalter zwei Strategien zur Visualisierung des bischöflichen Amtes und Ranges in der bildenden Kunst beobachten lassen.

Abb. 228: Kaiser Friedrich I. mit seinen beiden Söhnen, Welfenchronik aus Weingarten, um 1190, Fulda, Hessische Landesbibliothek, Cod. D.11, fol. 14r. Foto: Kat. Die Zeit der Staufer 1977.

1. Die Repräsentation durch ausgewählte hervorragende Vertreter, meist heiliggesprochene oder besonders verdiente Bischöfe.[21]

2. Die Darstellungen mehrerer Vertreter, die in eine chronologisch korrekte und kontinuierliche Reihung gestellt werden. Diese Reihen beginnen meist mit dem ersten Amtsinhaber, da durch die Betonung der ‚antiquitas' ein besonders überzeugendes Argument der Legitimation vorgetragen werden kann. In Ausnahmefällen können sie aber auch mit einer hervorragenden Person anfangen, die eine besondere Tradition, die Gegenstand der Darstellung ist, initiierte.

In Magdeburg kam die zweite Strategie der Amtsrepräsentation zur Anwendung, weshalb im Folgenden Ver-

Abb. 229: Erzbischöfe Walthard, Gero und Hunfried (mit z. T. starken Retuschierungen durch Flottwell), Putzritzzeichnungen, Kreuzgangostflügel, Dom, Magdeburg. Foto: Flottwell 1891.

gleichsbeispiele beziehungsweise eventuelle Vorbilder angeführt werden sollen. Bereits aus frühchristlicher Zeit sind Bildnisreihen geistlicher Amtsträger überliefert. In den päpstlichen Basiliken S. Pietro und S. Paolo fuori le mura (Abb. 230) befanden sich an den Obergadenwänden des Langhauses unmittelbar über dem Architrav bzw. den Arkadenbögen Medaillons mit Papstbildnissen. Die Päpste waren durch Namensinschriften und Pontifikatsdaten bezeichnet. Der Zyklus in S. Paolo, der wie jener der Peterskirche unter Leo dem Großen (440–461) angebracht wurde, ist in drei Etappen vom hl. Petrus bis ins 7. Jahrhundert erweitert worden. Aus dieser Papstreihe haben sich auch nach der Brandkatastrophe von 1823 noch achtzehn Medaillons erhalten. Nachdem der Platz an den Langhauswänden ausgeschöpft war, ist der Zyklus nicht mehr fortgeführt worden. Erst im 18. Jahrhundert wurde er unter Einbeziehung des Querhauses und der Seitenschiffe fortgesetzt.[22]

Unter Papst Nikolaus III. (1277–1280) wurde eine zweite Papstbildreihe in S. Paolo angelegt.[23] Die Medaillons, die vermutlich von Pietro Cavallini oder dessen Werkstatt ausgeführt wurden, befinden sich in den Zwickeln der Langhausarkaden unmittelbar über den Kapitellen, d. h. unter den frühchristlichen Rundbildern (Abb. 230). Die Reihe des 13. Jahrhunderts beginnt mit Petrus und endet mit Bonifaz I. (418–422). Nikolaus führt also nicht die ältere Reihe bis in seine Zeit fort, sondern wiederholt die schon vorhandenen Bilder der frühesten Päpste. Folglich ging es dabei nicht um historische Vollständigkeit und ständige Aktualisierung bis in die jeweilige Gegenwart. Vielmehr wurde eine „bildliche Darstellung der Sukzession der älteren Päpste von Petrus her"[24] intendiert, mit dem Ziel, das Primat des römischen Bischofs durch Rückführung auf die Autorität des Apostelfürsten und somit auch auf Christus zu legitimieren.

Abb. 230: Giovanni Battista Piranesi, San Paolo fuori le mura in Rom, Langhaus nach Osten, Kupferstich, um 1748. Foto: Archiv des Autors.

Diese Art und Weise, durch eine Medaillonfolge in den Arkadenzwickeln Amtsgenealogie zu visualisieren, fand auch nördlich der Alpen vereinzelte Rezeption, wie die Abtsmedaillons in der St. Georgskirche in Oberzell auf der Reichenau belegen.[25]

Zur Entstehungszeit der Magdeburger Putzritzungen lässt sich eine ‚Konjunktur' amtsgenealogischer Programme beobachten, die fast immer in Zusammenhang mit Stifterdarstellungen stehen. Auf die etwas spätere Reihe von Papstmedaillons, die Nikolaus III. in S. Paolo fuori le mura unter der schon existierenden frühchristlichen Reihe anbringen ließ, wurde oben bereits hingewiesen. Um 1250 wird ein solcher Gedanke in den Langhausfenstern der Reimser Kathedrale aufgegriffen. In den beiden Lanzetten der Obergadenfenster sind je ein stehender Bischof und darüber ein thronender König dargestellt (Abb. 231). Wahrscheinlich waren auf der Nordseite alttestamentliche Könige dargestellt, auf der Südseite aber fränkische Herrscher. Lediglich eine Inschrift, die einen König als „KAROLUS" (= Karl der Große?) ausweist, ist erhalten.[26] Die Bischöfe müssen, auch wenn die erhaltenen Inschriften wohl erst im 16. Jahrhundert angebracht wurden,[27] als Erzbischöfe von Reims identifiziert werden. Dies macht ein Vergleich mit dem wenige Jahrzehnte zuvor entstandenen Glasfensterprogramm der Reimser Abteikirche Saint-Remi deutlich. Dort waren – durch die Restaurierungen des 19. Jahrhunderts und die Verluste im Ersten Weltkrieg weitgehend zerstört – in den unteren Registern der Obergadenfenster im westlichen Langhaus 14 oder 18 thronende Könige zu sehen. Bei nur einem der durch Zepter und Krone ausgezeichneten Monarchen ist eine Inschrift erhalten, die den Dargestellten als den Merowinger Chilperich (537–548) benennt.[28] Demnach hatten die Glasfenster im Langhaus eine Genealogie der westfränkischen

315

Abb. 231: König Karl (der Große?) über einem Reimser Erzbischof, rechte Lanzette von Glasfenster 128, Kathedrale Notre-Dame, Reims. Foto: Caviness 1990.

Könige zum Thema. Im oberen Register der Fenster befand sich ein Zyklus von Propheten, Patriarchen, Heiligen und Aposteln, der sich über den gesamten Bau erstreckte. Im Bereich des Sanktuariums waren anstelle der Könige jedoch Reimser Erzbischöfe im unteren Register dargestellt, beginnend mit dem hl. Sixtus bis hin zum 49. in der Reimser Bischofsliste, Henri de France (1162–1175).[29]

Da nur Platz für die Anbringung von 33 Bischöfen war, musste eine Auswahl getroffen werden, die im Einzelnen heute nicht mehr genau nachvollziehbar ist. Jedoch war man bemüht, die frühen, heiligen Amtsinhaber sowie die letzten, in der unmittelbaren Erinnerung noch gegenwärtigen darzustellen.[30] Auch in der Reimser Kathedrale war eine Selektion notwendig. Insgesamt boten die Langhausfenster Platz für eine Reihe von 36 Figuren, zur Entstehungszeit (um 1250) amtierte aber bereits der 55. oder 56. Reimser Bischof. Das Dilemma wurde gelöst, indem offensichtlich auf identifizierende Namensinschriften verzichtet wurde.[31] Die Namenslosigkeit schwächt zwar das historische Argument, doch die legitimatorische Aussage gewinnt ein zeitloses, verallgemeinerndes Moment. Die Reimser Bischöfe erscheinen als Promotoren und Stützen des französischen Königtums, gleichzeitig aber auch als Stellvertreter des Reimser Priesteramtes bzw. der Institution der Reimser Kirche und visualisieren deren Platz in der Heilsgeschichte.

Wie in Magdeburg wird in Reims die amtsgenealogische Reihe mit der Darstellung weltlicher Herrscher verbunden. Die Reimser Kathedrale war seit dem 11. Jahrhundert Ort der Krönung des französischen Königs und der Erzbischof von Reims dessen Koronator. In Saint-Remi wurde die Sainte-Ampoule mit dem himmlischen Salböl für die Krönungszeremonie der französischen Könige aufbewahrt. Zudem diente die Abtei als Grabstätte nicht nur dreier westfränkischer Könige, sondern auch des hl. Remigius, der als Reimser Erzbischof Ende des 5. Jahrhunderts den merowingischen König Chlodwig taufte und zum König weihte und so die Tradition der Königskrönungen in Reims initiierte.[32]

Ähnlich wie in Magdeburg wird in den beiden Reimser Kirchen eine doppelte Legitimationsstrategie verfolgt: Neben der Hervorhebung der langen Tradition der Reimser Kirche, die in der Bischofsreihe ihren Niederschlag findet, werden die engen Beziehungen zu den (west-)fränkischen Königen betont. Gerade im Streit um die geistliche Vorrangstellung im kapetingischen Kronland mit dem Erzbistum Sens, dem Primas von Gallien, und der königlichen Abtei in Saint-Denis um die führende Rolle des Reimser Erzbischofs im Krönungszeremoniell schien dieses Programm eine geeignete Möglichkeit zu sein, den Reimser Anspruch zu verbildlichen.

Diese Reimser Beispiele sind für Magdeburg besonders instruktiv, galt es doch auch dort den besonderen Rang des Erzbistums durch eine lange Tradition, die Reliquien eines für das Königtum besonders wichtigen Heiligen, eine königliche Stiftung und die daraus resultierende Vermittlerrolle zwischen ‚regnum' und ‚sacerdotium' zu visualisieren.[33] Dies soll keinesfalls eine direkte Abhängigkeit zwischen Reims und Magdeburg implizieren, sondern lediglich verdeutlichen, wie man in unterschiedlichen Herrschaftsgebieten für ähnliche Probleme der Visualisierung von Tradition und königlichem Stiftergedenken thematisch vergleichbare Lösungen fand.

Doch auch im Gebiet des Heiligen Römischen Reichs lassen sich amtsgenealogische Programme finden, die wie im Fall des Magdeburger Suffraganbistums Naumburg eine ganz ähnliche Verknüpfung zwischen Stiftermemoria und Bischofsreihe zeigen.[34] Im Westchor des dortigen Doms sind im unteren Register der fünf doppelbahnigen Lanzettfenster zehn Medaillons mit Bildnissen von Naumburger Bischöfen angebracht gewesen (Abb. 232). Dietrich II. (1242–1272), in dessen Episkopat der Zyklus entstanden ist, war der vierzehnte Naumburger Bischof, es standen aber nur zehn Medaillons zu Verfügung. Deshalb kann – ähnlich wie in Reims – keine kontinuierliche Reihe bestanden haben. Da zwei der fünf Fenster vermutlich schon im 16. Jahrhundert, spätestens jedoch im 18. Jahrhundert zerstört wurden, lassen sich die genauen Auswahlkriterien für die Darstellung der Bischöfe nicht mit Gewissheit ermitteln.[35] Interessant ist der Naumburger Zyklus aber vor allem, weil die Bischofmedaillons auf gleicher Höhe wie die Stifterstandbilder, nur eben in einem anderen (materialikonographisch aufgeladenen) Medium, angebracht waren. Bei jenen handelt es sich um hochadlige Stifter des 11. / 12. Jahrhunderts aus dem Geschlecht der Wettiner, die durch ihre Schenkungen an die Naumburger Kirche einen besonderen Platz im liturgischen Totengedenken der Stiftskanoniker hatten, da sie als „primi fundatores" – wie es in einer Urkunde von 1249 heißt – und

Abb. 232: Bischofmedaillons in den Glasfenstern (Süd II) und Stifterfiguren, Westchor, Dom, Naumburg. Foto: Pinder 1937.

durch ihre adlige Herkunft auf besondere Weise Tradition, Rang und Anspruch des Naumburger Hochstifts veranschaulichen konnten.[36] Inwieweit die Konkurrenz zu Naumburg und dem dortigen Stifter-Bischof-Programm im Westchor eine Motivation für die Anbringung der Putzritzungen in Magdeburg gewesen sein könnte, ist schwer zu entscheiden. Doch scheint mir, trotz der in den letzten Jahren immer wahrscheinlicher werdende Frühdatierung des Naumburger Westchorkomplexes, die zeitliche Priorität der Magdeburger Zeichnungen gegeben.

Die angeführten Beispiele zeigen, dass die in den Magdeburger Putzritzungen anklingende Verbindung von Amtsgenealogie und Stiftermemoria in der Zeit um 1250 ein beliebtes Instrument zur Visualisierung von Legitimation und Anspruch geistlicher Institutionen war.[37] Das Magdeburger Bildprogramm stellt aber nicht nur aufgrund des Anbringungsortes im Kreuzgang (s. u.) einen Sonderfall dar, sondern auch insofern, als die vollständige, von den Anfängen bis in die Entstehungszeit lückenlose und nummerierte Aufzählung keinen Vergleich findet. Die römischen Papstbildreihen sind zwar lückenlos, reichen aber nur in frühchristlicher Zeit bis in die damalige Gegenwart. Die Reimser Programme sowie der Naumburger Zyklus reichen zwar bis in die Gegenwart, sind aber nicht lückenlos. Eine Nummerierung der Würdenträger ist in keinem der betrachteten Fälle zu beobachten.

Das Andenken an die bischöflichen Amtsvorgänger ist in Magdeburg schon rund ein Jahrhundert vor Entstehung der Putzritzzeichnungen ein Thema. Erzbischof Wichmann (1152–1192) betont in mehreren Bestätigungsurkunden die „beatae memoriae praedecessoris"[38], womit er, vor allem zu Beginn seines Episkopats, seine Entscheidungen durch das hohe Ansehen, das seine Vorgänger genossen, legitimiert. Gleichzeitig hält er die Erinnerung an diese wach und betont die Kontinuität des Amtes. Ähnliches hatte auch Erzbischof Albrecht II. (1205–1232) im Sinn, als er dem Ministerialen Dietrich von Steden im Jahr 1213 das Schultheißenamt übereignete, mit der Auflage, vier Pfund jährlich für die „felicis memorie Wichmannus archiepiscopus predecessor noster"[39] aufzubringen.

Kontinuität und Ursprung sind nach Beate Kellner „die beiden zentralen Problemkomplexe von Genealogien"[40]. In ihrer Untersuchung konnte sie zeigen, dass Genealogien ein wichtiges Instrument zur „Legitimation und Selbstdarstellung von Macht, Herrschaft und von Ansehen"[41] im Mittelalter waren. Zwei strukturelle Merkmale seien dabei allen genealogischen Ordnungen zu eigen. Um eine genealogische Reihe zu initiieren, muss durch einen mit besonderer Autorität ausgestatteten ‚Spitzenahn' ein qualitativ benennbarer Neubeginn inszeniert werden. In den Magdeburger Putzritzungen geschieht dies durch die zentrale Darstellung des in göttliche Sphären erhobenen Kaisers, des Gründers und Förderers des neuen Erzbistums an der Elbe. Das zweite Charakteristikum ist die (amts-)genealogische Sukzession, d. h. die stringente, lückenlose Reihe von der Gründerfigur bis in die Gegenwart, die in Magdeburg durch die nummerierende Aufzählung aller bischöflichen Amtsträger von der Gründungszeit bis zum amtierenden Erzbischof geleistet wird.[42] Der Rekurs auf den Ursprung durch eine kaiserliche Gründung und die Visualisierung der dauerhaften Kontinuität des Amtes sind folglich jene Merkmale, die in

den Ritzzeichnungen zur Repräsentation und Legitimation des Magdeburger Erzbistums und seines Oberhirten aufgerufen werden.[43] Eine vergleichbare Strategie lässt sich indes in Magdeburg schon einige Jahrzehnte zuvor greifen. Zwischen 1212 und 1218 übersetzte ein gewisser Odo, wohl ein Magdeburger Domscholaster, den volkssprachlichen Herzog-Ernst-Stoff ins Lateinische und widmete seine Dichtung dem damals amtierenden Erzbischof Albrecht II. Im ersten Kapitel des Versepos trägt der Autor ein Lob der Regentschaft Kaiser Ottos des Großen sowie ein Lob der Stadt und der Kirche Magdeburgs vor:

„Felix illa domus, cui condi nomine tanti
Contigit auctoris, longe felicior altis
Semper culta uiris, iam felicissima, fati
Cui dono gaudere licet sub presule tanto."[44]

Hier wird auf sinnfällige Weise jene Verknüpfung von Gründungsakt durch den berühmten Stifter und die lange Reihe der hervorragenden Magdeburger Kirchenfürsten zum Ruhm und zur Verherrlichung des Erzbistums und des aktuellen Erzbischofs genutzt, die dann in den Putzritzzeichnungen ihre Visualisierung findet.

Im Unterschied zu den oben angeführten Vergleichsbeispielen befindet sich die Magdeburger Bischofsreihe aber nicht am exponierten Ort im Kircheninnern, sondern an der Hochwand eines Kreuzgangflügels. In diesem Zusammenhang ist nach den Gründen für die Anbringung eines „politisch bedeutsame(n) Bildprogramm(s)"[45] an einem scheinbar so unrepräsentativen Ort zu fragen.[46] Entgegen der Annahme Schuberts, das Bildprogramm wende sich „übrigens nur an die Geistlichen, denn Laien hatten keinen Zutritt zum Klosterhof"[47], konnte schon Sciurie eine Reihe von Anlässen aufzeigen, zu denen auch Laien den Kreuzgang des Domes betreten konnten.[48]

Am 17. September 1221 urkundete Erzbischof Albrecht II. „in portico superiori maioris ecclesie"[49], womit wohl das Obergeschoss des südlichen Kreuzgangflügels gemeint ist.[50] Die Unterzeichnung dieses finanziellen Abkommens mit dem Domkapitel fand im Beisein von zwölf namentlich aufgeführten „laici" statt, wobei noch viele weitere, nicht genannte anwesend waren („et alii quam plures"). Der Magdeburger Burggraf Burchard stellte rund einen Monat später ebenfalls „in portico superiori claustri maioris ecclesie"[51] eine Urkunde aus, wobei auch zu diesem Anlass neben Domkanonikern und dem Abt von Kloster Berge einige Laien anwesend waren.[52] Diese Rechtsakte

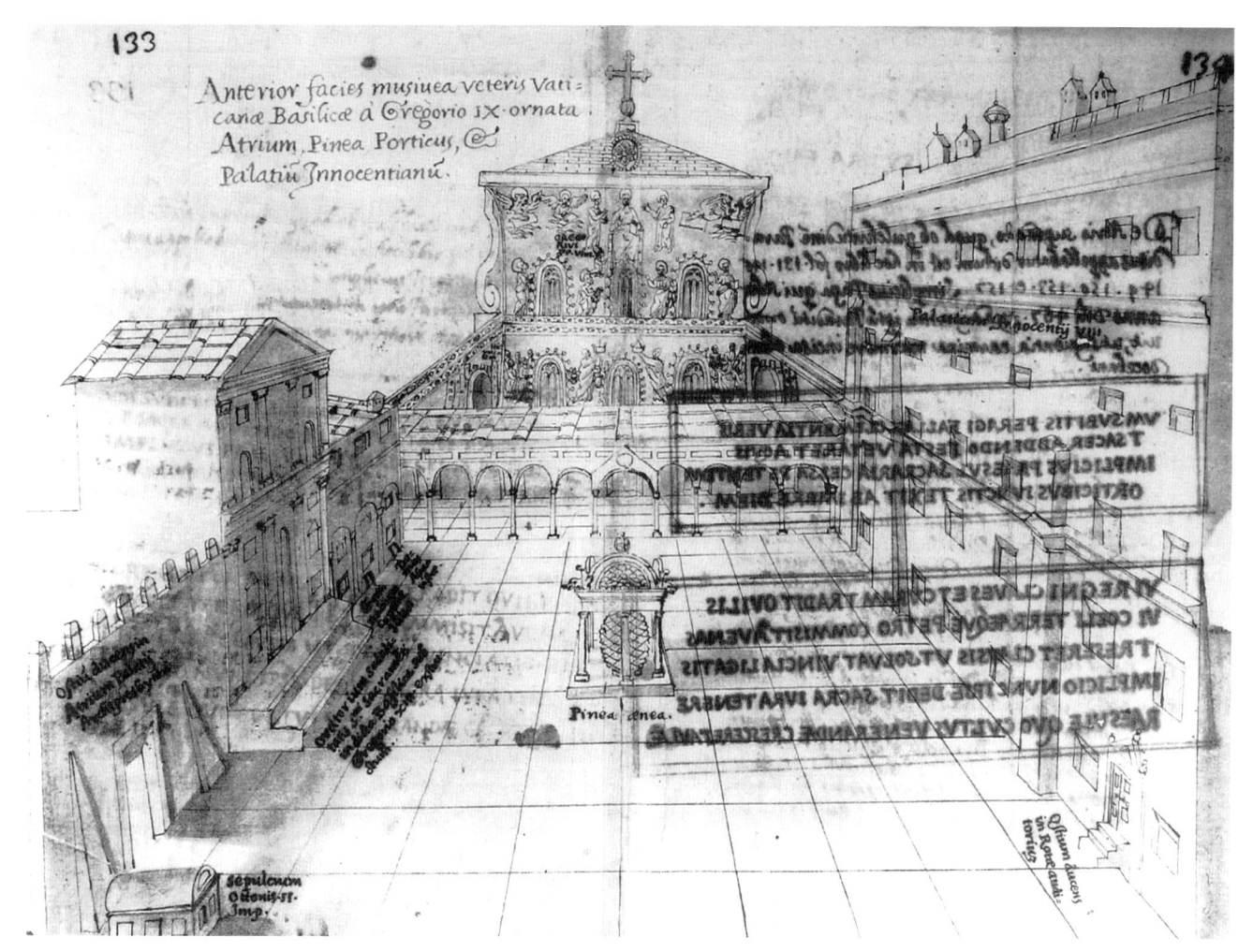

Abb. 233: Giacomo Grimaldi, Atrium von Alt-St. Peter in Rom, Zeichnung, 1610, Rom, Biblioteca Apostolica Vaticana, Cod. Vat. Barb. Lat. 2733, fol. 241r. Foto: Kat. Krönungen 2000.

belegen, dass der Kreuzgang in der ersten Hälfte des 13. Jahrhunderts, wohl weil der Dom in weiten Teilen noch nicht benutzbar war, als Ort juristischer Handlungen diente, in die auch Laien eingebunden waren.

Ebenso lässt sich die Anwesenheit nichtgeistlicher Personen im Zusammenhang mit liturgischen Handlungen im Kreuzgang nachweisen. Dabei sind besonders zwei Anlässe von großem Interesse, da dort der Kreuzgang mit den Gräbern Ottos bzw. Edithas in Form einer Prozession verbunden wurde. An jedem Sonntag zog das Domkapitel mit den Gläubigen zur „capella sancta Maria in claustro", der Vorgängerin der heutigen Katharinenkapelle.[53] Auf dem Weg zurück in den Dom machte man Station am Ottograb, vor dem die Kleriker sich verneigten und das mit Weihwasser besprengt wurde.[54] In der Gründonnerstagsliturgie spielt der Kreuzgang ebenfalls eine hervorgehobene Rolle. Für die zeremonielle Wiederaufnahme der Büßer („reconciliatio penitencium") errichtete man „in medio atrio claustri"[55] ein „tabernaculum", in das sich der Erzbischof barfuß begab, um seine Kirchengewänder anzulegen, während die Büßer davor warteten. Anschließend trat er an die Schwelle und forderte die wartende Menge dazu auf, in gebeugter Körperhaltung bis zur Mitte des Kreuzgangs vorzutreten und sich (vor ihm) zu Boden zu werfen.[56] Auf Geheiß des Domkustos erhoben sich anschließend die Büßer, um sich dem in die Kirche ziehenden Erzbischof erneut zu Füßen zu werfen. Im Westteil des Doms war ein Thron für den Metropoliten aufgestellt, vor dem sich die ‚penitentes' nochmals niederwarfen, bis der Bischof durch ihre Reihen schritt, sie mit seinem Stab berührte und so ihre Wiederaufnahme in die ‚ecclesia' zeremoniell veranschaulichte. Im Zuge der Prozession durch den Kirchenraum zog man auch durch den Chorumgang, das heißt vorbei am Grab der hochverehrten Stifterin Editha.[57]

Der Kreuzgang wurde folglich auch zu solchen Anlässen genutzt, bei denen sich der Erzbischof auf seine weltlichen und geistlichen Vollmachten, sowohl als Richter, als auch als Priester, berief. Die Putzritzzeichnungen an der Hochwand des Ostflügels stellen deshalb mehr als eine Kulisse für diese Aktionen dar, sind sie doch visuelles Argument für die Rechtmäßigkeit und die von höchster Stelle verliehene Autorität der erzbischöflichen Handlungen. Gleichzeitig wird diese Legitimation auch in den rituellen Aktionen performativ zum Ausdruck gebracht, indem der Kreuzgang als Handlungsraum mit den Grablegen der Stifter über Prozessionen verbunden wird und so ein direkter Konnex zwischen den richterlichen und priesterlichen Befugnissen bzw. deren Ausübung und der Begründung dieser Privilegien durch die heiligenmäßig verehrten Stifter hergestellt wird.[58]

Schließlich ist noch ein Vergleichsbeispiel zu erwähnen, das etwa zeitgleich mit den Magdeburger Putzritzungen eine ähnliche Idee von Amtsmemoria und -legitimation an der Hochwand eines eingegrenzten ‚Kirchhofs' ins Bild setzt. Unter Papst Gregor IX. (1227–1241) wurde das schon durch Innozenz III. (1198–1216) ‚restaurierte' frühchristliche Mosaik an der Westfassade von Alt-Sankt Peter erneuert. Das Aussehen dieser Umgestaltung ist durch eine Zeichnung aus dem frühen 17. Jahrhundert überliefert (Abb. 233). Danach befand sich im oberen Register Christus zwischen Petrus und Paulus sowie den Evangelistensymbolen. Zu Füßen Petri kniete der Stifter des Mosaiks, Gregor IX. Im mittleren Register waren die vier Evangelisten, im unteren die 24 Ältesten angebracht.[59] Der Vergleich mit den Magdeburger Putzritzzeichnungen ist aus vielerlei Gründen spannend: nicht nur, weil es sich um ein monumentales Bildprogramm handelt, das sich an der Stirnwand eines Hofes befindet, der für zeremonielle Feierlichkeiten genutzt wurde,[60] sondern auch, weil es die Legitimation eines kirchlichen Würdenträgers durch die Autorität des Amtsvorgängers und Begründers des römischen Apostolats, Petrus, und dessen göttliche Einsetzung zum Thema hat. In Rom griff man folglich auf die erste der oben aufgezeigten Strategien zur Visualisierung von Rang und Würde des bischöflichen Amtes, die Repräsentation durch einen ausgewählten, hervorragenden Vertreter – den durch Christus selbst eingesetzten ersten Bischof Petrus – zurück, während man in Magdeburg die zweite Möglichkeit, nämlich die genealogische Reihe, wählte. Darüber hinaus ist in beiden Fällen die Nähe zu einer Grablege eines bedeutenden Vertreters aus dem ottonischen Königshaus gegeben. Der bereits erwähnten Grabstätte Kaiser Ottos I. in Magdeburg und ihrer beschriebenen konzeptionellen Beziehungen zu den Ritzzeichnungen steht diejenige seines Sohnes und Nachfolgers, Otto II., im Atrium von Alt-Sankt Peter gegenüber.[61] Schließlich sei noch auf eine interessante personelle Verbindung hingewiesen: Hugo von Ostia war vor seiner Wahl zum Papst, mit der er 1227 den Namen Gregor IX. annahm und nach der er das Mosaik in Auftrag gab, als päpstlicher Legat in den deutschen Landen tätig. Im Jahr 1207 nahm er zusammen mit dem päpstlichen Legaten Leo von Santa Croce und dem Erzbischof Albrecht II. die Grundsteinlegung zum Neubau des Magdeburger Domes vor.[62] Aufgrund dieser vielfältigen Beziehungen scheint es nicht ausgeschlossen, dass die Magdeburger Verantwortlichen durch das wenige Jahre zuvor entstandene römische Mosaik angeregt wurden, die Putzritzzeichnungen, die Autorität und Legitimität der Magdeburger Kirche zum Thema haben, im Hof ihres Kreuzgangs in Auftrag zu geben.

Anmerkungen

1 Zur Technik vgl. Sachs 1987, S. 110, Rüber-Schütte 2009, S. 214; Brandl / Forster I 2011, S. 459–469 (Elisabeth Rüber-Schütte).
2 Vgl. Anonym 1801, S. 595f. Der Abschnitt zu den Putzritzungen wird fast wörtlich übernommen von Fiorillo 1817, S. 179–180.
3 Quast erkennt in dem letzten Dargestellten einen „Ericus", den er mit Erich von Brandenburg (1283–1295) gleichsetzt, und folglich die Ritzzeichnungen ins späte 13. Jahrhundert datiert, vgl. Quast 1856, S. 228. Dass es sich hierbei um einen Lesefehler der stark verwitterten Inschriften handeln muss, lässt sich aus mehreren Gründen wahrscheinlich machen. Zum einen ist Erich der 26. in der Magdeburger Bischofsliste. Da nur Platz für 21 Bischöfe war, die erhaltenen neun eine lückenlose Reihe bilden, erscheint es unwahrscheinlich, dass später einzelne Bischöfe ausgelassen wurden, um noch den 26. der Reihe darstellen zu können. Zum anderen ist seine Bezeichnung der ersten beiden Bischöfe auf seiner Zeichnung des Kreuzgangostflügels ebenfalls sehr ungenau. Den ersten bezeichnet er mit „GRITUS", den zweiten mit „ARDUS", was offensichtlich zwei Lesefehler der Namen „A(DA)LBERTUS" und „GISELARIUS" darstellt.
4 Arntz nimmt an, auch eine Darstellung des Hl. Mauritius oder anderer Märtyrer der thebäischen Legion und / oder eine Auferstehungs- oder Kreuzigungsszene könnten dargestellt gewesen sein, vgl. Arntz 1916, S. 192.

5 Eine ausführliche Diskussion der Datierungsvorschläge bei Klamt 1989, S. 125–126. Die Argumentation von Meier 1924, S. 31–32, Anm. 1, Rudolf von Dingelstedt (1253–1260) habe die Zeichnungen anbringen lassen, da Burchard als nicht geweihter Bischof keine Aufnahme in die offizielle Zählung gefunden habe, lässt sich leicht widerlegen. Einmal wird in den frühen Beschreibungen Burchard namentlich erwähnt, was darauf schließen lässt, dass die Namensinschrift noch zu lesen war. Zum Zweiten beweist ein Blick in die Gesta Archiepiscoporum Magdeburgensium, dass Burchard doch Aufnahme in den Bischofskatalog fand, vgl. GA, ed. Schum 1883, S. 375.
6 So findet sich beispielsweise im Westchor des Naumburger Doms eine Bischofsreihe in den Glasfenstern (s. u.).
7 Vgl. Flottwell 1891. Bereits Klamt nahm aufgrund der starken Kontraste und hohen Deutlichkeit in den Fotos an, sie seien von Flottwell retuschiert worden, vgl. Klamt 1989, S. 125. Ein gutes neueres Vergleichsfoto findet sich bei Sußmann ²2002, S. 91.
8 Bereits bei Anonym 1801, S. 596 findet sich eine Deutung der Tierdarstellungen als Illustrationen zu den Fabeln Äsops, was anschließend von Fiorillo und Brandt übernommen wurde, vgl. Fiorillo 1817, S. 179; Brandt 1863, S. 132. Auch Wiggert 1869a, S. 447, sieht darin Verweise „auf bekannte Fabeln"; doch spricht der Mischwesencharakter der Tiere gegen eine solche Vermutung. Vgl. auch Steger 1998, S. 388; Brandl / Forster I 2011, S. 459–469 (Elisabeth Rüber-Schütte).
9 Vgl. Sciurie 1983, S. 88; Steger 1998, S. 68.
10 Vgl. Klamt 1989, S. 129.
11 Zu den Münzdarstellungen Friedrichs I. mit seinen Frauen Adele von Vohburg und Beatrix von Burgund, vgl. Pamme-Vogelsang 1998, S. 223–233, 320–325.
12 Vgl. Sciurie 1991, S. 146; Pamme-Vogelsang 1998, S. 15–16. Lediglich auf einzelne Münzen hessischer Territorialfürsten ist zu verweisen, vgl. Sciurie 1991, S. 144.
13 Vgl. Sciurie 1983, S. 86–87. Zur Auffassung der Herrscherehe im 10. Jahrhundert und zur „consors regni" Vorstellung, vgl. Pamme-Vogelsang 1998, S. 83–92; Fößel 2000, S. 15–92.
14 Zu verweisen ist lediglich auf die etwas später entstandene Grabplatte des Grafen von Gleichen im Erfurter Dom, die diesen zwischen seinen beiden Frauen stehend bzw. liegend zeigt, vgl. Schubert 1974, S. 318; Lehmann / Schubert 1988, S. 145–147.
15 Vgl. Maurice 1908, S. 159–160.
16 Als Beispiele seien das Theodosius-Missorium von 388 (Madrid, Real Academia de la Historia) oder das Asturius-Diptychon von 449 (Darmstadt, Hessisches Landesmuseum) genannt, vgl. dazu mit weiteren Beispielen Reudenbach 1994, S. 403–416.
17 Reudenbach 1994, S. 404.
18 Zur Stellung des byzantinischen Kaisers, vgl. Dagron 1995, S. 141–168.
19 Vgl. Haverkamp 1993, S. 238.
20 Auch Friedrich II. scheint einen ähnlichen Kompositionstyp für die Darstellung seiner Person und die seiner Söhne im Giebel über dem Eingangsportal von Castel del Monte verwendet zu haben. Diese Skulpturengruppe ist verloren, lediglich ein Fragment im Museum von Bari könnte der Kaiserstatue zugeordnet werden, vgl. Bianco 2010, S. 68.
21 Zum Beispiel am Schaft des Trierer Petrusstabreliquiars (Limburg, Domschatz), wo neun heilige Bischöfe der Moselmetropole neun heiligen Päpsten gegenübergestellt sind, wobei als zehnte und letzte Person in der Reihe die jeweils amtierenden Würdenträger, Papst Benedikt VII. und der Auftraggeber des Stabes, Erzbischof Egbert, dargestellt sind, vgl. Westermann-Angerhausen 1973, S. 34, 125–126. Eine vergleichbare Reihung von heiligen Trierer Bischöfen findet sich auch im sogenannten Egbert-Psalter (Cividale, Museo Archeologico Nazionale in Cividale, Ms. 136), vgl. Labusiak 2009, S. 319, 327–328.
22 Vgl. Ladner 1941, S. 46.
23 Nikolaus ließ nach dem Zeugnis des Ptolemeus von Lucca auch in S. Pietro und S. Giovanni in Laterano Papstbilderreihen anbringen, vgl. Ladner 1941, S. 52–57.
24 Ladner 1941, S. 57.
25 Vgl. Koshi 1999 I, S. 70f., mit weiteren Vergleichsbeispielen.
26 Vgl. CVMA France Rec. 4 1992, S. 383–391; Lillich 2005, S. 767–771.
27 Vgl. Lillich 2009, S. 304–306.
28 Seinen Anfang nahm der Zyklus in den beiden das Hauptportal flankierenden Fenstern. Dort thronten – nur durch eine Beschreibung des frühen 19. Jahrhunderts überliefert – Chlodwig und seine Frau Chrodechilde separiert von ihren Nachkommen und dadurch als Stifter und erste christliche Könige besonders hervorgehoben, vgl. Caviness 1990, S. 55–56.
29 Aus stilistischen Überlegungen kann der Glasfensterzyklus aber erst nach dessen Tod um 1185–1200 entstanden sein, vgl. CVMA France Rec. 4 1992, S. 396–398.
30 Vgl. Demouy 2006, S. 638–639. Entscheidend war die Präsenz des jeweiligen Dargestellten im kulturellen Gedächtnis der Reimser Kirche, das wesentlich durch die Schriften Flodoards († 966) konstituiert wurde. So erklärt sich, dass die frühen, von Flodoard behandelten Bischöfe ebenso auftauchen wie die noch gegenwärtigen jüngsten Amtsinhaber, die hagiographisch ‚dunkle' Zeit vom Ende des 10. bis Anfang des 12. Jahrhunderts aber kaum berücksichtigt wurde, vgl. auch Lillich 2009, S. 294, 308.
31 Vgl. Lillich 2009.
32 Vgl. Le Goff 1986.
33 Vgl. zu Reims das Kap. „Regnum and Sacerdotium" bei Caviness 1990, S. 53–64.
34 Vgl. für das Folgende Schubert 1992, S. 43–52.
35 Einen Lösungsvorschlag, wonach die drei Bischofsnamen, die es zweimal gab, nur einmal dargestellt wurden, und der erste Naumburger Bischof Hildeward (1028–1030), der de facto nie in Naumburg residierte, weggelassen wurden, findet sich bei Schubert 1992, S. 43–44.
36 Zur Naumburger Urkunde von 1249 vgl. Schubert 1964, kritisch dazu vgl. Kunde 2007.
37 Auch weltliche Institutionen und Würdenträger nutzten ab dem späten 12. Jahrhundert ähnliche Konzepte zur Repräsentation, vgl. dazu Nilgen 1985, S. 217–234.
38 UBErzMagd I, Nr. 294, S. 366. Vgl. auch Iwanami 2004, S. 36–37, S. 37, Anm. 112, mit weiteren Belegen.
39 UBStadtMagd I, Nr. 75, S. 36–37, hier S. 37.
40 Kellner 2004, S. 473.
41 Kellner 2004, S. 104; vgl. auch Heck / Jahn 2000, S. 1–9.
42 Vgl. Kellner 2004, mit der theoretischen Grundlegung ihrer Kategorien Ursprung und Kontinuität auf S. 104–127. Heck / Jahn 2000, S. 1–9, erkennen eine ähnliche Struktur, die sie mit den Begriffen genealogischer Anfang und genealogische Kette beschreiben. Für die Frühe Neuzeit beschreiben sie darüber hinaus eine Kategorie des genealogischen Raumes, indem vor allem ab dem 16. Jahrhundert neben die diachrone Beschreibung von Verwandtschaftsverhältnissen auch eine synchrone und damit nur räumlich fassbare tritt.
43 Giesau ²1936, S. 30, sieht in den Zeichnungen „das einzigartige Denkmal des Magdeburger Erzbistums"; vgl. auch Steger 1998, S. 68.
44 „Glücklich ist dieses Haus, das von einem so bedeutenden Stifter gegründet wurde, noch glücklicher ist es, weil es stets in der Obhut hoher Männer stand, doch am glücklichsten ist es, weil es sich an diesem Geschenk unter einem so großen Bischof erfreuen kann", Ernestus, ed. Klein 2000, 243–246.
45 Sciurie 1983, S. 83.
46 Bereits im 9. Jahrhundert lässt sich eine Bischofsreihe im Episcopium des Salzburger Metropoliten nachweisen. Es handelte sich um eine mit

Tituli versehene Bildnisreihe, die in fünf Hallen angebracht die Bischöfe Salzburgs und seiner vier Suffragane (Regensburg, Freising, Passau und Säben-Brixen) zeigte, vgl. Schlosser 1891, S. 127.

47 Schubert 1984, S. 206.
48 Vgl. für das Folgende Sciurie 1983, S. 83–86.
49 RegArchMagd 1881 II, Nr. 639, S. 292.
50 Geht man nicht davon aus, dass 1221 noch weitere Teile der romanischen Klausur standen oder der Neubau des Ostflügels bereits 1207–1209 in Angriff genommen wurde, wie Schubert ²1984, S. 24–25, 42 annimmt. Dass „portico superiori" nicht den Bischofsgang bezeichnet, wird aus einer Urkundung „in porticu superiori claustri maioris ecclesie" (RegArchMagd 1881 II, Nr. 643, S. 296–297) deutlich.
51 RegArchMagd 1881 II, Nr. 643, S. 297.
52 Inwieweit die erzbischöflichen Urkundungen RegArchMagd 1881 II, Nr. 640 und Nr. 644, die „in capella maioris ecclesie nostre" ausgestellt sind, ebenfalls im Kreuzgang stattfanden, da sie sich inhaltlich auf die oben genannten Vorgänge beziehen, kann nicht eindeutig geklärt werden. Schubert nimmt jedoch an, alle diese Bezeichnungen beziehen sich auf den Kreuzgangostflügel bzw. eine Kapelle ebenda; vgl. Schubert ²1984, S. 25.
53 Vgl. Kroos 1989, S. 93, Anm. 32. Alternativ zur Prozession in den Kreuzgang konnte eine solche auch in die Stiftskirche St. Nikolai erfolgen.
54 Vgl. Kroos 1989, S. 90.
55 Kroos 1989, S. 94, Anm. 38. Für das Folgende vgl. Sello 1891, S. 171–172.
56 Vgl. Sello 1891, S. 171.
57 Vgl. Kroos 1989, S. 94, Anm. 43.
58 In diesem Zusammenhang erscheint es wenig zufällig, dass der Bischofsstab in den Putzritzzeichnungen eine besondere Betonung unter den bischöflichen Attributen erfährt und der Stab gleichzeitig das Instrument zur endgültigen Befreiung der Büßer von ihren Sünden während der Gründonnerstagsliturgie ist.
59 Vgl. Ladner 1970, S. 98–105.
60 Die Öffentlichkeitswirksamkeit ist in Rom natürlich weitaus größer, doch kann man – wie oben dargelegt – auch in Magdeburg von einer Zugänglichkeit und Sichtbarkeit zu bestimmten Anlässen ausgehen.
61 Vgl. den Beitrag von Sible de Blaauw in diesem Band.
62 Vgl. Ex Honorii III Registro, Nr. 198, in: MGH Ep. Pont., ed. Rodenberg 1883 I, S. 138–139; SC, S. 132. Zur Datierung vgl. Silberborth 1910, S. 230–232; Haussherr 1989, S. 180–181.

HARTMUT KÜHNE

Votive – Reliquien – Ablässe. Wallfahrten zur Magdeburger Domkirche im späten Mittelalter

Am Vorabend des Peter- und Paulstages 1328 erzählte der Ritter Konrad Kaghe an der Tafel des Halberstädter Bischofs die Geschichte der wunderbaren Rettung eines Hallenser Münzmeisters, welcher der Münzfälschung beschuldigt und gefangengenommen wurde. Während man schon seine Hinrichtung vorbereitete, gelobte er das Grab des 1325 von den Bürgern erschlagenen Magdeburger Erzbischofs Burkhard III. zu besuchen und dort seine Kleider und weitere Gaben zu opfern, wenn er gerettet würde. Daraufhin gelang ihm die Flucht und er machte sich zum Bischofsgrab im Magdeburger Dom auf, um sein Gelübde zu erfüllen.[1] Unabhängig von der konkreten Situation des damals eskalierenden Konfliktes zwischen Stadt und Dom zeigt diese Geschichte, wie sich im Rahmen der spätmittelalterlichen Votivpraxis Formen religiöser Mobilität rasch etablieren und an konkreten Orten der Bischofskirche anlagern konnten. Solche Phänomene machten die Magdeburger Kathedrale freilich nicht zu einer ‚Wallfahrtskirche'. Aber als Bischofskirche vereinigte sie in ihrem Bauensemble unterschiedliche Funktionen, die sich nicht allein aus ihrer rechtlichen und liturgischen Aufgabe als Sitz eines Metropoliten und seines Domkapitels ableiten lassen. Die in diesem Band dokumentierte Tagung hat ein breites Spektrum solcher Funktionen vom Ort vielfältiger Memoria über die Repräsentation von königlicher Herrschaft und Rechtssymbolik bis hin zur Thesaurierung von Objekten unterschiedlicher Signifikanz thematisiert. Wenn im Folgenden von Magdeburger Dom als Ziel von ‚Wallfahrten' zu reden ist, reiht sich dies in jenes breite Spektrum unterschiedlicher Funktionen ein: Der Magdeburger Dom war keine ‚Wallfahrtskirche', aber er besaß Wallfahrten, die aus unterschiedlichen Motivationen unternommen wurden und sich in unterschiedlichen Formen vollzogen. Im Folgenden werden zwei verschiedene Formen religiöser Mobilität vorgestellt, die im Spätmittelalter am Magdeburger Dom ihren Platz hatten. Zum einen soll es um die Votivpraxis gehen und zum Zweiten um den Ablasskonkurs, der seit dem Ende des 14. Jahrhunderts die jährlich zweimal stattfindende Heiltumsweisung zum Ziel hatte.

1. Votivpraxis am Dom: Heiliges Blut und die ‚Grafen von Gleichen'

Der eingangs vorgestellte Besuch des Grabes Erzbischofs Burkard III. zur Einlösung eines Gelübdes stellte einen für das Magdeburger Spätmittelalter insgesamt untypischen Fall dar. Nachdem die vorsichtigen Bemühungen um die Erhebung Burkhards zum Heiligen keinen Erfolg versprachen, dürften solche Besuche an seinem Grab aufgehört haben.[2] Wahrscheinlich schon im 14. Jahrhundert scheint ein anderes Kultobjekt im Dom zum zentralen Ziel von Votationen geworden zu sein: das Heilige Blut. Dies wird man jedenfalls aus den Angaben schlussfolgern dürfen, die sich in dem von dem Domprediger Sebastian Weynmann 1501 verfassten „Libellus de sanctis reliquiis et gemina ostensione apud sanctam Magdeburgensem ecclesiam nec non origine et decore nonnullisque mirabilibus dicte sancte ecclesie"[3] finden. Diese zuletzt in der Stadtbibliothek Bremen verwahrte Handschrift ist seit dem Ende des 2. Weltkrieges verschollen, so dass man auf jene Auszüge angewiesen ist, die frühere Benutzer aus ihr mitteilten. Zuletzt ist die Handschrift intensiv von dem Archivar Georg Sello ausgewertet worden, der 1891 einen breit angelegten Aufsatz über Magdeburgs „Dom-Alterthümer" publizierte.[4] Die Exzerpte Sellos werden teilweise ergänzt durch die Abschriften, die der Magdeburger Pfarrer und Chronist Johannes Baumgarten (Pomarius) d. J. im späten

16. Jahrhundert für seine Magdeburger Stadtgeschichte[5] und seine sächsische Geschichte[6] angefertigt hatte.

Weynmann berichtete, dass sich in dem Pfeiler hinter dem Johannes dem Täufer geweihten Altar, also im südwestlichen Vierungspfeiler des Domes, ein Gelass befindet, in welchem ein Reliquiar mit dem ‚Wunderblut' eingeschlossen war, das eine eigene Wallfahrt („concursus") begründete.[7] Über die Herkunft dieser Blutreliquie existierten im Mittelalter zwei unterschiedliche Versionen. Der über die Magdeburger Verhältnisse gut informierte Chronist Bruno listet in seiner Geschichte des Sachsenkrieges zum Jahr 1074 eine Reihe von Wundern als Vorboten des kommenden Krieges auf. Dazu gehörte auch, dass sich im Dorf Weddingen bei Magdeburg der Messwein in Blut verwandelte. Diesen wunderbar verwandelten Wein trug der Dorfpriester nach Magdeburg, wo das „Blut" in einem silbernen Gefäß ehrfürchtig aufbewahrt wurde.[8]

Die Annales Magdeburgenses brevissimi aus der Mitte des 11. Jahrhunderts erzählen dagegen, dass Anno, der erste Abt des Magdeburger Mauritiusklosters und spätere Wormser Bischof, auf Befehl Kaiser Ottos I. den „sehr kostbaren Schatz des Blutes des Herrn" nach Magdeburg gebracht habe.[9] Wie sich diese beiden hochmittelalterlichen Traditionen zu einander verhalten und ob sie dasselbe Objekt beschreiben, ist unklar. Das im Vierungspfeiler befindliche Wunderblut galt am Ende des Mittelalters aber als reliquiares Blut Christi, wie aus dem Text Weynmanns hervorgeht, der dessen Translation aus Italien durch Kaiser Otto I. berichtet.[10] Angeblich soll es unter Erzbischof Friedrich von Beichlingen (1445–1464) in dem Vierungspfeiler vermauert worden sein, da in dessen Regierungszeit – ausgelöst durch den Konflikt um das Wilsnacker Wunderblut – die Heilig-Blut-Verehrung an sich zum heftig diskutierten Streitfall wurde.[11] Das Referat des einschlägigen Textes von Weynmann durch Johann Pomarius lautet: „Ehrmals sol mann auch das heilige Blut unter dem Heiligthumb mit geziegen haben / weils aber die lenge / sonderlich die leute vmb gelt zu schneutzen / und auff viel andere wege zum gröblichen und greiflichen mißbrauch geraten / sol es der Ertzbischoff Fridericus der dritte / welcher ein Graffe von Bichlingen gewesen / zu verhütung solchs mißbrauchs mit consens und bewilligung des Cap. mit sampt der monstrantz darin mans umbgetragen / in einem pfeiler am altar S. Iohannis Baptista oder des Teuffers geheissen / so zur rechten handt des bildes S. Mauritij stehet / haben vermauren lassen […]."[12] Diese angebliche Vermauerung ist aber kaum mit dem baulichen Befund in Einklang zu bringen, denn bis heute befindet sich in dem Vierungspfeiler ein im Mauerwerk eingelassenes Schränkchen mit einer spätmittelalterlichen Holztür, in dem das Reliquiar verwahrt wurde. (Abb. 234) Diese Art der Verschließung lässt aber auf eine grundsätzliche Zugänglichkeit schließen. Dazu passt auch, was Weynmann über das Reliquiar und die mit ihm veranstalteten Umgänge berichtet, nämlich dass sich die Blutreliquie in einer kleinen Kristallflasche befand, die in der Mitte einer Monstranz hing; zu dem Reliquiar gehörten Leuchter und Glöckchen aus Silber, die man beim Umtragen der Reliquie benutze.[13] Als das Reliquiar 1531 dem Hallenser Neuen Stift übergeben wurde, sprach man vom „Wunderblut sampt der silbern vergolten Monstrantzen, darinne es enthalten, mit seinen zwei schellen oder Glöcklein und zwene vergulten Leuchtern darzugehorgk"[14].

Weynmann teilt weiter mit, dass man die Heilungen Kranker und die Befreiung bedrängter Menschen der Anrufung des Heiligen Blutes zugeschrieben habe, wodurch ein großer Zulauf entstanden sei. Davon kündeten um das Jahr 1500 „wächserne Zeichen" in Form von Schiffen, Waffen und anderen Geräten.[15] Die Aufbewahrung und die Präsentation solcher Votivgaben in der Nähe eines Kultobjektes gehörten zu den selbstverständlichen Praktiken spätmittelalterlicher Frömmigkeit.[16] Wallfahrtskirchen wurden auf diese Weise mit den Gaben der Besucher angefüllt, die als Zeichen der Anheimstellung unter einen himmlischen Patron den Geber am Kultort vertraten und die Erinnerung an das Wunder wach hielten – wenn die Votivgaben nicht alsbald zugunsten des Gotteshauses verkauft wurden.[17] So beschrieb beispielsweise der Schweizer Felix Haemmerlin, der im 15. Jahrhundert Wilsnack besuchte, wie die Kirche „an allen Mauern, Wänden und Böden, ja sogar in den Gewölbe über und über angefüllt ist mit Gerätschaften aus Metall, Wachs, Holz und anderen Materialien und vor Weihegaben im Übermaße strotzt."[18] In der Perspektive der beginnenden Reformation sprach u. a. Andreas Bodenstein von Karlstadt 1522 in seiner Schrift „Von Abtuung der Bilder" in ähnlicher Weise von den „wichßen opffer, in gestalt deiner krancken bein, arm, ougen, kopft, füeß, hend, küh, kelber, ochßen, schyff, hauß, hoff, ecker, wißen, und der gleichen […]"[19], die man üblicherweise bei den Heiligenbildern opferte.

Von den einstigen Votivgaben, die beim Heiligen Blut präsentiert wurden, ist in der Magdeburger Kirche nichts mehr erhalten – mit Ausnahme einer fragmentarischen Holzfigur, die gemeinsam mit einem inzwischen verschollenen Pendant seit dem späten 17. Jahrhundert als ‚Graf von Gleichen' durch die lokale Magdeburger Überlieferung geistert.[20]

Es handelt sich um einen inzwischen noch 71 cm hohen Holzkorpus, der zusammen mit seinem Pendant ursprünglich an der Nordseite des nordwestlichen Vierungspfeilers des Domes befestigt war.[21] (Abb. 235) Auch eine dazugehörige eiserne Kette ist erhalten.[22] (Abb. 236) Dass es sich bei der Figur um eine spätmittelalterliche Arbeit handelt, ist unstrittig. Dennoch lassen sich die beiden Bildwerke erstmals in der 1689 anonym erschienenen „Eigentlichen Beschreibung der Welt-berühmten Dom-Kirche zu Magdeburg" fassen, die „zween aus Holtz geschnitzte Manns-Bilder mit eisern Ketten und Banden am Halse / leibe / Händen und Füssen sehr hart eingeschlossen / als die Abbildung zu sehen"[23] erwähnt, welche sich am Pfeiler gegenüber der Paradiespforte befanden. Dieser ‚Domführer' bildet die beiden Figuren ab (Abb. 237) und bezeichnet sie als Bilder der „Grafen von Gleichen", die 1278 an der für die Magdeburger Identität wichtigen Schlacht von Frohse auf Seiten des Brandenburgischen Markgrafen teilgenommen hätten. Die Grafen seien, als das Brandenburger Aufgebot den Truppen des Erzstiftes unterlag, in Magdeburg gefangen gesetzt und erst nach Zahlung eines hohen Lösegeldes freigelassen worden. Diese Erzählung entspricht der historischen Überlieferung von der Gefangennahme des Markgrafen Otto IV. nach der Schlacht von Frohse; so dass die Erzählung den Markgrafen gewissermaßen durch die „Grafen von Gleichen" ersetzt.[24] Dieser Austausch der Personen könnte möglicherweise auch mit dem 1680 vollzogenen Übergang des Magdeburger Erzstiftes an das Kurfürstentum Brandenburg zusammenhängen. Die Entstehung dieser Sage bleibt im Detail aber unklar, ein historischer Kern, der das Auftauchen von Vertretern der Familie von Gleichen in diesem Zusammenhang erklärt, ließ sich bisher nicht ausmachen.[25] Georg Sello hat als Erster vermutet, dass es sich bei diesen Figuren um mittelalterliche Schandbilder handelt, ohne aber eine historische Verankerung für deren Entstehung benennen zu können.[26] Im Gegensatz zu der seit Sello üblichen Interpretaion als Schandbild

Abb. 234: Tür im südwestlichen Vierungspfeiler des Magdeburger Doms, hinter der das „Heilige Blut" verwahrt wurde. Foto: Heiko Brandl.

scheint es dem Verfasser auf dem Hintergrund der Angaben über die beim Heiligen Blut verwahrten Votive plausibler, in den Holzfiguren den letzten Rest dieser Gaben zu sehen, die ihre Erhaltung einer sagenhaften Fehlinterpretaion verdanken.[27]

Nach der Abbildung vom Ende des 17. Jahrhunderts entsprachen die Figuren einem ikonographischen Typus, der seine Parallele in den barocken Leonhardsvotiven findet, die Richard Andrée zusammenstellte.[28] Hier ist besonders auf ein Stück des 17. Jahrhunderts aus dem Innsbrucker Ferdinandeum zu verweisen, das einen in Ketten sitzenden Gefangenen darstellt, welcher der Darstellung auf dem Magdeburger Holzschnitt im Wesentlichen entspricht.[29] (Abb. 238) Allerdings handelt es sich in diesem Fall um ein nur 30 cm hohes aus Eisen geschmiedetes Votiv. In der Wilsnacker Kirche wurde bis vor kurzem eine ähnliche hölzerne Votivfigur, der „*Mann im Stock*" verwahrt.[30] Die aus dem 15. Jahrhundert stammende Arbeit ist etwa 20 cm groß und zeigt einen sitzenden Gefangenen, der mit seinen Händen in den Block geschlossen ist (Abb. 239).[31] In Wilsnack haben sich auch noch einige eiserne Votive erhalten, darunter auch eiserne Fesseln (Abb. 240). Die Übergabe von Gefangenen-Votiven aus Wachs ist im Spätmittelalter auch belegt, so etwa im Mirakelbuch von St. Joachim in Siena, wohin 1355 ein unschuldig Gefangener „einen Kerker und seine Figur darin" aus Wachs gelobte.[32]

Man wird die Größe der Magdeburger Figuren im Verhältnis zu den genannten, kleineren Parallelen nicht als Argument gegen ihre Funktion als Votiv anführen können, da die Votation von lebensgroßen Wachs- und gelegentlich auch Holzfiguren im 14. und 15. Jahrhundert gut belegt ist – und dies nicht nur in Italien, wo die ehemals zu Hunderten in der Florentiner Franziskanerkirche Santa Croce aufgestellten „Boti" eine auch kunstgeschichtlich relevante Größe sind.[33] Da sich solche lebensgroßen mittelalterlichen Wachsfiguren – die häufig über einem Holzkern modelliert waren – kaum erhalten haben, fällt es allerdings nicht leicht, sich für die Magdeburger Figuren Parallelen vorzustellen.[34] Quellenzeugnisse für die einstige Existenz solcher lebensgroßen Votivfiguren gibt es aber auch an der mittleren Elbe, wie u. a. Rechnungen des kursächsischen Hofes für Wachsfiguren in der Torgauer Heilig-Kreuz-Kapelle zeigen: 1503 sind Kosten für die Reparatur eines Beines an einem zuvor geopferten Wachsbild der ersten Frau Herzog Johanns von Sachsen, Sophie von Mecklenburg,[35] belegt und 1519 die Votation eines lebensgroßen Wachsbildes durch Johanns zweite Frau Margarete[36]. Der Landeschronist Christian Bekman bezeugt im Übrigen noch zu Beginn des 18. Jahrhunderts die Existenz von drei lebensgroßen Wachsfiguren in der Wilsnacker Kirche.[37] In Mariaschein bei Teplitz (Bohosudov bei Teplice) blieb sogar bis zum 2. Weltkrieg eine Wachsfigur des jungen böhmischen Königs Ludwig von Jagiello erhalten, die dessen Vater Wladislaus von Jagiello kurz nach 1510 gestiftet hatte.[38]

Möglicherweise bestanden die dem nur fragmentarisch erhaltenen Magdeburger Korpus fehlenden Gliedmaßen und das Gesicht ursprünglich auch aus Wachs, was deren Verlust, den schon Sello 1888 konstatierte, erklären könnte.[39]

Die Interpretation der Magdeburger Holzfigur als Votivbild fordert dazu heraus, nach weiteren Spuren spätmittelalterlicher Votivpraxis im mitteldeutschen Raum zu suchen, um diese Deutung auf noch tragfähigere Grundlagen zu stellen.[40]

2. Grundsätzliches zu Ablasskonkurs und Heiltumsweisung

In regelmäßigen Zyklen veranstaltete Reliquienzeigungen – in den Quellen meist als Heiltumsweisung bezeichnet, lateinisch „festum reliquiarum" oder „ostensio reliquiarum" genannt – waren seit dem 14. Jahrhundert zunächst an Stifts- und Bischofskirchen übliche Feiern, deren Besuch in der Regel mit hohen Ablassversprechen verbunden war. Bei diesen Heiltumsweisungen wurde der Reliquienschatz einer Kirche in einer feierlichen, prozessionsartigen Vorführung von einer Schaubühne aus der versammelten Menge gezeigt und ‚ausgerufen'. Das liturgische Formular der Feier enthielt noch weitere Elemente wie Predigt, Gebete, Segen etc.

Heiltumsweisungen sind von den verschiedenen Formen der Aussetzung von Reliquien auf Altären und anderen ‚statischen' Präsentationsformen im Kirchenraum oder bei Prozessionen zu unterscheiden.

Sie waren Massenveranstaltungen, die regional oder wie die Aachener Heiltumsfahrt auch reichsweit große Menschenmengen mobilisieren konnten.

Der Vf. hatte sich in seiner Dissertation darum bemüht, das Phänomen der Heiltumsweisungen im Hinblick auf deren Genese, den Handlungsablauf und ihre Funktionen zu klären.[41] Diese Arbeit wurde inzwischen durch weiteres einschlägiges Material[42] – zuletzt durch eine kleine Studie zu den Heiltumsweisungen im Harzraum[43] – ergänzt. Die Magdeburger Heiltumsweisung war bereits in der genannten Dissertation behandelt worden, so dass im Folgenden darauf verwiesen werden kann.[44] Zugleich bietet dieser Aufsatz die Gelegenheit, die schon vorliegenden Ausführungen zu ergänzen und zu präzisieren. Dabei soll es zunächst um den Ablauf der Feier in Magdeburg gehen und anschließend um deren Ursprung.

3. Die Feier der Magdeburger Heiltumsweisung

Die Handschriften des Magdeburger Liber ordinarius enthalten kein liturgisches Formular für die Heiltumsweisung, was mit der späten Entstehung des Reliquienfestes um 1400 zusammenhängen dürfte.[45] Weynmann beschäftigte sich im zweiten Teil seines Reliquienbuches mit der Heiltumsweisung.[46] Zwar referieren sowohl Pomarius[47]

Abb. 235: Hölzerne Votivfigur, sog. „Graf von Gleichen".
Foto: Heiko Brandl.

Abb. 236: Kettenfessel von der Votivfigur im Magdeburger Dom, Archiv der Domgemeinde. Foto: Martin Günther.

als auch Sello[48] daraus ausführlich die Reihenfolge der in drei ‚Gängen' gezeigten Reliquiare, überliefern aber leider nur Bruchstücke aus dem ersten Kapitel „De ostensione in generali".[49] Auch deshalb besitzt ein gedrucktes Heiltumsbuch der Magdeburger Domkirche, dem bisher wenig Beachtung zu Teil wurde, einen besonderen Zeugniswert.

Der lateinische Druck „Indulgencie quibus sancta ecclesia metropolitana magdeburgensis per Romanos Pontifices est dotata et summa corporum et particularum reliquiarum" umfasst sechs Blatt und ist nicht firmiert.[50] (Abb. 241) Allerdings identifizierte schon Panzer den Druck aufgrund der Typen als ein Produkt der Magdebur-

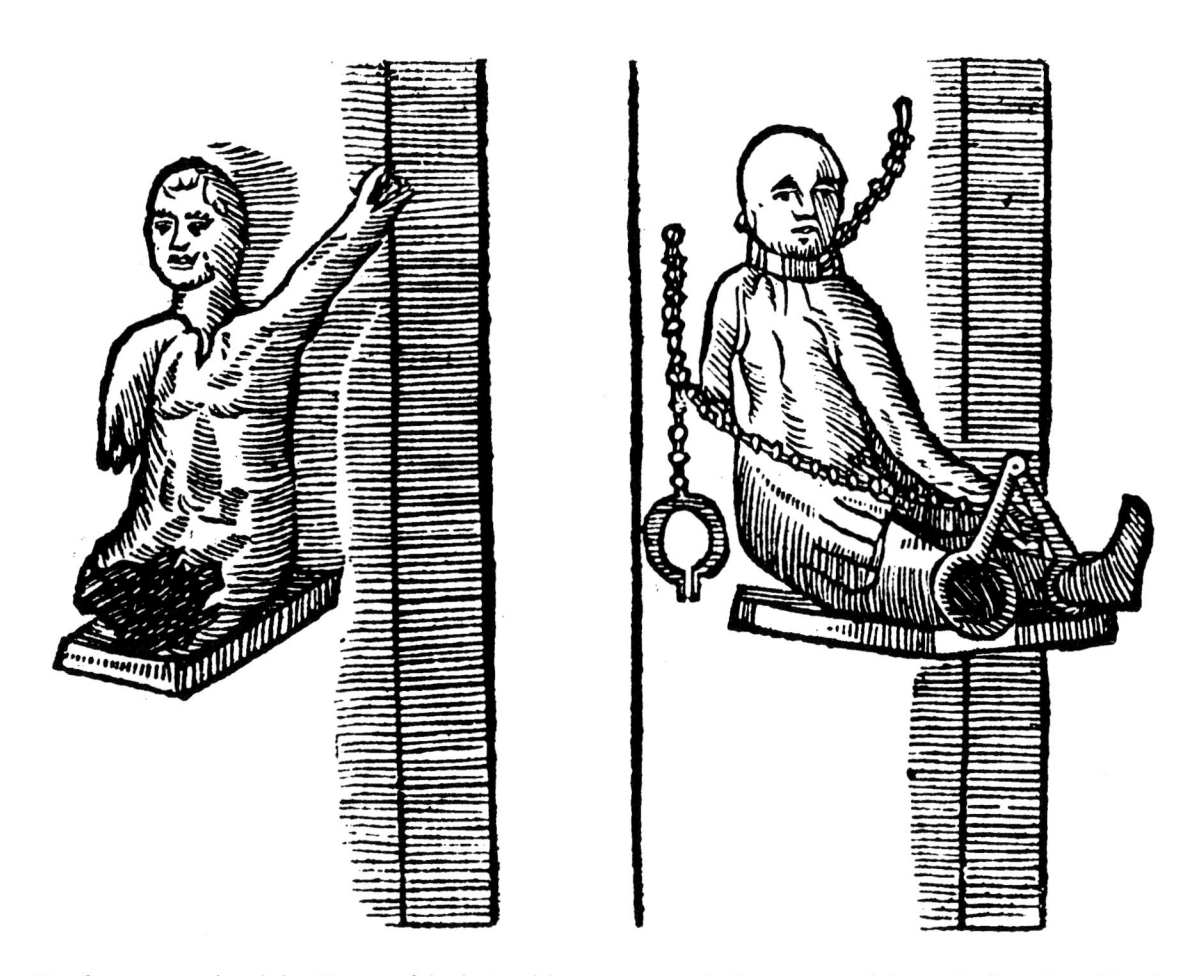

Abb. 237: Votivfiguren am nordwestlichen Vierungspfeiler des Magdeburger Doms, Holzschnitt in: Eigentliche Beschreibung der weltberühmten Dom-Kirche zu Magdeburg, Magdeburg 1689. Foto: Hartmut Kühne.

ger Offizin von Albert Ravenstein und Joachim Westval.[51] Diese stellte zwischen 1483 und Ende 1485/Anfang 1486 ein gutes Dutzend lateinischer und niederdeutscher Drucke her, bevor Joachim Westval ab 1488 in Stendal tätig wurde.[52] Daher muss das Magdeburger Heiltumsbuch sehr wahrscheinlich zwischen 1483 und 1485 hergestellt worden sein. Damit handelt es sich um einen der frühesten Heiltumsdrucke überhaupt, dem allerdings die für diese Gattung kennzeichnende Synopse von Text und Reliquien- bzw. Reliquiarabbildungen noch fehlt.[53] Der Text des Heiltumsbuches, das sich bezeichnenderweise als Ablassverzeichnis vorstellt, setzt unmittelbar mit der Ordnung des „ersten Ganges" ein und scheint auf dem bei der Weisung benutzten Ausrufungstext zu beruhen. Auch wenn in den Text immer wieder Summationen einzelner Ablasstarife eingestreut sind und sich am Ende ein lateinisch und niederdeutsch verfasstes Ablasssummarium findet, wird man den Text primär als Heiltumsbuch und nicht als Ablassverzeichnis ansprechen dürfen.[54] Die Angaben zum Ablauf der Feier werden nach dem Ablasssummarium auf der letzten Seite knapp zusammengefasst.[55]

Die Magdeburger Heiltumsweisung fand zweimal jährlich statt: am Sonntag nach Fronleichnam und am Tag nach Mauritii (22. September)[56], wobei die Feier nach dem Mauritiustag, dem Patronatsfest des Domes, auch wegen der gleichzeitigen Handelsmesse der stärker frequentierte Termin war. In der Chronik des Johannes Pomarius wird dieser Zusammenhang erkennbar, wenn er schreibt, dass „zu jehrlicher feyer S. Mauritii des Stiftspatrons / und zu schawung des Heiligthumbs auff diese zeit / sich ein sehr grosse menge Volckes / aus der nehe und ferne gen Magdeburg versamlete / ist dadurch zu dem Jarmarckt / so noch jerlich von Mauritiij an / bis auf Michaelis / auff dem Platz / da der Thumb leidt / und der newe Marckt heist gehalten

Abb. 238: Geschmiedetes Gefangenenvotiv, Museum Ferdinandeum, Innsbruck. Foto: Andrée 1904.

Abb. 239: Sogenannter „Mann im Stock", Gefangenenvotiv, ehemals Pfarrkirche Wilsnack. Foto: Brandenburgische Museumsblätter N. F. 4, 1927.

wird / und der Magdeburger beste Jarmarckt ist / ursach gegeben / und seind wegen der Menge des Volcks auffem newen Marckte viel Garküchen auff geschlagen (wie noch geschiehet) denn es den Leuten beschwerlich fürgefallen / die gasthöfe in der alten Stadt allwege zu ersuchen."[57]

Für die Feier wurde kein Heiltumsstuhl errichtet, sondern die Reliquien wurden vom Laufgang über dem nördlichen Seitenschiff des Domes den zur Feier auf dem Neuen Markt Versammelten gezeigt.[58] Wahrscheinlich wurde der Laufgang zu diesem Anlass mit Teppichen bzw. Tüchern behängt, wie dies auch sonst üblich war.

Über die Vorbereitung der Weisung bieten weder die Exzerpte aus Weynmanns Reliquienbuch noch das Heiltumsbuch nähere Angaben und auch sonst sind keine Nachrichten dazu überliefert. Es ist aber anzunehmen, dass die Reliquien vor dem Beginn der Weisung aus dem Sacrarium genommen wurden, in welchem sie gewöhn-

lich thesauriert waren. Das im Liber ordinarius häufig erwähnte Sacrarium befand sich nach den dort zu findenden Angaben im Winkel zwischen dem Chor und dem südlichen Querhausarm des Domes.[59] M. E. scheint das Sacrarium daher jener kleine Raum gewesen zu sein, der sich in der Mauer auf der Rückseite des südwestlichen Endes des Bischofsganges befindet und vom Kirchenschiff aus nur durch die südliche Wendeltreppe am Chorumgang zu erreichen ist. Sein Eingang weist bis heute Reste mehrerer eiserner Türsicherungen auf. Wahrscheinlich wurden die Reliquien vor dem Beginn der Heiltumsweisung auf Tafeln gesetzt, wie dies u. a. für die Wittenberger Heiltumsweisung überliefert ist,[60] da sonst ein praktikabler Vollzug der drei Reliquienprozessionen in dem Raumgefüge des Domes kaum denkbar ist. Diese Tafeln könnten im Bischofsgang gestanden haben, von wo aus man die Reliquien über den schmalen Umgang auf halber Höhe des nörd-

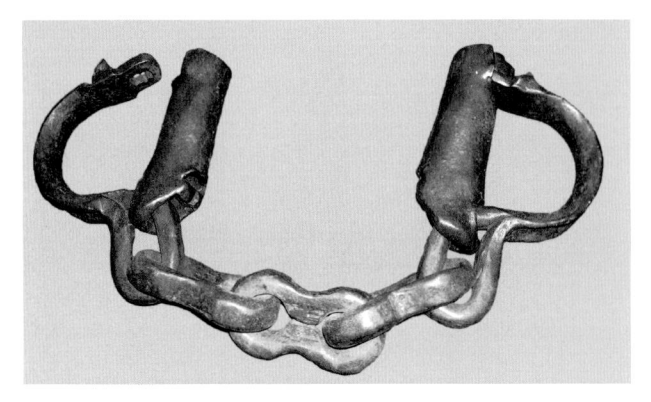

Abb. 240: Eiserne Fessel als Gefangenenvotiv, Pfarrkirche Wilsnack. Foto: Hartmut Kühne.

lichen Querschiffes zum Laufgang über dem nördlichen Querschiff trug.

Zu Beginn der Feier läutete die große Glocke des Domes dreimal.[61] Am Anfang stand eine Predigt, „um das Volk zur Verehrung der Heiligen zu bewegen"[62], wie dies bei Heiltumsweisungen stets üblich war.[63] Von dieser Heiltumspredigt ist eine zweite Predigt zu unterscheiden, die am Vorabend des Mauritiustages zur Eröffnung des Patronatsfestes am Dom gehalten wurde. Im Zusammenhang der reformatorischen Unruhen des Jahres 1524 wird berichtet, dass diese Predigt, die damals ein Magdeburger Franziskaner halten sollte, unterblieb.[64]

Bei den drei Gängen der Heiltumsweisung wurden die Reliquien vom Domkapitel, dem Abt des Klosters Berge und dem Propst des Prämonstratenserklosters „Unserer Lieben Frauen" getragen. Die maximale Zahl der teilnehmenden Kleriker betrug daher 40 Personen.[65] Auf diese Zahl nahm auch der Umfang der einzelnen Gänge Rücksicht, denn der umfangreichste dritte Gang benötigte 37 Kleriker, um die Reliquiare zu transportieren. Da der Abt des Bergeklosters und der Propst des Liebfrauenklosters das Recht besaßen, in Pontifikalkleidung zu zelebrieren, eröffneten sie die Reliquienprozessionen. Wenn alle Teilnehmer des Prozessionszuges mit den Reliquien auf dem Laufgang erschienen waren, wurden die Reliquien einzeln von einem Ausrufer oder ‚Vocalissimus' ausgerufen und dabei in die Höhe gehoben.[66] Der Ausrufer war in der Regel ein Kleriker, der durch seine Stimme für diese Aufgabe qualifiziert war.

Johannes Pomarius fasst den Ablauf der Heiltumsweisung so zusammen: „Mann hat ordentlich drey Processionen oder genge auff oder nacheinander gehalten / Also das allwege in ihren Pontificalien und Herrligstem Geistlichen schmuck / der Apt von Berge / und der Propst zu unser lieben frawen fornan gangen sein / welchen die Prelaten und Thumherren / sampt andern geistlichen der gantzen Clerisey in ihrer ordnung gefolget / deren ein Jeder etwas des heiligthumbs getragen / und nach dem es im außlesen oder ausruffen genent / in die höhe gehoben / und dem Volck öffentlich gezigen / und gerufen haben / neiget das haupt mit dem hertzen / empfahet den Segen des lobwirdigen und erwirdigen Heiligthumbs."[67]

Wenn auswärtige Prälaten zur Zeit der Heiltumsweisung in Magdeburg waren, wurden diese zur Teilnahme an der Feier eingeladen, wie es 1451 der Fall war, als der päpstliche Legat Nikolaus von Cusa am Sonntag nach Fronleichnam während der Weisung auf dem Laufgang stand und am Ende der Feier den Segen erteilte.[68] Dieser nur hier erwähnte Segen war auch sonst am Schluss der Heiltumsweisungen üblich, wobei man sich meist eines bestimmten Reliquiars bediente.[69] Möglicherweise diente die den dritten Gang eröffnende Monstranz mit einer großen Kreuzpartikel auch dazu, den abschließenden Segen zu spenden. Denkbar wäre auch, dass man den Segen mit den beiden Prozessionskreuzen am Schluss des Ganges, die ebenfalls Kreuzpartikel enthielten, erteilte.

Die drei Gänge waren durch ein Schema geprägt, das sich in aufsteigender Ordnung am heilsgeschichtlichen Rang orientierte: Der erste Gang präsentierte die Heiligen der Kirche, der zweite war Maria gewidmet und der dritte der Passion Christi.[70] Diese Programmatik lässt sich auch aus jenen Gesängen entnehmen, die den einzelnen Gängen zugeordnet waren: Zum ersten Gang wurde das Responsorium „Hi [Isti] sunt sancti, qui pro testamento Dei corpora sua tradiderunt"[71] gesungen, zum zweiten „Sancta Maria sucurre miseris, iuva pusillanimis, refove flebilis"[72] und zum dritten „O crux gloriosa, o crux adoranda, o lignum preciosum et admirabile signum per quod et diabolus est victus, et nundus Christi sanguine redemtus"[73]. Auf diese thematische Zuordnung waren auch jene Reliquien abgestimmt, die am Beginn der einzelnen Gänge standen. Der erste Gang wurde mit der Fahne des hl. Mauritius eröffnet, die in Magdeburg eine besondere rechtssymbolische Bedeutung besaß.[74] Anschließend folgte der Mauritiusschrein, der auch Reliquien anderer Thebäer enthielt.[75] Auch der an dritter Stelle gezeigte Schrein enthielt Reliquien dieser Märtyrergruppe.[76] Der zweite Gang wurde durch einen kleinen Marienschrein eröffnet, der für die Magdeburger Kirche von besonderer Bedeutung war.[77] Am Beginn des dritten Ganges stand – wie bereits erwähnt – eine Monstranz mit einer großen Kreuzpartikel.[78] Im Übrigen war die Verteilung der Reliquiare auf die einzelnen Gänge aber durch ihre Form bestimmt: Im ersten Gang waren abgesehen von der Mauritiusfahne nur größere Schreine versammelt, im zweiten Gang ebenfalls fast ausschließlich kleinere Schreine und im dritten Gang wurden Arm- und Kopfreliquiare, ‚pixides', Kreuze und andere kleinere Reliquiarformen gewiesen. Der erste Gang umfasste 15 Reliquiare. Diese größeren Schreine wurden von je zwei Geistlichen getragen.[79] Der zweite Gang enthielt 22 und der dritte Gang nach dem Heiltumsbuch 33 Reliquiare. Das Wachstum im Umfang der Reliquienweisung ist daran abzulesen, dass Weynmann knapp 20 Jahre später im dritten Gang bereits 37 Reliquiare verzeichnete.

Gemäß dem 1505 aufgesetzten Testament des Erzbischofs Ernst von Sachsen sollten die von ihm gestifteten Reliquiare, wenn sich die Errichtung des von ihm geplanten Residenzstiftes in Halle nicht realisieren ließe, als eigener Gang in die Weisung der Magdeburger Domkirche eingefügt werden, für den 35 Geistliche vorzusehen waren.[80] Instruktiv ist die Anweisung, dass die Besucher bei der Weisung dieser Reliquien zur Fürbitte für den Stifter und dessen Familie aufgefordert werden sollten.[81] Diese Verbindung von Gebet und Stiftermemoria findet sich auch in den Formularen anderer Heiltumsweisungen.

4. Der Beginn der Heiltumsweisungen in Magdeburg

Die Behauptung Weynmanns, dass die Magdeburger Heiltumsweisung unter dem Pontifikat Papst Bonifaz VIII. (1294–1302) ihren Anfang genommen hat, führte die Forschung lange Zeit in die Irre.[82] Weynmann berichtet, es sei bereits seit der Gründung der Domkirche üblich gewesen, die Reliquien zu zeigen. Am Ende des 11. Jahrhunderts sei diese Praxis aber vernachlässigt worden, auch wäre der Reliquienschatz durch Nachlässigkeit durcheinander geraten und man habe die Authentiken von den Reliquien entfernt, um das Interesse an deren Wegführung zu vermindern. Um das Jahr 1300 habe ein Kanoniker der

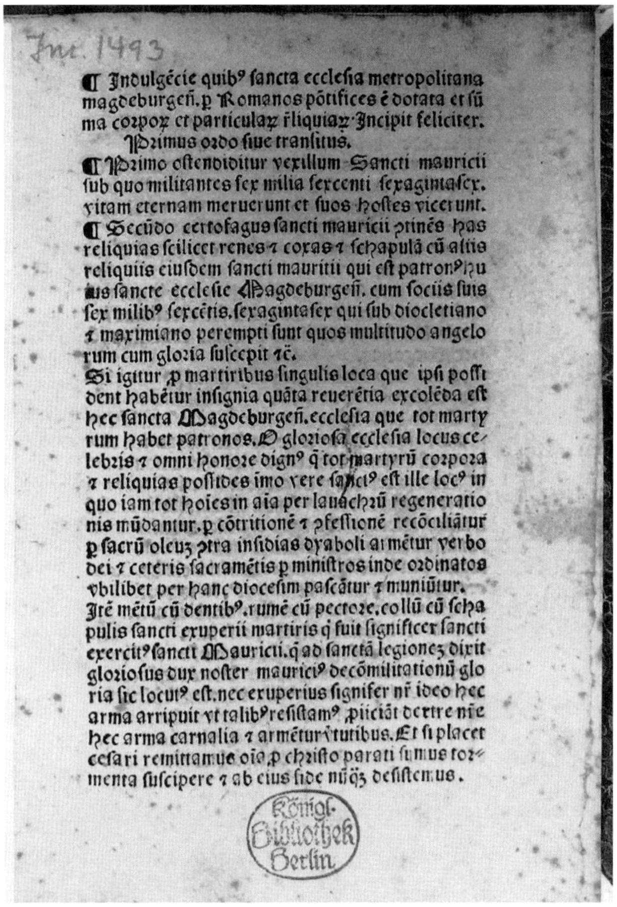
Inc. 1493

Indulgécie quib⁹ sancta ecclesia metropolitana magdeburgeñ. p Romanos pôtifices ê dotata et sũma corpoꝝ et particulaꝝ ꝛliquiaꝝ. Incipit feliciter.

Primus ordo siue transitus.

Primo ostendiditur vexillum Sancti mauricii sub quo militantes sex milia sexcenti sexagintasex. vitam eternam meruerunt et suos hostes vicerunt.

Secũdo certofagus sancti mauricii ꝯtinês has reliquias scilicet renes ⁊ coxas ⁊ schapulã cũ aliis reliquiis eiusdem sancti mauritii qui est patron⁹ huius sancte ecclesie Magdeburgeñ. cum sociis suis sex milib⁹ sexcẽtis. sexagintasex qui sub diocletiano ⁊ maximiano perempti sunt quos multitudo angelorum cum gloria suscepit ⁊c.

Si igitur ꝑ martiribus singulis loca que ipsi possident habêtur insignia quãta reuerẽtia excolẽda est hec sancta Magdeburgeñ. ecclesia que tot martyrum habet patronos. O gloriosa ecclesia locus celebris ⁊ omni honore dign⁹ q̃ tot martyrũ corpora ⁊ reliquias possides imo vere sanct⁹ est ille loc⁹ in quo iam tot hoies in aia per lauachrũ regenerationis mũdantur. ꝑ cõtritionẽ ⁊ ꝯfessionẽ recõciliãtur ꝑ sacrũ oleuꝫ ꝯtra insidias dyaboli armẽtur verbo dei ⁊ ceteris sacramẽtis ꝑ ministros inde ordinatos vbilibet per hanc diocesim pascãtur ⁊ muniũtur.

Itẽ mẽtũ cũ dentib⁹. rumẽ cũ pectore. collũ cũ schapulis sancti exuperii martiris q̃ fuit signifer sancti exercit⁹ sancti Mauricii. q̃ ad sanctã legioneꝫ dixit gloriosus dux noster maurici⁹ de cõmilitationũ gloria sic locut⁹ est. nec exuperius signifer nr̃ ideo hec arma arripuit vt talib⁹ resistam⁹ ꝓiciãt dextre nr̃e hec arma carnalia ⁊ armẽtur ṽtutibus. Et si placet cesari remittamus oĩa ꝑ christo parati sumus tormenta suscipere ⁊ ab eius fide nũq̃ꝫ desistemus.

Königl. Bibliothek Berlin

Abb. 241: Magdeburger Heiltumsbuch, gedruckt 1483–1485/86 in Magdeburg bei Albert Ravenstein und Joachim Westval, Staatsbibliothek Berlin, Ink. 1493. Foto: Staatsbibliothek Berlin.

Magdeburger Kirche, „qui animum suum ad spiritualium meditationem deique et sanctorum gloriam applicuit ampliandum", den Reliquienschatz wieder in Ordnung gebracht. All dies könne man aus „popriis eius litteris hodie cerni"; allerdings habe er „ex humilitate" seinen Namen nicht genannt. Am Ende teilt Sello mit: „Wiedereingeführt sei die Ostensio durch Papst Bonifaz VIII."[83] Pomarius folgt seiner Vorlage wahrscheinlich exakter, wenn er mitteilt: „Zu welcher pompa und zeigung des Heiligthums der bapst Bonifacius / des Namens der achte grosse indulgentias und Ablas gegeben hat."[84] Berent Schwineköper bemerkte dazu: „Diese Behauptung ließ sich bisher nicht nachprüfen. Es scheint aber nicht ausgeschlossen, daß die eigentlichen ostensiones […] sogar aus noch jüngerer Zeit stammen."[85] Diese Vermutung wird durch das Heiltumsbuch bestätigt, denn hier wird der Papstablass für die

Heiltumsweisung nicht auf Bonifaz VIII., sondern auf Bonifaz IX. (1389–1404) zurückgeführt.[86] Diese Angabe lässt sich verifizieren, da der Magdeburger Domkirche von Bonifaz IX. eine ganze Reihe von Ablässen verliehen wurde. Diese Ablassgewährungen waren keineswegs zufällig, denn unter Bonifaz IX. führte eine Schwemme von Papsturkunden zur Etablierung von bedeutenden Ablässen an zahlreichen abendländischen Kirchen.[87] Eine ähnliche ‚Welle' setzte erst wieder mit dem Pontifikat Sixtus IV. (1471–1484) ein und führte schließlich in jene Krise des Ablasswesens, die sich in der frühen Reformation manifestierte.[88] Bonifaz IX. war unter den Bedingungen des Großen Abendländischen Schismas bereit gewesen, Ablassbitten mit einer ganz unerhörten Großzügigkeit zu entsprechen, sofern der Petent nur die im Geschäftsgang der Kurie fälligen und nicht ganz unerheblichen ‚Verwaltungsgebühren' zu zahlen bereit war. Die Welle der Ablassvergaben setzte nach dem Ende des dritten römischen Jubiläums im Jahr 1390 ein[89], als verschiedene Städte und Territorien darum baten, diesen vollständigen Ablass ‚zu Hause' nachfeiern zu dürfen. Dies bedeutet, dass bußfertige Sünder in einem fixierten Zeitraum denselben Ablass wie während des römischen Jubiläums erwerben können, wenn sie einige Tage hindurch bestimmte als ‚Hauptkirchen' deklarierte Kirchen andächtig besuchten und die Kosten einer Romreise in dazu bereitgestellte Opferstöcke spendeten. Die finanziellen Erträge wurden in der Regel zwischen der päpstlichen Kammer und dem jeweiligen lokalen Veranstalter des Jubiläums geteilt.[90] Im Reich erwarben die Wittelsbachischen Herzöge das Jubiläum als Erste zur Nachfeier in München während des Frühjahrs und Sommers 1392. Es folgten bald danach Prag, Meißen, Köln und Magdeburg, wo der Ablass vom 1. September 1395 an ein Jahr lang zu erlangen war.[91] Hier wurden vier Hauptkirchen bestimmt, die an vierzehn Tagen nacheinander zu besuchen waren, um den Jubiläumsablass zu gewinnen, nämlich der Dom, die Kirche des Bergklosters, die Kirche des Peter- und Paulsstiftes in der Magdeburger Neustadt und die Kirche des Augustinereremitenklosters in der Altstadt.[92]

Von Magdeburg aus wurde das Jubiläum 1396/1397 in verschiedene Hansestädte weiterdelegiert, was aber zu Konflikten über die Zahlungsmodalitäten führte und mit dazu beigetragen haben könnte, dass dieses ‚Modell' der römischen Ablassexporte nach 1396 nicht mehr fortgeführt wurde.[93]

Den Vergaben des römischen Jubiläums[94] folgte eine weit umfangreichere Welle von ca. 3000–3500 päpstlichen Ablassprivilegien.[95] Drei Viertel davon waren Tarifablässe, die von einem bis zu sieben Jahren Strafnachlass gewährten. Bei den übrigen ca. 600 Ablässen handelte es sich um ‚ad instar'-Ablässe, d. h. sie wurden ‚nach dem Vorbild von' berühmten Wallfahrtskirchen vergeben, deren Indulgenzen als vollständige Ablässe galten, wie San Marco in Venedig, Portiuncula bei Assisi, Collemaggio, seltener auch Aachen oder Einsiedeln u. a. m. Im Zusammenhang mit der Verleihung dieser Ablässe tauchen eine Reihe spätmittelalterliche Heiltumsweisungen erstmals in den Quellen auf, was zu dem Schluss Anlass gibt, dass die Ablassprivilegien für die Etablierung dieser Feste ursächlich waren. Dies gilt neben Magdeburg für die Domkirchen von Köln[96], Bremen[97], Würzburg[98] und Bamberg[99], aber auch für das Düsseldorfer Lambertistift[100], oder das Goslarer Stift St. Simeon und Juda[101]. In München war der kurz zuvor in der Burgkapelle von Andechs ‚entdeckte' Reliquienschatz bei der Nachfeier des Jubiläums im Jahre 1392 feierlich gezeigt worden[102] und man ging dort davon aus, dass der Besuch der ostensio reliquiarum notwendiger Bestandteil zur Gewinnung des Jubiläumsablasses war, auch wenn die päpstliche Urkunde davon nichts verlauten ließ.[103] Diese Münchner Heiltumsweisungen fanden später ihre Fortsetzung als regelmäßige Reliquienzeigungen in Andechs.[104]

Ob auch am Magdeburger Dom als einer der vier ‚Hauptkirchen' bereits während der Nachfeier des römischen Jubiläums 1395/1396 Heiltumsweisungen stattfanden, lässt sich nicht belegen. Ein sicherer Hinweis auf die Aufwertung des Magdeburger Patronatsfestes durch einen bedeutenden Ablass bietet die Papsturkunde, die am 1. Juni 1397 ausgestellt wurde. Darin wurde den Besuchern der Magdeburger Domkirche an Mauritii und dem folgenden Tag – an dem im 15. Jahrhundert die ostensio reliquiarum stattfand – ein ‚ad instar'-San-Marco-Ablass gewährt, der als Plenarindulgenz galt.[105] Gleichzeitig erteilte Bonifaz IX. dem Domkapitel die Erlaubnis, in der Ablasszeit sechs Beichtväter einzusetzten, um den Besuchern die für die Erlangung des Ablasses notwendige Beichte zu ermöglichen.[106] Gleichzeitig wurde der Domkirche ein Ablass von fünf Jahren und ebenso vielen Quadragenen für den Besuch an verschiedenen Festtagen verliehen.[107]

Vielleicht war jener ‚ad instar'-San-Marco-Ablass, der erstmals im September 1397 zu erwerben war, der Anlass, auf den die regelmäßigen Heiltumsweisungen am Magdeburger Dom zurückgehen. Die Magdeburger Schöppenchronik berichtet dagegen erst zum Jahr 1401 davon, dass Papst Bonifaz IX. Magdeburg die Gnade einer ‚römischen Fahrt' gewährt habe, die in jedem Jahr in der ‚Herrenmesse', d. h. zum Patronatsfest der Domkirche, zu erlangen sei.[108] Der Ausdruck ‚römische Fahrt' meint eine Wallfahrt, die im Hinblick auf die Ablassgnade mit dem Besuch des römischen Jubiläums zu vergleichen ist.[109] Während der Verfasser in seiner Dissertation noch davon ausging, dass es sich bei der Angabe zum Jahr 1401 um eine Fehldatierung handelt, die eigentlich auf den San-Marco-Ablass von 1397 zu beziehen sei, lässt sich dieses Datum mit einem Ablass in Verbindung bringen, der nicht als Empfängerausfertigung, sondern nur in der Überlieferung der Lateranensischen Register Bonifaz IX. erhalten ist.[110] Am 9. Mai 1401 wurde zugunsten der Magdeburger Domkirche ein Ablass gewährt, der in singulärer Weise auf die Heiltumsweisung Bezug nahm, indem er den Besuchern der ostensio reliquiarum für jede der gezeigten Reliquien einen Ablass von sieben Jahren und sieben Quadragenen versprach.[111] Die Urkunde scheint der Magdeburger Domherr Johann von Redekin erwirkt zu haben, der sich im April 1401 in Rom aufhielt[112] und zu dessen Gunsten am 9. Mai 1401 ebenfalls zwei Urkunden an der Kurie ausgestellt wurden.[113]

Die Interpretation des für die ostensio reliquiarum gewährten Ablasses als ‚römische Fahrt' zeigt, in welch außergewöhnlicher Weise durch die Summation mit den Reliquien aus einem Tarifablass ein Quasi-Plenarablass werden konnte, denn so wurde die Verkündigung eines ganz außerordentlich hohen Ablasses an der Magdeburger Domkirche möglich. Das Heiltumsbuch errechnete aus den 7.118 bei der Heiltumsweisung gezeigten Reliquien mathematisch exakt ein Ablassquantum von 49.826 Jahren und ebenso vielen Karenen.[114] Auch wenn man davon ausgeht, dass die ostensio reliquiarum 1401 eine geringere Zahl von Reliquien umfasste, dürfte ein nach Tausenden von Jahren gemessener Ablass um 1400 in Mitteldeutschland einzigartig gewesen sein.

Diese exzessive Erhöhung des Ablassquantums durch die Summation mit den gezeigten Reliquien wirkte bis in die Ablasspropaganda der Heiltumsweisungen am Wittenberger Allerheiligenstift[115] und am Hallenser Neuen Stift nach, wo man im frühen 16. Jahrhundert auf diese Weise zu den bekannten astronomischen Ablässen von mehreren Millionen Jahren Strafnachlass kam.[116] Das Magdeburger Beispiel wurde aber schon zuvor nachgeahmt: Auch für Besucher des Klosters Hillersleben wurde 1448 in zwei bischöflichen Urkunden ein ähnlicher Ablass gewährt,[117] die Wallfahrtskirche von Elende im Südharz verkündete in der Mitte des 15. Jahrhunderts einen solchen Reliquienablass auf unklarer Grundlage[118] und 1507 erhielt auch die Antoniterpräzeptorei Tempzin in Mecklenburg zwei bischöfliche Ablässe, die jeweils 40 Tage Strafnachlass „ad quamlibet particulam reliquiarum inibi recconditarum" versprachen.[119]

Da die Magdeburger Heiltumsweisung der erste Fall für die Verbindung von Reliquienzahlen und Ablassquantitäten ist, wird man ihr auch eine besondere Bedeutung für die Etablierung dieser Form des Reliquienablasses zuschreiben dürfen.[120] Diese frühe Ausnahmestellung des Magdeburger Reliquienablasses ließ sich freilich auf Dauer nicht bewahren. Weynmann beklagt 1501 in seinem „Libellus de sanctis reliquiis", dass der Besuch der Heiltumsweisung in der jüngsten Zeit merklich nachgelassen habe, weshalb ihn Erzbischof Ernst von Sachsen mit der Abfassung dieses Werkes beauftragt habe.[121] Dieser Bemühung war aber wohl kein Erfolg beschieden, zumal die Reliquienfeste von Halle und Wittenberg damals gewissermaßen das Erbe der Magdeburger Weisungsfeier antraten, bevor alle diese Feiern wenig später der reformatorischen Bewegung weichen mussten.

Anmerkungen

1 UBStadtHalle II, S. 190f. Nr. 624 nach Schum 1887, S. 589f.
2 Vgl. zum Kontext des Wunders und der Bemühungen um die Kanonisation Burkhards Schum 1887.
3 Der Band befand sich ehemals in der Stadtbibliothek Bremen, Mscr. b. 55, pap. 4°.
4 Vgl. Sello 1891.
5 Vgl. Pomarius 1587.
6 Vgl. Pomarius 1589.
7 Weynmann, Libellus de sanctis reliquiis, III. pars, cap. 5: „De miraculoso cruore in ecclesia Magdeburgensi et consursu ad eandem", vgl. das Referat bei Sello 1891, S. 133.
8 „Quidam presbyter in episcopatu Magedaburgensi in villa weddinge, in neutra parte conversationis egregius, qui nec vitiorum labe nec virtutum laude claveret eximius, dum in sacramentorum confectione venisset ad communionem, calice levato vidit vinum non solum spiritualiter, sed et visibiliter, in sanguinem conversum; cuius rubore pariter et densitate perterritus, nihil inde sumere praesumpsit, sed in Magedaburg civitatem, ubi ad huc (in sacello argenteo) venerabiliter servatur, cum magno timore portavit." Bruno, Liber, ed. Pertz 1844, S. 343.

9 „Nonis Iunii. Eodem die preciosissimus thesaurus sanguinis Domini per annonem episcopum iubente domino Ottone augusto, immo annuente domino Iesu Christi ab Italia Magadaburgum translatus est." Ann. Magd. brev., ed. Holder-Egger 1884, S. 750.
10 Vgl. Sello 1891, S. 133.
11 Zur Sache vgl. Boockmann 1982; Ziesack 1993; Kühne 2005.
12 Pomarius 1589, S. 313f.
13 „[…] in flascone parvula quippe cristallino in media monstrancis pendente, cum luminaribus et tintinnabulis argenteis, que ad solennitatem delacionis eius solita erant […]". Sello 1891, S. 133.
14 Wentz/Schwineköper 1972, S. 45.
15 „Da dasselbe [heilige Blut] miracula, curaciones infirmorum, liberationes angustiatorum bewirkte, wovon zu Weynmanns Zeiten noch signa cerea in forma navium, armorum, instrumentorum kündeten, entstand großer zulauf zu ihm […]". Sello 1891, S. 133.
16 Grundlegend dazu Kriss-Rettenbeck 1972.
17 Zum Weiterverkauf von Votivgaben um 1500 vgl. die Zusammenstellung einschlägiger Nachrichten bei Kühne/Hlaváček 2006, S. 193–195.
18 „vidimus oculis nostris […] quod ecclesia ibidem pronunc parrochialis magna nimis per omnes muros et parietes et pavimenta necnon testudines plena videntur de cunctis metallorum, cere, lignorum aut aliarum materiarum machinamentorum quoque sacrificiorum donatiuis uberrime fulcita […]". Felix Haemmerli, De benedictionibus aure cum sacramento faciendis, in: ders. 1487, das Zitat hier Blatt R3r.
19 [Andreas Bodenstein von] Karlstadt, Von Abtuung der Bilder, in: Adolf Laube u. a. (Bearb.): Flugschriften der frühen Reformationsbewegung (1518–1524), Bd. 1., Berlin 1983, S. 105–127, hier S. 107.
20 Vgl. Heiko Brandl, Fragment einer Holzfigur, Verm. Spottbild des Grafen von Gleichen, in. Kat. Aufbruch in die Gotik 2009 II, S. 134–137.
21 Zur räumlichen Situation vgl. Deiters 2006, S. 66, Abb. 59.
22 Die bereits im 19. Jh. separat verwahrte Kettenfessel (vgl. Sello 1888, S. 163, Anm. 2) blieb bis heute erhalten. Der Vf. hat Martin Günther (Magdeburg) für den Hinweis auf das im Archiv der Domgemeinde im Obergeschoss des Dompfarrhauses verwahrte Objekt und für die fotografischen Aufnahmen davon zu danken.
23 Eigendliche Beschreibung 1689, Blatt B2r.
24 Vgl. SC, S. 157f. Hier findet sich auch die in der Eigentlichen Beschreibung 1689 wiederkehrende Drohung, den Dom zu einem Pferdestall zu machen.
25 Vgl. Sello 1888, S. 164.
26 Vgl. ebd. Zur Sache vgl. Brückner 1963.
27 Die Erhaltung von mittelalterlichen Bildwerken in protestantischen Kirchen aufgrund von sagenhaften Fehlinterpretationen ist m. W. bisher nicht untersucht worden. Als Beispiel sei hier eine Figur Jakobus d. Ä. aus der Marienkirche von Bernau bei Berlin angeführt, die den aufgeklärten Bildersturm unter dem Bernauer Propst Waldmann (1725–1737) ‚überlebte', weil die lokale Fama das Bild mit dem ‚Schäfer von Bernau' identifizierte, einer sagenhaften Gestalt aus dem Zusammenhang der Belagerung der Stadt durch die Hussiten 1432; vgl. Hartmut Kühne: Jakobus incognito, in: Ziesack 2005, S. 107.
28 Vgl. Andrée 1904, bes. S. 48f.
29 Vgl. ebd., S. 48 mit Abb. Tafel 3, Fig. 4.
30 Vgl. Der Mann im Stock. Eine Votivgabe in der Wunderblutkirche zu Wilsnack, in: Brandenburgische Museumsblätter N. F. 4, 1927, S. 25f., mit Abb. auf S. 25.
31 Der Vf. meint sich zu erinnern, dass er bei seinem ersten Besuch in der Wilsnacker Kirche im Sommer 1991 diese Figur noch gesehen hat. Möglicherweise handelte es sich aber auch um eine aus den 70er oder 80er Jahren stammende Nachbildung in Ton, die sich heute in der Wunderblutkapelle befindet. Bei seinen intensiven Recherchen vor Ort in den Jahren 2004 und 2005 fand der Vf. weder die Figur noch eine verwertbare Angabe über deren Verbleib.

32 „unum carcerem de cera et ymaginem suam intus", zitiert nach Reinle 1984, S. 19.
33 Zur Wahrnehmung der Florentiner Boti in der Kunstgeschichte war grundlegend Aby Warburg 1902. Zum Phänomen Brückner 1966, S. 123–187. Eine instruktive Übersicht über spätmittelalterliche Votationen von Wachs- und Holzfiguren bietet Reinle 1984, S. 17–19.
34 Das einzige erhaltene Beispiel aus dem späten Mittelalter ist die Figur des Grafen Leonhard von Görz im Innsbrucker Ferdinandeum, vgl. Reinle 1984, S. 17 mit Abb.
35 Vgl. Buchwald 1930, S. 69.
36 Vgl. ebd., S. 105.
37 „Zur linken hand [des südlichen Eingangs der Wilsnacker Kirche – d. Vf.] siehet man einige bilder in lebensgrösse und mit wachs überzogen, oberwärts auf einem gesimse sich zeigen, derer eines einen Herzog von Meklenburg, ein anders einen Markgrafen zu Brandenburg sol bedeuten, welcher leztere zu den zeiten des H. Bluts auf der jagt ein bein sol zerbrochen, und deshalb sich anher verlobet haben: auch stehet hinter ihnen noch ein bild von gleicher höhe mit einem spiesse, welches die bedeutung eines Oberjägermeisters sol haben." Bekmann 1753 II, Sp. 309.
38 Vgl. Hrdina 1999, S. 202 mit Anm. 55f.
39 Vgl. Sello 1888, S. 163, Anm. 2
40 Der Vf. geht gegenwärtig im Rahmen eines von der Gerda Henkel Stiftung geförderten Forschungsprojekt zu „Alltag und Frömmigkeit am Vorabend der Reformation" im mitteldeutschen Raum auch solchen Spuren nach. Die Ergebnisse sollen im Rahmen einer Ausstellung von Herbst 2013 bis Herbst 2014 in den Mühlhauser Museen, dem Stadtgeschichtlichen Museum Leipzig und dem Kulturhistorischen Museum Magdeburg der Öffentlichkeit vorgestellt werden.
41 Vgl. Kühne 2000.
42 Vgl. Kühne 2004.
43 Vgl. Kühne 2010.
44 Vgl. Kühne 2000, S. 228–250.
45 Der Liber ordinarius ist in zwei Handschriften überliefert. Die ehemals in der Bibliothek des Magdeburger Domgymnasiums, Signatur Mscr. 14, verwahrte Handschrift ist seit dem Ende des 2. Weltkriegs verschollen. Eine Edition der Handschrift der Berliner Staatsbibliothek, Ms. Theol. Lat. quart. 113 durch Adalbert Kurzeja ist in Vorbereitung. Vgl. vorerst auch Hartmut Kühne: Liber ordinarius ecclesiae Magdeburgensis, in: Kat. Aufbruch in die Gotik 2009 II, S. 151–154.
46 Vgl. Sello 1891, S. 125.
47 Vgl. Pomarius 1589, S. 309ff.
48 Vgl. Sello 1891, S. 138ff.
49 Ebd.
50 Das einzige bekannte Exemplar des Drucks befindet sich in der Staatsbibliothek Berlin, Signatur Inc. 1493 (Gesamtkatalog der Wiegendrucke Nr. M19808). Die noch im Katalog der Staatsbibliothek nachgewiesene Signatur 4° Fc 9086 bezieht sich auf einen ehemals aus fünf Drucken zusammengebundenen Band, dem das Heiltumsbuch beigebunden war. Der Druck wurde erwähnt von Götze 1869, S. 420f., Götze 1871, S. 525–527 und Falk 1879, S. 69f.
51 Vgl. Panzer 1794, S. 2.
52 Die ältere Forschung nahm an, dass die Offizin nur in den Jahren 1483/1484 arbeitet, vgl. Götze 1869, S. 395–421. Inzwischen sind weitere Drucke bekannt, darunter ein Almanach für 1486, der um die Jahreswende 1485/1486 gedruckt sein dürfte. Vgl. zum gegenwärtigen Forschungsstand Suckow 2006, S. 113.
53 Abgesehen von dem Einblattdruck mit den Reliquien der Aachener Marienkirche, dem Servatiusstift Maastricht und dem Kloster Kornelimünster, der üblicherweise auf 1468/1475 datiert wird (Schreiber 1927, Nr. 1936), ist nur der Heiltumsdruck des Klosters Georgenberg von 1480 älter als das Magdeburger Heiltumsbuch; vgl. Eisermann 2004.

53 Eine instruktive Übersicht zu den illustrierten Heiltumsverzeichnissen bietet Cordez 2006.
54 Diese Beurteilung findet sich bei Eisermann 2005, S. 44.
55 Vgl. Heiltumsbuch, Bl. 6v.
56 „In quolibet anno bina vice ostenduntur reliquie sanctorum, que sunt in majori ecclesia Magdeburgensi scilicet in dominica die que est infra octavas corporis christi post prandium et proxima die sequenti festum et diem sancti Mauricii gloriosi martiris." Heiltumsbuch, Bl. 6v. Ähnlich schreibt Weynmann: „Dominica proxima post festum corporis Christi, et tunc agitur post meridiem hora duodecima [...] die immediate festum b. Mauricii sociorumque eius sequenti, et signanter mane hora octava"; Sello 1891, S. 178.
57 Pomarius 1589, S. 298f.
58 Vgl. Pomarius 1589, S. 309.
59 Vgl. Sello 1891, S. 127.
60 Vgl. Kühne 2000, S. 415.
61 „Ideo ad convocendum populum trina vice cum maxima campana pulsabitur." Heiltumsbuch, Blatt 6r.
62 „Facto tertio pulsu fit sermo ad populum a pronuntiante ad exitandum devotionem populi pro veneratione sanctorum." Ebd.
63 Vgl. Kühne 2000, S. 741–745.
64 „Am tage Matthaei [21. September] zue Abend blieb die predigte nach, das in etzlichen und hundert Jahren nicht mehr geschehen; ein Barfueßer Munch sollte gepredigt haben, wart gewarnt, daß sich die burße auff faule eyer hatte gerichtet; do gingk er wieder zu Closter und das Volck, 3 oder 4 tausend wahren, hueben an zu singen die deutsche Psalmen und giengen zuletzt auch davon. Also fingk man die Heremissen mit demselbigen gesange an." Langhans, ed. Hertel 1899, S. 178.
65 Das Domkapitel besaß im 15. Jahrhundert 38 Mitgliedern: 20 Canonici capitularis, neun Canonici non capitularis und neun Domiali, vgl. Wentz/Schwineköper 1972, S. 131.
66 „Peragitur autem ostensio sanctarum reliquiarum tali ordine: fiunt tres transitus aut processiones deferencium, precedentibus in infulis et pontificalibus ornamentis suis religiose in Christo patre abbate monasterii Bergensis et venerabili preposito cenobii ordinis Premonstratensis, subsequentibusque spectabilibus maioris ecclesie prelatis et canonicis cum ceteris sacerdotibus, singuli in ordine suo de sacris portant reliquiis et iuxta declamacionis processum in altum levant, ostendunt et cum eis populo benediccunt." Weynmann nach Sello 1891, S. 178f.
67 Pomarius 1589, S. 309.
68 „des namiddages als men dat hilgedom alle jar plecht to wisen, dar gingen de cardinal [Nikolaus von Cusa] und unse here van Magdeborch [Erzbischof Friedrich von Beichlingen] mede up dem gange und stunden bi dem preister, de dat hillichdom vorkundigede, so lange went dat geschen was. do gaf de cardinal over dat volk de benediccien." SC, S. 401.
69 Vgl. Kühne 2000, S. 800–804.
70 Zu den üblichen Ordnungsschemata der Heiltumsweisungen vgl. Kühne 2000, S. 764–773.
71 Pomarius 1589, S. 310.
72 Ebd., S. 311.
73 Ebd., S. 312.
74 Vgl. Kühne 1998.
75 „Secundo certofagus sancti mauritii continens has reliquias scilicet renes et corax et schapula cum aliis reliquiis eiusdem sancti mauritii qui est patronus huius sancte ecclesie Magdeburgensis cum sociis suis sex milibus sexcentis sexaginta sex qui sub diocletiano et maximiano peremti sunt quos multitudo angelorum cum gloria suscepit etc. [...] Item mentum cum dentibus et umen cum pectore collum cum schapulis sancti exuperii martiris qui fuit significer sancti exercitus sancti Mauricii." Heiltumsbuch, Blatt 1v–2r.
76 „Tertio certofagus continens corpus sancti secundi martiris qui fuit dux legionis sancti Mauricii cuius caput cum amputatum fuit trina vice christum nosavit." Ebd.
77 „daher mans auch S. Marien schrein / oder unser lieben Frawen Kestlein geheissen / und mit mehrer Reverentz / denn ander Heiligthum getragen und erhoben und dadurch den Segen uber das Volck hat ausgetheilet", Pomarius 1589, S. 309. Vgl. auch Kühne 2009, S. 187.
78 Vgl. Weynmann nach Sello 1891, S. 140.
79 „Zum andern nach S. Moritz fahne haben immer zween und zween einen Sarck / darinnen der heiligen Todenbeine gelegen seind / getragen." Pomarius 1589, S. 310.
80 „[...] so wyll ich, das sullich wirdig heligethum, von mir yn thumm verordentt und gegeben, alleyn czu eymm sunderlichem ganck an dem weyssen sall verordentt werden, dorczu dan 35 personen sullichs czu tragen seynn mussen, und nicht yn den ersten, andernn ader dritten gang gemenheit sall werden, sunder vor sich alleyn denn virden ganck behalten", Redlich 1900, S. 7*.
81 Vgl. ebd.
82 Vgl. auch zum Folgenden das Referat bei Sello 1891, S. 178f.
83 Ebd., S. 179.
84 Pomarius 1589, S. 309.
85 Wentz/Schwineköper 1972, S 220f.
86 „In qualibet ostensione merentur large indulgentie que data sunt a sanctissimo patre et domino bonifacio papa nono. Scilicet a quolibet corpore vel frusto unius cuiusque sancti septen anni et septen karene presentibus de inunctis penitentibus relaxantur." Heiltumsbuch Blatt 6r. Zu diesem Ablass vgl. unten Anm. 111.
87 Einen ersten Versuch zur Bündelung des Materials unternahm Frankl 1977. Eine auf der Auswertung der gesamten Vatikanischen Registerüberlieferung und zahlreicher Empfängerausfertigungen beruhende Analyse hat Jan Hrdina im Jahr 2010 mit seiner Prager Dissertation vorgelegt (Hrdina 2010). Eine erweiterte Publikation in deutscher Sprache ist für das Jahr 2012 in der Reihe „Europäische Wallfahrtsstudien" des Peter Lang Verlages geplant; vgl. vorerst Hrdina 2007.
88 Für einen knappen Überblick zur Darstellung der Phasen des Ablasswesens mit einem Fokus auf die mitteldeutsche Situation, vgl. Kühne 2008.
89 Zu den Phasen der Ablassvergaben, vgl. Hrdina 2007, S. 116–118 und die Tabelle ebd., S. 125.
90 Vgl. auch zum Folgenden Paulus 2000, Bd. 3, S. 155–158; Jansen 1904, S. 145–162.
91 Vgl. Jansen 1904, S. 156f.
92 „Item anno etc. 95 dominus Bonifacius annum gracie Magdeburk dedit, et incipit in die sancti Egidii et duravit per annum, ut videlicet promereri volens plenariam remissionem in Magdeburk per 14 diem staret et singulis diebus quatuor ecclesias visitaret, videlicet maiorem in Berga, in nova civitate ecclesiam sanctorum Petri et Pauli et monasterium Sancti Augustini; in hiis ecclesiis ciste posite fuerunt, et maxima pecunia congregata fuit." GA, S. 454. Ähnlich heißt es in der Schöppenchronik: „In dem sulven jare dar na van sunte Egidien dage an wente an den sulven dach over ein jar leide unse hilge vader de pawes Bonifacius de negende de romischen vart to Magdeborch, dat men heit dat gnadenrike jar. dat was also vullenkomen als dat guldene jar to Rome, und hir was aflat van allen sunden den, de ed vorwerven konden. und dit aflate was gelecht hir to sokende van veftich milen al umme dit godeshus, und de pawes hadde veir hovetkerken bescheiden hir in de stad, de men began scholde, alse den dome und sunte Johannes to Berge, sunte Peter und Pawel in der Nien Stad und to den Augustineren, dar van vele grot opper quam: des nam de pawes de helfte und de ander helfte to dem buwe der sulven hovetkerken. dit sulve jar der gnade hadde bischop Albrecht van Quernforde erworven van dem pawese de

93 wile he kenzeler was des romischen koninges und he was nicht hir to lande." SC, S. 294.
93 Einzelheiten bei Jansen 1904, S. 159–162.
94 Die Ablösung der Jubiläen durch die ‚ad instar'-Ablässe notierte bereits Jansen 1904, S. 163. Allerdings wurden bereits vor 1396/97 vereinzelt ‚ad instar'-Ablässe auch an Kirchen des Reiches vergeben.
95 Ca. 1.800 Urkunden sind aus den Lateranischen Registern, aus späteren Abschriften von inzwischen verlorenen Registerbänden oder aus Originalen bzw. Abschriften der Empfängerausfertigung bekannt. Der geschätzte Gesamtumfang ist aus den verlorenen Registerbänden des Pontifikats Bonifaz IX. hochgerechnet, vgl. Hrdina 2007, S. 115–117.
96 Vgl. Kühne 2000, S. 250–274.
97 Vgl. Kühne 2004, S. 53f.
98 Vgl. Kühne 2000, S. 293–308.
99 Vgl. ebd., S. 275–292.
100 Vgl. ebd. 2000, S. 378–389.
101 Vgl. Kühne 2010, S. 262.
102 Vgl. Kühne 2000, S. 360–366.
103 Vgl. ebd., S. 362.
104 Vgl. ebd., S. 366–377.
105 Die Originalausfertigung der Urkunde ist nicht überliefert. Eine Abschrift hat sich aber in dem aus dem 19. Jahrhundert stammenden Kopiar Rep. Cop. Nr. 341 des Magdeburger Landeshauptarchives erhalten. Es handelt sich um zwei Urkunden: Blatt 74v–75v bietet die Abschrift der eigentlichen Indulgenz, Blatt 72v–73v enthält die päpstliche Genehmigung zur Bestellung von Pönitentiaren für die Indulgenzperiode. Beide Urkunden sind in der Abschrift nur nach Pontifikatsjahren sowie dem Tagesdatum datiert. Der Schreiber des Kopiars war sich nicht im Klaren, welchem Papst Bonifaz die Urkunde zuzuordnen sei, weshalb er an den Rand der Abschrift sowohl für Bonifaz VIII. als auch für Bonifaz IX. ihr jeweils achtes Pontifikatsjahr notierte. Die Ausstellung ist aber durch die Registratur Bonifaz IX. für den 1. Juni 1397 gesichert, vgl. Repertorium Germanicum Bd. 2 (1933), Sp. 838. Die Angabe beruht auf BAV Cod. Vat. Lat. 6952, Blatt 181r (ad instar-Indulgenz und Indultum deputandi sex vel plures sacerdotes), freundlicher Hinweis von Jan Hrdina (Prag). Die wesentlichen Bestimmungen der Indulgenz lauten: „[...] de omnipotentis dei misericordia et beatorum Petri et Pauli Apostulorum eius auctoritate confisi omnibus vere poenitentibus et confessis, qui in festivitate sanctorum Mauricii sociorumque eius et in die immediate sequenti a primis vesperis usque ad duos dies continuos immediate sequentes predictam ecclesiam devote visitaverint annuatim et ad ipsius conservationem manus porrexerint adiutrices, illam indulgentiam et remissionem peccatorum concedimus, quam ecclesiam sancti Maria de venecijs Castellan. dioecesis a primis vesperis usque ad secundos vesperos festivitatis Ascensionis domini nostri ihesu christi visitantes annuatim quomodolibet consequuntur." Vgl. auch das Regest bei Zöllner 1966, Nr. 81, S. 61.
106 Landeshauptarchiv Magdeburg, Rep. Cop. 341, Blatt 73r. Regest bei Zöllner 1966, Nr. 82, S. 62.
107 Landeshauptarchiv Magdeburg, Rep. Cop. 341, Blatt 73v–74v. Regest bei Zöllner 1966, Nr. 80, S. 61.
108 „In dissem sulven jare, als 1401 gaf unse hilge vader de pawes Bonifacius de negede vele romischer vart in sinen breven [...] Dar na wart hir to Magdeborch ein gnade geven van om, dat men alle jar in der heremissen ewichliken vinden scholde und hebben eine romische vart, de hir to der tid her komen und or opper bringen [...]", SC, S. 302.
109 Vgl. zum Begriff Frankl 1977, S. 217f.
110 Repertorium Germanicum Bd. 2 (1933), Sp. 838. Ich habe Jan Hrdina (Prag) für die Überlassung seiner Registerabschrift aus dem Geheimen Vatikanischen Archiv sehr zu danken.
111 Die wesentlichen Bestimmungen der Narratio und Dispositio sind folgende: „Cum itaque sicut accepimus in ecclesia Magdeburgensi sanctorum Florencii et Erculani martyrum et nonnulorum aliorum sanctorum corpora et reliquie honorabiliter sint recondita et conservetur ac singulis annis bina vice videlicet dominica infra octavas corporis Domini nostri Jesu Christi et in crastino festivitatis s. Mauricii christifidelibus cum magna devocione populi ad hoc concurente multitudine ostenduntur. Nos cupientes ut christifideles eo promptius ad venerandum corpora et reliquias sanctorum ipsorum tempore ostensionum huiusmodi concurrant [...] omnibus vere penitentibus et confessis, qui quocienscumque corpora et reliquias huiusmodi ostendi contigerit ut prefertur ostensioni huiusmodi cum devocione interfuerint annuatim pro parte cuiuslibet sancti cuius corpus seu reliquie in toto vel in parte ibidem ostenduntur septem annos et totidem quadragenas de iniunctis eis penitenciis misericorditer relaxamus, presentibus perpetuis temporibus duraturis" Geheimes Vatikanische Archiv, RL 89, Blatt 104v–105v. Abschrift von Jan Hrdina (vgl. Anm. 108).
112 Johann von Redekin garantierte am 27. April 1401 in Rom die Zahlung der durch die Besetzung des Havelberger Bischofsstuhles fälligen Servitengelder an die Kurie. Er scheint sich damals hauptsächlich wegen der Regelung zur Nachfolge des Havelberger Bischofs in Rom aufgehalten, dabei aber auch unterschiedliche Aufträge erledigt zu haben, vgl. Wentz/Schwineköper 1972, S. 512. Wahrscheinlich geht der am selben Tag für das Stendaler Nikolaistift ausgestellte ‚ad instar'-San-Marco-Ablass auch auf eine von Redekin eingereichte Supplik zurück, vgl. Repertorium Germanicum 1933 II, Sp. 1056.
113 Repertorium Germanicum 1933 II, Sp. 735.
114 „Summa reliquiarum corporum seu parciorum hic est septem milia centum decem et octo. Summa indulgentiarum hec est quadraginta novem milium octingentos vigionti sex annos et totidem quadragenuum." Heiltumsbuch, Blatt 6r.
115 Die Berechnung beruhte auf der Ablassurkunde, die Raimund Peraudi am 1. Februar 1503 für den Besuch des Reliquienfestes des Allerheiligenstift ausstellte, in welcher für jede Reliquie 100 Tage Strafnachlass versprochen werden, vgl. Kühne 2000, S. 407–410. Papst Leo X. erhöhte 1518 durch die Bulle „Illius, qui pro" den Ablass auf 100 Jahre je Reliquie (gedruckt von Kalkoff 1905, S. 184–187). Dies ist abgesehen von der von Bonifaz IX. für die Magdeburger Domkirche ausgestellten Urkunde von 1401 der einzige Fall einer echten Papstindulgenz, welche die Summation des Ablassquantums aus der Menge der Reliquien zulässt.
116 Die Berechnung des Ablasses für die Feier der Heiltumsweisung am Neuen Stift in Halle beruhte auf einer inkorrekten Interpretation des vom Papst Leo X. am 13. April 1519 gewährten Ablasses, vgl. Kühne 2000, S. 433.
117 Vgl. CodDiplBrandenb. ed. Riedel 1862 I, 22, Nr. 80–82, S. 471f.
118 Vgl. Signori 2006, S. 166.
119 Urkunde Bischof Johanns von Havelberg vom 18. Februar 1507, gedruckt von Lisch 1850, Nr. 19, S. 224f. Urkunde Bischof Martins von Camin vom 22. Februar 1507, gedruckt: ebd., Nr. 20, S. 225–227.
120 Den Begriff Reliquienablass verwendete zuerst Paulus 1923/2000, Bd. 3, S. 364, wo auch zwei weitere Beispiele für diese Praxis aus dem Ordensland und aus Hessen angeführt werden.
121 Sello 1891, S. 179.

DER MAGDEBURGER DOM
IN DER FRÜHEN NEUZEIT

MARKUS LEO MOCK

Strahlen wie die Sonne, heller als der Mond. Zur politischen Ikonographie der Grablege Erzbischofs Ernst von Magdeburg

Es muss eine kuriose Situation gewesen sein, als sich Erzbischof Ernst von Magdeburg im Februar 1506 mit Kurfürst Friedrich dem Weisen traf.[1] Eine Aussprache, die auf einer Burg in Thüringen stattfand, sollte die Brüder wieder miteinander versöhnen.[2] Die Sache hatte nur einen Haken: Ernst und Friedrich waren derart zerstritten, dass man es vorzog, sich während der Unterredung in getrennten Räumen aufzuhalten. Ihr jüngerer Bruder Johann musste von Zimmer zu Zimmer eilen und wiederholen, was sich die Kontrahenten vorzuwerfen hatten. Doch vergeblich: Trotz aller Beteuerungen, man wolle sich nun wieder brüderlich vertragen, standen sich die beiden auch nach dem Meinungsaustausch feindselig gegenüber. Ein Hauptstreitpunkt war die Frage um den zeremoniellen Vorrang.[3] Es gebühre und zieme sich, so verlangte Ernst, dass er etwa auf Reichstagen vor Friedrich gehen, stehen und sitzen dürfe. Ein etwas älteres juristisches Traktat bringt seine Forderung bildhaft zum Ausdruck.[4] Gott habe, so ist darin zu lesen, zwei Lichter geschaffen, ein großes, die Sonne, und ein kleines, den Mond. Die Geistlichkeit könne, wie jedermann wisse, seit alters her mit der Sonne verglichen werden, die Weltlichkeit mit dem Mond. Damit sei bewiesen, dass der Platz des Magdeburgers vor seinem Bruder anzusiedeln sei, denn ebenso, wie die Sonne den Mond überstrahle, so stehe die Geistlichkeit über der Weltlichkeit. Ernst benutzte, wie der folgende Beitrag zeigen wird, aber nicht nur planetarische Vergleiche, um seinen Bruder und alle übrigen Zeitgenossen von seiner Bedeutung zu überzeugen. Seine 1494 im Magdeburger Dom installierte Grablege macht sein Prestigedenken und sein Selbstverständnis als ranghoher, sonnengleicher Kirchenfürst für alle Augen sichtbar. Sie ist nicht nur Ausdruck seiner persönlichen Frömmigkeit, sondern zeigt auch, wie eindrucksvoll und geschickt der Metropolit Kunst zur Selbstdarstellung einzusetzen verstand.

Bereits zu seinen Lebzeiten sorgte sich der kirchliche Würdenträger, ein Sohn des Kurfürsten Ernst von Sachsen, um sein zukünftiges Begräbnis. Nachdem der 1464 geborene Erzbischof den Plan, sich wie seine drei Amtsvorgänger im Langhaus der Kathedrale bestatten zu lassen, aufgegeben hatte,[5] beschloss er, seine Grabstätte im Raum zwischen den beiden Westtürmen einzurichten (Abb. 242, 243). Dafür ließ er das Westportal des Doms auf Dauer verschließen, die Wände und Gewölbe der ehemaligen Vorhalle ausmalen, einen Marienaltar errichten und ein Gestühl für das Kollegiatstift aufstellen, das sich um seine Memoria kümmern sollte. Im September 1494 konnte die Grablege schließlich mit viel Aufwand und Gepränge eingeweiht werden.[6] Das eigentliche Zentrum des Raums fehlte allerdings noch, denn die imposante Messingtumba wurde erst acht Monate später, im Mai 1495, aus der Nürnberger Werkstatt des Rotgießers Peter Vischer nach Magdeburg geliefert.[7] Unter ihr ruht, ähnlich wie auf der Tumba dargestellt, seit August 1513 in einer gemauerten Grabkammer der Leichnam Erzbischof Ernsts.

Doch es wurde damals nicht nur in, sondern auch an der Kathedrale gearbeitet. Die Westtürme, unter denen Ernst seine Memorialkapelle einrichten ließ, harrten seit dem frühen 14. Jahrhundert ihrer Vollendung. Lediglich ihre unteren zwei Geschosse waren zusammen mit dem Turmzwischenbau ausgeführt.[8] Nach der Wahl des sächsischen Herzogssohns zum Erzbischof von Magdeburg im Jahr 1476 wurden die Bauarbeiten energisch vorangetrieben. 1486 verlangte Ernst etwa vom Magdeburger Dom-

Abb. 242: Ernst-Kapelle (Kleiner Chor), Blick nach Osten, Aufnahme um 1890, Dom, Magdeburg. Foto: Landeshauptarchiv Sachsen-Anhalt, Magdeburg.

kapitel, für den Ausbau des Schlosses Gröningen fünf oder sechs Steinmetzen vom Dombau zu befreien.[9] Zu diesem Zeitpunkt muss demnach an der Kathedrale gebaut worden sein. 1493 wurde ein Vertrag mit dem Steinmetzen Henrik Bethe als Leiter des Turmbaues aufgesetzt.[10] Aus unbekannten Gründen trat Bethe diese Stelle jedoch nicht an. Finanzielle Unterstützung erfuhr die Dombauhütte dabei durch die von Ernst ins Leben gerufene Mauritiusbruderschaft. Den gedruckten Statuten der Magdeburger Kirche aus dem Jahr 1498 ist zu entnehmen, dass Erzbischof Ernst mit Zustimmung des Domkapitels angeordnet habe, den Weiterbau mittels eines Ablasses zu unterstützen.[11] Jährlich am Sonntag Laetare sollten die Priester der gesamten Diözese verkünden, dass sich jeder Gläubige innerhalb der nächsten dreißig Tage gegen einen Obulus in die „fraternitas sancti Mauritii"

Abb. 243: Ernst-Kapelle (Kleiner Chor), Blick nach Südwesten. Aufnahme um 1890, Dom, Magdeburg. Foto: Landeshauptarchiv Sachsen-Anhalt, Magdeburg.

eintragen könne. Am Sonntag Quasimodogeniti solle das Geld von den Vorstehern der Pfarrei zum jeweiligen Archipresbyter geschickt werden. Diese sollten den Betrag auf der Magdeburger Sommersynode am Montag nach Fronleichnam den Werkmeistern übergeben.[12] Verwendung fanden die Abgaben „ad tam splendidam et preciosam [...] ecclesie Magdeburgensis fabricam et ad perfecti operis complementum perducendum"[13] (für die großartige und herrliche Fabrik der Magdeburger Kirche und für die Vollendung des Werkes). Bis 1502 wurden dann auch die oberen Geschosse des südlichen Westturms und das Zwischengeschoss errichtet, nach 1509 die letzten beiden Geschosse des nördlichen Westturms. Die Turmhelme entstanden abschließend erst um 1520.[14] Erzbischof Ernst war demnach an der Vollendung der Magdeburger Kathedrale mehr als gelegen. Der von ihm propagierte und

Abb. 244: Tumba Erzbischof Ernsts von Magdeburg, Peter Vischer d. Ä., 1495. Aufnahme um 1890, Ernst-Kapelle (Kleiner Chor), Dom, Magdeburg. Foto: Landeshauptarchiv Sachsen-Anhalt, Magdeburg.

umgesetzte Ausbau der Westtürme wird auch mit der im Erdgeschoss erfolgten Einrichtung seiner Grablege zusammenhängen. Anstatt zweier Stümpfe erheben sich nun stattliche, mächtige Türme über seinem Memorial.

Auskünfte über den liturgischen Dienst der Stiftsherren erteilt die erhaltene Stiftungsurkunde der Kapelle, die am 20. September 1494, einen Tag nach der Weihe, ausgestellt worden ist.[15] Von ehrlicher Demut angetrieben, so der Urkundentext, habe Erzbischof Ernst unter der Hauptorgel im Westen der Kathedrale eine Grabkapelle installiert. Für sich, seine Eltern und Vorfahren sowie für das Heil aller Untertanen richtete er mit Zustimmung des Domkapitels kanonische Stundengebete zu Ehren der Jungfrau Maria ein. Elf Personen sollten diesen Dienst besorgen, sechs Priester und fünf mit niederen Weihen versehene Kleriker. Rechtlich wurden die Mitglieder den

Kanonikern des ‚Großen Chors' gleichgestellt und mit diesen zu einer Bruderschaft vereinigt. Die Herren „minoris chori", des ‚Kleinen Chors', hatten auf Dauer das Recht auf einen Sitzplatz „in maiori choro", im Chorgestühl des ‚Großen Chors' im Osten. Durch diese Gleichstellung nobilitierte Erzbischof Ernst seine Stiftung und erhöhte die Stiftsherren in ihrem Rang.

Auf der Mensa des Altars, an dem die Kanoniker täglich abwechselnd eine Seelmesse zelebrieren sollten, steht heute eine Mauritiusfigur aus dem Jahr 1467, flankiert von zwei Leuchterengeln. Die Skulpturengruppe ersetzt den ursprünglichen dreiflügeligen Altaraufsatz, den Erzbischof Ernst – wohl in einer hallischen Werkstatt – ausführen ließ.[16] Er gelangte 1664 in die Pfarrkirche St. Petri nach Hohenmölsen, einer kleinen Stadt südlich von Leipzig (F-Abb. 28). Im Zuge der Überführung erhielt die Tafel eine neue Predella, auf der sich der damalige Stifter, Administrator August von Sachsen-Weißenfels, mit einer Inschrift verewigen ließ. Das Retabel zeigt im geöffneten Zustand die Krönung Mariens, auf den Seitenflügeln begleitet von Mauritius und Stephanus. In der Sockelzone erstreckt sich über alle drei Flügel ein Band mit den persönlichen Wappen Erzbischof Ernsts. In der Mitte erkennt man mit dem Schild des Herzogtums Sachsen und dem quadrierten Schild der Bistümer Magdeburg und Halberstadt – Ernst war seit 1480 auch Administrator des Bistums Halberstadt – die beiden vornehmsten Wappen, während die Bedeutung der übrigen, von seinem Vater übernommenen Schilde nach außen hin abnimmt. Auf der Mitteltafel sind noch die Schilde der Landgrafschaft Thüringen, der Markgrafschaft Meißen, der Pfalz zu Sachsen sowie das fiktive Wappen der Pfalz zu Thüringen vertreten. Auf dem Flügel mit dem hl. Mauritius umfassen zwei Engel von innen nach außen die Schilde von rangniederen Besitzungen, der Grafschaft Brehna, der Grafschaft Orlamünde und der Herrschaft Eisenberg. Unterhalb des hl. Stephanus stehen die Schilde der Markgrafschaft Landsberg, des Burggrafen zu Altenburg und der Herrschaft Pleißen.

Die Wappen Ernsts sind in der Grablege bis heute an der Messingtumba und im Gewölbe vorhanden. Die Lang- und Schmalseiten der Tumba sind insgesamt in vierzehn Felder unterteilt, die jeweils ein Wappen aufnehmen (Abb. 244). Am Kopfende werden die ranghohen Wappen von Magdeburg und Halberstadt, an der südlichen Langseite Sachsen, Thüringen, Meißen, Pfalz zu Sachsen und Pfalz zu Thüringen gezeigt.[17] Die Wappen von Altenburg und Orlamünde sind am Fußende, von Brehna, Pleißen, Landsberg und Eisenberg und das Regalienwappen an der nördlichen Langseite angebracht. Das aufgemalte Maßwerk gliedert die vier Gewölbekappen der Kapelle in Felder aus Zwei-, Drei- oder Vierpässen (Abb. 245). Hier sind, ebenso wie auf dem Retabel und an der Tumba, nach hierarchischen Gesichtspunkten zwölf der fünfzehn von Erzbischof Ernst geführten Wappen versammelt. In der Mitte, um den Gewölbeschlussstein, wurden in einem Vierpass die vier bedeutendsten Schilde der Familie gruppiert: das Herzogtum Sachsen, die Landgrafschaft Thüringen, die Markgrafschaft Meißen und die Pfalzgrafschaft Sachsen. Die restlichen acht Wappen wurden so angeordnet, dass ihr Rang von Osten nach Westen abnimmt. Das vornehme, kombinierte Wappen des Erzbischofs fand zusammen mit dem privilegierten Wappen des Erzbistums Magdeburg in der östlichen Gewölbekappe seinen Platz, südlich flankiert vom Regalienwappen, nördlich von dem der Pfalzgrafschaft Thüringen. Weiter westlich liegen die Wappen der Burggrafschaft Altenburg und der Herrschaft Eisenberg, ganz im Westen gefolgt von denen der Markgrafschaft Landsberg und der Grafschaft Orlamünde.

Auch das Eisengitter der Chorschranke wurde in das heraldische Programm der Grabkapelle einbezogen. Unterhalb des Abschlussprofils wurden an der Seite zum Langhaus hin fünf kleine Wappenschilde angebracht, die die Wappen des Erzstifts Magdeburg und des Bistums Halberstadt, des Herzogtums Sachsen, der Markgrafschaft Meißen, der Pfalz zu Sachsen und der Landgrafschaft Thüringen zeigen. Die Wappen der Suffraganbistümer Naumburg, Havelberg, Brandenburg, Merseburg und Meißen, das jedoch seit 1399 exemt ist, wurden in der oberen Hohlkehle auf der Innenseite des Gitters aufgetragen; sie sind heute aufgrund von Übermalungen allerdings nur schwer zu erkennen. Somit fanden auch die Wappen der Bistümer der Magdeburger Kirchenprovinz ihren Eingang in das heraldische Programm der Grabkapelle. Sämtliche Wappen beweisen die hochrangige Stellung und Abkunft des hier bestatteten Prälaten, der neben seinen hohen kirchlichen Ämtern und Titeln, wie er selbst wiederholt betonte, die dreifache angeborene Würde eines Herzogs von Sachsen, Landgrafen von Thüringen und Markgrafen von Meißen besaß.[18] Obwohl Ernst über diese Länder nicht regierte, wurde er qua Geburt als Herzog, Landgraf und Markgraf angesehen und als ein solcher geehrt.

Doch nicht nur die Heraldik, auch die Lage der Kapelle stellt einen Bezug zur Familie her. Konzeptuelles Vorbild war die Fürstenkapelle im Westen des Meißener Doms, die Grablege der Wettiner. Kurfürst Friedrich der Streitbare, der Urgroßvater Erzbischof Ernsts, hatte sie zu Beginn des 15. Jahrhunderts vor dem Westportal der Kathedrale errichtet. Um 1450 stellte man seine Tumba in die Mitte der Kapelle, nachdem kurz zuvor das Gewölbe eingezogen worden war. Beide Kapellen liegen im Westen, in beiden Einrichtungen steht die Tumba des Stifters in der Mitte des Raumes. Auf der Deckplatte ruht auf beiden Grabmonumenten ein Abbild des Verstorbenen, Wappen an den Seitenwänden zeugen von seinem Rang und Namen. In diesem Zusammenhang ist bemerkenswert, dass die illusionistische Gewölbeausmalung in Magdeburg, wie Stefan Bürger festgestellt hat, „nicht auf den neuesten Stand der Gewölbeformen kurz vor 1500, sondern auf [...] Maßwerkwölbungen der Zeit um und vor 1450"[19] zurückgreift. Dies betont einmal mehr die Meißener Fürstenkapelle als Vorbild für Magdeburg, denn ihr Gewölbe wurde in den 1440er Jahren ausgeführt. Jedoch nicht nur typologisch, sondern auch in Patrozinium, Gebrauch und Liturgie lassen sich Parallelen zwischen der Meißener und Magdeburger Grabkapelle ziehen. Maria und die Hl. Drei Könige waren, wie eine Urkunde aus dem Jahr 1445 belegt, die „houbtherren", die Hauptpatrone der Fürstenkapelle.[20] Sieben Priester und sechs Chorschüler wurden 1445 für den liturgischen Dienst bestellt. Sie sollten täglich – wie in Magdeburg – die marianische Tagzeitenliturgie feiern und eine Seelmesse am Altar zelebrieren. Erzbischof Ernst verwirklichte in Magdeburg seine eigene ‚Fürstenkapelle' und demonstrierte dadurch seine Zugehörigkeit zum kursächsischen Haus.

Die Grabkapelle Erzbischof Ernsts bezieht sich mittelbar über die Fürstenkapelle in Meißen auch auf die Schlosskapelle St. Georg in Altenburg. Zeitlich geht die dortige Stiftung eines Kollegiatkapitels dem Stift in Meißen um zehn Jahre voraus. Seit dem zweiten Drittel des 14. Jahrhunderts war Altenburg die bevorzugte Residenz der Markgrafen von Meißen, zugleich Landgrafen von Thüringen. 1411 kam es zu einer Landesteilung zwischen den Brüdern Wilhelm dem Reichen und Friedrich dem Streitbaren. Friedrich erhielt die Lande Meißen und Thüringen, Wilhelm das Osterland mit Altenburg, wo er an der Kapelle, die er zu seiner Grablege bestimmte, ein Kollegiatstift einrichtete. Papst Johannes XXIII. erteilte die Genehmigung der Stiftsgründung, am 18. Juni 1413 wurde sie feierlich vollzogen. Zwölf Domherren unter der Leitung eines Propstes, zwölf Vikare, Kapläne, Chorsänger, Prediger und zahlreiche Laien wie ein Küster, mehrere Ministranten, Organisten oder Pulsanten bildeten das Personal des Georgenstifts.[21]

Der liturgische Dienst des ‚Kleinen Chors' weist aber nicht nur nach Meißen und Altenburg, sondern auch nach Torgau zu einer Stiftung des erzbischöflichen Bruders. Kurfürst Friedrich der Weise stiftete in der Torgauer Schlosskapelle Stundengebete, die täglich von zwölf Personen gesungen wurden. Friedrich erwähnt in seinem Testament von 1493, dass dieser Dienst bereits von vier Priestern, sieben Chorschülern und einem Organisten vollzogen werde.[22] Jeder Priester erhielt jährlich dreißig, jeder Chorschüler und der Organist zwanzig Gulden. Die Priester und Chorschüler sollten dem Willen Friedrichs gemäß nach seinem Tod täglich die Marienzeiten und zwei Messen singen, eine davon wie später in Magdeburg morgens um sechs zu Ehre Marias.

Der Bezug zu Meißen und den anderen wettinischen Bauten ist, so augen- und sinnfällig er auch sein mag, allerdings nicht der maßgebliche, denn zunächst und vor allem antwortet die Grablege innerhalb der Magdeburger Kathedrale auf die Anlage des ‚Großen Chors' (Abb. 246). In den Urkunden, etwa in der bereits erwähnten Stiftungsurkunde von 1494, wird die Einrichtung unter der Hauptorgel als ‚Kleiner', der Maria geweihter Chor genannt, im Gegensatz zum ‚Großen Chor' im Osten. Innerhalb der Kathedrale schlägt die Messingtumba des wettinischen Erzbischofs einen Bogen zum Kalksteinsarkophag Kaiser Ottos des Großen, der in der Mitte des ‚Großen Chors' aufgestellt ist. Dort versammelten sich täglich die Domkapitulare, um ihre Gebete abzuhalten und die Memoria für den Bistumsgründer zu pflegen. Analog dazu beteten im ‚Kleinen Chor' elf Geistliche für Erzbischof Ernst. Doch nicht nur Otto, auch seine erste Frau Editha fand ihre letzte Ruhestätte in der Kathedrale. Im 1209 begonnenen Bau wurde Otto vor dem Hauptaltar, Editha in der Scheitelkapelle im Osten bestattet. Die Grabmäler für Otto, Editha und Ernst liegen somit zusammen mit dem Kreuzaltar am Lettner und dem Hochaltar im Osten des

Abb. 245: Ernst-Kapelle (Kleiner Chor), Blick in das Gewölbe. Aufnahme um 1890, Dom, Magdeburg. Foto: Brandenburgisches Landesamt für Denkmalpflege und Archäologisches Landesmuseum, Messbildarchiv, Wünsdorf.

Chors genau auf einer Achse (Abb. 247). Ernst erhöhte dadurch die Würde seines Mausoleums – und bereits zu Lebzeiten den Rang seiner Person.

Erzbischof Ernst hatte mehrere Gründe, sich auf den ottonischen Bistumsgründer zu berufen. Die Wettiner propagierten damals mit Nachdruck, mit den Ottonen verwandt zu sein. Der kursächsische Historiograph Georg Spalatin begann deshalb im Jahr 1510 mit der Abfassung einer sächsischen Chronik, in der er neben einer allgemeinen Geschichte Sachsens die genealogische Herkunft des sächsischen Hauses vorgestellt hat.[23] Spalatin zeigte auf, dass die wettinische Familie nicht so jung ist, wie manche Spötter behaupteten.[24] Der Geschichtsschreiber führte zwei edle Wurzeln an: Zum einen würden die sächsischen Herzöge in einer direkten Linie von Widukind abstammen, dem sächsischen Heerführer und

Abb. 246: Chor, Blick nach Westen mit Tumba Kaiser Ottos des Großen. Aufnahme um 1890, Dom, Magdeburg.
Foto: Landeshauptarchiv Sachsen-Anhalt, Magdeburg.

ersten Herzog von Sachsen. 785 hatte er sich Kaiser Karl dem Großen unterworfen und die christliche Taufe angenommen. Zum anderen sei das sächsische Haus mit den ottonischen Kaisern blutsverwandt, denn sowohl die Wettiner als auch die Ottonen stammten seiner Kenntnis nach von Widukind ab. Als im Jahr 1423 die Wettiner mit dem Herzogtum Sachsen belehnt wurden, seien, so Spalatin, endlich wieder ottonische Blutsverwandte Herzöge von Sachsen geworden.[25] Kurfürst Friedrich der Weise ließ aus diesem Grund 1513 im Augsburger Dom Kaiser Otto III., seinem angeblichen Vorfahren, ein Denkmal setzen.[26] Es handelt sich um eine Schrifttafel mit einem breiten Marmorrahmen, der mit sechs Wappenschilden besetzt ist. Der Inschrift ist zu entnehmen, dass Friedrich diesen Stein zur Erinnerung an seinen Ahnherrn Otto aufrichten ließ, dessen Eingeweide in

ZUR POLITISCHEN IKONOGRAPHIE DER GRABLEGE ERZBISCHOFS ERNST

Abb. 247: Blick von der Tumba Edithas nach Westen. Aufnahme um 1890, Dom, Magdeburg.
Foto: Landeshauptarchiv Sachsen-Anhalt, Magdeburg.

dieser Kirche ruhen. Der Kaiser war nämlich, so ist zu lesen, wie Friedrich „ex gente magni Wittekindi", ein Spross aus dem Geschlecht des großen Widukind.

Die Blutsverwandtschaft mit den Ottonen diente allen Wettinern dazu, eine herausragende Position in der Reichshierarchie einzufordern. Doch Ernst konnte, im Gegensatz etwa zu seinem Bruder, für seine Prominenz noch ein weiteres Argument in den Ring werfen, denn als Erzbischof von Magdeburg trug er den hohen Titel eines Primas Germaniae.[27] Den Primastitel hatte damaliger Überlieferung zufolge Adalbert erlangt, der erste Erzbischof von Magdeburg. Dieses Privileg habe Otto der Große im Jahr 968 bei Papst Johannes XIII. erwirkt, um zumindest eine Gleichbehandlung Magdeburgs mit den anderen deutschen Primassitzen Mainz und Trier und eine Vorrangstellung über all jene Erzbistümer zu erreichen, die rechtsrheinisch lagen.[28] Erzbischof Ernst verlangte aufgrund dieser Würdebezeichnung, die rechtlich gesehen mit keinerlei Gewalt verbunden war, eine vorrangige Stellung unter den geistlichen, aber auch unter den weltlichen Reichsfürsten.

Das Selbstverständnis des Magdeburger Metropoliten tritt in einer Denkschrift des Humanisten Hans von Hermansgrün deutlich zu Tage.[29] Verfasst wurde das Traumgesicht im März 1495, als der Autor in den Diensten des Erzbischofs von Magdeburg stand. Nach abendlichen sorgenvollen Gesprächen über die Lage des Reiches fiel Hans von Hermansgrün der Schrift zufolge in einen tiefen Schlaf. Er träumte Folgendes: Im Magdeburger Dom, wo alle Reichsstände versammelt sind, erscheinen drei bedeutende mittelalterliche Kaiser: Karl der Große, Otto der Große und Friedrich Barbarossa. Letzterer ergreift das Wort und unterbreitet mehrere Vorschläge, wie das kränkelnde Reich zu retten, zu erhalten und zu mehren sei. Er regt unter anderem an, dem Papst die Obödienz zu kündigen und an seiner statt einen deutschen Patriarchen einzusetzen, um von Rom unabhängig zu werden. Sind Patriarchen- und Primastitel tatsächlich zwei synonyme Titulaturen, wie Erzbischof Ernst in verschiedenen Gutachten belegen ließ, so wurde mit dieser Forderung der Anspruch formuliert, dass dem Magdeburger Erzbischof als Primas Germaniae der patriarchale Rang innerhalb der reichskirchlichen Hierarchie zustehe. Im Magdeburger Dom, in der Kirche des Primas Germaniae, fand die Versammlung zur Rettung des Reichs statt, was die Stellung der Kathedrale als vorrangige Kirche des Reichs hervorhebt. Der ‚Traum' des Hans von Hermansgrün verdeutlicht somit wie keine andere Schrift den Anspruch des Magdeburger Metropoliten auf eine Vorrangstellung im Reich.[30]

Diese Auffassung Erzbischof Ernsts schlug sich auch bei offiziellen Anlässen nieder. Stolz und selbstbewusst inszenierte er sich als Primas Germaniae, wie folgendes Beispiel zeigt. 1496 führte der Kirchenfürst in Leipzig Herzog Georg von Sachsen und die polnische Königstochter Barbara vor dem Traualtar zusammen. Fürst Magnus von Anhalt berichtet, Erzbischof Ernst sei dabei „ut patriarcha sedens super album equum"[31], wie ein Patriarch auf einem weißen Pferd sitzend, feierlich in die Stadt eingezogen. Dabei ist nicht nur bemerkenswert, dass der Primas mit einem Patriarchen verglichen wird: Ernst machte sich mit dem Schimmel ein päpstliches Herrschaftszeichen zu eigen.[32] Er hat damit, so Thomas Willich, auf seinen Rang als patriarchengleicher Primas Germaniae hingewiesen.[33] Das weiße Pferd war seit jeher das Reittier des römischen Bischofs, das in den Quellen als „equus albus", sogar „albissimus" Erwähnung findet.[34] Sein Zaumzeug war rot – eine Anspielung auf das in der fiktiven ‚Konstantinischen Schenkung' festgehaltene Vorrecht des Papstes, verschiedene kaiserliche Gewänder tragen zu dürfen, darunter den Purpurmantel.[35]

In die Richtung ‚Papstschimmel' ist wohl auch das Pferd zu deuten, das am linken Bildrand der „Marter des hl. Sebastian", einem weiteren Auftragswerk Erzbischof Ernsts, wie zufällig herantrabt.[36] Hans Baldung Grien hat das Retabel 1507 in der Werkstatt Albrecht Dürers angefertigt, einst stand es auf einem Altar der Maria-Magdalenen-Kapelle, der Schlosskapelle der unter Ernst errichteten Moritzburg in Halle. Gert von der Osten brachte den prächtig aufgeputzten Schimmel mit dem in der Apokalypse erwähnten ‚equus pallidus', dem ‚fahlen Pferd', in Verbindung,[37] doch das edle Ross mit dem roten Zaumzeug ist wohl eher eine Anspielung auf den Papstschimmel, mit dem sich Ernst gerne schmückte. Dabei ist zu beachten, dass sich der Erzbischof auf dem Retabel selbst verewigen ließ, etwas abseitig am rechten Bildrand in der Person eines bärtigen Mannes.[38] Ernst hat sich als Zuschauer des Martyriums zwar demütig mit leicht gesenktem Kopf ‚in die zweite Reihe' platziert, doch das links herangeführte päpstliche Ehrenzeichen lässt diesen Anspruch von Bescheidenheit in ganz anderem Licht erscheinen.

Mit dem Primastitel hatte Ernst ein schlagkräftiges Argument, bei zeremoniellen Anlässen eine vorrangige Stellung einzufordern.[39] Ernst setzte alles daran, ganz vorne zu stehen. Dabei kam es, wie eingangs geschildert, sogar zum Zerwürfnis mit seinem Bruder. Wiederholt hatte Ernst Friedrich schriftlich dahingehend belehrt, dass er „als ein Primas in deutschen Landen" zweifelsohne auf Reichstagen vor den vier weltlichen Kurfürsten, also auch vor seinem Bruder, gehen, stehen und sitzen dürfe.[40] Der Rangstreit drohte insgesamt zu eskalieren, als Erzbischof Ernst verlangte, nicht nur den Platz vor den vier weltlichen, sondern auch vor den drei geistlichen Kurfürsten einzunehmen, also direkt nach dem Kaiser. Er begründete dies mit der anachronistischen, aber damals geläufigen Auffassung, das Erzbistum Magdeburg sei zwanzig Jahre älter als die

Institution der Kurfürsten.⁴¹ Kaiser Maximilian intervenierte, aber Ernst konnte letzten Endes einen Teilerfolg verbuchen. Zwar musste er seinen Plan, vor den Kurfürsten zu stehen, aufgeben, doch Maximilian hat immerhin seinen Vorrang innerhalb der Geistlichkeit bestätigt.⁴² Auf der geistlichen Reichsfürstenbank saß er nun an erster Stelle. In der Fürstenhierarchie wird Ernst deswegen in den Reichsabschieden, den zusammenfassenden Beschlüssen der Reichstage, als erster nach den sieben Kurfürsten erwähnt.⁴³

Die prunkvolle Grablege mit dem Verweis auf Kaiser Otto I. konnte Ernst ähnlich wie ein juristisches Gutachten oder der eingangs zitierte Sonne-Mond-Vergleich dabei unterstützen, seine Bedeutung und seinen Rang hervorzuheben und zu sichern. Welchen Stellenwert die Stiftung über seinen Tod hinaus haben sollte, sei abschließend an ihrem langen Fortbestand erklärt. Offiziell trat das Erzstift Magdeburg, dessen Bewohner größtenteils längst der neuen Konfession anhingen, im Jahr 1561 zum Protestantismus über. 1567 wurde der erste evangelisch-lutherische Gottesdienst in der einstigen Kathedrale gefeiert, was nicht uneingeschränkten Beifall erhielt. Stimmen wurden laut, die der Meinung waren, man müsse wenigstens in der Kathedrale die alte Religion bewahren, denn schließlich sei sie, worauf Hans von Hermansgrün bereits 1495 hinwies, „die oberste und primat kirch ihm reich, daruff alle andere metropolitani und diocesani acht haben"⁴⁴. Doch der Plan, weiterhin den katholischen Ritus in der Kathedrale zu zelebrieren, verlief im Sande. Alle Präbenden des ‚Großen' und des ‚Kleinen Chors' der Kathedrale wurden trotzdem weiterhin vergeben, nun an Protestanten.⁴⁵ Bereits 1583 beklagten der Domdechant und das gesamte Kapitel des ‚Großen Chors', dass es im Stift des ‚Kleinen Chors' an residierenden Personen mangele, die Stundengebete würden zudem nur unzureichend gefeiert.⁴⁶ Dennoch wurde die Stiftung nicht aufgehoben. 1670, nahezu hundert Jahre später, richtete die neu gegründete Schule am Magdeburger Neuen Markt an den Administrator August von Sachsen-Weißenfels schließlich die Anfrage, ob sie das Vermögen der Stiftung „sub turribus", deren Stellen seit einiger Zeit unbesetzt seien, für ihren Unterhalt verwenden dürfe. August fiel die Entscheidung über die Auflösung des Stifts nicht leicht, denn als Herzog von Sachsen war er ein Blutsverwandter Erzbischof Ernsts. Er wollte den Urkunden und testamentarischen Bestimmungen seines Ahnherrn keinesfalls zuwiderhandeln.⁴⁷ 1677 verfügte er schließlich, die Einkünfte der „vikarien sub turribus" der Schule am Neuen Markt zu überschreiben.⁴⁸ Als Nutznießerin der Stiftung wurde die Schule im Gegenzug dazu verpflichtet, die Verordnungen Ernsts fortzuführen: In reduzierter und protestantisch transformierter Liturgie sorgten sich fortan Lehrer und Schüler um die Memoria des wettinischen Erzbischofs, damit der Stifter des ‚Kleinen Chors' und Vollender des Kathedralbaus nicht in Vergessenheit geriet.⁴⁹

Anmerkungen

1 Der Beitrag basiert auf einem Kapitel meiner 2005 an der Technischen Universität Berlin eingereichten Dissertation „Kunst unter Erzbischof Ernst von Magdeburg". Die Arbeit liegt seit 2007 gedruckt vor, vgl. Mock 2007.
2 Protokoll der Unterredung: Thüringisches Hauptstaatsarchiv Weimar [im Folgenden: ThHStA Weimar], EGA, Reg B 518, fol. 3r–13v.; vgl. Streich 2010, S. 148f.
3 Landeshauptarchiv Sachsen-Anhalt, Magdeburg [im Folgenden: LhASA Magdeburg], Rep. A 1 Nr. 425, fol. 3r–4r.
4 Vgl. Willich 1994, S. 69.
5 Dies erwähnt Georg Spalatin in seiner Lebensbeschreibung Erzbischof Ernsts, ThHStA Weimar, Reg. B 499, fol. 5v–6r, abgedruckt in: Mock 2007, Anhang Nr. 1, S. 262; zu den Grabstätten der Amtsvorgänger: Wiggert 1867, S. 204–208.
6 Schilderung der Feierlichkeiten in: Ann. Anh., ed. Wäschke 1911, S. 19f.
7 Bericht über die Ankunft des Grabmals in Magdeburg ebd., S. 21.
8 Vgl. Topfstedt 1989, S. 198.
9 Vgl. Rosenfeld 1910, S. 148, 170, Anm. 90.
10 Vgl. Rosenfeld 1910, S. 148, 170, Anm. 91.
11 Vgl. Statuta 1498, fol. 11r.
12 Vgl. Sello 1891, S. 175.
13 Statuta 1498, fol. 12r.
14 Vgl. Rogacki-Thiemann 2007, S. 121.
15 LhASA Magdeburg, Rep. U I Tit. XVIII Nr. 42, abgedruckt in: Mock 2007, Anhang Nr. 5, S. 273–276.
16 Vgl. Rosenfeld 1910, S. 148–151; Suckale 2009, I, S. 260f.; Hauschke 2006, S. 303, Anm. 17, mit der fälschlichen Datierung des Retabels „wahrscheinlich erst nach 1513, nach dem Tod des Erzbischofs, zumindest aber keinesfalls vor 1505". Hauschke beruft sich auf das zweite Testament Erzbischof Ernsts vom 30. August 1505, in dem der Kirchenfürst verfügte, man möge nach seinem Tod „eynn groß Marien bilde" anfertigen. Das „bilde" ist allerdings nicht als „Tafelgemälde" zu deuten, wie Hauschke mutmaßt, sondern frühneuzeitlichem Sprachgebrauch folgend als „Skulptur", hier genauer als eine Goldschmiedearbeit, die nach den weiteren Bestimmungen des Erzbischofs mit dem Rat des hallischen Goldschmieds Hans Huiuff ausgeführt werden sollte, vgl. Mock 2007, Anhang Nr. 3, S. 269.
17 Vgl. Hauschke 2005, S. 243–246; Hauschke 2006, Kat.-Nr. 96, S. 299–306.
18 Vgl. Willich, 1994, S. 77, 82.
19 Bürger, 2008, S. 379.
20 UB Hochstift Meißen 1867, Nr. 993.
21 Vgl. Dietze 1915, S. 289, 299f.; Streich 2008, S. 165f.
22 ThHStA Weimar, EGA, Urk. 674, fol. 3r–4r, abgedruckt in: Mock 2007, Anhang Nr. 4, S. 270f.

23 Vgl. Ludolphy 1984, S. 117; Flach 1939, S. 216.
24 Vgl. Spalatin 1541, fol. H (v).
25 Vgl. Spalatin 1541, fol. K-i (r).
26 Vgl. Chevalley 1995, S. 312f., mit Abbildung und weiterführender Literatur.
27 Vgl. Willich 1994, S. 76f.
28 Vgl. Willich 2001, S. 356f.
29 Vgl. Märtl 1987.
30 Vgl. Willich 1994, S. 76, 36.
31 Ann. Anh., ed. Wäschke 1911, S. 22.
32 Über den Schimmel als Bestandteil des päpstlichen Krönungszeremoniells vgl. Traeger 1976, S. 23–30.
33 Vgl. Willich 2001, S. 364; zum weißen Pferd als weltliches Ehren- und Herrschaftszeichen vgl. Schwedler 2008, S. 365–367.
34 Nach Bonaventura waren die Pferde der Kardinäle lediglich an Festtagen mit weißen Tüchern bedeckt, während der Papst stets auf einem Schimmel ritt. Bischöfe sollten als Zeichen der Christusnachfolge am Tag ihrer Weihe auf einem weißen oder zumindest mit weiß bedecktem Pferd reiten, vgl. Kintzinger 2003, S. 328, Anm. 54.
35 Vgl. Kintzinger 2003, bes. S. 322–326.
36 Abb. in: Mock 2007, Taf. 11.
37 Vgl. Osten 1983, S. 52.
38 Vgl. Mock 2007, S. 221, 249; Söll-Tauchert 2010, S. 124f.
39 Vgl. Stollberg-Rilinger 2008, bes. S. 27–64.
40 ThHStA Weimar, EGA, Reg. B 509, fol. 3r–v.
41 Vgl. Mock 2007, S. 163.
42 Vgl. Willich 1994, S. 41–43.
43 Vgl. Rogge 2002, S. 52.
44 LhASA Magdeburg, Rep. A 3a Tit. XVIII Nr. ad 8, fol. 2r.
45 Vgl. Pietschmann 1969, S. 128.
46 LhASA Magdeburg, Rep. A 3a Tit. XXXI Nr. 19, fol. 10r.
47 LhASA Magdeburg, Rep. A 3a Tit. XVIII Nr. 144, fol. 36v.
48 LhASA Magdeburg, Rep. A 3a Tit. XVIII Nr. 144, fol. 96r.
49 LhASA Magdeburg, Rep. A 3a Tit. XVIII Nr. 144, fol. 105r.

MARKUS HÖRSCH

Spielarten der Rezeption des Riemenschneider-Stils an drei Domen Mitteldeutschlands

Die Skulptur des beginnenden 16. Jahrhunderts zwischen Magdeburg, Braunschweig, Erfurt und Leipzig gehört nicht zu den gut erforschten Bereichen der Frühneuzeit-Kunstgeschichte. Es findet sich, wenn überhaupt, Literatur von lokaler oder regionaler Reichweite, schien hier doch die Wissenschaft letztlich keine Produktion von herausragender Qualität anzutreffen, jedenfalls nicht ein prägendes Künstler-Individuum im Sinne des alten Renaissance-Bildes. Für die genannten Städte, die in der Zeit kurz vor der Reformation als bedeutende Zentren von Handel und Wandel gelten können, fehlen greifbare Persönlichkeiten wie Veit Stoß oder Tilman Riemenschneider – so problematisch eine solche ‚Greifbarkeit' historisch wie künstlerisch auch sein mag und so unterschiedlich sich die Genannten wiederum darstellen. Das beste Beispiel für die geringe Eigenständigkeit Mitteldeutschlands schien die skulpturale Ausstattung des Hallenser Domes unter Kardinal Albrecht, die offensichtlich einen von dessen mittelrheinischen Territorien her importierten Komplex darstellt.[1] Und so erweckten allenfalls die ‚Einflüsse', die man auf stilkritischem Wege in der Skulptur Mitteldeutschlands wahrnehmen konnte, ein gewisses Interesse der Forschung. Solche Beobachtungen wurden vor allem gern mit vagen Stammesbegriffen wie ‚schwäbisch' oder ‚fränkisch' umschrieben, sofern man nicht doch eine große Persönlichkeit benennen zu können glaubte, und da kam man in dem hier interessierenden Bereich meist auf Tilman Riemenschneider.[2] Wilhelm Pinder, der, um seine treffende allgemeine Einschätzung der künstlerischen Qualitäten des Würzburger Bildhauers („von einer feinen, trüben, zugleich müden und herben Süßigkeit"[3]) abzurunden, auch auf einen metaphorischen Vergleich seiner Faltengebung mit der sommerstrockenwüstenhaften Umgebung der Weinstadt am Main nicht verzichtete, meinte trotz allem die ‚harzische' Herkunft dieser Kunst noch erspüren zu können.[4] Hingegen war Kurt Gerstenberg, der die Aufmerksamkeit der Forschung auf später dann wieder vergessene Werke wie das Retabel in Holleben bei Halle oder in Delitzsch zu lenken versuchte, davon überzeugt, „die Kunst Riemenschneiders (habe) als vollkommener Ausdruck der Lebensstimmung jener Tage viele junge Künstler in Mitteldeutschland mit solcher Strahlkraft (getroffen), daß sie in seiner Richtung weiterwirkten."[5] Allerdings seien lyrische Stimmung und Durchgeistigung der Riemenschneider'schen Werke in Mitteldeutschland nur vergröbert angekommen.

Sieht man von solchen Verallgemeinerungen ab, verdienen Gerstenbergs Ansätze durchaus eine Wiederaufnahme, beschränkt man sich darauf, das herauszufinden und zu benennen, was man mit der stilkritischen Methode benennen kann: Nämlich Objekt für Objekt Beschaffenheit, Ausdruck und Zielrichtung künstlerischer Arbeitsweisen sowie, im weiter ausgreifenden Vergleichen, Wechselwirkungen zwischen Produktionsorten der Kunst, die Rückschlüsse auf künstlerische Vorlieben der Schaffenden wie der Auftraggeber zulassen, auf politisch-historische und ökonomische Verbindungen. Freilich treten solche Zusammenhänge erst nach längerem Vergleichen und Diskutieren klarer hervor, das Geschäft ist mühsam, und da man sich oft genug damit zufriedengeben, festzustellen, etwas sei eben von Riemenschneider beeinflusst, als sei damit schon ein bedeutsamer Erkenntniszuwachs erzielt, stehen wir recht eigentlich noch immer am Anfang. Die folgenden knappen Überlegungen sollen an drei Werkkomplexen zunächst Art und Umfang solcher in Mitteldeutschland hin und wieder zu beobachtenden Stilübernahmen aus dem für Riemenschneiders Werkstatt typischen Formenschatz klären helfen. Dass diese Stücke bisher kaum einer näheren Beachtung für wert befunden wurden, liegt, dies ist unumwunden zuzugestehen, daran, dass die Dome von Halberstadt, Magdeburg und Merseburg wahrlich bedeutendere Werke beherbergen. Es geht mir nicht darum, die mittelmäßige Qualität einiger der zur Rede stehenden Stücke hochzujubeln; doch sind andere zweifellos bislang unterschätzt worden – und vor allem ist die Untersuchung der Stiftungsumstände bisher sträflich vernachlässigt worden. Es sind ja auffälliger Weise immer wieder die Bischofssitze, die einschlägige Werke aufzuweisen haben – und hier muss es um ein tieferes Verständnis dessen gehen, was Bischöfe, Domkapitel und Adel zu Beginn des 16. Jahrhunderts für qualitätvolle Kunst hielten, um ein klareres Bild der Maßstäbe, die angelegt wurden, aber auch der gegebenen Möglichkeiten.

Magdeburg

In Magdeburg waren Ende des 15. und Anfang des 16. Jahrhunderts, entsprechend der Bedeutung des Metropolitansitzes, verschiedene Bildhauer tätig, unter ihnen einer, der unter den monumentalen und vielgestaltigen Aposteln der Domwestfassade Riemenschneider'sches Formgut hinterlassen hat.[6] Sie sind sogar die ältesten Beispiele in Mitteldeutschland, da das Dach des Zwischenbaus (Abb. 248) dendrochronologisch auf 1502 datiert werden konnte. So ist insgesamt von einer davor liegenden Bauzeit auszugehen, die noch Jahre vor der Jahrhundertwende begonnen haben wird. Darauf weisen schon Nachrichten von 1477 und 1493, aus denen Hermann Giesau[7] auf den Weiterbau am Südwestturm und am Mittelbau schloss. Dompfarrer Johann Koch kannte noch Baurechnungen, die den Wiederbeginn der Bauarbeiten 1477 belegten.[8] Walther Greischel brachte sie mit der Wahl des jungen Ernst von Wettin zum Erzbischof 1476 in Verbindung: „Es ist sehr wahrscheinlich, daß die hohen Verwandten des Kindes um seiner und ihres Ansehens willen in jenen Tagen die Vollendung des Westbaus beschlossen und dafür auch Baugelder stifteten."[9] Allerdings scheint der Bau dann nicht sehr rasch vorangegangen zu sein, umso mehr, als Erzbischof Ernst selbst 1486 vom Domkapitel die Übersendung von fünf oder sechs am Dombau beschäftigten Steinmetzen nach Gröningen verlangte.[10] 1493 schloss man, um den Bau wieder zu beschleunigen, einen Vertrag mit Heinrich Bethe,[11] der aber nicht eingehalten wurde.[12] 1494 wird dann doch gebaut, wie die Erwähnungen der Bauhütte auf dem Domplatz und eines Kapitelssteinmetzen belegen.[13] 1502 wird der Dombaumeister Michel genannt.[14] Eine sekundäre Anbringung der Steinblöcke der Skulpturen nur mit Flaschenzug ohne Gerüstbühne ist wenig wahrscheinlich, somit eine Fertigstellung des Fassadenmittelteils samt Giebel und Skulpturen bis 1502 gesichert.

Zwar sind die Skulpturen heute vor allem wegen der schwarzen Patina von unten kaum erkennbar,[15] doch ist offenkundig, dass hier an publikumswirksamer Stelle kurz vor Abschluss der Bauarbeiten an der erzbischöflichen Kathedrale eine bemerkenswerte Darstellung des Apostelkollegiums in Auftrag gegeben wurde, das – wie schon die Wappen belegen – in direktem Bezug zum Kollegium des Domkapitels zu sehen ist. Der zwischen die beiden kahlen und fensterlosen Turmgeschosse eingeschobene Fassadenbauteil wird durch den Dreiecksgiebel, insbesondere aber durch die drei gliedernden Strebepfeiler und das zwischen ihnen die Wände überziehende, die Kielbogenfenster einfassende Blendmaßwerk als eigenständiger Bauteil ausgezeichnet.[16] Zu Seiten der Fenster stehen in zwei Etagen je vier Apostelstatuen auf polygonalen Konsolen mit von Engeln gehaltenen Wappen, bekrönt von Baldachin-Fialen, die über einem durch verschiedenartige Kielbogen-Muster verzierten Maßwerkkranz aufsteigen. Die obere Reihe wird durch drei weitere, vor die hier zwar schon stark zurück gesprungenen, aber doch noch deutlich vor die Fassadenwand tretenden Strebepfeiler platzierte Figuren bereichert. Dies eröffnete die Möglichkeit, am mittleren Christus, den segnenden Salvator mit Reichsapfel, als zentrale Figur des Programms seinen Jüngern dezent überzuordnen.

Entsprechend den stark nach Nürnberg ausgerichteten Interessen des Erzbischofs Ernst von Sachsen[17] war der Bildhauer der ranghöchsten Skulpturen ein stark von Nürnberger Kunst geprägter Künstler, der in der Nachfolge Adam Krafts zu sehen ist: Die Muttergottes des Giebeldreiecks gleicht im Aufbau der Madonna im Langhaus des Domes, vereinfacht jedoch deren Gestaltungsreichtum, was dem Standort geschuldet ist. Zugleich änderte man die ikonographischen Details, was bei der hohen Aufstellung verwundern könnte, aber die Ernsthaftigkeit, mit der solche Programme entworfen wurden, unterstreicht.[18] Geschwisterlich ähnelt der Giebelmadonna die Dompatro-

Abb. 248: Westfassade, Mittelbau mit Schäden des Zweiten Weltkriegs, Dom, Magdeburg. Foto: Landesamt für Denkmalpflege und Archäologie Sachsen-Anhalt, Nr. 15589 (Beinert).

nin Katharina von Alexandrien. Nur dezent wird variiert, so ist die Krone der Katharina etwas schlichter als die Marias, so wird der Mantel bei Katharina von der linken zur rechten Körperhälfte gezogen, fällt etwas weiter herab und zeigt so mehr vom Kleid der Heiligen. Der hl. Mauritius, wie üblich vollständig in spätmittelalterlicher Manier gerüstet und mit schwarzafrikanischen Gesichtszügen versehen, lässt sich den weiblichen Heiligen naturgemäß schwer vergleichen, doch sind die ähnlich gebildeten Stirnen oder die Tasseln des Mantels, die denjenigen der Langhaus-Madonna ähneln, Indizien, dass auch diese Figur auf denselben Meister zurück geht.[19]

In der Apostelserie schuf dieser Bildhauer den Salvator,[20] der die Weltkugel in seiner Linken segnet. Die Figur ist eine monumentale Version dieses Stils, der sich auch an dem vermutlich von Erzbischof Ernst in Auftrag gegebenen Prunkgrab der Königin Editha wiederfinden lässt.[21] Christi Haupt fügt den weiblichen Typen eine männlich-breite Variante hinzu, wobei das zuerst wellenförmig fallende, unten sich eindrehende Haar auch bei der Madonna zu beobachten ist, während der Bart symmetrisch stilisiert wird.

Der Petrus der Fassade, zur Rechten Christi in ranghöchster Position aufgestellt,[22] ist gegenüber Christus in der Gestaltung abgestuft (Abb. 249). So erhielt er ein schlichteres Gewandschema. In einfachen Faltensträngen fällt das Gewand herab, ein vorgestelltes Bein drückt sich durch den Stoff, der sich daher am Oberschenkel staut. Die Haargestaltung ähnelt derjenigen des Salvators, steigert aber, dem Bildnistyp des Petrus entsprechend, die regelmäßig eingedrehten Locken des Barts.[23] Auffällig ist das Motiv des so knapp sitzenden Gewandes, dass an den Knöpfen Zugfalten entstehen; dies tritt (passender) auch bei dem fülligen Philippus des Apostel-Zyklus der Riemenschneider-Werkstatt an der Würzburger Marienkapelle auf.[24] Da der Magdeburger Petrus sonst wenig mit diesen Skulpturen gemein hat und auch die Zugfalten ganz grafisch aufgefasst sind, ist davon auszugehen, dass die Würzburger Figuren als Zeichnungsserie vorlagen, nach denen in Magdeburg gearbeitet werden konnte.

Neben diesem Bildhauer waren noch weitere, relativ eigenständige Mitarbeiter tätig: zunächst einer, der sehr kräftige, monumentale Gestalten wie den Andreas schuf, die wuchtigste Gestalt des Zyklus' insgesamt (Abb. 250). Er stützt sein nicht nur symbolisches Kreuz mit mächtiger, freilich bereits auf dem Foto bei Greischel an der Oberfläche abgewitterter Pranke.[25] In der Linken hält er ein offenes Buch, ohne gerade darin zu lesen; der Blick des prophetenhaften Hauptes mit dem dichten, brustlangen Bart geht in die Ferne. Die Gewandgestaltung zeigt keinerlei Verbindung zu den hart brechenden Falten der Gruppe um die Edith-Tumba.[26] Der Rock schwingt, trotz seiner Fülle, um den vorderen Kreuzbalken herum und bildet hier seitlich ein kleines, klingenförmiges Ende aus. Dennoch setzt sich die Figur auch von den deutlich mit Riemenschneider in Verbindung zu bringenden Statuen ab.

Dies gilt ebenso für Jacobus d. J.,[27] auch wenn hier Riemenschneider'sche Motive wie der um die Stange seines Marterinstruments herum flatternde Gewandzipfel oder die Eindellungen in den Falten aufgegriffen werden. Zugleich suchte der Bildhauer eine Weiterentwicklung oder eher eine kraftvollere, pathetischere Alternative zu der „Riemenschneider-Gruppe". Am deutlichsten wird das an dem wie üblich Christus ähnlichen, doch gleichsam ins Prophetische gesteigerten Antlitz. In dieser Grundauffassung ähnelte Jacobus d. J. das nun endgültig prophetenhafte, breite, von einem wallenden Bart gezierte Antlitz des heute zerstörten Paulus (Abb. 251).[28] An Ersteren erinnerten die Einkerbungen des Gewandes, das recht schlicht herabfiel und nur von einer überraschenden Gewandschräge, die von der das Buch haltenden linken Hand zu den Füßen zog, gekreuzt wurde. Bemerkenswert originell war es, wie Paulus das frei vor dem Körper stehende Schwert seiner Hinrichtung mit der Rechten von oben her stützte.

Auch ein weiterer Bildhauer greift, sozusagen am Rande, Riemenschneider'sche Ideen auf. Er entwarf und schuf wohl nur die beiden Figuren des Thomas und Matthäus (Abb. 252),[29] die sich in ihrem Faltenwurf stark aufeinander beziehen und deren Gesichter deutliche Porträtzüge tragen, ohne dass wir bisher wüssten, wer hier verewigt werden sollte. Bei beiden bildet sich am jeweils äußeren Mantelsaum je eine aufschwingende Ohrenfalte, die beide Figuren formal verklammern. Ähnliche Motive sind auch bei Riemenschneider anzutreffen. Auch hier ist aber eher eine Anregung auf der Basis von Zeichnungen anzunehmen.

Mitgebracht haben könnte diese der erwähnte dritte Mitarbeiter des Hauptbildhauers, eben jener, der wohl die Riemenschneider'schen Stilelemente hereinbrachte, sich

Abb. 249: Hl. Petrus, von rechts, Westfassade, Dom, Magdeburg. Foto: Greischel 1939.

Abb. 250: Hl. Andreas, von links, Westfassade, Dom, Magdeburg. Foto: Greischel 1939.

Abb. 251: Hl. Paulus, Westfassade, Dom, Magdeburg. Foto: Greischel 1939.

freilich, was die Gesichtstypen usw. betrifft, auch an den Gepflogenheiten der anderen, ja keineswegs schlechteren Bildhauer orientierte. Eher ist man geneigt, die stark an Riemenschneider orientierten Arbeiten als die schwächsten zu charakterisieren.

Zu dieser Gruppe gehört zunächst Bartholomäus, der ein Stück des Mantels vor das rechte Bein zieht, wo es eine der beliebten breit-klingenförmigen Falten mit einschwingendem Rand ausbildet (Abb. 253). Entsprechendes wurde kleiner auch unter dem linken Arm des Apostels ausgebildet. Wie üblich sind Haar und Bart des Apostels voll, aber kürzer als beispielsweise bei Andreas.[30] Insgesamt ist die Figur somit reicher ausgebildet als der benachbarte Petrus. Der Bildhauer verzichtet auf die hart brechenden Falten, die der Salvator aufweist; das Haupt wandelt den Typus, den Riemenschneider für den entsprechenden Apostel in Würzburg ausarbeitete,[31] ins Kompaktere, Geschlossenere ab, man vergleiche nur die in Magdeburg kürzeren Haare.

Johannes, der wie üblich den Giftkelch segnet,[32] entspricht in dieser stilistischen Auffassung mit Anleihen bei Tilman Riemenschneider dem Bartholomäus. Insbesondere das weniger jünglingshafte als männlich-kompakte Antlitz mit den schulterlangen Haaren zeigt, in welcher Weise Anregungen aus Würzburg in Magdeburg weiterentwickelt wurden.[33] Dabei wurde die an den Aposteln der Würzburger Marienkapelle festzustellende grafische Manieriertheit zugunsten einer plastisch-schwellenden Stofflichkeit aufgegeben. Den Riemenschneider-Einfluss am augenfälligsten zeigt der benachbarte Philippus,[34] weil das füllige Haupt dieses Apostels den Typus des Würzburgers[35] übersetzt, wiederum in die zuvor beschriebene,

Abb. 252: Hl. Thomas, Westfassade, Dom, Magdeburg. Foto: Greischel 1939.

Abb. 253: Hl. Bartholomäus, von rechts, Westfassade, Dom, Magdeburg. Foto: Greischel 1939.

Abb. 254: Hl. Jacobus d. Ä., Westfassade, Dom, Magdeburg. Foto: Greischel 1939.

plastisch-kompakte Formensprache, zu der im Falle des Philippus durch die schmale Oberlippe, die breite Nase oder die Warze auf der Wange noch eine gewisse Individualisierung zu treten scheint.

Justus Bier wies auf die Übernahme des Gewandschemas Jacobus' d. Ä. (Abb. 254) von der entsprechenden Skulptur Riemenschneiders des Münchner Bayerischen Nationalmuseums hin (Abb. 255):[36] Der wie üblich als Pilger gegebene Apostel hat den Mantel über die linke Schulter hochgezogen und greift mit der Linken danach, während er ein weiteres Mantelstück unter dem rechten Unterarm eingeklemmt hat, das sich nun um den Wanderstab windet und davor einen kleinen Zipfel ausbildet. Wie bei den vorbeschriebenen Figuren wird auch hier die hartbrüchige, teils grafisch-kleinteilige Faltengebung Riemenschneiders ins Großzügig-Freie übersetzt.[37] Der Hut wird zum „echten" breitkrempigen Pilgerhut mit Muschel und Anstecknadel in Form eines Pilgerstabs, Details, die bei Riemenschneiders Figur zumindest heute fehlen.[38] Die Magdeburger Rezeption deutet an, dass der Münchner Jacobus, der aus einer Bad Kissinger Sammlung erworben wurde, deutlich vor 1502, also wohl noch in den 1490er Jahren, für einen Würzburger Standort gefertigt wurde. Auch der Apostel Jacobus d. J. der dortigen Marienkapelle[39] rezipiert bereits diese hölzerne Figur und zwar in einer eher ungelenken Weise, die es ausschließt, dass der in Magdeburg tätige Bildhauer gerade sie zum Vorbild genommen haben könnte.

Eines ist somit klar: Die 1492 in Auftrag gegebenen, aber erst zu Beginn des 16. Jahrhunderts bis zur Aufstellung 1506 gefertigten Apostel der Würzburger Marienkapelle[40] waren nicht das unmittelbare Vorbild für Magdeburg. Dieser Zyklus entstand allenfalls gleichzeitig, größenteils aber wohl später. Justus Bier meinte den Magdeburger im Bildhauer des Lesepults mit Diakon des Würzburger Domes dingfest machen zu können.[41] In jedem Fall aber hat man in Magdeburg einen Mitarbeiter eingestellt, der sich auf Erfahrungen zumindest im Würzburger Umfeld Riemenschneiders berufen konnte, der auch relativ eigenständig agieren durfte – ebenso wie die anderen Apostelbildhauer. Doch können wir in ihm nicht den Leiter der Werkstatt erkennen, und vermutlich wählten ihn die Auftraggeber auch nicht in erster Linie deswegen, weil er den Riemenschneider-Stil vertrat. Zwar war es vermutlich nicht von Nachteil, wenn man sich auf Kenntnisse von dessen sicher nicht verborgener Tätigkeit berufen konnte, doch Erzbischof Ernst und das Domkapitel wollten offenkundig diesen Würzburger Hofstil nicht durchgängig für sich adaptieren.

Dazu passt auch die freie und eigenständige Entwicklung der Bildhauerei am Magdeburger Dom nach Fertigstellung der Westfassadenskulpturen. So sind die beiden großformatigen Skulpturen der Dompatrone Mauritius und Katharina, die nach der Schließung der Westvorhalle am nun als Hauptportal genutzten Nordwesteingang angebracht wurden,[42] oder das denselben Stil in einer, der Aufgabe entsprechend, etwas bereicherten Form vertretende Sippen-Relief im Nordseitenschiff[43] nicht als Riemenschneider-Rezeption im engeren Sinn zu bezeichnen, d. h. im Sinne einer Wiedererkennbarkeit der Manier des Würzburger Meisters.[44] Dieser Bildhauer pflegt vielmehr einen flüssigen, die spätgotischen Kanten und Knitterungen aufgebenden Stil. Wenn er von Riemenschneider herkommt, was angesichts der sehr eigenständigen Entwicklung anderer Riemenschneider-Schüler wie Peter Breuers oder Franz Maidburgs durchaus denkbar ist, dann verlässt er dessen Sphäre.[45]

Halberstadt

Wenden wir uns nun Halberstadt zu, das seit 1479 ebenfalls von Erzbischof Ernst von Sachsen als Administrator regiert wurde und das immer wieder in enger Beziehung zur Metropole Magdeburg stand. So könnte es naheliegend erscheinen, dass auch zu Beginn des 16. Jahrhunderts hier Magdeburger Bildhauer verpflichtet wurden, und für

Abb. 255: Hl. Jacobus d. Ä., München, Bayerisches Nationalmuseum. Foto: Kat. Tilman Riemenschneider 2004 I.

die Statue der hl. Katharina am letzten nördlichen Langhauspfeiler des Domes wurde dies ja bereits vermutet.[46] Auch ist ganz offenkundig, dass einige Figuren des Halberstädter Domes[47] auf die Riemenschneider-Formensprache zurückzuführen sind – am deutlichsten der hl. Erasmus am südwestlichen Vierungspfeiler (Abb. 256, 257).[48] Die Figur war ursprünglich an einer – heute entfernten! – Wappenkonsole in das Jahr 1509 datiert, was mit dem Stilbefund sehr gut zusammengeht. Offenbar hat man in diesem Jahr eine ältere Figur entfernt, deren Stifter an der Konsole verewigt ist: Dompropst Ludolf Quirre, dessen geviertes Wappen mit Adlern bzw. Rosenkränzen sich hier findet.[49] Dazu passen die Blattformen, entstanden kurz nach Mitte des 15. Jahrhunderts, als das Langhaus errichtet wurde.[50] Hildegard Marchand vermutete, hier könnte einst der stilistisch zur Konsole passende hl. Hieronymus

Abb. 256: Hl. Erasmus, Kopf, Dom, Halberstadt.
Foto: Flemming / Lehmann / Schubert 1990.

gestanden haben, der demnach später verrückt worden wäre.[51] Sicher ist im Augenblick nur, dass der Erasmus nachträglich 1509 hier aufgestellt wurde, und zwar doch mit großer Sicherheit auf Wunsch jenes Stifters, dessen bisher ungedeutetes Wappen[52] sich an dem dann eingeschobenen Block befand.

Dieses spätere Jahr könnte die These nahelegen, der Magdeburger Riemenschneider-Schüler sei nach Halberstadt gewechselt, doch fehlt der – für ihren Standort erst nach Verlust des Sockels zu kleinen! – Halberstädter Figur jene nicht nur durch die Stellung an der Fassade bedingte, sondern auch inhärente Monumentalität, die die Magdeburger Apostel auszeichnet. Der Halberstädter Erasmus ist eine zarte Figur, die in ihren stoffreichen, mehrlagigen Bischofsgewändern versinkt. Die charakteristischen, melancholischen Gesichtszüge Riemenschneider'scher Provenienz sind getreulich übernommen, doch Plastizität und Durcharbeitung der Skulpturen der Würzburger Werkstatt, die ja letztlich auf die Niederlande verweisen,

sind in Halberstadt weitgehend aufgegeben. Die Figur des Erasmus wirkt, obwohl sie natürlich aus einem dreidimensionalen Steinblock gearbeitet wurde, nicht wirklich plastisch, die Oberfläche ist gleichsam kannelurenartig eingetieft, und über eine solche flache Senke ist dann auf der Front der Figur eine Folge von V-förmigen Falten gelegt.

Ein solcher, was das Plastische betrifft, zaghafter, und, bezogen auf die Falten, gegenüber Riemenschneider reduktionistischer Stil kennzeichnet auch weitere Skulpturen des Halberstädter Domes: so die aus demselben Jahr wie der Erasmus stammende, bereits erwähnte hl. Katharina (Abb. 258),[53] die heute am westlichsten Pfeiler der nördlichen Langhausarkaden aufgestellt ist,[54] und den undatierten hl. Stephanus an der Westwand des Nordseitenschiffs.[55] Die Katharina hat in ihrer untersetzten Proportionierung, den asymmetrisch sich nach außen drehenden Haarsträhnen und den schweren Gewandstoffen etwas Bodenständig-Eigenwilliges, das sich von der Grazie und Schlankheit früher Riemenschneider'scher Schöpfungen entfernt. Erasmus und Stephanus stehen solchen in der schlankeren Proportionierung noch näher. In der eckigsteifen Verwendung schmaler, doch nicht allzu gratiger Falten, deren Gabelungen oft eine charakteristische Delle aufweisen, sind die drei jedoch eng verwandt. Es ist davon auszugehen, dass spätestens ab 1509 eine Werkstatt unter einem bei Riemenschneider geschulten Bildhauer in Halberstadt tätig war.

Der hl. Stephanus wurde kurz vor Erscheinen des Kunstdenkmäler-Inventars 1902 vom Westportal an seinen jetzigen Standort verbracht.[56] Angesichts der ursprünglich prominenten Aufstellung der Statue des Kathedral-Patrons würde man den Bischof selbst als Stifter vermuten, wäre da nicht der große Schild am Sockel mit der Inschrift „f(rater) + m / (a)thias e(pisc)op(us) / gadensis".[57] Damit ist der 1492 ernannte Bischof von Gardar (Igaliku) auf Grönland (gelegen „in fine mundi") gemeint,[58] der aus Vore Kloster in der Diözese Aarhus stammende Benediktiner Mathias Knutssøn, latinisiert Kanuti.[59] Ob er eine im selben Jahr geplante Reise nach Grönland wirklich durchgeführt hat, entzieht sich unserer Kenntnis, ebenso, wie er nach Halberstadt kam. Sicher ist, dass er hier in späteren Jahren einen Hof zur Unterbringung von Armen und Kranken stiftete.[60] Doch auch wenn Schriftquellen eher dünn gesät zu sein scheinen, deutet schon die Anbringung der Stephanus-Figur darauf hin,

Abb. 257: Hl. Erasmus, 1509, mit dem heute entfernten datierten Wappenstein, Dom, Halberstadt. Foto: Foto Marburg.

Abb. 258: Hl. Katharina, 1509, Dom, Halberstadt. Foto: Flemming / Lehmann / Schubert 1990.

Abb. 259: Hl. Mauritius, 1513, Dom, Halberstadt. Foto: Flemming / Lehmann / Schubert 1990.

dass er den Diözesanadministrator Ernst als Weihbischof vertreten konnte. Ohne dass es dazu bisher eingehende Forschungen gäbe,[61] ist die Rede davon, Matthias sei Ernsts Rat und Vertrauter gewesen.[62] Da Kanuti anscheinend 1506 zum letzten Mal erwähnt wird,[63] dürfte die Statue des hl. Stephanus auf jeden Fall noch im ersten Jahrzehnt gestiftet worden sein, man fragte sich ohnehin, warum sie – angesichts der unbestreitbaren Verwandtschaft der Form des Mundes und der Augen, der unorganisch-glatten Bildung des Gesichts und der starren Finger – erst sechs Jahre nach der Katharinenfigur um 1515 geschaffen worden sein sollte.[64]

Könnte es zunächst naheliegend scheinen, die am Sockel der hl. Katharina zu findenden Buchstaben „FVH" auf den Bildhauer zu beziehen, so löst sich dieses für Stifter sonst ungewöhnliche Kürzel schnell plausibel auf, betrachtet man das ebenfalls 1509 datierte Kreuzigungsepitaph im Nordflügel des Kreuzgangs.[65] Hier kniet, außerhalb des eigentlichen Bildfelds heraldisch rechts ein gerüsteter Ritter vor einem Betpult, offenkundig der Stifter, der gleichfalls durch die Buchstabenfolge „FVH" kenntlich gemacht ist. Das Pendant mit der Darstellung seiner Gemahlin ist aus einem einzelnen kleineren Steinblock gearbeitet, der die besagte Jahreszahl, ausgeschrieben den Namen der Stiftersgattin („MARGA[R]ETHA VAN STOTTERNHEYM") sowie deren Wappen mit zwei symmetrischen Halbmonden trägt.[66] Damit ist klar, dass der Stifter des Kreuzigungsreliefs und der hl. Katharina Friedrich d. J. von Hoym ist,[67] bischöflich-halberstädtischer Rat und Herr auf Hoym.[68] Die Skulpturen wurden noch vor seinem am 2. Februar 1510 erfolgten Tod geschaffen, so dass sie wahrscheinlich mit Seelgerätstiftungen zusammenhängen, ebenso wie ein weiteres, 1508 in Auftrag gegebenes Relief desselben Stifters im Kreuzgang der Liebfrauenkirche.[69] Ob das stilistisch übereinstimmende,[70] im Format etwas größere Beweinungsrelief im Westflügel des Domkreuzgangs ebenfalls zu diesem Stiftungskomplex gehört, ist unklar. Es fällt auf, dass Friedrich von Hoym sich hier nicht verewigt hat, was ihm sonst offenkundig wichtig war.[71]

Für diesen vereinfachenden Stil konkrete Ansatzpunkte in der Riemenschneider-Werkstatt zu finden, ist – bei der Vielfalt in der Einheitlichkeit ihrer Produkte – nicht leicht. Aber es gibt Figuren mit groß proportionierten Köpfen (so eine ehemalige Strahlenkranz-Madonna im Bayerischen Nationalmuseum München[72]), und in ihrer eher dekorativ-stilisierten als anatomisch genau beobachteten Auffassung (z. B. der Adern) stehen die Halberstädter Figuren den Aposteln der Würzburger Marienkapelle nahe, die zu Beginn des 16. Jahrhunderts bis zur Aufstellung 1506 gefertigt wurden. Die Übereinstimmungen sind sogar so groß, dass man wohl annehmen kann, einer dieser ‚Stein-Spezialisten' sei nach Fertigstellung des Würzburger Zyklus' in Halberstadt tätig geworden. Er hatte das Riemenschneider'sche Repertoire gut angelernt, ohne es, wie bereits angedeutet, wirklich ‚auszufüllen', wie nicht nur das von jeher als besonders typisch erachtete Bischofshaupt des Erasmus beweist. Der Kopftypus des Stephanus ist – altersmäßig gereift – beim Matthias anzutreffen. Die Haarbildung der Katharina erinnert an die Strähnen des Thomas von der Marienkapelle,[73] und beide unterscheiden sich von der freien, feinen, aber stets ziemlich gebändigten Haargestaltung Riemenschneider'scher Figuren im engeren Sinne.

Doch anders als bei Bildhauern von hoher Befähigung wie Peter Breuer und Franz Maidburg, die in der Riemenschneider-Werkstatt gearbeitet hatten, denen es dann der Weggang ermöglichte, eine ihrem künstlerisches Potenzial entsprechende Formensprache zu entfalten (oder sich, wie Peter Dell, einem ganz anders gearteten Stilkreis anzupassen), vereinfachte der Halberstädter Bildhauer die bei Riemenschneider verwendeten Formen eher. Die Verhaltenheit des Ausdrucks, die ja auch die Werke der Würzburger Werkstatt prägt, scheint er als angemessen empfunden zu haben – und dies taten offenbar auch seine Auftraggeber, denn es ist ja festzustellen, dass er einige Jahre recht erfolgreich arbeitete – beteiligt an der Ausstattung einer Bischofskirche, und dies an repräsentativen Stellen und für die vor Ort wichtigen Auftraggeber, die zumeist dem Domkapitel und dem bischöflichen Umfeld angehörten, auch wenn ein eigener Hof seit der Verwaltung Halberstadts durch die Magdeburger Erzbischöfe nicht mehr existierte.

Diesen Erfolg des Bildhauers belegt auch der 1510 datierte hl. Sebastian am nordwestlichen Vierungspfeiler,[74] der im Vergleich mit Riemenschneiders schlankem Adam von der Würzburger Marienkapelle (1493) wieder deutlich kräftiger, muskulöser wirkt. Durchaus riemenschneiderisch ist freilich die Trübseligkeit der Mimik, die zu diesem Akt nicht recht passen will, der stämmig und mit höchstens leichter Andeutung eines Kontraposts vor dem Baum aufgebaut ist.[75] Auch der wegen negroider Züge und einer vollständig den Körper verhüllenden Rüstung schwer vergleichbare hl. Mauritius von 1513 steht dem Sebastian in der Grundauffassung nicht fern (Abb. 259).[76] Er wurde nach der Sockelinschrift[77] von dem Domherrn Sebastian von Plotho († 1558) gestiftet, seit 1507 auch Domthesaurar von Magdeburg und zwischen 1511 und 1513 Halberstädter Dekan.[78] In letzterem Jahr war er an der Wahl Albrechts von Brandenburg zum Erzbischof von Magdeburg und Administrator von Halberstadt beteiligt. Anschließend wurde er zusammen mit dem Domherrn und Hildesheimer Dompropst Levin von Veltheim nach Rom gesandt,[79] um dort den Dispens für den jungen Kirchenfürsten zu erlangen. In Rom trat er zusammen mit den anderen Gesandten[80] der Bruderschaft von S. Maria dell'Anima bei, bei welcher Gelegenheit er sich als päpstlicher Protonotar, Dompropst von Merseburg und Domthesaurar von Magdeburg bezeichnete.[81] Dass gerade im Jahre der Magdeburger Bischofswahl eine Statue des dortigen Hauptpatrons Moritz gestiftet und datiert wurde, kann Zufall sein, auffällig ist es gleichwohl.[82]

Merseburg

Von der Magdeburger und Halberstädter Situation wiederum verschieden ist die in Merseburg. Hier findet sich an Stein- und Holzbildwerken eine über einen längeren Zeitraum konstante stilistische Grundnote, die auf Riemenschneiders Formensprache verweist. Der größte Anteil dieses Merseburger Skulpturenkomplexes ist mit der Fertigstellung des Domlanghauses durch Baumeister Johann Mostel 1517 zu verbinden.

Der älteste datierte und mit Skulpturen geschmückte Teil ist das Westportal, vollendet laut Inschrift 1515.[83] Anlass der Errichtung des neuen Portals war, wie die Jahreszahl kundtut, das 500-jährige Jubiläum der Grundsteinlegung des Domes.[84] Geschmückt wurde es mit Darstellungen der drei wichtigsten Merseburger Heiligen: Im Zentrum steht der Wiedergründer des Bistums, Kaiser Heinrich II., was zweifelsohne als politische Aussage des nach Unabhängigkeit vom wettinischen Landesherrn strebenden Hochstifts zu verstehen ist. Allerdings ist Heinrich nur in Halbfigur über dem Reichswappen dargestellt, während rechts und links die eigentlichen Dompatrone ganzfigurig auftreten, Johannes der Täufer (Abb. 260) und Laurentius. Man hat den Eindruck, als sollten sie ursprünglich nicht in der heutigen Weise aufgestellt werden, in der sie sich voneinander und vom Portal abwenden. Zudem hält Laurentius den Rost mit der Linken, so dass er einen kompositorischen Abschluss auf der, vom Betrachter gesehen, rechten Seite bildet. Vertauschte man also die beiden Figuren, bekäme ihre Ausrichtung Sinn: Johannes stünde nun in der Ehrenposition rechts vom Portal und wendete sich dem Eintretenden zu. Dagegen wäre natürlich einzuwenden, dass Laurentius mitunter als Hauptpatron des Domes in der Ehrenposition dargestellt wird (so auf den Flügeln des Retabels mit der Pietà[85]). Doch gibt es auch das Gegenteil (z. B. auf den Flügeln des Hortus-Conclusus-Retabels[86]), und zudem war Johannes der erste Patron der von König Heinrich I. errichteten Pfalz- und späteren Domkirche,[87] was bestens zu der erwähnten politischen Bedeutung des Figurenprogramms passt, das die Reichsunmittelbarkeit des Hochstiftes Merseburg betont.

Es spricht also nichts dagegen, die Figuren vom Westportal (dort stehen heute ergänzte Kopien) in die Zeit um 1515 zu datieren und somit zu den ersten Beispielen der Riemenschneider-Rezeption in Merseburg zu zählen. Freilich ist sie bei den beiden Skulpturen mit ihren straffen Faltenzügen und der voluminösen Stofflichkeit zunächst gar nicht so augenfällig, dass man sie als erstrangiges Charakteristikum dieser Bildhauerei benennen würde.

Deutlicher tritt ein solcher stilistischer Einschlag bei den ebenfalls steinernen Figuren des Kunigunden-Retabels (Abb. 261) im Südseitenschiff der Domvorhalle hervor. Es gehört zur Grablege des am 16. Juli 1518 verstorbenen[88] Günter von Bünau, der seit 1487 als Merseburger Domherr, seit 1497 als Dompropst, 1494–1507 als Magdeburger Domherr und seit 1505 als Bischof von Samland amtierte. Nachdem er krankheitshalber im Herbst 1516 nach Merseburg zurückgekehrt war, wurde er hier im Dom beigesetzt.[89] Noch zu Lebzeiten[90] gab Günter das Kunigunden-Retabel,[91] sein (verlorenes) Grab und ein Epitaph[92] in Auftrag, und zwar, nach Ausweis des bekannten Steinmetzzeichens, an den Steinmetzen Ulrich Creutz.[93] Dieser hatte kurz zuvor in der Franziskanerobservantenkirche von Kaaden in Nordböhmen die Tumba und ein zugehöriges Grabmal für den 1517 verstorbenen Johann Lobkowitz von Hassenstein († 21.01.1517) gefertigt. Der dortige Ritter in seiner Rüstung findet zwar in Merseburg keine Entsprechung, aber die wenigen in Kaaden dargestellten Stoff-Stücke zeigen dieselbe Faltenstilisierung wie das Kunigunden-Retabel und das Epitaph in Merseburg. Insbesondere die Kreuzigungsgruppe und die Darstellungen der hll. Adalbert und Kunigunde am Retabel lassen deutliche Riemenschneider-Züge erkennen.

Creutz arbeitete in Merseburg mit Steinmetzen der Bauhütte zusammen[94] und kann zunächst einmal als Steinbildhauer gelten. Das bestätigen die von Franz Bischoff zuletzt noch einmal in extenso publizierten Quellenbelege, die ihn als Beteiligten an dem seit 1511 durch Stephan Weyrer errichteten Sakramentshaus in der Nördlinger Georgskirche nennen.[95] Demnach wurden ihm sieben unspezifizierte Bildwerke, ein „Sanctor" (wohl der Salvator), sechs Apostel, vier Evangelisten, acht „Kindlein" (also wohl Putten), drei je drei Schuh hohe, unspezifizierte Bildwerke, sechs Engel sowie ein hl. Georg verdingt, für die er 55 fl. erhalten sollte. Bezahlt wurden ihm nachweislich zunächst nur 17 fl., woraus Wolf schloss, dass er nicht alle der bis heute erhaltenen Skulpturen geliefert habe.[96] Wahrscheinlich zu Beginn des Jahres 1513 erhielt Creutz nochmals 6 Gulden und 48 Groschen,[97] weitere Zahlungen sind nicht bekannt.

Abb. 260: Hl. Johannes Bapt. vom Westportal, 1515, Dom, Merseburg. Foto: Vereinigte Domstifter zu Merseburg, Naumburg und des Kollegiatstifts Zeitz.

Abb. 261: Ulrich Creutz, Bünau-Retabel, hl. Kunigunde, Dom, Merseburg. Foto: Vereinigte Domstifter zu Merseburg, Naumburg und des Kollegiatstifts Zeitz.

Die Qualität der Nördlinger Skulpturen ist beachtlich. So sind die im Sockelbereich freistehenden Propheten großzügig bearbeitete, sich nicht allzu sehr im Detail verlierende, rundansichtige Figuren. Unter ihnen ist ein Vollbärtiger mit rundem Hut, dessen nach oben geschlagene Krempe vier mächtige, rund geschlossene Endungen ausbildet (Abb. 262). Großzügig sind die Haarsträhnen zusammengefasst, bei grundsätzlicher Symmetrie sich doch frei bewegend, zwei sich schon auf halber Bartlänge zu Lockenaugen einringelnd. Einer sehr ähnlichen Auffassung – sei es der schweren Stoffe, der Proportionierung oder der Haarbildung – begegnet man auch in Merseburg, so bei dem leider stark verwitterten Haupt des Johannes Bapt. vom Westportal, bei dem Moses mit den beiden Gesetzestafeln im Eingangsbereich zum eigentlichen Domlanghaus[98] oder selbst bei dem halblangen Haar des Johannes unter dem Kreuz am Kunigunden-Retabel, wobei hier alles gebändigter, weniger lebendig als in Nördlingen erscheint. Für das Sakramentshaus, so hat man den Eindruck, gab der Bildhauer Creutz alles. Betrachtet man die lebhaften musizierenden Engel, scheinen sie zunächst wenig mit den typisierten Figurinen vom Kunigunden-Retabel in Merseburg gemein zu haben. Dennoch ist z. B. der Portativ spielende Engel in Nördlingen im Grundsätzlichen des Gesichtsschnitts, der Haargestaltung oder der Auffassung der Gewandmotive gar nicht so weit von dem statischeren Laurentius vom Merseburger Westportal entfernt. Tatsächlich sind die Werke in Nördlingen, Kaaden und Merseburg durch viele stilistische und motivische Fäden verbunden, bei

Abb. 262: Ulrich Creutz, Detail einer der Prophetenskulpturen, Sakramentshaus, St. Georg, Nördlingen. Foto: Schmid 1977.

Abb. 263: Hl. Agnes, 1519, Dom, Merseburg. Foto: Vereinigte Domstifter zu Merseburg, Naumburg und des Kollegiatstifts Zeitz.

freilich beträchtlichen Qualitätsschwankungen. Diese aber sind nur durch das Vorhandensein einer größeren Werkstatt zu erklären – die wir für den mitteldeutschen Werkkomplex nun nachweisen können. Es scheint so, als bestätige sich, was Franz Bischoff vermutete, dass Creutz nämlich noch vor der erst nach August 1515 erfolgten Aufrichtung des Nördlinger Sakramentshauses die schwäbische Reichsstadt wieder verlassen hat[99] – und zwar möglicherweise direkt in Richtung Mitteldeutschland.

Was bisher nur zu vermuten war, wird nun nämlich durch einen Urkundenfund, den Markus Cottin dankenswerterweise mitteilte, sehr viel deutlicher: Ulrich Creutz war auch an der hölzernen Ausstattung des in derselben Zeit unter Bischof Adolf von Anhalt fertig gestellten Domlanghauses beteiligt. 1519 wurden ihm, der damals bemerkenswerter Weise gar nicht als in Merseburg, sondern in Freyburg/Unstrut ansässig genannt wird, drei Bilder verdingt. Das heißt nach üblichem Verständnis: Skulpturen, und zwar die der Heiligen Agnes, Barbara und Elisabeth von Thüringen. Erhalten scheint heute nur noch ein Bildwerk zu sein, das der heiligen Agnes (Abb. 263),[100] das deutliche stilistische Verwandtschaft zum Kunigunden-Retabel aufweist. Ob die drei Bilder zusammen in einem Retabel oder jeweils für sich, eventuell unter einem Baldachin, z. B. auf einem Altar oder einer Konsole an einem der Pfeiler, aufgestellt wurden, ist bisher ungeklärt.[101]

Damit lassen sich nun auch alle anderen verwandten Werke der Creutz-Werkstatt zuordnen, die sicher oder höchstwahrscheinlich zur Neuausstattung des Merseburger

Abb. 264: Hl. Kunigunde, Wange, Langhaus-Gestühl, Dom, Merseburg. Foto: Vereinigte Domstifter zu Merseburg, Naumburg und des Kollegiatstifts Zeitz.

Abb. 265: Kanzel, Dom, Merseburg. Foto: Vereinigte Domstifter zu Merseburg, Naumburg und des Kollegiatstifts Zeitz.

Domlanghauses um 1518/19 gehören. Es sind dies die Wangen der 1519 datierten Gestühle (Abb. 264),[102] die in engem Zusammenhang mit der Kanzel[103] stehen (Abb. 265), aber auch das bereits erwähnte geschnitzte Hortus-Conclusus-Retabel (Abb. 266).[104]

Der Bildschnitzer und seine schon auf Grund des Arbeitsumfangs anzunehmenden Mitarbeiter lieferten nun routinierte, aber wenig inspirierte Arbeit. Die Madonna am Kanzelkorb folgt z. B. einem in Riemenschneiders Werkstatt sehr häufig und über einen längeren Zeitraum verwendeten Typus. Maria stützt das nackte Kind mit der rechten Hand in Brusthöhe und hält es so diagonal vor dem Oberkörper. Der wie eine Schürze vor den Leib gezogene Mantel bildet konzentrische Schüsselfalten aus, die das Kind hervorheben. An einer steil herabfallenden Falte, die die linke Kontur der Mantelschürze bildet, entsteht durch den Umschlag des Saums eine kleine Ohrmuschelfalte, während rechts eine Röhrenfalte herabhängt und seitlich V-förmige Falten ausgebildet werden. Das Thema des Madonnentyps geht letztlich auf die Schönen Madonnen um 1400 zurück und betont den eucharistischen Leib des Jesuskindes, zum einen also die wahre Menschennatur Christi, zum andern aber auch seinen Opfertod, da er seinen Leib hingab zur Erlösung der Menschheit. Dieser Charakter des Opfers, das in der Eucharistiefeier wiederholt wird, wurde in mittelalterlichen Darstellungen häufig dadurch verdeutlicht, dass Maria das Kind nicht unmittelbar mit den Händen berührt, sondern sie durch ein Tuch verhüllt. Dies ist auch bei den meisten der Madonnen aus der Werkstatt und dem Umkreis Riemenschneiders der Fall, nicht aber bei dem vorliegenden Typ, zu dem eine Figur in Schweizer Privatbesitz gehört, die auf 1495/1500 datiert wird.¹⁰⁵ Schlanker proportioniert und wohl deswegen auf 1515/20 datiert ist eine Variante, die eine Seite der Doppelmadonna aus der Würzburger Karmelitenkirche, heute im Mainfränkischen Museum.¹⁰⁶ Diesem Typus folgt das Merseburger Relief peinlich genau, so dass man annehmen muss, der mitteldeutsche Schnitzer habe es nach diesem Original oder einer sehr ähnlichen Figur abgezeichnet. Zumindest hat er eine Zeichnung, die den Typus der Karmelitenmadonna wiedergab, besessen. Doch spricht dies dafür, dass Ulrich Creutz in Riemenschneiders Werkstatt gelernt hat? Eher nicht. Denn auch wenn die Würzburger Skulpturen der Riemenschneider-Werkstatt häufig denselben Typus abwandeln – es bleiben stets eine plastische Qualität und schnitzerische Feinheit gewahrt, die der Merseburger Schnitzer nicht umsetzen konnte. Dabei macht bereits die Karmelitenmadonna den Eindruck, hier werde ins Flächige umgeprägt, was bei anderen Stücken noch wesentlich rundplastischer angelegt ist. Creutz (oder sein Mitarbeiter) lässt z. B. die einzige plastische Röhrenfalte der Karmelitenmadonna noch weg und verflacht das grafische Faltenschema vollends – was am deutlichsten in der Vergrößerung des Mondes zu Füßen Marias oder in den nun endgültig unmotivierten ‚Dellen' sichtbar wird. Auch scheint er nach der Zeichnung nicht mehr ganz verstanden zu haben, dass das Kind nach Marias Schleier griff (welcher später, bei der Kreuzigung, Jesu Blöße bedecken wird): In Merseburg wurden daraus weitere Locken. Der Bildhauer hat also von Riemenschneiders beliebten und schlüssigen Erfindungen gehört, rezipiert sie und den Faltenstil in eigener Anschauung, hat aber letztlich nicht so viel Verständnis, dass man annehmen müsste, er habe es bei Riemenschneider in Würzburg zu einem in der Werkstatt tätigen Gesellen gebracht.

Noch weiter entfernen sich die übrigen Reliefs des Kanzelkorbs von der Riemenschneider-Manier. Sie weisen aber gegenüber den übrigen Werken dieser Werkstatt eine gewisse Eigenständigkeit auf. Die Dom- und Bistumspatrone an den Langhaus-Gestühlen von 1519, die heilige Agnes oder das kleine Retabel mit der Maria im Hortus conclusus – sie alle zeigen dieselbe, routinierte, spröde-schematisierte Faltengebung mit den charakteristischen, tatsächlich von Riemenschneiders Technik herkommenden Eindellungen, die wie mit dem Daumen eingedrückt wirken und sich weit von jeder Wirklichkeitsbeobachtung entfernt haben. Hier hat sich ein Stil etabliert, der in keiner Weise auf Originalität aus ist – doch er genügte den Zielen, die Bischof Adolf mit der Fertigstellung des unter seinem Vorgänger begonnenen Langhauses verfolgte.

Abb. 266: Schrein, Hortus-Conclusus-Retabel, Dom, Merseburg. Foto: Vereinigte Domstifter zu Merseburg, Naumburg und des Kollegiatstifts Zeitz.

Nun kommt freilich die Menge der so mit Creutz in Verbindung zu bringenden Holzbildwerke in Konflikt mit der bisher gültigen Vorstellung vom einzelnen ‚Wanderbildhauer' Creutz, dessen Lebensweg von Würzburg über Römhild, Nördlingen, Kaaden, Merseburg, Halle nach Torgau zuletzt durch Franz Bischoff, wenngleich mit berechtigten Zweifeln, nachgezeichnet wurde. Zwar könnte das heute erhaltene Auftragsvolumen in Merseburg von einem einzelnen Künstler in zwei Jahren wohl bewältigt worden sein, insbesondere wenn man die wenig virtuose Gestaltung der Schnitzereien bedenkt und davon ausgeht, dass Kistler- und Schreinerarbeiten wie üblich an andere Kräfte vergeben wurden. Allerdings sind ja einige Werke verloren gegangen (sicher die hll. Barbara und Elisabeth) und es lassen sich, wie gesagt, beträchtliche qualitative Unterschiede schon in Merseburg feststellen. So ist von einem Werkstattbetrieb auszugehen, umso mehr, als bei genauerer Suche im weiteren Umkreis Merseburgs Werke einer verwandten Stilrichtung auftauchen

Abb. 267: Madonna, ehem. Wallfahrtskirche, Rötha.
Foto: Foto Geuther, Rötha.

dürften. Zumindest wird man einmal in Rötha fündig, wo die Datierung der stehenden Madonna mit der Traube (Abb. 267) auf 1520 durch den Vergleich mit der Merseburger Agnes abgesichert werden kann.[107] Neben der offensichtlich verwandten Faltengestaltung finden sich hier im Fußbereich ähnlich flache Faltenstege wie auf dem Ärmel der Agnes. Das Gesicht der Madonna ist freilich voller, wirkt bei aller Stilisierung lebensnäher, ebenso das fein gesträhnte Haar. Gleichfalls in den Umkreis der Creutz-Werkstatt gehören die beiden nach der Auslagerung im Zweiten Weltkrieg noch erhaltenen, etwas griesgrämig wirkenden Heiligen Andreas und Erasmus vom Eutritzscher Erasmus-Retabel, heute im Stadtgeschichtlichen Museum Leipzig,[108] die in der Art ihrer Mimik mit den Figuren des Merseburger Hortus-Conclusus-Retabels nahe verwandt sind.[109] An dieses erinnert ebenso die erwähnte Röthaer Madonna, und es stellt sich die Frage, wo in dieser hier nur anzudeutenden Spannbreite von Möglichkeiten sich der eigentliche ‚Creutz' finden lässt. Vermutlich nicht in den allzu einfachen, gleichsam nach Zeichnung geschnitzten Reliefs, wie denen der Gestühle oder der Madonna an der Kanzel.

Eher weist das Hortus-Conclusus-Retabel (Abb. 266) die Richtung, insbesondere, wenn man überlegt, was Creutz eigentlich in Freyburg an der Unstrut getan hat. Der Gesichtstyp der heiligen Frauen, insbesondere der Muttergottes und der sich von rechts nähernden Heiligen, erinnern unmittelbar an die Maria in der Hauptszene des Hochaltars der Freyburger Pfarrkirche (Abb. 268), auch wenn die Wirkung dieses reichen Retabels durch die barocke Weiß-Gold-Fassung stark verändert wurde.[110] Somit haben wir es in Freyburg mit dem bisher größten der Aufträge zu tun, mit denen man die für den Merseburger Dom tätige Werkstatt in Verbindung bringen kann – was auch ohne Weiteres erklärt, weswegen Ulrich Creutz als in Freyburg ansässig erwähnt wird.

Nun ähneln zwar die Engelchen im Freyburger Schrein mit ihren stereotypen Pagenköpfen, den hoch schwingenden Augenbrauen in den ganz flach und frontal aufgefassten Gesichtern Köpfen von der Merseburger Kanzel (man vergleiche z. B. den hl. Laurentius), scheinen also eher Arbeiten von Mitarbeitern zu sein. Doch hat sich diese Auffassung in Freyburg tendenziell auch bei den Hauptfiguren durchgesetzt, so bei Christus. Andererseits zeigt gerade der Bart Gottvaters auch noch die für den Propheten des Nördlinger Sakramentshauses genannten Charakteristika, so eine gewisse Freiheit bei grundsätzlicher Symmetrie der Strähnen oder die ausgebohrten ‚Augen' der Haarlocken. Dass auch andere Motive bereits in Nördlingen vorkommen, zeigt ein Vergleich der Freyburger Muttergottes mit ihrem vor dem Leib und den Beinen ausgespannten Kleid und der im Turmaufbau des Nördlinger Sakramentshauses stehenden Magdalena.

Spätestens 1521 waren die Hauptaufträge in Freyburg und Merseburg abgeschlossen, denn Creutz wurde in Halle/Saale als Neubürger aufgenommen.[111] Man vermutete, er habe hier für Kardinal Albrecht gearbeitet,[112] bei welchem es freilich nicht gut angekommen sein dürfte, dass sich der Bildhauer 1525 am Bauernaufstand beteiligte. Zuvor denunziert und ‚peinlich befragt', wurde er 1526 der Stadt verwiesen.[113] Die Kanzel im Hallenser Dom wurde

Abb. 268: Schrein, Hochaltarretabel, Marienkirche, Freyburg/Unstrut. Foto: Radovan Boček.

Abb. 269: Hl. Stefanus, Altarschranke des Bischofs von Lindenau, Dom, Merseburg. Foto: Vereinigte Domstifter zu Merseburg, Naumburg und des Kollegiatstifts Zeitz.

Creutz zu Recht wieder abgeschrieben, andere Werke sind meines Wissens in Halle bisher nicht nachgewiesen worden. Später ist Creutz am Schlossbau zu Torgau greifbar.[114] Dies alles ändert nichts daran, dass noch viele Jahre später, 1543, ein gleichnamiger Bildhauer wieder in Merseburg genannt wird: Ulrich Creutz schließt in diesem Jahr einen Kontrakt mit Bischof Sigismund von Lindenau über die Fertigung von dessen Grabplatte,[115] die freilich, offenbar in aller Eile gefertigt, nicht gerade ein Meisterwerk ist. Doch Creutz war zumindest seit den 1530er Jahren wieder für den Merseburger Hof verpflichtet worden, denn so lässt sich am einfachsten erklären, dass auch das deutlich qualitätvollere Grabmal des Bischofs Vinzenz von Schleinitz[116] († 1535) derselben stilistischen Richtung angehört. Bei dem Umbau der Westvorhalle zu einer Grabkapelle des Bischofs Lindenau 1536/37 wurden zudem die sechs figürlichen Reliefs der Dompatrone an den zugehörigen Schranken[117] (Abb. 269) und das Relief mit Johannes d. T. am Grabmal Bischof Johanns III. von Werder[118] († 1466) in Auftrag gegeben, die der Lindenau-Grabplatte stilistisch eng verwandt sind. Zudem hat Lindenau das Portal neben der Tordurchfahrt im Westflügel des Merseburger Schlosses und weitere seiner festen Schlösser mit ähnlichen Reliefs der Bistumspatrone ausstatten lassen, worauf erhaltene Beispiele in Lützen und das 1536 datierte Johannes-Relief am Schloss Bad Lauchstädt[119] hinweisen.

Ulrich Creutz ist also durchaus als Hofkünstler des letzten katholischen Merseburger Bischofs anzusehen.[120] Bedenkt man, dass der Stil der Figuren des Kunigundenretabels den Schrankenreliefs immer noch stark ähnelt[121] – man vergleiche nur die Pagenköpfe, die Gewandfalten der hl. Kunigunde und der Diakone an den Schranken oder die Armhaltung des hl. Johannes Ev. mit der des hl. Maximus an der südlichen Schranke –, und dies bei einem zeitlichen Abstand von fast 20 Jahren, so stellt sich die Frage, ob man gerade zwischen 1526 und 1535 einen Wechsel vom Vater zum Sohn erkennen sollte, wie er angesichts der langen Tätigkeit der Werkstatt natürlich denkbar wäre und auch früher schon ins Kalkül gezogen wurde. Bereits Rolf Hünicken hatte darauf aufmerksam gemacht, dass die Laurentius-Darstellungen an Kanzel und Hortus-Conclusus-Retabel so nahe bei den Schranken-Reliefs anzusiedeln seien, dass man darin ebenfalls Arbeiten des Meisters sehen solle. Da die Kanzel jedoch qualitätvoller sei, sah er hier den „Lehrer" des von ihm als Blechschmidt identifizierten Künstlers am Werk.[122]

Dass es zwei im selben Beruf tätige Mitglieder der Familie Creutz gegeben haben muss, ist freilich nicht von der Hand zu weisen, konnte doch Franz Bischoff einen in Würzburg ansässigen und schon 1482/83 mit dem Bau der Mainbrücke erwähnten Steinmetzen Creutz von Ach in die Diskussion einführen.[123] Dieser hat als Signaturen eben diesen Namen und das identische Steinmetzzeichen auf dem Grabmal des 1488 verstorbenen Grafen Friedrich II. von Henneberg in Römhild hinterlassen.[124] Schon bei Bischoff hätte die Lebensarbeitszeit des einen Ulrich Creutz 54 Jahre umfasst,[125] zieht man nun die Nennung 1543 hinzu, so sind es bereits 61 Jahre. Das ist undenkbar – und im Gegenzug wird hier offenkundig, dass Steinmetzzeichen vererbt werden konnten, wie es auch sonst, freilich selten, vorkommt.[126] Am wahrscheinlichsten ist es also, dass der in Merseburg tätige Ulrich Creutz der Sohn ist, der bei seinem Vater „Creutz von Ach" – ein Vorname wird nirgends erwähnt! – in Würzburg gelernt hat. Er übernahm das Meisterzeichen und signierte in Kaaden, wahrscheinlich auch, um sich abzusetzen, mit „Ulrich Creutz". Die Merseburger Befunde und Quellen deuten schon seit etwa 1515 auf einen größeren Werkstattbetrieb in Freyburg.

Im Licht dieser Überlegungen stellen sich nun die böhmischen Aktivitäten des Creutz anders dar als dies früher, insbesondere von Josef Opitz, dem Altmeister der Erforschung nordböhmischer Kunst, gesehen wurde.[127] Der nun sehr gut beschreib- und wieder erkennbare, teilweise an Riemenschneider orientierte Stil lässt die früheren Zuschreibungen im Raum Kaaden und Aussig obsolet erscheinen. Es ist sogar denkbar, dass der Kaadener Auftrag schon von Freyburg aus erledigt wurde, wobei durch das Signieren die Urheberschaft ganz besonders betont werden sollte. Allerdings findet sich an prominenter Stelle in Böhmen zumindest noch ein weiteres Werk, das den Creutz-Stil zeigt und das doch auf einen Aufenthalt des Schnitzers in Böhmen hindeuten könnte: das Relief der hl. Barbara im rechten Flügel des bis 1905 von Ludwig Láb-

ler nach der Beschreibung des Jesuiten-Paters Jan Kořínek rekonstruierten Hochaltarretabels der Barbarakirche von Kuttenberg (Kutná Hora; Abb. 270, 271).[128] Gesichtstyp und Falten entsprechen den Vergleichsbeispielen in Halle und Merseburg so sehr, dass keinesfalls an eine zufällige Übereinstimmung zu denken ist, ebensowenig an die absichtliche Kopie räumlich weit entfernter Vorbilder durch einen historistischen Schnitzer des 19. Jahrhunderts. Dennoch dürfte es sich bei dem heute in Kuttenberg befindlichen Relief um eine – ziemlich getreue – Kopie handeln: Glücklicherweise hat Emanuel Leminger eine Fotografie des Originals im Vorzustand abgebildet (Abb. 23),[129] und bei einem Vergleich zeigen sich kleine, aber entscheidende Abweichungen. Dass der Laubwerkbaldachin und mit ihm der ganze Rahmen ergänzt wurden, ist nicht ausschlaggebend; auch die Zacken der Krone können sorgsam ergänzt worden sein. Auffällig ist hingegen die Tatsache, dass das Gesicht der Heiligen auf der alten Aufnahme rundlicher, weniger gelängt wirkt als heute; die Brauenbögen schwingen nicht ganz so gleichmäßig nach oben wie bei dem Relief in seiner heutigen Fassung. Das Foto bei Leminger konnte ziemlich genau en face aufgenommen werden, da das Relief damals noch nicht wieder in einen Retabelkontext eingefügt war. So kommt es hier gerade nicht zu einer Verkürzung, eine verunklärende Verzerrung ist auszuschließen. Mir scheint, dass es auch bei der Form der Öffnungen des Turms, bei der Ausformung der Haarlocken oder bei der Zahl der senkrechten Röhrenfalten an Barbaras Unterkleid zu leichten Abweichungen kam. So dürften wir es, wie gesagt, in der Barbarakirche mit einer Kopie zu tun haben, die aber insgesamt das Stilbild recht getreu wiedergibt. Für die übrigen Flügelreliefs in Kuttenberg, insbesondere die der weiblichen Heiligen, war das der hl. Barbara das stilistische Vorbild.

Jaromir Homolka hat zu Recht gefragt, ob die Barbara überhaupt von dem einstigen, 1502–1504 errichteten[130] Hochaltar stammen müsse.[131] Freilich könnte gerade deren von Riemenschneider herkommender Stil als Argument dafür angeführt werden, scheint doch die Schreinszene von dem gleichzeitig gefertigten Rothenburger Heilig-Blut-Retabel (Figuren 1501–1505) übernommen gewesen zu sein – vor dem Ersatz des spätgotischen Retabels durch einen Barockaltar im Jahre 1673 zeigte sie ein bewegtes Abendmahl, dessen Figuren wie auf einer Bühne agierten.[132] Dies spräche dafür, dass der seit 1499 in Kuttenberg

Abb. 270: Hl. Barbara, Original, Hochaltarretabel, St. Barbara, Kuttenberg. Foto: Leminger 1926.

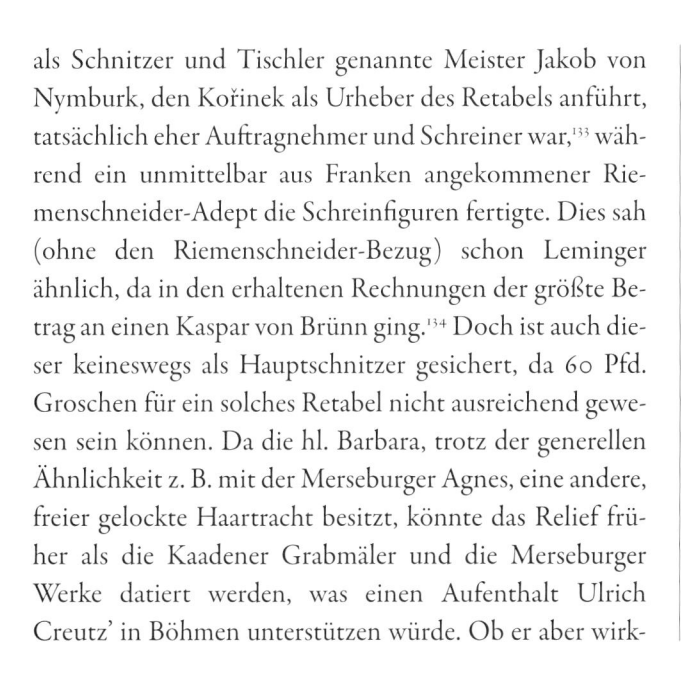

Abb. 271: Hl. Barbara, Kopie, Hochaltarretabel, St. Barbara, Kuttenberg. Foto: Jan Kulich.

als Schnitzer und Tischler genannte Meister Jakob von Nymburk, den Kořinek als Urheber des Retabels anführt, tatsächlich eher Auftragnehmer und Schreiner war,[133] während ein unmittelbar aus Franken angekommener Riemenschneider-Adept die Schreinfiguren fertigte. Dies sah (ohne den Riemenschneider-Bezug) schon Leminger ähnlich, da in den erhaltenen Rechnungen der größte Betrag an einen Kaspar von Brünn ging.[134] Doch ist auch dieser keineswegs als Hauptschnitzer gesichert, da 60 Pfd. Groschen für ein solches Retabel nicht ausreichend gewesen sein können. Da die hl. Barbara, trotz der generellen Ähnlichkeit z. B. mit der Merseburger Agnes, eine andere, freier gelockte Haartracht besitzt, könnte das Relief früher als die Kaadener Grabmäler und die Merseburger Werke datiert werden, was einen Aufenthalt Ulrich Creutz' in Böhmen unterstützen würde. Ob er aber wirklich bereits im ersten Jahrzehnt den Barbara-Hochaltar in Kuttenberg geschaffen hat, muss offen bleiben. Wenn Creutz aber diesen Auftrag für die ambitionierte Barbarakirche erhielt, so kann er nicht völlig unbekannt oder ein Arbeit suchender ‚Wanderkünstler' gewesen sein. Angesichts der stilistischen und insbesondere auch der modischen Nähe zu den Merseburger Werken scheint es mir letztlich wahrscheinlicher, dass Creutz erst in der Mitte des zweiten Jahrzehnts für Kuttenberg tätig war, für einen anderen, möglicherweise deutlich kleineren Altar.

Auch später nahm Creutz offenkundig Aufträge weit entfernter Stifter an – denn in Halle erhielten andere die heiß begehrten Aufgaben, Kardinal Albrecht war eben als Mäzen von grundsätzlich anderem Kaliber als Adolf von Anhalt, der von seiner Kanzel herab tatsächlich eher Verkündigung betreiben wollte. So findet sich in den juristischen Akten in Halle der Hinweis, Creutz habe eine Zeit lang in Nordhausen gearbeitet.¹³⁵

Dies alles passt zu der anhand der Kanzelreliefs formulierten These: In der Creutz-Werkstatt wurden offensichtlich Riemenschneider'sche Vorlagen verwendet, doch ist es zweifelhaft, dass der leitende Bildhauer wirklich bei dem berühmten Meister in Würzburg seine Ausbildung erhalten hatte. Er dürfte damit geworben haben, dessen Manier zu beherrschen, denn unbekannt war der für den Würzburger Fürstbischof tätige Riemenschneider in den Kreisen der geistlichen Fürsten gewiss nicht. So hat der spätere Bischof Adolf von Anhalt bei seiner Reise nach Bamberg 1513, von der er weitere Reliquien des hl. Kaisers Heinrich II. mitbrachte, gewiss dessen neues Hochgrab im dortigen Dom gesehen, das der Würzburger Bildhauer soeben vollendet hatte. Aber letztlich war es weniger Riemenschneiders spezifischer Stil, der im Magdeburg der Jahre vor 1502, in Halberstadt um 1510 oder im Merseburg der 10er Jahre gewünscht wurde – und auf keinen Fall wurde er es im Halle des Kardinals Albrecht der 1520er Jahre! Gewollt war eher eine Skulptur auf der Höhe der Zeit, für die von außen her Kräfte angeworben werden mussten. Und auf diesem Parkett bewegten sich Künstler aus dem Umfeld Riemenschneiders eine Zeit lang ganz erfolgreich. Die in Halberstadt und Magdeburg tätigen Riemenschneider-Schüler sind jedoch jeweils nach relativ kurzer, intensiver Tätigkeit nicht mehr nachweisbar. Ulrich Creutz schaffte es, eine Werkstatt zu etablieren, die ihren Höhepunkt in den Jahren vor 1520 hatte; nach den Querelen mit Kardinal Albrecht scheint es ihm immerhin gelungen zu sein, bei verschiedenen Auftraggebern in albertinischen wie in ernestinischen Landen sein Dasein zu sichern, die wichtigste Stütze dabei waren die letzten katholischen Bischöfe von Merseburg.

Anmerkungen

1 Zuletzt Thiel 2006.
2 Vgl. Gerstenberg 1932; Bier 1933.
3 Pinder 1929, S. 415.
4 Vgl. Pinder 1929, S. 414f. Obwohl Pinder ziemlich vorsichtig formuliert hatte, kritisierte Busch 1931, S. 43, solche Thesen zu Recht (wenngleich letztlich nicht unter konsequenter Aufgabe der Vorstellung, die Stammesgebundenheit der Kunst doch irgendwann noch plausibler belegen zu können): „von dem ‚Charakter' der Werke und einem sehr mystischen Stammesstilbegriff aus kann man seine [Riemenschneiders] sächsische Herkunft kaum beweisen." – „Was gibt es denn für Werke, die früher als Riemenschneiders Schöpfungen sind und deren Wesensart schon verwandt wäre?"
5 Gerstenberg 1932, S. 18.
6 Vgl. Brandl/Forster 2011 I, S. 386–398 (Markus Hörsch).
7 Vgl. Giesau 1936, S. 36. – Ich danke Christian Forster herzlich für die vielen Hinweise und den regen Gedankenaustausch zum Magdeburger Dom.
8 Vgl. Koch 1815, S. 4.
9 Greischel 1929, S. 42f.
10 Vgl. Rosenfeld 1910, S. 148; Eversmann 1995, S. 36.
11 Vgl. Brandt 1850, S. 41.
12 Vgl. Eversmann 1995, S. 36.
13 Vgl. Hertel 1888, S. 373, 376.
14 Vgl. Redlich 1900, S. 125; Eversmann 1995, S. 37.
15 Eine Figur, der hl. Paulus, wurde im Zweiten Weltkrieg zerstört, ebenso die Köpfe des Petrus und Bartholomäus in der oberen Reihe sowie das Wappen unter dem Salvator, vgl. Abb. 1, die den Umfang der Schäden dokumentiert.
16 Sein Entwerfer und Baumeister – Meister Michel? – verewigte sich vielleicht an der untersten, zentralen Stelle des mittleren Strebepfeilers, vielleicht dort, wo er die Arbeit übernahm, mit einem Wappenschild, das ein Meisterzeichen in Form eines Doppelkreuzes trug (heute abgegangen).
17 Vgl. Mock 2007.
18 Vgl. ausführlicher Brandl/Forster 2011 I, S. 386–398 (Markus Hörsch).
19 Die rüstungstechnischen Details wie den hohen Kinnschutz und die Beintaschen hat schon Suckale-Redlefsen 1987, S. 210, Kat.-Nr. 95, auf etwa 1505 datiert; wie wir nun wissen, ist ein um wenige Jahre früherer Ansatz noch angemessener.
20 Vgl. Greischel 1929, Abb. 126, 127, 138.
21 Vgl. Greischel 1929, Abb. 151.
22 Vgl. Greischel 1929, Abb. 136. Der Kopf wurde im Zweiten Weltkrieg zerstört.
23 Es scheinen hier Frühformen jener noch extremer stilisierten Haartrachten greifbar, wie sie später an obersächsischen (Freiberger Apostelzyklus) und lausitzischen Beispielen (Hochaltar der Stadtpfarrkirche von Kamenz) zu finden sind.
24 Vgl. Kalden-Rosenfeld 2001, S. 55, Abb. 64. Die Originale befinden sich heute im Mainfränkischen Museum, Würzburg.
25 Vgl. Greischel 1929, Abb. 134.
26 Vgl. Greischel 1929, Abb. 151.
27 Vgl. Greischel 1929, Abb. 135.
28 Vgl. Greischel 1929, Abb. 130, S. 143.
29 Vgl. Greischel 1929, Abb. 132, S. 133, 144.
30 Vgl. Greischel 1929, Abb. 137. Bartholomäus trägt als Einziger Schuhe, da die Legende berichtet, er habe jahrelang seine Kleider nicht wechseln müssen.
31 Vgl. Kalden-Rosenfeld 2001, S. 136, Abb. 209.
32 Vgl. Greischel 1929, Abb. 129, S. 139.
33 Vgl. Kalden-Rosenfeld 2001, S. 136, Abb. 203.
34 Vgl. Greischel 1929, Abb. 128, S. 141.
35 Vgl. Kalden-Rosenfeld 2001, S. 55, Abb. 64; S. 56, Abb. 65.
36 Inv.-Nr. MA 1334. Vgl. Bier 1933, S. 164; Kat. Tilman Riemenschneider 2004, S. 325, Kat.-Nr. 60.
37 Vgl. Greischel 1929, Abb. 131, S. 142.
38 Zumindest die Muschel müsste vorhanden gewesen sein.
39 Vgl. Kalden-Rosenfeld 2001, S. 136, Abb. 208.
40 Vgl. Kalden 1990, S. 116f. 1497–1499 wurden Steine geliefert; 1506 wurden die Skulpturen aufgestellt. Da die Figuren nur mit zehn Gulden pro Stück bezahlt wurden, wird seit jeher angenommen, dass sie hauptsächlich von Gesellen gearbeitet wurden. Vgl. Kat. Tilman Riemenschneider 2004, S. 318, Abb. 271; Buczynski 2004.
41 Vgl. Bier 1933, S. 164, Abb. 5.
42 Vgl. Brandl/Forster 2011 II, S. 835f. (Markus Hörsch).

43 Vgl. Brandl/Forster 2011 II, S. 833f. (Markus Hörsch).
44 So auch Suckale-Redlefsen 1987, S. 106, in Bezug auf den hl. Mauritius vom Nordportal. Ebd., S. 210f., Kat.-Nr. 96, wird die Halberstädter Katharina (Flemming/Lehmann/Schubert 1990, Abb. 101) freilich als „Schulwerk" des Magdeburger Meisters bezeichnet. Daraus wird eine Datierung der Magdeburger Skulpturen vor 1509 (dem Datum der Halberstädter Katharina) abgeleitet. Das Verhältnis scheint mir aber loser und in jedem Falle umzukehren: Die Magdeburger Katharina zeigt in allem die großzügigeren Lösungen, bei den einfacheren, frei nach außen schwingenden Haaren oder den nunmehr fast knitterfreien Falten. Sie ist wesentlich weiter von Riemenschneider entfernt. Die schlankere Proportionierung und dabei freiere Haltung der Magdeburger Skulpturen zeigt sich auch bei dem Vergleich der beiden Mauritiusfiguren hier und in Halberstadt. Dass es sich um einen in Magdeburg mehrfach beschäftigten Meister von ziemlich homogenen Form-Gewohnheiten handelt, beweisen die Madonna in der Großen Sakristei und eine hl. Anna Selbdritt im Bischofsgang des Domes. Vgl. Brandl/Forster 2011 II, S. 830f..
45 Eindeutiger ist der Fall des Sippenretabels in der Johanniskirche von Werben an der Elbe, das 1513/14 von dem Maler Helmeke Horneborstel aus Hamburg geliefert wurde und eine Orientierung an Riemenschneider'schen Typen erkennen lässt, vgl. Markwald-Lutze 1904, S. 233. Ob Horneborstel freilich auch der Schnitzer war, wie die Forschung allzu unkritisch annimmt, muss offen bleiben (zuletzt Witt 2008, S. 426). Dass dieser zumindest einige Zeit für Horneborstel in Hamburg tätig war, dafür spricht nach Witt 2008, S. 426, Abb. 15, das stilistisch verwandte Beweinungsretabel in St. Jürgen in Heide. Zu den diversen Riemenschneider-Rezeptionen in Norddeutschland bisher Richter 2007.
46 Suckale-Redlefsen 1987, S. 211, vermutet in der Katharinenfigur ein „Schulwerk" des Meisters der Skulpturen der Dompatrone am Nordportal des Magdeburger Domes. Zu diesen und verwandten Werken Brandl/Forster 2011 II, S. 835f. (Markus Hörsch).
47 Vgl. Flemming/Lehmann/Schubert 1990, S. 51–53, Abb. 95.
48 Vgl. Fuhrmann 2009, S. 219f., Nr. 164.
49 Als Todesdatum Quirres, der aus Braunschweig stammte, wird 1463 angegeben. Am Braunschweiger Dom St. Blasius findet sich über dem Nordportal das Quirre-Wappen mit der Jahreszahl 1469. Die Portalanlage ist somit eine Stiftung des welfischen Kanzlers und Braunschweiger Stiftsherren Ludolf Quirre.
50 Auch wenn sie aus etwas hellerem Material besteht und nachträglich in den alten Dienst und den Pfeilerkern eingeklinkt wurde. An zentraler Stelle ist am oberen Abschlussprofil der Konsole etwas abgeschlagen worden.
51 Vgl. Marchand 1925/26, S. 317.
52 Geteilter Schild, wobei die untere Hälfte homogen war, die obere viergeteilt, jeweils abwechselnd mit einer Mauerstruktur und Ornamenten in sehr dunkler Farbigkeit, welche es mir unmöglich macht, auf den Schwarz-Weiß-Abbildungen die bei Fuhrmann 2009, S. 220, Anm. 3, erwähnten Büffelhörner zu erkennen.
53 Vgl. Fuhrmann 2009, S. 219, Nr. 163.
54 Bei Flemming/Lehmann/Schubert 1990, Abb. 106, steht die Figur vor einer flachen Wand, was ihr weitaus angemessener scheint als die seltsam verkeilte Stellung am Pfeiler, die ihre geringe Körperlichkeit erst so recht zur Geltung bringt. Auch ist der Standort viel zu hoch für die recht kleine Figur.
55 Vgl. Fuhrmann 2009, S. 207f., Nr. 156; Flemming/Lehmann/Schubert 1990, Abb. 29, S. 105.
56 Vgl. Doering 1902, S. 292.
57 Vgl. Doering 1902, S. 292. Weniger eine Devise, als vielmehr ein Aufruf zur Spendenfreude war die bei Fuhrmann 2009, S. 207, wiedergegebene, im 18. Jahrhundert noch lesbare Inschrift „Postulo tantum humilitatem" (Haber ²1739, S. 18), da sich unterhalb der Figur ein Opferstock befand.
58 Vgl. Dipl. Norv. XVII, ed. Storm 1902–13, S. 638, Nr. 754 v. 26.08.1492. [Online-Ressource: http://www.dokpro.uio.no/perl/middelalder/diplom_vise_tekst.prl?b=14803&s=638&str=63 (15.11.2010)]. Ebd., XVII, 644, Nr. 758 v. 23.10.1492. [Online-Ressource: http://www.dokpro.uio.no/perl/middelalder/diplom_vise_tekst.prl?b=14808&s=64 (15.11.2010)]. Jelić 1891, 183f., Nr. IV. Eine Liste der Bischöfe von Grönland bei Jelić 1895. – Bei Wikipedia [http://de.wikipedia.org/wiki/Gadara_(Titularbistum)] und Catholic Hierarchy [http://www.catholic-hierarchy.org/diocese/d2g06.html] wird Matthias Kanuti (09.07.1492–1506) irrig als Titularbischof von Gadara geführt, und zwar desjenigen in der römischen Provinz Palaestina II in der Kirchenprovinz Scythopolis, das mit dem heutigen Umm Qais in Jordanien identifiziert wird. Der Wortlaut der o. g. Quellen lässt aber keinen anderen Schluss zu, als den, dass Alexander V. (VI., reg. 1492–1503) als Nachfolger Papst Innozenz' VIII. (reg. 29.08.1484–25.07.1492), eine Rechristianisierung Grönlands mithilfe des neu ernannten Bischofs („venerabilem fratrem nostrum Mathiam electum Gadensem ordinis s. Benedicti de observantia professum ad nostram instantiam") in Angriff nehmen wollte („pro deviatorum et renegatorum mentibus ad viam salutis eterne reducendis et erroribus huiusmodi eradicandis vitam suam periculo permaximo sponte et libere submictendo navigio etiam personaliter proficisci intendentem eidem episcopum prefecit et pastorem").
59 Vgl. Pilvousek 1996.
60 Vgl. Pilvousek 1996. 1501 stiftete er einen bis heute erhaltenen Messkelch, vgl. Fuhrmann 2009, S. 208f., Nr. 157.
61 Vgl. Walther 1735, S. 54f.; Eubel 1898/1901, S. 174f.; Fuhrmann 2009, S. 208f.
62 1504 erwarb er im Auftrage Ernsts in Riddagshausen Reliquien, vgl. Mock 2007, S. 223; Fuhrmann 2009, S. 209.
63 Ein Nachfolger als Halberstädter Weihbischof tritt allerdings erst 1514 mit Heinrich Lencker auf. Pilvousek 1996. Als nächster Bischof von Gardar, „in insula Gronlandia sub metropoli Nidrosiensi ab infidelibus detenda certo modo vacante ad instantiam et preces Regis Dati", wurde erst 1519 der Minorit Vincentius Peterssøn berufen, vgl. Dipl. Norv. XVII, ed. Storm 1902–13, S. 1167, Nr. 1185 v. 20.06.1519 [Online-Ressource: http://www.dokpro.uio.no/perl/middelalder/diplom_vise_tekst.prl?b=15248&s=1164 (15.11.2010)].
64 Vgl. Flemming/Lehmann/Schubert 1990, Bildunterschrift Abb. 105.
65 Vgl. Fuhrmann 2009, S. 217–219, Nr. 162.
66 Die Familie, heute Stutterheim geschrieben, ursprünglich auf der Burg in Stotternheim bei Erfurt ansässig, war Anfang des 16. Jahrhunderts bereits nach Erfurt selbst gezogen, erlangte aber auch umfangreichen Besitz in der Mark Brandenburg.
67 Vgl. Doering 1902, S. 294 (ohne genauere Einordnung). Begraben wurde er wohl in der Liebfrauenkirche, denn dort findet sich die Grabplatte mit der frontalen Darstellung des Verstorbenen unter einem Baldachin für den „capitaneus olim diocesis halberstedensis", Doering 1902, S. 351 (H. 1,91 m, B. 1,04 m).
68 Friedrich ist seit 1460 belegt, vgl. LHASA Magdeburg, Rep U 5, XVI-If., Nr. 274; Fuhrmann 2009, S. 218. 1480 erscheinen Gebhard und Friedrich von Hoym, Halberstädter Stiftsadelige, am Hof Erzbischof Ernsts von Magdeburg, vgl. Scholz 1998, S. 334. 1494 tritt in den Quellen ein Hauptmann dieses Namens auf. Codex diplomaticus brandenburgensis. [Online-Ressource: http://www.archive.org/stream/codexdiplomatic50riedgoog/codexdiplomatic50riedgoog_djvu.txt (15.11.2010)]. Friedrich d. J. residierte auf Ermsleben, wo er 1492 und 1495 Altar und Stundengebet stiftete und hatte zeitweilig Langenstein und Oschersleben als Pfandbesitz inne, vgl. Fuhrmann 2009, S. 218f.

69 Vgl. Flemming/Lehmann/Schubert 1990, S. 52.
70 Stilistisch verwandt sind auch einige Skulpturen in der Liebfrauenkirche, so vor allem die eine der beiden Annenfiguren und der hl. Andreas, vgl. Flemming/Lehmann/Schubert 1990, S. 52. Qualitativ schwächer und etwas verschieden wirken der im Buch lesende hl. Johannes Ev., der heute als Träger der Domkanzel fungiert, und der hl. Diakon in der Liebfrauenkirche. Zu dieser Untergruppe (denn eine Zusammenarbeit mit dem ‚Riemenschneider-Schüler' ist durchaus wahrscheinlich, betrachtet man die stilistische ‚Gesamthaltung' und die Konsolen in der Liebfrauenkirche) gehören auch der hl. Liborius der Liebfrauenkirche und die zweite Anna Selbdritt. Wieder andere, entfernt bayerisch wirkende Stilelemente zeigen die Muttergottes und der hl. Christophorus ebendort. Der mit der ‚Riemenschneider-Gruppe' in Verbindung gebrachte Schmerzensmann an einem Nordpfeiler des Domes zeigt eher Verwandtschaft mit den letzteren, auf keinen Fall steht er Figuren wie dem Stephanus oder der Katharina des Domes nahe.
71 Fuhrmann 2009, S. 218, vermutet in Anschluss an Hermes 1896, S. 28, hier sei möglicherweise ein Stationsweg geplant gewesen.
72 Vgl. Kalden-Rosenfeld 2001, S. 60, Abb. 73; S. 130, Kat.-Nr. 29.
73 Vgl. Kat. Tilman Riemenschneider 2004, S. 317, Abb. 270.
74 Vgl. Flemming/Lehmann/Schubert 1990, Abb. 94; Fuhrmann 2009, S. 222, Nr. 167.
75 Die zugehörige Konsole zeigt über einer waagrecht nach vorn stoßenden Jungfrauenbüste das Rosenwappen der von Marenholtz. Die Figur ist also eine Stiftung des Halberstädter Domherrn und späteren Domdekans Johannes von Marenholtz, der zugleich Magdeburger Domherr war, vgl. Urkunde vom 11.12.1508, UBStadtMagd III, S. 795, Nr. 1422; Wentz/Schwineköper 1972 I, S. 391; vgl. Giesau 1929, S. 45.
76 Vgl. Fuhrmann 2009, S. 229f., Nr. 176.
77 Die Inschrift auf dem Schild: „GLO(R)IOSA THEBEORU(M) / MARTIRU(M) CERTAMI(N)A". – An der Konsole: „BEAT(US) MA(U)RICI(US) HAC OR(ATI)O(N)E LEGIO(N)E(M) S(A)NCTA(M) ALLOQUITUR: GRATULO(R) VIRTUTI V(EST)R(A)E QUOD N(U)LLAM VOBIS I(N)TULIT / CAESARIS PR(A)ECEPTU(M) FORMIDINE(M) V(ERSICULUS) BENEDICT(US) DE(US) (ET) P(ATE)R D(OMI)NI N(OST)RI IH(ES)V XPI (CHRISTI) QUI TANTA(M) VOB(IS) / ANIMI CO(N)TULIT CO(N)STA(N)CIA(M) I. 5. 13 M°. V°. XIII. / SEBASTIANVS NOBILIS DE PLOTE", vgl. Doering 1902, S. 264.
78 Vgl. Fuhrmann 2009, S. 229f.
79 Vgl. Pauli 1761, S. 473. Vgl. zu Velteim Wentz/Schwineköper 1972 I, S. 561; Schmidt 1912.
80 Von Magdeburger Seite waren die geistlichen Abgesandten Joachim von Klitzing, Dompropst von Hamburg und Kantor von Magdeburg, und Busso von Alvensleben sowie Eitelwolf von Stein, der mit seiner Frau Margaretha in die Bruderschaft aufgenommen wurde. Nur Levin von Velteim war schon zuvor deren Mitglied gewesen.
81 Vgl. Liber confraternitatis B. Mariae de Anima Teutonicorum de Urbe quem rerum Germanicarum cultoribus offerunt sacerdotes aedis teutonicae, Rom 1875, S. 42f.; Schulte 1904 I, S. 93; Schmidt 1892, S. 359.
82 Fuhrmann 2009, S. 230, äußert den Gedanken, die Stiftung der Figur könnte auch mit dem Amtswechsel des Stifters zu tun haben. Im vorliegenden Fall ist dies unwahrscheinlich, da Sebastian schon Jahre vorher Amtsträger in Magdeburg geworden war. Generell wäre es eine eingehendere Untersuchung wert, ob dies – bei der Ämterhäufung und häufigem Amtswechsel geistlicher Dignitäre im späten Mittelalter – ein Stiftungsanlass war.
83 Vgl. Kat. Zwischen Kathedrale und Welt 2004, S. 140–142, Kat.-Nr. III.23/24 (Heiko Brandl).
84 Es fragt sich, weshalb man diese Jahreszahl mit Skepsis aufnehmen sollte (vgl. ebd., S. 142): Das Portal war ein höchst geeignetes Jubiläumsgeschenk, begonnen unter Bischof Thilo von Trotha (1466–1514), vollendet unter seinem Nachfolger Adolf von Anhalt, wie auch die Wappen unmissverständlich kundtun.
85 Vgl. Cottin/John/Kunde 2008, S. 162f., Kat.-Nr. I.27 (Markus Hörsch). – Zu erwähnen auch die Darstellung des hl. Laurentius als Merseburger Dompatron auf dem Riemenschneider'schen Grabmal Heinrichs II. und Kunigundes im Bamberger Dom.
86 Vgl. Cottin/John/Kunde 2008, S. 179f., Kat.-Nr. I.35 (Markus Leo Mock).
87 Vgl. Ramm 1977, S. 12.
88 Vgl. Krause 1977, S. 201.
89 Vgl. Krause 1977, S. 200.
90 So schon Krause 1977, S. 202.
91 Vgl. Cottin/John/Kunde 2008, S. 119–121, Kat.-Nr. I.11 (Franz Bischoff).
92 Vgl. Cottin / John / Kunde 2008, 118f., Kat.-Nr. I.10 (Franz Bischoff). Hünicken 1936, S. 37, schreibt, am Rahmen des Bünau-Epitaphs habe Ludwig Binder gearbeitet, der die dekorativen Sockelstücke der Wendeltreppe des Domes in Halle/Saale geschaffen habe. Dieser war wohl Sohn des am dortigen Dom tätigen Architekten Sebastian Binder. 1533 ist Ludwig in anhaltinischen Landen nachweisbar, damals aber erst 21 Jahre alt, was ausschließt, dass er in Merseburg so viele Jahre früher tätig war. Vgl. ausführlich Neugebauer 2010, S. 219–223.
93 Vgl. Bischoff 2006, S. 349. Zu Schreibweisen des Namens, vgl. ebd. sowie Allgemeines Künstlerlexikon. Die bildenden Künstler aller Zeiten und Völker, Bd. 22, München u. a. 1999, S. 224.
94 Vgl. Krause 1977, S. 203; vgl. ebd., S. 201: Steinmetzzeichen Nr. 89, das sich auf den Rahmensteinen des Bünau-Epitaphs findet.
95 StA Nördlingen, Kirchenrechnungen St. Georg 1512–1522, fol. 2v. Vgl. Wulz 1934/35, S. 58; Bischoff 2006, S. 348; zu Weyrer, vgl. Bischoff 1999, S. 369–374.
96 Vgl. Wolf 1957, S. 145f., 165.
97 StA Nördlingen, Kirchenrechnungen St. Georg 1512–1522, fol. 38v. Vgl. Bischoff 2006, S. 348.
98 Vgl. Cottin/John/Kunde 2008, S. 141–143, Kat.-Nr. I.19 (Markus Cottin).
99 Vgl. Schmid 1977, S. 79f.; Bischoff 2006, S. 349.
100 Vgl. Deckert 1935, S. 28f., Abb. 52; Kat. Zwischen Kathedrale und Welt 2004, S. 270, Kat.-Nr. VII.12 (Markus Hörsch); Cottin/John/Kunde 2008, S. 116f., Kat.-Nr. I.9 (Markus Hörsch).
101 1883 stand die Figur auf der nach Osten gewandten Konsole am nordwestlichen Langhauspfeiler. 1935 gelangte sie auf eine Steinsäule im Südseitenschiff der Vorhalle, was wohl kaum der ursprüngliche Platz ist.
102 Vgl. Deckert 1935, S. 25f.; Otte/Burkhardt/Küstermann 1883, S. 142f.; Ramm ³1993, S. 34f., 36f.; Kat. Zwischen Kathedrale und Welt 2004, S. 146f., Kat.-Nr. III.27 (Markus Hörsch); Cottin/John/Kunde 2008, S. 151–153, Kat.-Nr. I.22 (Markus Hörsch).
103 Vgl. Deckert 1935, S. 23; Otte/Burkhardt/Küstermann 1883, S. 142f.; Ramm ³1993, S. 34; Kat. Zwischen Kathedrale und Welt 2004, S. 144–146, Kat.-Nr. III.26 (Markus Hörsch); Cottin/John/Kunde 2008, S. 153–156, Kat.-Nr. I.23 (Markus Hörsch).
104 Vgl. Kat. Zwischen Kathedrale und Welt 2004, S. 172f., Kat.-Nr. III.41 (Markus Leo Mock); Cottin/John/Kunde 2008, S. 179f., Kat.-Nr. I.35 (Markus Leo Mock).
105 Vgl. Kat. Tilman Riemenschneider 2004, I, S. 248, Kat.-Nr. 5, Abb. 201.
106 Vgl. Kat. Tilman Riemenschneider 2004, I, S. 252, Kat.-Nr. 9, Abb. 207.
107 Vgl. Kestel 1998, Abb. 7, 8; Schellenberger 2005, S. 65, Anm. 390, sieht in der Madonna eine ikonographische Rezeption der Madonna vom Baldachin der Freiberger Tulpenkanzel.
108 Inv.-Nr. Pl. 30a, b, vgl. Rodekamp 2006, S. 75 (Ulrike Dura). – Hier wird das Retabel dem ‚Meister von Podelwitz' zugeschrieben, der heute mit Stefan Hermsdorf identifiziert wird. Richtig ist, dass die

109 Köpfe der reliefierten Apostel von der Marientod-Darstellung des Eutritzscher Retabels (Inv.-Nr. Pl. 30e) tatsächlich Entsprechungen am Podelwitzer Retabel finden. Dies könnte darauf hindeuten, wo dessen Meister gelernt haben könnte – nämlich bei Ulrich Creutz.
109 Letztlich geht die etwas grimmige Mimik wieder auf einen Riemenschneider'schen Typus zurück, den Robert Suckale u. a. für das Grabmal Bischof Rudolfs von Scherenberg im Würzburger Dom beschrieben hat, vgl. Suckale 2004.
110 Sie ist allerdings größtenteils die Erstfassung des Retabels, das vom Schnitzer weitgehend ungefasst geliefert wurde, vgl. Runge 2003, S. 52. Andeutungsweise gefasst waren demnach nur die Lippen, die Brauen wurden durch schwarze Linien angedeutet. Eine monochrome Fassung war offenbar nicht vorhanden. Dass das Retabel von Beginn an gefasst werden sollte, zeigt der hl. Stephanus im Gesprenge, der unter der Weißfassung eine vollständige mittelalterliche Fassung trägt: Er war offenkundig ein Probestück. Doch unterblieb die Vollendung des Retabels wohl aus Geldmangel. Erst nach etwa hundert Jahren wurde sie, nun unter protestantischen Vorzeichen, ausgeführt.
111 Eintrag im Hallischen Bürgerbuch am 07.02.1521; vgl. Hünicken 1936, S. 33; Wolf 1957, S. 128f.; Krause 1977, S. 202. Creutz wohnte in der Galgstraße und war „Bornmeister", d. h. Inhaber einer Solquelle oder zumindest von Anteilen an einer solchen, vgl. Bischoff 2006, S. 350.
112 Vgl. Wolf 1957, S. 83–117; Bischoff 2006, S. 352f.
113 Vgl. Bischoff 2006, S. 350f.
114 Vgl. Lewy 1908, S. 22, 49, 55; Hünicken 1936, S. 34; Wolf 1957, S. 162, 177f.; Findeisen/Magirius 1976, S. 54, 139, 153; Bischoff 2006, S. 352.
115 Vgl. Cottin/John/Kunde 2008, S. 107f., Kat.-Nr. I.3 (Klaus Krüger).
116 Vgl. Cottin/John/Kunde 2008, S. 150f., Kat.-Nr. I.21 (Markus Hörsch).
117 Vgl. Cottin/John/Kunde 2008, S. 137–139, Kat.-Nr. I.16 (Markus Hörsch).
118 Vgl. Cottin/John/Kunde 2008, S. 139f., Kat.-Nr. I.17 (Markus Hörsch).
119 Vgl. Hünicken 1936, S. 37. Ein weiteres Johannes-Relief an einem Haus der Promenade in Lauchstädt.
120 Die Zusammenstellung schon bei Hünicken 1936, S. 37f. Der von ihm an den Lindenau'schen Kapellenschranken und am Portal des Westflügels festgestellte Steinmetz Wolf(gang) Blechschmidt, der später als Werkmeister an der Marienkirche in Pirna greifbar ist (vgl. Hofmann 1890, S. 11f.; Bachmann/Hentschel 1929, S. 56, 200, 224), war jedoch nicht der Schöpfer der Reliefs, die nicht bezeichnet sind. Vgl. Krause 1977, S. 209.
121 Auch dies bemerkte schon Hünicken 1936, S. 37f.
122 Vgl. Hünicken 1936, S. 37f. Von dessen Hand sei wohl auch das Grab des Domherrn von Schleinitz in Naumburg († 1525).
123 Vgl. Bischoff 2006, S. 355f.
124 Vgl. ebd., S. 356, 358, Abb. 182.
125 Vgl. ebd., S. 357.
126 So bei Ulrich von Ensingen und seinem Sohn Matthäus Ensinger, vgl. Mojon 1967, S. 22f.; Bischoff 2006, S. 360 (hier in Anm. 70 weitere Beispiele).
127 Vgl. Opitz 1922/1923; ders. 1924.
128 Vgl. Homolka 1984, S. 224–229.
129 Vgl. Leminger 1926, Abb. 105.
130 Vgl. Leminger 1926, S. 218, verweist auf den Jesuiten Kořinek 1675, S. 71f., der schreibt, der 1499 erwähnte Jakub der Schnitzer habe das Retabel in St. Barbara geschaffen.
131 Vgl. Homolka 1984, S. 226.
132 Vgl. Kořinek 1675, S. 71f.
133 So auch Leminger 1926, S. 218. Jakob arbeitete Möbel und Türen für das Rathaus, war auch am ebenfalls weitgehend zerstörten Hochaltarretabel der Kuttenberger Jakobskirche beteiligt. Jakob ist gut belegt, hatte Schulden und allerlei Zwistigkeiten, zog 1526 nach Prag, wo er 1527 durch einen betrunkenen Nachbarn ermordet wurde. Seine Frau wohnte danach weiterhin in Prag, seine Tochter heiratete den Besitzer der Altstädter Mühle Stephan und wurde Mutter des berühmten Humanisten Daniel Adam von Veleslavín, vgl. Leminger 1926, S. 219; Homolka 1984, S. 224.
134 Vgl. Leminger 1926, S. 218.
135 Vgl. Bischoff 2006, S. 350.

SUSANNE WEGMANN

Getragen von Paulus. Das Bildprogramm der Kanzel im Dom zu Magdeburg

Die laut Stiftungsinschrift am Portal 1597 errichtete und vom Nordhäuser Bildhauer Christoph Kapup signierte Kanzel steht innerhalb der Forschung zum Magdeburger Dom zusammen mit der gesamten nachreformatorischen Ausstattung deutlich im Schatten der mittelalterlichen Kunstwerke. Neben der 1998 erschienenen Dissertation von Thomas Ratzka zur „Magdeburger Bildhauerei um 1600" bleibt die Forschungsliteratur zur Magdeburger Kanzel, aber auch zur Kanzel generell, recht überschaubar. Das hauptsächliche Referenzwerk für den lutherischen Predigtstuhl bildet nach wie vor Peter Poscharskys 1963 gedruckte Dissertation „Die Kanzel. Erscheinungsform im Protestantismus bis zum Ende des Barock".[1] Sowohl die vorreformatorischen Kanzeln und ihre Bildprogramme als auch die im Zeitalter der Reformation und Konfessionalisierung entstandenen stellen im Hinblick auf ihre Funktion und Rezeption, hinsichtlich ihrer medialen Strategien und ihrer Einbindung in die theologische Katechese ein Forschungsdesiderat dar. Hier soll der Versuch unternommen werden, am Beispiel der Magdeburger Domkanzel (Abb. 272) das Bildprogramm als Aussage zur lutherischen Predigttheorie zu verstehen. Die Kanzel ist dabei als architektonisches Gebilde und Bildträger vermittelndes Medium in der Kommunikation zwischen Prediger und Predigthörern im lutherischen Kirchenraum.[2]

Kanzeln im Zeitalter der Glaubensstreitigkeiten spiegeln zwar häufig die Reformationsgeschichte, auch die lokalen theologischen Auseinandersetzungen und Entwicklungen, doch nehmen sie in ihren Bildprogrammen nur selten polemisierend Stellung zur altgläubigen Lehre oder zu innerprotestantischen Streitigkeiten. Sie wirken stattdessen positiv Identität schaffend nach innen auf die im Raum versammelte Gemeinde. Die Kanzeln definieren in ihren Bildprogrammen die Grundzüge der Lehre, sie reflektieren über die Bedeutung der Predigt in der Vermittlung dieser Lehre ebenso wie über die Aufgaben und Pflichten von Predigern und Predigthörern gleichermaßen.

Dabei erlangten weder die Predigt noch die Kanzeln erst mit der Reformation eine wichtige Bedeutung für die Katechese. Die protestantische Kanzel hat als Träger ausgefeilter theologischer Programme ihre Ursprünge in vorreformatorischer Zeit, insbesondere im späten Mittelalter.[3] Auch steht die Kanzel im lutherischen Kirchenraum keineswegs in ihrem Rang über dem Altar. Doch bereitet die Predigt der neuen Lehre stets den Boden. Noch bevor die Feier des Abendmahls in beiderlei Gestalt die Einführung der Reformation liturgisch sichtbar manifestiert, ist es die Predigt, die den Wandel vorbereitet. Die Kanzeln sind Orte des Diskurses, des theologischen Streits und schließlich auch der Unterweisung in der neuen Lehre.

Die Errichtung neuer Kanzeln ist Strategie der Vereinnahmung des Raumes. Grundsätzlich standen die Neugläubigen an allen Orten nach Einführung des neuen Glaubens stets vor dem gleichen Problem: ihre Kirche in einem Raum konstituieren zu müssen, der von altgläubigen, „papistischen" Traditionen bestimmt und geprägt war. Als Luther 1544 die Torgauer Schlosskapelle als (einen der wenigen, umstrittener Weise auch den ersten) Neubau weiht, thematisiert er indirekt auch die Problematik der Übernahme „papistischer" Kirchenräume.[4] Nur das Wort Gottes und die reine Lehre vermögen es, den „missbrauchten" Kirchenraum zu reinigen. Einen Raum heiligen und weihen bedeutet für Luther nicht „an den Sprengel und Reuchfass greifen", sondern „Gottes wort rein und heiliglich predige[n]" und „Gottes wort hören und lernen dazu helffen, das es rein gepredigt und erhalten werde". Das „predigt amt ist der Sprengel", Gottes Wort

Abb. 272: Christoph Kapup, Kanzel, 1597, Dom, Magdeburg. Foto: IKARE, MLU Halle.

Abb. 273: Christoph Kapup, Kanzelkorb mit Johannes d. T., Christus Salvator, Verkündigung und Geburt Christi, 1597, Dom, Magdeburg. Foto: Susanne Wegmann.

das Weihwasser und Gebete sind „Weyrauch oder Reuchwerk"[5]. Die Errichtung und Weihe einer lutherischen Kanzel heiligt und weiht den Raum dauerhaft, da hier das Wort Gottes einen dauerhaften und sichtbaren Ort erhält über das Verklingen der Predigt hinaus.

Im Magdeburger Dom war die Kanzel neben den Epitaphien das wichtigste protestantische Ausstattungsstück. Dreißig Jahre nachdem man am Adventssonntag 1567 die erste lutherische Predigt im Dom gehalten und das Abendmahl in beiderlei Gestalt gereicht hatte, war mit der Kanzel das Wort Gottes im lutherischen Sinne auch in der Ausstattung manifestiert.[6] Das Bild- und Inschriftenprogramm der Kanzel beginnt, folgt man dem Aufstieg des Predigers zum Kanzelkorb, am Kanzelportal (Abb. 276) mit der Inschrift auf dem Türsturz. Diese nennt neben der Datierung 1597 auch das Domkapitel und den Domherrnsenior Johann von Bothmar als Stifter der Kanzel, der testamentarisch 500 Gulden für deren Bau verfügt hatte. Darunter sind auf der Tür die Szenen der Transfiguration und Himmelfahrt Christi zu sehen. An der Kanzeltreppe

Abb. 274: Christoph Kapup, Kanzelaufgang mit Sündenfall, Schöpfung des Menschen, Kanzelkorb mit hl. Katharina und Taufe Christi, 1597 (hist. Aufnahme mit heute verlorenen Prophetenfiguren am Kanzelaufgang), Dom, Magdeburg. Foto: IKARE, MLU Halle.

folgen von unten nach oben die Sintflut (Abb. 278), der Sündenfall (Abb. 279) und die Schöpfung des Menschen (Abb. 280). Zwischen den alttestamentlichen Szenen des Treppenaufgangs standen ursprünglich Prophetenfiguren (Abb. 274). Petrus stellt die Verbindung zwischen Kanzeltreppe und Kanzelkorb dar, der von Paulus (Abb. 281) getragen wird.

Den Kanzelkorb umlaufen an der unteren Zone vor allem Reliefszenen des Neuen Testaments, von links nach rechts zur Kanzeltreppe – nach der Figur des Propheten David mit der Leier: die Verkündigung und Geburt Christi (Abb. 282), der zwölfjährige Jesus im Tempel (Abb. 283) und die Taufe. Darüber stehen in Nischen größere, sich aus dem Reliefgrund weit lösende Figuren – wieder von links nach rechts gesehen folgen: Johannes der Täufer (Abb. 284), Christus als Salvator (Abb. 273) sowie die Dompatrone Mauritius (Abb. 285) und Katharina (Abb. 274). Auf die vier Figuren beziehen sich darunter angebrachte Inschriftenkartuschen. Zwischen den Figuren sind vorgerückt auf Postamenten die Evangelisten positioniert.

Auf dem Schalldeckel (Abb. 275) sind schließlich am vorderen Kranz die Wappen und Namen von Stiftern zu erkennen.[7] In vorderster Reihe stehen Prediger (Abb. 286) mit Büchern in unterschiedlicher Gestik. Darüber folgt ein Tugendenzyklus, der neben den drei theologischen Tugenden (Fides, Caritas und Spes) die Figuren von Temperantia, Forditudo und Prudentia umfasst. Sie tragen als Säulen den Baldachin über der zentralen Darstellung des Gnadenstuhls.

Dass das Bildprogramm keine chronologische Bibelnarration darstellt, ist offenkundig. Deutlich werden die

Abb. 275: Christoph Kapup, Kanzel, Schalldeckel, 1597, Dom, Magdeburg. Foto: Susanne Wegmann.

Abb. 276: Christoph Kapup, Kanzel, Portal, 1597, Dom, Magdeburg. Foto: Susanne Wegmann.

Szenen auf die einzelnen architektonischen Bestandteile der Kanzel bezogen, wodurch diesen auch eine allegorische Bedeutung zugewiesen wird. Der Ansatz einer allegorischen Deutung wird zudem von diversen Kanzelweihpredigten gestützt, die für lutherische Kanzeln seit den letzten Jahrzehnten des 16. Jahrhunderts bekannt sind. Zwar ist zur Magdeburger Kanzel selbst keine Weihpredigt erhalten, doch ist beispielsweise für die 1609 unweit von Magdeburg in der Oberkirche Unser Lieben Frauen zu Burg errichtete Kanzel eine solche Weihpredigt überliefert. Auf diese von Petrus Salichius (1556–1635; seit 1548 Pastor in Burg)[8] verfasste und 1612 in Druck gegebene Predigt hat bereits Thomas Ratzka wegen weitgehender Parallelen in der Szenenauswahl der beiden Kanzeln in Burg und Magdeburg hingewiesen:[9] Beide Kanzeln werden von Paulus getragen, am Kanzelkorb sind ebenfalls Evangelisten dargestellt, ein Tugendenzyklus findet sich in Burg am Kanzelportal. Auch die Verteilung von alttestamentlichen Szenen auf der Kanzeltreppe und neutestamentlichen Bildern auf dem Kanzelkorb ist an beiden Werken zu beobachten. Darüber hinaus erweist sich die Predigt als fruchtbare Quelle zur Deutung der Kanzel als allegorisch aufgeladenes Bezugssystem und erlaubt, die Kanzel und das Bildprogramm im Zusammenhang mit lutherischer Predigttheorie zu betrachten.

Salichius gibt eine für die Gattung der Weihpredigten durchaus ungewöhnlich ausführliche und systematische Deutung des Bildprogramms,[10] mit der schlagenden Begründung: „Weil aber viel einfeltige Leute sein, welche die Structur und das Gebewde dieses newen Predigtstuls nicht anders ansehen, wie eine Kuhe ein new Thor, ohn alle Erinnerung und Andacht."[11] Salichius bestätigt damit

Abb. 277: Christoph Kapup, Kanzel, Portal, Himmelfahrt Christi, 1597, Dom, Magdeburg. Foto: Susanne Wegmann.

Abb. 278: Christoph Kapup, Kanzelaufgang mit Sintflut, 1597, Dom, Magdeburg. Foto: Susanne Wegmann.

schon in der Begründung seiner Predigt, dass die gesamte „Structur" der Kanzel Bedeutungsträger ist. Zudem verweist er darauf, dass die Kanzel auch außerhalb von Predigten von der Gemeinde in Andacht und Erinnerung wahrgenommen wurde und sie an dort gehörten Predigten erinnern sollte.

Nähern wir uns also unter diesen Vorzeichen erneut der Kanzel und ihrem Bildprogramm: Am Kanzelportal finden sich Szenen der Entrückung des Gottessohnes und seiner Aufnahme in den Himmel (Abb. 276, Abb. 277). Er selbst weist in den Szenen betont nach oben und fordert damit Gläubige und Prediger auf, seinem Fingerzeig zu folgen im Betrachten des Bildprogramms bzw. im Aufstieg auf die Kanzel. Dass im Durchschreiten des Kanzelportals gleichzeitig der Weg durch die „Porta Coeli" zum Himmel vorgebildet wird, bestätigt auch Conrad Tiburtius Rangos 1680 in der Stettiner Nicolaikirche gehaltene Kanzelweihpredigt schon im Titel: „Porta Coeli oder Beweiß dass die lutherischen Kirchen und Kanzeln der Lehre wegen allein Gottes-Häuser und Pforten des Himmels sind." Durch die Kanzeltür hindurch führt für Rango der Weg zum offen stehenden Himmel, dabei bezieht er sich auf Jakobs Vision der Himmelsleiter:[12]

„Und hie ist die Pforte des Himmels. Hie ist der Himmel offen! Er [Jakob] hate gesehen die Engel Gottes auf- und absteigen; Und den Herren oben drauf. Doch bildete er ihm nicht ein, daß der Himmel etwan von einem hellen, durchsichtigen dichten, dicken Crystal sey, daß wer hinein wolle, müsse ein Loch haben, eine Pforte, wie ein steinern Hauß seine Thüren hat; [...] sondern in einem geistlichen Verstande. [...] Also heisset auch, hier ist die Pforte des Himmels, so viel, als, hier ist der Messias; und

Abb. 279: Christoph Kapup, Kanzelaufgang mit Sündenfall, 1597, Dom, Magdeburg. Foto: Susanne Wegmann.

Abb. 280: Christoph Kapup, Kanzelaufgang mit Schöpfung des Menschen, 1597, Dom, Magdeburg. Foto: Susanne Wegmann.

hier wird durchs Wort gewiesen, wie man zu Gott ins ewige Leben, in den Himmel eingehen soll."[13]

Als Bild erscheint das Thema der Himmelsleiter etwa an der Treppe der um 1590 errichteten Kanzel in der Stadtkirche zu Kemberg. Himmelsleiter und Kanzelaufgang werden hier unmittelbar durch das Bild aufeinander projiziert.

Der Prediger kehrt damit im Durchschreiten der Kanzeltür und im Besteigen der Kanzeltreppe den Fall des Menschen, wie er an der Kanzeltreppe in der Bildabfolge von oben nach unten zu verfolgen ist, um. In der Wahrnehmung des Predigtamtes und durch die Predigt des reinen Wortes ermöglicht er den Predigthörern, in seiner Nachfolge, die Reinigung von den Sünden und die Rückkehr ins Paradies wie es der eben erschaffene Mensch im obersten Bildfeld der Kanzel vorfand: frei von Sünde und nach dem Abbild Gottes geschaffen. Im Sündenfall und im Griff nach der Erkenntnis maßte sich Eva in ihrer Gott imitierenden Haltung (Abb. 279, Abb. 280) auf dem zweiten Bildfeld eine Gleichrangigkeit an, die im Sturz in die Sünde und in die tödlichen Fluten der göttlichen Strafe (Abb. 278) auf dem untersten, dritten Bildfeld endet. Durch sein Handeln ermöglicht der Prediger den Menschen die Erlösung aus dieser Sünde und die Rechtfertigung durch den mit der Lehre des Wortes Gottes bewirkten Glauben an die Gnade Gottes.

Diese Gnade Gottes wird am Kanzelkorb thematisiert. Die vier Szenen des Neuen Testaments sind Szenen der göttlichen Offenbarung, durch die dem Menschen sein Wirken sichtbar wird. In Verkündigung und Geburt (Abb. 282) vollzieht sich die Inkarnation, das Wort wird Fleisch und im Gottessohn für den Menschen sichtbar. Der zwölfjährige Jesus (Abb. 283) offenbart das Wort in

Abb. 281: Christoph Kapup, Kanzel, Paulus, 1597, Dom, Magdeburg. Foto: Susanne Wegmann.

der Ausübung des Predigtamtes,¹⁴ er lehrt den mit seinem Kommen geschlossenen neuen Bund der göttlichen Gnade. In der Taufe offenbart sich der Gottessohn als der von Gott gesandte Erlöser. Alle Szenen betonen dabei das Wort Gottes in seinen unterschiedlichen Erscheinungen. In der Verkündigung geschieht dies durch das vor Maria auf dem Pult liegende Buch und die Taube des Heiligen Geistes. Die Leerstelle, die die Verkündigung im Zentrum des Bildfeldes aufweist, wird in der Geburtsszene gefüllt durch die Präsentation des in Christus fleischgewordenen Wortes. In der Szene des zwölfjährigen Jesus im Tempel erscheint nicht nur Jesus das Wort predigend, sondern dem Betrachter wird auch explizit ein geöffnetes Buch gewiesen. Die Bestätigung des Gottessohnes bei der Taufe wiederum geschieht durch die das Wort verbildlichende Taube des Heiligen Geistes. Die Szenen setzen damit den Schwerpunkt auf die mit dem Wort Gottes verbundene

Gnade, das Wort wird dabei von Gott selbst geoffenbart, gelehrt und bestätigt. Das göttlich geoffenbarte, legitimierte Wort bildet an der Kanzel die Basis für diejenigen, die vom Wort künden und die Lehre weitertragen.

Paulus (Abb. 281) trägt wortwörtlich genommen das göttliche Wort im Attribut seines Buches und in der Kanzel auf seiner Schulter. In dieser Weise erläutert auch Petrus Salichius für die Kanzel in Burg sein Auftreten als Kanzelträger: „das ist die rechte Bedeutung / das S. Paulus in vnd mit seinen Schriften anders als auff den rechten einign Grund vnser Seligkeit weiset, welcher ist Christus."¹⁵ Paulus, dessen Schriften für Luther die Grundlage seiner Rechtfertigungslehre bildeten, schultert und präsentiert das in der Kanzel sichtbare Lehr-Gebäude, das der Prediger über ihn in hörbare Worte fasst. Er trägt das Wort Gottes und schultert diejenigen, die es weitertragen und wie er das Wort Gottes verkünden.

Die Figuren über den Szenen der neutestamentlichen Heilsgeschichte sind Zeugen und Bekenner des Heils: So künden die Evangelisten auf den Postamenten von der Ankunft und dem Opfer Christi und verweist Johannes der Täufer (Abb. 284) in der linken Nische mit seinem Zeigegestus und in der darunter angebrachten Inschrift direkt auf Christus (Abb. 273) in der Nische neben ihm: ECCE AGNVS DEI QVI TOLLIT PECCATA MVNDI. JOH.j. (Sieh das Lamm Gottes, das die Sünden der Welt auf sich nimmt). Er spricht den Rezipienten unmittelbar an und auch Christus Salvator appelliert an ihn über die Inschrift: SI NON CREDIDERITIS QVIA EGO SVM, MORIEMINI IN PECCATIS VESTRIS. IOH.8. (Wenn ihr nicht glaubt, dass ich es bin, werdet ihr sterben in euren Sünden). Insbesondere Johannes der Täufer wird von Petrus Salichius als zentrales Prediger-Vorbild benannt, da „er von seinem Predigstul eben dasselbe gelehret hat / was wir heutiges tages aus Gottes Wort von vnsern Cantzeln predigen"¹⁶. Johannes gab für Salichius die unterschiedlichen Aufgaben der Predigt vor: Trost, Buße und Unterrichtung. Er predigte von der göttlichen Gnade, „da er mit Fingern auff ihn zeiget vnd sagt: Ecce Agnus Dei [...]"¹⁷ „Diesem Exempel sollen", laut Salichius, „nun alle trewe Lehrer vnd Prediger folgen / vnd sollen auff ihren befohlenen Predigstülen keine andere Lehre führen / als Johannes der Teuffer geführet hat."¹⁸ Der Predigthörer im Magdeburger Dom konnte das Handeln des Predigers auf der Kanzel unmittelbar mit dem

DAS BILDPROGRAMM DER KANZEL IM DOM ZU MAGDEBURG

Abb. 282: Christoph Kapup, Kanzelkorb, Geburt Christi, 1597, Dom, Magdeburg. Foto: Susanne Wegmann.

Abb. 283: Christoph Kapup, Kanzelkorb, Zwölfjähriger Jesus im Tempel, 1597, Dom, Magdeburg. Foto: Susanne Wegmann.

Abb. 284: Christoph Kapup, Kanzelkorb, Johannes der Täufer, 1597, Dom, Magdeburg. Foto: Susanne Wegmann.

Abb. 285: Christoph Kapup, Kanzelkorb, Mauritius, 1597, Dom, Magdeburg. Foto: Susanne Wegmann.

Fingerzeig Johannis auf Christus vergleichen und in Bezug setzen. Er nahm die Predigt im visuellen Vergleich als Nachfolge der vorbildlichen Predigt des Täufers wahr.

Katharina (Abb. 274) und Mauritius (Abb. 285), die Dompatrone, treten hier als Glaubenszeugen auf, dem Rezipienten in der Standhaftigkeit des Glaubens ein Vorbild gebend, um nicht in Sünde zu sterben. Entsprechend stehen sie auch zwischen dem Fall des Menschen an der Kanzeltreppe und dem Gnade verheißenden Christus Salvator am Kanzelkorb. Die Heiligenverehrung des Papsttums und die Verehrung der Magdeburger Dompatrone im Besonderen erfahren hier mit Hinweis auf die Lehre des Wortes Gottes eine neue Ausrichtung. Die Heiligen sind nicht mehr Fürbitter und Heilsvermittler, sondern Vorbilder in ihrem Glaubensbekenntnis.[19] Die auf Mauritius und Katharina bezogenen Inschriften argumentieren für dieses lutherische Heiligenverständnis. Unter Mauritius ist zu lesen: PRECIOSA IN CONSPECTV DOMINI MORS SANCTORVM EIVS. PSAL. 116. (Wertvoll ist im Ansehen des Herrn der Tod seiner Heiligen. Psalm 116,15). Der Auftritt Katharinas wird mit dem Verweis auf die Offenbarung kommentiert: BEATI MORTVI QVI IN DOMINO MORIVNTVR. APOC.14. (Selig sind die Toten, die im Herrn sterben). Heiligkeit konstituiert sich damit im Bekenntnis des Glaubens bis in den Tod. Mauritius und Katharina starben den vorbildlichen Märtyrertod, sie starben damit nicht den Tod in Sünde, vor dem Christus in der Inschrift warnt.

In beiden Figuren wird bewusst auch an die Tradition der frühen Kirche mit ihren Märtyrern und Glaubenskämpfern angeknüpft. Die lutherische Kirche sieht sich nicht als die ‚neue', sondern als die ‚wahre', in der Tradition der Urgemeinde und des frühen Christentums stehende Kirche. So ist es durchaus nicht unüblich, dass die lokalen Kirchenpatrone nicht aus dem Gedächtnis der Gemeinden ausgelöscht werden, sondern in den Bildprogrammen präsent bleiben. Beispielsweise zeigt das 1696 errichtete Altarretabel in der Halberstädter Martinikirche den Kirchenpatron seinen Mantel teilend, ihm gegenüber tritt in seine Nachfolge Martin Luther.[20] Auch die Kanzel in Burg weist mit einem Madonnenbild am Schalldeckel auf die Patronin der Kirche hin. Petrus Salichius thematisiert dies in seiner Predigt und rückt dabei vor allem die lokale Tradition in den Vordergrund: „Das wir aber auch ir Bildnis auf vnsern Predigstul haben / das geschicht erstlich darumb / weil diese Stadt von vielen Jahren her die Mariam dermassen abgebildet / vnd auff einer Burg stehend in ihr Wapen geführt hat / vnd diese Kirche von alter her von ihr den Namen hat / vnd vnser lieben Frawen Kirchen genant wird."[21]

Der Schalldeckel (Abb. 275), der nach Peter Poscharsky das himmlische Jerusalem darstellt oder ikonographisch generell auf den Himmel verweisen kann,[22] zeigt in Magdeburg das Ziel des Menschen, das er in seinem Glauben an das Wort erstrebt. Ein tugendsames Leben in Glaube, Liebe, Hoffnung, in Klugheit, Mäßigung und Stärke ist Ausdruck des Glaubens und ermöglicht dem Glaubenden der Gnade teilhaftig zu werden, die Gottvater im Zentrum des Schalldeckels in seinem als Opfer für die Sünden der Menschen gegebenen Sohn darbietet.

Die Kanzel in Burg thematisiert den Tugendenzyklus an der Kanzeltür. Salichius bezieht diesen in seiner Deutung insbesondere auf den Prediger, der sich als Vorbild der Predigthörer im Aufstieg auf die Kanzel seiner tugendhaften Lebensführung befragen solle. Denn, wie Salichius betont, die Prediger werden „durch den hohen Ort ihres hohen Ampts erinnert / das sie führen / wenn sie auff der Cantzel stehen vnd gedencken / sie werden von jederman gesehen / drumb sie auch also lehren vnd leben sollen […]. Weil ja der gemeine Mann offt mehr auff der Prediger Leben und Wandel als auf die Lehre achtung gibt."[23] In Magdeburg wird der Prediger an seine Vorbildwirkung im Abstieg von der Kanzel erinnert. Hier sah er sich an der Innenseite der Kanzeltür mit einer Inschrift nach Ps 26,8 konfrontiert: DOMINE DILEXI DECORUM DOMUS TUAE ET LOCUM HABITATIONIS GLORIAE TUAE. (Herr ich habe liebgehabt die Zierde deines Hauses und den Ort, da deine Ehre wohnet). Die

Abb. 286: Christoph Kapup, Kanzel, Schalldeckel, Prediger, 1597, Dom, Magdeburg. Foto: Susanne Wegmann.

im Perfekt getätigte Aussage ist gleichzeitig die zur selbstreflektierenden Rückschau auffordernde Frage, ob der Prediger in seinem Handeln dem Anspruch seines Predigtamtes gerecht wurde.

Dieser hier vorgeführte Aufstieg zur und Abstieg von der Magdeburger Domkanzel wäre noch unter verschiedenen weiteren Gesichtspunkten zu wiederholen. So wäre auch zu thematisieren, wie differenziert auf den unterschiedlichen Ebenen Bücher gewiesen, gelesen, studiert, gepredigt, geschrieben oder diskutiert werden und wie dadurch das Bildprogramm das Buch und damit das Wort Gottes inszeniert. Zu vertiefen wäre ebenso, welche Predigten in den Bildern an dieser Kanzel gehalten werden, welche Prediger auftreten, wie sie predigen und welche Vorbilder damit den realen Prediger umgeben. Ebenfalls nur als Forschungsausblick kann hier die Frage nach dem Zusammenhang der Kanzel mit der übrigen protestantischen Ausstattung in den Raum gestellt werden. Der ikonographische Einfluss auf die Epitaphien scheint deutlich ausgeprägt. Die Bildpredigt der Kanzel setzt sich auf den Epitaphien fort und kann damit als ein über das Bild geführter Dialog im Kirchenraum betrachtet werden.

Anmerkungen

1. Zur Magdeburger Kanzel siehe: Modde 1884; Schubert 1974, S. 215–216; Ratzka 1998, S. 57–75, Werkverzeichnis, S. 13–16 (dort weitere Angaben älterer Literatur); Quast 2005, S. 54–56. Zur Kanzel allgemein: Poscharsky 1963; Signori 2005, S. 11–35. Ansonsten sind insbesondere Einzelwerke bearbeitet; zur frühesten protestantischen Kanzel, die aus Lübeck stammende, heute in Zarrentin befindliche Kanzel, vgl.: Teuchert 1994. Zum Bildprogramm der Kanzel in Torgau und deren Einbindung in das Raum- und Ausstattungskonzept der Schlosskapelle vgl. Wimböck 2004, S. 191–193; Krause 2004, S. 182–187; Wimböck 2005, insbes. S. 241–251.
2. Der vorliegende Text ist dabei als erster Ansatz für ein von der Verfasserin geplantes Forschungsprojekt zur Kanzel im 16. und 17. Jahrhundert zu verstehen.
3. Vgl. Signori 2005, S. 11–35; Poscharsky 1963, S. 15–55. Zum reformatorischen und insbesondere lutherischen Predigtverständnis Müller 1996, S. 45–75.
4. Vgl. Wimböck 2004, S. 191.
5. Martin Luther, Predigt am 17. Sonntag nach Trinitatis, bei der Einweihung der Schloßkirche in Torgau gehalten, 5. Oktober 1544, in: WA, Bd. 49, S. 599.
6. Vgl. die Gedächtnis-Inschrift im Dom von 1667, zit. bei Seehase 2005, S. 367. Zur Geschichte der Reformation in Magdeburg und zum Magdeburger Dom während der Reformation siehe: Kaufmann 2003, S. 13–38; Tullner 1996, S. 7–40; Kat. Magdeburg und der Dreißigjährige Krieg 1998, S. 13ff.; Seehase 2005, S. 355–368; Ulrich 1937/38, S. 54–56; Schrader 1990, S. 68–86.
7. Im Einzelnen Ratzka 1998, S. 58.
8. Salichius 1612, Fünff Christliche / vnd in Gottes Wort gegründete Predigten (…) In Der Oberen Pfarrkirchen zu vnser Lieben Frawen in Bork, Magdeburg 1612. Salichius war Student in Wittenberg, 1578 Rektor in Burg, 1580 Diakon in Brehna und ab 1584 Pastor in Burg bei Magdeburg. Die Predigten sind allesamt Weihpredigten zur Ausstattung (Altarretabel, Kanzel, Taufstein) in der Oberkirche zu Burg.
9. Vgl. Ratzka 1998, S. 63–66. Zur Kanzel in Burg: Meyer 1993, S. 12–13; Ratzka 1998, Werkverzeichnis, S. 50–52.
10. Die Weihpredigten, die nicht nur zu Kanzeln im lutherischen Kirchenraum verfasst werden, sondern – wie bei Salichius – auch zur Einweihung von Altarretabeln und Taufsteinen, sind als Quellengattung bislang kaum wahrgenommen worden. So liegt auch keine systematische Analyse dieser Predigten vor, die Feststellung bezieht sich auf die Autopsie einer Reihe von der Verfasserin zusammengetragener Texte, die keinerlei Anspruch auf Vollständigkeit stellen. Zum neugläubigen Verständnis von Weihe im Sinne einer „Widmung zum Gebrauch" vgl. Grethlein 2003, S. 559–560.
11. Salichius 1612, Die dritte Predigt. Bey Einweyhung deß newen PredigStuls gehalten Dominica quarta Adventus nach Mittage / Anno 1609, beym 8. Cap. Nahemiae, fol. K iij v.
12. Dies ist bereits im Mittelalter zentrales Thema von Kirchweihpredigten, vgl. Sticher 2006, S. 12.
13. Rango 1680, S. 28. Vgl. auch Poscharsky 1998, S. 116 (mit weiteren Beispielen in Rostock, Jakobskirche, 1582; Tragnitz, 1653), S. 193–197, Hinweis auf die Kanzelweihpredigt des Hieronymus Theodoricus in Sommershausen 1621, der die Darstellung der Jakobsleiter an der dortigen Kirche kommentiert mit den Worten: „Dann er offenbaret ihme im Traum / welches der Weg gen Himmel seye / welchen alle Menschen gehen müssen / wollen sie anders selig werden.", ebd., S. 195.
14. Vgl. dazu auch die Darstellung des zwölfjährigen Jesus an der Kanzel der Torgauer Schlosskapelle, Krause 2004, S. 183.
15. Salichius 1612, Die dritte Predigt. Bey Einweyhung deß newen PredigStuls gehalten Dominica quarta Adventus nach Mittage / Anno 1609, beym 8. Cap. Nahemiae, fol. Lj r.
16. Salichius 1612, Die ander Predigt / Bey Einweyhung deß newen Predig Stuls gehalten Dominica quarta Adventus, Anno Christi 1609. Bey dem gewönlichen Sontäglichen Evangelio / Joh. 1., fol. Hij r.
17. Salichius 1612, Die ander Predigt / Bey Einweyhung deß newen Predig Stuls gehalten Dominica quarta Adventus, Anno Christi 1609. Bey dem gewönlichen Sontäglichen Evangelio / Joh. 1., fol. Hij v.
18. Salichius 1612, Die ander Predigt / Bey Einweyhung deß newen Predig Stuls gehalten Dominica quarta Adventus, Anno Christi 1609. Bey dem gewönlichen Sontäglichen Evangelio / Joh. 1., fol. Hiiij r.
19. Zur Rolle der Heiligen als Glaubensvorbilder im neugläubigen Kontext vgl. Fuchs 1998, insbes. S. 597–599. Zu der von Luther bis in die 30er-Jahre des 16. Jhs. betonten Rechtmäßigkeit Heilige anzurufen und ihre Uminterpretation zum Exempel Iserloh 1988, S. 109–115. Zur nachreformatorischen Verehrung des Mauritius vgl. Suckale-Redlefsen 1987, S. 112–118, 268.
20. Vgl. Neumann 2003, S. 8–10.
21. Salichius 1612, Die ander Predigt / Bey Einweyhung deß newen Predig Stuls gehalten Dominica quarta Adventus, Anno Christi 1609. Bey dem gewönlichen Sontäglichen Evangelio / Joh. 1., fol. N ij v.
22. Vgl. Poscharsky 1998, S. 131–137. Er nennt die Gestaltungsmöglichkeiten des Schalldeckels als „himmlisches Jerusalem in Form eines pyramidalen Aufbaus", ebd., S. 132, oder die ikonographische Ausgestaltung mit Darstellungen des Auferstandenen, der Himmelfahrt, des Weltenrichters, posaunenblasender Gerichtsengel, der Verklärung Christi oder auch musizierender Engel.
23. Salichius 1612, Die ander Predigt / Bey Einweyhung deß newen Predig Stuls gehalten Dominica quarta Adventus, Anno Christi 1609. Bey dem gewönlichen Sontäglichen Evangelio / Joh. 1., fol. Giiij v.

Literaturverzeichnis

Quellen

Alfarano, ed. Cerrati 1914
: Tiberio Alfarano, De Basilicae Vaticanae antiquissima et nova structura, hrsg. v. D. M. Cerrati, Roma 1914.

Ann. Anh., ed. Wäschke 1911
: Annales Anhaltini, hrsg. v. Hermann Wäschke, Dessau 1911.

Ann. Magd., ed. Pertz 1859
: Annales Magdeburgenses, hrsg. v. Georg Heinrich Pertz, in: MGH SS 16, Hannover 1859, Nachdruck Stuttgart/New York 1963, S. 105–196.

Ann. Magd. brev., ed. Holder-Egger 1884
: Annales Magdeburgenses brevissimi, hrsg. v. Otto Holder-Egger, in: MGH SS XXX/2, Leipzig 1884, S. 748–750.

Ann. Saxo, ed. Nass 2006
: Die Reichschronik des Annalista Saxo, hrsg. v. Klaus Nass, in: MGH SS 37, Hannover 2006.

Ann. Weiss., ed. Holder-Egger 1894
: Annales Weissenburgensis, hrsg. v. Oswald Holder-Egger, in: MGH SRG 38, Hannover/Leipzig 1894.

Arnoldi, Chronica Slavorum, ed. Lappenberg 1868
: Arnoldi, Chronica Slavorum, hrsg. v. Johann Martin Lappenberg, in: MGH SRG 14, unveränderter Nachdruck der Ausgabe von 1868, Hannover 1995.

Arnoldi, Chronica Slavorum, übers. Laurent ²1896
: Die Chronik Arnolds von Lübeck. Nach der Ausgabe der Monumenta Germaniae, übers. v. J. C. M. Laurent (Die Geschichtschreiber der deutschen Vorzeit, 71: Dreizehntes Jahrhundert, 3), Leipzig ²1896.

Berth. Ann., ed. Pertz 1844
: Bertholdi Annales a. 1054–1080, hrsg. v. Georg Heinrich Pertz, in: MGH SS 5, Hannover 1844, S. 264–326.

Bischofschronik, übers. Michaelis 2006
: Peters, Eckhart W. (Hrsg.): Magdeburger Bischofschronik, übers. von Hermann Michaelis, Halle (Saale) 2006.

Bruno, Liber, ed. Pertz 1844
: Bruno, Liber de bello Saxonico, hrsg. v. Georg Heinrich Pertz, in: MGH SS V, Hannover 1844, S. 327–384.

Casus monastPetrishus, ed. Abel/Weiland 1868
: Casus monasterii Petrishusensis 1.55, hrsg. v. Otto Abel/Ludwig Weiland, in: MGH SS 20, Hannover 1868, S. 621–683

ChronAust, ed. Ebendorfer 1967
: Thomas Ebendorfer: Chronica Austriae, hrsg. v. Alphons Lhotsky, in: MGH SRG ns 13, Berlin/Zürich 1967.

Chron. Boem. ed. Bretholz 1923
: Cosmae Pragensis chronica Boemorum, hrsg. v. Bertold Bretholz, in: MGH SRG NS II, Berlin 1923.

ChronSlav, ed. Lappenberg 1868
: Arnold von Lübeck, Chronica Slavorum, hrsg. v. Johann Martin Lappenberg, in: MGH SRG 14, Hannover 1868.

CodDiplAnhalt, ed. Heinemann 1873–1883 I–VI
: Codex Diplomaticus Anhaltinus, hrsg. v. Otto von Heinemann, 6 Theile, Dessau 1873–1883.

CodDiplBrandenb, ed. Riedel 1838–1869 I–IV
: Codex Diplomaticus Brandenburgensis: Sammlung der Urkunden, Chroniken und sonstigen Quellenschriften für die Geschichte der Mark Brandenburg und ihrer Regenten, hrsg. v. Adolf Friedrich Riedel, 4 Haupttheile, 41 Bde., Berlin 1838–1869.

Cosmae chron. Boem., ed. Köpke 1851
: Cosmae chronica Boemorum, hrsg. v. Rudolf Köpke, in: MGH SS 9, Hannover 1851, S. 1–209.

Chronica Casin., ed. Hoffmann 1980
: Chronica monasterii Casinensis. Die Chronik von Montecassino, hrsg. v. H. Hoffmann, in: MGH SS 34, Hannover 1980.

Dipl. Norv. XVII, ed. Storm 1902–13
: Diplomatarium Norvegicum. Romerske oldbreve, hrsg. v. Gustav Storm, Bd. 17, Christiania 1902–1913.

D F I
: MGH Diplomata Regum et Imperatorum Germaniae 10, 4: Die Urkunden Friedrichs I. 1181–1190, bearb. v. Heinrich Appelt, Hannover 1990.

D F II
: MGH Diplomata Regum et Imperatorum Germaniae 14, 2: Die Urkunden Friedrichs II. 1212–1217, bearb. v. Walter Koch, Hannover 2007.

D H IV
: MGH Diplomata Regum et Imperatorum Germaniae 6, 2: Die Urkunden Heinrichs IV. 1077–1106, bearb. v. Dietrich von Gladiss/Alfred Gawlik, Berlin 1959, verb. Nachdr. Weimar [1959] 2001.

D O I
: MGH Diplomatum Regum et Imperatorum Germaniae 1: Die Urkunden Konrad I. Heinrich I und Otto I., hrsg. v. Theodor Sickel, Hannover 1879–1884, S. 80–638.

D O II
: MGH Diplomatum Regum et Imperatorum Germaniae 2: Die Urkunden Otto II. und Otto III., hrsg. v. Theodor Sickel, Hannover 1893, S. 1–387.

Dedicationes Bamb, ed. Deinhardt 1939
: Wilhelm Deinhardt: Dedicationes Bambergenses. Weihnotizen und Urkunden aus dem mittelalterlichen Bistum Bamberg (Beiträge zur Kirchengeschichte Deutschland, 1), Freiburg 1936.

Einhard, übers. Scherabon Firchow 1986
: Einhard, Vita Caroli Magni, Lat./Dt. übers. Evelyn Scherabon Firchow, Ditzingen 1986.

Ernestus, ed. Klein 2000
: Odo von Magdeburg: Ernestus, hrsg. und komm. v. Thomas A.-P. Klein (Spolia Berlinensia, 18), Hildesheim 2000.

Eucher. pass. Acaun., ed. Krusch 1896
: Eucherius Lugdunensis, Passio Acaunensium martyrum, hrsg. v. B. Krusch, in: MGH SrM 3, Hannover 1896, Nachdruck 1977, S. 32–39.

LITERATURVERZEICHNIS

GA, ed. Schum 1883
: Gesta archiepiscoporum Magdeburgensium, hrsg. v. Wilhelm Schum, in: MGH SS 14, Hannover 1883, unveränderter Nachdruck Stuttgart 1963, S. 361–484.

Gest. Trev., übers. Zenz 1955 I
: Emil Zenz, Die Taten der Trierer (Gesta Treverorum), Bd. 1, Trier 1955.

Gest. Trev., ed. Wyttenbach/Müller 1836
: Gesta Trevrirorum, hrsg. v. Johannes Hugo Wyttebach/Michael Franciscus Müller, Trier 1836.

Gesta ep. Halb., ed. Weiland 1874
: Gesta episcoporum Halberstadensium, hrsg. v. Ludwig Weiland, in: MGH SS 23, Hannover 1874.

Godefrid. Homliae, ed. Migne 1854
: Godefridus Abbas Admontensis: Homiliae in diversos Scripturam patriarchae, hrsg. von Jacques-Paul Migne, in: Patrologiae cursus completus seu bibliotheca universalis. Series latina 199, Paris 1854, Sp. 1039–1134.

Grabschriften, ed. Strecker 1937
: Grabschriften, hrsg. v. Karl Strecker, in: MGH Poetae Latini Medii Aevii 5,2. Die Ottonenzeit, Leipzig 1937, S. 281–353.

Grimaldi, ed. Niggl 1972
: Giacomo Grimaldi: Descrizione della basilica antica di S. Pietro in Vaticano, hrsg. v. Reto Niggl, Città del Vaticano 1972.

Huillard-Bréholles 1852–1861 I–VI
: Jean-Louis-Alphonse Huillard-Bréholles: Historia diplomatica Friderici secundi, Bände I–VI, Paris 1852–1861.

Kod. Dypl. 1877 I
: Kodeks Dyplomatyczny Wielkopolski. Codex Diplomaticus Maioris Poloniae, Bd. 1, Poznań 1877.

Kod. dypl. Śląs, ed. Maleczyński 1964 III
: Kodeks dyplomatyczny Śląska. Codex Diplomaticus Silesiae, hrsg. v. Karol Maleczyński, Wrocław 1964, Bd. 3.

Lamp., ed. Holder-Egger 1894
: Lamperti monachi Hersfeldensis opera, hrsg. v. Oswald Holder-Egger, in: MGH SRG 38, Leipzig/Hannover 1894.

Langhans, ed. Hertel 1899
: Die Historia des Möllenvoghtes Sebastian Langhans 1525–1524, bearb. v. Gustav Hertel, in: Die Chroniken der deutschen Städte 27, Leipzig 1899, S. 208–141.

Langhans, ed. Hertel 1893
: Sebastian Langhans: Historia, in: Gustav Hertel: Die „Historia" des Möllenvogtes Sebastian Langhans, betreffend die Einführung der Reformation in Magdeburg (1524), in: Geschichtsblätter für Stadt und Land Magdeburg 28, 1893, S. 290–347.

Leg. aur., ed. Graesse ³1890
: Jacobus a Voragine, Legenda aurea vulgo historia lombardica dicta, hrsg. v. Johann Georg Theodor Graesse, Regensburg ³1890, Nachdr. Osnabrück 1969.

Leg. aur., übers. Benz ¹⁰1984
: Die Legenda aurea des Jacobus de Voragine, übers. v. Richard Benz, Heidelberg/Darmstadt ¹⁰1984.

Magdeburger Heiltumsbuch
: Indulgencie quibus sancta ecclesia metropolitana magdeburgensis per Romanos Pontifices est dotata et summa corporum et particularum reliquiarum, Magdeburg 1483–1485/86 (Staatsbibliothek Berlin, Signatur Inc. 1493).

Mallius
: Petrus Mallius, Descriptio basilicae Vaticanae, in: Valentini/Zucchetti III, S. 375–442.

MGH Ep. Pont., ed. Rodenberg 1883–1894 I–III
: Monumenta Germaniae Historica: Epistolae saeculi XIII e regestis pontificum Romanorum selectae, hrsg. v. Karl Rodenberg, 3 Bde., Hannover 1883–1894.

MGH Poetae 4,2.3, ed. Strecker 1923
: Monumenta Germaniae Historica. Poetae latinae medii aevi IV, 2.3, hrsg. v. Karolus Strecker, Berlin 1923, Nachdr. 1998.

Mirabilia
: Mirabilia Urbis Roma, in: Valentini/Zucchetti III, S. 1–65.

Mirac. Udon., ed. Schönbach 1901
: Miraculum de Udone, hrsg. v. Anton E. Schönbach, in: Schönbach 1901, S. 2–9.

Ordines
: Ordines coronationis imperialis. Die Ordines für die Weihe und Krönung des Kaisers und der Kaiserin, hrsg. v. R. Elze, in: MGH Fontes iuris germanici antiqui 9, Hannover 1960.

Otto von Freising, ed. Hofmeister 1912
: Otto von Freising: Chronica sive historia de duabus civitatibus, hrsg. v. Adolf Hofmeister, in: MGH SSrG 45, Hannover/Leipzig 1912.

Pass. <anon.>, ed. Chevalley 1990
: Passio sanctorum qui passi sunt in Acauno X Kl. Octobris, hrsg. v. Eric Chevalley, in: Vallesia 45, 1990, S. 95–111.

Pass. Perp., ed. Amat 1996
: Passion de Perpétue et de Félicité suivi des actes. Introduction, texte critique, traduction, commentaire et index par Jacqueline Amat (Sources chrétiennes, 417), Paris 1996.

RegArchMagd 1876 I
: Regesta archiepiscopatus Magdeburgensis. Sammlung von Auszügen aus Urkunden und Annalisten zur Geschichte des Erzstifts und Herzogthums Magdeburg, hrsg. v. George Adalbert von Mülverstedt, Erster Theil: Bis zum Tode des Erzbischofs Wichmann (1192), Magdeburg 1876.

RegArchMagd 1881 II
: Regesta archiepiscopatus Magdeburgensis. Sammlung von Auszügen aus Urkunden und Annalisten zur Geschichte des Erzstifts und Herzogthums Magdeburg, hrsg. v. George Adalbert von Mülverstedt, Zweiter Theil: Von 1192 bis 1269, Magdeburg 1881.

RegArchMagd 1886 III
: Regesta archiepiscopatus Magdeburgensis. Sammlung von Auszügen aus Urkunden und Annalisten zur Geschichte des Erzstifts und Herzogthums Magdeburg, hrsg. v. George Adalbert von Mülverstedt, Dritter Theil: Von 1270 bis 1305, Magdeburg 1886.

RegImp IV, 1
: Regesta Imperii, hrsg. v. Johann Friedrich Böhmer, IV, 1 Die Regesten des Kaiserreiches unter Lothar III. und Konrad III. Erster Teil: Lothar III. 1125 (1075)–1137, neubearb. v. Wolfgang Petke, Köln/Weimar/Wien 1994.

RegImp V, 1
: Regesta Imperii 5: Die Regesten des Kaiserreichs unter Philipp, Otto IV, Friedrich II, Heinrich (VII), Conrad IV, Heinrich Raspe, Wilhelm und Richard. 1198–1272, nach der Neubearbeitung und dem Nachlasse Johann Friedrich Böhmers neu hg. und erg. von Julius Ficker, Bd. 1: Kaiser und Könige, Innsbruck 1881–1882.

RegImp V, 2
: Regesta Imperii 5: Die Regesten des Kaiserreichs unter Philipp, Otto IV, Fried-

rich II, Heinrich (VII), Conrad IV, Heinrich Raspe, Wilhelm und Richard. 1198–1272, nach der Neubearbeitung und dem Nachlasse Johann Friedrich Böhmers neu hg. und erg. von Julius Ficker und Eduard Winkelmann, Bd. 2: Päpste und Reichssachen, Innsbruck 1892–1894.

RegImp VIII, 1
Regesta Imperii 8: Die Regesten des Kaiserreichs unter Kaiser Karl IV. 1346–1378, bearb v. Alfons Huber, Innsbruck 1877 (Nachdruck Hildesheim 1968).

Repertorium Germanicum 1933 II
Repertorium Germanicum. Verzeichnis der in den päpstlichen Registern und Kameralakten vorkommenden Personen, Kirchen und Orte des Deutschen Reiches, seiner Diözesen und Territorien vom Beginn des Schismas bis zur Reformation, hrsg. v. Preußischen Historischen Institut in Rom, Bd. 2 (Urban IV., Bonifaz IX., Innocenz VII. und Gregor XII. 1378–1415), Rom 1933–1938 (Nachdruck Berlin 1961).

SC
Die Magdeburger Schöppenchronik, hrsg. v. Karl Janicke, in: Die Chroniken der deutschen Städte, 7: Magdeburg, 1, Leipzig 1869 (Nachdruck Stuttgart 1962).

Schott ³1996
Clausdieter Schott (Hrsg.): Eike von Repgow. Der Sachsenspiegel. Übertragung des Landrechts von Ruth Schmidt-Wiegand, Übertragung des Lehnrechts und Nachwort von Clausdieter Schott, Zürich ³1996.

Ssp. Ldr.
Sachsenspiegel Landrecht, hrsg. v. Karl August Eckhardt, in: MGH Fontes iuris germanici antiqui. Nova series 1, 1, Göttingen/Frankfurt am Main 1955.

Ssp. Lnr.
Sachsenspiegel Lehnrecht, hrsg. v. Karl August Eckhardt, in: MGH Fontes iuris germanici antiqui. Nova series 1, 1, Göttingen/Frankfurt am Main 1956.

Statuta 1498
Statuta sinodalia metropolitane ecclesie Magdeburgensis. Magdeburg: Moritz Brandis, [um 1498]. Exemplar: Staatsbibliothek zu Berlin – Preußischer Kulturbesitz, Inc. 1508. 8°.

Stockhausen o. J.
Stockhausen, Anton Ulrich: Series Chronologico-Historica Dominorum Archiepiscoporum, Decanorum et Canonicorum Ecclesiae Archiepiscopalis Magdeburgensis ab anno fundationis post Christum natum 968 usque annum 1700, Vol. 1. Ex Diplomatibus et Actis Archivi Reverendissimi Capituli Ecclesiae Cathedralis Magdeburgensis et historia scriptoribus variis congessit et in hunc ordinem redegit, in: LHASA, Rep. A 3a, I, Nr. 2a, Vol. 1.

Suger, ed. Gasparri 1996
Suger von St.-Denis: Œuvres, hrsg. v. Françoise Gasparri, Bd. 1, Paris 1996.

Th
Thietmari Merseburgensis Episcopi Chronicon / Thietmar von Merseburg: Chronik, neu übertr. und erläutert v. Werner Trillmich, in: Ausgewählte Quellen zur deutschen Geschichte des Mittelalters (Freiherr vom Stein-Gedächtnisausgabe, 9), Darmstadt 1957.

Th, ed. Holtzmann 1955
Die Chronik des Bischofs Thietmar von Merseburg und ihre Korveier Überarbeitung, Thietmari Merseburgensis Episcopi chronicon, hrsg. v. Robert Holtzmann, in: MGH SRG NS 9, Berlin ²1955.

UBErfurtStift II
Urkundenbuch der Erfurter Stifter und Klöster, bearb. v. Alfred Overmann, Teil 2 (Geschichtsquellen der Provinz Sachsen und des Freistaates Anhalt, Neue Reihe 7), Magdeburg 1929.

UBErzMagd I
Urkundenbuch des Erzstifts Magdeburg, Teil 1: 937–1192, hrsg. v. Friedrich Israel / Walter Möllenberg (Geschichtsquellen der Provinz Sachsen und des Freistaates Anhalt, Neue Reihe 18), Magdeburg 1937.

UB Hochstift Halberstadt IV
Urkundenbuch des Hochstifts Halberstadt und seiner Bischöfe, hrsg. v. Gustav Schmidt, Bd. IV (Publikationen aus den königlichen Preußischen Staatsarchiven, 40), Neudruck der Ausgabe 1889, Osnabrück 1965.

UB Hochstift Meißen, 1867
Urkundenbuch des Hochstifts Meißen, hrsg. v. E. G. Gersdorf. Bd. 3 (Codex diplomaticus Saxoniae regiae, II, 3), Leipzig 1867.

UBStadtHalle1939 II
Urkundenbuch der Stadt Halle, ihrer Stifter und Klöster, bearb. v. Arthur Bierbach, Teil 2: 1301–1350 (Geschichtsquellen der Provinz Sachsen und des Freistaates Anhalt, Neue Reihe 20), Magdeburg 1939.

UBStadtHalle 1954 III, 1
Urkundenbuch der Stadt Halle, ihrer Stifter und Klöster, bearb. v. Artur Bierbaum, Teil III, Bd. 1, Halle (Saale) 1954.

UBStadtMagd I
Urkundenbuch der Stadt Magdeburg, hrsg. v. Gustav Hertel, Bd. 1: bis 1403 (Geschichtsquellen der Provinz Sachsen und angrenzender Gebiete, 26), Halle 1892.

UBStadtMagd II
Urkundenbuch der Stadt Magdeburg, hrsg. v. Gustav Hertel, Bd. 2: 1403–1464 (Geschichtsquellen der Provinz Sachsen und angrenzender Gebiete, 27), Halle 1894.

UBStadtMagd III
Urkundenbuch der Stadt Magdeburg, bearb. von Gustav Hertel, Bd. 3: 1465–1513 (Geschichtsquellen der Provinz Sachsen und angrenzender Gebiete, 28), Halle (Saale) 1896.

Valentini/Zucchetti 1940–1953 I–IV
Valentini, R./Zucchetti, G.: Codice topografico della città di Roma, 4 Bde., Roma 1940–1953.

Vita Adalberti, ed. Pertz 1841
Vita S. Adalberti episcopi, hrsg. v. Georg Heinrich Pertz, in: MGH SS 4, Hannover 1841, S. 574–620.

WA
D. Martin Luthers Werke. Kritische Gesamtausgabe (Weimarer Ausgabe), 120 Bde., Weimar 1883–2009.

Walther von der Vogelweide, ed. Lachmann ¹⁴1996
Walter von der Vogelweide: Leich, Lieder, Sangsprüche, Neubearbeitung der Ausgabe Karl Lachmanns mit Beiträgen von Thomas Bein und Horst Brunner, hrsg. v. Christoph Cormeau, Berlin ¹⁴1996.

Widukind
Die Sachsengeschichte des Widukind von Korvei: Quellen zur Geschichte der sächsischen Kaiserzeit, Albert Bauer/Reinhold Rau (Hrsg.), Darmstadt ⁵2002 (Freiherr-vom-Stein-Gedächtnisausgabe, 8), S. 1–183.

Widukind ed. Hirsch ⁵1935
Widukind von Corvey: Rerum gestarum Saxonicarum libri III, neubearb. v. Paul Hirsch/Hans-Eberhard Lohmann, in: MGH SRG 60, Hannover/Leipzig ⁵1935.

Wipo Gesta, ed. Bresslau 1915
: Wipo: Gesta Chuonradi imperatoris, hrsg. v. Harry Bresslau, in: MGH SRG 61, Hannover/Leipzig 1915, S. 1–62.

Literatur

Ackermann 1993
: Markus Rafaël Ackermann: Mittelalterliche Kirchen als Gerichtsorte, in: Zeitschrift der Savigny-Stiftung für Rechtsgeschichte. Germanistische Abteilung 110, 1993, S. 530–545.

Albrecht 2010a
: Stephan Albrecht: Zeremonialräume in den mittelalterlichen Städten des Alten Reiches, in: Albrecht 2010b, S. 233–252.

Albrecht 2010b
: Stephan Albrecht (Hrsg.): Stadtgestalt und Öffentlichkeit. Die Entstehung politischer Räume in der Stadt der Vormoderne, Köln/Weimar/Wien 2010.

Albrecht 2004
: Stephan Albrecht: Mittelalterliche Rathäuser in Deutschland. Architektur und Funktion, Darmstadt 2004.

Althoff 2006
: Gerd Althoff: Die Ottonen, in: Kat. Heiliges Römisches Reich 2006 I, S. 75–85.

Althoff 2003a
: Gerd Althoff: Inszenierte Herrschaft. Geschichtsschreibung und politisches Handeln im Mittelalter, Darmstadt 2003.

Althoff 2003b
: Gerd Althoff: Die Macht der Rituale. Symbolik und Herrschaft im Mittelalter, Darmstadt 2003.

Althoff 2001
: Gerd Althoff: Die Gründung des Erzbistums Magdeburg, in: Kat. Otto der Große 2001 I, S. 344–352.

Althoff 1998
: Gerd Althoff: Magdeburg – Halberstadt – Merseburg. Bischöfliche Repräsentation und Interessenvertretung im ottonischen Sachsen, in: Althoff/Schubert 1998, S. 267–293.

Althoff 1997
: Gerd Althoff: Das Privileg der deditio. Formen gütlicher Konfliktbeendigung in der mittelalterlichen Adelsgesellschaft, in: Gerd Althoff: Spielregeln der Politik im Mittelalter. Kommunikation in Frieden und Fehde, Darmstadt 1997, S. 99–125.

Althoff 1996a
: Gerd Althoff: Otto III. (Gestalten des Mittelalters und der Renaissance), Darmstadt 1996.

Althoff 1996b
: Gerd Althoff: Empörung, Tränen, Zerknirschung: ‚Emotionen‘ in der öffentlichen Kommunikation des Mittelalters, in: Frühmittelalterliche Studien 30, 1996, S. 60–79.

Althoff 1982
: Gerd Althoff: Das Bett des Königs in Magdeburg. Zu Thietmar II, 28, in: Helmut Maurer/Hans Patze (Hrsg.): Festschrift für Berent Schwineköper. Zu seinem 70. Geburtstag, Sigmaringen 1982, S. 141–153.

Althoff/Schubert 1998
: Gerd Althoff/Ernst Schubert (Hrsg.): Herrschaftsrepräsentation im ottonischen Sachsen (Vorträge und Forschungen, 46), Sigmaringen 1998.

Althoff/Witthöft 2003
: Gerd Althoff/Christiane Witthöft: Les services symboliques entre dignité et contrainte, in: Annales. Histoire, Sciences Sociales 58, 2003, S. 1293–1318.

Amstutz 2002
: Renate Amstutz: Ludus de decem virginibus: Recovery of the Sung Liturgical Core of the Thuringian Zehnjungfrauenspiel (Studies and texts, 140), Toronto 2002.

André 1977
: Gustav André: Richard Hamann (1879–1961), Kunsthistoriker, in: Ingeborg Schnack (Hrsg.): Marburger Gelehrte in der ersten Hälfte des 20. Jahrhunderts, Marburg 1977, S. 124–141.

Andrée 1904
: Richard Andrée: Votive und Weihegaben des katholischen Volkes in Süddeutschland. Ein Beitrag zur Volkskunde, Braunschweig 1904.

Andrieu 1997
: Jean-Yves Andrieu: Patrimoine et Histoire, Paris 1997.

Angenendt ²1997
: Arnold Angenendt: Heiligen und Reliquien. Die Geschichte ihres Kultes vom frühen Christentum bis zur Gegenwart, München ²1997.

Angenendt 1994
: Arnold Angenendt: „In porticu ecclesiae sepultus". Ein Beispiel von himmlisch-irdischer Spiegelung, in: Hagen Keller/Nikolaus Staubach (Hrsg.): Iconologia sacra: Mythos, Bildkunst und Dichtung in der Religions- und Sozialgeschichte Altereuropas. Festschrift für Karl Hauck zum 75. Geburtstag (Arbeiten zur Frühmittelalterforschung, 23), Berlin 1994, S. 68–80.

Anonym 1801
: Anonym: Zur Geschichte der Formschneidekunst in Magdeburg, in: Magdeburg-halberstädtische Blätter 2, 1801, S. 592–602.

Anton/Haverkamp 1996
: Hans Hubert Anton/Alfred Haverkamp (Hrsg.): Trier im Mittelalter (2000 Jahre Trier, 2). Trier 1996.

Arens ²1998
: Fritz Arens: Der Dom zu Mainz, neubearb. und erg. v. Günther Binding, Darmstadt ²1998.

Arntz 1916
: Ludwig Arntz: Aussenmauerschmuck auf Mörtelgrund, in: Zeitschrift für christliche Kunst 12, 1916, S. 177–194.

Asmus 2002
: Helmut Asmus: 1200 Jahre Magdeburg, Bd. 2: Die Jahre 1631 bis 1848, Magdeburg 2002.

Asmus 1999
: Helmut Asmus: 1200 Jahre Magdeburg, Bd 1: Die Jahre 805 bis 1631, Magdeburg 1999.

Asmus 1912
: Rudolf Asmus: Der ‚Fürst der Welt‘ in der Vorhalle des Münsters von Freiburg i. B., in: Repertorium für Kunstwissenschaft 35, 1912, S. 509–512.

Asutay-Effenberger/Effenberger 2006
: Neslihan Asutay-Effenberger/Arne Effenberger: Die Porphyrsarkophage der oströmischen Kaiser: Versuch einer Bestandserfassung, Zeitbestimmung und Zuordnung, Wiesbaden 2006.

Aubert 1920
: Marcel Aubert: Notre-Dame de Paris, sa place dans l'histoire de l'architecture du 12ᵉ au 14ᵉ siècle, Paris 1920.

Auzas 1979
: Pierre-Marie Auzas: Eugène Viollet-le-Duc, 1814–1879, Paris 1979.

Babelon/Chastel 1994
: Jean-Pierre Babelon/André Chastel: La notion de patrimoine, Paris 1994.

Bachmann/Hentschel 1929
: Walter Bachmann/Walter Hentschel: Die Stadt Pirna (Die Kunstdenkmäler

des Freistaates Sachsen, 1), Dresden 1929.

Badstübner 2008
Badstübner, Ernst u. a. (Hrsg.): Die Kunst des Mittelalters in der Mark Brandenburg. Tradition – Transformation – Innovation, Berlin 2008.

Badstübner 2005
Ernst Badstübner: Die baukünstlerischen Wirkungen des Magdeburger Doms nach Ostmitteleuropa, in: Małgorzata Omilanowska/Anna Straszewska (Hrsg.): Wanderungen. Künstler – Kunstwerk – Motiv – Stifter. Wędrówki. Artysta – Dzieło – Wzorzec – Fundator, [Das gemeinsame Kulturerbe] (Wspólne dziedzictwo 2), Warszawa 2005, S. 249–255.

Baier 1994
Gerd Baier: Der Dom zu Schwerin, Regensburg 1994.

Baltzer/Bruns 1919
Johannes Baltzer/Friedrich Bruns: Die Kirche zu Alt-Lübeck. Dom (Die Bau- und Kunstdenkmäler der Hansestadt Lübeck, 3.1), Lübeck 1919 (unveränderter Nachdruck 2001).

Bandmann 1951
Günter Bandmann: Ikonologie der Architektur, in: Jahrbuch für Ästhetik und allgemeine Kunstwissenschaft 1, 1951, S. 67–109 (Nachdruck Darmstadt 1969).

Barasch 1976
Moshe Barasch: Gestures of Despair in Medieval and Early Renaissance Art, New York 1976.

Barbieri 2000
Sandra Barbieri (Hrsg.): Medioevo Aostano. La pittura all'Anno Mille in Cattedrale e in Sant'Orso, Bd. 1: Atti del convegno internazionale, Aosta, 15–16 maggio 1992, o. O. 2000.

Baum 1996
Wilhelm Baum: Rudolf IV. der Stifter. Seine Welt und seine Zeit, Graz 1996.

Becher 1996
Matthias Becher: Rex, Dux und Gens. Untersuchungen zur Entstehung des sächsischen Herzogtums im 9. und 10. Jahrhundert (Historische Studien, 444), Husum 1996.

Behling 1954
Lottlisa Behling: Die Klugen und Törichten Jungfrauen zu Magdeburg: Nachträge und Ergänzungen zur Erforschung der Magdeburger Skulpturen, in: Zeitschrift für Kunstwissenschaft 8, 1954, S. 19–42.

Bekmann 1753 II
Johann Christoph Bekmann: Beschreibung der Chur und Mark Brandenburg, Bd. 2, Berlin 1753 (Neudruck Hildesheim/Zürich/New York 2004).

Bellanger/Hamon 1996
Sylvain Bellanger/Françoise Hamon: Félix Duban, 1798–1870. Les couleurs de l'architecte, Paris 1996.

Bellmann 1963
Fritz Bellmann: Die Klugen und die Törichten Jungfrauen und der Lettner des Magdeburger Doms, in: Hans Martin Freiherr von Erffa/Elisabeth Herget (Hrsg.): Festschrift für Harald Keller zum sechzigsten Geburtstag, Darmstadt 1963, S. 87–110.

Bellmann 1958
Fritz Bellmann: Zu den älteren Dombauten in Magdeburg, in: Ausgrabungen und Funde 3, 1958, S. 323–326.

Bellmann/Leopold 1960
Friedrich Bellmann/Gerhard Leopold: Der ottonische Dom zu Magdeburg, in: Pfalzenexkursion des Instituts für Vor- und Frühgeschichte der Deutschen Akademie der Wissenschaften zu Berlin vom 10. bis 14. Oktober 1960, Berlin 1960, S. 19–23.

Bercé 2000
Françoise Bercé: Des monuments historiques au patrimoine, du XVIIIe siècle à nos jours, ou les «égarements du cœur et de l'esprit», Paris 2000.

Bercé ²1997
Françoise Bercé: Arcisse de Caumont et les sociétés savantes, in: Nora ²1997, S. 1545–1573.

Bercé 1979
Françoise Bercé: Les premiers travaux de la Commission des monuments historiques 1837–1848. Procès-verbaux et relevés d'architectes (Bibliothèque de la sauvegarde de l'art français), Paris 1979.

Beretta 2006
Michela Beretta: Le chiese „episcopali" e la „civitas christiana" di Como nell'XI secolo, in: Carlo Bertelli (Hrsg.): Età romanica. Metropoli, contado, ordini monastici nell'attuale provincia di Lecco (XI–XII secolo), Milano 2006, S. 31–48.

Berzolla/Siboni 1966
Pietro Berzolla/Armando Siboni: Guida all'architettura romanica nel Piacentino, Piacenza 1966.

Beseler/Roggenkamp 1954
Hartwig Beseler/Hans Roggenkamp: Die Michaeliskirche in Hildesheim, Hildesheim 1954.

Besener 2005
Frank Besener: Die Bergung gotischer Plastiken aus einer Bruchsteinmauer im Bereich Gouvernementsberg 2, in: Schaufenster der Archäologie. Neues aus der archäologischen Forschung in Magdeburg, Halle/Magdeburg 2005, S. 140–142.

Bettauer 1995/96
Walter Bettauer: Der ottonische Dom in Magdeburg. Spolienaufmaß und Ansätze zur Rekonstruktion, Diplomarbeit Universität Hannover 1995/96, 2. Bde.

Beuckers 2004
Klaus Gereon Beuckers: Der Kölner Dom, Darmstadt 2004.

Beumann 1962
Helmut Beumann: Das Kaisertum Ottos des Großen. Ein Rückblick nach tausend Jahren, in: Historische Zeitschrift 195, 1962, S. 529–573.

Beyer 2008
Franz-Heinrich Beyer: Geheiligte Räume. Theologie und Symbolik des Kirchengebäudes, Darmstadt 2008.

Białostocki 1966
Jan Białostocki: Late Gothic, Disagreements about the Concept, in: Journal of the British Archaeological Association s.3, 29, 1966, S. 76–105.

Bianco 2010
Rosanna Bianco: Büste ohne Kopf, in: Kat. Die Staufer und Italien. Drei Innovationsregionen im Mittelalterlichen Europa, Bd. 2, hrsg. v. Alfried Wieczorek/Bernd Schneidmüller/Stefan Weinfurter, Ausstellungskatalog Mannheim, Darmstadt 2010, S. 68.

Bienert 1996
Bernd Bienert: Zur frühmittelalterlichen Besiedlung Triers und des Trierer Landes, in: Anton/Haverkamp 1996, S. 119–160.

Bier 1933
Justus Bier: Ein Magdeburger Riemenschneider-Schüler, in: Montagsblatt der Magdeburger Zeitung 75, 1933, S. 163–165.

Binding 2003
Günther Binding: Vom dreifachen Wert der Säule im frühen und hohen Mittelalter (Sitzungsberichte der Sächsischen Akademie der Wissenschaften zu Leip-

zig, Philol.-hist. Kl., 138/2), Stuttgart/Leipzig 2003, S. 15–21.

Binding 1996
Günther Binding: Der früh- und hochmittelalterliche Bauherr als sapiens architectus, Darmstadt 1996.

Binding ²1965
Günther Binding: Burg Münzenberg. Eine staufische Burganlage (Abhandlungen zur Kunst-, Musik- und Literaturwissenschaft, 20), Bonn ²1965.

Binding/Linscheid-Burdich 2002
Günther Binding/Susanne Linscheid-Burdich: Planen und Bauen im frühen und hohen Mittelalter nach den Schriftquellen bis 1250, Darmstadt 2002.

Binski 1997
Paul Binski: The Angel Choir at Lincoln and the Poetics of the Gothic Smile, in: Art history 20, 1997, S. 350–374.

Bischoff 1993
Cordula Bischoff: Maria, Maria Magdalena und Johannes: Trauerarbeit mit verteilten Rollen, in: Claudia Opitz (Hrsg.): Maria in der Welt: Marienverehrung im Kontext der Sozialgeschichte, 10.–18. Jahrhundert, Zürich 1993, S. 139–151.

Bischoff 2006
Franz Bischoff: Neues zu Ulrich Creutz. Oder: Wie lange währte die Lebensarbeitszeit spätgotischer Künstler?, in: Fajt/Hörsch 2004, S. 347–370.

Bischoff 1999
Franz Bischoff: „Der vilkunstreiche Architector und der Statt Augspurg Wercke Meister": Burkhard Engelberg und die süddeutsche Architektur um 1500. Anmerkungen zur sozialen Stellung und Arbeitsweise spätgotischer Steinmetzen und Werkmeister, Augsburg 1999.

Blondel 1957
Louis Blondel: Le martyrium de St-Maurice d'Agaune, in: Vallesia 12, 1957, S. 283–292.

Boehm ²1977
Laetitia Boehm: Geschichte Burgunds. Politik, Staatsbildungen, Kultur, Stuttgart ²1977.

Boerner 2006
Bruno Boerner: Stilgeschichte um 1900 und im 20. Jahrhundert, in: Klein/Boerner 2006, S. 61–78.

Boháčová 1998
Ivana Boháčová: K problematice dispozice a komunikačního systému Pražského hradu v raném středověku (Über Disposition und Kommunikationssystem in der Prager Burg im Frühmittelalter), in: Archaeologia historica 23, 1998, S. 9–19.

Böhme 1997
Hartmut Böhme: Aby M. Warburg (1866–1929), in: Axel Michaels (Hrsg.): Klassiker der Religionswissenschaft. Von Friedrich Schleiermacher bis Mircea Eliade, München 1997, S. 133–157.

Böhmer 1844
Johann Friedrich Böhmer: Die rothe Thüre zu Frankfurt am Main, in: Archiv für Frankfurts Geschichte und Kunst, 3, 1844, S. 114–124.

Bönnen 2010
Gerold Bönnen: Stadt und Öffentlichkeit am Beispiel mittelrheinischer Bischofsstädte im späten Mittelalter, in: Albrecht 2010b, S. 177–190.

Bönnen 1996
Gerold Bönnen: Trier zwischen dem 10. und dem beginnenden 12. Jahrhundert, Erzbischöfe und Erzstift, regionale Herrschaftsträger und Stadtbevölkerung, in: Anton/Haverkamp 1996, S. 203–238.

Boockmann 1982
Hartmut Boockmann: Der Streit um das Wilsnacker Blut. Zur Situation des deutschen Klerus in der Mitte des 15. Jahrhunderts, in: Zeitschrift für historische Forschung 9, 1982, S. 385–408.

Borghini ³1998
Gabriele Borghini (Hrsg.): Marmi Antichi (Materiali della cultura artistica, 1), Roma ³1998.

Borgolte 2005
Michael Borgolte: Zur Lage der deutschen Memoria-Forschung, in: Michael Borgolte/Cosimo D. Fonseca (Hrsg.): Memoria: ricordare e dimenticare nella cultura del medioevo [Memoria: Erinnern und Vergessen in der Kultur des Mittelalters]. (Annali dell'Istituto Storico Italo-Germanico in Trento. Contributi, 15), Bologna 2005, S. 21–28.

Borgolte 2000
Michael Borgolte: Die Memoria Ottos II. in Rom, in: Kat. Europas Mitte um 1000 II, 2000, S. 754–757.

Borgolte ²1995
Michael Borgolte: Petrusnachfolge und Kaiserimitation. Die Grablegen der Päpste, ihre Genese und Traditionsbildung, Göttingen ²1995.

Bork 2005
Robert Bork: Plan B and the Geometry of Façade Design at Strasbourg Cathedral, 1250–1350, in: Journal of the Society of Architectural Historians 64, 2005, S. 442–473.

Bork 2007
Robert Bork: Stacking and „Octature" in the Geometry of Cologne Plan F, in: Gajewski/Opačić 2007, S. 89–106.

Bork 2003
Robert Bork: Great Spires, Köln 2003.

Borkovský 1975
Ivan Borkovský: Svatojiřská bazilika a klášter na Pražském hradě [Kirche und Kloster St. Georg auf der Prager Burg], Praha 1975.

Brandl 2011
Heiko Brandl: Magdeburg und Naumburg. Varianten gotischer Skulptur in Mitteldeutschland, in: Kat. Der Naumburger Meister. Bildhauer und Architekt im Europa der Kathedralen, hrsg. v. Hartmut Krohm/Holger Kunde, Ausstellungskatalog Naumburg, Petersberg 2011, S. 397–405.

Brandl 2009a
Heiko Brandl: Die Skulpturen des 13. Jahrhunderts im Magdeburger Dom (Beiträge zur Denkmalkunde, 4), Halle/Saale 2009.

Brandl 2009b
Heiko Brandl: Zur Rekonstruktion des Goldschmidtportals, in: Kat. Aufbruch in die Gotik 2009 II, S. 50–53.

Brandl 2009c
Heiko Brandl: Die alte Nikolaikirche. Quellen und Nachrichten zu ihrer Verlegung, in: Rainer Kuhn u. a. 2009, S. 145–153.

Brandl 2005
Heiko Brandl: Magdeburger Spolien im mittelalterlichen Sachsen, in: Kuhn u. a. 2005, S. 91–104.

Brandl 2004
Heiko Brandl: Adolph Goldschmidt und das ‚Goldschmidt-Portal', in: Wolfgang Schenkluhn (Hrsg.): 100 Jahre Kunstgeschichte an der Martin-Luther-Universität Halle-Wittenberg – Personen und Werke (Hallesche Beiträge zur Kunstgeschichte, 5/6), Halle/Saale 2004, S. 21–40.

Brandl/Forster 2011 I–II
Brandl, Heiko/Forster, Christian: Der Dom zu Magdeburg. Die Bau- und Kunstdenkmäler von Sachsen-Anhalt

(Beiträge zur Denkmalkunde, 6), 2 Bde., Regensburg 2011.

Brandl/Hartung 2009
Heiko Brandl/Claudia Hartung: Grab und Epitaph. Funde und Befunde protestantischer Sepulkralkultur im Magdeburger Dom, in: Kuhn u. a. 2009, S. 107–130.

Brandl/Jäger 2005
Heiko Brandl/Franz Jäger: Überlegungen zur Identifizierung der archäologisch nachgewiesenen, bisher unbekannten Kirche auf dem Magdeburger Domplatz, in: Kuhn u. a. 2005, S. 55–61.

Brandt 1863
Christian Ludwig Brandt: Der Dom zu Magdeburg. Historische, architektonische und monumentale Beschreibung der Cathedrale, Magdeburg 1863.

Brandt 1850
Christian Ludwig Brandt: Über die allmähliche Ausbildung der Steinmetzzeichen an Baudenkmalen des Mittelalters, insbesondere am Dom zu Magdeburg, in: Neue Mitteilungen aus dem Gebiet historisch-antiquarischer Forschungen 8 (3), 1850, S. 1–45.

Branner 1965
Robert Branner: The Transept of Cambrai Cathedral, in: Gedenkschrift Ernst Gall, Berlin/München 1965, S. 69–85.

Branner 1962
Robert Branner: La cathédrale de Bourges et sa place dans l'architecture gothique, Paris/Bourges 1962.

Bräutigam 1961
Günther Bräutigam: Gmünd – Prag – Nürnberg. Die Nürnberger Frauenkirche und der Prager Parlerstil vor 1360, in: Wallraf-Richartz-Jahrbuch 23, 1961, S. 38–75.

Bravermanová 2005
Milena Bravermanová: Hroby světců českého původu na Pražském hradě [Die Gräber der Heiligen tschechischen Ursprungs auf der Prager Burg], in: Tomková 2005, S. 89–118.

Bravermanová 2001
Milena Bravermanová: Nové poznatky o nejstarších textiliích z relikviářového hrobu sv. Ludmily, in: Archaeologia historica 26, 2001, S. 447–486.

Bravermanová 2000
Milena Bravermanová: Textilien aus der Reliquiengrabkammer der Hl. Ludmila in der St. Georgsbasilika: Hinterer Teil einer Dalmatika, in: Kat. Europas Mitte, 2000 III, S. 254.

Bresc-Bautier 1997
Geneviève Bresc-Bautier: La dispersion des collections du musée des Monuments français, des églises à la galerie d'Angoulême, in: Furet 1997, S. 123–142.

Bresc-Bautier 1971
Geneviève Bresc-Bautier: L'envoi de la relique de la vraie croix à Notre-Dame de Paris en 1120, in: Bibliothèque de l'Ecole des chartes 129, 1971, S. 387–397.

Brisac/Leniaud 1989
Catherine Brisac/Jean-Michel Leniaud: Adolphe-Napoléon Didron ou les media au service de l'art chrétien, in: Revue de l'Art 77, 1989, S. 33–42.

Brucher 2000
Günter Brucher (Hrsg.): Gotik (Geschichte der bildenden Kunst in Österreich, 2), München/London/New York 2000.

Brückner 2000
Wolfgang Brückner: Das Bildnis in rechtlichen Zwangsmitteln. Zum Magieproblem der Schandgemälde, in: Hans-Martin Freiherr von Erffa/Elisabeth von Herget (Hrsg.): Festschrift für Harald Keller, Darmstadt 1963, S. 111–129; Neudruck in: Ders., Kulturtechniken. Nonverbale Kommunikation, Rechtssymbolik, Religio carnalis, Würzburg 2000, S. 30–52.

Brückner 1966
Wolfgang Brückner: Bildnis und Brauch. Studien zur Bildfunktion der Effigies, Berlin 1966.

Brunner 1994
Karl Brunner: Erzbischof Wichmann von Magdeburg, „Nachbar" in Sachsen und Österreich, in: Evamaria Engel/Bernhard Töpfer (Hrsg.): Kaiser Friedrich Barbarossa. Landesausbau – Aspekte seiner Politik – Wirkung (Forschungen zur mittelalterlichen Geschichte, 36), Weimar 1994, S. 51–62.

Bruzelius 1987
Caroline Astrid Bruzelius: The Construction of Notre-Dame in Paris, in: The Art Bulletin 69 (4), 1987, S. 540–569.

Buchholz 2005
Ingelore Buchholz: Das Nikolaistift und seine Kirche in Magdeburg, in: Kunz 2005, S. 58–66.

Buchwald 1904
Conrad Buchwald: Romanische Skulpturenreste der Pfarrkirche in Trebnitz, in: Schlesiens Vorzeit in Bild und Schrift N.F. 3, 1904, S. 65–71.

Buchwald 1930
Georg Buchwald: Zur mittelalterlichen Frömmigkeit am Kursächsischen Hofe kurz vor der Reformation, in: Archiv für Reformationsgeschichte 27, 1930, S. 62–110.

Buczynski 2004
Bodo Buczynski: Der Skulpturenschmuck Riemenschneiders für die Würzburger Marienkapelle. Eine Bestandsaufnahme, in: Kat. Tilman Riemenschneider 2004, S. 174–193.

Bünz 2004
Enno Bünz: Ein Reichsbischof der Stauferzeit: Konrad von Querfurt (1194–1202), in: Würzburger Diözesan-Geschichtsblätter 66, 2004, S. 293–311.

Buonincontri 2005
Francesca Buonincontri: Scultura a Bergamo in età comunale. I cantieri di S. Maria Maggiore e del Palazzo della Ragione, Bergamo 2005.

Bureš 1990
Jaroslaw Bureš: Die Bedeutung der Magdeburger Bauhütte in der mitteldeutschen Architektur des ausgehenden 14. Jahrhunderts, in: Niederdeutsche Beiträge zur Kunstgeschichte 29, 1990, S. 9–33.

Bureš 1987
Jaroslaw Bureš: Der Westbau des Magdeburger Domes. Ein Beitrag zu den Ausstrahlungen der kölnischen und straßburgischen Hüttenkunst nach Niedersachsen, in: Jahrbuch des Zentralinstituts für Kunstgeschichte 3, 1987, S. 77–107.

Burger 1937
Lilli Burger: Die apokalyptische Maria in dem unvollendet gebliebenen Figurenzyklus des Magdeburger Domportals, in: Zeitschrift des deutschen Vereins für Kunstwissenschaft 4, 1937, S. 16–24.

Burger 1930
Lilli Burger: Die ursprüngliche Aufstellung der Magdeburger Klugen und Törichten Jungfrauen, in: Jahrbuch für Kunstwissenschaft 1930, S. 1–13.

Bürger 2008
Stefan Bürger: Rezension von Mock 2007, in: Neues Archiv für sächsische Geschichte 79, 2008, S. 378–381.

Busch 1931
Harald Busch: Meister Wolter und sein Kreis (Studien zur deutschen Kunstgeschichte, 286), Straßburg 1931.

Bushart 1990
: Magdalena Bushart: Der Geist der Gotik und die expressionistische Kunst. Kunstgeschichte und Kunsttheorie 1911–1925, Berlin 1990.

Buyle u. a. 1997
: Marjan Buyle u. a.: Architecture gothique en Belgique, Bruxelles 1997.

Bynum 1992
: Caroline Walker Bynum: Fragmentation and Redemption: Essays on Gender and the Human Body in Medieval Religion, New York 1992.

Camille 1996
: Michael Camille: Gothic Art: Glorious Visions, New York 1996.

Carmassi 2000
: Patrizia Carmassi: Basiliche episcopali e ordinamento liturgico a Milano nei secoli XI–XIII tra continuità e trasformazioni, in: Civiltà Ambrosiana 17, 2000, S. 268–291.

Carlen 1999
: Louis Carlen: Orte, Gegenstände, Symbole kirchlichen Rechtslebens. Eine Einführung in die kirchliche Rechtsarchäologie, Fribourg 1999.

Carlen 1994a
: Louis Carlen: Kirchen als Rechtsorte, in: Klaus Lüdicke/Hans Paarhammer/Dieter A. Binder (Hrsg.): Neue Positionen des Kirchenrechts, Graz 1994, S. 9–27.

Carlen 1994b
: Louis Carlen: Tür und Tor im Recht, in: Historia prawa. Historia kultury. Liber Memorialis Vitoldo Maisel dedicatus. Pod redakcją Ewy Borkowskiej-Bagieńskiej i Henryka Olszewskiego, Poznań 1994, S. 115–127.

Caviness 1990
: Madeline Harrison Caviness: Sumptuous Arts at the Royal Abbeys in Reims and Braine: Ornatus Elegantiae, Varietate Stupendes, Princeton 1990.

Chastel ²1997
: André Chastel: La notion de patrimoine, in: Nora ²1997, S. 1439–1441.

Chénesseau 1931
: Georges Chénesseau: L'église Saint-Euverte, in: Congrès archéologique de France 93, 1931, S. 78–111.

Chevalley/Favrod/Ripart 2005
: Eric Chevalley/Justin Favrod/Laurent Ripart: Eucher et l'Anonyme: les deux Passions de saint Maurice, in: Wermelinger 2005, S. 423–446.

Chevalley 1995
: Denis A. Chevalley: Der Dom zu Augsburg (Die Kunstdenkmäler von Bayern, N. F. 1), München 1995.

Chinca 2004
: Mark Chinca: Tout exemple cloche: Erzählen vom Tode Friedrichs des Freidigen in Mittelalter und Früher Neuzeit, in: Zeitschrift für deutsche Philologie 123, 2004, S. 341–364.

Choay 1992
: Françoise Choay: L'allégorie du patrimoine, Paris 1992.

Chrysos 2001
: Evangelos Chrysos: Otto der Große aus byzantinischer Sicht, in: Kat. Otto der Große 2001 I, S. 481–488.

Cibulka 1934
: Josef Cibulka: Václavova rotunda sv. Víta [Die Wenzelsrundkirche des hl. Veit], in: Svatováclavský sborník I, Praha 1934, S. 230–685.

Clark 1979
: William W. Clark: Spatial Innovations in the Chevet of Saint-Germain-des-Prés, in: Journal of the Society of Architectural Historians 38, 1979, S. 348–365.

Claude 1972–1975 I–II
: Dietrich Claude: Geschichte des Erzbistums Magdeburg bis in das 12. Jahrhundert, 2 Bde. (Mitteldeutsche Forschungen, 67/I–II), Köln 1972–1975.

Claussen 1987
: Hilde Claussen: Eine Reliquiennische in der Krypta auf dem Petersberg bei Fulda, in: Frühmittelalterliche Studien 21, 1987, S. 245–273, 479f.

Claussen 1994
: Peter Cornelius Claussen: Zentrum, Peripherie, Transperipherie. Überlegungen zum Erfolg des gotischen Figurenportals an den Beispielen Chartres, Sangüesa, Magdeburg, Bamberg und den Westportalen des Domes S. Lorenzo in Genua, in: Herbert Beck/Kerstin Hengevoss-Dürkop (Hrsg.): Studien zur Geschichte der europäischen Skulptur im 12./13. Jahrhundert (Schriften des Liebieghauses), 2 Bde., Frankfurt am Main 1994, Bd. I, S. 665–688, Bd. II, S. 429–449.

Clemens 2003
: Lukas Clemens: Tempore Romanorum constructa. Zur Nutzung und Wahrnehmung antiker Überreste nördlichen der Alpen während des Mittelalters (Monographien zur Geschichte des Mittelalters, 50), Stuttgart 2003.

Clemens 1996
: Lukas Clemens: Zum Umgang mit der Antike im hochmittelalterlichen Trier, in: Anton/Haverkamp 1996, S. 167–202.

Clemens/Mellin/Rosenthal 1831–1852 I–V
: Johann Andreas Clemens/Friedrich Albert Immanuel Mellin/Carl Albert Rosenthal: Der Dom zu Magdeburg, 5 Lief., Magdeburg 1831–1852.

Cordes 1993
: Albrecht Cordes: Stuben und Stubengesellschaften. Zur dörflichen und kleinstädtischen Verfassungsgeschichte am Oberrhein und in der Nordschweiz (Quellen und Forschungen zur Agrargeschichte, 38), Stuttgart/Jena/New York 1993.

Cordez 2006
: Philippe Cordez: Wallfahrt und Medienwettbewerb. Serialität und Formenwandel der Heiltumsverzeichnisse mit Reliquienbildern im Heiligen Römischen Reich (1460–1520), in: Andreas Tacke (Hrsg.): „Ich armer sundiger Mensch". Heiligen- und Reliquienkult am Übergang zum konfessionellen Zeitalter, Göttingen 2006, S. 37–73.

Corsi, ed. Napoleone 2001
: Faustino Corsi: Delle pietre antiche. Il trattato sui marmi romani di Faustino Corsi, hrsg. v. Catherina Napoleone, Milano 2001.

Cottin/John/Kunde 2008
: Markus Cottin/Uwe John/Holger Kunde (Hrsg.): Der Merseburger Dom und seine Schätze. Zeugnisse einer tausendjährigen Geschichte (Kleine Schriften der Vereinigten Domstifter zu Merseburg und Naumburg und des Kollegiatstiftes Zeitz, 6), Petersberg 2008.

Cramer/Jacobsen/von Winterfeld 1993
: Johannes Cramer/Werner Jacobsen/Dethard von Winterfeld: Die Michaeliskirche, in: Kat. Bernward von Hildesheim und das Zeitalter der Ottonen, hrsg. v. Michael Brandt/Arne Eggebrecht, Ausstellungskatalog Hildesheim, Bd. 1, Hildesheim 1993, S. 369–382.

Cramer/Winterfeld 1995
: Johannes Cramer/Dethart von Winterfeld: Die Entwicklung des Westchores von St. Michael im Zusammenhang mit der Heiligsprechung Bernwards, in: Kat.

Der vergrabene Engel. Die Chorschranken der Hildesheimer Michaeliskirche Funde und Befunde, hrsg. v. Michael Brandt, Ausstellungskatalog Hildesheim, Mainz 1995, S. 13–32.

Crook 2000
John Crook: The Architectural Setting of the Cult of Saints in the Early Christian West c. 300–1200, Oxford 2000.

Crosby 1987
Sumner McKnight Crosby: The Royal Abbey of Saint-Denis from its Beginnings to the Death of Suger, 475–1151, New Haven/London 1987.

CVMA France Rec. 4 1992
Les vitraux de Champagne-Ardenne (Corpus vitrearum: France: Recensement des vitraux anciens de la France, 4), Paris 1992.

Dagron 1995
Gilbert Dagron: Empereur et prêtre. Étude sur le «césaropapisme» byzantin, Paris 1995.

De Bernardi Ferrero 1971a
Daria De Bernardi Ferrero: Aoste. La cathédrale Sainte-Marie, in: Congrès archéologique du Piémont 129, 1971, S. 157–172.

De Bernardi Ferrero 1971b
Daria De Bernardi Ferrero: Ivrée. Cathédrale Sainte-Marie, in: Congrès archéologique du Piémont 129, 1971, S. 185–193.

de Blaauw 1994 I–II
Sible de Blaauw: Cultus et decor. Liturgia e architettura nella Roma tardoantica e medievale: Basilica Salvatoris, Sanctae Mariae, Sancti Petri (Studi e testi, 355, 356), 2 Bde., Città del Vaticano 1994.

De Capitani D'Arzago 1952
Alberto De Capitani D'Arzago: La basilica maggiore di S. Tecla in Milano, Milano 1952.

de Caumont 1841
Arcisse de Caumont: Histoire de l'architecture religieuse au Moyen Âge, Caen 1841.

de Caumont 1825
Arcisse de Caumont: Essai sur l'architecture religieuse du Moyen Âge, particulièrement en Normandie, Caen 1825.

de Chateaubriand 1802
François-René de Chateaubriand: Le Génie du Christianisme, Paris 1802.

Deckert 1935
Hermann Deckert: Dom und Schloß zu Merseburg, Burg bei Magdeburg 1935.

Dehio SaAn 2002 I
Georg Dehio: Handbuch der deutschen Kunstdenkmäler: Sachsen-Anhalt I: Regierungsbezirk Magdeburg, bearb. von Ute Bednarz, Folkhard Cremer u. a., Berlin/München 2002.

Dehio ²1926
Georg Dehio: Handbuch der deutschen Kunstdenkmäler, Bd. 4: Südwestdeutschland, im Anhang Elsaß-Lothringen und die Deutsche Schweiz, Berlin ²1926.

Dehio 1900
Georg Dehio: Über die Grenzen der Renaissance gegen die Gotik, in: Kunstchronik NF 11, 1900, Sp. 273–277, 305–310.

Dehio/Bezold 1884–1901 I–IV
Georg Dehio/Gustav von Bezold: Die kirchliche Baukunst des Abendlandes, 5 Bde., Stuttgart 1884–1901.

Deimling 1998
Barbara Deimling: Ad Rufam Ianuam: Die rechtsgeschichtliche Bedeutung von „roten Türen" im Mittelalter, in: Zeitschrift der Savigny-Stiftung für Rechtsgeschichte. Germanistische Abteilung 115, 1998, S. 498–513.

Deiters 2006
Maria Deiters: Kunst um 1400 im Erzstift Magdeburg. Studien zur Rekonstruktion eines verlorenen Zentrums, Berlin 2006.

Delbrueck 1932
Richard Delbrueck: Antike Porphyrwerke (Studien zur spätantiken Kunstgeschichte im Auftrage des deutschen archäologischen Instituts, 6), Berlin/Leipzig 1932.

Deloche/Leniaud 1989
Bernard Deloche/Jean-Michel Leniaud: La culture des sans-culottes. Le premier dossier du patrimoine 1789–1798, Paris/Montpellier 1989.

de Maillé 1971
Marquise de Maillé: Les cryptes de Jouarre. Plans et relevés de Pierre Rousseau, Paris 1971.

De Maeyer u. a. 1999
Jan De Maeyer u. a. (Hrsg.): Negentiende-eeuwse restauratiepraktijk en actuele monumentenzorg (Kadoc-Artes, 3), Löwen 1999.

de Montalembert 1833
Charles de Montalembert: Du vandalisme en France, lettre à M. Victor Hugo, in: Revue des deux mondes 1, 1833, S. 477–524.

Demouy 2006
Patrick Demouy: L'image des archevêques dans l'abbatiale Saint-Remi de Reims au XIIe siècle, in: Stephan Gasser/Christian Freigang/Bruno Boerner (Hrsg.): Architektur und Monumentalskulptur des 12.–14. Jahrhunderts. Produktion und Rezeption. Festschrift für Peter Kurmann zum 65. Geburtstag, Bern 2006, S. 627–639.

Desilve 1893
Jules Desilve (Hrsg.): Lettres d'Etienne de Tournai, Valenciennes/Paris 1893.

Dettmers 1998
Arno Dettmers: Steinskulptur des 14. Jahrhunderts im Elbe-Saale-Gebiet, Berlin 1998.

Dettmers 1994
Arno Dettmers: Das Grabmal Erzbischof Ottos von Hessen im Magdeburger Dom und verwandte Werke in den Domen von Magdeburg und Halberstadt. Versuch einer Näherung nach befundanalytischen, historischen und stilkritischen Kriterien, Magisterarbeit TU Berlin, Berlin 1994.

Devisse 1979
Jean Devisse: L'Image du Noir dans l'art occidental II, 1: De la menace démoniaque à l'incarnation de la sainteté, Fribourg 1979.

Dietze 1915
Paul Dietze: Geschichte des Georgenstifts auf dem Schlosse zu Altenburg, in: Mitteilungen der Geschichts- und Altertumsforschenden Gesellschaft des Osterlandes 12, 1915, S. 279–334.

Dinzelbacher 1986
Peter Dinzelbacher: Gefühl und Gesellschaft im Mittelalter: Vorschläge zu einer emotionsgeschichtlichen Darstellung des hochmittelalterlichen Umbruchs, in: Gert Kaiser/Jan-Dirk Müller (Hrsg.): Höfische Literatur, Hofgesellschaft, Höfische Lebensformen um 1200 (Studia humaniora, 6), Düsseldorf 1986, S. 213–241.

DNP
Der Neue Pauly. Enzyklopädie der Antike 1–15,3, hrsg. v. Hubert Cancik und Helmuth Schneider, Stuttgart/Weimar 1996–2003.

Doering 1902
Oskar Doering: Halberstadt, Land und Stadt (Beschreibende Darstellung der älteren Bau- und Kunstdenkmäler der

Provinz Sachsen, 23), Halle/Saale 1902, Nachdruck 2000.

Dohme 1887
Robert Dohme: Geschichte der deutschen Kunst, Bd. 1: Geschichte der deutschen Baukunst, Berlin 1887.

Dohmen 1999
Heinz Dohmen: Die Krypten der Werdener Abteikirche, in: Kat. Das Jahrtausend der Mönche. Kloster Welt Werden 799–1803, hrsg. v. Jan Gerchow, Ausstellungskatalog Essen, Köln 1999, S. 264–272.

Donath 2000
Matthias Donath: Die Baugeschichte des Doms zu Meissen: 1250–1400, Beucha 2000.

d'Onofrio 1971
Cesare D'Onofrio: Castel S. Angelo, Roma 1971.

Downey 1959
Glanville Downey: The Tombs of the Byzantine Emperors at the Church of the Holy Apostles in Constantinople, in: Journal of Hellenic Studies 79, 1959, S. 27–51.

Drechsler 2000
Heike Drechsler: Zur Grablege Heinrichs I. in Quedlinburg, in: Archiv für Diplomatik 46, 2000, S. 155–180.

Dresken-Weiland 2003
Jutta Dresken-Weiland: Sarkophagbestattungen des 4.–6. Jahrhunderts im Westen des römischen Reiches (Römische Quartalschrift für christliche Altertumskunde und Kirchengeschichte, 55), Rom/Freiburg/Wien 2003.

Ehlers 2009a
Caspar Ehlers: Bautätigkeit und Beisetzungen der Erzbischöfe von Magdeburg in ihrer Domkirche bis zum Brand im Jahre 1207, in: Kuhn u. a. 2009, S. 131–143.

Ehlers 2009b
Caspar Ehlers: Beabsichtigte Lothar III. seine Beisetzung in Magdeburg? Ein Diskussionsbetrag, in: Kuhn u. a. 2009, S. 235–239.

Ehlers 2006
Caspar Ehlers: Zur Geschichte des Magdeburger Domplatzes (805–1208), in: Matthias Puhle/Heike Pöppelmann (Hrsg.): Der Magdeburger Domplatz. Archäologie und Geschichte 805–1209, Petersberg 2006, S. 11–28.

Ehlers 1999/2000
Joachim Ehlers: Die Königin aus England. Ottos des Großen erste Gemahlin, Magdeburg und das Reich, in: Sachsen und Anhalt 22, 1999/2000, S. 27–55.

Ehlers 1997
Joachim Ehlers: Magdeburg-Rom-Aachen-Bamberg: Grablege des Königs und Herrschaftsverständnis in ottonischer Zeit, in: Bernd Schneidmüller/Stefan Weinfurter (Hrsg.): Otto III. – Heinrich II: eine Wende? (Mittelalter-Forschungen, 1), Sigmaringen 1997, S. 47–76.

Ehlers 1992
Joachim Ehlers: Erzbischof Wichmann von Magdeburg und das Reich, in: Kat. Erzbischof Wichmann (1152–1192) und Magdeburg im hohen Mittelalter. Stadt, Erzbistum, Reich, hrsg. v. Matthias Puhle, Ausstellungskatalog Magdeburg, Calbe 1992, S. 20–31.

Eichmann 1942
Eduard Eichmann: Die Kaiserkrönung im Abendland. Ein Beitrag zur Geistesgeschichte im Mittelalter, 2 Bde., Würzburg 1942.

Eigendliche Beschreibung 1671/1689/1720
Eigendliche Beschreibung Der Welt=berühmten Dom=Kirchen zu Magdeburg [...] Nebst Etlichen Abrissen, was darinnen zusehen zum ersten mahl also herraus gegeben. Von Einem Liebhaber der A[n]tiquität, Magdeburg 1671, erweiterte Neuauflagen 1689, 1720 (ND der Auflage von 1689, Magdeburg 2005).

Eiserhardt 1909
Eiserhardt: Zur Frage der Osttürme des Magdeburger Doms, in: Magdeburgische Zeitung Nr. 163 vom 30.03.1909.

Eisermann 2005
Falk Eisermann: Die Heiltumsbücher des späten Mittelalters als Medien symbolischer und pragmatischer Kommunikation, in: The Mediation of Symbol in Late Medieval and Early Modern Times. Medien der Symbolik in Spätmittelalter und Früher Neuzeit, hrsg. v. Rudolf Suntrup u. a., Frankfurt am Main 2005, S. 37–56.

Eisermann 2004
Falk Eisermann: Art. Heiltumsbücher, in: Die deutsche Literatur des Mittelalters. Verfasserlexikon, Bd. 11: Nachträge und Korrekturen, Berlin u. a. 2004, Sp. 604–609.

Eißing/Högg 2000
Thomas Eißing/Frank Högg: Gefügeforschung am Dom zu Magdeburg, in: Denkmalpflege in Sachsen-Anhalt 8 (2), 2000, S. 123–134.

Elbern/Reuther 1969
Victor H. Elbern/Hans Reuther: St. Godehard zu Hildesheim. Bauwerk und Schatzkammer, Hildesheim 1969.

Elias [20]1997
Norbert Elias: Über den Prozess der Zivilisation: Soziogenetische und psychogenetische Untersuchungen, 2 Bde., Berlin [20]1997.

Ende 2005
Horst Ende: Der Dom zu Schwerin, München u. a. 2005.

Erlande-Brandenburg 1991
Alain Erlande-Brandenburg: Notre-Dame de Paris, Paris 1991.

Erlande-Brandenburg 1989
Alain Erlande-Brandenburg: La cathédrale, Paris 1989.

Erlande-Brandenburg 1975
Alain Erlande-Brandenburg: Le roi est mort: Étude sur le funérailles, les sépultures et les tombeaux des rois de France jusqu'à la fin du XIIIe siècle, Paris/Genève 1975.

Erler 1954
Adalbert Erler: Das Straßburger Münster im Rechtsleben des Mittelalters (Frankfurter wissenschaftliche Beiträge. Rechts- u. Wirtschaftswissenschaftliche Reihe, 9), Frankfurt am Main 1954.

Erkens 2006
Franz-Reiner Erkens: Herrschersakralität im Mittelalter. Von den Anfängen bis zum Investiturstreit, Stuttgart 2006.

Esquieu 1994
Yves Esquieu: Quartier cathédral. Une cité dans la ville, Paris 1994.

Esquieu 1992
Yves Esquieu: Autour de nos cathédrales, Paris 1992.

Eubel 1898/1901
Conrad Eubel: Hierarchia catholica medii aevi sive summorum pontificum (...) collecta, Münster 1898/1901.

Eversmann 1995
Olaf Eversmann: Die Vollendung des Magdeburger Domwestbaus und seine Nachfolge, Magister-Hausarbeit (Masch.), Leipzig 1995.

Falk 1879
Franz Falk: Die Druckkunst im Dienste der Kirche zunächst in Deutschland bis zum Jahre 1520 (Vereinsschrift der Görres-Gesellschaft, 2), Köln 1879.

Falkenburg 1995
 Reindert L. Falkenburg: The Decorum of Grief: Notes on the Representation of Mary at the Cross in Late Medieval Netherlandish Literature and Painting, in: Marja Terttu Knapas (Hrsg.): Icon to Cartoon: A Tribute to Sixten Ringbom (Taidehistoriallisia tutkimuksia, 16, 1995), Helsinki 1995, S. 65–89.

Fajt 2009
 Jiří Fajt: Kampf um den Dom – Markgraf Wilhelm, die Meißner Bischofskirche und der lange Schatten Kaiser Karls IV., in: Ingolf Gäßler/Anne Kleiner/André Thieme (Hrsg.): Wilhelm der Einäugige, Markgraf von Meißen (1346-1407) (Saxonia, Schriften des Vereins für sächsische Landesgeschichte, 11), Dresden 2009, S. 125–140.

Fajt 2008
 Jiří Fajt: Brandenburg wird böhmisch. Kunst als Herrschaftsinstrument, in: Badstübner 2008, S. 202–251.

Fajt/Hörsch 2004
 Jiří Fajt/Markus Hörsch (Hrsg.): Künstlerische Wechselwirkungen in Mitteleuropa (Studia jagellonica lipsiensia, 1), Ostfildern 2004.

Feist 1980
 Peter H. Feist: Beiträge Richard Hamanns zur Methodik der Kunstgeschichtsschreibung (Sitzungsberichte der Akademie der Wissenschaften der DDR, 1), Berlin 1980.

Fermigier ²1997
 André Fermigier: Mérimée et l'inspection des monuments historiques, in: Nora ²1997, S. 1599–1614.

Feuchtmüller 1978
 Rupert Feuchtmüller: Die „Imitatio" in den Stiftungen der Habsburger, in: Ferdinand Seibt (Hrsg.): Kaiser Karl IV. Staatsmann und Mäzen, München 1978, S. 378–386.

Findeisen 1995
 Peter Findeisen: Halberstadt. Dom, Liebfrauenkirche, Domplatz, Königstein im Taunus 1995.

Findeisen 1990
 Peter Findeisen: Geschichte der Denkmalpflege – Sachsen-Anhalt, Berlin 1990.

Findeisen/Magirius 1976
 Peter Findeisen/Heinrich Magirius: Die Denkmale der Stadt Torgau, Leipzig 1976.

Fiorillo 1817
 Johann Dominik Fiorillo: Geschichte der zeichnenden Künste in Deutschland und den vereinigten Niederlanden, Bd. 2, Hannover 1817.

Fiorio Tedone/Lusuardi Siena 1987
 Cinzia Fiorio Tedone/Silvia Lusuardi Siena: Il complesso paleocristiano e altomedioevale, in: Pierpaolo Brugnoli (Hrsg.): La cattedrale di Verona nelle sue vicende edilizie dal secolo IV al secolo XVI, Venezia 1987, S. 19–97.

Fittschen 2006
 Klaus Fittschen: Der Taufstein im Magdeburger Dom, in: Kat. Tausend Jahre taufen in Mitteldeutschland, Ausstellungskatalog Magdeburg, Regensburg 2006, S. 59–69.

Fitz 2002
 Eva Fitz: Die Marienkapelle des Halberstädter Domes im Kontext von Liturgie und Kunst, in: Wolfgang Schenkluhn (Hrsg.): Halberstadt – Dom und Domschatz (Hallesche Beiträge zur Kunstgeschichte, 4), Halle/Saale 2002, S. 157–172.

Flach 1939
 Willy Flach: Georg Spalatin als Geschichtsschreiber, in: Otto Korn (Hrsg.): Zur Geschichte und Kultur des Elb-Saale-Raumes. Festschrift für Walter Möllenberg, Burg bei Magdeburg 1939, S. 211–230.

Flemming/Lehmann/Schubert 1990
 Johanna Flemming/Edgar Lehmann/Ernst Schubert: Dom und Domschatz zu Halberstadt, Leipzig 1990.

Fliedner 1941–43
 Siegfried Fliedner: Studien über die ehemalige Brautpforte und das erste (geplante) Gewändestatuenportal des Magdeburger Doms nebst einem Exkurs über das Südportal des Straßburger Münsters, in: Sachsen und Anhalt 17, 1941-43, S. 85–128.

Flottwell 1891
 Eduard von Flottwell (Hrsg.): Mittelalterliche Bau- und Kunstdenkmäler in Magdeburg, Magdeburg o. J. (1891).

Foltýn/Maříková-Kubková 2005
 Dušan Foltýn/Jana Maříková-Kubková: Hrobová kaple knížete Břetislava II. při bazilice sv. Víta, Václava a Vojtěcha a Panny Marie na Pražském hradě [Die Grabkapelle von Fürst Břetislav in der Basilika von St. Veit, Wenzel, Adalbert und der Jungfrau Maria auf der Prager Burg], in: Catrum Pragense 6, 2005, S. 89–98.

Forster 2009a
 Christian Forster: Die archäologischen Altgrabungen im Magdeburger Dom, in: Kuhn u. a. 2009, S. 9–30.

Forster 2009b
 Christian Forster: Antike und byzantinische Kapitelle im ottonischen Magdeburg und ihre Herkunft, in: Leonhard Helten/Wolfgang Schenkluhn (Hrsg.): Romanik in Europa. Kommunikation – Tradition – Rezeption, Leipzig 2009, S. 53–73.

Forster 2009c
 Christian Forster: Magdeburg und Walkenried. Zu den frühgotischen Kompositkapitellen im Magdeburger Dom, in: IN SITU. Zeitschrift für Architekturgeschichte 1, 2009, S. 75–84.

Forster 2006
 Christian Forster: Der ottonische Vorgängerbau des gotischen Domes nach historischen und archäologischen Quellen, in: Matthias Puhle/Harald Meller/Heike Pöppelmann (Hrsg.): Der Magdeburger Domplatz. Archäologie und Geschichte 805-1209 (Magdeburger Museumsschriften, 8), Magdeburg 2006, S. 101–126.

Fortunati/Ghiroldi 2007
 Maria Fortunati/Angelo Ghiroldi: La Cattedrale di S. Alessandro Martire in Bergamo, in: Storia economica e sociale di Bergamo. I primi millenni. Dalla Preistoria al Medioevo, Bd. 2, Bergamo 2007, S. 539–547.

Fößel 2000
 Amalie Fößel: Die Königin im mittelalterlichen Reich. Herrschaftsausübung, Herrschaftsrechte, Handlungsspielräume (Mittelalter-Forschungen, 4), Stuttgart 2000.

Foucart ²1997
 Bruno Foucart: Viollet-le-Duc et la restauration, in: Nora ²1997, S. 1615–1643.

Foucart 1991
 Bruno Foucart: Les sentiments de la ruine au XIXe et au XXe siècles: tragi-comédie en quatre actes, in: Faut-il restaurer les ruines? (Actes des colloques de la Direction du patrimoine), Paris 1991, S. 24–28.

Franck-Oberaspach 1899
: Karl Franck-Oberaspach: Zum Eindringen der französischen Gotik in die deutsche Skulptur, in: Repertorium für Kunstwissenschaft 22, 1899, S. 105–110.

Frankel 1977
: Karlheinz Frankel: Papstschisma und Frömmigkeit. Die „Ad instar-Ablässe", in: Römische Quartalschrift 72, 1977, S. 57–124, 184–247.

Freigang 2007
: Christian Freigang: Changes in Vaulting, Changes in Drawing. On the Visual Appearance of Gothic Architecture around the Year 1300, in: Gajewski/Opačić 2007, S. 67–77.

Freigang 1999
: Christian Freigang: Die Expertisen zum Kathedralbau in Girona (1386 und 1416/17) – Anmerkungen zur mittelalterlichen Debatte um Architektur, in: ders. (Hrsg.): Gotische Architektur in Spanien. La arquitectura gótica en España (Ars Iberica, 4), Madrid/Frankfurt am Main 1999, S. 203–226.

Frenzel 1962
: Gottfried Frenzel: Kaiserliche Fensterstiftungen des vierzehnten Jahrhunderts in Nürnberg, in: Mitteilungen des Vereins für Geschichte der Stadt Nürnberg 51, 1962, S. 1–17.

Frey 1940
: Dagobert Frey: Das romanische Tympanon des Westportals an der Klosterkirche in Trebnitz, in: Alfred Zinkler/Dagobert Frey/Günther Grundmann: Die Klosterkirche in Trebnitz. Ein Denkmal deutscher Kunst der Kolonisationszeit in Schlesien, Breslau 1940, S. 115–146.

Frey 1937
: Dagobert Frey: Die ehemalige Zisterzienserinnenkirche in Trebnitz. Untersuchungen und Grabungen, in: Deutsche Kunst und Denkmalpflege 11, 1937, S. 10–23.

Frind 1864
: Anton Frind: Die Kirchengeschichte Böhmens im Allgemeinen und in ihrer besonderen Beziehung auf die jetzige Leitmeritzer Diöcese, Prag 1864.

Frings/Helten 2005
: Marcus Frings/Leonhard Helten: Überlegungen zu einer Grundrißdatenbank, in: Leonhard Helten (Hrsg.): dispositio. Der Grundriss als Medium in der Architektur des Mittelalters (Hallesche Beiträge zur Kunstgeschichte, 7), Halle/Saale 2005, S. 139–144.

Frölich 1939
: Karl Frölich: Mittelalterliche Bauwerke als Rechtsdenkmäler (Arbeiten zur rechtlichen Volkskunde, 3), Tübingen 1939.

Frolík u. a. 2000
: Jan Frolík u. a.: Nejstarší sakrální architektura Pražského hradu. Výpověď archeologických pramenů [Älteste Sakralarchitektur der Prager Burg. Aussage der archäologischen Quellen] (Castrum Pragense 3), Praha 2000.

Frolík 1999
: Jan Frolík: Dům pražského biskupa na Pražském hradě do konce 13. století na základě archeologického výzkumu v roce 1984 (The Old Provostship at Prague Castle Until the End of the 13th Century According to the Excavation in 1984), in: Castrum Pragense 2, 1999, S. 169–202.

Frolík/Smetánka 1997
: Jan Frolík/Zdeněk Smetánka: Archeologie na Pražském hradě [Archäologie auf der Prager Burg], Praha 1997.

Fuchs 1998
: Thomas Fuchs: Protestantische Heiligen-memoria im 16. Jahrhundert, in: Historische Zeitschrift 267, 1998, S. 587–614.

Fuchß 1993
: Verena Fuchß: Das Grab des heiligen Gebhard in der Klosterkirche von Petershausen bei Konstanz im 10. Jahrhundert, in: Gottfried Kerscher (Hrsg.): Hagiographie und Kunst. Der Heiligenkult in Schrift, Bild und Architektur, Berlin 1993, S. 273–300.

Fuhrmann 2009
: Hans Fuhrmann: Die Inschriften des Doms zu Halberstadt (Die Deutschen Inschriften, 75, Leipziger Reihe, 3), Wiesbaden 2009.

Fumaroli 1992
: Marc Fumaroli: Préface, in: Leniaud 1992, o. S.

Furet 1997
: Françoise Furet (Hrsg.): Patrimoine, temps, espace. Patrimoine en place, patrimoine déplacé (Entretiens du Patrimoine, 22–24 janvier 1996), Paris 1997.

Fußbroich 1991
: Helmut Fußbroich: Metamorphosen eines Grabes: Grabstätten der Theophanu in der Kirche der ehemaligen Benediktinerabtei Sankt Pantaleon, in: Kat. Kaiserin Theophanu: Begegnung des Ostens und Westens um die Wende des ersten Jahrtausends, hrsg. v. Anton von Euw/Peter Schreiner, 2 Bde., Köln 1991, S. 231–241.

Fußbroich 1983
: Helmut Fußbroich: Die Ausgrabungen in St. Pantaleon zu Köln (Kölner Forschungen, 2), Mainz 1983.

Gabriel 2000
: Ingo Gabriel: Starigard-Oldenburg, in: Kat. Europas Mitte 2000 II, S. 658–661.

Gai 2009
: Sveva Gai: MeinWerk: Paderborn, in: Kat. Für Königtum und Himmelreich. 1000 Jahre Bischof Meinwerk von Paderborn, hrsg. v. Christoph Stiegemann/Martin Kroker: Ausstellungskatalog Paderborn 2009/2010, Regensburg 2009, S. 373–375.

Gajewski/Opačić 2007
: Alexandra Gajewski/Zoë Opačić (Hrsg.): The Year 1300 and the Creation of a New European Architecture (Architectura Medii Aevi, 1), Turnhout 2007.

Gallia Christiana 1716–1865 I–XVI
: Gallia Christiana in provincias ecclesiasticas distributa, 16 Bde., Paris 1716–1865.

Garovi 1999
: Angelo Garovi: Rechtssprachlandschaften der Schweiz und ihr europäischer Bezug (Basler Studien zur deutschen Sprache und Literatur, 76), Tübingen/Basel 1999.

Gasser 2004
: Stephan Gasser: Die Kathedralen von Lausanne und Genf und ihre Nachfolge. Früh- und hochgotische Architektur in der Westschweiz (1170–1350), Berlin u. a. 2004.

Gegenschatz 1989
: Ernst Gegenschatz: Der Bericht des Eucherius über das Martyrium des hl. Mauritius und der „Thebäischen Legion", in: Peter Neukam (Hrsg.): Neue Perspektiven (Klassische Sprachen und Literaturen, 23), München 1989, S. 97–140.

Gelfand/Blick 2010
: Laura Gelfand/Sarah Blick (Hrsg.): Push Me, Pull You: Devotional Interaction in Late Medieval and Early Modern Europe, Leiden 2010.

Germann 1996
: Georg Germann: Konformität. Ein Begriff aus Historiographie und Architek-

turtheorie, in: Volker Hoffmann/Hans Peter Autenrieth (Hrsg.): Denkmalpflege heute. Akten des Berner Denkmalpflegekongresses Oktober 1993 (Neue Berner Schriften zur Kunst, 1), Bern u. a. 1996, S. 119–143.

Gerstenberg 1932
Kurt Gerstenberg: Schnitzaltäre aus der Zeit Kardinal Albrechts in der Umgebung Halles, in: Jahrbuch der Denkmalpflege in der Provinz Sachsen und in Anhalt 1932, S. 5–34.

Gerstenberg 1913
Kurt Gerstenberg: Deutsche Sondergotik. Eine Untersuchung über das Wesen der deutschen Baukunst im späten Mittelalter, München 1913.

Gertler 2009
Carljürgen Gertler: Brandenburg an der Havel. Der Dom. Regensburg 2009.

Gertsman 2008
Elina Gertsman: Visualizing Medieval Performance: Perspectives, Histories, Contexts, Aldershot 2008.

Giard 1903
René Giard: Etude sur l'histoire de l'abbaye de Sainte-Geneviève de Paris jusqu'à la fin du XIIIe siècle, in: Mémoires de la Société de l'histoire de Paris et de l'Ile-de-France 30, 1903, S. 41–126.

Giesau 1936
Hermann Giesau: Die Meißner Bildwerke. Ein Beitrag zur Kunst des Naumburger Meisters, Burg bei Magdeburg 1936.

Giesau ²1936
Hermann Giesau: Der Dom zu Magdeburg, Burg bei Magdeburg ²1936.

Giesau 1933/34
Hermann Giesau: Sächsisch-thüringische Kunst als Wesensausdruck des mitteldeutschen Menschen, in: Jahrbuch der Denkmalpflege in der Provinz Sachsen und Anhalt 1933/34, S. 5–47.

Giesau 1929
Hermann Giesau: Der Dom zu Halberstadt, Burg bei Magdeburg 1929.

Giesau 1928
Hermann Giesau: Der Chor des Domes zu Magdeburg, die Herkunft seines Planes und seine stilistischen Voraussetzungen, in: Sachsen und Anhalt 4, 1928, S. 291–347.

Giesau 1926/27
Hermann Giesau: Die Krypta des ottonischen Domes in Magdeburg, in: Zeitschrift für Denkmalpflege 1, 1926/27, S. 107–109.

Giesau 1924/25
Hermann Giesau: Die Tätigkeit des Naumburger Meisters in Amiens, in: Jahrbuch für Kunstwissenschaft 2, 1924/25, S. 201–206.

Giesau 1912
Hermann Giesau: Eine deutsche Bauhütte aus dem Anfang des 13. Jahrhunderts. Studien zur Geschichte der Frühgotik in Sachsen und Thüringen (Studien zur thüringisch-sächsischen Kunstgeschichte, 1), Halle/Saale 1912.

Giteau 1961
Cécile Giteau: Les sculptures de l'abbaye de Sainte-Geneviève de Paris. Moyen Age, in: Mémoires de la Fédération des sociétés historiques et archéologiques de Paris et de l'Ile de France 12, 1961, S. 7–55.

Glaeseker 2001
Michael Glaeseker: Der hoch- und spätromanische Bauschmuck des Naumburger Domes im Zusammenhang der Baugeschichte. Studien zu Stützensystem und Bauornament im späten 12. und frühen 13. Jahrhundert, Göttingen 2001.

Gleich 1997
Friederica Gleich: Zu einigen Skulpturenfragmenten der Klosterkirche in Trebnitz/Trzebnica, in: Alicja Karłowska-Kamzowa (Hrsg.): Flora i fauna w kulturze Średniowiecza od XII do XVII wieku. Materiały XVII Seminarium Mediewistycznego (Prace Komisji Historii Sztuki / Poznańskie Towarzystwo Przyjaciół Nauk 27), Poznań 1997, S. 122–130.

Gnoli 1988
Raniero Gnoli: Marmora romana, Roma 1988.

Goethert 2005
Klaus-Peter Goethert: Römerbauten in Trier, Regensburg 2005.

Goldschmidt 1899
Adolf Goldschmidt: Französische Einflüsse in der frühgotischen Skulptur Sachsens, in: Jahrbuch der Preußischen Kunstsammlungen 20, 1899, S. 285–300.

Görich 2008
Knut Görich: Die Reichslegaten Kaiser Friedrichs II., in: Claudia Zey/Claudia Märtl (Hrsg.): Aus der Frühzeit europäischer Diplomatie. Zum geistlichen und weltlichen Gesandtschaftswesen vom 12. bis zum 15. Jahrhundert, Zürich 2008, S. 119–149.

Görich 2000
Knut Görich: Kaiser Otto III. und Aachen, in: Kat. Europas Mitte um 1000, 2000 II, S. 786–791.

Gosebruch 1989
Martin Gosebruch: Das oberrheinisch-bambergische Element im Magdeburger Dom, in: Ullmann 1989, S. 132–140.

Gosebruch 1983
Martin Gosebruch: Vom oberrheinisch-sächsischen Weg der Kathedralgotik nach Deutschland, Göttingen 1983.

Gosebruch 1977
Martin Gosebruch: Von der Verschiedenheit der Vorbilder in der sächsischen Kunst der Frühgotik, in: Niederdeutsche Beiträge zur Kunstgeschichte 16, 1977, S. 9–26.

Götz 1966
Wolfgang Götz: Der Magdeburger Domchor. Zur Bedeutung seiner monumentalen Ausstattung, in: Zeitschrift des Deutschen Vereins für Kunstwissenschaft 20, 1966, S. 97–120.

Götze 1871
Ludwig Götze: Beiträge zur ältesten Geschichte der Buchdruckerkunst in Magdeburg Nachtrag, in: Geschichtsblätter für Stadt und Land Magdeburg 6, 1871, S. 524–534.

Götze 1869
Ludwig Götze: Beiträge zur ältesten Geschichte der Buchdruckerkunst in Magdeburg Teil 1, in: Geschichtsblätter für Stadt und Land Magdeburg 4, 1869, S. 384–427.

Gramsch 2009
Robert Gramsch: Pariser Studienkollegen und römische Verbindungen. Das Personennetzwerk um Erzbischof Albrecht II., in: Kat. Aufbruch in die Gotik 2009 I, S. 385–391.

Grandmontagne 2005
Michael Grandmontagne: Claus Sluter und die Lesbarkeit mittelalterlicher Skulptur: Das Portal der Kartause von Champmol, Worms 2005.

Grass 1983
Nikolaus Grass: Der normannische Brauttor-Vermählungsritus und seine Verbreitung in Mitteleuropa, in: Forschungen zur Rechtsarchäologie und Rechtlichen Volkskunde 5, 1983, S. 69–93.

Grass 1980
Nikolaus Grass: Der Wiener Stephansdom im Licht der Rechtsgeschichte, in:

Hans-Wolf Thümmel (Hrsg.): Arbeiten zur Rechtsgeschichte. Festschrift für Gustaf Klemens Schmelzeisen (Karlsruher Kulturwissenschaftliche Arbeiten, 2), Stuttgart 1980, S. 101–125.

Greischel ²1939
Walther Greischel: Der Magdeburger Dom, Berlin/Frankfurt am Main ²1939.

Greischel 1929
Walther Greischel: Der Magdeburger Dom, Berlin 1929.

Grethlein ³2003
Christian Grethlein: Benediktionen und Krankensalbungen, in: Handbuch der Liturgik. Liturgiewissenschaft in Theologie und Praxis der Kirche, hrsg. v. Hans-Christoph Schmidt-Lauber/Michael Meyer-Blanck/Karl-Heinrich Bieritz, Göttingen ³2003, S. 551–574.

Grimm/Wiechowski 2004
Corinna Grimm/Hartmut von Wieckowski: Skulptur-, Relief- und Ausstattungsteile vom Gouvernementsberg in Magdeburg (Sachsen-Anhalt), Halle 2004.

Gringmuth-Dallmer 1989
Hanns Gringmuth-Dallmer: Magdeburg in ottonischer und staufischer Zeit, in: Ullmann 1989, S. 52–97.

Grisar 1904
Hartmann Grisar: I monumenti del Paradiso nell'antica basilica Vaticana: Il sepolcro dell'imperatore Ottone II nel paradiso dell'antica basilica Vaticana, in: Civiltà cattolica 55 (1), 1904, S. 463–473.

Gross 1948
Werner Gross: Die abendländische Architektur um 1300, Stuttgart 1948.

Grossi 2010
Paolo Grossi: Das Recht in der europäischen Geschichte. Aus dem Italienischen übersetzt von Gerhard Kuck, München 2010.

Grote 2009
Hans-Henning Grote: Einflüsse der Architektur und Bauplastik aus dem Rheinland in der Frühgotik Nord- und Mitteldeutschlands, in: Kat. Otto IV.: Traum vom welfischen Kaisertum, hrsg. v. Bernd-Ulrich Hucker/Stefanie Hahn/Hans-Jürgen Derda, Ausstellungskatalog Braunschweig, Petersberg 2009, S. 145–160.

Grote 1989
Hans-Henning Grote: Frühgotische Architektur und Bauplastik in Mariental, in: Christof Römer (Hrsg.): Das Zisterzienserkloster Mariental bei Helmstedt: 1138–1988, München 1989, S. 75–98.

Grusnick/Zimmermann 1996
Wolfgang Grusnick/Friedrich Zimmermann: Der Dom zu Lübeck. Königstein im Taunus 1996.

Günter 1906
Heinrich Günter: Legenden-Studien, Köln 1906.

Haas 1997
Alois M. Haas: Innerer und äußerer Mensch – Eine tragende Unterscheidung der mittelalterlichen Seelengeschichte, in: Perspektiven der Philosophie: Neues Jahrbuch 23, 1997, S. 3–17.

Haber ²1739
Conrad Matthias Haber: Kurtz-Gefaßte aber doch gründliche Nachricht von der Hohen Stiffts-Kirchen oder so genannten Dom-Kirchen zu Halberstadt und derselben Merckwürdigkeiten, Halberstadt ²1739.

Habermehl ²2004
Peter Habermehl: Perpetua und der Ägypter oder Bilder des Bösen im frühen afrikanischen Christentum. Ein Versuch zur Passio sanctarum Perpetuae et Felicitatis (Texte und Untersuchungen zur Geschichte der altchristlichen Literatur, 140), Berlin/New York ²2004.

Haemmerli 1487
Felix Haemmerli: Variae oblectationis opuscula et tractatus, Straßburg 1487.

Hamann 1923
Richard Hamann: Die Baugeschichte der Klosterkirche zu Lehnin und die normannische Invasion in der deutschen Architektur des 13. Jahrhunderts (Deutsche und französische Kunst im Mittelalter, 2), Marburg 1923.

Hamann 1910
Richard Hamann: Die Kapitelle im Magdeburger Dom, in: Hamann/Rosenfeld 1910, S. 1–134 (Erstveröffentlichung in: Jahrbuch der Preußischen Kunstsammlungen 30, 1909, S. 56–80, 108–138, 193–218, 236–270.).

Hamann 1909
Richard Hamann: Der Magdeburger Dom. Zur 700jährigen Wiederkehr seines Gründungstages, in: Montagsblatt. Wissenschaftliche Wochenbeilage der Magdeburger Zeitung 61, 1909, S. 73–75, 81–82, 89–91, 97–100, 105–107.

Hamann/Rosenfeld 1910
Richard Hamann/Felix Rosenfeld: Der Magdeburger Dom. Beiträge zur Geschichte und Ästhetik mittelalterlicher Architektur, Ornamentik und Skulptur, Berlin 1910.

Hamburger 1997a
Jeffrey F. Hamburger: The Visual and the Visionary: Art and Female Spirituality in Late Medieval Germany, New York 1997.

Hamburger 1997b
Jeffrey F. Hamburger: „To Make Women Weep": Ugly Art as ‚Feminine' and the Origins of Modern Aesthetics, in: Res 31, 1997, S. 9–34.

Handle 2009
Elisabeth Handle: Im Dienst von König und Reich. Der Magdeburger Erzbischof Albrecht II. als geistlicher Reichsfürst der späten Stauferzeit, in: Kat. Aufbruch in die Gotik 2009 I, S. 392–401.

Hanftmann 1909
Bartel Hanftmann: Führer durch den Magdeburger Dom, Magdeburg 1909.

Hardt/Ludowici 2005
Matthias Hardt / Babette Ludowici: Zwei Kirchen auf dem Magdeburger Domhügel und die Folgen für die Gräber Edgithas und Ottos des Großen in Magdeburg, in: Claus Dobiat (Hrsg.): Reliquiae gentium. Festschrift für Horst Wolfgang Böhme zum 65. Geburtstag (Internationale Archäologie. Studia honoraria, 23; Veröffentlichung des Vorgeschichtlichen Seminars Marburg, 14), Rahden 2005, S. 183–194.

Hardy 1991
Chantal Hardy: Les roses dans l'élévation de Notre-Dame de Paris, in: Bulletin monumental 149, 1991, S. 153–199.

Harms 1903a
H. Harms: Die Ausgrabungen im Dom zu Magdeburg aus neuerer Zeit, in: Magdeburger Geschichtsblätter für Stadt und Land 38, 1903, S. 356–365.

Harms 1903b
Hermann Harms: Die Heizanlagen im Magdeburger Dom, in: Zentralblatt der Bauverwaltung 5, 1903, S. 26–29.

Hartung 2009
Claudia Hartung: Drei Magdeburger Dachziegeltypen. Form – Funktion – Bergungstechnik, in: Kuhn u. a. 2009, S. 173–180.

Hartung/Möller 2010
Claudia Hartung/Roland Möller/zusammengefasst von Jürg Goll: Ottonische Ziegelfunde in Magdeburg, in: 27.

Bericht der Stiftung Ziegelei-Museum 2010, Cham 2010, S. 34–42.

Hartung 1886
Julius Hartung: Die Territorialpolitik der Magdeburger Erzbischöfe Wichmann, Ludolf und Albrecht 1152–1232, in: Geschichtsblätter für Stadt und Land Magdeburg 21, 1886, S. 1–58, 113–137, 217–271.

Hasak 1912
Max Hasak: Warum liegt der Magdeburger Dom schief gegen den Kreuzgang?, in: Montagsblatt, wissenschaftliche Wochenbeilage der Magdeburger Zeitung, Sondernummer zu Nr. 23, 3. Juni 1912, S. 177–179.

Hasak 1896
Max Hasak: Zur Geschichte des Magdeburger Dombaus, in: Zeitschrift für Bauwesen 46, 1896, S. 338–362.

Hasse 2009
Claus-Peter Hasse: Die Stadt Magdeburg von den Anfängen eines städtischen Rates um 1240 bis zur Ermordung Erzbischof Burchards von Schraplau 1325, in: Matthias Puhle/Peter Petsch (Hrsg.): Magdeburg. Die Geschichte der Stadt 805–2005, Dössel (Saalkreis) 2005, S. 113–122.

Hauschke 2006
Sven Hauschke: Die Grabdenkmäler der Nürnberger Vischer-Werkstatt (1453–1544) (Bronzegeräte des Mittelalters, 6), Petersberg 2006.

Hauschke 2005
Sven Hauschke: Die Grablege von Erzbischof Ernst von Wettin im Magdeburger Dom. Baupolitik im Zeichen der Memoria, in: Andreas Tacke (Hrsg.): Kontinuität und Zäsur. Ernst von Wettin und Albrecht von Brandenburg (Schriftenreihe der Stiftung Moritzburg, Kunstmuseum des Landes Sachsen-Anhalt, 1), Göttingen 2005, S. 232–249.

Haussherr 1991
Reiner Haussherr: Dombauten und Reichsepiskopat im Zeitalter der Staufer (Akademie der Wissenschaften und der Literatur. Abhandlungen der geistes- und sozialwissenschaftlichen Klasse, 1991, 5), Stuttgart 1991.

Haussherr 1989
Reiner Haussherr: Zum Problem von Kontinuität und Diskontinuität in der Geschichte des Magdeburger Domes, in: Ullmann 1989, S. 179–186.

Haverkamp 1993
Alfred Haverkamp: Aufbruch und Gestaltung. Deutschland 1056–1273 (Neue Deutsche Geschichte, 2), München 1993.

Heck/Jahn 2000
Kilian Heck/Bernhard Jahn: Einleitung: Genealogie in Mittelalter und Früher Neuzeit. Leistungen und Aporien einer Denkform, in: Kilian Heck/Bernhard Jahn (Hrsg.): Genealogie als Denkform in Mittelalter und früher Neuzeit (Studien und Texte zur Sozialgeschichte der Literatur, 80), Tübingen 2000, S. 1–9.

Hehl 2001
Ernst-Dieter Hehl: Kaisertum, Rom und Papstbezug im Zeitalter Ottos I., in: Bernd Schneidmüller/Stefan Weinfurter (Hrsg.): Ottonische Neuanfänge. Symposion zur Ausstellung „Otto der Grosse, Magdeburg und Europa", Mainz 2001, S. 213–235.

Heinecke/Ingelmann 2007
Berthold Heinecke/Klaus Ingelmann (Hrsg.): Tausend Jahre Kirche in Walbeck, Petersberg 2007.

Héliot 1969
Pierre Héliot: La cathédrale de Tournai et l'architecture du Moyen Age, (Extrait de la Revue belge d'architecture et d'histoire de l'art, 31–33, 1962–1964), Bruxelles 1969.

Helten 2009a
Leonhard Helten: Der Grundriss des vorgotischen Magdeburger Doms, in: Kuhn u. a. 2009, S. 155–160.

Helten 2009b
Leonhard Helten: Rezeption und Wirkung des Magdeburger Domes, in: Kat. Aufbruch in die Gotik 2009 I, S. 142–149.

Helten 2006
Leonhard Helten: Mittelalterliches Maßwerk. Entstehung – Syntax – Typologie, Berlin 2006.

Helten 2005
Leonhardt Helten: Der „neue" ottonische Kirchenbau am Magdeburger Domplatz, in: Kuhn u. a. 2005, S. 63–90.

Henriet 2005
Jacques Henriet: La cathédrale de Lausanne. La première campagne de travaux et ses sources, in: ders.: A l'aube de l'architecture gothique (Annales littéraires de l'Université de Franche-Comté, 789,3), Paris 2005, S. 337–349.

Herklotz ²1990
Ingo Herklotz: ‚Sepulcra' e ‚Monumenta' del Medioevo. Studi sull'arte sepolcrale in Italia (Collana di studi di storia dell'arte, 5), Roma ²1990.

Hermand 2009
Jost Hermand: Der Kunsthistoriker Richard Hamann. Eine politische Biographie (1879–1961), Köln 2009.

Hermes 1896
Ernst Hermes: Der Dom zu Halberstadt. Seine Geschichte und seine Schätze. Eine Festschrift zum 18.09.1896, Halberstadt 1896.

Hertel 1902
Gustav Hertel: Die Nebenaltäre im Dom, den anderen Stiftskirchen und den Parochialkirchen, in: Geschichtsblätter für Stadt und Land Magdeburg 37, 1902, S. 163–176.

Hertel 1888
Gustav Hertel: Der Streit des Erzbischofs Ernst mit der Stadt Magdeburg 1494–1497, in: Geschichtsblätter für Stadt und Land Magdeburg 23, 1888, S. 370–409.

Hirschmann 1967
Gerhard Hirschmann: Nürnberger Handelsprivilegien, Zollfreiheiten und Zollverträge bis 1399, in: Beiträge zur Wirtschaftsgeschichte Nürnbergs 1, 1967, S. 1–48.

HLS
Historisches Lexikon der Schweiz, hrsg. v. der Stiftung Historisches Lexikon der Schweiz, 9 Bde. (Bd. 9: Mur – Privilegien), Basel 2002–2010.

Hofmann 1890
Reinhold Hofmann: Geschichte der Stadtkirche zu Pirna, Pirna 1890.

Hohmann 1999
Susanne Hohmann: Blendarkaden und Rundbogenfriese der Frühromanik. Studien zur Außenwandgliederung frühromanischer Sakralbauten, Frankfurt am Main 1999.

Homolka 1984
Jaromir Homolka: Pozdné gotické umění v Čechách 1471–1526 [Spätgotische Kunst in Böhmen 1471–1526], Praha 1984.

Hoppe 1975
Ursula Hoppe: Die Paderborner Domfreiheit. Untersuchungen zu Topographie, Besitzgeschichte und Funktionen (Münstersche Mittelalter-Schriften, 23), München 1975.

Hotz ²1998
> Walter Hotz: Der Dom zu Worms, von Günther Binding neu bearb. und erg. Aufl., Darmstadt ²1998.

Hrdina 2010
> Jan Hrdina: Papežské odpustkové listiny ve střední Evropě za pontifikátu Bonifáce IX. (1389–1404). Komparativní studium. [Päpstliche Ablassurkunden in Mitteleuropa unter dem Pontifikat Bonifaz IX. (1389–1404). Eine vergleichende Untersuchung], masch. Diss., Philosophische Fakultät der Karls-Universität Prag 2010.

Hrdina 2007
> Jan Hrdina: Päpstliche Ablässe im Reich unter dem Pontifikat Bonifaz IX (1389–1404), in: Jan Hrdina/Hartmut Kühne/Thomas T. Müller (Hrsg.): Wallfahrt und Reformation, Frankfurt am Main u. a. 2007, S. 109–130.

Hrdina 1999
> Jan Hrdina: Die Topographie der Wallfahrtsorte im spätmittelalterlichen Böhmen, in: František Šmahel (Hrsg.): Geist, Gesellschaft, Kirche im 13.–16. Jahrhundert. Internationales Kolloquium (Colloquia mediaevalia Pragensia, 1), Prag 1999, S. 191–206.

HRG
> Handwörterbuch zur deutschen Rechtsgeschichte, hrsg. v. Adalbert Erler/Ekkehard Kaufmann/Dieter Werkmüller, 5 Bde., Berlin 1971–1998.

²HRG
> Handwörterbuch zur deutschen Rechtsgeschichte, 2., völlig überarbeitete und erweiterte Auflage, hrsg. v. Albrecht Cordes/Heiner Lück/Dieter Werkmüller, Berlin 2008ff.

Hucker 2009
> Bernd Ulrich Hucker: Der Imperiale Monumentalstil in Deutschland 1206–1218: Kaiser Otto IV., der Magdeburger Domneubau und die Zisterziensergotik, in: Kat. Aufbruch in die Gotik 2009 I, S. 85–97.

Hucker 1990
> Bernd Ulrich Hucker: Kaiser Otto IV. (MGH Schriften, 34), Hannover 1990.

Hugo 2006
> Victor Hugo: Pamphlets pour la sauvegarde du patrimoine, réédition, Apt 2006.

Hugo 1831
> Victor Hugo: Notre-Dame de Paris, Paris 1831.

Hugot 1962/63
> Leo Hugot: Der Westbau des Aachener Domes, in: Aachener Kunstblätter, 24/25, 1962/63, S. 108–126.

Hünicken 1936
> Rolf Hünicken: Halle in der mitteldeutschen Plastik und Architektur der Spätgotik und Frührenaissance 1450–1550 (Studien zur thüringisch-sächsischen Kunstgeschichte, 4), Halle/Saale 1936.

Huschner 2006
> Wolfgang Huschner: Die ottonische Kanzlei im neuen Licht, in: Archiv für Diplomatik 52, 2006, S. 353–370.

Huschner 2003 I–III
> Wolfgang Huschner: Transalpine Kommunikation im Mittelalter. Diplomatische, kulturelle und politische Wechselwirkungen zwischen Italien und dem nordalpinen Reich (9.–11. Jahrhundert), 3 Bde. (MGH. Schriften, 52/I–III), Hannover 2003.

Huse 1984
> Norbert Huse: Denkmalpflege. Deutsche Texte aus drei Jahrhunderten, München 1984.

Irsch 1931
> Nikolaus Irsch: Der Dom zu Trier (Die Kunstdenkmäler der Rheinprovinz, 13,1), Düsseldorf 1931.

Iserloh 1988
> Erwin Iserloh: Die Verehrung Mariens und der Heiligen in der Sicht Martin Luthers, in: Ecclesia Militans. Studien zur Konzilien- und Reformationsgeschichte. Remigius Bäumer zum 70. Geburtstag, hrsg. v. Walter Brandmüller/Herbert Immenkötter/Erwin Iserloh, Bd. 2, Zur Reformationsgeschichte, Paderborn u. a. 1988, S. 109–115.

Iwanami 2004
> Atsuko Iwanami: memoria et oblivio. Die Entwicklung des Begriffs memoria in Bischofs- und Herrscherurkunden des Hochmittelalters (Berliner Historische Studien, 36), Berlin 2004.

Jacobsen 2004
> Werner Jacobsen: Ottonische Großbauten zwischen Tradition und Neuerung. Überlegungen zum Kirchenbau des 10. Jahrhunderts im Reichsgebiet (919–1024), in: Zeitschrift des deutschen Vereins für Kunstwissenschaft 58 (2004), S. 9–41.

Jacobsen 1995
> Werner Jacobsen: Zur Frühgeschichte der Quedlinburger Stiftskirche, in: Reupert u. a. 1995, S. 63–72.

Jacobsen 1986
> Werner Jacobsen: Die Lombardei und die karolingische Architektur, in: Atti del X Congresso internationale di studi sull'alto Medioevo, Spoleto 1986, S. 429–440.

Jacobsen 1983
> Werner Jacobsen: Die ehemalige Abteikirche Saint-Médard bei Soissons und ihre erhaltene Krypta, in: Zeitschrift für Kunstgeschichte 46, 1983, S. 245–270.

Jacobsen/Lobbedey/von Winterfeld 2001
> Werner Jacobsen/Uwe Lobbedey/Dethard von Winterfeld: Ottonische Baukunst, in: Kat. Otto der Große 2001 I, S. 251–282.

Jaeger 1994
> C. Stephen Jaeger: The Envy of Angels. Cathedral Schools and Social Ideals in Medieval Europe, 950–1200, Philadelphia 1994.

Jäger 1999
> Franz Jäger: Die sogenannte Königspfalz zu Magdeburg im Kontext ottonisch-frühsalischer Sakralarchitektur, in: Gestalt – Funktion – Bedeutung, Festschrift für Friedrich Möbius zum 70. Geburtstag, hrsg. v. Franz Jäger/Helga Sciurie, Jena 1999, S. 50–76.

Jahn 1944
> Johannes Jahn: Schmuckformen des Naumburger Doms, Leipzig 1944.

Janke 2006
> Petra Janke: Ein heilbringender Schatz. Die Reliquienverehrung am Halberstädter Dom im Mittelalter. Geschichte, Kult und Kunst, Berlin 2006.

Jansen 1904
> Max Jansen: Papst Bonifaz IX. (1389–1404) und seine Beziehungen zur deutschen Kirche (Studien und Darstellungen aus dem Gebiete der Geschichte, III/ 3, 4), Freiburg 1904.

Jantzen 1947
> Hans Jantzen: Ottonische Kunst, München 1947.

Jasiński ²2007
> Kazimierz Jasiński: Rodowód Piastów śląskich, Kraków ²2007, S. 94–95.

Jelić 1895
> Luka Jelić: L'évangélisation de l'Amérique avant Christophe Colomb, concernant le diocèse de Gardar, au sud du Groenland, in: Compte rendu du troisième Congrès scientifique international des catholiques, Bruxelles 1895, S. 391–395.

Jelić 1891
: Jelić Luka: L'évangélisation de l'Amérique avant Christophe Colomb, concernant le diocèse de Gardar, au sud du Groenland, in: Compte rendu du Congrès scientifique international des catholiques, Paris 1891, S. 170–184. Online-Ressource: http://www.scribd.com/doc/41738038/L-evangelisation-de-l-Amerique-avant-Christophe-Colomb (13.11.2010).

Johnson 2009
: Mark J. Johnson: The Roman Imperial Mausoleum in Late Antiquity, Cambridge 2009.

Jost 1995
: Bettina Jost: Die Reichsministerialen von Münzenberg als Bauherren in der Wetterau im 12. Jahrhundert (Veröffentlichung der Abteilung Architekturgeschichte des Kunsthistorischen Instituts der Universität zu Köln, 55), Köln 1995.

Jung 2006
: Jacqueline E. Jung: Dynamic Bodies and the Beholder's Share: The Wise and Foolish Virgins of Magdeburg Cathedral, in: Marek u. a. 2006, S. 135–160.

Jung 2000
: Jacqueline E. Jung: Beyond the Barrier: The Unifying Role of the Choir Screen in Gothic Churches, in: The Art Bulletin 82, 2000, S. 622–657.

Jurkowlaniec 2004
: Tadeusz Jurkowlaniec: Gmach pamięci. Z badań nad dekoracją rzeźbiarską prezbiterium katedry we Wrocławiu, Warszawa 2004.

Kahsnitz 1993
: Rainer Kahsnitz: Bischof Bernwards Grab, in: Kat. Bernward von Hildesheim und das Zeitalter der Ottonen, in: Kat. Bernward 1993 I, S. 383–396.

Kalden-Rosenfeld 2001
: Iris Kalden-Rosenfeld: Tilman Riemenschneider und seine Werkstatt (Die blauen Bücher), Königstein im Taunus 2001.

Kalden(-Rosenfeld) 1990
: Iris Kalden(-Rosenfeld): Tilman Riemenschneider – Werkstattleiter in Würzburg. Beiträge zu einer Bildschnitzer- und Steinbildhauerwerkstatt im ausgehenden Mittelalter (Wissenschaftliche Beiträge aus europäischen Hochschulen 09, 2), Ammersbek bei Hamburg 1990.

Kalkoff 1905
: Paul Kalkoff: Forschungen zu Luthers römischem Prozeß (Bibliothek des Königlich-Preussischen Historischen Instituts in Rom, 2), Rom 1905.

Karge 2009
: Henrik Karge: Magdeburg, Santiago de Compostela, Toledo – Spolien und retrospektive Formmotive in der europäischen Architektur des Hochmittelalters. Zum Gebrauch des Zitatbegriffs in der Architekturhistoriografie, in: Thomas G. Schattner/Fernando Valdés Fernández: Spolien im Umkreis der Macht. Akten der Tagung in Toledo vom 21. bis 2. September 2006, Mainz 2009, S. 229–246.

Kasarska 2008
: Iliana Kasarska: La sculpture de la façade de la cathédrale de Laon. Eschatologie et humanisme, Paris 2008.

Kat. 799: Kunst und Kultur der Karolingerzeit 1999 I–II
: 799: Kunst und Kultur der Karolingerzeit. Karl der Große und Papst Leo III. in Paderborn, hrsg. v. Christoph Stiegemann/Matthias Wemhoff, Ausstellungskatalog Paderborn, 2 Bde., Mainz 1999.

Kat. Aufbruch in die Gotik 2009 I–II
: Aufbruch in die Gotik. Der Magdeburger Dom und die späte Stauferzeit, hrsg. v. Matthias Puhle, Ausstellungskatalog Magdeburg, 2 Bde., Mainz 2009.

Kat. Bernward 1993 I–II
: Kat. Bernward von Hildesheim und das Zeitalter der Ottonen, hrsg. v. Michael Brandt/Arne Eggebrecht, Ausstellungskatalog Hildesheim, 2 Bde., Hildesheim 1993.

Kat. Europas Mitte 2000 I–III
: Europas Mitte um 1000 (Council of Europe exhibitions, 27), hrsg. v. Alfried Wieczorek/Hans-Martin Hinz, Ausstellungskatalog Mannheim, 3 Bde., Stuttgart 2000.

Kat. Erzbischof Wichmann 1992
: Kat. Erzbischof Wichmann (1152–1192) und Magdeburg im hohen Mittelalter. Stadt, Erzbistum, Reich, hrsg. v. Matthias Puhle, Ausstellungskatalog Magdeburg, Calbe 1992.

Kat. Glaube und Macht 2004
: Sachsen im Europa der Reformationszeit, hrsg. v. Harald Marx/Cecilie Hollberg, Aufsatzband, Dresden 2004.

Kat. Goldgrund und Himmelslicht 1999
: Kat. Goldgrund und Himmelslicht: Die Kunst des Mittelalters in Hamburg, hrsg. v. Uwe M. Schneede, Ausstellungskatalog Hamburg, Hamburg 1999.

Kat. Heiliges Römisches Reich 2006 I–II
: Heiliges Römisches Reich Deutscher Nation 962 bis 1806. Von Otto dem Grossen bis zum Ausgang des Mittelalters, hrsg. v. Matthias Puhle/Claus-Peter Hasse, Ausstellungskatalog Magdeburg, 2 Bde., Mainz 2006.

Kat. Kaisermacher 2006
: Die Kaisermacher. Frankfurt am Main und die Goldene Bulle, 1356–1806, hrsg. von Evelyn Brockhoff, Ausstellungskatalog Frankfurt am Main, 2 Bde., Frankfurt am Main 2006.

Kat. Krönungen 2000
: Krönungen. Könige in Aachen, hrsg. v. Mario Kramp, Ausstellungskatalog Aachen, 2 Bde. Mainz 2000.

Kat. Magdeburg und der Dreißigjährige Krieg 1998
: Kat. „... gantz verheeret!" Magdeburg und der Dreißigjährige Krieg. Beiträge zur Stadtgeschichte, Ausstellungskatalog Magdeburg, Halle/Saale 1998.

Kat. Otto der Große I–II
: Otto der Große. Magdeburg und Europa, hrsg. v. Matthias Puhle, Ausstellungskatalog Magdeburg, 2 Bde., Mainz 2001.

Kat. Tilman Riemenschneider 2004
: Tilman Riemenschneider – Werke seiner Blütezeit, hrsg. von Claudia Lichte/Iris Kalden-Rosenfeld, 2 Bde., Ausstellungskatalog Würzburg, Regensburg 2004.

Kat. Zeit der Staufer 1977 I–IV
: Die Zeit der Staufer, Geschichte – Kunst – Kultur, hrsg. v. Reiner Haussherr [...], Ausstellungskatalog, Stuttgart 1977.

Kat. Zwischen Kathedrale und Welt 2004
: Zwischen Kathedrale und Welt. 1000 Jahre Domkapitel Merseburg, hrsg. v. Karin Heise/Holger Kunde/Helge Wittmann, Ausstellungskatalog Merseburg, Petersberg 2004.

Katerla-Cichos 1956
: Astrid Katerla-Cichos: Eine systematische Behandlung der Chorumgangskapitelle im Magdeburger Dom, Diplomarbeit masch. Jena 1956.

Kaufmann 1902
: Carl Maria Kaufmann: Das Kaisergrab in den vatikanischen Grotten, München 1902.

Kaufmann 2003
: Thomas Kaufmann: Das Ende der Reformation. Magdeburgs „Herrgotts Kanzlei" (1548–1551), Tübingen 2003.

Kautzsch 1917
: Rudolf Kautzsch: Rezension von Deutsche Kunst in Lichtbildern. Ein Katalog, zugleich ein Kompendium für den Unterricht in der Kunstgeschichte, bearb. v. Franz Stoedtner, Berlin 1908, in: Repertorium für Kunstwissenschaft 40, 1917, S. 266–268.

Kautzsch/Neeb 1919
: Rudolf Kautzsch/Ernst Neeb: Der Dom zu Mainz (Die Kunstdenkmäler im Freistaat Hessen, 2.2.1), Darmstadt 1919.

Kębłowski 1981
: Janusz Kębłowski: Studia nad trzebnicko – legnickimi warsztatami rzeźbiarskimi, in: Z badań trzynastowiecznej architektury na Śląsku i w Czechach, Wrocław 1981 (Prace Naukowe Instytutu Historii Architektury Sztuki i Techniki Politechniki Wrocławskiej 15, Studia i Materiały 8), S. 19–37.

Keller 2007
: Hagen Keller: Das ‚Erbe' Ottos des Großen. Das Ottonische Reich nach der Erweiterung zum Imperium, in: Frühmittelalterliche Studien 41, 2007, S. 43–74.

Keller 2002
: Hagen Keller: Ottonische Herrschersiegel. Beobachtungen und Fragen zu Gestalt und Aussage und zur Funktion im historischen Kontext, in: Hagen Keller: Ottonische Königsherrschaft, Darmstadt 2002, S. 131–166.

Keller/Althoff [10]2008
: Hagen Keller/Gerd Althoff: Die Zeit der späten Karolinger und Ottonen. Krisen und Konsolidierungen 888–1024 (Gebhardt. Handbuch der deutschen Geschichte, 3), Stuttgart [10]2008.

Kellner 2004
: Beate Kellner: Ursprung und Kontinuität. Studien zum genealogischen Wissen im Mittelalter, München 2004.

Kemp 2001
: Wolfgang Kemp: Kommunikative Distanz. Zu den Anfängen der Fassade am Beispiel des Trierer Doms, in: Barbara Hüttel/Richard Hüttel u. a.: Re-Visionen. Zur Aktualität von Kunstgeschichte, Berlin 2001, S. 3–24.

Kéry 2006
: Lotte Kéry: Gottesfurcht und irdische Strafe. Der Beitrag des mittelalterlichen Kirchenrechts zur Entstehung des öffentlichen Strafrechts (Konflikt, Verbrechen und Sanktion in der Gesellschaft Alteuropas (Symposien und Synthesen, 10), Köln/Weimar/Wien 2006.

Kestel 1998
: Jörg Kestel: Leben und Werk des sächsischen Restaurators Otto Puckelwartz (1876–1938). Zur Geschichte der Restaurierungswerkstatt des Landesamtes für Denkmalpflege Sachsen, in: Denkmalpflege in Sachsen. Mitteilungen des Landesamtes für Denkmalpflege Sachsen 1998, S. 84–95.

Kier 1970
: Hiltrud Kier: Der mittelalterliche Schmuckfußboden unter besonderer Berücksichtigung des Rheinlandes (Die Kunstdenkmäler des Rheinlandes, Beiheft 14), Düsseldorf 1970.

Kimpel 1969
: Dieter Kimpel: Le sort des statues de Notre-Dame de Paris. Documents sur la période révolutionnaire, in: Revue de l'Art 4, 1969, S. 44–47.

Kimpel/Suckale 1990
: Dieter Kimpel/Robert Suckale: L'architecture gothique en France 1130–1270, Paris 1990.

Kimpel/Suckale 1985
: Dieter Kimpel/Robert Suckale: Die gotische Architektur in Frankreich 1130–1270, München 1985.

Kintzinger 2003
: Martin Kintzinger: Der weiße Reiter. Formen internationaler Politik im Spätmittelalter, in: Frühmittelalterliche Studien 37, 2003, S. 315–353.

Kirchner-Doberer 1956
: Erika Kirchner-Doberer: Der Lettner. Seine Bedeutung und Geschichte, in: Mitteilungen der Gesellschaft für vergleichende Kunstforschung in Wien 9, 1956, S. 117–122.

Kirsten 1999
: Michael Kirsten: Zur kunstgeschichtlichen Stellung der Portalskulptur, in: Elisabeth Hütter u. a. (Hrsg.): Das Portal an der Westturmfront und die Fürstenkapelle, Forschungen zur Bau- und Kunstgeschichte des Meißner Domes (Forschungen und Schriften zur Denkmalpflege, 2,1), Halle/Saale 1999, S. 105–166.

Kirsten 1992
: Michael Kirsten: Das Westportal am Dom zu Meißen und die Bildwerke der Fürstenkapelle, Halle/Saale/Wittenberg 1992.

Klamt 1989
: Johann-Christian Klamt: Zur Datierung der Putzritzungen im Magdeburger Domkreuzgang, in: Ullmann 1989, S. 124–131.

Klein 2007
: Bruno Klein (Hrsg.): Gotik (Geschichte der bildenden Kunst in Deutschland, 2), München u. a. 2007.

Klein 2007a
: Bruno Klein: Internationaler Austausch und beschleunigte Kommunikation. Gotik in Deutschland, in: Klein 2007, S. 9–33.

Klein 1994
: Bruno Klein: Die „Scuola di Piacenza", in: Herbert Beck/Kerstin Hengevoss-Dürkop (Hrsg.): Studien zur Geschichte der europäischen Skulptur im 12./13. Jahrhundert, Bd. 1, Frankfurt am Main 1994, S. 651–664.

Klein/Boerner 2006
: Bruno Klein/Bruno Boerner (Hrsg.): Stilfragen zur Kunst des Mittelalters. Eine Einführung, Berlin 2006.

Kluge 1911
: Martin Kluge: Otto von Hessen, Erzbischof von Magdeburg 1327–1361, Halle/Saale 1911.

Knauf 1974
: Tassilo Knauf: Die Architektur der Braunschweiger Stadtpfarrkirchen in der ersten Hälfte des 13. Jahrhunderts, Braunschweig 1974.

Knauth 1903/1904
: Johann Knauth: Der Lettner des Münsters – Ein verschwundenes Kunstwerk, in: Straßburger Münsterblatt 1, 1903/1904, S. 33–39.

Knapp 2002
: Ulrich Knapp: Ottonische Architektur. Überlegungen zu einer Geschichte der Architektur während der Herrschaft der Ottonen, in: Die Ottonen. Kunst – Architektur – Geschichte, hrsg. v. Klaus Gereon Beuckers/Johannes Cramer/Michael Imhof, Petersberg 2002, S. 205–258.

Koch 1926
: Alfred Koch: Die Ausgrabungen im Dom zu Magdeburg im Jahre 1926. Der ottonische Dom, in: Montagsblatt, wis-

senschaftliche Wochenbeilage der Magdeburger Zeitung, Sondernummer zu Nr. 68, 20. Dezember 1926, S. 1–24.

Koch 1815
Johann Friedrich Wilhelm Koch: Der Dom zu Magdeburg, Magdeburg 1815.

Köhler 1986
Christian Köhler: Mauritiuskirchen in deutschen Landen, Hannover 1986.

Kohn 1978
Karl Kohn: Das hochmittelalterliche Judenviertel Nürnbergs. Eine topographische Rekonstruktion, in: Wolfgang von Stromer: Die Metropole im Aufstand gegen König Karl IV. – Nürnberg zwischen Wittelsbach und Luxemburg Juni 1348 – September 1349, in: Mitteilungen des Vereins für Geschichte der Stadt Nürnberg 65, 1978, S. 55–90.

Kohte 1977
Julius Kohte: Ferdinand von Quast (1807–1877), Konservator der Kunstdenkmäler des Preußischen Staates, in: Deutsche Kunst und Denkmalpflege 35, 1977, S. 114–136.

Kolb 2001
Frank Kolb: Herrscherideologie in der Spätantike, Berlin 2001.

Komm 1990
Sabine Komm: Heiligengrabmäler des 11. und 12. Jahrhunderts in Frankreich: Untersuchung zu Typologie und Grabverehrung, Worms 1990.

Koppe 1997
Reiner Koppe: Zur Geschichte und zum gegenwärtigen Stand des Meßbildarchivs, in: Jörg Albertz/Albert Wiedemann (Hrsg.): Architekturphotogrammetrie gestern – heute – morgen. Wissenschaftliches Kolloquium zum 75. Todestag des Begründers der Architekturphotogrammetrie Albrecht Meydenbauer in der Technischen Universität Berlin am 15. November 1996, Berlin 1997, S. 41–57.

Köpke/Dümmler 1876
Rudolf Köpke/Ernst Dümmler: Kaiser Otto der Große (Jahrbücher der Deutschen Geschichte, 9), Leipzig 1876.

Kořínek 1675
Kořínek, Jan: Staré ěti kutnohorské [Alte Kuttenberger Denkwürdigkeiten], Praha 1675. Nachdruck Kutná Hora 1997.

Körkel-Hinkfoth 1994
Regine Körkel-Hinkfoth: Die Parabel von den klugen und törichten Jungfrauen (Mt 25,1–13) in der bildenden Kunst und im geistlichen Schauspiel (Europäische Hochschulschriften 28, 190), Berlin 1994.

Körner 1997
Hans Körner: Grabmonumente des Mittelalters, Darmstadt 1997.

Körntgen 2001
Ludger Körntgen: Starke Frauen: Edgith – Adelheid – Theophanu, in: Kat. Otto der Große 2001 I, S. 119–132.

Kosch 2001
Clemens Kosch: Zur ortsfesten Ausstattung der Kirchen in ottonischer Zeit: Denkmäler und Schriftquellen, in: Kat. Otto der Große 2001 I, S. 283–304.

Kosegarten 1966
Antje Kosegarten: Parlerische Bildwerke am Wiener Stephansdom aus der Zeit Rudolfs des Stifters, in: Zeitschrift des deutschen Vereins für Kunstwissenschaft 20, 1966, S. 47–78.

Kosegarten 1965
Antje Kosegarten: Zur Plastik der Fürstenportale am Wiener Stephansdom, in: Wiener Jahrbuch für Kunstgeschichte 20, 1965, S. 74–96.

Kosegarten 1960
Antje Kosegarten: Plastik am Wiener Stephansdom unter Rudolf dem Stifter, Freiburg i. Br. 1960.

Koshi 1999 I–II
Koichi Koshi: Die frühmittelalterlichen Wandmalereien der St. Georgskirche zu Oberzell auf der Bodenseeinsel Reichenau (Denkmäler deutscher Kunst), 2 Bde., Berlin 1999.

Köster 2009
Gabriele Köster: Italienische Reisen als Bildungserlebnis im 13. Jahrhundert. Die Reisen Konrads von Querfurt und der beiden Käfernburger Erzbischöfe von Magdeburg, in: Kat. Aufbruch in die Gotik 2009 I, S. 334–349.

Köstler 1995
Andreas Köstler: Die Ausstattung der Marburger Elisabethkirche. Zur Ästhetisierung des Kultraums im Mittelalter, Berlin 1995.

Krause 2004
Hans-Joachim Krause: Die Schlosskapelle in Torgau, in: Kat. Glaube und Macht 2004, S. 175–188.

Krause 1977
Hans-Joachim Krause: Die spätgotischen Steinmetzzeichen des Doms und der Klausurgebäude, in: Ramm 1977, S. 184–210.

Krecher 2005
Michael Krecher: Archäologische Ausgrabungen in der Johanniskirche zu Magdeburg, in: Kunz 2005, S. 184–190.

Krecher 1999
Michael Krecher: Die Stadtkirche St. Johannis zu Magdeburg. Ausgrabungsergebnisse der Jahre 1997/1998, in: Archäologische Berichte aus Sachsen-Anhalt 1999, Halle/Saale 2000, S. 121–138.

Kreusch 1965
Felix Kreusch: Kirche, Atrium und Portikus der Aachener Pfalz, in: Karl der Grosse, Lebenswerk und Nachwirkung, hrsg. v. Wolfgang Braunfels, Aachen 1965, Bd. 3, S. 464–533.

Kriss-Rettenbeck 1972
Lenz Kriss-Rettenbeck: Ex voto. Zeichen, Bild und Abbild im christlichen Votivbrauchtum, Zürich/Freiburg i. Br. 1972.

Krohm 1996
Hartmut Krohm (Hrsg.): Meisterwerke mittelalterlicher Skulptur, Berlin 1996.

Kroos 1989
Renate Kroos: Quellen zur liturgischen Benutzung des Domes und seiner Ausstattung, in: Ullmann 1989, S. 88–97.

Krüger 1971
Karl Heinrich Krüger: Königsgrabkirchen der Franken, Angelsachsen und Langobarden bis zur Mitte des 8. Jahrhunderts. Ein historischer Katalog (Münstersche Mittelalter-Schriften, 4), München 1971.

Kruse 1999
Karl Bernhard Kruse: Die frühen Helmstedter Klosterbauten. Mit einem Anhang von Maren Christine Härtel zur Kapitellplastik im Helmstedter Ludgerikloster, in: Kat. Das Jahrtausend der Mönche. Kloster Welt Werden 799–1803, hrsg. v. Jan Gerchow, Ausstellungskatalog Essen, Köln 1999, S. 281–290.

Kubach / Haas 1972 I–II
Hans Erich Kubach / Walter Haas: Der Dom zu Speyer (Die Kunstdenkmäler von Rheinland-Pfalz, 5), 2 Bde., München 1972.

Kubach/Verbeek 1976–1989 I–IV
Hans Erich Kubach/Albert Verbeek: Romanische Baukunst an Rhein und Maas, 4 Bde., Berlin 1976–1989.

Kuhn 2009a
Rainer Kuhn: Königlicher Sarg entdeckt. Edgith – Gemahlin Ottos des

Großen?, in: Archäologie in Deutschland 2, 2009, S. 4.

Kuhn 2009b
Rainer Kuhn: Die Vorgängerbauten unter dem Magdeburger Dom, in: Kuhn u. a. 2009, S. 31–86.

Kuhn 2009c
Rainer Kuhn: Die „Nikolaikirche" westlich von den gotischen Domtürmen, in: Kuhn u. a. 2009, S. 87–100.

Kuhn 2009d
Rainer Kuhn: Die Kirchen des Domhügels. Überlegungen zu ihrer Identifizierung nach den Grabungen, in: Kuhn u. a. 2009, S. 221–234.

Kuhn 2009e
Rainer Kuhn: Die Kirchen des Magdeburger Domhügels, in: Kat. Aufbruch in die Gotik 2009 I, S. 39–53.

Kuhn u. a. 2009
Rainer Kuhn u. a.: Aufgedeckt II. Forschungsgrabungen am Magdeburger Dom 2006–2009, hrsg. v. Harald Meller/Wolfgang Schenkluhn/Boje Schmuhl (Archäologie in Sachsen-Anhalt, Sonderband 13), Halle/Saale 2009.

Kuhn 2007
Rainer Kuhn: Neues zur Königin Edith. Mit einem Beitrag von Ernst Schubert, in: Archäologie in Sachsen-Anhalt 5, 2007 [in Druck].

Kuhn 2006
Rainer Kuhn: Die Kirche Ottos des Großen und ihre gemauerten Gräber. Die archäologischen Ausgrabungen 2001–2003, in: Matthias Puhle/Harald Meller/Heike Pöppelmann (Hrsg.): Der Magdeburger Domplatz. Archäologie und Geschichte 805–1209 (Magdeburger Museumsschriften, 8), Magdeburg 2006, S. 71–100.

Kuhn 2005a
Rainer Kuhn: Die ottonische Kirche am Magdeburger Domplatz. Baubefunde und stratigraphischen Verhältnisse der Grabungsergebnisse 2001–2003, in: Kuhn u. a. 2005, S. 9–49.

Kuhn 2005b
Rainer Kuhn: „Gold, Marmor und Edelsteine" – Antiken für die Kirche des Kaisers, in: Kat. Magdeburg 1200. Mittelalterliche Metropole, preußische Festung, Landeshauptstadt, die Geschichte der Stadt von 805 bis 2005, hrsg. v. Matthias Puhle, Ausstellungskatalog Magdeburg, Stuttgart 2005, S. 61.

Kuhn u. a. 2005
Rainer Kuhn u. a.: Aufgedeckt, Ein neuer ottonischer Kirchenbau am Magdeburger Domplatz, hrsg. v. Harald Meller/Wolfgang Schenkluhn (Archäologie in Sachsen-Anhalt, Sonderband 3), Halle/Saale 2005.

Kuhn 2003a
Rainer Kuhn: Ergebnisse archäologischer Ausgrabungen in den Jahren 1998 bis 2002 im südlichen Stadtzentrum Magdeburgs, in: Die Geschichte des Magdeburger Domplatzes. Darstellung der bauhistorischen und städtebaulichen Planung, Entwicklung und Nutzung des Magdeburger Domplatzes im Laufe der Jahrhunderte bis zur Gegenwart (Dokumentationen des Stadtplanungsamtes Magdeburg, 91), Magdeburg 2003, S. 138–157.

Kuhn 2003b
Rainer Kuhn: Ein außerordentliches Grab des 10. Jahrhunderts n. Chr. vom Magdeburger Domplatz, in: Jahresschrift für mitteldeutsche Vorgeschichte 86, 2003, S. 199–212.

Kuhn/Ristow 2009
Rainer Kuhn/Sebastian Ristow: Wertvolle Stützen der Kirche. Ottonische Bauausstattung in Magdeburg und Köln, in: Archäologie in Deutschland 6, 2009, S. 6–11.

Kühne 2010
Hartmut Kühne: Reliquien und ihr Publikum. Spätmittelalterliche Kirchenschätze im Harzraum, in: Ulrike Wendland (Hrsg.): „...das Heilige sichtbar machen". Domschätze in Vergangenheit, Gegenwart und Zukunft, Regensburg 2010, S. 101–116.

Kühne 2009
Hartmut Kühne: Reliquien und Reliquiare des Magdeburger Domes im 13. Jahrhundert. Versuch einer Bestandsaufnahme, in: Kat. Aufbruch in die Gotik 2009 I, S. 180–191.

Kühne 2008
Hartmut Kühne: Ablassfrömmigkeit und Ablasspraxis um 1500, in: Kat. Fundsache Luther. Archäologen auf den Spuren des Reformators, hrsg. v. Harald Meller, Ausstellungskatalog Halle/Saale, Stuttgart 2008, S. 36–47.

Kühne 2005
Hartmut Kühne: Magdeburg – Wallfahrt und Wallfahrtskritik unter dem Mauritiusbanner, in: ders./Ziesak 2005, S. 169–176.

Kühne 2004
Hartmut Kühne: Heiltumsweisungen: Reliquien – Ablaß – Herrschaft. Neufunde und Problemstellungen, in: Jahrbuch für Volkskunde N.F. 27, 2004, S. 43–62.

Kühne 2000
Hartmut Kühne: Ostensio reliquiarum. Untersuchungen über Entstehung, Ausbreitung, Gestalt und Funktion der Heiltumsweisungen im römisch-deutschen Regnum (Arbeiten zur Kirchengeschichte, 75), Berlin/New York 2000.

Kühne 1998
Hartmut Kühne: Heiligenfahne und himmlisches Siegeszeichen. Nachträge zum Problem der Magdeburger Mauritiusfahne, in: Zeitschrift für Heimatforschung 7, 1998, S. 15–22.

Kühne 1997
Hartmut Kühne: „Auch wirdt sant Mauricien panyer ierlich alda gezaigt". Anmerkungen zu einem Reliquienverzeichnis für die Heiltumsweisung der Magdeburger Domkirche, in: Zeitschrift für Heimatforschung / Sachsen-Anhalt 6, 1997, S. 6–22.

Kühne/Hlaváček 2006
Hartmut Kühne/Petr Hlaváček: Der sogenannte „Pilgerschuh" – eine Votivgabe und ihr historischer Kontext, in: Felix Escher/Hartmut Kühne (Hrsg.): Die Wilsnackfahrt. Ein Wallfahrts- und Kommunikationszentrum Nord- und Mitteleuropas im Spätmittelalter (Europäische Wallfahrtsstudien, 2), Frankfurt am Main u. a. 2006, S. 189–198.

Kühne/Ziesack 2005
Hartmut Kühne/Anne-Katrin Ziesack (Hrsg.): Wunder – Wallfahrt – Widersacher. Die Wilsnackfahrt, Regensburg 2005.

Kunde 2007
Holger Kunde: Der Westchor des Naumburger Doms und die Marienstiftskirche. Kritische Überlegungen zur Forschung, in: Enno Bünz/Stefan Tebruck/Helmut G. Walther (Hrsg.): Religiöse Bewegungen im Mittelalter. Festschrift für Matthias Werner zum 65. Geburtstag (Veröffentlichungen der Historischen Kommission für Thüringen: Kleine Reihe, 24), Köln/Weimar/Wien 2007, S. 213–238.

Kunz 2008
: Tobias Kunz: Die Steinfigur des Dominikus (sog. Bruder Wichmann) in der Neuruppiner Klosterkirche. Ein wichtiges Zeugnis dominikanischen Bildgebrauchs im 14. Jahrhundert, in: Badstübner 2008, S. 366–376.

Kunz 2005
: Brigitta Kunz (Red.): Schaufenster der Archäologie. Neues aus der archäologischen Forschung in Magdeburg, Magdeburg 2005.

Kunze 1930
: Hans Kunze: Der Dom Ottos des Großen in Magdeburg, in: Geschichtsblätter für Stadt und Land Magdeburg 65, 1930, S. 1–72.

Kunze 1926
: Hans Kunze: Um den Magdeburger ottonischen Dom. Eine Kontroverse. In: Montagsblatt – Wissenschaftliche Wochenbeilage der Magdeburger Zeitung, 19, vom 10. Mai 1926, S. 145–150.

Kunze 1923
: Hans Kunze: Die ehemalige Nikolaikirche, in: Hans Kunze/v. Lüpke: Der Südturm des Magdeburger Domes und die Lage der ehemaligen Nikolaikirche, in: Zentralblatt der Bauverwaltung 43 (33/34), vom 25. April 1923, S. 193–196.

Kunze 1921
: Hans Kunze: Der gegenwärtige Stand der Erforschung der Baugeschichte des Magdeburger Domes, in: Geschichtsblätter für Stadt und Land Magdeburg 56, 1921, S. 127–164.

Kunze 1925
: Herbert Kunze: Die deutsche Plastik des 14. Jahrhunderts in Sachsen und Thüringen, Berlin 1925.

Kurmann 1971
: Peter Kurmann: La cathédrale Saint-Etienne de Meaux. Etude architecturale. (Bibliothèque de la Société Française d'Archéologie, 1), Genève/Paris 1971.

Kurmann-Schwarz/Kurmann 2001
: Brigitte Kurmann-Schwarz/Peter Kurmann: Chartres, die Kathedrale (Monumente der Gotik, 3), Regensburg 2001.

Kutzner 1969
: Marian Kutzner: Architektura cysterska na Śląsku, Toruń 1969.

Labusiak 2009
: Thomas Labusiak: Die Roudprechtgruppe der ottonischen Reichenauer Buchmalerei. Bildquellen – Ornamentik – stilgeschichtliche Voraussetzungen (Denkmäler deutscher Kunst), Berlin 2009.

Ladner 1970
: Gerhart B. Ladner: Die Papstbildnisse des Altertums und des Mittelalters (Monumenti di Antichità Cristiana pubblicata dal Pontificio Instituto di Archeologia Cristiana, II serie, IV), Bd. 2: Von Innozenz II. zu Benedikt XI., Città del Vaticano 1970.

Ladner 1941
: Gerhart B. Ladner: Die Papstbildnisse des Altertums und des Mittelalters (Monumenti di Antichità Cristiana pubblicata dal Pontificio Instituto di Archeologia Cristiana, II serie, IV), Bd. 1: Bis zum Ende des Investiturstreits, Città del Vaticano 1941.

Lagemann 2009
: Charlotte Lagemann: Bamberg, Dom St. Peter und Georg, in: Wittekind 2009, S. 476–479.

Laudage 2006
: Johannes Laudage: Otto der Große. Eine Biographie, Regensburg 2006.

Lavin 1993
: Irving Lavin: Bernini's Portraits of No-Body, in: ders.: Past-Present: Essays on Historicism in Art from Donatello to Picasso (Una's lectures, 6), Berkeley 1993, S. 101–136.

Lebeuf 1883
: Jean Lebeuf: Histoire de la ville et de tout le diocèse de Paris, hrsg. v. Fernand A. Bournon, Paris 1883.

Le Goff 1998
: Jacques Le Goff (Hrsg.): Patrimoine et passions identitaires (Entretiens du Patrimoine, 6–8 janvier 1997), Paris 1998.

Le Goff 1986
: Jacques Le Goff: Reims, ville du sacre, in: Pierre Nora (Hrsg.): Les lieux de mémoire. La Nation, Bd. 1, Paris 1986, S. 98–184; dt. Übers. als: Reims, Krönungsstadt (Kleine Kulturwissenschaftliche Bibliothek, 58), Berlin 1997.

Lehmann 1987
: Edgar Lehmann: Die „Confessio" in der Servatiuskirche zu Quedlinburg, in: Friedrich Möbius/Ernst Schubert (Hrsg.): Skulptur des Mittelalters: Funktion und Gestalt, Weimar 1987, S. 9–26.

Lehmann 1983
: Edgar Lehmann: Der Palast Ottos des Großen in Magdeburg, in: Möbius/Schubert 1983, S. 42–62.

Lehmann 1938
: Edgar Lehmann: Der frühe deutsche Kirchenbau, die Entwicklungen seiner Raumanordnung bis 1080 (Forschungen zur deutschen Kunstgeschichte, 27), Berlin 1938.

Lehmann 1916
: Walter Lehmann: Die Parabel von den klugen und törichten Jungfrauen: Eine ikonographische Studie mit einem Anhang über die Darstellung der anderen Parabeln Christi, Berlin 1916.

Lehmann/Schubert 1988
: Edgar Lehmann/Ernst Schubert: Dom und Severikirche zu Erfurt, Leipzig 1988.

Leminger 1926
: Emanuel Leminger: Umělecké řemeslo v Kutné Hoře [Kunsthandwerk in Kuttenberg], Praha 1926.

Leniaud 2002
: Jean-Michel Leniaud: Les archipels du passé. Le patrimoine et son histoire, Paris 2002.

Leniaud 2001
: Jean-Michel Leniaud: Chroniques patrimoniales, Paris 2001.

Leniaud 2000
: Jean-Michel Leniaud: Der zweite Tod der französischen Könige oder: die damnatio memoriae, in: Kat. Krönungen. Könige in Aachen – Geschichte und Mythos, hrsg. v. Mario Kramp, Ausstellungskatalog Aachen, Mainz 2000, S. 690–698.

Leniaud 1996
: Jean-Michel Leniaud: Saint-Denis de 1760 à nos jours, Paris 1996.

Leniaud 1994
: Jean-Michel Leniaud: Viollet-le-Duc ou les délires du système, Paris 1994.

Leniaud 1993
: Jean-Michel Leniaud: Les cathédrales au XIXe siècle. Étude du service des édifices diocésains, Paris 1993.

Leniaud 1992
: Jean-Michel Leniaud: L'utopie française. Essai sur le patrimoine, Paris 1992.

Leniaud 1980
: Jean-Michel Leniaud: Jean-Baptiste Lassus (1807–1857) ou le temps retrouvé des cathédrales, Paris 1980.

Lepsius 1842
: Carl Peter Lepsius: Sphragistische Aphorismen, in: Neue Mitteilungen aus dem Gebiete historisch-antiquarischer Forschungen, hrsg. v. Thüringisch-Säch-

sischen Verein für Erforschung des vaterländischen Alterthums und Erhaltung seiner Denkmale, Bd. 6, Heft 3, Halle/Saale 1842.

Lenz u. a. 2007
Roland Lenz/Roland Möller/Thomas Schmidt/Gabriele Unger: Die Erhaltung der Stucktumba in Walbeck bei Helmstedt als DBU-Projekt 2001–2003, in: Heinecke/Ingelmann 2007, S. 119–150.

Leopold 1998
Gerhard Leopold: Archäologische Ausgrabungen an Stätten ottonischer Herrschaft. Quedlinburg, Memleben, Magdeburg, in: Althoff/Schubert 1998, S. 33–76.

Leopold 1995
Gerhard Leopold: Zur frühen Baugeschichte der Michaelskirche in Rohr, besonders zum Problem der Westempore, in: Reupert u. a. 1995, S. 53–62.

Leopold 1989
Gerhard Leopold: Zur Baugeschichte des ottonischen Domes in Magdeburg, in: Ullmann 1989, S. 62–69.

Leopold 1983
Gerhard Leopold: Der Dom Ottos I. zu Magdeburg. Überlegungen zu seiner Baugeschichte, in: Möbius/Schubert 1983, S. 63–83.

Leopold/Schubert 1984
Gerhard Leopold/Ernst Schubert: Der Dom zu Halberstadt bis zum gotischen Neubau, Berlin 1984.

Lewy 1908
Max Lewy: Schloss Hartenfels bei Torgau, Berlin 1908.

Lieberwirth ⁵2007
Rolf Lieberwirth: Latein im Recht, Berlin ⁵2007.

Lillich 2009
Meredith Parsons Lillich: Archbishops Named and Unnamed in the Stained Glass of Reims, in: Evelyn Staudinger Lane/Elizabeth Carson Pastan/Ellen M. Shortell (Hrsg.): The Four Modes of Seeing. Approaches to Medieval Imagery in Honor of Madeline Harrison Caviness, Farnham/Burlington 2009, S. 291–309.

Lillich 2005
Meredith Parsons Lillich: King Solomon in Bed: Archbishop Hincmar, the Ordo of 1250, and the Stained-Glass Program of the Nave of Reims Cathedral, in: Speculum 80, 2005, S. 764–801.

Lippelt 1973
Helmut Lippelt: Thietmar von Merseburg. Reichsbischof und Chronist (Mitteldeutsche Forschungen, 72), Köln 1973.

Lisch 1850
Georg Christian Friedrich Lisch: Urkunden zur Geschichte der Antoniter-Präceptorei Tempzin, in: Jahrbuch des Vereins für mecklenburgische Geschichte und Altertumskunde 15, 1850, S. 208–233.

LMA I–IX
Lexikon des Mittelalters, 9 Bde., München/Zürich 1980–1998, Nachdruck München 2002.

Lobbedey 2002
Uwe Lobbedey: Die Baugestalt des Corveyer Westwerks, Forschungsstand und Aufgaben, in: Joachim Poeschke (Hrsg.): Sinopien und Stuck im Westwerk der Karolingischen Klosterkirche von Corvey, Münster 2002, S. 115–129.

Lobbedey 1998
Uwe Lobbedey: Ottonische Krypten. Bemerkungen zum Forschungsstand an Hand ausgewählter Beispiele, in: Althoff/Schubert 1998, S. 77–102.

Lobbedey 1996
Uwe Lobbedey: Rezension von Sistig 1995, in: Trierer Zeitschrift 59, 1996, S. 315f.

Lobbedey 1986
Uwe Lobbedey: Die Ausgrabungen im Dom zu Paderborn 1978/80 und 1983 (Denkmalpflege und Forschung in Westfalen, Bd. 11), 4 Bde., Bonn 1986.

Luchterhandt 2007
Manfred Luchterhandt: „In medio ecclesiae": frühmittelalterliche Kreuzmonumente und die Anfänge des Stiftergrabes, in: Johannes Myssok/Jürgen Wiener (Hrsg.): Docta Manus: Studien zur italienischen Skulptur für Joachim Poeschke, Münster 2007, S. 11–29.

Luchterhandt 1999
Manfred Luchterhandt: Päpstlicher Palastbau und höfisches Zeremoniell unter Leo III., in: Kat. 799 Kunst und Kultur der Karolingerzeit. Karl der Große und Papst Leo III. in Paderborn, hrsg. v. Christoph Stiegemann/Michael Wemhoff, Bd. 3, Ausstellungskatalog Paderborn, Mainz 1999, S. 109–122.

Lück 2010a
Heiner Lück: „Flämisches Recht" in Mitteldeutschland, in: Tijdschrift voor Rechtsgeschiedenis 78, 2010, S. 37–61.

Lück 2010b
Spuren des Rechts in der Heimat Eikes von Repgow (Kulturreisen in Sachsen-Anhalt, 10), Wettin 2010.

Lück 2009a
Heiner Lück: Zur Gerichtsverfassung in den Mutterstädten des Magdeburger und Lübecker Rechts, in: Heiner Lück/Matthias Puhle/Andreas Ranft (Hrsg.): Grundlagen für ein neues Europa. Das Magdeburger und Lübecker Recht in Spätmittelalter und Früher Neuzeit (Quellen und Forschungen zur Geschichte Sachsen-Anhalts, 6), Köln/Weimar/Wien 2009, S. 163–181.

Lück 2009b
Heiner Lück: Der Beitrag Eikes von Repgow zur Verwissenschaftlichung und Professionalisierung des Rechts im 13. Jahrhundert, in: Kat. Aufbruch in die Gotik 2009 I, S. 301–311.

Lück 2008
Heiner Lück: Einführung. Das sächsisch-magdeburgische Recht als kulturelles Bindeglied zwischen den Rechtsordnungen Ost- und Mitteleuropas, in: Ernst Eichler/Heiner Lück (Hrsg.): Rechts- und Sprachtransfer in Mittel- und Osteuropa. Sachsenspiegel und Magdeburger Recht (ius saxonico-maideburgense in oriente, 1), Berlin 2008, S. 1–28.

Lück 2007
Heiner Lück: Johann von Buch (ca. 1290–ca. 1356), in: Zeitschrift der Savigny-Stiftung für Rechtsgeschichte. Germanistische Abteilung 124, 2007, S. 120–143.

Lück 2006a
Heiner Lück (Hrsg.): Eike von Repgow. Sachsenspiegel. Die Dresdner Bilderhandschrift Mscr. Dresd. M 32; vollständige Faksimile-Ausgabe im Originalformat der Handschrift aus der Sächsischen Landesbibliothek – Staats- und Universitätsbibliothek Dresden, unter Mitarbeit von Thomas Haffner/Marion Perrin/Jörn Weinert (Codices selecti, 107,1), Graz 2006.

Lück 2006b
Heiner Lück: Der Sachsenspiegel als Kaiserrecht. Vom universalen Geltungsanspruch eines partikularen Rechtsbuches, in: Kat. Heiliges Römisches Reich 2006 II, S. 263–275.

Lück 2005a
: Heiner Lück: Lehnrecht und Ehebruch. Das Beispiel Tristan, in: Udo Bermbach u. a. (Hrsg.): wagnerspectrum 1, 2005. Schwerpunkt – focusing on Tristan und Isolde, Würzburg 2005, S. 80–97.

Lück 2005b
: Heiner Lück: Von Jungfrauen, Bräuten und Steinen. Der „Brautstein" als Element archaischer Eheschließungsrituale, in: Sybille Hofer/Diethelm Klippel/Ute Walter (Hrsg.): Perspektiven des Familienrechts. Festschrift für Dieter Schwab zum 70. Geburtstag, Bielefeld 2005, S. 205–226.

Lück 2005c
: Heiner Lück: Magdeburg, Eike von Repgow und der Sachsenspiegel, in: Matthias Puhle/Peter Petsch (Hrsg.): Magdeburg. Die Geschichte der Stadt 805–2005, Dössel (Saalkreis) 2005, S. 155–172.

Lück 2002
: Heiner Lück (Hrsg.): Eike von Repgow. Die Dresdner Bilderhandschrift des Sachsenspiegels; Faksimile (Codices selecti, 107,2), Graz 2002.

Lück 2000
: Heiner Lück: Schauplätze des Verfahrens. Zum Verhältnis von Gerichtsherrschaft, Gerichtsort und Richtstätte im frühneuzeitlichen Kursachsen, in: Jost Hausmann/Thomas Krause (Hrsg.): „Zur Erhaltung guter Ordnung". Beiträge zur Geschichte von Recht und Justiz. Festschrift für Wolfgang Sellert, Köln/Weimar/Wien 2000, S. 141–160.

Lück 1996
: Heiner Lück: Der Magdeburger Schöffenstuhl als Teil der Magdeburger Stadtverfassung, in: Matthias Puhle (Hrsg.): Hanse-Städte-Bünde. Die sächsischen Städte zwischen Elbe und Weser um 1500 (Magdeburger Museumsschriften, 4/1), Magdeburg 1996, S. 138–151

Lück 1997a
: Heiner Lück: Die kursächsische Gerichtsverfassung 1423–1550 (Forschungen zur deutschen Rechtsgeschichte, 17), Köln/Weimar/Wien 1997.

Lück 1997b
: Heiner Lück: Der Roland und das Burggrafengericht zu Halle. Ein Beitrag zur Erforschung der Gerichtsverfassung im Erzstift Magdeburg, in: Erich Donnert (Hrsg.): Europa in der Frühen Neuzeit. Festschrift für Günter Mühlpfordt, Bd. 1: Vormoderne, Weimar/Köln/Wien 1997, S. 61–80.

Ludolphy 1984
: Ingetraut Ludolphy: Friedrich der Weise. Kurfürst von Sachsen 1463–1525, Göttingen 1984.

Ludowici 2002
: Babette Ludowici: Ein neuentdeckter mittelalterlicher Kirchenbau in Magdeburg. Zweiter Bericht zum Stand der Auswertung der Grabungen 1959–1968 auf dem Magdeburger Domplatz, in: Archäologisches Korrespondenzblatt 32, 2002, S. 281–293.

Ludowici 2001
: Babette Ludovici: Die Pfalz Ottos des Großen in Magdeburg, Geschichte und Archäologie, in: Kat. Otto der Große 2001 I, S. 391–402.

Ludowici/Hardt 2004
: Babette Ludowici/Matthias Hardt: Zwei ottonenzeitliche Kirchen auf dem Magdeburger Domhügel, Überlegungen zu ihrer historischen Identifizierung, in: Frühmittelalterliche Studien 38, 2004, S. 89–99.

Ludowici/Rogacki-Thiemann 2003
: Babette Ludowici/Birte Rogacki-Thiemann: „Der erste Thumb oder Kirche welcher Keyser Otto erbawt ist auffem Newen marckte [...] gelegen." Ein Diskussionsbeitrag zur Frage nach dem Standort des ottonischen Domes in Magdeburg, in: Zeitschrift für Geschichtswissenschaft 51, 2003, S. 649–655.

Lusuardi Siena 2009
: Silvia Lusuardi Siena: Tracce archeologiche della „depositio" dei Santi Gervasio e Protasio negli scavi ottocenteschi in S. Ambrogio, in: Ambrogio e la sua basilica: Atti del quarto „dies academicus", 31 marzo-1 aprile 2008. Milano 2009 (Studia Ambrosiana, 3), S. 125–153, 210–222.

Lutz 2007
: Gerhard Lutz: Repräsentation und Affekt. Skulptur von 1250 bis 1430, in: Klein 2007, S. 327–347.

Magni 1975
: Mariaclotilde Magni: Un remarquable témoignage du premier art roman en Italie du Nord. La cathédrale d'Aoste, in: Cahiers archéologiques 24, 1975, S. 163–181.

Magni 1979
: Mariaclotilde Magni: Cryptes du haut Moyen Age en Italie: problèmes de typologie du IXe jusqu'au début du XIe siècle, in: Cahiers archéologiques 28, 1979, S. 41–85.

Maisel 1992
: Witold Maisel: Rechtsarchäologie Europas. Aus dem Polnischen übersetzt von Ruth Poniáska-Maisel, Wien/Köln/Weimar 1992.

Marchand 1925/26
: Hildegard Marchand: Die Plastik des Halberstädter Doms im 15. Jahrhundert, in: Zeitschrift für bildende Kunst 59, 1925/26, S. 310–318.

Marek 2009
: Kristin Marek: Die Körper des Königs: Effigies, Bildpolitik und Heiligkeit, München 2009.

Marek u. a. 2006
: Kristin Marek u. a. (Hrsg.): Bild und Körper im Mittelalter, München 2006.

Markwald-Lutze 1904
: Helene Markwald-Lutze: Der Altarschrein St. Annae in Werben ein Werk eines Hamburger Meisters, in: Beiträge zur Geschichte, Landes- und Volkskunde in der Altmark 1, 1904, S. 227–238.

Martin 1927
: Kurt Martin: Die Nürnberger Steinplastik im XIV. Jahrhundert, Berlin 1927.

Martindale 1967
: Andrew Martindale: Gothic Art (World of art), London 1967.

Märtl 1987
: Claudia Märtl: Zum „Traum" des Hans von Hermansgrün, in: Zeitschrift für historische Forschung 14, 1987, S. 257–264.

Matyssek 2009
: Angela Matyssek: Kunstgeschichte als fotografische Praxis. Richard Hamann und Foto Marburg, Berlin 2009.

Maurice 1908
: Jules Maurice: Numismatique Constantinienne. Iconographie et chronologie. Description historique des émissions monétaires, Tome 1, Paris 1908.

Mayr-Harting 2001
: Henry Mayr-Harting: Herrschaftsrepräsentation der ottonischen Familie, in: Kat. Otto der Große 2001 I, S. 133–148.

Mazzotti 1957
: Mario Mazzotti: Cripte ravennati, in: Felix Ravenna 3.s., 23 (74), 1957, S. 28–63.

Mazzotti 1951
: Mario Mazzotti: La cripta della Basilica Ursiana di Ravenna, in: Felix Ravenna 55, 1951, S. 5–49.

Meckseper 2001a
Cord Meckseper: Zur Interpretation des 1959 bis 1968 auf dem Magdeburger Domplatz ergrabenen Bauwerks („Pfalz"), in: Bernd Schneidmüller/Stefan Weinfurter: Ottonische Neuanfänge, Symposion zur Ausstellung „Otto der Grosse, Magdeburg und Europa", Mainz 2001, S. 59–70.

Meckseper 2001b
Cord Meckseper: Magdeburg und die Antike. Zur Spolienverwendung im Magdeburger Dom, in: Kat. Otto der Grosse 2001 I, S. 367–380.

Meckseper 1996
Cord Meckseper: Antike Spolien in der ottonischen Architektur, in: Joachim Poeschke (Hrsg.): Antike Spolien in der Architektur des Mittelalters und der Renaissance, München 1996, S. 179–204.

Meckseper 1986
Cord Meckseper: Das Palatium Ottos des Großen in Magdeburg, in: Burgen und Schlösser 27, 1986, S. 101–115.

Meier 1924
Paul Jonas Meier: Die Baugeschichte des Magdeburger Doms im XIII. Jahrhundert, in: Jahrbuch der preußischen Kunstsammlungen 45, 1924, S. 1–33.

Meier 1909
Paul Jonas Meier: Neue Veröffentlichungen zur Baugeschichte des Magdeburger Doms, in: Geschichtsblätter für Stadt und Land Magdeburg 44, 1909, S. 296–314.

Merhautová 1994
Anežka Merhautová: Bazilika sv. Víta, Václava a Vojtěcha [Basilika der Hll. Veit, Wenzel und Adalbert], in: Anežka Merhautová (Hrsg.): Katedrála sv. Víta v Praze, Praha 1994, S. 16–24.

Merhautová 1966
Anežka Merhautová: Bazilika sv. Jiří na Pražském hradě [Die St. Georgsbasilika auf der Prager Burg], Praha 1966.

Mérimée 2003
Prosper Mérimée (Connaissance des Arts), Paris 2003.

Mersiowsky 2010
Mark Mersiowsky: Wege zur Öffentlichkeit. Kommunikation und Medieneinsatz in der spätmittelalterlichen Stadt, in: Albrecht 2010b, S. 13–57.

Merzbacher 1967
Friedrich Merzbacher: Der Kiliansdom als Rechtsdenkmal, in: Richard Schömig (Hrsg.): Ecclesia Cathedralis. Der Dom zu Würzburg, Würzburg 1967, S. 69–82.

Meyer 1993
Angelika Meyer: Oberkirche Unser Lieben Frauen und Unterkirche St. Nikolai in Burg bei Magdeburg (Große Baudenkmäler Heft, 443), München/Berlin 1993.

Meyer 1931
Herbert Meyer: Freiheitsroland und Gottesfrieden. Neue Forschungen über den Bremer Roland, in: Hansische Geschichtsblätter 56, 1931, S. 5–82.

Meyer 1930
Herbert Meyer: Heerfahne und Rolandsbild. Untersuchungen über „Zauber" und „Sinnbild" im germanischen Recht, in: Nachrichten der Gesellschaft der Wissenschaften in Göttingen, Philolog.-hist. Klasse 1930, S. 460–528.

Meyer 1950
John Meyer: Ahnengrab und Rechtsstein. Untersuchungen zur deutschen Volkskunde und Rechtsgeschichte, Berlin 1950.

Michałowski/Gnieźnieński 2005
Roman Michałowski/Zjazd Gnieźnieński: Religijne przesłanki powstania arcybiskupstwa gnieźnieńskiego, Wrocław 2005.

Michler 1999
Jürgen Michler: Die Einbindung der Skulptur in die Farbgebung gotischer Innenräume, in: Kölner Domblatt 63, 1999, S. 89–108.

Michler 1979
Jürgen Michler: Zur Stellung von Bourges in der gotischen Baukunst, in: Wallraf-Richartz-Jahrbuch 41, 1979, S. 27–86.

Millin 1790–1793 I–V
Aubin-Louis Millin: Antiquités Nationales, Ou Recueil De Monumens, Paris 1790–1793.

Möbius/Schubert 1983
Friedrich Möbius / Ernst Schubert (Hrsg.): Architektur des Mittelalters. Funktion und Gestalt, Weimar 1983.

Mock 2007
Markus Leo Mock: Kunst unter Erzbischof Ernst von Magdeburg, Berlin 2007.

Modde 1884
Max Modde: Die Kanzel im Dom zu Magdeburg, in: Christliches Kunstblatt für Kirche, Schule und Haus 26 (8), 1884, S. 119–123, 154–158.

Mohr de Pérez 2001a
Rita Mohr de Pérez: Die Anfänge der staatlichen Denkmalpflege in Preußen, Worms 2001.

Mohr de Pérez 2001b
Rita Mohr de Pérez: Die Oberbaudeputation. Eine Etappe auf dem Weg zur staatlichen Denkmalpflege in Brandenburg-Preußen, in: Brandenburgische Denkmalpflege 10 (1), 2001, S. 19–25.

Mojon 1967
Luc Mojon: Der Münsterbaumeister Matthäus Ensinger (Berner Schriften zur Kunst, 10), Bern 1967.

Molinet 1687
Claude du Molinet: Histoire de Sainte-Geneviève et de son église royale et apostolique, achevée en 1687 (Paris, Bibliothèque Sainte-Geneviève, ms 609).

Molinet 1655
Claude du Molinet: Le prélat exemplaire en la vie d'Estienne de Tournay extraite de ses épîtres, des chartres de Saincte Geneviève de Paris et Saint-Euverte d'Orléans et de quelques autheurs, à Paris, en l'abbaye Sainte-Geneviève-du-Mont, 1655 (Paris, Bibliothèque Sainte-Geneviève, ms. 1882).

Molinier 1902
Auguste Molinier: Obituaires de la province de Sens, Bd. 1,1, Paris 1902.

Möller 2009
Roland Möller: Die im Magdeburger Dom gefundenen Ziegel im Vergleich mit zeitnahen Befunden und in der historischen Überlieferung, in: Kuhn u. a. 2009, S. 181–196.

Monneret de Villard 1917
Ugo Monneret de Villard: L'antica basilica di Santa Tecla in Milano, in: Archivio Storico Lombardo 44 (1), 1917, S. 1–24.

Mortet/Deschamps 1929
Victor Mortet/Paul Deschamps: Recueil de textes relatifs à l'histoire de l'architecture et à la condition des architectes en France, au Moyen Age XIIe–XIIIe siècles, Paris 1929.

Müller 2002
Hans-Jürgen Müller: Der Dom zu Ratzeburg, München 2002.

Müller 1996
Hans Martin Müller: Homiletik. Eine evangelische Predigtlehre, Berlin/New York 1996.

Müller 1968
Paul Müller: Mauritius, Zeuge seines Glaubens. Die Einsiedelner Version X 2

der Passion des heiligen Mauritius, in: Franz Schrader (Hrsg.): Beiträge zur Geschichte des Erzbistums Magdeburg (Studien zur katholischen Bistums- und Klostergeschichte, 11), Leipzig 1968, S. 179–191.

Müller 1878
F. Ottomar Müller: Die kirchlichen Bauwerke der Stadt Magdeburg mit Ausnahme des Domes und der Marienkirche, in: Magdeburger Geschichtsblätter für Stadt und Land 13, 1878, S. 31–55.

Munzel-Everling 1999
Dietlinde Munzel-Everling: Rolandfiguren und Kaiserrecht. Zum rechtshistorischen Hintergrund der Errichtung von Rolanden, in: Dieter Pötschke (Hrsg.): Rolande, Kaiser, Recht. Zur Rechtsgeschichte des Harzraums und seiner Umgebung (Harz-Forschungen, 11), Berlin 1999, S. 133–157.

Näf 2011
Beat Näf: Städte und ihre Märtyrer. Der Kult der Thebäischen Legion (Paradosis, 51), Fribourg 2011.

Näf 2002
Daniel Näf: Türsturz, Tympanon und die Auferstehenden, in: Kat. Schwelle zum Paradies: Die Galluspforte des Basler Münsters, hrsg. v. Hans-Rudolf Meier/Dorothea Schwinn Schürmann, Ausstellungskatalog Basel, Basel 2002, S. 156–163.

Nelson 2000
Janet L. Nelson: Carolingian royal funerals, in: Frans Theuws/Janet L. Nelson (Hrsg.): Rituals of Power: From Late Antiquity to the Early Middle Ages (The transformation of the Roman world, 8), Leiden 2000, S. 131–184.

Neubauer 1931
Ernst Neubauer: Häuserbuch der Stadt Magdeburg 1631–1720, Teil 1, Magdeburg 1931.

Neugebauer 2010
Anke Neugebauer: Bastian und Ludwig Binder im Dienst der Fürsten von Anhalt, in: Anke Neugebauer/Franz Jäger (Hrsg.): Auff welsche Manier gebauet. Zur Architektur der mitteldeutschen Frührenaissance (Hallesche Beiträge zur Kunstgeschichte, 10), Bielefeld 2010, S. 217–229.

Neumann 2003
Helga Neumann: Die Martinikirche zu Halberstadt (DKV-Kunstführer, 612/3), München/Berlin 2003.

Neyses 2001 I–II
Adolf Neyses: Die Baugeschichte der ehemaligen Reichsabtei St. Maximin bei Trier (Kataloge und Schriften des Bischöflichen Dom- und Diözesanmuseums Trier, VI), 2 Bde., Trier 2001.

Nickel 1973
Ernst Nickel: Magdeburg in karolingisch-ottonischer Zeit, in: Zeitschrift für Archäologie 7, 1973, S. 102–142.

Nickel 1965/66
Ernst Nickel: Vorottonische Befestigungen und Besiedlungsspuren auf dem Domplatz in Magdeburg, in: Prähistorische Zeitschrift 43/44, 1965/1966, S. 237–278.

Nicolai 2011
Bernd Nicolai: Der romanische Kirchenbau des Naumburger Doms, in: Hartmut Krohm/Holger Kunde (Hrsg.): Der Naumburger Meister, Bildhauer und Architekt im Europa der Kathedralen, Bd. 1, Petersberg 2011, S. 711–724.

Nicolai 2009
Bernd Nicolai: „Nobili structura et opere sumptuoso". Der Chorbau des Magdeburger Domes als Neuformulierung der „Reichskathedrale" im Spannungsfeld baulicher Modelle der Romania und der Gotik der Île-de-France um 1200, in: Kat. Aufbruch in die Gotik 2009 I, S. 70–83.

Nicolai 2007
Bernd Nicolai (unter Mitarbeit von Andreas Waschbüsch und Markus Thome): Gotik (Kunst-Epochen, 4), Stuttgart 2007.

Nicolai 1990
Bernd Nicolai: „Libido Aedificandi". Walkenried und die monumentale Kirchenbaukunst der Zisterzienser um 1200. (Quellen und Forschungen zur Braunschweiger Geschichte, 28), Braunschweig 1990.

Nicolai 1989
Bernd Nicolai: Überlegungen zum Chorbau des Magdeburger Domes unter Albrecht II. (1209–1232), in: Ullmann 1989, S. 147–157.

Niehr 2009
Klaus Niehr: Die Skulpturen des Magdeburger Domes. Traditionsvergewisserung und Modernität, in: Kat. Aufbruch in die Gotik 2009 I, S. 99–113.

Niehr 2006
Klaus Niehr: Ästhetischer Begriff – Instrument der Wissenschaft. »Stil« in der kunsthistorischen Methodik des 18. und frühen 19. Jahrhunderts, in: Klein/Boerner 2006, S. 27–38.

Niehr 1994
Klaus Niehr: Skulptur des 13. Jahrhunderts im Elbe-Saale-Raum: Aspekte einer hochmittelalterlichen Kunstlandschaft, in: Mitteldeutsches Jahrbuch für Kultur und Geschichte 1, 1994, S. 59–75.

Niehr 1992
Klaus Niehr: Die mitteldeutsche Skulptur der ersten Hälfte des 13. Jahrhunderts (Artefact, 3), Weinheim 1992.

Nightingale 2001
John Nightingale: Monasteries and Patrons in the Gorze Reform. Lotharingia c. 850–1000, Oxford u. a. 2001.

Nilgen 1985
Ursula Nilgen: Amtsgenealogie und Amtsheiligkeit. Königs- und Bischofsreihen in der Kunstpropaganda des Hochmittelalters, in: Katharina Bierbrauer/Peter K. Klein/Willibald Sauerländer (Hrsg.): Studien zur mittelalterlichen Kunst 800–1250. Festschrift für Florentine Mütherich zum 70. Geburtstag, München 1985, S. 217–234.

Nora ²1997
Pierre Nora (Hrsg.): Les lieux de mémoire (Quarto Gallimard), vol. 1, Paris ²1997.

Nora 1997
Pierre Nora (Hrsg.): Science et conscience du patrimoine (Entretiens du Patrimoine, Paris, 28–30 novembre 1994), Paris 1997.

Novara 1997
Paola Novara: La cattedrale di Ravenna. Storia e archeologia, Ravenna 1997.

Nußbaum 2009
Norbert Nußbaum: Die Raumentwürfe des Hans von Burghausen und die Ökonomisierung des Bauens, in: Stefan Bürger/Bruno Klein (Hrsg.): Werkmeister der Spätgotik. Position und Rolle der Architekten im Bauwesen des 14. bis 16. Jahrhunderts, Darmstadt 2009, S. 92–107.

Nußbaum 2008
Norbert Nußbaum: Die Abteikirche Altenberg im 14. Jahrhundert. Modell einer integralen Umplanung, in: Markéta Jarošová/Jiří Kuthan/Stefan Scholz (Hrsg.): Prag und die großen Kulturzentren Europas in der Zeit der Luxemburger (1310–1437). Internationale Konferenz aus Anlass des 660. Jubiläums der

Gründung der Karlsuniversität in Prag, 31. März–5. April 2008, Prag 2008, S. 209–227.

Nußbaum 2007
Norbert Nußbaum: Hybrid Design Strategies around 1300. Indications of a „Post-Classical" Gothic Architecture?, in: Gajewski/Opačić 2007, S. 143–150.

Öhgren 1954
Edvin Öhgren: Die Udo-Legende. Ihre Quellen und Verbreitung mit besonderer Berücksichtigung ihrer Übersetzung ins Russisch-Kirchenslavische (Publications de l'Institut Slave d'Upsal, 8), Uppsala 1954.

Opfergelt 1732
Friderich Opfergelt: Die kurtze Nachricht, von der Lieben Frauen-Kirche, Magdeburg 1732.

Opitz 1924
Josef Opitz: Ulrich Creutz, ein unbekannter Bildhauer des Erzgebirges 1516–1530 (Uhls Heimatbücher, Bilderreihe, 1/2), Kaaden 1924.

Opitz 1922/1923
Josef Opitz: Ulrich Creutz und die gotische Plastik im Bezirke Kaaden, in: Erzgebirgs-Zeitung 43, 1922, S. 20–28, 104–112, 180–183, 212–215, 239–243 sowie 44, 1923, S. 38–40.

Orcel/Orcel/Tercier 2000
Alain Orcel/Christian Orcel/Jean Tercier: Synthèse dendrochronologique relative au bois de la cathédrale d'Aoste, in: Barbieri 2000, S. 47–58.

Osten 1983
Gert von der Osten: Hans Baldung Grien. Gemälde und Dokumente, Berlin 1983.

Otte/Burckhardt/Küstermann 1883
Heinrich Otte/Johannes Burckhardt/Otto Küstermann: Beschreibende Darstellung der älteren Bau- und Kunstdenkmäler des Kreises Merseburg (Beschreibende Darstellung der älteren Bau- und Kunstdenkmäler der Provinz Sachsen und angrenzender Gebiete, 8), Halle/Saale 1883.

Paatz 1925
Walter Paatz: Die Magdeburger Plastik um die Mitte des XIII. Jahrhunderts, in: Jahrbuch der Preussichen Kunstsammlungen 46, 1925, S. 91–120.

Paeseler 1941
Wilhelm Paeseler: Giottos Navicella und ihr spätantikes Vorbild, in: Römisches Jahrbuch für Kunstgeschichte 5, 1941, S. 49–162.

Päffgen 2009
Bernhard Päffgen: Tradition im Wandel: Die Grablegen des Kaisers Otto, der Königin Edgith und Erzbischöfe im Magdeburger Dom, in: Kat. Aufbruch in die Gotik 2009 I, S. 203–217.

Palmer ²1995
Nigel F. Palmer: Art. ‚Udo von Magdeburg', in: Die deutsche Literatur des Mittelalters. Verfasserlexikon, hrsg. v. Kurt Ruh, Bd. 9, Berlin u. a. ²1995.

Pamme-Vogelsang 1998
Gudrun Pamme-Vogelsang: Die Ehen mittelalterlicher Herrscher im Bild. Untersuchungen zu zeitgenössischen Herrscherpaardarstellungen des 9. bis 12. Jahrhunderts (Forschungen zur Geschichte der älteren deutschen Literatur, 20), München 1998.

Panazza 1990
Gaetano Panazza: Le basiliche paleocristiane e le cattedrali di Brescia. Problemi e scoperte, Brescia 1990.

Panazza 1963
Gaetano Panazza: Le manifestazioni artistiche dal secolo IV all'inizio del secolo VII, in: Storia di Brescia, Bd. 1, Brescia 1963, S. 361–391.

Panofsky 1924 I–II
Erwin Panofsky: Die deutsche Plastik des elften bis dreizehnten Jahrhunderts, 2 Bde., München 1924.

Panzer 1794
Georg Wolfgang Franz Panzer: Annales Typographici Ab Artis Inventae Origine Ad Annvm MD Post Maittairii, Denisii Aliorvmqve Doctissimorvm Virorvm Cvras In Ordinem Redacti Emendati Et Avcti, Bd. 2, Nürnberg 1794.

Patrimoine français 1980
Patrimoine français, Themennummer der Revue de l'Art, 49, 1980.

Paturier 1998
Maurice Paturier: Introduction, in: La naissance des Monuments historiques. La correspondance de Prosper Mérimée avec Ludovic Vitet (1840–1848), Paris 1998, S. I–LXXX.

Pätzold 2008
Steffen Patzold: Episcopus. Wissen über Bischöfe im Frankenreich des späten 8. bis frühen 10. Jahrhunderts (Mittelalter-Forschungen, 25), Ostfildern 2008.

Pätzold 2000
Stefan Pätzold: Norbert, Wichmann und Albrecht II. Drei Magdeburger Erzbischöfe des hohen Mittelalters, in: Concilium medii aevi 3, 2000, S. 239–263.

Pauli 1761
Karl Friedrich Pauli: Allgemeine preußische Staats-Geschichte (...), Bd. 2., Halle/Saale 1761.

Paulus 1922/23
Nikolaus Paulus: Geschichte des Ablasses im Mittelalter, 3 Bde., Paderborn 1922/23 (Neudruck Darmstadt 2000).

Pejrani Baricco 2002
Luisella Pejrani Baricco: La crypte occidentale de la cathédrale d'Ivrée, in: Christian Sapin (Hrsg.): Avant-nefs & espaces d'accueil dans l'église entre le IVe et le XIIe siècle, Paris 2002, S. 386–395.

Pessel 2007
René Pessel: Die Verehrung des heiligen Mauritius (Moritz) unter besonderer Berücksichtigung des ostfränkisch-deutschen Reichs während der Ottonenzeit, München/Ravensburg 2007.

Perinetti 2000
Renato Perinetti: La cattedrale medievale di Aosta, in: Barbieri 2000, S. 31–46.

Peroni 1992
Adriano Peroni: Il ruolo della committenza vescovile alle soglie del mille: Il caso di Warmondo di Ivrea, in: Committenti e produzione artistico-letteraria nell'alto medioevo occidentale (Settimane di studio del centro italiano di studi sull'alto medioevo, 39), Bd. 1, Spoleto 1992, S. 243–274.

Picard 1994
Jean-Charles Picard: Les origines des quartiers canoniaux, in: ders. (Hrsg.): Les chanoines dans la ville, Paris 1994, S. 15–25.

Picard 1988
Jean-Charles Picard: Le souvenir des évêques. Sépultures, listes épiscopales et culte des évêques en Italie du Nord des origines au Xe siècle, Roma 1988.

Picard 1969
Jean-Charles Picard: Étude sur l'emplacement des tombes des papes du IIIe au Xe siècle, in: Mélanges d'archéologie et d'histoire 81, 1969, S. 725–782.

Pietschmann 1969
Dietrich Pietschmann: Die Säkularisation des Domkapitels in Magdeburg und seiner Nebenstifter, in: Franz Schrader

(Hrsg.): Beiträge zur Geschichte des Erzbistums Magdeburg (Studien zur katholischen Bistums- und Klostergeschichte, 11), Leipzig 1969, S. 123–154.

Pilvousek 1996
Josef Pilvousek: Kanuti, Matthias (OSB) (1500–1506) 1492–Ep. tit. Gadarensis. 1500–1506 Weihbischof in Halberstadt, in: Erwin Gatz (Hrsg.): Die Bischöfe des Heiligen Römischen Reiches, Bd. 2: 1448–1648. Berlin 1996, S. 350f.

Pinder 1929
Wilhelm Pinder: Die deutsche Plastik der Hochrenaissance (Handbuch der Kunstwissenschaft Merseburger Land), Wildpark-Potsdam 1929.

Pinkus 2007
Assaf Pinkus: The Patron Hidden in the Narrative: Eve and Johanna at St. Theobald in Thann, in: Zeitschrift für Kunstgeschichte 70, 2007, S. 23–54.

Pinkus 2006
Assaf Pinkus: Workshops and Patrons of St. Theobald in Thann (Studien zur Kunst am Oberrhein, 3), Münster u. a. 2006.

Piva 2007
Paolo Piva: Edifici di culto e committenti ‚imperiali' nell'XI secolo: il caso bresciano, in: Arturo Carlo Quintavalle (Hrsg.): Medioevo: la chiesa e il palazzo, Milano 2007, S. 249–270.

Piva 2006/07
Paolo Piva: La cattedrale e il nucleo episcopale di Cremona nel 1107–1117: un vecchio problema e una nuova proposta, in: Bollettino Storico Cremonese 13/14, 2006/2007, S. 73–88.

Piva 2004a
Paolo Piva: Architettura, ‚complementi' figurativi, spazio liturgico (secoli IV/V–XIII), in: Storia di Cremona. Dall'Alto Medioevo all'Età Comunale, hrsg. v. Giancarlo Andenna, Cremona 2004, S. 364–445.

Piva 2004b
Paolo Piva: Dalla cattedrale ‚doppia' allo ‚spazio' liturgico canonicale. Linee di un percorso, in: Canonici delle cattedrali nel Medioevo (Quaderni di Storia Religiosa, 10/2003), Verona 2004, S. 69–93.

Piva 2000
Paolo Piva: Metz: un gruppo episcopale alla svolta dei tempi (secoli IV–IX), in: Antiquité Tardive 8, 2000, S. 237–264.

Piva 1998
Paolo Piva: I gruppi episcopali e la dedica stefaniana fra V e VI secolo (Arles, Lyon e Metz), in: Acta XIII Congressus internationalis Archaeologiae Christianae (Studi di antichità cristiana, 54), Bd. 2, Città del Vaticano/Split 1998, S. 157–172.

Piva 1996a
Paolo Piva: Osservazioni sull'evoluzione e la cronologia del gruppo episcopale di Treviri, in: Antiquité Tardive 4, 1996, S. 84–86.

Piva 1996b
Paolo Piva: La questione delle chiese doppie medievali presso i nuclei episcopali dell'Italia del Nord (secoli IX–XII). Appunti per un catalogo e una ricerca, in: Antiquité Tardive 4, 1996, S. 189–195.

Piva 1992
Paolo Piva: La chiesa di San Michele e il gruppo episcopale di Mantova in età romanica, in: Atti e Memorie dell'Accademia Virgiliana di Mantova 60, 1992, S. 99–136.

Piva 1990a
Paolo Piva: La cattedrale doppia, Bologna 1990.

Piva 1990b
Paolo Piva: Le cattedrali lombarde, Quistello 1990.

Plagnieux 2000
Philippe Plagnieux: L'abbatiale de Saint-Germain-des-Prés: les débuts de l'architecture gothique, in: Bulletin monumental 158, 2000, S. 1–86.

Poeck 2003
Dietrich W. Poeck: Rituale der Ratswahl. Zeichen und Zeremoniell der Ratssetzung in Europa (12.–18. Jahrhundert) (Städteforschung, A/60), Köln/Weimar/Wien 2003.

Porter 1917, 1916, 1917, 1915 I–IV
Arthur Kingsley Porter: Lombard Architecture, 4 Bde., New Haven/London/Oxford 1917, 1916, 1917, 1915.

Pomarius 1589
Johannes Pomarius [Baumgarten d. J.], Chronica Der Sachsen vnd Nidersachsen [...], Magdeburg 1589.

Pomarius 1587
Johannes Pomarius [Baumgarten d. J.], Summarischer Begriff Der Magdeburgische[n] Stadt Chronicken [...], Magdeburg 1587.

Pommier ²1997
Édouard Pommier: Naissance des musées de province, in: Nora ²1997, S. 1471–1513.

Poscharsky 1963
Peter Poscharsky: Die Kanzel. Erscheinungsform im Protestantismus bis zum Ende des Barock, Gütersloh 1963.

Poulot 2006
Dominique Poulot: Une histoire du patrimoine en Occident: XVIIIe–XXe siècle. Du monument aux valeurs, Paris 2006.

Poulot ²1997
Dominique Poulot: Alexandre Lenoir et le musée des monuments français, in: Nora ²1997, S. 1515–1543.

Poulot 1997a
Dominique Poulot: Musée, nation, patrimoine 1789–1815 (Bibliothèque des histoires), Paris 1997.

Poulot 1997b
Dominique Poulot: Le musée des Monuments français d'Alexandre Lenoir, in: Furet 1997, S. 101–116.

Poulot 1996
Dominique Poulot: Surveiller et s'instruire. La Révolution française et l'intelligence de l'héritage historique, Oxford 1996.

Pracchi 1996
Attilio Pracchi: La cattedrale antica di Milano. Il problema delle chiese doppie fra tarda antichità e medioevo, Bari 1996.

Prache 2008
Anne Prache: Le début de la construction de la cathédrale de Reims au XIIIe siècle: l'apport de l'archéologie et de la dendrochronologie, in: Bruno Decrock/Patrick Demouy (Hrsg.): Nouveaux regards sur la cathédrale de Reims, Langres 2008, S. 41–52.

Prache 1990
Anne Prache: Observations sur la construction de la cathédrale de Chartres au XIIIe siècle, in: Bulletin de la Société nationale des Antiquaires de France, 1990, S. 327–334.

Prache 1987
Anne Prache: La cathédrale de Noyon, état de la question, in: Kat. La ville de Noyon (Cahiers de l'Inventaire, 10), Ausstellungskatalog Noyon, Amiens 1987, S. 71–80.

Prache 1978
Anne Prache: Saint-Remi de Reims. L'œuvre de Pierre de Celle et sa place dans l'architecture gothique (Bibliothèque de la Société Française d'Archéologie, 8), Genève 1978.

Price 2007
: Monica T. Price: Decorative Stone. The Complete Sourcebook, London 2007.

Puhle 2009
: Matthias Puhle: Die Beziehungen zwischen Otto IV. und Erzbischof Albrecht II. von 1205 bis 1218, in: Kat. Otto IV. Traum vom welfischen Kaisertum, hrsg. v. Bernd Ulrich Hucker/Stefanie Hahn/Hans-Jürgen Derda, Ausstellungskatalog Braunschweig, Petersberg 2009, S. 75–80.

Puhle 2005
: Matthias Puhle: Magdeburg im Mittelalter: Der Weg von der Pfalz Ottos des Großen bis zur Hansestadt um 1500 (Studien zur Landesgeschichte, 16), Halle/Saale 2005.

Puhle/Meller 2006
: Matthias Puhle/Harald Meller (Hrsg.): Der Magdeburger Domplatz, Archäologie und Geschichte 805–1209 (Magdeburger Museumsschriften, 8), Magdeburg 2006.

Puricelli 1645
: Giovanni Pietro Puricelli: P. Ambrosianae Mediolani Basilicae ac Monasterii hodie cisterciensis Monumenta, Mediolani 1645.

Quast 1856
: Ferdinand von Quast: Archäologische Reiseberichte – Magdeburg, in: Zeitschrift für christliche Archäologie und Kunst 1, 1856, S. 213–229.

Quast ¹⁰2005
: Giselher Quast: Der Dom zu Magdeburg (DKV-Kunstführer Nr. 415/5), München/Berlin ¹⁰2005.

Rader 1995
: Olaf B. Rader: Das Urkunden- und Kanzleiwesen der Erzbischöfe von Magdeburg von der Gründung des Erzbistums 968 bis zum Tod des Erzbischofs Albrecht von Käfernburg 1232, in: Christoph Haidacher/Werner Köfler (Hrsg.): Die Diplomatik der Bischofsurkunde vor 1250, Innsbruck 1995, S. 109–120.

Raff 2002
: Thomas Raff: Heulen und Zähneklappern: Gedanken zur Mimik in der mittelalterlichen Kunst, in: Österreichische Zeitschrift für Volkskunde 56 (105), 2002, S. 375–388.

Ramm ³1993
: Peter Ramm: Der Dom zu Merseburg (Beiträge zur Geschichte und Kultur), Halle/Saale ³1993.

Ramm 1977
: Peter Ramm: Der Merseburger Dom. Seine Baugeschichte nach den Quellen. Mit einem Beitrag von Hans-Joachim Krause, Weimar 1977.

von Randow 2001
: Olof von Randow: Die Randows – eine Familiengeschichte (Deutsches Familienarchiv 135/136), Neustadt/Aisch 2001.

Rango 1680
: Conrad Tiburtius Rango: Porta Coeli oder Beweiß dass die lutherischen Kirchen und Kanzeln der Lehre wegen allein Gottes-Häuser und Pforten des Himmels sind. Auß den Worten Jacobs / Gen. XXVIII, 17. IN einer Christliche Einweihungs-Predigt / Als eine wolgezierte Neue Kantzel / In Sanct Nicolai Kirche / Auß freygebiger / milde Hertzen Gelübde / im Monat Julio und Augusto, dieses 1680. Jahres aufgesetzet / und den 24. Augusti, Durchs Wort und Gebet / geheiliget / ward, Stettin 1680.

Rathmann 1803
: Heinrich Rathmann: Geschichte der Stadt Magdeburg von ihrer ersten Entstehung an bis auf gegenwärtige Zeiten, Bd. 3, Magdeburg 1803.

Ratzka 1998
: Thomas Ratzka: Magdeburger Bildhauerei um 1600, Berlin 1998.

Recht 1998
: Roland Recht: Penser le patrimoine. Mise en scène et mise en ordre de l'art, Paris 1998.

Recht 2003
: Roland Recht: Hommage à Prosper Mérimée. L'invention du monument historique, in: Comptes-rendus des séances de l'Académie des inscriptions et belles-lettres 147 (4), 2003, S. 1573–1585.

Redlich 1900
: Paul Redlich: Cardinal Albrecht von Brandenburg und das Neue Stift zu Halle, Mainz 1900.

Reggiori 1941
: Ferdinando Reggiori: La Basilica Ambrosiana: Ricerche e restauri 1929–1940. Milano 1941.

Reiche 2009
: Jens Reiche: Anmerkungen zur Datierung früh- und hochmittelalterlicher Architektur, am Beispiel der italienischen Kirchenbauten zwischen 870 und 1030, in: Jörg Jarnut/Ansgar Köb/Matthias Wemhoff (Hrsg.): Bischöfliches Bauen im 11. Jahrhundert. Archäologisch-historisches Forum, München 2009, S. 55–78.

Reinhardt 1951
: Hans Reinhardt: Le jubé de la cathédrale de Strasbourg et ses origines rémoises, in: Bulletin de la Société des amis de la cathédrale de Strasbourg 2. F., 6, 1951, S. 18–28.

Reinle 1984
: Adolf Reinle: Das stellvertretende Bildnis. Plastiken und Gemälde von der Antike bis ins 19. Jahrhundert, Zürich/München 1984.

Reudenbach 1994
: Bruno Reudenbach: Die Lorscher Elfenbeintafeln. Zur Aufnahme spätantiker Herrscherikonographie in karolingischer Kunst, in: Hagen Keller/Nikolaus Staubach (Hrsg.): Iconologia Sacra. Mythos, Bildkunst und Dichtung in der Religions- und Sozialgeschichte Alteuropas. Festschrift für Karl Hauck zum 75. Geburtstag (Arbeiten zur Frühmittelalterforschung, 23), Berlin/New York 1994, S. 403–416.

Reupert u. a. 1995
: Ute Reupert u. a. (Hrsg.): Denkmalkunde und Denkmalpflege. Wissen und Wirken. Festschrift für Heinrich Magirius zum 60. Geburtstag am 1. Februar 1994, Dresden 1995.

Reuter 1998
: Timothy Reuter: Regemque, quem in Francia pene perdidit, in patria magnifice recepit: Ottonian Ruler Representation in Synchronic and Diachronic Comparison, in: Althoff/Schubert 1998, S. 363–380.

Reynaud 1998
: Jean-François Reynaud: Lugdunum christianum, Paris 1998.

Reynaud 1994
: Jean-François Reynaud: L'ancienne église Sainte-Croix du groupe cathédrale de Lyon, in: Papauté, monachisme et théorie politiques. Mélanges offerts à M. Pacaut, Bd. 2, Lyon 1994, S. 777–788.

Reynaud/Duval/Bonnet 1995
: Jean-François Reynaud/Noël Duval/Charles Bonnet: Lyon. Groupe cathédral, in: Noël Duval (Hrsg.): Les premiers monuments chrétiens de la Gaule. 1. Sud-Est et Corse, Paris 1995, S. 283–290.

²RGA
: Reallexikon der Germanischen Altertumskunde, hrsg. v. Heinrich Beck/Die-

ter Geuenich/Heiko Steuer u. a., Berlin/New York NY ²1968/73–2007.

Ribault 1995
Jean-Yves Ribault: Un chef-d'oeuvre gothique: la cathédrale de Bourges, Arcueil 1995.

Richter 2007
Jan Richter: Claus Berg. Retabelproduktion des Spätmittelalters im Ostseeraum, Berlin 2007.

Riegl 1903
Alois Riegl: Der moderne Denkmalkultus, sein Wesen, seine Entstehung, Wien 1903.

Rodekamp 2006
Volker Rodekamp (Hrsg.): Leipzig original. Stadtgeschichte vom Mittelalter bis zur Völkerschlacht. Katalog zur Dauerausstellung des Stadtgeschichtlichen Museums Leipzig im Alten Rathaus, Teil 1, Altenburg 2006.

Roduit 2006
Joseph Roduit: Le site archélogique du Martolet. État des lieux, in: Les Échos de Saint-Maurice. Nouvelles de l'Abbaye 101 (13), 2006, S. 10–14.

Rogacki-Thiemann 2010
Birte Rogacki-Thiemann: Ein Provisorium über dem hohen Chor in Magdeburg, in: Perlich, Barbara/Tussenbrock, Gabri van: Mittelalterliche Architektur: Bau und Umbau, Reparatur und Transformation, Festschrift Johannes Cramer zum 60. Geburtstag, Petersberg 2010, S. 159–176.

Rogacki-Thiemann 2007
Birte Rogacki-Thiemann: Der Magdeburger Dom St. Mauritius et St. Katharina. Beiträge zu seiner Baugeschichte 1207 bis 1567 (Berliner Beiträge zur Bauforschung und Denkmalpflege, 6), Petersberg 2007.

Rogge 2002
Jörg Rogge: Ernst von Sachsen, Erzbischof von Magdeburg und Administrator von Halberstadt (1476–1513), in: Werner Freitag (Hrsg.): Mitteldeutsche Lebensbilder. Menschen im späten Mittelalter, Köln/Weimar/Wien 2002, S. 27–68.

Roller 2004
Stefan Roller: Die Nürnberger Frauenkirche und ihr Verhältnis zu Gmünd und Prag, in: Richard Strobel/Anette Siefert (Hrsg.): Parlerbauten. Architektur, Skulptur, Restaurierung, (Landesdenkmalamt Baden-Württemberg, Arbeitsheft 13), Stuttgart 2004, S. 229–238.

Ronig 1996
Franz Ronig: Der Dom zu Trier, Trier 1996.

Ronig 1982
Franz Ronig: Der Dom zu Trier, Königstein im Taunus 1982.

Ronig 1980
Franz Ronig (Red.): Der Trierer Dom (Jahrbuch Rheinischer Verein für Denkmalpflege und Landschaftsschutz, 1978/79), Neuss 1980.

Rose 1903
Valentin Rose: Verzeichnis der lateinischen Handschriften, (Handschriftenverzeichnisse der Königlichen Bibliothek zu Berlin, 13), Berlin 1903.

Rosenfeld 1910
Felix Rosenfeld: Die Quellen für die Geschichte des Dombaues, in: Hamann/Rosenfeld 1910, S. 135–172.

Rosenfeld 1909
Felix Rosenfeld: Vom Magdeburger Dombau. Zum 700jährigen Jubiläum der Domgründung, in: Geschichtsblätter für Stadt und Land Magdeburg 44, 1909, S. 1–22.

Rosenfeld 1907
Felix Rosenfeld: Wann wurde der Grundstein des Magdeburger Doms gelegt, in: Montagsblatt. Wissenschaftliche Wochenbeilage der Magdeburger Zeitung 30, 1907, S. 233f.

Rosenwein 1998
Barbara Rosenwein (Hrsg.): Anger's Past: The Social Uses of an Emotion in the Middle Ages, Ithaca 1998.

Rowe 2008
Nina A. Rowe: Idealization and Subjection at the South Facade of Strasbourg Cathedral, in: Mitchell B. Merback (Hrsg.): Beyond the Yellow Badge: Anti-Judaism and Antisemitism in Medieval and Early Modern Visual (Culture Brill's series in Jewish studies, 37), Leiden 2008, S. 179–202.

Rowe 2006
Nina A. Rowe: Synagoga Tumbles, a Rider Triumphs: Clerical Viewers and the Fürstenportal of Bamberg Cathedral, in: Gesta 45, 2006, S. 25–42.

Rozpędowski 2004
Jerzy Rozpędowski: Trzebnickie opactwo panien cysterek w średniowieczu. Problem datowania i pochodzenia warsztatu, in: Andrzej M. Wyrwa / Antoni Kiełbasa / Józef Swastek (Hrsg.): Cysterki w dziejach i kulturze ziem polskich, dawnej Rzeczypospolitej i Europy Środkowej. Materiały z siódmej Międzynarodowej Konferencji Cystersologów odbytej z okazji 800. rocznicy fundacji opactwa cysterek w Trzebnicy, Poznań 2004, S. 410–430.

Rozpędowski 1987a
Jerzy Rozpędowski: Opactwo pań cysterek w Trzebnicy, in: Jerzy Strzelczyk (Hrsg.): Historia i kultura cystersów w dawnej Polsce i ich europejskie związki, Poznań 1987, S. 263–281.

Rozpędowski 1987b
Jerzy Rozpędowski: Die Architektur der Zisterzienserinnenkirche in Trebnitz, in: Zeitschrift für Ostforschung 36, 1987, S. 161–173.

Rüber-Schütte 2009
Elisabeth Rüber-Schütte: Magdeburger Putzritzungen, in: Kat. Aufbruch in die Gotik 2009 II, S. 214–216.

Rüber-Schütte 2007
Elisabeth Rüber-Schütte: Einige Bemerkungen zur Walbecker Stucktumba, in: Heinecke/Ingelmann 2007, S. 84–118.

Rudhard 1930
Alexander Rudhard: Die Westfassade des Magdeburger Domes und ihre Instandsetzung, in: Die Denkmalpflege 4, 1930, S. 155–160.

Rudolph 1990
Conrad Rudolph: Artistic Change at St-Denis. Abbot Suger's Program and the Early Twelfth-Century Controversy over Art, Princeton 1990.

Runge 2003
Martina Runge: Ein spätgotischer Schnitzaltar mit frühbarocker Polierweißfassung: Marienaltar der Stadtkirche Freyburg/Unstrut. Behandlung der verschwärzten Polierweißfassung, in: VDR-Beiträge zur Erhaltung von Kunst und Kulturgut 1, 2003, S. 51–54.

Ruppel 1910
Aloys Ruppel: Zur Reichslegation des Erzbischofs Albert von Magdeburg (1222–1224), in: Quellen und Forschungen aus italienischen Archiven und Bibliotheken 13, 1910, S. 103–134.

Ruskin 1849
John Ruskin: The Seven Lamps of Architecture, London 1849.

Ruskin 1851–1853 I–III]
John Ruskin: The Stones of Venice, 3 Bde., London, 1851–1853.

Ryckebusch 1995
: Fabrice Ryckebusch: La fonction paroissial des cathédrales du Midi è la fin du Moyen Age, in: La cathédrale (XIIe–XIVe siècle) (Cahiers de Fanjeaux, 30), Toulouse 1995, S. 295–336.

Sachs 1987
: Hannelore Sachs: Zwei Putzritzzeichnungen des 13. Jahrhunderts, in: Friedrich Möbius / Ernst Schubert (Hrsg.): Skulptur des Mittelalters. Funktion und Gestalt, Weimar 1987, S. 109–120.

Sachs ²1977
: Hannelore Sachs: Die Bildwerke des Magdeburger Doms, Leipzig ²1977.

Sahler 2011
: Hildegard Sahler: Bauforschung im Dachwerk des Augsburger Doms. Neue Erkenntnisse zur Datierung des Domneubaus und seiner Stellung in der Architekturgeschichte, in: Kunstchronik 64 (2011), S. 290–294.

Salet 1982
: Francis Salet: Notre-Dame de Paris, état présent de la recherche, in: Cahiers Archéologiques 1982, S. 89–113.

Salewsky 2001
: Dietmar Salewsky: Otto I. und der sächsische Adel, in: Kat. Otto der Große 2001 I, S. 53–64.

Salichius 1612
: Petrus Salichius: Fünff Christliche / vnd in Gottes Wort gegründete Predigten (...) In der Oberen Pfarrkirchen zu vnser Lieben Frawen in Bork, Magdeburg 1612.

Sandron 2004
: Dany Sandron: La cathédrale de Lausanne et l'architecture du Nord de la France à la fin du XIIe et au début du XIIIe siècle, in: Peter Kurmann/Martin Rohde (Hrsg.): Die Kathedrale von Lausanne und ihr Marienportal im Kontext der europäischen Gotik, Berlin 2004, S. 125–137.

Sandron 1999
: Dany Sandron: L'abbaye Sainte-Geneviève à Paris du XIe au XIIIe siècle, in: Bulletin de la Société nationale des Antiquaires de France, 1999, S. 155–157.

Sandron 1998
: Dany Sandron: La cathédrale de Soissons. Architecture du pouvoir, Paris 1998.

Sauerländer 2004
: Willibald Sauerländer: Style or transition: The Fallacities of Classification Discussed in the Light of German Romanesque 1190–1260, in: Romanesque Art. Problems and Monuments, Bd. 1, London 2004, S. 185–220.

Sauerländer 1981
: Willibald Sauerländer: Abwegige Gedanken über frühgotische Architektur und the Renaissance of the Twelfth century, in: Etudes d'art médiéval offertes à Louis Grodecki, Paris 1981, S. 167–179.

Sauerländer 1979
: Willibald Sauerländer: Die Naumburger Stifterfiguren: Rückblick und Fragen, in: Kat. Die Zeit der Staufer. Geschichte – Kunst – Kultur, Bd. 5: Vorträge und Forschungen, hrsg. v. Rainer Haussherr/Christian Väterlein, Ausstellungskatalog Stuttgart, Stuttgart 1979, S. 169–246.

Sauerländer 1970
: Willibald Sauerländer: Die gotische Skulptur in Frankreich, 1140–1270, München 1970.

Sauter 2003
: Alexander Sauter: Fürstliche Herrschaftsrepräsentation. Die Habsburger im 14. Jahrhundert, Ostfildern 2003.

Savio 1913
: Fedele Savio: Gli antichi vescovi d'Italia. La Lombardia, Bd. 1: Milano, Florenz 1913.

Schaer 1993
: Roland Schaer: L'invention des musées (Découvertes Gallimard, 187), Paris 1993.

Schäfer 1903
: Heinrich Schäfer: Pfarrkirche und Stift im deutschen Mittelalter, Stuttgart 1903.

Schellenberger 2005
: Simona Schellenberger: Bildwerke des Meisters HW. Entwicklungen der spätgotischen Skulptur zwischen Raumkonstruktion und Graphik, Berlin 2005. Online-Ressource: http://www.edoc.hu-berlin.de/dissertationen/schellenberger-simona-2005-05-02/HTML/ (10.11.2010).

Schels 2010
: Peter Schels: Schabemale auf Stein. Zeugnisse der Volksmedizin und/oder des Aberglaubens, in: Signa Iuris 5, 2010, S. 141–161.

Schenkluhn 2009a
: Wolfgang Schenkluhn: Zwischen Neuerung und Erinnerung. Der Magdeburger Chor in der Kunstgeschichte, in: Kat. Aufbruch in die Gotik 2009 I, S. 56–69.

Schenkluhn 2009b
: Wolfgang Schenkluhn: Zum Westabschluss des vorgotischen Magdeburger Domes, in: Kuhn u. a. 2009, S. 161–171.

Schenkluhn 2008
: Wolfgang Schenkluhn: Bemerkungen zum Begriff des Architekturzitats, in: Ars. Journal of the Institute of Art History of the Slovak Academy of Sciences 41 (1), 2008, S. 3–12.

Schenkluhn 2000
: Wolfgang Schenkluhn: Architektur der Bettelorden. Die Baukunst der Dominikaner und Franziskaner in Europa, Darmstadt 2000.

Schieffer 2001
: Rudolf Schieffer: Das „Italienerlebnis" Ottos des Großen, in: Kat. Otto der Große 2001 I, S. 446–460.

Schild 1989
: Wolfgang Schild: Justiz in alter Zeit (Schriftenreihe des Kriminalmuseums Rothenburg ob der Tauber, VIc), Rothenburg o. d. T. 1989.

Schlesinger 1968
: Walter Schlesinger: Zur Geschichte der Magdeburger Königspfalz, in: Beiträge zur Geschichte des Erzbistums Magdeburg, hrsg. v. Franz Schrader [Studien zur katholischen Bistums- und Klostergeschichte, 11], Leipzig 1968, S. 9–43.

Schlesinger 1962 I–II
: Walter Schlesinger: Kirchengeschichte Sachsens im Mittelalter (Mitteldeutsche Forschungen 27/1-2), 2 Bde., Köln 1962.

Schlink 1997
: Wilhelm Schlink: ‚[...] in cuius facie deitatis imago splendet': Die Prägung des Physiognomischen in der gotischen Skulptur Frankreichs, in: Perspektiven der Philosophie: Neues Jahrbuch 23, 1997, S. 425–447.

Schlink 1989
: Wilhelm Schlink: Der Bischofsgang, in: Ullmann 1989, S. 137–146.

Schlosser 1891
: Julius von Schlosser: Beiträge zur Kunstgeschichte aus den Schriftquellen des frühen Mittelalters (Sitzungsberichte der philosophisch-historischen Classe der kaiserlichen Akademie der Wissenschaften, 123,2), Wien 1891.

Schlumpf 2009
: Danny Schlumpf: 6666 Heilige auf einen Schlag. Jean Dubourdieu und der

Streit um die Historizität des Martyriums der Thebäischen Legion im 18. Jahrhundert, in: Schweizerische Zeitschrift für Geschichte 59, 2009, S. 214–225.

Schlüter 2006
Wolfgang Schlüter: Die Siedlungsgeschichte vom frühen Mittelalter bis zum Beginn des Spätmittelalters, in: Gerd Steinwascher (Hrsg.): Geschichte der Stadt Osnabrück, Belm bei Osnabrück 2006, S. 42f.

Schlüter 2002
Wolfgang Schlüter: Vom Dach auf den Boden, in: Archäologie in Deutschland 4, 2002, S. 48.

Schlüter 2001
Wolfgang Schlüter: Osnabrück FStNr. 312, in: Fundchronik Niedersachsen 2001, Nachrichten aus Niedersachsens Urgeschichte Beiheft 8, 2002, S. 145f., Abb. 190, 1.2.

Schmarsow 1898
August Schmarsow: Das Eindringen der französischen Gothik in die deutsche Sculptur, in: Repertorium für Kunstwissenschaft 21, 1898, S. 417–426.

Schmid 1977
Elmar D. Schmid: Nördlingen. Die Georgskirche und St. Salvator, Stuttgart/Aalen 1977.

Schmidt 1977/78 (1992)
Gerhard Schmidt: Die Wiener „Herzogswerkstatt" und die Kunst Nordwesteuropas, in: Wiener Jahrbuch für Kunstgeschichte 30/31, 1977/78, S. 179–206, abgedruckt in: Gerhard Schmidt: Gotische Bildwerke und ihre Meister, 2 Bde., Wien/Köln/Weimar 1992, S. 142–174.

Schmidt 1912
Georg Schmidt: Das Geschlecht von Veltheim, Berlin 1912.

Schmidt 1892
Gustav Schmidt: Magdeburger in Rom. Aus dem Nachlaß von Direktor G(ustav) Schmidt, in: Geschichtsblätter für Stadt und Land Magdeburg 27, 1892, S. 355–361.

Schmidt 1911
Paul Ferdinand Schmidt: Der Dom zu Magdeburg. Ein kurzer Führer durch seine Architektur, Plastik und dekorative Kunst, Magdeburg 1911.

Schmitt 1924 I-II
Otto Schmitt: Gotische Skulpturen des Strassburger Münsters, 2 Bde., Frankfurt am Main 1924.

Schmitt 1908/09
Franz Jacob Schmitt: Kaiser Ottos des Grossen erzbischöfliche Metropolitankirche St. Mauritius und Katharina in Magdeburg, in: Die christliche Kunst 5 (9), 1908/09, S. 257–265.

Schneider 1964
Karin Schneider (Hrsg.): Das Eisenacher Zehnjungfrauenspiel (Texte des späten Mittelalters und der frühen Neuzeit, 17), Berlin 1964.

Scholz 2001
Michael Scholz: Otto, Landgraf von Hessen, in: Erwin Gatz (Hrsg.): Die Bischöfe des Heiligen Römischen Reiches 1198 bis 1448. Ein biographisches Lexikon, Berlin 2001, S. 391.

Scholz 1998
Michael Scholz: Residenz, Hof und Verwaltung der Erzbischöfe von Magdeburg in Halle in der ersten Hälfte des 16. Jahrhunderts (Residenzenforschung, 7), Sigmaringen 1998.

Scholz 1999
Sebastian Scholz: Totengedenken in mittelalterlichen Grabinschriften vom 5. bis 15. Jahrhundert, in: Marburger Jahrbuch für Kunstwissenschaft 26, 1999, S. 37–59.

Schönbach 1907
Anton E. Schönbach: Des Nikolaus Schlegel Beschreibung des Hostienwunders zu Münster in Graubünden, Studien zur Erzählungsliteratur des Mittelalters Bd. 6, (Sitzungsberichte der Kaiserlichen Akademie der Wissenschaften in Wien, Philos.-Histor. Classe, 156, 1) Wien 1907.

Schönbach 1901
Anton E. Schönbach: Die Legende vom Erzbischof Udo von Magdeburg, Studien zur Erzählungsliteratur des Mittelalters Bd. 3 (Sitzungsberichte der Kaiserlichen Akademie der Wissenschaften in Wien, Philos.-Histor. Classe 154, 2), Wien 1901, Nachdr. Hildesheim – Zürich/New York 2005.

Schrader 1990
Franz Schrader: Magdeburg, in: Die Territorien des Reichs im Zeitalter der Reformation und Konfessionalisierung, Land und Konfession 1500–1650, Bd. 2, Der Nordosten, hrsg. v. Anton Schindling/Walter Ziegler, Münster 1990, S. 68–86.

Schramm 1958
Percy Ernst Schramm: Sphaira – Globus – Reichsapfel. Wanderung und Wandlung eines Herrschaftszeichens von Caesar bis zu Elisabeth II., Stuttgart 1958.

Schranil 1915
Rudolf Schranil: Stadtverfassung nach Magdeburger Recht. Magdeburg und Halle (Untersuchungen zur Deutschen Staats- und Rechtsgeschichte, 125), Breslau 1915.

Schreiber 1927
Wilhelm Ludwig Schreiber: Handbuch der Holz- und Metallschnitte des XV. Jahrhunderts, Bd. 4, Leipzig 1927.

Schröder 1994
Olaf Schröder: Archäologische Untersuchungen in der Magdeburger Johanniskirche, in: Archäologische Berichte aus Sachsen-Anhalt 1994, S. 173–185.

Schubert 1974
Dietrich Schubert: Von Halberstadt nach Meissen: Bildwerke des 13. Jahrhunderts in Thüringen, Sachsen und Anhalt (DuMont Dokumente), Köln 1974.

Schubert 2009
Ernst Schubert: Magdeburger Forschungen II. Die beiden Kirchen auf dem Gelände des Magdeburger Domplatzes und die Bestattungen Kaiser Ottos des Großen und seiner Gemahlin Königin Edith. Eine Zwischenbilanz, in: Kunstchronik 62 (8), 2009, S. 374–382.

Schubert 1998
Ernst Schubert: Imperiale Spolien im Magdeburger Dom, in: Althoff/Schubert 1998, S. 9–32.

Schubert 1997
Ernst Schubert: Der Naumburger Dom, Halle 1997.

Schubert 1996
Ernst Schubert: Fürstliche Herrschaft und Territorium im späten Mittelalter (Enzyklopädie deutscher Geschichte, 35), München 1996.

Schubert 1994
Ernst Schubert: Der Dom in Magdeburg, Leipzig 1994.

Schubert 1992
Ernst Schubert: Zum ikonographischen Programm der Farbverglasung im Westchor des Naumburger Doms, in: Rüdiger Becksmann (Hrsg.): Deutsche Glasmalereien des Mittelalters. Bd. 2: Bildprogramme, Auftraggeber, Werkstätten, Berlin 1992, S. 43–52.

Schubert 1989
: Ernst Schubert: Der Magdeburger Dom. Ottonische Gründung und staufischer Neubau, in: Ullmann 1989, S. 25–44.

Schubert ²1984
: Ernst Schubert: Der Magdeburger Dom, Leipzig ²1984.

Schubert 1982
: Ernst Schubert: Der ottonische Dom in Magdeburg. Die Umbauten der 1. Hälfte des 11. Jh. nach den literarischen Quellen, in: Zeitschrift für Archäologie 16, 1982, S. 211–220.

Schubert 1981/82
: Ernst Schubert: Der ottonische Dom in Magdeburg. Baugeschichte und die Angaben der literarischen Quellen über die Bestattungen Kaiser Otto I. und seiner Gemahlin Edith, in: Acta Historiae Artium Academiae Scientiarium Hungaricae 27/28, 1981/82, S. 229–235.

Schubert 1974
: Ernst Schubert: Der Magdeburger Dom, Aufnahmen von Klaus Günther Beyer, Berlin 1974.

Schubert 1964
: Ernst Schubert: Der Westchor des Naumburger Doms. Ein Beitrag zur Datierung und zum Verständnis der Standbilder (Abhandlungen der deutschen Akademie der Wissenschaften zu Berlin. Klasse für Sprachen, Literatur und Kunst. Jahrgang 1964 Nr.1), Berlin 1964.

Schubert/Leopold 2001
: Ernst Schubert/Gerhard Leopold: Magdeburgs ottonischer Dom, in: Kat. Otto der Große 2001 I, S. 353–366.

Schubert/Lobbedey 2001
: Ernst Schubert/Uwe Lobbedey: Das Grab Ottos des Großen im Magdeburger Dom, in: Kat. Otto der Große 2001 I, S. 381–390.

Schulte 1904 I–II
: Aloys Schulte: ‚Die Fugger in Rom' 1495–1523. Mit Studien des kirchlichen Finanzwesens jener Zeit, 2 Bde., Leipzig 1904.

Schulze 2001
: Hans K. Schulze: Sachsen als ottonische Königslandschaft, in: Kat. Otto der Große 2001 I, S. 30–52.

Schulz-Mons 1979
: Christoph Schulz-Mons: Die Chorschrankenreliefs der Michaeliskirche zu Hildesheim und ihre Beziehungen zur bambergisch-magdeburgischen Bauhütte. Untersuchung zur Ausbreitung und Entwicklung der sächsischen Frühgotik zu Beginn des 13. Jahrhunderts (Schriftenreihe des Stadtarchivs und der Stadtbibliothek Hildesheim, 7), Hildesheim 1979.

Schum 1887
: Wilhelm Schum: Miracula Burchardi III. archiepiscopi Magdeburgensis, in: Neues Archiv der Gesellschaft für Ältere Deutsche Geschichtskunde 12, 1887, S. 586–90.

Schurr 2007
: Marc Carel Schurr: Gotische Architektur im mittleren Europa 1220–1340. Von Metz bis Wien (Kunstwissenschaftliche Studien, 137), München/Berlin 2007.

Schütte 2002
: Bernd Schütte: König Philipp von Schwaben. Itinerar, Urkundenvergabe, Hof (MGH Schriften, 51), Hannover 2002.

Schütte 2006
: Sven Schütte: Geschichte und Baugeschichte der Kirche St. Pantaleon, in: Colonia Romanica 21, 2006 (Neue Forschungen zur Geschichte, Baugeschichte und Ausstattung von St. Pantaleon in Köln), S. 81–136.

Schwedler 2008
: Gerald Schwedler: Herrschertreffen des Spätmittelalters. Formen – Rituale – Wirkungen (Mittelalter-Forschungen, 21), Ostfildern 2008.

Schwennicke 1980
: Detlev Schwennicke: Europäische Stammtafeln, Neue Folge, Bd. 1: Die deutschen Staaten, Marburg 1980.

Schwinn Schürmann 2000
: Dorothea Schwinn Schürmann: Das Basler Münster, Bern 2000.

Schwinn Schürmann/Meier/Schmidt 2006
: Dorothea Schwinn Schürmann/Hans-Rudolf Meier/Erik Schmidt: Das Basler Münster, Basel 2006.

Sciurie 1991
: Helga Sciurie: Vom Münzbild zum Standbild. Beobachtungen an Darstellungen deutscher Herrscherpaare des 12. und 13. Jahrhunderts, in: Bea Lundt (Hrsg.): Auf der Suche nach der Frau im Mittelalter. Fragen, Quellen, Antworten, München 1991, S. 135–163.

Sciurie 1989
: Helga Sciurie: Die Erfurter Jungfrauen und ihr Publikum, in: Bildende Kunst 5, 1989, S. 50f.

Sciurie 1989
: Helga Sciurie: Zur Bedeutung der Chorskulpturen im Magdeburger Dom, in: Ullmann 1989, S. 163–168.

Sciurie 1983
: Helga Sciurie: Zur Ikonographie der Putzritzzeichnungen am Magdeburger Domkreuzgang, in: Heinrich L. Nickel (Hrsg.): Wandmalerei des Hochfeudalismus im europäisch-byzantinischen Spannungsfeld (12. und 13. Jahrhundert) (Martin-Luther-Universität Halle-Wittenberg, Wissenschaftliche Beiträge, 1983/14), Halle/Saale 1983, S. 83–95.

Seehase 2005
: Hans Seehase: Magdeburg in der Zweiten Phase der Reformation bis zum Dreißigjährigen Krieg, in: Matthias Puhle/Peter Petsch (Hrsg.): Magdeburg. Die Geschichte der Stadt 805–2005, Dössel 2005, S. 355–368.

Seeliger 2006
: Hans Reinhard Seeliger: Die Verehrung des hl. Mauritius und der Thebäer von der Spätantike bis in die ottonisch-salische Zeit und die Translation ihrer Reliquien durch Ulrich von Augsburg, in: Gernot Michael Müller (Hrsg.): Das ehemalige Kollegiatstift St. Moritz in Augsburg (1019–1803). Geschichte, Kultur, Kunst, Lindenberg 2006, S. 107–120.

Seeliger 2005
: Hans Reinhard Seeliger: Die Ausbreitung der Thebäer-Verehrung nördlich und südlich der Alpen, in: Wermelinger 2005, S. 211–225.

Segagni Malacart 2001
: Anna Segagni Malacart: L'architettura della chiesa di San Colombano di Bobbio: gli elementi medievali, in: Flavio G. Nuvolone (Hrsg.): Gerberto d'Aurillac da Abate di Bobbio a Papa dell'Anno 1000, Bobbio 2001, S. 661–679.

Segagni Malacart 2004
: Anna Segagni Malacart: Cripte lombarde della prima metà del secolo XI, in: Arturo Carlo Quintavalle (Hrsg.): Medioevo: arte lombarda, Milano 2004, S. 88–103.

Segagni Malacart 1996
: Anna Segagni Malacart: L'architettura romanica pavese, in: Storia di Pavia, III/3.: L'arte dall'XI al XVI secolo, Mailand 1996, S. 116–168.

Seifert 2009
: Volker Seifert: Magdeburger Forschungen I. Neue Forschungen zur Bebauung

des Magdeburger Domplatzes im 10. und 11. Jahrhundert und zu den Vorgängerbauten des Magdeburger Domes, in: Kunstchronik 62 (8), 2009, S. 364–374.

Sello 1891
Georg Sello: Dom-Altertümer, in: Geschichtsblätter für Stadt und Land Magdeburg 26, 1891, S. 108–200.

Sello 1888
Georg Sello: Brandenburgisch-Magdeburgische Beziehungen 1266–1283, in: Geschichtsblätter für Stadt und Land Magdeburg 23, 1888, S. 71–98, 131–184.

Seymour 1975
Charles Seymour: La cathédrale Notre-Dame de Noyon au XIIe siècle (Bibliothèque de la Société Française d'Archéologie), Genève-Paris 1975 [Übers. der 1. Aufl., die 1939 auf Englisch erschienen ist].

Signori 2006
Gabriela Signori: Das Wunderbuch Unserer Lieben Frau im thüringischen Elende (1419–1517), hrsg. und kommentiert v. Gabriele Signori unter Mitarbeit von Jan Hrdina, Thomas T. Müller und Marc Müntz, Köln 2006.

Signori 2005
Gabriela Signori: Räume, Gesten, Andachtsformen. Geschlecht, Konflikt und religiöse Kultur im europäischen Mittelalter, Ostfildern 2005.

Silberborth 1910
Hans Silberborth: Erzbischof Albrecht II. von Magdeburg, in: Geschichtsblätter für Stadt und Land Magdeburg 45, 1910, S. 110–232.

Sire 1996
Marie-Anne Sire: La France du Patrimoine. Le choix de la mémoire (Découvertes Gallimard, 291), Paris 1996.

Sistig 1995
Jürgen Sistig: Die Architektur der Abteikirche St. Maximin im Lichte ottonischer Klosterreform (Furore Edition, 867), Kassel 1995.

Skibiński 2004
Szczęsny Skibiński: Rzeźba zworników chóru kościoła dominikańskiego, in: Kronika Miasta Poznania 3, 2004, S. 85–94.

Skibiński 1996
Szczęsny Skibiński: Polskie katedry gotyckie, Poznań 1996.

Snyder 1989
James C. Snyder: Medieval Art: Painting, Sculpture, Architecture, 400–1400, New York 1989.

Soder von Güldenstubbe 1989
Erik Soder von Güldenstubbe: Der Dom von Würzburg als geschichtlicher Ort, in: Richard Schömig (Hrsg.): Ecclesia Cathedralis. Der Dom zu Würzburg, Würzburg 1989, S. 27–66.

Söll-Tauchert 2010
Sabine Söll-Tauchert: Hans Baldung Grien (1484/85–1545). Selbstbildnis und Selbstinszenierung (Atlas. Bonner Beiträge zur Kunstgeschichte, N.F. 8), Köln/Weimar/Wien 2010.

Sommer 2010a
Petr Sommer: Böhmen als Kultlandschaft, in: Ivan Hlaváček/Alexander Patschovsky (Hrsg.): Böhmen und seine Nachbarn in der Přemyslidenzeit (Vorträge und Forschungen, 74), Ostfildern 2010, S. 289–316.

Sommer 2010b
Petr Sommer: České křesťanství doby knížete Václava [Das tschechische Christentum der Zeit des Fürsten Wenzel], in: Petr Kubín (Hrsg.): Svatý Václav. Na památku 1100. výročí narození knížete Václava Svatého [Saint Wenceslas. On the 1100th Anniversary of the Birth of Duke Wenceslas the Saint], Praha 2010, S. 65–80.

Sommer 2009
Petr Sommer: Der beginnende tschechische Staat und seine Heiligen, in: Wojciech Falkowski/Edina Bozóky (Hrsg.): Cultus sanctorum. (cults, saints, patronage, hagiography) (Quaestiones medii aevi novae, 14), Warszawa 2009, S. 41–54.

Sommer u. a. 2009
Petr Sommer u. a.: Přemyslovci. Budování českého státu [Die Přemysliden. Aufbau des böhmischen Staates], Praha 2009.

Sommer 2008
Petr Sommer: Jeden den děkana Kosmy. Ze života českých duchovních v raném středověku [Ein Tag des Dechants Kosmas. Aus dem Leben der tschechischen Geistlichkeit im frühen Mittelalter], in: Dějiny a současnost 30, 2008, S. 34–36.

Sommer 2001
Petr Sommer: Kapelle der Jungfrau Maria im St. Georgskloster auf der Prager Burg und die Anfänge der böhmischen Sakralarchitektur, in: Petr Sommer (Hrsg.): Boleslav II. Der tschechische Staat um das Jahr 1000 (Colloquia mediaevalia Pragensia, 2), Praha 2001, S. 189–196.

Sommer 2000
Petr Sommer: Heidnische und christliche Normen im Konflikt. Die Vorstellungswelt der böhmischen Gesellschaft im frühen Mittelalter, in: Doris Ruhe/Karl-Heinz Spieß (Hrsg.): Prozesse der Normbildung und Normveränderung im mittelalterlichen Europa, Stuttgart 2000, S. 161–186.

Sommer 1997
Petr Sommer: Der Grundstein der Rundkirche von Levý Hradec, in: Život v archeologii středověku. Sborník příspěvků věnovaných Miroslavu Richterovi a Zdeňku Smetánkovi, Praha 1997, S. 586–595.

Sommer/Třeštík/Žemlička 2007
Petr Sommer/Dušan Třeštík/Josef Žemlička: Bohemia and Moravia, in: Nora Berend (Hrsg.): Christianisation and the Rise of Christian Monarchy. Scandinavia, Central Europa and Rus' c. 900–1200, Cambridge 2007, S. 214–262.

Sommer/Velímský 2007
Petr Sommer/Tomáš Velímský: Iluminace Wofenbüttelského rukopisu [Illuminationen der Wolfenbütteler Handschrift], in: Eva Doležalová/Robert Šimůnek (Hrsg.): Od knížat ke králům, Praha 2007.

Spalatin 1541
Georg Spalatin: Chronica und Herkomen der Churfürst/ und Fürsten/ des löblichen Haus zu Sachssen [...], Wittenberg 1541.

Springer 2006
Matthias Springer: Magdeburg, das Heilige Römische Reich und die Kaiser im Mittelalter, in: Kat. Das Heilige Römische Reich 2006 I, S. 125–134.

Springer 1995
Matthias Springer: Wichmann, Erzbischof von Magdeburg (1152–1192), in: Eberhard Holtz/Wolfgang Huschner (Hrsg.): Deutsche Fürsten des Mittelalters. Fünfundzwanzig Lebensbilder, Leipzig 1995, S. 234–244.

Staber 1970
Josef Staber: Die älteste Lebensbeschreibung des Fürsten Wenzeslaus und ihr Ursprungsort Regensburg, in: Das heidnische und christliche Slaventum. Beiträge zur literarischen Bildung der Slaven zur Zeit ihrer Christianisierung

(Annales Instituci slavici 2,2), Wiesbaden 1970, S. 183–193.

Stadtmüller/Pfister 1986
Georg Stadtmüller/Bonifaz Pfister: Geschichte der Abtei Niederaltaich 731–1986. Neudr. der Ausg. von 1971 mit einem Nachwort, Grafenau 1986.

Steger 1998
Denise Steger: Bilder für Gott und die Welt. Fassadenmalerei an Kirchengebäuden in Deutschland vom Ende des 12. bis zum Anfang des 16. Jahrhunderts. Ein Beitrag zur Kunst- und Kulturgeschichte des Mittelalters (Bonner Beiträge zur Kunstwissenschaft, 13), Köln 1998.

Steigerwald 1972
Frank Neidhart Steigerwald: Das Grabmal Heinrichs des Löwen und Mathildes im Dom zu Braunschweig, Braunschweig 1972.

Steinicke/Weinfurter 2005
Marion Steinicke/Stefan Weinfurter (Hrsg.): Investitur- und Krönungsrituale. Herrschaftseinsetzungen im kulturellen Vergleich, Köln/Weimar/Wien 2005.

Sticher 2006
Claudia Sticher: Einleitung I. Das „Haus Gottes" in der Heiligen Schrift, in: Ralf M. W. Stammberger/Claudia Sticher (Hrsg.): „Das Haus Gottes seid ihr selbst". Mittelalterliches und barockes Kirchenverständnis im Spiegel der Kirchweihe, Berlin 2006, S. 11–20.

Stokstad ²2004
Marilyn Stokstad: Medieval Art, Boulder ²2004.

Stollberg-Rilinger 2008
Barbara Stollberg-Rilinger: Des Kaisers alte Kleider. Verfassungsgeschichte und Symbolsprache des Alten Reiches, München 2008.

Stopani 1988
Renato Stopani: La Via Francigena. Una strada europea nell'Italia del Medioevo, Florenz 1988.

Strecke 1994
Reinhart Strecke: Die westfälische Denkmalinventarisation von 1822 und die Anfänge der Denkmalpflege in Preußen, in: Hans-Joachim Behr/Jürgen Kloosterhuis (Hrsg.): Vincke – ein westfälisches Profil zwischen Reform und Restauration in Preußen (Veröffentlichungen des Vereins für Geschichte und Altertumskunde Westfalens, Abteilung Münster), Münster 1994, S. 483–494.

Streich 2010
Brigitte Streich: Wettinische Kirchenfürsten im Spannungsfeld zwischen Amt und Familienräson: Bischof Sigmund von Würzburg und Erzbischof Ernst von Magdeburg, Administrator von Halberstadt, in: Gerhard Ammerer [u.a.] (Hrsg.): Höfe und Residenzen geistlicher Fürsten. Strukturen, Regionen und Salzburgs Beispiel in Mittelalter und Neuzeit (Residenzenforschung, 24), Ostfildern 2010, S. 135–153.

Streich 2008
Brigitte Streich: Öffentlich inszenierte und private Frömmigkeit. Die Sakralkultur am wettinischen Hof, in: Werner Rösener/Carola Fey (Hrsg): Fürstenhof und Sakralkultur im Spätmittelalter (Formen der Erinnerung, 35), Göttingen 2008, S. 159–194.

Streich 1984
Gerhard Streich: Burg und Kirche während des deutschen Mittelalters. Untersuchungen zur Sakraltopographie von Pfalzen, Burgen und Herrensitzen (Vorträge und Forschungen, Sonderband 29,1), Sigmaringen 1984.

Stromer 1963/64
Wolfgang von Stromer: Eine gesellige Versammlung des Nürnberger Rates in Ulrich Stromers Haus und der Aufenthalt Kaiser Karls IV. in Nürnberg im Jahre 1358, in: Mitteilungen des Vereins für Geschichte der Stadt Nürnberg, 58, 1963/64, S. 54–64.

Stürner ¹⁰2007
Wolfgang Stürner: Dreizehntes Jahrhundert 1198–1273 (Gebhardt. Handbuch der deutschen Geschichte, 6), Stuttgart ¹⁰2007.

Stutz 1901
Ulrich Stutz: Das Münster zu Freiburg i. Br. im Lichte rechtsgeschichtlicher Betrachtungen, Tübingen/Leipzig 1901.

Stynen 1998
Herman Stynen: De onvoltooid verleden tijd. Een geschiedenis van de monumenten- en landschapszorg in België, 1835–1940, Brüssel 1998.

Suckale 2009 I-II
Robert Suckale: Die Erneuerung der Malkunst vor Dürer (Historischer Verein Bamberg e.V., Schriftenreihe 44), 2 Bde., Petersberg 2009.

Suckale 2008
Robert Suckale: Die Sternberger Schöne Madonna (1980), in: Peter Schmidt/Gregor Wedekind (Hrsg.): Stil und Funktion: Ausgewählte Schriften zur Kunst des Mittelalters, Berlin 2008, S. 87–101.

Suckale 2004
Robert Suckale: Der Meister der Nördlinger Hochaltarfiguren und Till Riemenschneider. Exemplarische Beiträge zum Verständnis ihrer Kunst, in: Katharina Corsepius u. a. (Hrsg.): Opus Tessellatum. Modi und Grenzgänge der Kunstwissenschaft. Festschrift für Peter Cornelius Claussen, Hildesheim/Zürich/New York 2004, S. 327–340.

Suckale 1993
Robert Suckale: Die Hofkunst Kaiser Ludwigs des Bayern, München 1993.

Suckale 1987
Robert Suckale: Die Bamberger Domskulpturen: Technik, Blockbehandlung, Ansichtigkeit und die Einbeziehung des Betrachters, in: Münchner Jahrbuch der bildenden Kunst 38, 1987, S. 27–82.

Suckale 1986
Robert Suckale: Wilhelm Pinder und die deutsche Kunstwissenschaft nach 1945, in: Kritische Berichte 14 (2), 1986, S. 5–17.

Suckale 1980
Robert Suckale: Peter Parler und das Problem der Stillagen, in: Anton Legner (Hrsg.): Die Parler und der Schöne Stil 1350–1400, Ausstellungskatalog Köln, Bd. 4, Köln 1980, S. 175–184.

Suckale-Redlefsen 2009
Gude Suckale-Redlefsen: Der schwarze Ritter von Magdeburg, in: Kat. Aufbruch in die Gotik 2009 I, S. 192–201.

Suckale-Redlefsen 1987
Gude Suckale-Redlefsen: Mauritius: Der heilige Mohr / The Black Saint Maurice, Houston u. a. 1987.

Suckow 2006
Ninon Suckow: „Impressum Magdeborch arte Simonis Koch de Wylborch" – Simon Koch und der Beginn des Buchdrucks in Magdeburg, in: Enno Bünz (Hrsg.): Bücher, Drucker, Bibliotheken in Mitteldeutschland. Neue Forschungen zur Kommunikations- und Mediengeschichte um 1500, Leipzig 2006, S. 111–131.

Sußmann 2003
Carsten Sußmann: Sanierung mittelalterlicher Eisenanker am Nordturm

und Querhaus des Magdeburger Doms, in: Wissenschaftliche Zeitschrift der Bauhaus-Universität Weimar 5, 2003, S. 40–44.

Sußmann 2009
Michael Sußmann: Zu den Bauphasen und der Bautechnik des Magdeburger Domes (1207–1520), in: Kat. Aufbruch in die Gotik 2009 I, S. 126–141.

Sußmann ²2002
Michael Sußmann: Der Dom zu Magdeburg (Peda-Kunstführer, 400), Passau ²2002.

Suydam/Ziegler 1999
Mary A. Suydam/Joanna E. Ziegler (Hrsg.): Performance and Transformation: New Approaches to Late Medieval Spirituality, New York 1999.

Świechowska/Mischke 2001
Ewa Świechowska/Wojciech Mischke: Architektura romańska w Polsce. Bibliografia, wstępem poprzedził Zygmunt Świechowski, Warszawa 2001.

Świechowski 1995
Zygmunt Świechowski: Wystrój rzeźbiarski kościoła klasztornego w Trzebnicy i jego związki z katedrą w Bambergu, in: Rocznik Historii Sztuki 21, 1995, S. 5–20.

Świechowski 1990
Zygmunt Świechowski: Die Skulpturen der Klosterkirche in Trebnitz und ihre Beziehung zu Bamberg, in: Hartmut Krohn/Christian Theuerkauff (Hrsg.): Festschrift für Peter Bloch zum 11. Juli 1990, Mainz 1990, S. 77–90.

Taylor/Nodier/de Cailleux 1820–1878 I–XXIII
Justin Taylor/Charles Nodier/Alphonse de Cailleux: Voyages pittoresques et romantiques dans l'ancienne France, 23 Bde., Paris, 1820–1878.

Tcherikover 1999
Anat Tcherikover: The Pulpit of Sant'Ambrogio at Milan, in: Gesta 38, 1999, S. 35–66.

Teuchert 1994
Wolfgang Teuchert: Die Kanzel in Zarrentin – Lübecks erste evangelische Kanzel, in: Zeitschrift des Vereins für Lübeckische Geschichte und Altertumskunde 74, 1994, S. 47–114.

Theis ²1997
Laurent Theis: Guizot et les institutions de mémoire, in: Nora ²1997, S. 1575–1597.

Thiébaut 1976
Jacques Thiébaut: L'iconographie de la cathédrale disparue de Cambrai, in: Revue du Nord 58 (230), 1976, S. 407–433.

Thiel 2006
Ursula Thiel: Der „Meister von Halle". Die Arbeiten der Mainzer Bildhauerwerkstatt Peter Schro für Kardinal Albrecht von Brandenburg in Halle, in: Kat. Der Kardinal: Albrecht von Brandenburg, Renaissancefürst und Mäzen, hrsg. v. Thomas Schauerte, Ausstellungskatalog Halle/Saale, Regensburg 2006, S. 228–253.

Topfstedt 1989
Thomas Topfstedt: Der Dom in der mittelalterlichen Elbfront Magdeburgs, in: Ullmann 1989, S. 194–199.

Tomková 2005
Kateřina Tomková (Hrsg.): Pohřbívání na Pražském hradě a jeho předpolích [Das Bestatten auf der Prager Burg und an ihren Vorfeldern] I.1 (Castrum Pragense, 7), Praha 2005.

Tomková/Maříková-Kubková/Frolík 2004
Kateřina Tomková/Jana Maříková-Kubková/Jan Frolík: Hranice života, hranice zapomnění. Hroby významných církevních představitelů na Pražském hradě v období přemyslovské a lucemburské vlády [Grenze des Lebens, Grenze der Vergessenheit], in: Archaeologia historica 29, 2004, S. 203–223.

Tomková u. a. 2001
Kateřina Tomková u. a.: Levý Hradec v zrcadle archeologických výzkumů [Levý Hradec im Spiegel der archäologischen Forschung] (Castrum Pragense, 4,1), Praha 2001.

Tönnies 2002
Bernhard Tönnies: Die mittelalterlichen lateinischen Handschriften der Electoralis-Gruppe, Bd. 1: Die Handschriften der Thüringer Universitäts- und Landesbibliothek Jena, Wiesbaden 2002.

Tosco 1997
Carlo Tosco: Architettura e committenti nel romanico lombardo, Rom 1997.

Traeger 1976
Jörg Traeger: Der reitende Papst. Ein Beitrag zur Ikonographie des Papstes (Münchner Kunsthistorische Abhandlungen, 1), München/Zürich 1976.

Třeštík 2000
Dušan Třeštík: Die Gründung des Prager und des mährischen Bistums, in: Kat. Europas Mitte 2000 I, S. 407–410.

Třeštík 1997
Dušan Třeštík: Počátky Přemyslovců [Anfänge der Přemysliden], Praha 1997.

Tullner 1996
Mathias Tullner: Die Reformation in Stadt und Erzstift Magdeburg, in: Sachsen-Anhalt, Beiträge zur Landesgeschichte 6, 1996, S. 7–40.

Turchini/Archetti 2003
Gabriele Archetti/Angelo Turchini (Hrsg.): Visita apostolica e decreti di Carlo Borromeo alla diocesi di Brescia. Bd. 1: La città (Brixia Sacra, 3. Ser., 8, 2003, 1/2), Brescia 2003.

Uhlirz 1902
Karl Uhlirz: Jahrbücher des Deutschen Reiches unter Otto II. und Otto III. Bd. I: Otto II., 973–983, Leipzig 1902.

Uhlirz 1954
Mathilde Uhlirz: Jahrbücher des Deutschen Reiches unter Otto II. und Otto III. Bd. II: Otto III., 983–1002, Berlin 1954.

Ullmann 1989
Ullmann, Ernst (Hrsg.): Der Dom zu Magdeburg. Ottonische Gründung und staufischer Neubau. Bericht über ein wissenschaftliches Symposion in Magdeburg vom 07.10. bis 11.10.1986 (Schriftenreihe der Kommission für Niedersächsische Bau- und Kunstgeschichte bei der Braunschweigischen Wissenschaftlichen Gesellschaft, 5), Leipzig 1989.

Ulrich 1937/38
Theodor Ulrich: Der Katholizismus in Magdeburg vom Ausgange der Reformation bis in das zweite Jahrzehnt des 19. Jahrhunderts, in: Geschichtsblätter für Stadt und Land Magdeburg 72/73, 1937/38, S. 54–115.

Untermann 2009
Matthias Untermann: Kloster und Stift. Baukunst und Bildung der geistlichen Gemeinschaften, in: Wittekind 2009, S. 409–428

Untermann 2006
Matthias Untermann: Architektur im frühen Mittelalter, Darmstadt 2006.

Untermann 2001
Matthias Untermann: Memleben und Köln, in: Stefanie Lieb (Hrsg.): Form und Stil. Festschrift für Günther Binding zum 65. Geburtstag, Darmstadt 2001, S. 45–55.

Untermann 2000
: Matthias Untermann: Die ottonische Kirchenruine in Memleben, in: Kat. Europas Mitte um 1000, II, 2000, S. 758–760.

Urban 2009
: Wolfgang Urban: Der heilige Mauritius und seine Gefährten, in: Dieter Manz/Wolfgang Urban: Auf den Spuren des heiligen Mauritius. Aus Anlass des Jubiläumsjahres „800 Jahre St.-Moriz-Kirche" in Rottenburg-Ehingen 1209–2009, Rottenburg 2009, S. 5–38.

Van den Bossche 2005
: Benoît van den Bossche (Hrsg.): La cathédrale gothique Saint-Lambert à Liège. Une église et son contexte. Actes du colloque international de Liège, 16–18 avril 2002, Lüttich 2005.

Van den Bossche 1997
: Benoît van den Bossche: Strasbourg. La cathédrale (La ciel et la pierre, 1), Saint-Léger-Vauban 1997.

Verzone 1942
: Paolo Verzone: L'architettura religiosa dell'Alto Medio Evo nell'Italia settentrionale, Mailand 1942.

Vicini 1987
: Donata Vicini: La civiltà artistica: l'architettura, in: Storia di Pavia, Bd. 2: L'alto medioevo, Milano 1987, S. 317–371.

Vieillard-Troïekouroff 1981
: May Vieillard-Troïekouroff: L'église Sainte-Geneviève de Paris au début du XIIe siècle, in: Jean Jolivet (Hrsg.): Abélard en son temps, Paris 1981, S. 83–94.

Vieillard-Troïekouroff 1961
: May Vieillard-Troïekouroff: L'église de Sainte-Geneviève de Paris du temps d'Etienne de Tournai, in: Bulletin de la Société nationale des antiquaires de France, 1961, S. 131–148.

Viollet-le-Duc 1854–1868 I–X
: Eugène Viollet-le-Duc: Dictionnaire raisonné de l'architecture française du XIe au XVIe siècle, 10 Bde., Paris 1854–1868.

Vogel 1965
: Cyrille Vogel: La réforme liturgique sous Charlemagne, in: Bernhard Bischoff (Hrsg.): Das geistige Leben (Karl der Große. Lebenswerk und Nachleben, 2) Düsseldorf 1965, S. 217–232.

van Gennep 1999
: van Gennep, Arnold: Übergangsrituale (Les rites de passage). Aus dem Französischen von Klaus Schomburg/Sylvia M. Schomburg-Scherff, mit einem Nachwort von Sylvia M. Schomburg-Scherff, Frankfurt am Main u. a. 1999.

von Amira/von Schwerin 1943
: Karl von Amira/Claudius Frhr. von Schwerin: Rechtsarchäologie. Gegenstände, Formen und Symbole germanischen Rechts. Teil 1: Einführung in die Rechtsarchäologie von Claudius Frhr. von Schwerin, Berlin-Dahlem 1943.

von Schönfeld de Reyes 1999
: Dagmar von Schönfeld de Reyes: Westwerkprobleme. Zur Bedeutung der Westwerke in der kunsthistorischen Forschung, Weimar 1999.

Vorromanische Kirchenbauten 1966–1971
: Vorromanische Kirchenbauten. Katalog der Denkmäler bis zum Ausgang der Ottonen, bearb. von Friedrich Ostwald, Leo Schaefer, Hans Rudolf Sennhauser (Veröffentlichungen des Zentralinstituts für Kunstgeschichte in München, III), München 1966–1971.

Vorromanische Kirchenbauten 1991
: Vorromanische Kirchenbauten. Katalog der Denkmäler bis zum Ausgang der Ottonen, Nachtragsband, bearb. von Werner Jacobsen/Leo Schaefer/Hans Rudolf Sennhauser (Veröffentlichungen des Zentralinstituts für Kunstgeschichte in München, III,2), München 1991.

Walicki 1971 I–II
: Michał Walicki u. a. (Hrsg.): Sztuka polska przedromańska i romańska do schyłku XIII wieku (Dzieje sztuki polskiej, 1), 2 Bde., Warszawa 1971.

Wallraff/Stöcklin-Kaldewey 2010
: Martin Wallraff/Sara Stöcklin-Kaldewey (Hrsg.): Schatzkammer der Universität Basel. Die Anfänge einer 550-jährigen Geschichte. Katalog zur Ausstellung, Basel 2010, S. 16.

Walther 1735
: Samuel Walther: Der V. Theil der Magdeburgischen Merckwürdigkeiten worin von dem Fürstlich Halverstaedtischen In den Magdeburgischen Graentzen liegenden Amte Weferlingen (...) Nachricht etheilet (...), Magdeburg/Leipzig 1735.

Walzer 1938
: Albert Walzer: Das Bildprogramm an den mittelalterlichen Kirchenportalen Frankreichs und Deutschlands, in: Festschrift für Wilhelm Pinder zum sechzigsten Geburtstage, Leipzig 1938, S. 140–164.

Wanke 2010
: Helen Wanke: Zum Zusammenhang zwischen Rathaus, Verfassung und Beurkundung in Speyer, Straßburg und Worms, in: Albrecht 2010b, S. 101–120.

Warburg 1902
: Aby Warburg: Bildniskunst und florentinisches Bürgertum. 1. Domenico Ghirlandaio in Santa Trinità. Bildnisse des Lorenzo de' Medici und seiner Angehörigen, Leipzig 1902.

Warichez 1937
: Joseph Warichez: Etienne de Tournai et son temps, 1128–1203, Tournai/Paris 1937.

Waschbüsch 2011
: Andreas Waschbüsch: Das Paradoxon der doppelten Zerstörung. Die Neukonzeption des Magdeburger Domchores um 1220, in: Uwe Fleckner/Maike Steinkamp/Hendrik Ziegeler (Hrsg.): Der Sturm der Bilder. Zerstörte und zerstörende Kunst von der Antike bis in die Gegenwart (Mnemosyne. Schriften des internationalen Warburg-Kollegs, 1). Berlin 2011, S. 155–175.

Wedepohl 1967
: Edgar Wedepohl: Eumetria: das Glück der Proportionen. Maßgrund und Grundmaß in der Baugeschichte, Essen 1967.

Weinand 1958
: Heinz Gerd Weinand: Tränen: Untersuchungen über das Weinen in der deutschen Sprache und Literatur des Mittelalters, Bonn 1958.

Weinfurter 2005
: Stefan Weinfurter: Ein räudiger Hund auf den Schultern. Das Ritual des Hundetragens im Mittelalter, in: Claus Ambros u. a. (Hrsg.): Die Welt der Rituale. Von der Antike bis heute, Darmstadt 2005, S. 213–219.

Weinfurter 2004
: Stefan Weinfurter: Tränen, Unterwerfung und Hundetragen. Rituale des Mittelalters im dynamischen Prozess gesellschaftlicher Ordnung, in: Dietrich Harth/Gerrit Jasper Schenk (Hrsg.): Ritualdynamik. Kulturübergreifende Studien zur Theorie und Geschichte rituellen Handelns, Heidelberg 2004, S. 117–137.

Weinfurter 1999
: Stefan Weinfurter: Heinrich II. (1002–1024). Herrscher am Ende der Zeiten, Regensburg 1999.

Wemhoff 1993 I–III
: Matthias Wemhoff: Das Damenstift Herford. Die archäologischen Ergebnisse zur Geschichte der Profan- und Sakralbauten seit dem späten 8. Jahrhundert, 3 Bde., Bonn 1993.

Wentz/Schwineköper 1972 I–II
: Gottfried Wentz/Berent Schwineköper: Das Erzbistum Magdeburg (Germania sacra: Das Erzbistum Magdeburg, 1), 2 Bde., Berlin/New York 1972.

Wermelinger 2005
: Otto Wermelinger u. a. (Hrsg.): Mauritius und die Thebäische Legion. Akten des internationalen Kolloquiums Freiburg, Saint-Maurice, Martigny 17.–20. September 2003 (Paradosis, 49), Fribourg 2005.

Westerman 2005
: Jeroen Westerman: Cathédrales aux confins du royaume et de l'Empire. Les églises-mères de Tournai, Cambrai et Liège, in: Benoît van den Bossche (Hrsg.): La cathédrale gothique Saint-Lambert à Liège. Une église et son contexte, Liège 2005, S. 129–137.

Westermann-Angerhausen 1973
: Hiltrud Westermann-Angerhausen: Die Goldschmiedearbeiten der Trierer Egbertwerkstatt, Trier 1973.

Wiggert 1869a
: Friedrich Wiggert: Über die Begräbnisse der Königin Editha, des Kaisers Otto d. Gr. und der Engela im Dom zu Magdeburg, in: Magdeburger Geschichtsblätter für Stadt und Land 4, 1869, S. 64–83.

Wiggert 1869b
: Friedrich Wiggert: Über die in Kalk eingeritzten Bildnisse auf der Ostseite des Domkirchhofes in Magdeburg. K. Otto der Große und seine beiden Gemahlinnen, in: Geschichtsblätter für Stadt und Land Magdeburg 4, 1869, S. 447–448.

Wiggert 1867
: Friedrich Wiggert: Über die Begräbnisse der Erzbischöfe im Dom zu Magdeburg, in: Geschichtsblätter für Stadt und Land Magdeburg 2, 1867, S. 190–208.

Williamson 1995
: Paul Williamson: Gothic Sculpture, 1140–1300, New Haven/London 1995.

Willich 2005
: Thomas Willich: Wege zur Pfründe. Die Besetzung der Magdeburger Domkanonikate zwischen ordentlicher Kollatur und päpstlicher Provision 1295–1464 (Bibliothek des Deutschen Historischen Instituts in Rom, 102), Tübingen 2005.

Willich 2001
: Thomas Willich: Der Magdeburger Primas Germaniae. Fiktionen und Wirklichkeiten eines Kirchenamtes, in: Peter Moraw (Hrsg.): Akkulturation und Selbstbehauptung. Studien zur Entwicklungsgeschichte der Lande zwischen Elbe/Saale und Oder im späten Mittelalter (Berichte und Abhandlungen der Berlin-Brandenburgischen Akademie der Wissenschaften, Sonderband 6), Berlin 2001, S. 347–390.

Willich 1994
: Thomas Willich: Der Rangstreit zwischen den Erzbischöfen von Magdeburg und Salzburg sowie den Erzherzogen von Österreich, in: Mitteilungen der Gesellschaft für Salzburger Landeskunde 134, 1994, S. 7–166.

Wilson Jones 2000
: Mark Wilson Jones: Principles of Roman Architecture, New Haven/London 2000.

Wimböck 2005
: Gabriele Wimböck: Macht des Raumes, Raum des Bildes: Die Ausstattung der Schloßkirche von Torgau, in: Enno Bünz/Stefan Rhein/Günther Wartenberg (Hrsg.): Glaube und Macht. Theologie, Politik und Kunst im Jahrhundert der Reformation, Leipzig 2005, S. 233–264.

Wimböck 2004
: Gabriele Wimböck: Exempla fidei: Die Kirchenausstattung der Wettiner im Reformationszeitalter, in: Kat. Glaube und Macht 2004, S. 189–204.

Winkelmann 1873 I
: Eduard Winkelmann: Philipp von Schwaben und Otto IV. von Braunschweig, Bd. 1: König Philipp von Schwaben 1197–1208 (Jahrbücher der Deutschen Geschichte, 19,1), Leipzig 1873.

Winkelmann 1878 II
: Eduard Winkelmann: Philipp von Schwaben und Otto IV. von Braunschweig, Bd. 2: Kaiser Otto IV. von Braunschweig 1208–1218 (Jahrbücher der Deutschen Geschichte, 19,2), Leipzig 1878.

Winkler 2008
: Reinhard Winkler: Der Dom in der Geschichte, in: Der Dom zu Magdeburg (DKV-Kunstführer, 415), Berlin 2008.

Winterfeld 2007
: Dethard von Winterfeld: The Imperial Cathedrals of Speyer, Mainz and Worms. The Current State of Research. In: Ute Engel/Alexandra Gajewski (Hrsg.): Mainz and the Middle Rhine Valley. Medieval Art, Architecture and Archaeology (The British Archaeological Association, Conference transactions, 30), Mainz 2007, S. 14–32.

Winterfeld/Janson/Wilhelmy 2002
: Dethard von Winterfeld/Felicitas Janson/Winfried Wilhelmy: Dom St. Martin Mainz, Regensburg 2002.

Wisplinghoff 1970
: Erich Wisplinghoff: Untersuchungen zur frühen Geschichte der Abtei St. Maximin bei Trier von den Anfängen bis etwa 1150 (Quellen und Abhandlungen zur mittelrheinischen Kirchengeschichte, 12), Mainz 1970.

Witt 2008
: Detlef Witt: Das Sippenrelief des Hamburgers Helmeke Hornebostel in der St. Johanniskirche zu Werben, in: Badstübner u. a. 2008, S. 421–427.

Wittek 2006
: Gudrun Wittek: Die Verteidigung der Magdeburger Stadtfreiheit gegen Erzbischof, König und Reich – fixiert im Stadtfriedensvertrag vom 21. Januar 1497, in: dies. (Hrsg.): concordia magna. Der Magdeburger Stadtfrieden vom 21. Januar 1497 (Beihefte zur Mediaevistik, 5), Frankfurt am Main 2006, S. 17–48.

Wittek 1997
: Gudrun Wittek: Ein Mord als folgenschwere Störung des Stadtfriedens. Das gewaltsame Ende des Magdeburger Erzbischofs Burchard III. im Jahr 1325, in: Sachsen und Anhalt 20, 1997, S. 385–403.

Wittekind 2009
: Susanne Wittekind (Hrsg.): Romanik (Geschichte der bildenden Kunst in Deutschland, 2), München u. a. 2009.

Wolf 1957
: Heinz Wolf: Die Kanzel und die Plastik des Domes zu Halle aus der Zeit Kardinal Albrechts, Diss. (masch.) Humboldt-Universität Berlin 1957.

Wolter 1992
: Udo Wolter: Die „consuetudo" im kanonischen Recht bis zum Ende des

13. Jahrhunderts, in: Gerhard Dilcher u. a.: Gewohnheitsrecht und Rechtsgewohnheiten im Mittelalter (Schriften zur Europäischen Rechts- und Verfassungsgeschichte, 6), Berlin 1992, S. 87–116.

Wolters 1911
Alfred Wolters: Beiträge zur Geschichte der Skulptur im Halberstädter Dom. Triumphkreuz, Strebepfeilerfiguren und die Skulpturen des 14. Jahrhunderts in der Marienkapelle, Halle 1911.

Wolter-von dem Knesebeck 2007
Harald Wolter-von dem Knesebeck: Das Mainzer Evangeliar. Strahlende Bilder – Worte in Gold, Regensburg 2007.

Wulf 1996
Walter Wulf: Romanik in der Königslandschaft Sachsen, Würzburg 1996.

Wulz 1934/35
Gustav Wulz: Der Meister der Figuren des Nördlinger Hochaltars, in: Jahrbuch des Historischen Vereins Nördlingen und Umgebung 18, 1934/35, S. 41–62.

Zientara ²1997
Benedykt Zientara: Henryk Brodaty i jego czasy, Warszawa ²1997.

Ziesak 1993
Anne-Katrin Ziesak: „Multa habeo vobis dicere ..." – eine Bestandsaufnahme zur publizistischen Auseinandersetzung um das Heilige Blut von Wilsnack, in: Jahrbuch für Berlin-Brandenburgische Kirchengeschichte 59, 1993, S. 208–248.

Zink 1980
Joachim Zink: Die Baugeschichte des Trierer Doms von den Anfängen im 4. Jahrhundert bis zur letzten Restaurierung, in: Ronig 1980, S. 17–111.

Zöllner 1966
Walter Zöllner: Die Papsturkunden des Staatsarchivs Magdeburg von Innozenz III. bis zu Martin V.: 1. Das Erzstift Magdeburg, Halle/Saale 1966.

Zuffi 2004
Stefano Zuffi: Erzählungen und Personen des Neuen Testaments (Bildlexikon der Kunst, 5), Berlin 2004.

Personenregister

Abundius (Priester und Märtyrer) 95, 100
Adalbert (Bischof von Prag) 91, 92, 361
Adalbert (Erzbischof von Mageburg) 16, 17, 52, 78, 196, 310, 347
Adalgot (Erzbischof von Mageburg) 301
Adalman von Lüttich (Bischof von Brescia) 69
Adelajda-Zbysława (Adelheid aus dem Adelsgeschlaecht der Piasten) 249
Adelheid (dt. Königin und Kaiserin) 278, 280, 282, 284f., 309, 311–313
Adolf von Anhalt (Bischof von Merseburg) 363, 365, 369f.
Agapitus (Märtyrer) 95, 100
Ägidius (Heiliger) 269
Agritius (Bischof von Trier) 75
Albrecht II. von Käfernburg (Erzbischof von Mageburg) 21, 25, 145, 149, 163–171, 173, 180, 190f. 244, 249, 303f., 318, 320
Albrecht von Besenrode (Domdekan in Magdeburg) 145
Albrecht von Brandenburg (Kardinal, Erzbischof von Magdeburg, Markgraf von Brandenburg, Erzbischof und Kurfürst von Mainz, Administrator von Halberstadt) 1611, 351, 360, 366, 369f.
Alexander von Ansbach-Bayreuth (Maarkgraf von Ansbach-Bayreuth) 120
Alfarano, Tiberio 286f.
Ambbrosius (Bischof von Mailand) 59
Amira, Karl von 297
Andrée, Richard 325
Angelram (Bischof von Metz) 61
Angelroth (Baurat in Magdeburg) 95
Angilbert II. (Erzbischof von Mailand) 66
Anno (Abt des Mauritiusklosters in Magdeburg) 324
Antonius (Heiliger) 255
Arnd (Dekan in Magdeburg) 253f.
Arnold siehe Arnd
Arnold von Lübeck (Chronist) 20, 164
August von Sachsen-Weißenfels (Administrator des Erzbistums Magdeburg und Herzog von Sachsen-Weißenfels) 343, 349
Augustinus Kirchenvater, Heiliger) 277
Babelon, Jean-Pierre 132
Baldung Grien, Hans (Kupferstecher, Maler) 348

Barbara (Heilige) 363, 365, 368f.
Barbara von Polen (Herzogin von Sachsen) 348
Baumgarten, Johannes (Johannes Pomarius – Magdeburger Pfarrer und Chronist) 323f., 326, 328, 330f.
Beatrix (dt. Königin und Kaiserin) 311
Beda (Chronist) 284
Bellmann, Friedrich / Fritz 97, 203
Bernhard (Bischof von Halberstadt) 19, 194f., 277, 280f.
Bernhard (Herzog von Sachsen und Graf von Anhalt und Ballenstedt) 17f.
Bernini, Giovanni Lorenzo (Bildhauer) 210f.
Bernward (Bischof von Hhildesheim) 278, 280
Bethe, Heinrich / Henrik (Steinmetz) 340, 352
Białostocki, Jan 219
Bier, Justus 356f.
Bischoff, Franz 361, 363, 365, 368
Bodenstein von Karlstein, Andreas 324
Boethius (Philosoph und Theologe) 224
Boleslaw Chrobry (Herzog und König von Polen) 17
Boleslaw I. (böhmischer Fürst) 85, 89
Boleslaw II. (böhmischer Fürst) 86f., 89
Boleslaw III. (Herzog von Polen) 18
Bonifaz I. (Papst) 314
Bonifaz VIII. (Papst) 331f.
Bonifaz IX. (Papst) 332f.
Borgolte, Michael 282, 287
Bořiwoj (Böhmischer Fürst) 85
Bork, Robert 225
Borromeo, Carlo (Kardinal und Erzbischof von Mailand) 69
Boso von Vienne (Laienabt in Saint-Maurice und König der Provence) 292
Brandl, Heiko 9, 25, 191
Branner, Robert 175
Břetislav (Herzog von Böhmen) 91
Břetislav II. (böhmischer Fürst) 91
Breuer, Peter (Bildhauer, Bildschnitzer) 357, 360
Brun von Kärnten siehe Gregor V. (Papst)
Brun von Querfurt (Missionar, Märtyrer) 287
Bruno (Kleriker und Chronist) 324

Burchard (Magdeburger Burggraf) 318
Burchard I. (Erzbischof von Magdeburg) 309
Burchard (Burkhard) III. (Erzbischof von Magdeburg) 253, 306, 323
Bureš, Jaroslav 235f., 238
Bürger, Stefan 344
Burckhardt, Johannes 25
Cadwalla (König von Essex) 284
Camille, Michael 199
Candidus (Märtyrer) 291, 293
Caumont, Arcisse de 131, 137
Cavallini, Pietro (Künstler) 314
Cencio di Giovanni (Stadtpräfekt von Rom) 288
Chastel, André 132
Chateaubrinad, Françoise-René 135
Chlodwig (fränkischer König) 316
Christian (Graf) 55
Chrodegang (Bischof von Metz) 61
Cibulka, Josef 90
Clemens, Johann Andreas 123
Clemens, Lukas 77
Cosmas von Prag (Chronist) 90f.
Cottin, Markus 363
Creutz, Ulrich (Steinmetz) 361–370
Dagobert (fränkischer König) 61
Dębicki, Zdzislaw 248
Dehio, Georg 26, 217–219
Dell, Peter (Bildhauer) 360
Didron, Adolphe-Napoléon 138, 140
Diepold (Dypold) III. (Markgraf von Mähren) 249
Dietrich I. (Bischof von Metz) 63
Dietrich II. (Bischof von Naumburg) 317
Dietrich von Schulenburg (Bischof von Brandenburg) 261
Dietrich von Meißen (Markgraf von Meißen und der Ostmark) 21
Dietrich von Portitz (Erzbischof von Magdeburg) 161, 254
Dietrich von Steden (Schultheiß) 318
Diokletian (röm. Kaiser) 291
Donath, Matthias 237
Duban, Félix 140
Dürer, Albrecht (Maler) 348
Eberhard (Herzog von Franken) 20
Editha (Edgith, Edgitha, Edit, Edith) (dt. Königin) 9, 16, 78–80, 95, 100,

425

PERSONENREGISTER

109–116, 187, 189, 194, 279, 282, 295, 309, 311–313, 319f., 344, 354
Egbert (Erzbischof von Trier) 82
Eike von Repgow (Verfasser des Sachsenspiegels) 303f.
Einhard (Chronist) 76
Ekkehard von Meißen (Markgraf von Meißen) 19
Elisabeth von Thüringen (Landgräfin von Thüringen, Heilige) 255f., 363, 365
Engelhard (Erzbischof von Magdeburg) 52
Ernst August (König von Hannover) 26
Ernst von Sachsen / Ernst von Wettin (Erzbischof von Magdeburg) 111, 115, 161, 331, 333, 339–349, 352, 354, 357
Etheria (Pilgerin) 59
Etienne (Weihbischof von Tournai) 173f.
Eucherius (Bischof von Lyon, Märtyrer) 291–293
Exuperius (Märtyrer) 291, 293
Findeisen, Peter 122, 128
Flottwell, Eduard von 28, 310
Fontana, Carlo 286
Freigang, Christian 226
Friedrich (d. J.) von Hoym 360
Friedrich der Streitbare (Kurfürst von Sachsen) 344
Friedrich der Weise (Kurfürst von Sachsen) 339, 344, 346–348
Friedrich I. Barbarossa (dt. König und Kaiser) 182, 301, 311f., 348
Friedrich II. (dt. König und Kaiser) 165–169
Friedrich II. von Henneberg 368
Friedrich III. von Beichlingen (Erzbischof von Magdeburg) 324
Friedrich V. (Herzog von Schwaben) 312
Friedrich Wilhelm III. (preußischer König) 26, 121f., 128
Friedrich Wilhelm IV. (preußischer König) 121
Gauthier de Mortagne (bischof von Laon) 174
Gebhard II. (Bischof von Konstanz) 280, 283
Georg (Herzog von Sachsen) 348
Gerbert von Aurillac   siehe Silvester II. (Papst)
Gereon von Köln (Märtyrer) 293
Gerlach von Nassau (Erzbischof und Kürfürst von Mainz) 261
Gernand (Domherr in Magdeburg) 171
Gero (Abt von St. Liudger in Werden) 103
Gero (Erzbischof von Köln) 278, 280
Gero (Erzbischof von Magdeburg) 52, 57, 80

Gerstenberg, Kurt 219, 351
Gerville, Charles de 137
Giesau, Hermann 34–37, 97, 100, 145, 234, 244, 352
Gisebert (Herzog von Niederlothringen und Laienabt in Trier) 72
Giotto di Bondone (Maler, Architekt) 286
Giselher (Erzbischof von Magdeburg) 80
Goldschmidt, Adolph 29, 38, 148, 184, 208, 304
Gosebruch, Martin 36, 248
Götz, Wolfgang 191, 305
Gratian (Kirchenrechtslehrer) 303
Grégoire, Henri (Abbé Grégoire) 131f., 134
Gregor I. der Große (Papst) 282, 284
Gregor V. (Papst) 284, 288
Gregor VII. (Papst) 288
Gregor IX. (Papst) 145, 169f., 320
Gregor von Tours (Bischof und Chronist) 61
Greischel, Walther 352, 354
Grimaldi, Giacomo 286
Groß, Konrad (Schultheiß in Nürnberg) 256f.
Ggross, Werner 219, 227
Guichard von Pontigny (Erzbischof von Lyon) 65
Guizot, Françoise 137f.
Günter von Bünau (Dompropst in Merseburg) 361
Hadrian (Papst) 76
Hadrian (röm. Kaiser) 288
Haemmerlin, Felix 324
Hamann, Richard 25–39, 145, 233
Hanftmann, Barthel 25f.
Hans von Burghausen (Steinmetz, Architekt) 220, 222
Hans von Hermansgrün (Humanist) 348f.
Hardenberg, Karl August Freiherr von (preußischer Staatsmann) 120
Hardt, Matthias 57
Hardy, Chantal 176
Harms, Hermann 25, 53
Hartwig (Erzbischof von Magdeburg) 52
Hasak, Max 30–32
Hasenpflug, Carl (Maler) 123, 237
Hedwig von Schlesien (Heilige) 255
Heftrig, Ruth 27
Heinrich (Markgraf von Stade) 16
Heinrich der Bärtige (Herzog von Polen) 248f.
Heinrich I. (dt. König) 75, 78, 90, 279, 281
Heinrich II. (dt. König und Kaiser) 17–20, 57, 80, 293, 361, 370
Heinrich V. (dt. König und Kaiser) 301
Heinrich VI. (dt. König und Kaiser) 163, 312

Heinrich VII. (dt. König) 167, 169
Helten, Leonhard 69, 74, 79, 81, 237
Henri de France (Erzbischof von Reims) 316
Hermand, Jost 26
Hermann Billung (Herzog von Sachsen) 16–18, 195f.
Hermann II. von Werberg / Warberg (Dompropst in Magdeburg) 256
Hieronymus (Heiliger) 269, 357
Hildeward (Bischof von Halberstadt) 278
Homolka, Jaromir 368
Honorius (weström. Kaiser) 284
Honorius III. (Papst) 167, 170
Hugo von Ostia   siehe Gregor IX. (Papst)
Hugo, Victor 131, 137, 140
Humboldt, Wilhelm von 121
Hunfried (Erzbischof von Magdeburg) 96–99, 101, 105, 109
Hünicken, Rolf 368
Innocentius (Märtyrer und Heiliger) 291–293, 305
Innozent II. (Papst) 167
Innozent III. (Papst) 163–165, 167, 170, 249, 320
Jacobus von Voragine (Eerzbischof von Genua) 291
Jaeger, C. Stephen 206, 211
Jäger, Franz 191
Jakob von Nymburk (Schnitzer) 369
Jean (Abt von Sainte-Geneviève in Paris) 173
Johann (der Beständige) (Kurfürst von Sachsen) 326, 339
Johann III. Von Werder (Bischof von Merseburg) 367
Johann Lobkowitz von Hassenstein (böhmischer Adliger) 361
Johann von Bothmar (Domherr in Magdeburg) 377
Johann von Brandenburg (Markgraf von Brandenburg) 168
Johann von Redekin (Domherr in Magdeburg) 333
Johannes XIII. (Papst) 195, 284, 347
Johannes XIV. (Papst) 284f.
Johannes XXIII. (Papst) 344
Kanuti   siehe Knutssøn, Mathias
Kapup, Christoph (Bildhauer) 375
Karl der Dicke (ostfränkischer König und Kaiser) 77
Karl der Große (fränkischer König und Kaiser) 61, 76, 195, 278, 280, 285, 289, 299, 305, 315, 346, 348
Karl der Kahle (westfränkischer König und Kaiser) 278

Karl IV. (dt. König und Kaiser) 238, 253, 257, 259–261
Karl von Preußen (Prinz von Preußen) 26
Karl X. (König von Frankreich) 132, 135
Kaspar von Brünn 369
Katharina von Alexandrien (Heilige, Dompatronin von Magdeburg) 165, 268, 354, 357, 359, 378, 384
Kautzsch, Rudolf 28
Kellner, Beate 318
Kilian (Heiliger) 96, 99
Klein, Bruno 224
Klewitz, Wilhelm Anton von (preußischer Staatsmann) 122–124, 126f., 129
Knutssøn, Mathias / Kanuti (Bischof von Grönland) 358f.
Koch, Alfred 45f., 49, 95, 97, 100, 109
Koch, Johannes 352
Konrad I. (burgundischer König) 292
Konrad II. (Bischof von Worms) 182
Konrad II. (dt. König und Kaiser) 167, 288
Konrad II. (Erzbischof von Magdeburg) 160
Konrad Kaghe (Ritter) 323
Konrad von Krosigk (Bischof von Halberstadt) 163
Konrad von Oppin (Domkunstos in Magdeburg) 145
Konrad von Querfurt (Bischof von Hildesheim und Würzburg) 163
Konstans (röm. Kaiser) 312
Konstantin der Große (röm. Kaiser) 195, 279, 305, 312
Konstantin II. (röm. Kaiser) 312
Konstantinus II. (röm. Kaiser) 312
Kořínek, Jan 368f.
Kraft, Adam (Bildhauer) 352
Kubach, Hans Erich 102
Kugler, Franz 121
Kuhn, Rainer 43, 73f., 80, 95, 191
Kunze, Hans 95, 97, 234f.
Kunze, Herbert 253
Kurella (Regierungsrat) 123
Lábler, Ludwig 368
Lampert von Hersfeld (Chronist) 79, 81
Langhans, Sebastian (Magdeburger Chronist) 272
Lassus, Jean Baptiste 140
Lavin, Irving 210f.
Lehmann, Edgar 75, 281
Leidrade (Bischof von Lyon) 65f.
Leminger, Emanuel 368f.
Leniaud, Jean-Michel 141
Lenoir, Alexandre 131, 134
Leo I. der Große (Papst) 282, 314

Leo von Santa Croce (päpstlicher Legat) 145, 320
Leopold, Gerhard 45f., 48, 52, 54, 57, 74, 96–100
Levin von Veltheim (Domprobst in Hildesheim) 360
Liutgard 20
Lobbedey, Uwe 282
Lothar II. (König von Italien) 278, 280, 282
Lothar II. von Walbeck (Graf von Walbeck) 280
Lothar III. / Lothar von Süpplingenburg (dt. König und Kaiser) 18, 22
Lothar von Segni siehe Innozenz III. (Papst)
Louis-Philipe I. (König von Frankreich) 132
Ludmila (Gemahlin des böhmischen Fürsten Bořiwoj) 86f., 89
Ludolf von Krappenstedt (Erzbischof von Magdeburg) 163
Ludowici, Babette 57, 73, 79–81
Ludwig der Fromme (fränkischer König) 278
Ludwig IV. / Ludwig von Bayern (dt. König und Kaiser) 169, 253, 256
Ludwig von Jagiello (böhmischer König) 326
Ludwig XVIII. (König von Frankreich) 132, 135
Luther, Martin 301, 375, 382, 385
Magnus (dänischer König) 18
Magnus von Anhalt (Domprobst in Magdeburg) 348
Maidburg, Konrad 357, 360
Marcella (Schwester des Ambrosius von Mailand) 59
Marchand, Hildegard 357
Margarete von Anhalt (Gemahlin Herzog Johanns von Sachsen) 326
Margaretha (Heilige) 268f.
Mathilde (Äbtissin in Quedlinburg, Tochter Ottos I.) 19f., 285
Mathilde (dt. Königin, Gemahlin Heinrichs I.) 194f., 279, 281
Mathieu d'Arras / Matthias von Arras (Architekt) 226f.
Mauritius (Märtyrer, Dompatron von Magdeburg) 15, 18, 80, 95, 100, 149, 164f., 167, 170, 291–295, 305, 343, 354, 357, 378, 384
Maximian (röm. Kaiser) 291
Maximilian (dt. König und Kaiser) 348f.
Maximin (Bischof von Trier) 75
Mechthild (Markgräfin von Brandenburg) 149

Meier, John 298
Meier, Paul Jonas 25f.
Mellin, Friedrich 123
Mérimée, Prosper 131, 138–140
Meydenbauer, Albrecht 28
Michael (Heiliger) 269
Michel (Dombaumeister in Magdeburg) 352
Michelet, Jules 137
Montalembert, Charles de 140
Mostel, Johann (Baumeister) 361
Motz, Friedrich (preußischer Finanzminister) 128
Napoleon (französischer Kaiser) 119f., 135
Neyses, Adolf 73f., 76
Nicetius (Bischof von Trier) 75
Nickel, Ernst 43, 73
Nicolai, Bernd 9, 145
Nicolaus Cusanus / von Cusa / von Kues (Kardinal, Bischof von Brixen) 224, 330
Nikolaus I. (Zar von Russland) 26
Nikolaus III. (Papst) 314f.
Nodier, Charles 137
Norbet von Xanten (Erzbischof von Magdeburg) 21, 44, 69, 80f., 167, 243
Odo (Domscholaster in Magdeburg) 318
Ogo (Regularabt von Sankt Maximin in Trier) 74
Opfergelt (Probst in Magdeburg) 271
Opitz, Josef 368
Osten, Gert von der 348
Oswald (Heiliger, Bischof von York) 111
Oswald, Friedrich 97
Otto (Domprobst in Magdeburg) 163, 249
Otto I. der Große (dt. König und Kaiser) 15f., 18–21, 43, 47, 55, 68, 78f. 112, 189, 191f., 194–196, 277–280, 282, 284, 288f., 292f., 295, 309–312, 318–320, 324, 344, 347–349
Otto II. (dt. König und Kaiser) 277, 284–289, 320
Otto III. (dt. König und Kaiser) 284f., 289, 294, 346
Otto IV. (von Braunschweig) (dt. König und Kaiser) 21, 145, 163f., 166, 175, 249
Otto IV. (Markgraf von Brandenburg) 325
Otto VIII. von Wittelsbach (Pfalzgraf) 164
Otto von Bamberg (Heiliger) 255
Otto von Brandenburg (Markgraf von Brandenburg) 168
Otto von Braunschweig (das Kind) 169
Otto von Hessen (Erzbischof von Magdeburg) 161, 253f., 256, 260
Paatz, Walter 199f.

PERSONENREGISTER

Pacificus (Erzdiakon in Verona) 64
Parler, Peter (Architekt) 226f., 237
Paulus Diakonus (Mönch und Geschichtsschreiber) 61
Philippe II. Auguste (französischer König) 165
Philipp von Schwaben (dt. König) 17f. 145, 163f.
Pierre de Celles (Abt von Saint-Remi in Reims) 174
Pinder, Wilhelm 38, 351
Pippin der Jüngere (fränkischer König) 61, 278
Pomarius, Johannes siehe Baumgarten, Johannes
Poscharsky, Peter 375, 385
Prache, Anne 174
Quatremère de Quincy, Antoine Chrisostome 134
Quirre, Ludolf (Dompropst in Halberstadt) 357
Radolt (Bischof von Verona) 64
Rango, Conrad Tiburtius 380
Ratzka, Thomas 375, 379
Ravenstein, Albert 328
Remigius (Heiliger, Bischof von Reims) 175, 316
Riegl, Alois 131
Riemenschneider, Tilman (Bildhauer) 351, 354–358, 360f., 364f., 368–370
Robert de Thorigny (Abt von Mont-Saint-Michel) 178
Rogacki-Thiemann, Birte 81, 145, 229, 231
Roger (Erzbischof von Magdeburg) 52
Rosenfeld, Felix 25f., 30
Rosenthal, Carl Albert 123
Rozpędowski, Jerzy 248, 250
Rudhard, Alexander 46f., 237
Rudolf IV. (Herzog von Österreich) 259
Ruodbert (Erzbischof von Trier) 78
Ruprecht / Rupert (Erzbischof von Magdeburg) 159, 241
Ruskin, John 26, 140
Salichius, Petrus (Pfarrer in Burg) 379, 382, 385
Savia, Fedele 68
Schedel, Hartmann 243
Schenkluhn, Wolfgang 191
Schinkel, Karl (Carl) Friedrich 119–124, 237
Schlink, Wilhelm 179
Schön, Theodor von 121
Schubert, Ernst 46, 57, 74, 96f., 100, 121, 145, 208, 282, 318

Schuckmann, Friedrich Freiherr von (preußischer Staatsmann) 124
Schwineköper, Berent 331
Sciurie, Helga 191, 312, 318
Sebastian von Plotho (Domherr in Halberstadt) 360
Sello, Georg 323, 325–327, 331
Severus (Heiliger) 261
Seydenitz, Friedrich Ferdinand Leopold von (preußischer Staatsmann) 123
Sigismund (König von Burgund) 292
Sigismund von Lindenau (Bischo von Merseburg) 367
Silberborth, Hans 25, 167f.
Silvester II. / Gerbert von Aurillac (Papst) 284, 286
Sixtus (Heiliger, Bischof von Reims) 316
Sixtus IV. (Papst) 332
Sluter, Claus 202
Snyder, James 199
Sophie von Mecklenburg (Gemahlin Herzogs Johann von Sachsen) 326
Sophie von Warberg (geb. Gräfin von Homburg) 256
Spalatin, Georg (kursächsischer Historiograph) 345f.
Spytihniew II. (Herzog von Böhmen) 92
Stein zum Allenstein, Karl Freiherr (preußischer Staatsmann) 120, 124, 128
Stephan Weyrer (Baumeister) 361
Stoedtner, Franz 28
Stokstad, Marilyn 199
Stoß, Veit (Bildhauer) 351
Stromer, Ulrich (Kaufmann aus Nürnberg) 259
Suckale-Redlefsen, Gude 295
Suger (Abt von Saint-Denis) 174, 225
Świechowski, Zygmunt 248
Tagino (Erzbischof von Magdeburg) 52, 54, 57, 80f., 95–97, 99, 101, 105
Theoderich (ostgotischer König) 76, 281
Theophanu (Abtissin von Essen) 102
Theophanu (dt. Kaiserin, Gemahlin Ottos II.) 47, 76, 81, 278, 284f., 287–289
Thierry, Augustin 137
Thiers, Adolphe 137
Thietmar von Merseburg (Chronist, Bischof von Merseburg) 15–17, 20, 44, 55, 81, 95, 100, 191, 277, 281, 286f.
Tilly, Johann Tserclaes Graf von (katholischer Heerführer) 124, 273
Tuto (Bischof von Regensburg) 90
Udo (fiktiver Erzbischof von Magdeburg) 293–295

Ulrich (Bischof von Augsburg) 292
Urban II. (Papst) 71
Ursula (Heilige) 268, 273
Ursus (Märtyrer) 291
Valentinus (Märtyrer) 95, 100
Van der Meulen, Adam Frans (Maler) 175
Van Gennep, Arnold 302
Verbeek, Albert 102
Victor von Solothurn (Märtyrer) 291
Victor von Xanten (Märtyrer) 291, 293
Vinzenz von Schleinitz (Bischof von Merseburg) 367
Viollet-le-Duc, Eugène Emmanuel 131, 140f., 176
Vischer, Peter (Erzgießer) 339
Vitalis (Heiliger) 165
Vitet, Ludovic 138
Vöge, Wilhelm 29
Vogel, Cyrille 61
Von Quast, Ferdinand 121, 128
Waagen, Gustav 121
Waldemar II. (dänischer König) 168
Walicki, Michał 248
Walthard (Erzbischof von Magdeburg) 52, 80, 95f.
Walther von der Vogelweide (Minnesänger) 17
Weber, Thomas 46
Weinschröter, Sebald (Künstler) 260
Wenzel (Heiliger, Herzog von Böhmen) 85f., 90–93
Werner (Graf von Walbeck) 19
Westval, Joachim 328
Weynmann, Sebastian (Domprediger in Magdeburg) 323f., 326, 331, 333
Wichmann von Seeburg (Erzbischof von Magdeburg) 163, 303, 318
Widukind (Herzog der Sachsen) 345–347
Widukind von Corvey (Chronist) 20, 81, 100
Wiggert, Friedrich 44, 112
Wilbrand von Käfernburg (Erzbischof von Magdeburg) 170, 304, 310
Wilhelm (Erzbischof von Mainz) 194
Wilhelm II. (Markgraf von Meißen) 344
Williamson, Paul 200
Willich, Thomas 348
Winkler, Reinhard 121
Wladislaus von Jagiello (böhmischer König) 326
Wölfflin, Heinrich 26f.
Wolters, Alfred 253
Wratislaw I. (Herzog von Böhmen) 85–87, 89f.

Ortsregister

Es wurde darauf verzichtet, das Stichwort „Magdeburg", bzw. „Magdeburg, Dom" in das Ortsregister aufzunehmen, da der Magdeburger Dom der zentrale Gegenstand dieses Buches ist.

Aachen 43, 64, 69, 76–78, 82, 90, 120f., 166f., 187, 195, 285, 289, 326, 332
Acaunum siehe Saint-Maurice d'Agaune
Alet 71
Altbunzlau siehe Stará Boleslav
Altenberg 225f.
Altenburg 343f.
Amiens 175, 207
Andechs 332
Andernach 165
Angers 72
Aosta 101
Apt 71
Aquileia (Aquileja) 59, 64, 171
Arles 77
Arnstadt 261
Arras 134
Auerstedt 119
Augsburg 93, 102, 167, 346
Aussig (Usti nad Lebem) 368
Auxerre 179
Avignon 71
Avranches 134
Bad Lauchstädt 367
Bamberg 37, 80, 145, 164, 181f., 199–202, 208, 248, 255, 293, 301f., 332, 370
Basel 38, 171, 181f., 207, 209, 300
Bayeux 64
Beuvais 175
Bergamo 59, 67, 70
Berlin 28
Besançon 72, 141
Béziers 71
Bobbio 101
Bologna 163, 171
Boulogne 134
Bourges 174
Braunschweig 21, 26, 164, 167, 169, 182, 204, 261, 351
Brehna 343
Bremen 181, 323, 332
Brescia 59, 66, 68f., 71
Breslau siehe Wrocław

Brixen 69, 71
Brügge 134
Budeč 85
Burg (bei Magdeburg) 379, 382, 385
Cambrai 134, 175f.
Catania 167
Charlottenburg 26
Charroux 207
Chartres 28, 38, 64, 174f., 207
Cividale 171
Clermont-Ferrand 225
Cluny 134
Collemaggio 332
Colmar 241
Como 70
Corvey 101
Cremona 67, 168, 171
Delitzsch 351
Düsseldorf 332
Eberbach (im Rheingau) 261
Echternach 78, 105
Eisenberg 343
Erfurt 206, 261, 302, 351
Essen 105
Faenza 171
Ferrara 171
Fidenza 171
Florenz 326
Fontevrault 134
Frankfurt (am Main) 149, 165, 167
Freiburg (im Breisgau) 297, 300–302
Fréjus 71
Freyburg an der Unstrut 37, 363, 366, 368
Frohse 325
Fulda 97, 100
Gelnhausen 37, 311
Genf 64
Gernrode 100f.
Girona 226
Goslar 300, 332
Gröningen 340, 352
Groß Ammensleben 261
Halberstadt 14, 18f., 21, 104, 164, 181, 192, 261, 281, 300, 343, 352, 357–360, 370, 385
Haldensleben 164
Halle (an der Saale) 165, 301, 306, 323f., 331, 333, 348, 351, 365, 366–370
Hamburg 203
Harbke 192

Havelberg 343
Heiligenstadt 261
Helmstedt 102–105, 256
Herford 104
Hildesheim 163, 182, 360, 280
Hildesheim, Dom 78, 93
Hildesheim, Sankt Michael 78, 102, 105, 182, 192, 278
Hillersleben 333
Hohenmölsen 343
Holleben 351
Huysburg 104
Igaliku 358
Imola 171
Ivrea 101
Jena 36, 119
Jerusalem 59
Jouarre 280
Kaaden 361f., 365, 368f.
Kammin 167f., 170
Kemberg 381
Köln 28, 32, 73, 77f., 187, 226f., 332
Köln, Dom 43, 141, 225, 227, 229, 233–239, 241, 278, 280, 332
Köln, Sankt Pantaleon 47, 76, 78, 102, 278, 289
Konstantinopel 279, 287
Konstanz 237, 241, 280, 283
Kuttenberg 368f.
Landshut 220, 222
Laon 173f., 176
Lauenburg 164
Lausanne 38, 171, 181f.
Le Mans 64
Lebus 169, 249
Lechfeld 79, 292
Lehnin 28, 37
Leipzig 299, 348, 351, 366
Levý Hradec 85
Limoges 71
London, Westminster Abbey 187
Lorenzrieth 300
Lübeck 181
Lucca 171
Lund 167
Lüttich 134, 182, 190
Lützen 367
Lyon 59, 64f., 71, 77
Mâcon 134

ORTSREGISTER

Magdeburg, Agnetenkloster 272
Magdeburg, Alexiuskapelle 271
Magdeburg, Augustinereremitenkloster 273, 332
Magdeburg, Johanniskirche 44, 254
Magdeburg, Kapelle Sankt Gangolfi 272
Magdeburg, Kloster Berge 18, 80f., 304, 318, 330, 332
Magdeburg, Kloster Sankt Mauritius (Moritzkloster) 57, 68, 73f., 78f., 111, 115, 194f., 292
Magdeburg, Kloster Unser Lieben Frauen 44, 57, 194, 253, 270f., 273, 330
Magdeburg, Laurentiuskirche 57, 68, 73, 78, 191, 194f.
Magdeburg, Lorenzkloster 272
Magdeburg, Matthäus-Kapelle 254
Magdeburg, Ölbergkapelle 271
Magdeburg, Paulinerkirch 272
Magdeburg, Sankt Peter und Paul Stift in der Neustadt 332
Magdeburg, Sankt Sebastian 57, 253
Magdeburg, Sankt Nikolai 43f., 57, 161, 234, 271
Magdeburg, Sankt Ulrich 57
Magdeburg, Sudenburg 304
Mailand 59, 65–68, 70, 141, 171, 194, 278, 280, 282
Mainz 22, 73, 93, 165, 181f., 184, 186, 261, 301, 347
Mantua 70
Marburg 26–28, 152, 184, 241, 256
Mariaschein bei Teplitz (Bohusudov bei Teplice) 326
Marienburg (in Westpreußen) 121
Maulbronn 37, 186
Meaux 176
Meißen 152, 168, 332, 343f.
Memleben 79, 282
Merseburg 14, 17f., 79, 104, 301, 343, 352, 361–370
Metz 61–64, 68
Minden 78
Modena 171
Mont-Saint-Michel 134, 178
Mühlhausen 261
München 253, 332, 356, 360
Münster 37
Nantes 141
Naumburg 37, 80, 181, 199, 208, 293, 301, 317f. 343
Neapel 190
Neinstedt 360
Niederaltaich 292

Niederhaslach 222f., 227
Nimes 71
Nimwegen 278
Nizza 71
Nordhausen 370, 375
Nördlingen 361–363, 365f.
Noyon 176
Nürnberg 253–261, 301, 339, 352
Oberwesel 166
Offenbach (am Glan) 32, 37
Oppenheim 241
Orlamünde 343
Osnabrück 47
Paderborn 105, 203, 297, 302
Padua 70
Paris 28, 35, 38, 120, 134, 140f., 163, 173–176, 180, 202, 207, 241, 251
Parma 171
Pavia 66, 70, 100
Petersberg 105
Piacenza 171
Pisa 171
Pleißen 343
Płock 244
Poitiers 207
Portiuncula 332
Poznań (Posen) 250f.
Prag 85–93, 187, 225–227, 237f., 261, 332
Quedlinburg 15, 19, 103, 105, 164f., 279, 281f., 285, 311
Ratzeburg 181f.
Ravenna 76, 169, 171, 194, 281
Regensburg 28, 37, 78, 83, 184, 292
Reichenau 315
Reims 34f., 77, 152, 174–176, 199, 208, 237, 278, 315–318
Reutlingen 241
Rimini 169
Rodez 64
Rom 16, 43, 76, 132, 163f., 167, 171, 194f. 280, 284f., 287–289, 314f., 332f., 348, 360
Rom, Alt-Sankt-Peter 277, 282–289, 320
Römhild 356, 368
Rötha 365f.
Rouen 141, 294
Rufach 241
Saint-Denis 134, 140, 187, 207, 249, 278, 317
Saint-Maurice d'Agaune 165, 171, 291f.
Salbke 304
Salem 241
Salzburg 222
Sapudia 292

Schkopau 165
Schlettstadt 241
Schönburg 166
Schwäbisch Gmünd 241
Schwäbisch-Hall 302
Schwerin 181
Senlis 28
Sens 207, 317
Siena 171, 326
Soissons 105, 176
Sommerschenburg 145, 164
Speyer 22, 101, 103, 105, 280, 301
Spigno Monferrato 100f.
Stará Boleslav (Altbunzlau) 85, 91
Stargard 88
Stendal 328
Stettin 380
Straßburg 37, 182, 199f., 202, 206, 208f., 211, 225, 229–241, 256, 297, 301f.
Thann 259f.
Torcello 69
Torgau 326, 344, 365, 367, 375
Toulouse 64
Tournai 173, 176
Trebnitz siehe Trzebnica
Treviso 168
Trier 59, 61, 74–83, 120, 347
Trier, Dom 43, 59, 68f., 71, 79, 81f., 182, 302
Trier, Sankt Maximin 73–82, 100, 105
Triest 70
Trzebnica (Trebnitz) 245–249
Venedig 134, 171, 332
Verden 96, 300
Verona 64
Vézelay 140
Vienne 292
Volkmannrode 300
Vreden 100
Walbeck 278, 280, 282
Walkenried 37, 154, 186
Weddingen 324
Weißenburg 78
Werden 100, 103–105
Weßmar 301
Wien 120, 233, 259f., 297, 302
Wilsnack 324–326
Wittenberg 300f., 329, 332f.
Worms 28, 37, 100f., 105, 169, 181f., 301
Worcław (Breslau) 250f.
Würzburg 96, 163, 166, 169, 297, 301f., 332, 351, 354–358, 360, 365, 368, 370
Wurzen 300
Xanten 302
Zadar 69, 90

FARBABBILDUNGEN

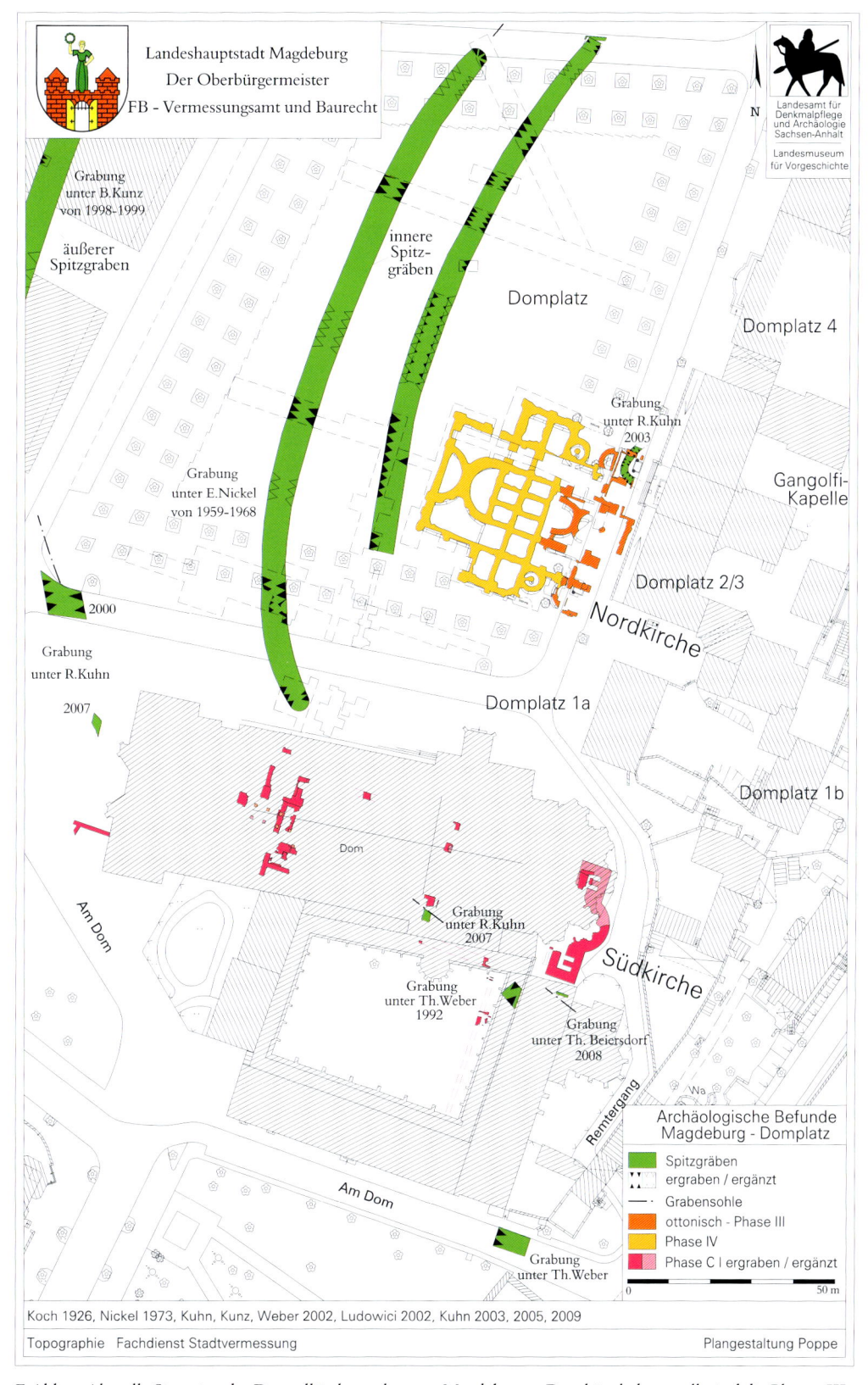

F-Abb. 1: Aktuelle Situation der Doppelkirchenanlage am Magdeburger Domhügel, dargestellt sind die Phasen III und IV der Nordkirche sowie die Phase C I der Südkirche. Grafik: Mandy Poppe, Fachdienst Stadtvermessung der Landeshauptstadt Magdeburg.

F-Abb. 2: Die Magdeburger Nordkirche nach den Grabungen 2001–2003, Bauphaseneinteilung, Grabungsschnittplan, im Sommer 2009 aktuelle Variante. Grafik: Mandy Poppe, Fachdienst Stadtvermessung der Landeshauptstadt Magdeburg.

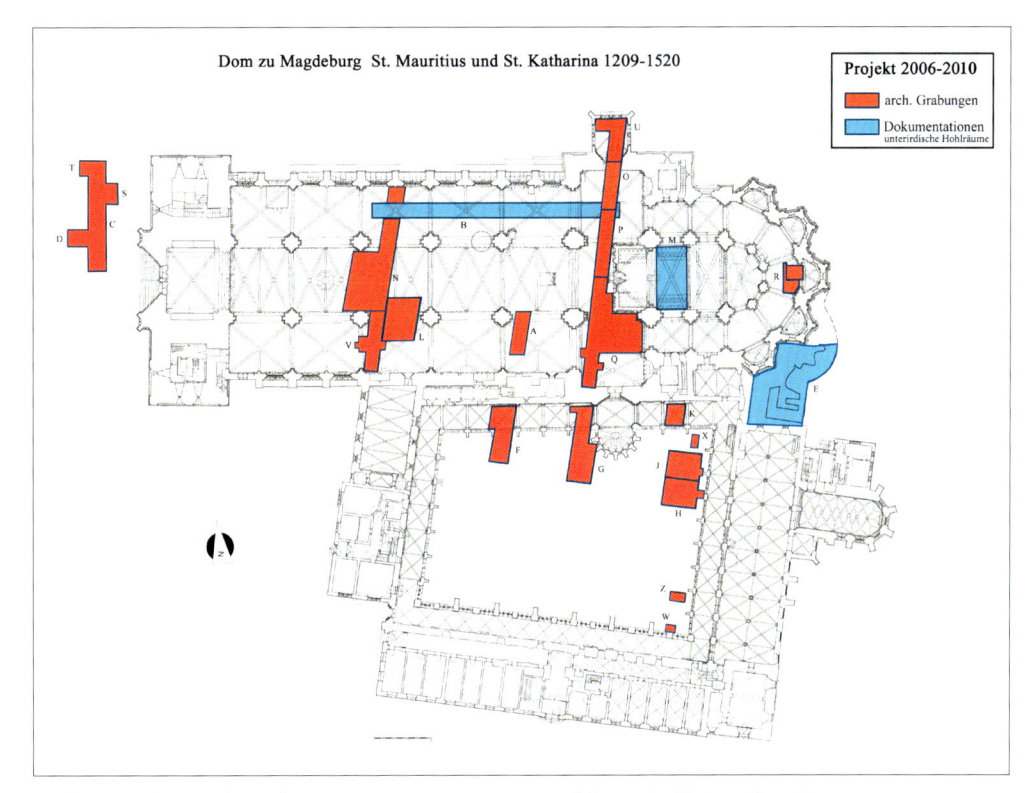

F-Abb. 3: Grabungsschnittplan im Sommer 2009, Dom, Magdeburg. Grafik: Sigrid Höding, Stiftung Dome und Schlösser in Sachsen-Anhalt.

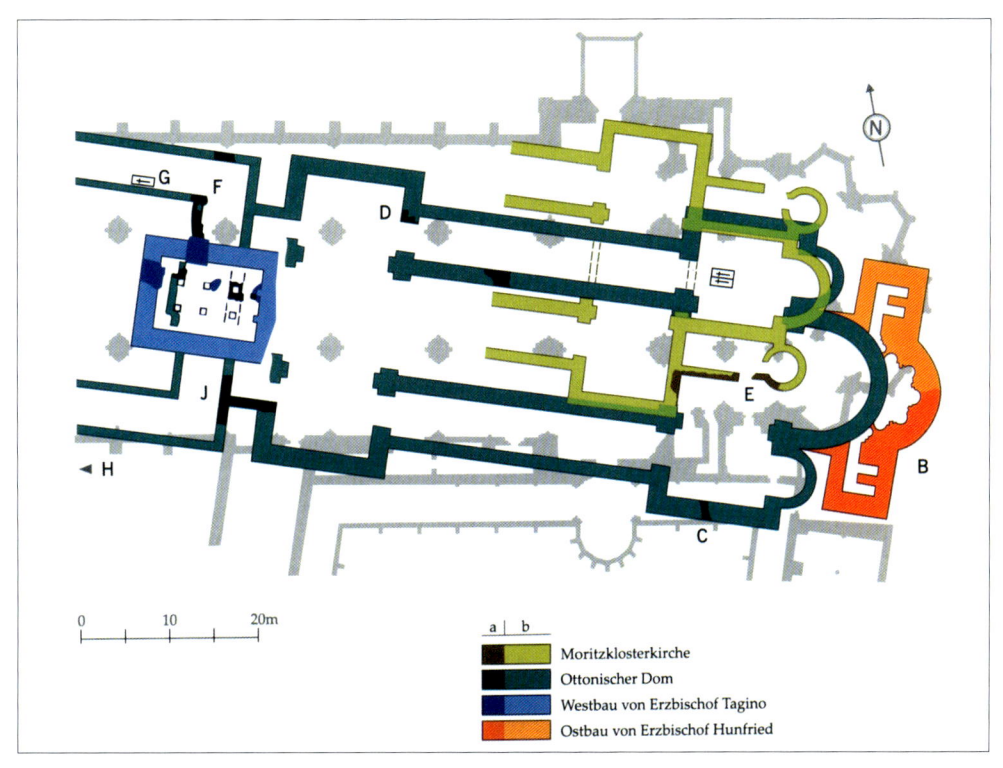

F-Abb. 4: Die Vorgängerbauten des Magdeburger Doms, nach Ernst Schubert und Gerhard Leopold. Grafik: Schubert / Leopold 2001, S. 354, Abb. 1.

FARBABBILDUNGEN

F-Abb. 5: Detailplan Kreuzgang, Dom, Magdeburg. Grafik: Mandy Poppe, Fachdienst Stadtvermessung der Landeshauptstadt Magdeburg.

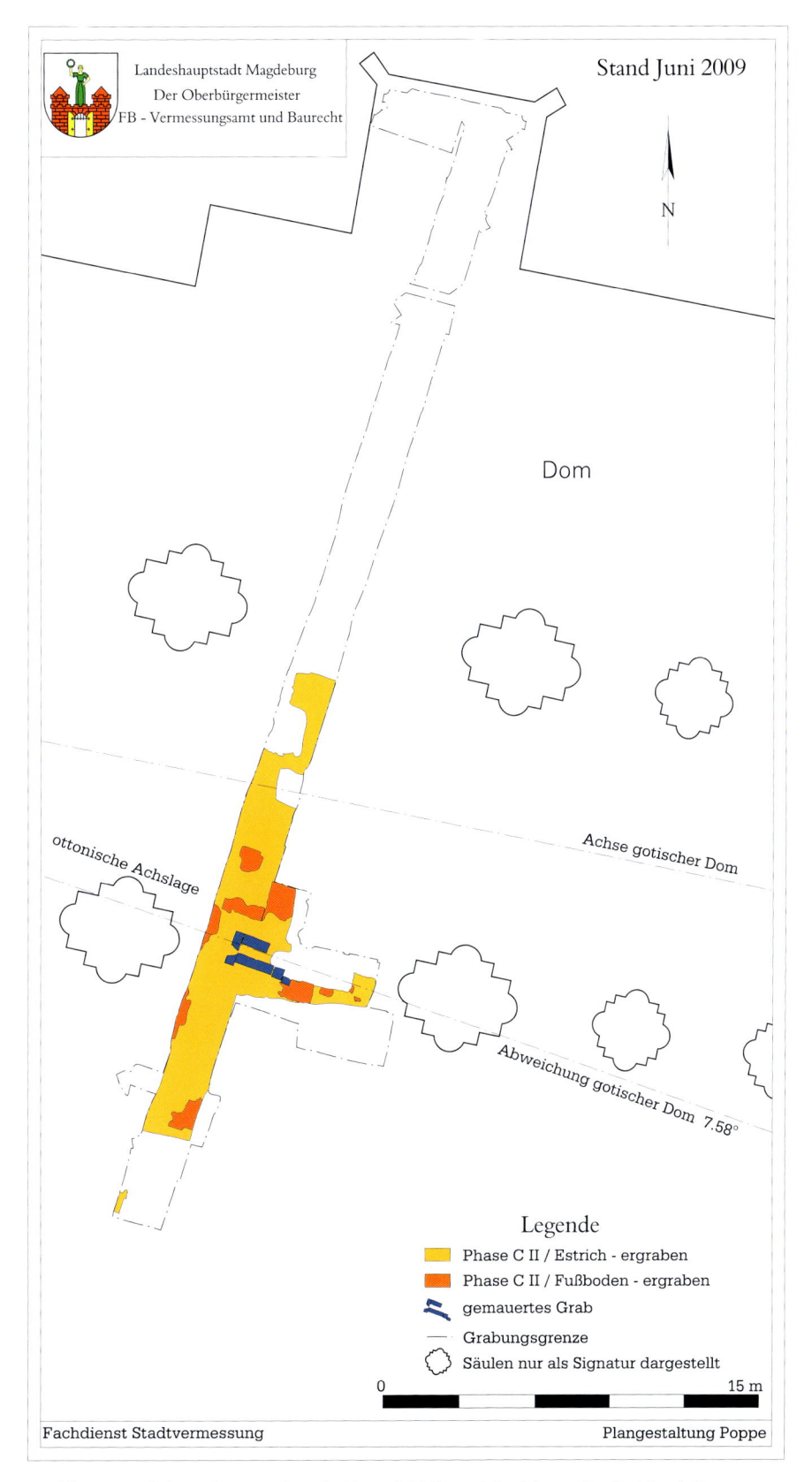

F-Abb. 6: Detailplan Schnitt U-O-P-Q, Phase C II, Dom, Magdeburg. Grafik: Mandy Poppe, Fachdienst Stadtvermessung der Landeshauptstadt Magdeburg.

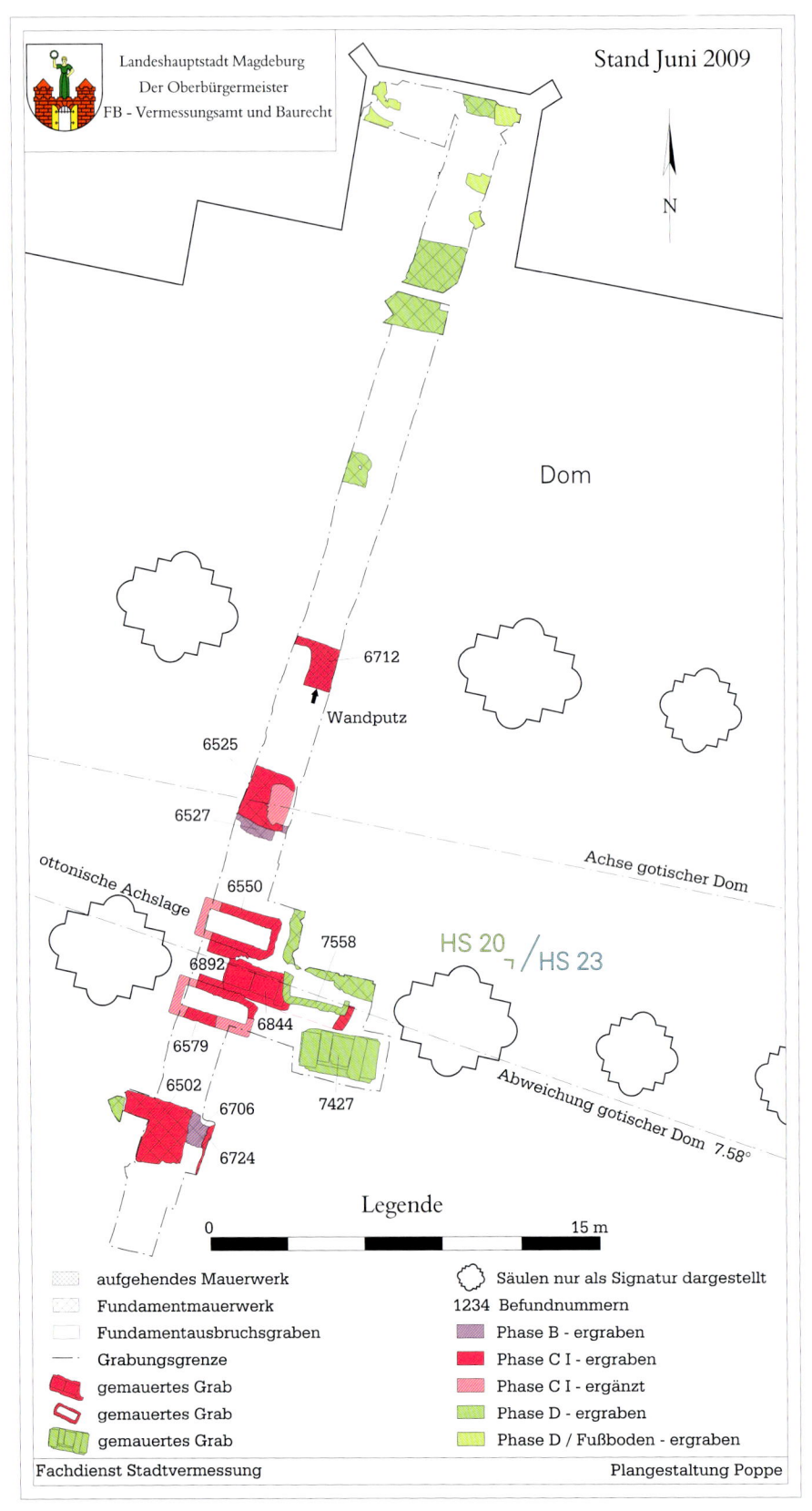

FARBABBILDUNGEN

F-Abb. 7: Detailplan Schnitt U-O-P-Q, Phase C I, Dom, Magdeburg. Grafik: Mandy Poppe, Fachdienst Stadtvermessung der Landeshauptstadt Magdeburg.

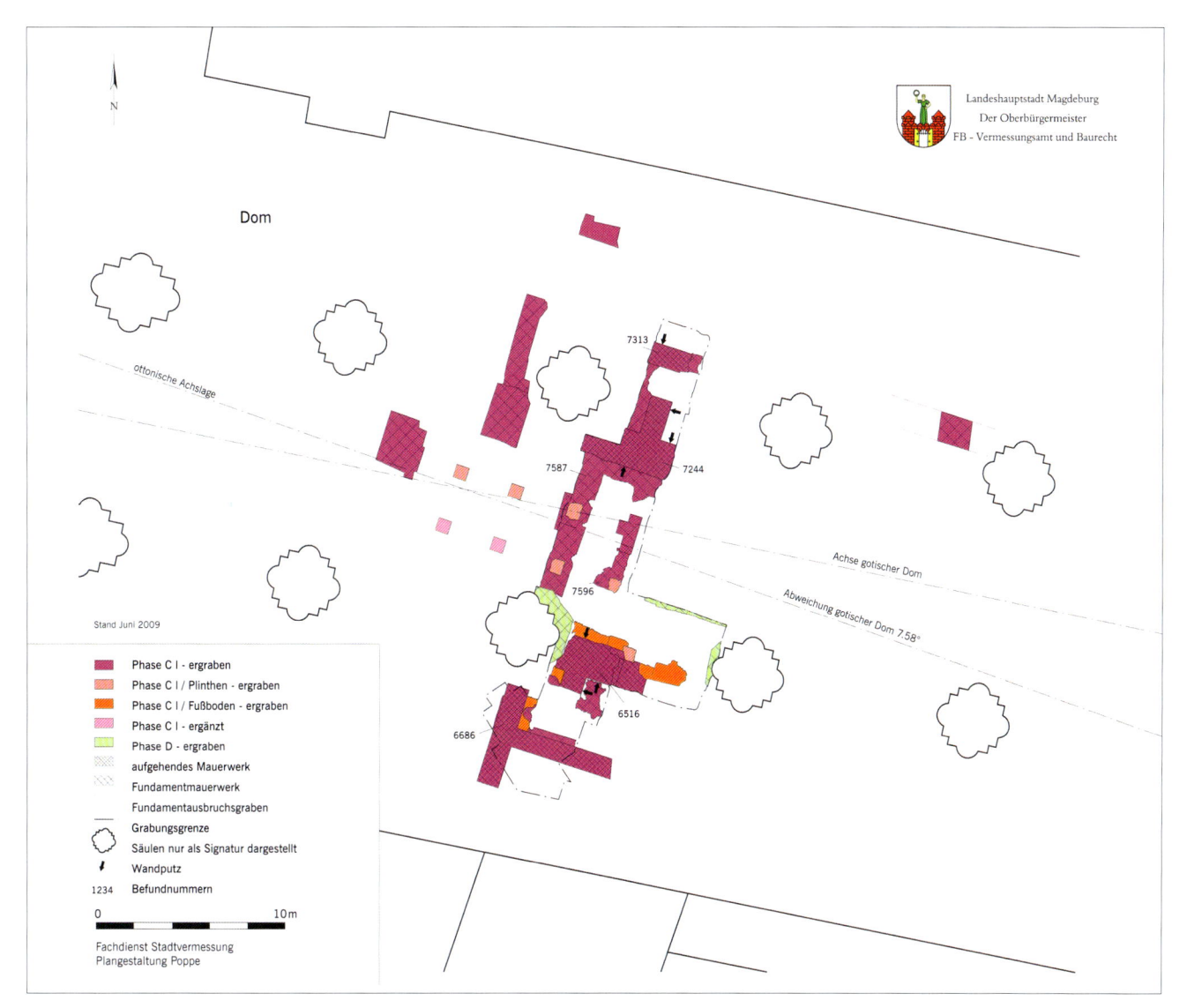

F-Abb. 8: Detailplan Schnitt L-N-V, Dom, Magdeburg. Grafik: Mandy Poppe, Fachdienst Stadtvermessung der Landeshauptstadt Magdeburg.

FARBABBILDUNGEN

F-Abb. 9: Gesamtplan der Phase C I, gespiegelt, Dom, Magdeburg. Grafik: Mandy Poppe, Fachdienst Stadtvermessung der Landeshauptstadt Magdeburg.

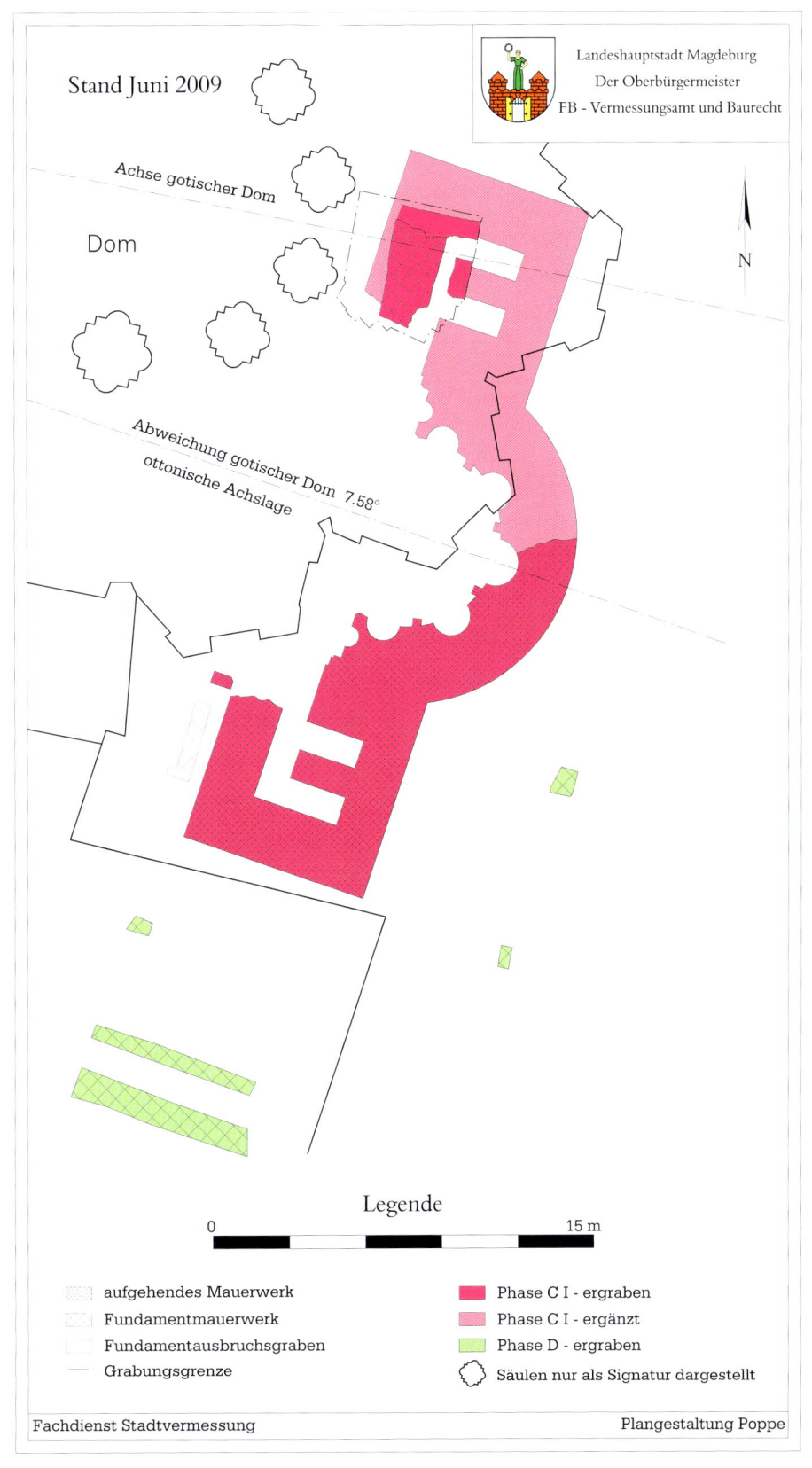

F-Abb. 10 Detailplan der Ostkrypta des Vorgängerbaus, Dom, Magdeburg. Grafik: Mandy Poppe, Fachdienst Stadtvermessung der Landeshauptstadt Magdeburg.

FARBABBILDUNGEN

F-Abb. 11: Ansicht von Nordosten, Dom, Magdeburg. Foto: Rita Mohr de Pérez.

F-Abb. 12: Binnenchor nach Osten, Dom, Magdeburg. Foto: Heiko Brandl.

FARBABBILDUNGEN

F-Abb. 13: Spoliensäulen mit Heiligenstatuen und Reliquiennischen, Dom, Magdeburg. Foto: Heiko Brandl.

F-Abb. 14: Säule aus ‚bigio antico' und Fragment einer Porphyrsäule, Dom, Magdeburg. Foto: Lex Bosman.

F-Abb. 15: Säule aus ‚granito del foro', links vom Grab Ottos I., Dom, Magdeburg. Foto: Lex Bosman.

FARBABBILDUNGEN

F-Abb. 16: Säule aus ‚granito del foro', links vom Ottograb, Dom, Magdeburg. Foto: Lex Bosman.

F-Abb. 17: Säule aus ‚breccia corallina', rechts vom Ottograb, Dom, Magdeburg. Foto: Lex Bosman.

F-Abb. 18: Säulenfragment aus ‚verde antico' im Remter, Dom, Magdeburg. Foto: Lex Bosman.

F-Abb. 19: Zwei Säulen aus Porphyr im Chorinneren, Dom, Magdeburg. Foto: Lex Bosman.

FARBABBILDUNGEN

F-Abb. 20a–f: Kluge Jungfrau (K2) von verschiedenen Betrachterstandpunkten, Dom, Magdeburg. Foto: Jacqueline E. Jung.

F-Abb. 21a–g: Törichte Jungfrau (T2) von verschiedenen Betrachterstandpunkten, Dom, Magdeburg. Foto: Jacqueline E. Jung.

FARBABBILDUNGEN

F-Abb. 22: Grabmal des Erzbischofs Otto von Hessen († 1361), Magdeburg, vor 1361, Dom, Magdeburg, hinter dem Lettner am Südwestpfeiler des Hochchors. Foto: Radovan Boček.

F-Abb. 23: Steinretabel, gen. Elisabethretabel, Madgeburg, um 1360, Dom, Magdeburg, Elisabethaltar im nördlichen Seitenschiff.
Foto: Radovan Boček.

FARBABBILDUNGEN

F-Abb. 24: Skulptur vom Gouvernementsberg in Magdeburg, Fund 26 b, Landesamt für Denkmalpflege und Archäologie Sachsen-Anhalt, Halle (Saale). Foto: Katrin Steller.

FARBABBILDUNGEN

F-Abb. 25: Skulpturen vom Gouvernementsberg in Magdeburg, Fund 30, Ansicht von hinten, Landesamt für Denkmalpflege und Archäologie Sachsen-Anhalt, Halle (Saale). Foto: Katrin Steller.

FARBABBILDUNGEN

F-Abb. 26: Heiliger Mauritius, um 1240/50, Domchor, Magdeburg. Foto: Heiko Brandl.

F-Abb. 27: Thronendes Paar in der sechzehneckigen Kapelle, um 1240/50, Dom, Magdeburg. Foto: Thomas Groll.

FARBABBILDUNGEN

F-Abb. 28: Retabel (geöffneter Zustand), um 1494; Predella 1664, Mischtechnik auf Holz, Mitteltafel 149 x 142 cm, Hallische Werkstatt(?), Hohenmölsen, Pfarrkirche St. Petri, bis 1664 in der Grablege Erzbischof Ernsts von Magdeburg. Foto: Thomas Bachmann.